SHÉPA

Shépa

The Tibetan Oral Tradition in Choné

Bendi Tso, Marnyi Gyatso, Naljor Tsering, Mark Turin and Members of the Choné Tibetan Community

OpenBook Publishers

https://www.openbookpublishers.com

World Oral Literature Series, vol. 11 | ISSN: 2050-7933 (Print); 2054-362X (Online)
ISBN Paperback: 978-1-80064-800-5
ISBN Hardback: 978-1-80064-801-2
ISBN Digital (PDF): 978-1-80064-802-9
DOI: 10.11647/OBP.0312

Cover image by Bendi Tso, Choné, China (2019)
Cover design by Katy Saunders

For Grandfather Meng Tusktor

ཨ་མྱེས་མོན་གཙུག་གཏོར་ལགས་ལ་ཕུལ།

献给阿乃蒙子斗

Contents དཀར་ཆག 目录

Acknowledgements	ཐུགས་རྗེ་ཆེད་ཞུ།	致谢	ix
Preface	འགོ་བརྗོད།	序言	xvii
Introduction	སྔོན་གླེང་གི་གཏམ།	导论	1
Khyung	ཁྱུང་།	鹏	169
Rübel	རུས་སྦལ།	龟说	275
Jikten Chakluk	འཇིག་རྟེན་ཆགས་གླུ།	成世说	341
Chémar	ཕྱེ་མར།	切玛	515
Da	མདའ།	箭	553
Lönpo Garchen	བློན་པོ་མགར་ཆེན།	大臣噶尔东赞	609
Zhanglu and Tsalu	ཞང་གླུ་དང་ཚ་གླུ།	送亲辞和迎亲辞	703
Illustrations	དཔེ་རིས།	图片	761
References	དཔྱད་གཞི་ཡིག་ཆ།	参考文献	769

Acknowledgements
ཐུགས་རྗེ་ཆེད་ཞུ། 致谢

Acknowledgements

In compiling and translating a book of such complexity, our deepest gratitude goes to members of the Choné Tibetan community who have nurtured and transmitted Shépa. This project is rooted in collaborations with our own community—collaborations of different depths that took various forms. Our work has benefited in particular from the guidance that Shépa singers have offered at every stage, from the beginning of the work of documentation, through to translating cultural elements with which we were not familiar, all the way through to gaining insight into the transformation of this oral tradition in the contemporary context of cultural heritage-making. Shépa is centered on an oral and written corpus whose existence is a product of the collective experience of the Choné people that extends far beyond just one generation. For these reasons, the corpus and its associated knowledge must be treated in a manner that acknowledges both individual intellectual input and collective cultural commitments. In recognising the names of singers, transliterators, transcribers, and collectors of Shépa, we treat members of the Choné Tibetan community as co-creators and invite them to hold joint authorship.

We are grateful for the many different opinions and interpretations that have inspired us to find a way to demonstrate that the form of Shépa and its performance in contemporary Choné is never singular, bounded, or homogenous. By eliminating language barriers and presenting Shépa in three languages along with footnotes that show different versions of

https://doi.org/10.11647/OBP.0312.10

this oral tradition, our goal is that readers in Choné and beyond may engage in a lasting conversation on Shépa and its transmission.

There are many people we wish to acknowledge. First and foremost, we thank Grandfather Meng Tusktor who shared his expansive knowledge about Shépa with us generously and tirelessly. It was a great honour and privilege to sit in his front yard, spend days in his company, and learn from his experience and knowledge. His jokes filled the yard with laughter. His stories and songs often moistened our eyes. His narration of Shépa forms the heart of this book, and his passing took away one of the brightest lights in Choné's cultural treasury, leaving a gaping hole in our hearts. This book is dedicated to the memory of Grandfather Meng Tusktor.

In addition, we are extremely grateful for the support of Grandfather Zhang Gyatso. The stanzas which he sang opened a door for us to appreciate the variations of Shépa in every singer's performance. We also thank Grandfather Quan Gyatso, Grandfather Meng Tenzin, Grandfather Yu Tsering Bum, Uncle Meng Namdröl, and Brother Li Dolma, all Shépa singers who provided their deep insights on the Shépa performance.

This book would have not taken its current shape without the kind help of Guru Tsering and Fan Xueyong, both of whom generously shared various Shépa texts with us that they had already collected or received from others over the past three decades. These texts complement our recordings and reflect generations of diligent work by performers and scholars to preserve and transmit Shépa. Given that neither the transliterator, transcriber nor date are consistently recorded in these texts, we are unfortunately unable to identify more than a few names. We remain deeply indebted to all those who have come before us in this work.

Working on this project has been a profoundly rewarding journey for us through which we have come to know and learn from many amazing individuals. We thank Geshe Lozang Gendün, Geshe Jampa Gyatso, and Aku Penden of Choné Monastery and Aku Jampa Zangpo of Drindren Monastery, each of whom supported this project in many important ways. They helped us connect with a number of stakeholders invested in Shépa performance and to make sense of the transformation of Shépa performance in contemporary Choné. We appreciate Dolma Tséten from Northwest Minzu University and Bendi Tso from the University of

Tibet who proofread the Tibetan texts. We also thank Yungdrung Men who shared the book series of the Tébo oral tradition with us, allowing us to examine correlations between Shépa and the oral tradition in neighboring Tébo.

Beyond Choné, Geshe Sherge, Chulthim Gurung (Khenpo Mriti) at McGill University, and Tashi Wangchu at Hong Kong University shared their insights and understandings of religious aspects of Shépa, for which we are truly grateful. We thank Maya Daurio for working with us to design the map. Last but not least, we are deeply indebted to the two peer reviewers who generously conceded to be named and recognised. Dr. Andrew Quintman and Dr. Timothy Thurston gave selflessly of their time and knowledge to read the manuscript with care, appreciation, and insight. Their constructively critical suggestions and consistently thoughtful comments have helped us to sharpen our arguments and improve the book immeasurably.

We thank the Social Sciences and Humanities Research Council of Canada (SSHRC) for the foundational grant that helped launch this project (#892-2018-2010). We are also grateful for the financial and strategic support of the Public Scholar Initiative at the University of British Columbia and the Firebird Foundation for Anthropological Research. Needless to say, but especially important to underscore in a publication of this nature, we alone are responsible for any errors, inaccuracies, and misinterpretations.

ཐུགས་རྗེ་ཆེད་ཞུ།

སྒྲ་ཕབ་དང་ཡིག་སྒྱུར་ལ་བརྟེན་པའི་སྒྲིག་དེབ་འདི་ནི་མདོ་སྨད་ཙོ་ནའི་ཡུལ་གྱི་མང་ཚོགས་དང་མཉམ་འབྲེལ་གྱིས་བྱུང་བ་ཞིག་ཡིན་ཞིང་། ལས་དོན་འདིའི་ཐོག་མཐའ་བར་གསུམ་དུ་ཁོང་ཅག་གིས་ཁ་ཞེ་གཉིས་མེད་དང་དངོས་ཤུགས་བརྒྱུད་གསུམ་ནས་རྒྱབ་སྐྱོར་དང་རོགས་རམ་གནང་བར་འབྲལ་ཐབས་མེད། ངེད་ཅག་གིས་ཀྱང་བསམ་པ་རྣམ་དག་གིས་བཤད་པ་ཞེས་པའི་ངག་རྒྱུན་རྩོམ་རིག་འདི་ཉིད་འཛིན་སྐྱོང་སྤེལ་གསུམ་བྱ་ཡུལ་དངོས་སུ་གནས་ཤིང་འཚོ་བའི་ཙོ་ནའི་ཡུལ་གྱི་མང་ཚོགས་ཡོངས་ལ་ཐུགས་རྗེའི་གཏང་རག་འགོ་མ་ཆེད་དུ་གསོལ་བ་ཡིན། དེ་ཡང་ཐོག་མའི་སྒྲ་ཕབ་དང་། བར་གྱི་ཕབ་སྒྱུར་དང་ཡིག་སྒྱུར། མཐའ་མར་ཉམས་ཞིབ་ཀྱི་ལས་ལ་ཞུགས་པའི་བརྒྱུད་རིམ་ཀུན་ཏུ། ངེད་ཅག་གིས་མ་རྟོགས་པ་དང་། ལོག་པར་རྟོག་པ་དང་། བརྡར་ཤ་མི་ཆོད་པའི་གནད་དག་དང་། སྒོས་སུ་དེང་གི་མངོན་མིན་ཤུལ་བཞག་རིག་གནས་ཀྱི་སྲིད་ཇུས་རྒྱབ་ལྗོངས་འོག་ངག་རྒྱུན་རྩོམ་རིག་གི་འཛིན་སྐྱོང་སྤེལ་གསུམ་ལ་བྱུང་དང་འབྱུང་བཞིན་པའི་འཕོ་འགྱུར་དང་། དངོས་སུ་ཕྲད་པའི་དཀའ་ངལ་སོགས་ཀྱི་གནས་ཚུལ་དག་ནི་བཤད་པ་གྱེར་མཁན་གྱི་གླུ་པ་རྣམས་ཀྱིས་མཇུབ་མོས་རི་སྟོན་ལྟ་བུའི་གསལ་བཤད་གང་ལེགས་གནང་བའི་བཀའ་དྲིན་ཁོ་ན་ཡིན། ངག་ཐོག་དང་ཡིག་ཐོག་ཟུང་འབྲེལ་གྱིས་ཕྱོགས་སྒྲིག་བྱས་པའི་བཤད་པའི་ལས་གཞི་འདི་ཉིད་ཀྱིས། ཡུལ་མདོ་སྨད་ཙོ་ནེ་པའི་མི་རབས་གྲངས་ལས་འདས་པ་ཞིག་གི་ཚེ་ཡི་ཕྲེང་བ་ལས་བརྒྱུད་པའི་རིན་ཐང་རྒྱུན་འཛིན་གྱི་སྙིང་རུས་ཤིག་མཚོན་བཞིན་ཡོད་སྟབས། དེ་དག་ལས་གང་ཟག་སྒེར་གྱི་འཛོན་ནུས་དང་བྱུས་རྗེས། ཐུན་མོང་གི་ཡུལ་ཚོའི་ལུགས་བཟང་དང་མངའ་ཐང་ལ་ངོས་ལེན་དང་གུས་བཀུར་འོངས་པའི་ཆེད། གཅིག་ནས་བཤད་པ་གྱེར་མཁན་དང་། ཕབ་སྒྱུར་མཁན། ཡིག་ཆ་བསྡུ་ལེན་མཁན་རྣམས་ཀྱི་མཚན་ཐོ་རྣམས་ཇི་བཞིན་དུ་རིམ་པར་བཀོད་ཡོད་པ་དང་། གཉིས་ནས་ཡུལ་ལུང་སྤྱིའི་ངོས་ནས་ཀྱང་མདོ་སྨད་ཙོ་ནེ་པའི་མང་ཚོགས་ཞེས་དེབ་འདིའི་མཉམ་འབྲེལ་རྩོམ་པ་པོའི་ཐོབ་ཐང་གསོལ་ཡོད།

དེ་བཞིན་ལས་དོན་ལག་ལེན་དུ་བསྟར་བའི་བརྒྱུད་རིམ་དུ། ཕྱོགས་སོ་སོ་ནས་ངེད་ཅག་ལ་དགོངས་འཆར་སྣ་ཚོགས་ལྷུག་པོར་བསྐུལ་གནང་མཁན་རྣམས་ལ་ཐུགས་རྗེ་ཆེ་ཞེས་སྙིང་ནས་ཞུ་འདོད་བྱུང་། དགོངས་འཆར་དེ་དག་ལས་བཤད་པའི་གྱེར་ལེན་གྱི་རྣམ་པ་དང་རིམ་པ་ནི་ཕྱོགས་ཀུན་ནས་གཅིག་མཚུངས་དང་། གཏན་ཚིགས་དང་། སྣ་གཅིག་ལྟ་བུ་ཞིག་མིན་ཚུལ་ར་འཕྲོད་ཅིང་། ཡུལ་ཕྱོགས་མི་འདྲ་བའི་གློག་པ་པོ་མང་པོས་བཤད་པའི་བརྗོད་དོན་དང་འཛིན་སྐྱོང་གི་སྐོར་ལ་ཐུགས་སྣང་དང་གླེང་མོལ་གྱི་སྤྲོ་བ་འཕེལ་བའི་ཆེད། དངོས་གཞིའི་ནང་དོན་གྱི་སྐོར་རྣམས་བོད་རྒྱ་དབྱིན་གསུམ་གྱི་ལམ་ནས་གསལ་བར་མངོན་ཐབས་བྱས་ཏེ། བརྗོད་བྱའི་པར་གཞིའི་རྩ་བ་དང་དེ་དང་ཐ་དད་དུ་ཡོད་པ་རྣམས་ནི་ཞབས་མཆན་གྱི་ཚུལ་དུ་བཀོད་ཡོད།

སྐབས་འདི་དང་བསྟུན་ནས། ངེད་ཅག་གིས་མི་མང་པོ་ཞིག་ལ་ཆེད་དུ་ཐུགས་རྗེ་ཆེ་ཞུ་སྙིང་འདོད་དེ། ཐོག་མར་དམིགས་བསལ་དུ་ཨ་མྱེས་མོན་གཙུག་གཏོར་ལགས་ལ་ཐུགས་རྗེ་ཆེ་ཞུ་བ་ཡིན། ཁོང་གིས་ནམ་ཡང་བག་ཕེབས་ཤིང་སུན་སྣང་ཅི་ཡང་མེད་པ་དང་། ཐུགས་འདུང་ཆེན་པོའི་ངང་ནས་འབྲེལ་ཡོད་ཀྱི་ཤེས་བྱའི་སྐོར་ལ་གསལ་བཤད་ནན་ཏིག་མཛད་པ་དང་། ཉིན་ལྟར་ཁོང་གི་ལྷུམ་ར་ཆུང་ཆུང་དེའི་ནང་། ཁོང་ཉིད་ཀྱི་མི་ཚེའི་བརྒྱུད་རིམ་དང་འབྲེལ་ཏེ་བཤད་པའི་སྐོར་ལ་རྒྱུས་ལོན་གང་ལེགས་བྱུང་ཐུབ་པ་དེའང་། ཁོ་བོ་ཅག་གི་ལས་སྐལ་བཟང་པོ་ཞིག་ཅི་ལ་མིན། སྐབས་འགར་ཁོང་གིས་ཀུ་རེ་དང་རྩེད་མོ་རྩེ་བའི་བཞད་སྒྲ་ནི་ལྷུམ་རའི་ཕྱོགས་ཀུན་དུ་

ཁྲབ་ཅིང་། སྐབས་འགར་ཁོང་གི་གཏམ་རྒྱུད་དང་གླུ་སྐད་ཐོས་དུས། ངེད་ཅག་གི་མིག་ཟུང་ལ་མཆི་མས་བརླན་པར་བྱས། དེ་ལྟར། སྒྲིག་དེབ་འདིའི་རྩ་བའི་པར་གཞི་ནི་ཁོང་གི་ངག་ནས་བརྒྱུད་པ་ཁོ་ན་ཡིན་ཏེ། ཁོང་ཉིད་འཛིག་རྟེན་འདི་ནས་གཏན་དུ་ཕེབས་སོང་བ་ནི་ངེད་ཅག་ལ་མཚོན་ན་སེམས་ཀྱི་གདུང་བ་བཟོད་ཐབས་བྲལ་བ་ཞིག་ཡིན་ལ། ལྷག་པར་དུ་ཡུལ་མདོ་སྨད་ཅོ་ནེ་པ་རྣམས་ལ་མཚོན་ན། འོད་མདངས་རྣམ་པར་བཀྲ་བའི་ཅོ་ནེའི་ཡུལ་གྱི་མི་ཆོས་རིག་གནས་ཀྱི་འོད་ཐིག་ཅིག་ནམ་མཁའི་དབྱིངས་སུ་ཐིམས་སོང་བ་དང་གཉིས་སུ་མེད། དེའི་ཕྱིར། ངེད་ཅག་ཀུན་གྱིས་མཉེམ་འབྲེལ་དུ་བསྒྲུབས་པའི་སྒྲིག་དེབ་འདི་ནི་ཨ་མྱེས་མོན་གཙུག་གཏོར་ལགས་ལ་ཆེད་དུ་རྗེས་དྲན་དུ་ཕུལ་བ་ཡིན།

དེ་ནས། ཨ་མྱེས་ཀྲང་རྒྱ་མཚོ་ལགས་ལ་ངེས་པར་དུ་ཐུགས་རྗེ་ཆེ་ཞུ་དགོས་ཏེ། ཁོང་གི་གྱེར་ལེན་གྱིས་ངེད་ཅག་གི་མིག་ལམ་དུ་བཤད་པའི་གྱེར་ལུགས་དང་རྣམ་པ་ཕུན་སུམ་ཚོགས་པའི་སྒོ་འཕར་ཡངས་པོ་ཞིག་ཕྱེས་སོང་བ་དང་། གཞན་ཡང་། བཤད་པ་གྱེར་ལེན་མཁན་ཨ་མྱེས་ཁྲུང་རྒྱ་མཚོ་ལགས་དང་། ཨ་མྱེས་མོན་བསྟན་འཛིན་ལགས། ཨ་མྱེས་ཡུམ་ཚེ་རིང་འབུམ་ལགས། ཨ་ཁུ་མོན་རྣམ་གྲོལ་ལགས་དང་། ཨ་ཇོ་ལི་སྒྲོལ་མ་ལགས་ལ་སོགས་པས་བཤད་པའི་གྱེར་ལུགས་གྱེར་སྟངས་ཀྱི་སྒོར་ནས། སྤུ་ཕྱིར་འབྲེལ་ཡོད་ཀྱི་གཏམ་བརྗོད་དང་དགོངས་འཆར་ཞིབ་ཅིང་ཕྲ་བ་མང་པོ་གནང་བར་ཆེད་དུ་ཐུགས་རྗེ་ཆེ་ཞུ་བ་ཡིན།

གལ་ཏེ་ཀན་གུ་རུ་ཚེ་རིང་ལགས་དང་ཀན་ཛྷན་ཞུའོ་ཡོན་ལགས་ནས། ཁོང་གཉིས་ཀྱིས་འདས་པའི་མི་ལོ་སུམ་ཅུ་ལྷག་གི་རིང་དུ་བསྡུ་སྒྲིག་གནང་བའི་ཡིག་ཚགས་རྣམས་ཕངས་མེད་དུ་བསྐུལ་བ་མིན་ན། སྒྲིག་དེབ་འདི་ཉིད་དེང་གི་རྣམ་པ་འདི་འདྲ་ཞིག་ཏུ་འགྱུར་ཐབས་གཏན་ནས་མེད་པས། ཡིག་ཚགས་དེ་དག་ནི་ངེད་ཅག་གི་སྒྲ་ཕབ་ཁ་གསབ་བྱེད་པའི་མཐུན་རྐྱེན་ལེགས་ཤོས་སུ་གྱུར་ཅིང་། ལྷག་པར་དུ་མི་རབས་ཤིག་གི་རིག་གནས་པ་རྣམས་ཀྱིས་བཤད་པའི་འཛིན་སྐྱོང་སྤེལ་གསུམ་གྱི་ཐད་ལ་བཞག་པའི་མཛད་རྗེས་ཀྱང་མཚོན་ཡོད། ཡིན་ནའང་། ངེད་ཅག་གི་ལས་དོན་ལ་ཕན་འབྲས་དངོས་སུ་བྱུང་བའི་ཡིག་ཆ་མང་པོ་ཞིག་གི་མཇུག་བྱང་དུ་ཕྱོགས་སྒྲིག་གནང་མཁན་དང་ཡུལ་དུས་ཀྱི་གནས་ཚུལ་རྣམས་མི་གསལ་བའི་རྐྱེན་གྱིས། སྔར་བཤད་པའི་གྱེར་ལེན་རྒྱུན་འཛིན་གོང་འཕེལ་གྱི་དོན་དུ། ལྷག་བསམ་དཀར་པོས་དཀའ་བ་དང་དུ་བླངས་ཡོད་པའི་མི་སྣ་མང་པོ་ཞིག་གི་མཚན་འགོད་ཐབས་བྲལ་བ་ནི་ཆེས་ཡིད་ཕངས་དགོས་པ་ཞིག་ཏུ་གྱུར།

ལས་དོན་འདི་ཉིད་བརྒྱུད་ནས། ཅོ་ནེ་པའི་ཡུལ་མི་མང་པོ་ཞིག་དང་ངོ་ཤེས་ཤིང་འདྲིས་པར་གྱུར་ལ། ཁོང་རྣམས་ལ་བཀའ་འདྲི་དང་བགྲོ་གླེང་ཐེངས་མང་པོ་བྱས་ཐུབ་པ་དེའང་། ངེད་རྣམས་ཉམས་ཞིབ་ཀྱི་མཇལ་ལམ་རིང་མོ་ནས་སྤུ་ཕྱིར་འབྱིན་སྐབས་ཀྱི་ཚན་ཁ་ཞུ་ཡུལ་རིམ་པར་རྟེན་པ་དང་གཉིས་སུ་མེད། ཅོ་ནེ་དགོན་པའི་དགེ་བཤེས་བློ་བཟང་དགེ་འདུན་མཆོག་དང་། དགེ་བཤེས་བྱམས་པ་རྒྱ་མཚོ་མཆོག ཨ་ཁུ་དཔལ་ལྡན་མཆོག དེ་བཞིན་དྲིན་དྲན་དགོན་པའི་ཨ་ཁུ་བྱམས་པ་བཟང་པོ་མཆོག་ལ་སོགས་པས་ཕྱག་ལས་ལ་འབྲེལ་བ་ཆེ་རུང་གསེར་ལས་དཀོན་པའི་དུས་ཚོད་མང་པོ་བཏང་སྟེ། ངེད་རྣམས་ལ་ཐུགས་ཁུར་དང་རྒྱབ་སྐྱོར་ཚད་མེད་གནང་བ་དང་། ཁོང་ཅག་བརྒྱུད་ནས་བཤད་པ་གྱེར་ལེན་མཁན་མང་པོ་ཞིག་ངོ་ཤེས་པར་བརྟེན། དེང་གི་བཤད་པའི་རིག་གནས་སླར་གསོ་དང་འབྲེལ་བའི་མདོན་མིན་ཤུལ་བཞག་རིག་གནས་ཀྱི་གནས་ཚུལ་སྐོར་ ཡ་འཚང་ཤེས་རྟོགས་ལེགས་པར་བྱུང་། གཞན་ཡང་། བོད་ལྗོངས་སློབ་གྲྭ་ཆེན་མོའི་སློབ་མ་བན་དེ་འཚོ་ལགས་དང་། ནུབ་བྱང་མི་རིགས་སློབ་གྲྭ་ཆེན་མོའི་སློབ་མ་སྒྲོལ་མ་ཚེ་བརྟན་ལགས་གཉིས་ཀྱིས་བོད་ཡིག་གི་མ་ཡིག་ལ་ཞིབ་ཞུའི་དང་ཞུ་དག་ཐེངས་

གཅིག་གནང་བ་དང་། ཐེ་བོ་རོང་གི་གྲོགས་མོ་གཡུང་དྲུང་སྒྲོན་གྱིས་ཐེ་བོའི་ངག་རྒྱུན་རྩོམ་རིག་དང་འབྲེལ་བའི་རྒྱུ་ཆ་སྣ་མང་མཁོ་སྤྲོད་གནང་བར་བརྟེན། ཅོ་ནེའི་ཡུལ་གྱི་བཤད་པ་གྱེར་ལུགས་དང་དེའི་ཉེ་འཁོར་ཡུལ་གྱི་གྱེར་ལུགས་ཀྱི་འབྲེལ་བའི་སྐོར་ལ་རྒྱུས་ལོན་བྱེད་པར་མཐུན་རྐྱེན་ཤིན་ཏུ་ལེགས་པོ་བསྐྲུན་སོང་བས། ཁོང་རྣམས་ལ་ཡང་ཐུགས་རྗེ་ཆེ་ཞུ་བ་ལགས།

བྱེས་སུ་བཞུགས་པའི་དགེ་བཤེས་ཤེར་དགའ་དང་། མཆིལ་གཙུག་ལག་སློབ་ཆེན་གྱི་མཁན་པོ་སྨྲི་ཏི། ཧྲང་ཀང་གཙུག་ལག་སློབ་ཆེན་གྱི་འབུམ་རམས་པ་བཀྲ་ཤིས་དབང་ཕྱུག་སོགས་ཀྱིས་འབྲེལ་ཡོད་ཀྱི་དགོངས་འཆར་ཡང་ཡང་གནང་བར་ལྷག་བསམ་རྣམ་དག་གིས་ཐུགས་རྗེ་ཆེ་ཞུ་བ་ཡིན། དེ་བཞིན་ལྷམ་མ་ཡ་ཧོ་རེ་ཤུ་ནས་ས་ཁྲ་རྩིས་འགོད་ལེགས་པར་གནང་བར་ཐུགས་རྗེ་ཆེ་ཞུ་བ་དང་། དེབ་འདིའི་མ་གདན་ཡོངས་སུ་འགྲུབ་རྗེས། དཔྱད་ཞིབ་ཞུ་དག་གནང་མཁན་འབུམ་རམས་པ་ཨན་ཊེ་ཁྲེའི་ཐ་མན་ལགས་དང་འབུམ་རམས་པ་ཏི་མོ་སེ་སོར་སི་ཐོན་ལགས་གཉིས་ལ་ལྷག་བསམ་རྣམ་དག་གིས་ཐུགས་རྗེ་ཆེ་ཡང་ཡང་ཞུ་འདོད་བྱུང་། ཁོང་གཉིས་ཀྱིས་རང་ཉིད་ཀྱི་གསེར་ལས་དཀོན་པའི་དུས་ཚོད་ཕངས་མེད་དུ་བཏང་ཞིང་། རྣམ་དཔྱོད་དང་ཤེས་རབ་ཀྱི་རྩལ་ལ་བརྟེན་ནས། ཞིབ་ཚགས་ཤིང་དོན་དང་ལྡན་པའི་དཔྱད་བརྗོད་དང་དགོངས་འཆར་ལྷུག་པོར་གནང་བར་བརྟེན། སྒྲིག་དེབ་འདིའི་ཉམས་ཞིབ་ཀྱི་སྤུས་ཚད་དང་རིན་ཐང་གོང་འཕེལ་དུ་གཏོང་བར་ཕན་ནུས་ཆེན་པོ་ཐོན་ཡོད།

མཇུག་མཐར། ཁ་ན་ཏའི་རྒྱལ་ཁབ་ཀྱི་སྤྱི་ཚོགས་དང་མི་ཆོས་རིག་གཞུང་ཞིབ་འཇུག་ལྷན་ཚོགས་(SSHRC)ཀྱི་ཐེབས་རྩ་(#892-2018-2010)ཡིས་ད་རེས་ཀྱི་ལས་གཞི་འདིའི་མ་དངུལ་ཚང་མ་བཏང་བ་དང་། བྲི་རི་ཐི་ཤྲི་ཁོམ་ལོང་བྷེ་ཡ་གཙུག་ལག་སློབ་ཆེན་གྱི་ཐུན་མོང་རིག་གཞུང་མི་སྣའི་ལས་གཞི་དང་། མེ་བྱ་མིའི་རིགས་རིག་པའི་ཐེབས་རྩ་བཅས་ནས་རོགས་དངུལ་དང་རྒྱབ་སྐྱོར་ཚད་མེད་གནང་བར་ཐུགས་རྗེ་ཆེ་ཞུ་བ་ཡིན། སྒྲིག་དེབ་འདིའི་ནང་དུ་ཆད་ལྷག་དང་འགལ་འཁྲུལ་ཅི་བྱུང་ཐམས་ཅད་ལ་དེད་ཅག་གིས་འགན་ལེན་བྱེད་ཀྱི་ཡིན་ཞེས་མཐར་ཞུས་པའོ།།

致谢

我们要将最深沉的感激献给滋养和传承“释巴”的卓尼藏族。编辑和翻译这本书是一个复杂的过程。在此期间，我们得益于和自己族群各种形式且不同程度的合作。从开始录制释巴到翻译已遗失的文化元素，再到理解释巴于当今非物质文化遗产框架中的变革，此项目尤其受益于演唱艺人们在每个阶段的指导。口述与书写的合集构成了释巴，他基于卓尼数代人的整体经历而存在。我们要感谢个体的才识投入和集体的文化担当对释巴及其相关知识的贡献。因此，我们将艺人、转写人和文本收集者的名字都列在了书中，并将卓尼藏族社群的成员作为此书的合著者。

我们感谢针对释巴提出多种多样的见解的人。他们激励笔者寻找方法，并且论证释巴的形式与表演在当今卓尼绝对不是单一的、固化的或同质的。以三语呈现释巴来消除语言障碍，并用脚注展示当前所流传的不同释巴版本，我们期望卓尼和其他地方的读者都能就释巴及其传承进行持久的对话。

我们希望向许多个人表达谢忱。首先是阿乃（祖父）蒙子斗。我们感谢他慷慨又不知疲倦地分享关于释巴的丰富知识。我们很荣幸能在他的陪伴下，于他家的小院里度过日出日落，听他讲述释巴相关的知识和自己的经历。他的幽默让小院充满欢笑。他的故事和歌谣时常湿润我们的眼睛。他的释巴口述塑造了本书的核心。他的离世带走了卓尼文化宝库中最亮的一抹光彩，也在我们心里留下了不能愈合的伤口。故而我们将此书献给阿乃蒙子斗。

其次，我们非常感激阿乃张嘉措的支持。他所唱的诗节为我们开启了一扇大门，让我们有机会欣赏不同歌手所呈现的释巴表演的多样性。我们也感谢阿乃全嘉措、阿乃蒙丹增、阿乃俞才让本、阿古蒙纳召和阿哥李卓玛等歌者。他们向我们分享了对释巴表演的洞见。

格日才让和范学勇在过去三十年间薮辑了释巴的各种文本。如果不是他们的慷慨分享，这本书就不会有现在这样的形态。他们的文本补充了我们的录音，并反映出几代歌者和学者在释巴保存及传承中的辛勤付出。由于这些文本没有一一记录转写者与抄写者的名字和日期，我们很遗憾未能确定出更多的姓名。然而，我们深深受惠于这些前辈的工作。

对我们而言，这本书代表着一次收获颇丰的旅程。在这段旅途中，我们结识了许多非比寻常的人。我们感谢卓尼大寺的格西洛桑根敦、格西强巴嘉措、阿古班丹，以及知知寺的阿古香巴桑宝对这个项目给予的许多重要支持。他们帮助我们联系致力于释巴表演的传承人和释巴爱好者，让我们有机会了解释巴的复兴和方兴未艾的非物质文化遗产认定之间的关联。我们感谢西北民族大学的卓玛才旦和西藏大学的万代草拨冗通读了藏文文本。我们也感谢尤久曼分享了迭部口述传统的系列书籍，从而使我们能够考察释巴和相邻地区的口述传统之间的关联。

在卓尼以外的地方，格西谢格、麦吉尔大学的曲提固伦（弥如提堪布）和香港大学的扎西旺楚克博士分享了他们对释巴的宗教方面的洞见，对此我们真诚致谢。我们感谢玛雅·道芮奥设计了地图。最后，我们将诚挚的谢意致以两位评稿人：安德鲁·奎特曼博士和蒂姆斯·瑟斯顿博士。他们无私地投入了时间，以敏锐的洞察力和非凡的耐心阅读了书稿。他们建设性的意见与贯穿全书的细致评论不仅加强了我们的论点，而且极大地改进了本书。

感谢加拿大社会与人文研究委员会（SSHRC）的资助让我们发起此项研究（#892-2018-2010）。我们也感激英属哥伦比亚大学的“公共学者项目”和火鸟人类学研究基金会在资金与策略上的支持。无需赘言，如本书中有任何错误、不准确和误释，我们欢迎方家指正。

Preface འགོ་བརྗོད། 序言

Bendi Tso བན་དེ་འཚོ། 完代草

Preface

Leaning against the living room window the night before Sangye Men's wedding, I felt as if I was straddling two worlds, separated by a thin pane of glass. In the yard, Sangye Men's friends formed a circle and took it in turns to sing and dance, accompanied by a giant stereo speaker and a rotating rainbow globe light. Their playlist ranged from Tibetan ballads to Chinese songs, and from the traditional Tibetan lute (*sgra snyan*) to nightclub music. When *Arabian Night* started, a popular dance song appreciated by younger generations, the guests turned up the volume as high as it would go, swaying their bodies to the music and showing their enjoyment.

Right across the window and inside a living room, four elders were sitting on *tsatap* (*tsha thab/rdza rdo*), a raised clay platform where people eat and sleep, drinking Tibetan spirits (*bod rag*). The flickering rays of the rainbow globe danced on their faces. Occasionally looking out of the window, the elders continued intermittent conversations while singing Shépa. I wondered whether they were able to catch each other's words on account of the loud noise emanating from the speaker next door.

Watching these two worlds co-exist, in that single moment, I understood the division between the yard and the living room to be a generational difference that was as transparent as the pane of glass in the window. Later, as I honed my understanding of how Shépa—an expansive collection of Tibetan cultural wisdom rendered in song in Choné—is currently transmitted, I began to think of the division as a

https://doi.org/10.11647/OBP.0312.11

product of the socio-cultural dilemma facing all Choné people over the past several decades.

Grandfather Tusktor, one of the Shépa singers with whom I had privilege of working, always started his account with the phrase 'back in those days'. I witnessed how memories came flooding back to him in live time, how fast such an oral tradition can be lost, and how difficult it is to transmit Shépa to the next generation. 'Back in those days', he would say, 'there were no TVs or cell phones. Shépa was always the highlight of a wedding. We could sing it all night long. Everybody just stayed awake and listened to the narration. But now, each household has a television. Nobody wants to listen to Shépa, not to mention engaging in a song battle'. He laughed dismally and lamented, 'Nowadays, the night before the wedding is all about the young people. All young people are keen on modern music. In many weddings to which I have been invited in recent years, no one, *not a single young person*, has come to me and said, "*Anyé* (Tib. grandfather), can you narrate parts of Shépa?"'

Dramatic social-economic and cultural changes make the preservation of Shépa extremely difficult. Over the past several years, Choné county officials and community members have endeavoured to uplift and revitalise Shépa by registering Shépa as Intangible Cultural Heritage, selecting Shépa performers to receive government subsidies, organising Shépa learning sessions and so on. Nevertheless, for many singers like Grandfather Tusktor, Shépa is considered to be endangered due to a lack of younger learners, especially people under forty, combined with a drastic decline of the use of the Tibetan language across the community.

This book, co-authored with members of the local community, offers a partial response to the growing sense of abandonment of cultural heritage that is felt across Choné. In the following sections, we present a collection of Shépa narratives based on oral and textual sources collected in Choné. We hope that this book may serve as an entry point for the Choné Tibetan community in support of their goal of Shépa revitalisation and at the same time uplift their linguistic heritage and cultural dignity. In addition, we would be delighted if our approach to engaging with Tibetan oral traditions might in some way contribute to a wider methodological inquiry on the documentation and preservation of oral traditions across the Tibetan Plateau and beyond.

འགོ་བརྗོད།

སངས་རྒྱས་སྨན་གྱི་གཉེན་སྟོན་གྱི་སྡུ་ཙུབ་དེར། ང་རང་ཚོམས་ཆེན་གྱི་སྣེའུ་ཁྲུང་ལ་ཁེན་ནས་བསྡད་ཡོད། སྤྱི་ཟུར་དུ། རང་ཉིད་ནི་ཤེལ་སྒོ་སྲབ་མོ་དེས་སོ་སོར་ཕྱེ་བའི་ཕྱི་ནང་གི་འཇིག་རྟེན་གཉིས་ཀྱི་མཚམས་ལ་ལུས་འདུག་པའི་ཚོར་སྣང་ཞིག་སྐྱེས་བྱུང་། ཡུལ་ཕྱོགས་འདྲ་མིན་ནས་ཡེབས་པའི་གྲོགས་པོ་མོ་ཀུན་གྱིས་ལྡུམ་རའི་ནང་དུ་གོར་གོར་བྱས་ཏེ། སྒྲ་སྒམ་ཆེན་མོ་ཞིག་དང་འཇའ་རིས་རྣམ་པར་བཀྲ་བའི་གློག་ཀླད་ཞིག་གི་རྗེས་དེད་ནས་སྤྲོ་བ་འཕེལ་བའི་ངང་གླུ་གར་གྱི་རྩེད་འཇོ་ལ་རོལ་བཞིན་ཡོད་པ་དང་། སྒྲ་སྒམ་དེ་ལས་སྤུ་ཕྱིར་བོད་ཀྱི་དམངས་གླུ་དང་། གསར་དུ་དར་བའི་རྒྱ་གླུ། སྲོལ་རྒྱུན་གྱི་སྒྲ་སྙན། ཆང་ཁང་གི་མཚན་གཞས་སོགས་རྣམ་པ་སྣ་ཚོགས་ཤིག་ཕྱི་ལ་གྲགས་ཤིང་། བར་མཚམས་ཤིག་ལ་ཨ་རབ་ཀྱི་མཚན་མོ་ཞེས་པའི་ལོ་གཞོན་རྣམས་ཀྱི་དགའ་བསུ་ཆེས་ཐོབ་པའི་གཞས་དེ་གྲགས་མ་ཐག་ཏུ། སྒྲ་སྒམ་གྱི་གདངས་ཆེས་མཐོན་པོར་བཏང་སྟེ། མི་རེ་རེ་ཡིས་སོ་སོའི་བྲོ་གར་གྱི་འཁྲབ་རྩལ་ཤུགས་ཀྱིས་ཕྱི་རུ་དོམ་མགོ་བརྩམས་སོང་།

སྣེའུ་ཁྲུང་ནས་ནང་ལ་བལྟས་ཙ་ན། ཚོམས་ཆེན་གྱི་ཚ་ཐབ་ཁ་ན་སྐུ་ན་བགྲེས་པའི་སྤོ་བོ་བཞི་ཡིས་དབུ་སྐྲུར་སྐྲུར་གྱིས་ནས་ཆང་གི་རྩེ་ལ་རོལ་བཞིན་བཤད་འདུག་ཅིང་། གློག་བརྙན་ནས་འཕྲོས་པའི་འོད་ཐིག་རིང་མིན་ཅི་རིགས་པ་དེ་དག་གིས་ཁོང་ཚག་གི་ཞལ་དོས་སུ་འཕག་འཚག་ལྟ་བུ་བྱེད་བཞིན་འདུག སྐབས་འགར། ཁོང་ཚག་གིས་ཀྱང་སྐེ་བསྒྲིངས་ནས། སྣེའུ་ཁྲུང་གི་ཕྱི་ལ་མིག་མདངས་ཤིག་འཕེན་ཙམ་བྱས་པའི་མཐར། ཕན་ཚུན་གླེང་མོལ་བྱེད་ཞོར། དྲི་བ་དྲིས་ལན་གྱི་ཚུལ་དུ་བཤད་པ་ཞེས་པའི་སྲོལ་རྒྱུན་གྱི་གླུ་གཞས་དེ་ལེན་རེས་བྱེད་བཞིན་འདུག་མོད། སྒོ་ཁའི་སྒྲ་སྒམ་གྱི་ཅ་ཅོ་ཆེ་དྲགས་པས། ཁོང་ཚག་གིས་ཕན་ཚུན་བར་གྱི་གླུ་ཚིག་གསལ་པོ་ཞིག་གོ་བཞིན་ཨེ་ཡོད་བསམས་ནས་ཁོ་མོའི་སེམས་སུ་དོགས་པ་ཡང་ཡང་འཁོར།

འགལ་བ་ལྟག་སྤྲོད་ལྟ་བུའི་འཇིག་རྟེན་དེ་གཉིས་སུ་ཅེར་ནས་འདུག་སྐབས། སྤྱི་ཟུར་དུ་ཁོ་མོས་ཀྱང་མི་རབས་གསར་རྙིང་གི་ཁྱད་པར་ལས་བྱུང་བའི་བར་ཐག་དེ་དངོས་སུ་མཐོང་སོང་བའི་ཚོར་བ་ཞིག་བྱུང་། དུས་དེ་ནས་བཟུང་། བཤད་པ་ཞེས་པའི་ཚོ་ནའི་ཡུལ་དུ་ད་དུང་གནས་ཡོད་པའི་སྲོལ་རྒྱུན་སྒྱུ་ཚོགས་ཀྱི་མི་ཆོས་ཤེས་བྱའི་བང་མཛོད་ཆེན་མོ་དེར་ངེས་ཤེས་དང་རྒྱུས་ལོན་ཟབ་མོ་བྱུང་བ་དང་། མི་རབས་རྒན་གཞོན་བར་གྱི་དཀའ་ངལ་འདིའང་། འདས་པའི་མི་ལོ་བཅུ་ཕྲག་དུ་མའི་ནང་དུ། འཕོ་འགྱུར་མགྱོགས་ཆེན་བྱུང་དང་འབྱུང་བཞིན་པའི་ཚོ་ནའི་ཡུལ་གྱི་སྒྱུ་ཚོགས་རིག་གནས་ཁོར་ཡུག་གི་རྐྱེན་གྱིས་ཡིན་པ་དངོས་སུ་ཤེས་རྟོགས་བྱུང་། སྟེས་དབང་ཞིག་གིས། ཨ་མྱེས་གཙུག་གཏོར་ལགས་ནི་ཁོ་མོ་དང་མཉམ་འབྲེལ་གནང་མཁན་གྱི་བཤད་པའི་གླུ་པ་གཙོ་བོ་ཞིག་ཏུ་གྱུར་ཅིང་། ཁོང་གིས་ནམ་རྒྱུན་རང་ཉིད་དང་འབྲེལ་བ་ཞིག་གླེང་སྐབས། གནའ་དང་མའི་སྐབས་དེ་ལ་ཞེས་སྐད་ཆའི་མགོ་རྩོམ་གྱི་འདུག་ཅིང་། ལོ་རྒྱུས་ཀྱི་དུས་སྐབས་འདི་འདྲ་ཞིག་ལ་སླེབས་སྐབས། ངག་བརྗོད་ཀྱི་སྲོལ་རྒྱུན་རྣམས་དུས་ཡུན་ཐུང་ངུ་ཞིག་ལ་ཕྱོགས་ཡོངས་ནས་ཉམས་རྒུད་དུ་འགྲོ་མགོ་ཚུགས་པའི་རྐྱེན་གྱིས། ཁོ་མོས་ཀྱང་ཁོང་ཉིད་ལྟ་བུའི་བཤད་པའི་གླུ་པ་རྣམས་ཀྱིས་མི་རབས་རྗེས་མ་རྣམས་ལ་ངག་རྒྱུན་འདི་ཉིད་ཆ་ཚང་ཞིག་ལེགས་པར་བརྒྱུད་སྤེལ་བྱ་དཀའ་བའི་གནས་ཚུལ་ཞིག་ལ་ཕྲད་ཡོད་པ་དངོས་སུ་རྟོགས།

ཁོང་གིས། སྟོན་གྱི་དུས་སུ་བརྙན་འཕྲིན་དང་ཁ་པར་མེད་ཕྱིར། གཉེན་སྟོན་གྱི་སྐབས་ལ་གླུ་ལེན་གར་རྩེད་ནི་ཤིན་ཏུ་གལ་ཆེ་བར་བརྩི་ལ། མི་རྣམས་ནི་ཉིན་གྱི་ལས་དང་མཚན་གྱི་གཉིད་ཆག་རུང་། ཚང་མ་གཅིག་ཏུ་འདུས

ནས་ཕྱི་ཉིན་གྱི་བར་དུ་པན་ཚུན་གླུ་ལེན་རེས་བྱེད་སྲིད། ཡིན་ཡང་། དེང་གི་དུས་སུ། ཁྱིམ་ཚང་སོ་སོར་བརྙན་འཕྲིན་ཡོད་པས། གླུ་ལེན་པར་ཡོང་ནས་གླུ་ཚིག་གི་རྩལ་འགྲན་མཁན་པར་ཞོག གླུ་ལ་སྤྲོ་བ་ཡོད་མཁན་ཡང་པལ་ཆེར་མི་འདུག་ཅེས་བློ་ཕམ་པའི་རྣམ་འགྱུར་ཞིག་སྟོན་ཞོར་དེ་ལྟར་གསུངས། ཡང་ཁོང་གིས། ད་སྐབས་གཉེན་སྟོན་གོང་གི་མཚན་མོ་ནི་ལོ་གཞོན་ཚོའི་རང་འདོད་ལྟར་རེད། ཁོ་རང་ཚོ་ནི་དེང་རབས་གསར་དར་གླུ་གཞས་ཀྱི་རིགས་ལ་སྤྲོ་བ་ཆེ་ཕྱིར། ང་རང་གཉེན་སྟོན་མང་པོ་ཞིག་ཏུ་གདན་འདྲེན་བྱས་པ་ལྟར་སོང་བ་ཡིན་མོད། ཨ་མྱེས་ལགས། ཁྱེད་ཀྱིས་སྲོལ་རྒྱུན་གྱི་བཤད་པའི་སྐོར་ཐུང་ངུ་ཞིག་ལེན་རོགས་ཞེས་ཞུ་མཁན་གཅིག་ཀྱང་མ་བྱུང་། ཞེས་གསུངས།

སྤྱི་ཚོགས་རིག་གནས་དང་དཔལ་འབྱོར་ལ་འཕོ་འགྱུར་ཆེན་པོ་བྱུང་དང་འབྱུང་བཞིན་པའི་དབང་གིས། བཤད་པ་ལྟ་བུའི་སྲོལ་རྒྱུན་གྱི་ངག་རྒྱུན་རིག་གནས་ཀྱི་རྒྱུན་འཛིན་ཐད་ལ་ཐུར་བྱུང་མ་སྨྱོང་བའི་མིག་མཐོང་ལག་ཟིན་གྱི་དཀའ་ངལ་ཞིག་ལ་ཕྲད་ཡོད་པ་དང་། འདས་པའི་མི་ལོ་ཁ་ཤས་ཀྱི་རིང་། ཅོ་ནེ་རྫོང་སྲིད་གཞུང་དང་ཡུལ་གྱི་མང་ཚོགས་ཀྱིས་ཐབས་བརྒྱ་ཇུས་སྟོང་གི་སྒོ་ནས་ཉམས་པ་སླར་གསོ་དང་མ་ཉམས་གོང་སྤེལ་གྱི་ཆེད་དུ། ཐུ་ཕྱིར་བཤད་པ་ནི་མངོན་མིན་ཤུལ་བཞག་རིག་གནས་ཀྱི་ལས་གཞིའི་གྲས་སུ་བཙུག་ནས། བཤད་པ་གྲེར་མཁན་རྣམས་ལ་རོགས་དངུལ་གྱི་རྒྱབ་སྐྱོར་གནང་བ་དང་། བཤད་པའི་གླུ་ཚིག་དང་གྲེར་ལེན་སྐོར་གྱི་སློབ་ཁྲིད་རྩ་འཛུགས་བྱས་པ་སོགས་བཤད་པའི་རིག་གནས་སླར་གསོ་དང་སྲུང་སྐྱོབ་ཀྱི་ཆེད་དུ་བྱེད་སྒོ་སྣ་ཚོགས་ཤིག་སྤེལ་ཡོད་ནའང་། ཨ་མྱེས་གཙུག་གཏོར་ལྟ་བུའི་གྲེར་མཁན་རྒན་རབས་པ་རྣམས་ཀྱི་མཐོང་སྣང་དུ། ལོ་བཞི་བཅུ་མན་གྱི་དར་མ་དང་ན་གཞོན་གྱི་གྲས་སུ་བཤད་པའི་རྒྱུན་འཛིན་ལ་སྤྲོ་བ་ཡོད་མཁན་ཤིན་ཏུ་དཀོན་པར་མ་ཟད། ཡུལ་གྲོང་གི་ནང་དུ་བོད་སྐད་ཡིག་གི་སྤྱོད་སྒོ་ཡང་ཇེ་ཆུང་ནས་ཇེ་ཆུང་དུ་ཕྱིན་ཡོད་ཕྱིར། བཤད་པའི་གྲེར་ལེན་གྱི་སྲོལ་རྒྱུན་དེ་ཉིད་ཉམས་དམས་སུ་སོང་བའི་གནས་སྟངས་ནི་ཤིན་ཏུ་ཛ་དྲག་ཅན་ཞིག་ཏུ་གྱུར་ཡོད།

སྒྲིག་དེབ་འདི་ནི་དེ་ལྟ་བུའི་སྐྱེ་ཟད་ཐོ་ཐུག་གི་གནས་ཚུལ་ལ་དམིགས་ཁྲལ་བྱས་ནས། ཆེད་དུ་ཡུལ་དེའི་མང་ཚོགས་དང་མཉམ་དུ་བསྒྲིགས་པ་ཞིག་ཡིན། དེའང་མདོ་སྨད་ཅོ་ནེའི་ཡུལ་དུ་དར་ཆེ་བའི་བཤད་པ་ཞེས་པའི་སྲོལ་རྒྱུན་གྱི་གླུ་ཚོགས་འདི་ཉིད། ཉམས་པ་སླར་གསོ་དང་མ་ཉམས་གོང་འཕེལ་དུ་བཏང་ནས། རང་རེ་རྣམས་ཀྱི་སྐད་ཡིག་དང་རིག་གཞུང་གི་བདག་དབང་དང་རྩིས་ཐང་མངོན་འགྱུར་བྱེད་པའི་རྒྱུ་རྐྱེན་ཞིག་ཏུ་འགྱུར་བའི་ཆེད་དུ་ཡིན། གཞན་ཡང་། བོད་ཀྱི་ངག་རྒྱུན་རྩོམ་རིག་གི་མཚོན་བྱེད་འདི་ལྟ་བུ་ཞིག་བསྡུ་སྒྲིག་དང་དེ་ལ་ཉམས་ཞིབ་བྱས་ཁྲལ་གྱི་འབྲས་བུ་འདི་ཡིས། རང་ཅག་གངས་རིའི་ལྗོངས་ཀྱི་ཡུལ་ལུང་ཀུན་ཏུ་དར་ཁྱབ་ཆེ་བའི་སྲོལ་རྒྱུན་གྱི་ངག་རྒྱུན་རྩོམ་རིག་གི་སྐོར་ལ་བསྡུ་སྒྲིག་དང་ཉམས་ཞིབ་བྱེད་ཐབས་དང་། སྒོས་སུ་སྤྱི་ཚོགས་མི་ཚོས་རིག་གནས་ཀྱི་ཉམས་ཞིབ་ཐད་ལ་བསམ་གཞིགས་ཀྱི་རིན་ཐང་ཕྲན་བུ་ཞིག་ལྡན་པར་གྱུར་ཆེ། དེ་ནི་ཁོ་བོ་ཅག་གི་བླ་ན་མེད་པའི་གཟི་བརྗིད་ཅིག་ཏུ་བརྩིས་ཡོད།

序言

那是在桑吉曼婚礼的前一晚，我靠着客厅的窗户，觉得自己倚在被一层薄薄的玻璃隔开的两个世界之间。庭院里，伴随着音响和旋转的迪斯科彩虹球，桑吉曼的朋友们围成一圈儿载歌载舞。他们的播放列表从藏族民谣到汉族流行音乐，从扎念弹唱到夜店名曲，无所不包。当广受年轻一代喜欢的《阿拉伯之夜》响起时，他们将音响调到最大，随着音乐尽情摇曳着身姿。

一窗之隔，客厅的炕上，四位老者喝着青稞酒。彩虹球的光线透过窗户在他们褶皱的面颊上跳动。老者们唱着释巴，断断续续地交谈，偶尔望向窗外。在门外音响的巨大声浪里，我好奇他们能否捕捉到对方的言语和唱辞。

凝视着这两个共存的世界，在那一刻，我把庭院和客厅里的割裂简单地理解为代际差异。之后的日子里，当我对尚在卓尼传承的释巴——一部囊括藏族文化智慧的庞大诗集——了解与日俱增，我才开始明白，这种割裂是卓尼人在过去几十年中面临的社会文化困境造就的。

阿乃子斗是我有幸合作过的一位释巴艺人。他总以“那时候”开始他的故事。我亲见汹涌的回忆是如何淹没他，释巴如何迅速消失，以及将释巴传承给下一代是多么的困难。他说：“那时候，没有电视电话。释巴永远是婚礼上最精彩的部分。我们会通宵达旦地唱。人们整晚不睡觉来听我们唱。但现在家家户户都有电视。没人想听释巴，更别说参加对唱和斗歌了。”他惋惜又落寞地说道：“现在婚礼的前一晚是属于年轻人的。所有年轻人都对现代音乐感兴趣。在许多婚礼的前一晚我受邀去演唱，但是没有一个，没有任何一个年轻人对我说‘阿乃，您能唱一点释巴吗？’”

剧烈的社会、经济与文化变迁让释巴的存续变得极为艰难。过去几年，卓尼县政府和族群成员通过让释巴成为非物质文化遗产，补贴释巴艺人，自发组织学习等方式致力于释巴的保护和复兴。但是四十岁以下的一代中缺乏学习释巴的人，族群中藏语也在迅速流失。所以对许许多多像阿乃子斗这样的艺人来说，释巴已经变得极为濒危。

这本与卓尼藏族合作的书，是对这种日渐加重的传统文化流失的一点回应。在后续的章节中，我们将展示一个数辑于卓尼的释巴录音与文本的合集。希望这本书可以成为卓尼藏族复兴释巴的一个切入点，同时能够提振他们的语言与文化尊严。此外，如若此书研究藏族口述传统的方法能以某种形式，对整理、收集和复兴其他口述传统的探索有所助益，我们将会倍感欣慰。

Introduction
སྔོན་གླེང་གི་གཏམ། 导论

Bendi Tso བན་དེ་འཚོ། 完代草

Marnyi Gyatso མར་ཉི་རྒྱ་མཚོ། 玛尔尼嘉措

Naljor Tsering རྣལ་འབྱོར་ཚེ་རིང་། 闹九次力

Mark Turin མར་ཁ་ཐུ་རིན། 马克·图灵

Introduction

Shépa (*bshad pa*), meaning 'explanation' or 'elucidation', is an encyclopedic collection of antiphonal songs practiced by a Tibetan subgroup known as the Choné people (*Co ne pa*) residing in Kenlho (Kan lho; Gannan 甘南) Tibetan Autonomous Prefecture of Gansu Province in northwest China. It has circulated for centuries in the area straddling Amdo-Kham and Sichuan-Gansu. This book is based on Shépa in oral and textual forms collected from 2015 to 2020 in Choné County (Co ne Rdzong; Zhuoni Xian 卓尼县). Most often rendered in lines with seven syllables and performed by ritual specialists and prestigious elders in a question-and-answer format (*dri ba dris lan*), Shépa details Tibetan cosmology, geography, history, social customs, and cultural-religious objects, among other themes. It encapsulates the evolution of Tibetan civilisation through time and serves as a repository of the cultural, religious, and historical knowledge of the Choné people.

The Choné people are part of the Tibetan ethnic group—one of the fifty-five ethnic minority groups classified by the Chinese government in

https://doi.org/10.11647/OBP.0312.01

the 1950s. With a population of over 7 million,[1] Tibetans fall under a single large umbrella term: *bod rigs* in Tibetan, *zangzu* in Chinese, or *Tibetan* in English. However, considerable diversity exists within the Tibetan community, based on geographic and ecological location, language, religion, custom, livelihood, and history. This variation is particularly pronounced for Tibetan subgroups distributed along the borderland between cultural Tibet and China proper. Among such subgroups, the Choné people, who number around 30,000, sustain themselves through farming, herding, trading, and occasionally logging. The Choné people are the descendants of several waves of Tibetan migrants who settled along the Luchu River (Klu chu; Taohe 洮河) and its tributaries in the upper Yellow River (Rma chu; Huanghe 黄河) basin, and speak a language that is close to Kham Tibetan. Choné villages are adjacent to those of other peoples, such as the Han, Hui, and Monguor. The history of the Choné people is profoundly shaped by intricate interactions with close neighbors and distant political and religious centers.[2]

Shépa was probably transplanted by Tibetan migrants or perhaps created by their descendants and today is sung by the Choné people. Yet, when and how the songs that constitute Shépa took their current form is still in question and remains a point of considerable debate. On the one hand, the content and performative styles of Shépa overlap with other forms of Tibetan oral tradition from northern Amdo to the southern Himalaya. On the other hand, a general comparison between Shépa and Tibetan written texts from the tenth century indicates a long-standing and entangled relationship between this oral tradition and Tibetan literature. In this introduction, we offer some reflections on the historical and contemporary context on Shépa, its performance, and the places and cultures that have nourished it, and we recognise the individuals who have transmitted Shépa across the generations.

Land and History

Choné is located in the eastern Tibetan Plateau, where the Dolam Ringmo (Mdo lam ring mo; Qilianshan 祁连山) and the Bayan Har (BAn yan ha ri; Bayankalashan 巴颜喀拉山) mountains stretch southeastward in parallel, intersecting with the northern Minshan 岷山 and the western Qinling 秦岭 mountains. The altitude drops from over 4,000 meters in the northwest to around 2,500 meters in the southeast. The Luchu River and its tributaries flow over the edge of the Tibetan Plateau, cutting through towering mountains and across rolling hills, then proceeding along flat valleys. Under the influence of the East Asian Monsoon system, the Siberian High, and the low-pressure belt of the Tibetan Plateau, various ecological zones—such as highland steppe, alpine meadow, and temperate valley—occupy the grooves of this highly varied terrain. The average annual sunshine and precipitation create good conditions for temperate and high-altitude herbaceous vegetation and crops. Yet, the climatic system, topographic makeup, and elevational gradients cause occasional blizzards and droughts in the growing season, as well as destructive hail storms and above-median rainfall during the harvest season.

The geographic implications of the toponym 'Choné' have changed over time. Based on our examination of Tibetan and Chinese sources, the earliest appearance of the toponym 'Choné' in historical records dates to the early sixteenth century. At this time, the term referred specifically to the site of Choné Monastery (Co ne dgon chen dga' ldan bshad sgrub gling) and to the Tibetan communities managed by the Choné kings (*sa skyong, rgyal po, dpon po*) in the Luchu River valley.[3] Nonetheless, long before the toponym 'Choné' was tied to the history of the monastery and kings, and even before Tibetan imperial powers exerted control over the Luchu valley, the area was already a military frontier where different political forces sought to extend their reach and solidify their influence. Choné was considered the periphery of multiple civilisations and was occupied by armies of different regimes in China and Inner Asia.

According to Chinese dynastic records, the Luchu valley was inhabited by various Qiang groups during the Han dynasty (202 BC–220 AD).[4] It then became the eastern border of the Tuyuhun 吐谷浑 ('A zha) Kingdom (284–670) founded by a khan of the Xianbei 鲜卑, a nomadic people originating from the Mongolian Plateau. During the Sui dynasty (581–619), the valley was partially managed by Liantao Prefecture 临洮郡 of Liangzhou 梁州. Later, it was administered by Longyou Circuit 陇右道 of the Tang dynasty (618–907). In the mid-seventh century, the Tibetan Empire (618–842) based in Ü-Tsang (Dbus gtsang, central Tibet) conquered the Tuyuhun Kingdom and seized the Luchu valley.[5] Following the demise of the Tibetan Empire, the strategic military outposts along the valley were captured by the Tibetan Tsongkha Kingdom (Tsong kha or Rgyal sras, Gusiluo 唃厮啰, 997–1099), and the

Jurchen Jin (1114–1234) in step with their wars against the Song dynasty (960–1279).[6] After the Mongols triumphed over the Song, the region was separately incorporated into Tuosima 脱思麻 (Domé, Mdo smad) Circuit and Gongchang 巩昌 Prefecture of the Yuan Empire (1271–1368). Local Tibetan leaders were granted official titles and positions such as chiliarch (*qianhu* 千戶) and centurion (*baihu* 百戶) by the Yuan court to rule their own subjects.[7]

With the establishment of the Ming dynasty (1368–1644), border walls (*bianqiang* 边墙) were gradually constructed across eastern Amdo. Permanent Chinese garrisons (*weisuo* 卫所) were set up on the east side of the border. Taozhou 洮州/Batsé (Tha'o ju/Sbra mtsher/Ba tse; Lintan 临潭) and Minzhou 岷州/Menju (Men ju; Minxian 岷县), the two garrisons in the Luchu valley, were guarded by several hundred forts manned by Han Chinese and Hui Muslim farmer-soldiers. The Ming court applied the concept of 'loose rein' (*jimi* 羁縻) to maintain peace with Tibetans on the west side of the border. The Ming court continued the Yuan strategy of conferring both native official (*tusi*/*tuguan* 土司/土官) and monastic official (*sengguan* 僧官) titles on Tibetan secular and religious authorities to indirectly manage local affairs. Changti (Spyang thI, Xiedi 些地)—the headman of the Chotsang clan (Co tshang/Gro tshang tsho ba; Zhuozangcu 着藏簇) who was posthumously considered to be the first Choné king—was granted the title of chiliarch in 1418. Cooperating with Ming troops to subdue other Tibetan groups who harassed the frontier garrisons and to defend against the Mongols who moved to Amdo and disturbed the Ming western border in the sixteenth century, the Choné kings obtained more distinguished heritable titles from the Chinese court. By the seventeenth century, the Choné kings played an increasingly important role in Amdo politics, especially when they maintained good relations with both the Mongols and the Chinese.[8]

With the rise of the Choné kings, the toponym 'Choné' came to refer to their realm of control in eastern Amdo. When the Manchus established the Qing dynasty (1644–1911), the Ming border was retained as a dividing line between administrations run by regular Chinese bureaucrats (*liuguan* 流官) appointed by the court, and Tibetan areas ruled by native officials who had been recognised by the emperors. Among many Tibetan native officials, the Choné kings were the most influential rulers in Amdo. They served the Qing in various military campaigns and received prestigious official titles in return.

They controlled the Luchu valley and expanded the kingdom to the Drukchu ('Brug chu; Bailongjiang 白龙江) River valley to the south of Choné. When the kingdom reached its peak in the late eighteenth century, it bordered the areas managed by Labrang Monastery (Dge ldan bshad sgrub dar rgyas bkra shis g.yas su 'khyil ba'i gling), Qinghai Mongols, and the Tibetan authorities of northern Sichuan. The toponym thus covered a region consisting of Choné, Tébo (The bo; Diebu 迭部), and parts of Batsé, Menju, and Drukchu ('Brug chu; Zhouqu 舟曲/Xigu 西固).[9] The Choné kings managed this kingdom throughout the nineteenth century. Their dominance of the region continued up to 1949.[10] Nowadays, 'Choné' refers to a county in southwestern Gansu Province (Fig. 1).

In providing this historical context, our goal is to clarify that the meaning of 'Choné' is never static. The changing implications of the toponym correspond to the transformations of the local political landscape. For the purpose of this book, we understand and use 'Choné' in an ethnocultural sense: Choné is a cultural zone along the Luchu River between Chépashi (Chas pa'i gshis; Chebagou车巴沟) to Tsangpawa (Gtsang pa ba; Zangbawa 藏巴哇), which extends beyond the present administrative boundary of Choné County. Defining Choné in this way is particularly relevant for our understanding of Shépa. The majority of renowned Shépa singers live in Choné County, but the Shépa tradition is also maintained by Tibetans in Batsé and several villages in Tébo, albeit with slight local modifications. Most importantly, by understanding Choné to be a dynamic space which carries a sociocultural meaning that changes over time—rather than as a specific place bounded by current administrative boundaries—we are better positioned to make sense of and appreciate Choné's rich history. This, in turn, is essential for understanding the content, transmission, and performance of Shépa over time—a point to which we will return.

Choné on the Margin of Tibetan Civilisation

Where were the Tibetans of Choné originally from? Who became the Choné people? While these thorny questions are beyond the scope of this introduction, readers are reminded that the Choné people are the descendants of several waves of Tibetan migrants who settled down and likely mingled with some 'Tibetanised' locals in the Luchu valley from the seventh century onward. With cultural-religious ties connecting them to Ü-Tsang, these migrants brought the evolving Tibetan civilisation to the area where the Choné Kingdom was founded and likely adapted their knowledge, norms, and customs time and again to local circumstances. Such an understanding is crucial for making sense of how Shépa has been crafted by the Choné people into its current encyclopedic form.

The earliest Tibetan migrants were soldiers dispatched from Ü-Tsang to conquer distant lands. They arrived in the Luchu valley in the seventh and eighth centuries. After incorporating the region inhabited by Tuyuhun, Tangut, and Qiang peoples, these soldiers expanded the Tibetan Empire to the Tang western borderland. They fought in the Tang-Tibetan wars, garrisoned the frontier, and might well have lived among subdued groups, albeit with an elevated socio-political status.[11] Following the Tibetan conquest, the Luchu valley was likely a vibrant space for the exchange of religious ideas and practices between Tibetan and other ethnocultural groups. Nonetheless, because of the political-military supremacy of the Tibetan conquers, the elusive Tibetan 'folk religion'—or Sipé Bon (*srid pa'i bon*)—was possibly the dominant religious tradition in the Luchu valley.[12]

Following the collapse of the Tibetan Empire, many civilian and military officials continued to manage the borderland. They became de facto rulers, organising local Tibetans into federated units and sometimes large confederations under the banner of offshoots of the Tibetan royal lineage during the Era of Fragmentation (*sil bu'i dus*, ninth—eleventh centuries). The Tsongkha Kingdom was such a confederation established in Amdo.[13] In its wars against the Xixia 西夏 (Mi nyag, 1038–1227) and the Song, in light of scattered Chinese records, the Tsongkha Kingdom's Lhündrup (Lhan grub, Longbu 陇逋), Penpod (Phan po, Pangbai 庞拜), and Barlung (Bar lung, Baling 巴凌) federations that comprised more than 40,000 Tibetan households often joined the battles, and moved freely between northern Qinghai and southern Gansu, with some units settled in the Luchu valley.[14] During this period, in contrast to Ü-Tsang where Buddhism was repressed, Amdo witnessed the steady development of Buddhism as it came to reshape the local religious landscape.[15] The existing 'folk religion' was absorbed and its role in local society was possibly restrained by Buddhist and Yungdrung Bon (*g.yung drung bon*) practitioners. Nevertheless, folk religious practices still developed alongside these more institutionalised religions.

In the twelfth century, despite the demise of the Tsongkha Kingdom, many Tibetan federations were affiliated to its ruling lineage. Chinese accounts indicate that 11,337 households and tents in Taozhou were part of this post-Tsongkha confederation that paid flexible allegiance to the influential empires of that time.[16] By the thirteenth century, the confederation dissolved and new political powers took its place. According to a catalogue (*dkar chag*, n.d.) cited in the *Oceanic Annals* (*Mdo smad chos 'byung*), Ngédo (Ngas mdo), Gongso (Gong so), Ara (A ra), Luchung (Klu chung), and Zhunba (Gzhung ba)—which were known as the Choné Five Federations (Co ne khag lnga)—patronised Yerwa Monastery (Yer ba dgon bsam 'grub gling) of the Kadam (Bka' gdams) sect in the middle Luchu valley.[17] These federations showed an inclusive attitude toward different religious traditions, placing high value on the healing skills and magical powers of ritual specialists. Both Bon and Buddhist institutions thrived along the Luchu valley. In the upper valley specifically, Luchung was one of the most reputable centers of Bon in Amdo. Local lineages produced many great Bon masters and dominated the area up to the seventeenth century. The Choné Five Federations established several Nyingma assembly halls (*'du khang, lha khang*) in the middle valley, including one on the site of what would later become Choné Monastery. With the patronage of local Tibetan rulers and the Song government, several large monasteries were also constructed along the lower valley.[18] Being an essential part of local and transregional politics, Buddhism had a strong presence in this area, reaching a peak in the Mongol Empire.

With the support of the Yuan emperors, the Sakya sect played a crucial role in reshaping the religious landscape of the Tibetan Plateau since 1264.[19] Given that Drogön Chogyal Phagpa (1235–1280)—the leader of the Sakya sect who served as the imperial preceptor (*ti shri*; *dishi* 帝师)—often resided in Lintao 临洮 near the end of the Luchu River, his disciples actively built new monasteries and reformed monasteries of other sects along the valley. Consequently, the monasteries of the Choné Five Federations under the Mongol rule followed the Sakya tradition. The renowned Choné Monastery, by then a small Nyingma assembly hall named Dritsang Lhakhang (Dri gtsang lha khang), was reformed into a Sakya institution by Phagpa's student in 1295. A century later, it became one of the largest monasteries in Amdo, housing more than 3,000 monks.[20] Nonetheless, the Sakya influence began to wane alongside the rapid demise of the Yuan Empire. Bon and other Buddhist sects promptly built and restored monasteries in Amdo, and received the patronage of the Ming emperors at the turn of the fifteenth century, ushering in an era of prosperity for Tibetan Buddhism and Bon religion.[21] Among these traditions, the newly founded Géluk sect played a decisive role in transforming the religious practices along the Luchu valley with political and economic support from the Choné kings.

The Choné king Changti and his brother Ngoti (Sngo thI) were descended from Yéshé Dargyé (Ye shes dar rgyas): a minister appointed by the forty-first Tibetan emperor Tritsuk Détsen (Khri gtsug lde btsan/ Khri ral pa can, 802–838) to collect tax in Dzögé (Mdzod dge) in present-day northwestern Sichuan. Yéshé Dargyé was a leader of the Ga (Dga') clan: a royal branch of the Tibetan imperial family that traced its origin to Ga, the son granted by heaven to the first Tibetan ruler Nyatri Tsenpo (Gnya' khri btsan po).[22] Local accounts suggest that Changti and Ngoti migrated from Dzögé to Tébo and eventually arrived in the Luchu valley around the turn of the fifteenth century. Some groups affiliated with them joined the migration that was triggered by inter- and intra-federation feuds in Dzögé. Moving to the vicinity of Taozhou and Minzhou, they conquered some units of the Choné Five Federations, patronised Choné Monastery, and established the dominance of the Chotsang clan.[23]

Based on Géluk narratives, Changti's grandson Rinchen Lhünpopa (Rin chen lhun po pa, b. 1409)—a disciple of the first Dalai Lama Gedun Drupa (Dge 'dun grub pa, 1391–1474)—converted Choné Monastery to the Geluk order in 1459, making it one of the greatest monastic universities along the eastern Tibetan Plateau.[24] However, a closer reading of Tibetan and Chinese sources shows that his reform was strongly resisted by several thousand Sakya monks, leading to the division of Choné Monastery into two parts.[25] One side was managed by a Géluk lineage of dharma lords (*chos rje*) instituted by Rinchen Lhünpopa, while the other remained a Sakya institution. It was only in the seventeenth century—when the Khoshut Mongol ruler Güshi Khan 固始汗 (1582–1654) exerted control over the Tibetan Plateau and supported the Géluk sect—that the dharma lords eventually gained the upper hand in Choné Monastery. Yet, the short-lived Géluk college (*grwa tshang*), set up and restored by several dharma lords to promote systematised monastic education, demonstrated the long-lasting influence of the Sakya tradition. Meanwhile, the continuous influx of Mongols into the Tibetan regions forced a considerable number of Amdo and Kham Tibetans to seek new homes in areas beyond Mongol control. Like other locations in eastern Amdo, Choné became a destination for Tibetan refugees fleeing Mongol conquests.[26] Oral histories in Choné indicate that some Tibetans fleeing the Mongols settled along the upper Luchu valley. Unfortunately, there are very few written records concerning this movement of Tibetan populations.

In the 1670s, the Choné kings paid allegiance to the Manchu emperor who patronised the Géluk sect and intended to replace the Khoshut ruler to manage Tibet. They began to fully support Géluk reforms across the kingdom. They enthusiastically sponsored the construction of new temples, halls, and branch or 'son' monasteries (*bu dgon*), turning Choné Monastery into a 'mother monastery' (*ma dgon*): a popular pilgrim site and a leading Géluk university.[27] In the process, they launched several wars to convert Bon followers in the Luchu and Drukchu valleys to Buddhism, which in turn enlarged their realm. With the kings establishing the so-called '108 branch institutions' of Choné Monastery,[28] the tradition of institutionalised Bon was completely wiped out in Choné. Most Nyingma and Sakya institutions were also converted into Geluk monasteries, leaving only faint traces in the form of monastic architecture, statues, paintings, and dharma dances (*'cham*) along the Luchu valley.

Moreover, the ruling house invited Venerable Drakpa Shédrup (Rje btsun Grags pa bshad sgrub, 1675–1749), who completed the monastic training in Ü-Tsang, to model the Géluk education system and curricula of Lhasa and establish colleges in Choné. The latter served as the thirty-fourth and forty-first dharma lord of Choné Monastery. He instituted the exoteric college (*mtshan nyid grwa tshang*) at Choné Monastery in 1714 and the esoteric college (*dpal ldan stod rgyud grwa tshang*) in 1729. He also compiled various monastic educational materials to supplement the exoteric and esoteric curricula.[29] In the following decades, the college system and curricula were duplicated in monasteries across the kingdom. At the communal level, the Géluk reform profoundly changed the everyday life of the king's subjects, including the practice of their folk religions and the Shépa tradition. According to the oral account of Choné Monastery, thorough collations and revisions of Shépa were undertaken by Drakpa Shédrup and later monastic scholars from the eighteenth century onward.[30]

From the mid-nineteenth century, the Luchu valley suffered several regional wars. The Choné people were at that point the largest Tibetan group ruled by the Choné kings. Time and again, they were either conscripted into the king's militia to suppress insurgents for the Qing and the Republic of China (1912–1949) or slaughtered by insurgents. Throughout this period, the Choné people suffered serious depopulation. Most Tibetan villages on the northern bank of the Luchu River were destroyed in warfare. To collect tax and recruit militiamen, the kings leased destroyed, bankrupted or empty households to Chinese migrants who had narrowly escaped with their lives from social unrest and natural catastrophes in neighbouring areas. This resulted in a steady inflow of Chinese migrants into Choné.[31] By 1949, the Choné people had already become a minority within an ever-growing Chinese population.[32]

Society

Presently, from an administrative perspective, the Choné people live in over 200 villages in Choné and Batsé counties. Various ethnonyms have been used to refer to them, based on their location, mode of production, and cultural characteristics such as hair dress and costume. In general, neighboring Tibetan nomads (*'brog pa*) refer to the Choné people as 'farmers' (*rong pa*), 'riverside people' (*chu kha rgyud*), or 'the ones wearing coral headdresses' (*byu ru spos dmar gyi zhwa can// mgo byu can ma*). Sometimes, due to their 'hybrid' cultural practices, nomads might use a derogatory ethnonym such as 'neither Tibetan nor Chinese' (*rgya ma bod*) or 'neither sheep nor goat' (*ra ma lug*) to refer to the Choné people. In a similar vein, their immediate Chinese and Hui Muslim neighbors refer to this community as 'half barbarians' (*ban fanzi* 半番子) or simply 'western barbarians' (*xifan* 西番): an archaic term chosen by Chinese historians to refer to Tibetans since the Tang dynasty. In recent decades, two ethnonyms have gained increasing popularity: Choné

Tibetans (*jiaonai zangzu* 觉乃藏族), a local government-sanctioned ethnonym in 2001 due to their distinctive cultural practices, and the 'one(s) with three braids' (*sangemao* 三格毛), since Choné women comb their hair into three long braids. According to locals, this style follows the hairstyle of *lha*, the heaven deity. Some community members also suggest that their ethnonym *sangemao* is in fact how the Tibetan term *songtsenmak* (*srong btsan dmag*)—meaning the army of the Tibetan king Songtsen Gampo (Srong btsan sgam po, d. 650)—renders in Chinese. The Choné people normally divide themselves into highland farmers (*stod pa rong pa*) and riverside farmers (*chu ka sde ba*), depending on their proximity to the Luchu River—a geographic barrier which strongly influences their historical exposure to Chinese language and culture and impacts the preservation of their Shépa performance to this day.[33]

Historically, and in keeping with other Amdo Tibetans, *tsowa* (*tsho ba*)—meaning 'division' or 'group'—was the basic social-political-territorial organisation of the Choné people. This organisation appears as *cu* 簇 and *zu* 族 (cluster/clan) in Chinese records before the fourteenth century. The bases of a *tsowa*, which consisted of between several to around thirty households, were patrilineal descent groups. These households considered themselves to be descended from one or several legendary ancestors serving in the Tibetan imperial army. Hence, the agnatic sibling relationship among householders of a *tsowa* played a crucial role in forming the sub-*tsho ba* organisation—*shanyé* (*sha nye*) in Tibetan and *qinfang* 亲房 in Chinese. Depending on the size of the *tsowa*, the number of households that constituted a *shanyé* varied, ranging from a few to more than a dozen. Members of a *shanyé* shared the same bone (*rus pa*), bore the same lineage name (*rus ming*), had the same protector deity (*rigs kyi lha*), and worshipped the same mountain god (*yul lha*). In this sense, *shanyé* are very similar to branches of a clan.[34]

Since the 1930s, the term village (*sde ba*; *cun* 村) has been widely used by locals and the Chinese government to refer to the basic social-administrative unit in the Luchu valley, and the term *tsowa* has been gradually replaced by 'village'. However, the Choné people still regard consanguineal kinship as the cardinal organisational axis for forming exclusive groups. The *shanyé* relation has been retained, albeit with certain changes responding to local social changes. Generally speaking, there are two kinds of *shanyé*: *shanyé* of blood (*mi sha nye*) and *shanyé* of land (*sa sha nye*). *Shanyé* of land is a byproduct of the process by which the Choné ruling house reformed the land system in response to Tibetan depopulation, by enlisting Chinese migrants to maintain its militia and revenue.[35] *Shanyé* of land has weakened the intimate relationships within *tsowa*, which used to consist only of *shanyé* of blood. In some cases, the Choné people would further differentiate root *shanyé* (*sha nye rtsa*) from regular *shanyé*. As the term suggests, root *shanyé* is more closely bound, with its members assuming more responsibilities to one another. Having lived on the Sino-Tibetan borderland for centuries, almost all Choné people have Chinese surnames. A surname also serves as a marker to distinguish whether one belongs to the same *shanyé* in any given village. It is worth noting that a *shanyé* might include households with different surnames, and that households bearing the same surname within a village do not necessarily belong to a same *shanyé*. For the Choné people, *shanyé* has served as the most important social organisational axis to form intimate circles of support for one another in service of agricultural production, ceremonies, and moments of crisis.

Religious Practices

Despite its location on the very edge of Tibetan civilisation, the Luchu valley has been under the continuous cultural and religious influence of Ü-Tsang. As outlined above, multiple waves of Tibetan immigration and religious reforms have made the Luchu valley a kaleidoscopic prism for understanding religious and cultural practices in this area in particular, and across the Tibetan Plateau in general. In common with other areas in the Sino-Tibetan borderland and southern Himalaya, the marginal location of the Luchu valley has provided a shelter for traditions that were lost in the religious and cultural center to survive on in the periphery. The lives of the Choné people have been infused by many such traditions. In Choné, both non-Buddhist and Buddhist experts are considered religious practitioners and employed as ritual specialists, depending on the pragmatic needs of the locals.

Almost every Choné village had an *anyé bonpo* (*a myes bon po*) household belonging to a lay Bon priest or an *anyé gompa* (*a myes sgom pa*) household of a lay Nyingma practitioner, who would be in charge of performing rituals for individuals and community before the 1950s.

Nowadays, ever fewer villages have these priests. Both *anyé bonpo* and *anyé gompa* provide villagers with various ritual services, such as making offerings to the mountain deity, pleasing the household deity, exorcising evil spirits, curing disease, and so forth. Their knowledge, texts, and ritual objects, which are integral to their household, are transmitted to their male heirs who then assume the identity of priests.

Anyé bonpo is particularly important to the Choné people. Because the Bon priest is considered the protector of the household (*Bdag rgyud du skyes pa'i bon po yis/ rigs su che ba'i lha bdar nas/ khungs su btsan pa'i smrangs gyer ro//*), his ritual expertise is often associated with *anyé zhidak* (*a myes gzhi bdag*): a built-in wooden cabinet designed for storing arrows (*mda'*) that represent lineage, fortune, and fertility, located beside the main pillar in the living room of a Choné Tibetan house (Fig. 2). *Leu* (*le'u/lhe'u*), who appear in Shépa, are a type of *anyé bonpo*. In Choné, *Leu* are crucial figures who conduct the protection ritual (*srung*) during the marriage ceremony. Over the past decades, ever fewer households of *anyé bonpo* have been in a position to transmit their heritage and duties to the next generation. Based on our current research, there remain only a handful of *anyé bonpo*, and no *leu*, in Choné.

Like *anyé bonpo*, *anyé gompa* train their sons to become qualified practitioners to perform rituals for villagers. Normally, *anyé gompa* are affiliated with a local Nyingma temple. At least once and up to several times a year, they gather from different villages at the temple to recite texts and practice ritual techniques together. Seen in this light, the tradition of *anyé gompa* has been better preserved in Choné than that of *anyé bonpo*. When a village does not have an *anyé bonpo*, an *anyé gompa* takes over his role. In particular, this may occur on a wedding day. For the duration of the wedding ceremony, the *anyé gompa* is addressed as *anyé leu* (*a myes le'u/lhe'u*). He sits next to the *anyé zhidak* and performs the protection ritual.

These days, almost all of the critical moments in the lives of Choné people now involve Geluk monks and lamas, from naming newborn children to blessing newlyweds to performing funeral rituals. Since the eighteenth century, the majority of Choné people have become Geluk followers. Major festivals, fairs, and pilgrimage dates in the local calendar are arranged according to the religious schedule of Choné Monastery and its branches.[36] In recent years, with village ritual specialists ageing and passing away, villagers offer their non-Buddhist ritual texts to Geluk monks and ask them to perform rituals that were once conducted solely by *anyé bonpo* and *anyé gompa*. Monks usually conduct these rituals with some Buddhist modifications.

Local Understandings and Performances of Shépa

What is Shépa?

In general terms, Shépa is an expansive collection of Tibetan cultural knowledge composed in oral poetic form. Its kaleidoscopic themes and performative styles overlap with other Tibetan oral traditions, resulting in varying definitions of Shépa in both academic and public discourse. Scholars studying oral performance in Amdo generally understand Shépa to be 'poetic recitals'[37] or 'speeches'[38]. Recent studies of Shépa in other parts of Amdo offer a broader understanding and consider it 'oral literature' (*ngag thog rtsom rig*)[39] or 'oral tradition' (*ngag rgyun*)[40], mostly involving ceremonial speech (*ston bshad/gtam*) and comprehensive explanations of culturally important items such as barley (*nas bshad*), bowls (*dkar yol gyi bshad pa*), and weapons (*mda' bshad* and *gri bshad*), to name but a few. According to these studies, Shépa is composed in verse (*tshigs bcad*), prose (*tshigs lhug*), or a combination of both. In such a reading, Shépa can be performed and transmitted in various formats, including as explanation (*'chad*), recitation (*gyer*), or as song (*len*).[41] In some cases, this more expansive understanding of Shépa has also included performances by women, such as 'The Tears of the Bride' (*bag ma'i mig chu mu tig phreng ba*).[42]

Within Choné, performers and cultural activists have developed different understandings of Shépa and its constituent elements. Firstly, besides 'Shépa', some community members use the term *sipa* (*srid pa*)—meaning 'the world' or 'the origin'—to refer to this form of oral tradition. This usage could be related to the Tibetan folk habit of referring to songs as *sipé lu* (*srid pa'i glu*) or *sipa chaklu* (*srid pa chags glu*). It might be also related to the ritual recitation of *sipé toyik* (*srid pa'i tho yig*)—translated as 'the catalogue of the world'—by the ritual specialist *leu* in Tibetan communities. Given that the content of present-day Shépa has already diverged significantly from early Bon ritual recitations, and that the term 'Shépa' is more widely acknowledged in public discourse, we use the term 'Shépa' in this publication. At the same time, we wish readers to be aware of this other term by which some members of our community refer to this oral tradition.

Secondly, there exist disputes and disagreements as to what constitutes Shépa. One point of view supports a clear demarcation between Shépa—which is performed antiphonally in question-and-answer style with relatively fixed verses and content—and other forms of oral tradition, such as ceremonial speeches: whose lyrics are subject to change depending on context and which can be performed by one person alone. In Shépa, a common unit of expression is a line with seven syllables. Only a few lines of Shépa are documented that have syllable units of eight or nine. Based on this understanding, 'Chémar' (*phye mar*, Barley-Butter Offering), 'Da' (*mda'*, Arrow), 'Khyung' (*khyung*, Garuda), 'Rübel' (*rus sbal*, Cosmic Tortoise), 'Jikten Chakluk' (*'jig rten chags lugs*, World), and 'Lönpo Garchen' (*blon po mgar chen*, Minister Gar Tongtsen) are widely recognised by the Choné people as constituting Shépa. As the longest section of Shépa, 'Jikten Chakluk' consists of the themes 'Jikpa' (*'jig pa*, Destruction), 'Chakpa' (*chags pa*, Formation), 'Nyi Da Kar Sum' (*nyi zla skar gsum*, The Sun, the Moon and Stars), and 'Nangchü Semchen' (*nang bcud sems can*, Sentient Beings). In the current publication, we also include 'Tsalu' (*tsha glu*, Song of Wife Taker/Nephew) and 'Zhanglu' (*zhang glu*, Song of Wife Giver/Maternal Uncle) in our Shépa collection, as these are often sung together with 'Lönpo Garchen' at weddings—occasions at which Shépa performance forms a significant part of the ceremony.

A more inclusive understanding of this oral tradition would suggest that all oral traditions practiced in Choné might be regarded as Shépa. Accordingly, Shépa may be understood as an umbrella category including all local oral performances that have survived to the present. If we adopt this broader definition, Shépa has over thirty sections that range from the highly religious—such as 'Jikten Chakluk'—to the extremely secular, such as 'Chulu' (*chu glu*, Song of Water), 'Jalu' (*ja glu*, Song of Tea), and other themes that are performed in a diverse range of styles. These debates over the composition and meaning of Shépa speak to subtle yet important differences of opinion about Tibetan oral traditions in the minds of the Choné people, and serve to encourage a sustained engagement with questions about the position of Shépa relative to other Tibetan oral traditions.

Conventional Performance

Shépa performance is monopolised by senior men who carry cultural and religious authority and enjoy social prestige. The number of singers, spatial arrangement, content selection, and length are subject to change based on the core setting of the performance. Although Shépa can be sung as a solo by a singer who poses and then answers questions by himself, the most common performative format is by choir on ceremonial occasions. In choir performances, either a lead performer sings with a stronger and higher voice—while other singers offer vocal accompaniments in the form of asking and answering questions together—or two groups (A and B) of performers engage with one another, singing antiphonally.

In a Shépa performance, each stanza, consisting of varied number of lines, starts or closes with a stock expression, such as 'Please sing the song slowly, there is no hurry' (*glu dal bur shog dang brel ba med/*), or 'This is the response to the song' (*glu de yi lan la de 'dra yin/*)—to remind the other performers and listeners that this section of the narration is now complete. During ceremonies, singers only perform the stanzas that are related to specific themes and do not perform each section of Shépa in its entirety. If time permits, singers may engage in song battles and hop from one section to another, freely and confidently, until their opponents are defeated. Normally, group A challenges group B with a stanza of question(s) that requires the latter to choose a stanza of answer(s) precisely and to deliver their response astutely. With B having answered the question(s), A proceeds to pose a follow-up question, or B may ask a question that requires an answer from A. The format resembles a debate through the medium of song. For example, A might ask a question from 'Khyung':

> In the sky, the forefather descended.
> Who was the being that held up the sky?
> On the earth, the foremother descended.
> Who was the being that pressed down the earth?

B would first answer the question from 'Khyung':

> Speaking of the being who held up the sky,
> It was the great Khyung who lifted up the sky.
> The great Khyung, the being who lifted up the sky,
> The sky was uplifted effortlessly.
> Speaking of the being who weighed down the earth,
> It was Rübel who pressed down the earth.
> Rübel, the being who pressed down the earth.
> The earth was depressed gently.

Given that the theme of Rübel is mentioned, B might then jump to ask a question from 'Rübel':

> The great golden Rübel,
> When it had come to the surface of the sea,
> Did it breathe or not breathe?
> Did it have hair or not have hair?
> Did it face towards the sky or to the earth?
> Did it stretch out or retract itself?

If A cannot answer, he is considered defeated. Since one of the central aims of a Shépa singer is to defeat their singing opponent(s), singers will memorise as many stanzas as they can and in the process, develop their own repertoire. A good combination of singing ability, voice, rich repertoire, memory, and quick reactions are the essential characteristics of a strong Shépa performer. Depending on the location and occasion, as well as on a given singer's repertoire, each performance of Shépa is dynamic, different, and full of possibilities. In broad strokes, the Shépa performance reinscribes social and cultural norms and conveys religious and historical knowledge, while at the same time educating and amusing the audience. The performance is the highlight of community gatherings.

The antiphonal style of performance is often observed during the sections of the wedding ceremony that take place in the groom's house. In the main living room, three clusters of seats (*gral*) are arranged: upper seats (*yar gral*) are reserved for monks, *anyé leu*, and elders;

middle seats (*bar gral*) for maternal uncles and the matchmaker; and the lower seats (*mar gral*) are where male villagers may sit. The upper seats are set on the *tsatap* while the middle and lower seats are set out on the wooden floor, facing each other. The latter two groups are encouraged to engage in song battles with each other and answer the questions that are posed by the people seated in the upper seats. However, it would be inappropriate for those seated in the lower area to pose questions to people in the upper seats. Given that local marriage customs are a useful lens to observe how cultural objects, ritual specialists, and social norms mentioned in Shépa play a role in the lives of the Choné people, we devote a section to discussing this important topic.

Shépa is also sung at great length by a choir over the course of one or more days around new year in Choné. Male members of a village sing together or take turns to finish certain parts of Shépa that are selected for the specific occasion and the theme of the new year celebration. Taking the village ceremony of 'horse racing and arrow shooting' (*rta rgyugs mda' 'phen dus chen*) during the new year as an example, the performance takes place at three consecutive sites. The first site is near a major village stupa (*mchod rten*) close to the field used for racing horses and shooting arrows. Stanzas from 'Da' are sung on this occasion. The second site is the house of the village head or the elected leader who assumes responsibility for the communal service (*sngo ra ba*). In the living room, the upper seats are reserved for elders, and the rest are occupied by male members of the village, according to age and social status. These men take turns singing parts of 'Chémar' and 'Da'. The third site is usually an open space in front of the village temple (*ma Ni lha khang*) dedicated to the mountain deity. The seating order follows the same pattern (Fig. 3). Here, 'Da' and village histories are customarily performed by male villagers.

Traditionally at least, when an individual wished to learn Shépa, he would bring gifts, visit different villages of renowned singers, and learn their signature stanzas in a formal way. He would also meet masters at social gatherings and learn discretely from them, or perhaps simply sit in the village plaza and initiate a discussion in order to develop his repertoire. Various memory-aids have been used by singers to facilitate their learning, which include but are not limited to texts in written Tibetan and vernacular renderings in Chinese, as well as audio and video recordings. Most performers with whom we have worked are happy to acknowledge from whom, as well as when, where, and how, they learned certain stanzas. Such a learning process demonstrates the effort needed to master this tradition. Shépa performers are usually very generous in sharing their knowledge and skills with the next generation, including us, without any reservation. In recent years, 'traditional' ways to learn and perform Shépa have undergone rapid transformation in the Choné Tibetan community. The transmission of Shépa is increasingly privatised and its performance is becoming standardised in response to the inscription of this oral tradition into the Kenlho Prefectural-level register of Intangible Cultural Heritage (ICH, *feiwuzhi wenhua yichan* 非物质文化遗产; *mngon min shul bzhag rig gnas*), in 2016.[43] The performative setting and standards for what constitutes a 'good' performer are fast changing, and this process has also been accompanied by a reconceptualisation of what Shépa was, is, and will be.

Shépa Performance within the Context of Intangible Cultural Heritage

With Shépa inscribed as ICH at the Kenlho Prefectural level, the county government implemented a series of policies to motivate various stakeholders to safeguard the oral tradition, involving Shépa performers and cultural activists.[44] The policies include the selection and recognition of Shépa culture bearers (*chuancheng ren* 传承人), the ongoing collection of Shépa texts, the founding of a Shépa troupe, and the promotion of staged performances of Shépa both within Choné County and beyond. In addition to bringing public attention to Shépa performances and raising people's awareness about the value of this cultural heritage, these policies have resulted in a new style of Shépa performance on stage.

The form of stage performance depends on place, scenic design, and audience. For instance, in Choné, the scene of the traditional living room—particularly the *tsatap*—is replicated on stage to retain the essence of a conventional performance. Shépa singers sit around a tea table (*cog tse*) holding a *chémar* and an arrow on the *tsatap*, and perform popular stanzas. Additionally, with the support of choreographers from the Choné Sing and Dance Troupe, a stage performance which combines Shépa and Agya (*a rgya*)—a singing dance performed by two pairs of women in Choné—has been designed to attract audiences both in and outside Choné. Wearing fine attire, young and middle-aged men and women sing Shépa stanzas and Agya lyrics as well as new content composed to describe recent changes in Choné, delivering a dazzling performance (Fig. 4). With video recordings of stage performances circulating on online platforms, these new performative genres have received wide attention from Shépa experts, enthusiasts, and regular audience members.

At the same time, the inherent complexity of ICH management has generated new issues in Choné. On the one hand, through uplifting this oral tradition, Shépa has become a symbolic marker with which Choné people showcase their culture and identify themselves. As a result, Shépa has come to be understood as an objectified resource; local companies carry the names 'Shépa' and 'Agya' to promote their cultural products and services. On the other hand, only a limited number of singers were chosen to serve as cultural bearers and only a few enjoy this newly formed social status and the stipends provided by the government. Consequently, competition has emerged, leading to divisions between singers, villagers, and cultural groups. Shépa is now considered to be something that can be owned by individuals, villages, or cultural groups. The idea of Shépa as the collective and lived experience of the Choné people that goes beyond a single generation is gradually fading.

Akin to other oral traditions that are registered in ICH lists across the world—such as the Mongolian epic, *Tuuli*, and the Gesar Epic in the Tibetan context[45]—the safeguarding of Shépa faces both epistemological and methodological challenges. A central concern of all such undertakings is reconciling the fluid and mutable nature of oral tradition with practices that prioritise the fixing, textualising, and finalising ICH for safeguarding purposes.[46] It is important to acknowledge and protect the multiplicity and variation of an oral tradition in its differing versions, performances, and interpretations. Oral traditions like Shépa are subject to ongoing changes, finding themselves in a constant state of addition and subtraction; as new elements are introduced, old elements reinterpreted, and as the tradition as a whole expands it is revised in ways that we address in this book.

As we have noted, each Shépa performance is tailored anew for each audience in each specific context, and audience members themselves also mediate the form and content of Shépa performance based on their own cultural backgrounds and agendas. This inevitably culminates in different understandings of what Shépa is and how it works, accentuated further when oral traditions like Shépa are supported by the fast-growing development of materials and technologies—whether these be digital, textual or multimedia; resulting in both greater dissemination and, at the same time, ever greater fracturing. Newer digital technologies,[47] which have supported online learning sessions and an emerging collection of audio and video clips shared through social media, are impacting how Shépa is understood and consumed. In our work, we acknowledge the diverse forms that Shépa now takes and highlight the various contributions made by performers and cultural activists in preserving Shépa. In so doing, we draw the reader's attention to the inescapable reality that no two Shépa performances will ever be identical and that any textual or digital source—including this book—must be understood as a partial snapshot of this extraordinary tradition at a specific moment, and should not be taken as an authoritative, comprehensive, or immutable account.[48]

We believe that the vitality of this oral tradition lies in its variation and constant development, entailing collaboration, discussion, and sharing among community members. In underlining the multiplicity and variability of Shépa, we believe that the preservation of oral traditions should focus more on negotiating historical and cultural meanings, maintaining a sense of collective belonging, and also ensuring future-oriented vitality as the community faces dramatic cultural change and new social-economic challenges. The value of Shépa therefore exists not only in official and hierarchical lists developed by government bodies, nor is it exclusive to extravagant performances staged in mainland cities. Rather, Shépa occupies a particular site of emotional and cultural attachment for the Choné people. The social and cultural meanings of Shépa are situated in the everyday lives of local people, and are transmitted through their lived and embodied experiences. Our project is but a starting point—perhaps more of a midway point, given how much earlier work has already been undertaken—in service of the preservation of Shépa in Choné. We appreciate the many varied opinions that individuals hold over the interpretation of Shépa, both its specific elements and its abstract meanings. We also hope that all those invested in Shépa will consider how multiplicity and variability, rather than standardisation, can assist in the sustainability and vitality of Shépa, in the long run.

Marriage in Choné: A Synthesis of Shépa Performance and Tibetan Customs

Marriage customs regarding dowry, bride price, and wedding venue have changed significantly over recent decades in Choné. Nevertheless, two aspects of the custom remain largely unchanged. First, both in arranged marriages and in those freely undertaken (sometimes referred to as 'love marriages'), the matchmaker (*bar pa*) is indispensable. The matchmaker is usually of the same generation as the parents of the groom and bride-to-be, and is often addressed as 'maternal uncle matchmaker' (*zhang po bar pa*) or 'uncle-in-law matchmaker' (*tsha bo bar pa*), depending on his relationship to the family in question. The matchmaker is expected to know both families well and to shoulder many responsibilities, particularly investigating whether the bone—which is used interchangeably with lineage (*rus rgyud*/*rgyud pa*)—of the groom/bride-to-be's family is clean. This brings us to the second element of the marriage custom that remains unchanged: the importance of the cleanness (*gtsang*) of the bone. Unclean bone is often manifested through leprosy or having very apparently undesirable symptoms such as the loss of eyebrows or having strong body odour. It is said that if one inherits body odour from one's mother, such an odour comes from flesh and only lasts for two generations. However, if one inherits body odour from one's father, the odour manifests through the bone and never vanishes. In arranged marriages, individuals work hard to select an ideal candidate. In marriages that are freely undertaken, the respective families as well as the matchmaker investigate all issues related to bone. In general, people avoid marrying into a family whose bone is unclean.

Notwithstanding variations in detail from village to village, the marriage process starts with the family of the groom-to-be making a formal if largely symbolic 'inquiry' (*kha btags 'debs*) to the family of the bride-to-be. The matchmaker and two male root *shanyé* of the groom-to-be bring a *khata* (scarf of blessings), wine, and bread to the family of the bride-to-be, asking her parents if they are willing to marry their daughter to their kinsman. If the *khata* is accepted, it means that the answer is positive. This step is followed by two iterations of a 'wine giving ceremony' (*rgyus chang*), normally held in February and again in August or September. These ceremonies aim to deepen the bond between the two families. The last step before the wedding is the 'great wine giving ceremony' (*chang che*). The groom-to-be's father, matchmaker, and two root *shanyé* come to the bride-to-be's family, where they finalise details such as the bride price, the clothes and jewels for the bride, the number of maternal uncles (*zhang po*) that will escort the bride, the amount of money offered to each maternal uncle on the wedding day, and so forth. In some cases, the matchmaker visits the bride-to-be's family one more time before the wedding day to update on progress and inform the family of any salient changes. Such changes might include amendments to the bride price or a status report if any items that have been requested are still unavailable despite efforts made by the family of the groom-to-be to procure them.

The wedding day is usually during the winter 'slack' season and before the lunar new year. On that day, the groom (*mag pa*), matchmaker, best man (*mag rogs*), and assistant (*zur las*) come to the bride's village early in the morning. The best man should be a married man with a good reputation. He is expected to be good at singing Shépa to help the groom overcome all the challenges set by the bride's side, and most importantly, to request the arrow from the groom's in-laws. The assistant is tasked with carrying the gifts for the bride and her family. On arriving in the bride's village, members of the groom's side are faced with challenges that have been deliberately created in order to make the process of bride-taking playful. Three wooden posts are erected by boys, girls, and grandmothers at the entrance and middle of the village, as well as by the bride's house gate. 'Tsalu', and sometimes 'Chulu'—most often sung by grandmothers—are performed to pose questions to the groom's side at these locations. If the groom's side cannot provide satisfactory gifts and appropriate answers, water is tossed on the groomsmen by members of the bride's entourage. It is the responsibility of the assistant to stop the water from landing on the groom and his best man, as they are supposed to remain tidy and well-groomed throughout the day. With these challenges overcome and the temporary posts removed, the groom and his companions may enter the house. On entering, they are teased and asked for gifts by the bride's sisters, girlfriends, and female cousins who block the bride's bedroom door until eventually the door is opened.

Once the groom meets the bride, he goes to the main living room where he pays respects to the monks, ritual specialists, and elders sitting on the *tsatap*. The groom shall not sit, eat, and talk during the whole sojourn at his in-laws' house. Before the groom returns home with his bride, one of the most important rituals in the wedding takes place: requesting the arrow from the in-laws. The arrow symbolises fertility[49], and is often stored in *anyé zhidak*. As elaborated on in the introduction to 'Da', there are three types of arrows. The first is the *tsen* arrow (*btsan mda'*), representing the spirits of deceased ancestors through a household's male line. The second is the *yang* arrow (*g.yang mda'*), representing the auspicious element that secures the family's fortune and prosperity. The third is known as the shooting arrow (*'phen mda'*), most often used during the new year archery contest. When the shooting arrow is wrapped with a five-coloured silk ribbon, it becomes the arrow gifted by the bride's parents to the groom on the wedding day. Usually, the father of the bride takes the arrow from the *anyé zhidak* and gives it to the most senior elder on the *tsatap*. At this point, Shépa is performed. The elders pose questions by singing stanzas of 'Da'. The best man, on behalf of the groom, answers the questions and eventually obtains the arrow. While this arrow is gifted to the groom, an elder offers the arrow saying: 'this is not an arrow itself but a son (*mda' gcig ma red bu gcig red*)'. Some individuals choose to make this even more auspicious by adding that the arrows represent three sons:

> The eldest son would ascend to the Golden Throne of Ganden Monastery.
> The middle son would take the seat of the Chinese king.
> The youngest son would stay at home and take care of the family.[50]

Once the arrow is given to the groom, he returns home as fast as possible with his best man. They then stand on the roof of the groom's gate, waiting for the bride to arrive. In the meantime, the bride leaves her natal family. A senior paternal male member of her family performs the ritual to call for fortune (*g.yang 'gugs*). Holding the auspicious *yang* arrow, he proclaims: 'May the fortune come! May the fortune come! (*g.yang shog, g.yang shog*)'. He then recites a long verse to call forth fortune from every place. Hearing this, the bride leaves her bedroom and enters the main living room where red felt is placed on top of a table in front of the *anyé zhidak*, to let her bid farewell to the household deities. Accompanied by two bridesmaids (*bag rogs*), each of whom ideally has given birth to both a boy and a girl and whose parents and in-laws are living, the bride circumambulates the table thrice clockwise. Normally, one bridesmaid will be her sister-in-law while the other is a *shanyé* from her natal family. The bride and her sisters and aunts sing the wedding lament (*bag ngu*) all the way from the bride's bedroom through the main living room, the courtyard, out the front gate, and finally to the horse or car that is waiting to carry her away. Upon leaving her village, the bride prostrates three times to the mountain deity. It marks her official farewell to the natal home, the place she was born and raised.

The bride is then escorted by a group of maternal uncles. As a local saying suggests, 'a maternal uncle [is] for nine generations' (*zhang mi rabs dgu'i zhang po*). In the past, many generations of maternal uncles would be traced and invited to escort the bride, with the maternal uncles of the bride's parents being the most important members of the escorting team. Nowadays, the bride's maternal uncle is the most important. The bride's brother is of secondary importance, then followed in ranked order by male relatives from her *shanyé* and her uncles-in-law and brothers-in-law. This hierarchy is reflected in the seating arrangement in the groom's house and the varied amounts of money that the bride's in-laws offer them. In other words, the seat of honour and the highest amount of money are reserved for the bride's maternal uncle. Her uncle-in-law and brother-in-law are less-than-ideal candidates, unless there is a shortage of male hands. These days, the escorting team has become more inclusive and diverse, including the bride's female siblings, cousins, and sometimes aunts.

When the bride and her escorts arrive in the groom's village, they stop at the village stupa. The bride then circumambulates the stupa three times. Encircled by maternal uncles, she slowly walks to the groom's house. Meanwhile, since local Tibetans believe that the bride would be followed by vicious spirits or wild ghosts on the way, *anyé leu* is invited to perform the purification ritual at the gate of the groom's house. With the bride arriving, the groom's mother and paternal uncle's wife bring a sacrificial cake (*gtor ma*) to the gate. Then, they pour vinegar onto burnt hot pebbles (*rdo bsregs*) while encircling the bride (who is surrounded by escorts) in both clockwise and anticlockwise directions respectively, in order to purify her. Afterwards, the escorts are invited to sit in the main living room. The bride and two bridesmaids are seated on the *tsatap* in the second living room. The bride is sat under a pair of hanging boots (*lham*) that she herself has made. The boots will not be taken down and given back to her until her first child is born. In the main living room, the escorting team is welcomed with a feast. Shépa is also performed. 'Zhanglu', praising maternal uncles, is sung during the feast. It is worth noting that 'Chémar' (the head of all songs) and 'Lönpo Garchen' (which highlights the challenging aspects of taking a bride) are performed throughout the whole wedding ceremony from time to time, as appropriate. Given that almost every step of the wedding ceremony must follow an exact timing as reckoned by a monk who has been consulted months ahead of the wedding, Shépa performances usually last only several minutes, the longer performance having occurred the night before the wedding day. As time permits, singers who are villagers or relatives of the host often engage in song battles.

When the feast is nearing its conclusion, the groom and bride enter the main living room where the *anyé leu* performs the protection ritual for them. After he smears butter on the foreheads of the newlyweds, the escorts bring the bride back to her natal family. A few days later, the bride and her father come to the groom's house. Her father stays overnight and informs the in-laws of the list of bride's relatives who must be visited by the newlyweds in the new year. This marks the end of the wedding process. In the new year that follows, the groom will receive the second arrow from his in-laws during his visit. Following the birth of his first child, the groom will receive a third arrow, which in most cases is the last arrow from his in-laws, after which he once again expresses his gratefulness to the *anyé zhidak* in his in-law's household. In some rare cases, some infertile couples may receive an arrow on each new year visit until a child is born. The arrow is not only a prominent section of Shépa, but also a cultural object that is indispensable to the lives of Choné people.

In sum, the marriage synthesises Shépa performance and local customs in Choné. Bone, lineage, kinship, and fortune are key notions for the Choné people in particular, but for the wider Tibetan community in general.[51] These notions are embedded in the social organisations of the Choné people. They are closely associated with the everyday life of the Choné people and the cultural objects elaborated in Shépa. Choné marriage customs provide a lens through which we can directly observe how Shépa has bridged these abstract notions and cultural objects, and how its performative tradition brought local customs to life.

Shépa in Relation to Tibetan Orature and Literature

In the above sections, we have introduced the land, history, society, religion, and Shépa performance of the Choné people. In the following section, we situate Shépa in its historical, religious, and social-cultural context, and elaborate on the wider connections between Shépa and Tibetan orature and literature. For Tibetans, oral tradition is an invaluable element of the collective cultural repertoire—sustaining Tibetan beliefs and worldviews, and imparting social, religious, and cultural knowledge and values.[52] Oral tradition nurtures Tibetan literature in profound and multifaceted ways.[53] As one of many practices that constitute Tibetan oral tradition, Shépa shares overlapping themes and styles with other oral practices while at the same time maintaining its own distinctiveness. By situating Shépa within the wider and dynamic context of Tibetan orature and literature, we seek to deepen our collective understanding of the development of Tibetan oral and literary traditions, and their interconnectedness. In so doing, we aspire to provide a broader basis for understanding and appreciating Shépa.

Shépa and Tibetan Orature

The Form of Shépa in Relation to Other Tibetan Oral Traditions

Analysing Shépa's use of reduplication and onomatopoeia is a productive point of departure in order to understand its form. Reduplicative onomatopoeia is a salient feature of Tibetan poetic expressions. The earliest written records of Tibetan songs, namely *lu* (*glu*), in Dunhuang texts, clearly show such usage. Both academic and public discourse tend to understand *lu* as 'the earliest, most indigenous, most secular, and most orally and musically oriented of the genres' that have not been overly influenced by Indian prosody (*snyan ngag*; Skt. *kāvya*),[54] the poetic convention that has dominated Tibetan poetic composition since the thirteenth century.[55] For example, we see reduplicative onomatopoeia in *si-li-li* and *spu-ru-ru* as documented in the song by the sister of Songtsen Gampo to Minister Mang Chung (Rmang chung, n.d.) in the *Old Tibetan Chronicle* (*Btsan po rim byon gyi lo rgyus*) founded in Dunhuang.[56] The use of reduplicative onomatopoeia is an aspect that Shépa certainly inherits from ancient *lu* and other genres that developed subsequently, such as spiritual songs (*mgur*).[57] These ornamental reduplications do not always carry lexical meaning but rather convey vivid imagery, speaking to oral and secular aspects of Shépa, as in the following example:

> The lingua franca of the Kingdom Ling is sa-la-la [horse racing].
> The lingua franca of Hor is da-ra-ra [arrow shooting].
> The lingua franca of the wedding ceremony is da-da-da [song singing]

Together with the use of reduplication and onomatopoeia, the extensive use of parallelism and repetition in Shépa are poetic conventions that can be traced back to the ancient *lu*[58] and are similarly observed in other genres of Tibetan oral tradition, such as the Gesar Epic,[59] ceremonial speeches,[60] and spiritual songs.[61] Parallel structure works as a mnemonic technique, assisting in the learning and transmission of oral literature as well as helping to situate objects of praise within hierarchies that reflect Tibetan ways of understanding the self, the community, the natural environment, and the wider cosmological system.[62] For example, by matching three major components of *chémar* with key elements of Buddhist cosmology, this stanza elegantly synthesises a Buddhist worldview:

> The Mount Meru-like *chémar*,
> What does it resemble?
> The shining mirror-like tray,
> What does it resemble?
> The rectangular wooden box,
> What does it resemble?
>
> The Mount Meru-like *chémar*,
> Resembles Mount Meru.

The shining mirror-like tray,
Resembles the sun and the moon.
The rectangular wooden box,
Resembles the Four Continents.

Simile (*dpe rgyan*) and hyperbole (*sgro btags*)—additional and distinctive features of Tibetan oral tradition that help to enact a sense of auspiciousness, importance, and solemness[63]—can also be observed in Shépa verses. For example, everyday elements such as butter and juniper branches are hyperbolised and come to stand for the three great protectors and all living beings, in order to make the ceremony more auspicious. Animals such as bears and yaks are used to describe people whose characteristics are masculinity and integrity. The practice of fletching arrows is hyperbolised to generate a sense of power and magnificence, as in the following stanza:

When the first feather is placed,
It is like a golden temple being raised.
When the second feather is placed,
It is like a vulture landing in a pasture.
When the third feather is placed,
It is like an eagle swooping down onto its prey.
When the fourth feather is placed,
It is like the Four Great Kings descending.

Along with these features, which are widely observed across many Tibetan oral traditions, the question-and-answer format[64] of Shépa also resembles pre-Buddhist Tibetan cultural practices in the use of *deu* (*lde'u*), translated as 'riddles' or 'enigmatic songs'. For the purpose of educating people (*rig sgo 'byed byed*),[65] *deu* are composed in a question-and-answer format and cover various important subjects, such as the origin of the world, genealogy, and culturally-specific knowledge.[66] Scholars argue that Bon religious personnel (*bon*), bards who recount histories (*sgrung*), and singers who perform riddles and genealogies (*lde'u*) ruled the pre-Buddhist society (*chab srid bon sgrung lde'u gsum gyis bskyangs*), playing an important role in maintaining the political and social order.[67] In contrast to religious personnel who impart 'the way of god' (*lha chos*), bards and singers are believed to have passed down 'the way of men' (*mi chos*), characterised by the oral transmission of the expansive cultural norms and social values through the vehicle of poetic language.[68] Based on the fourteenth century text *Five Chronicles* (*Bka' thang sde lnga*), nine basic topics were included in 'the way of men', correlating with the body parts of a lion:

> The lion's right leg represents the formation of the physical world.
>
> The left leg represents the origin of mankind.
>
> The back represents the geography of the world.
>
> The right hand symbolizes the genealogy of rulers.
>
> The left hand symbolizes the genealogy of the human race.
>
> The middle finger symbolizes the formation of Buddhism.
>
> The neck represents lay people.
>
> The head represents the lineage of one's parents.
>
> The tail represents songs of joy.[69]

By briefly outlining these topics, we trust that it has become clear that Shépa embodies 'the way of men' manifested through beautiful songs. However, Shépa is not the only tradition that engages with such an expansive knowledge system that embraces cultural legacies and transmits history and social norms. To better understand this interconnection, it is productive to compare the content of Shépa with other Tibetan oral traditions, such as, *sipé toyik* (*srid pa'i tho yig*) in Tébo, and *molla* (*mol ba*) in Dingri and Mustang, as well as *lu* and *tam* (*gtam*) in the greater Tibetan cultural region.

The Content of Shépa in Relation to Other Tibetan Oral Traditions

Sipé toyik in Tébo of Amdo, translated as 'the Catalogue of the World', is the ritual recitation of Sipé Bon specialists, *leu*, and senior laymen in the funeral rituals of those who passed away having reached the age of sixty or more.[70] *Sipé toyik* is recited antiphonally by individuals who come from the same village of the deceased as well as by relatives from other villages. A recent compilation of *sipé toyik* shows that it contains four major sections, including a panegyric, aspects of Bon and Buddhist cosmologies, the geography of the world and Tibet, and the local history of Tébo.[71] Although *sipé toyik* is composed in lines with varied numbers of syllables in a manner that is more flexible, part of its content overlaps with Shépa, such as how the world rests on the cosmic tortoise. Similar to Shépa, the origin story and history in *sipé toyik* reflect a pan-Tibetan account of the self, lineage, and community, preserved in Tébo.

Other ritual recitations that function as rites of passage are *molla*, translated as 'speeches'—in Dingri, Mustang, and nearby areas. Composed in lines of varied syllables, *molla* in Mustang are often recited by monks in order to increase one's longevity or to seek a good rebirth for a recently deceased member of the community.[72] In Dingri, *molla* are composed mostly in lines of nine syllables and recited by a male layman or *mopon* (*mol dpon*), at weddings and in other ceremonies.[73] Despite these differences, *molla* in both areas cover a similar range of subjects. In Mustang in particular, *molla* engage with topics as diverse as cosmology, geography, and the genealogy of ancient Tibetan monarchs and local rulers[74]—parts of which are similar and even identical to elements of Shépa, such as the world being centered around Mount Meru and the descent of Tibetan monarchs. Additionally, as in Shépa, the themes and content of *molla* are not always consistent and may sometimes even be contradictory. For example, *molla* in Dingri value social equality yet at the same time celebrate elitism.[75] Similarly, in Shépa, Rübel is narrated as a tortoise-shaped deity of miraculous birth, in 'Khyung', but is later referred to as the being who engages in all four modes of birth, in 'Rübel'. We should not interpret these inconsistencies as mistakes, but rather understand them to be inherent to Tibetan religious and cultural histories, marked by the amalgamation of folk religion, Bon, and Buddhism.

In a wider frame, ceremonial recitations such as *molla* and *sipé toyik* fall under the category of *tam*, translated as 'speeches', a genre which has long existed in the Tibetan world. According to a Tibetan saying, '*tam* existed before Yungdrung Bon and Buddhism came into being' (*G.yung drung gi bon ma dar gong la/ sangs rgyas kyi chos ma dar gong la/ 'jig rten pa'i gtam dar//*). *Tam* are often considered to be one of 'the nine skills' (*pho rtsal snu dgu*) that a noble man should master. The content of *tam* covers various subjects, including creation myths, local histories, clan genealogies, geography, celebratory speeches, and so forth. The selected subject depends on the performative context. The characteristics of *tam* suggest that *tam* and other similar traditions, like Shépa, should be thought of as living cultural repertoires that provide an overall knowledge schema predating and influenced by Buddhism, rather than simply as a genre of Tibetan orature.

Last but not least, Shépa shares a great similarity with *lu*, which are predominantly understood and translated as folk songs but conceptualised as a knowledge system or encyclopedia in some Tibetan communities. In Ladakh, contemporary 'door songs' (*sgo glu*), which are part of the wedding ritual, serve as a compelling example of such a knowledge system. When performing door songs, girls block a door and challenge boys with questions on a wide range of subjects, including Buddhist and Bon elements and secular knowledge, to make the ceremony more challenging and enjoyable.[76] In the Baima 白马 (Dwags po khog) community to the south of Choné on the Gansu-Sichuan borderland,[77] *lu* contain information on the creation myth, the movement of planets, the environment, social norms, and Sipé Bon. Locals understand *lu* more as an encyclopedia (*baike quanshu* 百科全书)[78] than as simply folk songs. Similarly to Shépa, *lu* are performed in a question-and-answer format by singers (*glu ba*) who enjoy significant social status at weddings, rituals, and other social gatherings. In addition, in their folk songs and stories, Bon (*g.yung drung Bon*), Buddhism (*sangs rgyas chos*), and *lu* (*a lags glu*) often appear as three brothers who cure various diseases.[79] In Tébo, similarly, Bon, Buddhism, and *lu* (*srid pa'i glu*) are often arranged in parallel in local folk songs,[80] suggesting that *lu* represents a system of cultural or religious knowledge—containing kaleidoscopic themes similar to Shépa.[81]

By situating Shépa within the wider context of Tibetan orature and examining Shépa in relation to other practices, we note the shared formats and overlapping content among these various oral traditions. Employing figures of speech such as reduplicative onomatopoeia, simile, hyperbole, and parallelisms, Tibetan oral traditions impart cultural and social norms in vivid and poetic ways. A number of practices, including Shépa, focus on Tibetan religious and secular history and draw connections between the past and present, serving to reinforce linguistic, cultural, and religious identities. All this speaks to the connectivity and adaptability of different genres of Tibetan oral tradition. The connectivity and adaptability that we outline above suggest that an examination of the content of various Tibetan oral traditions within specific temporal and geographic contexts, rather than a fixation on what name or title they carry, will likely generate a productive discussion. The meaning of each kind of Tibetan oral tradition may change across time and spatial contexts. For instance, *lu* are understood to be folk songs within the wider Tibetan cultural sphere, but as an encyclopedia in the Baima community, or as a knowledge system in Tébo, depending on the context. In Choné, Shépa are understood to be verses comprising of a relatively fixed number of syllables on sacred topics in a question-and-answer format, performed only by men. Yet, in other parts of Amdo, Shépa may be verse, prose, or a combination of both with a flexible syllable structure performed around culturally important items and on special occasions, practiced in diverse formats by both men and women. Moreover, it is relevant to note that a single practice may be referred to with different titles. *Sipé toyik* is regarded as a form of *tam* by locals in Tébo, where it is known as *tampoché* (*gtam po che*), meaning 'Great Speeches'. *Molla* can also be thought of as *tam* and the term is used interchangeably with 'narrative' (*'bel gtam*), 'discourse' (*mol gtam*), or 'speeches' (*mol tshig*).[82]

In sum, Shépa shows a strong connection to other Tibetan oral traditions. By comparing them, we can develop a comprehensive understanding of the family of Tibetan oral traditions, of which Shépa is a member. Akin to related practices in other Tibetan areas, Shépa may be understood as a cultural treasury for not only Choné locals but also for Tibetan society writ large. Shépa contains a pre-Buddhist conceptualisation of the world, a Buddhist cosmology, various cultural objects on which Tibetans rest their worries and wishes, as well as considerable native knowledge which has been modified by Buddhism through the Tibetan literary tradition.

Shépa and Tibetan Literature

Buddhist literature has undoubtedly contributed significantly to the content of Shépa. Following the orthographic standardisation of the Tibetan language in the ninth century, Tibetan Buddhism swiftly expanded across the land of snows during the 'later spread of the dharma' (*bstan pa phyi dar*). From the late tenth century onward, a large quantity of Buddhist scriptures and commentaries were translated into Tibetan, coinciding with the rise of several institutionalised Buddhist sects. In this process, Tibetan Buddhist scholars started to compose texts to systematically explain the Buddha's teachings and the relation between Tibet and Buddhism to practitioners and laymen alike.[83] Contributing to this tradition, Sakya teachers composed 'manuals' (*yig cha*) to facilitate the training of monastic and lay practitioners in the early thirteenth century. The Sakya Pandita Künga Gyeltsen (1182–1251) composed *The Gateway to Knowledge* (*Mkhas pa'i tshul la 'jug pa'i sgo zhes bya ba'i bstan bcos bzhugs so*), one of the earliest manuals, to teach young monks. His successor and nephew, Phagpa, compiled *The Explanation of Knowledge* (*Shes bya rab gsal*) for Mongol Prince Činggim (Tib. Jin jim, 1243–1285) in 1278 to make sense of complex Buddhist concepts, especially cosmology.[84] Key material that they consulted to compile the manuals was Indian master Vasubandhu's (Dbyig gnyen) *The Treasury of Abhidharma* (*Chos mngon pa mdzod*, Skt. *Abhidharmakośa-bhāsya*, or *Abhidharmakośa* for short), which details a series of fundamental Buddhist thoughts and has been translated into Tibetan multiple times since the ninth century.[85]

In Choné, oral accounts suggest that local monastic scholars, particularly Drakpa Shédrup, composed 'Jikten Chakluk' according to the *Abhidharmakośa*. Structuring the Buddha's teachings in a taxonomically coherent way,[86] the *Abhidharmakośa* is a key text of *Abhidharma* literature, being one of the three baskets of Buddhism.[87] Consisting of eight chapters, it is one of the greatest theoretical bases for the Buddhist traditions in Tibet, China, and East Asia.[88] In the Tibetan monastic context, the *Abhidharmakośa* is one of five central texts for the Geluk monastic education. It is also the final treaty which advanced monks must study in their almost twenty-year long training in exoteric texts.[89] However, a comparison of the *Abhidharmakośa* and 'Jikten Chakluk' indicates that the latter was likely a rhythmical adaptation from an elaborate revision of the concise verses and commentaries in the *Abhidharmakośa*. The manual of Phagpa was ideal for such an adaptation and has indeed had a direct impact on Shépa.

Reading 'Jikten Chakluk' and *The Explanation of Knowledge* side by side, it seems that their contents and rhetorical styles are similar. The Buddhist length measurement discussed in these texts is a fine example of their relatedness (see Table 1). We speculate that the elements of Shépa that concern Buddhist cosmology, particularly the external world (*phyi snod 'jig rten*) and sentient beings (*nang bcud sems can*), were tailored into a question-and-answer format according to Phagpa's manual. Despite local oral accounts suggesting that the Geluk scholar Drakpa Shédrup compiled 'Jikten Chakluk' in the early eighteenth century, it is possible that local Sakya monks might have already developed some contents of this section before the Geluk domination over the Luchu valley.

Table 1: Length Measurement in 'Jikten Chakluk', *Shes bya rab gsal* and *Abhidharmakośa*[90]

Shépa 'Jikten Chakluk'		*Shes bya rab gsal*	*Abhidharmakośa*
Both earshot and league, Are composed of atoms.	*Rgyang grags dpag tshad bshad rgyu na/Rdul phra rab bsags nas yong ba yin/*	*'Byung ba de dag gi shin tu ba'i mthar thug pa ni phra rab kyi rdul the zhig tu med pa'i phyir cha med pa nyid do/*	*Gzugs ming dus mtha' rdul yig dang/*
Seven atoms form, One molecule.	*Phra rab rdul bdun bsags pa la/ Rdul phran gcig la bzhag pa yin/*	*De bdun ni rdul phran no/*	*Skad cig phra rab rdul dang ni/ Rdul phran dang ni de bzhin du/*
Seven molecules make one iron particle.	*De bdun la ni lcags rdul gcig/*	*De bdun ni lcags rdul lo/*	*Lcags chu ri bong lug dang glang/*
Seven iron particles make one water particle.	*Lcags rdul bdun ni chu rdul gcig/*	*De bdun ni chu rdul lo/*	
Seven water particles make one rabbit particle.	*Chu rdul bdun la ri bong gcig/*	*De bdun ni ru bong gi rdul lo/*	
Seven rabbit particles make one sheep particle.	*Rdul de bdun la lug rdul gcig/*	*De bdun ni lug rdul lo/*	
Seven sheep particles make one ox particle.	*Lug rdul bdun ni glang rdul gcig/*	*De bdun ni glang rdul lo/*	

Shépa 'Jikten Chakluk'		*Shes bya rab gsal*	*Abhidharmakośa*
Seven ox particles make one particle of sun dust.	*De bdun la ni nyi rdul gcig/*	*De bdun ni nyi zer gyi rdul lo/*	*Nyi zer rdul dang sro ma dang/ De las byung dang de bzhin nas/ Sor tshigs zhes bya gong bdun bsgyur/*
Seven particles of sun dust make one louse egg particle.	*De bdun la ni sro ma gcig*	*De bdun ni sro ma'i tshad do/*	
Seven louse egg particles make one louse particle.	*Sro ma bdun ni shig gcig yin/*	*De bdun ni shig gi tshad do/*	
Seven louse particles make one barley particle.	*Shig bdun tshogs la nas gcig yin/*	*De bdun ni nas kyi tshad do/*	
Seven barley particles make one knuckle.	*Nas bdun la ni sor tshigs gcig/*	*De dag 'dus pa las/ Snod kyi 'jig rten dang lus grob bo/ Nas bdun la ni sor mo gcig gi tshad do/*	
Twenty-four knuckles,	*Sor tshigs nyi shu rtsa bzhi la/*	*Sor mo nyi shu bzhi la ni khru gang ngo/*	
Make one cubit.	*Brtsis nas khru gang bzhag ni yin/*		*sor mo nyi shu bzhi la khru/*
Four cubits make one arm span.	*Khru bzhi la ni gzhu 'dom gang/*	*Khru bzhi la ni 'dom gang ngo/*	*Khru bzhi la ni gzhu gang ngo/*
Five hundred arm spans make one earshot.	*Gzhu 'dom lnga brgya rgyang grags gcig/*	*'Dom lnga brgya la ni rgyang grags gcig go/*	*De dag lnga brgya rnams la ni/*
Eight earshots make one league.	*Rgyang grags brgyad la dpag tshad gcig/*	*Rgyang grags brgyad la ni dpag tshad gcig go 'Dis 'jig rten dang lus kyi tshad rnam par gzhal lo/*	*Rgyang grags de la dgon par 'dod/ De brgyad dpag tshad ces bya'o/*

In addition, 'Jikten Chakluk' contains cosmological knowledge derived from the *Condensed Wheel of Time Tantra* (*Dpal dus kyi 'khor lo'i rgyud*, Skt. *Śrīlaghu-kālacakra-tantra*). This esoteric treatise widely known as the *Kālacakra-tantra* has been translated into Tibetan more than fourteen times since the eleventh century.[91] The *Kálacakra* practice thrived in Sakya, Geluk, and several other Tibetan Buddhist sects from the late fourteenth century. It is possible that it was introduced to Choné on a larger scale after the foundation of the first esoteric college in the Luchu valley during the early eighteenth century.[92] Again, Drakpa Shédrup was believed to be the one who tailored the *Kālacakra-tantra*'s content about the external world and its dimensions for a lay audience in Choné. Nonetheless, we may not rule out the possibility that Sakya scholars and Shépa performers incorporated such content into 'Jikten Chakluk' before the institutionalised transmission of this tantra in Choné.[93]

Beyond Buddhist-centered knowledge, it is also evident that Shépa has been influenced by Tibetan historical texts that were written down or rediscovered as 'hidden treasures' (*gter ma*) before the fifteenth century. Specifically, the account of the Tibetan royal lineage, the origin of the Tibetan people, and the spread of dharma to Tibet, in 'Jikten Chakluk' and 'Lönpo Garchen', are similar to those in rediscovered texts such as *Pillar Testament* (*Bka' chems ka khol ma*, 11th c.), *The Collection of Teachings and Practices Focused on Avalokiteshvara* (*Ma Ni bka' 'bum*, 12th c.), and *The Five Chronicles* (*Bka' thang sde lnga*, 14th c.). These accounts are widely cited in classical Tibetan history books, such as *A History of Buddhism in India and Tibet* (*Bu ston chos 'byung*, 1322), *The Mirror of the Royal Genealogies* (*Rgyal rabs gsal ba'i me long*, 14th c.), *Red Annals* (*Deb ther dmar po*, 14th c.), *A General History on China and Tibet* (*Rgya bod yig tshang chen mo*, 1434), *The New Red Annals* (*Deb ther dmar po gsar ma*, 1538), and *A Scholar's Feast* (*Mkhas pa'i dga' ston*, 16th c.). Whether these written accounts were inspired by contemporary orature, such as Shépa, or the other way around is essentially a 'chicken and egg' problem.

Moreover, Shépa may have a literary counterpart entitled *A 15th Century Tibetan Compendium of Knowledge* (*Bshad mdzod yid bzhin nor bu*), or *Shédzö* for short. *Shédzö* is an encyclopedia-like text compiled by Döndam Mawé Senggé (Don dam smra ba'i seng ge, n.d.) for members of a ruling lineage in southeastern cultural Tibet in the late fifteenth century. It not only translates obscure Buddhist concepts into layman's language but also offers contextual information about a range of subjects to secular and literate elites. In terms of its readership, *Shédzö* is considered a type of compendium that is distinct from *The Gateway to Knowledge*.[94] However, historically low literacy rates in Tibetan secular communities lead us speculate that the division between religious and secular audience of the compendia should be not be thought of as very rigid. In the same way that *Shédzö* was possibly read by religious practitioners, Shépa has been appreciated by local lamas and monks.

In addition to Buddhist cosmology and philosophy, *Shédzö* covers a wide range of topics, including Tibetan mythology, royal genealogies, geography, and language; as well as astrology, Bon, medicine, speech, and song (see Table 2). It is marked by a question-and-answer format. It is written in poetic form with less-rigid syllable structure, strongly influenced by parallelism, and systematically classified by topic. *Shédzö* is also deeply interwoven with both Tibetan orature and Tibetan literature. As shown below, many themes that emerge in *Shédzö* are similar to those present in Shépa and readers may quickly locate counterpart sections in Shépa, albeit with minor differences. It is clear that Shépa and *Shédzö* have a strong connection.

Table 2: A Comparison of Topics in *Shédzö* and Shépa

Shédzö	Shépa
The Physical World	*Phyi snod 'jig rten*
A Brief Account of the Origins of the Cosmos	
The Various Universes of the Cosmos	
The Worlds of Our Universe	
Our Wolds and the Arrangement of the Discs	*Dkyi 'khor*
Mount Meru	*Ri yi rgyal po*
The Seven Golden Mountains	*Gser gyi ri bdun*
The Seven Corresponding Seas	*Rol ba'i mtsho bdun*
The Vast Outer Ocean	*Phyi'i rgya mtsho chen po*
The Encircling Iron Mountains	*Phyi lcags ri nag po*
The Four Continents and the Eight Subcontinents	*Gling bzhi dang gling phran*
The Sun, Moon, Planets and Stars	*Nyi zla skar gsum*
The City of Paradise of the Gods	
The Palaces and Parks of the Upper Heavens	
The Theory of Origination and Destruction	*'Jig pa*
The Measurement of Space and Time	*Nyi ma ring thung*
	Dpag tshad kyi brtsi tshul

Shédzö	Shépa
The Sentient Creatures	*Nang bcud sems can*
The Six Spheres of Rebirth	*Sems can 'gro ba rigs drug*
The Eighteen Hells	
The Sphere of the *Pretas*	
The Sphere of the Animals	
The Sphere of the Titans	
The Sphere of Men of the Four Continents	*Gling bzhi po*
Man in *Jambudvīpa* and His Fall	*Sngon bskal pa dang po'i mi*
The Origins of the Tibetans	*Bod kyi mi yi pha ma*
The Sphere of the Gods	*Khams gsum*
The Royal Lineages	*Blon po mgar chen*
The Royal Lineage of Tibet	*Rgyal po sum cu rtsa gnyis*
The Royal Lineage to Sron-rtsan-sgam-po	
The Royal Dynastic Period	
The Tribal Structure of the World	
The Geography of the World	
The Geography of *Jambudvīpa*	*Lho 'dzam bu gling*
Buddhism: Its Origins and Concepts	*Khams la bco brgyad*
Buddhism in Tibet	*Bod sangs rgyas bstan pa*
Astrology	*Skar ma skar chen nyer brgyad*
	Khyim bcu gnyis
	Sme ba dgu
	Spar kha brgyad
Astrology in China	*Lo 'khor bcu gnyis*
The Great Golden Cosmic Tortoise	*Ma hA gser gyi rus sbal*
How The Five Elements Appeared	*'Byung ba lnga*
The Bon Religion	
Medicine	
Esoteric Practices of the *Mantrayana*	
Philology and Linguistics	
The Importance of Rhetoric and Public Speaking	
The Oral Expression of Happiness	

From the eighteenth century onward, we see the intellectual engagement of local Géluk scholars in modifying and compiling Shépa. Many singers state that Drakpa Shédrup collated and revised Shépa. After comparing Shépa with his writings on the astrology and divination, as shown in Table 3, we can identify considerable similarities. Whether this is because Drakpa Shédrup documented the content of Shépa as it was performed at the time, or whether he composed new content for local performers based on other written works, or even whether scholars subsequently added sections from his work to Shépa, cannot be known without further research.

Table 3: The Eight Trigrams and Nine Magic Squares in Shépa and the *Collected Works of Drakpa Shédrup*[95]

Shépa[96]		Drakpa Shédrup
Li is fire, *khön* is earth and *da* is metal.	*Li me khon sa dwa lcags dang/*	*Spar kha li me kon sa dang/*
Khen is sky, *kham* is water, and *gin* is mountain.	*Khen gnam kham chu gin ri dang/*	*dwa lcags khen gnam kham chu dang/*
Zin is wood and *zön* is wind.	*Zin shing zon rlung de dag kyang/*	*Gin ri zin shing zon rlung ngo/*
This is the composition of the Eight Trigrams.	*Spar kha brgyad po chags tshul yin/*	*'On kyang phyogs kyi spar kha ni/*
......		
As for the reckoning of the Nine Magic Squares,	*Sme ba dgu bo brtsi tshul ni/*	*Sme ba'i chad lugs bstan pa ni/*
The first, sixth and eighth are white, and their element is metal.	*Gcig dkar drug dkar brgyad dkar lcags/*	*Gcig dkar drug dkar brgyad dkar lcags/*
The second is black and the third is blue, and their element is water.	*Gnyis nag gsum mthing chu yin la/*	*Gnyis nag sum mthung chu yin la/*
The fourth—whose element is wood—is green; the fifth is yellow and its element is earth.	*Bzhi ljang shing ste lnga ser sa/*	*Bzhi ljang shing ste lnga ser sa/*
The seventh is red and the ninth is violet, and their element is fire.	*Bdun dmar dgu mu men me yin/*	*Bdun dmar dgu dmar me yin no/*

Nevertheless, it is evident that Lozang Tendzin (Blo bzang bstan 'dzin, n.d.), a local monk from Pelyül (Dpal yul/Bod yul; Boyu 博峪), was involved in transliterating, editing, and enriching Shépa. He obtained the degree of Geshe Lharampa (*dge bshes lha rams pa*) in Lhasa, and then served as the 113th dharma lord of Choné Monastery. In the late nineteenth century, he compiled *The Collection of Shépa* (*Bshad pa'i tho yig*). His text became the principal material used by Choné County officials to produce mimeographed versions of Shépa in the 1980s. According to local knowledge holders, his successor, the 114th dharma lord Doröl Pönlop Ngakwang Tapkhé (Rdo rol dpon slob ngag dbang thabs mkhas, n.d.), transcribed *The Collection of Shépa*, perhaps expanding it with sections on Mount Meru and the Spread of Buddhism in Tibet. These Geluk scholars consulted Buddhist texts to revise Shépa, likely to promote the dharma in local Tibetan communities. To this day, their texts still exert an enormous influence on the content and transmission of Shépa.

The involvement of monastic scholars in compiling Shépa and bridging orature and literature continues to the present. Several Shépa performers have confirmed that they learned stanzas of 'Jikten Chakluk' from local monks who were invited to explain the meaning of some of the content. When narrations are disputed, performers may ask a monk to offer a verdict and draw on a textual source for verification if one is available. In 2019, an online Shépa course was offered to performers by a disrobed monk who is an active collector and compiler of Shépa texts. During the course, he read and explained stanzas concerning Buddhist cosmology to support community members in gaining a deeper understanding.

In sum, Shépa has been influenced by Buddhist classics, manuals, and history texts. On closer inspection, Shépa and literary sources mirror one another considerably in terms of how they approach the formation of the world, early Tibetan history, the spread of Buddhism, the invitation of Princess Wencheng (Rgya bza'; Wencheng gongzhu 文成公主, 623–680), and so on. We find it futile to focus on the sequence in which these contents emerged; instead, we pay attention to their close interplay within and across Tibetan orature and literature.

Shépa: Fusing Tibetan Orature and Literature

Shépa blurs the boundaries between orality and textuality, resisting strict demarcation. We have discussed how certain elements of pre-Buddhist oral traditions such as *deu* have endured in Shépa, and how the Tibetan literary tradition has woven its narratives into Shépa. In this way, we seek to offer a new perspective for examining the interplay between oral and literary traditions in cultural Tibet, which until now has been mostly overshadowed by studies of how oral traditions—working as repertoires—shape and energise Tibetan literary production.[97] This interplay is not a new phenomenon but has in fact long existed in cultural Tibet and beyond.[98] Such tendencies are also observed among performers of the Gesar Epic (*don sgrung/thos sgrung*), who rely on both textual and audio recordings as learning sources,[99] as well as among performers in the Yi community who rely on written texts for the transmission of their own epic, *The Nuosu Book of Origins*.[100] We demonstrate that Tibetan oral traditions in general, and Shépa in this specific case, fuse orature and literature.

The dynamism of the oral tradition and the richness of the Tibetan literary imagination enrich one other, enlivening Shépa through various aspects and with different rationales. By way of example, in Tibetan historical narratives, the marriage between Princess Wencheng and Songtsen Gampo is more often understood as a symbol of the Buddhist 'civilising project' within the Tibetan Empire. Wedding speeches in other Tibetan areas, such as Trika, also depict this union as a model marriage.[101] Nonetheless, this story in Choné, as demonstrated through 'Lönpo Garchen', is less focused on the wedding itself and the Buddhist aspect of this marriage. Instead, the central focus of this story in Shépa is on matchmaking and praising the wisdom and bravery of Minister Gar Tongsten (d. 667). It is this mutability that shines a light on different aspects of age-old stories. These dynamic processes contribute to the vitality of Shépa in particular, and to Tibetan oral traditions in general.

The Wider Implications and Relevance of Shépa

Shépa can be appreciated in many distinct ways: both as a composition of Tibetan poetry delivered in accessible language, or as a repertoire of Tibetan culture in which myths of creation, legends, religious traditions, rituals, and local customs are documented and described. In engaging with sites such as the Machen Pomra and Otang Lake, Shépa also highlights Tibetan conceptions of geography and sacred space, offering cultural and religious knowledge that are inscribed onto the Tibetan landscape. We may also appreciate Shépa as a means to understand elements of early Indian and Chinese culture that were adopted by Tibetans. In Shépa narration, east China (*smad rgya nag*), the Land of Divination, is always presented hand-in-hand with west India (*stod rgya gar*), the Land of Dharma.[102] Indian astrology (*skar rtsis*) and Buddhism have left heavy imprints on Shépa. The Chinese astrological knowledge system (*nag rtsis*)—comprising of Five Elements (*khams lnga; wuxing* 五行), Eight Trigrams (*spar kha brgyad; bagua* 八卦), and Nine Magic Squares (*sme ba dgu; jiugong* 九宫)—as well as Chinese figures who are often regarded as masters of divination such as Princess Wencheng and Confucius (Lha kong tse 'phrul gyi rgyal po; Kongzi 孔子, 551–479 BCE), are also celebrated in Shépa.

Shépa can be read as an access point for shared cultural elements that carry relevance across the wider Himalayan region. For example, the bat (*pha wang*), with its nine specialties, carries ritual and cultural significance in Tibetan culture and is often regarded as very capable in dealing with a range of problems.[103] Narratives about how the bat solves crises are found not only in Shépa—where the bat plays a key role in locating and rescuing the red Khyung trapped by the *dü* (*bdud*), a class of pre-Buddhist deities translated as 'demons'—but are also present in other Tibetan sources, such as the *Nyen Collection* (*Gnyan 'bum*), in which the bat helps ease tensions between human beings and the *nyen* (*gnyan*) after prominent priests fail in this endeavour. In this collection of stories, the bat is the principal character who searches for and locates the male deity (*pho lha*) after he goes missing.[104] Similarly, in Yunnan, the Naxi ethnic community look to the bat for crisis-solving. According to the pictographic manuscript *The White Bat's Search for Sacred Books*, the Naxi people believe it was the bat who finally secured the sacred book from the female priest, after the eagle and sparrow failed in their quest.[105] Through Shépa, we could observe cultural tropes that are shared across the Himalayan region.

The most celebrated and perhaps most salient element of Shépa is that it has endured the great transformations that occurred within Tibetan culture, transmitting and carrying forward elements of Tibetan civilisation, reflecting Tibetan political and religious history, and speaking to the shared culture, beliefs, and experiences that tie geographically distinct Tibetan communities together. The accretion of Tibetan civilisation is layered into Shépa, making it an amalgamation of Sipé Bon, Yungdrung Bon and Buddhist knowledge systems. Specifically, Sipé Bon, with its animistic features, have remained present in Shépa. The belief that the physical world is inhabited by various spirits, such as *za* (*gza'*), *tsen* (*btsan*), and *teurang* (*the'u rang*), all of whom need to be propitiated, is addressed in 'Tsalu' when the groom comes to take the bride. In 'Khyung', the bird-shaped deity was born from an egg of thirteen substances kneaded by Yémön Gyelpo (Ye smon rgyal po)—the King of Primordial Wishes; the Black-Headed Man (Smon mi dbu nag)—mankind; and Yeshen Wangdzok (Ye gshen dbang rdzogs)—the earliest Bon priest. The egg resembles three classes of spirits (*lha, gnyan* and *lu*) which reside in the three realms (*srid pa gsum*) of the world, namely: the sky, earth, and intermediate space:

> The incredibly mysterious egg,
> Looking at it from above, what was the egg?
> Looking at it from below, what was the egg?
> Looking it from the front, what was the egg?
>
> Looking at it from above, it was *lha*.
> Looking at it below, it was *nyen*.
> Looking it from the front, it was *lu*.
> This was an incredibly mysterious egg.

This worldview is a powerful confirmation of Sipé Bon cosmology. The same worldview is also preserved in 'Rübel'. Yet, a transition from the tripartite worldview of Sipé Bon to the dualistic worldview of institutionalised Bon also appears in Shépa.[106] Khyung and Rübel, the tortoise-shaped deity, are delineated along dualistic lines, separating heaven from earth:

> In the sky, the forefather descended.
> Who was the being that held up the sky?
> On the earth, the foremother descended.
> Who was the being that pressed down the earth?
>
> Speaking of the being who held up the sky,
> It was the great Khyung who lifted up the sky.

The great Khyung, the being who lifted up the sky,
The sky was uplifted effortlessly.
Speaking of the being who weighed down the earth,
It was Rübel who pressed down the earth.
Rübel, the being who pressed down the earth.
The earth was depressed gently.

With the spread of Buddhism to the Plateau, a Buddhist worldview was introduced to the Tibetan cultural world. Buddhism interacted with local Tibetan beliefs, leading to the amalgamation of folk religion, Bon, and Buddhism. As scholars have indicated, there are many points of active interaction between these once quite different belief systems.[107] Such aspects are clearly manifested in oral traditions such as Shépa, particularly in 'Rübel': the understanding that Rübel's body parts are compatible with three major classes of spirits residing in the world's three realms reflects the worldview presented in Tibetan folk religion. Only later were Buddhist elements such as Mañjuśrī ('Jam dpal dbyangs), method (*thabs*), wisdom (*shes rab*), and others included in the narration. For instance, Mañjuśrī became identified as the divinity who tamed the cosmic tortoise. Mañjuśrī shot the Rübel with the golden arrow and pierced it with the flaming sword. The tortoise-shaped deity was turned upside down and its shell became the foundation of the world.[108]

Notably, in the tradition of Yungdrung Bon, the wisdom deity Sherab Mawe Senge (Shes rab smra ba'i seng ge) emanated a golden tortoise as the foundation of the world.[109] In an earlier Bon work, *The Multicolored Apportions Collection* (*Kun 'bum khra bo*, 13th c.), a deity named Künbum Goje (Kun 'bum go 'byed) created the golden tortoise that holds the world.[110] In all these narratives, including Shépa, the cosmic tortoise is widely understood to be the basis of the world. We note that divinities of different religious traditions have played similar roles in emanating and taming the tortoise. This similarity showcases the process of mutual incorporation among Tibetan religions and reflects the conscious collection of Tibetan knowledge systems and the preservation of ancient continuities. In this way, we can begin to understand how Tibetan history unfolded and how Shépa stands as a narrative that has captured shifts in religious and cultural paradigms across the Tibetan Plateau over time.

While acknowledging that Shépa reflects shared culture and beliefs across geographically distinct Tibetan communities, we must also highlight that Shépa speaks to the vernacularisation of Tibetan civilisation, contributing to a sense of the specificity of local communities. For instance, the vernacularisation of the notion of lineage and continuity of the patrilineal household is manifested through *anyé zhidak* in Shépa. While *anyé zhidak* is normally integrated into the prayer room in neighbouring Tibetan communities, in the Choné Tibetan household, it is found in a separate location and continues to be a key element of house architecture where it is reserved for the ritual specialist to conduct rituals related to the rites of passage of family members. In addition, Khyung is a culturally and religiously important creature for Tibetans. In Choné and Tébo, a straw-knitted Khyung (*dgra lha mgon po bya rdang*) is presented during the offering ritual for the mountain deity.[111] Khyung is also adopted into the daily lives of Tibetans, evidenced by local narratives in Choné and Gyarong which suggest that the style of headdresses and cloaks are patterned after this mythical bird. While there are many other examples, the central point here is that these vernacularisations reflect the ways in which each community mediates Tibetan civilisation through their own specific and local lens. Oral traditions like Shépa offer a prism through which we may discern the parameters of Tibetan culture without glossing over its richness and complexity.

Documentation, Transliteration, Transcription, Textual Collection, and Translation

The Shépa recordings and texts on which we draw in this manuscript were collected between 2015 and 2020, along the upper and middle Luchu River where the Tibetan language and culture are better preserved. Our documentation of Shépa was initiated by Marnyi Gyatso in 2015. Fragmented sections were recorded by Marnyi Gyatso together with Grandfather Quan Gyatso and Grandfather Meng Tusktor in the summers of 2016 and 2017. The majority of the recordings were made by Bendi Tso in the course of 2019. In the process of documentation, we were fortunate to receive the help of Guru Tsering and Fan Xueyong, as well as many monastic scholars and local historians who—having committed their time and knowledge to collect Shépa texts—generously shared their collections and insights with us. Taken together, these oral and textual materials form our corpus.

In Choné, Grandfather Meng Tusktor was one of the best-known performers who sang most Shépa sections in their entirety. In Grandfather Meng Tusktor's village, Bendi Tso documented his narratives by video in April 2019. There was no audience during the sowing season, which ensured that this documentation work could proceed without disturbance. Meng Tusktor gave our work his wholehearted support, enormous patience, and deep care. He always brought his 90-page transliteration of Shépa in Chinese to the recording site, in a format that is only intelligible to him, in case he forgot a few lines. Years of performance ensured that he had memorised almost every stanza and he only consulted his text occasionally. As singing took a significant amount of time and effort, given his health and age (being in his late 70s), we respectfully requested him to render his songs into narratives after we had recorded 'Chémar'.

Grandfather Meng Tusktor made narrative plans in accordance with his own condition and experience, deciding when to pause and take rest, what to narrate next, and thinking through what needed to be explained before and after each segment. A short segment would often take around ten minutes to narrate, which would be followed by his interpretation and sometimes anecdotes related to his learning and performance of that segment. Bendi Tso took notes throughout the process, reviewed them at night and asked questions the following morning before resuming the documentation. For this reason, we transliterated the narratives of Grandfather Meng Tusktor into Tibetan and used these as our primary text, which we indicate with the acronym MT in footnotes. After completing the documentation, Bendi Tso invited Grandfather Zhang Gyatso, a wonderful Shépa singer, to listen the recordings. He shared sections he had memorised along with his experiences of performing Shépa with us. He provided many stanzas that are not found in Grandfather Meng Tusktor's narrative. We label his stanzas with ZG in our footnotes.

Considering the frequent use of colloquial and everyday language in Shépa performances, a feature which we have chosen to highlight and uplift in this work, we give priority to the oral narration rather than to written texts. Most of the transliterations were completed by Naljor Tsering, with the assistance of Bendi Tso. Naljor Tsering was also responsible for the initial collation. In contrast to previous documentation work undertaken by monks and local scholars, while still following the rules of written Tibetan, we have chosen to align our transliteration closely with the language as spoken in Choné, rather than with the standardised written form of Amdo Tibetan. To transliterate local verbal art and convert it into written form, for instance, we use the colloquial register *'na'* rather than the written register *'dam'* for 'or'; colloquial *'ga ru'* rather than written *'gang na'* for 'where'; colloquial *'ci 'dra'* rather than written *'ci tsam'* for 'how many'; and *'ci zhig'* rather than *'chi zig'* for 'what', and so on. In addition, certain Chinese loanwords that are in everyday use are transliterated phonetically and appended with an endnote explaining their meaning.

While our stated goal is to prioritise the oral narratives which feature local, vernacular language, at the same time we also list the many relatively complete texts which we collected during our collaborative work in Choné. Our intention is not to create a 'master text' that holds as much standardised content as possible,[112] but rather to showcase the many variations of Shépa in both oral and textual transmission—ranging from verbal and rhetorical styles to alternations in meaning. In the process, we uplift and acknowledge the efforts of all those who have committed themselves to preserving and diversifying this oral tradition and come before us. By 2020, with the generous support of local singers and scholars, we had collected many handwritten, mimeographed, and printed Shépa texts. These written texts can be roughly classified into five clusters and we list their original Tibetan titles in Wylie transliteration without correction:

1. The most influential text is known locally as *The Collection of Shépa*, which has had an enormous and lasting impact on the textualisation of Shépa in Choné. It was compiled by Lozang Tendzin in the 1890s and was preserved by monks at Choné Monastery. In the early 1980s, three officials in Choné County mimeographed this text. The reproduction of this text includes 'Lönpo Garchen' (*blon po sgang chen*), 'Khyung' (*khyung*), 'Rübel' (*rus sbal*), 'Da' (*mda'*), and 'Jikten Chakluk' (*'jig rten chags glu*). We have not seen the original texts, except for the

mimeographed 'Lönpo Garchen', and we label this collection with CS in our footnotes.

2. Another of the earliest texts we were able to collect is written in cursive Tibetan (*dbu med*) on traditional long folios. This edition was preserved by the natal family of the 114th dharma lord of Choné Monastery, Doröl Pönlop Ngakwang Tapkhé, in the 1900s. It consists of 'Khyung' (*khyung*), 'Rübel' (*rus sbal*), and 'Jikten Chakluk' (*'jig rten chags tshul*). We were informed that a great-grandson of Doröl Pönlop's family copied out the text and complemented it with 'Lönpo Garchen' (*blon po sgang chen*), 'Chakshé Dashé' (*lcags bshad mda' bshad*, Iron and Arrow), and 'Ri Gyelbo Rirap' (*ri rgyal bo ri rab*, Mount Meru). However, we were only able to collect 'Khyung', 'Rübel', and 'Jikten Chakluk', and we label this edition as DP.

3. Guru Tsering generously provided another set of Shépa texts. These comprise of 'Chémar Choktsi' (*phye mar cog tsi*, Barley-Butter Offering and Table), and 'Da' (*mda' yi bshad pa*), all of which were edited or transcribed by an unknown person. We label them as UN. In addition, this set of texts also include 'Da' (*mda' yi glu bshad pa*) as transliterated or transcribed by Tsering, 'Jikten Chakluk' (*'jig rten chags glu*), and 'Khyung and Rübel' (*khyung dang rus sbal*) by Lhamo Tsering, and a printed version of 'Jikten Chakluk' (*'jig rten chags glu*) by an unknown singer or compiler. We label these as TR, LT, and PT respectively.

4. We also collected a set of handwritten texts. The texts titled 'Ri Gyelbo Rirap, Jikten Chakluk' (*ri rgyal bo ri rab, 'jig rten chags glu*), 'Tam' (*gtam*), 'Choné Pönpö Logyü' (*co ne dpon po'i lo rgyus*, The History of Choné Kings), and 'Sipa Chaklu' (*srid pa chags glu*, The Sipa Song) are transcribed by Namkha Döndrup, and are labelled as ND. The handwritten texts also include 'Jikten Chaksum' (*'jig rten chags gsum*, The Formation of the World) from Choné Monastery, which we label as CM.

5. The last text we draw on is the book titled *Sheba* 舍巴, co-edited by local historians Fan Xueyong and Yang Shihong.[113] It includes 'Chémar' (*phye mar*), 'Sipé Chakrap' (*srid pa'i chags*

> *rabs*, The Origin of the World), The Formation of the World (*'jig rten chags lugs*), 'Jikten Chakluk' (*'jig rten 'jig lugs*), 'Jikten Chaktsül' (*'jig rten chags tshul*, The Creation of the World), 'Rigyel Lhünpo' (*ri rgyal lhun po*, Mount Meru), 'Khyung' (*khyung chen bshad pa*), 'Rübel' (*rus sbal bshad pa*), 'Lönpo Garchen' (*blon po mgar chen*), 'Da' (*mda' bshad pa*), 'Choné Pönpö Logyü' (*co ne dpon po'i lo rgyus*), and 'Tam' (*gtam*). The authors edited the texts that they collected and standardised them in line with the Amdo variety of the Tibetan language. We label stanzas of this book with FY in our footnotes.

Other than these texts, we also collected many fragmented editions of Shépa. On inspection, these are generally similar to the five clusters outlined above, and most are adaptations of the compilations by Lozang Tendzin or Ngakwang Tapkhé. We understand these adaptations to have occurred when local singers used these texts to revise or complement their own narrations and documentation projects. These editions—which have influenced one another and resulted in many trivial modifications—certainly warrant further analysis. Through careful and comparative work, we anticipate being able to trace the trajectory of Shépa transmission and better understand knowledge production within Choné.

In this book, while we prioritise oral narrations, we also list all collected texts in our footnotes and do not correct mistakes in spelling or grammar. Our goal is that community members and scholars will be in a position to engage with these texts in service of their future studies without significant editorial intervention by us. The verses which we have translated are bolded in the footnotes. Most translated verses derive from oral narrations. When a verse from the written texts could complete the oral narration or make it significantly clearer, we translate the verse and indicate this selection by bolding it in the footnote. When a verse is missing or incomplete, we compose a verse and bold it in the footnote, marking our editorial intervention with ED.

This book is the product of close teamwork and intense collaboration. Marnyi Gyatso assumed primary responsibility for examining the written texts of Shépa, providing the Chinese translations using seven characters for each verse—employing classical Chinese exclamatory particles to form rhyming patterns. Bendi Tso, having completed the second round of collation, contributed the English translations and wrote introductions to each individual section. She and Marnyi Gyatso also composed the book's introduction. In the whole process, Naljor Tsering provided his expertise in Bon religion and rituals. Marnyi Gyatso contributed his knowledge of Chinese and Tibetan history. Mark Turin offered his experience in the documentation and preservation of oral traditions more generally, and assumed responsibility for English editing and representational consistency across the volume. The introductions were respectively translated into Chinese and Tibetan by Marnyi Gyatso and Naljor Tsering.

Chinese and English translations are offered immediately following the Tibetan text, allowing readers to cross-check or cross-read if they have the requisite language competencies. We avoid being too literal in our translations in order to keep close to the original Tibetan meaning. Auspicious numbers, such as 108, are translated literally, and we ask readers to bear in mind that artistic language is a key element in Tibetan oral traditions. It is our hope that the section introductions and endnotes will help to contextualise the narration, providing some ethnographic and cultural context about the topics in question. Tibetan terms are transcribed phonetically in the Latin alphabet using the Tibetan and Himalayan Library's (THL) Simplified Phonetic Transcription of Standard Tibetan, with Wylie transliterations provided in parentheses for English readers. Exceptions are made for terms which have a common vernacular transliterated form, meaning that we write *molla* rather than the more literal *molba*.

Book Outline

This book is structured in eight sections. The first section is 'Khyung' and delineates how the world and Khyung were born. The narrative proceeds to elaborate on Khyung's appearance, food, power, forms, and so forth. The narrative then turns to illustrate how the red Khyung was captured by the demon and rescued by the wise bat. The second section is 'Rübel' and is often performed together with 'Khyung'. It starts with an account of the life of Rübel in the sea, followed by how Rübel was tamed by Mañjuśrī. It concludes with how Rübel's body parts embody the divinatory schemes. The third section is 'Jikten Chakluk' and depicts the destruction and formation of the world, detailing how the external world and sentient beings came into being. This section concludes with the origin and history of the Tibetan people.

The following two sections focus on the significant social norms and cultural objects of the Choné people. The fourth section is 'Chémar', the most performed and best-preserved section of Shépa. As its lyrics demonstrate, the song of 'Chémar' is the head of all songs; without narrating 'Chémar', one cannot start to narrate Shépa. This section offers a detailed description of Chémar and the table holding it. The fifth section is 'Da', which illuminates how the arrow is made, from cutting bamboo to each step involved in crafting it. This section further outlines the representational meanings of all components of the arrow.

The last three sections highlight wedding elements, and are often sung together in cultural Choné. The sixth section is 'Lönpo Garchen' and begins with an introduction to King Songtsen Gampo, Princess Wencheng, and Minister Gar Tongtsen—illustrating how the minster journeyed to Tang China, triumphed over the envoys of other rulers in competitions to woo Princess Wencheng, and then escaped from China to Tibet. The seventh and eighth sections are 'Tsalu' and 'Zhanglu' and detail the process of taking and giving a bride, respectively.

In documenting and translating Shépa, we stand on the shoulders of many generations of Shépa performers and compilers. From past to present, they have kept Shépa alive through generously sharing their knowledge and skills with both amateurs and dedicated apprentices. Their experience teaches us that communication and cooperation are central to the vitality of Shépa. Following in their steps, our hope is that this book will help to connect Shépa with the Choné people, with all Tibetans and with the wider world.

Endnotes

1 Guowuyuan diqici quankuo renkou pucha lingdao xiaozu bangongshi, ed., *Zhongguo renkou pucha nianjian*, 3 vols (Beijing: Zhongguo tongji chubanshe, 2020), I (2020).

2 Marnyi Gyatso, 'Home on the Margins: Tsowa Societies of the Choné Kingdom on the Inner Asian Frontier, 1862–1952' (unpublished doctoral thesis, The Chinese University of Hong Kong, 2020), pp. 45–60.

3 Skal ldan rgya mtsho, *Yab rje bla ma skal ldan rgya mtsho'i gsung 'bum bzhugs so*, 4 vols (Lanzhou: Kan su'u mi rigs dpe skrun khang, 1999), I (1999), p. 342; Yu Zhang, *Bianzheng kao* (Taipei: Xin wenfeng chuban gongsi, 1990), j9.2b.

4 Ye Fan, *Houhanshu* (Beijing: Zhonghua shuju, 1965), j87.2869–908.

5 Xu Liu, *Jiutangshu* (Beijing: Zhonghua shuju, 1975), j196–197.

6 Bangzhan Chen, *Songshi jishi benmo* (Beijing: Zhonghua shuju, 1977), j41; Bianca Horlemann, 'The Relations of the Eleventh-Century Tsong kha Tribal Confederation to its Neighbour States on the Silk Road', in *Contributions to the Cultural History of Early Tibet*, ed. by Matthew Kapstein and Brandon Dotson (Leiden: Brill, 2007), pp. 79–101; Duanlin Ma, *Wenxian tongkao* (Beijing: Zhonghua shuju, 1986), j335; Toqto'a, *Songshi* (Beijing: Zhonghua shuju, 1977), j492.

7 Lian Song, *Yuanshi* (Beijing: Zhonghua shuju, 1976), j121–123.

8 *Mingshilu* (Taipei: Institute of History and Philology, 1962), Taizong, j196.1b-2a; Tingyu Zhang, *Mingshi* (Beijing: Zhonghua shuju, 1974), j330. For the Ming fortification, see Marnyi Gyatso, 'The Ming, Tibetan and Mongol Interactions in Shaping the Ming Fortification, Multicultural Society and Natural Landscape in Mdo smad, 1368–1644', *Revue d'Etudes Tibétaines*, 55 (2020), 351–84; Marnyi Gyatso, 'A Rosary of the Wish-Fulfilling Jewels: The Co ne Kingdom on the Tibetan, Chinese, Mongolian, and Manchu Frontiers from the Fifteenth to the Eighteenth Century' (unpublished manuscript, June 1, 2022); Yu Zhang, *Bianzheng kao*, j3–4.

9 Marnyi Gyatso, 'Home on the Margins', pp. 43–99.

10 Yandu Zhang, *Taozhou tingzhi* (Taipei: Chengwen chubanshe youxian gongsi, 1970), p. 842; Erxun Zhao, *Qingshi gao* (Beijing: Zhonghua shuju, 1977), j517.

11 Christopher Beckwith, 'The Tibetans in the Ordos and North China: Considerations on the Role of the Tibetan Empire in World History', in *The Tibetan History Reader*, ed. by Gray Tuttle and Kurtis R. Schaeffer (New York: Columbia University Press, 2013), pp. 133–41 (pp. 136–37).

12 We acknowledge the extensive debate that exists on what precisely constitutes the Bon religion. In our writing, we have an inclusive and expansive understanding of Bon. Along with institutionalised Bon, Yungdrung Boṇ (*g.yung drung bon*), which from the tenth century onward began to resemble Buddhism, we also recognise the more animistic Sipé Bon as holding significance. Tucci and Stein use 'folk religion' or 'nameless religion' to refer to this religion respectively. For different significations of Bon, see Ngawang Gyatso, 'Shilun siba benjiao de jiben hanyi ji xingshi tezheng', *Xizang Daxue Xuebao*, 28.1 (2013), 7–12; Helmut Hoffmann, *The Religions of Tibet*, trans. by Edward Fitzgerald (George Allen & Unwin Ltd, 1961), pp. 13–27, 84–110; Per Kværne, *The Bon Religion of Tibet* (Boston: Shambhala, 1995), pp. 9–10; Geoffrey Samuel, *Civilized Shamans: Buddhism in Tibetan Societies* (Washington and London: Smithsonian Institution Press, 1993), pp. 10–13; Tsering Thar, 'Zangwen shouchaoben benjiao wenxian de faxian jiqi dangdai wenhua jiazhi', *Zhongguo Zangxue*, 2 (2021), 188–95.

13 Luciano Petech, 'Tibetan Relations with Sung China and with the Mongols', in *China Among Equals: The Middle Kingdom and Its Neighbors, 10th–14th Centuries*, ed. by Morris Rossabi (Berkeley: University of California Press, 1983), pp. 173–203; Tsepon Wangchuk Deden Shakabpa, *One Hundred Thousand Moons: An Advanced Political History of Tibet*, trans. by Derek F. Maher (Boston: Brill, 2010), pp. 177–96.

14 Gyitang (Gyi thang; Jitang or Qingtang) was also used to refer to Tsongkha. Tao Li, *Xu zizhi tongjian changbian* (Beijing: Guojia tushuguan, 1792), j265, j398, j404, j520; Lian Song, *Yuanshi*, j39, j43, j121, j123; Toqto'a, *Jinshi* (Beijing: Zhonghua shuju, 1975), j26, j79, j80, j91, j95, j98, j103, j113; Toqto'a, *Songshi*, j42, j326.

15 Tsutomu Iwasaki, 'The Tibetan Tribes of Ho-hsi and Buddhism During the Northern Sung Period', *Acta Asiatica*, 64 (1993), 17–37.

16 Toqto'a, *Jinshi*, j26.654.

17 Brag dgon pa dkon mchog bstan pa rab rgyas, *Mdo smad chos 'byung* (Lanzhou: Kan su'u mi rigs dpe skrun khang, 1982), p. 666. The term *co ne khag lnga* is possibly a later invention to address the five units along the Luchu valley after the Choné kings transformed the Sakya gönpa into a famous geographic marker in Tibetan history.

18 Brag dgon pa dkon mchog bstan pa rab rgyas, *Mdo smad chos 'byung*, pp. 646–66.

19 Karl-Heinz Everding, 'The Mongol States and Their Struggle for Dominance over Tibet in the 13th Century', in *Tibet, Past and Present*, ed. by Henk Blezer (Leiden: Brill, 2002), pp. 109–28; Luciano Petech, *Central Tibet and the Mongols: The Yüan—Sa-skya Period of Tibetan History* (Rome: Istituto Italiano per il Medio ed Estremo Oriente, 1990), pp. 8–9; Turrell V. Wylie, 'The First Mongol Conquest of Tibet Reinterpreted', *Harvard Journal of Asiatic Studies* 37.1 (1997), 103–33.

20 Luosang Danzhu and Popa Ciren, *Anduo gucha chandingsi* (Lanzhou: Gansu minzu chubanshe, 1995), p. 7; Shajia Shili, *Jingangcheng qixin zhuangyan baoman xitian fozi yuanliu lu*, trans. by Ning An (1448, transcribed in 1829), chapter 2; Lian Song, *Yuanshi*, j202.4517–19.

21 Elliot Sperling, 'Notes on the Early History of Gro-tshang Rdo-rje-'chang and Its Relations with the Ming Court', *Lungta*, 14 (2001), 77–87.

22 'Jam dbyangs 'jigs med dbang po, *Co ne'i bstan 'gyur gyi dkar chag yid bzhin nor bu'i phreng ba* (New Delhi: Ngawang Gelek Demo, 1971), pp. 378–80.

23 Mgon po dbang rgyal, *Co ne sa skyong gi lo rgyus klu chu sngon mo'i gyer dbyangs* (Lanzhou: Kan su'u mi rigs dpe skrun khang, 1997), pp. 27–8; Tshe ring don grub, *Mdo smad co ne'i lo rgyus sa gzhi skyong ba'i rgyan* (Beijing: Zhongguo wenlian chubanshe, 2016). Tibetan oral accounts in Choné, Mébo (Dme bo) and Dzögé suggest that Changti and Ngoti were defeated in a war that took place in southern Amdo and were then forced to leave.

24 Brag dgon pa dkon mchog bstan pa rab rgyas, *Mdo smad chos 'byung*, pp. 643, 646–47; 'Jam dbyangs 'jigs med dbang po, *Co ne'i bstan 'gyur gyi dkar chag yid bzhin nor bu'i phreng ba*, pp. 382–83.

25 A description of Guhyasamāja Temple (Gsang 'dus lha khang) in Choné Monastery, which was established by Richen Lhünpopa, might help us know the result of this reform, 'inside the temple enshrined the statues of the Sakya dharma-throne holders (*sa skya khri 'dzin*), Je Tsongkhapa and his two disciples'. It seems the Géluk teaching was only preached in a small scale. See Luosang Danzhu and Popa Ciren, *Anduo gucha chandingsi*, p. 174.

26 Brag dgon pa dkon mchog bstan pa rab rgyas, *Mdo smad chos 'byung*, pp. 625–26.

27 Luosang Danzhu and Popa Ciren, *Anduo gucha chandingsi*, pp. 40–50, 65–66, 79, 166–67.

28 There were ten regional monasteries (*dgon chen*), fifty-five communal monasteries (*dgon pa*), and over a hundred temples (*lha khang*) and retreats (*ri khrod*) across the Choné Kingdom. See Luosang Danzhu and Popa Ciren, *Anduo gucha chandingsi*, pp. 228–42.

29 Exoteric and esoteric are two types of Buddhist teaching. Exoteric teachings focus on Mahayana sutras and the associated path. Esoteric studies focus on tantric texts and the secret path and are also referred to as tantric studies. For more context on exoteric and esoteric studies in Tibetan monastic settings, see Georges Dreyfus, *The Sound of Two Hands Clapping* (Berkeley: University of California Press, 2003), pp. 18–20, 111–20.

30 Interview, Choné Monastery, January 3, 2015.

31 Marnyi Gyatso, 'Home on the Margins', chapter 2–4.

32 *Zhuoni xianzhi*, ed. by Zhuoni xianzhi bianzuan weiyuanhui (Lanzhou: Gansu minzu chubanshe, 2020), p. 672. *Lintan Xianzhi*, ed. by Lintan xianzhi bianzuan weiyuanhui (Lanzhou: Gansu renmin chubanshe, 2008), p. 93.

33 Some community members believe Batsé, a traditional market for many Choné people, separates the highland famers from those along the riverside.

34 Marnyi Gyatso, 'The Legacy of Bla ma dkar po: An Unsettled Dispute between Chone and Labrang on the Inner Asian Frontier', *Waxing Moon: Journal for Tibetan and Himalayan Studies*, 1 (2021), 16–56 (pp. 25–26).

35 Marnyi Gyatso, 'Home on the Margins', chapter 2.

36 The most important festivals in Choné include the Mönlam Festival (*smon lam chen po*) from the third to the sixteenth day of the first month, the May Mani Festival (*lnga pa'i ma Ni*) from the first to the seventh day of the fifth month, The Great Festival of Turning the Wheel of Dharma (*tshes bzhi chos 'khor dus chen*) for seven days in the sixth month, the Maitreya Dharma Assembly (*byams smon*) from the seventh to the twenty-second day of the ninth month, and the Anniversary of Tsongkhapa's Death Day (*lnga mchod chen po*) from the twenty-fourth to the twenty-eighth day of the tenth month. Two, ten-day fairs used to be held in the sixth and the tenth months.

37 Lama Jabb, 'The Wandering Voice of Tibet: Life and Songs of Dubhe', *Life Writing*, 17.3 (2020), 387–409 (p. 392).

38 Timothy Thurston, 'An Introduction to Tibetan sa bstod speeches in A mdo', *Asian Ethnology*, 71.1 (2012), 49–73 (p. 55).

39 Bkra shis don grub, 'Ge sar sgrung gi glu tshig las bshad pa'i skor gyi zhib 'jug' (unpublished master's thesis, Northwest Minzu University, 2018); Don grub rgyal, 'Mdo smad mtsho lho yul du dar khyab che ba'i bshad pa'i skor la rags tsam dpyad pa' (unpublished master's thesis, Tibet University, 2012), p. 6; Rnam rgyal rig 'dzin, 'A mdo'i ngag rtsom las bshad pa'i khyad chos la dpyad pa' (unpublished master's thesis, Qinghai Normal University, 2013), p. 1.

40 *Bshad pa*, ed. by Chab 'gag rdo rje tshe ring (Lanzhou: Kan su'u mi rigs dpe skrun khang, 2006), p. 1.

41 See, for example, Don grub rgyal, 'Mdo smad mtsho lho yul du dar khyab che ba'i bshad pa'i skor la rags tsam dpyad pa', p. 15.

42 *Bshad pa*, pp. 28–44.

43 Sources from different state offices offer contradictory dates for when Shépa was listed as Prefectural-level Intangible Cultural Heritage. In our writing, we follow the date provided by the local Tourism Bureau which is charged with the preservation and performance of Shépa.

44 Bendi Tso, 'Opportunities and Challenges in Preserving and Revitalizing the Tibetan Oral Literature Shépa in Chone', *Book 2.0*, 9.1–2 (2019), 7–18.

45 Amy Mountcastle, 'Safeguarding Intangible Cultural Heritage and the Inevitability of Loss: a Tibetan Example', *Studia Ethnologica Croatica*, 22.1 (2010), 339–59; Timothy Thurston, 'The Tibetan Gesar Epic beyond Its Bards: An Ecosystem of Genres on the Roof of the World', *Journal of American Folklore*, 132.524 (2019), 115–36 (p. 117); Timothy Thurston, 'Assessing the Sustainability of the Gesar Epic in Northwest China, Thoughts from Yul shul (Yushu) Tibetan Autonomous Prefecture', *Cultural Analysis*, 17.2 (2020), 1–23.

46 Rachel C. Fleming, 'Resisting Cultural Standardization: Comhaltas Ceoltóirí Éireann and the Revitalization of Traditional Music in Ireland', *Journal of Folklore Research*, 41.2–3 (2004), 227–57; Ahmed Skounti, 'The Authentic Illusion: Humanity's Intangible Cultural Heritage, the Moroccan Experience', in *Intangible Heritage*, ed. by Laurajane Smith and Natsuko Akagawa (London and New York: Routledge, 2009), pp. 74–92.

47 Andrew Martindale, Sara Shneiderman and Mark Turin, 'Time, Oral Tradition and Technology', *Memory*, ed. by Philippe Tortell, Mark Turin and Margot Young (Vancouver: Peter Wall Institute for Advanced Studies, 2018), pp. 197–206; Mark Turin, 'Orality and Technology, or the Bit and the Byte: The Work of the World Oral Literature Project', *Oral Tradition*, 28.2 (2013), 173–86.

48 Skounti, 'The Authentic Illusion: Humanity's Intangible Cultural Heritage, the Moroccan Experience', p. 78.

49 Samten Gyaltsen Karmay, *The Arrow and The Spindle*, 3 vols (Kathmandu: Mandala Book Point, 1997–2014), I (1997), p. 150.

50 *Bu che ba dga' ldan gser khrir bzhugs/bu gnyis pa rgya nag rgyal por bzhugs/bu gsum pas sa la sbra gur phub//*

51 Hildegard Diemberger, 'Blood, Sperm, Soul and the Mountain: Gender Relations, Kinship and Cosmovision among the Khumbo (N.E. Nepal)', in *Gendered Anthropology*, ed. by Teresa del Valle (London: Routledge, 1993), pp. 88–127; Nancy Levine, 'The Theory of Rü: Kinship, Descent and Status in a Tibetan Society', in *Asian Highland Societies in Anthropological Perspective*, ed. by Christoph von Fürer-Haimendorf (New Delhi: Sterling Publishers, 1981), pp. 52–78.

52 José I. Cabezón and Roger R. Jackson, 'Editors' Introduction', in *Tibetan Literature: Studies in Genre*, ed. by José I. Cabezón and Roger R. Jackson (New York: Snow Lion, 1996), pp. 11–37.

53 Lauran R. Hartley and Patricia Schiaffini-Vedani, 'Introduction', in *Modern Tibetan Literature and Social Change*, ed. by Lauran R. Hartley and Patricia Schiaffini-Vedani (Durham and London: Duke University Press, 2008), pp. xiii-xxxviii (pp. xvii-xviii); Lama Jabb, *Oral and Literary Continuities in Modern Tibetan Literature: The Inescapable Nation* (Lanham: Lexington Books, 2015).

54 Alexandru Anton-Luca, 'glu and la ye in Amdo: An Introduction to Contemporary Tibetan Folk Songs', in *Amdo Tibetans in Transition: Society and Culture in the post-Mao Era*, ed. by Toni Huber (Leiden: Brill, 2002), pp. 173–96 (pp. 178–79); Roger R. Jackson, '"Poetry" in Tibet: *Glu, mGur, sNyan ngag* and "Songs of Experience"', in *Tibetan Literature: Studies in Genre*, ed. by José I. Cabezón and Roger R. Jackson (New York: Snow Lion, 1996), pp. 368–92 (p. 369); Anna Morcom, 'Landscape, Urbanization, and Capitalist Modernity: Exploring the "Great Transformation" of Tibet through its Songs', *Yearbook for Traditional Music*, 47 (2015), 161–89 (p. 164).

55 As for the introduction and influence of Indian poetic poetry on Tibetan literature, see Leonard W. J. van der Kuijp, 'Tibetan Belles-Lettres: The Influence of Dandin and Ksemendra', in *Tibetan Literature: Studies in Genre*, ed. by José I. Cabezón and Roger R. Jackson (New York: Snow Lion, 1996), pp. 393–410 (pp. 395–400).

56 See, for example, *Dunhuang guzangwen wenxian tansuoji*, ed. by Yao Wang and Jian Chen (Shanghai: Shanghai guji chubanshe, 2008), p. 38; Jackson, '"Poetry" in Tibet: *Glu, mGur, sNyan ngag* and "Songs of Experience"', 368–92 (p. 371); Rolf A. Stein, *Tibetan Civilization* (London: Faber and Faber LTD, 1972), pp. 252–53.

57 The term *gur* (*mgur*) was originally used in the honorific register to refer to songs, *lu*, as shown in *the Old Tibetan Chronicle* where kings' songs or songs sung by a king's sister were described as *gur* in contrast to the songs of ministers, which were described as *lu*. Later, during the expansion of Buddhism that started in the tenth century which was known as the second dissemination, and the strong association between *gur* and Milarepa—the great yogi and poet born in the eleventh century—*gur* gradually came to be used to refer to spiritual songs. *Gur* carry the spirit of *lu* and are characterised by simple and colloquial language and metric flexibility. For definitions and features of *gur*, see Tsangnyön Heruka, *The Life of Milarepa*, trans. by Andrew Quintman (London: Penguin Books, 2010), pp. xxx-xxxi; Lama Jabb, *Oral and Literary Continuities in Modern Tibetan Literature: The Inescapable Nation*, pp. 5–10; Victoria Sujata, *Tibetan Songs of Realization: Echoes from a Seventeenth-Century Scholar and Siddha in Amdo* (Leiden and Boston: Brill, 2005), pp. 77–85.

58 Per K. Sørensen, *Divinity Secularized: An Inquiry into the Nature and Form of the Songs Ascribed to the Sixth Dalai Lama* (WIEN, 1990), p. 13.

59 Solomon G. Fitzherbert, 'The Tibetan Gesar Epic as Oral Literature', in *Contemporary Visions in Tibetan Studies: Proceedings of The First International Seminar of Young Tibetologist*, ed. by Brandon Dotson and others (Chicago: Serindia Publications, 2009), pp. 171–96; Zhambei Gyaltsho, '*Bab Sgrung*: Tibetan Epic Singers', *Oral Tradition*, 16.2 (2001), 280–93.

60 Thurston, 'An Introduction to Tibetan sa bstod speeches in A mdo', pp. 49–73.

61 Tsangnyön Heruka, *The Hundred Thousand Songs of Milarepa: A New Translation*, trans. by Christopher Stagg (Boulder: Shambhala Publications, 2017); Sujata, *Tibetan Songs of Realization: Echoes from a Seventeenth-Century Scholar and Siddha in Amdo*.

62 Morcom, 'Landscape, Urbanization, and Capitalist Modernity: Exploring the "Great Transformation" of Tibet through its Songs', pp. 168–70; Charles Ramble, 'Gaining Ground: Representations of Territory in Bon and Tibetan Popular Tradition', *The Tibet Journal*, 20.1 (1995), 83–124 (pp. 85–87).

63 Morcom, 'Landscape, Urbanization, and Capitalist Modernity: Exploring the "Great Transformation" of Tibet through its Songs', pp. 166–67.

64 Many Tibetan oral traditions use the question-and-answer format. One of the most well-studied is the debate song (*glu 'thab/glu shags*) found in Amdo in which the aim is to debate with, satirise, or tease one's counterpart. See, for example, Anton-Luca, '*glu* and *la ye* in Amdo: An Introduction to Contemporary Tibetan Folk Songs', p. 185; *Glu shags srid pa'i dar lce*, ed. by Bkra po (Xining: Mtsho sgnon mi rigs dpe skrun khang, 1997); 'Phags mo skyid, 'mdo smad mtsho lho yul gyi glu shags la rags tsam dpyad pa' (unpublished master's thesis, Tibet University, 2013), pp. 6–13; Per K. Sørensen, *Divinity Secularized*: *An Inquiry into the Nature and Form of the Songs Ascribed to the Sixth Dalai Lama*, p. 18; Timothy Thurston, '"Careful Village's Grassland Dispute": An A mdo Dialect Tibetan Crosstalk Performance by Sman bla skyab', *CHINOPERL*, 32.2 (2013), 156–81 (p. 157).

65 See, for example, Don grub rgyal, 'Mdo smad mtsho lho yul du dar khyab che ba'i bshad pa'i skor la rags tsam dpyad pa', p. 15.

66 Stein, *Tibetan Civilization*, pp. 195–96.

67 See, for example, Don grub rgyal, 'Mdo smad mtsho lho yul du dar khyab che ba'i bshad pa'i skor la rags tsam dpyad pa', pp. 11–13; Giuseppe Tucci, *The Religions of Tibet*, trans. by Geoffrey Samuel (London and Henley: Routledge & Kegan Paul, 1980), pp. 232, 238; Stein, *Tibetan Civilization*, pp. 191–92.

68 Stein, *Tibetan Civilization*, pp. 192, 195.

69 *Mi chos rtsa ba rnam pa dgu/ seng ge'i khog pa dper bzhag ste/ rkang g.yas srid pa'i chags lugs gleng/ g.yon pa skye 'gro'i byung tshul gleng/ tshang ra 'dzam gling sa bcad gleng/ lag g.yas rje yi gdung rabs gleng/ g.yon pa 'bangs kyi mi rabs gleng/ gung mo bstan pa'i chags lugs gleng/ mjing pa rje nam mi sde gleng/ mgo bo pha ma'i cho rigs gleng/ mjug ma mtshon byed dga' ba'i glu*, see O rgyan gling pa, *Bka' thang sde lnga* (Beijing: Mi rigs dpe skrun khang, 1986), p. 469. See also, for example, Stein, *Tibetan Civilization*, p. 193; David P. Jackson, *The Mollas of Mustang: Historical, Religious and Oratorical Traditions of the Nepalese-Tibetan Borderland* (Library of Tibetan Works & Archives, 1984), p. 84.

70 Ngawang Gyatso, 'Minjian benjiao jisizhe "laiwu" de jingshu neihan jiqi wenhua tezheng', *Xizang Daxue Xuebao*, 29.1 (2014), 115–20; Jixi Cili, 'Anduo diebu diqu minjian koushu jingwen "siba tuoyi" chuta', in *Minzushi Yanjiu*, ed. by Cang Ming (Beijng: Zhongyang minzu daxue chubanshe, 2018), pp. 128–40.

71 'Gru btsun legs bshad rgya mtsho, *The bo'i dmangs khrod ngag rgyun rtsom rig phyogs bsdus* (Lanzhou: Kan su'u mi rigs dpe skrun khang, 2017).

72 Jackson, *The Mollas of Mustang: Historical, Religious and Oratorical Traditions of the Nepalese-Tibetan Borderland*, pp. 36–41.

73 Barbara N. Aziz, 'On Translating Oral tradition: Ceremonial Wedding Poetry from Dingri', in *Soundings in Tibetan Civilization*, ed. by Barbara N. Aziz and Matthew Kapstein (New Delhi: Manohar, 1985), pp. 115–32.

74 Jackson, *The Mollas of Mustang: Historical, Religious and Oratorical Traditions of the Nepalese-Tibetan Borderland*, pp. 81–83.

75 Aziz, 'On Translating Oral tradition: Ceremonial Wedding Poetry from Dingri', p. 118.

76 Stein, *Tibetan Civilization*, pp. 196–98.

77 Even though the Baima ethnic community, with a population around 17,000, were identified as Tibetan (*zangzu*/ *bod rigs*) during the Ethnic Identification Project in the 1950s, controversies over the nature of their Tibetan identity continue to the present day. In 1973, the Baima ethnic community filed a report requesting to re-examine their ethnicity. In 1986, the Chinese Central Government decided to retain the ethnic classification of Tibetan for the Baima community. For details about the controversy, see Sichuan minzu yanjiusuo, *Baima zangren zushu wenti taolunji* (Chengdu: Sichuan minzu yanjiusuo, 1980); Pingwuxian baimaren zushu yanjiuhui, *Baimaren zushu yanjiu wenji* (Pingwuxian baimaren zushu yanjiuhui, 1987).

78 Wanping Wang and Xudong Ban, 'Baima zangren guge diaocha baogao', *Xibei Minzu Daxue Xuebao*, 4 (2015), 142–50; Tsongka Yongdrol and Wanping Wang, 'Baima zangren guge "gLu" yu siba benjiao', *Xizang Daxue Xuebao*, 3 (2016), 8–15.

79 Wanping Wang and Xudong Ban, 'Baima zangren guge diaocha baogao', pp. 142–50; Tsongka Yongdrol and Wanping Wang, 'Baima zangren Guge yu siba benjiao', pp. 8–15.

80 'Gru btsun legs bshad rgya mtsho, *The bo'i dmangs khrod ngag rgyun rtsom rig phyogs bsdus*, p. 160.

81 Along with oral accounts in communities across the Tibetan Plateau, written sources also indicate that it is helpful to understand *lu* as conveying encyclopedic knowledge, rather than simply being understood as folk songs. For example, in chapter twelve of *A 15th Century Tibetan Compendium of Knowledge*, *lu* are understood as the knowledge system. This chapter also provides the most comprehensive taxonomy of *lu*, including the dharma song from India (*chos glu*), the song of astrology from China (*rtsis glu*), the song of Bon from Zhangshung (*bon glu*), and Tibetan songs from Ngari (*mnga' ris bod kyi* glu), alongside performance rules for each type of *lu*. See Don dam smra ba'i seng ge, *A 15th Century Tibetan Compendium of Knowledge* (*Bshad mdzod yid bzhin nor bu*) with an introduction by E. Gene Smith, ed. by Lokesh Chandra (New Delhi: Jayyed Press, 1969), pp. 522–27.

82 Jackson, *The Mollas of Mustang: Historical, Religious and Oratorical Traditions of the Nepalese-Tibetan Borderland*, pp. 23–24.

83 Ellis Gene Smith, 'Introduction', in *A 15th Century Tibetan Compendium of Knowledge*, p. 6.

84 Unlike the scholastic and meticulous style of writing of *The Gateway to Knowledge* for Buddhist professionals, Phagpa wrote *The Explanation of Knowledge* in a concise and compact style for pious patrons. His writing of this text was possibly inspired by the Chinese tradition of compiling imperial reference books (*leishu* 类书) for emperors and princes—a popular practice in the Song dynasty.

85 Jinamitra translated sections of *Treasury of Abhidharma* into Tibetan as early as in the ninth century. Chim Jampaiyang's commentary on Vasubandhu's *Treasury of Abhidharma* in the thirteenth century is consideredthe most comprehensive. For a complete English translation of *Treasury of Abhidharma*, see *Abhidharmakośa-Bhāṣya of Vasubandhu: The Treasury of the Abhidharma and Its (Auto) Commentary*, ed. and trans. into English by Gelong L. Sangpo, 4 vols (Delhi: Motilal Banarsidass Publishers Private Limited, 2012); The Ninth Karmapa Wangchuk Dorje, *Jewels from the Treasury*, trans. by David Karma Choephel (New York: KTD Publications, 2012).

86 Rupert Gethin, *The Foundations of Buddhism* (Oxford: Oxford University Press, 1998), pp. 207–09; Noa Ronkin, 'Abhidharma', *The Stanford Encyclopedia of Philosophy*, (2018). https://plato.stanford.edu/archives/sum2018/entries/abhidharma/

87 For the explanation of the three baskets of Buddhist teachings (*sde snod gsum*), see Chögyam Trungpa, *Glimpses of Abhidharma: From a Seminar on Buddhist Psychology* (Boulder: Prajñā Press, 1975), p. 2.

88 Gethin, *The Foundations of Buddhism*, pp. 56, 206.

89 Dreyfus, *The Sound of Two Hands Clapping*, pp. 113–18.

90 Drogön Chogyal Phagpa, *Shes bya rab gsal*, in *Sa skya bka' 'bum*, 15 vols (Sachen International, 2006), XIII (2006), p. 2a; *Chos mngon pa'i mdzod kyi tshig le'ur byas pa sogs* (BDRC: MW1NLM864, n.d.), pp. 30b-1a.

91 Khedrup Norsang Gyatso, *Ornament of Stainless Light: An Exposition of the Kalachakra Tantra*, trans. by Gavin Kilty (Boston: Wisdom Publications, 2004), pp. 2–3.

92 Luosang Danzhu and Popa Ciren, *Anduo gucha chandingsi*, pp. 47–48.

93 See the similarity and difference between *Abhidharma* tradition and *Kalachakra* tradition regarding cosmology in Vesna Wallace, *The Inner Kalacakratantra: A Buddhist Tantric view of the Individual* (Oxford: Oxford University Press, 2001), pp. 66–76.

94 Ellis Gene Smith, 'Introduction', in *A 15th Century Tibetan Compendium of Knowledge*, p. 5–6.

95 Grags pa bshad sgrub, *Lo dang spar sme'i re'u mig gi skor dang rtsis kyi lde mig gi skor don bsdus gsal ba bzhugs so* in *Co ne grags pa bshad sgrub kyi gsung 'bum*, 18 vols (Beijing: Krung go'i bod rig pa dpe skrun khang, 2009), XVII (2009), p. 393.

96 We note that these stanzas of Shépa transcribed by Lhamo Tsering are identical to those published in *Bod kyi dmangs khrod ngag rgyun rig gnas dpe tshogs*, ed. by 'Brug thar and Ngag dbang rgya mtsho, 60 vols (Lanzhou: Kan su'u rig gnas dpe skrun khang, 2015), V, VI, VII, VIII (2015).

97 Cabezón and Jackson, 'Editors' Introduction', p. 14; Lama Jabb, *Oral and Literary Continuities in Modern Tibetan Literature: The Inescapable Nation*, pp. 17–20.

98 Turin, 'Orality and Technology, or the Bit and the Byte: The Work of the World Oral Literature Project', 173–86.

99 Fitzherbert, 'The Tibetan Gesar Epic as Oral Literature', pp. 179–85; Thurston, 'Assessing the Sustainability of the Gesar Epic in Northwest China, Thoughts from Yul shul (Yushu) Tibetan Autonomous Prefecture', p. 4.

100 Mark Bender, Aku Wuwu and Jjivot Zopqu, *The Nuosu Book of Origins* (Seattle: University of Washington Press, 2019), p. xi.

101 Timothy Thurston, 'An Examination of the Poetics of Tibetan Secular Oratory: An A mdo Tibetan Wedding Speech', *Oral Tradition* 33.1 (2019): 23–50.

102 Stein, *Tibetan Civilization*, pp. 43–44.

103 Charles Ramble, 'Real and Imaginary Tibetan Chimeras and Their Special Powers', *Mongolo-Tibetica Pragensia*, 7.2 (2014), 13–33 (pp. 15–20).

104 Daniel Berounský, 'Bird Offerings in the Old Tibetan Myths of the Nyen Collection (*Gnyan 'bum*)', *Archiv orientální*, 84.3 (2016), 527–59 (pp. 539–40).

105 Maoji Fu, *Naxizu tuhua wenzi baibianfu qujingji yanjiu* (Beijing: Shangwu yinshuguan, 2012).

106 Ngawang Gyatso and Tang Qian, 'Siba benjiao de yuzhouguan chubu tantao', *Qingzang Gaoyuan Luntan*, 1.1 (2015), 1–3.

107 Geoffrey Samuel, *Civilized Shamans: Buddhism in Tibetan Societies.*

108 Philippe Cornu, *Tibetan Astrology*, trans. by Hamish Gregor (Boston and London: Shambhala Publications, 1997), pp. 30–31.

109 Charles Ramble, 'The Assimilation of Astrology in the Tibetan Bon Religion', *Extrême-Orient Extrême-Occident*, 35 (2013), 199–232 (pp. 212–13).

110 Ramble, 'The Assimilation of Astrology in the Tibetan Bon Religion', p. 214.

111 Sangji Zhuoma, 'Minjian benjiao wenxian "xiadang"chutan', *Xizang Daxue Xuebao*, 2 (2022), 38–45.

112 For a critical examination of the master texts, see Mark Bender, 'Co-creations, Master Texts, and Monuments: Long Narrative Poems of Ethnic Minority Groups in China', *Journal of Chinese Oral and Performing Literature*, 38.2 (2019), 65–90.

113 Fan, Xueyong and Shihong Yang, *Zhuoni zangzu chuangshi shishi sheba* (Beijing: Minzu chubanshe, 2017).

སྔོན་གླེང་གི་གཏམ།

བཤད་པ་ཞེས་པ་ནི་དོན་འགྲེལ་བའམ་ངོ་སྤྲོད་ཀྱི་དོན་ཏེ། འདིར་བོད་ཀྱི་སྤྱི་ཚོགས་མི་ཆོས་རིག་གནས་སྐོར་གྱི་ཤེས་བྱ་སྣ་མང་གཅིག་ཏུ་འདུས་ཤིང་། ངག་ཏུ་གྱེར་བའི་གླུ་ཚོགས་ཤིག་ལ་ཟེར། དེ་ནི་དེང་གི་ཀྲུང་ཧྭ་མི་དམངས་སྤྱི་མཐུན་རྒྱལ་ཁབ་ཀྱི་མངའ་ཁོངས་སུ། ཀན་སུའུ་ཞིང་ཆེན་ཀན་ལྷོ་བོད་རིགས་རང་སྐྱོང་ཁུལ་དུ་གཞིས་ཆགས་པའི་ཅོ་ནེ་པ་རྣམས་ཀྱི་གནས་ཡུལ་དུ་དར་ཡོད་པ་དང་། དེ་ལྟ་བུའི་མདོ་སྟོད་དང་མདོ་སྨད་ཀྱི་ས་མཚམས་སམ། ཡང་ན་དེང་གི་སི་ཁྲོན་ཞིང་ཆེན་དང་ཀན་སུའུ་ཞིང་ཆེན་གྱི་ས་མཚམས་འདི་རུ་དུས་རབས་མང་པོ་ཞིག་བརྒྱུད་ནས་རིམ་གྱིས་དར་ཁྱབ་བྱུང་ཡོད་པ་ཞིག་ཡིན། བཤད་པའི་སྒྲིག་དེབ་འདི་ནི། སྤྱི་ལོ་༢༠༡༥ནས་༢༠༢༠བར་དུ་ཅོ་ནེ་རྫོང་གི་མངའ་ཁོངས་སུ་ངག་ཐོག་གི་སྒྲ་ཕབ་དང་ཡིག་ཐོག་གི་རྒྱུ་ཆ་རྣམས་བསྡུ་སྒྲིག་བྱས་པ་ལས་གྲུབ་ཅིང་། བརྗོད་བྱའི་ནང་དོན་ལ་བོད་ཀྱི་སྲིད་པ་ཆགས་རབས་དང་། ཡུལ་གྱི་ས་བཅད། དུས་ཀྱི་བྱུང་རབས། མི་ཆོས་སྲོལ་ལུགས་དང་དམ་པའི་ལྷ་ཆོས་སོགས་ཀྱི་བརྗོད་གཞི་རྣམས་འདུས་ཡོད། གླུ་ཚིག་རེ་ལ་ཚིག་རྐང་བདུན་རེ་དང་། དེ་ནི་ཚོ་ག་མཁན་དང་བགྲེས་པོ་རྣམས་ཀྱིས་གྱེར་ལེན་བྱེད་སྲོལ་ཡོད་པ་རེད། དེའི་ཕྱིར། བཤད་པ་ཞེས་པ་ནི་ཡུལ་མདོ་སྨད་ཅོ་ནེ་པ་རྣམས་ཀྱིས་བོད་ཀྱི་ཤེས་རིག་གི་བྱུང་བ་བརྗོད་པའི་ཆོས་སྲིད་ལུགས་གཉིས་ཀྱི་ལོ་རྒྱུས་ཤེས་བྱའི་བང་མཛོད་ཅིག་ཏུ་གྱུར་ཡོད་ཅེས་བཤད་ཆོག

ཅོ་ནེ་པ་རྣམས་ནི་བོད་པའི་ནང་གསེས་ཀྱི་ཡ་གྱལ་ཞིག་ཡིན་ཞིང་། བོད་ཅེས་མི་འབོར་ས་ཡ་བདུན་ཡས་མས་ཀྱིས་གྲུབ་པའི་མི་རིགས་འདི་ལ་བོད་རང་གི་སྐད་དུ་བོད་རིགས་དང་། དབྱིན་ཇིའི་སྐད་དུ་ཐི་བྷེ་ཐ(Tibetan)ཞེས་ངོས་འཛིན་བྱེད་བཞིན་ཡོད།[1] ཡིན་ནའང་། ས་རྒྱུས་དང་རང་བྱུང་ཁོར་ཡུག སྐད་རིགས། ཆོས་ལུགས། ཡུལ་སྲོལ་གོམས་གཤིས། ཐོན་སྐྱེད་དང་ལོ་རྒྱུས་དོན་རྐྱེན་སོགས་ཕྱི་ནང་གི་རྒྱུ་རྐྱེན་ཐ་དད་པ་ཅི་རིགས་ཤིག་གི་དབང་གིས། ངོ་བོ་གཅིག་པའི་བོད་རིགས་རྣམས་ནི་རིག་གནས་ཀྱི་རྣམ་པ་སྣ་ཚོགས་ཤིག་གིས་གྲུབ་ཡོད་པ་དང་། དེ་ནི་བོད་དང་རྒྱ་ནག་གི་ཤེས་རིག་གཉིས་ཀྱི་མཚམས་སུ་གནས་པའི་བོད་པའི་སྤྱི་ཚོགས་ཁག་ལ་མཚོན་ན་ཤིན་ཏུ་ནས་མངོན་གསལ་རེད། དཔེར་ན་འདིར་ཆེད་དུ་གླེང་བའི་མི་འབོར་སུམ་ཁྲི་ཡས་མས་ཡོད་པའི་ཅོ་ནེ་པ་རྣམས་ནི། ཐོག་ཀྱི་དུས་ལ་སྔ་ཕྱིར་རྨ་ཆུའི་སྟོད་དང་ཀླུ་ཆུའི་འགྲམ་དུ་ཐེངས་དུ་མར་གནས་སྤོར་བའི་བོད་ཀྱི་མི་རབས་འགའི་རྒྱུད་པ་ཡིན་ཞིང་། རྒྱུན་ལྡན་དུ་ཞིང་ལས་དང་འབྲོག་ལས། ཚོང་ལས། ནགས་ལས་སོགས་ལ་བརྟེན་ནས་འཚོ་བཞིན་ཡོད། ཡུལ་སྐད་ནི་མདོ་སྟོད་པའི་སྐད་དང་ཉུང་ཉེ་ཞིང་། ཡུལ་ཚོ་ཁག་ནི་རྒྱ་རིགས་དང་། རྒྱ་ཁ་ཆེའམ་ཧུད་རིགས། ཧོར་རིགས་སོགས་མི་རིགས་ཁག་དང་མཉམ་དུ་གནས་ཡོད། དེའི་ཕྱིར། ཉེ་ས་ནས་མཉམ་སྡོད་མཉམ་གནས་ཀྱི་མི་རིགས་འདི་དག་གི་ཤུགས་རྐྱེན་དང་། རྒྱུད་དུ་གནས་པའི་ཆོས་སྲིད་ཀྱི་

ལྟེ་བ་གཉིས་ཀའི་བར་གྱི་རྙོག་འཛིང་གི་འབྲེལ་ལམ་གྱིས་ཅོ་ནེའི་ཡུལ་གྱི་སྤྱི་ཚོགས་དང་ལོ་རྒྱུས་བྱུང་རིམ་ལ་ཤན་ཤུགས་ཟབ་མོ་ཐེབས་ཡོད།[2]

དེང་གི་དུས་སུ་ཅོ་ནེ་པ་རྣམས་ཀྱིས་འཛིན་སྐྱོང་སྲིད་གསུམ་བྱེད་བཞིན་པའི་བཤད་པའི་དག་རྒྱུན་དེ་ནི། གནའ་སྔ་མོར་ཡུལ་འདིར་གནས་སྡོར་བའི་བོད་མི་རྣམས་ལས་བརྒྱུད་པའམ། ཡང་ན་དེ་དག་གི་རྗེས་རབས་པས་གསར་དུ་མཛད་པ་ཞིག་ཡིན་དེས། གང་ལྟར། བཤད་པའི་དག་རྒྱུན་གྱི་རྩོམ་རིག་འདི་ཉིད་ནམ་ཞིག་ལ་བྱུང་བ་དང་། ཅི་ལྟར་འཕོ་འགྱུར་བྱུང་ནས་དེང་གི་རྣམ་པ་འདི་ལྟར་དུ་གྱུར་ཡོད་ཚུལ་ནི། ཆེས་གླེང་བར་དཀའ་མོད་ཀྱང་མི་གླེང་ཀ་མེད་ཅིག་ཏུ་གྱུར་ཡོད། ཕྱོགས་གཅིག་ནས། བཤད་པའི་ནང་དོན་དང་གྲེར་ལེན་གྱི་རྣམ་པ་ནི། མདོ་སྨད་བྱང་རྒྱུད་ནས་བཟུང་སྟེ་རི་བོ་ཏི་མ་ལ་ཡའི་ལྷོ་མཚམས་བར་གྱི་ཡུལ་ལུང་སོ་སོའི་དག་རྒྱུན་རྩོམ་རིག་ཁག་དང་མཐུན་ཆོས་ཤིན་ཏུ་མང་བར་གྲུབ་ཡོད་པ་དང་། ཕྱོགས་གཞན་ཞིག་ནས། བཤད་པའི་ནང་དོན་དང་དུས་རབས་བཅུ་པ་ནས་བྱུང་བའི་བོད་སྐད་ཡིག་གི་ཡིག་ཐོག་རྩོམ་རིག་དང་ཡུན་རིང་བོར་འབྲེལ་བ་ཆགས་ཡོད་པ་ནི་རྟོགས་སླ་བར་མཐོང་བས། སྔོན་གླེང་གི་གཏམ་བརྗོད་འདི་ཉིད་བརྒྱུད་ནས། བཤད་པ་གྲེར་ལེན་དེ་ཉིད་སྲོལ་རྒྱུན་གྱི་སྤྱི་ཚོགས་ཁོར་ཡུག་ཏུ་འཛིན་སྐྱོང་སྲིད་གསུམ་གྱི་ལོ་རྒྱུས་དང་། དེང་གི་སྤྱི་ཚོགས་ཀྱི་གནས་བབ་འོག་ཏུ་ཕྲད་པའི་གནད་དོན། བཤད་པའི་འཛིན་སྐྱོང་སྲིད་གསུམ་ལ་བྱུས་རྗེས་ཆེ་བའི་གྲེར་མཁན་གླུ་པ་རྣམས་ཀྱི་སྒེར་གྱི་བརྩེ་ཐང་ངོས་ལེན་བྱེད་སྟངས་སོགས་ལ་བསམ་གཞིགས་ཙུང་ཙམ་རེ་བྱེད་པར་སྤྲོའོ།།

ཡུལ་གྱི་ས་བཅད་དང་དུས་ཀྱི་བྱུང་རབས།

ཅོ་ནེ་ཞེས་པའི་ཡུལ་གྲུ་འདི་ནི་མདོ་དབུས་མཐོ་སྒང་གི་ཤར་མཚམས་སུ་ཆགས་ཡོད་ཅིང་། དེ་ནི་མདོ་ལ་རིང་མོ་དང་བླན་ཡན་ཏ་རིའི་ཤར་ལྷོའི་མཚམས་སུ་དགྱོགས་ཏེ། མེན་ཧྲ་གངས་དཀར་(岷山)གྱི་བྱང་རྒྱུད་དང་རི་བོ་ཆེན་ལིན་(秦嶺)གྱི་ནུབ་རྒྱུད་བར་དུ་ཐུག་པའི་མཚམས་དེ་རུ་ཡིན། ནུབ་བྱང་གི་མཚམས་ནས་ཤར་ནུབ་ཀྱི་བར་དུ། རྒྱ་མཚོའི་ངོས་ལས་སྨི་༩༠༠༠ནས་༢༥༠༠བར་དུ་བབས་ཡོད། ཀླུ་ཆུ་དང་དེའི་ཡན་ལག་གི་ཆུ་བོ་རྣམས་ནི་བྲག་དང་རྫ་རི་མཐོན་པོ་ལས་སྐང་དང་དེའུ་འབུར་གྱི་མཚམས་སུ་ཐུར་དུ་བབས་ནས། རིམ་གྱིས་ཐང་དང་གྲོག་རོང་ཆེན་པོ་དག་ཏུ་བཞུར་བ་དང་། དེའང་ཤར་ཨེ་ཤ་ཡའི་དུས་རླུང་དང་། སི་པེ་རི་ཨན་གྱི་མཐོ་ཤུགས་ཆེ་བའི་མཁའ་དབུགས་དང་། མདོ་དབུས་མཐོ་སྒང་གི་དམའ་ཤུགས་ཆེ་བའི་མཁའ་དབུགས་བཅས་ཀྱི་ནམ་གཤིས་ཀྱི་རྐྱེན་གྱིས་ས་ཡི་ཆགས་ཚུལ་གྱི་ངོས་ནས། མཐོ་སྒང་དང་སྤང་ཐང་། ནེའུ་གསེང་། རྡོ་བྲག་སྒོམ་པའི་གྲོག་ལུང་སོགས་རྣམ་པ་ཐ་དད་པའི་སྡོང་བཅུད་ཀྱི་མ་ལག་ཅིག་ཏུ་གྲུབ་ཡོད། ཆ་སྙོམས་པའི་ཉི་འོད་དང་ཆར་ཆུ་ཡིས་རྩི་ཤིང་སྐྱེ་སྟོབས་ཆེ་ཞིང་། སོ་ནམ་གྱི་ལས་གཉེར་ལ་རང་བྱུང་གི་ཁོར་ཡུག་ལེགས་པོ་ཞིག་བསྐྲུན་ཡོད་ནའང་། ནམ་ཟླའི་འགྱུར་ལྡོག་དང་ས་ཁམས་ཀྱི་ཆགས་དབྱིབས། ཡུལ་ལུང་སོ་སོའི་མཐོ་དམའ་སོགས་ཀྱིས་ལོ་ཏོག་གི་སྨྱུ་གུ་གསར་དུ་འབུས་དུས། ཁ་བ་དང་ཐན་པ་འོང་ཉེན་ཆེ་བ་དང་། ལོ་ཏོག་བསྡུ་བའི་དུས་ལའང་སེར་བ་དང་། ཤྭ་འོད་ཀྱི་གནོད་པ་འབྱུང་སླ་བ་ཞིག་གོ།

ཅོ་ནེ་ཞེས་པའི་ཡུལ་མིང་གི་བསྟན་དོན་ཡང་དུས་རབས་སོ་སོར་མི་མཐུན་ལ། ད་བར་གྱི་ཤེས་ཚོད་ལྟར་ན། ཐ་སྙད་འདི་ནི་དུས་རབས་བཅུ་དྲུག་པའི་ནང་ལ་ཐོག་མར་ཐོན་ཡོད་པ་ཞིག་དང་། དེའི་སྐབས་སུ་ཅོ་ནེ་དགོན་

ཆེན་ནམ་དགའ་ལྡན་བཤད་སྒྲུབ་གླིང་དང་ཅོ་ནེ་ས་སྐྱོང་གི་མངའ་འོག་ཏུ་གནས་པའི་ཀླུ་ཆུའི་རྒྱུད་དུ་ཆགས་པའི་བོད་པའི་ཡུལ་ཚོ་རྣམས་ལ་གོ་བ་ཡིན།[3] ཅོ་ནེ་ཞེས་པའི་ཡུལ་མིང་འདི་མངོན་གསལ་དུ་མ་ཐོན་པའམ། ཡུལ་འདིའི་ས་སྐྱོང་དང་དགོན་ཆེན་ལ་འབྲེལ་བ་མ་བྱུང་བའི་སྔོན་དང་། ཐ་ན་ཀླུ་ཆུའི་རྒྱུད་ཡོངས་ནི་སྤུར་རྒྱལ་བཙན་པོའི་མངའ་འོག་ཏུ་མ་ཚུད་གོང་ལ། ཡུལ་འདི་ནི་ཤེས་རིག་ཐ་དད་པའི་མཐའ་སྣེ་རུ་གནས་ཕྱིར། སྲིད་དབང་མི་གཅིག་པའི་དམག་སྟོབས་དྲག་ཞན་ཀུན་གྱིས་འཕྲོག་ཇོད་བྱེད་པའི་ཡུལ་ལུང་གལ་ཆེན་ཞིག་ཏུ་གྱུར་ཏེ། སྔ་ཕྱིར་རྒྱ་ནག་ནང་ཁུལ་དང་བྱང་གི་རྩྭ་ཐང་ནས་ཡོང་བའི་ཆབ་སྲིད་ཀྱི་དམག་སྟོབས་མི་འདྲ་བ་ཁག་གིས་རེས་མོས་སུ་མངའ་དབང་བསྒྱུར་ཡུལ་ཞིག་ཡིན།

རྒྱ་ནག་གི་ཡིག་ཚང་ཁག་ལྟར་ན། ཧན་རྒྱལ་རབས་(汉)(སྤྱི་ལོ་སྔོན་གྱི་༢༠༢ནས་སྤྱི་ལོ་རྗེས་ཀྱི་༢༢༠བར)གྱི་སྐབས་ཀླུ་ཆུའི་རྒྱུད་དུ་སྤྱང་དམ་ཆང་(羌)ཞེས་པའི་ཡུལ་ཚོ་ཐ་དད་པ་མང་པོ་ཞིག་གནས་ཤིང་ཆགས་ཡོད་པ་དང་།[4] རྗེས་སུ་དེ་ནི་ཧོར་ལས་མཆེད་པའི་ཞན་པེ་(鲜卑)རིགས་ཀྱི་རྒྱལ་པོས་བཙུགས་པར་གྲགས་པའི་འཞའི་རྒྱལ་ཁབ་(༢༨༤–༦༧༠)གྱི་ཤར་མཚམས་སུ་གྱུར། སུའེ་(隋)རྒྱལ་རབས་(༥༨༡–༦༡༩)གྱི་སྐབས། ཡུལ་ལུང་འདིའི་ཆ་ཤས་ནི་ལེང་ཀྲུ་(梁州)མཁར་གྱི་ཁོངས་གཏོགས་ལིན་ཐའོ་འམ་ཤིན་ཀུན་ཇོང་(临洮郡)གི་ཁོངས་སུ་བསྡུས། རྗེས་ནས་ཐང་གུར་རྒྱལ་རབས་(༦༡༨–༩༠༧)གྱི་རིང་ལ། ལྷོང་ཡོའུ་ཏའོ་(陇右道)ཞེས་པའི་ཞིང་ཆེན་གྱི་མངའ་འོག་ཏུ་གྱུར། དུས་རབས་བདུན་པའི་དཀྱིལ་ཙམ་དུ། ཡར་ལུང་ནས་རྒྱས་པའི་སྤུར་རྒྱལ་བཙན་པོས་(༦༡༨–༨༤༢)འ་ཞ་ཡོངས་ལ་མངའ་དབང་མཛད་པ་ནས་བཟུང་། ཀླུ་ཆུའི་རྒྱུད་ཀྱི་ཡུལ་ལུང་འདི་ཉིད་སྤུར་རྒྱལ་གྱི་མངའ་ཁོངས་སུ་བཅུག[5] བཙན་པོའི་རྒྱལ་རབས་ཐོར་རྗེས། ཀླུ་ཆུའི་རྒྱུད་ཀྱི་དམག་དོན་གྱི་འགག་སྒོ་རྣམས་ནི། སྔ་ཕྱིར་སུང་(宋༩༦༠–༡༢༧༩)རྒྱལ་རབས་ལ་དམག་འཐབ་རབས་དང་རིམ་པ་བཤམས་སྐྱོང་བའི་ཙོང་ཁའི་རྒྱལ་སྲས་(༩༩༧–༡༠༩༩)དང་ཅིང་རྒྱལ་རབས་(女真金朝༡༡༡༤–༡༢༣༤)གཉིས་ཀྱིས་དྲག་པོའི་དཔུང་གིས་རིམ་པར་དབང་དུ་བཟུང་།[6] དུས་རབས་བཅུ་གསུམ་པའི་ནང་། ཆེན་པོ་ཧོར་(༡༢༧༡–༡༣༦༨)གྱིས་སུང་རྒྱལ་རབས་ཡོངས་སུ་བཅོམ་པ་ནས་བཟུང་། ཡུལ་ཕྱོགས་འདི་ནི་བོད་ཆོལ་ཁ་གསུམ་ལས་མདོ་སྨད་ཆོལ་ཁ་དང་། གུང་ཁྲང་ཧྥུ་(巩昌府)ཞེས་པའི་ལས་ཁུངས་ཀྱི་དོ་དམ་འོག་ཏུ་བསྡུས་ཤིང་། ཡོན་རྒྱལ་གཞུང་ནས་ཡུལ་གྱི་བོད་པའི་འགོ་དཔོན་རྣམས་ལ། སྟོང་དཔོན་དང་བརྒྱ་དཔོན་གྱི་ཚོ་ལོ་དང་གོ་གནས་བསྐུལ་བར་བརྒྱུད་དེ་ཡུལ་འབངས་རྣམས་ལ་མངའ་དབང་བསྒྱུར།[7]

ཏའི་མིང་རྒྱལ་རབས་(༡༣༦༨–༡༦༤༤)བཙུགས་པ་ནས་བཟུང་། དུས་ཡུན་རིང་པོ་ཞིག་ལ། མདོ་སྨད་ཀྱི་ཤར་མཚམས་སུ་ལྷུགས་རི་བསྐྱུན་ཞིང་། ཡུན་གྱིས་ལྷུགས་རིའི་ཤར་མཐའི་ཕྱོགས་སུ་དམག་སྒར་གྱི་མཁར་གྲོང་རིམ་པར་བཏབ་པ་ལས། ཐའོ་ཀྲུ་མཁར་(洮州)དང་མིན་ཀྲུ་མཁར་(岷县)གཉིས་ནི། ཀླུ་ཆུའི་རྒྱུད་དུ་བཏབ་པའི་དམག་སྒར་གྱི་མཁར་གྲོང་གཉིས་ཡིན་ཞིང་། མཁར་གྲོང་རེ་རེ་ཡི་མཐའ་རུ་རྒྱ་དང་རྒྱ་ཁ་ཆེ་ཡི་དམག་མིས་སྲུང་བའི་བཙན་མཁར་བརྒྱ་ཕྲག་དུ་མས་བསྐོར་ཡོད། ཏའི་མིང་གིས་མཐའ་མཚམས་ཀྱི་བོད་པའི་ཚོ་པ་ཁག་དང་འཆམ་མཐུན་ཡོང་བའི་ཆེད་ཆེན་པོ་ཧོར་གྱི་སྲིད་ཇུས་ཀྱི་རྗེས་སུ་འབྲང་ཏེ། བོད་ཀྱི་ཆོས་སྲིད་ཀྱི་བླ་དཔོན་རྣམས་ལ་གོ་གནས་དང་ཚོ་ལོ་བསྐུལ་བར་བརྒྱུད་ནས། ཡུལ་ལུང་སོ་སོའི་སྲིད་དབང་ལ་ཟུར་དུ་ཐེ་ཇུས་བྱེད་ཐབས་བྱས། དེའི་སྐབས་ལ། ཅོ་ནེ་ས་སྐྱོང་གི་གདུང་རབས་དང་པོར་གྲགས་པ་ཅོ་ཚང་དམ་གྲོ་ཚང་ཚོ་པའི་འགོ་དཔོན་སྤྱང་ཐྲི་ཞེས་པ་ཞིག་ལ། སྤྱི་ལོ་༡༤༡༨ལ་ཏའི་མིང་གོང་མས་སྟོང་དཔོན་གྱི་གོ་གནས་བསྐུལ་བ་ནས་བཟུང་

| ཙོ་ནེ་ས་སྐྱོང་རིམ་བྱོན་གྱིས་ཏཱ་མིང་རྒྱལ་མཚམས་ཀྱི་སྲུང་དམག་དང་མཉམ་འབྲེལ་གྱི་ཚུལ་དུ། ཡུལ་ལུང་དེའི་ཕྱོགས་ཀྱི་བོད་ཀྱི་ཚོ་ཁག་གཞན་གྱི་དམག་སྟོབས་དང་། དུས་རབས་བཅུ་དྲུག་པ་ནས་མཚོ་སྔོན་པའི་ཕྱོགས་སུ་བསླེབས་པའི་སོག་པོའི་ཚོ་པ་རྣམས་ཀྱི་དྲག་ཤུགས་ལ་བཀག་འགོག་ཡུན་རིང་བྱས་ཕྱིར། ཙོ་ནེ་རྒྱལ་པོ་ལ་ཏཱ་མིང་གོང་མ་རྣམས་ཀྱིས་མི་རབས་ནས་མི་རབས་བར་དུ་སྦྱོར་འཛུགས་ཆོག་པའི་ཚོ་ལོ་དང་གོ་གནས་ཆེན་པོ་བསྩལ་བ་དང་། དུས་རབས་བཅུ་བདུན་པ་ནས་བཟུང་། ཙོ་ནེ་ས་སྐྱོང་ནས་རྒྱ་ནག་གཞུང་དང་སོག་པོའི་ཚོ་པ་ཁག་དང་འབྲེལ་ལམ་དམ་པོར་བཙུགས་ཡོད་ཕྱིར། མདོ་སྨད་ཡུལ་གྱི་ཆབ་སྲིད་ཀྱི་གནས་སྟངས་སུ་གོ་གནས་གལ་ཆེན་པོ་ཞིག་བཟུང་ཐུབ་པར་གྱུར།[8]

དེ་ལྟར་ཙོ་ནེ་ས་སྐྱོང་གི་སྟོབས་ཤུགས་རིམ་གྱིས་རྒྱས་པ་ནས་བཟུང་། ཙོ་ནེ་ཞེས་པའི་ཡུལ་མིང་འདི་ནི་ཁོང་གིས་མདོ་སྨད་ཤར་མཚམས་སུ་སྐྱོང་བའི་མངའ་ཁོངས་དེ་ལ་ཡོངས་སུ་ཐོབ་པར་གྱུར། མན་ཇུ་བ་རྣམས་གྱིས་བཙུགས་པའི་ཆིང་གུར་རྒྱལ་རབས་ཀྱི་(༡༦༤༤—༡༩༡༡)རིང་ལ། ཏཱ་མིང་སྐབས་ཀྱི་མདོ་སྨད་ཕྱོགས་ཀྱི་ས་མཚམས་ཕལ་ཆེ་བ་ནི། ཆིང་རྒྱལ་གཞུང་གིས་དངོས་སུ་བསྐོས་པའི་གཞུང་དཔོན་དང་། གོང་མར་གློ་བ་ཉེ་བའི་ཡུལ་དཔོན་རྣམས་ཀྱིས་སྐྱོང་བའི་རྒྱལ་ཁོངས་ཀྱི་མཐའ་མཚམས་ལྟ་བུར་གྱུར་ཅིང་། སྐབས་དེར། བོད་ཀྱི་ཡུལ་དཔོན་ནམ་ཡུལ་ལུང་གི་རྒྱལ་པོ་ཁག་ལས་ཙོ་ནེ་ས་སྐྱོང་ནི་ཆབ་སྲིད་ཀྱི་སྟོབས་ཤུགས་ཆེ་ཤོས་ཀྱི་གྲས་ཡིན། ས་སྐྱོང་གི་གདུང་རབས་རྣམས་ཀྱིས་ཆིང་གོང་མར་དམག་ཕྱོགས་ཀྱི་སྲི་ཞུ་ཐེངས་མང་པོར་དང་དུ་བླངས་པར་བརྟེན། གོང་མའི་གཞུང་ནས་མཚན་སྙན་དང་ལྡན་པའི་ཚོ་ལོ་རླབས་པོ་ཆེ་མང་པོ་ཞིག་ཐོབ་ཅིང་ཀླུ་ཆུའི་རྒྱུད་ཀྱི་སྟོད་སྨད་ཀུན་ལ་མངའ་དབང་ཡོངས་སུ་བསྒྱུར་ཏེ། དུས་རབས་བཅོ་བརྒྱད་པ་ནས་བཟུང་དབང་ཤེད་ཀྱི་ཁྱབ་ཁོངས་ནི་ཙོ་ནེའི་ལྷོ་ཕྱོགས་སུ་གནས་པའི་འབྲུག་ཆུའི་རྒྱུད་དུ་རྒྱ་བསྐྱེད། དེའང་ཙོ་ནེ་ས་སྐྱོང་གི་མངའ་ཐང་ཡང་རྩེར་སོན་པའི་སྐབས་སུ། ཕྱོགས་བཞིའི་མངའ་ཁོངས་ནི་བླ་བྲང་བཀྲ་ཤིས་འཁྱིལ་དང་། མཚོ་སྔོན་ཕྱོགས་ཀྱི་སོག་པོའི་ཚོ་པ་ཁག སི་ཁྲིན་བྱང་རྒྱུད་ཀྱི་ཡུལ་དཔོན་དང་རྒྱལ་པོ་ཁག་གི་ས་མཚམས་དང་དངོས་སུ་འབྲེལ་ཡོད། དེ་བཞིན་དུ་ཙོ་ནེ་ཞེས་པའི་ཡུལ་མིང་འདི་ཡང་། ཙོ་ནེའི་ཡུལ་དང་། ཐེ་བོ་རོང་། ཐེའོ་ཇུ་མཁར། མིན་ཇུ་མཁར། འབྲུག་ཆུའི་བསྙེ་རོང་པ་(舟曲/西固)སོགས་འདུས་པའི་ཡུལ་གྲུ་ཆེན་མོ་ཞིག་ལ་གོ་བ་དང་།[9] ཙོ་ནེ་ས་སྐྱོང་གི་དབང་སྒྱུར་ནི་རིམ་གྱིས་དུས་རབས་བཅུ་དགུ་པ་ནས་བརྒྱུད་དེ་ཕྱི་ལོ་༡༩༤༩བར་དུ་གནས་ཡོད།[10] དེང་གི་སྐབས་སུ། ཙོ་ནེ་ཞེས་པ་ནི་ཀན་སུའུ་ཞིང་ཆེན་མངའ་འོག་གི་ལྷོ་ནུབ་ཕྱོགས་ཀྱི་རྫོང་ཞིག་ལ་ངོས་འཛིན་བྱེད་བཞིན་ཡོད།
<དཔེ་རིས། ༡>

གོང་གསལ་གྱི་ལོ་རྒྱུས་རྒྱབ་ལྗོངས་དག་ཆེད་དུ་ཞུ་དོན་ཡང་། ཙོ་ནེ་ཞེས་བློ་ལ་སྣང་བའི་ཡུལ་མིང་དེ་ཡི་ཤུགས་ཀྱི་བསྟན་དོན་ནི་འཕོ་འགྱུར་ལྡན་པ་ཞིག་དང་། དེས་དུས་རབས་མི་འདྲ་བའི་ནང་དུ་ཡུལ་ལུང་འདིའི་ཆབ་སྲིད་གནས་སྟངས་ཀྱི་འགྱུར་ལྡོག་མཚོན་གྱི་ཡོད། དེའི་ཕྱིར། སྒྲིག་དེབ་འདིར། ངེད་ཅག་གིས་ཙོ་ནེ་ཞེས་པའི་ཐ་སྙད་འདི་མི་རིགས་དང་སྤྱི་ཚོགས་རིག་གནས་ངོས་ཀྱི་གོ་བ་ལེན་སྟངས་ལྟར་སྤྱོད་ངེས་ཏེ། དེ་ནི་ཀླུ་ཆུའི་རྒྱུད་དེད་ནས། ཆས་པའི་གཤིས་ནས་གཙང་པ་བའི་ཡུལ་ཚོའི་བར་གྱི་ཐུན་མོང་གི་སྤྱི་ཚོགས་རིག་གནས་ཀྱིས་གྲུབ་པའི་ཁོར་ཡུག་གཅིག་ལ་གོ་བ་ཡིན་ཕྱིར། དེང་གི་ཙོ་ནེ་རྫོང་གི་སྲིད་འཛིན་ས་ཁོངས་ལས་རྒྱ་ཆེ་བར་བཀྲལ་ཡོད། ཙོ་ནེ་ཞེས་པའི་ཡུལ་མིང་འདི་ལ་དེ་ལྟ་བུའི་ངེས་ཤེས་ཤིག་སྐྱེད་ན། བཤད་པའི་སྐོར་གྱི་གནས་ཚུལ་མང་པོར་གོ་རྟོགས་གསལ་པོ་ཞིག་འཕྲོད་པ་ལ་ཕན་པ་ཆེན་པོ་ཡོད་དེ། དཔེར་ན་བཤད་པ་གྱེར་མཁན་གྱི་སླུ་པ་

ཕལ་མོ་ཆེ་ནི་དེང་གི་ཙོ་ནེ་རྫོང་གི་མངའ་ཁོངས་སུ་གནས་ཡོད་ནའང་། ཙོ་ནེ་དང་ཡུལ་ལྗུང་འདྲེས་པའི་བ་མཚོར་དང་ཐེ་བོ་ལྗུང་པའི་ཡུལ་ཚོ་ཁག་ཏུའང་བཤད་པ་གྱེར་ལེན་གྱི་ལུགས་སྲོལ་དར་ཡོད་པར་མ་ཟད། ཡུལ་ལྗུང་སོ་སོ་ནས་འཕོ་འགྱུར་ངེས་ཅན་ཡང་བྱུང་འདུག་པ་ལྟ་བུའོ།། གང་ལྟར། ཙོ་ནེ་ཞེས་པའི་ཡུལ་མིང་དེ་ནི་སྲིད་འཛིན་ས་མཚམས་ཀྱི་རྒྱ་ལས་ཡོངས་སུ་བརྒལ་ཏེ། སྤྱི་ཚོགས་མི་ཆོས་རིག་གནས་ཀྱི་དོན་སྙིང་དང་ལྡན་པའི་ཡུལ་གྲུ་ཞིག་ལ་ངོས་འཛིན་བྱས་ན། ད་གཟོད་ལོ་རྒྱུས་ཡུན་རིང་ཞིང་རྣམ་པ་ཕུན་སུམ་ཚོགས་པའི་ཙོ་ནེའི་ཡུལ་གྱི་སྤྱི་ཚོགས་མི་ཆོས་རིག་གནས་ལ་གོ་བ་གང་ལེགས་ལོན་ཐུབ། དེ་ནི་བཤད་པའི་གླུ་ཚིག་གི་ནང་དོན་དང་གྱེར་ལེན་གྱི་རྒྱུན་འཛིན་ལ་ཆ་རྒྱུས་ཡག་པོ་ཞིག་ལོན་ཐུབ་པའི་གཞི་མ་ཡང་ཡིན་པས། གཤམ་ནས་མུ་མཐུད་དུ་གླེང་བར་བྱའོ།།

བོད་ཀྱི་ཤེས་རིག་ཁྱབ་ཁོངས་ཀྱི་བས་མཐའ་རུ་གནས་པའི་ཙོ་ནེ།

ཙོ་ནེ་པ་ཞེས་པའི་བོད་པ་རྣམས་ཀྱི་སྐྱེས་རྒྱུད་བྱུང་རབས་དང་འབྲེལ་བའི་སྲིད་ཐབས་ཀྱི་དོན་རྣམས་ནི་ཤིན་ཏུ་རྙོག་འཛིང་ཆེ་ལ། སྐབས་བབ་ཀྱི་གླེང་གཞི་ཡང་མ་ཡིན་མོད། ཡིན་ནའང་ཀུན་གྱིས་ཡིད་ལ་ངེས་དགོས་པ་ཞིག་ནི། ཙོ་ནེ་པ་རྣམས་ནི་དུས་རབས་བདུན་པ་ནས་ཡུལ་ལྗུང་འདིར་གནས་སྤར་བའི་བོད་པའི་མི་རབས་དུ་མ་དང་གཉུག་གནས་ཀྱི་མི་རིགས་ཁག་མཉམ་དུ་བསྲེབས་པའི་མི་རྒྱུད་ཡིན་ཕྱིར། ཆོས་སྲིད་ཀྱི་ལུགས་གཉིས་ནི་སྔོན་དབུས་གཙང་ཡུལ་དང་འབྲེལ་ལམ་དམ་པོ་ཆགས་ཡོད་པར་མ་ཟད། བོད་ཀྱི་ལོ་རྒྱུས་ཀྱི་དུས་རབས་རིམ་བྱོན་དུ་ཆོས་སྲིད་རིག་གནས་ལ་འཕོ་འགྱུར་བྱུང་བའི་མེ་སྟག་ཀྱང་དབུས་གཙང་ཡུལ་ནས་མདོ་སྨད་ཙོ་ནེའི་ཡུལ་དུ་རིམ་གྱིས་མཆེད་དེ། སྔ་ཕྱིར་ཙོ་ནེའི་ཡུལ་གྱི་སྤྱི་ཚོགས་མི་ཆོས་ཀྱི་ཤེས་བྱ་དང་། སྒྲིག་ཁྲིམས་ལུགས་སྲོལ། འཚོ་བའི་གོམས་གཤིས་སོགས་ལ་ཤུགས་རྐྱེན་ཟབ་མོ་ཐེབས་ཡོད་པ་རེད། འདི་ལྟ་བུའི་ལོ་རྒྱུས་ཀྱི་མཐོང་སྣང་ཞིག་ནི། བཤད་པ་ཞེས་པའི་གླུ་ཚོགས་འདི་ཉིད་ཙོ་ནེ་པ་རྣམས་ཀྱིས་སོ་སོའི་ཡུལ་ལྗུང་གི་ཤེས་བྱའི་རིག་མཛོད་ལྟ་བུར་གོང་འཕེལ་བཏང་ཡོད་པའི་གནས་ཚུལ་དེར་ངེས་ཤེས་དང་རྒྱུས་ལོན་གཏིང་ཟུགས་པ་ཞིག་རྙེད་པར་ཤིན་ཏུ་གལ་ཆེ་བར་གྱུར་ཡོད།

ཙོ་ནེ་པའི་མེས་པོ་རྣམས་ནི་སྤུར་རྒྱལ་བཙན་པོའི་སྐབས་སུ། ཐང་བཙན་རྒྱལ་དང་གཡུལ་འགྱེད་པའི་ཆེད་གནས་སྤོས་ནས་ཡོང་བའི་དམག་མིའི་མི་རྒྱུད་ཡིན་ཞིང་། དེ་དག་ནི་ཕལ་ཆེར་དུས་རབས་བདུན་པ་ནས་བརྒྱད་པའི་སྐབས་སུ་ཀླུ་ཆུའི་རྒྱུད་དུ་བསླེབས་ཡོད། སྤུར་རྒྱལ་བཙན་པོས་སྔ་ཕྱིར་འ་ཞ་དང་མི་ཉག་རྣམས་རིམ་གྱིས་བཅོམ་སྟེ། གནའ་བོའི་སྤྱང་ངམ་ཀླང་དུ་འབོད་པའི་ས་གནས་རང་གི་གཞིས་སྡོད་ཀྱི་ཚོ་པ་ཀུན་གྱི་ཡུལ་ལྗུང་མངའ་འོག་ཏུ་བསྡུས་ཤིང་། མཐར་ཐང་བཙན་རྒྱལ་གྱི་ནུབ་མཐའི་བར་དུ་དམག་གི་སྟོབས་ཀྱིས་བཟུང་། དེ་ནས་ཐང་དང་གཡུལ་འཐབ་བཀགས་པའི་ཆེད། མཐའ་མཚམས་ཀྱི་དམག་གི་མི་རྒྱུད་དང་དུད་ཚང་རྣམས་ནི་སྲུང་དམག་ཏུ་བསྐོས། སྲུང་དམག་དེ་རྣམས་ནི་མངའ་དབང་དུ་བཀུག་པའི་གཞིས་སྡོད་ཀྱི་ཚོ་པ་ཀུན་ལས་དབང་བཙན་ཕྱིར། སྲིད་ཀྱི་དབང་ཐང་ཡང་མཐོན་པོ་ཞིག་བཟུང་ཡོད་པ་རེད།[11] བཙན་པོའི་མངའ་ཁོངས་སུ་གྱུར་པའི་ཀླུ་ཆུའི་སྟོད་ནི། བོད་དང་མི་རིགས་གཞན་པ་ཁག་ཐུན་མོང་དུ་གནས་པའི་ཡུལ་ལྗུང་ཞིག་ཏུ་གྱུར་ཅིང་། སོ་སོ་རང་མོས་ལྟར་གནས་ཡོད་རུང་། བོད་པ་རྣམས་ནི་དམག་སྟོབས་ཀྱི་ངོས་ནས་ལྟོས་བཅས་སུ་དབང་བཙན་

ཕྱིར། སྣང་སྲིད་མ་ལུས་བླ་ཡི་རྣམ་རོལ་དུ་བཞེད་པའི་ལྷ་མཆོད་འདྲེ་རྡུང་གི་གྲོང་ཆོས་སམ། ཡོངས་གྲགས་སུ་སྲིད་པའི་ལྷ་བོན་ཞེས་འབོད་པ་དེ་ནི་ཀླུ་ཆུའི་རྒྱུད་ཀྱི་ཆོས་ལུགས་གཙོ་བོ་དེ་ཉིད་ཡིན་སྲིད།[12]

སྤུར་རྒྱལ་བཙན་པོའི་རྒྱལ་རབས་མཇུག་རྫོགས་པའི་བོད་སིལ་བུའི་སྐབས་སུ་(དུས་རབས་༩–༡༡བར)། ཞི་དྲག་གི་དཔོན་རིགས་ཁག་ཅིག་གིས་མཐའ་མཚམས་ཀྱི་ཡུལ་ལུང་རྣམས་བཅད་བཟུང་བྱས་པ་དང་། ཁོང་ཅག་གིས་བཙན་པོའི་གདུང་རྒྱུད་ཀྱི་དར་ཆ་ཆེན་པོའི་འོག་ཡུལ་ལུང་སོ་སོའི་བོད་པ་རྣམས་ནི་ཚོ་པའི་རྣམ་པའི་ངོས་ནས་རྩ་འཛུགས་བྱས་ཏེ་མཐའ་འཁྲིལ་གྱི་ཚོ་ཁག་ཏུ་བསྒྲིགས་ཤིང་ཡུལ་ལུང་སོ་སོར་མངའ་དབང་དངོས་སུ་བསྒྱུར། དེ་དག་ལས། ཙོང་ཁའི་རྒྱལ་རབས་ནི་མཐའ་འཁྲིལ་ཚོ་ཁག་ལ་བརྟེན་ནས་བཙུགས་པའི་སྲིད་དབང་ཞིག་ཡིན་ཏེ།[13] རྒྱ་ནག་གི་ཡིག་ཚང་ཐོར་བུ་ལྟར་ན། ཙོང་ཁའི་རྒྱལ་པོས་མི་ཉག་(༡༠༣༨–༡༢༢༧)དང་སུང་རྒྱལ་ཁབ་ལ་དམག་འཐབ་དུས། ལྷུན་གྲུབ་(陇逋)དང་། པན་པོ་(庞拜)། བར་ལུང་(巴凌)ཞེས་ཚོ་པ་གསུམ་ལས་གྲུབ་པའི་དུད་ཁྲིམ་བཞི་ཁྲི་ཡས་མས་ཅན་གྱི་མཐའ་འཁྲིལ་ཚོ་ཁག་ཆེན་པོ་ཞིག་བཙུགས་ཡོད་པ་ཅིང་། གཡུལ་འགྱེད་པའི་བརྒྱུད་རིམ་དུ། ཙོང་ཁའི་ཡུལ་ནས་མདོ་ཁམས་ལྷོ་ཕྱོགས་ཀྱི་ཡུལ་ལུང་ཁག་ཏུ་གནས་འཕོས་ཕྱིར། ཁ་ཤས་ནི་ཀླུ་ཆུའི་རྒྱུད་དུ་གཞིས་ཆགས་པར་བཤད།[14] སྐབས་དེ་ཙ་ན། དབུས་གཙང་ཕྱོགས་སུ་ཆོས་བརྒྱུད་གྲུབ་མཐའ་མང་དུ་འཕེལ་བཞིན་པ་ལྟར། མདོ་སྨད་ཀྱི་ཡུལ་གྲུ་ཁག་ཏུ་ཡང་ནང་པ་སངས་རྒྱས་ཀྱི་བསྟན་པ་རིམ་གྱིས་དར་ནས། སྤྱི་ཚོགས་ཀྱི་ངོས་ནས་ཆོས་ལུགས་ཀྱི་རྣམ་པ་གསར་པ་ཞིག་ཡོངས་སུ་ཆགས་ཡོད།[15] ཐུར་གྱི་གྲོང་ཆོས་དང་འབྲེལ་བའི་དད་མོས་དང་ཕྱག་ལེན་རྣམས་ནི། སངས་རྒྱས་ཆོས་དང་གཡུང་དྲུང་བོན་གྱི་ལུགས་འཛིན་པ་རྣམས་ཀྱིས་དང་ལེན་དང་བཅོས་སྒྱུར་མཛད་ཕྱིར། ཐུར་གྱི་གྲོང་ཆོས་གྱིས་སྤྱི་ཚོགས་སྒྲིག་འཛུགས་ངོས་ནས་ཐོན་པའི་བྱེད་ནུས་ནི་རིམ་གྱིས་ཉམས་པར་གྱུར་ན་ཡང་། སྒྲིག་འཛུགས་རང་བཞིན་གྱི་ཆོས་ལུགས་གྲུབ་མཐའ་དེ་དག་དང་མཉམ་འདྲེས་མཉམ་གནས་སུ་གྱུར་བའི་དབང་གིས་འཕོ་འགྱུར་རབས་དང་རིམ་པ་ཞིག་བྱུང་ཡོད།

དུས་རབས་བཅུ་གཉིས་པའི་སྐབས། ཙོང་ཁའི་རྒྱལ་སྲས་ཀྱི་སྲིད་དབང་མཇུག་རྫོགས་ན་ཡང་། བོད་ཀྱི་ཡུལ་ཚོ་མང་ཆེ་ཤོས་ནི་ཐུར་གྱི་དཔོན་རིགས་ཀྱི་གདུང་རྒྱུད་ཁག་ལ་བརྟེན་ནས་གནས་ཡོད། རྒྱ་ནག་གི་ཡིག་ཚང་ཁག་ནང་། ཐའོ་ཧྲུ་མཁར་དུ་དུད་ཚང་༡༡༣༣༧ཞི་ཙོང་ཁའི་རྒྱལ་སྲས་ཀྱི་སྲིད་དབང་ཐོར་རྗེས་ཀྱི་མཐའ་འཁྲིལ་ཚོ་ཁག་གི་ཁོངས་སུ་གཏོགས་ཤིང་། ཡུལ་ཚོ་དེ་དག་གིས་ཀྱང་སླགས་གང་རྙེད་དང་བསྟུན་ནས། དམག་སྟོབས་ཆེ་ཤོས་ཀྱི་སྲིད་དབང་ཁག་ལ་མགོ་འདོགས་བྱེད་ཚུལ་གསལ།[16] དུས་རབས་བཅུ་གསུམ་པའི་སྐབས་ལ། མཐའ་འཁྲིལ་ཚོ་ཁག་ཆེན་མོ་དེ་ཉིད་ཁ་ཐོར་བ་བསྟུན་ཆབ་སྲིད་ཀྱི་སྟོབས་ཤུགས་གསར་པ་ཞིག་བྱུང་ཡོད། མདོ་སྨད་ཆོས་འབྱུང་དུ་བཀོད་པའི་བརྩམས་དུས་མ་ངེས་པའི་ཡེར་བ་དགོན་བསམ་འགྲུབ་གླིང་གི་དཀར་ཆག་ཅེས་པར། སྐབས་དེར་ཙོ་ནེ་ཁག་ལྔ་ཞེས་ངས་མདོ་དང་། གང་སོ། ཨ་ར། ཀླུ་ཆུང་། གཞུང་པ་བཅས་ཚོ་ཁག་ལྔ་ཡིས་ཀླུ་ཆུའི་བར་རྒྱུད་དུ་གནས་པའི་བཀའ་གདམས་པའི་ལུགས་འཛིན་པའི་དགོན་པ་ཞིག་མཆོད་བཞིན་པ་གསལ་ཞིང་།[17] ཚོ་ཁག་འདི་དག་གིས་མོ་རྩིས་གཏོ་དཔྱད་ཀྱི་ལུགས་ཕྱག་ལེན་གནང་བཞིན་པའི་ཆོ་ག་མཁན་དང་། གྲུབ་མཐའི་ལྷ་གྲུབ་དང་བཤད་སྒྲུབ་ཀྱི་ལུགས་ཐ་དད་འཛིན་མཁན་རྣམས་ལ་གུ་ཡངས་དང་ངོས་ལེན་བྱས་པའི་དབང་གིས། སངས་རྒྱས་ཆོས་ལུགས་དང་གཡུང་དྲུང་བོན་གྱི་བསྟན་པ་རྣམས་ནི་ཡུལ་འདིར་རིམ་གྱིས་དར་རྒྱས་ཆེན་པོ་བྱུང་ཡོད། དཔེར་ན། ཀླུ་ཆུའི་སྟོད་རྒྱུད་ཀྱི་ཀླུ་ཆུང་ནི་མདོ་སྨད་ཕྱོགས་སུ་གཡུང་དྲུང་བོན་ལུགས་

འཛིན་པའི་གདན་ས་གཙོ་བོ་ཞིག་ཏུ་གྱུར་ཅིང་། བོན་གྱི་གདུང་རྒྱུད་འཛིན་པ་ཁག་ལས་མཁས་གྲུབ་གཉིས་ལྡན་གྱི་སྐྱེས་བུ་དམ་པ་མང་དུ་འབྱུངས་ཏེ། ཡུལ་དེའི་གཡུང་དྲུང་བོན་གྱི་བསྟན་པ་ནི་དུས་རབས་བཅུ་བདུན་པའི་བར་དུ་མ་ཉམས་པར་གནས་ཡོད་པ་རེད། གླུ་ཆུའི་བར་རྒྱུད་དུ་རྗེས་ཀྱི་ཙོ་ནེ་དགོན་ཆེན་གྱི་ཆགས་ཡུལ་དེར། ཙོ་ནེ་ཁག་ལྔ་ཡིས་གསང་སྔགས་རྙིང་མའི་ལུགས་འཛིན་པའི་ལྷ་ཁང་དང་འདུ་ཁང་ཁག་ཅིག་བཞེངས་ཡོད་པ་དང་། གླུ་ཆུའི་སྨད་རྒྱུད་དུ་ཡུལ་ལུང་རང་གི་ཞི་དྲག་དཔོན་རིགས་དང་རྒྱ་ནག་གི་སྲུང་རྒྱལ་གཞུང་གིས་སྦྱིན་བདག་མཛད་དེ། སྔ་ཕྱིར་ནང་བསྟན་གྱི་དགོན་པ་ཁ་ཤས་ཤིག་བཞེངས་ཡོད།[18] དེ་ལྟར་སྤྱིར་མཐའ་མཚམས་ཀྱི་ཆབ་སྲིད་གནས་སྟངས་ཀྱི་དབང་གིས། ཡུལ་ལུང་གི་གནས་ཚོད་ལ་འཕོ་འགྱུར་བྱུང་ཞིང་། སངས་རྒྱས་ཆོས་ལུགས་ཀྱི་གོ་གནས་ནི་སྤྱི་ཚོགས་ཀྱི་ངོས་ནས་རིམ་གྱིས་འབུར་དུ་ཐོན་ཏེ། ཆེན་པོ་ཧོར་གྱིས་བཙུགས་པའི་ཡོན་རྒྱལ་རབས་ཀྱི་སྐབས་སུ་དར་བའི་རྩེ་རུ་ཕྱིན།

དེའང་ཆེན་པོ་ཧོར་གྱི་རྒྱབ་བརྟེན་གྱི་འོག སྤྱི་ལོ་༡༢༧༩ནས་བཟུང་དཔལ་ལྡན་ས་སྐྱ་བས་བོད་ཁམས་ཡོངས་ཀྱི་ཆོས་སྲིད་ཀྱི་བདག་དབང་གཅིག་ཏུ་བཞེས་པ་ནས་བཟུང་།[19] ས་སྐྱའི་གོང་མ་རྣམ་ལྔའི་ཡ་གྱལ་དུ་གྱུར་པའི་གོང་མའི་དབུ་བླ་ཆེན་མོ་ཆོས་རྒྱལ་འགྲོ་མགོན་འཕགས་པ་མཆོག (༡༢༣༥–༡༢༨༠)གླུ་ཆུའི་སྨད་རྒྱུད་དུ་གནས་པའི་ཤིང་ཀུན་མཁར་དུ་ཡུན་རིང་པོར་བཞུགས། ཁོང་གི་བུ་སློབ་ཁག་གིས་གླུ་ཆུའི་རྒྱུད་དུ་དགོན་སྡེ་གསར་པ་ཁ་ཤས་ཤིག་བཞེངས་ཤིང་རྙིང་པ་ཁ་ཤས་ཀྱི་ཞྭ་ཡང་བསྒྱུར་ནས། ས་སྐྱ་པའི་ཆོས་བརྒྱུད་འབའ་ཞིག་སྤེལ། སྔར་གྱི་ཙོ་ནེ་ཁག་ལྔ་ཡི་མཆོད་གཞིས་དེ་ཡང་ས་སྐྱ་པའི་ལུགས་སུ་བསྒྱུར། རྗེས་ཀྱི་ལོ་རྒྱུས་ཀུན་ཏུ་མཚན་སྙན་ཡོངས་སུ་གྲགས་པའི་ཙོ་ནེ་དགོན་ཆེན་ཞེས་པ་ཡང་། སྐབས་དེར་གསང་སྔགས་རྙིང་མའི་ལུགས་འཛིན་པའི་དྲི་གཙང་ལྷ་ཁང་ཞེས་པ་ཞིག་སྤྱི་ལོ༡༢༦༥ལ་དངོས་སུ་ས་སྐྱའི་ལུགས་སུ་བསྒྱུར་བ་ལས་བྱུང་བ་རེད། དུས་རབས་གཅིག་ལྷག་གི་རྗེས་སུ། དེ་ནི་གྲྭ་པ་སུམ་སྟོང་ལྷག་ལས་བརྒལ་བའི་མདོ་དབུས་མཐོ་སྒང་གི་གྲྭ་ས་ཆེ་ཤོས་ཤིག་ཏུ་གྱུར།[20] ཆེན་པོ་ཧོར་གྱི་རྒྱལ་རབས་ཡོངས་སུ་ཐོར་ཞིག་ཏུ་སོང་རྗེས། ས་སྐྱ་པའི་ཤུགས་རྐྱེན་ཡང་ཉམས་དམས་སུ་སོང་བ་དང་། དུས་རབས་བཅོ་ལྔ་པ་ཡས་མས་སུ། གཡུང་དྲུང་བོན་གྱི་ལུགས་དང་སངས་རྒྱས་ཆོས་ཀྱི་ལུགས་འཛིན་པའི་ཆོས་བརྒྱུད་གཞན་པ་ཁག་གིས་ཏཱ་མིང་རྒྱལ་པོའི་ཞལ་འདེབས་ལ་བརྟེན་ནས། མདོ་སྨད་ཡུལ་དུ་སོ་སོའི་བསྟན་པ་དང་མཆོད་གཞིས་རྣམས་སྐྱར་གསོ་བྱས་ཏེ་ཕྱོགས་ཡོངས་ནས་འཕེལ་རྒྱས་བྱུང་བའི་དུས་ཤིག་ཏུ་བསླེབས།[21] ཆོས་བརྒྱུད་ཐ་དད་འཛིན་པ་དེ་དག་ལས་གསར་དུ་དར་བའི་རི་བོ་དགེ་ལྡན་པའི་ལུགས་ལ་ཙོ་ནེ་ས་སྐྱོང་གི་གདུང་རབས་རྣམས་ཀྱིས་སྲིད་འབྱོར་གྱི་རྒྱབ་རྟེན་རྒྱ་ཆེན་པོར་མཛད་ཕྱིར། དེ་ནི་རྗེས་སུ་གླུ་ཆུའི་སྟོད་སྨད་ཀྱི་ཡུལ་ལུང་ཀུན་ཏུ་དར་ཁྱབ་བྱུང་བའི་ཆོས་བརྒྱུད་གཙོ་བོ་ཉིད་དུ་གྱུར།

ཙོ་ནེ་ས་སྐྱོང་གི་གདུང་རབས་ལྟར་ན། ས་སྐྱོང་གི་གདུང་རབས་དང་པོ་སྤྱུང་ཁྲི་དང་སྤུན་སྤོ་ཁྲི་གཉིས་ནི་སྤུར་རྒྱལ་བཙན་པོའི་གདུང་རབས༩༧པ་སྟེ། ལྷ་བཙན་པོ་ཁྲི་གཙུག་ལྡེ་བཙན་ནམ་(༨༠༢–༨༣༨)ཁྲི་རལ་པ་ཅན་གྱི་སྐབས་ལ། མདོ་སྨད་མཛོད་དགེའི་ཕྱོགས་སུ་དཔུང་ཁྲལ་བསྡུ་བར་ཕེབས་པའི་བློན་ཆེན་དཀའ་ཡེ་ཤེས་དར་རྒྱས་ཞེས་པའི་གདུང་ལས་མཆེད་པར་བཞེད། དཀའ་ཞེས་པའི་རུས་ཀྱི་ཕྱུག་ནི་སྤུར་རྒྱལ་བཙན་པོའི་གདུང་ཚང་ལ་ཐུག་ཅིང་ཐོག་མར་གཉའ་ཁྲི་བཙན་པོ་ནས་གྲོལ་བར་གྲགས།[22] ཡང་ཡུལ་ལུང་རང་གི་བཤད་རྒྱུན་ཞིག་ལ། ཐོག་མར་ཡུལ་ཕྱོགས་དེའི་ཚོ་པ་ཁག་གི་བར་དུ་ནང་འཁྲུག་གི་དབང་གིས་ཙོ་ཚང་དམ་གྲོ་ཚང་ཚོ་པའི་སྤྱུང་ཁྲི་དང་སྤོ་ཁྲི་ཞེས་པའི་སྤུན་ཉེ་དང་འཁོར་དང་བཅས་པ་རིམ་གྱིས་མཛོད་དགེ་ནས་ཐེ་བོ་རོང་དུ་གནས་སྤོས་ཤིང་། དུས་རབས་བཅོ་ལྔ་པ་ཡས་མས་ལ་ཐའོ་ཅུ་དང་མིན་ཅུ་མཁར་དང་ཉེ་བའི་གླུ་ཆུའི་རྒྱུད་དུ་གཞིས་ཆགས། དེ་ནས་

ཅོ་ནེ་ཁག་ལྔ་ཡི་ཚོ་པ་ཁག་རིམ་གྱིས་བཅོམ་སྟེ། ཅོ་ནེ་དགོན་ཆེན་ནི་མཆོད་གཞིས་སུ་བསྟེན་ཞིང་། མཐར་ཡུལ་ལུང་ཡོངས་སུ་མངའ་དབང་བསྒྱུར་བའི་སྲིད་ལུགས་དངོས་སུ་བཙུགས་པར་གྲགས།[23]

ཡང་དགེ་ལྡན་པའི་མཁས་པས་གསུངས་པ་ལྟར་ན། སྤྱང་ཐྲིའི་ཚ་བོ་རིན་ཆེན་ལྷུན་པོ་པ་(༡༤༠༩–?)ཞེས་པ་ནི་རྒྱལ་དབང་སྐུ་ཕྲེང་དང་པོ་རྗེ་དགེ་འདུན་གྲུབ་(༡༣༩༡–༡༤༧༤)ཀྱི་དངོས་སློབ་ཡིན་པར་བཤད། ཁོང་གིས་སྤྱི་ལོ་༡༤༥༩ལ་ཅོ་ནེ་དགོན་ཆེན་ནི་དགེ་ལྡན་པའི་ལུགས་སུ་བསྒྱུར་ཏེ་རིམ་གྱིས་མདོ་དབུས་མཐོ་སྒང་ཤར་མཚམས་ཀྱི་གྲྭ་ས་ཆེ་ཤོས་ཤིག་ཏུ་གྱུར།[24] ཡིན་ནའང་། བོད་རྒྱ་གཉིས་ཀྱི་ཡིག་ཚང་ཁག་ཅིག་ལྟར་ན། ཁོང་གི་ཞྭ་བསྒྱུར་བའི་མཛད་པ་དེ་ལ་སྔར་གྱི་ས་སྐྱའི་ལུགས་འཛིན་པ་རྣམས་ཡིད་མ་རངས་པས་ངོ་ལོག་ནས་ཅོ་ནེ་དགོན་ཆེན་ནི་ཁག་གཉིས་སུ་གྱེས།[25] ཁག་ཅིག་ནི་རིན་ཆེན་ལྷུན་པོ་པ་ནས་དངོས་སུ་བསྐོས་པའི་དགོན་ཆེན་གྱི་ཁྲི་འཛིན་ཆོས་རྗེ་ཞེས་པས་སྐྱོང་བར་མཛད་ཅིང་། ཁག་གཞན་དེས་སྔར་བཞིན་ས་སྐྱ་པའི་ལུགས་བཟུང་ནས་ལུས། མཐར་དུས་རབས་བཅུ་བདུན་པའི་ནང་ཧོར་གུ་ཤྲི་བསྟན་འཛིན་ཆོས་རྒྱལ་(༡༥༨༢–༡༦༥༤)གྱི་དམག་སྟོབས་ཀྱི་དཔུང་རོགས་འོག དགའ་ལྡན་ཕོ་བྲང་གིས་དབུས་གཙང་དང་མདོ་སྟོད་སྨད་ལ་མངའ་དབང་འགྱུར་བའི་ཚེ། ཆོས་རྗེ་ཡི་དབང་ཤེད་ཀྱང་ཇེ་ཆེར་ཕྱིན་ནས་མཐར་ཅོ་ནེ་དགོན་པ་ནི་ཕྱོགས་ཡོངས་ནས་དགེ་ལྡན་པའི་གྲྭ་ས་ཆེན་པོ་ཞིག་ཏུ་གྱུར། ཡིན་ནའང་། ཆོས་རྗེ་གདན་རབས་ཁག་གིས་དགེ་ལྡན་པའི་ལུགས་ལྟར་གསར་དུ་བསྒྱུར་བའི་གྲྭ་ས་དེ་ཉིད་ནི། སྔར་གྱི་ས་སྐྱའི་ལུགས་ཀྱི་ཤུགས་རྐྱེན་ཡོངས་སུ་སྤངས་ཐུབ་མེད་པ་ནི་སྨོས་མི་དགོས་ཤིང་། དུས་མཚུངས་སུ་ཧོར་གྱི་འབངས་དམག་འབོར་ཆེན་ཞིག་མདོ་དབུས་མཐོ་སྒང་དུ་འགྱུར་བ་ནས་བཟུང་། སྔར་མདོ་ཁམས་ཀྱི་ཡུལ་ལུང་སོ་སོར་འཚོ་བའི་བོད་པ་རྣམས་ནི་ཡུལ་གཞན་དུ་འགྱོལ་དགོས་པ་བྱུང་། མདོ་སྨད་ཤར་མཚམས་ཀྱི་ཡུལ་ལུང་གཞན་དང་འདྲ་བར་ཀླུ་ཆུའི་རྒྱུད་ཀྱི་ཅོ་ནེའི་ཡུལ་ནི་བོད་མི་མང་པོ་ཞིག་འགྱོལ་ཡུལ་དུ་གྱུར་ཡོད་པ་རེད།[26] ཅོ་ནེའི་ཡུལ་གྱི་ངག་སྒྲོས་སུ་སོག་པོའི་དམག་ལས་འགྱོལ་བའི་བོད་པ་ཁག་ཅིག་ནི་ཀླུ་ཆུའི་སྟོད་རྒྱུད་དུ་བསྐྱེབས་པར་གྲགས་མོད་ཀྱང་། འབྲེལ་ཡོད་ཀྱི་ཡིག་ཚང་ཁུངས་ལྡན་ནི་ད་ཐུའི་བར་དུ་མཐོང་ཆོས་སུ་མ་གྱུར།

སྤྱི་ལོ་༡༦༧༠ཡས་མས་ནས་བཟུང་། སྔར་གྱི་སོག་པོ་ཁུ་ཤྲོ་ཏེ་ཚོ་པའི་གཞུག་ཏུ་བོད་ལ་མངའ་དབང་གསར་དུ་བསྒྱུར་མཛད་པའི་མན་ཇུའི་གོང་མས་ཀྱང་དགེ་ལྡན་པའི་བསྟན་པ་མཆོད་སྟབས། ས་སྐྱོང་གི་གདུང་རབས་རྣམས་ཀྱིས་མན་ཇུའི་གོང་མར་སློ་ཉེ་བ་བྱས་ཕྱིར། མངའ་ཁོངས་སུ་དགེ་ལྡན་པའི་བསྟན་པ་རྒྱ་ཆེར་སྤེལ་ནས། ཡུལ་ཕྱོགས་སོ་སོའི་བུ་དགོན་ཁག་ལ་གཙུག་ལག་ཁང་དང་ཕྱི་ནང་གི་རྟེན་དང་བརྟེན་པ་བཅས་ལེགས་པར་བཞེངས་ཤིང་། ཅོ་ནེ་དགོན་ཆེན་ནི་མངའ་འོག་གི་ཡུལ་ཚོ་ཀུན་གྱི་མཆོད་གཞིས་གཙོ་བོ་གྱུར་བའི་དགེ་ལྡན་པའི་གྲྭ་ས་ཆེན་པོ་ཞིག་ཏུ་ཆགས།[27] དེའི་བརྒྱུད་རིམ་དུ། དྲག་པོའི་དབང་ཤུགས་ཀྱིས་ཀླུ་ཆུ་དང་འབྲུག་ཆུའི་རྒྱུད་དུ་སྔར་ཡོད་ཀྱི་གཡུང་དྲུང་བོན་གྱི་ལུགས་འཛིན་པའི་དགོན་པ་ཁག་གི་ཞྭ་བསྒྱུར་བར་བརྟེན། ཅོ་ནེ་ས་སྐྱོང་གི་དབང་བསྒྱུར་མངའ་ཁོངས་ཀུན་རིམ་གྱིས་ཡུལ་དེ་དག་ཏུ་རྒྱ་བསྐྱེད་ཡོད་པ་རེད། དེ་བཞིན་དུ། ཅོ་ནེ་དགོན་ཆེན་གཙོ་བོར་བྱེད་པའི་བུ་དགོན་བརྒྱ་དང་བརྒྱད་ཡོངས་སུ་བཙུགས་པ་ནས་བཟུང་།[28] ཅོ་ནེ་ས་སྐྱོང་གི་མངའ་ཁོངས་སུ་གཡུང་དྲུང་བོན་གྱི་ལུགས་འཛིན་པ་རྣམས་ནི་ཕལ་ཆེར་ཡོངས་སུ་ཉམས་ཤིང་། དཔལ་ལྡན་ས་སྐྱ་དང་གསང་སྔགས་རྙིང་མའི་ལུགས་འཛིན་པ་རྣམས་ཀྱང་ཕལ་ཆེ་བ་ནི་ཞྭ་སེར་བསྟན་པའི་ལུགས་སུ་བསྒྱུར་ཡོད་པས། དེང་གི་སྐབས་ལ་ཀླུ་ཆུའི་རྒྱུད་ཀྱི་དགོན་པ་རྙིང་པ་ཁག་གི་གཙུག་ལག་ཁང་གི་བཀོད་པ་དང་། འཇམ་སྐུ་དང་། འབག་འཆམ་ལྷ་བྲུ་ཐར་ཐོར་རེ་མ་གཏོགས་འབྲེལ་ཡོད་ལོ་རྒྱུས་ཀྱི་ཤུལ་བཞག་ནི་ཤིན་ཏུ་རྙེད་པར་དཀོན་པོར་གྱུར་ཡོད།

དེ་ནས་ས་སྐྱོང་གི་གདུང་རབས་རྣམས་ཀྱིས། རྗེ་བཙུན་གྲགས་པ་བཤད་སྒྲུབ་མཆོག་(༡༦༧༥–༡༧༤༩)གདན་ཞུ་ཞུས་པར་བརྟེན། དབུས་ཀྱི་དགེ་ལྡན་པའི་དགོན་ཆེན་ཁག་གི་འཆད་ཉན་གྱི་ལུགས་སྲོལ་ལྟར་ཅོ་ནེ་དགོན་ཆེན་དུ་བཤད་སྒྲུབ་འཆད་ཉན་གྱི་ལུགས་དངོས་སུ་བཙུགས། རྗེ་བཙུན་གྲགས་པ་བཤད་སྒྲུབ་མཆོག་ནི་དབུས་ལྷ་ལྡན་ཞིང་ནས་བསླབ་པ་མཐར་ཕྱིན་མཛད་རྗེས། ཟ་ཕྱིར་ཅོ་ནེ་དགོན་ཆེན་གྱི་ཁྲི་རབས༣༤པ་དང༤༡པ་ལ་ཕེབས་ཏེ། ཟ་ཕྱིར་ཕྱི་ལོ༡༧༡༤ལ་མཚན་ཉིད་གྲྭ་ཚང་དང་ཕྱི་ལོ༡༧༢༩ལ་དཔལ་ལྡན་སྟོད་རྒྱུད་གྲྭ་ཚང་བཙུགས་ཤིང་། མདོ་སྔགས་རིག་གཞུང་འཆད་ཉན་གྱི་ཡིག་ཆ་ཁག་གི་ཁ་གསབ་ཀྱི་ཚུལ་དུ་གཞུང་དང་བསྟན་བཅོས་ཁ་ཤས་ཤིག་ཀྱང་མཛད།[29] དེའི་རྗེས་ཀྱི་མི་ལོ་བརྒྱ་ཕྲག་ཁ་ཤས་ཀྱི་རིང་ལ། ཅོ་ནེ་ས་སྐྱོང་གི་མངའ་ཁོངས་སུ་གནས་པའི་བུ་དགོན་ཕལ་ཆེ་བས་ནི་ཅོ་ནེ་དགོན་ཆེན་གྱི་འཆད་ཉན་ལམ་ལུགས་ཀྱི་རྗེས་སུ་འབྲངས་ཏེ་བསྟན་པ་བསྐྱངས་དང་སྐྱོང་བཞིན་པའོ།། དེའང་ས་སྐྱོང་གི་མངའ་འོག་ཏུ་དགེ་ལྡན་པའི་བསྟན་པ་རྒྱ་ཆེར་དར་ཕྱིར། ཅོ་ནེ་པའི་ཡུལ་ཚོ་དང་མི་ཚོས་ལུགས་སྲོལ། བཤད་པའི་གྱེར་ལུགས་སོགས་ལ་ཤུགས་རྐྱེན་ཟབ་མོ་ཐེབས་ཡོད་པ་དང་། ཅོ་ནེ་དགོན་ཆེན་དང་འབྲེལ་བའི་ངག་རྒྱུན་ལོ་རྒྱུས་ལྟར་ན། དུས་རབས་བཅོ་བརྒྱད་པ་ནས་བཟུང་། རྗེ་བཙུན་གྲགས་པ་བཤད་སྒྲུབ་མཆོག་དང་ཁོང་གི་རྗེས་འཇུག་གི་གྲྭ་སའི་མཁས་པ་རྣམས་ཀྱིས་བཤད་པའི་གླུ་ཚིག་གི་ནང་དོན་ལ་ཕྱོགས་ཡོངས་ནས་བཅོས་སྒྱུར་སྒྲིག་གསུམ་མཛད་ཡོད་པར་གྲགས།[30]

དུས་རབས་བཅུ་དགུ་པའི་དཀྱིལ་ཙམ་ལ། གླུ་ཆུའི་སྟོད་རྒྱུད་དུ་ཟིང་འཁྲུག་ཐེངས་འགའ་ལངས་ཕྱིར། སྐབས་དེར་ས་སྐྱོང་གི་མངའ་འབངས་ལས་མི་འབོར་མང་ཤོས་སུ་གྱུར་པའི་བོད་པ་རྣམས་ནི་ཆིང་གུར་རྒྱལ་རབས་དང་ཀྲུང་ཧྭ་མི་སེར་སྲིད་གཞུང་(༡༩༡༢–༡༩༤༩)གི་བཀའ་ལྟར། ཟ་ཕྱིར་ཐེངས་མང་པོར་ཟིང་འཁྲུག་པ་རྣམས་ཀྱི་ཁ་གཏོན་དུ་གཡུལ་ལ་ཞུགས་དགོས་པ་བྱུང་། དེས་རྐྱེན་བྱས་ཏེ་ཅོ་ནེའི་བོད་པ་རྣམས་ཀྱི་མི་འབོར་ནི་ལྷབ་འགྱུར་གྱིས་ཇེ་ཉུང་དུ་ཕྱིན་ཅིང་། གླུ་ཆུའི་བྱང་རྒྱུད་ཀྱི་བོད་ཀྱི་ཡུལ་ཚོ་ཕལ་ཆེ་བ་ནི་དམག་འཁྲུག་གི་བརྒྱུད་རིམ་ཁྲོད་མེད་བརླག་ཏུ་སོང་། དེ་ནས་ས་སྐྱོང་གི་གདུང་རབས་རྣམས་ཀྱིས་དཔྱ་ཁྲལ་དང་ཨུ་ལག་གི་ཡོང་ཁུངས་ལ་དམིགས་ནས། གཡུལ་འཐབ་ཀྱི་བརྒྱུད་རིམ་ནང་མེད་བརླག་ཏུ་སོང་བ་དང་། གདུང་རབས་ཆད་པ། ཁྱིམ་གཞིས་སྟོངས་སོང་བའི་ཁངས་རྣམས་ནི། མུ་གེ་དང་། ཟིང་འཁྲུག ཐན་པ་དང་ཤྭ་འོད་ལྷ་བུའི་རྐྱེན་ངན་གྱིས་ཡུལ་ལུང་འདིར་ཆེད་དུ་འབྱོལ་ནས་སྐྱབས་བཅོལ་དུ་ཡོང་བའི་རྒྱ་མི་རྣམས་ལ་སྤྲད་ཕྱིར། རྒྱ་མི་འབོར་ཆེན་ཞིག་རིམ་གྱིས་ཅོ་ནེའི་ཡུལ་དུ་གནས་སྤོར་ནས་ཡུལ་ས་བཟུང་བའི་འགོ་བཙུགས་པ་རེད།[31] དེ་ནས་ཕྱི་ལོ༡༩༤༩རྗེས་ནས་བཟུང་། ཡུལ་ལུང་འདིར་ལོ་རེར་ལྷབ་འགྱུར་གྱིས་གནས་འཕོས་པའི་རྒྱ་མི་རྣམས་དང་བསྡུར་ན། སྔར་གྱི་ཅོ་ནེ་ཡི་བོད་པ་རྣམས་ནི་མི་འབོར་གྱི་ངོས་ནས་གྲངས་ཉུང་དུ་གྱུར་ཡོད་ཅིང་གནས་ཚུལ་དེ་ནི་ད་ལྟའི་བར་དུ་འགྱུར་མེད་དོ།།[32]

ཡུལ་གྱི་སྤྱི་ཚོགས།

དེང་གི་སྲིད་འཛིན་ས་ཁུལ་གྱི་དབྱེ་བ་ལྟར་ན། ཅོ་ནེ་པ་རྣམས་ནི་ཕལ་ཆེར་ཅོ་ནེ་རྫོང་དང་བ་མཆེར་རྫོང་གི་མངའ་ཁོངས་སུ་གཏོགས་པའི་ཡུལ་སྡེ་ཉིས་བརྒྱ་ལྷག་ཏུ་འདུས་ཤིང་། ཁོང་ཅག་གི་གནས་ཆགས་ཡུལ་དང་ཐོན་སྐྱེད་བྱེད་ལུགས། རྒྱུན་གོས་ཆ་ལུགས་སོགས་ཀྱི་ངོས་ནས་འབོད་སྟངས་ཀྱང་འདྲ་མིན་ཅི་རིགས་ཤིག་བྱུང་ཡོད། ཅོ་ནེ་པ་དང་ཉེ་བར་གནས་པའི་འབྲོག་པ་རྣམས་ཀྱིས་རོང་པའམ། ཆུ་ཁ་རྒྱུད། ཡང་ན་བྱུ་རུ་ཏུ་གྲོས་དམར་གྱི་ཞྭ་ཅན་དང་མགོ་བྱུར་ཅན་མ་ལྟ་བུར་འབོད་པ་དང་། ཡང་སྐབས་འགར། ཅོ་ནེ་པ་རྣམས་ཀྱི་ཡུལ་སྲོལ་དུ་རིག་གནས་སྣ་མང་ཞིག

མཉམ་དུ་བསྲེས་ཡོད་ཕྱིར། འབྲོག་པ་རྣམས་ཀྱིས་ཀྱང་ཟུར་ཟའི་ཚུལ་དུ་རྒྱ་མ་བོད་དང་ར་མ་ལུག་ལྟ་བུར་འབོད་པར་བཤད། དེ་དང་ཆ་འདྲ་བ་ཞིག་ནི་ཉེ་འཁོར་དུ་གནས་པའི་རྒྱ་རིགས་དང་རྒྱ་ཁ་ཆེ་ཡི་རིགས་རྣམས་ཀྱིས་ཀྱང་། ཅོ་ནེ་པ་རྣམས་ལ་པན་ཕན་ཙི་(半番子)དང་ཤི་ཕན་(西番)ཞེས་འབོད་པ་དང་། དེ་ནི་རྒྱ་ནག་གི་ཐང་གུར་རྒྱལ་རབས་ནས་བཟུང་། རྒྱའི་ལོ་རྒྱུས་སྨྲ་བ་རྣམས་ཀྱིས་བོད་པ་རྣམས་ལ་ཆེད་དུ་སྤྱོད་པའི་ཐ་སྙད་ཅིག་ཡིན། ཉེ་བའི་མི་ལོ་བཅུ་ཕྲག་དུ་མའི་ནང་ལ་ཅོ་ནེ་པ་རྣམས་ལ་འབོད་ལུགས་གསར་པ་གཉིས་བྱུང་ཡོད་དེ། དང་པོ་ནི་དམངས་སྲོལ་གྱི་དོས་ནས་བོད་ཁམས་ཀྱི་ཡུལ་གྲུ་གཞན་དང་ཁྱད་པར་ཆུང་ཡོད་ཕྱིར། སྤྱི་ལོ་༢༠༠༧ནས་བཟུང་། ས་གནས་དེའི་སྲིད་གཞུང་གིས་ཅོ་ནེ་བོད་རིགས་ཞེས་བཏགས་ཡོད་པ་དང་། གཞན་ཞིག་ནི། ཅོ་ནེ་པའི་སྐྱེས་སྨན་རྣམས་ཀྱི་སྐྲ་ཡི་ལན་བུ་གསུམ་དུ་བསླས་ཡོད་ཕྱིར། རྒྱ་སྐད་དུ་སན་གེར་མའོ་(三格毛)ཞེས་འབོད་ལ། ཅོ་ནེ་པ་རྣམས་ཀྱིས་དེ་ནི་ནམ་མཁའི་ལྷ་ཡི་ལན་བུ་སླ་སྟངས་ཡིན་པར་བཤད། ཡང་ཡུལ་མི་ལ་ལས། རྒྱ་སྐད་ཀྱི་སན་གེར་མའོ་ནི་དོན་དུ་བོད་སྐད་ཀྱི་སྲོང་བཙན་དམག་ཅེས་པའི་སྒྲ་གདངས་ཡིན་པ་དང་། བཙན་པོ་སྲོང་བཙན་སྒམ་པོའི་(?–༦༥༠)དམག་རྒྱུད་ཡིན་ཕྱིར་ཐོགས་པར་བཤད། ཅོ་ནེ་པའི་ནང་ཁུལ་དུའང་ཀླུ་ཆུ་དང་རྒྱང་ཐག་ཉེ་རིང་གི་དོས་ནས། སྟོད་པ་རོང་པ་དང་ཆུ་ཀ་སྡེ་བ་ཞེས་གཉིས་སུ་འབྱེད་སྲོལ་ཡོད། དེ་ལྟར་ཀླུ་ཆུ་ནི་ས་ཁམས་དོས་ཀྱི་བར་མཚམས་ལྟ་བུ་ཞིག་ཏུ་གྱུར་ཡོད་ཕྱིར། ཅོ་ནེ་པ་རྣམས་ནི་རྒྱའི་སྐད་ཡིག་དང་རིག་གནས་ལ་འབྲེལ་འདྲིས་བྱུང་ནས་བཤད་པའི་གྱེར་ལུགས་ལ་ཡང་ད་བར་དུ་ཤུགས་རྐྱེན་ཟབ་མོ་ཐེབས་བཞིན་ཡོད་པའོ།།[33]

མདོ་སྨད་ཀྱི་བོད་མིའི་ཡུལ་ཚོ་ཕལ་ཆེ་བ་དང་འདྲ་བར། ཚོ་པ་ནི་ཅོ་ནེ་པ་རྣམས་ཀྱི་སྤྱི་ཚོགས་དང་ཆབ་སྲིད་ཀྱི་གཞི་རྩའི་སྒྲིག་འཛུགས་ཡིན་ཞིང་། བོད་པ་རྣམས་ཀྱི་སྤྱི་ཚོགས་སྒྲིག་འཛུགས་འདི་དང་འབྲེལ་བའི་སྐོར་ལ་དུས་རབས་བཅུ་བཞི་པའི་སྔོན་གྱི་རྒྱའི་ཡིག་ཚང་དུ་ཙུའུ་(簇)དང་ཙུ་(族)ཞེས་བཀོད་ཡོད། ཚོ་པ་ཞེས་པ་ནི་ཕ་མེས་ཀྱི་སྐྱེས་རྒྱུད་ལས་མཆེད་པའི་ཐུན་མོང་གི་ཁྱིམ་རྒྱུད་སྐོར་ཞིག་ཡིན་ཞིང་། ཅོ་ནེ་པ་རྣམས་ཀྱི་ཚོ་པ་གཅིག་ལ་ཁྱིམ་ཚང་ཁ་ཤས་ནས་སུམ་ཅུའི་བར་གྱིས་གྲུབ་ཡོད། ཚོ་པའི་ཐུན་མོང་གི་རུས་རྒྱུད་འཛིན་པ་དག་གིས་ཀྱང་རང་ཉིད་ནི་ཐུར་རྒྱལ་བཙན་པོའི་གཡུལ་ཐབས་ལ་ཞུགས་པའི་ཕ་མེས་རྣམས་ཀྱི་རྒྱུད་པ་ཡིན་པར་བཞེད། དེ་བཞིན་ཚོ་པའི་སྒྲིག་འཛུགས་ཀྱི་འོག་ནས་ཡབ་མེས་གཅིག་པའི་ཕ་སྤུན་གྱི་ཁྱིམ་ཚང་རྣམས་ལ་ཤ་ཉེ་ཞེས་འབོད་ཅིང་། ཚོ་པའི་ཆེ་ཆུང་ལྟར་ཤ་ཉེ་གཅིག་པ་ལས་གྲུབ་པའི་ཁྱིམ་ཚང་གི་གྲངས་ཀའི་མང་ཉུང་ཡང་མི་འདྲ་སྟེ། ཉུང་བ་ལ་ཁྱིམ་ཚང་ཁ་ཤས་དང་མང་བ་ལ་ཁྱིམ་ཚང་བཅུ་ལྷག་ཡོད། ཤ་ཉེ་གཅིག་པ་རྣམས་ནི་ཕ་མེས་ཀྱི་གདུང་རུས་གཅིག་ཕྱིར་ཐུན་མོང་གི་རུས་ཀྱི་མིང་སྤྱོད་པ་དང་། རིགས་རུས་ཀྱི་ལྷ་གཅིག་བསྟེན་ཞིང་། ཡུལ་གྱི་ལྷ་གཉན་ཡང་གཅིག་གསོལ་བ་ཡིན། དེ་ཡི་དོས་ནས་བལྟས་ན་ཤ་ཉེ་ཞེས་པ་ནི་རུས་རྒྱུད་གཅིག་གི་ཡན་ལག་གམ་ཁྱིམ་རྒྱུད་གཅིག་ལྟ་བུ་ཞིག་ལ་འདུག་པར་འདོད།[34]

སྤྱི་ལོ་༡༩༣༠ནས་བཟུང་། ཡུལ་ལུང་འདིའི་སྲིད་གཞུང་དང་ཡུལ་མི་རྣམས་ཀྱིས་སྡེ་བ་ཞེས་པའི་ཐ་སྙད་འདི་དངོས་སུ་བཀོལ་ཞིང་། དེ་ནི་རིམ་གྱིས་ཀླུ་ཆུའི་རྒྱུད་ཀྱི་ཡུལ་ཚོ་ཀུན་གྱི་སྲིད་འཛིན་སྒྲིག་འཛུགས་ཀྱི་རྨང་གཞིར་གྱུར་ཏེ་སྔར་གྱི་ཚོ་པའི་ཚབ་དུ་སྤྱོད་བཞིན་ཡོད། དེ་ལྟར་སྤྱི་ཚོགས་ཀྱི་སྒྲིག་གཞི་ལ་འཕོ་འགྱུར་གང་འཚམ་བྱུང་ཡོད་ནའང་། ཅོ་ནེ་པ་རྣམས་ཀྱི་ཡུལ་ཚོ་རུ། ཚོ་པ་དང་ཤ་ཉེ་ཡི་སྒྲིག་འཛུགས་ནི་སྔར་བཞིན་དུ་བརྟན་པོར་གནས་ཡོད་པར་མ་ཟད། དེ་ནི་རུས་རྒྱུད་གཅིག་པ་རྣམས་ཀྱིས་བདག་གཞན་དབྱེ་འབྱེད་དང་། ཐུན་མོང་གི་ངོ་བོ་ངོས་འཛིན་བྱེད་པའི་ཚད་གཞི་གཙོ་བོ་ཞིག་ཏུ་གྱུར་ཡོད། སྤྱིར་བཏང་གི་ཤ་ཉེ་ལ་ཡང་མི་ཤ་ཉེ་དང་ས་ཤ་ཉེ་ཞེས་གཉིས་སུ་དབྱེ་བ་ལས། ས་ཤ་ཉེ་ནི་ཅོ་ནེ་ས་སྐྱོང་གི་གདུང་རབས་རྣམས་ཀྱིས་ཡུལ་ལུང་གི་བོད་པའི་མི་འབོར་ཉུང་དུ་སོང་

ཕྱིར། དཔྱ་ཁྲལ་དང་ཨུ་ལག་གི་ཆེད་དུ་ཡུལ་འདིར་གནས་སྡོད་པའི་རྒྱ་མི་མང་པོ་ཞིག་ཡུལ་ཚོ་སོ་སོར་ནང་ལེན་བྱས་པའི་བསྐྱེད་འབྲས་ཤིག་ཡིན།[35] ས་ཤ་ཉེ་ཞེས་པ་ཞིག་བྱུང་བ་ནས་བཟུང་སྔར་གྱི་ཤ་ཉེའི་བར་གྱི་འབྲེལ་བ་དམ་པོ་ཡོད་པ་དེ་ཉིད་ཐོར་ཞིག་ཏུ་འགྲོ་ཉེན་ཆེ་སྟབས། དམིགས་བསལ་གྱི་གནས་སྟངས་དེ་ལ་གཏད་ནས་ཤ་ཉེ་རྣམས་ལས་ཤ་ཉེ་རྩ་ཞེས་སྤྱིར་བཏང་གི་ཤ་ཉེ་ལས་དམིགས་སུ་ངོས་འཛིན་བྱེད་ཚུལ་ཞིག་བྱུང་ཡོད་པ་རེད། ཤ་ཉེ་རྩའི་བར་དུ་བརྩེ་འདང་ལྷག་ཏུ་ཆེ་བར་མ་ཟད་ཕན་ཚུན་བར་ལ་འོས་འགན་གཙང་མར་ལེན་རེས་བྱེད་པའི་འབྲེལ་བ་དམ་པོ་ཡོད་ཚུལ་ནི་རྩ་ཞེས་པའི་ཡིག་འབྲུ་ལས་ཀྱང་གོ་སླ་ངོ།། དེའང་ཅོ་ནེ་པ་རྣམས་ནི་དུས་རབས་དུ་མའི་རིང་ལ་བོད་རྒྱའི་ས་མཚམས་སུ་གནས་ཆགས་ཡོད་པའི་རྐྱེན་གྱིས་ཁྱིམ་ཚང་སོ་སོར་ཕལ་ཆེར་རྒྱའི་རུས་མིང་རེ་བཏགས་ཡོད་པ་དང་། འདོགས་དོན་གཙོ་བོ་ཡང་ཡུལ་ཚོ་སོ་སོའི་ནང་ཤ་ཉེ་ཚོ་ཁག་བར་ལ་དབྱེ་བ་འབྱེད་ཕྱིར་ཡིན། ཡིན་ནའང་ངེས་དགོས་པ་ཞིག་ལ། སྐབས་རེར་ཤ་ཉེ་ཚོ་ཁག་གཅིག་གི་ནང་དུ་རུས་མིང་མི་གཅིག་པ་ཁ་ཤས་འདུས་སྲིད་ལ། ཡུལ་ཚོ་གཅིག་གི་ནང་གི་རུས་མིང་གཅིག་པ་ཐམས་ཅད་ཀྱང་ཤ་ཉེ་ཚོ་ཁག་གཅིག་ཡིན་པའི་ངེས་པ་མེད་དོ།། དེའི་ཕྱིར་ཅོ་ནེ་པ་རྣམས་ལ་མཚོན་ན། ཤ་ཉེ་ནི་ཐུན་མོང་གི་སོ་ནམ་ཐོན་སྐྱེད་དང་། སྤྱི་རིམ་གྲོང་ཚོག་བསྒྲུབ་པ་དང་། དགྲ་དང་འཇིགས་པ་གང་རུང་བྱུང་ཚེ་ཕན་ཚུན་བར་དུ་ཆེས་གློ་བར་ཉེ་བའི་སྤྱི་ཚོགས་ཀྱི་གཞི་རྩའི་སྒྲིག་འཛུགས་དེ་ཉིད་དུ་གྱུར་ཡོད།

ཆོས་ལུགས་དང་ཡུལ་སྲོལ།

གླུ་ཅུའི་རྒྱུད་ནི་བོད་ཀྱི་ཤེས་རིག་ཁྱབ་ཁོངས་ཀྱི་བས་མཐའ་ཞིག་ཏུ་གྱུར་ཡོད་ནའང་། ཆོས་དང་རིག་གཞུང་གི་ཐད་ནས་སྟོད་དབུས་གཙང་ཕྱོགས་ནས་ཤུགས་རྐྱེན་ཡུན་རིང་པོར་ཐེབས་ཡོད། གོང་དུ་ཞུས་པ་ཇི་བཞིན་བོད་པ་རྣམས་ཐེངས་ཁ་ཤས་ལ་ཡུལ་ལུང་འདིར་གནས་འཕོས་ཤིང་། ཡུལ་འདིར་སྔ་ཕྱིར་ཆོས་བརྒྱུད་ཁག་དར་བའི་བྱུང་རབས་ལ་བརྟག་ན། ཅོ་ནེའི་ཡུལ་ནི་བོད་ཁམས་ཀྱི་ཡུལ་ལུང་ཀུན་གྱི་ཆོས་སྲིད་ལུགས་གཉིས་འཕོ་འགྱུར་གྱི་བྱུང་བ་ལ་ཟུར་བལྟས་ལེབ་མཐོང་གི་མེ་ལོང་ལྟ་བུར་གྱུར་ཡོད། བོད་རྒྱའི་མཐའ་མཚམས་ཀྱི་ཡུལ་གྲུ་ཕལ་མོ་ཆེ་དང་རི་བོ་ཧི་མ་ལ་ཡའི་ལྷོ་རྒྱུད་ཀྱི་རི་ལུང་གི་ཡུལ་གྲུ་ཁག་དང་འདྲ་བར། གླུ་ཅུའི་རྒྱུད་ཀྱི་ཡུལ་ལུང་འདིར་ཡང་བོད་ཀྱི་ཡུལ་དབུས་སུ་ཉམས་དམས་སུ་ཕྱིན་པའི་ཆོས་དང་རིག་གཞུང་གི་རྣམ་པ་ནི་སྔར་བཞིན་ལུས་ཤིང་། དེ་ལྟ་བུའི་ཆོས་དང་རིག་གཞུང་གི་ཁོར་ཡུག་ཏུ་ཡུལ་མི་རྣམས་ཀྱིས་ཀྱང་དངོས་ཡོད་འཚོ་བའི་དགོས་མཁོ་ལྟར། བན་བོན་སྔགས་གསུམ་གྱི་གཞུང་ལུགས་ལ་ཉམས་ལེན་མཁན་རྣམས་ཆོ་ག་མཁན་དུ་བསྟེན་བཞིན་ཡོད།

སྤྱི་ལོ་༡༧༥༠སྔོན་ལ། ཅོ་ནེའི་ཡུལ་གྱི་ཡུལ་ཚོ་རེ་རེ་ལ་སྲིད་པའི་ལྷ་བོན་གྱི་ལུགས་འཛིན་པའི་ཨ་མྱེས་བོན་པོ་དང་། ཡང་ན་གསང་སྔགས་རྙིང་མའི་ལུགས་འཛིན་པའི་ཨ་མྱེས་སྔགས་པ་ཞེས་པའི་ཆོ་ག་མཁན་གྱི་ཁྱིམ་ཚང་རེ་ཡོད་ལ། སྤྱི་ལོ་༡༧༥༠ཡར་སྔོན་དུ་ཁོང་ཅག་ནི་ཡུལ་ཚོ་སྤྱིའི་སྐུ་རིམ་སྒྲུབ་མཁན་ཡིན། དེང་གི་སྐབས་ལ་ཕལ་ཆེར་ཉམས་དམས་སུ་གྱུར་ཡོད། ཨ་མྱེས་བོན་པོ་དང་ཨ་མྱེས་སྔགས་པ་ནི་ཆོ་ག་ཕྱག་ལེན་མཁན་ཡིན་ཕྱིར། གཙོ་བོ་ཡར་ལྷ་གཉན་མཆོད་ཅིང་མར་སྲི་གནོན་ཞིང་འདྲེ་བཏུང་བ་དང་། གསོན་གཤིན་གཉིས་ལ་མོ་རྩིས་གཏོ་དཔྱད་ཀྱི་ཕྱག་ལས་སྐྱོང་མཁན་ཡིན་པས། པ་ཤུལ་བུ་འཛིན་གྱི་སྲོལ་ལྟར་ཁོང་ཚོའི་ཆོས་ཀྱི་ཤེས་བྱ་དང་། ཆོ་ག་ཉམས་ལེན་གྱི་ལུང་དང་མན་ངག་དང་ཕྱག་དཔེ་སོགས་ནི་ཁོང་ཅག་གི་རྗེས་རབས་བུ་སློབ་རྣམས་ཀྱིས་རྒྱུན་འཛིན་བྱེད་ཀྱི་ཡོད་པ་རེད།

ཚོ་ག་མཁན་ཀུན་ལས་ཨ་མྱེས་བོན་པོ་ནི་རིགས་ཀྱི་སྲིད་ཐབས་སྐྱུང་མཁན་ཡིན་ཕྱིར་དམིགས་བསལ་དུ་གལ་ཆེ་བར་བརྩི་ལ། བདག་རྒྱུད་དུ་སྐྱེས་པའི་བོན་པོ་ཡིས། རིགས་སུ་ཆེ་བའི་ལྷ་བདར་ནས། ཁྲུངས་སུ་བཙན་པའི་སྣྲངས་གྱེར་རོ༎ ཞེས་ཡོངས་སུ་གྲགས་པ་ལྟར། ཨ་མྱེས་བོན་པོ་ཡི་ཚོ་ག་ནི་ནམ་རྒྱུན་ཨ་མྱེས་གཞི་བདག་ཅེས་པའི་མཆོད་སྣམ་གྱི་མདུན་དུ་ཕྱག་ལེན་མཛད་དགོས་པ་དང་། ཨ་མྱེས་གཞི་བདག་ནི་ཙོ་ནེ་པའི་ཁང་ཁྱིམ་གྱི་ཀ་བ་དཀྱིལ་མའི་སྟེང་གི་མཆོད་སྣམ་ཞིག་ཏུ་གསོལ་ཞིང་། མཆོད་སྣམ་དུ་རིགས་རུས་སྐྱེས་རྒྱུད་ཀྱི་སྲིད་ཐབས་དང་དཔལ་དང་ཕྱྭ་གཡང་འཕེལ་བའི་མཚོན་རྟགས་སུ་མདའ་ཞིག་བཙུགས་ཡོད། <དཔེ་རིས། ༢> བཤད་པའི་བརྗོད་བྱའི་ནང་དོན་དུ་གསལ་བའི་བོན་ལེའུ་འམ་ལྡེའུ་ཞེས་པ་ནི་ཨ་མྱེས་བོན་པོའི་རིགས་ཤིག་ཡིན་ཞིང་། ད་བར་དུ་ཙོ་ནེའི་ཡུལ་གྱི་གཉེན་སྟོན་གྱི་སྐབས་ལ་སྐྱུང་གི་ཚོ་ག་ནི་ཨ་མྱེས་ལེའུ་ཡིས་ཕྱག་ལེན་མཛད་བཞིན་ཡོད། འདས་པའི་མི་ལོ་བཅུ་ཕྲག་ཁ་ཤས་ཀྱི་ནང་ལ། སྔར་གྱི་སྲོལ་ལྟར་ཨ་མྱེས་བོན་པོ་ཡི་ལུགས་འདི་ཉིད་འཛིན་སྐྱོང་ཐུབ་མཁན་ནི་ཕལ་ཆེར་ཤིན་ཏུ་ཉུང་ངུར་གྱུར་ཡོད་ཅིང་། དེད་ཅག་གིས་ཤེས་ཚོད་ལྟར་ན། དེང་གི་དུས་སུ་ཙོ་ནེའི་ཡུལ་དུ་ཨ་མྱེས་བོན་པོ་ཁ་ཤས་ཞིག་ལས་ཨ་མྱེས་ལེའུ་ནི་ཕལ་ཆེར་རྒྱུད་ཆད་སོང་བའོ༎

ཨ་མྱེས་བོན་པོ་ཡི་ལུགས་དང་འདྲ་བར། ཨ་མྱེས་སྒོམ་པ་རྣམས་ཀྱི་ཕྱག་ལས་ནི་སོ་སོའི་བུ་རྒྱུད་ལ་བརྟེན་ནས་འཛིན་སྐྱོང་བྱེད་དགོས་ཤིང་། ཨ་མྱེས་སྒོམ་པ་རྣམས་ནི་གསང་སྔགས་རྙིང་མའི་ལུགས་འཛིན་མཁན་འབའ་ཞིག་ཡིན་ཕྱིར། ལོ་རེར་མ་མཐའ་ཡང་སོ་སོའི་ཡུལ་ཚོ་དང་དགོན་པའི་ལྷ་ཁང་དུ་ཐེངས་གཅིག་གམ་ཁ་ཤས་འཚོགས་ནས། སྲོལ་རྒྱུན་གྱི་ཚོ་གའི་འཕྲིན་ལས་རྣམས་གོ་རིམ་ལྟར་མཉམ་སྒྲུབ་བྱེད་སྲོལ་ཡོད་ཕྱིར། ཨ་མྱེས་སྒོམ་པའི་རྒྱུན་འཛིན་གྱི་གནས་ཚུལ་ནི་ལྟོས་བཅས་སུ་རུང་ལེགས་པར་གནས་ཡོད། གལ་ཏེ་ཡུལ་སྡེ་གང་རུང་ཞིག་ལ་ཨ་མྱེས་ལྡེའུའི་ཕྱག་ལས་གནང་མཁན་མེད་ཚེ་ཨ་མྱེས་སྒོམ་པ་རྣམས་ཀྱིས་སྐུ་ཚབ་བྱེད་ཅིང་། ལྷག་པར་དུ་གཉེན་སྟོན་གྱི་སྐབས་ལ་ཤིན་ཏུ་མངོན་གསལ་ཡིན་ཏེ། གཉེན་སྟོན་གྱི་ཚོ་ག་མཁན་ནི་ཨ་མྱེས་སྒོམ་པ་ཡིན་རུང་། དེར་ངེས་པར་དུ་ཨ་མྱེས་ལེའུ་ཞེས་འབོད་དགོས་པར་མ་ཟད། ཚོ་ག་མཁན་གྱིས་ཀྱང་ཨ་མྱེས་གཞི་བདག་གི་མདུན་ནས་སྐྱུང་གི་ཚོ་ག་སྒྲིལ་དགོས་པ་ཡིན།

དེང་གི་དུས་ལ་བཙས་སྟོན་དང་། གཉེན་སྟོན། གཤིན་ཚོག་ལྟ་བུའི་སྐྱེ་རྒ་ན་འཆི་དང་འབྲེལ་བའི་ཚོ་ག་ཕལ་ཆེ་བ་རྣམས་ནི་གྲྭ་པ་རྣམས་ཀྱིས་ཕྱག་ལེན་བྱེད་ཅིང་། དུས་རབས་བཅོ་བརྒྱད་པ་ནས་ཙོ་ནེ་པ་རྣམས་ནི་དགེ་ལུགས་པའི་ལྷ་སྡེར་གྱུར་བ་ནས་བཟུང་། ཡུལ་ལུང་གི་དུས་སྟོན་གལ་ཆེ་བ་ཕལ་ཆེར་ནི་ཙོ་ནེ་དགོན་ཆེན་དང་དེའི་བུ་དགོན་རྣམས་ཀྱི་ལོ་འཁོར་གྱི་བཀོད་སྒྲིག་དང་བསྟུན་དགོས་པ་དང་།[36] ཉེ་བའི་མི་ལོ་ཁག་ནས་བཟུང་། ཡུལ་གྱི་བགྲེས་སོང་ཚོ་ག་མཁན་རྣམས་སྔ་ཕྱིར་རིམ་གྱིས་ཚེ་ལས་འདས་ཕྱིར། ཡུལ་མི་རྣམས་ཀྱིས་ཀྱང་སྔར་གྱི་ཚོ་ག་མཁན་གྱི་ཚབ་ཏུ་གྲྭ་པ་རྣམས་གདན་འདྲེན་བྱེད་བཞིན་ཡོད་ལ། དེ་དང་མཉམ་དུ། སྔར་གྱི་ཨ་མྱེས་ལེའུ་དང་ཨ་མྱེས་སྒོམ་པའི་ཕྱག་དཔེ་རྣམས་ནི་གྲྭ་པ་རྣམས་ཀྱི་ཕྱག་ཏུ་ཕུལ་ཕྱིར། གྲྭ་པ་རྣམས་ཀྱིས་ཀྱང་སོ་སོའི་ལུགས་ལྟར་ཕྱག་དཔེ་དེ་དག་ལ་སྐྱར་བཅོས་ཅི་རིགས་ཤིག་གཏོང་བཞིན་ཡོད་པའོ༎

བཤད་པའི་གོ་དོན་དང་གྲེར་ལུགས།

བཤད་པའི་གོ་དོན།

བཤད་པ་ནི་ངག་ལ་གྲེར་བདེ་བ་ཞིང་ཚིག་བཅད་ཀྱི་ལམ་ནས་མངོན་པའི་སྤྲོལ་རྒྱུན་གྱི་ཚོགས་རིག་གནས་སྐོར་གྱི་ཤེས་བྱ་སྣ་མང་གཅིག་ཏུ་འདུས་པའི་གླུ་ཚོགས་ཤིག་ཡིན་ཏེ། བརྗོད་བྱའི་ནང་དོན་ལ་སྣ་མང་ཞིང་གྲེར་ལུགས་ཀྱང་ཕུན་སུམ་ཚོགས་པ་དང་། བོད་ཁམས་ཀྱི་ཡུལ་གྲུ་ཀུན་ཏུ་དར་ཆེ་བའི་དམངས་རྒྱུན་གྱི་རྩོམ་རིག་གི་རིགས་ཕལ་ཆེ་བ་དང་ཆ་མཚུངས་ཕྱིར། ད་སྔའི་བར་དུ་རིག་གཞུང་ཉམས་ཞིབ་པ་དང་མང་ཚོགས་ཀྱི་བརྗོད་ལུགས་གཞིར་བཞག་ན། བཤད་པའི་གོ་དོན་གྱི་ཐད་ལ་ངེས་ཤེས་གསལ་པོ་ཞིག་འདོན་ཐུབ་དཀའ་བར་སྣང་། དཔྱད་འབྲས་ཁག་ཏུ་དེ་ནི་ཚིག་བཅད་ཀྱི་གྲེར་གླུ[37]འམ་བསྟོད་ཚིག[38]ལྷ་བུའི་རིགས་སུ་བསྡུས་ཡོད་ཅིང་། གསར་དུ་ཐོན་པའི་མདོ་སྨད་ཡུལ་གྱི་དམངས་རྒྱུན་རྩོམ་རིག་དང་འབྲེལ་བའི་དཔྱད་འབྲས་ལྟར་ན། དེར་དམངས་ཐོག་རྩོམ་རིག[39]གམ་དམངས་རྒྱུན[40]ཞེས་ཙུང་གུ་ཡངས་པའི་ངེས་ཚིག་འདྲེན་སྟངས་ཤིག་བཏོན་ཡོད་པ་དང་། བཤད་པ་ནི་སྟོན་བཤད་དང་གཏམ་གྱི་རིགས་ཤིག་དང་། གཙོ་བོ་རིག་གནས་ཀྱི་མཚོན་བྱེད་སྙིང་པོ་དང་ལྡན་པའི་ཅ་དངོས་གང་གི་ངོ་སྤྲོད་ལྟ་བུ་ཞིག་རེད། དཔེར་ན། ནས་བཤད་དང་། དཀར་ཡོལ་གྱི་བཤད་པ། མདའ་བཤད། ཁྲི་བཤད་ལྟ་བུའོ།། དཔྱད་འབྲས་དེ་ལྟར་ན་བཤད་པའི་རྩོམ་ལུས་ལ་ཡང་ཚིགས་བཅད་དང་ཚིག་ལྷུག བཅད་ལྷུག་སྤེལ་མ་བཅས་གསུམ་དང་ལྡན་ཞིང་། བརྗོད་ལུགས་ལ་འཆད་པ་དང་། གྲེར་བ། ལེན་པ་སོགས་རྣམ་པ་ཅི་རིགས་ཤིག་འདུག[41] ཡང་སྐབས་འགར་བཤད་པའི་གླུ་ཚིག་ཁ་ཤས་ནི་སྐྱེས་སྨན་ཁོ་ནས་གྲེར་བའང་ཡོད་དེ། དཔེར་ན། ཡོངས་སུ་གྲགས་པའི་བག་མའི་མིག་ཆུ་མུ་ཏིག་ཕྲེང་བ་ཞེས་པ་ལྟ་བུའོ།།[42]

དེའང་བཤད་པ་ཞེས་པའི་དམངས་རྒྱུན་རྩོམ་རིག་འདིའི་དོན་བཤད་ཀྱི་སྐོར་ལ། མདོ་སྨད་ཙོ་ནེའི་ཡུལ་གྱི་བཤད་པའི་གྲེར་ལེན་མཁན་དང་རིག་གནས་པ་རྣམས་ལ་ཕལ་ཆེར་འགྲེལ་ལུགས་གཉིས་ཙམ་བྱུང་ཡོད་དེ། ཡུལ་གྱི་མང་ཚོགས་ཁ་ཤས་ཀྱིས་སྲིད་པ་ཞེས་པའི་ཐ་སྙད་འདི་སྤྱོད་བཞིན་པ་དང་། སྲིད་ཞེས་པ་ནི་ཡོད་པའི་དོན་དུ་འཇུག་ཅིང་། སྒྲ་ཡི་ཐད་ནས་ཕལ་ཆེར་བོད་ཁམས་ཀྱི་ཡུལ་ཀུན་ཏུ་ཁྱབ་ཆེ་བའི་སྲིད་པའི་གླུའམ་སྲིད་པའི་ཆགས་གླུ་ཞེས་པ་དང་འབྲེལ་ཆེ་བ་དང་། ཡང་ན་ཡུལ་ལུང་འདིར་དར་ཁྱབ་ཆེ་བའི་སྲིད་པའི་ལྷ་བོན་གྱི་ཆོ་ག་མཁན་ལྷ་བདག་ལེའུ་ཡིས་གྲེར་བའི་སྲིད་པའི་ཐོ་ཡིག་ཅེས་པ་དང་འབྲེལ་ཆེ་བས་ཡིན་སྲིད་ཀྱང་། ད་ཡོད་ཀྱི་བཤད་པའི་བརྗོད་བྱ་ཕལ་ཆེ་བ་ནི་སྲིད་པའི་བོན་གྱི་སྐྱང་རབས་ལས་རྒྱ་ཆེ་བར་ཡོད་པ་དང་། ཡུལ་གྲོང་དུའང་བཤད་པ་ཞེས་པའི་ཐ་སྙད་འདི་ཙུང་ཁྱབ་ཆེ་བར་སྣང་བས། ཁོ་བོ་ཅག་གིས་སྒྲིག་དེབ་འདི་དང་འབྲེལ་ཡོད་ཀྱི་ཆེད་རྩོམ་ཁག་ཏུ་བཤད་པ་ཞེས་པའི་ཐ་སྙད་འདི་སྤྱོད་རྒྱུ་ཡིན། གང་ལྟར། སྲིད་པ་ཞེས་ཁ་ཤས་ཀྱིས་འདོད་མོས་ཡོད་པའི་ཐ་སྙད་འདི་ཡང་ངེས་པར་དུ་སྣང་མེད་དུ་མི་འཇོག་པར། མ་མཐའ་ཡང་དེའི་གལ་ཆེན་རང་བཞིན་ནི་རྒྱུ་མཚན་དང་བཅས་ཏེ་ཡིད་ལ་ངེས་དགོས་པ་ཞིག་རེད།

དེའང་བཤད་པའི་རྣམ་པའི་ཐད་ནས་ཀྱང་རྩོད་གཞི་མི་ཉུང་བ་ཞིག་མཆིས་ཏེ། སྤྱིར་བཏང་དུ་བཤད་པ་ནི་རྣམ་པ་གཏན་འཁེལ་ཞིག་གི་ངོས་ནས་དྲི་བ་དྲིས་ལན་གྱི་ཚུལ་དུ་སྤེལ་བའི་ཚིགས་བཅད་ཀྱི་བརྗོད་པ་ཞིག་ཡིན་པ་དང་། དེ་ནི་གཏམ་བཤད་བཞིན་འཆད་མཁན་གྱིས་ཡུལ་དུས་ཀྱི་དགོས་མཁོ་ལྟར་ཁ་སྒྱུར་བྱེད་ཆོག་ཅིང་རང་ཉིད་གཅིག་པུས་བརྗོད་ཆོག་པ་ཞིག་མིན་ཕྱིར། དམངས་རྒྱུན་གྱི་རྩོམ་རིག་གི་རིགས་གཞན་པ་རྣམས་དང་ཐ་དད

པར་སྣང་ལ། རང་ངོས་ནས་སྡེབ་སྦྱོར་གྱི་ཆ་དང་ལྡན་པའི་ཚིག་རྐང་བདུན་བརྒྱད་ཀྱིས་ཚན་པ་རེ་དང་། ཚིག་རྐང་རེ་རེ་ལ་ཚིག་ཁྲིམ་བདུན་ཙམ་གྱིས་གྲུབ་པ་ཞིག་རེད། དེའི་ཕྱིར་འདིར་ཅོ་ནེ་པ་རྣམས་ཀྱི་བཞེད་ལུགས་ལྟར། ཕྱི་མར་གྱི་ལེའུ་དང་། མདའ་ཡི་ལེའུ། ཁྱུང་གི་ལེའུ། རུས་སྦལ་གྱི་ལེའུ། དེ་ནས་འཇིག་པ་དང་། ཆགས་པ་དང་། ནང་བཅུད་ཀྱི་སེམས་ཅན། ཉི་ཟླ་སྐར་གསུམ་གྱི་བརྗོད་བྱ་ཡིས་གྲུབ་པའི་འཇིག་རྟེན་ཆགས་ལུགས་ཀྱི་ལེའུ་རྣམས་ནི་སྒྲིག་དེབ་འདིར་བཀོད་ཡོད་པ་དང་། གཉེན་སྟོན་གྱི་སྐབས་སུ་ཤིན་ཏུ་གལ་ཆེ་བར་གྱུར་བའི་བློན་པོ་མགར་ཆེན་དང་། ཞང་གླུ་དང་ཚ་གླུ་ཡི་བཤད་པའི་རིགས་རྣམས་ཀྱང་མཉམ་དུ་བསྡུས་ཡོད།

གཞན་ཡང་། ཛུང་གུ་ཡངས་པའི་ངེས་ཚིག་འདྲེན་ལུགས་ལྟར་ན། ཅོ་ནེའི་ཡུལ་གྱི་དག་རྒྱུན་རྩོམ་རིག་གི་རིགས་ཕལ་ཆེ་བ་ནི་བཤད་པའི་རིགས་སུ་གཏོགས་ཤིང་།[43] དེ་ལྟར་ན་ཆ་ཚང་ལ་ལེའུ་སུམ་ཅུ་ཙམ་གྱིས་གྲུབ་ཡོད། བརྗོད་བྱའི་ནང་དོན་ལ་འཇིག་རྟེན་ཆགས་ལུགས་ལྟ་བུའི་ལྷ་ཆོས་ཀྱི་སྐོར་དང་། རྒྱ་གླུ་དང་ཇ་གླུ་ལྟ་བུའི་མི་ཆོས་ཀྱི་སྐོར་སོགས་འདུ་ལ། འཆད་ལུགས་ཀྱང་རྣམ་པ་སྣ་ཚོགས་ཤིག་ལྡན་ཡོད། གང་ལྟར། བཤད་པའི་ངེས་ཚིག་དང་རྣམ་པའི་སྐོར་གྱི་རྩོད་གཞི་འདི་དག་གིས། ཡུལ་ལུང་དེའི་མང་ཚོགས་ཀྱིས་བོད་ཀྱི་དག་རྒྱུན་རྩོམ་རིག་ཐད་ལ་བཟུང་བའི་ངེས་ཤེས་རྙེད་སྟངས་དང་བསམ་གཞིགས་བྱེད་སྟངས་ཤིག་མཚོན་པར་མ་ཟད། རྩོད་གཞི་དེ་འདྲ་ཞིག་ལ་བརྟེན་ནས་ཅོ་ནེའི་ཡུལ་གྱི་བཤད་པ་དང་བོད་ཀྱི་དག་རྒྱུན་རྩོམ་རིག་བར་གྱི་འབྲེལ་བའི་སྐོར་ལ་དོ་སྣང་དང་ཉམས་ཞིབ་བྱེད་པར་སྐུལ་འདེད་ཀྱི་ཕན་ནུས་ངེས་ཅན་ཞིག་ཀྱང་ཐོན་དང་འཐོན་བཞིན་ཡོད་པའོ།།

སྒྲོལ་རྒྱུན་གྱི་བཤད་པའི་གྱེར་ལུགས།

རྒྱུན་ལྡན་ལྟར་ན་བཤད་པ་ནི་ཡུལ་ཚོའི་ནང་དུ་ཁ་དབང་དང་གཙོགས་མཐོང་ངེས་ཅན་ཡོད་པའི་སྐུ་ན་བགྲེས་པོ་རྣམས་ཀྱིས་གྱེར་ལེན་བྱེད་དགོས་ཤིང་། གྱེར་མཁན་གྱི་མང་ཉུང་དང་། གྱེར་ལེན་བྱ་ཡུལ། གྱེར་བའི་ནང་དོན་དང་དུས་ཡུན་སོགས་ནི་སྐབས་དོན་དང་བསྟུན་ནས་ཐག་གཅོད་དགོས། སྤྱིར་མི་བུ་གཅིག་གིས་རང་ལན་རང་འདེབས་ཀྱི་ཚུལ་དུ་གྱེར་ཆོག་པ་ཞིག་ཡིན་ཡང་། གཉེན་སྟོན་ལྟ་བུའི་དུས་སྐབས་ལ་མི་གཅིག་གིས་སྐད་གསེང་མཐོན་པོས་སྣེ་ཁྲིད་དེ་དྲི་བའི་ཚན་པ་རྣམས་རེ་རེ་བཞིན་གྱེར་ཞིང་། གཞན་རྣམས་ཀྱིས་ཀྱང་རེ་རེ་བཞིན་མཉམ་ལན་འདེབས་པའམ། ཡང་ན་མི་གཉིས་ཀྱིས་སྤུ་ཕྱིར་མཉམ་དུ་གྱེར་རེས་བྱེད་ཀྱི་ཡོད་པ་རེད།

བཤད་པའི་ཚན་པ་རེ་གྲུབ་པའི་ཚིག་རྐང་གི་མང་ཉུང་ལ་ངེས་པ་མེད་མོད། ཚན་པ་སོ་སོའི་འགོ་སློང་བྱེད་དང་མཇུག་བསྡུ་བྱེད་ཀྱི་ཚིག་སྦྱོར་རྣམས་ནི་གཏན་ཆགས་ཡིན་ཏེ། དཔེར་ན་གླུ་དལ་བུར་ཤོག་དང་བྲེལ་བ་མེད་ཅེས་པ་དང་། གླུ་དེ་ཡི་ལན་ལ་དེ་འདྲ་ཡིན་ཞེས་པ་ནི་སྔ་མའི་དྲི་བ་འདྲི་མཁན་དང་ཕྱི་མའི་ལན་འདེབས་མཁན་གཉིས་ཀྱིས་སོ་སོའི་བརྗོད་པ་སྐབས་ཤིག་རྫོགས་པར་སྟོན་བྱེད་ཀྱི་ཚིག་ཡིན། དུས་སྟོན་སོགས་བྱུང་བ་གལ་ཆེན་གྱི་སྐབས་སུ། གྱེར་མཁན་རྣམས་ཀྱིས་སྐབས་དོན་ཡུལ་དུས་ཀྱི་དགོས་མཁོར་དམིགས་ནས་བརྗོད་གཞིའི་ནང་དོན་ངེས་ཅན་ཞིག་འདེམས་ཀྱི་ཡོད་པ་ལས་གླུ་ཚིག་ཆ་ཚང་ནི་ལེན་གྱི་མེད། ཡུལ་དུས་ཀྱི་མཐུན་རྐྱེན་འཛོམས་པའི་སྐབས་ལ་གླུ་པའི་བར་དུ་གླུ་རྩལ་དོམ་བྱེད་དུ་གླུ་ཤགས་འགྲན་རེས་བྱེད་སྲོལ་ཡོད་དེ། སྐབས་སུ་བཤད་པའི་ལེའུ་རེ་རེ་ལས་བརྗོད་གཞི་གང་འདོད་དུ་བྲངས་ཏེ་གླུ་རིགས་ལ་འགྲན་འཛུགས་ཤིང་། ཤགས་མཁན་གཉིས་ལས་གཅིག་རྒྱལ་གཅིག་ཕམ་གྱི་དབྱེ་བ་གསལ་བའི་བར་དུ་འཐབ་ཀྱི་ཡོད་པ་རེད། སྔ་མས་གླུ་ཚིག

ལས་དྲི་བའི་ཚན་པ་ཞིག་བཏང་ནས། ཕྱི་མས་དེ་དང་འབྲེལ་བའི་དྲིས་ལན་ཞིག་མྱུར་དུ་འདེབས་ནུས་དགོས་ཤིང་། གལ་ཏེ་འདེབས་ནུས་ན། སྔ་མས་མུ་མཐུད་དུ་འདྲི་བའམ་ཡང་ན་ཕྱི་མས་དྲིས་ནས་སྔ་མས་ལན་འདེབས་དགོས་པ་རེད། དཔེར་ན།

ཁྲུང་བཤད་ཀྱི་སྐོར་ལ་སྔ་མས་དྲི་བ་འདི་ལྟར་དྲིས་པ་ན།

གནམ་ལ་ཕ་མེས་འོངས་བསྡད་སྣང་།།
གནམ་ཡར་ལ་བཀུག་མི་གང་རེད།།
ས་ལ་མ་མེས་འོངས་བསྡད་སྣང་།།
ས་མར་ལ་མནན་མི་གང་རེད།།

ཕྱི་མས་ཀྱང་ཁྲུང་བཤད་ཀྱི་འབྲེལ་ཡོད་ཚན་པ་ལས་དྲིས་ལན་འདི་ལྟར་འདེབས་དགོས་ཏེ།

གནམ་ཡར་ལ་བཀུག་མི་བཤད་རྒྱུ་ན།།
གནམ་ཡར་ལ་བཀུག་མི་ཁྲུང་ཆེན་རེད།།
གནམ་ཡར་ལ་བཀུག་མི་ཁྲུང་ཆེན་གན།།
གནམ་ཡར་ལ་ཐད་སེ་བཀུག་པ་རེད།།
ས་མར་ལ་མནན་མི་བཤད་རྒྱུ་ན།།
ས་མར་ལ་མནན་མི་རུས་སྦལ་རེད།།
ས་མར་ལ་མནན་མི་རུས་སྦལ་གན།།
ས་མར་ལ་འཇམ་སེ་མནན་པ་རེད།།

ཡང་སྐབས་བསྟུན་གྱི་ཁྲུང་གི་བརྗོད་གཞི་ནི་རུས་སྦལ་གྱི་བཤད་པ་དང་འབྲེལ་བ་ཡོད་ཕྱིར། ཕྱི་མས་སློ་ཕྱུར་དུ་རུས་སྦལ་གྱི་བཤད་པ་ལས་གླུ་ཚིག་དྲངས་ཏེ་འདི་ལྟར་དྲིས་ཀྱང་ཆོག་སྟེ།

མ་ཧྭ་གསེར་གྱི་རུས་སྦལ་གན།།
ཕྱིའི་རྒྱ་མཚོ་ཁ་ལ་འོངས་བསྡད་དུས།།
དབུགས་ཡོད་རེད་ན་དབུགས་མེད་རེད།།
གྱུ་ལྡན་རེད་ན་སྨུ་མེད་རེད།།
གནམ་སྦུབ་རེད་ན་ས་སྦུབ་རེད།།
རྒྱུས་ཚོད་རེད་ན་བསྒུས་ཚོད་རེད།།

ཅེས་དྲིས་པ་ལ། གལ་ཏེ་སྔ་མས་ལན་མ་ཐོག་ན་ཕམ་པར་བརྩི་བའོ།། བཤད་པའི་གླུ་པ་རྣམས་ཀྱི་དམིགས་ཡུལ་ནི་གླུ་འཐབ་ཀྱི་ལམ་ནས་ཕ་རོལ་པོ་ཕམ་པར་གཏོང་རྒྱུ་ཡིན་ཕྱིར། ཁོང་ཚོས་གླུ་ཚིག་གི་ཚན་པ་མང་ཆེ་ཤོས་བློ་ལ་

ངེས་དགོས་ཤིང་། གླུ་ཚིག་གི་རྒྱ་ཡང་དུས་རྒྱུན་ཇེ་རྒྱས་སུ་གཏོང་བཞིན་ཡོད་པ་རེད། གླུ་པ་ཚད་ལྡན་ཞིག་ཏུ་འགྱུར་དགོས་ན་ངག་གྱེར་ལ་མཁས་པ་དང་མགྲིན་ངག་སྙན་པ། གླུ་ཚིག་སྣ་ཚོགས་ཤིག་ཁོང་དུ་ཆུད་པ། དྲན་པ་བརྟན་ཞིང་བློ་སྒོ་སྨྱུར་བའི་ཆ་རྐྱེན་སོགས་ངེས་པར་དུ་འཛོམས་དགོས། དེའང་གྱེར་བའི་ཡུལ་དུས་དང་བརྗོད་གཞི་སོགས་ནི་གཏན་འཇགས་མིན་ཕྱིར། དེ་ནི་ཤིན་ཏུ་ཆ་མེད་པ་ཞིག་རེད། གང་ལྟར་བཤད་པའི་གྱེར་ལེན་ནི་ཡུལ་སྡེ་སོ་སོར་སྲོལ་རྒྱུན་མི་ཆོས་རིག་གནས་ཀྱི་དཔེ་སྲོལ་སྟོན་པ་དང་། ཆོས་ལུགས་དང་ལོ་རྒྱུས་ཤེས་བྱ་རྣམས་རྒྱུན་སྤེལ་བྱེད་པར་དགེ་ཕན་ཆེ་བར་མ་ཟད། གྱེར་ལེན་གྱི་སྐབས་དེ་ནི་ཡུལ་མི་ཐམས་ཅད་མཉམ་དུ་འཛོམས་ནས་བག་ཕེབས་གཏོང་བ་དང་དགའ་མགུ་རྒྱས་པའི་དུས་ཤིག་ཀྱང་རེད།

གླུ་པ་གཉིས་ཀྱིས་ཕན་ཚུན་བར་དུ་དྲི་བ་དྲིས་ལན་གྱི་དང་ནས་གྱེར་སྟངས་དེའང་། གཉེན་སྟོན་གྱི་སྐབས་ལ་མག་པའི་ཁྱིམ་གྱི་ཁང་ཆེན་ནམ་ཚོམས་ཆེན་གྱི་ནང་དུ་ཡར་གྲལ་དང་མར་གྲལ། བར་གྲལ་ཞེས་གྲལ་གསུམ་བཤམས་དགོས་ཤིང་། ཡར་གྲལ་ནི་དགེ་འདུན་པ་ཨ་མྱེས་ལེའུ་དང་། སྐུ་ན་བགྲེས་པོ་རྣམས་ཀྱི་བཞུགས་གནས་དང་། བར་གྲལ་ནི་ཞང་པོ་རྣམས་དང་གཉའ་བོ་ལ་བཤམས་པ་ཡིན། མར་གྲལ་ནི་སྐྱེས་པ་མགྲོན་པོ་དང་ཡུལ་མི་རྣམས་ལ་ཡིན་ཞིང་། རྒྱུན་ལྡན་ལྟར་ན་ཡར་གྲལ་ནི་ཚ་ཐབ་ཀྱི་སྟེང་དུ་བཏིང་བ་དང་། བར་གྲལ་དང་མར་གྲལ་ནི་ཁྱིམ་གྱི་གོ་ཐབ་ཏུ་བཏིང་ཡོད། བར་གྲལ་དང་མར་གྲལ་གཉིས་ཀྱིས་ཡར་གྲལ་ནས་བཏང་བའི་དྲི་བ་ལ་ལན་འདེབས་དགོས་ཤིང་། བར་གྲལ་དང་མར་གྲལ་གཉིས་ཀྱི་བར་དུ་ནི་གླུ་ཡི་འགྲན་འཛུགས་ཚོག་པ་རེད། ཡིན་ནའང་དེ་གཉིས་ཀྱིས་ཡར་གྲལ་ལ་དྲི་བ་གཏོང་པ་ནི་གུས་ལུགས་མེད་པ་ཞིག་ཏུ་བརྩི་བཞིན་ཡོད། གཞན་ཡང་ཡུལ་ལུང་འདི་ཡི་གཉེན་སྟོན་ནི་བཤད་པའི་ལེའུ་ཁག་གི་ནང་དུ་རིག་གནས་ཀྱི་མཚོན་བྱེད་སྙིང་པོར་གྱུར་པའི་ཅ་དངོས་ཁག་དང་། ཚིག་མཁན་གྱི་སྒྲི་ཚོགས་བྱེད་ནུས། ཡུལ་ཚོའི་ལུགས་སྲོལ་སོགས་ལ་གོ་བ་ལེགས་པར་འབྱེད་བྱེད་ཀྱི་མཐོང་ལམ་སྟབས་བདེ་ཞིག་ཡིན་ཕྱིར། གཤམ་ནས་ས་བཅད་དུ་བཀར་ནས་ཆེད་དུ་གླེང་ངེས་ཡིན།

དེའང་ལོ་སར་གྱི་སྐབས་སུ། སྐྱེས་པ་རྣམས་ཀྱིས་ཉིན་གཅིག་གམ་ཁ་ཤས་ཤིག་ལ་ལོ་སར་དང་འབྲེལ་བའི་བརྗོད་གཞིའམ། ཡང་ན་ཡུལ་དུས་ངེས་ཅན་དང་འབྲེལ་བའི་བརྗོད་གཞི་ཞིག་བརྒྱུད་ནས། བཤད་པའི་གླུ་ཚིག་མཉམ་ལེན་དང་ཕན་ཚུན་བར་དུ་གྱེར་རེས་བྱེད་ཀྱིན་ཡོད་པ་དང་། ལོ་སར་སྐབས་ཀྱི་རྟ་རྒྱུག་དང་མདའ་འཕེན་གྱི་དུས་ཆེན་ལྟ་བུ་ལ། སྤྱི་ཕྱིར་ས་གནས་གསུམ་ནས་གྱེར་ལེན་བྱེད་སྲོལ་ཡོད་ཅིང་། གནས་དང་པོ་ནི་རྟ་རྒྱུག་མདའ་འཕེན་བྱ་ཡུལ་དངོས་ཏེ། དཔེར་ན་གྲོང་ཚོའི་ནང་གི་མཆོད་རྟེན་སོགས་ཀྱི་འགྲམ་དུ་མདའ་བཤད་ཀྱི་ཚན་པ་གྱེར་དགོས་པ་དང་། གནས་གཉིས་པ་ནི་སྤྱི་དཔོན་ནམ་ཡང་ན་ལོ་རེར་ཡུལ་སྡེའི་ལས་དོན་ཀུན་ལ་དོ་དམ་དང་ཞབས་ཞུ་ཡི་ལས་སྣེ་རུ་བདམས་པའི་སྐོར་བ་ཞེས་པའི་ཁྱིམ་ཚང་ཁག་ལས་སྤྱི་དཔོན་གྱི་ནང་དུ་འཛོམས་ནས། ཚོམས་ཆེན་དུ་སྐུ་ན་བགྲེས་པོ་རྣམས་ནི་ཡར་གྲལ་དང་། དེ་ནས་སྐྱེས་པ་རྣམས་ནི་ན་ཚོད་ཀྱི་གོ་རིམ་ལྟར་གདན་ལ་བཞུགས་ཏེ། མུ་མཐུད་དུ་མདའ་བཤད་དང་ཕྱེ་མར་གྱི་ཚན་པ་རྣམས་གྱེར་དགོས་པ་རེད། གནས་གསུམ་པ་ནི་ཡུལ་མི་རྣམས་ཀྱིས་དགྲ་ལྷ་དཔངས་བསྟོད་ཀྱི་སྐབས་སུ་འཚོགས་པའི་ཡུལ་སྡེའི་མ་ཧཱ་ལྷ་ཁང་གི་མདུན་དུ་ཡིན་ཞིང་། དེ་ཡང་གནས་གཞན་པ་གཉིས་དང་འདྲ་བར་བཞུགས་གྲལ་རིམ་བཞིན་དུ་བཤམས་རྗེས། <དཔེ་རིས། ༣> སྐྱེས་པ་རྣམས་ཀྱིས་མུ་མཐུད་དུ་མདའ་བཤད་དང་། ཡུལ་སྡེ་ཡི་བྱུང་རབས་ཆགས་རབས་ཀྱི་སྐོར་གྱེར་དགོས་པ་ཡིན་ནོ།།

སྲོལ་རྒྱུན་ལྟར་ན་གང་ཞིག་གིས་བཤད་པའི་གླུ་ཚིག་ཡོངས་སུ་ལེགས་པར་བསླབ་འདོད་ན། ལག་རྟགས་དང་བཅས་གྲོང་ཚོ་གཞན་དག་གི་གླུ་པ་ཁག་གི་མདུན་དུ་བཅར་ནས། གླུ་པ་དེ་དག་གི་སྒེར་གྱི་ཁྲིད་ཡོན་

དང་བསྟུན་ནས་བཤད་པའི་ལེའུ་རེ་རེ་དང་གྱེར་ལུགས་ལ་ལེགས་པར་སྦྱང་དགོས་ཤིང་། རང་ཉིད་ཀྱི་བཤད་པའི་གླུ་ཚིག་གི་རིགས་དང་ནང་དོན་ཕུན་སུམ་ཚོགས་པར་ཡོང་ཆེད། བཤད་པའི་གླུ་ཚིག་གི་ཆེད་མཁས་པ་མང་པོ་ཞིག་གི་དྲུང་ལ་བཅར་ཅི་ཐུབ་བྱེད་དགོས་པ་དང་། སྐབས་འགར། ཡུལ་ཚོའི་སྤྲང་ལམ་དུ་འཚོགས་ནས་རྩེད་པ་དང་བགྲོ་གླེང་སྣ་ཚོགས་ཀྱང་བྱེད་སྲོལ་ཡོད་པ་རེད། གཞན་ཡང་གླུ་ཚིག་རྣམས་བོད་ཡིག་དང་རྒྱ་ཡིག་གི་ཡིག་ངོར་ཕབ་ཅི་ཐུབ་བྱེད་པ་དང་། ཡང་ན་སྒྲ་ཕབ་དང་བརྙན་ཕབ་སོགས་ཐབས་ཤེས་སྣ་ཚོགས་ལ་བརྟེན་ནས་ཡིད་ལ་འཛིན་ཅི་ཐུབ་བྱེད་ཀྱི་ཡོད་པ་རེད། ངེད་ཅག་དང་མཉམ་དུ་ལས་དོན་སྒྲུབ་མཁན་གྱི་གླུ་པ་རྣམས་ནི་ནམ་ཡང་ཁོ་རང་ཚོས་མི་གང་དང་ཡུལ་དུས་ཅི་འདྲ་ཞིག་ལ། འབད་པ་ཇི་ལྟ་བུ་ཞིག་ལ་བརྟེན་ནས་བཤད་པའི་གླུ་ཚིག་དང་གྱེར་སྟངས་ལ་སྦྱོང་ལུགས་སོགས་ནི་མི་རབས་ཕྱི་མ་རྣམས་ཀྱིས་ཀྱང་དེ་བཞིན་དུ་སློབ་དགོས་པ་རྒྱུ་མཚན་དུ་བྱས་ནས། སེར་སྣ་སྤུ་ཙམ་ཡང་མེད་པའི་སྒོ་ནས་རང་གི་ཉམས་མྱོང་དང་གྱེར་རྩལ་ནི་གཞན་ལ་སྦྲ་གསང་མེད་པར་ཁྲིད་པར་སྤྲོ་མོད། ཉེ་བའི་མི་ལོ་ཁ་ཤས་ནས་བཟུང་། བཤད་པའི་གྱེར་ལེན་གྱི་རྒྱུན་འཛིན་ལ་འཕོ་འགྱུར་ཆེན་པོ་ཞིག་བྱུང་དང་འབྱུང་བཞིན་པ་ནི་སྤྱི་ལོ་༢༠༡༨ནས་བཟུང་། ཀན་ལྷོ་བོད་རིགས་རང་སྐྱོང་ཁུལ་ནས་མངོན་མིན་ཤུལ་བཞག་རིག་གནས་(Intangible Cultural Heritage非物质文化遗产)ཀྱི་སྲིད་ཇུས་ཡོངས་སུ་སྤེལ་སྟབས། བཤད་པ་གྱེར་ལེན་དང་རྒྱུན་འཛིན་གྱི་བདག་དབང་ནི་རིམ་གྱིས་སྒེར་འཛིན་ཅན་དུ་འགྱུར་བཞིན་པ་དང་། གྱེར་ལུགས་ཀྱང་འཁྲབ་སྟོན་རང་བཞིན་གྱི་གཏན་ཆགས་ཅན་དུ་གཏོང་གི་ཡོད་ཕྱིར།[43] བཤད་པ་གྱེར་ཡུལ་གྱི་བཀོད་པ་དང་། གྱེར་མཁན་ཚད་ལྡན་ཞིག་ལ་འཛེམས་དགོས་པའི་ཆ་རྐྱེན་དང་ཚད་གཞི་ལ་ཡང་འཕོ་འགྱུར་ཆེན་པོ་འགྲོ་བཞིན་ཡོད་པ་རེད། ངེད་ཅག་གིས་ཀྱང་བཤད་པ་གྱེར་ལེན་གྱི་འདས་མ་ད་གསུམ་གྱི་གནས་སྟངས་འདི་དག་བརྒྱུད་ནས། བཤད་པ་ཞེས་པའི་གྱེར་ལེན་ལ་བརྟེན་པའི་སྲོལ་རྒྱུན་གྱི་ངག་རྒྱུན་རིག་གནས་འདིའི་རང་བཞིན་ལ་བསམ་གཞིགས་ཡང་ཡང་མི་བྱེད་ཀ་མེད་དུ་གྱུར་སོང་།

མངོན་མིན་ཤུལ་བཞག་རིག་གནས་དང་བཤད་པའི་གྱེར་ལེན།

བཤད་པ་ནི་ཀན་ལྷོ་བོད་རིགས་རང་སྐྱོང་ཁུལ་གྱི་མངོན་མིན་ཤུལ་བཞག་རིག་གནས་ཀྱི་ལས་གཞིའི་གྲས་སུ་ཚུད་རྗེས། ཙོ་ནེ་རྫོང་གིས་བཤད་པའི་གླུ་པ་གསོ་སྐྱོང་དང་གླུ་ཚིག་བསྡུ་སྒྲིག་གི་ལས་གཞི་ལྟ་བུའི་སྲིད་ཇུས་སྣ་ཚོགས་ཤིག་སྤེལ་བ་ལ་བརྟེན་ནས། ངག་རྒྱུན་རྩོམ་རིག་འདི་ཉིད་འཛིན་སྐྱོང་སྤེལ་གསུམ་བྱེད་པའི་ཐབས་ལམ་སྣ་ཚོགས་ཤིག་ལག་བསྟར་བྱས།[44] དེ་ལྟར་བཤད་པ་གྱེར་མཁན་གྱི་གླུ་པ་རྣམས་མངོན་མིན་ཤུལ་བཞག་རིག་གནས་ཀྱི་རྒྱུན་འཛིན་མི་སྣ་རུ་ངོས་འཛིན་བྱས་པ་དང་། བཤད་པའི་ཡིག་ཆ་བསྡུ་སྒྲིག་དང་། བཤད་པ་གྱེར་ལེན་གྱི་རུ་ཁག་གསར་འཛུགས་བྱས་ཏེ། རིམ་གྱིས་ཙོ་ནེ་རྫོང་ཁོངས་ཙམ་དུ་མ་ཟད། ས་གནས་གཞན་དུའང་འཁྲབ་སྟོན་བྱེད་པར་འགྲོ་བཞིན་ཡོད་པ་རེད། དེ་ལ་བརྟེན་ནས་མང་ཚོགས་ཀྱིས་ཀྱང་མངོན་མིན་ཤུལ་བཞག་རིག་གནས་ཞེས་པའི་ཁ་གཡང་འོག་བཤད་པའི་ངག་རྒྱུན་གྱི་སྒོར་ལ་དོ་སྣང་ཇེ་ཆེར་ཕྱིན་ཏེ། སྲིད་ཇུས་འདི་དག་གི་རྐྱེན་གྱིས་བཤད་པའི་འཁྲབ་སྟོན་གྱི་རྣམ་པ་གསར་པ་ཞིག་ཀྱང་བྱུང་དང་འབྱུང་བཞིན་ཡོད།

འཁྲབ་སྟོན་གྱི་རྣམ་པར་གྱུར་པའི་བཤད་པའི་གྱེར་ལུགས་ནི། ཡུལ་དུས་དང་ལྟད་མོ་པ་རྣམས་ལ་དམིགས་དགོས་ཕྱིར་སྲོལ་རྒྱུན་གྱི་ལུགས་དང་ཁྱད་པར་ཤིན་ཏུ་ཆེ། དཔེར་ན་དེང་གི་འཁྲབ་སྟོན་ཁང་གི་འཁྲབ་སྟེགས་སུ་ཙོ་ནེའི་ཡུལ་གྱི་སྲོལ་རྒྱུན་གྱི་ཚོམས་ཆེན་དང་ཚ་ཐབ་ཀྱི་རྣམ་པ་ཅི་རིགས་སུ་བཀོད་ཡོད་པ་དང་། གྱེར་མཁན་

རྣམས་ཀྱིས་ཀྱང་ཕྱུག་ཏུ་ཕྱེ་མར་དང་མདའ་དར་བཟུང་སྟེ། ཅོག་ཙེའི་མཐའ་བཞི་རུ་བསྐོར་ནས་བཤད་པའི་ཚན་པ་རྣམས་རིམ་གྱིས་གྱེར་བ་དང་། དེང་སྐབས་ཙོ་ནེ་རྫོང་གི་རིག་རྩལ་ཀློས་གར་ལས་ཁུངས་ཀྱི་རྒྱབ་སྐྱོར་ལ་བརྟེན་ནས། ཡུལ་དེ་ཡི་ཨ་ཀྱ་ཞེས་པའི་སྒྲོལ་རྒྱུན་གྱི་བྲོ་གར་ཞིག་དང་མཉམ་དུ་འབྲེལ་བའི་འཁྲབ་སྟོན་བྱེད་སྟངས་ཤིག་ཀྱང་དར་ཡོད་དེ། སྐྱེས་པ་རྣམས་ཀྱིས་བཤད་པ་དང་ཨ་ཀྱའི་གླུ་ཚིག་རྣམས་དག་ལ་གྱེར་ཞིང་། སྐྱེས་སྨན་སྐོར་གཉིས་ཀྱིས་མཛེས་བཟང་གི་རྒྱན་གོས་ལུས་ལ་བཀླུབས་ཏེ་སྒྲོལ་རྒྱུན་གྱི་ཨ་ཀྱ་འཁྲབ་སྟོན་བྱེད་པ་དང་།<དཔེ་རིས། ༩> གསར་དར་གྱི་འཁྲབ་སྟོན་བྱེད་ལུགས་འདི་དག་དྲ་རྒྱའི་ཐོག་ཏུ་ཁྱབ་སྤེལ་དང་བརྒྱུད་བསྒྱུར་ཤུགས་ཆེན་བྱས་པའི་རྐྱེན་གྱིས་མང་ཚོགས་དང་ལྟད་མོ་པའི་དགའ་བསུ་ཡང་ཆེན་པོ་ཐོབ་བཞིན་ཡོད།

མངོན་མིན་ཤུལ་བཞག་རིག་གནས་ཀྱི་སྲིད་ཇུས་ཀྱི་རྐྱེན་པས། ཕྱོགས་གཅིག་ནས་ངག་རྒྱུན་གྱི་རྩོམ་རིག་འདི་ཉིད་ལ་ཐུར་བྱུང་མ་སྐྱོང་བའི་མཐོང་ཆེན་མཛད་ཕྱིར། སྲིད་ཇུས་ཀྱི་ངོས་ནས་ཐོབ་ཐང་ངེས་ཅན་ཞིག་རྙེད་པ་ལ་བརྟེན་ནས། དེ་ནི་ཙོ་ནེ་པ་རྣམས་ཀྱིས་རིག་གནས་ཀྱི་ངོས་ནས་སོ་སོའི་ངོ་བོ་དང་ཐོབ་ཐང་ངོས་འཛིན་བྱེད་པའི་དཔེ་རྟགས་གཙོ་བོ་ཞིག་ཏུ་གྱུར་ཡོད། ཡང་ཕྱོགས་གཞན་ཞིག་ནས། བཤད་པའི་ངག་རྒྱུན་ནི་སྲིད་ཇུས་ཀྱི་ངོས་ནས་བྱེ་བྲག་གི་རིག་གནས་ཐོན་ཁུངས་ཤིག་ཏུ་བསྒྱུར་ཡོད་ཕྱིར། ད་ལྟའི་ཁྲོམ་རའི་དགོས་མཁོ་དང་བསྟུན་ནས། ཡུལ་ལུང་གི་ཚོང་གཉེར་བ་རྣམས་ཀྱིས་བཤད་པ་དང་ཨ་ཀྱ་ཞེས་པའི་མིང་ཐོག་ནས་ཁེ་ལས་དང་ལས་གཉེར་ཁང་མང་དུ་བཙུགས་པ་དང་། ལྷག་པར་དུ་ཡུལ་ཚོ་རེ་རེ་ཡི་ནང་ནས་བཤད་པའི་གླུ་པ་ཁ་ཤས་ཤིག་མ་གཏོགས་སྲིད་གཞུང་གིས་ངོས་འཛིན་ཡོད་པའི་མངོན་མིན་ཤུལ་བཞག་རིག་གནས་ཀྱི་རྒྱུན་འཛིན་མི་སྣའི་གྲལ་དུ་ཚུད་ཐབས་བྲལ་བས། གླུ་པ་མང་པོ་ཞིག་ལ་སྤྱི་ཚོགས་ཀྱི་གོ་གནས་དང་གླ་ཡོགས་ཀྱི་ཐོབ་ཐང་རག་ཐབས་མེད་ཕྱིར། ཡུལ་སྡེ་ཚོ་པ་དང་བཤད་པའི་གླུ་པ་ནང་ཁྲོལ་དུ་ཐུར་མེད་པའི་གྱོད་གཞི་མང་པོ་ཞིག་བྱུང་དང་འབྱུང་བཞིན་པའི་གནས་ཚོད་གཅིག་ཏུ་བསླེབས་ཡོད། ཡང་རིག་གནས་བདག་དབང་གི་ངོས་ནས་བརྗོད་ན། བཤད་པའི་ངག་རྒྱུན་གྱི་བདག་དབང་ནི་མི་སྒེར་དང་བྱེ་བྲག་གི་ཡུལ་སྡེ་དང་ཁེ་ལས་ཁག་གི་དབང་འོག་ཏུ་ཤོར་ཕྱིར། མི་རབས་ནས་མི་རབས་བར་དུ་བརྒྱུད་ནས་ཡོང་བའི་རྒྱ་ཆེའི་མི་མང་རྣམས་ཀྱིས་གྱེར་བའི་སྒྲོལ་རྒྱུན་གྱི་བཤད་པའི་གྱེར་ལེན་ནི་རིམ་གྱིས་ཉམས་དམས་སུ་འགྲོ་བཞིན་པའོ།།

དེའང་མངོན་མིན་ཤུལ་བཞག་རིག་གནས་ཀྱི་གྲས་སུ་ཚུད་ཡོད་པའི་སོག་པོའི་སྒྲུང་རིང་ཐུ་རི་དང་། བོད་ཀྱི་གེ་སར་སྒྲུང་ལྟ་བུའི་ངག་རྒྱུན་རྩོམ་རིག་གི་རིགས་གཞན་རྣམས་ཀྱི་ལས་དབང་དང་འདྲ་བར།[45] བཤད་པའི་ངག་རྒྱུན་འདི་ཉིད་ལ་སྲུང་སྐྱོབ་དང་སླར་གསོ་བྱེད་འདོད་པའི་ཀུན་སློང་དང་། དངོས་སུ་ལག་བསྟར་བྱེད་ཐབས་ཀྱི་བར་ན་ནམ་ཡང་གཉིས་འགལ་ལྟ་བུར་གྱུར་བའི་རྩ་བའི་གནད་འགག་ཀྱང་། ངག་རྒྱུན་རྩོམ་རིག་གི་རང་བཞིན་ངོས་ནས་བརྗོད་ན། དེའི་གསོན་ཉམས་ནི་ནམ་ཡང་ཡུལ་དུས་ཀྱི་དབང་དུ་ཤོར་བའི་འཕོ་འགྱུར་ལ་བརྟེན་ནས་གནས་ཤིང་འཚོ་དགོས་པ་ཞིག་ཡིན་པ་དང་། ཡིན་ནའང་། མངོན་མིན་ཤུལ་བཞག་གི་མིང་འོག་ཏུ་བཙུག་པ་ནས་བཟུང་། ངེས་པར་དུ་གཏན་འཇགས་དང་ཚད་གཞི་གཅིག་གྱུར་ཅན་ཞིག་ཏུ་གཏོང་དགོས་ཕྱིར། དེ་གཉིས་ཀྱི་ནང་འགལ་ནི་ནམ་ཡང་སེལ་ཐབས་མེད་པར་གྱུར་ཡོད།[46] དེའི་ཕྱིར་བཤད་པ་ལྟ་བུའི་ངག་རྒྱུན་གྱི་རྩོམ་རིག་ནི་ནམ་ཡང་འཕོ་འགྱུར་རང་བཞིན་གྱི་དབང་དུ་གནས་ཡོད་སྟབས། བཤད་པའི་ངག་རྒྱུན་གྱི་པར་གཞི་དང་། གྱེར་ལུགས། འགྲེལ་བཤད་བྱེད་ལུགས་ལ་སོགས་པ་ནི་ནམ་ཡང་སྣ་མང་རང་བཞིན་གྱི་རྣམ་པ་ཞིག་ཏུ་མཉམ་གནས་ཐུབ་རྒྱུ་ནི་ཤིན་ཏུ་གལ་ཆེན་པོ་ཡིན། སྒྲིག་དེབ་འདིའི་ནང་དུ་བརྗོད་ཡོད་པ་ལྟར། བཤད་པའི་བརྗོད་བྱའི་ནང་དོན་གྱི་ངོས་

ནས་བསམ་ན། དུས་རྣམ་ཀུན་ཏུ་བརྗོད་བྱ་གསར་པ་ཅི་རིགས་ཤིག་འབྱུང་སྲིད་ཅིང་། དེ་བཞིན་དུ་ཚིག་རྙིང་པ་ལ་དོན་གསར་པ་ཡང་འབྱུང་སྲིད་པས། དེ་ལ་བཅོས་བསྒྱུར་བཅད་གསུམ་ཅི་འདྲ་ཞིག་མཛད་རུང་། དག་རྒྱུན་ཉིད་ནི་ནམ་ཡང་ཡུལ་དུས་ཀྱི་དབང་ལྟར་འཕོ་འགྱུར་རང་བཞིན་དུ་གནས་ཤིང་འཚོ་བའི་ཆོས་ཉིད་ལས་མ་འདས་སོ།།

གོང་དུ་བརྗོད་པ་ལྟར། བཤད་པའི་སྒྱུར་ལུགས་ནི་ཡུལ་དུས་དང་། ལྟད་མོ་བ། དམིགས་ཡུལ་ཐ་དད་པ་ལ་བསྟུན་ཕྱིར། སྒྱུར་ལེན་གྱི་རྣམ་པ་ཡང་སྣ་ཚོགས་ཤིག་ཡོད་ངེས་རེད། ལྟད་མོ་བ་རྣམས་ཀྱིས་ཀྱང་། རིག་གནས་ཀྱི་རྒྱབ་ལྗོངས་དང་དམིགས་པ་ཐ་དད་པའི་དབང་གིས། བཤད་པའི་སྒྱུར་ལེན་གྱི་རྣམ་པ་དང་ནང་དོན་ལ་ཤུགས་རྐྱེན་སྣ་ཚོགས་ཤིག་ཐེབས་བཞིན་ཡོད། དེའི་སྐབས་ཀྱིས། མང་ཚོགས་ལ་མཚོན་ན་བཤད་པ་ནི་ཅི་ཞིག་ཡིན་པ་དང་། བཤད་པ་ཡིས་ཅི་ཞིག་བྱེད་ཐུབ་ཅེས་པའི་དྲི་བ་བཏང་ཆེ། ནམ་ཡིན་རུང་དྲིས་ལན་ཅི་རིགས་ཤིག་ཡོད་ངེས་པ་རེད། ཉེ་བའི་ལོ་འགའི་རིང་ལ། ཡིག་ཐོག་ཙམ་དུ་མ་ཟད། ཚན་རྩལ་ལ་བརྟེན་པའི་དྲ་ལམ་དང་འཕྲིན་སྦྱོར་ནས་བཤད་པ་སྒྱུར་ལེན་བྱེད་པར་མངོན་འགྱུར་བྱུང་བར་བརྟེན། སྒྱུར་ལེན་གྱི་ནང་དོན་དང་རྣམ་པའི་ངོས་ནས་སྲོལ་རྒྱུན་གྱི་སྒྱུར་ལེན་བྱེད་ལུགས་དང་རིང་ནས་རིང་དུ་བཀྱེད་ཅིང་། གསར་དར་གྱི་ཚན་རྩལ་ལ་བརྟེན་ནས།[47] ད་དངོས་ཀྱི་བཤད་པ་སྒྱུར་ལེན་གྱི་སྒྲ་དང་བརྙན་གྱི་རིགས་ནི་མང་ནས་མང་དུ་འཕེལ་བ་དང་། མང་ཚོགས་ཀྱི་རྒྱུས་ལོན་ཡང་ཁྱབ་ཆེ་རུ་ཕྱིན་ཕྱིར། བཤད་པ་ཞེས་པར་གོ་བ་ལེན་སྟངས་དང་ཉམས་སུ་རོལ་སྟངས་ལ་འཕོ་འགྱུར་བྱུང་དང་འབྱུང་བཞིན་པའོ།། ཆེད་དེབ་འདིར། ཁོ་བོ་རྣམས་ཀྱིས་བཤད་པ་སྒྱུར་ལེན་གྱི་རྣམ་པ་གསར་པ་དེ་དག་ལ་དང་ལེན་བྱེད་བཞིན་ཡོད་པར་མ་ཟད། སྒྱུར་མཁན་གླུ་པ་དང་འབྲེལ་ཡོད་རིག་གནས་པ་རྣམས་ཀྱིས་བཤད་པའི་དག་རྒྱུན་གྱི་འཛིན་སྐྱོང་སྤེལ་གསུམ་ལ་བཞག་པའི་ཕྱག་རྗེས་ལ་ཡང་ཤིན་ཏུ་ཡི་རང་བྱེད་བཞིན་ཡོད། འདིར་གླེག་པ་པོ་རྣམས་ཀྱིས་ཆེད་དུ་ཐུགས་སྣང་འཇོག་དགོས་པ་ཞིག་ལ། བཤད་པ་སྒྱུར་ལེན་གྱི་རིགས་དང་རྣམ་པ་མཐའ་དག་ནི་ནམ་ཡང་འཕོ་འགྱུར་རང་བཞིན་དུ་གནས་ཡོད་ཕྱིར། སྒྲིག་དེབ་འདིར་བསྡུས་པའི་བཤད་པའི་སྐོར་གྱི་ཡིག་ཆ་དང་སྒྲ་དང་བརྙན་གྱི་རིགས་མཐའ་དག་ཀྱང་། དག་རྒྱུན་གྱི་རྩོམ་རིག་འདིའི་ལོ་རྒྱུས་ཀྱི་བརྒྱུད་རིམ་སྐད་ཅིག་ཉིད་ཀྱི་རྣམ་པ་མངོན་པའི་ཟུར་ཙམ་ལས། ཆ་ཚང་གྲ་རྒྱས་ཤིང་། ཚད་དང་ལྡན་པ་དང་། འགྱུར་བ་མེད་པ་ལྟ་བུ་ཞིག་གཏན་ནས་ཡིན་མི་སྲིད་དོ།།[48]

དག་རྒྱུན་རྩོམ་རིག་གི་ཚེ་སྲོག་ནི་དེ་ཡི་འཕོ་འགྱུར་རང་བཞིན་ལ་བརྟེན་ནས་གནས་ཤིང་འཚོ་ཕྱིར། དེ་ནི་ཡུལ་གྱི་མང་ཚོགས་བར་གྱི་མཉམ་འབྲེལ་མཉམ་སྤྱོད་ལ་བརྟེན་ནས་འཛིན་སྐྱོང་སྤེལ་གསུམ་བྱེད་དགོས་པ་ཞིག་རེད། འདིར་བཤད་པའི་སྣ་མང་རང་བཞིན་དང་འཕོ་འགྱུར་རང་བཞིན་ཞེས་ཡང་ཡང་གླེང་དོན་ཡང་། ང་ཚོས་སྣ་མང་དང་འཕོ་འགྱུར་ཞེས་པའི་ཐ་སྙད་དེའི་ཤུགས་སུ་གབ་པའི་རྒྱུ་རྐྱེན་རྣམས་མངོན་དུ་ཕྱུང་ནས། བཤད་པའི་བྱུང་རབས་དང་རིག་གནས་ངོས་ཀྱི་མཚོན་བྱེད་སྙིང་པོ་ཡི་སྐོར་ལ་དོ་སྣང་བྱེད་དགོས་ཏེ། མཚོན་བྱེད་སྙིང་པོ་དེ་ཡིས། གཅིག་ནས་ཐུན་མོང་གི་ཐོབ་ཐང་མཚོན་པའི་ལྟ་བ་ཞིག་སྲུང་སྐྱོང་ཐུབ་པ་དང་། གཉིས་ནས་སྤྱི་ཚོགས་ཀྱི་རིག་གནས་དང་དཔལ་འབྱོར་གྱི་སྒྲིག་གཞི་ལ་འཕོ་འགྱུར་ཆེན་པོ་བྱུང་བའི་དུས་སུ་ཡང་ཡུལ་སྡེ་རྣམས་སྔར་བཞིན་འཚོ་ནུས་ཤིང་ཡུན་གྱིས་གནས་ཐུབ་པར་རིན་ཐང་ཆེན་པོ་དང་ལྡན། དེའི་སྐབས་ཀྱིས། ཅོ་ནེ་པ་རྣམས་ལ་མཚོན་ན་བཤད་པའི་རིན་ཐང་ནི་མངོན་མིན་ཤུལ་བཞག་རིག་གནས་ཀྱི་གྲས་སུ་ཚུད་མིན་དང་། གྲོང་ཁྱེར་ཆེན་པོའི་གར་སྟེགས་ཀྱི་སྟེང་དུ་བསླེབ་མིན་ཙམ་མ་ཡིན་པར། དེ་ནི་ཡིད་ཀྱི་བརྩེ་འདུང་བཅོལ་བའི་རྟེན་གཞི་ཞིག་ཏུ་གྱུར་ཡོད། བཤད་པ་ལས་མངོན་པའི་རིག་གནས་ཀྱི་མཚོན་བྱེད་སྙིང་པོ་ཡང་ཡུལ་ལུང་དེའི་ཡུལ་མི་རྣམས་ཀྱི་མི་ཚེའི་འཚོ་བའི་ཁྲོད་དུ་ཡོངས་སུ་ཐིམས་ནས། མི་ཚེའི་འཚོ་བའི་ཉམས་མྱོང་དངོས་དང་བརྒྱུད་དེ་རྒྱུན་འཛིན་བྱེད་

བཞིན་ཡོད་པ་དང་། དེ་ལྟར་ན། སྔོན་གྱི་སྨྲ་པ་དང་རིག་གནས་པ་རྣམས་ཀྱི་ཤུལ་བཞག་གི་མཐུན་རྐྱེན་ལ་བརྟེན་ནས་བསྒྲིགས་པའི་ཆེད་དེབ་འདི་ནི། བཤད་པའི་དག་རྒྱུན་གྱི་འཛིན་སྐྱོང་སྤེལ་གསུམ་ལ་མེ་ཏོག་ཆུང་ཡང་མཚོན་འབུལ་གྱི་ཚུལ་ཙམ་དུ་གྱུར་ཡོད། ཡང་སྒོས་སུ་བཤད་པའི་བརྗོད་བྱའི་ནང་དོན་དང་སྦྱོར་ལེན་བྱེད་ལུགས་ཀྱི་སྣ་མང་རང་བཞིན་ནི་ཆེས་ཡི་རང་བྱེད་འོས་པའི་གནད་ཅིག་ཡིན་སྟབས། བཤད་པའི་སྦྱོར་ལེན་གྱི་སྐོར་ལ་ཐུགས་སེམས་དང་དོ་སྣང་ཡོད་མཁན་ཀུན་གྱིས་དག་རྒྱུན་འདི་ཉིད་མུ་མཐུད་དུ་མ་ཉམས་གོང་འཕེལ་དུ་འགྲོ་བའི་ཆེད། དེའི་སྣ་མང་རང་བཞིན་དང་འཕོ་འགྱུར་རང་བཞིན་ལ་ཕྱོགས་ཀུན་ནས་དང་ལེན་བྱེད་འོས་ཤིང་། ངེས་གཏན་རང་བཞིན་གྱི་ཚད་གཞི་དང་རྣམ་པ་གཅིག་ཏུ་ནམ་ཡང་གཏོང་མི་རིགས་སོ།།

ཅོ་ནེའི་ཡུལ་གྱི་གཉེན་སྲོལ་དང་འབྲེལ་བའི་བཤད་པའི་སྦྱོར་ལེན།

འདས་པའི་མི་ལོ་བཅུ་ཕྲག་དུ་མའི་རིང་ལ། ཅོ་ནེ་པ་རྣམས་ཀྱི་གཉེན་སྟོན་གྱི་བརྗངས་མ་དང་། བག་སྐྱལ། གཉེན་སྟོན་བྱ་ཡུལ་སོགས་ཀྱི་སྐོར་ལ་འཕོ་འགྱུར་ཆེན་པོ་བྱུང་ཡོད། ཡིན་ནའང་། གཉེན་སྲོལ་ལས་འགྱུར་བ་ཕལ་ཆེར་བྱུང་མེད་པ་ནི་གནད་གཉིས་ཙམ་སྟེ། གཅིག་ནི་སྲོལ་རྒྱུན་གྱི་བཀོད་སྒྲིག་དང་། དེང་གི་རང་དབང་གཉེན་སྒྲིག་གང་རུང་གི་སྐབས་ལ་གཉའ་བོ་བར་པ་ནི་མེད་དུ་མི་རུང་བ་ཞིག་རེད། རྒྱུན་ལྡན་ལྟར་ན་བར་པ་ནི་མག་པ་དང་བག་མའི་ཕ་མ་དང་མི་རབས་གཅིག་པ་ཞིག་ཡིན་དགོས་ཤིང་། ཕྱོགས་གཉིས་ཀའི་ཁྱིམ་ཚང་གིས་སོ་སོའི་གཉེན་འབྲེལ་གྱི་ངོ་བོའི་ངོས་ནས་ཞང་པོ་བར་པའམ། ཡང་ན་ཚ་བོ་བར་པ་ཞེས་འབོད་སྲོལ་ཡོད། བར་པ་ནི་ཕྱོགས་གཉིས་ཀའི་ཁྱིམ་ཚང་ལ་གསལ་ཆ་ལྡན་པ་ཞིག་དང་། འགན་ལེན་ཡང་ངེས་ཅན་ཞིག་བྱེད་དགོས། ལྷག་པར་དུ་ཕྱོགས་གཉིས་ཀའི་རུས་རྒྱུད་གཙང་མ་ཡིན་མིན་གྱི་ཐད་ལ་རྒྱུས་ལོན་གསལ་པོ་ཞིག་ཡོད་དགོས་པ་ཡིན། རུས་པའམ་རུས་རྒྱུད་གཙང་མའི་ལྟ་བ་ནི་ཅོ་ནེ་པའི་གཉེན་སྲོལ་དུ་འགྱུར་མེད་པའི་གནད་གཉིས་པ་དེ་ཡིན་ཏེ། ལྟ་བ་དེ་ནི་ཅོ་ནེ་པ་རྣམས་ལ་མཚོན་ན་ཤིན་ཏུ་གལ་ཆེ་བ་ཞིག་ཡིན་ཞིང་། རྒྱུན་ལྡན་དུ་མཛེ་བོའི་རྒྱུད་པ་དང་། མིག་སྲུ་ཟད་མཁན། ལུས་དྲི་ཅན་རྣམས་ནི་མི་གཙང་བར་བརྩི་ཞིང་། ཡུལ་ལུང་གི་བཤད་རྒྱུན་ལ། གལ་ཏེ་ལུས་དྲི་ནི་མ་ཡུམ་ནས་བརྒྱུད་ཅེ། དེ་ནི་ཤ་དྲི་ཡིན་ཏེ་མི་རབས་གཉིས་ནས་ཆད་འགྲོ་བ་དང་། ཕ་ཡབ་ནས་བརྒྱུད་ཅེ། དེ་ནི་རུས་པ་ནས་མཆེད་པ་ཡིན་ཕྱིར་ནམ་ཡང་ཆད་ཐབས་མེད་པར་བཤད། སྲོལ་རྒྱུན་གྱི་གཉེན་སྲོལ་དུ་མི་རྣམས་ཀྱིས་རུས་རྒྱུད་གཙང་མ་ཞིག་ལ་རེ་ལྟོས་ཡོད་པ་ལྟར། དེང་གི་དུས་ལ་གཉེན་སྒྲིག་རང་མོས་རང་དབང་ཡིན་རུང་། ཕྱོགས་གཉིས་ཀས་རུས་རྒྱུད་ཀྱི་སྐོར་ལ་ཡང་ཡང་རྩད་ཞིབ་བྱེད་བཞིན་ཡོད་ཕྱིར། རྒྱུན་ལྡན་དུ་ལུས་དྲི་ཅན་དང་གཉེན་སྒྲིག་བྱེད་པ་ནི་ཤིན་ཏུ་འཛེམ་དགོས་པའི་གནད་གཅིག་ཏུ་བརྩི།

བྱེ་བྲག་གི་ཡུལ་ཚོ་དང་སྡེ་བ་རེ་རེ་ཡི་ལུགས་སྲོལ་ཐ་དད་ཡིན་རུང་། གཉེན་ཐོག་མར་འདེབས་དུས། ཁ་བཏགས་འདེབས་ཞེས་མག་པའི་ཁྱིམ་ཚང་གི་གཉའ་བོ་བར་པ་དང་ཤ་ཉེ་གཉིས་ཀྱིས། ཁ་བཏགས་དང་། ཆང་། བག་ལེབ་རྣམས་འཁྱེར་ནས་བག་མ་ཚང་ལ་མནའ་མ་སློང་བར་འགྲོ་དུས་ལུགས་ལྟར་ཁ་བཏགས་འདེབས་དགོས་པ་དང་། གལ་ཏེ་ཁ་བཏགས་དང་ལེན་བྱས་ཚེ། ཐེངས་གཉིས་པར་རྒྱུས་ཆང་ཞེས། རྒྱུན་ལྡན་དུ་ཟླ་གཉིས་པའམ། བརྒྱད་པ། ཡང་ན་དགུ་པའི་ནང་དུ་འཁྱེར་དགོས་ཤིང་། དེ་ནི་ཁྱིམ་ཚང་གཉིས་ཀྱི་བར་དུ་ཕན་ཚུན་རྒྱུས་ལོན་པའི་ཆེད་དུ་ཡིན། དེ་ནས་མཐའ་མར། ཆང་ཆེ་འཐུར་དགོས་པ་ལས། མག་པའི་ཨ་ཕ་དང་གཉའ་བོ་བར་པ། ཤ་

ཉེ་སོགས་བག་མ་ཚང་དུ་གཉེན་སྒྲིག་གི་སྐབས་སུ་བརྫངས་མ་དང་། བག་མའི་གོས་ཆས། རྒྱན་ཆ། སྐྱེལ་མ་བྱེད་མཁན་གྱི་ཞང་པོའི་གྲངས་ཀ་དང་ཞང་པོ་རྣམས་ཀྱི་ལག་རྟགས་སོགས་ཀྱི་སྐོར་ལ་གྲོས་གཞི་འདོན་དགོས། ཡང་སྐབས་འགར། གཉེན་སྟོན་གྱི་ཟླ་རོལ་དུ་གོང་གསལ་གྱི་གྲོས་དོན་ཁག་ལ་འགྱུར་བ་བྱུང་བ་དང་། ཡང་ན་མག་པའི་ཁྱིམ་ཚང་གིས་བག་མའི་ཁྱིམ་གྱི་རེ་འདུན་ལུགས་བཞིན་དུ་སྒྲོང་དཀའ་ཆེ། བར་པ་སོང་ནས་བག་མའི་ཁྱིམ་ཚང་ལ་གྲོས་བྱེད་ཅིང་འགྱུར་བ་ཅི་ཞིག་ཡོད་མེད་སོགས་ནི་ཇི་བཞིན་དུ་ཞུ་དགོས།

སྤྱིར་བཏང་གཉེན་སྟོན་ནི་སོ་ནམ་གྱི་ལས་བྱེལ་ཆེན་པོ་མེད་པའི་དགུན་དུས་དང་ལོ་སར་གྱི་སྔོན་དུ་སྤེལ་ཞིང་། ཉིན་དེའི་ཞོགས་པར། མག་པ་དང་། བར་པ། མག་རོགས། ཟླུར་ལས་བཅས་བག་མ་བསུ་བར་འགྲོ་དགོས། མག་རོགས་ནི་གཉེན་སྒྲིག་བྱས་ཡོད་ཅིང་། བཟང་སྤྱོད་དང་ལྡན་པ་དང་། བག་མའི་ཕྱོགས་ཀྱི་གླུ་པ་རྣམས་ཀྱིས་འགྲན་བསྡུགས་ན་ཁ་གཅོད་ཐུབ་པའི་བཤད་པ་གྱེར་ལེན་ལ་མཁས་པ་ཞིག་ཡིན་དགོས་པ་དང་། གཞན་ཡང་མག་རོགས་ཀྱིས་བག་མའི་ཡབ་ཡུམ་གྱི་མདུན་ནས་མདའ་ཞིག་ཞུ་དགོས་ཤིང་། ཟླུར་ལས་རྣམས་ཀྱིས་བག་མ་ཚང་ལ་སྐྱེས་དང་རྫས་རྣམས་འཁྱེར་དགོས། བག་མའི་སྡེ་བར་བསླེབས་ཙ་ན། མག་པའི་ཕྱོགས་རྣམས་ལ་ཆེད་དུ་བཟོས་པའི་རྩེད་འཛེ་རང་བཞིན་གྱི་དཀའ་ངལ་མང་པོ་དང་འཕྲད་ཀྱི་ཡོད། བྱིས་པ་རྣམས་དང་སྐྱེས་སྨན་ཆུང་པ་རྣམས་ཀྱིས་སྡེ་བའི་སྒོར་དང་། གྲོང་ལམ་དང་། བག་མ་ཚང་གི་སྒོ་ཁ་ནས་འཛའ་ཤིང་རིང་མོ་ཞིག་གིས་ལམ་བཀག་སྟེ། སྐྱེས་སྨན་ཆུང་པ་དེ་དག་གིས་བག་གླུ་དང་ཆུ་གླུ་ལྟ་བུ་བླངས་ནས། མག་པའི་ཕྱོགས་ལ་ཐྲེ་བ་གཏོང་ཞིང་། གལ་ཏེ་མག་པའི་ཕྱོགས་ནས་ཐྲིས་ལན་དང་སྐྱེས་ལེགས་པར་འབུལ་མ་ཐུབ་ཚེ། བག་མའི་ལས་རོགས་རྣམས་ཀྱིས་ཆུ་གཏོར་སྲོལ་ཡོད་པས། ཟླུར་ལས་རྣམས་ཀྱིས་མག་པའི་ཆེད་དུ་འགོག་དགོས་པ་ཡིན། དཀའ་ངལ་དེ་དག་རེ་རེ་བཞིན་དུ་བསལ་རྗེས། མག་པ་དང་ལས་རོགས་རྣམས་ད་གཟོད་བག་མའི་ཁྱིམ་དུ་སླེབས་པ་དང་། བག་མའི་ཁང་སྒོ་མ་ཕྱེ་བར་དུ། བག་མའི་སྲིང་མོ་དང་གྲོགས་མོ་རྣམས་ཀྱིས་རྩེད་འཛེ་སྣ་ཚོགས་ཀྱི་ལམ་ནས་སྐྱེས་དང་ལག་རྟགས་སློང་སྲོལ་ཡོད་པ་རེད།

མག་པ་བག་མ་དང་ཐུག་རྗེས་གཉིས་ཀ་ཚོམས་ཆེན་དུ་ཕྱིན་ནས། ཚ་ཐབ་སྟེང་དུ་བཞུགས་པའི་དགེ་འདུན་དང་ཨ་མྱེས་ལེའུ་དང་། སྐུ་ན་བགྲེས་པོ་རྣམས་དང་མཇལ་དགོས་ཤིང་། དེའི་ཉིན་མོར་མག་པ་ནི་བག་མའི་ཁྱིམ་དུ་གདན་ལ་སྡོད་པ་དང་། ཞལ་ཟས་གསོལ་བ་དང་གཏམ་སྨྲ་བའི་སྲོལ་མེད། དེའང་གཉེན་སྟོན་གྱི་ཆེས་གལ་ཆེ་བའི་རིམ་པ་ཞིག་ནི། བག་མ་ཁྲིད་ནས་འགྲོ་ཁར་བག་མའི་ཡབ་ཡུམ་གྱི་མདུན་ནས་མདའ་ཞིག་ཞུ་དགོས།[49] མདའ་ནི་ཨ་མྱེས་གཞི་བདག་ཏུ་བཙུགས་ཡོད་པ་དང་། དེ་ནི་སྲིད་འཕེལ་བའི་རྟགས་ཤིག་ཏུ་ངོས་འཛིན་བྱེད་བཞིན་ཡོད། དེའང་བཤད་པའི་ནང་གི་མདའ་ཡི་ལེའུ་ལས་གསལ་བ་ཇི་བཞིན། ཨ་མྱེས་གཞི་བདག་གི་ནང་དུ་བཙུགས་ཡོད་པའི་མདའ་ལ་རིགས་གསུམ་ཙམ་མཆིས་ཏེ། རིགས་དང་པོ་ནི་ཕ་མཚུན་རྣམས་ཀྱི་བླ་ཡི་མཚོན་བྱེད་དེ་བཙན་མདའ་ཞེས་འབོད། གཉིས་པ་ནི་ཁྱིམ་ཚང་གི་དཔལ་དང་ཕྱྭ་གཡང་འཕེལ་བའི་གཡང་མདའ་ཡིན། གསུམ་པ་ནི་དུས་རྒྱུན་རྟ་རྒྱུག་མདའ་འཕེན་ལ་དགོས་པའི་འཕེན་མདའ་ཡིན་ཞིང་། འཕེན་མདའ་དེ་ཉིད་གོས་ཆེན་སྣ་ལྔས་བརྒྱན་ཏེ། བག་མའི་ཡབ་ཡུམ་ནས་མག་པའི་ཕྱག་ལ་བརྒྱུད་དགོས་པ་ཡིན། དེ་ནས་བག་མའི་ཡབ་ཀྱིས་ཨ་མྱེས་གཞི་བདག་ནས་མདའ་དར་ཞིག་བླངས་ཏེ། ཚ་ཐབ་ཀྱི་སྟེང་དུ་བཞུགས་པའི་སྐུ་ན་བགྲེས་པོ་ཞིག་གི་ལག་ཏུ་བཏད་ནས། བགྲེས་པོ་གང་གིས་མདའ་བཤད་ཀྱི་ཚན་པ་ཁ་ཤས་བགྲངས་ཏེ་དྲི་བ་འདྲེན་དགོས་ཤིང་། མག་པའི་ཕྱོགས་ནས་དེ་རེ་རེ་བཞིན་དྲིས་ལན་བཏབ་རྗེས། མཐར་མདའ་དེ་ཉིད་ཞུ་ཆོག་པ་ཡིན། མདའ་དེ་

མག་པའི་ཕྱག་ལ་བརྒྱུད་ཞོར་དུ། བགྲེས་པོ་དེ་ཡིས་མདའ་གཅིག་མ་རེད་བུ་གཅིག་རེད་ཅེས་བརྗོད་ལ། ཡང་བཀྲ་ཤིས་པའི་རྟེན་འབྲེལ་མཚོན་བྱེད་དུ་སྐབས་རེར་འདི་ལྟར་བརྗོད་སྲོལ་ཡོད།

བུ་ཆེ་བ་དགའ་ལྡན་གསེར་ཁྲིར་བཞུགས།།
བུ་གཉིས་པ་རྒྱ་ནག་རྒྱལ་པོར་བཞུགས།།
བུ་གསུམ་པས་ས་ལ་སྒྲ་གྲུར་ཕྱུག།[50]

ཅེས་མག་པས་མདའ་ཞུས་མ་ཐག མག་རོགས་དང་མཉམ་དུ་རང་ཁྱིམ་དུ་ལོག་ནས་སྒོ་ཁར་བག་མ་ལ་སྒུག་དགོས་པ་དང་། དེ་དང་མཉམ་དུ་བག་མ་ནི་རང་ཁྱིམ་དང་འབྲལ་དགོས་ཕྱིར། ཨ་མྱེས་ལེའུ་ཡིས་གཡང་འགུགས་ཀྱི་ཚིག་སྤེལ་ཞིང་། བགྲེས་པོ་ཞིག་གིས་ཕྱག་ཏུ་མདའ་དར་བཟུང་ནས། གཡང་ཤོག གཡང་ཤོག ཉི་མ་ཕྱོགས་བཞི་མཚམས་བརྒྱད་ཀྱི་གཡང་ཤོག་ཅེས་གཡང་འབོད་ཡུན་རིང་བྱེད་པ་དང་། གཡང་འབོད་ཀྱི་སྐབས་སུ། བག་མ་ནི་རང་གི་ཁང་ཆུང་ནས་ཕྱི་རུ་བུད་ནས་ཚོམས་ཆེན་དུ་ཁྱིམ་ལྷ་ལ་གྱེས་ཕྱག་ཕུལ་ཞིང་། སྐབས་སུ་རས་དམར་པོས་བཀབ་པའི་ཅོག་ཙེ་གཅིག་ཨ་མྱེས་གཞི་བདག་གི་མདུན་དུ་བཤམས་ཡོད་པ་ལ། བག་མས་བག་རོགས་གཉིས་དང་མཉམ་དུ་ཅོག་ཙེ་ལ་གཡོན་བསྐོར་ཐེངས་གསུམ་བྱེད་དགོས། བག་རོགས་ནི་བུ་དང་བུ་མོ་ཆ་གཅིག་ཅན་དང་སྤྱུག་པོ་སྤྱུག་མོ་འཚོ་བཞུགས་མཁན་ཡིན་ན་རབ་ཡིན་ཏེ། ནམ་རྒྱུན་བག་རོགས་གཉིས་ལས་གཅིག་ནི་བག་མའི་སྲུ་མོ་དང་གཞན་པ་ནི་བག་མའི་ཤ་ཉེའི་ནང་ནས་ཡོང་དགོས། དེ་ནས་བག་མ་ཚོམས་ཆེན་ནས་རྒྱ་རའི་ནང་བུད་ལ། སྒོ་ཆེན་ལས་བུད་ནས་རྟ་དང་རླངས་འཁོར་ལ་འབབ་གྲབས་ལ། བག་མའི་ཨ་ནེ་དང་མ་སྤུན་རྣམས་ཀྱིས་བག་ངུ་བྱེད་དགོས། ཡང་བག་མ་ཡུལ་སྡེ་དང་གྱེས་དུས་སུ། དེ་ནས་བཟུང་རང་ཡུལ་དང་དངོས་སུ་ཁ་འབྲལ་དགོས་ཕྱིར་ཡུལ་ལྷ་རི་གཉན་ལ་གྱེས་ཕྱག་གསུམ་འབུལ་སྲོལ་ཡོད།

དེ་ནས་ཞང་པོ་རྣམས་ནི་སྐྱེལ་མར་ཕེབས་དགོས་ཤིང་། ཡུལ་ལུང་གི་བཤད་སྲོལ་སུ་ཞང་མི་རབས་དགུའི་ཞང་པོ་ཞེས་བྱ་བ་ལྟར། ཕ་མེས་དང་ཡང་མེས་ཀྱི་མི་རབས་སྔ་མའི་ཞང་པོ་རྣམས་ཀྱིས་སྐྱེལ་མ་མཛད་དགོས་ཤིང་། དེ་དག་ལས་བག་མའི་མ་ཡུམ་གྱི་ཞང་པོ་ནི་སྐྱེལ་མའི་ནང་གི་གཙོ་བོ་ཡིན། དེང་གི་དུས་ལ་ཡང་མ་ཡུམ་གྱི་ཞང་པོ་དང་། དེ་ནས་བག་མའི་མིང་པོ་དང་། ཤ་ཉེའི་ནང་གི་སྐྱེས་པ་རྣམས། ཨ་ནེ་དང་ཨ་ཅེའི་མག་པ་སོགས་ཀྱིས་སྐྱེལ་བཞིན་ཡོད། སྐྱེལ་མཁན་གྱི་རིམ་པ་ཡང་ཞང་པོ་རྣམས་ཀྱི་གྲལ་གདན་གོང་འོག་གི་རིམ་པ་དང་ལག་རྟགས་ཀྱི་རིམ་པ་སོགས་ནས་ཤེས་སླ། བཞུགས་གདན་གྱི་གཙོ་བོ་དང་ལག་རྟགས་བཟང་ཤོས་ནི་བག་མའི་མ་ཡུམ་གྱི་ཁྱིམ་ནས་ཕེབས་པའི་ཞང་པོ་ལ་འབུལ་དགོས་པ་ཡིན། མི་གྲངས་འདང་ཆེ་ཨ་ནེ་དང་ཨ་ཅེ་ཡི་མག་པ་རྣམས་ནི་སྐྱེལ་མའི་གྲས་སུ་འགྲོ་སྲོལ་མེད་མོད། དེང་གི་དུས་ལ་སྐྱེལ་མ་བྱེད་མཁན་གྱི་གྲས་སུ་བག་མའི་སྲིང་མོ་དང་ཨ་ནེ་སོགས་གཉེན་ཉེ་སྣ་ཚོགས་གང་འདོད་དུ་ཞུགས་བཞིན་ཡོད་པའོ།།

དེ་ནས་མག་པའི་ཡུལ་སྡེ་རུ་བསླེབས་རྗེས། བག་མ་དང་སྐྱེལ་མ་རྣམས་ཀྱིས་ཡུལ་སྡེ་ཡི་མཆོད་རྟེན་ལ་བསྐོར་བ་གསུམ་བརྒྱབ་རྗེས། བག་མ་ནི་ཞང་པོ་རྣམས་ཀྱིས་བསྐོར་ནས་སོས་དལ་གྱིས་མག་པའི་ཁྱིམ་ནང་དུ་འགྲོ་ཞིང་། ལམ་ཁ་རུ་གྲིབ་སྣ་དང་རྐྱེན་སྣ་སོགས་གཙང་སེལ་བྱེད་པའི་ཆེད། གཉའ་བོས་ཨ་མྱེས་ལེའུ་ཞིག་གདན་འདྲེན་ཞུས་ཏེ། མག་པའི་ཁྱིམ་སྒོ་རུ་སེལ་གྱི་ཚིག་སྤེལ་སྲོལ་ཡོད་པ་དང་། བག་མ་སྒོ་ཁར་བསླེབས་པ་དང་བསྟུན། མག་པའི་མ་ཡུམ་དང་ཨ་ནེ་ཡིས་བགེགས་བསྐྲད་ཀྱི་གཏོར་མ་ཕྱི་ལ་བཤམས་ནས། རྡོ་བསྲེགས་ལ་

ཚུ་སྐྱུར་གཏོར་ནས་གཡས་གཡོན་ཕྱོགས་གཉིས་ནས་བག་མ་དང་སྐྱེལ་མཁན་རྣམས་ཀྱི་མཐའ་རུ་བསྐོར་ནས་བདུག་དགོས་པ་ཡིན། དེ་ནས་སྐྱེལ་མ་མཛད་མཁན་གྱི་ཞང་པོ་དང་སྐུ་མགྲོན་རྣམས་ཁྱིམ་དུ་གདན་ཞུས་ཏེ་བཞུགས་སུ་གསོལ་བ་དང་། བག་མ་དང་བག་རོགས་རྣམས་ནི་ཁང་ཚུང་དུ་ཕྱིན་ཏེ། བག་མ་ནི་རང་གིས་བཙོམས་པའི་ལྷམ་ཞིག་དཔྱངས་ཡོད་པ་དེའི་འོག་ཏུ་འདུག་དགོས། ལྷམ་དེ་ནི་དེ་ནས་བཟུང་ཁྱིམ་པ་དང་པོ་བཙས་པའི་བར་དུ་དཔྱངས་ཏེ་བག་མར་སྤྲོད་དགོས་པ་ཡིན། ཁང་ཆེན་དུ་སྐྱེལ་མ་རྣམས་ལ་མགྲོན་བསུ་ཡི་གསོལ་སྟོན་ཆེན་པོ་མཛད་དགོས་པ་དང་། བཤད་པ་ལས་ཞང་པོ་རྣམས་ལ་བསྟོད་པའི་ལེའུ་སྟེ། ཞང་གླུ་གྱེར་སྲོལ་ཡོད་ཅིང་། ཡང་གླུ་གང་ཞིག་གྱེར་དུས། ཐོག་མར་གླུ་ཡི་གླུ་འགོའི་ཚུལ་དུ་ཕྱེ་མར་གྱི་ལེའུ་གྱེར་དགོས་ཤིང་། བློན་པོ་མགར་ཆེན་གྱི་ལེའུ་ནང་མགར་སྟོང་བཙན་གྱིས་དཀའ་ངལ་རེ་རེ་བསལ་ཏེ་རྒྱ་བཟའ་བསུ་བའི་ཚན་པ་རྣམས། གཉེན་སྟོན་གྱི་ཁྲིད་དུ་རིམ་བཞིན་དུ་གྱེར་ལེན་བྱེད་བཞིན་ཡོད་པ་རེད། གཉེན་སྟོན་གྱི་གོ་རིམ་རེ་རེ་ནི་ཐོན་དུ་རྩིས་བཏབ་པའི་འབྲས་བུ་ལྟར། དུས་ཚོད་ངེས་གཏན་གྱི་ནང་རིམ་གྱིས་སྤེལ་བཞིན་ཡོད་ཕྱིར། བཤད་པ་ནི་སྐར་མ་ཁ་ཤས་ལས་གྱེར་ཁོམ་མེད་ཀྱང་། གཉེན་སྟོན་གྱི་མཚན་སྟོན་དེར་དུས་ཚོད་གུ་ཡངས་ཡིན་པས། བཤད་པ་གྱེར་ལེན་ཡུན་རིང་དུ་བྱེད་ཚོག་ཅིང་། མགྲོན་དུ་ཕེབས་པའི་བདག་པོའི་གྲོགས་པོ་དང་གཉེན་ཉེ་རྣམས་ཀྱིས་ཀྱང་ཕན་ཚུན་བར་དུ་གླུ་ཤགས་འགྲེད་སྲོལ་ཡོད་པ་རེད།

དེའང་གསོལ་སྟོན་མཇུག་རྫོགས་ལ་ཉེ་བའི་སྐབས་དེར་ཨ་མྱེས་ལེའུ་ཚོམས་ཆེན་དུ་ཕེབས་ཏེ། མག་པ་དང་བག་མ་གཉིས་ལ་སྲུང་གི་ཚོ་ག་སྤེལ་དགོས་ཤིང་། སྲུང་མར་བསྐུས་པ་ནས་བཟུང་། སྐྱེལ་མ་རྣམས་ཀྱིས་བག་མ་ནི་རང་ཁྱིམ་དུ་ཕྱིར་ཁྲིད་འགྲོ་ཞིང་། དེ་ནས་ཉིན་ཁ་ཤས་ཀྱི་རྗེས་ལ། བག་མ་དང་རང་གི་ཨ་ཕ་གཉིས་ནི་མག་པའི་ཁྱིམ་དུ་ཡོང་ནས་ཞག་སྡོད་བྱེད་དགོས་པ་དང་། དེའི་རིང་ལ་མག་པ་དང་བག་མ་གཉིས་ཕྱིར་ལོ་སར་ལ་འགྲོ་དུས། ངེས་པར་དུ་འཚམས་འདྲི་བྱེད་དགོས་པའི་གཉེན་ཉེ་རྣམས་ཀྱི་དུད་གྲངས་བརྩི་དགོས། དེ་ནས་བཟུང་གཉེན་སྟོན་དངོས་སུ་མཇུག་རྫོགས་པ་ཡིན། ཕྱི་ལོའི་ལོ་སར་གྱི་སྐབས། ཁྱོ་ཤུག་གཉིས་ཀ་གྱོས་པོ་གྱོས་མོའི་ནང་དུ་ལོ་སར་ལ་འགྲོ་དུས་མདའ་གཉིས་པ་དེ་ཐོབ་ངེས་ཤིང་། དེ་ནས་ཁྱིམ་པ་དང་པོ་དེ་བཙས་མ་ཐག་ཏུ་མདའ་གསུམ་པ་དེ་ཡང་ཐོབ་ངེས་པ་ཡིན། མདའ་གསུམ་པ་དེ་བླངས་རྗེས་བག་མ་ཚང་གི་ཨ་མྱེས་གཞི་བདག་ལ་ཐུགས་རྗེ་གསོལ་དགོས་པ་ཡིན། ཡང་སྐབས་འགར། སྲིད་ཆགས་མི་ཐུབ་པའི་ཁྱོ་ཤུག་རྣམས་ཀྱིས་ཁྱིམ་པ་དང་པོ་དེ་བཙས་པའི་བར་དུ། ལོ་རེའི་ལོ་སར་སྐབས་བག་མའི་ནང་ལ་འགྲོ་དུས་མདའ་རེ་ལེན་དགོས་པའོ། མདའ་ནི་བཤད་པའི་བརྗོད་གཞི་གཙོ་བོ་ཞིག་ཡིན་པར་མ་ཟད། ཙ་ནེ་པ་རྣམས་ཀྱི་མི་ཚེའི་འཚོ་བའི་ནང་དུ་ཤིན་ཏུ་གལ་ཆེ་བའི་ཅ་དངོས་ཤིག་ཀྱང་ཡིན།

གང་ལྟར་འདི་ལྟ་བུའི་གཉེན་སྲོལ་ཞིག་ནི་བཤད་པའི་གྱེར་ལེན་ལ་བརྟེན་ནས་ཁབ་ཤུལ་སྐྱུད་པ་བརྒྱུས་པ་ལྟར། ཡུལ་ལུང་དེའི་ཡུལ་སྲོལ་ཕྱོགས་ཡོངས་ནས་མངོན་ཡོད་པ་དང་། རུས་རྒྱུད་དང་གདུང་རབས། གཉེན་ཉེ། དཔའ་དང་ཁ་ལས་སོགས་ཙ་ནེ་པ་རྣམས་དང་བོད་ཀྱི་སྤྱི་ཚོགས་ཐུན་མོང་གི་ལྟ་བའི་རྣམ་གཞག་རྣམས་ཁྲིད་འཕགས་སུ་མཆོན་ཡོད།[51] གཉེན་སྲོལ་གྱི་ཚུལ་འདི་ཉིད་བརྒྱུད་ནས། ང་ཚོས་བཤད་པའི་བརྗོད་བྱའི་ནང་དོན་དུ་གྱུར་པའི་བརྗོད་གཞི་རྣམས་ནི་ཙ་ནེ་པ་རྣམས་ཀྱི་ནང་སེམས་ཀྱི་ལྟ་བ་དང་ཕྱིའི་ལུགས་སྲོལ་བར་གྱི་འབྲེལ་ཐག་དང་མི་ཚེའི་འཚོ་བའི་མཚོན་བྱེད་སྙིང་པོ་ལྟ་བུར་གྱུར་ཡོད་པ་རྟོགས་སླའོ།

བཤད་པ་དང་བོད་ཀྱི་ངག་རྒྱུན་རྩོམ་རིག་དང་ཡིག་ཐོག་རྩོམ་རིག་གི་འབྲེལ་བ།

གོང་དུ་མདོ་སྨད་ཅོ་ནེ་པའི་ཡུལ་ཁམས་ས་བཅད་དང་། ལོ་རྒྱུས་བྱུང་རབས། ཆོས་སྲིད་གཉིས་ཀྱི་རིག་གནས་ཀྱི་དོས་ནས་བཤད་པའི་གྱེར་ལེན་གྱི་སྐོར་ངོ་སྤྲོད་རགས་ཙམ་བྱས་ཟིན་པས། ད་ནི་བོད་སྤྱིའི་སྤྱི་ཚོགས་ཀྱི་ཆོས་སྲིད་ལོ་རྒྱུས་དང་རིག་གནས་ཀྱི་རྒྱབ་ལྗོངས་ལ་གཞི་བཅོལ་ནས། བོད་ཀྱི་ངག་རྒྱུན་དང་ཡིག་ཐོག་རྩོམ་རིག་བར་གྱི་འབྲེལ་བའི་དོས་ནས་བཤད་པའི་སྐོར་ལ་བགྲོ་གླེང་ཉུང་ཙམ་བྱེད་ན། དེ་ཡང་ངག་རྒྱུན་རྩོམ་རིག་ནི་བོད་པའི་ཐུན་མོང་གི་ངོ་བོ་དང་རིག་གནས་ལྷ་གཡུབ་མཚོན་བྱེད་ཀྱི་རིན་པོ་ཆེའི་མགུལ་རྒྱན་ཞིག་དང་འདྲ་བར། བོད་པ་རྣམས་ཀྱི་སེམས་ཀྱི་དད་མོས་དང་ཆོས་སྲིད་རིག་གནས་ཀྱི་མཚོན་བྱེད་སྙིང་པོར་གྱུར་པའི་ཤེས་བྱའི་མ་ལག་མཐའ་དག་གཅིག་ཏུ་བསྡུས་ཡོད་ཕྱིར།[52] དེ་ནི་བོད་ཀྱི་རྩོམ་རིག་གི་སྨྱུ་གུ་འབུས་པའི་ཞིང་ས་གཤིན་པོ་ཞིག་ཏུ་གྱུར་ཡོད་པ་ནི་སྨྲ་མི་དགོས་ཤིང་།[53] དེ་ལྟ་བུའི་མཐོང་སྣང་དུ་བཤད་པ་ནི་བརྗོད་བྱའི་དོན་དང་རྗོད་བྱེད་ཚིག་གང་ཐད་ནས་བོད་ཀྱི་ཡུལ་ལུང་གཞན་དག་གི་ངག་རྒྱུན་དང་མཚུངས་པའི་ཆ་ཤིན་ཏུ་མང་ན་ཡང་། རང་དོས་ནས་ཀྱང་དམིགས་བསལ་གྱི་ཁྱད་ཆོས་ཀྱིས་ཕྱུག་ཡོད་སྟབས། འདིར་བཤད་པའི་ངག་རྒྱུན་ནི་བོད་ཀྱི་ངག་རྒྱུན་དང་ཡིག་ཐོག་རྩོམ་རིག་གཉིས་ཀྱི་རྒྱབ་ལྗོངས་ཆེན་མོར་བཅོལ་དོན་ཡང་། མཚན་གཞི་འདི་ཉིད་བརྒྱུད་ནས། བོད་ཀྱི་ངག་རྒྱུན་དང་ཡིག་ཐོག་རྩོམ་རིག་གི་བྱུང་བ་དང་འཕེལ་ཕྱོགས་ལ་ཟུར་བལྟས་ལེབ་མཐོང་གི་བསམ་གཞིགས་ཙུང་ཟད་རེ་བྱེད་པ་དང་། བཤད་པ་རང་དོས་ལ་ཡང་གོ་བ་དང་ངེས་ཤེས་གང་ལེགས་སུ་བསྐྱེད་པའི་གཞི་ཞིག་སྟེར་ཐུབ་ན་བསམས་པས་ཡིན།

བཤད་པ་དང་བོད་ཀྱི་ངག་རྒྱུན་རྩོམ་རིག་གི་འབྲེལ་བ།

རྗོད་བྱེད་ཚིག་གི་འབྲེལ་བ།

དེའང་བཤད་པའི་རྗོད་བྱེད་ཀྱི་ཁྱད་ཆོས་ལ་ལྟོས་ན་གླུ་སྙན་ཡི་རྒྱུན་ནི་ནམ་པར་གསལ་བ་ཞིག་རེད། གླུ་སྙན་ནི་བོད་ཀྱི་སྙན་ངག་རྩོམ་རིག་ཏུ་ཁྱབ་པའི་རྒྱུན་གཙོ་བོ་ཞིག་ཡིན་ཞིང་། ད་སྔའི་བར་དུ་རྙེད་པའི་གླུ་སྙན་གྱི་རྒྱུན་གྱི་དཔེ་སྣ་ཤོས་ནི་ཏུན་ཧོང་གཏེར་ཡིག་གི་མགུར་གླུ་ཁག་ལས་གསལ། དུས་རབས་བཅུ་གསུམ་པ་ནས་རྒྱ་གར་ནས་དར་བའི་སྙན་ངག་མེ་ལོང་མ[54]ནི་བོད་ཀྱི་སྙན་ངག་རྩོམ་རིག་གི་དཔེ་སྲོལ་གཙོ་བོ་ཞིག་ཏུ་གྱུར་ཡོད་ཕྱིར།[55] རིག་གཞུང་ཉམས་ཞིབ་པ་དང་མི་མང་གིས་ཀྱང་ངག་རྒྱུན་གྱི་གླུ་ནི་སྙན་ངག་མེ་ལོང་གི་ཤུགས་རྐྱེན་མངོན་གསལ་མ་ཐེབས་པའི་བོད་རང་ཡུལ་དུ་འཕེལ་རྒྱས་བྱུང་བའི་རྩོམ་རིག་གི་རིགས་རང་རྐྱ་ཐུབ་པ་ཞིག་ཏུ་འདོད་བཞིན་ཡོད། དཔེར་ན། ཏུན་ཧོང་གཏེར་ཡིག་གི་བཙན་པོ་རིམ་བྱོན་གྱི་ལོ་རྒྱུས་ནང་། བཙན་མོ་སད་མ་ཀར་གྱིས་རྨང་ཆུང་ལ་བླངས་པའི་མགུར་ལས་སི་ལི་ལི་དང་སྐྱུ་རུ་རུ་ཞེས་པ་ལྟ་བུའི་སྒྲ་རྒྱན་གྱི་ཚིག་དང་།[56] རྗེས་སུ་བྱུང་བའི་སྲོལ་རྒྱུན་གྱི་མགུར་གླུའི་རྗོད་བྱེད་ལ་སྒྲ་རྒྱན་སྦྱོར་ཚུལ་ནི། བཤད་པའི་རྗོད་བྱེད་དུ་གསལ་བའི་སྒྲ་རྒྱན་གྱི་རྣམ་པ་རྣམས་རྒྱུན་གཅིག་ཏུ་ཆགས་ཡོད་པ་ནི་མིག་མཐོང་ལག་ཟིན་དུ་གྱུར་ཡོད།[57] གླུ་སྙན་འི་རྒྱུན་དེ་དག་ལ་བྱེ་

 བྲག་གི་བསྟན་དོན་ངེས་ཅན་གང་ཡང་མེད་ཀྱང་། ཡུལ་གྱི་ཁ་སྐད་ཀྱི་ངོས་ནས་ཉམས་དང་ལྡན་པ་ཞིག་མངོན་ཡོད་པ་ནི་གཤམ་གསལ་ལྟར་ཏེ།

གླིང་དེ་ན་གླིང་སྐད་ས་ལ་ལ།།
ཏོར་དེ་ན་ཏོར་སྐད་མདའ་ར་ར།།
རྒྱན་འདི་ན་གླུ་སྐད་ཛ་ཛ་ཛ།།

ཞེས་པ་ལྟ་བུའོ།། གློས་སྒྲའི་ཚིག་རྒྱན་དང་ཆ་མཐུན་པའི་རྣམ་པ་གཞན་ཞིག་ནི། བཤད་པའི་རྗོད་བྱེད་ཀྱི་ཚིག་སྦྱོར་ལྷུག་འབེབ་ཀྱི་ཁྱད་ཆོས་དེ་ཡིན། དེ་ཡང་ཏུན་ཧོང་ཡིག་རྙིང་དང་།[58] དེ་བཞིན་དུ་གེ་སར་སྒྲུང་དང་།[59] བསྟོད་བཤད།[60] མགུར་གླུ་[61]ལྟ་བུའི་ངག་རྒྱུན་རྩོམ་རིག་གི་རྩོམ་ལུས་རྣམས་སུ་ཐོན་གྱིན་ཡོད་པ་དང་། ངག་རྒྱུན་གྱི་བསྒྱུར་གློས་དང་ལྷུག་འབེབ་ཀྱི་ཚིག་སྦྱོར་བརྗོད་ལུགས་ནི་ངག་ལ་བྱང་སླ་ཞིང་། ཕན་ཚུན་གྱི་སྙན་དུ་བརྒྱུད་ཆེ་ཡིད་ལ་འཛིན་བདེ་བའི་ཁྱད་ཆོས་དང་ལྡན་པ་དང་། ལྷག་པར་དུ་ལྷུག་མར་འབེབ་པའི་བརྗོད་པ་ཞིག་ལ་བརྟེན་ནས། འཆད་བྱའི་བརྗོད་གཞི་གང་ཉིད་ཀྱི་ལམ་ནས་བོད་པ་འབྲུག་མོང་གི་སྣང་ངོར་གནས་པའི་སྐྱེ་བོ་སྐོར་གྱི་ངོ་བོ་དང་། འབྲུག་མོང་གི་ཡུལ་ཚོ་དང་མིའུ་རིགས་ཀྱི་བྱུང་རབས། ཕྱིའི་ཁོར་ཡུག་དང་འཇིག་རྟེན་ཁམས་ཀྱི་ཆགས་ལུགས་སོགས་ཕྱོགས་ཀུན་ནས་ལེགས་པར་མངོན་ཐུབ་བཞིན་ཡོད།[62] དཔེར་ན། བཤད་པའི་ཕྱེ་མར་གྱི་ཚན་པ་ལས། ཕྱེ་མར་གྱི་གྲུབ་སྟངས་ནི་སངས་རྒྱས་ཆོས་ལུགས་ཀྱི་འཇིག་རྟེན་ཆགས་རབས་ཀྱི་བརྗོད་ལུགས་ལྟར་མངོན་ཡོད་དེ།

ཕྱེ་མར་རི་རབ་བརྩིགས་འདྲ་གན།། གང་དང་གང་གི་ཆགས་ཚུལ་རེད།།
སྟེར་རྩི་མེ་ལོང་ཕྱིས་འདྲ་གན།། གང་དང་གང་གི་ཆགས་ཚུལ་རེད།།
ཤ་སྟེར་ཟུར་བཞི་གློ་བརྒྱད་གན།། གང་དང་གང་གི་ཆགས་ཚུལ་རེད།།

ཕྱེ་མར་རི་རབ་བརྩིགས་འདྲ་གན།། རིའི་རྒྱལ་པོ་རི་རབ་ཆགས་ཚུལ་རེད།།
སྟེར་རྩི་མེ་ལོང་ཕྱིས་འདྲ་གན།། ཟླ་དང་ཉི་མ་ཆགས་ཚུལ་རེད།།
ཤ་སྟེར་ཟུར་བཞི་ལོགས་བརྒྱད་གན།། ཕྱོགས་བཞིའི་གླིང་བཞི་ཆགས་ཚུལ་རེད།།

ཅེས་པ་ལྟ་བུའོ།། གཞན་ཡང་། བཤད་པའི་བརྗོད་བྱ་རུ་བོད་ཀྱི་ངག་རྒྱུན་རྩོམ་རིག་གི་རིགས་གཞན་དག་དང་འབྲེལ་བའི་ཁྱད་ཆོས་དམིགས་བསལ་ཞིག་ཡོད་པ་ནི། བཀྲ་ཤིས་རྟེན་འབྲེལ་གྱི་དོན་མཚོན་བྱེད་དུ་དཔེ་དང་སྒྲོ་བཏགས་ཀྱི་རྒྱན་ཕུན་སུམ་ཚོགས་པ་ཞིག་བཀོལ་ཡོད་པ་དེ་རེད།[63] དཔེར་ན། དུས་སྟོན་གྱི་རྟེན་འབྲེལ་མཚོན་བྱེད་དུ་མར་དང་ཤུག་པ་རྣམས་རིགས་གསུམ་མགོན་པོ་དང་འགྲོ་བ་སེམས་ཅན་གྱི་དཔེ་དང་། རྣམ་འཛིགས་ཀྱི་སྟོབས་དང་ལྡན་པའི་དོམ་དང་གཡག་ལྟ་བུའི་གཅན་གཟན་གྱི་རིགས་རྣམས་ནི་དཔའ་ངར་ཅན་གྱི་སྐྱེས་པའི་དཔེ་རུ་བཀོད་ཡོད་པ་ལྟ་བུའོ།། དེའང་མདའ་ཡི་སྒྲོ་བཤད་ཀྱི་སྐབས་སུ་སྒྲོ་བཏགས་ཀྱི་དཔེ་ཞིག་དྲངས་ན།

མདའ་ལ་སྒྲོ་གཅིག་འགྲིག་སོང་ན།།
གསེར་གྱི་ལྟ་ཁང་བསླངས་པ་འདྲ།།

མདའ་ལ་སྒྲོ་གཉིས་འཁྲིག་སོང་ན།།
བྱ་རྒོད་ཐང་ལ་བབས་པ་འདྲ།།
མདའ་ལ་སྒྲོ་གསུམ་འཁྲིག་སོང་ན།།
གླག་མོ་གཟན་ལ་གཞོལ་བ་འདྲ།།
མདའ་ལ་སྒྲོ་བཞི་འཁྲིག་སོང་ན།།
རྒྱལ་པོ་སྟེ་བཞི་བཞུགས་པ་འདྲ།།

ཞེས་པ་ལྟ་བུའོ།། བཤད་པའི་རྗོད་བྱེད་ལ་བོད་ཀྱི་ངག་རྒྱན་རྩོམ་རིག་གྱི་དང་ཆ་མཐུན་པའི་ཁྱད་ཆོས་དེ་དག་ལྡན་པར་མ་ཟད། དྲི་བ་དྲིས་ལན་[64]གྱི་རྣམ་པ་དེའང་། ཡོངས་གྲགས་སུ་སངས་རྒྱས་ཆོས་ལུགས་བོད་དུ་མ་དར་གོང་གི་བོན་སྐྱུང་ལྡེའུ་གསུམ་ཞེས་པ་ལས་ལྡེའུ་ཡི་ལུས་དང་ཆ་མཐུན་པར་སྣང་། ལྡེའུ་ནི་བློ་སྒོ་འབྱེད་པའི་རིག་པ་ཞིག་ཏུ་འདོད་ཅིང་།[65] དེའི་བརྗོད་བྱ་ནི་སྲིད་པའི་ཆགས་རབས་དང་རྒྱལ་རབས་ལོ་རྒྱུས་ལྟ་བུའི་སྤྱི་ཚོགས་མི་ཆོས་ཀྱི་ཤེས་བྱའི་རིགས་རྣམས་ཡིན།[66] བོད་ཀྱི་སྲོལ་རྒྱུན་གྱི་གཙུག་ལག་སྨྲ་བ་ཁག་གི་བཞེད་ལུགས་ལྟར་ན། ཆབ་སྲིད་བོན་སྐྱུང་ལྡེའུ་གསུམ་གྱིས་བསྐྱངས་ཞེས་ལྡེའུ་ནི་སངས་རྒྱས་ཆོས་ལུགས་མ་དར་གོང་གི་བོད་ཀྱི་སྲིད་སྐྱོང་བའི་ཤེས་བྱའི་རྣམ་གཞག་གཅིག་ཏུ་འདོད།[67] དེ་ནི་ལྷ་ཆོས་དང་མི་ཆོས་གཉིས་སུ་དབྱེ་བ་ལས་མི་ཆོས་ཀྱི་ཁོངས་སུ་འདུ། མི་ཆོས་ནི་སྤྱི་ཚོགས་ཀྱི་ལུགས་སྲོལ་དང་འབྲེལ་བའི་ཤེས་བྱའི་རིགས་རྣམས་འཛིན་སྐྱོང་སྤེལ་གསུམ་བྱེད་པའི་རིག་གནས་ཀྱི་རྣམ་གཞག་གལ་ཆེན་ཞིག་ཡིན།[68] དུས་རབས་བཅུ་བཞི་པའི་ནང་དུ་བྱུང་བའི་བཀའ་ཐང་སྡེ་ལྔ་ལས། སྲོལ་རྒྱུན་མི་ཆོས་ཀྱི་རྣམ་གཞག་རྣམས་ནི་སེང་གེའི་ལུས་ཀྱི་དཔེ་རུ་བཀོད་དེ་རྣམ་པ་དགུ་རུ་བསྟན་ཡོད།

རྐང་གཡས་སྲིད་པའི་ཆགས་ལུགས་གླེང་།།
གཡོན་པ་སྐྱེ་འགྲོའི་བྱུང་ཚུལ་གླེང་།།
ཚང་ར་འཛམ་གླིང་ས་བཅད་གླེང་།།
ལག་གཡས་རྗེ་ཡི་གདུང་རབས་གླེང་།།
གཡོན་པ་འབངས་ཀྱི་མི་རབས་གླེང་།།
གུང་མོ་བསྟན་པའི་ཆགས་ལུགས་གླེང་།།
མཇིང་པ་རྗེ་ནམ་མི་སྡེ་གླེང་།།
མགོ་བོ་ཕ་མའི་ཚེ་རིགས་གླེང་།།
མཇུག་མ་མཚོན་བྱེད་དགའ་བའི་གླུ།།[69]

ཞེས་བརྗོད་ཚུལ་ལ་བལྟས་ན། བཤད་པའི་བརྗོད་བྱའི་ནང་དོན་ཡང་གོང་གི་མི་ཆོས་ཀྱི་རྣམ་གཞག་ཀུན་དང་ཡོངས་སུ་མཐུན། ཡིན་ནའང་། འདི་ལྟ་བུའི་སྲོལ་རྒྱུན་སྤྱི་ཚོགས་ཀྱི་ལུགས་སྲོལ་དང་ཡོངས་སུ་འབྲེལ་བའི་ཤེས་བྱའི་མ་ལག་གི་མཚན་གཞིའི་སྐོར་ལ་བསམ་ན། བཤད་པ་ལྟ་བུའི་ཡུལ་ལུང་བྱེ་བྲག་པ་ཞིག་ཏུ་དར་བའི་ངག་རྒྱུན་ཁོ་ན་ཙམ་མ་ཡིན་པར། མདོ་སྨད་ཐེ་བོ་རོང་དུ་དར་བའི་སྲིད་པའི་ཐོ་ཡིག་དང་། གཙང་སྟོད་དིང་རུ་དང་བལ་

པོའི་གློ་སྨོན་ཐང་ཡུལ་དུ་དར་བའི་མོལ་པ། དེ་བཞིན་དུ་བོད་ཀྱི་ཡུལ་ལུང་གཞན་རྣམས་སུ་དར་བའི་གཏམ་དང་གླུ་ལྷ་བུའི་ངག་རྩོམ་གྱི་རིགས་རྣམས་ཀྱང་འདུ་ཞིང་། དེ་རྣམས་དང་གུང་བསྡུར་ཙམ་བྱས་པ་ལས། བཤད་པ་དང་བོད་ཀྱི་ངག་རྒྱུན་རྩོམ་རིག་སྤྱི་ཡི་བརྗོད་བྱའི་དོན་གྱི་འབྲེལ་བའི་ཐད་ལ་ངེས་ཤེས་གང་ལེགས་འདྲེན་ནུས་པར་ཕན་ཡོན་ཤིན་ཏུ་ཆེ།

བརྗོད་བྱ་དོན་གྱི་འབྲེལ་བ།

མདོ་སྨད་ཐེ་བོ་རོང་དུ་དར་ཆེ་བའི་སྲིད་པའི་ཐོ་ཡིག་གམ་གཏམ་པོ་ཆེ་ཞེས་པ་ནི། སྲིད་པའི་བོན་པོ་ལྷ་བདག་ལེའུ་དང་ཡུལ་ཚོའི་སྐུ་ན་བགྲེས་པོ་ཅན་གྱིས། རྒན་རབས་པ་གང་ཞིག་ཆེ་ལས་འདས་པའི་གཤིན་ཚོག་གི་སྐབས་སུ་འཆད་ཅིང་གྱེར་བའི་སྨྲང་རབས་ལྷ་བུའི་གཏམ་གྱི་རིགས་ཤིག་ཡིན།[70] གཏམ་དེ་ནི་འདས་པོ་རང་གི་ཡུལ་སྡེ་དང་ཉེ་འཁོར་གྱི་ཡུལ་ཚོ་ནས་མགྲོན་དུ་ཕེབས་པའི་གཉེན་ཉེ་རྣམས་ཀྱིས་ཕན་ཚུན་བར་དུ་གྱེར་ལེན་བྱེད་སྲོལ་ཡོད། ཉེ་བའི་མི་ལོ་ཁ་ཤས་ནང་བསྡུ་སྒྲིག་བྱས་ཡོད་པའི་གནས་ཚུལ་ལ་གཞིགས་ན་སྲིད་པའི་ཐོ་ཡིག་གི་ནང་དོན་གཙོ་བོ་རྣམས་ནི་མཆོད་པར་བརྗོད་པའི་ལེའུ་དང་། བོན་ཆོས་ལུགས་གཉིས་ཀྱི་སྲིད་པའི་ཆགས་རབས་ཀྱི་ལེའུ། ཛམ་བུ་གླིང་དང་བོད་ཁ་བ་ཅན་གྱི་ལེའུ། མདོ་སྨད་ཐེ་བོ་རོང་གི་བྱུང་རབས་དང་ས་བཅད་བཅས་ཁག་བཞི་ཡིས་གྲུབ་ཡོད།[71] སྲིད་པའི་ཐོ་ཡིག་གི་རྗོད་བྱེད་ཀྱི་ཚིག་སྦྱོར་ལ་རིང་ཐུང་ཅི་རིགས་ཤིག་ཡོད་ཅིང་། བརྗོད་བྱ་དོན་གྱི་ངོས་ནས་སྲིད་པ་རྫུས་སྤྲུལ་གྱི་རྒྱབ་ཏུ་ཆགས་པའི་ལེའུ་ལྷ་བུ་ནི་བཤད་པའི་ནང་གི་འབྲེལ་ཡོད་ཚན་པ་ཁག་དང་གཅིག་མཚུངས་སུ་སྣང་། བརྗོད་བྱའི་ནང་དོན་ལ་ཐེ་བོ་རོང་པ་རྣམས་ཀྱིས་བོད་ཀྱི་སྐྱེས་རྒྱུད་གྲོལ་ཕྱུག་དང་། གདུང་རབས་མི་རབས་ཀྱི་འཆད་ལུགས་ངོས་ནས་སོ་སོའི་རིགས་རྫུས་ངོ་བོའི་སྒོར་ལ་ངོས་འཛིན་བྱེད་ལུགས་མཚོན་ཡོད།

དེའང་བཤད་པ་དང་སྲིད་པའི་ཐོ་ཡིག་གི་བརྗོད་བྱའི་ནང་དོན་དང་ཆ་འདྲ་བའི་ངག་རྒྱུན་གྱི་རིགས་གཞན་ཞིག་ཡོད་པ་ནི། དེང་གི་གཙང་སྟོད་ཀྱི་དིང་རི་དང་བལ་ཡུལ་གྱི་མངའ་ཁོངས་སུ་གྱུར་པའི་གློ་སྨོན་ཐང་དུ་དར་བའི་མོལ་བ་ཞེས་པ་དེ་ཡིན། གློ་སྨོན་ཐང་ཡུལ་གྱི་མོལ་བ་ནི་ཚིག་སྦྱོར་རིང་ཐུང་ཅི་རིགས་ཀྱིས་གྲུབ་ཅིང་། ནམ་རྒྱུན་དགེ་འདུན་པ་རྣམས་ཀྱིས་གཡང་འགུགས་ཆེ་སྒྲུབ་དང་འདས་པོ་རྣམས་ལ་བསྔོ་སྨོན་བྱེད་དུས་གྱེར་སྲོལ་ཡོད།[72] དིང་རིའི་ཡུལ་གྱི་མོལ་བ་ནི་ཕལ་ཆེར་ཡིག་འབྲུ་དགུ་ཡིས་ཚིག་རྐང་གཅིག་གྲུབ་ཅིང་། སྐྱེས་པ་མོལ་དཔོན་ཞིག་གིས་གཉེན་སྟོན་ལྷ་བུའི་དུས་སྟོན་གྱི་སྐབས་སུ་གྱེར་བཞིན་ཡོད་པ་རེད།[73] གོང་གི་ཡུལ་གཉིས་ཀྱི་མོལ་བའི་གྱེར་ལུགས་དང་གྱེར་སྲོལ་ལ་ཁྱད་པར་ངེས་ཅན་ཞིག་ཡོད་ནའང་བརྗོད་བྱའི་ངོས་ནས་ཕལ་ཆེར་ཡོངས་སུ་མཐུན། ལྷག་པར་དུ་གློ་སྨོན་ཐང་ཡུལ་གྱི་མོལ་བ་ལ་མཚོན་ན། སྲིད་པའི་ཆགས་རབས་དང་། ཡུལ་གྱི་ཀ་བཀྲད། བཙན་པོའི་རྒྱལ་རབས། རྗེའི་གདུང་རབས་སོགས་ཀྱི་ནང་དོན་གྱིས་གྲུབ་ཅིང་།[74] རིའི་རྒྱལ་པོ་རི་རབ་དང་ཕྱུར་རྒྱལ་བཙན་པོའི་གདུང་རབས་ཀྱི་ཚན་[illegible]རྣམས་ནི་བཤད་པའི་བརྗོད་གཞི་ཁག་དང་ཡོངས་སུ་མཐུན། ཡང་བཤད་པའི་བརྗོད་བྱ་ཁག་གི་གནས་ཚུལ་དང་ཆ་འདྲ་བར། སྐབས་འགར་བརྗོད་བྱའི་ནང་དོན་དུ་ནང་འགལ་ལྷ་བུའང་ཕྲན་བུ་རེ་ཡོད་དེ། དཔེར་ན་དིང་རིའི་ཡུལ་གྱི་མོལ་བའི་ནང་སྐབས་རེར་སྤྱི་ཚོགས་དང་མི་བུ་འདྲ་མཉམ་གྱི་བསྟན་དོན་འབུར་དུ་ཐོན་ཞིང་། ཡང་སྐབས་རེར་མི་བུ་སྒེར་གྱི་ཐོབ་ཐང་ལ་མཆོག་ཏུ་བཀུར་ཡོད།[75] གནས་ཚུལ་དེ་ལྷ་བུ་ནི་བཤད་པའི་ཁྲུང་རབས་ཀྱི་ལེའུ་ལས་ཀྱང་། དང་པོར་རྫུས་སྤྲུལ་ནི་རྫུས་སྐྱེས་དང་།

རྗེས་ནས་རྫུས་སྤྲུལ་ནི་སྐྱེས་བཞི་ཀུན་དང་ལྡན་པ་ཞིག་ཏུ་བརྗོད་ཚུལ་ཡོད་པ་དང་གཉིས་སུ་མེད། ཡིན་ནའང་། དེ་རྣམས་ནི་ནང་འགལ་ཅན་ཞིག་ཏུ་མཐོང་བ་ལས། རིག་གནས་སྣང་ཚུལ་གྱི་གྲུབ་ལུགས་གལ་ཆེན་ཞིག་ཏུ་ངོས་འཛིན་བྱེད་འོས་པར་འདོད་དོ། དེ་ནི་ཡུལ་ལུང་གི་ཆོས་རྙིང་པའི་ལུགས་དང་བན་བོན་གྱི་ཆོས་རིག་ལྔ་གྲུབ་རྣམས་མཉམ་འདྲེས་མཉམ་གནས་ཀྱི་བསྐྱེད་འབྲས་ཀྱིས་ཡིན་པས་སོ།།

དེ་ལས་ཀྱང་ཁྱབ་ཆེ་བའི་ཕྱོགས་ནས་གླེང་ན། མོལ་བ་དང་སྲིད་པའི་ཐོ་ཡིག་ལྟ་བུའི་དུས་སྟོན་གྱི་སྐབས་སུ་ངག་ལ་གྱེར་བའི་རིགས་རྣམས་ནི་དོན་དུ་བོད་ཀྱི་དག་རྒྱུན་རྩོམ་རིག་ཏུ་གཏམ་ཞེས་པའི་རིགས་སུ་གཏོགས་ཤིང་། དེའང་ཡུལ་ལུང་གི་བཤད་རྒྱུན་དུ། གཡུང་དྲུང་གི་བོན་མ་དར་གོང་ལ། སངས་རྒྱས་ཀྱི་ཆོས་མ་དར་གོང་ལ། འཇིག་རྟེན་པའི་གཏམ་དར་ཞེས་པ་ལྟ་བུའོ།། གཏམ་ནི་ལོ་རྒྱུས་ཡུན་རིང་དང་ལྡན་པའི་བོད་ཀྱི་སྤྱི་ཚོགས་མི་ཆོས་ཀྱི་རྣམ་གཞག་གལ་ཆེན་ཞིག་ཡིན་ཞིང་། སྲོལ་རྒྱུན་གྱི་རིན་ཐང་ལྟ་བ་ལྟར་ན། ཕོ་རྒྱལ་སྣ་དགུ་ཞེས་གཏམ་བཤད་ནི་སྐྱེས་པ་ཞིག་ལ་འཛོམས་དགོས་པའི་རྩལ་གལ་ཆེན་ཞིག་ཏུ་འདོད་ཅིང་། གཏམ་གྱི་རྣམ་གཞག་གི་བརྗོད་དོན་གཙོ་བོ་ནི་སྲིད་པའི་ཆགས་རབས་དང་། འཇིག་རྟེན་ཆགས་ལུགས། ཡུལ་གྱི་ས་བཅད། སྐྱེས་རྒྱུད་གདུང་རབས། དུས་སྟོན་རྟེན་འབྲེལ་སོགས་ཀྱིས་གྲུབ་ཡོད། དངོས་སུ་གྱེར་དུས་ཀྱང་། ཡུལ་དུས་ཀྱི་སྐབས་དོན་དགོས་མཁོ་ལྟར། བརྗོད་གཞི་ངེས་ཅན་ཞིག་བདམས་ནས་ངག་ལ་གྱེར་བཞིན་ཡོད་པ་རེད། དེའི་ཕྱིར། བརྗོད་བྱའི་རྣམ་པ་དང་རྗོད་བྱེད་ཀྱི་ཁྱད་ཆོས་གང་རུང་ནས། གཏམ་དང་བཤད་པ་ལྟ་བུའི་དག་རྒྱུན་གྱི་རིགས་རྣམས་ནི་ཐུ་རབས་ནས་དར་ཁྱབ་ཆེ་ཞིང་། རིམ་གྱིས་སངས་རྒྱས་ཆོས་ལུགས་ཀྱི་ཤུགས་རྐྱེན་འོག་བརྗོད་བྱའི་དོན་གྱི་མ་ལག་ཇེ་རྒྱས་སུ་ཕྱིན་ཏེ་ཡུན་གྱིས་བརྒྱུད་ནས་ཡོང་བའི་ཤེས་བྱའི་བང་མཛོད་ཆེན་མོ་ཞིག་ཏུ་གྱུར་ཡོད།

བཤད་པ་དང་ཡོངས་སུ་ཆ་མཚུངས་པའི་དག་རྒྱུན་རྩོམ་རིག་གི་རིགས་གཞན་ཞིག་ཡོད་པ་ནི་གླུ་ཡིན་ཏེ། ཕྱིར་གླུ་ནི་དབྱངས་སུ་གྱེར་བའི་ཚིག་ཙམ་དུ་གོ་བཞིན་ཡོད་མོད་ཀྱང་། བོད་ཀྱི་ཡུལ་ལུང་རེ་འགར་དེ་ནི་སྤྱི་ཚོགས་ཤེས་བྱ་དང་རིག་གནས་ཀྱི་མ་ལག་ཅིག་ཏུ་གོ་བ་ཡང་ཡོད་དེ། དེང་གི་ལ་དྭགས་ཡུལ་དུ་གཉེན་སྟོན་གྱི་སྐབས་སུ་སྒོ་གླུ་ལེན་སྲོལ་ཡོད་པ་ལས། སྐྱེས་སྨན་རྣམས་ཀྱིས་རྩེད་འཇོའི་ཚུལ་དུ་བག་མའི་བསུ་མར་ཕེབས་པའི་སྐྱེས་པ་རྣམས་སྒོ་ཁར་བཀག་སྟེ། གླུ་ཚིག་གི་དྲི་བ་སྣ་ཚོགས་ཤིག་ཡང་ཡང་གཏོང་སྲོལ་ཡོད་པ་རེད། བརྗོད་གཞི་ནི་བན་བོན་གྱི་བསྟན་པའི་བྱུང་རབས་དང་། འཇིག་རྟེན་མི་ཆོས་ཀྱི་སྐོར་སོགས་ཤེས་བྱ་སྣ་མང་ཞིག་གིས་གྲུབ་ཡོད།[76] ཡང་མདོ་སྨད་ཅོ་ནེའི་ཡུལ་གྱི་ལྷོ་མཚམས་དང་། དེང་གི་སྲིད་འཛིན་ས་བཅད་ལྟར་ན་ཀན་སུའུ་ཞིང་ཆེན་དང་སི་ཁྲོན་ཞིང་ཆེན་གྱི་མཚམས་སུ་གནས་པའི་པེ་མ་བོད་རིགས་(白马藏族)སམ་བོད་སྐད་དུ་དྭགས་པོ་ཁོག་ཅེས་པའི་ཡུལ་ལུང་དུ།[77] གླུ་ནི་དབྱངས་སུ་གྱེར་བའི་གཞས་ཙམ་མ་ཡིན་པར། གཙོ་བོ་སྲིད་པའི་ཆགས་རབས་དང་། གནམ་རིག་རྒྱུ་སྐར། སྣོད་བཅུད་ཁོར་ཡུག མི་ཆོས་ལུགས་སྲོལ་དང་། སྲིད་པའི་བོན་ལུགས་ཀྱི་ཤེས་བྱ་ཡོངས་སུ་འདུས་པའི་རྣམ་གཞག་གཅིག་ཏུ་འདོད་བཞིན་ཡོད་པ་རེད།[78] དེ་ཡང་བཤད་པའི་གྱེར་ལུགས་དང་འདྲ་བར། ཡུལ་ལུང་དེར་གླུ་ནི་སྐུ་ན་བགྲེས་པོ་རྣམས་ཀྱིས་གཉེན་སྟོན་དང་དུས་སྟོན་སོགས་ཀྱི་སྐབས་སུ་དྲི་བ་དྲིས་ལན་གྱི་ཚུལ་དུ་གྱེར་སྲོལ་ཡོད་པ་དང་། ཡུལ་དེའི་དག་རྒྱུན་དུ། གཡུང་དྲུང་བོན་དང་། སངས་རྒྱས་ཆོས་དང་། ཨ་ལགས་གླུ་གསུམ་ནི་རྒྱུད་པ་ཐམས་ཅད་ལེགས་པར་བཅོས་པའི་འཇིག་རྟེན་གྱི་ལུགས་གསུམ་དུ་གྲགས།[79] ཡང་། དེ་དང་ཉེ་བའི་ཐེ་བོ་རོང་པའི་དག་རྒྱུན་དུའང་། གཡུང་དྲུང་བོན་དང་། སངས་རྒྱས་ཆོས་དང་། སྲིད་པའི་གླུ་གསུམ་ནི་དེ་བཞིན་དུ་ཅིག་ཅར་དུ་འདྲེན་སྲོལ་ཡོད།[80] དེར་བརྟེན། བཤད་པ་དང་ཆ་འདྲ་བར། ཡུལ་

ལུང་འདི་དག་ཏུ་གླུ་ཡི་བསྟན་དོན་ནི་སྤྱི་ཚོགས་རིག་གནས་ཀྱི་རྣམ་གཞག་ཅིག་དང་། ཆོས་རིག་གི་བརྗོད་གཞི་སྣ་ཚོགས་ཤིག་འདུས་ཡོད་པའི་ཤེས་བྱའི་མ་ལག་གཅིག་ཏུ་འཛུག་པའོ།།[81]

གོང་གསལ་ལྟར། བོད་ཀྱི་དམག་རྒྱུན་རྩོམ་རིག་གི་ཁོར་ཡུག་ཆེན་པོ་ཞིག་གི་ངོས་ནས། བཤད་པ་དང་དམག་རྒྱུན་རྩོམ་རིག་གི་རིགས་རྣམས་བསྡུར་དཔྱད་ཙམ་བྱས་ན། རིགས་དང་རྣམ་པ་མི་གཅིག་པའི་དམག་རྒྱུན་གྱི་བར་ལ་ཐུན་མོང་དུ་དབང་བའི་ཁྱད་ཆོས་དང་བརྗོད་བྱ་མི་འདྲ་བ་ཞིག་མཆིས་ཏེ། རྗོད་བྱེད་ཀྱི་ངོས་ནས་ཚིགས་སྒྲ་དང་། དཔེ་བརྟགས། སྒྲ་བརྟགས་དང་ཚིག་སྦྱོར་ལྷུག་འབེབ་ཀྱི་རྒྱན་སོགས་ལ་བརྟེན་ནས། བོད་ཀྱི་སྤྱི་ཚོགས་མི་ཆོས་ཀྱི་ལུགས་སྲོལ་ཕྱོགས་ཀུན་ནས་གསོན་ཉམས་རང་བཞིན་དུ་མངོན་ཡོད་ཅིང་། བརྗོད་བྱའི་ངོས་ནས་བོད་ཀྱི་དམ་པའི་ལྷ་ཆོས་དང་འཇིག་རྟེན་མི་ཆོས། འདས་པའི་བྱུང་རབས་དང་དེང་གི་གནས་བབ་ཀྱི་ཚུལ་རྣམས་ངང་དམ་གཅིག་ཏུ་འདྲེས་པའི་ཐུན་མོང་གི་སྐད་ཡིག་དང་། རིག་གནས། ཆོས་ལུགས་ལས་བྱུང་བའི་སྤྱི་མཐུན་གྱི་འདུ་ཤེས་དང་ངོ་བོ་ངོས་འཛིན་ལ་ཕན་དང་དགེ་བ་གང་ལེགས་སུ་བྱུང་ཡོད། གང་ལྟར་གོང་གི་མཚན་གཞི་ཁག་གི་གསལ་བཤད་ཙམ་ལས་ཀྱང་། ལུགས་དང་རྣམ་པ་མི་གཅིག་པའི་བོད་ཀྱི་དམག་རྒྱུན་རྩོམ་རིག་བར་གྱི་ཐུན་མོང་གི་འབྲེལ་བ་དང་། སོ་སོའི་ངོས་ཀྱི་ཐུན་མོང་མ་ཡིན་པའི་ཁྱད་ལུགས་རྣམས་ནི་ཤིན་ཏུ་གོ་བདེ་བར་རྟོགས་སླའོ།། གོང་དུ་ཞུས་པའི་གནས་ཚུལ་དག་ལ་གཞིགས་ནས་བོད་ཀྱི་དམག་རྒྱུན་རྩོམ་རིག་ལ་ཉམས་ཞིབ་བྱེད་དུས། ཐུན་མོང་ལ་དབང་བའི་འབྲེལ་བ་རང་བཞིན་དང་འཕོ་འགྱུར་རང་བཞིན་གྱི་ཁྱད་ཆོས་ནི་དམིགས་སུ་བཟུང་འོས་ཏེ། མ་མཐའ་ཡང་དུས་ཀྱི་བྱུང་རིམ་དང་ཡུལ་གྱི་ཁོར་ཡུག་བྱེ་བྲག་པ་ཞིག་གི་ངོས་ནས་དམག་རྒྱུན་དེའི་བརྗོད་བྱའི་སྐོར་ལ་ཞིབ་ནན་དུ་བསམ་གཞིགས་བྱེད་དགོས་པ་ལས། ཐ་སྙད་སྐམ་པོ་ཞིག་བློ་ལ་ཇུ་ཚུགས་ཀྱིས་བཟུང་བ་ཙམ་གྱིས་དོན་སྙིང་ཆུང་སྟེ། རྒྱུ་མཚན་ནི་ཡུལ་དུས་ཐ་དད་ཀྱི་སྐབས་སུ་ཐ་སྙད་ཀྱི་སྐབས་དོན་ཡང་ཡོངས་སུ་མི་མཐུན་པའི་ཕྱིར་རོ།། དཔེར་ན། གླུ་ཞེས་བྱ་དུས། ཡུལ་གྱི་ཁོར་ཡུག་དང་བསྟུན་ནས་སྐབས་དོན་ཡང་ཐ་དད་པ་ལ། སྤྱིར་བཏང་བོད་ཀྱི་ཡུལ་ལུང་ཕལ་ཆེ་བར་གླུ་ནི་དབྱངས་སུ་གྱེར་བའི་ཚིག་གི་དོན་དུ་གོ་ན་ཡང་། གོང་དུ་ཞུས་པ་ལྟར། དགས་པོ་པ་རྣམས་ཀྱིས་དེ་ནི་ཐུན་མོང་གི་ཤེས་བྱ་ཀུན་འདུས་ཀྱི་བང་མཛོད་དང་། ཐེ་བོ་རོང་པ་རྣམས་ཀྱིས་བྱེ་བྲག་གི་སྤྱི་ཚོགས་ཤེས་བྱའི་མ་ལག་གཅིག་ཏུ་ངོས་འཛིན་བྱེད་བཞིན་ཡོད་པ་ལྟ་བུ་རེད། ཙོ་ནེ་པ་རྣམས་ལ་མཚོན་ན། བཤད་པ་ནི་ཕལ་ཆེར་སྐྱེས་པ་ཁོ་ནས་དམག་ལ་གྱེར་སྲོལ་ཡོད་ཅིང་། རྗོད་བྱེད་རྣམ་པ་ནི་ཚིག་བཅད་དང་དྲི་བ་དྲིས་ལན་གྱི་ཚུལ་དུ་གྱེར་བ་ཡིན། ཡིན་ནའང་། མདོ་སྨད་ཀྱི་ཡུལ་ཕྱོགས་གཞན་དུ་སྐྱེས་ཕོ་མོ་གང་རུང་ཞིག་གིས། ཡུལ་ངེས་ཅན་ཞིག་ཏུ་བརྗོད་གཞི་གང་རུང་ཞིག་བཟུང་ནས་བཤད་པ་གྱེར་ལེན་བྱེད་ཆོག་པར་མ་ཟད། རིགས་དང་རྣམ་པ་ཡང་ཕུན་སུམ་ཚོགས་པ་དང་། རྗོད་བྱེད་ནི་ཚིག་བཅད་དང་ཚིག་ལྷུག་དང་སྤེལ་མ་གང་རུང་ཞིག་ཡོད། ཡང་བྱེ་བྲག་གི་དམག་རྒྱུན་གྱི་རིགས་ཤིག་ལ་མིང་ཡང་ཁ་ཤས་ཤིག་འཛུག་པར་སྣང་སྟེ། དཔེར་ན་ཐེ་བོ་རོང་པ་རྣམས་ཀྱིས་སྲིད་པའི་ཐོ་ཡིག་ལ་གཏམ་པོ་ཆེ་ཞེས་བྱ་ལ། དིང་རི་པ་དང་གློ་པ་རྣམས་ཀྱིས་མོལ་བ་ལ་གཏམ་དང་། འབེལ་གཏམ། མོལ་གཏམ། མོལ་ཚིག་ཅེས་འབོད་པ་ལྟ་བུའོ།།[82]

མདོར་ན། བཤད་པ་ཞེས་མདོ་སྨད་ཙོ་ནེའི་ཡུལ་ཏུ་དར་བའི་དམག་རྒྱུན་གྱི་རྩོམ་རིག་འདི་ནི། བོད་ཀྱི་དམག་རྒྱུན་རྩོམ་རིག་སྤྱི་དང་འབྲེལ་བ་དམ་དུ་ཆགས་ཡོད་པའི་མཚན་གཞི་ཞིག་ཏུ་གྱུར་ཡོད་ཕྱིར། བོད་ཀྱི་དམག་རྒྱུན་རྩོམ་རིག་སྤྱིའི་གནས་ཚུལ་དང་བྱུང་རབས་ལ་རྒྱུས་ལོན་ཇེ་ལེགས་ཡོང་བར་དགེ་ཕན་ཤིན་ཏུ་ཆེ། དེའི་ཕྱིར། བོད་ཀྱི་ཡུལ་ལུང་གཞན་གྱི་དམག་རྒྱུན་ལུགས་སྲོལ་རྣམས་དང་མཚུངས་པར། མདོ་སྨད་ཙོ་ནེ་པའི་ཡུལ་ཚོ་རྣམས་ལ་

མཚོན་ན། བཤད་པ་ནི་སངས་རྒྱས་བསྟན་པ་བོད་དུ་མ་དར་གོང་གི་སྲིད་པའི་ཆགས་རབས་དང་། སངས་རྒྱས་ཆོས་ལུགས་ཀྱི་འཇིག་རྟེན་ཆགས་ལུགས། ཡུལ་ལུང་གི་མི་ཆོས་ལུགས་སྲོལ་སོགས་གཅིག་ཏུ་འདྲེས་པའི་སྲོལ་རྒྱུན་སྤྱི་ཚོགས་ཀྱི་ཤེས་བྱའི་བང་མཛོད་ཆེན་མོ་ཞིག་ཏུ་གྱུར་ཡོད།

བཤད་པ་དང་བོད་ཀྱི་ཡིག་ཐོག་རྩོམ་རིག་གི་འབྲེལ་བ།

བཤད་པའི་ནང་དོན་ལས་བརྗོད་བྱ་ཕལ་ཆེ་བ་ནི་ནང་བསྟན་གྱི་གཞུང་ལུགས་དང་འབྲེལ་ཆེ་བ་ནི་ཤིན་ཏུ་མངོན་གསལ་རེད། དུས་རབས་དགུ་པ་ནས་སྐད་གསར་བཅད་དང་། དུས་རབས་བཅུ་པའི་རྗེས་ཀྱི་བསྟན་པ་ཕྱི་དར་ནས་བཟུང་། སངས་རྒྱས་ཆོས་ལུགས་ཀྱི་མདོ་རྒྱུད་དང་བསྟན་བཅོས་རྣམས་བོད་ཡིག་ཏུ་བསྒྱུར་ཞིང་། བོད་ཀྱི་མཁས་པ་རྣམས་ཀྱིས་ཀྱང་མདོ་རྒྱུད་ཀྱི་དགོངས་འགྲེལ་དང་། ཐ་སྙད་རིག་གནས་ཀྱི་བསྟན་བཅོས། སངས་རྒྱས་བསྟན་པའི་བྱུང་བ་བརྗོད་པའི་ཆོས་འབྱུང་དེབ་ཐེར་སོགས་མང་དུ་མཛད།[83] དུས་རབས་བཅུ་གསུམ་པ་ནས་བཟུང་། ས་སྐྱ་པའི་མཁས་གྲུབ་རྣམས་ཀྱིས་གྲྭ་སའི་འཆད་ཉན་གྱི་དོན་དུ་བསྟན་བཅོས་དང་ཡིག་ཆ་མང་དུ་མཛད་ཡོད་པ་ལས། ས་སྐྱ་པཎྜི་ཏ་ཀུན་དགའ་རྒྱལ་མཚན་མཆོག་གི་(༡༡༨༢–༡༢༥༡)མཁས་པའི་ཚུལ་ལ་འཇུག་པའི་སྒོ་ཞེས་པའི་བསྟན་བཅོས་ནི་སྔ་ཤོས་ཀྱི་གྲས་ཡིན། ཁོང་གི་རྗེས་འཇུག་ཆོས་རྒྱལ་འགྲོ་མགོན་འཕགས་པ་མཆོག་གིས་ཀྱང་། ཧོར་གྱི་རྒྱལ་སྲས་ཇིན་ཇིམ་(真金༡༢༤༣–༡༢༨༥)ལ་ཆེད་དུ་དམིགས་ནས་སངས་རྒྱས་ཆོས་ཀྱི་ལྟ་དགོངས་དང་འཇིག་རྟེན་ཆགས་ལུགས་ཀྱི་ཚུལ་གཙོ་བོར་བརྗོད་པའི་ཤེས་བྱ་རབ་གསལ་ཞེས་པའི་བསྟན་བཅོས་ཤིག་ཀྱང་མཛད།[84] བསྟན་བཅོས་འདི་གཉིས་ནི་སངས་རྒྱས་ཆོས་ཀྱི་ལྟ་དགོངས་ཀྱི་གཞི་མ་ཆོས་མངོན་པ་མཛོད་གཞིར་བཞག་ནས་མཛད་པ་ཞིག་ཡིན་ཞིང་། མངོན་པ་མཛོད་ནི་དུས་རབས་དགུ་པ་ནས་བཟུང་བོད་དུ་སྔ་ཕྱིར་ཐེངས་དུ་མ་བསྒྱུར་ཕྱིར་འགྱུར་ཁ་ཤས་ཤིག་བྱུང་ཡོད།[85]

དེའང་ཅོ་ནེ་པ་རྣམས་ཀྱི་བཤད་སྒྲོས་སུ། བཤད་པའི་བརྗོད་བྱ་ལས་འཇིག་རྟེན་ཆགས་ལུགས་ཀྱི་ཚན་པ་འདི་ནི་རྗེ་བཙུན་གྲགས་པ་བཤད་སྒྲུབ་སོགས་མཁས་པ་རྣམས་ཀྱིས་ཆོས་མངོན་པ་མཛོད་གཞིར་བཟུང་ནས་སྒྲིག་རྩོམ་མཛད་པར་གྲགས། ཆོས་མངོན་པ་མཛོད་ནི་ས་བཅད་ཀྱི་རྣམ་པར་སངས་རྒྱས་ཆོས་ཀྱི་ལྟ་དགོངས་གཙོ་བོར་བརྗོད་པའི་གཞུང་ཞིག་དང་།[86] དེ་ནི་སངས་རྒྱས་ཀྱི་གསུང་རབ་གཅིག་ཏུ་བསྡུས་པའི་གཞུང་སྡེ་སྣོད་གསུམ་གྱི་སྙིང་པོ་ཡིན།[87] གཞུང་དེ་ཁྲོན་ལ་ལེའུ་བརྒྱད་ཀྱིས་གྲུབ་ཅིང་། བོད་དང་རྒྱ་ནག་དང་ཨེ་ཤ་ཡ་ཤར་མའི་སངས་རྒྱས་ཆོས་ཀྱི་ལུགས་འཛིན་པ་ཀུན་གྱི་རྩ་བའི་གཞུང་ལུགས་གལ་ཆེན་ཞིག་ཡིན།[88] བོད་ཀྱི་ནང་བསྟན་པའི་འཆད་ཉན་ལམ་ལུགས་ལས་དགེ་ལུགས་པའི་གྲྭ་ས་ཁག་ཏུ་དེ་ནི་གཞུང་བཀའ་པོད་ལྔ་ཡི་གྲས་སུ་བཞག་ཡོད་ཅིང་། གྲྭ་སའི་སློབ་གཉེར་བ་རྣམས་ཀྱིས་མི་ལོ་ཉི་ཤུ་ཡས་མས་ཀྱི་མདོ་ཡི་ཐོས་བསམ་གྱི་བརྒྱུད་རིམ་དུ་ཆེས་མཐའ་མར་སྦྱང་དགོས་པའི་གཞུང་དེ་ཉིད་ཡིན།[89] ངེད་ཅག་གིས་བཤད་པའི་ནང་དོན་ལས་འཇིག་རྟེན་ཆགས་ལུགས་ཀྱི་སྐོར་དང་། ཆོས་མངོན་པ་མཛོད་ཀྱི་འབྲེལ་ཡོད་བརྗོད་བྱ་ཁག་དང་བསྡུར་ན། འཇིག་རྟེན་ཆགས་ལུགས་ནི་ཆོས་མངོན་པ་མཛོད་ཀྱི་ནང་དོན་ཁག་ལ་བཅོས་སྒྲིག་བྱས་ཏེ་བྱུང་བ་ཡིན་པའི་ཆ་དབྱིབས་ཙམ་དུ་མཐོང་ནའང་། འགྲོ་མགོན་འཕགས་པ་མཆོག་གིས་མཛད་པའི་ཤེས་བྱ་རབ་གསལ་གྱིས་བཤད་པའི་འཇིག་རྟེན་ཆགས་ལུགས་ཀྱི་སྐོར་ལ་ཤུགས་རྐྱེན་ཐེབས་ཡོད་པ་ནི་ཤིན་ཏུ་མངོན་གསལ་ཡིན་པར་སྣམ།

བཤད་པའི་ལེའུ་ལས་འཇིག་རྟེན་ཆགས་ལུགས་ཀྱི་སྐོར་དང་ཤེས་བྱ་རབ་གསལ་གྱི་འབྲེལ་ཡོད་ནང་དོན་དང་གུང་བསྡུར་ཙམ་བྱེད་ན། གཉིས་ཀའི་བརྗོད་བྱ་དང་རྗོད་བྱེད་ཀྱི་ཁྱད་ཆོས་རྣམས་ནི་ཕལ་ཆེར་ཆ་མཐུན་ཏེ། དེའང་ཡུན་ཚད་འཇལ་ཚད་དང་འབྲེལ་བའི་བརྗོད་གཞི་ནི་དཔེ་ཙམ་དུ་དྲངས་ནས་བལྟས་ན། (དཔེའུ་རིས་དང་པོ་ལས་གསལ།) བཤད་པའི་བརྗོད་བྱའི་ནང་དོན་ལས་འཇིག་རྟེན་ཆགས་ལུགས་དང་། སྙོས་སུ་ཕྱི་སྣོད་ཀྱི་འཇིག་རྟེན་དང་ནང་བཅུད་ཀྱི་སེམས་ཅན་སྐོར་རྣམས་ནི་ཤེས་བྱ་རབ་གསལ་ལས་བཤུས་ཏེ། དྲི་བ་དྲིས་ལན་གྱི་ཚུལ་དུ་བཅོས་སྒྲིག་བྱས་པ་ཞིག་ཡིན་པའི་ཟོལ་ཤིན་ཏུ་ཆེ། ཡུལ་ལུང་གི་བཤད་སྒྲོས་སུ་བཤད་པའི་འཇིག་རྟེན་ཆགས་ལུགས་ཀྱི་སྐོར་ནི་དུས་རབས་བཅོ་བརྒྱད་པར་བྱུང་བའི་རྗེ་བཙུན་གྲགས་པ་བཤད་སྒྲུབ་མཆོག་གིས་བཅོས་སྒྲིག་མཛད་པར་གྲགས་ནའང་། དོན་དུ་དགེ་ལྡན་བསྟན་པ་ཡུལ་ལུང་འདིར་མ་དར་གོང་གི་ས་སྐྱ་པའི་མཁས་པ་རྣམས་ཀྱིས་ལེའུ་འདིའི་ཁ་ཤས་ཤིག་མཛད་ཡོད་སྲིད་པ་རེད།

དཔེའུ་རིས་དང་པོ། འཇིག་རྟེན་ཆགས་རབས་དང་། ཤེས་བྱ་རབ་གསལ། ཆོས་མངོན་པ་མཛོད་ལས་ཡུན་ཚད་འཇལ་ཚད་ཀྱི་སྐོར་བསྡུར་བ།[90]

བཤད་པའི་འཇིག་རྟེན་ཆགས་ལུགས།	ཤེས་བྱ་རབ་གསལ།	མངོན་པ་མཛོད།
རྒྱང་གྲགས་དཔག་ཚད་བཤད་རྒྱུ་ན།། རྡུལ་ཕྲ་རབ་བསགས་ནས་ཡོང་བ་ཡིན།།	འབྱུང་བ་དེ་དག་གི་ཤིན་ཏུ་བའི་མཐར་ཐུག་པ་ནི་ཕྲ་རབ་ཀྱི་རྡུལ་ཐེ་ཞིག་ཏུ་མེད་པའི་ཕྱིར་ཆ་མེད་པ་ཉིད་དོ།།	གཟུགས་མིང་དུས་མཐའ་རྡུལ་ཡིག་དང་།།
ཕྲ་རབ་རྡུལ་བདུན་བསགས་པ་ལ།། རྡུལ་ཕྲན་གཅིག་ལ་བཞག་པ་ཡིན།།	དེ་བདུན་ནི་རྡུལ་ཕྲན་ནོ།།	སྐད་ཅིག་ཕྲ་རབ་རྡུལ་དང་ནི།། [རྡུལ་] རྡུལ་ཕྲན་དང་ནི་དེ་བཞིན་དུ།།
དེ་བདུན་ལ་ནི་ལྕགས་རྡུལ་གཅིག།	དེ་བདུན་ནི་ལྕགས་རྡུལ་ལོ།།	ལྕགས་ཆུ་རི་བོང་ལུག་དང་གླང་།།
ལྕགས་རྡུལ་བདུན་ནི་ཆུ་རྡུལ་གཅིག།	དེ་བདུན་ནི་ཆུ་རྡུལ་ལོ།།	
ཆུ་རྡུལ་བདུན་ལ་རི་བོང་གཅིག།	དེ་བདུན་ནི་རི་བོང་གི་རྡུལ་ལོ།།	
རྡུལ་དེ་བདུན་ལ་ལུག་རྡུལ་གཅིག།	དེ་བདུན་ནི་ལུག་རྡུལ་ལོ།།	
ལུག་རྡུལ་བདུན་ནི་གླང་རྡུལ་གཅིག།	དེ་བདུན་ནི་གླང་རྡུལ་ལོ།།	

<table>
<tr><th>བཤད་པའི་འཇིག་རྟེན་ཆགས་ལུགས།</th><th>ཞེས་བྱ་རབ་གསལ།</th><th>མངོན་པ་མཛོད།</th></tr>
<tr><td>དེ་བདུན་ལ་ནི་ཉི་རྡུལ་གཅིག།</td><td>དེ་བདུན་ནི་ཉི་ཟེར་གྱི་རྡུལ་ལོ།།</td><td rowspan="6">ཉི་ཟེར་རྡུལ་དང་སྲོ་མ་དང་།།
དེ་ལས་བྱུང་དང་དེ་བཞིན་ནས།།
སོར་ཚིགས་ཞེས་བྱ་གོང་བདུན་བསྒྱུར།།</td></tr>
<tr><td>དེ་བདུན་ལ་ནི་སྲོ་མ་གཅིག།</td><td>དེ་བདུན་ནི་སྲོ་མའི་ཚད་དོ།།</td></tr>
<tr><td>སྲོ་མ་བདུན་ནི་ཤིག་གཅིག་ཡིན།།</td><td>དེ་བདུན་ནི་ཤིག་གི་ཚད་དོ།།</td></tr>
<tr><td>ཤིག་བདུན་ཚོགས་ལ་ནས་གཅིག་ཡིན།།</td><td>དེ་བདུན་ནི་ནས་ཀྱི་ཚད་དོ།།</td></tr>
<tr><td>ནས་བདུན་ལ་ནི་སོར་ཚིགས་གཅིག།</td><td>དེ་དག་འདུས་པ་ལས།།
སྣོད་ཀྱི་འཇིག་རྟེན་དང་ལུས་གྲུབ་བོ།།
ནས་བདུན་ལ་ནི་སོར་མོ་གཅིག་གི་ཚད་དོ།།</td></tr>
<tr><td>སོར་ཚིགས་ཉི་ཤུ་རྩ་བཞི་ལ།།</td><td rowspan="2">སོར་མོ་ཉི་ཤུ་བཞི་ལ་ནི་ཁྲུ་གང་ངོ།།</td></tr>
<tr><td>བརྩིས་ནས་ཁྲུ་གང་བཞག་ནི་ཡིན།།</td><td>སོར་མོ་ཉི་ཤུ་བཞི་ལ་ཁྲུ།།</td></tr>
<tr><td>ཁྲུ་བཞི་ལ་ནི་གཞུ་འདོམ་གང་།།</td><td>ཁྲུ་བཞི་ལ་ནི་འདོམ་གང་ངོ།།</td><td>ཁྲུ་བཞི་ལ་ནི་གཞུ་གང་ངོ།།</td></tr>
<tr><td>གཞུ་འདོམ་ལྔ་བརྒྱ་རྒྱང་གྲགས་གཅིག།</td><td>འདོམ་ལྔ་བརྒྱ་ལ་ནི་རྒྱང་གྲགས་གཅིག་གོ།།</td><td>དེ་དག་ལྔ་བརྒྱ་རྣམས་ལ་ནི།།</td></tr>
<tr><td>རྒྱང་གྲགས་བརྒྱད་ལ་དཔག་ཚད་གཅིག།</td><td>རྒྱང་གྲགས་བརྒྱད་ལ་ནི་དཔག་ཚད་གཅིག་གོ།།
འདིས་འཇིག་རྟེན་དང་ལུས་ཀྱི་ཚད་རྣམ་པར་གཞལ་ལོ།།</td><td>རྒྱང་གྲགས་དེ་ལ་དགོན་པར་འདོད།།
དེ་བརྒྱད་དཔག་ཚད་ཅེས་བྱའོ།།</td></tr>
</table>

གཞན་ཡང་། འཇིག་རྟེན་ཆགས་ལུགས་ཀྱི་ལེའུ་ལས་དཔལ་དུས་ཀྱི་འཁོར་ལོའི་རྒྱུད་ཀྱི་ནང་དོན་དང་འབྲེལ་བའི་ཚན་པ་ཡང་མི་ཉུང་བ་ཞིག་ཐོན་ཡོད་དེ། རྒྱུད་འདི་ཉིད་ནི་དུས་རབས་བཅུ་གཅིག་པ་ནས་བཟུང་སྔ་ཕྱིར་བོད་ཡིག་ཏུ་ཐེངས་བཅུ་བཞི་ཙམ་བསྒྱུར་ཅིང་།[91] དུས་རབས་བཅུ་བཞི་པའི་དུས་མཇུག་ནས་བཟུང་། དཔལ་ལྡན་ས་སྐྱ་བ་དང་རི་བོ་དགེ་ལྡན་པ་ལྟ་བུའི་སངས་རྒྱས་ཆོས་ལུགས་ཀྱི་གྲུབ་མཐའ་ཁག་ཏུ་དཔལ་དུས་ཀྱི་འཁོར་ལོའི་བཤད་སྒྲུབ་ཀྱི་ལུགས་སྲོལ་རྒྱ་ཆེར་དར་ཡོད། དུས་རབས་བཅོ་བརྒྱད་པའི་ནང་། ཀླུ་ཆུའི་རྒྱུད་དུ་དུས་འཁོར་གྲྭ་ཚང་གསར་དུ་བཙུགས་པ་ནས་བཟུང་རྒྱུད་འདིའི་འཆད་ཉན་ནི་ཅོ་ནེའི་ཡུལ་དུ་དར་ཁྱབ་ཆེན་པོ་བྱུང་ཡོད་པ་དང་།[92] དེ་བཞིན་དུ། ཅོ་ནེའི་ཡུལ་གྱི་གྲོང་སྡགས་པ་རྣམས་ཀྱིས་རྒྱུན་སྤྱོད་ཀྱི་དུས་འཁོར་སྒྲུབ་གཞུང་དེའང་རྗེ་བཙུན་

གྲགས་པ་བཤད་སྒྲུབ་མཆོག་གིས་མཛད་པར་གྲགས། ཡིན་ནའང་། དུས་འཁོར་དང་འབྲེལ་བའི་བརྗོད་བྱའི་ཚན་པ་འདི་དག་ནི་ཡུལ་ལུང་འདིར་དུས་འཁོར་གྱི་འཆད་ཉན་མ་དར་གོང་། ས་སྐྱ་པའི་ལུགས་འཛིན་པའི་གྲྭ་པའམ་བཤད་པའི་གླུ་པ་རྣམས་ཀྱིས་དུས་རབས་བཅོ་བརྒྱད་པའི་སྔོན་དུ་བཅོས་སྒྲིག་མཛད་པ་ཞིག་ཀྱང་ཡིན་ངེས་པ་རེད།[93]

བཤད་པའི་བརྗོད་བྱ་ཁག་ཏུ་དམ་པའི་ཆོས་ཀྱི་ལྷ་དགོངས་ཀྱི་ཤེས་བྱ་རྣམས་སྙིང་པོར་བཟུང་བར་མ་ཟད། ལོ་རྒྱུས་དང་འབྲེལ་བའི་བརྗོད་བྱའི་སྐོར་རྣམས་ཏེ། བྱེ་བྲག་ཏུ་བཤད་ན་བཤད་པའི་ནང་གི་འཇིག་རྟེན་ཆགས་ལུགས་དང་། བློན་པོ་མགར་སྟོང་བཙན། བཙན་པོའི་གདུང་རབས། བོད་ཀྱི་རིགས་རུས། སངས་རྒྱས་བསྟན་པའི་བྱུང་བ་སོགས་ནི་གཏེར་མའི་བསྟན་བཅོས་ཀྱི་ནང་དོན་དང་ཆ་ཡོངས་སུ་མཚུངས། དཔེར་ན་དུས་རབས་བཅུ་གཉིས་པར་བྱུང་བའི་མ་ཎི་བཀའ་འབུམ་དང་། བཀའ་ཆེམས་བཀའ་ཁོལ་མ། དུས་རབས་བཅུ་བཞི་པར་བྱུང་བའི་བཀའ་ཐང་སྡེ་ལྔ་བཅས་ཀྱི་འབྲེལ་ཡོད་བརྗོད་བྱ་དང་ཡོངས་སུ་མཐུན་ཞིང་། ཡང་འབྲེལ་ཡོད་ཀྱི་བརྗོད་བྱའི་ཚན་པ་དེ་རྣམས་ནི་སྤྱི་ལོ་༡༣༢༢ལ་བརྩམས་པའི་བུ་སྟོན་ཆོས་འབྱུང་དང་། དུས་རབས་བཅུ་བཞི་པའི་རྒྱལ་རབས་གསལ་བའི་མེ་ལོང་དང་དེབ་ཐེར་དམར་པོ། སྤྱི་ལོ་༡༤༣༤ལ་བརྩམས་པའི་རྒྱ་བོད་ཡིག་ཚང་ཆེན་མོ། སྤྱི་ལོ་༡༥༣༨ལ་བརྩམས་པའི་དེབ་ཐེར་དམར་པོ་གསར་མ་དང་། དུས་རབས་བཅུ་དྲུག་པར་བྱུང་བའི་ཆོས་འབྱུང་མཁས་པའི་དགའ་སྟོན་གྱི་འབྲེལ་ཡོད་བརྗོད་བྱ་ཁག་དང་རྒྱུན་ཡོངས་སུ་མཐུན། དེའི་ཕྱིར། བཤད་པ་ལྷ་བུའི་དག་རྒྱུན་རྩོམ་རིག་དང་ཡིག་ཐོག་རྩོམ་རིག་བར་གྱི་འབྲེལ་བ་དང་ཐོག་མཐའ་གང་ཞིག་ཡིན་མིན་ནི་ཤིན་ཏུ་མི་ངེས་ཕྱིར་ཆ་མི་འཚལ་ལོ།།

དེ་དག་ལས་བཤད་པའི་ལུས་ཀྱི་ཆ་དབྱིབས་དང་ཡོངས་སུ་མཚུངས་པའི་ཡིག་ཐོག་གི་བསྟན་བཅོས་ཤིག་ཡོད་པ་ནི། དུས་རབས་བཅོ་ལྔ་པར་བྱུང་བར་གྲགས་པའི་བཤད་མཛོད་ཡིད་བཞིན་ནོར་བུ་ཡིན། དེ་ནི་དོན་དམ་སྨྲ་བའི་སེང་གེ་ཞེས་པ་ཞིག་གིས་བོད་ཤར་ལྷོའི་ཕྱོགས་ཀྱི་ཡུལ་ཁམས་ཆེན་མོར་མངའ་དབང་བསྒྱུར་བའི་གདུང་རྒྱུད་ཀྱི་ཁྱིམ་ཚང་གཅིག་ལ་ཆེད་དུ་བརྩམས་པར་བཞེད་ཅིང་། བརྗོད་བྱའི་དོན་གྱི་ངོས་ནས་མཁས་པ་ལ་འཇུག་པའི་སྒོ་ལྷ་བུའི་གྲྭ་པའི་སྡེ་ལ་མ་ཡིན་པར། འཇིག་རྟེན་ཁྱིམ་པ་རྣམས་ལ་དམིགས་པ་ཞིག་དང་། ཁ་གསལ་གོ་བདེའི་རྗོད་བྱེད་ཀྱི་ལམ་ནས་སངས་རྒྱས་ཆོས་ལུགས་ཀྱི་ལྷ་དགོངས་དང་། བོད་ཀྱི་སྤྱི་ཚོགས་མི་ཆོས་ཀྱི་ཤེས་བྱའི་རྣམ་གཞག་ཡོངས་སུ་བསྡུས་ཡོད་པའི་ཤེས་བྱའི་རིག་མཛོད་རིགས་ཀྱི་བསྟན་བཅོས་ཤིག་རེད།[94] ཡིན་ནའང་། བོད་ཀྱི་སྲོལ་རྒྱུན་གྱི་ལོ་རྒྱུས་སུ་རིག་གནས་ཅན་ཕལ་ཆེ་བ་ནི་གྲྭ་པའི་སྡེ་ལ་གནས་ཕྱིར། མདོ་སྨད་ཅོ་ནེའི་ཡུལ་དུ་གྲྭ་པ་རྣམས་ཀྱིས་བཤད་པའི་བརྗོད་བྱ་ལ་སྒྲིག་བཅོས་ཅི་རིགས་ཤིག་མཛད་ཡོད་པ་ཇི་བཞིན་དུ། བཤད་མཛོད་ཡིད་བཞིན་ནོར་བུ་ཡང་དེ་བཞིན་དུ་གྲྭ་པ་གཙོ་བོར་གྱུར་བའི་ཁོར་ཡུག་ཏུ་བརྒྱུད་ནས་ཁྱབ་པ་ཞིག་ཡིན་པར་ངེས།

བཤད་མཛོད་ཡིད་བཞིན་ནོར་བུ་ལས་སངས་རྒྱས་ཆོས་ལུགས་ཀྱི་འཇིག་རྟེན་ཆགས་ལུགས་དང་འབྲེལ་བའི་ལྷ་གྲུབ་ཀྱི་སྐོར་མང་ཙམ་དང་། དེ་ནས་བོད་ཀྱི་ལྷ་རབས་དང་། བཙན་པོའི་གདུང་རབས། ཡུལ་གྱི་ས་བཅད། སྐད་དང་ཡི་གེ། བོན། སྨན། རྩིས། གླུ་ཡི་སྐོར་སོགས་བརྗོད་གཞི་ཕུན་སུམ་ཚོགས་པ་ཞིག་འདུས་ཤིང་། (དཔེ་ཐུ་རིས་གཉིས་པ།) བརྗོད་གཞི་རེ་རེ་དང་འབྲེལ་བའི་རྗོད་བྱེད་ཀྱི་ཚན་པ་རེ་རེ་ནི་དྲི་བ་དྲིས་ལན་གྱི་རྣམ་པར། ཚིགས་བཅད་ཀྱི་ལམ་ནས་སྤེལ་སྦྱོར་དང་སྦྱར་ཏེ་ཡོངས་སུ་གྲུབ་ཡོད། དེ་ནི་བོད་ཀྱི་དག་རྒྱུན་རྩོམ་རིག་དང་ཡིག་ཐོག་རྩོམ་རིག་གཉིས་གཅིག་ཏུ་འདུས་ཏེ་གྲུབ་པ་ཞིག་ཡིན་པར་གསལ་ཏེ། གཤམ་གསལ་ལྟར་ན། བཤད་མཛོད་ཡིད་

བཞིན་ནོར་བུ་ཡི་བརྗོད་གཞི་ཁག་གི་ཆ་དབྱིབས་ནི་བཤད་པའི་བརྗོད་དོན་ཁག་དང་མཐུན་ཞིང་། ནང་དོན་གྱི་ཐད་ནས་ཁྱད་པར་ཅུང་རེ་ཡོད་པ་ལས། སྤྱི་ཡི་ཆ་ནས་དེ་གཉིས་ཀྱི་བར་དུ་འབྲེལ་བ་ཟབ་མོ་ཞིག་ཡོད་པ་ནི་ཤིན་ཏུ་མངོན་གསལ་རེད།

དཔེའུ་རིས་གཉིས་པ། བཤད་མཛོད་ཡིད་བཞིན་ནོར་བུ་དང་བཤད་པའི་བརྗོད་བྱ་བསྡུར་བ།

བཤད་མཛོད་ཡིད་བཞིན་ནོར་བུ།	བཤད་པ།
ཕྱི་སྣོད་ཀྱི་འཇིག་རྟེན་ཆགས་ཚུལ།	ཕྱི་སྣོད་འཇིག་རྟེན།
འཇིག་རྟེན་མདོར་བསྡུས་བཤད་པ།	
སྟོང་གསུམ་ཉི་ཟླུ་ཆུ་ལྷ།	
འཇིག་རྟེན་གྱི་མིང་བསྟན་པ།	
དཀྱིལ་འཁོར་རྣམ་གསུམ།	དཀྱིལ་འཁོར།
རིའི་རྒྱལ་པོ་རི་རབ།	རི་ཡི་རྒྱལ་པོ།
གསེར་གྱི་རི་བདུན།	གསེར་གྱི་རི་བདུན།
རོལ་བའི་མཚོ་བདུན།	རོལ་བའི་མཚོ་བདུན།
རྒྱ་མཚོ་ཆེན་པོ།	ཕྱིའི་རྒྱ་མཚོ་ཆེན་པོ།
ལྕགས་རི་ནག་པོ།	ཕྱི་ལྕགས་རི་ནག་པོ།
གླིང་བཞི་གླིང་ཕྲན།	གླིང་བཞི་དང་གླིང་ཕྲན།
ཉི་ཟླ་སྐར་གསུམ།	ཉི་ཟླ་སྐར་གསུམ།
ལྷ་ཆེན་སུམ་སུ་རྩ་གསུམ།	
ནམ་མཁར་རྟེན་པའི་ལྷ།	
ཆགས་གནས་འཇིག་སྟོང་།	འཇིག་པ།
ཡུན་གྱི་ཚད།	ཉི་མ་རིང་ཐུང་།
	དཔག་ཚད་ཀྱི་བརྩི་ཚུལ།
ནང་བཅུད་ཀྱི་སེམས་ཅན་གནས་ཚུལ།	ནང་བཅུད་སེམས་ཅན།
འགྲོ་བ་རིགས་དྲུག	སེམས་ཅན་འགྲོ་བ་རིགས་དྲུག

བཤད་མཛོད་ཡིད་བཞིན་ནོར་བུ།	བཤད་པ།
དམྱལ་ཁམས་བཅོ་བརྒྱད།	
ཡི་དྭགས།	
བྱོལ་སོང་།	
ལྷ་མ་ཡིན།	
གླིང་བཞི་མི།	གླིང་བཞི་པོ།
བསྐལ་བ་དང་པོའི་མི།	སྔོན་བསྐལ་པ་དང་པོའི་མི།
བོད་ཁ་བ་ཅན་པའི་མི།	བོད་ཀྱི་མི་ཡི་ཕ་མ།
ལྷ།	ཁམས་གསུམ།
གོང་མ་རྗེ་ཡི་གདུང་རབས།	བློན་པོ་མགར་ཆེན།
རྒྱལ་པོ་སྡེ་བཞིའི་ལོ་རྒྱུས།	རྒྱལ་པོ་སུམ་ཅུ་རྩ་གཉིས།
བོད་གློ་བུར་རྒྱལ་པོ།	
བོད་ཁྲི་བསྐོར་རྒྱལ་པོ།	
འོག་མ་འབབངས་ཀྱི་མི་རབས།	
སྟོང་སྡེ་ཡུལ་གྱི་ས་བཅད།	
ལྷོ་འཛམ་བུ་གླིང་།	ལྷོ་འཛམ་བུ་གླིང་།
དམ་པའི་ཆོས་ཀྱི་བྱུང་ཚུལ།	ཁམས་ལ་བཅོ་བརྒྱད།
བོད་དུ་སངས་རྒྱས་བསྟན་པ་བྱུང་ཚུལ།	བོད་ཀྱི་སངས་རྒྱས་བསྟན་པ།
འབྱུང་རྩིས་གསལ་བའི་སྒྲོན་མེ།	སྐར་མ་སྐར་ཆེན་ཉེར་བརྒྱད།
	ཁྱིམ་བཅུ་གཉིས།
སྨེ་བ་དགུ།	སྨེ་བ་དགུ།
སྤར་ཁ་བརྒྱད	སྤར་ཁ་བརྒྱད།
ལོ་བཅུ་གཉིས།	ལོ་འཁོར་བཅུ་གཉིས།

བཤད་མཛོད་ཡིད་བཞིན་ནོར་བུ།	བཤད་པ།
མ་ཧཱ་གསེར་གྱི་རུས་སྦལ།	མ་ཧཱ་གསེར་གྱི་རུས་སྦལ།
འབྱུང་བ་ལྔ།	འབྱུང་བ་ལྔ།
གཡུང་དྲུང་བོན་གྱི་གཏན་ཚིགས།	
རྒྱུད་བཞི་སྨན་གྱི་ལོ་རྒྱུས།	
འཕྲིན་ལས་དབྱངས་རྟའི་འགྲེལ་བ།	
བརྗོད་བྱ་སྒྲ་ཡི་བསྟན་བཅོས།	
སྒྲ་བ་སྟོང་སྡེ་རུ་དར།	
སྐྱིད་རྟགས་མཚོན་པའི་བཀའ་མཆིད།	

དུས་རབས་བཅོ་བརྒྱད་པ་ནས་བྱུང་བའི་ལོ་རྒྱུས་ཀྱི་ཡིག་ཆ་ཁག་དང་། བཤད་པའི་གླུ་པ་རྣམས་ཀྱིས་རྗེ་བཙུན་གྲགས་པ་བཤད་སྒྲུབ་མཆོག་གིས་བཤད་པའི་སྐོར་ལ་བཅོས་སྒྲིག་མཛད་ཚུལ་གྱི་ལོ་རྒྱུས་ཐད་ལ་མགྲིན་པ་གཅིག་ཏུ་སྨྲ་བ་ལྟར། གཤམ་གྱི་དཔེའུ་རིས་གསུམ་པ་ལས་གསལ་བ་ལྟར་ན་བཤད་པའི་ནང་དོན་ལས་འབྱུང་རྩིས་སྐོར་གྱི་ཚན་པ་དང་། རྗེ་བཙུན་གྲགས་པ་བཤད་སྒྲུབ་མཆོག་གི་གསུང་འབུམ་ལས་འབྲེལ་ཡོད་བརྗོད་བྱ་རྣམས་བསྡུར་བ་ཙམ་བྱས་ཆེ་ཕྱོགས་ཀུན་ནས་མཐུན་པའི་ཆ་ཁ་ཤས་ཤིག་མཐོང་མོད་ཀྱང་། གསུང་འབུམ་ནང་གི་ཚན་པ་དེ་དག་ནི་རྗེ་བཙུན་གྲགས་པ་བཤད་སྒྲུབ་མཆོག་གིས་སྐབས་དེའི་བཤད་པའི་གླུ་ཚིག་ལས་བསྡུས་པ་ཞིག་ཡིན་ནམ། ཡང་ན་ཁོང་ཉིད་ཀྱིས་ཡིག་ཆ་གཞན་པ་ཞིག་གཞིར་བཟུང་ནས་བཤད་པའི་གླུ་པ་རྣམས་ལ་གསར་དུ་བསྒྲིགས་པ་ཞིག་ཡིན་ངེས་པ་དང་། དེ་བཞིན་དུ་ཕྱི་རབས་ཀྱི་གླུ་པ་རྣམས་ཀྱིས་རྗེ་བཙུན་གྲགས་པ་བཤད་སྒྲུབ་མཆོག་གི་གསུངས་ལས་བསྡུས་པ་ཞིག་ཀྱང་ཡི་ན་སྲིད་པས། ཤིན་ཏུ་ཁ་མཆོན་གཅོད་དཀའ་བས་འབྱུང་འགྱུར་དཔྱད་པར་རིགས་སོ།།

དཔེའུ་རིས་གསུམ་པ། བཤད་པ་དང་རྗེ་བཙུན་གྲགས་པ་བཤད་སྒྲུབ་ཀྱི་གསུང་འབུམ་ལས་གསལ་བའི་
སྤྲར་ཁ་སྒྲི་བའི་སྐོར་བསྡུར་བ།[95]

བཤད་པ།[96]	གྲགས་པ་བཤད་སྒྲུབ།
ལི་མེ་ཁོན་ས་དྲ་ལྷགས་དང་།།	སྤྲར་ཁ་ལི་མེ་གོན་ས་དང་།།
ཁེན་གནམ་ཁམ་ཆུ་གིན་རི་དང་།།	དྲ་ལྷགས་ཁེན་གནམ་ཁམ་ཆུ་དང་།།
ཟིན་ཤིང་ཟོན་ རླུང་དེ་དག་ཀྱང་།།	གིན་རི་ཟིན་ཤིང་ཟོན་རླུང་ངོ་།།
སྤྲར་ཁ་བརྒྱད་པོ་ཆགས་ཚུལ་ཡིན།།	འོན་ཀྱང་ཕྱོགས་ཀྱི་སྤྲར་ཁ་ནི།།

བཤད་པ།[96]	གྲགས་པ་བཤད་སྒྲུབ།
……	
སྨེ་བ་དགུ་པོ་བརྩི་ཚུལ་ནི།།	སྨེ་བའི་ཆད་ལུགས་བསྟན་པ་ནི།།
གཅིག་དཀར་དྲུག་དཀར་བརྒྱད་དཀར་ལྷུགས།།	གཅིག་དཀར་དྲུག་དཀར་བརྒྱད་དཀར་ལྷུགས།།
གཉིས་ནག་གསུམ་མཐིང་ཚ་ཡིན་ལ།།	གཉིས་ནག་སུམ་མཐུང་ཚ་ཡིན་ལ།།
བཞི་ལྗང་ཤིང་སྔོ་ལྔ་སེར་ས།།	བཞི་ལྗང་ཤིང་སྔོ་ལྔ་སེར་ས།།
བདུན་དམར་དགུ་སྨུ་མེན་མེ་ཡིན།།	བདུན་དམར་དགུ་དམར་མེ་ཡིན་ནོ།།

ཡིན་ནའང་། ད་སྐབས་ཤེས་པ་ནི། དཔལ་ཡུལ་ལམ་བོད་ཡུལ་དུ་འབོད་པའི་ཡུལ་ནས་འབྱུངས་ཤིང་། ལྷ་ལྡན་ཞིང་ནས་དགེ་བཤེས་ལྷ་རམས་པའི་མཚན་གནས་བཞེས་རྗེས་ཙོ་ནེ་དགོན་ཆེན་གྱི་ཁྲི་འཛིན་༡༡༣པར་ཕེབས་སྐྱོང་བའི་བློ་བཟང་བསྟན་འཛིན་མཆོག་གིས། དུས་རབས་བཅུ་དགུ་པའི་ནང་བཤད་པའི་དག་རྒྱུན་རྣམས་ཡིག་ཐོག་ཏུ་ཕབ་ཅིང་བསྒྲིགས་ཏེ་ཇེ་རྒྱས་སུ་བཏང་བ་ལས་བཤད་པའི་ཐོ་ཡིག་ཅེས་པའི་དེབ་གཅིག་ཏུ་གྲུབ། མ་དཔེ་དེར་གཞི་བཅོལ་ཏེ། ཕྱི་ལོ་༡༦༨༠ལ་ཙོ་ནེ་རྫོང་གི་ ་གཞུང་བྱེད་མི་སྣ་ཁག་ཅིག་གིས་སྒྲུམ་པར་དུ་བཏབ་པར་བཤད། འོན་ཀྱང་། རྒྱུས་ཡོད་མི་སྣ་གཞན་པ་ཁག་གི་བཤད་སྒྲོས་སུ། སྒྲུམ་པར་གྱི་མ་དཔེ་དེ་ནི་ཙོ་ནེ་དགོན་ཆེན་གྱི་ཁྲི་པ་༡༡༩པ་རྗེ་རོལ་དཔོན་སློབ་དག་དབང་ཐབས་མཁས་མཆོག་གིས་བཤད་པའི་ཐོ་ཡིག་དེ་ཉིད་ཡོངས་སུ་བསྒྲུས་པའི་ཐོག རིའི་རྒྱལ་པོ་རི་རབ་དང་སངས་རྒྱས་བསྟན་པའི་བྱུང་རབས་རྣམས་སྣོན་ཏེ་གྲུབ་པར་བཤད། གང་ལྟར་དགེ་ལྡན་པའི་གྲྭ་པ་འདི་དག་གིས་སངས་རྒྱས་ཆོས་ཀྱི་དགོངས་དོན་ལྟར་བཤད་པའི་བརྗོད་བྱར་བཅོས་སྒྲིག་མཛད་དོན་ཡང་། ཡུལ་ལུང་དེར་ཕྱོགས་ཡོང་ནས་བསྟན་པ་སྤེལ་བའི་དོན་དུ་ཡིན་པར་བསམས་ལ། ཁོང་ཚོས་བཅོས་སྒྲིག་མཛད་པའི་མ་དཔེ་དེ་ཡིས་ད་སྔའི་བར་གྱི་བཤད་པའི་དག་རྒྱུན་གྱི་རྒྱུན་འཛིན་ལ་ཤུགས་རྐྱེན་ཆེན་པོ་ཐེབས་ཡོད།

དགེ་ལྡན་པའི་གྲྭ་པ་རྣམས་ཀྱིས་བཅོས་སྒྱུར་མཛད་ཡོད་པའི་བཤད་པའི་རྩོམ་རིག་ནི། དག་རྒྱུན་དང་ཡིག་ཐོག་གི་རྣམ་པ་གཉིས་ལ་བརྟེན་ནས་ད་སྔའི་བར་དུ་མུ་མཐུད་དུ་འཕེལ་བའི་རྒྱུན་དུ་གནས་ཡོད་ཅིང་། བཤད་པའི་གླུ་པ་ཁག་གིས་ཀྱང་ཁོང་ཅག་གིས་གྲྭ་པ་རྣམས་ལས་འཇིག་རྟེན་ཆགས་རབས་ཀྱི་བརྗོད་བྱ་རྣམས་ཡོངས་སུ་བསླབས་པ་དང་། སྐབས་རེར་དོགས་གནད་ཅན་དང་རྩོད་གཞི་ཅན་གྱི་སྐོར་ནི་གྲྭ་པ་རྣམས་ལ་བཀའ་འདྲི་ཞུས་ཏེ་འབྲེལ་ཡོད་བསྟན་བཅོས་རྣམས་སུ་རྩད་ཞིབ་བྱེད་པར་བཤད། ཕྱི་ལོ་༢༠༡༨ལ་གྲྭ་པ་ནས་སྐྱ་སར་བབས་ཡོད་པ་ཞིག་བཤད་པའི་ཡིག་ཆ་བསྡུ་ལེན་ལ་སྦྱོ་བ་འཕེལ་ཏེ། མང་ཚོགས་ཀུན་ནས་བཤད་པའི་བརྗོད་བྱའི་སྐོར་ལ་གོ་རྟོགས་ལེགས་པར་ཡོང་བའི་ཆེད། བཤད་པའི་བརྗོད་གཞི་ལས་སངས་རྒྱས་ཆོས་ལུགས་ཀྱི་འཇིག་རྟེན་ཆགས་ལུགས་དང་འབྲེལ་བའི་སྐོར་རྣམས་ངོ་སྤྲོད་བྱེད་པའི་སློབ་ཁྲིད་ཀྱང་དྲ་ལམ་ནས་སྤེལ་ཡོད་པ་རེད།

གོང་གི་བསྡུར་དཔྱད་ཙམ་ལས། བཤད་པའི་བརྗོད་བྱ་ལས་འཇིག་རྟེན་ཆགས་ལུགས་དང་། བོད་ཀྱི་རྒྱལ་རབས། བསྟན་པའི་བྱུང་རབས། རྒྱ་བཟའ་གོང་ཇོ་ཡི་ཚན་པ་རྣམས་ནི་བོད་ཀྱི་ནང་པའི་མདོ་རྒྱུད་དང་མཛད་

གཞུང་། ལོ་རྒྱུས་བསྟན་བཅོས་དང་ཕྱོགས་ཀུན་ནས་འབྲེལ་ཆགས་ཡོད་པ་ནི་ཤིན་ཏུ་གསལ། དེ་ལས་བོད་ཀྱི་ངག་རྒྱུན་རྩོམ་རིག་དང་ཡིག་ཐོག་རྩོམ་རིག་གཉིས་གཞི་གཅིག་ཏུ་ཆགས་ནས་རྒྱུན་དམ་དུ་གྲུབ་ཡོད་པའི་གནས་ཚུལ་ནི་ཞིབ་ཏུ་རྟོགས་ཐུབ། ཡིན་ནའང་དེ་ཙམ་གྱིས་རྩོམ་རིག་གི་བསྟན་བཅོས་དེ་དག་གི་སྔ་ཕྱིའི་གོ་རིམ་ལ་ཨུ་ཚུགས་དང་རྩད་ཞིབ་བྱེད་པ་ནི་ངལ་བའི་རྒྱུ་ལས་མ་ཟད་པས། འདིར་རེ་རེ་བཞིན་འགོད་དོན་ཡང་། ང་ཚོས་བོད་ཀྱི་ངག་རྒྱུན་རྩོམ་རིག་དང་ཡིག་ཐོག་རྩོམ་རིག་བར་གྱི་འབྲེལ་ལམ་གྱི་སྐོར་ལ་ཐུགས་སྣང་འཇོག་པའི་ཆེད་དུ་ཡིན།

བོད་ཀྱི་ངག་རྒྱུན་རྩོམ་རིག་དང་ཡིག་ཐོག་རྩོམ་རིག་གི་རྒྱུན་གཅིག་ཏུ་གྲུབ་པ།

བཤད་པར་བོད་ཀྱི་ངག་རྒྱུན་རྩོམ་རིག་དང་ཡིག་ཐོག་རྩོམ་རིག་གཉིས་ཀྱི་རྒྱུན་ཅིག་ཅར་དུ་གྲུབ་ཡོད་ཚུལ་ནི། གོང་དུ་ལྡེའུ་དང་གཏམ་ལྷ་བུའི་རིགས་དང་རྣམ་པ་མི་གཅིག་པའི་ངག་རྒྱུན་རྩོམ་རིག་རྣམས་ནི་བཤད་པའི་ནང་དོན་དུ་ཅི་ལྟར་དུ་མངོན་ཡོད་པ་དང་། དེ་བཞིན་དུ་ཡིག་ཐོག་རྩོམ་རིག་གི་འབྲེལ་ཡོད་ནང་དོན་ཁག་དང་བཤད་པའི་བརྗོད་བྱའི་སྐོར་གྱི་འབྲེལ་བ་ལ་ངོ་སྤྲོད་ཞུས་པ་ལྟར། འདིར་བོད་ཀྱི་ངག་རྒྱུན་དང་ཡིག་ཐོག་རྩོམ་རིག་གི་འབྲེལ་བ་དང་དེའི་སྣང་ཚུལ་གྱི་སྐོར་ལ་མཐོང་སྣང་གསར་པ་ཞིག་གི་ངོས་ནས་ལྟ་དགོས་པ་གལ་ཆེ་བར་མཐོང་། ད་སྔའི་བར་གྱི་ཉམས་ཞིབ་ཀྱི་དཔྱད་འབྲས་ཕལ་ཆེ་བ་ནི། ངག་རྒྱུན་རྩོམ་རིག་གིས་ཡིག་ཐོག་རྩོམ་རིག་གི་བྱུང་འཕེལ་ལ་ཤུགས་རྐྱེན་ཐེབས་ཚུལ་ལས། ཡིག་ཐོག་རྩོམ་རིག་གིས་ངག་རྒྱུན་རྩོམ་རིག་ལ་ཐེབས་པའི་ཤུགས་རྐྱེན་དང་འབྲེལ་བའི་དཔྱད་ཞིབ་ནི་ཤིན་ཏུ་དཀོན།[97] ཡིན་ནའང་ངག་རྒྱུན་དང་ཡིག་ཐོག་རྩོམ་རིག་བར་གྱི་རྟེན་འབྱུང་གི་འབྲེལ་བ་དེ་ནི། བོད་ཙམ་དུ་མ་ཟད་ཡུལ་ཁམས་ད་གཞན་དུའང་དེ་བཞིན་གནས་ཡོད་པ་ཞིག་རེད།[98] དཔེར་ན་དེང་གི་དུས་སུ་གེ་སར་རྒྱལ་པོའི་སྒྲུང་པ་ཁག་གིས་ངག་རྒྱུན་དང་ཡིག་ཐོག་གི་དོན་སྒྲུང་དང་ཐོས་སྒྲུང་ལ་སྒྲུང་བ་བྱེད་བཞིན་པ་དང་།[99] ཡང་ན་ཡིག་ཐོག་གི་བསྟན་བཅོས་ལ་བརྟེན་ནས་ངག་ཐོག་གི་སྒྲུང་གི་གྱེར་ལེན་རྒྱུན་འཛིན་བྱེད་བཞིན་པའི་དབྱི་རིགས་ཀྱི་ནཱུ་སོའི་བྱུང་རབས་(诺苏起源)ཀྱི་གནས་ཚོད་ལྟ་བུ་རེད།[100] དེ་བཞིན་དུ་བཤད་པའི་རྩོམ་རིག་འདི་ཉིད་ཀྱང་ངག་རྒྱུན་དང་ཡིག་ཐོག་གི་རྒྱུན་ཅིག་ཅར་དུ་གྲུབ་ཡོད་ཚུལ་ལ་བརྟེན་ནས་འཛིན་སྐྱོང་བྱས་དང་བྱེད་བཞིན་པ་ལགས་སོ།།

གང་ལྟར་ངག་རྒྱུན་རྩོམ་རིག་གི་ངེས་གཏན་མ་ཡིན་པ་དང་། འཆར་ཡན་རང་བཞིན་གྱི་ཁྱད་ཆོས་གཉིས་ནི་གཅིག་ཕན་གཅིག་གྲོགས་ཀྱི་དབང་དུ་སོང་ནས། བཤད་པའི་ངག་རྒྱུན་གྱི་འཕེལ་ཁ་མུ་ནས་མུ་ཏུ་འདེད་བཞིན་ཡོད་པ་རེད། དཔེར་ན། བོད་ཀྱི་ལོ་རྒྱུས་བསྟན་བཅོས་རྣམས་སུ། སྲོང་བཙན་སྒམ་པོ་དང་རྒྱ་བཟའ་ཀོང་ཇོ་ཡི་གཉེན་འབྲེལ་ནི་བོད་ཀྱིས་ཤེས་རིག་ནང་འདྲེན་གྱི་མཚོན་རྟགས་ཤིག་ཏུ་ངོས་འཛིན་བྱེད་བཞིན་ཡོད་པ་ལྟར། མདོ་སྨད་ཁྲི་ཀའི་ཡུལ་གྱི་གཉེན་སྟོན་དུ་གཏམ་རྒྱུད་དེ་ཉིད་ནི་གཉེན་སྟོན་གྱི་དཔེ་སྲོལ་ལྟ་བུར་གྱེར་སྲོལ་ཡོད་ན་ཡང་།[101] མདོ་སྨད་ཅོ་ནེའི་ཡུལ་གྱི་གཉེན་སྟོན་གྱི་སྐབས་ལ་བློན་པོ་མགར་ཆེན་གྱི་ལེའུ་ལས། བཙན་པོ་དང་རྒྱ་བཟའི་གཉེན་འབྲེལ་སྐོར་གྱི་ལོ་རྒྱུས་བྱུང་བ་དང་སངས་རྒྱས་བསྟན་པའི་བྱུང་རབས་ཀྱི་ནང་དོན་ནི་ཤིན་ཏུ་ཉུང་ཞིང་། བརྗོད་བྱ་གཙོ་བོ་ནི་བློན་ཆེན་མགར་སྟོང་བཙན་(?–༦༦༧)གྱིས་རྒྱ་བཟའ་ཞུ་བའི་ཆེད་དུ་རང་གི་

བློ་སྦྱོང་བས་ཀྱི་རྩལ་ལ་བརྟེན་ནས། དཀའ་ངལ་རབས་དང་རིམ་པ་ཞིག་སྔ་ཕྱིར་གཏོང་གིས་བླངས་ཤིང་ཁྲིད་དུ་སེལ་བའི་མཛད་པ་ལ་བསྟོད་སྒྲུ་ལེན་བཞིན་ཡོད་པ་རེད། འདི་ལྟ་བུའི་ངག་རྒྱུན་རྩོམ་རིག་གི་ངེས་གཏན་མ་ཡིན་པའི་རང་བཞིན་གྱིས། བརྗོད་གཞི་གཅིག་ཙང་ཡུལ་དུས་ཐ་དད་ཀྱི་དབང་གིས་གཏམ་རྒྱུད་ཀྱི་རྣམ་པ་སྣ་ཚོགས་ཤིག་ཏུ་འཕོ་འགྱུར་བྱུང་ཚུལ་ཞིག་ཕྱི་རུ་མངོན་ཡོད། དེའི་ཕྱིར། འཕོ་འགྱུར་རང་བཞིན་ནི་བོད་ཀྱི་ངག་རྒྱུན་རྩོམ་རིག་རྒྱུ་མཐུད་དུ་གནས་ཤིང་འཕེལ་རྒྱས་སུ་འགྲོ་ནུས་པའི་འཕར་རྩ་ལྟ་བུར་གྱུར་ཡོད།

བཤད་པའི་བརྗོད་བྱའི་དོན་སྙིང་།

དེའང་བཤད་པའི་བརྗོད་བྱའི་སྐོར་ལ་བརྟག་དུས། དེ་ནི་ངག་ལ་བརྗོད་བདེ་བའི་བོད་ཀྱི་སྙན་ངག་རྩོམ་རིག་གི་རྣམ་པ་ཙམ་ཞིག་མ་ཡིན་པར་བོད་ཀྱི་སྲིད་པ་ཆགས་རབས་དང་། གཏམ་རྒྱུད་ཀྱི་བྱུང་རབས། ཆོས་ལུགས་དང་མོས། ཚོ་ག་ལུགས་སྲོལ་སོགས་ཡོངས་སུ་འདུས་པའི་བང་མཛོད་ལྟ་བུ་ཞིག་རེད། དཔེར་ན་གླུ་ཚིག་ཏུ་རྨ་ཆེན་སྤོམ་ར་དང་འོ་ཐང་མཚོ་ལྟ་བུའི་ཡུལ་མིང་དང་ས་མིང་སྦྲེལ་བ་ཙམ་གྱིས། བོད་ཀྱི་ཆོས་དང་རིག་གཞུང་གི་མཐོང་སྣང་ངོས་ནས་བོད་ཁམས་ཡོངས་ལ་ངོས་འཛིན་བྱེད་སྟངས་ཤིག་རང་ཤུགས་སུ་མངོན་ཡོང་ཞིང་། བོད་ཀྱིས་རྒྱ་དཀར་ནག་ནས་ཤེས་རིག་ནང་འདྲེན་བྱས་པ་ལ་ཡང་ནམ་རྒྱུན་རྒྱ་གར་ཆོས་ཀྱི་རྒྱལ་ཁབ་དང་རྒྱ་ནག་རྩིས་ཀྱི་རྒྱལ་ཁབ་ཅེས་འདྲེན་སྲོལ་ཡོད་པ་ལྟར།[102] གཙུག་ལག་རྩིས་ཀྱི་རིག་པའི་སྐོར་གྱི་བྱུང་བ་བརྗོད་དུས། སྟོད་རྒྱ་གར་ནས་དར་བའི་སྐར་རྩིས་ཀྱི་རིག་པ་ནི་སངས་རྒྱས་ཆོས་ཀྱི་བྱུང་རབས་དང་མཉམ་དུ་འབྲེལ་ཞིང་། སྨད་རྒྱ་ནག་ནས་དར་བའི་ཁམས་ལྔ་དང་། སྤར་ཁ་བརྒྱད་དང་སྨེ་བ་དགུ་ཡི་ནག་རྩིས་ནི་རྒྱ་བཟའ་ཀོང་ཇོ་དང་ཀོང་ཙེ་འཕྲུལ་གྱི་རྒྱལ་པོ་དང་འབྲེལ་བའི་གཏམ་རྒྱུད་ཁག་དང་མཉམ་དུ་བརྗོད་ཡོད།

ཡང་། བཤད་པ་ནི་ཏི་བོ་ཏི་མ་ལ་ཡའི་རི་རྒྱུད་ཀྱི་ཡུལ་ལུང་ཀུན་ལ་ཐུང་མོང་དུ་དབང་བའི་རིག་གནས་ཀྱི་སྣང་ཚུལ་ཁག་ལ་དཔྱད་ཞིབ་བྱེད་པའི་ལྡེ་མིག་ལྟ་བུར་གྱུར་ཡོད་ཚུལ་ལ། དཔེར་ན། བོད་ཀྱི་ལྷ་རབས་དང་ཚེ་གའི་ནང་མཚོན་བྱེད་གལ་ཆེན་ཞིག་ཏུ་གྱུར་ཡོད་པའི་ཕ་ཝང་ནི་ཤེས་པ་སྣ་དགུ་དང་ལྡན་ཞིང་། འབྲུག་པ་ཡོད་དགུ་བཅོས་པའི་སྣང་བརྙན་ཞིག་ཏུ་མངོན་ཡོད་པ་དང་།[103] བཤད་པའི་ཁྲུང་རབས་ཀྱི་ལེའུ་ཚན་དུ་ཕ་ཝང་དང་འབྲེལ་བའི་གཏམ་རྒྱུད་ནི་གཉན་འདུམ་ཞེས་པའི་སྲིད་པའི་ལྷ་བོན་གྱི་གཏོ་གཞུང་དུ་ཡང་གསལ། བཤད་པའི་འབྲེལ་ཡོད་ལེའུ་ཚན་དུ། ཕ་ཝང་ནི་བདུད་རྗེ་ནག་པོའི་ལག་ཏུ་ཤོར་བའི་ཁྲུང་དམར་པོ་འཚོལ་མཁན་གྱི་ལྷ་བྱ་གཙོ་བོ་ཞིག་ཡིན་ཞིང་། གཉན་འདུམ་དུ་ཕ་ཝང་ནི་ལྷ་བོན་རྣམས་ཐབས་ཟད་པའི་དུས་སུ་ལྷ་མི་གཉན་གསུམ་བར་གྱི་འབྲུག་པ་བཅོས་ཤིང་པོ་ལྷ་འཚོལ་མཁན་གྱི་ལྷ་བྱ་གཙོ་བོ་ཞིག་ཏུ་གྱུར་ཡོད།[104] དེ་བཞིན་དུ་འཇང་གི་སྟོན་པའི་ཆོས་གཞུང་ཕ་ཝང་དཀར་པོས་བསྟན་བཅོས་ཞུ་བའི་གཏམ་རྒྱུད་ཅེས་པ་ལས། ཀོད་དང་འཇོལ་མོས་ནམ་མཁའི་སྨན་མོ་ལ་བསྟན་བཅོས་ཞུས་ཤིང་མ་ཐུབ་པ་དང་། མཐར་ཕ་ཝང་གིས་ཞུས་ཕྱིར། འཇང་པ་རྣམས་ཀྱིས་ཕ་ཝང་ནི་འབྲུག་བཅོས་རྐྱེན་སེལ་གྱི་ལྷ་བྱ་ཞིག་ཏུ་ངོས་འཛིན་བྱེད་བཞིན་ཡོད་པའོ།།[105] དེའི་ཕྱིར། བཤད་པ་ནི་ཏི་བོ་ཏི་མ་ཡའི་རྒྱུད་ཀྱི་ཡུལ་ལུང་ཀུན་ལ་ཁྱབ་པའི་ཐུན་མོང་གི་རིག་གནས་སྣང་ཚུལ་ལ་རྟོག་ཞིབ་བྱེད་པའི་དཔྱད་གཞི་གལ་ཆེན་ཞིག་ཏུ་གྱུར་ཡོད་པ་རེད།

བཤད་པའི་བརྗོད་བྱའི་དོན་ནས་བལྟས་ན་ཆེས་ཐུན་མོང་མ་ཡིན་པའི་ཁྱད་ཆོས་ཤིག་ཡོད་པ་ནི། དེ་ཉིད་བོད་ཀྱི་སྤྱི་ཚོགས་འཕོ་འགྱུར་གྱི་བྱུང་བ་རིང་མོ་ཞིག་བརྒྱུད་ནས་རིམ་གྱིས་གྲུབ་པ་ཞིག་ཡིན་ཕྱིར། སྔ་རབས་བོད་ཀྱི་ཆོས་སྲིད་ལོ་རྒྱུས་ཀྱི་བྱུང་རབས་མངོན་ཐུབ་པར་མ་ཟད། ཡུལ་ལུང་ཐ་དད་པར་གནས་པའི་བོད་ཀྱི་ཆོས་ལུགས་དད་མོས་དང་རིག་གནས་ཀྱི་རྣམ་པ་དང་། ལོ་རྒྱུས་བྱུང་རབས་དང་འབྲེལ་བའི་ཐུན་མོང་གི་ལྟ་བ་ཞིག་ཀྱང་ཡོངས་སུ་རྒྱུན་འཛིན་བྱས་ཡོད་པ་རེད། དེ་ནི་བོད་ཀྱི་ལོ་རྒྱུས་བྱུང་རབས་ཀྱི་རིམ་པ་རེ་རེ་བཞིན་བརྒྱུད་དེ། སྔར་གྱི་སྲིད་པའི་ལྷ་བོན་དང་། གཡུང་དྲུང་བོན་གྱི་ལུགས། སངས་རྒྱས་ཆོས་ཀྱི་ལུགས་ཀྱི་ཤེས་བྱ་རྣམས་རིམ་གྱིས་མ་ལག་རང་བཞིན་དུ་ཆགས་ནས་གྲུབ་པ་ཞིག་རེད། དཔེར་ན་སྔ་རབས་ཀྱི་སྲིད་པའི་ལྷ་བོན་གྱི་དད་མོས་དང་འབྲེལ་བའི་གནས་ཚུལ་ཁག་གི་སྐོར་ལ་ཚ་གླུ་ཡི་ནང་དུ། མག་པ་ནི་བག་མ་བསུ་བར་འགྲོ་བའི་ལམ་ཁ་ནས་གཟའ་དང་བཙན་དང་ཐེའུ་རང་དང་ཐུག་ཕྱིར། དེ་རྣམས་རེ་རེ་བཞིན་དུ་བཏུལ་བའི་བརྒྱུད་རིམ་དང་། ཡང་ཁྱུང་གི་ལེའུར། ཁྱུང་ནི་སྒོ་ང་གཅིག་ལས་སྐྱེས་ཤིང་། སྒོ་ང་ནི་ལྷ་མི་གཤེན་གསུམ་སྟེ། ཡེ་སྨོན་རྒྱལ་པོ་དང་། སྨོན་མི་དབུ་ནག། ཡེ་གཤེན་དབང་རྫོགས་གསུམ་གྱིས་རྫས་བཅུ་གསུམ་སྤྲུལ་ནས་གྲུབ་པ་ཞིག་ཡིན་ཕྱིར། སྒོང་གི་སྟེང་འོག་བར་གསུམ་ནི་ལྷ་ཀླུ་གཉན་བཅས་སྲིད་པ་གསུམ་གྱི་དཔེ་རུ་བཀོད་ཡོད་པ་ལྟ་བུའོ།།

བྱ་ཡ་མཚན་ཆེ་བའི་སྒོ་ང་གན།།
སྒོང་ཐོག་ནས་བལྟས་ན་ཅི་ཞིག་རེད།།
སྒོང་འོག་ནས་བལྟས་ན་ཅི་ཞིག་རེད།།
སྒོང་ཐད་ཀར་བལྟས་ན་ཅི་ཞིག་རེད།།

སྒོང་ཐོག་ནས་བལྟས་ན་ལྷ་ཞིག་རེད།།
སྒོང་འོག་ནས་བལྟས་ན་གཉན་ཞིག་རེད།།
ཐད་ཀར་བལྟས་ན་ཀླུ་ཞིག་རེད།།
བྱ་ཡ་མཚན་ཆེ་བའི་སྒོ་ང་རེད།།

ཅེས་པ་འདི་ལས་སྲིད་པའི་ལྷ་བོན་གྱི་འཇིག་རྟེན་ལྟ་གྲུབ་མངོན་གསལ་ཞིག་མཚོན་ཡོད་ཅིང་། དེ་དང་ཆ་འདྲ་བའི་སྲིད་པའི་ཆགས་ལུགས་ནི་རུས་སྦལ་གྱི་ལེའུར་ཡང་ཐོན་ཡོད། དེ་ལྟ་བུའི་ལྷ་ཀླུ་གཉན་གསུམ་གྱི་འབྱུང་གསུམ་ལྟ་གྲུབ་དེ་ནི་རིམ་གྱིས་དཀར་ནག་དང་ལྟ་འདྲེ་གཉིས་སུ་དབྱེ་བའི་འབྱུང་གཉིས་ལྟ་གྲུབ་ཅིག་ཏུ་འཕོ་འགྱུར་བྱུང་སྟེ།[106] ཁྱུང་དང་རུས་སྦལ་གཉིས་ཀྱང་གནམ་ས་ཁ་འབྱེད་ལྟ་བུའི་འབྱུང་གཉིས་ལུགས་ཀྱི་མཚོན་བྱེད་དུ་གྱུར་ཡོད།

གནམ་ལ་ཕ་མེས་འོངས་བཤད་སྣང་།།
གནམ་ཡར་ལ་བཀུགས་མི་གང་རེད།།
ས་ལ་མ་མེས་འོངས་བཤད་སྣང་།།
ས་མར་ལ་མནན་མི་གང་རེད།།

གནམ་ཡར་ལ་བཀྱགས་མི་བཤད་རྒྱུ་ན།།
གནམ་ཡར་ལ་བཀྱགས་མི་ཁྱུང་ཆེན་རེད།།
གནམ་ཡར་ལ་བཀྱགས་མི་ཁྱུང་ཆེན་གན།།
གནམ་ཡར་ལ་ཐད་སེ་བཀྱགས་པ་རེད།།
ས་མར་ལ་མནན་མི་བཤད་རྒྱུ་ན།།
ས་མར་ལ་མནན་མི་རུས་སྦལ་རེད།།
ས་མར་ལ་མནན་མི་རུས་སྦལ་གན།།
ས་མར་ལ་འཛམ་སེ་མནན་པ་རེད།།

དེའང་སངས་རྒྱས་ཀྱི་བསྟན་པ་བོད་དུ་དར་བ་ནས་བཟུང་ནང་པའི་འཇིག་རྟེན་ཆགས་ལུགས་དང་འབྲེལ་བའི་ལྟ་གྲུབ་བོད་དུ་དར་ཡོད་པ་དང་། སངས་རྒྱས་ཆོས་ལུགས་དང་སྲིད་པའི་ལྟ་བོན་སོགས་བོད་ཀྱི་ཆོས་སྙིང་པའི་ལུགས་རྣམས་རིམ་གྱིས་འདྲེས་ནས། བོད་ཀྱི་བོན་ཐུགས་བན་གསུམ་གྱི་ཆོས་བརྒྱུད་གྲུབ་མཐའ་རྣམས་རིམ་གྱིས་གྲུབ་ཡོད་པ་རེད། དེའང་ཉམས་ཞིབ་པ་རྣམས་ཀྱིས་ཆོས་ཀྱི་ལུགས་འདི་དག་གི་བར་དུ་ཐུན་མོང་གི་ཆ་ཤིན་ཏུ་མང་པོ་ཞིག་ཡོད་པར་འདོད་པ་ལྟར།[107] བཤད་པའི་བརྗོད་བྱ་ཁག་ཏུ་དེ་ལྟ་བུའི་ཁྱད་ཆོས་ནི་གསལ་པོར་མངོན་ཡོད་དེ། དཔེར་ན། རུས་སྦལ་གྱི་ལེའུར། རུས་སྦལ་གྱི་མགོ་ལུས་མཇུག་གསུམ་ནི་བོད་ཀྱི་གྲོང་ཆོས་སུ་ཁྱབ་པའི་ལྷ་ཀླུ་གཉན་གསུམ་གྱི་ལྟ་བ་དང་སྦྱར་ནས་བརྗོད་ཡོད་པ་ཇི་བཞིན་དུ། སངས་རྒྱས་ཆོས་ཀྱི་ལུགས་སུ་བརྗོད་པའི་འཇམ་པའི་དབྱངས་དང་། ཐབས། ཤེས་རབ་ལྟ་བུའི་ཐ་སྙད་རྣམས་ནི་བཤད་པའི་བརྗོད་བྱར་ཡོངས་སུ་ཁེངས་ཡོད། དེའང་སངས་རྒྱས་ཆོས་ཀྱི་ལུགས་སུ་འཇམ་པའི་དབྱངས་ནི་རུས་སྦལ་འདུལ་བའི་ལྟ་ཞིག་ཏུ་སྤྲུལ་ནས། གསེར་གྱིས་མདའ་མོས་རུས་སྦལ་ལ་བརྒྱབ་སྟེ་རུས་སྦལ་ནི་ཁ་གནམ་ལ་གཏད་ཅིང་། རུས་སྦལ་གྱི་རུས་ནི་འཇིག་རྟེན་གྱི་གཞི་རྩ་གྱུར་བར་བཤད་པ་ལྟར།[108] གཡུང་དྲུང་བོན་གྱི་ལུགས་སུ་ཤེས་རབ་ཀྱི་ལྷ་སྨྲ་བའི་སེང་གེ་ནི་རུས་སྦལ་དུ་སྤྲུལ་ནས་འཇིག་རྟེན་གྱི་གཞི་རྩ་གྱུར་བའི་བརྗོད་ལུགས་ཤིག་གྲུབ་ཡོད་ཅིང་།[109] དུས་རབས་བཅུ་གསུམ་པ་ཡས་མས་སུ་བྱུང་བའི་བོན་གཞུང་ཀུན་འདུས་གོ་འབྱེད་ཅེས་པ་ལས་ལྷ་ཀུན་འདུས་གོ་འབྱེད་ཀྱིས་རུས་སྦལ་བཏུལ་ནས་འཇིག་རྟེན་གྱི་ཆགས་གཞི་རྩ་གྱུར་བའི་གཏམ་རྒྱུད་ཅིག་ཀྱང་བྱུང་ཡོད།[110] གང་ལྟར། གཅིག་ནས་འདིའི་རིགས་ཀྱི་བྱུང་རབས་ཀུན་ཏུ་རུས་སྦལ་ནི་འཇིག་རྟེན་གྱི་གཞི་རྩ་བརྗོད་བཞིན་ཡོད་པ་དང་། གཉིས་ནས་སངས་རྒྱས་ཆོས་དང་གཡུང་དྲུང་བོན་གྱི་བརྗོད་ལུགས་སུ་རུས་སྦལ་འདུལ་མཁན་ནི་སོ་སོའི་ལུགས་ཀྱི་ལྷ་ཞིག་ཡིན་པའི་སྣང་ཚུལ་འདི་ཙམ་ལས། ཕྱིར་བན་བོན་གྱི་ཆོས་རིག་ལྟ་གྲུབ་དང་ཚོ་ག་ཕྱག་ལེན་གྱི་ལུགས་རྣམས་ནི་མཉམ་འདྲེས་མཉམ་བསྲེས་སུ་གྱུར་ཡོད་པ་དང་། སྔོས་སུ་ལོ་རྒྱུས་ཀྱི་འཕེལ་ལམ་རིང་མོའི་ནང་། ཆོས་བརྒྱུད་སོ་སོས་རང་ལུགས་ཀྱི་བྱུང་རབས་ཤིག་ལེགས་པར་བསྒྲིགས་པར་བརྟེན་ནས། སྔ་རབས་བོད་ཀྱི་ཆོས་སྲིད་རིག་གཞུང་ལ་འཛིན་སྐྱོང་སྤེལ་གསུམ་བྱེད་ལུགས་ཀྱི་ནམ་པ་ཞིག་མངོན་ཡོད། དེ་ལྟར་ན། ང་ཚོས་བོད་ཀྱི་ལོ་རྒྱུས་བྱུང་རབས་ཀྱི་ཆ་དབྱིབས་ནི་ཅི་ལྟར་རིམ་གྱིས་འཕེལ་ཏེ་ཡོངས་སུ་གྲུབ་ཐུབ་པ་དང་། དེ་ལྟ་བུའི་བོད་ཀྱི་ཆོས་སྲིད་རིག་གནས་ཀྱི་སྒྲིག་གཞིའི་འཕོ་འགྱུར་གྱི་རིམ་པ་རེ་རེ་ནི་བཤད་པའི་ནང་དུ་ཅི་ལྟར་མཚོན་ཡོད་པ་སོགས་ལ་ངེས་ཤེས་གང་ལེགས་སུ་རྙེད་ཐུབ།

དེ་ལྟར་བོད་ཀྱི་ཐུན་མོང་གི་ཆོས་སྲིད་རིག་གཞུང་གི་སྣང་ཚུལ་མང་པོ་ཞིག་བཤད་པའི་ནང་དོན་དུ་དངོས་སུ་མངོན་ཡོད་པར་མ་ཟད། བཤད་པ་གྱེར་ལེན་གྱི་སྲོལ་རྒྱུན་འདིས་ཀྱང་། མདོ་སྨད་ཙོ་ནེ་པ་རྣམས་ཀྱི་སྲོལ་རྒྱུན་རིག་གནས་ཀྱི་ངོས་ནས་རང་གི་ངོ་བོ་ངོས་འཛིན་བྱེད་པར་དགེ་མཚན་ཆེན་པོ་ལྡན་པ་དང་། ཡུལ་ལུང་དེའི་ཐུན་མོང་མ་ཡིན་པའི་རིག་གནས་ཀྱི་ཁྱད་ཆོས་མངོན་པར་ཐོན་ཡོད། དཔེར་ན། བཤད་པའི་ནང་གི་ཨ་མྱེས་གཞི་བདག་དང་འབྲེལ་བའི་བརྗོད་བྱ་ལས། པ་མཚུན་གྱི་དད་མོས་དང་འབྲེལ་བའི་སྲིད་དང་གདུང་རབས་ཀྱི་ལྟ་བ་མངོན་ཡོད་པ་དང་། དེང་གི་དུས་སུ། ཉེ་འཁོར་གྱི་ཡུལ་གྲུ་ཁག་ཏུ་ཨ་མྱེས་གཞི་བདག་ནི་མཆོད་ཁང་དང་ཡོངས་སུ་འདྲེས་ཡོད་ནའང་། ཙོ་ནེ་པ་རྣམས་ཀྱི་ཁྱིམ་གཞིས་སུ་ཨ་མྱེས་གཞི་བདག་ནི་ཆེད་དུ་བཀར་ནས་གསོལ་སྲོལ་ཡོད། དེ་ནི་ཁྱིམ་ཁང་གི་གྲུབ་ཆ་གལ་ཆེན་ཞིག་དང་། ཚོ་ག་མཁན་རྣམས་ཀྱིས་ཚོ་ག་ཕྱག་ལེན་སྤེལ་ཡུལ་གཙོ་བོ་ཞིག་ཏུ་གྱུར་ཡོད། དེ་དང་ཆ་འདྲ་བར། བོད་ཀྱི་ཆོས་དང་རིག་གཞུང་དུ་ཁྱད་དུ་བཀུར་བའི་ཁྱུང་གི་སྐོར་ལ་ཡང་། མདོ་སྨད་ཙོ་ནེའི་ཡུལ་དང་ཐེ་བོ་རོང་དུ་སྲིད་པའི་ལྷ་གཉན་གསོལ་བའི་དགྲ་ལྷ་མགོན་པོ་བྱ་ཏང་ཞེས་པའི་ཚོ་ག་ཞིག་སྤེལ་སྲོལ་ཡོད་པ་དང་།[111] དེ་བཞིན་དུ་བོད་རྣམས་ཀྱིས་མཆོག་ཏུ་བཀུར་བའི་བྱ་རྒྱལ་ཁྱུང་ཆེན་གྱི་སྐོར་ལ་ཡང་། ཙོ་ནེ་པ་རྣམས་དང་ཤར་རྒྱལ་མོ་རོང་པ་རྣམས་ཀྱིས། སྐྱེས་སྨན་གྱི་མགོ་རྒྱན་དང་རྒྱབ་གཡོགས་ཀྱི་གོས་རྒྱན་རྣམས་ནི་ཁྱུང་གི་བཟོ་ལྟ་ཡིན་པར་འདོད། དེ་ལྟ་བུའི་ཁྱུང་དང་འབྲེལ་བའི་དད་མོས་ཀྱི་རིགས་རྣམས་ནི་བོད་པ་རྣམས་ཀྱི་མི་ཚེའི་འཚོ་བའི་ཁྲོད་དུ་བགྲང་གིས་མི་ལོང་ལ། འདིར་ཆེད་དུ་བརྗོད་དོན་ཡང་། བྱེ་བྲག་གི་ཡུལ་ལུང་སོ་སོར་གནས་པའི་བོད་པ་རྣམས་ཀྱིས་རང་རང་ངོས་ཀྱི་ཐུན་མོང་མ་ཡིན་པའི་རིག་གནས་ཀྱི་ཆ་ཞིག་གཞི་རྩ་བཟུང་ནས། བོད་པ་ཐུན་མོང་གི་སྣང་ངོར་ཡོད་པའི་རིག་གནས་ཀྱི་འདུ་ཤེས་ཤིག་སྐྱིང་པོར་བསྒོམ་ཡོད་པས་ཡིན་པར་འདོད། དཔེར་ན་བཤད་པ་ལྟ་བུ་ལས། ཕྱོགས་གཅིག་ནས་བོད་ཀྱི་སྤྱི་ཚོགས་རིག་གནས་ཀྱི་ཐུན་མོང་རང་བཞིན་ཡོངས་སུ་མངོན་ཡོད་ཅིང་། ཕྱོགས་གཞན་ཞིག་ནས་ཡུལ་ལུང་བྱེ་བྲག་གི་དམིགས་བསལ་རང་བཞིན་དང་སྣ་མང་རང་བཞིན་གྱི་ཁྱད་ཆོས་ཀྱང་རྣམ་པ་ཀུན་ནས་མཚོན་ཡོད།

ཡིག་ཆའི་བསྡུ་སྒྲིག་དང་། པར་འབྲི། སྒྲིག་སྒྱུར། ཡིག་སྒྱུར་བཅས་བྱེད་ཐབས།

སྤྱི་ལོ་༢༠༡༥ནས་༢༠༢༠བར་དུ། ཁོ་བོ་ཅག་གིས་ཙོ་ནེ་པ་རྣམས་གཞིས་ཆགས་ཡོད་པའི་གླུ་ཆུའི་རྒྱུད་ལས། བོད་ཀྱི་སྐད་ཡིག་དང་སྲོལ་རྒྱུན་རིག་གཞུང་གི་རྨང་ཡོངས་སུ་ཉམས་རྒུད་དུ་སོང་མེད་པའི་གླུ་ཆུའི་བར་དང་སྟོད་རྒྱུད་ཀྱི་ཕྱོགས་སུ། སྒྲིག་དེབ་འདིར་བཀོད་པའི་སྒྲ་པབ་དང་ཡིག་ཆ་བསྡུ་སྒྲིག་གི་ལས་དོན་དངོས་སུ་མགོ་བཙུགས་པ་དང་། གླུ་ཚིག་གི་སྒྲ་པབ་ནི་མར་ཉི་རྒྱ་མཚོ་ཡིས་སྤྱི་ལོ་༢༠༡༥ནས་འགོ་བཙུགས་ཤིང་། དེ་ནས་སྤྱི་ལོ་༢༠༡༦དང་༢༠༡༧ལ། ཨ་མྱེས་མོན་གཙུག་གཏོར་དང་ཨ་མྱེས་ཁྱུང་རྒྱ་མཚོའི་མདུན་ནས་སྒྲ་ཉུང་ངུ་ཞིག་པབ་པ་དང་། རྗེས་སུ་བན་དེ་འཚོ་ཡིས་སྤྱི་ལོ་༢༠༡༨ལ་སྒྲ་པབ་ཡོངས་སུ་འགྲུབ་པར་བྱས། དེའང་ཡུལ་དངོས་རྟོག་ཞིབ་ཀྱི་བརྒྱུད་རིམ་དུ། ཐ་ཕྱིར་ཀན་ཀུ་རུ་ཚེ་རིང་ལགས་དང་། ཐྭན་ཞུའོ་ཡོན་ལགས། དགོན་པའི་དགེ་འདུན་པ་ཁག་ཅིག་དང་། ས་གནས་ཀྱི་ལོ་རྒྱུས་སྨྲ་བ་རྣམས་ཀྱིས་ཕྱག་རོགས་ཐེངས་མང་པོར་བསྐྱངས་པར་མ་ཟད། ཁོང་ཚོས་མི་ལོ་མང་

པོར་བསྡུ་སྒྲིག་བྱས་པའི་རྒྱུ་ཆ་དང་། འབྲེལ་ཡོད་ཀྱི་ཤེས་བྱ་དང་ཉམས་མྱོང་ཡོད་ཚད་ཕངས་མེད་དུ་བསྐུལ་བ་ལ་བརྟེན་ནས། སྒྲིག་དེབ་འདིའི་གཞི་རྩའི་རྒྱུ་ཆ་ཡོངས་སུ་གྲུབ་པ་ཡིན།

ཅོ་ནེའི་ཡུལ་གྱི་བཤད་པ་གྱེར་ལེན་མཁན་གྲགས་ཅན་ཨ་མྱེས་མོན་གཙུག་གཏེར་ལགས་ཀྱིས་གྱེར་བའི་གླུ་ཚིག་ཕལ་ཆེ་བ་ནི། སྤྱི་ལོ་༢༠༡༨པའི་ཟླ་བཞི་པའི་ནང་། དབྱིད་ཀའི་སྨོ་འདེབས་ཀྱི་དུས་དང་བསྟུན་ནས་བན་དེ་འཚོ་ཡིས་བརྙན་དུ་ཕབ་ཅིང་། ཨ་མྱེས་མོན་གཙུག་གཏེར་ལགས་ནས་ལས་དོན་འདིའི་ཐོག་མཐའ་བར་གསུམ་ལ་ཁ་ཞེ་གཉིས་མེད་ཀྱིས་རྒྱབ་སྐྱོར་དང་ཐུགས་ཁུར་ཚད་མེད་གནང་ཡོད་པ་རེད། བརྙན་ཕབ་དུས་སུ། གླུ་ཚིག་གི་དྲན་པ་ལེགས་པར་བསྐུལ་བའི་ཆེད་དུ། ཁོང་གིས་ནམ་ཡང་ཁོང་རང་ཉིད་མ་གཏོགས་ཤེས་ཐབས་བྲལ་བའི་རྒྱ་ཡིག་གིས་སྒྲ་གདངས་ལས་ཕབ་པའི་ཤོག་གྲངས་༡༠ཅན་གྱི་བཤད་པའི་ཡིག་ཕབ་གཅིག་ཕྱག་ཏུ་བཟུང་སྟེ། སྐབས་འགར་གླུ་ཚིག་གི་ཟིན་བྲིས་དེར་ལྟ་དགོས་བྱུང་བར་མ་གཏོགས། མང་ཆེ་བ་ནི་མི་ལོ་བཅུ་ཕྲག་མང་པོའི་གྱེར་ལེན་གྱི་ཉམས་མྱོང་ལ་བརྟེན་ནས་བློ་ངོར་བཟུང་འདུག ཡིན་ནའང་། དགུང་ལོ་བདུན་ཅུར་ཉེ་བའི་ཁོང་ཉིད་ལ་མཚོན་ན། དུས་ཡུན་ཐུང་ངུ་ཞིག་གི་ནང་དུ་གླུ་ཚིག་ཡོད་ཚད་གྱེར་དགོས་ན་ལུས་སེམས་ལ་དཀའ་ངལ་ངེས་ཅན་ཞིག་ཡོད་ཕྱིར། གླུའི་འགོ་མ་ཕྱེ་མར་གྱི་ལེའུ་ནི་དབྱངས་སུ་གྱེར་ཡོད་པ་ལས། རྗེས་ཀྱི་ལེའུ་རྣམས་ནི་འཆད་བརྗོད་ཁོ་ན་བྱས་ཡོད།

དེའང་གྱེར་ལེན་གྱི་བརྒྱུད་རིམ་དུ། ཨ་མྱེས་མོན་གཙུག་གཏེར་ལགས་ཀྱིས་རང་ཉིད་ཀྱི་ཉམས་མྱོང་དང་བསྟུན་ནས། ཚན་པ་ཁ་ཤས་རེ་གྱེར་ལེན་བྱས་རྗེས། དེ་ནས་མཚམས་བཞག་ནས་འབྲེལ་ཡོད་ནང་དོན་ལ་འགྲེལ་བཤད་གནང་བ་དང་། རྒྱུན་ལྡན་གྱི་ཚན་པ་གཅིག་ནི་སྐར་མ་བཅུ་ཙམ་ལ་གྱེར་རྗེས། དེ་ནས་འགྲེལ་བཤད་གནང་ཞོར། སྐབས་བསྟུན་གྱི་ནང་དོན་དང་འབྲེལ་བའི་གནའ་གཏམ་ཡང་མང་དུ་གསུངས། དེའི་བརྒྱུད་རིམ་དུ་བན་དེ་འཚོ་ཡིས་ཟིན་བྲིས་བཏབ་ནས་དགོང་མོར་ཟིན་བྲིས་ཁག་ཕྱོགས་སྒྲིག་བྱས་ཏེ། དོགས་གཞི་དང་མ་རྟོགས་པའི་གནད་རྣམས་ནི་ཕྱི་ཉིན་གྱི་ལས་འགོར་དྲིས་ཏེ་ཡང་བསྐྱར་འགོད་ཐབས་བྱས་པ་དང་། རྒྱུ་ཆ་དེ་དག་ལ་བརྟེན་ནས། ང་ཚོས་ཨ་མྱེས་མོན་གཙུག་གཏེར་ལགས་ཀྱི་སྒྲ་ཕབ་རྣམས་རིམ་གྱིས་ཡིག་ཐོག་ཏུ་ཕབ་སྟེ། སྒྲིག་དེབ་འདིའི་པར་རྩའམ་གཞི་མར་གྱུར་ཡོད། པར་གཞི་དེ་ལ་ཞབས་མཆན་དུ་MTལྟར་མཚོན་པར་བྱས་ཡོད། ཨ་མྱེས་མོན་གཙུག་གཏེར་གྱི་མདུན་ནས་སྒྲ་ཕབ་ཀྱི་ལས་དོན་ཡོངས་སུ་རྫོགས་རྗེས། བན་དེ་འཚོ་ཡིས་བཤད་པའི་གླུ་པ་ཨ་མྱེས་ཀྲང་རྒྱ་མཚོ་ལ་སྒྲ་ཕབ་དེ་དག་རེ་རེ་བཞིན་བཏང་ནས་ཉན་དུ་བཅུག་སྟེ། ཁ་གསབ་དང་ཁ་སྐོང་གང་འཚམས་ཤིག་བྱེད་ཐབས་བྱས་ཡོད་པ་དང་། ཞོར་དུ་ཁོང་གིས་བཤད་པའི་གླུ་ཚིག་རྣམས་བློར་འཛིན་ཚུལ་དང་གྱེར་ལེན་བྱས་པའི་ཉམས་མྱོང་གི་སྐོར་ཡང་མི་ཉུང་བ་ཞིག་བཀོད་ཡོད། ཁོང་གི་པར་གཞི་ལ་འདིར་ZGལྟ་བུས་མཚོན་པར་བྱས་ཡོད།

དེའང་བཤད་པ་ནི་ཅོ་ནེ་པའི་ཡུལ་སྐད་དུ་གྱེར་ལེན་བྱེད་བཞིན་ཡོད་ཕྱིར། དེ་ནི་ཤིན་ཏུ་གལ་གནད་ཅན་གྱི་ཁྱད་ཆོས་ཤིག་ཏུ་ངོས་བཟུང་སྟེ་ཡུལ་སྐད་ལྟར་དུ་བཀོད་ཐབས་བྱས་ཡོད། དེའང་གོང་གི་སྒྲ་ཕབ་དེ་དག་ནི་རྣལ་འབྱོར་ཚེ་རིང་གིས་བན་དེ་འཚོ་ཡི་རོགས་སྐྱོར་འོག་སྔ་ཕྱིར་བོད་ཡིག་ཏུ་ཡོངས་སུ་ཕབ་ཅིང་གཅིག་ཞུས་ཀྱི་འགན་འཁུར་བ་དང་། ཡིག་ཕབ་ཀྱི་བརྒྱུད་རིམ་དུ་བརྡ་དག་གི་ལུགས་དང་བསྟུན་ཅི་ཐབས་བྱས་ཤིང་། ཅོ་ནེའི་ཡུལ་སྐད་ཀྱི་ཁྱད་ཆོས་ཀྱང་མ་ཉམས་པར་འཛིན་ཐབས་བྱས་ཡོད། དཔེར་ན་འབྱེད་སྡུད་ཀྱི་ཕྲད་ལ་ཁ་སྐད་ལྟར། ན་ཡི་སྒྲ་རང་སོར་བཞག་ཡོད་པ་དང་། འདྲི་བྱེད་ཀྱི་ཚིག་ནི་གང་ན་ལྟ་བུར་མ་བཅོས་པར་ག་རུ་ཞེས་རང་སོར་

བཞག་ཡོད། ཅི་འདྲ་ལྟ་བུ་གྱི་སྐད་དང་ཕལ་ཆེར་མཐུན་རུང་ཅི་ཙམ་ཞེས་བསྒྱུར་མེད། ཡིན་ནའང་། ཆི་ཐེག་ལྟ་བུའི་ཡུལ་སྐད་ཀྱི་སྒྲ་གདངས་ནི་དག་ཡིག་གི་ལུགས་ལྟར་ཅི་ཞིག་ཅེས་ཕབ་ཡོད། སྐབས་འགར་རྒྱ་སྐད་ཀྱི་གཡར་ཚིག་བྱུང་ཡོད་པའི་གནས་ཚུལ་ལ་སྒྲ་ལྟར་ཕབ་སྟེ་གསལ་བཤད་ཀྱི་མཆན་བཏབ་ཡོད།

གོང་དུ་ཞུས་པ་བཞིན། པར་གཞི་ཁག་ལས་དག་རྒྱུན་གྱི་སྒྲ་ཕབ་ནི་རྩ་བར་བཟུང་ཡོད་ཅིང་། གཞན་ས་གནས་སོ་སོ་ནས་རྙེད་པའི་ཕབ་སྒྲིག་དང་བསྡུ་སྒྲིག་བྱས་ཡོད་པའི་ཡིག་ཆའི་པར་གཞི་རྣམས་ནི་ཡན་ལག་གི་པར་གཞིར་ཞབས་མཆན་དུ་རེ་རེ་བཞིན་བཀོད་ཡོད། དེ་ལྟར་པར་གཞི་སྣ་མང་ཞིག་མཉམ་དུ་བསྡུར་ཅི་ཐུབ་བྱེད་དོན་ཡང་། དག་རྒྱུན་དང་ཡིག་ཐོག་གི་རྣམ་པ་དང་ནང་དོན་གྱི་སྣ་མང་རང་བཞིན་མངོན་ཐབས་བྱ་བའི་ཆེད་དུ་ཡིན་པ་ལས། བཤད་པའི་པར་གཞི་ཀུན་གྱི་ཚད་གཞི་ལྟ་བུ་ཞིག་སྒྲིག་པའི་ཆེད་དུ་མ་ཡིན་ནོ།།[112] དེའི་ཕྱིར། འདིར་པར་གཞི་སྣ་མང་ཅན་འདི་དག་གི་འཛིན་སྐྱོང་ཐད་བྱས་རྗེས་བཞག་དང་འཇོག་བཞིན་ཡོད་མཁན་ཀུན་ལ་ཆེད་དུ་བཀའ་དྲིན་ཞུ་འདོད་བྱུང་། དེའང་ཕྱི་ལོ་༢༠༢༠བར་དུ། ཙོ་ནེའི་ཡུལ་གྱི་གླུ་པ་དང་རིག་གནས་པ་མི་ཉུང་བ་ཞིག་གི་ལྷག་བསམ་ཐོལ་མེད་ཀྱི་རོགས་སྐྱོར་ལ་བརྟེན་ནས། ཁོ་བོ་ཚོའི་ལག་ཏུ་སླ་ཕྱིར་བཤད་པའི་ཡིག་ཆ་བྲིས་མ་དང་། སྒྲུམ་དཔར་མ། འཕྲུལ་དཔར་མ་སོགས་པར་གཞི་རིགས་མི་འདྲ་བ་མང་པོ་ཞིག་འཁྱོད་པ་དང་། དེ་དག་ནི་ཕལ་ཆེར་རིགས་ལྔ་ཙམ་དུ་དབྱེ་ཆོག་སྟེ། འདིར་ཡིག་ཆའི་གཞུང་མཚན་རྣམས་རང་སོར་བཞག་སྟེ་དེ་ལྟར་དུ་བཀོད་ཡོད།

1. ཡུལ་དེར་དར་ཁྱབ་ཆེ་ཤོས་ཀྱི་པར་གཞི་ནི་བཤད་པའི་ཐོ་ཡིག་ཅེས་པ་དེ་རེད། བཤད་སྒྲོས་ལྟར་ན། དེ་ནི་ཙོ་ནེ་དགོན་ཆེན་གྱི་ཁྲི་འཛིན་༧༣༣པ་ལྷ་རམས་པ་བློ་བཟང་བསྟན་འཛིན་མཆོག་ནས་དུས་རབས་བཅུ་དགུ་པའི་ལོ་རབས་དགུ་བཅུའི་ནང་དུ་ཕྱོགས་བསྒྲིགས་གནང་བ་ཞིག་རེད། དགོན་པའི་གྲྭ་པ་རྣམས་ཀྱིས་ཉར་ཡོད་ཕྱིར། དུས་རབས་ཉི་ཤུ་པའི་ལོ་རབས་བརྒྱད་ཅུའི་ནང་། ཙོ་ནེ་རྫོང་སྲིད་གཞུང་གི་ལས་བྱེད་གསུམ་གྱིས་སྒྲུམ་པར་དུ་བཏབ་ཡོད། དེར་སློན་པོ་སྐད་ཆེན་དང་། ཁྱུང་གི་བཤད་པ། རུས་སྤལ་གྱི་བཤད་པ། མདའ་བཤད། འཇིག་རྟེན་ཆགས་གླུ་སོགས་བསྡུས་ཡོད་པར་བཤད་ཀྱང་། ད་སྟའི་བར་དུ་སློན་པོ་སྐད་ཆེན་ལས་གཞན་རྣམས་ལག་སོན་བྱུང་མེད། པར་གཞི་དེ་ནི་CSལྟར་མཚོན་པར་བྱས་ཡོད།

2. པར་གཞི་དེ་དག་ལས་ཆེས་ཆ་ཚང་བ་ཞིག་ནི། རྒྱ་ཤོག་སྣ་རིང་ཞིག་ཏུ་དབུ་མེད་ཀྱིས་བྲིས་ཡོད་པ་དེ་ཡིན་ཞིང་། དེ་ནི་ཙོ་ནེ་དགོན་ཆེན་གྱི་ཁྲི་འཛིན་༧༧༩པ་ཇོ་རོལ་དཔོན་སློབ་ངག་དབང་ཐབས་མཁས་མཆོག་གི་སྐུ་ཡུལ་དུ་ཉར་ཡོད་པ་ཞིག་སྟེ། ཁྱུང་དང་རུས་སྤལ། འཇིག་རྟེན་ཆགས་ཚུལ་བཅས་ལེའུ་གསུམ་གྱིས་གྲུབ་ཡོད། ཇོ་རོལ་དཔོན་སློབ་ཀྱི་ཡང་ཚའི་རིང་ལ་པར་གཞི་དེ་ཉིད་ཆ་ཚང་བཤུས་པའི་ཁར། སློན་པོ་སྐད་ཆེན་དང་། ལྷུགས་བཤད་མདའ་བཤད། རིའི་རྒྱལ་པོ་རི་རབ་བཅས་ཀྱི་ལེའུ་རྣམས་གསར་དུ་བསྣན་པར་བཤད་མོད། ད་སྟའི་བར་དུ་ཁྱུང་དང་རུས་སྤལ། འཇིག་རྟེན་ཆགས་ཚུལ་གྱི་ལེའུ་གསུམ་ལས་རྙེད་མེད། པར་གཞི་དེ་ནི་DPལྟར་མཚོན་པར་བྱས་ཡོད།

3. ཀུ་རུ་ཚེ་རིང་ལགས་ཀྱིས་མཁོ་སྤྲོད་གནང་བ་ལ། ཕྱི་མར་ཅོག་ཙེ་དང་། མདའི་བཤད་པ་ཞེས་པ་གཉིས་ཡོད་ཅིང་། དེར་ཕྱོགས་སྒྲིག་མཁན་དང་པར་མཁན་གྱི་མཚན་བཀོད་མེད་ཕྱིར། པར་གཞི་དེ་ནི་UNལྟར་མཚོན་པར་བྱས་ཡོད། ཚེ་རིང་གིས་པར་པའམ་བཤུས་པའི་མདའ་ཡི་གླུ་བཤད་པ་ཞེས་པར་TRདང་། ལྷ་མོ་ཚེ་རིང་གིས་པར་པའམ་བཤུས་པའི་འཇིག་རྟེན་ཆགས་གླུ་དང་། ཁྱུང་དང་རུས་སྦལ་ཞེས་པར་LTདང་། གཞན་ཡང་པར་སྒྲིག་མཁན་གྱི་མཚན་མི་གསལ་བའི་འཇིད་རྟེན་ཆགས་གླུ་ཞེས་པར་PTཞེས་མཚོན་པར་བྱས་ཡོད།

4. ནམ་མཁའ་དོན་གྲུབ་ལགས་ཀྱིས་བཤུས་པའི་པར་གཞི་ཞིག་ལས། རིའི་རྒྱལ་པོ་རི་རབ་དང་། འཇིག་རྟེན་ཆགས་གླུ། གཏམ། ཅོ་ནེ་དཔོན་པོའི་ལོ་རྒྱུས། སྲིད་པའི་ཆགས་གླུ་སོགས་ཡོད་ཅིང་། དེ་ནི་NDལྟར་མཚོན་པར་བྱས་ཡོད། གཞན་ཡང་། ཅོ་ནེ་དགོན་ཆེན་ནས་རྙེད་པའི་འཇིག་རྟེན་ཆགས་གསུམ་ཞེས་པར་CMལྟར་མཚོན་པར་བྱས་ཡོད།

5. དཔྱད་གཞི་ཐ་མ་ནི།ཡུལ་དེའི་ལོ་རྒྱུས་སྨྲ་བ་ཧྭན་ཞོའོ་ཡོན་ལགས་དང་ཡང་ཧྲི་ཧྲོང་ལགས་གཉིས་ཀྱིས་བསྒྲིགས་པའི་བཤད་པ་ཞེས་པའི་ཆེད་དེབ་དེ་ཡིན་ཞིང་།[113] དེར་ཕྱི་མར་དང་། སྲིད་པའི་ཆགས་རབས། འཇིག་རྟེན་ཆགས་ལུགས། རི་རྒྱལ་ལྷུན་པོ། ཁྱུང་ཆེན་བཤད་པ། རུས་སྦལ་བཤད་པ། བློན་པོ་མགར་ཆེན། མདའི་བཤད་པ། ཅོ་ནེ་དཔོན་པོའི་ལོ་རྒྱུས་དང་གཏམ་སོགས་འདུས་ཡོད། ཆེད་དེབ་དེར་སྒྲིག་པ་པོས་ཕལ་ཆེར་དེང་གི་བརྡ་དག་གི་ལུགས་ལྟར་སྒྲིག་རྩོམ་བྱེད་ཐབས་བྱས་ཡོད་ཀྱང་། སྐབས་འགར་ཡུལ་སྐད་ཀྱི་མིང་དང་ཚིག་ཁ་ཤས་ལ་ཡུལ་གྱི་སྐད་ལུགས་ཀྱི་གདངས་ལྟར་ཞིབ་ཏུ་མ་བརྟག་པར། ཨ་མདོའི་འབྲོག་སྐད་ཀྱི་སྒྲ་གདངས་ལ་ཆ་བཞག་ནས་པབ་ཡོད་ཚུལ་ཡང་མཐོང་། དེ་ནི་FYལྟར་མཚོན་པར་བྱས་ཡོད།

ས་གནས་གཞན་ནས་ལག་སོན་བྱུང་བའི་ཡིག་ཆ་ཅི་རིགས་པ་རྣམས་ཀྱང་། ཕལ་ཆེར་གོང་གི་པར་གཞི་ལྔ་པོ་ལས་མ་འདས་ཤིང་། ཁོ་བོ་ཅག་གིས་བརྟག་དཔྱད་བྱས་པ་ལྟར་ན། དེ་དག་ཕལ་ཆེར་ནི་ལྷ་རམས་པ་བློ་བཟང་བསྟན་འཛིན་མཆོག་དང་ཇོ་རོལ་དཔོན་སློབ་ཀྱི་པར་གཞིར་བཟོ་བཅོས་གང་འཚམ་བཏང་བའི་བུ་དཔེ་ཡིན་པར་སྣང་ལ། བུ་དཔེ་སྣ་ཚོགས་པ་དེ་དག་བྱུང་དོན་ཡང་ཡུལ་སོ་སོའི་གླུ་པ་རྣམས་ཀྱིས་གཅིག་གྱུར་གྱི་པར་གཞི་ཞིག་ལ་གཞི་བཅོལ་ནས། རང་དགོས་ནས་གླུ་ཚིག་ལ་གང་འདོད་དུ་ཁ་གསབ་དང་བཟོ་བཅོས་བྱས་དང་བྱེད་ཀྱིན་ཡོད་པའི་རྐྱེན་གྱིས་དང་། པར་གཞི་ཐ་དད་པ་དེ་དག་གི་བར་དུ་ཤུགས་རྐྱེན་ཐེབས་རེས་ཀྱི་དབང་གིས་འགྱུར་བ་ཆེ་ཕྲ་ཅི་རིགས་ཤིག་བྱུང་ཡོད་པ་རེད། དེར་པར་གཞི་དཔྱད་བསྡུར་ཕྲ་ཞིང་ཞིབ་པ་ཞིག་བྱས་ན། ད་གཟོད་དུས་ཀྱི་བྱུང་རིམ་གྱི་དབང་གིས་ཡུན་རིང་དུ་བཀག་ཅིང་སྦས་ཡོད་པའི་ལོ་རྒྱུས་བྱུང་བ་ཡི་གསང་བ་ཁག་རིམ་གྱིས་ཕྱི་རུ་ཕྱུང་ངེས་ཡིན་ཞིང་། དེ་ལ་བརྟེན་ནས་ཅོ་ནེའི་ཡུལ་གྱི་བཤད་པའི་གླུ་ཚིག་གི་འཕེལ་རྒྱུན་དང་འབྲེལ་བའི་སྤྱི་ཚོགས་མི་ཆོས་ཞེས་བྱའི་བྱུང་རབས་ལ་དོན་དང་མཐུན་པའི་ངེས་ཤེས་གང་འཚམས་ཤིག་རྙེད་ཐུབ་པར་སྙམ།

དངོས་གཞིའི་ནང་དོན་གྱི་སྐབས་སུ། དག་རྒྱུན་གྱི་པར་གཞི་རྣམས་ནི་རྩ་བར་བཟུང་སྟེ། ཞབས་མཆན་དུ་ཡང་ཡིག་གཟུགས་སྦོམ་པོའི་གཟུགས་སུ་མངོན་ཡོད། དཔྱད་བསྡུར་གྱི་པར་གཞི་གཞན་རྣམས་ཀྱང་ཞབས་མཆན་དུ་ལྷན་ཅིག་ཏུ་དྲངས་ཡོད་ཅིང་། རིག་གཞུང་ཉམས་ཞིབ་པ་དང་གླུ་པ་གླུ་མ་རྣམས་ལ་ཟུར་བལྟའི་དཔྱད་

གཞིའི་ཆེད་དུ་མ་ཡིག་ལྟར་རང་སོར་བཞག་ཡོད་པ་ལས། བརྡ་དག་གི་ངོས་ནས་གཅིག་གྱུར་གྱི་སྒྱུར་བཅོས་བྱས་མེད། སྐབས་འགར། ཡིག་ཐོག་གི་པར་གཞིའི་ནང་དོན་གྱིས་དག་རྒྱུན་གྱི་པར་གཞིར་ཁ་གསབ་བྱེད་ཐུབ་པ་དང་། ཡང་ན་གོང་འོག་གི་ཚིག་སྦྱོར་བབ་ཆགས་པ་ཞིག་ཡོང་བར་ཕན་ཚེ། ཡིག་ཐོག་གི་ཚན་པ་རྣམས་ཐད་ཀར་བཀོད་དེ། ཞབས་མཆན་དུའང་དེའི་གཟུགས་སྟོམ་པོར་བཏང་ཡོད། ཡང་སྐབས་འགར། པར་གཞི་ཀུན་ལ་ཆད་ལྷག་དང་ནོར་འཁྲུལ་བྱུང་ཡོད་ཚེ། སྒྲིག་པ་པོས་ཡང་དག་པར་བཅོས་པའི་རིགས་རྣམས་ནི་EDལྟར་དུ་མཚོན་པར་བྱས་ཡོད།

དེའང་སྒྲིག་དེབ་འདི་ནི་མཉམ་འབྲེལ་ལས་བྱུང་བའི་འབྲས་བུ་ཞིག་ཡིན་ཏེ། ལས་གཞིའི་བརྒྱུད་རིམ་དུ། མར་ཉི་རྒྱ་མཚོ་ཡིས་པར་གཞི་བར་གྱི་འབྲེལ་བའི་སྐོར་ལ་དཔྱད་ཞིབ་བྱས་ཏེ། རིམ་བཞིན་གནའི་རྒྱ་ཡིག་གི་སྡེབ་ཆ་ལྟར་ཚིག་ཁྲིམ་བདུན་ཅན་གྱི་ཚིགས་བཅད་དུ་བསྒྱུར་བ་དང་། བན་དེ་འཚོ་ཡིས་བསྐྱར་ཞུས་དང་དབྱིན་སྒྱུར་གྱི་འགན་ཁུར་ལ། ལེའུ་སོ་སོའི་འགོ་བརྗོད་བྲིས། དེ་ནས་མར་ཉི་རྒྱ་མཚོ་དང་མཉམ་དུ་སྔོན་གླེང་གི་གཏམ་འགྲུབ་པར་བྱས་ཤིང་། འབྲེལ་ཡོད་བརྗོད་བྱ་ལས་བོད་ཀྱི་གྲོང་ཆོས་དང་ཚེ་ག་དང་འབྲེལ་བའི་སྐོར་ནི་རྣལ་འབྱོར་ཚེ་རིང་དང་། བོད་རྒྱའི་ལོ་རྒྱུས་དང་འབྲེལ་བའི་སྐོར་ནི་མར་ཉི་རྒྱ་མཚོ་ཡི་རོགས་སྐྱོར་ལ་བརྟེན་ནས་བྲིས་པ་ཡིན། སླ་ཁ་ཐུ་རིན་གྱིས་དག་རྒྱུན་རྩོམ་རིག་གི་ཐོ་བཀོད་དང་སྲུང་སྐྱོབ་ཐད་ཀྱི་ཉམས་མྱོང་གི་ངོས་ནས་འགན་ཁུར་ཞིང་། དབྱིན་འགྱུར་གྱི་ཞུ་དག་ལེགས་བཅོས་ཀྱི་འགན་ཡོངས་སུ་འཁུར་ཡོད། སྔོན་གླེང་གི་གཏམ་ནི་མར་ཉི་རྒྱ་མཚོ་ཡིས་རྒྱ་ཡིག་ཏུ་བསྒྱུར་ཅིང་། རྣལ་འབྱོར་ཚེ་རིང་གིས་བོད་ཡིག་ཏུ་བསྒྱུར་བ་ཡིན།

དེའང་ཀློག་པ་པོ་རྣམས་ཀྱིས་ཀློག་བདེ་བའི་ཆེད་དུ་དབྱིན་ཡིག་དང་རྒྱ་ཡིག་གི་འགྱུར་རྣམས་ནི་བོད་ཡིག་གི་རྗེས་སུ་བཀོད་ཡོད་ཅིང་། མ་ཡིག་གི་དོན་ལེགས་པར་མཚོན་ཕྱིར། དབྱིན་རྒྱའི་ཡིག་སྒྱུར་ནི་གཙོ་བོ་དོན་སྒྱུར་གྱི་ཐབས་ལ་བརྟེན་ཡོད། གཞན་ཡང་། ༡༠༨ལྟ་བུའི་གྲངས་ཀ་ནི་ཐད་སྒྱུར་བྱས་ཡོད་རུང་། དེའི་དམིགས་བསལ་གྱི་རིག་གནས་མཚོན་དོན་ནི་ཀློག་པ་པོ་རྣམས་ཀྱིས་ཐུགས་སྣང་འཇོག་དགོས་པའི་གནད་ཅིག་ཏུ་གྱུར་ཡོད། སྒྲིག་དེབ་ཀྱི་སྔོན་གླེང་གི་གཏམ་དང་ལེའུ་རེ་རེའི་འགོ་བརྗོད་དང་མཇུག་མཆན་ལ་བརྟེན་ནས། རྒྱ་ཡིག་དང་དབྱིན་ཡིག་གི་ཀློག་པ་པོ་རྣམས་ལ་བོད་ཀྱི་མི་ཆོས་ཤེས་བྱའི་ཐ་སྙད་དང་འབྲེལ་བའི་རིག་གནས་ཀྱི་རྣམ་བཤད་ལྟ་བུ་ཞིག་མཁོ་སྤྲོད་བྱེད་ཐབས་བྱས་ཡོད། བོད་ཡིག་གི་མིང་རྣམས་སྒྲ་སྒྱུར་བྱེད་སྐབས་བོད་དང་ཧི་མ་ལ་ཡའི་སྒྲ་སྦྱོར་མ་ལག་(THL)ཅེས་པའི་སྒྲ་ཡིག་ཕབ་སྟངས་དང་། ལྷ་ཏིང་ཡི་གེའི་གཟུགས་སུ་ཕབ་སྒྱུར་བྱེད་སྐབས་རྒྱལ་སྤྱིའི་གཅིག་གྱུར་གྱི་ཝེ་ལི་(Wylie)ཕབ་སྒྱུར་གྱི་ལུགས་བཞིན་དུ་ཕབ་ཡོད། ཡང་རྒྱུན་འབྱམས་སུ་སོང་བའི་ཐ་སྙད་དམིགས་བསལ་བའི་རིགས་རྣམས་དེ་ལྟར་དུ་མ་བྱས་པར་རང་སོར་བཞག་ཡོད་པ་ལ། དཔེར་ན་མོལ་བ་ཞེས་པའི་ཐ་སྙད་ཀྱི་སྒྲ་གདངས་ལ་Mollaལྟ་བུར་ཕབ་ཡོད་པའོ།།

བརྗོད་གཞིའི་སྙིང་དོན།

ཆེད་དེབ་འདི་ནི་ཁྱོན་བསྡོམས་ལེའུ་བརྒྱད་ཀྱིས་གྲུབ་ཅིང་། དང་པོ་ཁྲུང་གི་ལེའུ་ནི། ཁྲུང་གི་བྱུང་རབས་དང་། རིགས་དང་རྣམ་པ། གཟན་དང་སྣང་བརྙན་སོགས་ཀྱི་སྐོར་དང་། ཁྲུང་དམར་པོ་བདུད་རྗེ་ནག་པོས་བཟུང་རྗེས། སྨམ་པོ་ཕ་ཕང་གིས་བསྐྱབས་པའི་བྱུང་རབས་སོགས་བརྗོད་ཡོད། གཉིས་པ་རུས་སྦལ་གྱི་ལེའུ་ནི། རྒྱུན་ལྡན་དུ་

ཁྱུང་རབས་དང་མཉམ་དུ་གྱེར་སྒྲོལ་ཡོད། དང་པོར་རུས་སྦལ་ཅི་ལྟར་རྒྱ་མཚོར་གནས་ཤིང་། འཇམ་དཔལ་དབྱངས་ཀྱིས་བཏུལ་ནས། མཐར་རུས་སྦལ་གྱི་ལུས་གནས་རྣམས་མོ་རྩིས་ཀྱི་གཞི་རུ་གྱུར་བའི་སྐོར་བརྗོད་ཡོད། ལེའུ་གསུམ་པ་ནི་འཇིག་རྟེན་ཆགས་ལུགས་ཀྱི་སྐོར་ཏེ། དེར་ཕྱི་སྣོད་འཇིག་རྟེན་དང་ནང་བཅུད་སེམས་ཅན་གྱི་ཆགས་རབས་དང་། བོད་ཀྱི་རྒྱལ་རབས་ལོ་རྒྱུས་སོགས་ཀྱི་སྐོར་རྣམས་འདུས་ཡོད།

མཛུག་གི་ལེའུ་གཉིས་ནི་ཙ་ན་པའི་སྤྱི་ཚོགས་རིག་གནས་ཀྱི་མཚོན་བྱེད་གལ་ཆེན་གཉིས་ཏེ། ལེའུ་བཞི་པ་ནི་ཡུལ་ལུང་དེར་ཆེས་དར་ཁྱབ་ཆེ་ཞིང་ནང་དོན་ཡང་ཆེས་ཆ་ཚང་བའི་ཕྱེ་མར་གྱི་སྐོར་ཡིན། དེའང་གླུ་ཕྱེ་མར་གླུ་ཡི་གླུ་འགོ་ཡིན། ཕྱེ་མར་མེད་ན་ལེན་ཐབས་མེད་ཅེས་པ་དང་འདྲ་བར། ལེའུ་འདིའི་ནང་དུ་ཕྱེ་མར་དང་ཅོག་ཙེ་ཡི་སྐོར་བརྗོད་བྱར་བཟུང་ཡོད། ལེའུ་ལྔ་པ་ནི་མདའ་ཡི་སྐོར་ཏེ། དང་པོར་སྨྱུག་མ་གཅོད་ཚུལ་ནས་བཟུང་། རིམ་གྱིས་མདའ་རུ་བཟོ་ཚུལ་དང་། མཐའ་མར་མདའ་ཡི་གྲུབ་ཆ་རེ་རེའི་མཚོན་དོན་སོགས་བརྗོད་བྱར་བཟུང་ཡོད།

ཆེས་མཛུག་གི་ལེའུ་གསུམ་ནི། ཙ་ནའི་ཡུལ་གྱི་གཉེན་སྒྲོལ་དང་འབྲེལ་བའི་བརྗོད་གཞི་གསུམ་གྱི་སྐོར་ཡིན་ཞིང་། རྒྱུན་ལྡན་དུ་མཉམ་དུ་གྱེར་སྒྲོལ་ཡོད། ལེའུ་དྲུག་པ་ནི་བློན་ཆེན་མགར་སྟོང་བཙན་གྱི་སྐོར་ཡིན། དེ་ནི་བཙན་པོ་སྲོང་བཙན་སྒམ་པོ་དང་། རྒྱ་བཟའ་ཀོང་ཇོ་དང་བློན་ཆེན་མགར་སྟོང་བཙན་གསུམ་གྱི་ངོ་སྤྲོད་བརྒྱུད་ནས། བློན་ཆེན་པོ་རྒྱ་ནག་ཡུལ་དུ་ཕེབས་ཚུལ་དང་། དེ་ནས་རྒྱ་བཟའ་ཞུས་ཚུལ། མཐར་དཀའ་ངལ་སྣ་ཚོགས་བསལ་ཏེ་བོད་དུ་ལོག་ཚུལ་སོགས་རིམ་བཞིན་བརྗོད་ཡོད། མཛུག་གི་ལེའུ་བདུན་པ་དང་བརྒྱད་པ་ནི། ཞང་གླུ་དང་ཚ་གླུ་ཞེས་གཉེན་སྟོན་གྱི་སྐབས་སུ་བག་མའི་སྐྱེལ་བསུ་དང་འབྲེལ་བའི་བརྗོད་གཞིའོ།།

འདི་ལྟ་བུའི་སྒྲ་ཕབ་དང་ཡིག་སྒྱུར་ལ་བརྟེན་པའི་སྒྲིག་དེབ་གཅིག་འགྲུབ་པ་ཡང་། སྔར་གྱི་བཤད་པའི་གླུ་པ་དང་འབྲེལ་ཡོད་ཀྱི་རིག་གནས་བསྡུ་སྒྲིག་མཁན་རྣམས་ཀྱི་བཀའ་དྲིན་ཁོ་ན་ལ་བརྟེན་ནས་བྱུང་བ་ཡིན། འདིར་བཤད་པའི་ངག་རྒྱུན་གྱི་བྱུང་རབས་ལ་དཔྱད་ཞིབ་བྱས་པར་བརྒྱུད་ནས། ངག་རྒྱུན་འདི་ཉིད་སྔ་ནས་ད་བར་མུ་མཐུད་དུ་འཕེལ་རྒྱས་སུ་འགྲོ་ཐུབ་པའང་། མི་རབས་ནས་མི་རབས་བར་དུ་གླུ་པ་རྣམས་ཀྱིས་མཉམ་འབྲེལ་མཉམ་སྤྱོད་བྱེད་པ་ཁོ་ན་ལ་བརྟེན་ནས་འཛིན་སྐྱོང་སྤེལ་གསུམ་བྱས་ཏེ་ཡོང་བ་དངོས་སུ་རྟོགས་ཤིང་། ཁོང་ཅག་གི་མཛད་རྗེས་དང་བརྩེ་ཐང་ལ་རྗེས་སུ་ཡི་རང་དང་གུས་བཀུར་མཚོན་བྱེད་དུ། བཤད་པ་ཞེས་ཆེད་དུ་བསྒྲིགས་པའི་མདོ་སྨད་ཙ་ན་པ་རྣམས་ཀྱི་རིག་གནས་ཤུལ་བཞག་གི་མེ་ཏོག་ཆུན་པོ་འདི་ཉིད། བོད་ཁ་བ་ཅན་གྱི་ངག་རྒྱུན་རྩོམ་རིག་གི་ལྕུམ་ར་དང་འཛམ་གླིང་གོ་ལའི་ཁྱོན་གྱི་མི་ཆོས་རིག་གཞུང་གི་སྐྱེད་ཚལ་དུ་རྣམ་པར་བཞད་དེ་བཀྲག་མདངས་འཚེར་བའི་རྒྱུ་རུ་གྱུར་ཅིག

མཇུག་མཆན།

1 国务院第七次全国人口普查领导小组办公室编,《中国人口普查年鉴》上册（北京：中国统计出版社，2020）。

2 Marnyi Gyatso, 'Home on the Margins: Tsowa Societies of the Choné Kingdom on the Inner Asian Frontier, 1862–1952' (unpublished doctoral thesis, The Chinese University of Hong Kong, 2020), pp. 45-60.

3 སྐལ་ལྡན་རྒྱ་མཚོ། ཡབ་རྗེ་བླ་མ་སྐལ་ལྡན་རྒྱ་མཚོའི་གསུང་འབུམ་བཞུགས་སོ།། པོད་4ཡོད། (ལན་གྲུའུ། ཀན་སུའུ་མི་རིགས་དཔེ་སྐྲུན་ཁང་། 1999), I (1999), 342;张雨,《边政考》(台北:新文丰出版公司, 1990), j9.2b。

4 范晔,《后汉书》(北京:中华书局，1965)，j87.2869-908。

5 刘昫,《旧唐书》(北京:中华书局，1975)，j196-197。

6 陈邦瞻,《宋史纪事本末》(北京:中华书局，1977)，j41; Bianca Horlemann, 'The Relations of the Eleventh-Century Tsong kha Tribal Confederation to its Neighbour States on the Silk Road', in *Contributions to the Cultural History of Early Tibet*, ed. by Matthew Kapstein and Brandon Dotson (Leiden: Brill, 2007), pp. 79-101;马端临,《文献通考》(北京:中华书局，1986)，j335;脱脱,《宋史》(北京:中华书局，1977)，j492。

7 宋濂,《元史》(北京:中华书局，1976)，j121-123。

8 《明实录》(台北:历史语言研究所, 1962), 太宗, j196.1b-2a;张廷玉,《明史》(北京:中华书局, 1974), j330。ཏྭ་མིང་རྒྱལ་རབས་སྐབས་སུ་མཐའ་མཚམས་སུ་དམག་སྒར་བཏབ་པའི་སྐོར་ལ་འདིར་གཟིགས་པར་ཞུ། Marnyi Gyatso, 'The Ming, Tibetan and Mongol Interactions in Shaping the Ming Fortification, Multicultural Society and Natural Landscape in Mdo smad, 1368-1644', *Revue d'Etudes Tibétaines*, 55 (2020), 351-84; Marnyi Gyatso, 'A Rosary of the Wish-Fulfilling Jewels: The Co ne Kingdom on the Tibetan, Chinese, Mongolian, and Manchu Frontiers from the Fifteenth to the Eighteenth Century' (unpublished manuscript, June 1, 2022);张雨,《边政考》, j3-4。

9 Marnyi Gyatso, 'Home on the Margins', pp. 43-99.

10 张彦笃,《洮州厅志》(台北:成文出版社有限公司，1970)，p. 842;赵尔巽,《清史稿》(北京:中华书局，1977)，j517。

11 Christopher Beckwith, 'The Tibetans in the Ordos and North China: Considerations on the Role of the Tibetan Empire in World History', in *The Tibetan History Reader*, ed. by Gray Tuttle and Kurtis R. Schaeffer (New York: Columbia University Press, 2013), pp. 133-41 (pp. 136-37).

12 དེའང་བོད་ཀྱི་ཆོས་སྙིང་པའི་ལུགས་དང་འབྲེལ་བའི་སྔ་རབས་བོན་གྱི་དད་མོས་དང་འབྲེལ་བའི་དཔྱད་འབྲས་ནི་ཤིན་ཏུ་རྩོད་རྙོག་ཅན་ཞིག་ཡིན་རུང་། སྒྲིག་དེབ་འདིར་དུས་རབས་བཅུ་པའི་རྗེས་སུ་བྱུང་བའི་གཡུང་དྲུང་བོན་གྱི་ལུགས་དང་སྲིད་པའི་ལྷ་བོན་གྱི་ལུགས་གཉིས་སུ་དབྱེ་སྟངས་ལྟར་བཀོལ་ཡོད། དོན་དུ་སྲིད་པའི་ལྷ་བོན་དང་བཅས་པའི་བཙན་པོའི་སྐབས་ཀྱི་བོད་ཀྱི་ཆོས་སྙིང་པའི་ལུགས་ཀྱི་རྣམ་གཞག་ནི་ཤིན་ཏུ་གསལ་ཁ་མེད་ཕྱིར། ཉམས་ཞིབ་མཁས་པ་ཐུ་ཆི་(Tucci)དང་སི་ཏན་(Stein)གཉིས་ནས་ཀྱང་དམངས་སྲོལ་དད་མོས་དང་མིང་མེད་པའི་ཆོས་ལུགས་ཞེས་པའི་ཐ་སྙད་སྤྱོད་ཡོད་པ་རེད། འབྲེལ་ཡོད་སྐོར་ལ་འདིར་གཟིགས་པར་ཞུ།阿旺嘉措, '试论司巴苯教的基本含义及形式特征', 《西藏大学学报》，28.1（2013），7-12；Helmut Hoffmann, *The Religions of Tibet*, trans. by Edward Fitzgerald (George Allen & Unwin Ltd, 1961), pp. 13-27, 84-110；Per Kværne, *The Bon Religion of Tibet* (Boston: Shambhala, 1995), pp. 9-10；Geoffrey Samuel, *Civilized Shamans: Buddhism in Tibetan Societies* (Washington and London: Smithsonian Institution Press, 1993), pp. 10-13;才让太，'藏文手抄本苯教文献的发现及其当代文化价值',《中国藏学》，2（2021），188-95。

13 Luciano Petech, 'Tibetan Relations with Sung China and with the Mongols', in *China Among Equals: The Middle Kingdom and Its Neighbors, 10th–14th Centuries*, ed. by Morris Rossabi (Berkeley: University of California Press, 1983), pp. 173-203; Tsepon Wangchuk Deden Shakabpa, *One Hundred Thousand Moons: An Advanced Political History of Tibet*, trans. by Derek F. Maher (Boston: Brill, 2010), pp. 177-96.

14 རྒྱ་ཐང་། སྐབས་འགར་ཙོང་ཁའི་ཡུལ་ལ་གོ།李焘,《续资治通鉴长编》(北京:国家图书馆, 1792年), j265, j398, j404, j520;宋濂,《元史》, j39, j43, j121, j123;脱脱,《金史》(北京:中华书局，1975)，j26，j79，j80，j91，j95，j98，j103，j113;脱脱,《宋史》，j42，j326。

15 Tsutomu Iwasaki, 'The Tibetan Tribes of Ho-hsi and Buddhism During the Northern Sung Period', *Acta Asiatica*, 64 (1993), 17-37.

16 脱脱,《金史》，j26.654。

17 བྲག་དགོན་པ་དཀོན་མཆོག་བསྟན་པ་རབ་རྒྱས། མདོ་སྨད་ཆོས་འབྱུང་། (ལན་ཀྲུ། ཀན་སུའུ་མི་རིགས་དཔེ་སྐྲུན་ཁང་། 1982), p. 666. འདིར་ཅོ་ནེ་ཁག་ལྔ་ཞེས་པའི་ཐ་སྙད་ནི། ཅོ་ནེ་ས་སྐྱོང་གིས་ཐུར་གྱི་ཡུལ་ལུང་དེའི་དགོན་སྡེ་ནི་ཅོ་ནེ་དགོན་ཆེན་ཏེ་ས་སྐྱ་པའི་ལུགས་སུ་བསྒྱུར་བ་ནས་བཟུང་། ཐུར་གྱི་ཀླུ་ཆུའི་རྒྱུད་ཀྱི་ཚོ་པ་རྣམས་ལ་དམིགས་ནས་གསར་དུ་བཟོས་པའི་མིང་ཞིག་ཡིན་ནམ་སྙམ།

18 བྲག་དགོན་པ་དཀོན་མཆོག་བསྟན་པ་རབ་རྒྱས། མདོ་སྨད་ཆོས་འབྱུང་། pp. 646-66.

19 Karl-Heinz Everding, 'The Mongol States and Their Struggle for Dominance over Tibet in the 13th Century', in *Tibet, Past and Present*, ed. by Henk Blezer (Leiden: Brill, 2002), pp. 109-28; Luciano Petech, *Central Tibet and the Mongols: The Yüan—Sa-skya Period of Tibetan History* (Rome: Istituto Italiano per il Medio ed Estremo Oriente, 1990), pp. 8-9; Turrell V.

Wylie, 'The First Mongol Conquest of Tibet Reinterpreted', *Harvard Journal of Asiatic Studies* 37.1 (1997), 103-33.

20 洛桑丹珠和婆巴次仁,《安多古刹禅定寺》(兰州:甘肃民族出版社, 1995), p. 7;沙迦室哩,《金刚乘起信庄严宝鬘西天佛子源流录》, 安宁译(1448年, 转写于1829年), 第二品;宋濂,《元史》, j202.4517-19。

21 Elliot Sperling, 'Notes on the Early History of Gro-tshang Rdo-rje-'chang and Its Relations with the Ming Court', *Lungta*, 14 (2001), 77-87.

22 འཇམ་དབྱངས་འཇིགས་མེད་དབང་པོ། ཅོ་ནེ་བསྟན་འགྱུར་གྱི་དཀར་ཆག་ཡིད་བཞིན་ནོར་བུའི་ཕྲེང་བ། (New Delhi: Ngawang Gelek Demo, 1971), pp. 378-81.

23 མགོན་པོ་དབང་རྒྱལ། ཅོ་ནེ་ས་སྐྱོང་གི་ལོ་རྒྱུས་ཀླུ་ཆུ་སྔོན་མོའི་གྱེར་དབྱངས། (ལན་ཇུ། ཀན་སུའུ་མི་རིགས་དཔེ་སྐྲུན་ཁང་། 1997), pp. 27-8; ཚེ་རིང་དོན་གྲུབ། མདོ་སྨད་ཅོ་ནེའི་ལོ་རྒྱུས་ས་གཞི་སྐྱོང་བའི་རྒྱན། (པེ་ཅིང་། ཀྲུང་གོ་རྩོམ་རིག་སྒྱུ་རྩལ་དཔེ་སྐྲུན་ཁང་། 2016). དེའང་ཅོ་ནེ་དང་། དམེ་བོ། མཛོད་དགེ་བཅས་ཡུལ་ལུང་ཁག་གི་དག་རྒྱུན་ལྟར་ན། སྲུང་ཐྲི་དང་སྤོ་ཐྲི་གཉིས་ཀྱིས་མདོ་སྨད་ལྷོ་ཕྱོགས་ཀྱི་ཚོ་པའི་ནང་འཁྲུག་གཅིག་ལས་ཕམ་སྟེ་ཡུལ་གཞན་དུ་འཕོས་པར་བཤད།

24 བྲག་དགོན་པ་དཀོན་མཆོག་བསྟན་པ་རབ་རྒྱས། མདོ་སྨད་ཆོས་འབྱུང་། pp. 643, 646-47; འཇམ་དབྱངས་འཇིགས་མེད་དབང་པོ། ཅོ་ནེ་བསྟན་འགྱུར་གྱི་དཀར་ཆག་ཡིད་བཞིན་ནོར་བུའི་ཕྲེང་བ། pp. 382-83.

25 དེའང་རིན་ཆེན་ལྷུན་པོ་པ་ཡིས་བཞེངས་པར་གྲགས་པའི་གསང་འདུས་ལྷ་ཁང་སྐོར་གྱི་གསལ་བཤད་གཅིག་ལས། འདུ་ཁང་དུ་ས་སྐྱ་ཁྲི་འཛིན་དང་། རྗེ་ཡབ་སྲས་གསུམ་གྱི་སྐུ་བཞེངས་འདུག་ཅེས་པར་བརྟག་ན། ཐེངས་དེའི་ཆོས་ལུགས་བཅོས་བསྒྱུར་གྱི་རྗེས་སུ་ཕྱོགས་ཡོངས་ནས་དགེ་ལྡན་པའི་ལུགས་སུ་བསྒྱུར་མེད་པར་གསལ།洛桑丹珠和婆巴次仁,《安多古刹禅定寺》, p. 174。

26 བྲག་དགོན་པ་དཀོན་མཆོག་བསྟན་པ་རབ་རྒྱས། མདོ་སྨད་ཆོས་འབྱུང་། pp. 625-26.

27 洛桑丹珠和婆巴次仁,《安多古刹禅定寺》, pp. 40-50, 65-66, 79, 166-67。

28 ཅོ་ནེ་ས་སྐྱོང་གི་མངའ་ཁོངས་སུ་བསྡོམས་པས་དགོན་ཆེན་བཅུ་དང་དགོན་པ་ལྔ་བཅུ་ང་ལྔ་དང་། ལྷ་ཁང་དང་རི་ཁྲོད་དང་བཅས་པས་བརྒྱ་ལྷག་ཡོད་པར་བཤད།见洛桑丹珠和婆巴次仁,《安多古刹禅定寺》, pp. 228-42。

29 སངས་རྒྱས་ཆོས་ལུགས་ཀྱི་རྒྱུ་མཚན་ཉིད་ཀྱི་ཐེག་པ་དང་འབྲས་བུ་གསང་སྔགས་ཀྱི་ཐེག་པ་གཉིས་ལས། རྒྱུ་མཚན་ཉིད་ཀྱི་ཐེག་པ་ནི་ཐེག་པ་ཆེན་པོ་ལུགས་ཀྱི་གཞུང་སྡེ་སྣོད་གསུམ་དང་། འབྲས་བུ་གསང་སྔགས་ཀྱི་ཐེག་པ་ནི་རྒྱུད་སྡེ་བཞི་ཡི་ཉམས་ལེན་གཙོ་བོར་འཛིན་གྱི་ཡོད་པ་རེད། བོད་ཀྱི་གྲྭ་ས་ཁག་ལས་མདོ་སྔགས་ཀྱི་གཞུང་ལ་སློབ་གཉེར་བྱེད་ཚུལ་སྐོར་གྱི་ཆེད་ཞིབ་ལ་འདིར་གཟིགས་པར་ཞུ། Georges Dreyfus, *The Sound of Two Hands Clapping* (Berkeley: University of California Press, 2003), pp. 18-20, 111-20.

30 ཅོ་ནེ་དགོན་ཆེན་དུ་བཅར་འདྲི་བྱས་པ་ཡིན། ཕྱི་ལོ༢༠༡༥ཟླ་༡་ཚེས༣ཉིན།

31 Marnyi Gyatso, 'Home on the Margins', chapter 2-4.

32 《卓尼县志》, 卓尼县志编纂委员会编(兰州: 甘肃民族出版社, 2020), p. 672; 《临潭县志》, 临潭县志编纂委员会编(兰州: 甘肃人民出版社, 2008), p. 93。

33 ཅོ་ནེ་པ་རེ་འགགས་སྲོལ་རྒྱུན་གྱི་ཁྲིམས་རའི་ཚོང་ལས་དབང་གིས་སྟོད་པ་རོང་པ་དང་ཚ་ཀ་སྡེ་བ་གཉིས་ཕྱོགས་སོ་སོར་ཕྱེ་བར་འདོད།

34 Marnyi Gyatso, 'The Legacy of Bla ma dkar po: An Unsettled Dispute between Chone and Labrang on the Inner Asian Frontier', *Waxing Moon: Journal for Tibetan and Himalayan Studies*, 1 (2021), 16-56 (pp. 25-26).

35 Marnyi Gyatso, 'Home on the Margins', chapter 2.

36 ཅོ་ནེ་པའི་དུས་སྟོན་གལ་ཆེན་ཁག་ནི། འབྱུང་རྩིས་ཀྱི་ལུགས་ལྟར་ཟླ་དང་པོའི་ཚེས་གསུམ་ནས་བཅུ་དྲུག་བར་དུ་སྨོན་ལམ་ཆེན་མོ་དང་། ཟླ་ལྔ་པའི་ཚེས་གཅིག་ནས་བདུན་བར་དུ་ལྡ་པའི་མ་ཎི། ཟླ་དྲུག་པའི་ནང་གི་ཆོས་འཁོར་དུས་ཆེན་ཉིན་བདུན། ཟླ་དགུ་པའི་ཚེས་བདུན་ནས་ཉི་ཤུ་གཉིས་བར་དུ་བྱམས་པའི་སྨོན་ལམ་ཆེན་མོ་དང་། ཟླ་བཅུ་པའི་ཚེས་ཉེར་བཞི་ནས་ཉེར་བརྒྱད་བར་དུ་ལྔ་མཆོད་ཆེན་མོ་སོགས་དང་། གཞན་ཡང་ལོ་རེའི་ཟླ་དྲུག་པ་དང་བཅུ་པའི་ནང་དུ་ཉིན་བཅུའི་རིང་གི་ཁྲིམ་ར་ཡོད་པ་ཡིན།

37 Lama Jabb, 'The Wandering Voice of Tibet: Life and Songs of Dubhe', *Life Writing*, 17.3 (2020), 387-409 (p. 392).

38 Timothy Thurston, 'An Introduction to Tibetan sa bstod speeches in A mdo', *Asian Ethnology*, 71.1 (2012), 49-73 (p. 55).

39 བཀྲ་ཤིས་དོན་འགྲུབ། གེ་སར་སྒྲུང་གི་གླུ་ཚིག་ལས་བཤད་པའི་སྐོར་གྱི་ཞིབ་འཇུག། (ནུབ་བྱང་མི་རིགས་སློབ་གྲྭ་ཆེན་མོའི་ཞིབ་འཇུག་སློབ་མའི་མཐར་ཕྱིན་དཔྱད་རྩོམ། 2018); དོན་གྲུབ་རྒྱལ། མདོ་སྨད་མཚོ་སྔོ་ཡུལ་དུ་དར་ཁྱབ་ཆེ་བའི་བཤད་པའི་སྐོར་ལ་རགས་ཙམ་དཔྱད་པ། (བོད་ལྗོངས་སློབ་གྲྭ་ཆེན་མོའི་ཞིབ་འཇུག་སློབ་མའི་མཐར་ཕྱིན་དཔྱད་རྩོམ། 2012) p. 6; ནམ་རྒྱལ་རིག་འཛིན། ཨ་མདོའི་ངག་རྩོམ་ལས་བཤད་པའི་ཁྱད་ཆོས་ལ་དཔྱད་པ། (མཚོ་སྔོན་དགེ་ཐོན་སློབ་གྲྭ་ཆེན་མོའི་ཞིབ་འཇུག་སློབ་མའི་མཐར་ཕྱིན་དཔྱད་རྩོམ། 2013) p. 1.

40 བཤད་པ། ཆབ་འགག་རྡོ་རྗེ་ཚེ་རིང་གིས་རྩོམ་སྒྲིག་བྱས། (ལན་གྲུ། ཀན་སུའུ་མི་རིགས་དཔེ་སྐྲུན་ཁང་། 2006), p. 1.

41 དོན་གྲུབ་རྒྱལ། མདོ་སྨད་མཚོ་སྔོ་ཡུལ་དུ་དར་ཁྱབ་ཆེ་བའི་བཤད་པའི་སྐོར་ལ་རགས་ཙམ་དཔྱད་པ།, p. 15.

42 བཤད་པ། pp. 28-44.

43 བཤད་པ་གྱེར་ལེན་གྱི་ལུགས་སྲོལ་འདི་ཉིད་མངོན་ཤེས་ཤུགས་བཞག་རིག་གནས་ཀྱི་ལས་གཞིར་ཚུད་པའི་དུས་ཚོད་ཀྱི་ཐད་ནས། སྲིད་གཞུང་གི་ལས་ཁུངས་སོ་སོའི་ཡིག་ཆར་བཤད་སྟངས་ཁ་ཤས་ཤིག་བྱུང་ཡོད་ཕྱིར། འདིར་ཅོ་ནེ་རྫོང་ཡུལ་སྐོར་ལྗོངས་རྒྱུའི་ལས་ཁུངས་ཀྱི་ཡིག་ཆ་ཚད་གཞིར་བཟུང་ཡོད།

44 Bendi Tso, 'Opportunities and Challenges in Preserving and Revitalizing the Tibetan Oral Literature Shépa in Chone', *Book 2.0*, 9.1-2 (2019), 7-18.

45 Amy Mountcastle, 'Safeguarding Intangible Cultural Heritage and the Inevitability of Loss: a Tibetan Example', *Studia Ethnologica Croatica*, 22.1 (2010), 339-59; Timothy Thurston, 'The Tibetan Gesar Epic beyond Its Bards: An Ecosystem of Genres on the Roof of the World', *Journal of American Folklore*, 132.524 (2019), 115-36 (p. 117); Timothy Thurston, 'Assessing the Sustainability of the Gesar Epic in Northwest China, Thoughts from Yul shul (Yushu) Tibetan Autonomous Prefecture', *Cultural Analysis*, 17.2 (2020), 1-23.

46 Rachel C. Fleming, 'Resisting Cultural Standardization: Comhaltas Ceoltóirí Éireann and the Revitalization of Traditional Music in Ireland', *Journal of Folklore Research*, 41.2-3 (2004), 227-57; Ahmed Skounti, 'The Authentic Illusion: Humanity's Intangible Cultural Heritage, the Moroccan Experience', in *Intangible Heritage*, ed. by Laurajane Smith and Natsuko Akagawa (London and New York: Routledge, 2009), pp. 74-92.

47 Andrew Martindale, Sara Shneiderman and Mark Turin, 'Time, Oral Tradition and Technology', *Memory*, ed. by Philippe Tortell, Mark Turin and Margot Young (Vancouver: Peter Wall Institute for Advanced Studies, 2018), pp. 197-206; Mark Turin, 'Orality and Technology, or the Bit and the Byte: The Work of the World Oral Literature Project', *Oral Tradition*, 28.2 (2013), 173-86.

48 Skounti, 'The Authentic Illusion: Humanity's Intangible Cultural Heritage, the Moroccan Experience', p. 78.

49 Samten Gyaltsen Karmay, *The Arrow and The Spindle*, 3 vols (Kathmandu: Mandala Book Point, 1997-2014), I (1997), 150.

50 བུ་ཆེ་བ་དཀར་ལྡན་གསེར་ཁྲིར་བཞུགས། བུ་གཉིས་པ་རྒྱ་ནག་རྒྱལ་པོར་བཞུགས། བུ་གསུམ་པས་ས་ལ་སྦྲ་གུར་ཕུབ།

51 Hildegard Diemberger, 'Blood, Sperm, Soul and the Mountain: Gender Relations, Kinship and Cosmovision among the Khumbo (N.E. Nepal)', in *Gendered Anthropology*, ed. by Teresa del Valle (London: Routledge, 1993), pp. 88-127; Nancy Levine, 'The Theory of Rü: Kinship, Descent and Status in a Tibetan Society', in *Asian Highland Societies in Anthropological Perspective*, ed. by Christoph von Fürer-Haimendorf (New Delhi: Sterling Publishers, 1981), pp. 52-78.

52 José I. Cabezón and Roger R. Jackson, 'Editors' Introduction', in *Tibetan Literature: Studies in Genre*, ed. by José I. Cabezón and Roger R. Jackson (New York: Snow Lion, 1996), pp. 11-37.

53 Lauran R. Hartley and Patricia Schiaffini-Vedani, 'Introduction', in *Modern Tibetan Literature and Social Change*, ed. by Lauran R. Hartley and Patricia Schiaffini-Vedani (Durham and London: Duke University Press, 2008), pp. xiii-xxxviii (pp. xvii-xviii); Lama Jabb, *Oral and Literary Continuities in Modern Tibetan Literature: The Inescapable Nation* (Lanham: Lexington Books, 2015).

54 Alexandru Anton-Luca, 'glu and la ye in Amdo: An Introduction to Contemporary Tibetan Folk Songs', in *Amdo Tibetans in Transition: Society and Culture in the post-Mao Era*, ed. by Toni Huber (Leiden: Brill, 2002), pp. 173-96 (pp. 178-79); Roger R. Jackson, '"Poetry" in Tibet: *Glu, mGur, sNyan ngag* and "Songs of Experience"', in *Tibetan Literature: Studies in Genre*, ed. by José I. Cabezón and Roger R. Jackson (New York: Snow Lion, 1996), pp. 368-92 (p. 369); Anna Morcom, 'Landscape, Urbanization, and Capitalist Modernity: Exploring the "Great Transformation" of Tibet through its Songs', *Yearbook for Traditional Music*, 47 (2015), 161-89 (p. 164).

55 རྒྱ་གར་གྱི་སྙན་གཞུང་བོད་དུ་དར་བ་ནས་བཟུང་བོད་ཀྱི་རྩོམ་རིག་ལ་ཐེབས་པའི་ཤུགས་རྐྱེན་གྱི་སྐོར་ལ་འདིར་གཟིགས་པར་ཞུ། Leonard W. J. van der Kuijp, 'Tibetan Belles-Lettres: The Influence of Dandin and Ksemendra', in *Tibetan Literature: Studies in Genre*, ed. by José I. Cabezón and Roger R. Jackson (New York: Snow Lion, 1996), pp. 393-410 (pp. 395-400).

56 王尧和陈践编译,《敦煌古藏文文献探索集》(上海:上海古籍出版社, 2008), p. 38; Jackson, '"Poetry" in Tibet: *Glu, mGur, sNyan ngag* and "Songs of Experience"', pp. 368-92 (p. 371); Rolf A. Stein, *Tibetan Civilization* (London: Faber and Faber LTD, 1972), pp. 252-53。

57 མགུར་ཞེས་པ་འདི་གླུ་ཡི་ཞེ་ཚིག་སྟེ། ཏུན་ཧོང་གཏེར་ཡིག་ལྟར་ན། བཙན་པོ་རིམ་བྱོན་གྱི་ལོ་རྒྱུས་སུ་བཙན་པོ་དང་བློན་པོའི་བར་དུ་མགུར་བཞེངས་པའི་ལུགས་ཤིན་ཏུ་དར་ཡོད་པ་གསལ་ཞིང་། བསྟན་པ་ཕྱི་དར་ནས་བཟུང་མགུར་ཞེས་པའི་ཐ་སྙད་འདི་ཆོས་ཕྱོགས་ཀྱི་རྣལ་འབྱོར་པ་དང་གྲུབ་ཆེན་གྱིས་ཉམས་རྟོགས་མཚོན་བྱེད་དུ་གྱུར་ཕྱིར་རིམ་གྱིས་ཆེད་སྤྱོད་ཀྱི་ཐ་སྙད་གཅིག་ཏུ་གྱུར་ཡོད། དཔེར་ན་མི་ལ་རས་པའི་གསུང་མགུར་ལྟ་བུའོ།། སྤྱིར་བཏང་དུ། མགུར་གྱི་རྗོད་བྱེད་ནི་ཚིག་བཅད་དང་ཚིག་སྦྱོར་སྡེབ་ཆ་དང་ལྡན་པ་ཞིག་ཡིན་པ་དང་། མགུར་གྱི་རྣམ་པ་དང་ཁྱད་ཆོས་དང་འབྲེལ་བའི་ཆེད་ཞིབ་ལ་འདིར་གཟིགས་པར་ཞུ། Tsangnyön Heruka, *The Life of Milarepa*, trans. by Andrew Quintman (London: Penguin Books, 2010), pp. xxx-xxxi; Lama Jabb, *Oral and Literary Continuities in Modern Tibetan Literature: The Inescapable Nation*, pp. 5-10; Victoria Sujata, *Tibetan Songs of Realization: Echoes from a*

Seventeenth-Century Scholar and Siddha in Amdo (Leiden and Boston: Brill, 2005), pp. 77-85.

58 Per K. Sørensen, *Divinity Secularized: An Inquiry into the Nature and Form of the Songs Ascribed to the Sixth Dalai Lama* (WIEN, 1990), p. 13.

59 Solomon G. Fitzherbert, 'The Tibetan Gesar Epic as Oral Literature', in *Contemporary Visions in Tibetan Studies: Proceedings of The First International Seminar of Young Tibetologist*, ed. by Brandon Dotson and others (Chicago: Serindia Publications, 2009), pp. 171-96; Zhambei Gyaltsho, '*Bab Sgrung*: Tibetan Epic Singers', *Oral Tradition*, 16.2 (2001), 280-93.

60 Thurston, 'An Introduction to Tibetan sa bstod speeches in A mdo', pp. 49-73.

61 Tsangnyön Heruka, *The Hundred Thousand Songs of Milarepa: A New Translation*, trans. by Christopher Stagg (Boulder: Shambhala Publications, 2017); Sujata, *Tibetan Songs of Realization: Echoes from a Seventeenth-Century Scholar and Siddha in Amdo.*

62 Morcom, 'Landscape, Urbanization, and Capitalist Modernity: Exploring the "Great Transformation" of Tibet through its Songs', pp. 168-70; Charles Ramble, 'Gaining Ground: Representations of Territory in Bon and Tibetan Popular Tradition', *The Tibet Journal*, 20.1 (1995), 83-124 (pp. 85-87).

63 Morcom, 'Landscape, Urbanization, and Capitalist Modernity: Exploring the "Great Transformation" of Tibet through its Songs', pp. 166-67.

64 ངག་རྒྱུན་གྱི་སྐོར་པལ་ཆེ་བ་ནི་དྲི་བ་དྲིས་ལན་གྱི་ཚུལ་དུ་ཡིན་ཞིང་། མདོ་སྨད་ཕྱོགས་ཀྱི་གླུ་འཐབ་དང་གླུ་ཤགས་སྐོར་གྱི་དཔྱད་འབྲས་ལ་འདིར་གཟིགས་རོགས་ཞུ། Anton-Luca, '*glu* and *la ye* in Amdo: An Introduction to Contemporary Tibetan Folk Songs', p. 185; གླུ་ཤགས་ཤིད་པའི་དར་ལྡེ། བཀྲ་པོས་རྩོམ་སྒྲིག་བྱས། (ཟི་ལིང་། མཚོ་སྔོན་མི་རིགས་དཔེ་སྐྲུན་ཁང་། 1997); འཕགས་མོ་སྐྱིད། མདོ་སྨད་མཚོ་ལྷོ་ཡུལ་གྱི་གླུ་ཤགས་ལ་རགས་ཙམ་དཔྱད་པ། (བོད་ལྗོངས་སློབ་གྲྭ་ཆེན་མོའི་ཞིབ་འཇུག་སློབ་མའི་མཐར་ཕྱིན་དཔྱད་རྩོམ། 2013), pp. 6-13; Per K. Sørensen, *Divinity Secularized: An Inquiry into the Nature and Form of the Songs Ascribed to the Sixth Dalai Lama*, p. 18; Timothy Thurston, '"Careful Village's Grassland Dispute": An A mdo Dialect Tibetan Crosstalk Performance by Sman bla skyab', *CHINOPERL*, 32.2 (2013), 156-81 (p. 157).

65 དོན་གྲུབ་རྒྱལ། མདོ་སྨད་མཚོ་ལྷོ་ཡུལ་དུ་དར་ཁྱབ་ཆེ་བའི་བཤད་པའི་སྐོར་ལ་རགས་ཙམ་དཔྱད་པ། p. 15.

66 Stein, *Tibetan Civilization*, pp. 195-96.

67 དོན་གྲུབ་རྒྱལ། མདོ་སྨད་མཚོ་སྔོ་ཡུལ་དུ་དར་ཁྱབ་ཆེ་བའི་བཤད་པའི་སྐོར་ལ་རགས་ཙམ་དཔྱད་པ། pp. 11-13; Giuseppe Tucci, *The Religions of Tibet*, trans. by Geoffrey Samuel (London and Henley: Routledge & Kegan Paul, 1980), pp. 232, 238; Stein, *Tibetan Civilization*, pp. 191-92.

68 Stein, *Tibetan Civilization*, pp. 192, 195.

69 མི་ཆོས་རྩ་བ་རྣམ་པ་དགུ། སེང་གེའི་ཁོག་པ་དཔེར་བཞག་སྟེ།། རྐང་གཡས་སྲིད་པའི་ཆགས་ལུགས་གླེང་།། གཡོན་པ་སྐྱེ་འགྲོའི་བྱུང་ཚུལ་གླེང་།། ཚང་ར་འཛམ་གླིང་ས་བཅད་གླེང་།། ལག་གཡས་རྗེ་ཡི་གདུང་རབས་གླེང་།། གཡོན་པ་འབངས་ཀྱི་མི་རབས་གླེང་།། གུང་མོ་བསྟན་པའི་ཆགས་ལུགས་གླེང་།། མཇིང་པ་རྗེ་ནམ་མི་སྡེ་གླེང་།། མགོ་བོ་ཕ་མའི་ཚེ་རིགས་གླེང་།། མཇུག་མ་མཚོན་བྱེད་དགའ་བའི་གླུ།། ཨོ་རྒྱན་གླིང་པ། བཀའ་ཐང་སྡེ་ལྔ། (པེ་ཅིང་། མི་རིགས་དཔེ་སྐྲུན་ཁང་། 1986), p. 469; Stein, *Tibetan Civilization*, p. 193; David P. Jackson, *The Mollas of Mustang: Historical, Religious and Oratorical Traditions of the Nepalese-Tibetan Borderland* (Library of Tibetan Works & Archives, 1984), p. 84.

70 阿旺嘉措，"民间苯教祭祀者'莱坞'的经书内涵及其文化特征",《西藏大学学报》，29.1 （2014），115-20;吉西次力，"安多迭部地区民间口述经文《司巴拖亦》初探",《民族史研究》, 苍铭编(北京:中央民族大学出版社，2018)，pp. 128-40。

71 འགྱུ་བཙུན་ལེགས་བཤད་རྒྱ་མཚོ། ཐེ་བོའི་དམངས་ཁྲོད་ངག་རྒྱུན་རྩོམ་རིག་ཕྱོགས་བསྡུས། (ལན་གྲུ། ཀན་སུའུ་མི་རིགས་དཔེ་སྐྲུན་ཁང་། 2017).

72 Jackson, *The Mollas of Mustang: Historical, Religious and Oratorical Traditions of the Nepalese-Tibetan Borderland*, pp. 36-41.

73 Barbara N. Aziz, 'On Translating Oral tradition: Ceremonial Wedding Poetry from Dingri', in *Soundings in Tibetan Civilization*, ed. by Barbara N. Aziz and Matthew Kapstein (New Delhi: Manohar, 1985), pp. 115-32.

74 Jackson, *The Mollas of Mustang: Historical, Religious and Oratorical Traditions of the Nepalese-Tibetan Borderland*, pp. 81-83.

75 Aziz, 'On Translating Oral tradition: Ceremonial Wedding Poetry from Dingri', p. 118.

76 Stein, *Tibetan Civilization*, pp. 196-98.

77 སྤྱི་ལོ༡༩༥༠ལོར་རྒྱ་ནག་སྲིད་གཞུང་གིས་མི་རིགས་དབྱེ་འབྱེད་ངོས་འཛིན་བྱེད་དུས། མི་འབོར་ཆིག་ཁྲི་བདུན་སྟོང་ལྷག་ལས་མེད་པའི་དྭགས་པོ་ཁོལ། པའམ་པེ་ཀླ་ཞེས་པ་རྣམས་ནི་བོད་རིགས་ཀྱི་ཁོངས་སུ་ངོས་འཛིན་བྱས་ཡོད་ནའང་། ཁོང་ཚོའི་མི་རིགས་ཀྱི་ངོ་བོ་ངོས་འཛིན་དང་འབྲེལ་བའི་རྩོད་གཞི་ནི་ད་སྔའི་བར་དུ་ལུས་ཡོད་པ་རེད། སྤྱི་ལོ༡༩༧༣ལ་ཁོང་ཚོས་རྒྱ་ནག་སྲིད་གཞུང་ལ་མི་རིགས་ཀྱི་ངོ་བོའི་སྐོར་ལ་ཡང་བསྐྱར་ཞིབ་བྱེད་དགོས་པའི་སྙན་ཞུ་ཕུལ་ཡང་། སྤྱི་ལོ༡༩༨༧ལ་རྒྱ་ནག་སྲིད་གཞུང་གིས་ཁོང་

ཅག་གི་མི་རིགས་ངོ་བོའི་ཐད་ལ་སྔར་བཞིན་འགྱུར་བ་མེད་པའི་ཐག་གཅོད་བྱས་འདུག འབྲེལ་ཡོད་ཞིབ་རྒྱུས་སྐོར་འདིར་གཟིགས་པར་ཞུ།四川民族研究所,《白马藏人族属问题讨论集》(成都:四川民族研究所, 1980);平武县白马人族属研究会,《白马人族属研究文集》(平武县白马人族属研究会, 1987)。

78 王万平和班旭东, “白马藏人古歌调查报告”,《西北民族大学学报》, 4 (2015), 142-50;宗喀漾正岗布和王万平, “白马藏人古歌‘gLu’与斯巴苯教”,《西藏大学学报》, 3 (2016), 8-15。

79 王万平和班旭东, “白马藏人古歌调查报告”, pp. 142-50;宗喀漾正岗布和王万平, “白马藏人古歌‘gLu’与斯巴苯教”, pp. 8-15。

80 འབྲུ་བརྩུན་ལེགས་བཤད་རྒྱ་མཚོ། ཐེ་བོའི་དམངས་ཁྲོད་ངག་རྒྱུན་རྩོམ་རིག་ཕྱོགས་བསྡུས། p. 160.

81 དེའང་ཡིག་ཐོག་གི་བསྟན་བཅོས་ཁག་དང་ངག་རྒྱུན་རྩོམ་རིག་གི་རིགས་ཁ་ཤས་ལས། གླུ་ཞེས་པའི་ཤེས་བྱའི་མཛོད་ཀྱི་རྣམ་གཞག་ལྟ་བུ་ལས་ངག་ལ་གྱེར་བའི་ཚིག་ཙམ་ཞིག་མིན་པ་ཤིན་ཏུ་གསལ་ཏེ། དཔེར་ན། བཤད་མཛོད་ཡིད་བཞིན་ནོར་བའི་ལེའུ་བཅུ་གཉིས་པར། དེ་ནི་ཤེས་བྱའི་མ་ལག་གཅིག་ཏུ་ངོས་འཛིན་བྱས་ཏེ། རྒྱ་གར་ཆོས་ཀྱི་གླུ་དང་། རྒྱ་ནག་རྩིས་ཀྱི་གླུ། ཞང་ཞུང་བོན་གྱི་གླུ་དང་མངའ་རིས་བོད་ཀྱི་གླུ་ཞེས་ལུགས་སྣ་ཚོགས་སུ་བཀར་ཡོད་པ་དང་། ལུགས་རེ་རེ་ཡི་ལེན་ཚུལ་ཡང་བརྗོད་ཡོད། Don dam smra ba'i seng ge, *A 15th Century Tibetan Compendium of Knowledge* (*Bshad mdzod yid bzhin nor bu*) with an introduction by E. Gene Smith, ed. by Lokesh Chandra (New Delhi: Jayyed Press, 1969), pp. 522-27.

82 Jackson, *The Mollas of Mustang: Historical, Religious and Oratorical Traditions of the Nepalese-Tibetan Borderland*, pp. 23-24.

83 Ellis Gene Smith, ‘Introduction’, in *A 15th Century Tibetan Compendium of Knowledge*, p. 6.

84 དེའང་ཆོས་ཀྱི་བསྟན་བཅོས་ཁག་ལ་སློབ་གཉེར་མཛད་མཁན་རྣམས་ལ་ཆེད་དུ་དམིགས་ནས་མཛད་པའི་མཁས་པ་ལ་འཇུག་པའི་སྒོ་དང་མི་འདྲ་བར། ཤེས་བྱ་རབ་གསལ་ནི་ཆོས་རྒྱལ་འགྲོན་འཕགས་པས་ཁོང་གི་སྦྱིན་བདག་གི་དོན་དུ་ཤིན་ཏུ་གོ་བདེ་ཞིང་ཁ་གསལ་བའི་རྗོད་བྱེད་ཀྱིས་མཛད་ཡོད་ཕྱིར། གཅིག་བྱས་ན། དེ་ནི་རྒྱ་ནག་གི་སུང་རྒྱལ་རབས་སྐབས་སུ་གོང་མའི་ཕོ་བྲང་དུ་ཤིན་ཏུ་རྒྱུགས་ཆེ་བའི་ལུགས་སྲོལ་ཞིག་ཏེ། གོང་མའི་རྒྱས་སྲས་ལ་ཆེད་དུ་བསྟན་བཅོས་སྒྲིག་སྲོལ་ཡོད་པའི་ཤུགས་རྐྱེན་གྱིས་ཡིན་པར་སྲིད།

85 དུས་རབས་དགུ་པའི་ནང་མངོན་པ་མཛོད་ཀྱི་ལེའུ་ཁ་ཤས་ཤིག་བོད་དུ་བསྒྱུར་ཡོད་པ་དང་། དེ་ནས་བཟུང་། དུས་རབས་བཅུ་གསུམ་པའི་ནང་མཆིམས་འཇམ་པའི་དབྱངས་ཀྱིས་མཛད་པའི་མངོན་པ་མཛོད་ཀྱི་འགྲེལ་པ་ནི་ཆེས་ཆ་ཚང་ཅན་ཞིག་ཏུ་ངོས་འཛིན་བྱེད་བཞིན་ཡོད་པ་རེད། *Abhidharmakośa-Bhāṣya of Vasubandhu: The Treasury of the Abhidharma and Its (Auto) Commentary*, ed. and trans. into English by Gelong L. Sangpo, 4 vols (Delhi: Motilal Banarsidass Publishers Private Limited, 2012); The Ninth Karmapa

Wangchuk Dorje, *Jewels from the Treasury*, trans. by David Karma Choephel (New York: KTD Publications, 2012).

86 Rupert Gethin, *The Foundations of Buddhism* (Oxford: Oxford University Press, 1998), pp. 207-09; Noa Ronkin, 'Abhidharma', *The Stanford Encyclopedia of Philosophy*, (2018), https://plato.stanford.edu/archives/sum2018/entries/abhidharma/

87 སངས་རྒྱས་ཆོས་ལུགས་ཀྱི་སྡེ་སྣོད་གསུམ་གྱི་རྣམ་གཞག་དང་འབྲེལ་བའི་དཔྱད་འབྲས་ལ་འདིར་གཟིགས་པར་ཞུ། Chögyam Trungpa, *Glimpses of Abhidharma: From a Seminar on Buddhist Psychology* (Boulder: Prajñā Press, 1975), p. 2.

88 Gethin, *The Foundations of Buddhism*, pp. 56, 206.

89 Dreyfus, *The Sound of Two Hands Clapping*, pp. 113-18.

90 འགྲོ་མགོན་ཆོས་རྒྱལ་འཕགས་པ། ཤེས་བྱ་རབ་གསལ། ས་སྐྱ་བཀའ་འབུམ། པོད་15ཡོད། (Sachen International, 2006), XIII (2006), p. 2a; ཆོས་མངོན་པའི་མཛོད་ཀྱི་ཚིག་ལེའུར་བྱས་པ་སོགས། (BDRC: MW1NLM864, n.d.), pp. 30b-1a.

91 Khedrup Norsang Gyatso, *Ornament of Stainless Light: An Exposition of the Kalachakra Tantra*, trans. by Gavin Kilty (Boston: Wisdom Publications, 2004), pp. 2-3.

92 洛桑丹珠和婆巴次仁,《安多古刹禅定寺》, pp. 47-48。

93 མངོན་པ་མཛོད་དང་དུས་ཀྱི་འཁོར་ལོའི་འཇིག་རྟེན་ཆགས་ཚུལ་དང་འབྲེལ་བའི་བསྡུར་དཔྱད་ཀྱི་སྐོར་ལ་འདིར་གཟིགས་པར་ཞུ། Vesna Wallace, *The Inner Kalacakratantra: A Buddhist Tantric view of the Individual* (Oxford: Oxford University Press, 2001), pp. 66-76.

94 Ellis Gene Smith, 'Introduction', in *A 15th Century Tibetan Compendium of Knowledge*, p. 5-6.

95 གྲགས་པ་བཤད་སྒྲུབ། ལོ་དང་ཟླར་སྐྱེའི་རེའུ་མིག་གི་གི་སྐོར་དང་རྩིས་ཀྱི་ལྡེ་མིག་གི་སྐོར་དོན་བསྡུས་པ་བཞུགས་སོ།། ཅོ་ནེ་གྲགས་པ་བཤད་སྒྲུབ་ཀྱི་གསུང་འབུམ། པོད་18ཡོད། (པེ་ཅིང་། ཀྲུང་གོའི་བོད་རིག་པ་དཔེ་སྐྲུན་ཁང་།), XVII (2009), p. 393.

96 ལྷ་མོ་ཚེ་རིང་གིས་ཡིག་ངོར་ཕབ་པའི་བཤད་པའི་ལེའུ་རྣམས་དཔར་སྐྲུན་བྱས་པའི་སྐོར་འདིར་གཟིགས་པར་ཞུ། བོད་ཀྱི་དམངས་ཁྲོད་དག་རྒྱུན་རིག་གནས་དཔེ་ཚོགས། འབྲུག་ཐར་དང་དག་དབང་རྒྱ་མཚོས་རྩོམ་སྒྲིག་བྱས། པོད་60ཡོད། (ལན་ཀྲུ། ཀན་སུའུ་རིག་གནས་དཔེ་སྐྲུན་ཁང་། 2015), V, VI, VII, VIII (2015).

97 Cabezón and Jackson, 'Editors' Introduction', p. 14; Lama Jabb, *Oral and Literary Continuities in Modern Tibetan Literature: The Inescapable Nation*, pp. 17-20.

98 Turin, 'Orality and Technology, or the Bit and the Byte: The Work of the World Oral Literature Project', 173-86.

99 Fitzherbert, 'The Tibetan Gesar Epic as Oral Literature', pp. 179-85; Thurston, 'Assessing the Sustainability of the Gesar Epic in Northwest China, Thoughts from Yul shul (Yushu) Tibetan Autonomous Prefecture', p. 4.

100 Mark Bender, Aku Wuwu and Jjivot Zopqu, *The Nuosu Book of Origins* (Seattle: University of Washington Press, 2019), p. xi.

101 Timothy Thurston, 'An Examination of the Poetics of Tibetan Secular Oratory: An A mdo Tibetan Wedding Speech', *Oral Tradition*, 33.1 (2019): 23-50.

102 Stein, *Tibetan Civilization*, pp. 43-44.

103 Charles Ramble, 'Real and Imaginary Tibetan Chimeras and Their Special Powers', *Mongolo-Tibetica Pragensia*, 7.2 (2014), 13-33 (pp. 15-20).

104 Daniel Berounský, 'Bird Offerings in the Old Tibetan Myths of the Nyen Collection (*Gnyan 'bum*)', *Archiv orientální*, 84.3 (2016), 527-59 (pp. 539-40).

105 傅懋勣,《纳西族图画文字白蝙蝠取经记研究》(北京:商务印书馆，2012)。

106 阿旺嘉措和唐茜，"司巴苯教的宇宙观初步探讨", 青藏高原论坛，1.1 (2015), 1-3。

107 Geoffrey Samuel, *Civilized Shamans: Buddhism in Tibetan Societies*.

108 Philippe Cornu, *Tibetan Astrology*, trans. by Hamish Gregor (Boston and London: Shambhala Publications, 1997), pp. 30-31.

109 Charles Ramble, 'The Assimilation of Astrology in the Tibetan Bon Religion', *Extrême-Orient Extrême-Occident*, 35 (2013), 199-232 (pp. 212-13).

110 Ramble, 'The Assimilation of Astrology in the Tibetan Bon Religion', p. 214.

111 桑吉卓玛，"民间苯教文献'夏当'初探",《西藏大学学报》，2 (2022)，38-45。

112 ཡིག་ཆའི་པར་གཞི་ཚད་གཞི་གཅིག་ཏུ་གཏོང་བ་ལས་བྱུང་བའི་སྐྱོན་གྱི་སྐོར་ལ་དཔྱད་གླེང་འདིར་གཟིགས་པར་ཞུ། Mark Bender, 'Co-creations, Master Texts, and Monuments:

Long Narrative Poems of Ethnic Minority Groups in China', *Journal of Chinese Oral and Performing Literature*, 38.2 (2019), 65-90.

113 范学勇和杨士宏,《卓尼藏族创世史诗舍巴》(北京:民族出版社, 2017)。

导论

释巴(བཤད་པ།)意为“解释”、“阐明”，是一个百科全书式、可轮流对唱的诗歌合集。传唱他的主要是分布在中国西北甘肃省、甘南(ཀན་ལྷོ།)藏族自治州、被称为“卓尼人”(ཅོ་ནེ་པ།)的藏族分支族群。在这个横跨安多–康巴和甘肃–四川的区域，释巴已经被唱诵了数个世纪。本书基于从2015年至2020年在卓尼县(ཅོ་ནེ་རྫོང་།)搜集的释巴口述与文本的合集而成。释巴阐释了藏族世界观、地理、历史、社会习俗及文化宗教事物。他通常以七字为一句，由仪式专家和有声望的长者以问答式(དྲི་བ་དྲིས་ལན།)演唱。释巴是藏族文明演变的一个微缩模型，也是一座卓尼人的文化、宗教及历史知识宝库。

卓尼人是藏族的一个分支。有着700万人口的藏族被统称为“藏族”(བོད་རིགས།)或“土伯特人”(Tibetan)。[1]然而由于地理位置、语言、宗教、习俗、生计方式和历史轨迹的不同，藏族内部存在着可观的多样性。以卓尼人为典型，这种多样性在生活于藏汉文化边疆地带上的藏族分支族群身上尤为突出。约有三万人口的卓尼人通过农耕、畜牧、贸易和偶尔的伐木来维持生计。他们定居于黄河(རྨ་ཆུ།)流域上部的洮河(ཀླུ་ཆུ།)及其支流沿岸，是不同藏族移民的后裔。其语言接近于康方言。卓尼人的村落与其他诸如汉族、回族和土族的村落相邻。卓尼人和近邻及遥远的政治宗教中心之间错综复杂的互动，深刻地塑造了当地历史。[2]

如今卓尼人所传唱的释巴，也许是由藏族移民带来，也许是由他们的后裔所创造。构成释巴的诗歌在何时、以何种方式形成现在的模样，仍然是个未被解答的问题，并且广受争论。一方面，释巴的内容与表演形式和其他流传于安多北部至喜马拉雅山南麓之间的藏族口述传统互有重合。另一方面，比较释巴和十世纪以来的藏语传世文献可知，释巴与藏语书写传统有悠久的交织关系。此导论会提供一些我们的思考，包括释巴及其表演的历史与当代背景、滋养他的水土与文化、以及对一代代传承释巴的个人贡献的认可。

地域和历史

卓尼位于青藏高原东部。祁连山(མདོ་ལམ་རིང་མོ།)与巴颜喀拉山(བླན་ཡན་ཧ་རི།)平行向东南方逶迤,和岷山北部与秦岭西部在此交汇。自西北至东南,海拔从4000米以上降至2500米左右。洮河及其支流经过青藏高原边缘,切入高耸的群峰与起伏的山丘,然后流淌经过平坦的山谷。在东南季风、西伯利亚高压和青藏高原低压的影响下,这个槽状地形上存在着高原草原、高山草甸以及温带河谷这样不同的生态区域。这里的平均日照量和降雨量为温带与高山植被及农作物创造了良好的生长条件。然而,气候系统、地形构造和海拔变化偶尔会在作物生长季节产生暴风雪或干旱,也会在收割季节引发破坏性的冰雹或过量降雨。

“卓尼”一词的地理意涵因时而异。基于所见的藏汉史料,“卓尼”一词的出现可以追溯到十六世纪早期。他专指卓尼大寺(ཅོ་ནེ་དགོན་ཆེན་དགའ་ལྡན་བཤད་སྒྲུབ་གླིང་།)和卓尼土司(ས་སྐྱོང་། རྒྱལ་པོ། དཔོན་པོ།)所管理的藏族族群位于洮河河谷的居住地。[3]但是,在“卓尼”这一地名与这座寺院以及土司绑定之前,甚至在吐蕃控制洮河河谷之前,这个地方就已经是不同政治势力试图延伸并巩固其影响力的必争之地。卓尼可以说是多个文明的边缘地带,曾被来自中原和草原的不同政权所占据。

按正史的记载,汉朝(202 BC–220 AD)以前的洮河河谷栖居着不同的羌人族群。[4]随后,来自蒙古高原的鲜卑游牧族群建立了吐谷浑王国(འ་ཞ། 284–670),此地成为其东部边境。在隋朝(581–619)时,这个河谷的一部分由梁州下属的临洮郡管辖。之后,唐朝(618–907)的陇右道辖制此地。七世纪中叶,立足卫藏(དབུས་གཙང་།)的吐蕃(618–842)征服了吐谷浑,吞并了洮河河谷。[5]吐蕃衰亡后,藏族的宗喀王国(ཙོང་ཁ།或唃厮啰རྒྱལ་སྲས། 997–1099)和女真人的金国(1114–1234)在与宋朝(960–1279)的战争中占领了洮河河谷中的军事要塞。[6]随着蒙古战胜大宋,这个地区被纳入了元朝(1271–1368)的脱思麻(མདོ་སྨད།)路和巩昌府。元代朝廷授予当地藏族首领千百户的头衔及职位,用以间接统治其属民。[7]

明朝(1368–1644)建立后,在安多东部逐渐修筑了边墙。边墙东面建立了永久性的卫所。洮州(ཐའོ་ཧྲུ། ཀླུ་མཆོར། ཁ་ཅེ། 临潭)和岷州(མིན་ཧྲུ། 岷县)是位于洮河河谷的两座卫城,被数百个由汉族与回族屯军驻守的堡寨拱卫着。明朝运用“羁縻”的思想,与边墙西面的藏族部族维系着和平。他继承了元代的政策,通过给藏族的世俗与宗教权威授予土司/土官和僧官的头衔,来间接管理当地事务。被追认为第一代卓尼土司的些地(སྐྱུང་སྙེ།),是著藏簇(ཅོ་ཚང་ཚོ་བ།或ཅྱོ་ཚང་ཚོ་བ།)头人。他于1418年被赐予了千户头衔。之后,历代卓尼土司与明军合作,弹压其他骚扰卫所的藏族族群,抵御从十六世纪起移民至安多并侵扰明朝边境的蒙古人,被朝廷授予了更显赫的世袭头衔。十七世纪时，卓尼土司和蒙古人与汉人都维持着良好的关系，在安多政治中扮演了愈发重要的角色。[8]

随着卓尼土司的崛起，“卓尼”一词指受其控制的安多东部地区。满族建立清朝（1644–1911）后，明朝在安多的边界成为了由朝廷委任的流官和皇帝认可的土司们分而治之的界线。诸位藏族土司中，卓尼土司是安多最有影响力的地方统治者。他们服务于清朝，参与多个军事行动，被皇帝授予尊贵的头衔。在掌控了洮河河谷后，他们于十八世纪把领地扩张到了卓尼南面的白龙江（འབྲུག་ཆུ།）河谷。此时，处于巅峰状态的卓尼土司王国和拉卜楞寺（དགེ་ལྡན་བཤད་སྒྲུབ་དར་རྒྱས་བཀྲ་ཤིས་གཡས་སུ་འཁྱིལ་བའི་གླིང་།）、青海蒙古以及四川北部的土司们的势力范围相接壤。“卓尼” 这一地名由此泛指由卓尼、迭部（ཐེ་བོ།）以及洮州、岷州和舟曲/西固（འབྲུག་ཆུ།）部分地方组成的区域。[9]卓尼土司管理着这片区域跨越了十九世纪，其统治地位持续到了1949年。[10]如今，卓尼指甘肃省西南部的一个县<图 1>。

提供这一历史背景的目的是为了明确“卓尼”一词的意义并非一成不变。该地名的意涵变化通常对应着当地政治景观的变革。本书中，我们从民族文化的意义上理解并使用“卓尼”：他是一个沿着洮河，从车巴沟（ཚས་པའི་གཞིས།）到藏巴哇（གཙང་པ་བ།），范围超过目前卓尼县行政边界的文化区域。这样定义卓尼和我们理解释巴息息相关。虽然大多数著名的释巴艺人居住在卓尼县，但是临潭与迭部的一些藏族村落也保留着释巴传统，尽管有一些本土化的改变。至关重要的是，将卓尼理解为一个拥有社会文化意义的动态空间，而非被行政边界固化的地方，可以更好地理解并欣赏卓尼丰富的历史。这也有助于我们更好地理解释巴的内容、传承以及表演。我们会在后文谈到这一点。

藏文明边缘地带的卓尼

居住在卓尼的藏族来自何方？谁成为了现在的卓尼人？这些棘手的问题并非此导论要回答的问题。通常，卓尼人认为自己是几波藏族移民的后裔。他们从七世纪起定居于洮河河谷，并与当地土著相互融合。凭借与卫藏之间的文化和宗教纽带，这些移民把不断发展中的藏文明带到了卓尼，同时可能不断地改变他们自己的知识、规范和习俗以适应当地的境况。了解这一点，对理解卓尼人如何将释巴打造成百科全书的形式至关重要。

最早的藏族移民是从卫藏被派来开拓疆域的士兵。他们在七、八世纪抵达洮河河谷。这些士兵吞并了吐谷浑、唐古特和羌人的领地后，把吐蕃扩张到了唐朝的西境。他们在唐蕃战争中战斗、戍守边境，甚至有可能以较高的社会政治地位生活于被征服的族群中。[11]被征服的洮河河谷或许是当时藏族和其他族群交流交融宗教思想与习俗的一个活跃空间。鉴于藏族征服者的政治军事优势，其包罗万象的“民间信仰”或“斯巴苯”(སྲིད་པའི་བོན།)可能是洮河河谷的主流宗教传统。[12]

吐蕃崩溃后，许多文武官员仍然在“分裂时期”(སིལ་བུའི་དུས། 九–十一世纪)管理着这片边疆。他们将当地藏族联合为部族，有时在吐蕃王室后裔的旗帜下组成更大的联盟，成为此地的实际统治者。宗喀王国就是这样一个建立在安多的联盟。[13]依据零散的中文史料可知，宗喀王国的陇逋(ལྷན་སྒུབ།)、庞拜(པན་པོ།)和巴凌(བར་ལུང་།)族由超过四万户组成。在和西夏(མི་ཉག 1038–1227)与宋朝的互动中，他们参与战斗，在青海北部和甘肃南部之间迁移，并有一部分人定居在了洮河河谷。[14]相比于佛教受到排挤的卫藏，安多在这段时期见证了佛教的稳定发展以及对当地宗教景观的重塑。[15]尚存的“民间信仰”被制度化的佛教和“雍仲苯教”(གཡུང་དྲུང་བོན།)的修行者所吸收。在当地社会中，其作用大抵也被限制。尽管如此，民间信仰习俗仍旧和这些更加制度化的宗教一起发展着。

虽然宗喀王国在十二世纪覆灭，许多藏族部族仍然依附于他的统治家族。有中文记载显示，洮州有11337户是这个后宗喀时期联盟的一部分。他们灵活地效力于当时有影响力的王朝。[16]至十三世纪，此联盟消解，新的政治势力取代了其地位。《安多政教史》(མདོ་སྨད་ཆོས་འབྱུང་།)所引用的叶哇寺(ཡེར་བ་དགོན་བསམ་འགྲུབ་གླིང་།)的一个“章目”(དཀར་ཆག年代未知)称，那道(ངས་མདོ།)、贡琐(གང་སོ།)、阿拉(ཨ་ར།)、鲁琼(ཀླུ་ཆུང་།)和勋巴(གཞུང་པ།)组成了“卓尼五部”(ཅོ་ནེ་ཁག་ལྔ།)。此联盟在当时供养着这座位于洮河中游的噶当派(བཀའ་གདམས།)寺院。[17]这些部族颇为看重仪式专家的医术和法术，对不同教派有兼容并包的态度。苯教和佛教的寺院都在洮河河谷中欣欣向荣地发展。具体而言，在洮河上游，鲁琼是安多最享盛誉的苯教中心之一。当地的苯教家族培养出许多大师，主导这一区域直到十七世纪。在中游，卓尼五部修建了一些宁玛派(རྙིང་མ།)的寺庙经堂(འདུ་ཁང་། ལྷ་ཁང་།)，其中一座就是卓尼大寺的前身。在下游，当地部族首领和宋朝合建了几座佛教寺院。[18]佛教作为此地和跨区域政治的重要因素，在当地有很强的影响力，并在元朝时达到巅峰。

从1264年起，凭借元代皇帝的支持，萨迦派在重塑青藏高原的宗教景观中居功甚伟。[19]由于被封为帝师(ཏི་ཤྲཱི)的萨迦法王——圣者罗卓坚赞八思巴(1235–1280)基本居住在洮河河口附近的临洮，他的弟子在此河谷中积极兴建或改宗其他教派的寺院，致使处在蒙元统治下的卓尼五部的寺院改宗萨迦派。知名的卓尼大寺，在当时只是一个叫做“知藏拉康”(དྲི་གཙང་ལྷ་ཁང་།)的宁玛派经堂，于1295年被改革为萨迦派。一个世纪之后，他成为青藏高原上常住僧侣超过三千人的大型寺院之一。[20]然而，萨迦派的影响力伴随着元朝的瓦解而式微。在十五世纪之交，苯教和其他佛教教派开始接受明朝皇帝的供养，积极在安多修建或修复他们的寺院，开启了一个藏传佛教和苯教的繁荣时期。[21]这些宗教传统中最新创立的格鲁派，受到了卓尼土司的政治与经济支持，并在改革洮河沿岸居民的宗教习俗中扮演了至关重要的角色。

通常认为，卓尼土司些地和弟弟敖地（སྲོ་ཀླི།）是益西达吉（ཡེ་ཤེས་དར་རྒྱས།）的后裔。益西达吉则是吐蕃王室分支噶（དགའ།）氏族的一个头领，其祖源是上天赐予吐蕃第一任赞普聂赤赞普（གཉའ་ཁྲི་བཙན་པོ།）的儿子噶。据记载，第四十一任吐蕃赞普赤祖德赞（ཁྲི་གཙུག་ལྡེ་བཙན།赤热巴巾ཁྲི་རལ་པ་ཅན།，802–838）派遣益西达吉到四川西北部的佐盖（མཛོད་དགེ）收税。[22]本地口述历史表明，些地和敖地从佐盖迁移到了迭部，最终在十五世纪之交抵达洮河河谷。一同迁徙的还有一些依附于他们的部族。此次迁移是其联盟内部以及佐盖不同联盟之间的纷争导致。在迁徙至洮州和岷州附近后，些地和敖地征服了卓尼五部的一些部族，供养卓尼大寺，并确立了著藏簇的主导地位。[23]

按照格鲁派的历史叙述，些地的孙子仁钦隆布巴（རིན་ཆེན་ལྷུན་པོ་པ།1409–?）是第一世达赖喇嘛根敦朱巴（དགེ་འདུན་གྲུབ་པ།1391–1474）的弟子。1459年，他把卓尼大寺改宗为格鲁派，并将其发展为青藏高原东部最大的寺院学府之一。[24]然而细审汉藏文献可知，他的改革遭到了数千名萨迦派僧侣的强烈反对，导致卓尼大寺一分为二。[25]一部分被仁钦隆布巴设立的格鲁派法台（ཆོས་རྗེ།）管理，另一部分则保留了萨迦传统。直到十七世纪，即和硕特蒙古首领固始汗（1582–1654）控制了青藏高原并支持格鲁派之后，卓尼大寺的法台们才获得了更大的权力。但是，萨迦派传统的影响力颇为深远。由数位法台短暂设立并不断重建的格鲁派学院（གྲྭ་ཚང་།）制度就是佐证。同时，蒙古人持续涌入青藏高原，迫使数量可观的安多和康巴藏族试图在蒙古控制范围之外寻找新的家园。同安多东部的其他地区一样，卓尼成了这些难民逃离蒙古统治的目的地。[26]当地口述历史表明一些逃离蒙古人的藏族居住在了洮河上游。不幸的是，关于这次藏族人口迁移的记载在文献中寥寥无几。

在1670年代左右，满清皇帝支持格鲁派，取代了和硕特蒙古，从而管控西藏。卓尼土司效忠于清庭，开始在其领地不遗余力地推行格鲁派改革。他们积极兴建庙宇、佛殿以及“属寺/子寺”（བུ་དགོན།），将卓尼大寺发展为一座“母寺”（མ་དགོན།）、一个广受欢迎的朝圣地、以及一所顶尖的格鲁派学府。[27]在此过程中，他们在洮河与白龙江流域发动了数次战争，迫使当地苯教徒改宗。这反过来也促进了卓尼疆域的扩大。随着土司们建立所谓的卓尼大寺“一百零八属寺”[28]，制度化的苯教在卓尼被彻底抹除。绝大多数宁玛派与萨迦派的寺院也被改宗为格鲁派，只在洮河河谷的寺院建筑、雕塑、佛像和法舞（འཆམ།）中留下一些模糊的痕迹。

此外，土司家族邀请尊者扎巴谢珠（རྗེ་བཙུན་གྲགས་པ་བཤད་སྒྲུབ། 1675–1749）按照拉萨的格鲁派教育体系和课程在卓尼修建了显密学院。在卫藏完成经院教育后，扎巴谢珠担任了卓尼大寺的第三十四任和第四十一任法台。他在1714年和1729年分别建立了显宗学院（མཚན་ཉིད་གྲྭ་ཚང་།）与密宗学院（དཔལ་ལྡན་སྟོད་རྒྱུད་གྲྭ་ཚང་།），并编辑了许多经院教育材料来充实显密课程。[29] 之后的几十年中，卓尼境内的寺院大都复制了这种学院与课程制度。在世俗社会层面上，格鲁派改革深刻地改变了卓尼土司属民的日常生活，包括他们的民间宗教习俗与释巴传统。据卓尼大寺的口述史称，从十八世纪起，扎巴谢珠与数位经院学者对释巴进行过彻底而缜密的整理与改编。[30]

十九世纪中叶以后，洮河河谷遭受了几番战火。彼时卓尼土司统治下的最大藏族族群是卓尼人。他们被一次次征召到土司的民兵中，替清朝和民国政府（1912–1949）镇压起事者。在此期间，卓尼人经历了严峻的人口损失。大多数洮河北岸的藏族村落毁于战争。为了征税与补充民兵，土司将毁于战火、破产抑或弃置的居民田宅租赁给从临近地区逃离动乱与自然灾害的汉族难民，使汉族稳定地流入卓尼。[31]到1949年，卓尼人与快速增长的汉族相比已经成为了少数族群。[32]

社会

从现在的行政区划角度而言，卓尼人生活在卓尼县和临潭县的两百多个村子。根据地理位置、生产方式及文化特征（比如头饰与服装），用于指代他们的称谓各不相同。一般而言，附近的牧民（འབྲོག་པ།）称卓尼人为"农民"（རོང་པ།）、"河沿人"（ཆུ་ཁ་རྒྱུད།）或"头戴珊瑚者"（བྱུ་རུ་སྤོས་དམར་གྱི་ཞྭ་ཅན།或མགོ་བྱུ་ཅན་མ།）。由于卓尼人文化习俗的"混合性"，牧民有时会用较为贬义的称呼来指代他们，如"非藏非汉"（རྒྱ་མ་བོད།）或"不是绵羊也不是山羊"（ར་མ་ལུག）。颇为相似的是，毗邻而居的汉族和回族则称卓尼人为"半番子"或"西番"——一个自唐以降被汉族历史学家用来指代藏族的名词。近几十年以来，还有两个族名受到越来越多卓尼人的欢迎："觉乃藏族"和"三格毛"。前者得名于卓尼人与其他藏族相区别的独特文化习俗，由当地政府在2001年批准使用。后者得名于卓尼妇女三根辫子的发式。据称，这种发式是沿用了天神（ལྷ།）的发型。也有卓尼人认为"三格毛"实际上是汉语对藏语"松赞玛"（སྲོང་བཙན་དམག）——即"松赞干布（སྲོང་བཙན་སྒམ་པོ། ?–650）的军队"的音译。在族群内部，按照距离洮河的远近，卓尼人通常把自己分为"山上人"（སྟོད་པ་རོང་པ།）和"河沿人"（ཆུ་ཀ་སྡེ་བ།）。洮河作为一个地理屏障，至今影响着卓尼人与汉语及汉文化的接触，以及对释巴表演的保护和延续。[33]

过去，同其他安多地区的藏族一样，意为"部族"或"群落"的"措哇"（ཚོ་བ།）是卓尼人基本的社会、政治及领地组织。早在十四世纪之前，措哇就以"簇"和"族"出现于中文记载中。措哇是以父系血缘关系为基础的群体，由几户到三十多户组成。同一个措哇的人们相信，他们的先祖是曾经服务于吐蕃军队中的血脉兄弟。措哇下层组织由藏语叫作“沙尼”(ཤ་ཉེ།)、汉语叫作“亲房”的人家构成。在沙尼组织中，户主之间同属于一个父系的兄弟关系至关重要。取决于措哇的大小，构成一个沙尼的户数不等，有几户的，也有十几户的。同一个沙尼的成员同享一个骨系(རུས་པ།)，背负同一家族之名(རུས་མིང་།)，拥有同一护神(རིགས་ཀྱི་ལྷ།)，祭拜同一山神(ཡུལ་ལྷ།)。就此而言，沙尼如同一个宗族的分支。[34]

从1930年代起，当地人和政府广泛用“村”(སྡེ་བ།)来指代洮河河谷的基层社会单位。“村” 逐渐取代了 “措哇”。然而，卓尼人依然将血缘亲属关系视为组成排他性团体的一个准则。尽管随着当地社会的变迁产生了一些改变，沙尼关系仍被保留了下来。一般而言有两种沙尼：“人沙尼”(མི་ཤ་ཉེ།)和“地沙尼”(ས་ཤ་ཉེ།)。地沙尼是卓尼土司为了应对当地藏族人口锐减，招募汉族移民以维持其民兵和税收的过程中出现的副产品。[35]地沙尼的出现弱化了曾经由血缘为基础的人沙尼构成的措哇中的亲密关系。在一些情况下，卓尼人会进一步区分“亲沙尼”或“根沙尼”(ཤ་ཉེ་རྩ།)和普通沙尼。顾名思义，亲沙尼意味着更加紧密的关系，其成员要为彼此承担更多的义务和责任。在汉藏边疆生活了数个世纪，卓尼人几乎都有汉语姓氏。通常，汉姓可以用来区分不同的沙尼。但是值得注意的是，一个沙尼里可能会包括不同的姓氏，而同一村落且同一姓氏的人家不一定属于同一个沙尼。总之，对于卓尼人而言，沙尼是一个重要的社会组织，在农业生产、仪式和危急时刻为彼此提供帮扶和支持。

宗教习俗

尽管洮河河谷位于藏文明的边缘，但其持续受到卫藏文化与宗教的影响。如上所述，数次藏族移民和宗教改革把洮河河谷塑造成了一个棱镜。通过这个棱镜，我们可以更好地理解这个地区甚至整个青藏高原的宗教文化习俗。诚如汉藏边疆与喜马拉雅南麓的其他地方，洮河河谷的边缘位置为那些消失在宗教文化中心的传统提供了一个庇护所，使其能够存续于边缘地带。这些宗教传统浸渍了卓尼人的生活。在卓尼，佛教与非佛教的修行人员都会被当作宗教修行者，并被当地人根据实际需求，请为相应的仪式专家。

1950年代以前，卓尼的每个村子几乎都有一户为个人和社区做仪式的家庭。其户主是在家苯教修士或宁玛修士，他们分别被称为“阿乃苯本”(ཨ་མྱེས་བོན་པོ།)或“阿乃管巴”(ཨ་མྱེས་སྔོམ་པ།)。时至今日，拥有这些神职人员的村子越来越少。阿乃苯本和阿乃管巴为村民提供各种仪式服务，如祭祀山神、安抚家神、驱除邪祟、治疗疾病等等。他们的知识、科仪本及法器作为其家宅不可或缺的一部分，会被家里承担神职的儿子继承。

阿乃苯本对卓尼人而言尤为重要。他们被当作家庭的守护者（བདག་རྒྱུད་དུ་སྐྱེས་པའི་བོན་པོ་ཡིས། རིགས་སུ་ཆེ་བའི་ལྷ་བདར་ནས། ཁྲུངས་སུ་བཙན་པའི་སྐྱོངས་གྱེར་སོ།）。因此他们的仪式通常与阿乃日达（ཨ་མྱེས་གཞི་བདག）息息相关。阿乃日达是嵌在客厅主柱旁边，用来存放代表着家族、财富和生育力的箭的一个木柜<图 2>。释巴中提到的“莱坞”（ལེའུ།或ལྷེའུ།）就是阿乃苯本的一种，他在婚礼中是做护身仪式（སྲུང་།）的重要神职人员。过去几十年中，阿乃苯本的数量在逐渐减少。基于我们的研究，卓尼有几位阿乃苯本，但是遗憾的是一个莱坞也没有。

与阿乃苯本相似，阿乃管巴会将其儿子训练成可以为村民举行仪式的合格修行者。临近几个村落的阿乃管巴通常是同一个宁玛派寺庙的成员。每一年，他们一次或者数次从自己的村子赶到所属寺庙，一起背诵经典并修习法事。由此，阿乃管巴的传统在卓尼被更好地保存了下来。当村子里没有阿乃苯本时，阿乃管巴会接替他的角色。这一点在婚礼上尤为明显。在婚礼仪式中，阿乃管巴会被称作“阿乃莱坞”（ཨ་མྱེས་ལེའུ།或ཨ་མྱེས་ལྷེའུ།）。他坐在阿乃日达旁边，举行护身仪式。

如今，从命名新生儿到祝福新婚夫妻，再到丧葬仪式，卓尼人生活中的所有重要时刻几乎都有格鲁派僧人和喇嘛的身影。由于大部分卓尼人自从十八世纪成为了格鲁派信徒，他们的主要节日、集市以及朝圣日都是按照卓尼大寺及其子寺的宗教日历而安排的。[36]近些年，随着仪式专家们老去、故去，村民们也会把非佛教的科仪文本提供给格鲁派僧人，并请他们主持曾经独属于阿乃苯本和阿乃管巴的仪式。当然，僧人们通常会对这些仪式做一些佛教化的调整。

卓尼人对释巴的理解以及表演

什么是释巴？

总体而言，释巴是关于藏族文化知识的庞大口述诗集。他万花筒般的主题和表演形式与其他藏族口述传统相重叠，使学术界和公众对释巴有不同的定义与理解。研究安多口述传统的学者通常认为释巴是“诗体吟诵”[37]或“颂辞”[38]。基于对安多其他地区类似传统的研究，最近有学者提出了更宽泛的解释，建议将释巴理解为“口头文学”（ངག་ཐོག་རྩོམ་རིག）[39]或“口述传统”（ངག་རྒྱུན།）[40]，主要包含“颂辞”（སྟོན་བཤད།或གཏམ།）及对藏文化中意涵深刻的事物的全面阐释，如青稞（ནས་བཤད།）、碗（དཀར་ཡོལ་གྱི་བཤད་པ།）、武器（མདའ་བཤད། གྲི་བཤད།）等等，不一而足。根据这些研究，释巴可以由韵文（ཚིགས་བཅད།）、散文（ཚིགས་ལྷུག）或者二者兼具的体裁编成。他可以用多种形式来表演和传承，如 “释”（འཆད།）、“诵”（གྱེར།）或“歌”（ལེན།）。[41]某些情况下，这种广义理解下的释巴还包括女性的表演, 比如“新娘之泪”(བག་མའི་མིག་ཆུ་མུ་ཏིག་ཕྲེང་བ།)等。[42]

卓尼的释巴表演者和爱好者对释巴及其构成有两种不同的理解。首先,除“释巴”之外, 一些族群成员使用“斯巴”(སྲིད་པ།), 意为“世界”或“起源”,来指代此口述传统。这一用法可能与藏族把歌称为“斯巴鲁”(སྲིད་པའི་གླུ།)或“斯巴恰鲁”(སྲིད་པའི་ཆགས་གླུ།)的习惯有关, 抑或与民间苯教祭司莱坞所传承的“斯巴韬义”(སྲིད་པའི་ཐོ་ཡིག), 即意为“世界章目”的仪式诵文有关。鉴于释巴如今的内容已与早期苯教仪式诵文大相径庭, 且“释巴”一词在卓尼广为认可, 我们在本书中选择用“释巴”一词。但我们希望读者能够知晓, 一些族群成员倾向于用“斯巴”指代这一口述传统。

其次, 关于释巴由何构成同样存在争议。一种观点支持明确区分释巴和其他形式的口述传统。例如, 释巴以问答形式表演相对固定的诗节与内容, 不同于一人单独表演且唱词随场合而变的颂辞。释巴中常见的表达格式是七字为一句, 只有少数几行为八或九字。据此, 卓尼人大都认为“切玛”(ཁྱེ་མར།)、“箭说”(མདའ་བཤད།)、“鹏说”(ཁྱུང་གི་བཤད་པ།)、“龟说”(རུས་སྦལ་གྱི་བཤད་པ།)、“成世说”(འཛིག་རྟེན་ཆགས་ལུགས།)与“大臣噶尔东赞”(བློན་པོ་མགར་ཆེན།)是释巴最为核心的篇目。其中, “成世说”, 作为释巴最长的篇章, 由“坏世”(འཛིག་པའི་ལེའུ།)、“成世”(ཆགས་པའི་ལེའུ།)、“日月星宿”(ཉི་ཟླ་སྐར་གསུམ་གྱི་ལེའུ།)和“有情世间”(ནང་བཅུད་སེམས་ཅན།)等内容组成。由于释巴表演是卓尼婚俗的重要组成部分, 且“送亲辞/舅歌”(ཞང་གླུ།)与“迎亲辞/甥歌”(ཚ་གླུ།)通常会和“大臣噶尔东赞”一起被演唱, 我们也将这两篇包括在了本书中。

此外, 另一种更宽泛的理解建议将卓尼所有的口述传统都视作是释巴。据此, 释巴是一个包含了保留至今的所有当地口述传统的合集。若采用这种宽泛的定义, 释巴则由三十多个篇章组成。他涉及的篇目既包括以宗教内容为主的“成世说”, 也包括以世俗内容为主的“水歌”(ཆུ་གླུ།)与“茶歌”(ཇ་གླུ།), 以及其他可以用多种形式表演的篇目。这些针对释巴的意涵及组成的争议, 反映了卓尼人对藏族口述传统的细微观察和辨别。同时,这种争议也鼓励人们持续关注并研究释巴和藏族其他口述传统之间的关系。

传统的释巴表演

释巴主要由具有宗教文化权威和社会声望的年长男子表演。演出的人员数量、空间安排、内容选择及长度会根据表演的场景来改变。虽然释巴可以由歌手自问自答地独唱, 但最常见的表演形式是在庆典仪式上的合唱。合唱表演时, 要么由领唱者用有力高昂的声音领唱, 其他人伴唱来一起问答, 要么甲乙两组人相互问答。

在释巴表演中，每个诗节由不同数目的诗行组成。通常以固定用语表示一个诗节的开始或结束。例如用“歌徐陈之莫匆促”（གླུ་དལ་བུར་ཤོག་དང་ཐེལ་བ་མེད།）或“如是答复彼歌矣”（གླུ་དེ་ཡི་ལན་ལ་དེ་འདྲ་ཡིན།）来提醒表演同伴和听众叙述的完结。在节庆场合的表演中，歌者们通常不会完整唱诵释巴的每个篇章。依照具体场合，只有应景的诗节会被演唱。如果时间允许，歌者们也许会进行斗歌。他们自由而自信地从一个篇章切换到另一篇章，直到对手被击败。在对歌中，甲向乙提出问题，要求后者选择合适的诗节做出回答。乙回答问题后，甲可以更进一步提问，或者乙也可以反过来提问甲。整个过程如同以歌辩论。比如甲可以从“鹏说”提问到：

皇天之上父祖至
孰者上举苍穹耶
后土之上母祖至
孰者下按坤舆耶

乙则根据“鹏说”可以回答到：

言上举苍穹者兮
上举苍穹大鹏矣
上举苍穹大鹏兮
轻易举升苍穹矣
言下按坤舆者兮
下按坤舆鳌龟矣
下按坤舆鳌龟兮
平稳安镇坤舆矣

这时，由于在回答中提到了龟，那么乙可以跳跃至“龟说”中提问甲：

大哉金色鳌龟兮
时由海中至海上
其吐息或无息耶
其有毛或无毛耶
其朝天或伏地耶
其舒展或蜷曲耶

如果甲回答不上来，他会被认为是败下阵了。因为释巴歌者的主要目标之一是战胜对手，所以他们总会尽可能地背诵更多的诗节来扩展自己的曲库。唱功，嗓音、丰富的曲库、惊人记忆力以及快速反应能力的有机结合是一个优秀释巴艺人的基本品质。基于演出地点、场景及艺人曲库的差异，每一场释巴表演都是动态、不同且多变的。总体而言，释巴表演重新镌刻社会与文化规范，传输宗教与历史知识，同时又教育并娱乐观众，是集体聚会的重头戏。

释巴的轮流对唱表演通常可以在婚礼时的新郎家看到。届时，客厅中会安排三处席位（གྲལ།）：预留给僧侣、莱坞和长者的上席（ཡར་གྲལ།），舅舅和媒人的中席（བར་གྲལ།）以及男性宾客和村民的下席（མར་གྲལ།）。上席设在炕上。中席与下席则设于地上，相对而坐。中席与下席进行斗歌或回答上席提出的问题，但是不可向上席提问。由于当地婚俗是观察释巴所提到的文化事物、仪式专家与社会规范在卓尼人生活中扮演的角色的有用透镜，我们会用一个单独的章节论述。

其次，男性村民会在新年时用一到数天时间，以合唱的形式演唱释巴。他们齐唱或轮唱，表演专门为新年庆典或特定场合选择的释巴的某一部分内容。以新年举行的“跑马射箭”活动（རྟ་རྒྱུགས་མདའ་ལེན་དུས་ཆེན།）为例，释巴表演在村子的三个场地先后举行。第一个场地是毗邻村中主要佛塔（མཆོད་རྟེན།）、靠近新年赛马射箭的开阔地方。此时会唱“箭说”中的部分诗节。第二个场地设置在村长或每年轮流为村子服务的人（སྡོ་ར་བ།）的家里。长者坐在客厅的上席，村中其他男性按年龄与社会地位依次在下方落座。他们轮流唱“切玛”和“箭说”的部分内容。第三个场地是在村子供奉山神（ཡུལ་ལྷ།）的玛尼庙（མ་ཎི་ལྷ་ཁང་།）前的开阔空地。座次遵循相同的礼仪规范<图 3>。在这里，男性村民会按习俗唱“箭说”与村子的历史。

在过去，如果有人想学释巴，他会带着礼物拜访不同村子的著名歌者，学习其最拿手的诗节。为了丰富自己的曲库，他也会在不同社交聚会中认真向歌者请教。有时会坐在村子广场上发起讨论、一起学习。歌者们使用各种各样的方式来辅助记忆，包括藏文文本、中文音译文本、音频以及视频。我们合作过的大多数艺人都乐于承认自己从何人、在何时何地、如何学到了某些诗节。这样的学习过程展示了成为释巴大师所要付出的艰辛努力。释巴歌者们通常会给下一代，包括我们，毫无保留地分享他们的知识和技艺。近几年，传统的释巴学习与表演方式在经历快速的转变。在2016年，释巴被认证为甘南藏族自治州非物质文化遗产（Intangible Cultural Heritage, མངོན་མིན་ཤུལ་བཞག་རིག་གནས།）。其传承正在越来越私有化，表演也变得越来越标准化。[43]表演的场景设置和一个“好的释巴艺人”的标准也在迅速变化。这个过程伴随着对释巴在过去、现在与将来是什么的重新思考与定义。

非物质文化遗产背景下的释巴表演

随着释巴被认定为甘南州州级非遗，卓尼县政府出台了一系列政策，激励包括释巴艺人与爱好者在内的相关从业者守护此口述传统。[44]施行的政策涉及筛选认证释巴传承人，进行释巴文本收集，成立释巴表演团，以及在卓尼县和其他地方推广释巴表演。这些政策一方面提升了公众对释巴表演的关注和对这个文化遗产价值的认识，另一方面也催生了新的释巴表演风格，即舞台表演。

释巴的舞台表演形式取决于表演地点、场景和观众。例如，在卓尼本地，为了保留传统表演的元素，藏式客厅场景，尤其是炕，被复制在了舞台上。释巴艺人们围着炕桌（ཚོག་ཙེ།）而坐，捧着切玛，拿着箭，表演着一些传唱度较高的诗节。此外，为了吸引卓尼及其他地方的观众，在卓尼县艺术团编舞们的协助下，一种结合了释巴与阿佳（ཨ་རྒྱུ།）——由两组女性表演的歌舞——的演出形式被设计了出来。中青年男女们身着盛装，唱着释巴，跳着阿佳，有时也会添加描述卓尼近来变化的内容，为观众献上一场精彩的演出<图4>。随着舞台表演视频在网络平台上的传播，这些新的表演形式受到了释巴专家、爱好者与普通观众的广泛关注。

非遗保护管理中固有的复杂性在卓尼也有所体现。一方面，通过提升释巴的地位，这一口述传统已成为卓尼人展现其文化和表达身份认同的一个象征性的标签。释巴也被物化为一种资源。本地的公司会冠以“善巴（释巴）”和“阿佳”之名来推广文化产品与服务。另一方面，被选为文化传承人的释巴艺人数量有限，只有少数个人能享有这种新形成的社会地位以及政府的津贴。这导致了释巴歌者、村民与文化团体间出现了竞争和分歧。释巴逐渐被认为是一种可以由个人、村庄或文化团体私有的东西。其作为卓尼数代人共有的一种文化经历的想法正在逐渐消逝。

此外，和世界范围内其他被收录于非遗的口述传统类似，比如蒙古图力史诗与藏族格萨尔史诗，[45]释巴在保护和复兴上面临着认识论与方法论的双重挑战。这些口述传统的保护事业亟需解决一个关键问题，即如何协调口述传统的流动性与活力和以保护为目的而将其固化并文本化之间的矛盾。[46]对于我们而言，认可并守护口述传统在版本、表演和解读上的多样性极为重要。像释巴这样的口述传统是一直在流动变化的。新内容被吸纳，旧元素被重新解读。作为一个整体，释巴在不断地扩展与改变。

如前文所述，每一次释巴表演都会因为观众与表演场地及目的的差异而有所不同。观众也会根据自己的文化背景对释巴表演的形式与内容有不同的理解。这不可避免地导致人们对“何为释巴”与“释巴何为”持有不同见解。当释巴这样的口述传统搭乘日新月异的技术载体（数字、文本以及多媒体）广泛传播时，对释巴的不同理解变得尤为突出。通过支持释巴的在线学习和在社交媒体上分享释巴音频与视频，更迭的技术[47]正在影响人们对释巴的解读和消费。因此，本书强调释巴目前所呈现出的多种形式，认可艺人与爱好者们在保存释巴过程中的所做的各种贡献。我们也希望读者认识到一个不可避免的现实，那就是所有的释巴表演都是不一样的。所有关于释巴的文本和数字资料，包括本书在内，都须理解为释巴在特定时期的切片，而不是将他们作为权威的、全面的、或必须从未变更过的记录。[48]

我们坚信，释巴的生命力在于变化与发展。这需要族群成员之间不断合作、讨论和分享。通过强调释巴的多样性和可变性，我们认为口述传统的保护工作应当更加关注其历史与文化意涵，关注其维系集体归属感的重要作用，并确保其面对剧烈的文化变迁和经济挑战时，仍然拥有面向未来的活力。因此，释巴的价值不仅在于是否跻身于非遗列表，或者是否有机会登上城市的舞台，其价值更在于对卓尼人而言的情感和文化寄托。释巴的社会文化意义存在于本地人的生活点滴中，并且通过他们实实在在的生活经历而传递。鉴于诸多前辈筚路蓝缕，本书只是为卓尼释巴保护工作抛砖引玉。我们欣赏人们针对释巴的具体元素和抽象意义给出不同见解，也希望致力于释巴保护传承的人们能思索，如何让释巴的多样性和多变性，而非标准化，最终助力其可持续发展。

卓尼婚俗:释巴表演和藏族风俗的糅合

在过去几十年，尽管卓尼婚礼习俗的许多方面，如嫁妆、彩礼、婚礼场地等，发生了巨大的改变，但有两方面没有太大的变化。第一，不管是包办婚姻还是自由恋爱的婚礼，媒人（བར་པ།）都不可或缺。通常，媒人和新郎与新娘的父母同辈。取决于他和双方家庭的关系，媒人会被称为“阿舅媒人”（ཞང་པོ་བར་པ།）或“姑父媒人”（ཚ་བོ་བར་པ།）。媒人应当对双方家庭有所了解并需要承担诸多责任，尤其是打探新郎或新娘家的骨头，即家族世系（རུས་རྒྱུད།或རྒྱུད་པ།）是否洁净。这也是卓尼婚俗中第二个没有太大改变的方面：人们尤为重视骨系的洁净（གཙང་།）。不干净的骨头通常表现为浓重的体味或者麻风病（其特征是眉毛脱落）。据本地人说，如果一个人遗传了母亲的体味，这种体味来自血肉，只会延续两代人；如果一个人遗传了父亲的体味，由于这种体味来自骨头，永远不会消失。在包办婚姻中，人们谨慎地挑选理想的候选人。自由恋爱中，双方家庭和媒人也要打听关于骨头的所有情况。总而言之，人们避免与骨系不洁净的人家结亲。

虽然存在细节上的差异，各个村子的婚礼仪式都是始于男方家向女方家提出“纳采”（ཁ་བཏགས་འདེབས།）。男方的媒人与两位亲沙尼带着哈达、酒以及馍馍到女方家，询问她父母是否愿意将女儿许配给他们的亲戚。哈达被接受就意味着肯定的回答。询问之后会进行两次“提酒仪式”(ཆུས་ཚང་།),分别在二月和八、九月,其目的是加深两家的联系。婚礼前的最后一步是“提大酒仪式”(ཚང་ཆེ།)。准新郎的父亲、媒人和两位亲沙尼会到准新娘家议定婚礼细节,比如彩礼、新娘的服装首饰、送亲舅舅(ཞང་པོ།)的数量、以及在婚礼当天给舅舅们的礼金数额等等。有的情况下,媒人会在婚礼之前再次拜访准新娘家,更新进度并通知对方有无任何变化。这些变化可能包括彩礼的改变,或准新郎家在竭尽全力之后仍无法获得对方所要的礼物。

婚礼一般会在冬季农闲时节、农历新年之前举行。婚礼当天,新郎(མག་པ།)、媒人、伴郎(མག་རོགས།)和帮手(ཟུར་ལས།)会在清晨前往新娘的村子。通常,伴郎是一个已婚且声誉优良的男人。他要善于唱释巴,从而帮助新郎克服新娘一方设置的各种有趣挑战。最重要的是伴郎需要从新郎的岳父母那里替新郎请箭。帮手则负责搬运送给新娘和她家人的礼物。到达新娘村庄后,新郎一方会遇到为了使迎亲变得有趣而刻意创造的困难。少年、少女以及祖母们分别在村口、村中和新娘家的大门口放置木杠拦路。有时,年长的妇女会用“迎亲歌”或 “水歌”向新郎一方提问。如果他们不能给出令人满意的答案和礼物,新娘一方会向他们洒水。此时,帮手需要替新郎和伴郎挡水,因为他们俩人在这一天需要保持干净整洁。在克服这些挑战并移除木杠后,新郎和他的同伴才可以进入新娘家。接下来,他们会在新娘的闺房门口被她的姐妹、闺蜜和表姊妹戏弄并索要礼物,直到最终房门被打开。

新郎与新娘短暂相见之后,新郎会去客厅拜见坐在炕上的僧人、仪式专家和长者。在岳父母家期间,他要遵循不能就坐、吃饭和讲话的礼仪。在带新娘回家前,新郎还需进行婚礼上最重要的仪式之一:向岳父母请箭。箭是象征生殖力的重要物品,[49]通常存放在阿乃日达中。如“箭说”的序言中所述,阿乃日达中共有三种箭。第一种是象征家宅中已故男性先祖灵魂的神箭(བཙན་མདའ།)。第二种是保护家庭气运和兴旺的福箭(གཡང་མདའ།)。第三种叫作箭矢(འཕེན་མདའ།),通常用于新年的射箭比赛。当箭矢被五彩丝绸缠绕,便成为了婚礼上由岳父母赠予新郎的箭。通常,新娘的父亲从阿乃日达中取出一支箭矢,将他交给炕上最年长的老者。此时老者会唱起释巴,用“箭说”中的诗节提问。伴郎代表新郎回答问题并最终获得箭。当把箭递给新郎时,老者会说到:“此为子嗣非箭也(མདའ་གཅིག་མ་རེད་བུ་གཅིག་རེད།)。”有时,为了突显吉祥,会说箭代表三个儿子:

长子几廿丹法座,
次子登汉地王座,
幼子则看护家业。[50]

一旦新郎拿到箭，他会立刻与伴郎返回自己家里，然后站在大门的房顶等待新娘的到来。当新娘准备离开娘家时，她父亲一方的一位年长男性会举行“唤福”(གཡང་འགུགས།)仪式。他手持福箭，高喊：“福至！福至！(གཡང་ཤོག གཡང་ཤོག)”。随后，他会念诵一大段颂辞，朝四面八方唤福。听到颂辞时，新娘离开闺房进入客厅，向家神告别。阿乃日达前会放置一张红毡覆盖的桌子。在两位伴娘(བག་རོགས།)的陪同下，新娘绕着桌子顺时针绕三圈。理想的伴娘应育有一儿一女，并且双亲公婆都健在。一般而言，一位伴娘是新娘的嫂子，另一位则从娘家的沙尼中选出。出嫁过程中，新娘和姊妹姑嫂会一起唱“哭嫁歌”(བག་དུ།)。她们从闺房、客厅、院子、大门，一直唱到等候载她离开的马或汽车那里。在新娘离开村子时，她向山神跪拜叩首三次，标志着和自己出生长大的娘家正式告别。

随后，新娘由一群舅舅们护送至新郎家。就像当地俗语所言，“一做舅舅九辈子”(ཞང་མི་རབས་དགུའི་ཞང་པོ།)。过去，许多辈的舅舅会被追溯并邀请来送亲，其中新娘父母的舅舅是最重要的送亲成员。如今，新娘的舅舅则是最重要的一员，接下来是她的兄弟，然后是沙尼中的男性亲戚、姑父与姐夫。新郎家的座次安排和新娘的公婆给舅舅们的不同数额的礼金也能反映这种等级。换言之，最尊贵的坐席和最高金额的礼金要留给新娘的舅舅。除非缺少人手，新娘的姑父和姐夫不是特别理想的送亲人。如今，送亲队伍变得越来越包容和多元。有时候，新娘的姊妹、表姊妹甚至姑姑也可以加入送亲团。

抵达新郎的村子时，新娘和送亲队伍会在村子的佛塔前停下。新娘绕佛塔转三圈，之后被舅舅们团团围住，非常缓慢地走向新郎家。同时，由于当地人相信新娘可能会在路上被恶灵或野鬼跟随，人们会邀请阿乃莱坞在新郎家门口做净化仪式。新娘抵达门口时，新郎的母亲和婶婶将仪式所用的祀食(གཏོར་མ།)拿到门外。随后，她们一边把醋倒在烧热的鹅卵石(རྡོ་བསྲེགས།)上，一边分别顺时针与逆时针环绕新娘来净化她。之后，送亲队伍会被迎请到客厅就座。新娘和她的两位伴娘会被安置在厢房的炕上。新娘坐在自己缝制的一双挂起来的裢把靴子(ལྷམ།)下。这双靴子会被一直悬挂着，直到第一个孩子出生时才会交还给新娘。客厅里，送亲队伍会享受一场盛宴，期间会有释巴表演。夸赞舅舅的“送亲歌”常被唱起。值得注意的是，“切玛”(众歌之首)和“大臣噶尔东赞”(强调娶亲的困难)会在整个婚礼过程中按情况所需被唱起。由于婚礼的每一个步骤都必须按照数月前僧人占卜的时间进行，释巴表演一般都只持续几分钟。长时间的表演通常会在婚礼前夜举行，时间充裕时，常有歌者进行斗歌。

当宴席接近尾声时，新郎新娘进入客厅。阿乃莱坞为他们举行的护身仪式。他把酥油抹在新婚夫妻的额头后，送亲队伍即可带新娘回娘家。几天后，新娘与她父亲一起返回新郎家。她父亲会留宿一晚，并将新婚夫妻在新年时必须拜访的亲戚的名单告知亲家。这标志着婚礼的结束。在接下来的新年中，新郎会在拜访岳父母时收到第二支箭。当他第一个孩子出生时，他会收到第三支箭，大多数情况下，这也是岳父母赠送给他的最后一支箭。新郎收到箭后会向岳父母家的阿乃日达致谢。在极少数情况下，不孕的夫妻可能会在每年的新年拜访时收到一支箭，直到他们的第一个孩子出生。箭不仅是释巴中的一个重要篇章，也是和卓尼人生活密不可分的文化物品。

总之，卓尼的婚俗糅合了释巴表演与当地的传统习俗。骨头、家族、亲属、气运在卓尼人及广大藏族社会中是十分重要的概念。[51]这些概念融合于卓尼人的社会组织，同他们的日常生活和释巴所解说的文化物品息息相关。以婚俗作为切入点，我们可以直观地看到，释巴给这些抽象概念和文化物品之间架起了一座桥梁，而其表演传统也让当地习俗历久弥新、鲜活生动。

释巴和藏族口头与书面文学的关系

上文中我们介绍了卓尼人的地域、历史、社会、宗教以及释巴表演。以下，我们将释巴置于藏族历史、宗教与社会文化的语境中，阐释他和藏族口头与书面文学之间的紧密联系。对藏族而言，口述传统是文化宝库中一个不可或缺的无价瑰宝。其反映了藏族人的信仰与世界观，并传承社会、宗教、文化知识及价值观。[52]口述传统深刻且多面地滋养了藏族文学。[53]作为藏族口述传统的一员，释巴和其他口述传统在主题和形式上多有重叠，同时保有自身的独特性。将释巴置于藏族口头与书面文学系统中，不仅可以加深我们对藏族口述和书写传统各自发展以及两者之间关系的理解，同时也能为解读并欣赏释巴提供一个更加坚实的基础。

释巴与藏族口头文学

释巴的形式与其他藏族口述传统的关系

分析释巴对叠词与象声词的运用，是理解其形式的一个好的出发点。重叠象声词是藏语诗歌表达中一个显著的特征。他的最早使用记录出现在敦煌文献的藏语歌谣，即“录”（གླུ།）中。学术界和公众的讨论都倾向于认为，录是“最早、最本土、最通俗且极富音乐性的体裁”。[54]他没有受到自十三世纪以来主导了藏语诗歌写作规范的印度的韵律诗（སྙན་ངག །མེ་ལོང་།梵*kāvya*）的明显影响。[55]例如，敦煌文献《吐蕃赞普传记》（བཙན་པོ་རིམ་བྱོན་གྱི་ལོ་རྒྱུས།）中，松赞干布的妹妹在唱给使臣芒穹（མང་ཆུང་།）的歌里，就用到了重叠象声词“嘶哩哩”（སི་ལི་ལི།）和“噗噜噜”（ཕྱུ་རུ་རུ།）。[56]显然，释巴对重叠象声词的运用继承了古代的录以及其后发展出的道歌(མགུར།)等体裁的手法。[57]如下所示，这些叠词不一定携带语义，往往用来描述生动的画面，从而体现出释巴的口语性和通俗性：

岭国之辞飒啦啦(赛马马嘶)
霍尔之辞哒喏喏(射箭箭响)
婚礼之辞哒哒哒(花儿歌声)

与重叠象声词一样，释巴中广泛使用的排比和复沓也可以追溯到敦煌文献中的录[58]。这类修辞手法也出现在格萨尔史诗[59]、祝辞[60]和道歌[61]等其他体裁的藏族口述传统中。排比结构可以辅助记忆，有利于口述传统的学习与传承，同时也有助于把赞颂对象置于一个反映藏族理解自我、族群、自然环境和广阔宇宙的等级秩序中。[62]例如，以下诗节把"切玛"的三个重要组成部分和佛教世界观的关键元素对应起来，雅致地呈现了佛教世界观：

切玛形如须弥兮，其型所依者何耶？
碟子亮如明镜兮，其型所依者何耶？
托盘四角八边兮，其型所依者何耶？
切玛形如须弥兮，其型所依须弥山。
碟子亮如明镜兮，其型所依日月矣。
托盘四角八边兮，其型所依四大洲。

此外，藏族口述传统的另一显著特征，即常用于表现吉祥及庄严感的譬喻(དཔེ་རྒྱན།)和夸张(སྒྲོ་བཏགས།)修辞，[63]也广泛存在于释巴中。例如，为了使庆典显得更加祥瑞，会用夸张的手法将酥油和柏香枝这样的日常事物比喻为三怙主和一切众生；熊和牦牛等动物被用来形容拥有男子气概与正直品质的人；制作箭翎的习俗也用夸张手法表现一种力量感与庄严感，如下面诗节所示：

一翎镶嵌于箭时，若黄金神庙耸立。
二翎镶嵌于箭时，若鹰鹫落平原矣。
三翎镶嵌于箭时，若雌鹰降以猎食。
四翎镶嵌于箭时，若四大天王现矣。

除了这些在藏族口述传统中广泛使用的修辞，释巴的问答式[64]也和前佛教时期藏族文化风俗中意为"谜语"或"谜歌"的"德乌"(ལྡེའུ།)形式相仿。以开启民智为目的，[65]德乌由问答式构成，内容涵盖各种重要主题，如世界起源、世系、历史和一些具体的文化知识。[66]有学者认为，前佛教时期的吐蕃社会政治秩序是由负责祭祀的苯师(བོན།),讲述历史的诗人(སྒྲུང་།)和吟唱谜歌与世系的歌者(ལྡེའུ།)这三种人维系(ཆབ་སྲིད་བོན་སྒྲུང་ལྡེའུ་གསུམ་གྱིས་བསྐྱངས།)。[67]与传达"道"(ལྷ་ཆོས།)的宗教人员相比,诗人和歌者被认为是在传承"法"(མི་ཆོས།)。他们以诗意的语言为载体,口头传承内容庞大且复杂的文化规范与社会价值。[68]根据十四世纪的《五部遗教》(བཀའ་ཐང་སྡེ་ལྔ།)记载,"法"包含与狮子身体对应的九种主题:

狮右前肢代表世界之形成,
左前肢代表人之起源,
后背代表世界之地理,
右爪代表王之世系,
左爪代表民之世系,
中趾代表佛教之形成,
颈部代表在家众,
头部代表父母之宗族,
尾部代表愉悦之歌。[69]

通过简要概括这些主题,我们认为释巴显然是通过优美歌谣来传授"法"。然而在藏族口述传统中,释巴不是唯一一种传承历史及社会规范、涵盖庞大的知识体系的传统。为了更好地理解这种关联,对比释巴和其他藏族口述传统的内容,如迭部的"斯巴韬义"(སྲིད་པའི་ཐོ་ཡིག),定日与木斯塘的"毛拉"(མོལ་བ།),以及整个藏区的"录"和"达"(གཏམ།),将会卓有成效。

释巴的内容与其他藏语口述传统的关系

安多迭部的斯巴韬义,意为"世界章目",是由斯巴苯教的民间祭祀莱坞和世俗老者在年过花甲的人的葬礼上吟唱的仪式诵文。[70]斯巴韬义由逝者所在村落的居民和其他村落赶来的亲戚以轮流的形式吟诵。最近所薮辑的斯巴韬义合集显示,他包含四个主要部分:赞颂辞、佛苯世界观、世界与吐蕃地理、以及迭部当地历史。[71]尽管斯巴韬义的句式灵活且字数不等,但其内容有一部分与释巴重合,比如宇宙之龟如何承载世界。与释巴类似,斯巴韬义中的族源和历史反映了藏族关于自我、世系以及族群的历史叙述在迭部的存留。

相似的仪式诵文还包括在定日、木斯塘及周边区域传唱的毛拉,其意为"颂"。木斯塘的毛拉由字数不等的句子构成。多数情况下由僧人在寺院唱诵,以求添寿或为新逝者祈祷好的转世。[72]定日的毛拉大多是九字组成一句，由俗人男性或“毛苯”(མོལ་དཔོན།)在婚礼及其他庆典上诵唱。[73]尽管存在这些差异，这两个地区的毛拉涵盖了相似的主题。尤其在木斯塘，毛拉的内容涵盖了宇宙、地理、吐蕃赞普世系和本地首领世系。[74]其与释巴中的部分内容相似甚至一致，例如以须弥山为中心的世界观和吐蕃王室的后裔。此外，毛拉与释巴类似，他们的主题和内容并非始终一致，有时会有前后矛盾的情况。例如，定日的毛拉强调社会公平，但也会颂扬精英统治。[75]同理，在释巴的“鹏说”中龟是化生的神灵，但“龟说”中认为龟有四种出生的方式。我们不应将这种不一致简单归结为错误，而应将其视为以整合了民间宗教、苯教和佛教为特点的藏族宗教文化历史传承中的固有部分。

从更宏观的角度来看，像毛拉和斯巴韬义这样的庆典诵唱，事实上都可以被归类为“达”，即藏族文化中由来已久的“颂辞”。如谚语所言，“达早于苯佛存在”(གཡུང་དྲུང་གི་བོན་མ་དར་གོང་ལ། སངས་རྒྱས་ཀྱི་ཆོས་མ་དར་གོང་ལ། འཇིག་རྟེན་པའི་གཏམ་དར།)。达被认为是一个优秀男人需要精通的九种技巧(ཕོ་རྩལ་སྣ་དགུ)之一。达所涵盖的主题丰富，包含创世神话、当地历史、宗族谱系、地理、节庆讲演等等。主题选择按照表演场景不同而变化。释巴和达所呈现的特点启示我们，这些藏族口述传统不应该被简单归纳为藏族口述传统的不同的体裁。相反，他们应该被理解为早于佛教并受到佛教影响、涵盖庞杂丰富知识的文化宝库。

此外，释巴和录极具相似性。上文提到，录常被理解并翻译为民歌，但也有一些藏族族群将其理解为一个知识系统或者百科全书。比如，拉达克婚礼仪式中的“门歌”(སྒོ་གླུ།)就是这种知识系统的一个力证。为了让婚礼更具可观性与娱乐性，少女们在唱门歌时，会栓起门来阻拦接亲的男子，用歌谣提问他们。其话题内容从佛苯元素到世俗知识，所涉多元。[76]在卓尼南面的甘肃与四川交界地带，白马(དྭགས་པོ་ཁོག)族群[77]的录同样包罗万象，内容涵盖了创世神话、星宿运行、环境、社会规范以及斯巴苯相关的知识。当地人认为录是一种百科全书，[78]而非简单的民歌。与释巴一样，录也由当地社会声望很高的歌者(གླུ་པ།)以问答形式在婚礼、宗教仪式及其他集体聚会上演唱。此外，在他们的民歌和故事中，苯教(གཡུང་དྲུང་བོན།)、佛教(སངས་རྒྱས་ཆོས།)与录(ཨ་ལགས་གླུ།)通常以治病救人的三兄弟的形象出现。[79]在迭部，苯教、佛教与录(སྲིད་པའི་གླུ།)同样常常以并列的方式出现在歌谣中。[80]这些例子表明，录代表着一个文化或宗教知识的系统，囊括了与释巴类似的万花筒般的主题。[81]

通过将释巴放在藏族口头文学中来检视他和别的口述传统的关系，我们注意到他们之间共通的形式与重合的内容。这些口述传统利用重叠象声、譬喻、夸张和排比等修辞手法，用生动而诗意的方式传递社会文化规范。他们关注藏族宗教与世俗历史，连接过去与当下，加强人们在语言、文化及宗教上的身份认同。以上种种皆阐释了藏族不同口述传统之间的共通性、关联性和可变性。这种关联性和可变性表明，我们在研究藏族口述传统时，应当关注他们在具体时期以及地理环境中的内容，而不应仅仅关注其名称本身。这是因为同一个名称在不同时间和空间中所指代的意义可能并不相同。例如，取决于不同语境，录在广大藏区被理解为民歌，但白马人将其理解为百科全书，而迭部人将其理解为一个知识系统。在卓尼，严格意义上来讲，释巴是指由男性以问答形式阐释重要主题，有固定字数的韵文。但在安多其他地方，释巴男女皆能表演。其形式也更加灵活多样，可以是韵文、散文或二者兼有。同时需要注意的是，同一传统会被冠以不同名称。斯巴韬义被迭部人理解为一种达，叫作“达波切”(གཏམ་པོ་ཆེ།)，意为“大颂”。“毛拉”在木斯塘也被当作“达”，并与“叙”(འབེལ་གཏམ།)、“讲”(མོལ་གཏམ།)、“辞”(མོལ་ཚིག)这些名词互换使用。[82]

总之，释巴和其他藏族口述传统有密切的联系。通过对比他们，我们可以对包括释巴在内的藏族口述传统有更全面的理解。同藏区其他口述传统一样，释巴涵盖了前佛教时代的世界观、佛教世界观、人们寄托愁思与愿景的各种文化事物、以及被佛教化的本土知识。显然，释巴对卓尼人和整个藏族社会而言是一座文化宝库。

释巴与藏语书面文学

毫无疑问，佛教文献为释巴贡献了大量的内容。九世纪藏语标准化改革后，藏传佛教在“后弘期”(བསྟན་པ་ཕྱི་དར།)传遍雪域。从十世纪起，海量的佛经和注疏被几个制度化的佛教派系翻译成藏文。在此过程中，藏传佛教学者开始为修行人和在家居士撰写系统阐释佛陀教诲以及佛教与西藏关系的书籍。[83]十三世纪初期，萨迦派的大师们为了教导学僧与居士，编写了一些“手册”(ཡིག་ཆ།)。萨迦班智达贡噶坚赞(1182–1251)所著的《智者启蒙》(མཁས་པའི་ཚུལ་ལ་འཇུག་པའི་སྒོ་ཞེས་བྱ་བའི་བསྟན་བཅོས་བཞུགས་སོ།།)是已知最早的学僧教学手册之一。他的继位者和侄子八思巴编写了《彰所知论》(ཤེས་བྱ་རབ་གསལ།)，为蒙古皇子真金(ཇིན་ཇེམ། 1243–1285)解释复杂的佛教思想，尤其是世界观。[84]他们所参考的关键资料都是印度大师世亲所著的《阿毗达磨俱舍论》(ཆོས་མངོན་པ་མཛོད་ཀྱི་ཚིག་ལེའུར་བྱས་པ།梵Abhidharmakośa-bhāsya或简称Abhidharmakośa)。此论详细解释了佛教的基本思想，从九世纪开始就被多次译为藏文。[85]

依据卓尼的口述历史，以扎巴谢珠为主的当地经院学者按照《俱舍论》编写了“成世说”。《俱舍论》以分品的连贯形式解析佛陀的教义。[86]他是佛教经、律、论三藏中属于论的核心典籍。[87]其由八品组成，是西藏、中原与东亚各佛教传统的一个重要的理论基石。[88]在藏传佛教寺院中，格鲁派经院教育的"五部大论"之一即为《俱舍论》。他也是高级学僧在近二十年的显宗学修中需要完成的最后一部论疏。[89]比对可知，"成世说"和《俱舍论》的简明韵文与论疏相似度并不高。"成世说"应当是基于一个对《俱舍论》进行过详细改编和韵律化改写的文本。八思巴所著的《彰所知论》就是这种改写的理想文本，也的确对释巴的创作产生了更直接的影响。

阅读比对 "成世说"与《彰所知论》可知，他们的内容和修辞手法都很相似。其中对佛教度量单位的讨论是一个很好的例子（见表1）。我们怀疑，释巴中有关佛教世界观的内容，特别关于器世间（ཕྱི་སྣོད་འཇིག་རྟེན།）与有情世间（ནང་བཅུད་སེམས་ཅན།）的描述，是根据八思巴的《彰所知论》裁剪而来的。尽管当地口述历史称，格鲁派学者扎巴谢珠在十八世纪编写了"成世说"，但是在格鲁派主宰洮河河谷之前，萨迦派僧人可能已经编写了"成世说"的某些内容。

表1:"成世说"、《彰所知论》与《俱舍论》中的长度计量对比[90]

释巴"成世说"		《彰所知论》	《俱舍论》
言拘卢舍由旬兮 以极微所成之矣	རྒྱང་གྲགས་དཔག་ཚད་བཤད་རྒྱུ་ན།། རྡུལ་ཕྲ་རབ་བསགས་ནས་ཡོང་བ་ཡིན།།	འབྱུང་བ་དེ་དག་གི་ཤིན་ཏུ་བའི་མཐར་ཐུག་པ་ནི་ཕྲ་རབ་ཀྱི་རྡུལ་ཏེ་ཞིག་ཏུ་མེད་པའི་ཕྱིར་ཆ་མེད་པ་ཉིད་དོ།།	གཟུགས་མིང་དུས་མཐའ་རྡུལ་ཡིག་དང་།།
七极微者相叠也 是以成一微尘也	ཕྲ་རབ་རྡུལ་བདུན་བསགས་པ་ལ།། རྡུལ་ཕྲན་གཅིག་ལ་བཞག་པ་ཡིན།།	དེ་བདུན་ནི་རྡུལ་ཕྲན་ནོ།།	སྐད་ཅིག་ཕྲ་རབ་རྡུལ་དང་ནི།། [རྡུལ་] རྡུལ་ཕྲན་དང་ནི་དེ་བཞིན་དུ།།

释巴"成世说"		《彰所知论》	《俱舍论》
七微尘为一铁尘	དེ་བདུན་ལ་ནི་ལྕགས་རྡུལ་གཅིག།	དེ་བདུན་ནི་ལྕགས་རྡུལ་ལོ།།	ལྕགས་ཆུ་རི་བོང་ལུག་དང་གླང་།།
七铁尘为一水尘	ལྕགས་རྡུལ་བདུན་ནི་ཆུ་རྡུལ་གཅིག།	དེ་བདུན་ནི་ཆུ་རྡུལ་ལོ།།	
七水尘为一兔尘	ཆུ་རྡུལ་བདུན་ལ་རི་བོང་གཅིག།	དེ་བདུན་ནི་རུ་བོང་གི་རྡུལ་ལོ།།	
七兔尘为一羊尘	རྡུལ་དེ་བདུན་ལ་ལུག་རྡུལ་གཅིག།	དེ་བདུན་ནི་ལུག་རྡུལ་ལོ།།	
七羊尘为一牛尘	ལུག་རྡུལ་བདུན་ནི་གླང་རྡུལ་གཅིག།	དེ་བདུན་ནི་གླང་རྡུལ་ལོ།།	
其七所成为隙尘	དེ་བདུན་ལ་ནི་ཉི་རྡུལ་གཅིག།	དེ་བདུན་ནི་ཉི་ཟེར་གྱི་རྡུལ་ལོ།།	ཉི་ཟེར་རྡུལ་དང་སྲོ་མ་དང་།། དེ་ལས་བྱུང་དང་དེ་བཞིན་ནས།། སོར་ཚིགས་ཞེས་བྱ་གོང་བདུན་བསྒྱུར།།
其七所成为虮也	དེ་བདུན་ལ་ནི་སྲོ་མ་གཅིག།	དེ་བདུན་ནི་སྲོ་མའི་ཚད་དོ།།	
七虮所成为一虱	སྲོ་མ་བདུན་ནི་ཤིག་གཅིག་ཡིན།།	དེ་བདུན་ནི་ཤིག་གི་ཚད་དོ།།	
七虱所成为一麦	ཤིག་བདུན་ཚོགས་ལ་ནས་གཅིག་ཡིན།།	དེ་བདུན་ནི་ནས་ཀྱི་ཚད་དོ།།	
七麦所成一指节	ནས་བདུན་ལ་ནི་སོར་ཚིགས་གཅིག།	དེ་དག་འདུས་པ་ལས།། སྣོད་ཀྱི་འཇིག་རྟེན་དང་ལུས་གྲུབ་བོ།། ནས་བདུན་ལ་ནི་སོར་མོ་གཅིག་གི་ཚད་དོ།།	
指节二十四之数	སོར་ཚིགས་ཉི་ཤུ་རྩ་བཞི་ལ།།	སོར་མོ་ཉི་ཤུ་བཞི་ལ་ནི་ཁྲུ་གང་ངོ་།།	
是为一肘之长也	བརྩིས་ནས་ཁྲུ་གང་བཞག་ནི་ཡིན།།		སོར་མོ་ཉི་ཤུ་བཞི་ལ་ཁྲུ།།

释巴“成世说”		《彰所知论》	《俱舍论》
四肘之长为一弓	ཁྲུ་བཞི་ལ་ནི་གཞུ་འདོམ་གང་༎	ཁྲུ་བཞི་ལ་ནི་འདོམ་གང་ངོ་༎	ཁྲུ་བཞི་ལ་ནི་གཞུ་གང་ངོ་༎
五百弓为拘卢舍	གཞུ་འདོམ་ལྔ་བརྒྱ་རྒྱང་གྲགས་གཅིག།	འདོམ་ལྔ་བརྒྱ་ལ་ནི་རྒྱང་གྲགས་གཅིག་གོ༎	དེ་དག་ལྔ་བརྒྱ་རྣམས་ལ་ནི༎
八拘卢舍为由旬	རྒྱང་གྲགས་བརྒྱད་ལ་དཔག་ཚད་གཅིག།	རྒྱང་གྲགས་བརྒྱད་ལ་ནི་དཔག་ཚད་གཅིག་གོ༎ འདིས་འཇིག་རྟེན་དང་ལུས་ཀྱི་ཚད་རྣམ་པར་གཞལ་ལོ༎	རྒྱང་གྲགས་དེ་ལ་དགོན་པར་འདོད༎ དེ་བརྒྱད་དཔག་ཚད་ཅེས་བྱའོ༎

此外，“成世说”中包含了来自《时轮金刚密续》(དཔལ་དུས་ཀྱི་འཁོར་ལོའི་རྒྱུད། 梵 Śrīlaghu-kālacakra-tantra)的世界观的知识。十一世纪起，这部以《时轮密续》之名广为人知的经典被翻译成藏文超过十四次。[91]在十四世纪晚期，时轮金刚传统已流行于萨迦、格鲁以及其他几个藏传佛教派系中。当第一座密宗学院在十八世纪初期落成于洮河河谷后，这一传统在卓尼地区开始广泛流传。[92]同样，扎巴谢珠被认为是给释巴增加了《时轮密续》中有关器世间及其大小的内容的编者。然而基于《时轮密续》在藏区的传播历史，我们不应排除萨迦派学者和释巴艺人们在这部密乘经典系统化传播于卓尼之前，就已经将这些内容纳入“成世说”的可能性。[93]

除了以佛教为核心的知识之外，释巴很显然受了十五世纪之前著述或发掘的“伏藏”(གཏེར་མ།)历史文献的影响。具体而言，“成世说”和“大臣噶尔东赞”中关于吐蕃王系、藏族祖源及佛法在西藏传播相关的内容与那些被发掘的伏藏典籍的记载相近，比如《柱间记》(བཀའ་ཆེམས་ཀ་ཁོལ་མ། 十一世纪)、《玛尼宝训》(མ་ཎི་བཀའ་འབུམ། 十二世纪)和《五部遗教》(བཀའ་ཐང་སྡེ་ལྔ། 十四世纪)。这些记载被藏文历史经典，例如《布顿佛教史》(བུ་སྟོན་ཆོས་འབྱུང་། 1322)、《西藏王统纪》(རྒྱལ་རབས་གསལ་བའི་མེ་ལོང་། 十四世纪)、《红史》(དེབ་ཐེར་དམར་པོ། 十四世纪)、《汉藏史集》(རྒྱ་བོད་ཡིག་ཚང་ཆེན་མོ། 1434)、《新红史》(དེབ་ཐེར་དམར་པོ་གསར་མ། 1538)以及《贤者喜宴》等(མཁས་པའི་དགའ་སྟོན། 十六世纪)广泛引用。是当时类似释巴这样的口述传统影响了这些文献记载，还是书面文学影响了口述传统；目前很难论断。这是一个类似“先有鸡还是先有蛋”的问题。

此外，释巴还有一个与其相像的文本，即十五世纪成书的《如意释藻》(བཤད་མཛོད་ཡིད་བཞིན་ནོར་བུ།)，简称《释藻》。此书是由东达玛卫僧格(དོན་དམ་སྨྲ་བའི་སེང་གེ 年代不详)为西藏东南部的一个统治家族编纂的类似百科全书的文本。他不仅以通俗的语言转述晦涩的佛教思想，而且为有文化修养的世俗精英提供各种学问。有学者认为《释藻》面向在家众，从而被认为是不同于面向学僧的《智者启蒙》的百科全书手册。[94]但是鉴于历史上藏族世俗社会的低识字率，我们怀疑，对这类读物按照宗教与世俗读者群的划分应并不是那么严格。宗教修行者有可能会阅读《释藻》。同理，卓尼的喇嘛和僧人一直在欣赏释巴。

《释藻》除了涵盖佛教世界观和哲学，也覆盖了很广的主题，有西藏神话、王系、地理、语言、星象、苯教、医学、颂辞与歌谣（见表2）。其以问答式呈现。内容按主题分类，以诗歌形式写就，受排比修辞影响。由此可见，《释藻》也和藏族口头与书面文学深刻地交织在一起。如下所示，尽管略有不同，《释藻》的许多主题和释巴相似。他们看起来有很强的关联。

表2:《释藻》与释巴主题对比

《释藻》	释巴
器世间	ཕྱི་སྣོད་འཇིག་རྟེན།
宇宙起源	
婆娑世界	
大千世界	
小千世界与轮	དཀྱིལ་འཁོར།
须弥山	རི་ཡི་རྒྱལ་པོ།
七金山	གསེར་གྱི་རི་བདུན།
七香水海	རོལ་བའི་མཚོ་བདུན།
大咸水海	ཕྱིའི་རྒྱ་མཚོ་ཆེན་པོ།
铁围山	ཕྱི་ལྕགས་རི་ནག་པོ།
四大洲八小洲	གླིང་བཞི་དང་གླིང་ཕྲན།
日月星宿	ཉི་ཟླ་སྐར་གསུམ།
地居天	
空居天	
成住坏空	འཇིག་པ།

《释藻》	释巴
时空度量	ཉི་མ་རིང་ཐུང་།
	དཔག་ཚད་ཀྱི་བརྗེ་ཚུལ།
有情世间	ནང་བཅུད་སེམས་ཅན།
六道轮回	སེམས་ཅན་འགྲོ་བ་རིགས་དྲུག
十八地狱	
饿鬼道	
畜生道	
阿修罗道	
人道与四大洲	གླིང་བཞི་པོ།
南瞻部洲人	སྔོན་བསྐལ་པ་དང་པོའི་མི།
藏族起源	བོད་ཀྱི་མི་ཡི་ཕ་མ།
天界	ཁམས་གསུམ།
王统	བློན་པོ་མགར་ཆེན།
西藏王统	རྒྱལ་པོ་སུམ་ཅུ་རྩ་གཉིས།
列王至松赞干布	
吐蕃时期	
世间部族	
地理	
南瞻部洲地理	ལྷོ་འཛམ་བུ་གླིང་།
佛教起源与思想	ཁམས་ལ་བཅོ་བརྒྱད།
西藏佛教	བོད་ཀྱི་སངས་རྒྱས་བསྟན་པ།
星象	སྐར་མ་སྐར་ཆེན་ཉེར་བརྒྱད།
	ཁྱིམ་བཅུ་གཉིས།
	སྨེ་བ་དགུ
	སྤར་ཁ་བརྒྱད།

《释藻》	释巴
汉地星象	ལོ་འཁོར་བཅུ་གཉིས།
宇宙之龟	མ་ཧཱ་གསེར་གྱི་རུས་སྦལ།
五行	འབྱུང་བ་ལྔ།
苯教	
医学	
密教	
哲学与语言学	
颂辞	
喜辞	

从十八世纪起，有更多的资料表明当地格鲁派僧人参与到了修改及编写释巴的工程中。许多歌者声称扎巴谢珠校勘整理了释巴。如表3所示，我们在对比释巴和他撰写的有关星象占卜的文本后发现了可观的相似之处。这到底是因为扎巴谢珠记录了当时释巴表演的内容？还是他按照其他文献为当地艺人编写了新的内容？还是后世的学者根据他的文集在释巴中添加了新的内容？要解开这个谜题，还需要更进一步的研究。

表3：释巴与《扎巴谢珠文集》中的八卦与九宫对比[95]

释巴[96]	扎巴谢珠
离火坤地兑金也 ལི་མེ་ཁོན་ས་དྭ་ལྷགས་དང་།།	སྤར་ཁ་ལི་མེ་ཁོན་ས་དང་།།
乾天坎水艮山也 ཁེན་གནམ་ཁམ་ཆུ་གིན་རི་དང་།།	དྭ་ལྷགས་ཁེན་གནམ་ཁམ་ཆུ་དང་།།
再者震木巽风也 ཟིན་ཤིང་ཟོན་རླུང་དེ་དག་ཀྱང་།།	གིན་རི་ཟིན་ཤིང་ཟོན་རླུང་དོ།།
八卦之形成如是 སྤར་ཁ་བརྒྱད་པོ་ཆགས་ཚུལ་ཡིན།།	འོན་ཀྱང་ཕྱོགས་ཀྱི་སྤར་ཁ་ནི།།
……	
其九宫之计法兮 སྨེ་བ་དགུ་པོ་བརྩི་ཚུལ་ནི།།	སྨེ་བའི་ཚད་ལུགས་བསྟན་པ་ནི།།

释巴[96]	扎巴谢珠
一六八白属金也 གཅིག་དཀར་དྲུག་དཀར་བརྒྱད་དཀར་ལྕགས།།	གཅིག་དཀར་དྲུག་དཀར་བརྒྱད་དཀར་ལྕགས།།
二玄三青属水也 གཉིས་ནག་གསུམ་མཐིང་ཆུ་ཡིན་ལ།།	གཉིས་ནག་སུམ་མཐུང་ཆུ་ཡིན་ལ།།
四绿木兮五黄土 བཞི་ལྗང་ཤིང་སྟེ་ལྔ་སེར་ས།།	བཞི་ལྗང་ཤིང་སྟེ་ལྔ་སེར་ས།།
七赤九紫属火也 བདུན་དམར་དགུ་སྨུ་མེན་མེ་ཡིན།།	བདུན་དམར་དགུ་དམར་མེ་ཡིན་ནོ།།

虽然我们无法确定扎巴谢珠是否参与了释巴的修订，但可以确定的是来自博峪（དཔལ་ཡུལ།或བོད་ཡུལ།）的僧人洛桑丹增（བློ་བཟང་བསྟན་འཛིན། 年代不详）参与了转写、编辑和扩充释巴。他在拉萨获得拉然巴格西学位（དགེ་བཤེས་ལྷ་རམས་པ།），并担任了卓尼大寺第一百一十三任法台。在十九世纪晚期，他编著了《释巴合集》（བཤད་པའི་ཐོ་ཡིག）。在1980年代，此文本被卓尼县政府官员作为底本制作了油印版的释巴。据当地知情人称，他的继任，即第一百一十四任法台多洛苯洛阿旺塔卡（རྡོ་རོལ་དཔོན་སློབ་ངག་དབང་ཐབས་མཁས། 年代不详）誊写了《释巴合集》，并有可能增加了有关须弥山以及佛教在西藏传播的内容。这些格鲁派学者按照佛教经典编订释巴，可能是为了在当地藏族群众中弘扬佛法。他们的文本至今对释巴的内容及传承都有极大的影响。

僧人编写释巴并在藏族口述传统和书面文学之间架起桥梁的活动至今薪尽火传。几位释巴艺人表示，他们曾从当地僧人那里学习了"成世说"的一些诗节。当叙述出现争议，僧人也会提供判定，如若有文献材料，僧人会从中找到佐证来提供答案。2019年，一个热衷于薮辑释巴文本的还俗僧人为释巴歌手们开设了线上课程。为了让族群成员获得更深入的理解，他还在课堂上阅读并解释有关佛教世界观的诗节。

总之，释巴受到了佛教经典、手册和历史文献的影响。细审之下，释巴与书面文学资料中有关世界形成、早期西藏史、佛教传播、迎娶文成公主（རྒྱ་བཟའ། 623–680）的内容都颇为相似，甚至有一致的地方。过分聚焦于这些内容出现于口述和书写传统的先后顺序或许会无功而返。我们更应该关注的是藏语口述传统内部以及和书面文学之间的紧密互动。

释巴:融汇口头与书面文学

释巴模糊了口头文学与书面作品之间的边界。前文我们既概括了像"德乌"这样的前佛教时期口述传统的相关元素是如何留存于释巴中,同时也说明了藏族书面文学如何将其内容叙事融入到了释巴中。如此,我们试图为研究藏族口述与书写传统之间的互动提供一个新视角。因为迄今为止,多数研究只关注口述传统如何作为素材库,塑造并激发了藏族书面文学的创作,而没有探究书面文学如何反过来影响口头传统。[97]事实上,口述传统和书面文学的互动并不是一种新的现象,他在藏区以及其他地方由来已久。[98]例如,一些"格萨尔史诗"艺人利用文本和录音作为其学习的材料(དོན་སྒྲུང་།或ཐོས་སྒྲུང་།),[99]以及彝族表演者借助文本来口头传承他们的史诗——《诺苏起源之书》。[100]同样,释巴也将藏族口头与书面文学融合在了一起。

口述传统的活力和书面文学的丰富想象力彼此饶益,使得释巴在不同层面保有活力。例如,在藏族历史叙述中,文成公主和松赞干布的婚礼通常被解读为一个吐蕃被佛教化的象征。在贵德(ཁྲི་ཀ)等其他藏区的婚礼颂辞中,这一结合被描绘为婚姻的典范。[101]但是,"大臣噶尔东赞"这个故事在卓尼的演绎较少关注此婚姻本身或其佛教面向,而是侧重于媒妁之事以及对噶尔东赞(?–667)智慧与勇敢的赞颂。这种可变的解读照亮了一个古老故事的不同棱角。正是这种口述传统和书面文学的互动,使得像释巴这样的藏语口述传统保持其生命力。

释巴的意义

我们可以用多种方式欣赏释巴。释巴是浅显易懂的藏语诗歌,也是包含藏族创世神话、传说、宗教传统、仪式以及当地习俗的文化聚宝盆。通过提及玛卿博拉与奥塘湖等地,释巴反映了藏族地理以及神圣空间的概念,呈现了镌刻在藏区地理景观中的文化宗教知识。通过释巴,我们也能够了解藏族如何吸收天竺和华夏文化。其叙述中,汉地作为占卜之国(སྨད་རྒྱ་ནག)和天竺作为佛法之国(སྟོད་རྒྱ་གར།)经常并列出现。[102]天竺的天文历算(སྐར་རྩིས།)和佛法在释巴中留下了深刻的印记。汉族的五行(ཁམས་ལྔ།)、八卦(སྤར་ཁ་བརྒྱད།)与九宫(སྨེ་བ་དགུ།)构成的推演之术(ནག་རྩིས།),以及占卜大师文成公主和孔子(ལྷ་ཀོང་ཙེ་འཕྲུལ་གྱི་རྒྱལ་པོ། 公元前551–479)都在释巴中被赞颂。

此外,释巴提供了研究泛喜马拉雅地区共享文化元素的一个切入点。以在藏族仪式与文化中有重要意义的蝙蝠(ཕ་ཝང་།)为例,他被认为拥有九种能力且能够解决各种问题。[103]关于蝙蝠解决危机的叙述不仅出现在释巴中，也存在于《念神合集》(གཉན་འབུམ།)这样的藏语文献中。在释巴中，蝙蝠是寻找被“迪”(བདུད།)，意为“魔”的前佛教时期的神灵，所囚禁的赤鹏的关键角色。在《念神合集》中，蝙蝠在祭司们的努力都付诸东流后，缓和了人与念神(གཉན།)之间的紧张关系，也是寻找消失的护神(ཕོ་ལྷ།)的一个主要角色。[104]与此相似，云南的纳西人也认为蝙蝠是解决危机的关键。根据东巴象形文手稿《白蝙蝠寻经记》所载，在鹰和雀失败后，蝙蝠最终从女祭司手中得到了经书。[105]通过释巴，我们可以考察喜马拉雅地区共享的文化要素。

释巴最值得赞叹、最显著的特点，是其反映了藏族政治宗教历史，沉淀了藏族文化所历经的巨大变革，传承并发扬了藏文明，同时也突显了将不同地域的藏族群体联系在一起的共有文化、信仰、历史和经历。藏文明层层积淀在释巴中，将其塑造为一个具有斯巴苯、雍仲苯和佛教知识系统的聚合体。具体而言，以万物有灵为特征的斯巴苯依然保留在释巴中。比如，“迎亲辞”中强调了世界是各种神灵栖居地的信仰。当新郎前来迎娶新娘时，路途中遇到的“泽”(གཟའ།)、“赞”(བཙན།)和“忒”(ཐེའུ་རང་།)都需要被安抚。“鹏说”中，鸟状的神灵鹏出生于一个由本愿王叶摩嘉波(ཡེ་སྨོན་རྒྱལ་པོ།)、黑头凡人(སྨོན་མི་དབུ་ནག)和最早的苯教祭祀益辛旺宗(ཡེ་གཤེན་དབང་རྫོགས།)用十三种精华揉捏而成的蛋中。这个蛋对应居住于三界(སྲིད་པ་གསུམ།)的三种神灵(ལྷ། གཉན། ཀླུ།)：

甚稀奇之鹏卵兮
由上观之卵何耶
由下观之卵何耶
由前观之卵何耶

由上观卵拉神也
由下观卵念神也
由前观卵鲁神也
甚稀奇之鹏卵矣

这种三界宇宙观是斯巴苯的有力明证。相同的世界观也保存于“龟说”之中。在释巴中，我们也能够看到从斯巴苯的三元世界观到制度化苯教的二元世界观的转变。[106]在这个二元结构中，鹏鸟和乌龟神被描绘成了开天辟地者：

皇天之上父祖至
孰者上举苍穹耶
后土之上母祖至
孰者下按坤舆耶

言上举苍穹者兮
上举苍穹大鹏矣
上举苍穹大鹏兮
轻易举升苍穹矣
言下按坤舆者兮
下按坤舆鳌龟矣
下按坤舆鳌龟兮
平稳安镇坤舆矣

随着佛教在高原的传播，佛教世界观渗透到了藏族的文化世界中。佛教与藏族本土信仰相互影响，导致了民间信仰、苯教与佛教的聚合。如学者们所言，这些原本大相径庭的信仰体系有许多活跃交互的地方。[107]释巴明显保有这种特点。以"龟说"为例，首先以民间信仰的世界观为范式，龟的身体部位与三界的三种神灵相契合。之后，佛教元素，如文殊菩萨（འཇམ་དཔལ་དབྱངས།）、方便（ཐབས།）、智慧（ཤེས་རབ།）等等也被纳入到了释巴叙述中。文殊被视为是调伏宇宙之龟的菩萨。他用金箭射中了龟，以火剑将其刺穿，将龟翻转过来后，腹甲则成了世界的基底。[108]

值得一提的是，在雍仲苯传统中，智慧之神喜绕玛伟僧格（ཤེས་རབ་སྨྲ་བའི་སེང་གེ།）幻化为乌龟，成为了世界的基底。[109]在苯教早期文献《多彩十万颂》（ཀུན་འབུམ་ཁྲ་བོ། 十三世纪）中，一位名为贡布郭杰（ཀུན་འབུམ་གོ་འབྱེད།）的神创造了乌龟作为世界的基底。[110]在所有这些叙述中，包括释巴在内，宇宙之龟被一致认为是世界的底座，而且不同宗教传统的神灵在幻化和调伏乌龟方面扮演了惊人的相似角色。这种相似性体现了藏族不同宗教之间的相互吸纳和融合，反映了藏族对知识系统有意识的整合以及延续。据此，我们可以了解藏族历史是如何展开的，以及释巴是如何作为一种叙述，记录并捕捉了青藏高原上宗教文化的一次次演进。

我们在承认释巴反映了分布在不同地域的藏族社区之间共有的文化和信仰的同时，还需要强调释巴所体现出的藏族文明本土化。这种本土化突显了当地文化的独特性。例如，在释巴中，对父系与家宅世系等概念的本土化通过阿乃日达得到体现。在附近藏族社群中，阿乃日达通常会被置入家宅的经堂中，但是在卓尼人的家中，他拥有一个单独的位置。作为房屋建筑的重要元素，阿乃日达是仪式专家为家庭成员在人生重要时刻做仪式的神圣空间。此外，鹏鸟作为一种对藏族人来说具有重要文化与宗教意义的生灵也有不同的本土化。在卓尼和迭部，人们会将草秆编织的鹏鸟用于山神供养仪式中（དགྲ་ལྷ་མགོན་པོ་བྱ་རྡང་།）。[111]鹏鸟还融入了藏族人的日常生活中。卓尼人和嘉绒人分别认为他们的头饰和披肩是以这个神秘的鸟为原型制作的。类似藏文明本土化的例子还有很多。这些本土化反映了每个社群在自己特定的地理和文化背景下与藏族文明的斡旋。故而，像释巴这样的藏语口述传统为我们提供了一个棱镜。透过这个棱角，我们既可以辨识藏文化的同一性，也能欣赏其丰富性和复杂性。

记录、音译、转写、文本数辑与翻译

本书所使用的释巴录音和文本是我们从2015年至2020年在藏语言和藏文化保存较好的洮河河谷中上游收集的。玛尔尼嘉措在2015年开始数字影像记录。随后，他在2016与2017年夏天和阿乃全嘉措与阿乃蒙子斗录制了一些零碎的篇章。大部分的录制工作由完代草在2019年完成。在记录的过程中，我们有幸获得了格日才让、范学勇以及许多寺院僧人和当地历史学家的帮助。他们投入了大量的时间和精力来收集释巴文本，并慷慨地将其收藏与洞见分享给我们。这些口述和文本材料都是本书的素材。

在卓尼，阿乃蒙子斗作为最负盛名的释巴艺人之一，可以完整地唱出大多数篇章。2019年四月，完代草在他的村子里用视频录制了其口述。恰值播种的季节，没有观众，确保了录制不被打扰。他为我们的工作给予了全心全意的支持、巨大的耐心和深切的关怀。在录制时，他始终带着只有自己能看懂、用中文注音的九十页的释巴文本，以应对忘记诗句的情况。年复一年的演唱让他记下了几乎所有诗节，他只会偶尔参考一下文本。由于演唱需要花费大量的时间和精力，鉴于他年逾七旬的身体情况，我们在录完"切玛"之后请他将演唱转为了叙述。

阿乃蒙子斗按照他的情况和经验制定叙述的计划。他决定何处停顿休息，下一步讲述什么内容，以及在每个片段开始和结束后需要解释什么。一个短的片段通常需要十分钟左右来叙述，接着是他的解释，有时候他还会提到他在学习和表演此片段的逸闻趣事。完代草会在这个过程里记笔记，当晚回顾，并于次日开始录制前针对不解之处提问。因此，我们完整录制并转写了阿乃蒙子斗的叙述并将其作为底本使用，以缩写MT在脚注中标示。在录制完成后，完代草邀请阿乃张嘉措，一位杰出的释巴歌者，来听录音。他分享了自己记诵的篇章和表演释巴的经历，并提供了许多未出现在阿乃蒙子斗的叙述中的诗节。我们将其在脚注中标示为ZG。

考虑到释巴演唱中频繁使用口语和俗语——这也是我们在这个研究中希望强调的一个特点，正文将权重给予了口述而非文本。大部分卓尼口语的转写工作由闹久次仁在完代草的协助下完成，同时他负责第一遍校勘。与之前由僧人与当地学者所做的记录工作相比，我们转写释巴时，在遵循藏文书写规范的同时将转写贴近卓尼口语而非标准的安多藏语。例如，我们用“ནཱ།”而非“དམ།”表示“或”，用“ག་རུ།”而非“གང་ནུ།”表示“哪里”，用“ཅི་འདྲ།”而非“ཅི་ཙམ།”表示“多少”，在卓尼口语发音为“ཆི་ཟིག”的“什么”通常写为“ཅི་ཞིག”，不一而足。此外，一些常用的中文借词是按音转写为藏文并在尾注中解释了其意思。

尽管以优先本地口语的口头叙述为目标，我们也罗列了在卓尼收集的相对完整的文本。我们旨在展现释巴在口述与书写传承中从口语、修辞风格到解读的多样性，而非创造一个包含尽可能多的标准化内容的“主文本”。[112]以此，我们希望突显并认可那些为保存并多样化释巴而付出努力的人。至2020年，在当地艺人和学者的无私帮助下，我们收集到很多手写、油印与印刷的释巴文本。这些文本大致可以分为五类。我们将其藏语名称按原字（未进行拼写的修正）罗列如下：

1. 《释巴合集》是当地最有名的文本。他对卓尼释巴的文本化有巨大而持久的影响。他由卓尼大寺第一百一十三任法台在1890年代编修，被本寺僧人保存。在本世纪80年代早期，三位卓尼县的官员油印了此文本。被重印的包括“大臣噶尔东赞”（བློན་པོ་སྣང་ཆེན།），“鹏说”（ཁྱུང་།），“龟说”（རུས་སྦལ།），“箭”（མདའ།）和“成世说”（འཛིད་རྟེན་ཆགས་སྒྲུ།）。除了标示为CS的“大臣噶尔东赞”，我们并未见到其他的原始文本。

2. 以藏文草体（དབུ་མེད།）写在传统经页上的版本是我们目前收集到的最早的文本。此文本保存于卓尼大寺第一百一十四任法台多洛苯洛阿旺塔卡的家中，包括“鹏说”（ཁྱུང་།）、“龟说”（རུས་སྦལ།）和“成世说”（འཛིད་རྟེན་ཆགས་རྒྱུལ།）。我们被告知多洛苯洛的重孙誊写了这个版本并增加了“大臣噶尔东赞”（བློན་པོ་སྣང་ཆེན།）、“铁说箭说”（ལྕགས་བཤད་མདའ་བཤད།）以及“须弥山”（རི་རྒྱལ་བོ་རི་རབ།）的篇章。我们只收集到“鹏说”（ཁྱུང་།）、“龟说”（རུས་སྦལ།）和“成世说”（འཛིད་རྟེན་ཆགས་རྒྱུལ།），标示其为DP。

3. 格日才让慷慨提供了另一套释巴文本。他们由“切玛与桌子”（ཕྱེ་མར་ཅོག་ཙེ།）和“箭说”（མདའ་ཡི་བཤད་པ།）组成，都是被一位未知姓名的人编辑或转写。我们以UN标示。另外，这套文本包含了才让转写或誊写的“箭说”（མདའ་ཡི་སྒྲུ་བཤད་པ།）、拉姆才让转写或誊写的“成世说”（འཛིག་རྟེན་ཆགས་སྒྲུ།）和 “鹏与龟”（ཁྱུང་དང་རུས་སྦལ།），以及一个未知名艺人或编者的打印的“成世说”（འཛིད་རྟེན་ཆགས་སྒྲུ།）。我们分别用TR，LT和PT标示这些文本。

4. 我们也收集到一套手写本。篇名为“须弥山成世说”（རི་རྒྱལ་བོ་རི་རབ། འཛིག་རྟེན་ཆགས་སྒྲུ།）、“颂辞”（གཏམ།）、“卓尼土司历史”（ཅོ་ནེ་དཔོན་པོའི་ལོ་རྒྱུས།）和“斯巴歌”（སྲིད་པ་ཆགས་སྒྲུ།），由南卡顿珠抄写，标

示为ND。此套手写本还包括来自卓尼大寺的“世界之成住坏”(འཇིག་རྟེན་ཆགས་གསུམ།), 标示为CM。

5. 本书参考的最后一个文本是由当地历史学家范学勇和杨士宏编译的《舍巴》。[113]包含“裕麦歌”(ཕྱེ་མར།)、“舍巴歌”(སྲིད་པའི་ཆགས་རབས།)、“创世说”(འཇིག་རྟེན་ཆགས་ལུགས།)、“山王须弥”(རི་རྒྱལ་ལྷུན་པོ།)、“大鹏说”(ཁྱུང་ཆེན་བཤད་པ།)、“乌龟说”(རུས་སྦལ་བཤད་པ།)、“鲁东赞”(ཀློན་པོ་སྣང་ཆེན།)、“箭说”(མདའ་བཤད་པ།)、“卓尼首领史”(ཅོ་ནེ་དཔོན་པོའི་ལོ་རྒྱུས།)和“赞颂词”(གཏམ།)。他们修订了自己收集的文本并按安多藏语进行标准化厘定。我们将其书中的诗节标示为FY。

除了以上这五种文本合集, 我们还搜集到了许多零碎的释巴版本。经过研究, 他们一般与上述五个主要合集相类似, 大多是对洛桑丹增或阿旺塔卡编著本的修订。这些修订本的出现源于当地艺人用已经编著的文本来修改或完善自己的唱本和记录。这些版本相互影响, 导致了各种细微的变化, 值得之后进行更深入的研究。我们认为经过细致的校勘工作, 或许可以追溯到释巴在卓尼传承的轨迹, 并能更好地理解卓尼本地的知识产出和流传。

在正文中, 我们优先口述版本, 在脚注中列出了所有收集到的版本, 但未改动其中的拼写和语法错误。此举的目的是为了不让过多的编辑修改妨碍族群成员以及学者将来使用这些素材进行研究。我们翻译的诗句在脚注中用粗体字标示。大多数翻译的诗句来自口述版本。当文本中有诗句可以完善口述版本、或让其非常顺畅清晰, 我们会翻译此句并在脚注中用粗体字标明。当诗句有遗失或不全的情况, 我们会提供诗句, 使用粗体字并用ED表明编辑的介入。

此书是团队紧密合作的一个产物。玛尔尼嘉措主要负责考证不同文本。他以七字句将释巴翻译为中文, 尽量用文言语气助词押韵。完代草完成了第二轮校堪, 将文本译为英文, 并撰写了所有篇章的引言。她也和玛尔尼嘉措一起合写了本书的导论。在此过程中, 闹九次力贡献了苯教和仪轨方面的专业意见, 玛尔尼嘉措提供了汉藏历史方面的知识, 马克图灵贡献了口述传统记录和保护上的经验, 负责打磨英文并使行文一致。玛尔尼嘉措将导论及各篇引言翻译为中文, 闹九次力则提供了藏文翻译。

为了方便具备多语能力的读者比对查阅和“校读”, 中英文翻译紧跟在释巴原文之后。为贴近藏文原意, 我们避免过于逐字逐句的直译。尽管像108这样的吉数采用了直译, 但恳请读者理解, 艺术性语言是藏语口述传统中的一个重要元素。我们希望篇章引言和尾注可以为读者提供所涉主题的民族志背景与文化知识。为方便英文读者读出藏语术语, 我们使用西藏和喜马拉雅图书馆(THL)的"标准藏语简化拼音系统"将其语音转换为拉丁字母,并在括号中提供广泛使用的"威利"系统转写。针对一些有常见口语形式的术语,我们没有遵循上述规则,而是使用约定俗成的转写。例如我们使用 "毛拉"(molla)而非书面转写的"毛哇"(mol ba)。

本书纲要

此书由八篇组成。第一篇为"鹏说",描述世界与鹏如何诞生,再叙及鹏的外貌、食物、力量、形态等等。接着阐明赤鹏是如何被魔囚禁又被智慧蝙蝠搭救。第二篇为"龟说",通常会和"鹏说"一起演唱。本篇始于叙述龟在海中的生活,接着讲述龟如何被文殊菩萨调伏,最后以描述龟的身体如何代表占卜系统而结尾。第三篇为"成世说",描绘世界的形成与毁灭,以及细说器世间和有情世间的情况。此篇以藏族的起源与历史结尾。

后续的两篇聚焦于对卓尼人而言重要的社会规范和文化事物。第四篇是释巴中最常表演且保存最好的"切玛"。诚如歌词所表,"切玛"是众歌之首,不唱"切玛"则不能唱释巴。此篇详细描述了切玛以及放置切玛的桌子。第五篇为"箭说",阐释制箭的每个步骤,对箭的所有组成部分的象征意义也有解释。

最后三篇突出婚礼元素,通常一起被穿插演唱。第六篇为"大臣噶尔东赞",以对松赞干布、文成公主和大臣噶尔东赞的介绍开始,接着阐明大臣是如何跋涉到大唐,参加迎娶文成公主的竞赛并胜出,随后成功从大唐返回吐蕃。第七篇与第八篇是"送亲辞"与"迎亲辞",分别详述接送新娘的过程。

能够记录并翻译释巴是因为我们站在许多辈的艺人和编者的肩膀上。从古至今,他们向业余爱好者以及致力于释巴的学徒慷慨分享自己的知识和技艺,从而让释巴源远流长。其经验对我们的启示是:释巴生命力的核心在于沟通与合作。沿着他们的足迹,我们期冀此书能将释巴与卓尼人、其他藏族人、以及更广阔的世界连接在一起。

尾注

1 国务院第七次全国人口普查领导小组办公室编,《中国人口普查年鉴》上册（北京:中国统计出版社，2020）。

2 Marnyi Gyatso, 'Home on the Margins: Tsowa Societies of the Choné Kingdom on the Inner Asian Frontier, 1862–1952' (unpublished doctoral thesis, The Chinese University of Hong Kong, 2020), pp. 45-60.

3 སྐལ་ལྡན་རྒྱ་མཚོ། ཡབ་རྗེ་བླ་མ་སྐལ་ལྡན་རྒྱ་མཚོའི་གསུང་འབུམ་བཞུགས་སོ།། པོད་4ཡོད། (ལན་ཀྲུའུ། ཀན་སུའུ་མི་རིགས་དཔེ་སྐྲུན་ཁང་། 1999)，I（1999)，342;张雨,《边政考》(台北:新文丰出版公司, 1990), j9.2b。

4 范晔,《后汉书》(北京:中华书局，1965)，j87.2869-908。

5 刘昫,《旧唐书》(北京:中华书局，1975)，j196-197。

6 陈邦瞻,《宋史纪事本末》(北京:中华书局，1977)，j41；Bianca Horlemann, 'The Relations of the Eleventh-Century Tsong kha Tribal Confederation to its Neighbour States on the Silk Road', in *Contributions to the Cultural History of Early Tibet*, ed. by Matthew Kapstein and Brandon Dotson (Leiden: Brill, 2007), pp. 79-101; 马端临,《文献通考》(北京:中华书局，1986)，j335; 脱脱,《宋史》(北京:中华书局，1977)，j492。

7 宋濂,《元史》(北京:中华书局，1976)，j121-123。

8 《明实录》(台北:历史语言研究所，1962), 太宗，j196.1b-2a;张廷玉,《明史》(北京:中华书局，1974)，j330。关于明代边防工事, 见Marnyi Gyatso, 'The Ming, Tibetan and Mongol Interactions in Shaping the Ming Fortification, Multicultural Society and Natural Landscape in Mdo smad, 1368-1644', *Revue d'Etudes Tibétaines*, 55 (2020), 351-84；Marnyi Gyatso, 'A Rosary of the Wish- Fulfilling Jewels: The Co ne Kingdom on the Tibetan, Chinese, Mongolian, and Manchu Frontiers from the Fifteenth to the Eighteenth Century' (unpublished manuscript, June 1, 2022);张雨,《边政考》，j3-4。

9 Marnyi Gyatso, 'Home on the Margins', pp. 43-99.

10 张彦笃,《洮州厅志》(台北:成文出版社有限公司，1970)，p. 842;赵尔巽,《清史稿》(北京:中华书局，1977)，j517。

11 Christopher Beckwith, 'The Tibetans in the Ordos and North China: Considerations on the Role of the Tibetan Empire in World History', in *The Tibetan History Reader*, ed. by Gray Tuttle and Kurtis R. Schaeffer (New York: Columbia University Press, 2013), pp. 133-41 (pp. 136-37).

12 何为苯教以及其准确的构成存在广泛的争议。本书对苯教采取了一个兼容并包的理解。除了制度化的苯教，即从十世纪起开始比类佛教的雍仲苯（གཡུང་དྲུང་བོན།），我们认为万物有灵论的斯巴苯也属于苯教的范畴。Tucci 和 Stein分别使用"民间信仰"或"无名宗教"来指代斯巴苯。对于苯教的不同意涵，参见阿旺嘉措，'试论司巴苯教的基本含义及形式特征'，《西藏大学学报》，28.1（2013），7-12；Helmut Hoffmann, *The Religions of Tibet*, trans. by Edward Fitzgerald (George Allen & Unwin Ltd, 1961), pp. 13-27, 84-110; Per Kværne, *The Bon Religion of Tibet* (Boston: Shambhala, 1995), pp. 9-10; Geoffrey Samuel, *Civilized Shamans: Buddhism in Tibetan Societies* (Washington and London: Smithsonian Institution Press, 1993), pp. 10-13; 才让太，'藏文手抄本苯教文献的发现及其当代文化价值'，《中国藏学》，2（2021），188-95。

13 Luciano Petech, 'Tibetan Relations with Sung China and with the Mongols', in *China Among Equals: The Middle Kingdom and Its Neighbors, 10th–14th Centuries*, ed. by Morris Rossabi (Berkeley: University of California Press, 1983), pp. 173-203; Tsepon Wangchuk Deden Shakabpa, *One Hundred Thousand Moons: An Advanced Political History of Tibet*, trans. by Derek F. Maher (Boston: Brill, 2010), pp. 177-96.

14 吉塘（ཀྱི་ཐང་། 青唐）也用来指代宗喀。李焘，《续资治通鉴长编》（北京：国家图书馆，1792年），j265, j398, j404, j520；宋濂，《元史》，j39, j43, j121, j123；脱脱，《金史》（北京：中华书局，1975），j26, j79, j80, j91, j95, j98, j103, j113；脱脱，《宋史》，j42, j326。

15 Tsutomu Iwasaki, 'The Tibetan Tribes of Ho-hsi and Buddhism During the Northern Sung Period', *Acta Asiatica*, 64 (1993), 17-37.

16 脱脱，《金史》，j26.654.。

17 བྲག་དགོན་པ་དཀོན་མཆོག་བསྟན་པ་རབ་རྒྱས། མདོ་སྨད་ཆོས་འབྱུང་། (ལན་ཇོ། ཀན་སུའུ་མི་རིགས་དཔེ་སྐྲུན་ཁང་། 1982), p. 666。"卓尼五部"这一术语可能是在卓尼土司将当地的萨迦寺院变为藏族历史上一个重要的地理标志之后，才被创造出来用以指代洮河河谷的联盟。

18 བྲག་དགོན་པ་དཀོན་མཆོག་བསྟན་པ་རབ་རྒྱས། མདོ་སྨད་ཆོས་འབྱུང་། pp. 646-66。

19 Karl-Heinz Everding, 'The Mongol States and Their Struggle for Dominance over Tibet in the 13th Century', in *Tibet, Past and Present*, ed. by Henk Blezer (Leiden: Brill, 2002), pp. 109-28; Luciano Petech, *Central Tibet and the Mongols: The Yüan—Sa-skya Period of Tibetan History* (Rome: Istituto Italiano per il Medio ed Estremo Oriente, 1990), pp. 8-9; Turrell V. Wylie, 'The First Mongol Conquest of Tibet Reinterpreted', *Harvard Journal of Asiatic Studies* 37.1 (1997), 103-33.

20 洛桑丹珠和婆巴次仁,《安多古刹禅定寺》(兰州:甘肃民族出版社, 1995), p. 7;沙迦室哩,《金刚乘起信庄严宝鬘西天佛子源流录》,安宁译(1448年,转写于1829年),第二品;宋濂,《元史》, j202.4517-19。

21 Elliot Sperling, 'Notes on the Early History of Gro-tshang Rdo-rje-'chang and Its Relations with the Ming Court', *Lungta*, 14 (2001), 77-87.

22 འཇམ་དབྱངས་འཇིགས་མེད་དབང་པོ། ཅོ་ནེ་བསྟན་འགྱུར་གྱི་དཀར་ཆག་ཡིད་བཞིན་ནོར་བུའི་ཕྲེང་བ། (New Delhi: Ngawang Gelek Demo, 1971), pp. 378-81。

23 མགོན་པོ་དབང་རྒྱལ། ཅོ་ནེ་ས་སྐྱོང་གི་ལོ་རྒྱུས་ཀླུ་ཆུ་སྔོན་མོའི་གྱེར་དབྱངས། (ལན་ཀྲུ། ཀན་སུའུ་མི་རིགས་དཔེ་སྐྲུན་ཁང་། 1997), pp. 27-8;ཚེ་རིང་དོན་གྲུབ། མདོ་སྨད་ཅོ་ནེའི་ལོ་རྒྱུས་ས་གཞི་སྐྱོང་བའི་རྒྱན། (པེ་ཅིང་། ཀྲུང་གོ་རྩོམ་རིག་སྒྱུ་རྩལ་དཔེ་སྐྲུན་ཁང་། 2016);卓尼、美武(དམེ་བོ།)和佐盖的藏族口述历史认为,些地与敖地在安多南部的一次战争中被击败,被迫离开。

24 བྲག་དགོན་པ་དཀོན་མཆོག་བསྟན་པ་རབ་རྒྱས། མདོ་སྨད་ཆོས་འབྱུང་། pp. 643, 646-47;འཇམ་དབྱངས་འཇིགས་མེད་དབང་པོ། ཅོ་ནེ་བསྟན་འགྱུར་གྱི་དཀར་ཆག་ཡིད་བཞིན་ནོར་བུའི་ཕྲེང་བ། pp. 382-83。

25 对仁钦隆布巴在卓尼大寺所修建的密集金刚佛殿(གསང་འདུས་ལྷ་ཁང་།)的描写可以帮助我们了解这次改革的结果:"大殿内部供养着萨迦法王(ས་སྐྱ་ཁྲི་འཛིན།)、宗喀巴大师和他两位弟子的塑像"。格鲁派教义似乎只在小范围传授。见洛桑丹珠和婆巴次仁,《安多古刹禅定寺》, p. 174。

26 བྲག་དགོན་པ་དཀོན་མཆོག་བསྟན་པ་རབ་རྒྱས། མདོ་སྨད་ཆོས་འབྱུང་། pp. 625-26。

27 洛桑丹珠和婆巴次仁,《安多古刹禅定寺》, pp. 40-50, 65-66, 79, 166-67。

28 卓尼有十座区域性大寺(དགོན་ཆེན།),五十五座社区寺院(དགོན་པ།)以及超过一百座庙宇(ལྷ་ཁང་།)和静修院(རི་ཁྲོད།)。见洛桑丹珠和婆巴次仁,《安多古刹禅定寺》, pp. 228-42。

29 显宗和密宗是佛教的两种教法。显宗关注大乘经典和相关法门。密宗也叫怛特罗,研究的是密续经典和法门。有关藏族寺院中显密学习的更多内容,见Georges Dreyfus, *The Sound of Two Hands Clapping* (Berkeley: University of California Press, 2003), pp. 18-20, 111-20。

30 采访,卓尼大寺, 2015年1月3日。

31 Marnyi Gyatso, 'Home on the Margins', chapter 2-4.

32 《卓尼县志》,卓尼县志编纂委员会编(兰州:甘肃民族出版社, 2020), p. 672;《临潭县志》,临潭县志编纂委员会编(兰州:甘肃人民出版社, 2008), p. 93。

33 一些族群成员认为，对卓尼人而言的传统贸易中心，即临潭，将山上人与河沿人分开。

34 Marnyi Gyatso, 'The Legacy of Bla ma dkar po: An Unsettled Dispute between Chone and Labrang on the Inner Asian Frontier', *Waxing Moon: Journal for Tibetan and Himalayan Studies*, 1 (2021), 16-56 (pp. 25-26).

35 Marnyi Gyatso, 'Home on the Margins', chapter 2.

36 卓尼最重要的节日包括农历一月初三至十六的木兰法会(སྨོན་ལམ་ཆེན་པོ།)，五月初一至初七的五月玛尼会(ལྔ་པའི་མ་ཧི།)，六月里持续七天的转法轮节(ཆོས་བཞི་ཆོས་འཁོར་དུས་ཆེན།)，九月初七至二十二的弥勒法会(བྱམས་སྨོན།)，十月二十四至二十八的燃灯节(ལྔ་མཆོད་ཆེན་པོ།)，以及曾经在六月和十月各举办的十天的集市。

37 Lama Jabb, 'The Wandering Voice of Tibet: Life and Songs of Dubhe', *Life Writing*, 17.3 (2020), 387-409 (p. 392).

38 Timothy Thurston, 'An Introduction to Tibetan sa bstod speeches in A mdo', *Asian Ethnology*, 71.1 (2012), 49-73 (p. 55).

39 བཀྲ་ཤིས་དོན་འགྲུབ། གེ་སར་སྒྲུང་གི་གླུ་ཚིག་ལས་བཤད་པའི་སྐོར་གྱི་ཞིབ་འཇུག། (ནུབ་བྱང་མི་རིགས་སློབ་གྲྭ་ཆེན་མོའི་ཞིབ་འཇུག་སློབ་མའི་མཐར་ཕྱིན་དཔྱད་རྩོམ། 2018); དོན་གྲུབ་རྒྱལ། མདོ་སྨད་མཚོ་སྔོ་ཡུལ་དུ་དར་ཁྱབ་ཆེ་བའི་བཤད་པའི་སྐོར་ལ་རགས་ཙམ་དཔྱད་པ། (བོད་ལྗོངས་སློབ་གྲྭ་ཆེན་མོའི་ཞིབ་འཇུག་སློབ་མའི་མཐར་ཕྱིན་དཔྱད་རྩོམ། 2012) p. 6; ནམ་རྒྱལ་རིག་འཛིན། ཨ་མདོའི་ངག་རྩོམ་ལས་བཤད་པའི་ཁྱད་ཆོས་ལ་དཔྱད་པ། (མཚོ་སྔོན་དགེ་ཐོན་སློབ་གྲྭ་ཆེན་མོའི་ཞིབ་འཇུག་སློབ་མའི་མཐར་ཕྱིན་དཔྱད་རྩོམ། 2013) p. 1.

40 བཤད་པ། ཆབ་འགག་རྡོ་རྗེ་ཚེ་རིང་གིས་རྩོམ་སྒྲིག་བྱས། (ལན་ཀྲུ། ཀན་སུའུ་མི་རིགས་དཔེ་སྐྲུན་ཁང་། 2006), p. 1.

41 དོན་གྲུབ་རྒྱལ། མདོ་སྨད་མཚོ་སྔོ་ཡུལ་དུ་དར་ཁྱབ་ཆེ་བའི་བཤད་པའི་སྐོར་ལ་རགས་ཙམ་དཔྱད་པ།, p. 15.

42 བཤད་པ། pp. 28-44.

43 不同政府部门的材料对何时将释巴列入州级非物质文化遗产各执一词。本书以负责释巴保护和表演的本地旅游局提供的日期为准。

44 Bendi Tso, 'Opportunities and Challenges in Preserving and Revitalizing the Tibetan Oral Literature Shépa in Chone', *Book 2.0*, 9.1-2 (2019), 7-18.

45 Amy Mountcastle, 'Safeguarding Intangible Cultural Heritage and the Inevitability of Loss: a Tibetan Example', *Studia Ethnologica Croatica*, 22.1 (2010), 339-59; Timothy Thurston, 'The Tibetan Gesar Epic beyond Its Bards: An Ecosystem of Genres on the Roof of the World', *Journal of American*

Folklore, 132.524 (2019), 115-36 (p. 117); Timothy Thurston, 'Assessing the Sustainability of the Gesar Epic in Northwest China, Thoughts from Yul shul (Yushu) Tibetan Autonomous Prefecture', *Cultural Analysis*, 17.2 (2020), 1-23.

46 Rachel C. Fleming, 'Resisting Cultural Standardization: Comhaltas Ceoltóirí Éireann and the Revitalization of Traditional Music in Ireland', *Journal of Folklore Research*, 41.2-3 (2004), 227-57; Ahmed Skounti, 'The Authentic Illusion: Humanity's Intangible Cultural Heritage, the Moroccan Experience', in *Intangible Heritage*, ed. by Laurajane Smith and Natsuko Akagawa (London and New York: Routledge, 2009), pp. 74-92.

47 Andrew Martindale, Sara Shneiderman and Mark Turin, 'Time, Oral Tradition and Technology', *Memory*, ed. by Philippe Tortell, Mark Turin and Margot Young (Vancouver: Peter Wall Institute for Advanced Studies, 2018), pp. 197-206; Mark Turin, 'Orality and Technology, or the Bit and the Byte: The Work of the World Oral Literature Project', *Oral Tradition*, 28.2 (2013), 173-86.

48 Skounti, 'The Authentic Illusion: Humanity's Intangible Cultural Heritage, the Moroccan Experience', p. 78.

49 Samten Gyaltsen Karmay, *The Arrow and The Spindle*, 3 vols (Kathmandu: Mandala Book Point, 1997-2014), I (1997), 150.

50 བུ་ཆེ་བ་དགའ་ལྡན་གསེར་ཁྲིར་བཞུགས། བུ་གཉིས་པ་རྒྱ་ནག་རྒྱལ་པོར་བཞུགས། བུ་གསུམ་པས་ས་ལ་སྦྲ་གུར་ཕུབ།

51 Hildegard Diemberger, 'Blood, Sperm, Soul and the Mountain: Gender Relations, Kinship and Cosmovision among the Khumbo (N.E. Nepal)', in *Gendered Anthropology*, ed. by Teresa del Valle (London: Routledge, 1993), pp. 88-127; Nancy Levine, 'The Theory of Rü: Kinship, Descent and Status in a Tibetan Society', in *Asian Highland Societies in Anthropological Perspective*, ed. by Christoph von Fürer-Haimendorf (New Delhi: Sterling Publishers, 1981), pp. 52-78.

52 José I. Cabezón and Roger R. Jackson, 'Editors' Introduction', in *Tibetan Literature: Studies in Genre*, ed. by José I. Cabezón and Roger R. Jackson (New York: Snow Lion, 1996), pp. 11-37.

53 Lauran R. Hartley and Patricia Schiaffini-Vedani, 'Introduction', in *Modern Tibetan Literature and Social Change*, ed. by Lauran R. Hartley and Patricia Schiaffini-Vedani (Durham and London: Duke University Press, 2008), pp. xiii-xxxviii (pp. xvii-xviii); Lama Jabb, *Oral and Literary Continuities*

in Modern Tibetan Literature: The Inescapable Nation (Lanham: Lexington Books, 2015).

54 Alexandru Anton-Luca, 'glu and la ye in Amdo: An Introduction to Contemporary Tibetan Folk Songs', in *Amdo Tibetans in Transition: Society and Culture in the post-Mao Era*, ed. by Toni Huber (Leiden: Brill, 2002), pp. 173-96 (pp. 178-79); Roger R. Jackson, '"Poetry" in Tibet: *Glu, mGur, sNyan ngag* and "Songs of Experience"', in *Tibetan Literature: Studies in Genre*, ed. by José I. Cabezón and Roger R. Jackson (New York: Snow Lion, 1996), pp. 368-92 (p. 369); Anna Morcom, 'Landscape, Urbanization, and Capitalist Modernity: Exploring the "Great Transformation" of Tibet through its Songs', *Yearbook for Traditional Music*, 47 (2015), 161-89 (p. 164).

55 对于古印度诗歌对藏族文学的影响, 见Leonard W. J. van der Kuijp, 'Tibetan Belles-Lettres: The Influence of Dandin and Ksemendra', in *Tibetan Literature: Studies in Genre*, ed. by José I. Cabezón and Roger R. Jackson (New York: Snow Lion, 1996), pp. 393-410 (pp. 395-400).

56 王尧和陈践编译,《敦煌古藏文文献探索集》(上海:上海古籍出版社, 2008), p. 38; Jackson, '"Poetry" in Tibet: *Glu, mGur, sNyan ngag* and "Songs of Experience"', pp. 368-92 (p. 371); Rolf A. Stein, *Tibetan Civilization* (London: Faber and Faber LTD, 1972), pp. 252-53。

57 "歌"(མགུར།)原先是"录"(གླུ།), 即"歌谣"的敬词。如《吐蕃赞普传记》所示, 与大臣所唱的录相比, 赞普和皇室成员所唱的歌使用敬词。后来, 从十世纪开始的佛教后弘期, 以及将歌与著名瑜伽士、诗人米拉日巴紧密联系在一起的十一世纪, 歌一词逐渐用于指代道歌。道歌继承了录的内在, 以简单日常的语言和自由的韵律为特点。有关道歌的定义与特点, 详见Tsangnyön Heruka, *The Life of Milarepa*, trans. by Andrew Quintman (London: Penguin Books, 2010), pp. xxx-xxxi; Lama Jabb, *Oral and Literary Continuities in Modern Tibetan Literature: The Inescapable Nation*, pp. 5-10; Victoria Sujata, *Tibetan Songs of Realization: Echoes from a Seventeenth-Century Scholar and Siddha in Amdo* (Leiden and Boston: Brill, 2005), pp. 77-85。

58 Per K. Sørensen, *Divinity Secularized: An Inquiry into the Nature and Form of the Songs Ascribed to the Sixth Dalai Lama* (WIEN, 1990), p. 13.

59 Solomon G. Fitzherbert, 'The Tibetan Gesar Epic as Oral Literature', in *Contemporary Visions in Tibetan Studies: Proceedings of The First International Seminar of Young Tibetologist*, ed. by Brandon Dotson and others (Chicago: Serindia Publications, 2009), pp. 171-96; Zhambei Gyaltsho, '*Bab Sgrung*: Tibetan Epic Singers', *Oral Tradition*, 16.2 (2001), 280-93.

60 Thurston, 'An Introduction to Tibetan sa bstod speeches in A mdo', pp. 49-73.

61 Tsangnyön Heruka, *The Hundred Thousand Songs of Milarepa: A New Translation*, trans. by Christopher Stagg (Boulder: Shambhala Publications, 2017); Sujata, *Tibetan Songs of Realization: Echoes from a Seventeenth-Century Scholar and Siddha in Amdo*.

62 Morcom, 'Landscape, Urbanization, and Capitalist Modernity: Exploring the "Great Transformation" of Tibet through its Songs', pp. 168-70; Charles Ramble, 'Gaining Ground: Representations of Territory in Bon and Tibetan Popular Tradition', *The Tibet Journal*, 20.1 (1995), 83-124 (pp. 85-87).

63 Morcom, 'Landscape, Urbanization, and Capitalist Modernity: Exploring the "Great Transformation" of Tibet through its Songs', pp. 166-67.

64 许多藏族口述传统都采用问答式。其中，安多地区以辩论、讽刺或戏弄对方为目的的"辩歌"（གླུ་འཐབ།或གླུ་ཤགས།）已被较充分地研究。例见Anton-Luca, *'glu* and *la ye* in Amdo: An Introduction to Contemporary Tibetan Folk Songs', p. 185; གླུ་ཤགས་སྲིད་པའི་དར་ལྕེ། བཀྲ་ཕོས་རྩོམ་སྒྲིག་བྱས། (ཟི་ལིང་། མཚོ་སྔོན་མི་རིགས་དཔེ་སྐྲུན་ཁང་། 1997); འཕགས་མོ་སྐྱིད། མདོ་སྨད་མཚོ་ལྷོ་ཡུལ་གྱི་གླུ་ཤགས་ལ་རགས་ཙམ་དཔྱད་པ། (བོད་ལྗོངས་སློབ་གྲྭ་ཆེན་མོའི་ཞིབ་འཇུག་སློབ་མའི་མཐར་ཕྱིན་དཔྱད་རྩོམ། 2013), pp. 6-13; Per K. Sørensen, *Divinity Secularized: An Inquiry into the Nature and Form of the Songs Ascribed to the Sixth Dalai Lama*, p. 18; Timothy Thurston, '"Careful Village's Grassland Dispute": An A mdo Dialect Tibetan Crosstalk Performance by Sman bla skyab', *CHINOPERL*, 32.2 (2013), 156-81 (p. 157)。

65 དོན་གྲུབ་རྒྱལ། མདོ་སྨད་མཚོ་ལྷོ་ཡུལ་དུ་དར་ཁྱབ་ཆེ་བའི་བཤད་པའི་སྐོར་ལ་རགས་ཙམ་དཔྱད་པ། p. 15.

66 Stein, *Tibetan Civilization*, pp. 195-96.

67 དོན་གྲུབ་རྒྱལ། མདོ་སྨད་མཚོ་ལྷོ་ཡུལ་དུ་དར་ཁྱབ་ཆེ་བའི་བཤད་པའི་སྐོར་ལ་རགས་ཙམ་དཔྱད་པ། pp. 11-13; Giuseppe Tucci, *The Religions of Tibet*, trans. by Geoffrey Samuel (London and Henley: Routledge & Kegan Paul, 1980), pp. 232, 238; Stein, *Tibetan Civilization*, pp. 191-92.

68 Stein, *Tibetan Civilization*, pp. 192, 195.

69 མི་ཆོས་རྩ་བ་རྣམ་པ་དགུ།། སེང་གེའི་ཁོག་པ་དཔེར་བཞག་སྟེ།། རྐང་གཡས་སྲིད་པའི་ཆགས་ལུགས་གླེང་།། གཡོན་པ་སྐྱེ་འགྲོའི་བྱུང་ཚུལ་གླེང་།། ཚང་ར་འཛམ་གླིང་ས་བཅད་གླེང་།། ལག་གཡས་རྗེ་ཡི་གདུང་རབས་གླེང་།། གཡོན་པ་འབངས་ཀྱི་མི་རབས་གླེང་།། གུང་མོ་བསྟན་པའི་ཆགས་ལུགས་གླེང་།། མཇིང་པ་རྗེ་ནམ་མི་སྡེ་གླེང་།། མགོ་བོ་ཕ་མའི་ཚེ་རིགས་གླེང་།། མཇུག་མ་མཚོན་བྱེད་དགའ་བའི་གླུ།། ཨོ་རྒྱན་གླིང་པ། བཀའ་ཐང་སྡེ་ལྔ། (པེ་ཅིང་། མི་རིགས་དཔེ་སྐྲུན་ཁང་། 1986), p. 469; Stein, *Tibetan Civilization*, p. 193; David P. Jackson, *The Mollas of Mustang: Historical,*

Religious and Oratorical Traditions of the Nepalese-Tibetan Borderland (Library of Tibetan Works & Archives, 1984), p. 84.

70 阿旺嘉措, "民间苯教祭祀者'莱坞'的经书内涵及其文化特征",《西藏大学学报》, 29.1 (2014), 115-20;吉西次力, "安多迭部地区民间口述经文《司巴拖亦》初探",《民族史研究》, 苍铭编(北京:中央民族大学出版社, 2018), pp. 128-40。

71 འགྲུ་བཙུན་ལེགས་བཤད་རྒྱ་མཚོ། ཐེ་བོའི་དམངས་ཁྲོད་ངག་རྒྱུན་རྩོམ་རིག་ཕྱོགས་བསྡུས། (ལན་ཀྲུ། ཀན་སུའུ་མི་རིགས་དཔེ་སྐྲུན་ཁང་། 2017).

72 Jackson, *The Mollas of Mustang: Historical, Religious and Oratorical Traditions of the Nepalese-Tibetan Borderland*, pp. 36-41.

73 Barbara N. Aziz, 'On Translating Oral tradition: Ceremonial Wedding Poetry from Dingri', in *Soundings in Tibetan Civilization*, ed. by Barbara N. Aziz and Matthew Kapstein (New Delhi: Manohar, 1985), pp. 115-32.

74 Jackson, *The Mollas of Mustang: Historical, Religious and Oratorical Traditions of the Nepalese-Tibetan Borderland*, pp. 81-83.

75 Aziz, 'On Translating Oral tradition: Ceremonial Wedding Poetry from Dingri', p. 118.

76 Stein, *Tibetan Civilization*, pp. 196-98.

77 在1950年代民族识别时, 人口约为17000的白马人被认定为藏族(བོད་རིགས།), 然而关于他们藏族身份的争议延续至今。1973年, 白马族群提交了请求重新鉴别其民族的报告。1986年, 中央政府决定维持之前对白马人是藏族的民族识别决定。有关细节见四川民族研究所,《白马藏人族属问题讨论集》(成都:四川民族研究所, 1980);平武县白马人族属研究会,《白马人族属研究文集》(平武县白马人族属研究会, 1987)。

78 王万平和班旭东, "白马藏人古歌调查报告",《西北民族大学学报》, 4 (2015), 142-50;宗喀漾正岗布和王万平, "白马藏人古歌'gLu'与斯巴苯教",《西藏大学学报》, 3 (2016), 8-15。

79 王万平和班旭东, "白马藏人古歌调查报告", pp. 142-50;宗喀漾正岗布和王万平, "白马藏人古歌'gLu'与斯巴苯教", pp. 8-15。

80 འགྲུ་བཙུན་ལེགས་བཤད་རྒྱ་མཚོ། ཐེ་བོའི་དམངས་ཁྲོད་ངག་རྒྱུན་རྩོམ་རིག་ཕྱོགས་བསྡུས། p. 160.

81 与青藏高原上各社群的口述记录一致, 书面文献也表明, 把录理解为百科全书式的知识体系, 而非简单的民歌, 将更有裨益。例如, 在《如意释藻》第十二章中, 录被理解为知识系统。此章也提供了对录最全面的分类, 包括天竺的"法歌"(ཆོས་གླུ།), 中原的"卜歌"(རྗེས་གླུ།), 象雄的"苯歌"(བོན་གླུ།), 阿里的"藏歌"(མངའ་རིས་བོད་ཀྱི་གླུ།)及其各自的表演规则。见Don dam smra ba'i seng ge,

A 15th Century Tibetan Compendium of Knowledge (*Bshad mdzod yid bzhin nor bu*) with an introduction by E. Gene Smith, ed. by Lokesh Chandra (New Delhi: Jayyed Press, 1969), pp. 522-27。

82 Jackson, *The Mollas of Mustang: Historical, Religious and Oratorical Traditions of the Nepalese-Tibetan Borderland*, pp. 23-24.

83 Ellis Gene Smith, 'Introduction', in *A 15th Century Tibetan Compendium of Knowledge*, p. 6.

84 与为学僧撰写的《智者启蒙》那种学者气浓厚且精细的写作风格不同，八思巴以简明扼要的风格给其虔诚的施主撰写了《彰所知论》。他写此书可能是受到了宋代为皇帝与皇子编写类书的传统的影响。

85 早在九世纪，胜友已将《俱舍论》的部分内容翻译成了藏文。十三世纪祁嘉贝央为世亲《俱舍论》所作的藏语论疏被认为是最全面的。《俱舍论》完整的英文翻译见*Abhidharmakośa-Bhāṣya of Vasubandhu: The Treasury of the Abhidharma and Its* (*Auto*) *Commentary*, ed. and trans. into English by Gelong L. Sangpo, 4 vols (Delhi: Motilal Banarsidass Publishers Private Limited, 2012)；The Ninth Karmapa Wangchuk Dorje, *Jewels from the Treasury*, trans. by David Karma Choephel (New York: KTD Publications, 2012)。

86 Rupert Gethin, *The Foundations of Buddhism* (Oxford: Oxford University Press, 1998), pp. 207-09; Noa Ronkin, 'Abhidharma', *The Stanford Encyclopedia of Philosophy*, (2018). https://plato.stanford.edu/archives/sum2018/entries/abhidharma/.

87 有关佛教三藏(སྡེ་སྣོད་གསུམ།)，见Chögyam Trungpa, *Glimpses of Abhidharma: From a Seminar on Buddhist Psychology* (Boulder: Prajñā Press, 1975), p. 2。

88 Gethin, *The Foundations of Buddhism*, pp. 56, 206.

89 Dreyfus, *The Sound of Two Hands Clapping*, pp. 113-18.

90 འགྲོ་མགོན་ཆོས་རྒྱལ་འཕགས་པ། ཤེས་བྱ་རབ་གསལ། ས་སྐྱ་བཀའ་འབུམ། པོད་15ཡོད། (Sachen International, 2006), XIII (2006), p. 2a; ཆོས་མངོན་པའི་མཛོད་ཀྱི་ཚིག་ལེའུར་བྱས་པ་སོགས། (BDRC: MW1NLM864, n.d.), pp. 30b-1a.

91 Khedrup Norsang Gyatso, *Ornament of Stainless Light: An Exposition of the Kalachakra Tantra*, trans. by Gavin Kilty (Boston: Wisdom Publications, 2004), pp. 2-3.

92 洛桑丹珠和婆巴次仁，《安多古刹禅定寺》, pp. 47-48。

93 有关阿毗达磨和时轮金刚传统中世界观的异同，见Vesna Wallace, *The Inner Kalacakratantra: A Buddhist Tantric view of the Individual* (Oxford: Oxford University Press, 2001), pp. 66-76。

94 Ellis Gene Smith, 'Introduction', in *A 15th Century Tibetan Compendium of Knowledge*, p. 5-6.

95 གྲགས་པ་བཤད་སྒྲུབ། ལོ་དང་ཟླར་སླེའི་རེའུ་མིག་གི་གི་སྐོར་དང་རྩིས་ཀྱི་ལྡེ་མིག་གི་སྐོར་དོན་བསྡུས་པ་བཞུགས་སོ།། ཚེ་ནེ་གྲགས་པ་བཤད་སྒྲུབ་ཀྱི་གསུང་འབུམ། པོད་18ཡོད། (པེ་ཅིན། ཀྲུང་གོའི་བོད་རིག་པ་དཔེ་སྐྲུན་ཁང་།), XVII (2009), p. 393.

96 我们注意到由拉姆才让转写的释巴诗节和已经出版的བོད་ཀྱི་དམངས་ཁྲོད་དག་རྒྱུན་རིག་གནས་དཔེ་ཚོགས། འབྲུག་ཐར་དང་དག་དབང་རྒྱ་མཚོས་བསྒྲིགས། པོད་60ཡོད། (ལན་ཀྲུ། ཀན་སུའུ་རིག་གནས་དཔེ་སྐྲུན་ཁང་། 2015) , V, VI, VII, VIII (2015)一致。

97 Cabezón and Jackson, 'Editors' Introduction', p. 14; Lama Jabb, *Oral and Literary Continuities in Modern Tibetan Literature: The Inescapable Nation*, pp. 17-20.

98 Turin, 'Orality and Technology, or the Bit and the Byte: The Work of the World Oral Literature Project', 173-86.

99 Fitzherbert, 'The Tibetan Gesar Epic as Oral Literature', pp. 179-85; Thurston, 'Assessing the Sustainability of the Gesar Epic in Northwest China, Thoughts from Yul shul (Yushu) Tibetan Autonomous Prefecture', p. 4.

100 Mark Bender, Aku Wuwu and Jjivot Zopqu, *The Nuosu Book of Origins* (Seattle: University of Washington Press, 2019), p. xi.

101 Timothy Thurston, 'An Examination of the Poetics of Tibetan Secular Oratory: An A mdo Tibetan Wedding Speech', *Oral Tradition*, 33.1 (2019): 23-50.

102 Stein, *Tibetan Civilization*, pp. 43-44.

103 Charles Ramble, 'Real and Imaginary Tibetan Chimeras and Their Special Powers', *Mongolo-Tibetica Pragensia*, 7.2 (2014), 13-33 (pp. 15-20).

104 Daniel Berounský, 'Bird Offerings in the Old Tibetan Myths of the Nyen Collection (*Gnyan 'bum*)', *Archiv orientální*, 84.3 (2016), 527-59 (pp. 539-40).

105 傅懋勣,《纳西族图画文字白蝙蝠取经记研究》(北京：商务印书馆，2012)。

106 阿旺嘉措和唐茜，“司巴苯教的宇宙观初步探讨”，青藏高原论坛，1.1 (2015), 1-3。

107 Geoffrey Samuel, *Civilized Shamans: Buddhism in Tibetan Societies.*

108 Philippe Cornu, *Tibetan Astrology,* trans. by Hamish Gregor (Boston and London: Shambhala Publications, 1997), pp. 30-31.

109 Charles Ramble, 'The Assimilation of Astrology in the Tibetan Bon Religion', *Extrême-Orient Extrême-Occident*, 35 (2013), 199-232 (pp. 212-13).

110 Ramble, 'The Assimilation of Astrology in the Tibetan Bon Religion', p. 214.

111 桑吉卓玛，“民间苯教文献‘夏当’初探”，《西藏大学学报》，2 (2022)，38-45。

112 关于对“主文本”的批判讨论，见Mark Bender, 'Co-creations, Master Texts, and Monuments: Long Narrative Poems of Ethnic Minority Groups in China', *Journal of Chinese Oral and Performing Literature*, 38.2 (2019), 65-90.

113 范学勇和杨士宏，《卓尼藏族创世史诗舍巴》(北京：民族出版社，2017)。

Khyung ཁྱུང་། 鹏

Khyung

Khyung is a bird-like deity in both Bon and Tibetan Buddhism. It is often described as a majestic bird that hatched from an egg and is understood to be the enemy of a class of pre-Buddhist deities known as the *lu* (*klu*). Khyung is usually thought to be, or identified with, the Tibetan translation of 'garuda', a divine eagle-like creature in Hinduism and a class of golden-winged birds in Buddhism. However, scholars believe that there was an original and indigenous type of bird-like deity in Tibet. It was during the transmission of Buddhism into Tibet that elements of the garuda were assimilated to Khyung.[1]

Khyung, as a tutelary deity, appears in both Bon and Buddhist doctrines. It has considerable religious significance and ritual importance. Khyung-related texts are most often associated with the 'Great Perfection' (*rdzogs chen*) tradition, the meditative paths in both Bon and Nyingma practices. The metaphor of Khyung reaching perfection within its egg and overpowering everything the moment that it soars into the sky is used to guide practitioners on the path to attaining enlightenment.[2] Our aim here is not to examine the religious meaning of Khyung in Shépa. Instead, our goal is to enrich the accounts of Khyung, which—as a mythical bird with great strength—appears throughout Tibetan oral literature and mythology. For example, old Tibetan texts, known as the *Nyen Collection*, document the birth of Khyung from a golden egg as well as its dwelling at the peak of the Mount Meru.[3] These descriptions are very similar to those in Shépa.

Thematically speaking, 'Khyung' in Shépa consists of two parts. The first part illustrates how the universe and Khyung came into existence

https://doi.org/10.11647/OBP.0312.02

from a primal state, providing a detailed description of Khyung—including its appearance, food, forms, and so forth. The second part delineates how the red Khyung, one of Khyung's forms, was seized by the demon, and how it was eventually rescued by a wise bat and returned to the Jambu Continent (*'dzam bu gling*). Therefore, readers are encouraged to also read the second section as a narrative that highlights the crucial role played by the bat: another 'bird'[4] with religious and cultural significance across the Tibetan Plateau.[5] As illustrated in our introduction, the role played by the bat in solving crises is also found beyond the Tibetan cultural and religious realms along the margins of the Tibetan Plateau.

The 'Khyung' section offers deep insights into Bon—or, more broadly speaking, a non-Buddhist—worldview and knowledge. The birth of beings from a primeval egg includes elements of Bon cosmology, which Buddhist cosmology does not attest to.[6] The appreciation of birds as powerful beings contrasts with a Buddhist worldview which considers animals to be sentient beings in the unfortunate realm of rebirth.[7] At the same time, readers may well notice the significant incorporation of Buddhist glosses and the fusion of Bon and Buddhism in both 'Khyung' and the following section, 'Rübel'. This once again demonstrates the evolution of and resulting amalgam of religions in Tibetan societies. Similar to other Shépa sections, narrators do not sing 'Khyung' in its entirety. Given that the cosmology of Bon is constructed along dualistic lines, this section—which illustrates Khyung, the one who uplifts the sky—is always performed together with 'Rübel', the cosmic tortoise, the one who presses down the earth.

Endnotes

1 John V. Bellezza, 'The Swastika, Stepped Shrine, Priest, Horned Eagle, and Wild Yak Rider-Prominent Antecedents of Yungdrung Bon Figurative and Symbolic Traditions in the Rock Art of Upper Tibet', *Revue d'Etudes Tibétaines*, 42 (2017), 5–38 (p. 26); Gregory Hillis, 'Khyung Texts in the *Rnying ma'i rgyud 'bum*', in *The Many Canons of Tibetan Buddhism*, ed. by Helmut Eimer and David Germano (Leiden: Brill, 2002), pp. 313–34 (p. 314); René de Nebesky-Wojkowitz, *Oracles and Demons of Tibet: The Cult and Iconography of the Tibetan Protective Deities* (Delhi: Book Faith India, 1996), pp. 256–58.

2 Sam van Schaik, Approaching the Great Perfection: Simultaneous and Gradual Approaches to Dzogchen Practice in Jigme Lingpa's Longchen Nyingtig (Boston: Wisdom Publications, 2004), pp. 124–27.

3 Daniel Berounský, 'Bird Offerings in the old Tibetan Myths of the Nyen Collection (*Gnyan 'bum*)', *Archiv orientální*, 84.3 (2016), 527–59 (p. 537).

4 In the Tibetan context, the bat is regarded as a bird rather than as a mammal.

5 Charles Ramble, 'Real and Imaginary Tibetan Chimeras and Their Special Powers', *Mongolo-Tibetica Pragensia*, 7.2 (2014), 13–33.

6 Samten Gyaltsen Karmay, *The Arrow and The Spindle*, 3 vols (Kathmandu: Mandala Book Point, 1997–2014), I (1997), p. 130.

7 Berounský, 'Bird Offerings in the old Tibetan Myths of the Nyen Collection (*Gnyan 'bum*)', p. 551.

ཁྲུང་།

བོད་ཀྱི་གཡུང་དྲུང་བོན་དང་སངས་རྒྱས་ཆོས་ཀྱི་ལུགས་འཛིན་པ་རྣམས་ཀྱིས་ཁྲུང་ནི་སྔོན་སྐྱེས་ཀྱི་བྱ་ཡི་རིགས་ཤིག་ཏུ་ངོས་འཛིན་བྱེད་བཞིན་ཡོད་ཅིང་། ཉམས་ཞིབ་པ་རེ་འགས་དེ་ནི་དང་པོར་བོད་སྔ་རབས་ཀྱི་ཆོས་རྙིང་པའི་ལུགས་སུ་གནས་པའི་ཀླུ་ཡི་གཉེན་པོར་གྱུར་པའི་བྱ་རྒྱལ་ཞིག་དང་། དེ་ནས་སངས་རྒྱས་ཆོས་ལུགས་བོད་དུ་དར་བ་ནས་བཟུང་། རྒྱ་གར་གྱི་བྲམ་ཟེ་ཆོས་དང་སངས་རྒྱས་ཆོས་ལུགས་ཀྱི་ག་རུ་ཌ་ཞེས་པའི་བྱ་ཡི་སྣང་བརྙན་དང་ཆ་དབྱིབས་མཚུངས་ཕྱིར། བོད་སྐད་ཀྱི་ཁྲུང་ནི་སཾསྐྲྀཏའི་ཐ་སྙད་ག་རུ་ཌའི་སྐད་དོད་དུ་གྱུར་པ་དང་། དེང་གི་བོད་པ་རྣམས་ཀྱིས་དད་པའི་ཁྲུང་གི་སྣང་བརྙན་ནི་རྒྱ་གར་གྱི་ག་རུ་ཌ་དང་བོད་ཀྱི་དག་རྒྱུན་གྱི་ཁྲུང་གཉིས་མཉམ་དུ་འདྲེས་པ་ཞིག་ཏུ་འདོད་བཞིན་ཡོད་པ་རེད།[1]

གཡུང་དྲུང་བོན་དང་སངས་རྒྱས་ཆོས་ཀྱི་གཞུང་ལུགས་སུ་ཁྲུང་ནི་ཆོས་ཉིད་ཀྱི་ངོ་བོ་མཚོན་བྱེད་ཀྱི་ཡི་དམ་གྱི་ལྷ་ཡི་རྣམ་པར་མངོན་ཞིང་། དེ་དང་འབྲེལ་བའི་ནང་དོན་ཕལ་ཆེ་བ་ནི་ཐུགས་དང་རྫོགས་ཆེན་གྱི་རྒྱུད་སྡེ་དང་དེ་དག་གི་སྒྲུབ་ཐབས་ཁག་ཏུ་གསལ་ཞིང་། ཐུགས་རྫོགས་ཀྱི་ཉམས་ལེན་པ་རྣམས་ཀྱིས་ཀྱང་ཁྲུང་ནི་སྒྲིབ་པ་ཀུན་ལས་ཡོངས་སུ་གྲོལ་ཏེ་ཉམས་དང་རྟོགས་པ་འབར་བའི་རྟགས་ཤིག་ཏུ་ངོས་འཛིན་བྱེད་བཞིན་ཡོད།[2] སྐབས་བབ་ཀྱི་སྙིང་བྱ་ནི་ཁྲུང་གི་སྣང་བརྙན་དང་འབྲེལ་བའི་ཡིག་ཆ་ཁག་ངོ་སྤྲོད་བྱེད་པ་ཙམ་ལས་འབྲེལ་ཡོད་ལྷ་སྒོམ་གྱི་སྐོར་མིན་ལ། བོད་ཀྱི་རྩོམ་རིག་གི་རྣམ་པ་ཀུན་ལས་ཁྲུང་གི་སྣང་བརྙན་དང་འབྲེལ་བའི་རིགས་ནི་ཕུན་སུམ་ཚོགས་པ་ཞིག་ཡོད་པ་ལས། དཔེར་ན་བོན་གྱི་གཏེར་གཞུང་གཉན་འབུམ་ཞེས་པ་ལས་ཁྲུང་ནི་གསེར་གྱི་སྒོ་ང་ལས་གྲོལ་ཞིང་རིའི་རྒྱལ་པོ་རི་རབ་ཀྱི་རྩེ་རུ་གནས་པའི་ཚུལ་ཞིག་ཡོད་པ་ནི།[3] བཤད་པའི་ཁྲུང་གི་ལེའུའི་ནང་དོན་དང་ཡོངས་སུ་མཚུངས།

བཤད་པའི་བརྗོད་བྱའི་ནང་དོན་ལས་ཁྲུང་གི་ལེའུ་ནི་ཚན་པ་གཉིས་ཀྱིས་གྲུབ་ཡོད་དེ། ཚན་པ་དང་པོར་སྲིད་པ་དང་པོར་ཤར་དུས་ཁྲུང་ཅི་ལྟར་བྱུང་བ་དང་། ཁྲུང་གི་རྣམ་པ་དང་གཟན་དང་སྣང་བརྙན་གྱི་སྐོར་ཞིབ་ཏུ་བརྗོད་ཡོད་ལ། ཚན་པ་གཉིས་པར་ཁྲུང་དམར་པོ་ནི་བདུད་རྫེ་ནག་པོས་བསླུས་ནས་བདུད་མཁར་དུ་བཙུག་ཕྱིར་སྒམ་པོ་ཕ་ཝང་གིས་ཐབས་ཀྱིས་བསྐྱབས་པར་བརྟེན། མཐར་འཛམ་བུ་གླིང་ལ་ཕྱིར་འཕུར་བའི་སྐོར་བརྗོད་ཡོད། དེའི་ཕྱིར། ཚན་པ་གཉིས་པ་ནི་སྒམ་པོ་ཕ་ཝང་གཙོ་བོར་བཟུང་བའི་གཏམ་རྒྱུད་གཅིག་ཏུ་ངོས་འཛིན་བྱས་ནའང་ཆོག་པ་ལྟ་བུ་ཞིག་ཡིན། ཕ་ཝང་ནི་བོད་ཀྱི་སྲོལ་རྒྱུན་རིག་གནས་ལས་མཚོན་དོན་ཕུན་སུམ་ཚོགས་པའི་འདབ་ཆགས་ཤིག་ལ་ངོས་འཛིན་བྱེད་བཞིན་ཡོད་ཅིང་།[4] དེ་དང་འབྲེལ་བའི་མཚོན་བྱེད་ཀྱི་གཏམ་རྒྱུད་དང་ཆོ་ག་ཡང་གང་མང་ཞིག་བྱུང་ཡོད།[5] སྔོན་གླེང་གི་སྐབས་སུ་ཞུས་པ་ལྟར། ཕ་ཝང་གིས་འབྲུག་པ་ལེགས་པར་བཅོས་པའི་གཏམ་རྒྱུད་ཀྱི་སྣང་ཚུལ་ནི་བོད་ཁམས་ཙམ་དུ་མ་ཟད་པར་མདོ་དབུས་མཐོ་སྒང་གི་མཐའ་མཚམས་ཀྱི་ཡུལ་ལུང་ཁག་གི་ཆོས་ལུགས་དང་ཡུལ་སྲོལ་རིག་གནས་ཀུན་ཏུ་ཁྱབ་ཡོད།

འདིར་ཁྲུང་གི་ལེའུ་ལས། བོད་ཀྱི་ལྷ་བོན་དང་སངས་རྒྱས་ཆོས་ཀྱི་ལུགས་མ་ཡིན་པའི་སྔ་རབས་བོད་ཀྱི་ཆོས་རྙིང་པའི་ལུགས་དང་འབྲེལ་བའི་ཤེས་བྱ་སྣ་མང་ཕུན་སུམ་ཚོགས་པ་ཞིག་འདུས་ཡོད་པ་དང་། དེ་དག་ལས་སྣང་སྲིད་མ་ལུས་སྔོན་སྐྱེས་ཀྱི་ལྷ་གྲུབ་དེ་ནི་སྔ་རབས་བོན་གྱི་གཞུང་ལུགས་ལས་སངས་རྒྱས་ཆོས་ལུགས་ལ་མེད་པ་ཞིག་དང་།[6] ལྷག་པར་དུ་འདབས་ཆགས་ཀྱི་རིགས་ཤིག་དམིགས་བསལ་གྱིས་མཆོག་ཏུ་བཀུར་བའི་ཚུལ་

དེའང་སངས་རྒྱས་ཆོས་ལུགས་པས་འདབས་ཆགས་ཀྱི་རིགས་ནི་ངན་སོང་གི་ལུས་སུ་བཞེད་པའི་ལྟ་བ་དང་ཅུང་མི་མཐུན་པ་ཞིག་ཏུ་སྣང་།[7] གང་ལྟར་ཁྱུང་དང་རུས་སྦལ་གྱི་བཤད་པའི་བརྗོད་བྱར་སངས་རྒྱས་ཆོས་ལུགས་ཀྱི་ལྟ་དགོངས་དང་འབྲེལ་བའི་ཐ་སྙད་མང་པོ་ཞིག་ཡོད་ནའང་། གཏམ་རྒྱུད་ཀྱི་སྒྲོམ་གཞི་སྤྱིའི་ཆ་ནས་བོད་སྔ་རབས་ཀྱི་ཆོས་ཉིད་པའམ་སྲིད་པའི་ལྷ་བོན་གྱི་འབྱུང་གཉིས་ལྟ་གྲུབ་ཀྱི་ལུགས་ལྟར། གནམ་ཡར་ལ་བཀུགས་པའི་ཁྱུང་ཆེན་དང་ས་མར་ལ་མནན་པའི་རུས་སྦལ་ཞེས། ཁྱུང་དང་རུས་སྦལ་གྱི་ལེའུ་གཉིས་ནི་མཉམ་དུ་སྦྱོར་སྲོལ་ཡོད་པ་དང་། སྦྱོར་ལེན་གྱི་སྐབས་སུ་ནང་གི་ཚན་པ་ཁ་ཤས་ཤིག་ལས་ནང་དོན་ཆ་ཚང་ནི་ལེན་གྱི་མེད་དོ།།

མཇུག་མཆན།

1 John V. Bellezza, 'The Swastika, Stepped Shrine, Priest, Horned Eagle, and Wild Yak Rider-Prominent Antecedents of Yungdrung Bon Figurative and Symbolic Traditions in the Rock Art of Upper Tibet', *Revue d'Etudes Tibétaines*, 42 (2017), 5–38 (p. 26); Gregory Hillis, 'Khyung Texts in the *Rnying ma'i rgyud 'bum*', in *The Many Canons of Tibetan Buddhism*, ed. by Helmut Eimer and David Germano (Leiden: Brill, 2002), pp. 313–34 (p. 314); René de Nebesky-Wojkowitz, *Oracles and Demons of Tibet: The Cult and Iconography of the Tibetan Protective Deities* (Delhi: Book Faith India, 1996), pp. 256–58.

2 Sam van Schaik, *Approaching the Great Perfection: Simultaneous and Gradual Approaches to Dzogchen Practice in Jigme Lingpa's Longchen Nyingtig* (Boston: Wisdom Publications, 2004), pp. 124–27.

3 Daniel Berounský, 'Bird Offerings in the old Tibetan Myths of the Nyen Collection (*Gnyan 'bum*)', *Archiv orientální*, 84.3 (2016), 527–59 (p. 537).

4 བོད་ཀྱི་ཡུལ་སྲོལ་དུ་ཕ་ཕང་ནི་འདབས་ཆགས་ཀྱི་རིགས་ཤིག་ལས་ངོ་འཕྲུང་གི་སྲོག་ཆགས་ཤིག་ཏུ་ངོས་འཛིན་བྱེད་བཞིན་མེད།

5 Charles Ramble, 'Real and Imaginary Tibetan Chimeras and Their Special Powers', *Mongolo-Tibetica Pragensia*, 7.2 (2014), 13–33.

6 Samten Gyaltsen Karmay, *The Arrow and The Spindle*, 3 vols (Kathmandu: Mandala Book Point, 1997–2014), I (1997), p. 130.

7 Berounský, 'Bird Offerings in the old Tibetan Myths of the Nyen Collection (*Gnyan 'bum*)', p. 551.

鹏

鹏是一种存在于苯教与佛教中的鸟形神灵。它被描述为是从蛋中孵化出来的猛禽,是前佛教时期一种叫作“鲁”(ཀླུ།)的神灵的宿敌。通常,鹏被认为是“迦楼罗”(梵Garuda),即“金翅大鹏”。然而有学者认为,西藏存在一种本土原生的鸟形神灵。佛教传入西藏后,有关迦楼罗的元素被其吸收,演变成了现在我们所知的鹏。[1]

在苯教和佛教典籍中,鹏通常以本尊神的形象出现。它在仪式中扮演关键的角色,有相当重要的宗教意义。绝大多数和鹏相关的典籍都与苯教及宁玛派的“大圆满法”(རྫོགས་ཆེན།)修行传统有关。鹏在蛋中达到圆满状态、飞向长空时战胜一切的譬喻被用于引导开悟之路上的修行者。[2]此处并非要考察鹏的宗教意涵,而是丰富鹏作为拥有伟力的神秘禽鸟在藏族口头文学及神话中的叙述。例如藏文典籍《念神合集》记载,鹏从金蛋中诞生,栖居于须弥山巅峰。[3]这些叙述与释巴中的内容非常相似。

从内容来看,释巴中的“鹏说”由两部分组成。第一部分阐明宇宙和鹏如何从原始状态出现,然后细致刻画了鹏,包括其外形、食物、形态等。第二部分描绘了赤鹏——鹏的一种形态——如何被魔捉住,又如何被智慧蝙蝠搭救,并最终返回了南瞻部洲(འཛམ་བུ་གླིང་།)。我们鼓励读者也可将第二部分的内容理解为关于蝙蝠,即青藏高原上另一种具有重要宗教与文化意义的“飞禽”[4]的叙述。[5]如导论中所述,蝙蝠解决危机的角色也常见于青藏高原边缘那些藏族文化宗教范围之外的地方。

“鹏说”提供了有关苯教的,或更宽泛而言,非佛教的世界观与知识。万物从太古之卵中诞生体现了苯教的世界观,但佛教世界观中并不具备这一特点。[6]苯教对飞禽作为强大生灵的赞誉和佛教世界观中认为动物是轮回中的不幸生命也相互对立。[7]同时,读者或许注意到“鹏说”和接下来的“龟说”中存在大量的佛教词汇以及佛苯交融的内容,这一点再次证明了藏族社会中宗教的演变和融合。与释巴中的其他篇章类似,歌者不会完整地演唱“鹏说”。鉴于苯教世界观是二元结构,描绘托举苍天的鹏的“鹏说”常常会和阐释按压大地的宇宙之龟的“龟说”一起被演唱。

尾注

1 John V. Bellezza, 'The Swastika, Stepped Shrine, Priest, Horned Eagle, and Wild Yak Rider-Prominent Antecedents of Yungdrung Bon Figurative and Symbolic Traditions in the Rock Art of Upper Tibet', *Revue d'Etudes Tibétaines*, 42 (2017), 5–38 (p. 26); Gregory Hillis, 'Khyung Texts in the *Rnying ma'i rgyud 'bum*', in *The Many Canons of Tibetan Buddhism*, ed. by Helmut Eimer and David Germano (Leiden: Brill, 2002), pp. 313–34 (p. 314); René de Nebesky-Wojkowitz, *Oracles and Demons of Tibet: The Cult and Iconography of the Tibetan Protective Deities* (Delhi: Book Faith India, 1996), pp. 256–58.

2 Sam van Schaik, *Approaching the Great Perfection: Simultaneous and Gradual Approaches to Dzogchen Practice in Jigme Lingpa's Longchen Nyingtig* (Boston: Wisdom Publications, 2004), pp. 124–27.

3 Daniel Berounský, 'Bird Offerings in the old Tibetan Myths of the Nyen Collection (*Gnyan 'bum*)', *Archiv orientální*, 84.3 (2016), 527–59 (p. 537).

4 藏族通常将蝙蝠当作鸟类而非哺乳动物。

5 Charles Ramble, 'Real and Imaginary Tibetan Chimeras and Their Special Powers', *Mongolo-Tibetica Pragensia*, 7.2 (2014), 13–33.

6 Samten Gyaltsen Karmay, *The Arrow and The Spindle*, 3 vols (Kathmandu: Mandala Book Point, 1997–2014), I (1997), p. 130.

7 Berounský, 'Bird Offerings in the old Tibetan Myths of the Nyen Collection (*Gnyan 'bum*)', p. 551.

ཁྱུང་གི་བཤད་པ། 鹏说
Khyung

ཤར་དཀར་པོ་ཉི་མ་ཤར་ཕྱོགས་ན།[1] 东方既白日升兮
In the east, where the bright sun rises,

དགོན་ཆེ་བ་ཟེར་བའི་དགོན་ཞིག་ཡོད།[2] 有寺一座恢弘矣
There is a magnificent monastery.

མགོན་ཆེ་བ་རྣམས་ལ་ཕྱག་རེ་འཚལ།[3] 朝拜礼敬怙主兮
Prostrations are made to the Great Protectors.

འགངས་ཆེ་ནི་ལྷ་དང་བླ་མ་རེད།[4] 佛陀喇嘛极要也
Buddhas and lamas are the most important ones.

མཐུ་ཆེ་བ་ཆོས་སྐྱོང་མཁའ་འགྲོ་རེད།[5] 空行护法伟力也
Dharma protectors and the sky walkers, *khandro*, embody the greatest power.

དྲིན་ཆེ་བ་དྲིན་ཆེན་པ་མ་རེད།[6] 父母恩情最重也
Parents are the ones to whom we are most grateful.

གསོ་ཆེ་བ་བདུད་རྩི་སྨན་ཆང་རེད།[7] 甘露良药绝佳也
Healing nectar, Amrita, is the most significant elixir.

---

1 MT: **ཤར་དཀར་པོ་ཉི་མ་ཤར་ཕྱོགས་ན།** DP: སྨད་སྨད་གི་ཉི་མ་ཤར་ཕྱོགས་ན། LT: སྨད་སྨད་ཀི་ཉི་མའི་ཤར་ཕྱོགས་ན། FY: སྨད་སྨད་ཀྱི་ཉི་མ་ཤར་ཕྱོགས་ན།

2 LT, FY: **དགོན་ཆེ་བ་ཟེར་བའི་དགོན་ཞིག་ཡོད།**

3 DP: **མགོན་ཆེ་བ་རྣམས་ལ་ཕྱག་རེ་འཚལ།** LT: དགོན་ཆེ་བ་ཕྱག་གསུམ་འཚལ་ས་རེད། FY: མགོན་ཆེ་བ་རྣམས་ལ་ཕྱག་རེ་འཚལ་ཏེ།

4 MT: **འགངས་ཆེ་ནི་ལྷ་དང་བླ་མ་རེད།** DP: འགང་ཆེ་བ་ལྷ་དང་བླ་མ་རེ། LT: འགངས་ཆེ་ལྷ་དང་བླ་མ་རེད། FY: འགངས་ཆེ་བ་ལྷ་དང་བླ་མ་རེད།

5 MT: **མཐུ་ཆེ་བ་ཆོས་སྐྱོང་མཁའ་འགྲོ་རེད།** DP: མཐུ་ཆེ་བ་མཁའ་འགྲོ་ཆོས་སྐྱོང་ཡིན།

6 MT: **དྲིན་ཆེ་བ་དྲིན་ཆེན་པ་མ་རེད།** DP: དྲིན་ཆེ་བ་དྲིན་པ་མ་རེ། LT, FY: དྲིན་ཆེ་བ་དྲིན་ཆེ་པ་མ་རེད།

7 LT, FY: **གསོ་ཆེ་བ་བདུད་རྩི་སྨན་ཆང་རེད།**

རྒྱ་ཆེ་བ་འཇིག་རྟེན་ཆགས་ལུགས་རེད།[8] 开辟鸿蒙殊甚矣

The formation of the world is the most fundamental.

དྲི། 问

Question:

ཡང་འཇིག་རྟེན་མ་ཆགས་དང་པོ་ན།[9] 初时鸿蒙未开分

At the beginning, when the world was not formed,

ཤར་གངས་རི་དཀར་གྱི་རྩེ་མོ་ན།[10] 东方白雪山巅也

At the apex of the white snow mountain in the east,

ཕྱི་གནམ་སའི་གོ་ལ་འདྲེས་བསྡད་སྣང་།[11] 天地上下混沌也

The sky and the earth merged into one.

ཕྱི་ཉིན་མཚན་ཁམས་ཀྱང་མ་ཤར་ཞིག[12] 昼夜晨昏未分也

The day and the night were not separated.

ཕྱི་གནམ་སའི་གོ་ལ་འབྱེད་ཚུལ་ཤོད།[13] 释何以开天辟地

Please narrate how the sky and the earth were separated.

གླུ་དལ་བུར་ཤོག་དང་བྲེལ་བ་མེད། 歌徐陈之莫匆促

Please sing the song slowly, there is no hurry.

---

8 MT: རྒྱ་ཆེ་ནི་འཇིག་རྟེན་ཆགས་ལུགས་རེད། DP: གཙང་ཆེ་བ་འཇིག་རྟེན་ཆ་ལུགས་རེ། LT, FY: **རྒྱ་ཆེ་བ་འཇིག་རྟེན་ཆགས་ལུགས་རེད།**

9 MT, LT, FY: **ཡང་འཇིག་རྟེན་མ་ཆགས་དང་པོ་ན།** DP: འཇིག་རྟེན་མ་ཆགས་དང་པོ་ན།

10 MT: **ཤར་གངས་རི་དཀར་གྱི་རྩེ་མོ་ན།** DP: བྱང་གངས་རི་ཉི་མ་རྩེ་ཤར་ན། LT: བྱང་གངས་རི་ཉི་མ་རྩེ་ཤར་ལ། FY: བྱང་གང་རི་ཉི་མ་རྩེ་ཤར་ན།

11 MT: **ཕྱི་གནམ་སའི་གོ་ལ་འདྲེས་བསྡད་སྣང་།** DP: ཕྱི་གནམ་ས་ལྗེ་བ་འདྲེས་སྡད་ན། LT, FY: ཕྱི་གནམ་ས་སྟེང་འོག་འདྲེས་བསྡད་ན།

12 DP: ཕྱིར་ཉིན་མཚན་ཁམས་ཡང་མ་ཤར་བཞི། LT: ཕྱི་ཉིན་མཚན་ཁམས་ཡང་རེ་ཡིས་འབྱེད། FY: ཕྱི་ཉི་མཚན་ཁམས་ཡང་མ་ཤར་རེད། ED: **ཕྱི་ཉིན་མཚན་ཁམས་ཀྱང་མ་ཤར་ཞིག**

13 MT: **ཕྱི་གནམ་སའི་གོ་ལ་འབྱེད་ཚུལ་ཤོད།** DP: ཕྱིར་གནམ་སའི་གོ་ལག་འབྱོད་ཚུལ་བཤད། LT: ཕྱི་གནམ་ས་གོ་ལ་འགྲོགས་ཚུལ་ཤོད། FY: ཕྱི་གནམ་སའི་གོ་ལག་བྱེད་ཚུལ་ཤོད།

ལན། 答

Answer:

ཕྱི་གནམ་སའི་གོ་ལ་འབྱེད་ཚུལ་འདི།[14] 其开天辟地如是

This is how the sky and the earth were separated.

ལྷ་འཕགས་པ་འཇམ་དཔལ་ཟེར་ནི་གན།[15] 名文殊之尊者兮

The Noble One named Mañjuśrī,

བྱོན་ནི་ཤར་ཕྱོགས་རྩེ་ལ་བྱོན།[16] 至东方之山巅矣

Descended at the apex of the eastern mountain.

བཞུགས་ནི་ཤར་ཕྱོགས་རྩེ་ན་བཞུགས།[17] 坐于东方山巅兮

Sat there,

ཤར་ཕྱོགས་རྩེ་ནས་ཁ་འདོན་བཟློས།[18] 祷于东方山巅矣

Recited the prayer.

ཁ་འདོན་བཟློས་ནས་རླུང་རེ་གཡུགས།[19] 祷祝而后风起兮

A gust of wind blew after the recitation of the prayer.

རླུང་ཉིན་གཡུག་གཅིག་དང་མཚན་གཡུག་གཉིས།[20] 风起昼夜不息也

It lasted for days and nights.

---

14 MT: **ཕྱི་གནམ་སའི་གོ་ལ་འབྱེད་ཚུལ་འདི།** DP: ཕྱི་གནམ་སའི་གོ་ལག་འབྱེད་ཚུལ་འདི། LT: གནམ་ས་གོ་ལ་འགྲོགས་ཚུལ་ནི། FY: ཕྱི་གནམ་སའི་གོ་ལག་བྱེད་ཚུལ་འདི།

15 MT: **ལྷ་འཕགས་པ་འཇམ་དཔལ་ཟེར་ནི་གན།** DP, FY: ལྷ་འཕགས་པ་འཇམ་དཔལ་ཟེར་ལེ་འདི། LT: ལྷ་འཕགས་པ་འཇམ་དཔལ་ཟེར་བ་དེ།

16 MT, FY: **བྱོན་ནི་ཤར་ཕྱོགས་རྩེ་ལ་བྱོན།** DP: བྱོན་ནི་ཤར་ཕྱོགས་ཚང་ལ་བྱོན། LT: བྱོན་ནས་ཤར་ཕྱོགས་རྩེ་ལ་བྱོན།

17 MT: **བཞུགས་ནི་ཤར་ཕྱོགས་རྩེ་ན་བཞུགས།** DP: བཞུགས་ནི་ཤར་ཕྱོགས་ཚང་གི་བཞུགས། LT: བཞུགས་པ་ཤར་ཕྱོགས་རྩེ་ནས་བཞུགས། FY: བཞུགས་ནི་ཤར་ཕྱོགས་རྩེ་ནས་བཞུགས།

18 MT: **ཤར་ཕྱོགས་རྩེ་ནས་ཁ་འདོན་བཟློས།** DP: ཤར་ཕྱོགས་ཚལ་གི་ཁ་འདོན་བྱོན། LT: ཤར་ཕྱོགས་རྩེ་ཡི་ཁ་འཛིན་བཟློས། FY: ཤར་ཕྱོགས་རྩེ་ན་ཁ་འདོན་བཟློས།

19 MT, FY: **ཁ་འདོན་བཟློས་ནས་རླུང་རེ་གཡུགས།** DP: ཁ་འདོན་བྱེད་ནི་རླུང་རེ་གཡུགས། LT: ཁ་འཛིན་བཟློས་ནས་རླུང་རེ་གཡུག

20 MT, LT, FY: **རླུང་ཉིན་གཡུག་གཅིག་དང་མཚན་གཡུག་གཉིས།** DP: རླུང་ཉིན་གཡུགས་གཅིག་དང་མཚན་གཡུ་གཉིས།

ཕྱི་གནམ་སའི་གོ་ལ་རླུང་གིས་ཕྱེས།[21] 天地以风开辟矣
The sky and the earth were parted by this wind.

གླུ་དེ་ཡི་ལན་ལ་དེ་འདྲ་ཡིན། 如是答复彼歌矣
This is the response to the song.

དྲི། 问
Question:

གནམ་ལ་སྤྲིན་སྤུད་གང་གིས་བྱས།[22] 孰拢云霭天间耶
Who gathered the cloud in the sky?

ས་ལ་དགེ་སྤུད་གང་གིས་བྱས།[23] 孰积功德地上耶
Who gathered the merit on the earth?

བར་ལ་རླུང་སྤུད་གང་གིས་བྱས།[24] 孰聚长风中宇耶
Who gathered the wind in the intermediate space?

གླུ་དལ་མོ་ལོངས་དང་རྗེས་ན་ཡོད། 有歌相继徐徐咏
Sing it slowly, and more songs will follow.

21 MT: **ཕྱི་གནམ་སའི་གོ་ལ་རླུང་གིས་ཕྱེས།** DP: ཕྱི་གནམ་སའི་གོ་ལག་རླུང་གི་ཕྱེ། LT: ཕྱིའི་གནམ་སའི་གོ་ལ་རླུང་གིས་ཕྱེ། FY: ཕྱི་གནམ་སའི་གོ་ལག་རླུང་གིས་ཕྱེ།

22 MT, LT: **གནམ་ལ་སྤྲིན་སྤུད་གང་གིས་བྱས།** DP: གནམ་ལ་གཤེད་འདེགས་གང་གི་བཟོས། FY: གནམ་ལ་སྤྲིན་སྤུད་གང་གིས་བྱེད།

23 MT, LT: **ས་ལ་དགེ་སྤུད་གང་གིས་བྱས།** DP: ས་ལ་ནས་འདེགས་གང་གི་བཟོས། FY: ས་ལ་དགེ་སྤུད་གང་གིས་བྱེད།

24 MT, LT: **བར་ལ་རླུང་སྤུད་གང་གིས་བྱས།** DP: བར་ལ་རླུང་འདེགས་གང་གིས་བཟོས། FY: བར་ལ་རླུང་སྤུད་གང་གིས་བྱེད།

ལན། 答

Answer:

གནམ་ལ་སྤྲིན་སྡུད་སྤྲིན་གྱིས་བྱས།[25] 云拢云霭天间也

The cloud gathered clouds in the sky.

ས་ལ་དགེ་སྡུད་དགེ་ཡིས་བྱས།[26] 德积功德地上也

The merit gathered merit on the earth.

བར་ལ་རླུང་སྡུད་རླུང་གིས་བྱས།[27] 风聚长风中宇也

The wind gathered wind in the intermediate space.

གླུ་དེ་ཡི་ལན་ལ་དེ་འདྲ་ཡིན། 如是答复彼歌矣

This is the response to the song.

དྲི། 问

Question:

གནམ་ལ་ཕ་མེས་འོངས་བསྡད་སྣང་།[28] 皇天之上父祖至

In the sky, the forefather descended.

གནམ་གྱི་ཕ་ནི་ཅི་ཞིག་རེད།[29] 孰为皇天之父耶

Who was the father of the sky?

---

25 MT, LT, FY: **གནམ་ལ་སྤྲིན་སྡུད་སྤྲིན་གྱིས་བྱས།** DP: གནམ་ལ་གཞིགས་འདྲེགས་བཞིན་གི་བཟོས།

26 MT: **ས་ལ་དགེ་སྡུད་དགེ་ཡིས་བྱས།** DP: ས་ལ་དགོས་འདོད་ཁང་གི་བཟོས། LT: ས་ལ་དགེ་སྡུད་ཁེངས་ཀྱིས་བྱས། FY: ས་ལ་དགེ་སྡུད་ཁང་གིས་བྱས།

27 MT, LT, FY: **བར་ལ་རླུང་སྡུད་རླུང་གིས་བྱས།** DP: བར་ལ་རླུང་འདྲེགས་རླུང་གི་བཟོས།

28 MT: **གནམ་ལ་ཕ་མེས་འོངས་བསྡད་སྣང་།** DP: གནམ་ལ་ཕ་མེད་འོང་སྡད་ན། LT: གནམ་ལ་ཕ་མེས་འོངས་བསྡད་ན། FY: གནམ་ལ་ཕ་མེས་འོང་བསྡད་ན།

29 MT, LT, FY: **གནམ་གྱི་ཕ་ནི་ཅི་ཞིག་རེད།** DP: གནམ་གི་ཕ་དེ་ཆི་བཟི་རེ།

ས་ལ་མ་མེས་འོངས་བསྟུད་སྟོང་།[30] 后土之上母祖至

On the earth, the foremother descended.

ས་ཡི་མ་ནི་ཅི་ཞིག་རེད།[31] 孰为后土之母耶

Who was the mother of the earth?

བར་ལ་བུ་ཞིག་འོངས་བསྟུད་སྟོང་།[32] 中宇之上有子至

In the intermediate space, the son descended.

བར་གྱི་བུ་ནི་ཅི་ཞིག་རེད།[33] 孰为中宇之子耶

Who was the son in the intermediate space?

ལན། 答

Answer:

གནམ་གྱི་ཕ་ནི་བཤད་རྒྱུ་ན།[34] 言皇天之父者兮

Speaking of the father of the sky,

ཕ་ནི་གནམ་གཉན་དབང་ཆེན་ཡིན།[35] 父者天之念神矣

He was the *nyen* deity of the sky.

ས་ཡི་མ་དེ་བཤད་རྒྱུ་ན།[36] 言后土之母者兮

Speaking of the mother of the earth,

---

30 MT: **ས་ལ་མ་མེས་འོངས་བསྟུད་སྟོང་།** DP: ས་ལ་མ་མེད་འོང་སྟུད་ན། LT: ས་ལ་མ་མེས་འོངས་བསྟུད་ན། FY: ས་ལ་མ་མེས་འོང་བསྟུད་ན།

31 MT, LT, FY: **ས་ཡི་མ་ནི་ཅི་ཞིག་རེད།** DP: ས་ཡི་མ་དེ་ཆི་བཟི་རེ།

32 MT: **བར་ལ་བུ་ཞིག་འོངས་བསྟུད་སྟོང་།** DP: བར་ལ་བུ་མེད་འོང་སྟུད་ན། LT: བར་ལ་བུ་ཞིག་འོངས་བསྟུད་ན། FY: བར་ལ་བུ་མེས་འོང་བསྟུད་ན།

33 MT, LT: **བར་གྱི་བུ་ནི་ཅི་ཞིག་རེད།** DP: པར་གྱི་བུ་དེ་ཆི་བཟི་རེད། FY: བར་གྱི་བུ་འདི་ཅི་ཞིག་རེད།

34 MT, LT: **གནམ་གྱི་ཕ་ནི་བཤད་རྒྱུ་ན།** DP. གནམ་གི་ཕ་དེ་བཤད་བགྱི་ན། FY: གནམ་གྱི་ཕ་མ་བཤད་རྒྱུ་ན།

35 MT: ཕ་ནི་གནམ་གྱི་དབང་ཆེན་ཡིན། DP: **ཕ་ནི་གནམ་གཉན་དབང་ཆེན་ཡིན།** LT: ཕ་ནི་གནམ་གྱི་དབང་པོ་རེད། FY: ཕ་ནི་གནམ་གཉན་དབང་ཆེན་རེད།

36 DP: ས་ཡི་མ་དེ་བཤད་བགྱི་ན། ED: **ས་ཡི་མ་དེ་བཤད་རྒྱུ་ན།**

མ་ནི་ས་གཉན་སེམས་ཅན་ཡིན།[37] 母者地之念神矣

She was the *nyen* deity of the earth.

བར་གྱི་བུ་ནི་བཤད་རྒྱུ་ན།[38] 言中宇之子者兮

Speaking of the son in the intermediate space,

བུ་ནི་བར་གཉན་དུང་ཆེན་ཡིན།[39] 子者中宇之念神

He was the *nyen* deity of the intermediate space.

དྲི། 问

Question:

གནམ་ལ་ཕ་མེས་འོངས་བསྙད་སྣང་།[40] 皇天之上父祖至

In the sky, the forefather descended.

གནམ་ཡར་ལ་བཀྱུགས་མི་གང་རེད།[41] 孰者上举苍穹耶

Who was the being that held up the sky?

ས་ལ་མ་མེས་འོངས་བསྙད་སྣང་།[42] 后土之上母祖至

On the earth, the foremother descended.

ས་མར་ལ་མནན་མི་གང་རེད།[43] 孰者下按坤舆耶

Who was the being that pressed down the earth?

---

37 MT: མ་ནི་ས་ཡི་སེམས་ཅན་ཡིན། DP: **མ་ནི་ས་གཉན་སེམས་ཅན་ཡིན།** LT: མ་ནི་ས་གཞི་སེམས་ཅན་རེད། FY: མ་ནི་ས་གཉན་སེམས་ཅན་རེད།

38 DP: བར་གྱི་བུ་ནི་བཤད་བཀྱི་ན། ED: **བར་གྱི་བུ་ནི་བཤད་རྒྱུ་ན།**

39 MT: **བུ་ནི་བར་གཉན་དུང་ཆེན་ཡིན།** DP: བུ་ནི་བ་རྣང་དུང་ཆེན་ཡིན། LT: བུ་ནི་སར་གནས་རུས་སྦལ་རེད། FY: བུ་ནི་བར་སྣང་དུང་ཆེན་རེད།

40 MT: **གནམ་ལ་ཕ་མེས་འོངས་བསྙད་སྣང་།** LT: གནམ་ལ་ཕ་མེས་འོངས་བསྙད་ན། FY: གནམ་ལ་ཕ་མེས་འོང་བསྙད་ན།

41 MT: **གནམ་ཡར་ལ་བཀྱུགས་མི་གང་རེད།** DP: གནམ་ས་ཡར་ལ་འཀྱུགས་མི་ཆི་བཟི་རེ། LT: གནམ་ཡར་ལ་འགྲོགས་མི་སུ་ཞིག་རེད། FY: གནམ་ཡར་ལ་བཀྱུགས་མི་ཅི་ཞིག་རེད།

42 MT: **ས་ལ་མ་མེས་འོངས་བསྙད་སྣང་།** LT: ས་ལ་མ་མེས་འོངས་བསྙད་ན། FY: ས་ལ་མ་མེས་འོང་བསྙད་ན།

43 MT: **ས་མར་ལ་མནན་མི་གང་རེད།** DP: ས་མར་ལ་མནན་མི་ཆི་བཟི་རེ། LT: ས་མར་ལ་གནོན་མི་སུ་རེད། FY: ས་མར་ལ་མནན་མི་ཅི་ཞིག་རེད།

གླུ་དལ་མོ་ལོངས་དང་རྗེས་ན་ཡོད། 有歌相继徐徐咏

Sing it slowly, and more songs will follow.

ལན། 答

Answer:

གནམ་ཡར་ལ་བཀྱགས་མི་བཤད་རྒྱུ་ན།[44] 言上举苍穹者兮

Speaking of the being who held up the sky,

གནམ་ཡར་ལ་བཀྱགས་མི་ཁྱུང་ཆེན་རེད།[45] 上举苍穹大鹏矣

It was the great Khyung who lifted up the sky.

གནམ་ཡར་ལ་བཀྱགས་མི་ཁྱུང་ཆེན་གན།[46] 上举苍穹大鹏兮

The great Khyung, the being who lifted up the sky,

གནམ་ཡར་ལ་ཐད་སེ་བཀྱགས་པ་རེད།[47] 轻易举升苍穹矣

The sky was uplifted effortlessly.

ས་མར་ལ་མནན་མི་བཤད་རྒྱུ་ན།[48] 言下按坤舆者兮

Speaking of the being who weighed down the earth,

ས་མར་ལ་མནན་མི་རུས་སྦལ་རེད།[49] 下按坤舆鳌龟矣

It was Rübel who pressed down the earth.

---

44 MT: **གནམ་ཡར་ལ་བཀྱགས་མི་བཤད་རྒྱུ་ན།** DP: གནམ་ཡར་ལ་འགྱུགས་མི་བཤད་བགྱི་ན།

45 MT, FY: **གནམ་ཡར་ལ་བཀྱགས་མི་ཁྱུང་ཆེན་རེད།** DP: གནམ་ཡར་ལ་འགྱུགས་མི་ཁྱུང་ཆེན་རེ། LT: གནམ་ཡར་ལ་འགྱོགས་མི་ཁྱུང་ཆེན་རེད།

46 MT: **གནམ་ཡར་ལ་བཀྱགས་མི་ཁྱུང་ཆེན་གན།** DP: གནམ་ཡར་ལ་འགྱུགས་མི་ཁྱུང་ཆེན་གེ།

47 MT: **གནམ་ཡར་ལ་ཐད་སེ་བཀྱགས་པ་རེད།** DP: གནམ་ཡར་ལ་ཟང་སེ་སྐྱུགས་བཞག་ན། LT: གནམ་ཡར་ལ་ཐད་སོ་བཀྱགས་བཞག་ཡོད། FY: གནམ་ཡར་ལ་སང་སེ་བཀྱགས་བཞིན་ཡོད།

48 MT: **ས་མར་ལ་མནན་མི་བཤད་རྒྱུ་ན།** DP: ས་མར་ལ་མནན་མི་བཤད་བགྱི་ན།

49 MT, FY: **ས་མར་ལ་མནན་མི་རུས་སྦལ་རེད།** DP: ས་མར་ལ་མནན་མི་རུས་སྦལ་ཡི། LT: ས་མར་ལ་གནོན་མི་རུས་སྦལ་རེད།

ས་མར་ལ་མནན་མི་རུས་སྦལ་གནན།[50] 下按坤舆鳌龟兮

Rübel, the being who pressed down the earth.

ས་མར་ལ་འཇམ་སེ་མནན་པ་རེད།[51] 平稳安镇坤舆矣

The earth was depressed gently.

གླུ་དེ་ཡི་ལན་ལ་དེ་འདྲ་ཡིན། 如是答复彼歌矣

This is the response to the song.

དྲི། 问

Question:

གནམ་ཡར་ལ་བཀྱུགས་མི་ཁྱུང་ཆེན་རེད།[52] 上举苍穹大鹏兮

The great Khyung was the being who lifted up the sky.

ཁྱུང་མངལ་སྐྱེས་རེད་ན་སྒོང་སྐྱེས་རེད།[53] 胎生抑或卵生耶

Was Khyung born from a womb or from an egg?

ས་མར་ལ་མནན་མི་རུས་སྦལ་རེད།[54] 下按坤舆鳌龟兮

Rübel was the being who weighed down the earth.

རུས་མངལ་སྐྱེས་རེད་ན་རྫུས་སྐྱེས་རེད།[55] 胎生抑或化生耶

Was Rübel born from a womb or was it a miraculous birth?

---

50 MT: **ས་མར་ལ་མནན་མི་རུས་སྦལ་གནན།** DP: ས་མར་ལ་མནན་མི་རུས་སྦལ་གེ།

51 MT: **ས་མར་ལ་འཇམ་སེ་མནན་པ་རེད།** DP: ས་མར་ལ་འཇམས་སེང་མནན་གཞི་ན། LT: ས་མར་ལ་འཇམ་སེ་མནན་བཞག་ཡོད། FY: ས་མར་ལ་འཇམས་སེ་མནན་བཞིན་ཡོད།

52 MT, FY: **གནམ་ཡར་ལ་བཀྱུགས་མི་ཁྱུང་ཆེན་རེད།** DP: གནམ་ཡར་ལ་འགྱུགས་མི་ཁྱུང་ཆེན་རེ།

53 MT: **ཁྱུང་མངལ་སྐྱེས་རེད་ན་སྒོང་སྐྱེས་རེད།** LT: ཁྱུང་མངལ་སྐྱེས་རེད་དམ་སྒོང་སྐྱེས་རེད། FY: ཁྱུང་མངལ་སྐྱེས་རེད་དམ་རྫུས་སྐྱེས་རེད།

54 MT, FY: **ས་མར་ལ་མནན་མི་རུས་སྦལ་རེད།** DP: ས་མར་ལ་མནན་མི་རུས་སྦལ་ཡི། LT: ས་མར་ལ་གནོན་མི་རུས་སྦལ་རེད།

55 MT: **རུས་མངལ་སྐྱེས་རེད་ན་རྫུས་སྐྱེས་རེད།** LT: རུས་མངལ་སྐྱེས་རེད་དམ་རྫུས་སྐྱེས་རེད། FY: དེ་མངལ་སྐྱེས་རེད་དམ་རྫུས་སྐྱེས་རེད།

ལན། 答

Answer:

དེ་ལ་ལན་ཞིག་རྒྱག་རྒྱུ་ན། 应答所问者如是

To give an answer to that,

གནམ་ཡར་ལ་བཀྱགས་མི་ཁྱུང་ཆེན་རེད།[56] 上举苍穹大鹏兮

The great Khyung was the being who lifted up the sky.

ཁྱུང་མངལ་སྐྱེས་མ་རེད་སྒོང་སྐྱེས་རེད།[57] 非胎生也卵生矣

Khyung was born from an egg, not from a womb.

ས་མར་ལ་མནན་མི་རུས་སྦལ་རེད།[58] 下按坤舆鳌龟兮

Rübel was the being who pressed down the earth.

རུས་མངལ་སྐྱེས་མ་རེད་རྫུས་སྐྱེས་རེད།[59] 非胎生也化生矣

Rübel was a miraculous birth and not born from a womb.

---

56 MT, FY: **གནམ་ཡར་ལ་བཀྱགས་མི་ཁྱུང་ཆེན་རེད།** DP: གནམ་ཡར་ལ་འཀྱགས་མི་ཁྱུང་ཆེན་རེ།

57 MT, LT, FY: **ཁྱུང་མངལ་སྐྱེས་མ་རེད་སྒོང་སྐྱེས་རེད།**

58 MT: **ས་མར་ལ་མནན་མི་རུས་སྦལ་རེད།** DP: ས་མར་ལ་མནན་མི་རུས་སྦལ་ཡི། LT: ས་མར་ལ་གནོན་མི་རུས་སྦལ་རེད།

59 MT: **རུས་མངལ་སྐྱེས་མ་རེད་རྫུས་སྐྱེས་རེད།** LT: རུས་སྐྱེ་མཆེད་བཞི་ལས་སྐྱེ་ནི་རེད། FY: དེ་སྐྱེ་མཆེད་རེ་རེ་ལུས་སྐྱེས་རེད།

དྲི། 问

Question:

གནམ་ཡར་ལ་བཀྱུགས་མི་ཁྱུང་ཆེན་རེད།[60] 上举苍穹大鹏兮

The great Khyung was the being who lifted up the sky.

ཁྱུང་ཆེན་ཕ་མ་བུ་གསུམ་ཤོད།[61] 释其父母子三者

Please speak of the great Khyung's father, mother, and son.

ས་མར་ལ་མནན་མི་རུས་སྦལ་རེད།[62] 下按坤舆鳌龟兮

Rübel was the being who pressed down the earth.

རུས་སྦལ་ཕ་མ་བུ་གསུམ་ཤོད།[63] 释其父母子三者

Please speak of Rübel's father, mother, and son.

གླུ་དལ་མོ་ལོངས་དང་རྗེས་ན་ཡོད། 有歌相继徐徐咏

Sing it slowly, and more songs will follow.

ལན། 答

Answer:

གནམ་ཡར་ལ་བཀྱུགས་མི་ཁྱུང་ཆེན་རེད།[64] 上举苍穹大鹏兮

The great Khyung was the being who lifted up the sky.

---

60 MT, FY: **གནམ་ཡར་ལ་བཀྱུགས་མི་ཁྱུང་ཆེན་རེད།** DP: གནམ་ཡར་ལ་འགྱུགས་མི་ཁྱུང་ཆེན་རེ། LT: གནམ་ཡར་ལ་འགྱོགས་མི་ཁྱུང་ཆེན་རེད།

61 MT, LT, FY: **ཁྱུང་ཆེན་ཕ་མ་བུ་གསུམ་ཤོད།** DP: ཁྱུང་ཆེན་ཕ་མ་བུ་གསུམ་བཤད།

62 MT: **ས་མར་ལ་མནན་མི་རུས་སྦལ་རེད།** DP: ས་མར་ལ་མནན་མི་རུས་སྦལ་ཡི། LT: ས་མར་ལ་གནོན་མི་རུས་སྦལ་རེད།

63 MT, LT, FY: **རུས་སྦལ་ཕ་མ་བུ་གསུམ་ཤོད།** DP: རུས་སྦལ་ཕ་མ་བུ་གསུམ་བཤད།

64 MT: **གནམ་ཡར་ལ་བཀྱུགས་མི་ཁྱུང་ཆེན་རེད།** DP: གནམ་ཡར་ལ་འགྱུགས་མི་ཁྱུང་ཆེན་རེ། LT: གནམ་ཡར་ལ་འགྱོགས་མི་ཁྱུང་ཆེན་རེད།

ཁྱུང་ཆེན་པ་མ་བུ་གསུམ་འདི།[65] 此其父母子三者
The great Khyung's father, mother, and son are as follows:

པ་ནི་ཐབས་ཀྱི་རང་བཞིན་རེད།[66] 父者自性方便也
Father was the nature of method.[1]

མ་ནི་ཤེས་རབ་རང་བཞིན་རེད།[67] 母者自性般若也
Mother was the nature of wisdom.

བུ་ནི་ཁྱུང་ཆེན་པོ་རང་རེད།[68] 子者是为大鹏矣
The son was the great Khyung himself.

ས་མར་ལ་མནན་མི་རུས་སྦལ་རེད།[69] 下按坤舆鳌龟兮
Rübel was the being who pressed down the earth.

རུས་སྦལ་པ་མ་བུ་གསུམ་འདི།[70] 此其父母子三者
Rübel's father, mother and son are as follows:

པ་ནི་གསེར་ཤུབས་རྒྱལ་པོ་རེད།[71] 父者金壳圣王也
Father was the king of the golden shell.

མ་ནི་སྦས་ཤུབས་རྒྱལ་མོ་རེད།[72] 母者壳之王后也
Mother was the queen of the shell.[2]

---

65 MT, LT, FY: **ཁྱུང་ཆེན་པ་མ་བུ་གསུམ་འདི།** DP: ཁྱུང་ཆེན་པ་མ་བཤད་བགྱི་ན།

66 MT, LT, FY: **པ་ནི་ཐབས་ཀྱི་རང་བཞིན་རེད།** DP: པ་ནི་ཐབས་ཀྱི་རང་བཞིན་ཡིན།

67 MT, LT, FY: **མ་ནི་ཤེས་རབ་རང་བཞིན་རེད།** DP: མ་ནི་ཤེས་རབ་རང་བཞིན་ཡིན།

68 MT, FY: **བུ་ནི་ཁྱུང་ཆེན་པོ་རང་རེད།** DP: བུ་ནི་ཁྱུང་ཆེན་པོ་རང་ཡིན། LT: བུ་ནི་ཁྱུང་ཆེན་རྒྱལ་པོ་རེད།

69 MT: **ས་མར་ལ་མནན་མི་རུས་སྦལ་རེད།** DP: ས་མར་ལ་མནན་མི་རུས་སྦལ་ཡི། LT: ས་མར་ལ་གནོན་མི་རུས་སྦལ་རེད།

70 MT: **རུས་སྦལ་པ་མ་བུ་གསུམ་འདི།** DP: རུས་སྦལ་པ་མ་བཤད་བགྱི་ནི། LT, FY: རུས་སྦལ་གྱི་པ་མ་བུ་གསུམ་འདི།

71 MT: **པ་ནི་གསེར་ཤུབས་རྒྱལ་པོ་རེད།** DP: པ་ནི་རུས་སྦལ་གསེར་ཤུབ་རེ། LT, FY: རུས་སྦལ་གྱི་པ་ནི་གསེར་ཤུབ་རེད།

72 MT: **མ་ནི་སྦས་ཤུབས་རྒྱལ་མོ་རེད།** DP: མ་ནི་རུས་སྦལ་སྦས་ཤུབ་ཡི། LT: རུས་སྦལ་གྱི་མ་ནི་ཧྲུས་ཤུབ་རེད། FY: རུས་སྦལ་གྱི་མ་ནི་སྦས་ཤུབ་རེད།

བུ་ནི་རུས་སྦལ་ཁོ་རང་རེད།[73] 子者是为鳖龟矣
The son was Rübel himself.

གླུ་དེ་ཡི་ལན་ལ་དེ་འདྲ་ཡིན། 如是答复彼歌矣
This is the response to the song.

དྲི། 问
Question:

ཁྱུང་གི་ཕ་ནི་ཐབས་ཀྱི་རང་བཞིན་རེད།[74] 鹏父自性方便也
Khyung's father was the nature of method.

ཁྱུང་གི་མ་ནི་ཤེས་རབ་རང་བཞིན་རེད།[75] 鹏母自性般若也
Khyung's mother was the nature of wisdom.

ཐབས་ཤེས་རབ་བཀོལ་ནས་ཅི་ཞིག་བཟོས།[76] 以方便般若作何
What was created from the method and wisdom?

གླུ་དལ་བུར་ཤོག་དང་བྲེལ་བ་མེད། 歌徐陈之莫匆促
Please sing the song slowly, there is no hurry.

ལན། 答
Answer:

ཐབས་ཤེས་རབ་བཀོལ་ནས་སྒོ་ང་གྲུབ།[77] 方便般若生卵兮
An egg was created from the method and the wisdom.

---

73 MT, LT, FY: **བུ་ནི་རུས་སྦལ་ཁོ་རང་རེད།** DP: བུ་ནི་རུས་སྦལ་ཁོ་རང་ཡིན།

74 MT, LT: **ཁྱུང་གི་ཕ་ནི་ཐབས་ཀྱི་རང་བཞིན་རེད།** FY: ཁྱུང་གི་ཕ་ནི་ཐབས་ཀྱི་ཤེས་རབ་རེད།

75 MT: **ཁྱུང་གི་མ་ནི་ཤེས་རབ་རང་བཞིན་རེད།**

76 MT: **ཐབས་ཤེས་རབ་བཀོལ་ནས་ཅི་ཞིག་བཟོས།** LT: ཁྱུང་གི་མ་ཡིས་ཤེས་རབ་ཅི་ཞིག་བཀོལ། FY: ཐབས་ཤེས་རབ་བཀོལ་ནས་ཅི་ཞིག་ཡོད།

77 MT: **ཐབས་ཤེས་རབ་བཀོལ་ནས་སྒོ་ང་གྲུབ།** LT: མ་ཡིས་ཤེས་རབ་བཀོལ་ནས་སྒོང་ལས་གྲུབ། FY: ཐབས་ཤེས་རབ་བཀོལ་ནས་སྒོང་ལས་གྲུབ།

སྒོ་ང་གྲུབ་ཚུལ་བཤད་རྒྱུ་ན།[78] 言卵何以成之耶

Speaking of how the egg hatched,

བྱང་གན་གྱི་སྨོན་ཤིང་རྩེ་མོ་ན།[79] 北方如意树冠也

At the canopy of the wish-fulfilling tree in the north,[3]

ཚང་རྙེན་མེད་པའི་སྒོང་གཅིག་ཡོད།[80] 有一卵者无巢窠

There was an egg without a nest.

དྲི། 问

Question:

སྒོང་དེ་ཡི་རྫས་ཆེན་བཅུ་གསུམ་ཤོད།[81] 释成卵十三精华

Please narrate the thirteen substances of which the egg was made.

རྫས་བཅུ་གསུམ་དེ་ལ་མིང་རེ་ཐོགས།[82] 十三精华何名耶

Please name the thirteen substances, one by one.

གླུ་དལ་མོ་ལོངས་དང་རྗེས་ན་ཡོད། 有歌相继徐徐咏

Sing it slowly, and more songs will follow.

ལན། 答

Answer:

སྒོང་དེ་ཡི་རྫས་ཆེན་བཅུ་གསུམ་གན།[83] 十三精华者如是

The thirteen substances of the egg were:

---

78 MT, LT, FY: **སྒོ་ང་གྲུབ་ཚུལ་བཤད་རྒྱུ་ན།**

79 MT, LT: བྱང་གན་གྱི་སྨན་ཤིང་རྩེ་མོ་ན། FY: བྱང་ཀན་ཡི་སྨན་ཤིང་རྩེ་མོ་ན། ED: **བྱང་གན་གྱི་སྨོན་ཤིང་རྩེ་མོ་ན།**

80 MT: ཚང་རྙེན་མེད་པའི་སྒོང་གསུམ་ཡོད། LT, FY: **ཚང་རྙེན་མེད་པའི་སྒོང་གཅིག་ཡོད།**

81 MT: **སྒོང་དེ་ཡི་རྫས་ཆེན་བཅུ་གསུམ་ཤོད།** DP: སྒོང་གང་ཡི་རྫས་ཆེན་བཅུ་གསུམ་བཤད། LT: སྒོང་དེའི་རྫས་ཆེན་བཅུ་གསུམ་ཤོད། FY: སྒོང་དེ་ལ་རྫས་ཆེན་བཅུ་གསུམ་ཤོད།

82 DP: རྫས་བཅུ་གསུམ་དེ་ལ་མིང་རེ་ཐོག ED: **རྫས་བཅུ་གསུམ་དེ་ལ་མིང་རེ་ཐོགས།**

83 MT: **སྒོང་དེ་ཡི་རྫས་ཆེན་བཅུ་གསུམ་གན།** LT, FY: སྒོང་དེའི་རྫས་ཆེན་བཅུ་གསུམ་དེ།

གནམ་གྱི་རྩི་དང་ས་ཡི་བཅུད།[84] 天之精与地之华
The elixir of the sky and the essence of the earth,

ཙན་དན་ག་བུར་ཨ་རུ་ར།[85] 檀香樟脑訶子木
Sandalwood, camphor, myrobalan,

མུ་ཏིག་མུ་མེན་གཡུ་དང་གསུམ།[86] 珍珠天青绿松石
Pearl, sapphire, turquoise,

གསེར་དངུལ་ཟངས་ལྕགས་དུང་དང་ལྔ།[87] 金银铜铁与白螺
Gold, silver, copper, metal, and conch shell,

སྒོང་གི་རྫས་ཆེན་བཅུ་གསུམ་ཡིན།[88] 卵之十三精华矣
These were the thirteen great substances of the egg.

དྲི། 问
Question:

རྫས་བཅུ་གསུམ་རིལ་མི་ལྷ་གསུམ་ཤོད།[89] 释神抟十三精华
Please tell of the three deities who kneaded the thirteen substances.

གླུ་དལ་བུར་ཤོག་དང་བྲེལ་བ་མེད། 歌徐陈之莫匆促
Please sing the song slowly, there is no hurry.

---

84 MT, LT, FY: **གནམ་གྱི་རྩི་དང་ས་ཡི་བཅུད།** DP: གནམ་མཁའི་རྩི་དང་ས་ཡི་བཅུད།

85 MT, DP, LT, FY: **ཙན་དན་ག་བུར་ཨ་རུ་ར།**

86 MT: གཡུ་བྱུ་རུ་མུ་ཏིག་མུ་མེན་སོགས། DP: མུ་མེན་མུ་ཏིག་གཡུ་དང་གསུམ། LT, FY: **མུ་ཏིག་མུ་མེན་གཡུ་དང་གསུམ།**

87 MT, LT, FY: **གསེར་དངུལ་ཟངས་ལྕགས་དུང་དང་ལྔ།** DP: གསེར་དངུལ་ཟངས་ལྕགས་དུང་ལ་སོགས།

88 MT, LT, FY: **སྒོང་གི་རྫས་ཆེན་བཅུ་གསུམ་ཡིན།**

89 DP: རྫས་བཅུ་གསུམ་རིལ་མི་ལྷ་གསུམ་བཤད། FY: རྫས་བཅུ་གསུམ་རིལ་བའི་ལྷ་གསུམ་ཤོད། ED: **རྫས་བཅུ་གསུམ་རིལ་མི་ལྷ་གསུམ་ཤོད།**

ལན། 答

Answer:

རྫས་བཅུ་གསུམ་རིལ་མི་ལྷ་གསུམ་གན།[90] 三神抟十三精华

The three deities who kneaded the thirteen substances were:

སྲིད་པ་ཡེ་སྨོན་རྒྱལ་པོ་གཅིག[91] 一者世间神王也

Yémön Gyelpo, the first one,[4]

མི་དེ་སྨོན་མི་དབུ་ནག་གཉིས།[92] 二者黑头凡人也

The black-headed man, the second one,[5]

ཡེ་གཤེན་དབང་རྫོགས་གན་དང་གསུམ།[93] 三者苯巴先祖也

Yeshen Wangdzok, the third one,[6]

རྫས་བཅུ་གསུམ་རིལ་མི་ལྷ་གསུམ་ཡིན།[94] 三神抟十三精华

These were the three deities who kneaded the thirteen substances.

དྲི། 问

Question:

རྫས་བཅུ་གསུམ་ག་རུ་རིལ་ནི་རེད།[95] 抟十三精于何处

Where were the thirteen substances kneaded?

---

90 DP: རྫས་བཅུ་གསུམ་རིལ་མི་ལྷ་གསུམ་གེས། FY: རྫས་བཅུ་གསུམ་རིལ་བའི་ལྷ་གསུམ་དེ། ED: **རྫས་བཅུ་གསུམ་རིལ་མི་ལྷ་གསུམ་གན།**

91 DP: སྲིད་པ་ཡེ་སྨན་རྒྱལ་པོ་གཅིག FY: སྲིད་པ་ཡོད་མེད་རྒྱལ་པོ་གཅིག ED: **སྲིད་པ་ཡེ་སྨོན་རྒྱལ་པོ་གཅིག**

92 DP: མི་ནི་སྨན་མི་བུ་ན་རེད། FY: མི་ནི་མི་མིན་དོ་ནག་གཉིས། ED: **མི་དེ་སྨོན་མི་དབུ་ནག་གཉིས།**

93 DP: ཡེ་ཤེས་དབང་རྫོགས་གེང་དང་གསུམ། FY: ཡེ་ཤེས་དབང་རྫས་དེ་དང་གསུམ། ED: **ཡེ་གཤེན་དབང་རྫོགས་གན་དང་གསུམ།**

94 DP: རྫས་བཅུ་གསུམ་རིལ་མི་ལྷ་ཟ་ཡིན། ED: **རྫས་བཅུ་གསུམ་རིལ་མི་ལྷ་གསུམ་ཡིན།**

95 DP: རྫས་བཅུ་གསུམ་གང་རེ་རིལ་ལེ་རེ། FY: རྫས་རིལ་བ་གང་ལ་རིལ་ནི་རེད། ED: **རྫས་བཅུ་གསུམ་ག་རུ་རིལ་ནི་རེད།**

ཁྱོད་ཡུན་རིང་མ་འགོར་ལན་རེ་ཤོག 尔作答之莫迟误

Please answer my questions without further ado.

ལན། 答

Answer:

རྫས་བཅུ་གསུམ་རིལ་ཚུལ་བཤད་རྒྱུ་ན།[96] 言抟十三精华兮

Speaking of how the thirteen substances were kneaded,

སྲིད་པ་ཡུལ་གྱི་རྫས་ལྔ་རིལ།[97] 五精抟于上古地

Five were kneaded in the primordial place.

སྨོན་ཤིང་རྩེ་ཡི་རྫས་གསུམ་རིལ།[98] 三精抟于如意树

Three were kneaded at the top of the wish-fulfilling tree.

ཡེ་གཤེན་ཡུལ་གྱི་རྫས་ལྔ་རིལ།[99] 五精抟于苯祖乡

Five were kneaded in the land of the earliest Bon priest, Yeshen.

རྫས་བཅུ་གསུམ་དེ་རུ་རིལ་ནི་རེད།[100] 抟十三精华如是

Such is how the thirteen substances were kneaded.

དྲི། 问

Question:

རྫས་འཕངས་པ་ག་རུ་འཕངས་ནི་རེད།[101] 投掷精华何处耶

Where were the substances tossed?

---

96 DP: རྫས་བཅུ་གསུམ་རིལ་ཚུལ་བཤད་བགྱི་ན། ED: རྫས་བཅུ་གསུམ་རིལ་ཚུལ་བཤད་རྒྱུ་ན།

97 DP: སྲི་པ་ཡུལ་ཡི་རྫས་ལྔ་རིལ། ED: སྲིད་པ་ཡུལ་གྱི་རྫས་ལྔ་རིལ།

98 DP: སྨན་ཤིང་རྩེ་ཡི་རྫས་གསུམ་རིལ། ED: སྨོན་ཤིང་རྩེ་ཡི་རྫས་གསུམ་རིལ།

99 DP: ཡེ་ཤེས་ཡུལ་ཡི་རྫས་ལྔ་རིལ། ED: ཡེ་གཤེན་ཡུལ་གྱི་རྫས་ལྔ་རིལ།

100 DP: རྫས་བཅུ་གསུམ་དེ་རུ་རིལ་ལེ་རེ། ED: རྫས་བཅུ་གསུམ་དེ་རུ་རིལ་ནི་རེད།

101 DP: རྫས་འཕང་བ་ག་རེ་འཕང་ལེ་རེ། FY: ཆགས་པ་གང་ལ་ཆགས་ནི་རེད། ED: རྫས་འཕངས་པ་ག་རུ་འཕངས་ནི་རེད།

རྫས་བདབ་པ་ག་རུ་བདབ་ནི་རེད།[102] Where were the substances cast?	抛撒精华何处耶
གླུ་དལ་མོ་ལོངས་དང་རྗེས་ན་ཡོད། Sing it slowly, and more songs will follow.	有歌相继徐徐咏
ལན། Answer:	答
རྫས་འཕངས་པ་ནམ་མཁའི་ཁམས་ལ་འཕངས།[103] The substances were tossed into the sky.	投掷精华于天宇
བདབ་པ་ས་གཞིའི་དཀྱིལ་ལ་བདབ།[104] The substances were cast onto the earth.	抛撒精华于坤舆
གླུ་དེ་ཡི་ལན་ལ་དེ་འདྲ་ཡིན། This is the response to the song.	如是答复彼歌矣
དྲི། Question:	问
སྒོང་མཐོང་བའི་མི་དེ་གང་རེད།[105] Who was the being that saw the egg?	目见鹏卵者孰耶

102 DP: རྫས་བདབ་པ་ག་རེ་བདབ་ལ་རེ། FY: བདབ་པ་གང་ལ་བདབ་ནི་རེད། ED: **རྫས་བདབ་པ་ག་རུ་བདབ་ནི་རེད།**

103 DP: རྫས་འཕང་བ་ནམ་མཁའི་ཁམས་ནས་འཕང་། FY: ཆགས་པ་སྔོན་རི་རྩེ་ན་ཆགས། ED: **རྫས་འཕངས་པ་ནམ་མཁའི་ཁམས་ལ་འཕངས།**

104 DP: བདབ་པ་ས་གཞི་དཀྱིལ་ནས་བདབ། FY: བདབ་པ་སྔོན་རི་རྩེ་ལ་བདབ། ED: **བདབ་པ་ས་གཞིའི་དཀྱིལ་ལ་བདབ།**

105 MT: **སྒོང་མཐོང་བའི་མི་དེ་གང་རེད།** DP: སྒོང་མཐོང་མི་མི་དེ་གང་བཟི་རེ། LT: སྒོང་མཐོང་བའི་མི་དེ་སུ་ཞིག་རེད། FY: སྒོང་མཐོང་བའི་མི་དེ་སུ་ཞིག་ཡིན།

ལེན་པའི་མི་དེ་གང་རེད།[106] 欲取鹏卵者孰耶

Who was the being that [wished to] collect the egg?

མ་ལེན་ཟེར་མི་གང་རེད།[107] 言莫取卵者孰耶

Who was the being that suggested to not collect the egg?

ཁྱོད་ཡུན་རིང་མ་འགོར་ལན་རེ་ཤོག 尔作答之莫迟误

Please answer my questions without further ado.

ལན། 答

Answer:

དེ་ལ་ལན་ཞིག་རྒྱག་རྒྱུ་ན། 应答所问者如是

To give an answer to that,

སྒོང་མཐོང་བའི་མི་དེ་བཤད་རྒྱུ་ན།[108] 言目见鹏卵者兮

As for the being who saw the egg,

སྲིད་པ་ཡེ་སྨོན་རྒྱལ་པོ་རེད།[109] 是为世间神王矣

It was Yémön Gyelpo.

ལེན་པའི་མི་དེ་བཤད་རྒྱུ་ན།[110] 言欲取鹏卵者兮

As for the being who [wished to] collect the egg,

---

106 MT: **ལེན་པའི་མི་དེ་གང་རེད།** DP: སྒོང་ལེན་མི་མི་དེ་གང་བཟི་རེ། LT: སྒོང་ལེན་པའི་མི་དེ་སུ་ཞིག་རེད། FY: ལེན་པའི་མི་འདི་སུ་ཞིག་ཡིན།

107 MT: **མ་ལེན་ཟེར་མི་གང་རེད།** LT: སྒོང་མ་ལེན་ཟེར་མི་སུ་ཞིག་རེད། FY: མ་ལེན་ཟེར་མི་སུ་ཞིག་ཡིན།

108 MT, LT, FY: **སྒོང་མཐོང་བའི་མི་དེ་བཤད་རྒྱུ་ན།** DP: སྒོང་མཐོང་མའི་མི་དེ་བཤད་བགྱི་ན།

109 MT: སྲིད་པ་ཆོས་ཀྱི་རྒྱལ་པོ་རེད། DP: ལྷ་ཡེ་ཤེས་དབང་རྫོགས་ཞལ་ནས་རེ། LT: སྲིད་པ་མི་ཡི་རྒྱལ་པོ་རེད། FY: སྲིད་པ་རྗེ་ཡི་རྒྱལ་པོ་རེད། ED: **སྲིད་པ་ཡེ་སྨོན་རྒྱལ་པོ་རེད།**

110 MT, FY: **ལེན་པའི་མི་དེ་བཤད་རྒྱུ་ན།** DP: ལེན་མའི་མི་དེ་བཤད་བགྱི་ན། LT: སྒོང་ལེན་པའི་མི་དེ་བཤད་རྒྱུ་ན།

མི་དེ་སྔོན་མི་དབུ་ནག་རེད།[111] 是为黑头凡人矣
It was the black-headed man.

མ་ལེན་ཟེར་མི་བཤད་རྒྱུ་ན།[112] 言莫取鹏卵者兮
As for the being who suggested to not collect the egg,

ལྷ་དེ་གཤེན་དབང་རྫོགས་རེད།[113] 是为苯巴先祖矣
It was Yeshen Wangdzok.

མི་ནི་སྔོན་མི་དབུ་ནག་གིས།[114] 黑头凡人有所为
The black-headed man,

སྒོ་ང་ཕོ་ཡིས་ལེན་རྒྱུ་ཟེར།[115] 称其欲取鹏卵矣
Said that he was going to collect the egg.

ཁྱེད་གལ་ཏེ་སྒོ་ང་ལེན་རྒྱུ་ན།[116] 若尔拾取鹏卵兮
"If you collect the egg,"

ལྷ་ཡེ་གཤེན་དབང་རྫོགས་ཟེར་བས་ནི།[117] 苯巴先祖有言也
Yeshen Wangdzok said,

ཁྱོད་སྒོང་དེ་ལེན་ཡང་ལེན་མི་ཐུབ།[118] 尔若拾取拾不得
"You would be unable to collect the egg, even if you tried."

---

111 MT: མི་དེ་སྔོན་མི་ནག་པོ་རེད། DP: མི་ནི་སྔན་མི་བུ་ནག་རེ། LT: སྲིད་པའི་ཨ་མེས་ཐུད་པོ་ཡིན། FY: མི་དེ་མི་མིན་ངོ་ནག་ཅན། ED: **མི་དེ་སྔོན་མི་དབུ་ནག་རེད།**

112 MT, FY: **མ་ལེན་ཟེར་མི་བཤད་རྒྱུ་ན།** DP: མ་ལེན་ཟེར་མི་བཤད་བགྱི་ན། LT: སྒོང་མ་ལེན་ཟེར་མི་བཤད་རྒྱུ་ན།

113 MT: **ལྷ་དེ་གཤེན་དབང་རྫོགས་རེད།** DP: སྲིད་པ་ཡེ་སྔོན་རྒྱལ་མོ་རེ། LT: ལྷ་ཡ་ཤེས་དབང་པོ་ཟེར་བ་ཡིན། FY: ལྷ་ཡེ་ཤེས་དབང་རྫས་ཞལ་ནས་གསུངས།

114 DP: མི་ནི་སྔན་མི་བུ་ནག་གི། ED: **མི་ནི་སྔོན་མི་དབུ་ནག་གིས།**

115 DP: སྒོང་ང་ཕོ་ཡི་ལེན་བགྱི་ཟེར། ED: **སྒོ་ང་ཕོ་ཡིས་ལེན་རྒྱུ་ཟེར།**

116 DP: ཁྲིས་གལ་ལྟེ་སྒོང་ང་ལེན་བགྱི་ན། ED: **ཁྱེད་གལ་ཏེ་སྒོ་ང་ལེན་རྒྱུ་ན།**

117 MT: **ལྷ་ཡེ་གཤེན་དབང་རྫོགས་ཟེར་བས་ནི།** DP: ལྷ་ཡེ་ཤེས་དབང་རྫོགས་ཞལ་ནས་རེད། FY: ལྷ་ཡེ་ཤེས་དཔང་རྫས་ཟེར་བ་ནི།

118 MT: **ཁྱོད་སྒོང་དེ་ལེན་ཡང་ལེན་མི་ཐུབ།** LT: སྒོང་དེ་ལེན་ཡང་ལེན་མི་ཐུབ། FY: སྒོ་ང་ཁྱོད་ཡང་ལེན་མི་ཐུབ། སྒོང་ལེན་ན་གནོད་སྐྱོན་ཡོང་བ་ཡིན།

སྒོང་དེ་ཁྱེར་ཡང་ཁྱེར་མི་ཐུབ།[119] 尔若挪移挪不得

"You would be unable to take the egg, even if you collected the egg."

ཐོག་ན་ཕོ་འདྲེ་འདུག་གི་ཟེར།[120] 卵上示现男鬼也

"It was said that the male demon (*'dre*) appears above the egg."

འོག་ན་མོ་འདྲེ་འདུག་གི་ཟེར།[121] 卵下示现女鬼也

"The female demon appears underneath the egg."

ཟུར་ན་གོད་ཁ་འདུག་གི་ཟེར།[122] 周缘示现祸患也

"On the edge of the egg lies misfortune."

མི་ལ་ན་ཚ་འདུག་གི་ཟེར།[123] 于人则得疾病也

"People would be sick."

ཕྱུགས་ལ་གོད་ཁ་འདུག་གི་ཟེར།[124] 于畜则致死命也

"Livestock would die, [if you collected the egg]"

དེ་ཡ་མཚན་ཆེ་བའི་སྒོ་ང་རེད།[125] 卵甚稀奇者如是

"That is an incredibly mysterious egg."

119 LT: **སྒོང་དེ་ཁྱེར་ཡང་ཁྱེར་མི་ཐུབ།**

120 MT: **ཐོག་ན་ཕོ་འདྲེ་འདུག་གི་ཟེར།** DP: ཕོ་ལ་དམེ་འདྲེ་གདུག་གི་ཟེར། LT: ཐོག་ན་རྡོ་རྗེ་རྟགས་མཚན་ཡོད། FY: ཐོག་ན་ཕོ་རྗེ་གདོང་དེ་གསལ།

121 MT: **འོག་ན་མོ་འདྲེ་འདུག་གི་ཟེར།** DP: མོ་ལ་ནལ་འདྲེ་གདུག་གི་ཟེར། FY: འོག་ན་མོ་རྗེ་གདོང་དེ་གསལ།

122 MT: **ཟུར་ན་གོད་ཁ་འདུག་གི་ཟེར།**

123 DP: མི་ལ་ན་ཚ་གདུག་གི་ཟེར། ED: **མི་ལ་ན་ཚ་འདུག་གི་ཟེར།**

124 DP: ཕྱུགས་ལ་གོད་འདྲེ་གདུག་གི་ཟེར། FY: ཕུགས་ན་གོད་ཁ་སྐྱོན་ཀ་སེལ། ED: **ཕྱུགས་ལ་གོད་ཁ་འདུག་གི་ཟེར།**

125 DP: ཡ་མཚན་ཆེ་བའི་སྒོང་ང་རེ། LT, FY: **དེ་ཡ་མཚན་ཆེ་བའི་སྒོ་ང་རེད།**

དྲི། 问

Question:

སྒོང་རྟེན་པ་གང་གིས་བརྟེན་ནི་རེད།[126] 卵底所撑者何耶

What supported the egg?

གསོ་བ་གང་གིས་གསོས་ནི་རེད།[127] 滋养所赖者何耶

What nurtured the egg?

རུམ་པ་གང་གིས་རུམ་ནི་རེད།[128] 孵化所依者何耶

What incubated the egg?

གླུ་དལ་བུར་ཤོག་དང་བྲེལ་བ་མེད། 歌徐陈之莫匆促

Please sing the song slowly, there is no hurry.

ལན། 答

Answer:

དེ་ལ་ལན་ཞིག་རྒྱག་རྒྱུ་ན། 应答所问者如是

To give an answer to that,

ཡ་མཚན་ཆེ་བའི་སྒོ་ང་གན།[129] 甚稀奇之鹏卵兮

The incredibly mysterious egg,

རྟེན་པ་རླུང་གིས་བརྟེན་བསྡད་ཡོད།[130] 卵底所撑者风也

The wind supported it.

---

126 MT: **སྒོང་རྟེན་པ་གང་གིས་བརྟེན་ནི་རེད།** LT: སྒོང་བརྟན་པ་གང་གིས་བརྟེན་བསྡད་ཡོད། FY: སྒོང་རྟེན་པ་གང་གིས་རྟེན་བསྡད་ཡོད།

127 MT: **གསོ་བ་གང་གིས་གསོས་ནི་རེད།** LT: གསོ་བ་གང་གིས་གསོས་བསྡད་ཡོད། FY: གསོ་བ་གང་གིས་གསོལ་བསྡད་ཡོད།

128 MT: **རུམ་པ་གང་གིས་རུམ་ནི་རེད།** LT: རུམ་པ་གང་གིས་རུམ་བསྡད་ཡོད། FY: རུམ་བུ་གང་གིས་རུམ་བསྡད་ཡོད།

129 LT: **ཡ་མཚན་ཆེ་བའི་སྒོ་ང་གན།** FY: ཡ་མཚན་ཆེ་བའི་སྒོ་ང་ཀན།

130 MT: **རྟེན་པ་རླུང་གིས་བརྟེན་བསྡད་ཡོད།** LT: བརྟེན་པ་རླུང་གིས་བརྟེན་བསྡད་ཡོད། FY: རིན་ཐང་ཆེན་གྱིས་བརྟེན་བསྡད་ཡོད།

གསོ་བ་གནམ་གྱིས་གསོས་བསྡད་ཡོད།[131] 滋养所赖者天也
The sky nurtured it.

རུམ་པ་ཀླུ་ཡིས་རུམ་བསྡད་ཡོད།[132] 孵化所依者鲁矣
Lu incubated it.

དྲི། 问
Question:

བྱ་ཡ་མཚན་ཆེ་བའི་སྒོ་ང་གན།[133] 甚稀奇之鹏卵兮
The incredibly mysterious egg,

སྒོང་ཐོག་ནས་བལྟས་ན་ཅི་ཞིག་རེད།[134] 由上观之卵何耶
Looking at it from above, what was the egg?

སྒོང་འོག་ནས་བལྟས་ན་ཅི་ཞིག་རེད།[135] 由下观之卵何耶
Looking at it from below, what was the egg?

སྒོང་ཐད་ཀར་བལྟས་ན་ཅི་ཞིག་རེད།[136] 由前观之卵何耶
Looking it from the front, what was the egg?

---

131 MT, LT: **གསོ་བ་གནམ་གྱིས་གསོས་བསྡད་ཡོད།** FY: གསོ་བ་གནམ་གྱིས་གསོལ་བསྡད་ཡོད།

132 MT, LT: **རུམ་པ་ཀླུ་ཡིས་རུམ་བསྡད་ཡོད།** FY: རུམ་བུ་ཀླུ་ཡིས་རུམ་བསྡད་ཡོད།

133 MT, LT: **བྱ་ཡ་མཚན་ཆེ་བའི་སྒོ་ང་གན།** FY: ཡ་མཚན་ཆེ་བའི་སྒོ་ང་ཀན།

134 MT: སྒོང་ཐོག་ནས་བལྟས་ན་ཅི་རེད་ཟེར། LT: **སྒོང་ཐོག་ནས་བལྟས་ན་ཅི་ཞིག་རེད།** FY: སྒོ་ང་ཐོག་ཏུ་བལྟས་ན་ཅི་ཞིག་རེད།

135 MT: འོག་ནས་བལྟས་ན་ཅི་རེད་ཟེར། LT: **སྒོང་འོག་ནས་བལྟས་ན་ཅི་ཞིག་རེད།** FY: འོག་ཏུ་བལྟས་ན་ཅི་ཞིག་རེད།

136 MT: ཐད་ཀར་བལྟས་ན་ཅི་རེད་ཟེར། LT: **སྒོང་ཐད་ཀར་བལྟས་ན་ཅི་ཞིག་རེད།** FY: ཐད་ཀར་བལྟས་ན་ཅི་ཞིག་རེད།

ལན། 答

Answer:

སྒོང་ཐོག་ནས་བལྟས་ན་ལྷ་ཞིག་རེད།[137] 由上观卵拉神也

Looking at it from above, it was *lha*.[7]

སྒོང་འོག་ནས་བལྟས་ན་གཉན་ཞིག་རེད།[138] 由下观卵念神也

Looking at it below, it was *nyen*.[8]

ཐད་ཀར་བལྟས་ན་ཀླུ་ཞིག་རེད།[139] 由前观卵鲁神也

Looking it from the front, it was *lu*.[9]

བྱ་ཡ་མཚན་ཆེ་བའི་སྒོ་ང་རེད།[140] 甚稀奇之鹏卵矣

This was an incredibly mysterious egg.

དྲི། 问

Question:

སྒོང་ཐོག་ལ་གུར་ཁང་ཕུབ་ནི་གན།[141] 卵上部现光晕兮

The halo appearing at the top of the egg,

གདམ་པ་གདམ་པས་ཅི་ལ་གདམས།[142] 其所示现者何耶

What does it represent?

137 MT: སྒོང་ཐོག་ནས་བལྟས་ན་ལྷ་རེད་ཟེར། LT: **སྒོང་ཐོག་ནས་བལྟས་ན་ལྷ་ཞིག་རེད།** FY: སྒོ་ང་ཐོག་ཏུ་བལྟས་ན་ལྷ་ཞིག་རེད།

138 MT: འོག་ནས་བལྟས་ན་གཉན་རེད་ཟེར། LT: **སྒོང་འོག་ནས་བལྟས་ན་གཉན་ཞིག་རེད།** FY: འོག་ཏུ་བལྟས་ན་གཉན་ཞིག་རེད།

139 MT: ཐད་ཀར་བལྟས་ན་ཀླུ་རེད་ཟེར། LT: སྒོང་ཐད་ནས་བལྟས་ན་སྒོ་ང་རེད། FY: ཐད་ཀར་བལྟས་ན་སྒོ་ང་རེད། ED: **ཐད་ཀར་བལྟས་ན་ཀླུ་ཞིག་རེད།**

140 MT: **བྱ་ཡ་མཚན་ཆེ་བའི་སྒོ་ང་རེད།** LT: ཡ་མཚན་ཆེ་བའི་སྒོ་ང་གན། FY: ཡ་མཚན་ཆེ་པའི་སྒོ་ང་ཀག།

141 DP: སྒོང་ཐོག་ལ་གུར་ཁང་ཕུག་ལེ་གེ། ED: **སྒོང་ཐོག་ལ་གུར་ཁང་ཕུབ་ནི་གན།**

142 DP: དམ་པ་ཆི་ལ་དོ་ལེ་རེ། ED: **གདམ་པ་གདམ་པས་ཅི་ལ་གདམས།**

བར་ལ་འཛའ་ཚོན་ཤར་ནི་གན།[143] 中部闪烁虹光兮

The rainbow shining in the middle,

གཏམ་པ་གཏམ་པས་ཅི་ལ་གཏམ།[144] 其所示现者何耶

What does it represent?

འོག་ལ་གདན་ཁྲི་བརྩེགས་ནི་གན།[145] 下部层叠宝座兮

The exalted throne at the bottom,

གཏམ་པ་གཏམ་པས་ཅི་ལ་གཏམ།[146] 其所示现者何耶

What does it represent?

གླུ་དལ་མོ་ལོངས་དང་རྗེས་ན་ཡོད། 有歌相继徐徐咏

Sing it slowly, and more songs will follow.

ལན། 答

Answer:

སྒོང་ཐོག་ལ་གུར་ཁང་ཕུབ་ནི་གན།[147] 卵上部现光晕兮

The halo appearing at the top of the egg,

སྒོང་ཡ་མཚན་ཆེ་ནི་དེ་ཡི་རྟགས།[148] 其所示现稀奇矣

Represents the exceptional miraculousness of the egg.

བར་ལ་འཛའ་ཚོན་ཤར་ནི་གན།[149] 中部闪烁虹光兮

The rainbow shining in the middle,

143 DP: སར་ལ་འཛའ་ཚན་ཤར་ལེ་གེ།། ED: བར་ལ་འཛའ་ཚོན་ཤར་ནི་གན།

144 DP: དམ་པ་ཆི་ལ་དོ་ལེ་རེ། ED: གཏམ་པ་གཏམ་པས་ཅི་ལ་གཏམ།

145 DP: འོག་ལ་གདན་ཁྲི་རྩེགས་ལེ་གེ།། ED: འོག་ལ་གདན་ཁྲི་བརྩེགས་ནི་གན།

146 DP: དམ་པ་ཆི་ལ་དོ་ལེ་རེ། ED: གཏམ་པ་གཏམ་པས་ཅི་ལ་གཏམ།

147 DP: སྒོང་ཐོག་ལ་གུར་ཁང་ཕུག་ལེ་གེ།། ED: སྒོང་ཐོག་ལ་གུར་ཁང་ཕུབ་ནི་གན།

148 DP: ཡན་མཚན་ཆེ་ལེ་དེ་ཡི་རྟགས། ED: སྒོང་ཡ་མཚན་ཆེ་ནི་དེ་ཡི་རྟགས།

149 DP: སར་ལ་འཛའ་ཚན་ཤར་ལེ་གེ།། ED: བར་ལ་འཛའ་ཚོན་ཤར་ནི་གན།

སྒོང་སྤྲུལ་པ་ཆེ་ནི་དེ་ཡི་རྟགས།[150] 其所示现幻化矣
Represents the great emanation of the egg.

འོག་ལ་གདན་ཁྲི་བརྩེགས་ནི་གན།[151] 下部层叠宝座兮
The exalted throne at the bottom,

སྒོང་དཔའ་རྩལ་ཆེ་ནི་དེ་ཡི་རྟགས།[152] 其所示现无畏矣
Represented the remarkable bravery of the egg.

གླུ་དེ་ཡི་ལན་ལ་དེ་འདྲ་ཡིན། 如是答复彼歌矣
This is the response to the song.

དྲི། 问
Question:

སྒོང་དེ་ཡི་དཀར་ནག་ཚོས་གསུམ་ཤོད།[153] 释卵三色各异兮
Please describe the three colors of the egg.

ཁྱོད་ཡུན་རིང་མ་འགོར་ལན་རེ་ཤོག 尔作答之莫迟误
Please answer my questions without further ado.

ལན། 答
Answer:

དེ་ལ་ལན་ཞིག་རྒྱག་རྒྱུ་ན། 应答所问者如是
To give an answer to that,

---

150 DP: སྒོང་སྤྲུལ་པ་ཆེ་ལེ་དེ་ཡི་རྟགས། ED: **སྒོང་སྤྲུལ་པ་ཆེ་ནི་དེ་ཡི་རྟགས།**

151 DP: འོག་ལ་གདན་ཁྲི་རྩེགས་ལེ་གེ། ED: **འོག་ལ་གདན་ཁྲི་བརྩེགས་ནི་གན།**

152 DP: སྒོང་དཔའ་རྩལ་ཆེ་ལ་དེ་ཡི་རྟགས། ED: **སྒོང་དཔའ་རྩལ་ཆེ་ནི་དེ་ཡི་རྟགས།**

153 MT, FY: **སྒོང་དེ་ཡི་དཀར་ནག་ཚོས་གསུམ་ཤོད།** DP: སྒོང་གེ་ཡི་དཀར་ནག་མཐུན་ཚུལ་བཤད། LT: སྒོང་གན་གི་དཀར་ནག་མཐུན་ཚུལ་ཤོད།

སྒོང་དེ་ཡི་དཀར་ནག་ཚོས་གསུམ་དེ།[154] 卵之三色各异兮

The three colors of the egg were:

དཀར་པོ་དམར་པོ་ནག་པོ་གསུམ།[155] 白赤玄者三色矣

White, red, and black.

དྲི། 问

Question:

སྒོང་དཀར་པོ་ཅི་དང་མཐུན་བསྡད་ཡོད།[156] 白卵相合者何耶

With what did the white egg harmonise?[10]

དམར་པོ་ཅི་དང་མཐུན་བསྡད་ཡོད།[157] 赤卵相合者何耶

With what did the red egg harmonise?

ནག་པོ་ཅི་དང་མཐུན་བསྡད་ཡོད།[158] 玄卵相合者何耶

With what did the black egg harmonise?

གླུ་དལ་མོ་ལོངས་དང་རྗེས་ན་ཡོད། 有歌相继徐徐咏

Sing it slowly, and more songs will follow.

ལན། 答

Answer:

ཁྱུང་སྒོང་དཀར་པོ་ལྷ་དང་མཐུན་བསྡད་སྣང་།[159] 白卵相合者拉神

The white egg harmonised with *lha*.

---

154 MT, FY: **སྒོང་དེ་ཡི་དཀར་ནག་ཚོས་གསུམ་དེ།** LT: སྒོང་གན་གི་དཀར་ཨནང་མཐུན་གསུམ་དེ།

155 MT: **དཀར་པོ་དམར་པོ་ནག་པོ་གསུམ།** LT, FY: སྒོང་དཀར་པོ་དམར་པོ་ནག་པོ་གསུམ།

156 DP: སྒོང་དཀར་པོ་ཆེ་དང་མཐུན་སྡད་ན། ED: **སྒོང་དཀར་པོ་ཅི་དང་མཐུན་བསྡད་ཡོད།**

157 DP: དམར་པོ་ཆེ་དང་མཐུན་སྡད་ན། ED: **དམར་པོ་ཅི་དང་མཐུན་བསྡད་ཡོད།**

158 DP: ནག་པོ་ཆེ་དང་མཐུན་སྡད་ན། ED: **ནག་པོ་ཅི་དང་མཐུན་བསྡད་ཡོད།**

159 DP: ཁྱུང་སྒོང་དཀར་པོ་ལྷ་དང་མཐུན་སྡེ་ན། ED: **ཁྱུང་སྒོང་དཀར་པོ་ལྷ་དང་མཐུན་བསྡད་སྣང་།**

དམར་པོ་གཉན་དང་མཐུན་བསྟོད་སྣང་།[160] 赤卵相合者念神

The red egg harmonised with *nyen*.

ནག་པོ་ཀླུ་དང་མཐུན་བསྟོད་སྣང་།[161] 玄卵相合者鲁神

The black egg harmonised with *lu*.

གླུ་དེ་ཡི་ལན་ལ་དེ་འདྲ་ཡིན། 如是答复彼歌矣

This is the response to the song.

དྲི། 问

Question:

སྒོང་དཀར་པོ་སྒོ་འབྱེད་གང་གིས་བཟོས།[162] 开启白卵者孰耶

Who cracked open the white egg?

དམར་པོ་སྒོ་འབྱེད་གང་གིས་བཟོས།[163] 开启赤卵者孰耶

Who cracked open the red egg?

ནག་པོ་སྒོ་འབྱེད་གང་གིས་བཟོས།[164] 开启玄卵者孰耶

Who cracked open the black egg?

གླུ་དལ་མོ་ལོངས་དང་རྗེས་ན་ཡོད། 有歌相继徐徐咏

Sing it slowly, and more songs will follow.

160 DP: དམར་པོ་གཉན་དང་མཐུན་སྡེ་ན། ED: **དམར་པོ་གཉན་དང་མཐུན་བསྟོད་སྣང་།**

161 DP: ནག་པོ་ཀླུ་དང་མཐུན་སྡེ་ན། ED: **ནག་པོ་ཀླུ་དང་མཐུན་བསྟོད་སྣང་།**

162 DP: སྒོང་དཀར་པོ་སྒོང་འབྱེད་གང་གིས་བཅོས། LT: དཀར་པོ་ཁ་དོག་ཅི་ཡིས་བཟོས། FY: དཀར་པོ་ཁ་གྱེས་ཅི་ཞིག་བཟོས། ED: **སྒོང་དཀར་པོ་སྒོ་འབྱེད་གང་གིས་བཟོས།**

163 DP: དམར་པོ་སྒོང་འབྱེད་གང་གིས་བཅོས། LT: དམར་པོ་ཁ་དོག་ཅི་ཡིས་བཟོས། FY: དམར་པོ་ཁ་གྱེས་ཅི་ཞིག་བཟོས། ED: **དམར་པོ་སྒོ་འབྱེད་གང་གིས་བཟོས།**

164 DP: ནག་པོ་སྒོང་འབྱེད་གང་གིས་བཅོས། LT: ནག་པོ་ཁ་དོག་ཅི་ཡིས་བཟོས། FY: ནག་པོ་ཁ་གྱེས་ཅི་ཞིག་བཟོས། ED: **ནག་པོ་སྒོ་འབྱེད་གང་གིས་བཟོས།**

ལན། 答

Answer:

དཀར་པོ་སྒོང་འབྱེད་ལྷ་ཡིས་བཟོས།[165] 开白卵者拉神也

The white egg was cracked open by *lha*.

དམར་པོ་སྒོང་འབྱེད་གཉན་གྱིས་བཟོས།[166] 开赤卵者念神也

The red egg was cracked open by *nyen*.

ནག་པོ་སྒོང་འབྱེད་ཀླུ་ཡིས་བཟོས།[167] 开玄卵者鲁神也

The black egg was cracked open by *lu*.

གླུ་དེ་ཡི་ལན་ལ་དེ་འདྲ་ཡིན། 如是答复彼歌矣

This is the response to the song.

དྲི། 问

Question:

དཀར་པོ་ཅི་ཡི་སྤྲུལ་པ་རེད།[168] 所化白卵者孰耶

Whose emanation was the white egg?

དམར་པོ་ཅི་ཡི་སྤྲུལ་པ་རེད།[169] 所化赤卵者孰耶

Whose emanation was the red egg?

---

165 DP: ཁྱུང་དཀར་པོ་སྒོང་འབྱོད་ལྷ་ཡིས་ཕྱེད། LT: དཀར་པོ་ཁ་དོག་ལྷ་ཡིས་བཟོས། FY: དཀར་པོ་ཁ་བྱེས་ལྷ་ཡིས་བཟོས། ED: **དཀར་པོ་སྒོང་འབྱེད་ལྷ་ཡིས་བཟོས།**

166 DP: དམར་པོ་སྒོང་འབྱེད་གཉན་གྱིས་ཕྱེད། LT: དམར་པོ་ཁ་དོག་གཉན་གྱིས་བཟོས། FY: དམར་པོ་ཁ་བྱེས་གཉན་གྱིས་བཟོས། ED: **དམར་པོ་སྒོང་འབྱེད་གཉན་གྱིས་བཟོས།**

167 DP: ནག་པོ་སྒོང་འབྱེད་ཀླུ་ཡིས་ཕྱེད། LT: ནག་པོ་ཁ་དོག་ཀླུ་ཡིས་བཟོས། FY: ནག་པོ་ཁ་བྱེས་ཀླུ་ཡིས་བཟོས། ED: **ནག་པོ་སྒོང་འབྱེད་ཀླུ་ཡིས་བཟོས།**

168 MT: **དཀར་པོ་ཅི་ཡི་སྤྲུལ་པ་རེད།** LT: དཀར་པོ་སུ་ཡི་སྤྲུལ་བ་རེད། FY: དཀར་པོ་ཅི་ཞིག་སྤྲུལ་བ་རེད།

169 MT: **དམར་པོ་ཅི་ཡི་སྤྲུལ་པ་རེད།** LT: དམར་པོ་སུ་ཡི་སྤྲུལ་བ་རེད། FY: དམར་པོ་ཅི་ཞིག་སྤྲུལ་བ་རེད།

ནག་པོ་ཅི་ཡི་སྤྲུལ་པ་རེད།[170]

Whose emanation was the black egg?

所化玄卵者孰耶

ལན།

Answer:

答

དཀར་པོ་ལྷ་ཡི་སྤྲུལ་པ་རེད།[171]

The white egg was the emanation of *lha*.

拉神所化白卵也

དམར་པོ་གཉན་གྱི་སྤྲུལ་པ་རེད།[172]

The red egg was the emanation of *nyen*.

念神所化赤卵也

ནག་པོ་ཀླུ་ཡི་སྤྲུལ་པ་རེད།[173]

The black egg was the emanation of *lu*.

鲁神所化玄卵也

གླུ་དེ་ཡི་ལན་ལ་དེ་འདྲ་ཡིན།

This is the response to the song.

如是答复彼歌矣

དྲི།

Question:

问

སྒོང་རིལ་སེ་རིལ་སེ་རིལ་དུས་དེར།[174]

When the egg was rolling around,

时卵左右摇晃兮

---

170 MT: **ནག་པོ་ཅི་ཡི་སྤྲུལ་པ་རེད།** LT: ནག་པོ་སུ་ཡི་སྤྲུལ་བ་རེད། FY: ནག་པོ་ཅི་ཞིག་སྤྲུལ་བ་རེད།

171 MT: **དཀར་པོ་ལྷ་ཡི་སྤྲུལ་པ་རེད** DP: སྒོང་དཀར་པོ་ལྷ་ཡི་སྤྲུལ་བ་རེ། LT: དཀར་པོ་ལྷ་ཡི་སྤྲུལ་བ་རེད། FY: དཀར་པོ་ལྷ་ཡིས་སྤྲུལ་བ་རེད།

172 MT: **དམར་པོ་གཉན་གྱི་སྤྲུལ་པ་རེད།** DP: དམར་པོ་གཉན་གྱི་སྤྲུལ་བ་རེ། LT: དམར་པོ་གཉན་གྱི་སྤྲུལ་བ་རེད། FY: དམར་པོ་གཉན་གྱིས་སྤྲུལ་བ་རེད།

173 MT: **ནག་པོ་ཀླུ་ཡི་སྤྲུལ་པ་རེད།** DP: ནག་པོ་ཀླུ་ཡི་སྤྲུལ་བ་རེ། LT: ནག་པོ་ཀླུ་ཡི་སྤྲུལ་བ་རེད། FY: ནག་པོ་ཀླུ་ཡིས་སྤྲུལ་བ་རེད།

174 MT, FY: **སྒོང་རིལ་སེ་རིལ་སེ་རིལ་དུས་དེར།**

རིལ་མི་འཇུག་དེའི་དྲིན་གང་གིས་བཟོས།[175] 其未摇破孰之恩
It was not broken, who bestowed such kindness?

སྒོང་བན་སེ་བན་སེ་མཆོངས་དུས་དེར།[176] 时卵上下跳动兮
When the egg was leaping,

མཆོངས་མི་འཇུག་དེའི་དྲིན་གང་གིས་བཟོས།[177] 其未跌破孰之恩
It was not broken, who bestowed such kindness?

གླུ་དལ་བུར་ཤོག་དང་བྲེལ་བ་མེད། 歌徐陈之莫匆促
Please sing the song slowly, there is no hurry.

ལན། 答
Answer:

སྒོང་རིལ་སེ་རིལ་སེ་རིལ་དུས་དེར།[178] 时卵左右摇晃兮
When the egg was rolling around,

རིལ་མི་འཇུག་དེའི་དྲིན་ཀླུ་ཡིས་བཟོས།[179] 其未摇破鲁神护
Lu's kindness prevented it from being broken.

སྒོང་བན་སེ་བན་སེ་མཆོངས་དུས་དེར།[180] 时卵上下跳动兮
When the egg was leaping,

མཆོངས་མི་འཇུག་དེའི་དྲིན་གཉན་གྱིས་བཟོས།[181] 其未跌破念神护
Nyen's kindness prevented it from being broken.

---

175 MT: **རིལ་མི་འཇུག་དེའི་དྲིན་གང་གིས་བཟོས།** FY: རིལ་མི་འཇུག་འདིའི་དྲིན་གང་གིས་བཟོས།

176 MT: **སྒོང་བན་སེ་བན་སེ་མཆོངས་དུས་དེར།** FY: སྒོང་བན་སེ་བན་སེ་མཆོང་དུས་དེར།

177 MT: **མཆོངས་མི་འཇུག་དེའི་དྲིན་གང་གིས་བཟོས།** FY: མཆོང་མི་འཇུག་འདིའི་དྲིན་གང་གིས་བཟོས།

178 MT: **སྒོང་རིལ་སེ་རིལ་སེ་རིལ་དུས་དེར།**

179 MT: **རིལ་མི་འཇུག་དེའི་དྲིན་ཀླུ་ཡིས་བཟོས།** FY: རིལ་མི་འཇུག་འདིའི་དྲིན་ཚང་གིས་བཟོས།

180 MT: **སྒོང་བན་སེ་བན་སེ་མཆོངས་དུས་དེར།**

181 MT: **མཆོངས་མི་འཇུག་དེའི་དྲིན་གཉན་གྱིས་བཟོས།** FY: མཆོང་མི་འཇུག་འདིའི་དྲིན་ཁྱུང་གིས་བཟོས།

གླུ་དེ་ཡི་ལན་ལ་དེ་འདྲ་ཡིན། 如是答复彼歌矣

This is the response to the song.

དྲི། 问

Question:

སྒོ་ངར་བལྟ་རུ་སོང་བ་ན།[182] 前往观摩此卵兮

When going to see the egg,

སྒོང་བདུན་གཅིག་ལོན་ན་ཅི་ཞིག་རེད།[183] 卵过七曜生何耶

What did the egg turn into after the first period of seven days?

སྒོང་བདུན་གཉིས་ལོན་ན་ཅི་ཞིག་རེད།[184] 卵过二七现何耶

What did the egg turn into after the second period of seven days?

སྒོང་བདུན་གསུམ་ལོན་ན་ཅི་ཞིག་རེད།[185] 卵过三七化何耶

What did the egg turn into after the third period of seven days?

ལན། 答

Answer:

སྒོང་བདུན་གཅིག་ལོན་ན་ཁྲག་སེར་རེད།[186] 七曜卵生金血丝

After the first period of seven days, the egg turned into golden blood veins.

སྒོང་བདུན་གཉིས་ལོན་ན་སྤུ་སེར་རེད།[187] 二七卵现金绒羽

After the second period of seven days, the egg turned into golden feathers.

---

182 LT: སྒོ་ང་བལྟ་རུ་སོང་བ་ལ། FY: སྒོ་ང་ལྟ་རུ་སོང་བ་ལ། ED: **སྒོ་ངར་བལྟ་རུ་སོང་བ་ན།**

183 MT, LT, FY: **སྒོང་བདུན་གཅིག་ལོན་ན་ཅི་ཞིག་རེད།** DP: སྒོང་བདུན་༡་ལོན་ནི་ཆི་བཟི་རེ།

184 MT, LT, FY: **སྒོང་བདུན་གཉིས་ལོན་ན་ཅི་ཞིག་རེད།** DP: བདུན་༢་ལོན་ནི་ཆི་བཟི་རེ།

185 MT, LT, FY: **སྒོང་བདུན་གསུམ་ལོན་ན་ཅི་ཞིག་རེད།** DP: བདུན་༣་ལོན་ནི་ཆི་བཟི་རེ།

186 MT, LT, FY: **སྒོང་བདུན་གཅིག་ལོན་ན་ཁྲག་སེར་རེད།** DP: སྒོང་བདུན་༡་ལོན་ནི་ཁྲག་སེར་ཡིན།

187 MT, LT, FY: **སྒོང་བདུན་གཉིས་ལོན་ན་སྤུ་སེར་རེད།** DP: བདུན་༢་ལོན་ནི་སྤུ་སེར་ཡིན།

སྒོང་བདུན་གསུམ་ལོན་ན་ཁྱུང་ཆེན་རེད།[188] 三七卵化鹏鸟矣

After the third period of seven days, the great Khyung emerged from the egg.

ཁྱུང་སྒོ་ང་མ་ཡིན་གླུ་འདི་ཡིན།[189] 鹏为卵时歌如是

Such is the song of Khyung's egg.

དྲི། 问

Question:

ཁྱུང་སྒོང་ནང་ནས་ཐར་བརྡོད་སྣང་།[190] 鹏鸟破卵而出兮

Khyung burst out from the egg.

ཁྱུང་འཕུར་བ་ག་རུ་འཕུར་ནི་རེད།[191] 鹏翱翔于何处耶

Whither did Khyung fly?

ཁྱུང་བབས་པ་ག་རུ་བབས་ནི་རེད།[192] 鹏降落于何处耶

Where did Khyung land?

ཁྱུང་རུམ་པ་ག་རུ་རུམ་ནི་རེད།[193] 鹏栖居于何处耶

What did Khyung inhabit?

གླུ་དལ་བུར་ཤོག་དང་བྲེལ་བ་མེད། 歌徐陈之莫匆促

Please sing the song slowly, there is no hurry.

188 MT, LT: སྒོང་བདུན་གསུམ་ལོན་ན་ཁྱུང་ཆེན་རེད། DP: བདུན་ཐ་ལེན་ནི་ཁྱུང་འཕྱུལ་ཡིན། FY: བདུན་གསུམ་ལོན་ན་ཁྱུང་ཆེན་རེད།

189 MT: ཁྱུང་སྒོ་ང་མ་ཡིན་གླུ་འདི་ཡིན།

190 DP: ཁྱུང་སྒོང་ན་ནང་ནས་ཐར་སྡོད་ན། ED: ཁྱུང་སྒོང་ནང་ནས་ཐར་བརྡོད་སྣང་།

191 MT: ཁྱུང་འཕུར་བ་ག་རུ་འཕུར་ནི་རེད།

192 MT: ཁྱུང་བབས་པ་ག་རུ་བབས་ནི་རེད།

193 MT: ཁྱུང་རུམ་པ་ག་རུ་རུམ་ནི་རེད།

ལན། 答

Answer:

ཁྱུང་འཕུར་བ་དཀྱུང་སྔོན་དབྱིངས་ལ་འཕུར།[194] 鹏翱翔于苍穹也

Khyung flew into the blue sky.

ཁྱུང་བབས་པ་རི་རབ་རྩེ་ལ་བབས།[195] 鹏降落于须弥巅

Khyung landed at the apex of Mount Meru.

ཁྱུང་རྡུམ་པ་རི་རབ་རྩེ་ནས་རྡུམ།[196] 鹏栖居于须弥巅

Khyung inhabited the apex of Mount Meru.

གླུ་དེ་ཡི་ལན་ལ་དེ་འདྲ་ཡིན། 如是答复彼歌矣

This is the response to the song.

དྲི། 问

Question:

ཁྱུང་ལྟ་བ་ག་རུ་བལྟས་ནི་རེད།[197] 鹏鸟所见者何耶

What did Khyung see?

ཁྱུང་ཉན་པ་ག་རུ་ཉན་ནི་རེད།[198] 鹏鸟所闻者何耶

What did Khyung hear?

ཁྱུང་བཤོས་པ་ག་རུ་བཤོས་ནི་རེད།[199] 鹏鸟所为者何耶

What did Khyung do?

---

194 MT: ཁྱུང་འཕུར་བ་དཀྱུང་སྔོན་དབྱིངས་ལ་འཕུར།

195 MT: ཁྱུང་བབས་པ་རི་རབ་རྩེ་ལ་བབས།

196 MT: ཁྱུང་རྡུམ་པ་རི་རབ་རྩེ་ནས་རྡུམ།

197 MT: ཁྱུང་ལྟ་བ་ག་རུ་བལྟས་ནི་རེད།

198 MT: ཁྱུང་ཉན་པ་ག་རུ་ཉན་ནི་རེད།

199 MT: ཁྱུང་བཤོས་པ་ག་རུ་བཤོས་ནི་རེད།

གླུ་དལ་བུར་ཐོག་དང་བྲེལ་བ་མེད། 歌徐陈之莫匆促

Please sing the song slowly, there is no hurry.

ལན། 答

Answer:

ལྟ་བ་ཕྱི་རོལ་དགྲ་ལ་བལྟས།[200] 鹏鸟所见外界敌

Khyung saw the external enemy.

ཉན་པ་ཕྱི་རོལ་དགྲ་ལ་ཉན།[201] 鹏鸟所闻外界敌

Khyung heard the external enemy.

བརྫོས་པ་རྒྱ་མཚོའི་ཞབས་ལ་བརྫོས།[202] 鹏鸟探爪入海底

Khyung stepped into the sea.[11]

གླུ་དེ་ཡི་ལན་ལ་དེ་འདྲ་ཡིན། 如是答复彼歌矣

This is the response to the song.

དྲི། 问

Question:

ཁྱུང་གི་གཟན་ཆེན་རྣམ་གསུམ་ཤོད།[203] 释鹏之三种食兮

Please describe Khyung's three types of food.

གཟན་ཆེ་བ་འབྲིང་དང་ཆུང་བ་གསུམ།[204] 食分大中小三等

There are large, medium, and small foods.

---

[200] MT: **ལྟ་བ་ཕྱི་རོལ་དགྲ་ལ་བལྟས།**

[201] MT: **ཉན་པ་ཕྱི་རོལ་དགྲ་ལ་ཉན།**

[202] MT: **བརྫོས་པ་རྒྱ་མཚོའི་ཞབས་ལ་བརྫོས།**

[203] MT, FY: **ཁྱུང་གི་གཟན་ཆེན་རྣམ་གསུམ་ཤོད།** DP: ཁྱུང་གེའི་བཟན་ཆ་རྣམ་གསུམ་བཤད། LT: ཁྱུང་གི་གཟན་ཆེན་རྣམ་གསུམ་བཤད།

[204] LT: **གཟན་ཆེ་བ་འབྲིང་དང་ཆུང་བ་གསུམ།** DP: གཟན་ཆེ་ང་ཆུང་ང་འབྲིང་ང་གསུམ། FY: གཟན་ཆེ་བ་འབྲིང་བ་ཆུང་བ་གསུམ།

ཆེན་གྱི་མིང་ལ་ཅི་ཞིག་ཟེར།[205] 大食何以名之耶

What is the large food called?

འབྲིང་གི་མིང་ལ་ཅི་ཞིག་ཟེར།[206] 中食何以名之耶

What is the medium food called?

ཆུང་གི་མིང་ལ་ཅི་ཞིག་ཟེར།[207] 小食何以名之耶

What is the small food called?

གླུ་དལ་མོ་ལོངས་དང་རྗེས་ན་ཡོད། 有歌相继徐徐咏

Sing it slowly, and more songs will follow.

ལན། 答

Answer:

ཆེན་གྱི་མིང་དེ་བཤད་རྒྱུ་ན།[208] 言其大食之名兮

Speaking of the name of the large food,

ཆེ་བོ་སྦྲུལ་ནག་གདུམ་པོ་རེད།[209] 凶猛玄色蛟蟒矣

It is the big, black, and vicious snake.

འབྲིང་གི་མིང་དེ་བཤད་རྒྱུ་ན།[210] 言其中食之名兮

Speaking of the name of the medium food,

---

205 MT: **ཆེན་གྱི་མིང་ལ་ཅི་ཞིག་ཟེར།** DP: གཟན་ཆེ་ང་མིང་ལ་ཆི་བཟི་རེ། LT: གཟན་ཆེ་བོའི་མིང་དེ་ཅི་ཞིག་རེད། FY: གཟན་ཆེ་བའི་མིང་དེ་ཅི་ཞིག་རེད།

206 MT: **འབྲིང་གི་མིང་ལ་ཅི་ཞིག་ཟེར།** DP: འབྲིང་ང་མིང་ལ་ཆི་བཟི་རེ། LT: འབྲིང་པོའི་མིང་དེ་ཅི་ཞིག་རེད། FY: འབྲིང་བའི་མིང་དེ་ཅི་ཞིག་རེད།

207 MT: **ཆུང་གི་མིང་ལ་ཅི་ཞིག་ཟེར།** DP: ཆུང་ང་མིང་ལ་ཆི་བཟི་རེ། LT: ཆུང་པོའི་མིང་དེ་ཅི་ཞིག་རེད། FY: ཆུང་བའི་མིང་དེ་ཅི་ཞིག་རེད།

208 MT: **ཆེན་གྱི་མིང་དེ་བཤད་རྒྱུ་ན།** DP: གཟན་ཆེ་ང་མིང་ལ་བཤད་བགྱི་ན། LT: གཟན་ཆེ་བོའི་མིང་དེ་བཤད་རྒྱུ་ན། FY: གཟན་ཆེ་བའི་མིང་དེ་བཤད་རྒྱུ་ན།

209 MT, FY: **ཆེ་བོ་སྦྲུལ་ནག་གདུམ་པོ་རེད།** DP: ཆེ་ང་མེ་ཏོག་པདྨ་རེ། LT: ཆེ་བོ་དུག་སྦྲུལ་ནག་པོ་རེད།

210 MT: **འབྲིང་གི་མིང་དེ་བཤད་རྒྱུ་ན།** LT: འབྲིང་པོའི་མིང་དེ་ཟེར་བ་ན། FY: འབྲིང་བའི་མིང་དེ་ཟེར་བ་ན།

འབུ་ཀྱུ་ཀྱུ་འབུ་ཡི་རྒྱལ་པོ་རེད།[211] 弯曲钩状虫王矣

It is the king of the hookworm.

ཆུང་གི་མིང་དེ་བཤད་རྒྱུ་ན།[212] 言其小食之名兮

Speaking of the name of the small food,

ས་ནག་པོར་ཐོན་པའི་འབྲུ་དང་གསུམ།[213] 玄土所生谷粮矣

It is the grain growing from the earth.

ཁྱུང་གི་གཟན་ཆེན་རྣམ་གསུམ་རེད།[214] 鹏鸟三种食如是

These are Khyung's three food types.

གླུ་དེ་ཡི་ལན་ལ་དེ་འདྲ་ཡིན། 如是答复彼歌矣

This is the response to the song.

དྲི། 问

Question:

ཁྱུང་ཡ་མཚན་འདི་འདྲ་འཛོམས་བསྡད་ཡོད།[215] 甚稀奇之鹏鸟兮

Khyung is full of miracles.

ཁྱུང་ལུས་ཀྱི་ཡ་མཚན་སྣ་དགུ་ཤོད།[216] 释鹏身之种种妙

Please describe all of Khyung's miraculous body parts.

ཁྱུང་གི་མགོ་དེ་ཟེར་ནི་གན།[217] 释鹏鸟之头部兮

Speaking of Khyung's head,

---

211 MT, FY: **འབུ་ཀྱུ་ཀྱུ་འབུ་ཡི་རྒྱལ་པོ་རེད།** DP: འབྲིང་ང་སྦྲུལ་རིས་གྲུ་བུ་རེ། LT: བུ་ཀྱུ་ཀྱུ་འབུ་ཡི་རྒྱལ་པོ་རེད།

212 MT: **ཆུང་གི་མིང་དེ་བཤད་རྒྱུ་ན།** LT: ཆུང་པོའི་མིང་དེ་ཟེར་བ་ན། FY: ཆུང་བ་མིང་དེ་ཟེར་བ་ན།

213 MT, LT, FY: **ས་ནག་པོར་ཐོན་པའི་འབྲུ་དང་གསུམ།** DP: ཆུང་ངའི་འབུ་གྲུ་རྒྱལ་མོ་ཡིན།

214 MT: **ཁྱུང་གི་གཟན་ཆེན་རྣམ་གསུམ་རེད།**

215 MT: **ཁྱུང་ཡ་མཚན་འདི་འདྲ་འཛོམས་བསྡད་ཡོད།**

216 MT, FY: **ཁྱུང་ལུས་ཀྱི་ཡ་མཚན་སྣ་དགུ་ཤོད།**

217 MT: ཁྱུང་གི་མགོ་དེར་ཅི་ཞིག་ཟེར། LT: ཁྱུང་གི་མགོ་བོ་གསེར་ལས་གན། FY: ཁྱུང་ལུས་ཀྱི་ཡ་མཚན་སྣ་དགུ་སྟེ། ཁྱུང་གི་མགོ་བོ་ཟེར་ལེ་ཀན། ED: **ཁྱུང་གི་མགོ་དེ་ཟེར་ནི་གན།**

གཏམ་པ་གཏམ་པས་ཅི་ལ་གཏམ།[218] 其所相像者何耶

What does it resemble?

ཁྱུང་གི་སྤྱན་དེ་ཟེར་ནི་གན།[219] 释鹏鸟之眼目兮

Speaking of Khyung's eyes,

གཏམ་པ་གཏམ་པས་ཅི་ལ་གཏམ།[220] 其所相像者何耶

What do they resemble?

ཁྱུང་གི་སྐེ་དེ་ཟེར་ནི་གན།[221] 释鹏鸟之颈项兮

Speaking of Khyung's neck,

གཏམ་པ་གཏམ་པས་ཅི་ལ་གཏམ།[222] 其所相像者何耶

What does it resemble?

གླུ་དལ་བུར་ཞོག་དང་བྲེལ་བ་མེད། 歌徐陈之莫匆促

Please sing the song slowly, there is no hurry.

ལན། 答

Answer:

མགོ་དེ་རྡོ་རྗེ་རྩེ་བ་འདྲ།[223] 头如金刚杵尖也

The head is like the top of the Vajra.

---

218 MT, LT, FY: **གཏམ་པ་གཏམ་པས་ཅི་ལ་གཏམ།**

219 MT: ཁྱུང་གི་སྤྱན་དེར་ཅི་ཞིག་ཟེར། DP: ཁྱུང་གི་སྤྱན་དེ་ཟེར་ལི་གན། LT: ཁྱུང་གི་སྤྱན་འདི་གསེར་ལས་གན། FY: ཁྱུང་གི་སྤྱན་འདི་ཟེར་ལི་ཀན། ED: **ཁྱུང་གི་སྤྱན་དེ་ཟེར་ནི་གན།**

220 MT, LT, FY: **གཏམ་པ་གཏམ་པས་ཅི་ལ་གཏམ།** DP: དམ་པ་དམ་པས་ཆི་ལ་དམ།

221 MT. ཁྱུང་ཀི་སྐེ་དེ་ཅི་ཞིག་ཟེར། LT: ཁྱུང་གི་སྐེ་འདི་གསེར་ལས་གན། FY: ཁྱུང་གི་སྐེ་ཏི་ཟེར་ལི་ཀན། ED: **ཁྱུང་གི་སྐེ་དེ་ཟེར་ནི་གན།**

222 MT, LT, FY: **གཏམ་པ་གཏམ་པས་ཅི་ལ་གཏམ།**

223 MT: **མགོ་དེ་རྡོ་རྗེ་རྩེ་བ་འདྲ།** LT: མགོ་བོ་རྡོ་རྗེ་རྩེ་མོ་འདྲ། FY: མགོ་བོ་རྡོ་རྗེ་རྩེ་བ་འདྲ།

སྤྱན་དེ་ཉི་མ་ཤར་བ་འདྲ།[224] 其眼目如朝日也

The eyes are like the shining sun.

སྐེ་དེ་བུམ་པ་བཞམས་པ་འདྲ།[225] 其颈项如宝瓶矣

The neck is like a sacred vase.

གླུ་དེ་ཡི་ལན་ལ་དེ་འདྲ་ཡིན། 如是答复彼歌矣

This is the response to the song.

དྲི། 问

Question:

ཁྱུང་གི་ཡར་མཆུ་ཟེར་ནི་གན།[226] 释鹏鸟之上喙兮

Speaking of Khyung's upper beak,

གཏམ་པ་གཏམ་པས་ཅི་ལ་གཏམ།[227] 其所相像者何耶

What does it resemble?

ཁྱུང་གི་མར་མཆུ་ཟེར་ནི་གན།[228] 释鹏鸟之下喙兮

Speaking of Khyung's lower beak,

གཏམ་པ་གཏམ་པས་ཅི་ལ་གཏམ།[229] 其所相像者何耶

What does it resemble?

ཁྱུང་གི་ཡར་སོ་ཟེར་ནི་གན།[230] 释鹏鸟之上齿兮

Speaking of Khyung's upper teeth,

---

224 MT, FY: **སྤྱན་དེ་ཉི་མ་ཤར་བ་འདྲ།** LT: མིག་དེ་ཉི་ཟླ་ཤར་བ་འདྲ།

225 MT, LT: **སྐེ་དེ་བུམ་པ་བཞམས་པ་འདྲ།** FY: སྐེ་དེ་བུམ་པར་ཞམ་པ་འདྲ།

226 MT: ཁྱུང་གི་ཡར་མཆུ་ཅི་ཞིག་ཟེར། FY: ཁྱུང་གི་ཡར་མཆུ་ཟེར་ལི་ཀན། ED: **ཁྱུང་གི་ཡར་མཆུ་ཟེར་ནི་གན།**

227 MT, LT, FY: **གཏམ་པ་གཏམ་པས་ཅི་ལ་གཏམ།**

228 MT: ཁྱུང་གི་མར་མཆུ་ཅི་ཞིག་ཟེར། FY: ཁྱུང་གི་མར་མཆུ་ཟེར་ལེ་ཀན། ED: **ཁྱུང་གི་མར་མཆུ་ཟེར་ནི་གན།**

229 MT, LT, FY: **གཏམ་པ་གཏམ་པས་ཅི་ལ་གཏམ།**

230 DP: ཁྱུང་གི་ཡར་སོ་ཟེར་ལི་གན། ED: **ཁྱུང་གི་ཡར་སོ་ཟེར་ནི་གན།**

གདམ་པ་གདམ་པས་ཅི་ལ་གདམ།[231]
其所相像者何耶
What do they resemble?

ཁྱུང་གི་ལྕེ་དེ་ཟེར་ནི་གན།[232]
释鹏鸟之口舌兮
Speaking of Khyung's tongue,

གདམ་པ་གདམ་པས་ཅི་ལ་གདམ།[233]
其所相像者何耶
What does it resemble?

གླུ་དལ་མོ་ལོངས་དང་རྗེས་ན་ཡོད།
有歌相继徐徐咏
Sing it slowly, and more songs will follow.

ལན།
答
Answer:

ཡར་མཆུ་ལྕགས་ཀྱི་བཀུག་པ་འདྲ།[234]
上喙如弯曲铁钩
The upper beak is like an iron hook.

མར་མཆུ་ཤ་གཟན་སྡིག་རྭ་འདྲ།[235]
下喙如食肉蝎子
The lower beak is like a carnivorous scorpion.

ཡར་སོ་གངས་རི་བཤམས་པ་འདྲ།[236]
上牙如巍巍雪山
The upper teeth are like snow mountains standing erect.

ལྕེ་ནི་གློག་དམར་འཁྱུག་པ་འདྲ།[237]
口舌如赤色闪电
The tongue is like red lightning flashing.

---

231 DP: དམ་པ་དམ་པས་ཆི་ལ་དམ། ED: **གདམ་པ་གདམ་པས་ཅི་ལ་གདམ།**

232 MT: ཁྱུང་གི་ལྕེ་དེར་ཅི་ཞིག་ཟེར། LT: ཁྱུང་གི་ཁ་ལྕེ་གསེར་ལས་གན། FY: ཁྱུང་གི་ལྕེ་དེ་ཟེར་ལེ་ཀན། ED: **ཁྱུང་གི་ལྕེ་དེ་ཟེར་ནི་གན།**

233 DP: དམ་པ་དམ་པས་ཆི་ལ་དམ། FY: **གདམ་པ་གདམ་པས་ཅི་ལ་གདམ།**

234 MT, FY: **ཡར་མཆུ་ལྕགས་ཀྱི་བཀུག་པ་འདྲ།** LT: ཡར་མཆུ་ལྕགས་ཀྱུ་བཀུག་པ་འདྲ།

235 MT, LT: **མར་མཆུ་ཤ་གཟན་སྡིག་རྭ་འདྲ།** FY: མར་མཆུ་ཤ་གཟུང་སྡོམ་པ་འདྲ།

236 DP: **ཡར་སོ་གངས་རི་བཤམས་པ་འདྲ།**

237 MT, DP, LT, FY: **ལྕེ་ནི་གློག་དམར་འཁྱུག་པ་འདྲ།**

གླུ་དེ་ཡི་ལན་ལ་དེ་འདྲ་ཡིན། 如是答复彼歌矣

This is the response to the song.

དྲི། 问

Question:

ཁྱུང་གི་བ་སྤུ་ཟེར་ནི་གན།[238] 释鹏鸟之翎羽兮

Speaking of Khyung's feathers,

གདམ་པ་གདམ་པས་ཅི་ལ་གདམ།[239] 其所相像者何耶

What do they resemble?

ཁྱུང་གི་ལྟོ་བ་ཟེར་ནི་གན།[240] 释鹏鸟之坤腹兮

Speaking of Khyung's belly,

གདམ་པ་གདམ་པས་ཅི་ལ་གདམ།[241] 其所相像者何耶

What does it resemble?

ཁྱུང་གི་མཇུག་མ་ཟེར་ནི་གན།[242] 释鹏鸟之尾部兮

Speaking of Khyung's tail,

གདམ་པ་གདམ་པས་ཅི་ལ་གདམ།[243] 其所相像者何耶

What does it resemble?

---

238 MT: ཁྱུང་གི་བ་སྤུ་ཅི་ཞིག་ཟེར། DP: ཁྱུང་གི་ས་སྤུ་ཟེ་ལེ་འདི། LT: ཁྱུང་གི་ཡར་སྒྲོ་གསེར་ལས་གན། ཁྱུང་གི་མར་སྒྲོ་གསེར་ལས་གན། ཁྱུང་གི་བ་སྤུ་གསེར་ལས་གན། FY: ཁྱུང་གི་བ་སྤུ་ཟེར་ལེ་ཀན། ED: **ཁྱུང་གི་བ་སྤུ་ཟེར་ནི་གན།**

239 MT, LT, FY: **གདམ་པ་གདམ་པས་ཅི་ལ་གདམ།** DP: དམ་པ་དམ་པས་ཆི་ལ་དམ།

240 MT: ཁྱུང་གི་ལྟོ་བར་ཅི་ཞིག་ཟེར། LT: ཁྱུང་གི་ལྟོ་བ་གསེར་ལས་གན། FY: ཁྱུང་གི་ལྟོ་བ་ཟེར་ལེ་ཀན། ED: **ཁྱུང་གི་ལྟོ་བ་ཟེར་ནི་གན།**

241 MT, LT, FY: **གདམ་པ་གདམ་པས་ཅི་ལ་གདམ།**

242 MT: ཁྱུང་གི་མཇུག་མ་ཅི་ཞིག་ཟེར། DP: ཁྱུང་གི་སྔ་མ་ཟེར་ལེ་གེ LT: ཁྱུང་གི་མཇུག་མ་གསེར་ལས་གན། FY: ཁྱུང་གི་མཇུག་མ་ཟེར་ལེ་ཀན། ED: **ཁྱུང་གི་མཇུག་མ་ཟེར་ནི་གན།**

243 MT, LT, FY: **གདམ་པ་གདམ་པས་ཅི་ལ་གདམ།** DP: དམ་པ་དམ་པས་ཆི་ལ་དམ།

ལན། 答

Answer:

བ་སྤུ་ལུང་ཁྲི་བརྩེགས་པ་འདྲ།[244] 绒羽如宝座层叠

The feathers are like the exalted, layered throne.

ལྟོ་བ་དཀྱིལ་འཁོར་འཁྱིལ་བ་འདྲ།[245] 腹如曼陀罗转旋

The belly is like a swirling mandala.

མཇུག་མ་རྒྱན་དར་འཕྱང་བ་འདྲ།[246] 尾部如幡幢垂悬

The tail is like a gorgeous flag dangling.

ཁྱུང་གི་ཡ་མཚན་སྣ་དགུ་ཡིན།[247] 甚稀奇之鹏鸟兮

These are all of Khyung's miraculous parts.

ཡ་མཚན་ལུས་ལ་འཛོམས་བསྡད་ཡོད།[248] 鹏鸟身有种种妙

All miraculous body parts are gathered in Khyung.

དྲི། 问

Question:

ཁྱུང་མགོ་ན་ཁྲ་ཁྲ་འཁྱིལ་ནི་གན།[249] 头部所聚宝光兮

The multiple colours gathering on Khyung's head,

244 MT: **བ་སྤུ་ལུང་ཁྲི་བརྩེགས་པ་འདྲ།** DP: ས་སྤུ་ལྗོ་སྤྲིན་ཐིབས་པ་འདྲ། LT: བ་སྤུ་ལམ་ཁྲི་བརྩེགས་པ་འདྲ། FY: བ་སྤུ་གདན་ཁྲི་བརྩེགས་པ་འདྲ།

245 MT, LT, FY: **ལྟོ་བ་དཀྱིལ་འཁོར་འཁྱིལ་བ་འདྲ།**

246 MT, LT, FY: **མཇུག་མ་རྒྱན་དར་འཕྱང་བ་འདྲ།**

247 MT: **ཁྱུང་གི་ཡ་མཚན་སྣ་དགུ་ཡིན།** LT: ཁྱུང་ལུས་ཀྱི་ཡ་མཚན་སྣ་དགུ་ཡོད། FY: ཁྱུང་ལུས་ཀྱི་ཡ་མཚན་སྣ་དགུ་ཡོད།

248 MT: **ཡ་མཚན་ལུས་ལ་འཛོམས་བསྡད་ཡོད།** FY: ཁྱུང་ཡ་མཚན་ལུས་ལ་འཛོམས་བསྡད་ཡོད།

249 MT: མགོ་ན་ཀྲོག་ཀྲོག་འཁྱིལ་ལི་གན། LT: མགོ་ན་ཁྲ་ཁྲ་འཁྱིལ་ལེ་གན། FY: ཁྱུང་མགོ་ན་ཁྲོ་ཁྲོ་འཁྱིལ་ལེ་ཀན། ED: **ཁྱུང་མགོ་ན་ཁྲ་ཁྲ་འཁྱིལ་ནི་གན།**

གདམ་པ་གདམ་པས་ཅི་ལ་གདམ།[250] What do they represent?	其所示现者何耶
བར་ན་འཇའ་ཚོན་ཤར་ནི་གན།[251] The rainbow shining in the middle,	中部闪烁虹霓兮
གདམ་པ་གདམ་པས་ཅི་ལ་གདམ།[252] What does it represent?	其所示现者何耶
གླུ་དལ་མོ་ལོངས་དང་རྗེས་ན་ཡོད། Sing it slowly, and more songs will follow.	有歌相继徐徐咏
ལན། Answer:	答
མགོ་ན་ཁྲ་ཁྲ་འཁྱིལ་ནི་གན།[253] The multiple colours gathering on its head,	头部闪烁宝光兮
ཁྱུང་ཡ་མཚན་ཆེ་ནི་དེ་ཡི་རྟགས།[254] Represent Khyung's great miraculousness.	其所示现稀奇矣
བར་ན་འཇའ་ཚོན་ཤར་ནི་གན།[255] The rainbow shining in the middle,	中部闪烁虹霓兮

250 MT, LT, FY: **གདམ་པ་གདམ་པས་ཅི་ལ་གདམ།**

251 MT: **བར་ན་འཇའ་ཚོན་ཤར་ནི་གན།** LT: བར་ན་འཇའ་ཚོན་ཤར་བ་གན། FY: བར་ན་འཇའ་ཚོན་ཤར་ལེ་ཀན།

252 MT, LT, FY: **གདམ་པ་གདམ་པས་ཅི་ལ་གདམ།**

253 MT: མགོ་ན་གྲོག་གྲོག་འཁྱིལ་ལི་གན། LT: མགོ་ན་ཁྲ་ཁྲ་འཁྱིལ་ལེ་གན། FY: མགོ་ན་ཁྲོ་ཁྲོ་འཁྱིལ་ལེ་ཀན། ED: **མགོ་ན་ཁྲ་ཁྲ་འཁྱིལ་ནི་གན།**

254 MT: **ཁྱུང་ཡ་མཚན་ཆེ་ནི་དེ་ཡི་རྟགས།** LT: ཁྱུང་ཡ་མཚན་ཆེ་བ་དེའི་རྟགས་རེད། FY: ཁྱུང་ཡ་མཚན་ཆེ་ནི་དེའི་རྟགས་རེད།

255 MT: **བར་ན་འཇའ་ཚོན་ཤར་ནི་གན།** LT: བར་ན་འཇའ་ཚོན་ཤར་བ་གན། FY: བར་ན་འཇའ་ཚོན་ཤར་ལེ་ཀན།

ཁྱུང་དཔའ་རྒྱལ་ཆེ་ནི་དེ་ཡི་རྟགས།[256] 其所示现无畏矣

Represents Khyung's remarkable bravery.

གླུ་དེ་ཡི་ལན་ལ་དེ་འདྲ་ཡིན། 如是答复彼歌矣

This is the response to the song.

དྲི། 问

Question:

ཁྱུང་ལུས་ཀྱི་དཔའ་རྒྱལ་སྣ་དགུ་ཤོད།[257] 释鹏鸟种种神力

Please describe all of Khyung's heroic powers.

མགོ་ཡི་སོག་ལེ་བཅུ་གཉིས་གན།[258] 十二冠翎若锯兮

The crest with twelve saw-like elements,

གདམ་པ་གདམ་པས་ཅི་ལ་གདམ།[259] 其所示现者何耶

What does it represent?

གཤོག་པ་རལ་གྲི་རྣོན་པོ་གན།[260] 羽翼犹若利剑兮

The sharp, sword-like wings,

གདམ་པ་གདམ་པས་ཅི་ལ་གདམ།[261] 其所示现者何耶

What do they represent?

---

256 MT: **ཁྱུང་དཔའ་རྒྱལ་ཆེ་ནི་དེ་ཡི་རྟགས།** LT: ཁྱུང་དཔའ་རྒྱལ་ཆེ་བ་དེའི་རྟགས་རེད། FY: ཁྱུང་དཔའ་རྒྱལ་ཆེ་ནི་དེའི་རྟགས་རེད།

257 MT, LT, FY: **ཁྱུང་ལུས་ཀྱི་དཔའ་རྒྱལ་སྣ་དགུ་ཤོད།**

258 MT, LT: **མགོ་ཡི་སོག་ལེ་བཅུ་གཉིས་གན།** DP: མགོ་ཡི་སོ་ལེ་བཅུ་གཉིས་གེ FY: མགོ་ཡི་སོ་ལེ་བཅུ་གཉིས་ཀན།

259 MT, LT, FY: **གདམ་པ་གདམ་པས་ཅི་ལ་གདམ།** DP: དམ་པ་དམ་པས་ཆི་ལ་དམ།

260 DP: གཤོག་པ་རལ་གྲི་རྣོན་པོ་གེ LT: གཤོག་པ་རལ་གྲི་ཤ་སྟག་གན། FY: གཤོག་པ་རལ་གྲི་ཤ་སྟག་ཀན། ED: **གཤོག་པ་རལ་གྲི་རྣོན་པོ་གན།**

261 MT, LT, FY: **གདམ་པ་གདམ་པས་ཅི་ལ་གདམ།** DP: དམ་པ་དམ་པས་ཆི་ལ་དམ།

སྡེར་མོ་ལྕགས་ཀྱུ་བཀུག་ནི་གན།[262] 足爪犹若弯钩兮
The iron hooks-like talons,

གདམ་པ་གདམ་པས་ཅི་ལ་གདམ།[263] 其所示现者何耶
What do they represent?

གླུ་དལ་བུར་ཤོག་དང་བྲེལ་བ་མེད། 歌徐陈之莫匆促
Please sing the song slowly, there is no hurry.

ལན། 答
Answer:

ཁྱུང་ལུས་ཀྱི་དཔའ་རྩལ་སྣ་དགུ་དེ།[264] 鹏鸟之神力如是
Khyung's various valiant powers are as follows:

ཁྱུང་མགོ་ཡི་སོག་ལེ་བཅུ་གཉིས་གན།[265] 十二冠翎若锯兮
The crest with twelve saw-like elements,

དགུང་ཉི་མ་གཟའ་སྐར་དབང་དུ་བསྡུས།[266] 降伏种种星宿矣
Represents the subjugation of all the planets in the sky.

གཤོག་པ་རལ་གྱི་རྣོན་པོ་གན།[267] 羽翼犹若利剑兮
The sharp, sword-like wings,

262 MT: **སྡེར་མོ་ལྕགས་ཀྱུ་བཀུག་ནི་གན།** DP: སྡེར་མོ་ལྕགས་བཀུགས་ལེ་འདེ། LT: སྡེར་མོ་ལྕགས་ཀྱུ་བཀུག་འདྲ་གན།

263 MT, LT: **གདམ་པ་གདམ་པས་ཅི་ལ་གདམ།** DP: དམ་པ་དམ་པས་ཆི་ལ་དམ།

264 MT: **ཁྱུང་ལུས་ཀྱི་དཔའ་རྩལ་སྣ་དགུ་དེ།**

265 MT: **ཁྱུང་མགོ་ཡི་སོག་ལེ་བཅུ་གཉིས་གན།** LT: མགོ་ཡི་སོ་ལེ་བཅུ་གཉིས་ཀྱིས། FY: མགོ་ཡི་སོ་ལེ་བཅུ་གཉིས་ཀན།

266 MT, LT: **དགུང་ཉི་མ་གཟའ་སྐར་དབང་དུ་བསྡུས།** FY: ཁ་ནས་སྤྲུལ་གསུམ་ཀླུ་བདུད་འཇོམས། གཤོག་སྒྲོ་མཐིང་ཆེན་འཁོར་བ་འདྲ། ལས་ཕྱུའི་བྱ་ཁྱུང་སྟོང་སྟོང་འགྱོགས། ཁྱུང་གཤོག་རླུང་གི་རླུང་ཀྱང་འབྱོན། གླིང་བཞིའི་འཇིག་རྟེན་ཟིལ་གྱིས་མནན། རིགས་དྲུག་འཁོར་བ་དབྱིངས་སུ་འདྲེན། མདོངས་གཤོག་བསྐྱོད་ནས་མཁའ་ལ་འཕུར། ཁྱུང་བཞུགས་ས་ནང་གི་རླུང་བསྡོད་ཡོད།

267 MT: གཤོག་པ་རལ་གྱི་ཤ་སྟག་གན། LT: གཤོག་པ་རལ་གྱི་ཤ་སྟག་གིས། ED: **གཤོག་པ་རལ་གྱི་རྣོན་པོ་གན།**

གཉན་རིགས་ཐམས་ཅད་དབང་དུ་བསྡུས།[268] 降伏种种念神矣
Represent the subjugation of all kinds of *nyen*.

སྡེར་མོ་ལྕགས་ཀྱུ་བཀུག་ནི་གན།[269] 足爪犹若弯钩兮
The iron hooks-like talons,

ཀླུ་རིགས་ཐམས་ཅད་དབང་དུ་བསྡུས།[270] 降伏种种鲁神矣
Represent the subjugation of all manner of *lu*.

གླུ་དེ་ཡི་ལན་ལ་དེ་འདྲ་ཡིན། 如是答复彼歌矣
This is the response to the song.

དྲི། 问
Question:

བ་སྤུ་ཞུང་ཁྲི་ཟེར་བ་གན།[271] 释其绒羽层叠兮
Speaking of the layered feather,

གཏམ་པ་གཏམ་པས་ཅི་ལ་གཏམ།[272] 其所示现者何耶
What does it represent?

ཇ་མ་གདན་ཁྲི་ཟེར་བ་གན།[273] 释其尾羽层叠兮
Speaking of the layered throne-like tail,

གཏམ་པ་གཏམ་པས་ཅི་ལ་གཏམ།[274] 其所示现者何耶
What does it represent?

---

268 MT, LT: **གཉན་རིགས་ཐམས་ཅད་དབང་དུ་བསྡུས།** DP: གཤོག་པ་རལ་གྲི་ཤ་ཁྲིག་ཁྱད་ཁ་བཟློག་པ་དེ་ཡི་རྟགས།

269 MT: **སྡེར་མོ་ལྕགས་ཀྱུ་བཀུག་ནི་གན།** LT: སྡེར་མོ་ལྕགས་ཀྱུ་བཀུག་པ་ཡིས།

270 MT, LT: **ཀླུ་རིགས་ཐམས་ཅད་དབང་དུ་བསྡུས།** DP: དུག་སྦྲུལ་ནག་པོ་འཆིང་པ་རེ།

271 MT: བ་སྤུ་ལོ་ཁྲི་ཅི་ཞིག་ཟེར། LT: བ་སྤུ་ལོ་ཁྲི་ཟེར་བ་གན། ED: **བ་སྤུ་ཞུང་ཁྲི་ཟེར་བ་གན།**

272 MT, LT: **གཏམ་པ་གཏམ་པས་ཅི་ལ་གཏམ།**

273 MT: ཇ་མ་གདན་ཁྲི་ཅི་ཞིག་ཟེར། LT: **ཇ་མ་གདན་ཁྲི་ཟེར་བ་གན།**

274 MT, LT: **གཏམ་པ་གཏམ་པས་ཅི་ལ་གཏམ།**

ལན། 答

Answer:

བ་སྤུ་ལུང་ཁྲི་ཟེར་བ་གན།[275] 言其绒羽层叠兮

Speaking of the layered feather,

བདུད་ཀྱི་རྒྱལ་པོ་འགུགས་པའི་རྟགས།[276] 示现伏服魔王矣

It represents the obedience of the King of *dü* (*bdud*).[12]

རྔ་མ་གདན་ཁྲི་ཟེར་བ་གན།[277] 言其尾羽层叠兮

Speaking of the layered throne-like tail,

ནད་ཡམས་བྱད་ཁ་ཟློག་པའི་རྟགས།[278] 示现趋避瘟咒矣

It represents warding off the plague.

ཁྱུང་ལུས་ཀྱི་དཔའ་རྩལ་སྣ་དགུ་རེད།[279] 鹏鸟之神力如是

These are Khyung's various valiant powers.

དྲི། 问

Question:

ཁྱུང་མགོ་ཡི་རྭ་ཚན་ཆ་གཅིག་གན།[280] 鹏鸟头部之角兮

The pair of horns on Khyung's head,

གཏམ་པ་གཏམ་པས་ཅི་ལ་གཏམ།[281] 其所示现者何耶

What do they represent?

---

275 LT: བ་སྤུ་ལོ་ཁྲི་ཟེར་བ་གན། ED: **བ་སྤུ་ལུང་ཁྲི་ཟེར་བ་གན།**

276 MT, LT: **བདུད་ཀྱི་རྒྱལ་པོ་འགུགས་པའི་རྟགས།**

277 LT: **རྔ་མ་གདན་ཁྲི་ཟེར་བ་གན།**

278 MT: **ནད་ཡམས་བྱད་ཁ་ཟློག་པའི་རྟགས།** LT: ནད་ཡམས་བྱད་ཁ་བཟློགས་པའི་རྟགས།

279 LT: **ཁྱུང་ལུས་ཀྱི་དཔའ་རྩལ་སྣ་དགུ་རེད།**

280 MT: མགོ་ཡི་བྱ་དང་གཅིག་པའི་རྭ་རྩེ་དེ། DP: ཁྱུང་མགོ་ཡི་རྭ་ཚན་ཆ་གཅིག་གེ། LT: **ཁྱུང་མགོ་ཡི་རྭ་ཚན་ཆ་གཅིག་གན།** FY: ཁྱུང་མགོ་ཡི་རྭ་ཚན་ཆ་གཅིག་ཀན།

281 MT, LT, FY: **གཏམ་པ་གཏམ་པས་ཅི་ལ་གཏམ།** DP: དམ་པ་དམ་པས་ཆི་ལ་དམ།

ར་ཡི་བར་གྱི་ནོར་བུ་གན།[282] 角间所饰珍宝兮

The jewel in the middle of the horns,

གདམ་པ་གདམ་པས་ཅི་ལ་གདམ།[283] 其所示现者何耶

What does it represent?

གླུ་དལ་བུར་ཤོག་དང་བྲེལ་བ་མེད། 歌徐陈之莫匆促

Please sing the song slowly, there is no hurry.

ལན། 答

Answer:

མགོ་ཡི་ར་ཚན་ཆ་གཅིག་གན།[284] 鹏鸟头部之角兮

The pair of horns on Khyung's head,

གནམ་སྔོན་པོ་ཡར་ལ་འདེགས་བྱེད་རེད།[285] 其角托举苍穹矣

Lift up the blue sky.

ར་ཡི་བར་གྱི་ནོར་བུ་གན།[286] 角间所饰珍宝兮

The jewel in the middle of the horns,

སེམས་ཅན་ཐམས་ཅད་དར་བའི་རྟགས།[287] 示现众生不息矣

Represents the prosperity of sentient beings.

གླུ་དེ་ཡི་ལན་ལ་དེ་འདྲ་ཡིན། 如是答复彼歌矣

This is the response to the song.

---

282 MT, LT: **ར་ཡི་བར་གྱི་ནོར་བུ་གན།** DP: ཁྱུང་ར་བར་པར་གི་ནོར་བུ་གེ། FY: ར་ཡི་བར་གྱི་ནོར་བུ་ཀན།

283 MT, LT, FY: **གདམ་པ་གདམ་པས་ཅི་ལ་གདམ།** DP: དམ་པ་དམ་པས་ཆི་ལ་དམ།

284 MT: མགོ་ཡི་བྱ་དང་གཅིག་པའི་ར་རྣོ་དེ། DP: ཁྱུང་མགོ་ཡི་ར་ཚན་ཆ་གཅིག་གེ། LT: **མགོ་ཡི་ར་ཚན་ཆ་གཅིག་གན།** FY: མགོ་ཡི་ར་ཚན་ཆ་གཅིག་ཀན།

285 MT: **གནམ་སྔོན་པོ་ཡར་ལ་འདེགས་བྱེད་རེད།** DP: གནམ་སྔོན་པོ་ཡར་ལ་འཕྱུག་བསད་རེ། LT: གནམ་སྔོན་པོ་ཡར་ལ་བསྟོད་བྱེད་རེད། FY: གནམ་སྔོན་པོ་དགུང་ལ་གཏོད་བྱེད་རེད།

286 MT, LT: **ར་ཡི་བར་གྱི་ནོར་བུ་གན།** DP: ཁྱུང་ར་བར་པར་གི་ནོར་བུ་གེ། FY: ར་ཡི་བར་གྱི་ནོར་བུ་ཀན།

287 MT, FY: **སེམས་ཅན་ཐམས་ཅད་དར་བའི་རྟགས།** LT: མ་སེམས་ཅན་ཐམས་ཅད་དར་བའི་རྟགས།

དྲི། 问

Question:

ཁྱུང་མགོ་ཡི་ར་ཚན་ཆ་གཅིག་གན།[288] 鹏鸟头部之角兮

The pair of horns on Khyung's head.

སྐྱེས་ར་རེད་ན་བཙུགས་ར་རེད།[289] 天生抑或置之耶

Were they there from birth or were they placed there later?

ར་ཡི་བར་གྱི་ནོར་བུ་གན།[290] 角间所饰珍宝兮

The jewel in the middle of the horn,

བཞེངས་ནི་རེད་ན་གནང་ནི་རེད།[291] 制作抑或赠之耶

Was it made or gifted?

ལན། 答

Answer:

མགོ་ཡི་ར་ཚན་ཆ་གཅིག་གན།[292] 鹏鸟头部之角兮

The pair of horns on Khyung's head,

སྐྱེས་ར་མིན་ལ་བཙུགས་ར་རེད།[293] 非天生也置之也

They were not there from birth but rather placed there later.

ཡེ་སྨོན་རྒྱལ་པོས་བཙུགས་ནི་རེད།[294] 世间神王置之矣

Yémön Gyelpo placed them.

---

288 DP: ཁྱུང་མགོ་ཡི་ར་ཚན་ཆ་གཅིག་གེ། ED: ཁྱུང་མགོ་ཡི་ར་ཚན་ཆ་གཅིག་གན།

289 DP: སྐྱེ་ར་རེ་ན་གཙུག་ར་རེ། ED: སྐྱེས་ར་རེད་ན་བཙུགས་ར་རེད།

290 DP: ཁྱུང་ར་བར་པར་གི་ནོར་བུ་གེ། ED: ར་ཡི་བར་གྱི་ནོར་བུ་གན།

291 DP: གཞེང་ལེ་རེ་ན་བྱུག་ལེ་རེ། ED: བཞེངས་ནི་རེད་ན་གནང་ནི་རེད།

292 DP: མགོ་ཡི་ར་ཚན་ཆ་གཅིག་གེ། ED: མགོ་ཡི་ར་ཚན་ཆ་གཅིག་གན།

293 DP: སྐྱེ་ར་མིན་སྔ་གཙུག་ར་ཡིན། ED: སྐྱེས་ར་མིན་ལ་བཙུགས་ར་རེད།

294 DP: དབུ་ཡེ་སྨོན་རྒྱལ་པོས་གཡས་ར་གཙུག་ལེ་རེ། ED: ཡེ་སྨོན་རྒྱལ་པོས་བཙུགས་ནི་རེད།

གཡས་པ་རྒྱལ་པོའི་གཡས་ར་རྟགས།[295] 右方如王之右角

The right side represents the king’s right horn.

གཡོན་པ་རྒྱལ་པོའི་གཡོན་ར་རྟགས།[296] 左方如王之左角

The left side represents the king’s left horn.

ར་ཡི་བར་གྱི་ནོར་བུ་གན།[297] 角间所饰珍宝兮

The jewel in the middle of the horn,

བཞེངས་ནི་མིན་ལ་གནང་ནི་རེད།[298] 非制作也赠之也

It was not made, but gifted.

ཀླུ་གཙུག་ན་རིན་ཆེན་སྤྲེར་ནི་རེད།[299] 其为鲁神所赠矣

It was given by the King of *lu*.

དྲི། 问

Question:

མགོ་བྱ་དང་འདྲ་བའི་ར་བསྣམས་ཅན།[300] 如鸟首而有角兮

That resemblance to a bird’s head but with a pair of horns,

གཏམ་པ་གཏམ་པས་ཅི་ལ་གཏམ།[301] 其所示现者何耶

What does it represent?

---

295 MT, FY: **གཡས་པ་རྒྱལ་པོའི་གཡས་ར་རྟགས།**

296 MT, FY: **གཡོན་པ་རྒྱལ་པོའི་གཡོན་ར་རྟགས།** FY: མགོའི་གཡོན་པ་རྒྱལ་བོའི་གཡོན་པ་ར་རྟགས།

297 DP: ཁྱུང་ར་བར་ན་ནོར་བུ་གེ། ED: **ར་ཡི་བར་གྱི་ནོར་བུ་གན།**

298 ED: **བཞེངས་ནི་མིན་ལ་གནང་ནི་རེད།**

299 MT: **ཀླུ་གཙུག།ན་རིན་ཆེན་སྤྲེར་ནི་རེད།** DP: ཀླུ་གཙུག་ན་རིན་ཆེན་གནང་ལི་རེད། LT: ཀླུ་རྒྱལ་གཙུག་ནར་ན་བལྷས་ནི་རེད།

300 MT, LT: **མགོ་བྱ་དང་འདྲ་བའི་ར་བསྣམས་ཅན།** DP: མགོ་བྱ་དང་འདྲ་བའི་ར་རྣོ་ཅན།

301 MT, LT: **གཏམ་པ་གཏམ་པས་ཅི་ལ་གཏམ།** DP: དམ་པ་དམ་པས་ཅི་ལ་དམ།

གཟུགས་མི་དང་འདྲ་བའི་སྡེར་གཤོག་ཅན།[302] 如人身而有爪翼

That resemblance to a human body but with claws and wings,

གཏམ་པ་གཏམ་པས་ཅི་ལ་གཏམ།[303] 其所示现者何耶

What does it represent?

གླུ་དལ་མོ་ལོངས་དང་རྗེས་ན་ཡོད། 有歌相继徐徐咏

Sing it slowly, and more songs will follow.

ལན། 答

Answer:

མགོ་བྱ་དང་འདྲ་བའི་རྭ་བསྣམས་ཅན།[304] 如鸟首而有角兮

That resemblance to a bird's head but with a pair of horns,

མགོ་རྭ་བསྣམས་བྱ་རྒྱལ་རང་རྟགས་རེད།[305] 示现鹏为禽王矣

Represents [Khyung himself] as the King of birds.

གཟུགས་མི་དང་འདྲ་བའི་སྡེར་གཤོག་ཅན།[306] 如人身而有爪翼

That resemblance to a human body but with claws and wings,

གནམ་འོག་ཀུན་ལ་བལྟས་ནི་རེད།[307] 示现遍观四方矣

Represents [Khyung's] ability to see everywhere.

གླུ་དེ་ཡི་ལན་ལ་དེ་འདྲ་ཡིན། 如是答复彼歌矣

This is the response to the song.

---

302 MT, LT: **གཟུགས་མི་དང་འདྲ་བའི་སྡེར་གཤོག་ཅན།** DP: གཟུགས་མི་དང་འདྲའི་སྤྲས་གཟུགས་ཅན།

303 MT, LT: **གཏམ་པ་གཏམ་པས་ཅི་ལ་གཏམ།** DP: དམ་པ་དམ་པས་ཆི་ལ་དམ།

304 MT, LT: **མགོ་བྱ་དང་འདྲ་བའི་རྭ་བསྣམས་ཅན།** DP: མགོ་བྱ་དང་འདྲ་བའི་སྤྲས་གཟུགས་ཅན།

305 MT, LT: **མགོ་རྭ་བསྣམས་བྱ་རྒྱལ་རང་རྟགས་རེད།** DP: བན་བསྟན་པ་ཐམས་ཅད་དར་བ་ཡིན།

306 MT, LT: **གཟུགས་མི་དང་འདྲ་བའི་སྡེར་གཤོག་ཅན།**

307 MT, LT: **གནམ་འོག་ཀུན་ལ་བལྟས་ནི་རེད།**

དྲི། 问

Question:

ཁྱུང་གི་སྤྱན་གཅིག་ཡན་ཡན་ཡན།[308] 鹏鸟一目睁开兮

That Khyung opens one eye,

གདམ་པ་གདམ་པས་ཅི་ལ་གདམ།[309] 其所示现者何耶

What does it represent?

ཁྱུང་གི་རྣ་གཅིག་ཡན་ཡན་ཡན།[310] 鹏鸟一耳警觉兮

That Khyung cocks one ear,

གདམ་པ་གདམ་པས་ཅི་ལ་གདམ།[311] 其所示现者何耶

What does it represent?

ཁྱུང་གི་ཞབས་གཅིག་ཡན་ཡན་ཡན།[312] 鹏鸟一步迈出兮

That Khyung takes one step,

གདམ་པ་གདམ་པས་ཅི་ལ་གདམ།[313] 其所示现者何耶

What does it represent?

ལན། 答

Answer:

ཁྱུང་གི་སྤྱན་གཅིག་ཡན་ཡན་ཡན།[314] 鹏鸟一目睁开兮

Khyung, by opening one eye,

---

308 MT: ཁྱུང་གི་སྤྱན་གཅིག་ཡན་ཡན་ཡན།

309 MT: གདམ་པ་གདམ་པས་ཅི་ལ་གདམ།

310 MT: ཁྱུང་གི་རྣ་གཅིག་ཡན་ཡན་ཡན།

311 MT: གདམ་པ་གདམ་པས་ཅི་ལ་གདམ།

312 MT: ཁྱུང་གི་ཞབས་གཅིག་ཡན་ཡན་ཡན།

313 MT: གདམ་པ་གདམ་པས་ཅི་ལ་གདམ།

314 MT: ཁྱུང་གི་སྤྱན་གཅིག་ཡན་ཡན་ཡན།

ཕྱོགས་བཞིའི་དགྲ་ལ་ལྟ་ས་རེད།[315] 遍见四方之敌矣

Sees the enemies of the four directions.

ཁྱུང་གི་རྣ་གཅིག་ཡན་ཡན་ཡན།[316] 鹏鸟一耳警觉兮

Khyung, by cocking one ear,

ཕྱོགས་བཞིའི་དགྲ་ལ་ཉན་ས་རེད།[317] 遍闻四方之敌矣

Hears the enemies of the four directions.

ཁྱུང་གི་ཞབས་གཅིག་ཡན་ཡན་ཡན།[318] 鹏鸟一步迈出兮

Khyung, by taking one step,

ཕྱོགས་བཞིའི་དགྲ་ལ་ཡོག་ས་རེད།[319] 遍擒四方之敌矣

Catches the enemies of the four directions.

དྲི། 问

Question:

ཁྱུང་སྐྱེས་པར་བཤད་ན་རྒྱས་པར་ཤོད།[320] 详释鹏之出生兮

Please narrate in detail the birth of Khyung.

རྒྱས་པར་བཤད་ན་རིགས་ལྔ་ཡིན།[321] 若释鹏有五种兮

To explain in detail, Khyung has five forms.

---

315 MT: ཕྱོགས་བཞིའི་དགྲ་ལ་ལྟ་ས་རེད།

316 MT: ཁྱུང་གི་རྣ་གཅིག་ཡན་ཡན་ཡན།

317 MT: ཕྱོགས་བཞིའི་དགྲ་ལ་ཉན་ས་རེད།

318 MT: ཁྱུང་གི་ཞབས་གཅིག་ཡན་ཡན་ཡན།

319 MT: ཕྱོགས་བཞིའི་དགྲ་ལ་ཡོག་ས་རེད།

320 MT: ཁྱུང་སྐྱེས་པར་བཤད་ན་རྒྱས་པར་ཤོད།

321 MT: རྒྱས་པར་བཤད་ན་རིགས་ལྔ་ཡིན། DP: ཁྱུང་རྒྱས་པ་བཤད་ན་རིགས་ལྔ་བཤད། LT, FY: ཁྱུང་རྒྱས་པར་བཤད་ན་རིགས་ལྔ་ཡོད།

རིགས་ལྔ་དེ་ཡི་སྐྱེས་ཚུལ་ཤོད།[322] 释其五种出生矣

Please describe the birth of those five forms.

བསྡུས་པར་བཤད་ན་རིགས་གསུམ་ཡིན།[323] 若释鹏有三种兮

To explain in general terms, Khyung has three forms.

རིགས་གསུམ་གྱི་ཁྱུང་ཆེན་སྐྱེས་ཚུལ་ཤོད།[324] 释其三种出生矣

Please describe the birth of these three forms.

ཤིན་ཏུ་བསྡུས་ན་རིགས་གཅིག་ཡིན།[325] 一言以蔽鹏一种

Explained in brief, Khyung has one form.

རིགས་གཅིག་གི་ཁྱུང་ཆེན་སྐྱེས་ཚུལ་ཤོད།[326] 释其一种出生矣

Please describe the birth of this one form.

གླུ་དལ་བུར་ཤོག་དང་བྲེལ་བ་མེད། 歌徐陈之莫匆促

Please sing the song slowly, there is no hurry.

ལན། 答

Answer:

རྒྱས་པར་བཤད་ན་རིགས་ལྔ་ཡིན།[327] 详释鹏有五种兮

Explained in detail, Khyung has five forms.

---

322 DP: རིགས་ལྔ་ཡི་ཁྱུང་ཆེན་སྐྱེས་རབས་བཤད། LT: རིགས་ལྔ་དེ་ཡི་སྐྱེ་ཚུལ་ཤོད། FY: **རིགས་ལྔ་དེ་ཡི་སྐྱེས་ཚུལ་ཤོད།**

323 MT: **བསྡུས་པར་བཤད་ན་རིགས་གསུམ་ཡིན།** DP: ཁྱུང་བསྡུས་མ་བཤད་ན་རིགས་གསུམ་བཤད། LT: ཁྱུང་བསྡུས་པ་བཤད་ན་རིགས་གསུམ་ཡོད། FY: ཁྱུང་སྡུས་བཤད་ན་རིགས་གསུམ་ཡོད།

324 LT, FY: རིགས་གསུམ་གྱི་ཁྱུང་ཆེན་སྐྱེ་ཚུལ་ཤོད། ED: **རིགས་གསུམ་གྱི་ཁྱུང་ཆེན་སྐྱེས་ཚུལ་ཤོད།**

325 MT, FY: **ཤིན་ཏུ་བསྡུས་ན་རིགས་གཅིག་ཡིན།** LT: ཤིན་ཏུ་བསྡུས་ན་རིགས་གཅིག་རེད།

326 LT, FY: རིགས་གཅིག་གི་ཁྱུང་ཆེན་སྐྱེ་ཚུལ་ཤོད། ED: **རིགས་གཅིག་གི་ཁྱུང་ཆེན་སྐྱེས་ཚུལ་ཤོད།**

327 MT: **རྒྱས་པར་བཤད་ན་རིགས་ལྔ་ཡིན།** LT, FY: ཁྱུང་རྒྱས་པར་བཤད་ན་རིགས་ལྔ་ཡོད།

རིགས་ལྔ་ཡི་ཁྱུང་ཆེན་རེ་རེ་དེ།[328] 五种鹏鸟者如是

The five forms of Khyung are as follows:

ཤར་དཀར་པོ་ཞི་བའི་ཁྱུང་དང་གཅིག[329] 息者东方白鹏一

The white pacifying Khyung in the east,[13]

ལྷོ་སེར་པོ་རྒྱས་པའི་ཁྱུང་དང་གཉིས།[330] 增者南方金鹏二

The yellow enriching Khyung in the south,

ནུབ་དམར་པོ་དབང་གི་ཁྱུང་དང་གསུམ།[331] 怀者西方赤鹏三

The red magnetising Khyung in the west,

བྱང་ལྗང་ཁ་དྲག་པོའི་ཁྱུང་དང་བཞི།[332] 诛者北方绿鹏四

The green subjugating Khyung in the north,

དབུས་སྣ་ཚོགས་རང་བཞིན་ཁྱུང་དང་ལྔ།[333] 中央全能之鹏五

The one with all manner of natures in the center,

ཁྱུང་ཆེན་རིགས་ཀྱི་རྣམ་ལྔ་རེད།[334] 详释五种鹏如是

Explained in detail, these are five forms of Khyung.

---

328 MT: **རིགས་ལྔ་ཡི་ཁྱུང་ཆེན་རེ་རེ་དེ།** LT, FY: རིགས་ལྔ་ཡི་ཁྱུང་ཆེན་སྐྱེ་ཚུལ་དེ།

329 MT: **ཤར་དཀར་པོ་ཞི་བའི་ཁྱུང་དང་གཅིག** DP: ཤར་དཀར་པོ་ཞེལ་གྱི་ཁྱུང་དང་གཅིག LT: ཤར་དཀར་པོ་དུང་གི་ཁྱུང་དང་གཅིག FY: ཤར་དཀར་པོ་ཞི་པའི་ཁྱུང་དང་གཅིག

330 MT: ལྷོ་དམར་པོ་དབང་གི་ཁྱུང་དང་གཉིས། DP: ལྷོ་སེར་པོ་གསེར་གྱི་ཁྱུང་དང་གཉིས། LT: ལྷོ་སེར་པོ་རྒྱས་པའི་ཁྱུང་དང་གསུམ། FY: ནུབ་དམར་པོ་དབང་གི་ཁྱུང་དང་གཉིས། ED: **ལྷོ་སེར་པོ་རྒྱས་པའི་ཁྱུང་དང་གཉིས།**

331 MT: ནུབ་སེར་པོ་རྒྱས་པའི་ཁྱུང་དང་གསུམ། DP: ནུབ་ཕྱོགས་དམར་པོ་དབང་གི་ཁྱུང་དང་གསུམ། LT: ནུབ་དམར་པོ་དབང་གི་ཁྱུང་དང་གཉིས། FY: ལྷོ་སེར་པོ་རྒྱས་པའི་ཁྱུང་དང་གསུམ། ED: **ནུབ་དམར་པོ་དབང་གི་ཁྱུང་དང་གསུམ།**

332 MT: **བྱང་ལྗང་ཁ་དྲག་པོའི་ཁྱུང་དང་བཞི།** DP: བྱང་ལྗང་ཁ་ལྗང་ནག་ཁྱུང་དང་བཞི། LT: བྱང་ལྗང་ཁ་གཡུ་ཡི་ཁྱུང་དང་བཞི། FY: བྱང་ལྗང་ཁ་དྲག་པའི་ཁྱུང་དང་བཞི།

333 MT, LT, DP, FY: **དབུས་སྣ་ཚོགས་རང་བཞིན་ཁྱུང་དང་ལྔ།**

334 MT: རིགས་ལྔ་ཡི་ཁྱུང་ཆེན་སྐྱེས་ཚུལ་རེད། DP: རིགས་ལྔའི་ཁྱུང་ཆེན་སྐྱེ་རབས་ཡིན། LT, FY: རིགས་ལྔ་ཡི་ཁྱུང་ཆེན་སྐྱེ་ཚུལ་རེད། ED: **ཁྱུང་ཆེན་རིགས་ཀྱི་རྣམ་ལྔ་རེད།**

དྲི། 问

Question:

ཤར་དཀར་པོ་ཞི་བའི་ཁྱུང་ཆེན་དེ།[335] 息者东方白鹏兮

The white pacifying Khyung in the east,

གནས་མལ་འདུག་ས་གང་ལ་སྣང་།[336] 其所安住何处耶

Where is its dwelling place?

ཅི་དང་ཅི་ཞིག་དབང་དུ་བསྡུས།[337] 其所降伏何者耶

What does it subjugate?

ལྷོ་སེར་པོ་རྒྱས་པའི་ཁྱུང་ཆེན་དེ།[338] 增者南方金鹏兮

The yellow enriching Khyung in the south,

གནས་མལ་འདུག་ས་གང་ལ་སྣང་།[339] 其所安住何处耶

Where is its dwelling place?

ཅི་དང་ཅི་ཞིག་དབང་དུ་བསྡུས།[340] 其所降伏何者耶

What does it subjugate?

ནུབ་དམར་པོ་དབང་གི་ཁྱུང་ཆེན་དེ།[341] 怀者西方赤鹏兮

The red magnetising Khyung in the west,

གནས་མལ་འདུག་ས་གང་ལ་སྣང་།[342] 其所安住何处耶

Where is its dwelling place?

---

335 FY: ཤར་དཀར་པོ་ཞི་པའི་ཁྱུང་ཆེན་དེ། ED: ཤར་དཀར་པོ་ཞི་བའི་ཁྱུང་ཆེན་དེ།

336 FY: གནས་མལ་འདུག་ས་གང་ལ་སྣང་།

337 FY: ཅི་དང་ཅི་ཞིག་དབང་དུ་འདུས། ED: ཅི་དང་ཅི་ཞིག་དབང་དུ་བསྡུས།

338 FY: ལྷོ་སེར་པོ་རྒྱས་པའི་ཁྱུང་ཆེན་དེ།

339 FY: གནས་མལ་འདུག་ས་གང་ལ་སྣང་།

340 FY: ཅི་དང་ཅི་ཞིག་དབང་དུ་འདུས། ED: ཅི་དང་ཅི་ཞིག་དབང་དུ་བསྡུས།

341 FY: ནུབ་དམར་པོ་དབང་གི་ཁྱུང་ཆེན་དེ།

342 FY: གནས་མལ་འདུག་ས་གང་ལ་སྣང་།

ཅི་དང་ཅི་ཞིག་དབང་དུ་བསྡུས།[343] 其所降伏何者耶

What does it subjugate?

བྱང་ལྡིང་ཁ་དྲག་པོའི་ཁྱུང་ཆེན་དེ།[344] 诛者北方绿鹏兮

The green subjugating Khyung in the north,

གནས་མལ་འདུག་ས་གང་ལ་སྣང་།[345] 其所安住何处耶

Where is its dwelling place?

ཅི་དང་ཅི་ཞིག་དབང་དུ་བསྡུས།[346] 其所降伏何者耶

What does it subjugate?

དབུས་སྣ་ཚོགས་རང་བཞིན་ཁྱུང་ཆེན་དེ།[347] 中央全能之鹏兮

The one with all manner of natures in the center,

གནས་མལ་འདུག་ས་གང་ལ་སྣང་།[348] 其所安住何处耶

Where is its dwelling place?

ཅི་དང་ཅི་ཞིག་དབང་དུ་བསྡུས།[349] 其所降伏何者耶

What does it subjugate?

གླུ་དལ་བུར་ཞོག་དང་ཁྲེལ་བ་མེད། 歌徐陈之莫匆促

Please sing the song slowly, there is no hurry.

---

343 FY: ཅི་དང་ཅི་ཞིག་དབང་དུ་འདུས། ED: **ཅི་དང་ཅི་ཞིག་དབང་དུ་བསྡུས།**

344 FY: བྱང་ལྡིང་ཁ་དྲག་པའི་ཁྱུང་ཆེན་ཀན། ED: **བྱང་ལྡིང་ཁ་དྲག་པོའི་ཁྱུང་ཆེན་དེ།**

345 FY: **གནས་མལ་འདུག་ས་གང་ལ་སྣང་།**

346 FY: ཅི་དང་ཅི་ཞིག་དབང་དུ་འདུས། ED: **ཅི་དང་ཅི་ཞིག་དབང་དུ་བསྡུས།**

347 FY: དབུས་སྣ་ཚོགས་རང་བཞིན་ཁྱུང་ཆེན་ཀན། ED: **དབུས་སྣ་ཚོགས་རང་བཞིན་ཁྱུང་ཆེན་དེ།**

348 FY: **གནས་མལ་འདུག་ས་གང་ལ་སྣང་།**

349 FY: ཅི་དང་ཅི་ཞིག་དབང་དུ་འདུས། ED: **ཅི་དང་ཅི་ཞིག་དབང་དུ་བསྡུས།**

ལན། 答

Answer:

ཤར་དཀར་པོ་ཞི་བའི་ཁྱུང་ཆེན་དེ།[350] 息者东方白鹏兮

The white pacifying Khyung in the east,

གནས་མལ་འདུག་ས་ཤར་ཕྱོགས་ན།[351] 其所安住东方矣

Its dwelling place is the east.

ཤར་ཕྱོགས་རྡོ་རྗེ་རྩེ་ནས་བསྡད།[352] 东住金刚杵尖兮

It resides on top of the Vajra in the east.

དབང་དུ་བསྡུས་ལི་ཤར་ཕྱོགས་ན།[353] 其所降伏东方矣

It subjugates the east.

གནས་འདིའི་དཀར་པོ་དབང་དུ་བསྡུས།[354] 降伏此域白之属

It subjugates the white of this realm.

ལྷོ་སེར་པོ་རྒྱས་པའི་ཁྱུང་ཆེན་དེ།[355] 增者南方金鹏兮

The yellow enriching Khyung in the south,

གནས་མལ་འདུག་ས་ལྷོ་ཕྱོགས་ན།[356] 其所安住南方矣

Its dwelling place is the south.

ལྷོ་ཕྱོགས་རིན་ཆེན་དཀྱིལ་ནས་བསྡད།[357] 南住宝藏之中兮

It resides in the treasure of the south.

---

350 FY: ཤར་དཀར་པོ་ཞི་པའི་ཁྱུང་ཆེན་དེ། ED: **ཤར་དཀར་པོ་ཞི་བའི་ཁྱུང་ཆེན་དེ།**

351 FY: **གནས་མལ་འདུག་ས་ཤར་ཕྱོགས་ན།**

352 FY: ཤར་ཕྱོགས་རྡོ་རྗེ་རྩེ་ཡི་བསྡད། ED: **ཤར་ཕྱོགས་རྡོ་རྗེ་རྩེ་ནས་བསྡད།**

353 FY: དབང་དུ་འདུས་ལེ་ཤར་ཕྱོགས་ན། ED: **དབང་དུ་བསྡུས་ལི་ཤར་ཕྱོགས་ན།**

354 FY: གནས་འདིའི་དཀར་པོ་དབང་དུ་འདུས། ED: **གནས་འདིའི་དཀར་པོ་དབང་དུ་བསྡུས།**

355 FY: **ལྷོ་སེར་པོ་རྒྱས་པའི་ཁྱུང་ཆེན་དེ།**

356 FY: གནས་མལ་བསྡད་ས་ལྷོ་ཕྱོགས་ན། ED: **གནས་མལ་འདུག་ས་ལྷོ་ཕྱོགས་ན།**

357 FY: ལྷོ་ཕྱོགས་རི་ཆེན་དཀྱིལ་ནས་འདུས། ED: **ལྷོ་ཕྱོགས་རིན་ཆེན་དཀྱིལ་ནས་བསྡད།**

དབང་དུ་བསྡུས་ལི་ལྷོ་ཕྱོགས་ན།[358] 其所降伏南方矣
It subjugates the south.

གནས་འདིའི་སེར་པོ་དབང་དུ་བསྡུས།[359] 降伏此域金之属
It subjugates the yellow of this realm.

ནུབ་དམར་པོ་དབང་གི་ཁྱུང་ཆེན་དེ།[360] 怀者西方赤鹏兮
The red magnetising Khyung in the west,

གནས་མལ་འདུག་ས་ནུབ་ཕྱོགས་ན།[361] 其所安住西方矣
Its dwelling place is the west.

ཙན་དན་དམར་པོའི་ཁང་ནས་བསྡད།[362] 西住赤色檀香屋
It resides in the red sandalwood house of the west.

དབང་དུ་བསྡུས་ལི་ནུབ་ཕྱོགས་ན།[363] 其所降伏西方矣
It subjugates the west.

གནས་འདིའི་དམར་པོ་དབང་དུ་བསྡུས།[364] 降伏此域赤之属
It subjugates the red of this realm.

བྱང་ལྷང་ཁ་དྲག་པོའི་ཁྱུང་ཆེན་དེ།[365] 诛者北方绿鹏兮
The green subjugating Khyung in the north,

---

358 FY: དབང་དུ་འདུས་ལེ་ལྷོ་ཕྱོགས་ན། ED: **དབང་དུ་བསྡུས་ལི་ལྷོ་ཕྱོགས་ན།**

359 FY: གནས་འདིའི་སེར་པོ་དབང་དུ་འདུས། ED: **གནས་འདིའི་སེར་པོ་དབང་དུ་བསྡུས།**

360 FY: **ནུབ་དམར་པོ་དབང་གི་ཁྱུང་ཆེན་དེ།**

361 FY: གནས་མལ་བསྡད་ས་ནུབ་ཕྱོགས་ན། ED: **གནས་མལ་འདུག་ས་ནུབ་ཕྱོགས་ན།**

362 FY: ཙན་དན་དམར་པོ་ཁང་ནས་འདུས། ED: **ཙན་དན་དམར་པོའི་ཁང་ནས་བསྡད།**

363 FY: དབང་དུ་འདུས་ལེ་ནུབ་ཕྱོགས་ན། ED: **དབང་དུ་བསྡུས་ལི་ནུབ་ཕྱོགས་ན།**

364 FY: གནས་འདིའི་དམར་པོ་དབང་དུ་འདུས། ED: **གནས་འདིའི་དམར་པོ་དབང་དུ་བསྡུས།**

365 FY: བྱང་ལྷང་ཁ་དྲག་པའི་ཁྱུང་ཆེན་དེ། ED: **བྱང་ལྷང་ཁ་དྲག་པོའི་ཁྱུང་ཆེན་དེ།**

གནས་མལ་འདུག་ས་བྱང་ཕྱོགས་ན།[366] 其所安住北方矣

Its dwelling place is the north.

ལི་ཁྲི་པད་མོའི་སྟེང་ནས་བཞུགས།[367] 北住赤色莲花兮

It resides on the vermillion lotus of the north.

དབང་དུ་བསྡུས་ལི་བྱང་ཕྱོགས་ན།[368] 其所降伏北方矣

It subjugates the north.

གནས་འདིའི་ལྗང་ཁུ་དབང་དུ་བསྡུས།[369] 降伏此域绿之属

It subjugates the green of this realm.

དབུས་སྣ་ཚོགས་རང་བཞིན་ཁྱུང་ཆེན་དེ།[370] 中央全能之鹏兮

The one with all manner of natures in the center,

གནས་མལ་འདུག་ས་དབུས་ཕྱོགས་ན།[371] 其所安住中央矣

Its dwelling place is the center.

དབུས་སྣ་ཚོགས་རང་བཞིན་ཁྱུང་ཆེན་བསྡད།[372] 安住中央大鹏兮

It dwells in the center.

དབང་དུ་བསྡུས་ལི་དབུས་ཕྱོགས་ན།[373] 其所降伏中央矣

It subjugates the center.

གནས་འདིའི་ནག་པོ་དབང་དུ་བསྡུས།[374] 降伏此域玄之属

It subjugates the black of this realm.

---

366 FY: གནས་མལ་བསྡད་ས་བྱང་ཕྱོགས་ན། ED: **གནས་མལ་འདུག་ས་བྱང་ཕྱོགས་ན།**

367 FY: གླུ་ཁྲི་ཕུ་ཤུ་ལྷམ་གི་བཞུ། ED: **ལི་ཁྲི་པད་མོའི་སྟེང་ནས་བཞུགས།**

368 FY: དབང་དུ་འདུས་ལེ་བྱང་ཕྱོགས་ན། ED: **དབང་དུ་བསྡུས་ལི་བྱང་ཕྱོགས་ན།**

369 FY: གནས་འདིའི་ལྗང་ཁུ་དབང་དུ་འདུས། ED: **གནས་འདིའི་ལྗང་ཁུ་དབང་དུ་བསྡུས།**

370 FY: **དབུས་སྣ་ཚོགས་རང་བཞིན་ཁྱུང་ཆེན་དེ།**

371 FY: གནས་མལ་བསྡད་ས་དབུས་ཕྱོགས་ན། ED: **གནས་མལ་འདུག་ས་དབུས་ཕྱོགས་ན།**

372 FY: དབུས་སྣ་ཚོགས་རང་བཞིན་ཁྱུང་ཆེན་འདུས། ED: **དབུས་སྣ་ཚོགས་རང་བཞིན་ཁྱུང་ཆེན་བསྡད།**

373 FY: དབང་དུ་འདུས་ལེ་དབུས་ཕྱོགས་ན། ED: **དབང་དུ་བསྡུས་ལི་དབུས་ཕྱོགས་ན།**

374 FY: གནས་འདིའི་ནག་པོ་དབང་དུ་འདུས། ED: **གནས་འདིའི་ནག་པོ་དབང་དུ་བསྡུས།**

རིགས་ལྔ་ཡི་ཁྱུང་ཆེན་སྐྱེས་ལུགས་རེད།[375]
五鹏之出生如是
This is the birth of Khyung's five forms.

གླུ་དེ་ཡི་ལན་ལ་དེ་འདྲ་ཡིན།
如是答复彼歌矣
This is the response to the song.

དྲི།
问
Question:

བསྡུས་པར་བཤད་ན་རིགས་གསུམ་ཡིན།[376]
若释鹏有三种兮
Explained in general terms, Khyung has three forms.

ཁྱུང་ཆེན་རིགས་ཀྱི་རྣམ་གསུམ་ཤོད།[377]
释三种之大鹏矣
Please describe the three forms of Khyung.

གླུ་དལ་མོ་ལོངས་དང་རྗེས་ན་ཡོད།
有歌相继徐徐咏
Sing it slowly, and more songs will follow.

ལན།
答
Answer:

ཁྱུང་ཆེན་རིགས་ཀྱི་རྣམ་གསུམ་དེ།[378]
言大鹏有三种兮
The three forms of Khyung are:

དཀར་པོ་སྨན་འཛིན་ཁྱུང་ཆེན་གཅིག[379]
白色持药大鹏也
The white, medicine-holding Khyung,

---

375 FY: **རིགས་ལྔ་ཡི་ཁྱུང་ཆེན་སྐྱེས་ལུགས་རེད།**

376 MT: **བསྡུས་པར་བཤད་ན་རིགས་གསུམ་ཡིན།** LT: བསྡུས་པའི་རིགས་གསུམ་ཁྱུང་ཆེན་ཡོད།

377 MT, LT: **ཁྱུང་ཆེན་རིགས་ཀྱི་རྣམ་གསུམ་ཤོད།** DP: ཁྱུང་བསྡུས་མ་བཤད་ན་རིགས་གསུམ་བཤད།

378 LT: **ཁྱུང་ཆེན་རིགས་ཀྱི་རྣམ་གསུམ་དེ།** FY: རིགས་གསུམ་གྱི་ཁྱུང་ཆེན་བཤད་རྒྱུ་ན།

379 MT: དཀར་པོ་སྨན་འཛིན་ཁྱུང་ཆེན་རེད། LT: དཀར་པོ་སྨན་ཆེན་ཁྱུང་དང་གཅིག DP: དཀར་པོ་སྨན་འཛིན་ཁྱུང་དང་གཅིག FY: **དཀར་པོ་སྨན་འཛིན་ཁྱུང་ཆེན་གཅིག**

དམར་པོ་ཤ་གཟན་ཁྱུང་ཆེན་གཉིས།[380] 赤色食肉大鹏也
The red, carnivorous Khyung,

ནག་པོ་དགྲ་འདུལ་ཁྱུང་ཆེན་གསུམ།[381] 玄色克敌大鹏也
The black, enemy-vanquishing Khyung,

ཁྱུང་ཆེན་རིགས་ཀྱི་རྣམ་གསུམ་རེད།[382] 言鹏鸟三种如是
These are the three forms of Khyung.

གླུ་དེ་ཡི་ལན་ལ་དེ་འདྲ་ཡིན། 如是答复彼歌矣
This is the response to the song.

དྲི། 问
Question:

རིགས་གསུམ་གྱི་ཁྱུང་ཆེན་སྐྱེས་ཚུལ་ཤོད།[383] 释鹏三种出生兮
Please describe the birth of these three forms of Khyung.

གླུ་དལ་མོ་ལོངས་དང་རྗེས་ན་ཡོད། 有歌相继徐徐咏
Sing it slowly, and more songs will follow.

ལན། 答
Answer:

རིགས་གསུམ་གྱི་ཁྱུང་ཆེན་སྐྱེས་ཚུལ་དེ།[384] 三种鹏鸟出生兮
The birth of Khyung's three forms are as follows:

380 MT: དམར་པོ་ཤ་གཟན་ཁྱུང་ཆེན་རེད། DP, LT: དམར་པོ་ཤ་གཟན་ཁྱུང་དང་གཉིས། FY: དམར་པོ་ཤ་ཟས་ཁྱུང་ཆེན་གཉིས། ED: **དམར་པོ་ཤ་གཟན་ཁྱུང་ཆེན་གཉིས།**

381 MT: ནག་པོ་དགྲ་འདུལ་ཁྱུང་ཆེན་རེ། DP, LT: ནག་པོ་དགྲ་འདུལ་ཁྱུང་དང་གསུམ། FY: **ནག་པོ་དགྲ་འདུལ་ཁྱུང་ཆེན་གསུམ།**

382 MT, LT: **ཁྱུང་ཆེན་རིགས་ཀྱི་རྣམ་གསུམ་རེད།**

383 MT: **རིགས་གསུམ་གྱི་ཁྱུང་ཆེན་སྐྱེས་ཚུལ་ཤོད།** DP: རིགས་གསུམ་གྱི་ཁྱུང་ཆེན་སྐྱེ་རབས་བཤད།

384 MT: **རིགས་གསུམ་གྱི་ཁྱུང་ཆེན་སྐྱེས་ཚུལ་དེ།** DP: རིགས་གསུམ་གྱི་ཁྱུང་ཆེན་སྐྱེ་རབས་འདི། LT: རིགས་གསུམ་གྱི་ཁྱུང་ཆེན་སྐྱེ་ཚུལ་དེ། FY: རིགས་གསུམ་གྱི་ཁྱུང་ཆེན་བཤད་རྒྱུ་ན།

རི་སྨན་རི་དཀར་པོའི་རི་རྩེ་ན།[385] 于药山之巅峰也

At the apex of the white medicine mountain,

རྫུ་འཕྲུལ་སྒོ་ང་བརྡོལ་བ་ལས།[386] 妙哉鹏卵破壳也

From the cracked magical egg,

སྤྲུལ་པའི་བྱ་ཁྱུང་དཀར་པོ་རེད།[387] 所化白色鹏鸟矣

The white Khyung was emanated.

དཀར་པོ་སྨི་འཛིན་ཁྱུང་དང་གཅིག[388] 白色持药鹏者一

This is the first Khyung, the white, medicine-holding Khyung.

ཙན་དན་དམར་པོའི་རྩེ་མོ་ན།[389] 赤色檀香木之巅

At the top of the red sandalwood,

གཡུ་ཡི་སྒོ་ང་བརྡོལ་བ་ལས།[390] 松石鹏卵破壳也

From the cracked turquoise egg,

སྤྲུལ་པའི་བྱ་ཁྱུང་དམར་པོ་རེད།[391] 所生赤色鹏鸟矣

The red Khyung was emanated.

དམར་པོ་ཤ་གཟན་ཁྱུང་དང་གཉིས།[392] 赤色食肉鹏者二

This is the second Khyung, the red, carnivorous Khyung.

---

385 MT, FY: **རི་སྨན་རི་དཀར་པོའི་རི་རྩེ་ན།** LT: རི་སྨན་རི་དཀར་པོའི་ཡང་རྩེ་ན།

386 MT, LT: **རྫུ་འཕྲུལ་སྒོ་ང་བརྡོལ་བ་ལས།** FY: རིགས་གསུམ་སྒོང་བ་རྡོལ་བ་ལས།

387 MT, LT: **སྤྲུལ་པའི་བྱ་ཁྱུང་དཀར་པོ་རེད།** FY: སྤྲུལ་གྱི་བྱ་ཁྱུང་དཀར་པོ་ཡིན།

388 LT: དཀར་པོ་རྩེ་ཆེན་ཁྱུང་དང་གཅིག FY: དཀར་པོ་སྨི་འཛིན་ཁྱུང་ཆེན་རེད། ED: **དཀར་པོ་སྨི་འཛིན་ཁྱུང་དང་གཅིག**

389 MT, LT: **ཙན་དན་དམར་པོའི་རྩེ་མོ་ན།** FY: ཙན་དན་དམར་པོ་རྩེ་ལ་གནས།

390 MT, LT: **གཡུ་ཡི་སྒོ་ང་བརྡོལ་བ་ལས།** FY: སྒོང་ངའི་གཞི་དང་རྫང་བ་ལས།

391 MT, LT: **སྤྲུལ་པའི་བྱ་ཁྱུང་དམར་པོ་རེད།** FY: སྤྲུལ་གྱི་བྱ་ཁྱུང་དམར་པོ་ཡིན།

392 MT, LT: **དམར་པོ་ཤ་གཟན་ཁྱུང་དང་གཉིས།** FY: དམར་པོ་ཤ་ཟས་ཁྱུང་ཆེན་དེ།

མི་མངོན་ཆོས་ཀྱི་དབྱིངས་དཀྱིལ་ན།[393] 于无相法界中兮
In the unmanifested realm of dharma,

དགྲ་བགེགས་ཐལ་བར་བརླགས་མཛད་པའི།[394] 业障皆尽化尘土
Khyung crushing its enemies and hindrances into pieces.

ནག་པོ་དགྲ་འདུལ་ཁྱུང་དང་གསུམ།[395] 玄色克敌鹏者三
This is the third Khyung, the black, enemy-vanquishing Khyung.

རིགས་གསུམ་གྱི་ཁྱུང་ཆེན་སྐྱེས་ཚུལ་རེད།[396] 三鹏之出生如是
This describes the birth of three forms of Khyung.

གླུ་དེ་ཡི་ལན་ལ་དེ་འདྲ་ཡིན། 如是答复彼歌矣
This is the response to the song.

དྲི། 问
Question:

དཀར་པོ་རྩི་འཛིན་གང་གི་ཁྱུང་།[397] 白色持药孰之鹏
Whose Khyung is the white, medicine-holding one?

དམར་པོ་ཤ་གཟན་གང་གི་ཁྱུང་།[398] 赤色食肉孰之鹏
Whose Khyung is the red, carnivorous one?

---

393 MT, LT: **མི་མངོན་ཆོས་ཀྱི་དབྱིངས་དཀྱིལ་ན།** FY: མི་མངོན་ཆོས་ཀྱི་དབྱིངས་སུ་གནས།

394 MT: **དགྲ་བགེགས་ཐལ་བར་བརླགས་མཛད་པའི།** LT: དགྲ་བགེགས་ཐལ་བར་བརླག་མཛད་པའི། FY: དགྲ་བགེགས་ཐལ་བར་བརླག་མཛད་པའི། ལྕགས་ཀྱུ་བཅད་པའི་ཁྱུང་ཆེན་རེད།

395 MT, LT: **ནག་པོ་དགྲ་འདུལ་ཁྱུང་དང་གསུམ།** FY: ནག་པོ་བདུད་འདུལ་ཁྱུང་ཆེན་རེད།

396 MT: **རིགས་གསུམ་གྱི་ཁྱུང་ཆེན་སྐྱེས་ཚུལ་རེད།** DP: རིགས་གསུམ་འདི་ཁྱུང་ཆེན་སྐྱེ་རབས་ཡིན། LT: དེ་རིགས་གསུམ་ཁྱུང་ཆེན་སྐྱེ་ཚུལ་ཡིན། FY: རིགས་གསུམ་ཁྱུང་གི་སྐྱེས་ཚུལ་རེད།

397 LT: དཀར་པོ་རྩེ་ཆེན་གང་གི་ཁྱུང་། ED: **དཀར་པོ་རྩི་འཛིན་གང་གི་ཁྱུང་།**

398 LT: **དམར་པོ་ཤ་གཟན་གང་གི་ཁྱུང་།**

ནག་པོ་དགྲ་འདུལ་གང་གི་ཁྱུང་།[399] 玄色克敌孰之鹏

Whose Khyung is the black, enemy-vanquishing one?

ཁྱོད་ཡུན་རིང་མ་འགོར་ལན་རེ་ཤོག 尔作答之莫迟误

Please answer my questions without further ado.

ལན། 答

Answer:

དཀར་པོ་སྨན་འཛིན་ལྷ་ཡི་ཁྱུང་།[400] 持药白鹏属拉神

The white, medicine-holding one is *lha*'s Khyung.

དམར་པོ་ཤ་གཟན་གཉན་གྱི་ཁྱུང་།[401] 食肉赤鹏属念神

The red, carnivorous one is *nyen*'s Khyung.

ནག་པོ་དགྲ་འདུལ་ཀླུ་ཡི་ཁྱུང་།[402] 克敌玄鹏属鲁神

The black, enemy-vanquishing one is *lu*'s Khyung.

གླུ་དེ་ཡི་ལན་ལ་དེ་འདྲ་ཡིན། 如是答复彼歌矣

This is the response to the song.

དྲི། 问

Question:

དཀར་པོ་སྨན་འཛིན་ཁྱུང་ཆེན་གན།[403] 白色持药大鹏兮

The white, medicine-holding Khyung,

---

399 LT: **ནག་པོ་དགྲ་འདུལ་གང་གི་ཁྱུང་།**

400 MT, DP: **དཀར་པོ་སྨན་འཛིན་ལྷ་ཡི་ཁྱུང་།** LT: དཀར་པོ་སྨན་ཆེན་ལྷ་ཡི་ཁྱུང་།

401 MT, DP, LT: **དམར་པོ་ཤ་གཟན་གཉན་གྱི་ཁྱུང་།**

402 MT: ནག་པོ་དགྲ་འདུལ་ཁྱུངའི་ཁྱུང་། DP, LT: **ནག་པོ་དགྲ་འདུལ་ཀླུ་ཡི་ཁྱུང་།**

403 MT: **དཀར་པོ་སྨན་འཛིན་ཁྱུང་ཆེན་གན།** DP: དཀར་པོ་སྨན་འཛིན་ཁྱུང་ཆེན་གི།

མི་མཁོ་མི་མཁོ་ལན་གཅིག་མཁོ།[404] 毋需毋需需一回
It is only needed once.

མཁོ་བའི་ཉིན་དེ་ནམ་ཞིག་རེད།[405] 所需之日何日耶
What day is it needed?

དམར་པོ་ཤ་གཟན་ཁྱུང་ཆེན་གན།[406] 赤色食肉鹏鸟兮
That red, carnivorous Khyung.

མི་མཁོ་མི་མཁོ་ལན་གཅིག་མཁོ།[407] 毋需毋需需一回
It is only needed once.

མཁོ་བའི་ཉིན་དེ་ནམ་ཞིག་རེད།[408] 所需之日何日耶
What day is it needed?

ནག་པོ་དགྲ་འདུལ་ཁྱུང་ཆེན་གན།[409] 玄色克敌鹏鸟兮
That black, enemy-vanquishing Khyung.

མི་མཁོ་མི་མཁོ་ལན་གཅིག་མཁོ།[410] 毋需毋需需一回
It is only needed once.

མཁོ་བའི་ཉིན་དེ་ནམ་ཞིག་རེད།[411] 所需之日何日耶
What day is it needed?

གླུ་དལ་བུར་ཤོག་དང་བྲེལ་བ་མེད། 歌徐陈之莫匆促
Please sing the song slowly, there is no hurry.

---

404 MT, DP: **མི་མཁོ་མི་མཁོ་ལན་གཅིག་མཁོ།**

405 MT: **མཁོ་བའི་ཉིན་དེ་ནམ་ཞིག་རེད།** DP: མཁོ་ཡི་ཉིན་དེ་ནམ་པོ་རེ།

406 MT: **དམར་པོ་ཤ་གཟན་ཁྱུང་ཆེན་གན།** DP: དམར་པོ་ཤ་གཟན་ཁྱུང་ཆེན་གེ།

407 MT, DP: **མི་མཁོ་མི་མཁོ་ལན་གཅིག་མཁོ།**

408 MT: **མཁོ་བའི་ཉིན་དེ་ནམ་ཞིག་རེད།** DP: མཁོ་ཡི་ཉིན་དེ་ནམ་པོ་རེ།

409 MT: **ནག་པོ་དགྲ་འདུལ་ཁྱུང་ཆེན་གན།** DP: ནག་པོ་དགྲ་འདུལ་ཁྱུང་ཆེན་གེ།

410 MT, DP: **མི་མཁོ་མི་མཁོ་ལན་གཅིག་མཁོ།**

411 MT: **མཁོ་བའི་ཉིན་དེ་ནམ་ཞིག་རེད།** DP: མཁོ་ཡི་ཉིན་དེ་ནམ་པོ་རེ།

ལན། 答

Answer:

དཀར་པོ་སྨི་འཛིན་ཁྱུང་ཆེན་གན།[412] 白色持药大鹏兮

The white, medicine-holding Khyung,

མི་མཁོ་མི་མཁོ་ལན་གཅིག་མཁོ།[413] 毋需毋需需一回

It is only needed once.

མཁོ་བའི་ཉིན་དེ་བཤད་རྒྱུ་ན།[414] 言其所需之日兮

Speaking of the day it is needed,

གོང་བླ་མ་ཁྲི་ལ་བཞུགས་དུས་དེར།[415] 喇嘛升座法台时

When the noble lama sits on the throne,

ཁྲི་རྒྱབ་གཡོལ་ཁར་མཁོ་བསྡད་ཡོད།[416] 其于法台椅背上

It is at top of the back of the throne.

དམར་པོ་ཤ་གཟན་ཁྱུང་ཆེན་གན།[417] 赤色食肉鹏鸟兮

That red, carnivorous Khyung,

མི་མཁོ་མི་མཁོ་ལན་གཅིག་མཁོ།[418] 毋需毋需需一回

It is only needed once.

---

412 MT: **དཀར་པོ་སྨི་འཛིན་ཁྱུང་ཆེན་གན།** DP: དཀར་པོ་ཁྱུང་ཆེན་ལྷ་ཡི་ཁྱུང་།

413 DP: **མི་མཁོ་མི་མཁོ་ལན་གཅིག་མཁོ།**

414 DP: མཁོ་ཉིན་མ་བཤད་བགྱི་ན། ED: **མཁོ་བའི་ཉིན་དེ་བཤད་རྒྱུ་ན།**

415 DP: དགུང་བླ་མ་ཁྲི་ལ་བཞུགས་དུས་དེར། ED: **གོང་བླ་མ་ཁྲི་ལ་བཞུགས་དུས་དེར།**

416 MT: ལབ་རྩེ་རྩེ་མོ་མགོ་ལ་མཁོ། DP: ཁྲི་རྒྱབ་གཡོར་ཁབ་ལ་མཁོ་སྡད་ཡོད། ED: **ཁྲི་རྒྱབ་གཡོལ་ཁར་མཁོ་བསྡད་ཡོད།**

417 MT: **དམར་པོ་ཤ་གཟན་ཁྱུང་ཆེན་གན།** DP: དམར་པོ་ཤ་གཟན་ཁྱུང་ཆེན་གཉན་གྱི་ཁྱུང་།

418 DP: **མི་མཁོ་མི་མཁོ་ལན་གཅིག་མཁོ།**

མཁོ་བའི་ཉིན་དེ་བཤད་རྒྱུ་ན།[419] 言其所需之日兮
Speaking of the day it is needed,

ཕ་སྔགས་པ་གྲལ་ལ་བཞུགས་དུས་དེར།[420] 修士升座围坐时
When *ngakpa* sit in circle,[14]

བཀའ་བརྒྱད་གཏོར་མའི་མགོ་ལ་མཁོ།[421] 其于八法施食上
It is needed when making *kagyé torma*.[15]

ནག་པོ་དགྲ་ཁྱུང་ཟེར་ནི་འདི།[422] 玄色克敌鹏鸟兮
That black, enemy-vanquishing Khyung.

མི་མཁོ་མི་མཁོ་ལན་གཅིག་མཁོ།[423] 毋需毋需需一回
It is only needed once.

མཁོ་བའི་ཉིན་དེ་བཤད་རྒྱུ་ན།[424] 言其所需之日兮
Speaking of the day it is needed,

བོན་ལེའུ་དབང་ལ་བཞུགས་དུས་དེར།[425] 苯师升座灌顶时
When Bon *leu* (*le'u*/ *lhe'u*) bestow empowerment,

སྒྲ་བླ་ཁྱུང་ཆེན་མགོ་ལ་མཁོ།[426] 其于战神之供上
It is needed in the ritual for the war god.[16]

---

419 DP: མཁོ་ཡི་ཉིན་དེ་བཤད་བགྱི་ན། ED: **མཁོ་བའི་ཉིན་དེ་བཤད་རྒྱུ་ན།**

420 DP: ཕ་སྔགས་པ་གྲྭ་ལ་བཞུགས་དུས་དེར། ED: **ཕ་སྔགས་པ་གྲལ་ལ་བཞུགས་དུས་དེར།**

421 MT, DP: **བཀའ་བརྒྱད་གཏོར་མའི་མགོ་ལ་མཁོ།**

422 DP: ནག་པོ་དགྲ་ཁྱུང་ཟེར་ལེ་འདི། ED: **ནག་པོ་དགྲ་ཁྱུང་ཟེར་ནི་འདི།**

423 DP: **མི་མཁོ་མི་མཁོ་ལན་གཅིག་མཁོ།**

424 DP: མཁོ་ཡི་ཉིན་དེ་བཤད་བགྱི་ན། ED: **མཁོ་བའི་ཉིན་དེ་བཤད་རྒྱུ་ན།**

425 DP: བོན་ལེའུ་བང་ལ་བཞུགས་དུས་དེར། ED: **བོན་ལེའུ་དབང་ལ་བཞུགས་དུས་དེར།**

426 MT: སྲིད་པའི་བྱ་བརྒྱ་མགོ་ལ་མཁོ། DP: དགྲ་ལྷ་ཁྱུང་ཆེན་མགོ་ལ་མཁོ། ED: **སྒྲ་བླ་ཁྱུང་ཆེན་མགོ་ལ་མཁོ།**

དྲི། 问
Question:

དཀར་པོ་སྨྲི་འཛིན་ཁྱུང་ཆེན་གན།[427] 白色持药大鹏兮
That white, medicine-holding Khyung.

དང་པོ་འཕུར་བ་ག་རུ་འཕུར།[428] 其先飞往何处耶
In the first place, whither does it fly?

གནས་པའི་གདན་ས་ག་རུ་སྣང་།[429] 其所安住何处耶
Where is its dwelling place?

དམར་པོ་ཤ་གཟན་ཁྱུང་ཆེན་གན།[430] 赤色食肉鹏鸟兮
That red, carnivorous Khyung.

དང་པོ་འཕུར་བ་ག་རུ་འཕུར།[431] 其先飞往何处耶
In the first place, whither does it fly?

གནས་པའི་གདན་ས་ག་རུ་སྣང་།[432] 其所安住何处耶
Where is its dwelling place?

ནག་པོ་དགྲ་འདུལ་ཁྱུང་ཆེན་གན།[433] 玄色克敌鹏鸟兮
That black, enemy-vanquishing Khyung.

---

427 MT: **དཀར་པོ་སྨྲི་འཛིན་ཁྱུང་ཆེན་གན།** DP: དཀར་པོ་སྨྲི་འཛིན་ཁྱུང་ཆེན་གེ། FY: དཀར་པོ་སྨྲི་འཛིན་ཁྱུང་ཆེན་ཀན།

428 MT: **དང་པོ་འཕུར་བ་ག་རུ་འཕུར།** DP: དང་པོ་ཕུར་བ་ཆི་ལ་ཕུར། FY: དང་པོ་འཕུར་བ་གང་ལ་འཕུར།

429 MT: **གནས་པའི་གདན་ས་ག་རུ་སྣང་།** DP: གནས་མལ་བསྡད་ས་གང་རེ་སྣང། FY: ཁྱུང་གནས་པའི་གདན་ས་གང་ལ་སྣང་།

430 MT: **དམར་པོ་ཤ་གཟན་ཁྱུང་ཆེན་གན།** DP: དམར་པོ་ཤ་གཟན་ཁྱུང་ཆེན་གེ། FY: དམར་པོ་ཤ་ཟས་ཁྱུང་ཆེན་ཀན།

431 MT: **དང་པོ་འཕུར་བ་ག་རུ་འཕུར།** DP: གཉིས་པ་ཕུར་བ་ཆི་ལ་ཕུར། FY: དང་པོ་འཕུར་བ་གང་ལ་འཕུར།

432 MT: **གནས་པའི་གདན་ས་ག་རུ་སྣང་།** DP: གནས་མལ་བསྡད་ས་གང་རེ་སྣང། FY: ཁྱུང་གནས་པའི་གདན་ས་གང་ལ་སྣང་།

433 MT: **ནག་པོ་དགྲ་འདུལ་ཁྱུང་ཆེན་གན།** DP: ནག་པོ་དགྲ་འདུལ་ཁྱུང་ཆེན་གེ། FY: ནག་པོ་དགྲ་འདུལ་ཁྱུང་ཆེན་ཀན།

དང་པོ་འཕུར་བ་ག་རུ་འཕུར།[434] 其先飞往何处耶

In the first place, whither does it fly?

གནས་པའི་གདན་ས་ག་རུ་སྣང་།[435] 其所安住何处耶

Where is its dwelling place?

གླུ་དལ་བུར་ཤོག་དང་བྲེལ་བ་མེད། 歌徐陈之莫匆促

Please sing the song slowly, there is no hurry.

ལན། 答

Answer:

དེ་ལ་ལན་ཞིག་རྒྱག་རྒྱུ་ན། 应答所问者如是

To give an answer to that,

དཀར་པོ་སྨི་འཛིན་ཁྱུང་ཆེན་གན།[436] 白色持药大鹏兮

The white, medicine-holding Khyung,

དང་པོ་འཕུར་བ་དགུང་ལ་འཕུར།[437] 其先飞往苍穹矣

In the first place, soars toward the sky.

དགུང་ཡ་སྔོན་གྱི་ཡ་ཐོག་ལ།[438] 湛蓝苍穹之上兮

Above the blue sky,

434 MT: **དང་པོ་འཕུར་བ་ག་རུ་འཕུར།** FY: དང་པོ་འཕུར་བ་གང་ལ་འཕུར།

435 MT: **གནས་པའི་གདན་ས་ག་རུ་སྣང་།** DP: གནས་མལ་བསྟོད་ས་གང་རེ་སྣང། FY: ཁྱུང་གནས་པའི་གདན་ས་གང་ལ་སྣང་།

436 MT: **དཀར་པོ་སྨི་འཛིན་ཁྱུང་ཆེན་གན།** DP: དཀར་པོ་སྨི་འཛིན་ཁྱུང་ཆེན་གེ། FY: དཀར་པོ་སྨི་འཛིན་ཁྱུང་ཆེན་ཀན།

437 MT, FY: **དང་པོ་འཕུར་བ་དགུང་ལ་འཕུར།** DP: ཁྱུང་དང་པོ་ཕུར་བ་དགུང་ལ་ཕུར།

438 MT: **དགུང་ཡ་སྔོན་གྱི་ཡ་ཐོག་ལ།** DP: དགུང་ལྷ་ཡུལ་གུར་ཁང་གནས་ནང་ན་ཡོད། FY: དགུང་སྔོན་ཡ་ཀོ་ཡ་ཐོག་ན།

གནས་པའི་གདན་ས་དེ་ན་སྣང་།[439] 其所安住之处矣
Is its dwelling place.

དམར་པོ་ཤ་གཟན་ཁྱུང་ཆེན་གན།[440] 赤色食肉大鹏兮
The red, carnivorous Khyung,

དང་པོ་འཕུར་བ་རི་ལ་འཕུར།[441] 其先飞往山岳矣
In the first place, flies to the mountains.

གངས་རི་ཆེན་པོའི་རྩེ་ན་ཡོད།[442] 大雪山之巅峰兮
The apex of the snow mountain,

གནས་པའི་གདན་ས་དེ་ན་སྣང་།[443] 其所安住之处矣
Is its dwelling place.

ནག་པོ་དགྲ་འདུལ་ཁྱུང་ཆེན་གན།[444] 玄色克敌大鹏兮
That black, enemy-vanquishing Khyung,

དང་པོ་འཕུར་བ་ཆུ་ལ་འཕུར།[445] 其先飞往水泽矣
In the first place, hurtles toward the river.

ཀླུ་ཡི་པོ་བྲང་དཀྱིལ་ན་ཡོད།[446] 鲁神宫殿之内兮
The center of the palace of *lu*,

---

439 MT, FY: **གནས་པའི་གདན་ས་དེ་ན་སྣང་།**

440 MT: **དམར་པོ་ཤ་གཟན་ཁྱུང་ཆེན་གན།** DP: དམར་པོ་ཤ་གཟན་ཁྱུང་ཆེན་གེ། FY: དམར་པོ་ཤ་ཟས་ཁྱུང་ཆེན་ཀན།

441 MT: དང་པོ་འཕུར་བ་བྲག་ལ་འཕུར། DP: གཉིས་པ་ཕུར་བ་རི་ལ་ཕུར། FY: **དང་པོ་འཕུར་བ་རི་ལ་འཕུར།**

442 MT, FY: མི་མངོན་ཆོས་ཀྱི་དབྱིངས་ན་གནས། DP: **གངས་རི་ཆེན་པོའི་རྩེ་ན་ཡོད།**

443 MT: **གནས་པའི་གདན་ས་དེ་ན་སྣང་།** FY: ཁྱུང་གནས་པའི་གདན་ས་དེ་ཏུ་སྣང་།

444 MT: **ནག་པོ་དགྲ་འདུལ་ཁྱུང་ཆེན་གན།** DP: ནག་པོ་དགྲ་འདུལ་ཁྱུང་ཆེན་གེ། FY: ནག་པོ་དགྲ་འདུལ་ཁྱུང་ཆེན་ཀན།

445 MT, FY: **དང་པོ་འཕུར་བ་ཆུ་ལ་འཕུར།** DP: གསུམ་པ་ཕུར་བ་ཆུ་ལ་ཕུར།

446 DP: **ཀླུ་ཡི་པོ་བྲང་དཀྱིལ་ན་ཡོད།** FY: ཆུ་སྲིན་ནག་པོའི་སྙིང་ནས་འདྲེན།

གནས་པའི་གདན་ས་དེ་ན་སྣང་།[447] 其所安住之处矣
Is its dwelling place.

དྲི། 问
Question:

དཀར་པོ་སྨི་འཛིན་ཁྱུང་ཆེན་གན།[448] 白色持药大鹏兮
The white, medicine-holding Khyung,

ཅི་དང་ཅི་ཞིག་དབང་དུ་བསྡུས།[449] 其所降伏者何耶
What does it subjugate?

དམར་པོ་ཤ་གཟན་ཁྱུང་ཆེན་གན།[450] 赤色食肉大鹏兮
The red, carnivorous Khyung,

ཅི་དང་ཅི་ཞིག་དབང་དུ་བསྡུས།[451] 其所降伏者何耶
What does it subjugate?

ནག་པོ་དགྲ་འདུལ་ཁྱུང་ཆེན་གན།[452] 玄色克敌大鹏兮
The black, enemy-vanquishing Khyung,

ཅི་དང་ཅི་ཞིག་དབང་དུ་བསྡུས།[453] 其所降伏者何耶
What does it subjugate?

ལན། 答

---

447 MT: གནས་པའི་གདན་ས་དེ་ན་སྣང་། FY: གནས་པའི་གདན་ས་དེ་ཙ་སྣང་།

448 MT: དཀར་པོ་སྨི་འཛིན་ཁྱུང་ཆེན་གན།

449 MT: ཅི་དང་ཅི་ཞིག་དབང་དུ་བསྡུས།

450 MT: དམར་པོ་ཤ་གཟན་ཁྱུང་ཆེན་གན།

451 MT: ཅི་དང་ཅི་ཞིག་དབང་དུ་བསྡུས།

452 MT: ནག་པོ་དགྲ་འདུལ་ཁྱུང་ཆེན་གན།

453 MT: ཅི་དང་ཅི་ཞིག་དབང་དུ་བསྡུས།

Answer:

དཀར་པོ་སྨི་འཛིན་ཁྱུང་ཆེན་གན།[454] 白色持药大鹏兮

That white, medicine-holding Khyung.

བྱ་རིགས་ཐམས་ཅད་དབང་དུ་བསྡུས།[455] 降伏种种禽鸟矣

It subjugates all manner of winged ones.

དམར་པོ་ཤ་གཟན་ཁྱུང་ཆེན་གན།[456] 赤色食肉大鹏兮

That red, carnivorous Khyung.

གཉན་རིགས་ཐམས་ཅད་དབང་དུ་བསྡུས།[457] 降伏种种念神矣

It subjugates all kinds of *nyen*.

ནག་པོ་དགྲ་འདུལ་ཁྱུང་ཆེན་གན།[458] 玄色克敌大鹏兮

That black enemy-vanquishing Khyung.

ཀླུ་རིགས་ཐམས་ཅད་དབང་དུ་བསྡུས།[459] 降伏种种鲁神矣

It subjugates all forms of *lu*.

དྲི། 问

Question:

ཤིན་དུ་བསྡུས་ན་རིགས་གཅིག་ཡིན།[460] 一言以蔽鹏一种

Explained in summary, Khyung has one form.

---

454 MT: **དཀར་པོ་སྨི་འཛིན་ཁྱུང་ཆེན་གན།** FY: ཁྱུང་དཀར་པོ་སྨི་འཛིན་ཟེར་ལི་ཀན།

455 MT: **བྱ་རིགས་ཐམས་ཅད་དབང་དུ་བསྡུས།** FY: བྱ་འདབ་ཐམས་ཅད་དབང་དུ་སྡུད།

456 MT: **དམར་པོ་ཤ་གཟན་ཁྱུང་ཆེན་གན།** FY: དམར་པོ་ཤ་ཟས་ཟེར་ལེ་ཀན།

457 MT: **གཉན་རིགས་ཐམས་ཅད་དབང་དུ་བསྡུས།** FY: བར་འདྲེ་ཐམས་ཅད་དབང་དུ་སྡུད།

458 MT: **ནག་པོ་དགྲ་འདུལ་ཁྱུང་ཆེན་གན།** FY: ནག་པོ་དགྲ་འདུལ་ཟེར་ལེ་ཀན།

459 MT: **ཀླུ་རིགས་ཐམས་ཅད་དབང་དུ་བསྡུས།** FY: འོག་ཀླུ་རིགས་ཐམས་ཅད་དབང་དུ་སྡུད།

460 MT: **ཤིན་དུ་བསྡུས་ན་རིགས་གཅིག་ཡིན།**

རིགས་གཅིག་གི་ཁྱུང་ཆེན་སྐྱེས་ཚུལ་ཤོད།[461] 释鹏一种之形矣

Please describe this one form.

ལན། 答

Answer:

རིགས་གཅིག་གི་ཁྱུང་ཆེན་སྐྱེས་ཚུལ་དེ།[462] 一言以蔽鹏一种

Khyung's one form is as follows:

ལུས་སོ་སོར་བྱ་དང་བྱི་བ་ལས།[463] 躯干犹若鸟与鼠

Khyung's body parts are like those of the bird and mouse.

སྡེར་མོ་ཡི་རང་བཞིན་དམར་པོ་རེད།[464] 足爪天生为赤色

The claws are red.

རྫས་སྣ་ཚོགས་རང་བཞིན་སེར་པོ་རེད།[465] 躯干各部皆金色

All others parts are yellow.

ཞིབ་ཏུ་བསྡུས་ན་རིགས་གཅིག་རེད།[466] 释鹏之一种如是

Explained in summary, Khyung has this one form.

461 MT: **རིགས་གཅིག་གི་ཁྱུང་ཆེན་སྐྱེས་ཚུལ་ཤོད།**

462 MT: **རིགས་གཅིག་གི་ཁྱུང་ཆེན་སྐྱེས་ཚུལ་དེ།** LT, FY: རིགས་གཅིག་གི་ཁྱུང་ཆེན་བཤད་རྒྱུ་ན།

463 DP: ལུས་སེར་པོ་བཤད་ན་ཞེས་པ་ལས། LT: **ལུས་སོ་སོར་བྱ་དང་བྱི་བ་ལས།** FY: ལུས་སེར་པོ་ཞི་དང་ཞི་བ་ལས།

464 LT: **སྡེར་མོ་ཡི་རང་བཞིན་དམར་པོ་རེད།** FY: སྡོད་མིའི་རང་བཞིན་དམར་པོ་རེད། དཀྱུང་ཀླུང་གི་རང་བཞིན་ལྡང་ཁ་རེད།

465 LT: **རྫས་སྣ་ཚོགས་རང་བཞིན་སེར་པོ་རེད།** FY: མཛེས་སྣ་ཚོགས་རང་བཞིན་སེར་པོ་རེད།

466 MT: **ཞིབ་ཏུ་བསྡུས་ན་རིགས་གཅིག་རེད།** LT: རིགས་གཅིག་གི་ཁྱུང་ཆེན་སྐྱེས་ཚུལ་རེད། FY: རིགས་གཅིག་གི་ཁྱུང་ཆེན་སྐྱེས་ཚུལ་རེད།

དྲི། 问

Question:

ཁྱུང་དང་པོ་ཡུལ་དེ་ག་རུ་སྣང་།[467] 一者故乡何处耶

First, where is Khyung's home?

གཉིས་པ་ཚང་དེ་ག་རུ་སྣང་།[468] 二者鹏巢何处耶

Second, where is Khyung's nest?

གསུམ་པ་སྒོ་ང་ག་རུ་སྣང་།[469] 三者鹏卵何处耶

Third, where is Khyung's egg?

ཁྱོད་ཡུན་རིང་མ་འགོར་ལན་རེ་ཤོག 尔作答之莫迟误

Please answer my questions without further ado.

ལན། 答

Answer:

དང་པོ་ཡུལ་དེ་བཤད་རྒྱུ་ན།[470] 言鹏鸟之故乡兮

Speaking of Khyung's home,

རི་སྨན་དཀར་པོའི་ཡང་རྩེ་ན།[471] 白色药山之巅矣

Atop the white medicine mountain,

ཁྱུང་དང་པོ་ཡུལ་དེ་དེ་ན་ཡོད།[472] 一者故乡此处也

Is where Khyung's homeland is,

---

467 MT: **ཁྱུང་དང་པོ་ཡུལ་དེ་ག་རུ་སྣང་།** DP: ཁྱུང་དང་པོ་ཡུལ་དེ་ག་ན་ཡོད།

468 MT: **གཉིས་པ་ཚང་དེ་ག་རུ་སྣང་།** DP: གཉིས་པའི་ཚང་དེ་ག་ན་ཡོད།

469 MT: **གསུམ་པ་སྒོ་ང་ག་རུ་སྣང་།** DP: གསུམ་པའི་སྒོང་ང་ག་ན་ཡོད།

470 MT: **དང་པོ་ཡུལ་དེ་བཤད་རྒྱུ་ན།** DP: དང་པོ་ཡུལ་དེ་བཤད་བགྱི་ན།

471 DP: **རི་སྨན་དཀར་པོའི་ཡང་རྩེ་ན།**

472 DP: ཁྱུང་དང་པོ་ཡུལ་དེ་དེང་ན་ཡོད། ED: **ཁྱུང་དང་པོ་ཡུལ་དེ་དེ་ན་ཡོད།**

གཉིས་པ་ཚང་དེ་དེ་ན་ཡོད།[473] 二者鹏巢此处也

Is where Khyung's nest is as well,

གསུམ་པ་སྒོང་དེ་དེ་ན་ཡོད།[474] 三者鹏卵此处也

Is where Khyung's egg is too.

གླུ་དེ་ཡི་ལན་ལ་དེ་འདྲ་ཡིན། 如是答复彼歌矣

This is the response to the song.

དྲི། 问

Question:

ཁྱུང་དམར་པོ་བདུད་ལ་འཕྱིར་ཚུལ་ཤོད།[475] 释诱赤鹏至魔域

Please tell of how the red Khyung was lured to *dü*'s realm.

ཁྱུང་དམར་པོ་བདུད་ལ་འཕྱིར་དུས་དེར།[476] 时诱赤鹏至魔域

When the red Khyung was lured to *dü*'s realm,

བདུད་རྗེ་བྱ་སྐྱ་ནག་པོ་ཡིས།[477] 魔王玄鸟之王也

The King of *dü*,

བདུད་མཁར་རྩེ་དགུར་ཅི་ཞིག་བཟོས།[478] 于九角魔堡何为

What did he do at the nine-turreted castle of *dü*?

བདུད་ནག་རི་དགུར་ཅི་ཞིག་བཟོས།[479] 于九座玄山何为

What did he do at the nine black mountains?

---

473 DP: གཉིས་པའི་ཚང་དེ་དེང་ན་ཡོད། ED: **གཉིས་པ་ཚང་དེ་དེ་ན་ཡོད།**

474 DP: གསུམ་པའི་སྒོང་དེ་དེང་ན་ཡོད། ED: **གསུམ་པ་སྒོང་དེ་དེ་ན་ཡོད།**

475 MT, FY: **ཁྱུང་དམར་པོ་བདུད་ལ་འཕྱིར་ཚུལ་ཤོད།** DP: ཁྱུང་དམར་པོ་བདུད་ལ་ཕྱིར་ཚུལ་བཤད།

476 MT: **ཁྱུང་དམར་པོ་བདུད་ལ་འཕྱིར་དུས་དེར།** DP: ཁྱུང་དམར་པོ་བདུད་ལ་ཕྱིར་ཚུལ་དེ། FY: ཁྱུང་དམར་པོ་བདུད་ལ་འཕྱིར་དུས་དེ། ཁྱུང་དཀར་སྤོན་ཕྱུག་ཡས་འོང་དུས་དེ།

477 MT: **བདུད་རྗེ་བྱ་སྐྱ་ནག་པོ་ཡིས།** DP: བདུད་གི་བྱ་བརྒྱ་ནག་དེ། FY: བདུད་ཀྱི་བྱ་རྒྱ་ནག་རིང་ཤང་།

478 MT: **བདུད་མཁར་རྩེ་དགུར་ཅི་ཞིག་བཟོས།** FY: བདུད་ཁང་རྩེ་དགུ་ཅི་ཞིག་བཟོས།

479 MT: **བདུད་ནག་རི་དགུར་ཅི་ཞིག་བཟོས།** FY: བདུད་ནག་ར་དགུ་ཅི་ཞིག་བཟོས།

གླུ་དལ་བུར་ཞོག་དང་བྲེལ་བ་མེད། 歌徐陈之莫匆促

Please sing the song slowly, there is no hurry.

ལན། 答

Answer:

དེ་ལ་ལན་ཞིག་རྒྱག་རྒྱུ་ན། 应答所问者如是

To give an answer to that,

བདུད་མཁར་རྩེ་དགུའི་རྩེ་ལ་ལངས།[480] 魔立九角魔堡上

Dü stood at the roof of the nine-turreted castle.

བདུད་ནག་རི་དགུའི་རྐུབ་ལ་ལངས།[481] 立于九座玄山下

Dü stood at the foot of the nine black mountains.

འཕུར་ནི་དགུང་སྔོན་དབྱིངས་ལ་འཕུར།[482] 飞往苍穹之中兮

Dü flew into the blue sky,

ཁྱུང་དམར་པོར་ཁ་གཡོག་ལྷེ་གཡོག་བརྒྱབ།[483] 赤鹏为魔巧舌欺

Sweet-talking Khyung.

ཡུལ་ཁོ་ཚོའི་ཡུལ་དེ་བཤད་རྒྱུ་ན།[484] 魔王云其故乡也

Making mention of his [*dü*'s] home:

རི་རིགས་མི་གཅིག་རི་གཅིག་ཡོད།[485] 有一山者迥异也

There was a different kind of mountain.

---

480 MT: **བདུད་མཁར་རྩེ་དགུའི་རྩེ་ལ་ལངས།** FY: བདུད་ཁང་རྩེ་དགུའི་ཅེ་ལ་བླང་།

481 MT: **བདུད་ནག་རི་དགུའི་རྐུབ་ལ་ལངས།** FY: བདུད་ནག་ར་དགུ་ཅེ་ལ་བླང་།

482 MT: **འཕུར་ནི་དགུང་སྔོན་དབྱིངས་ལ་འཕུར།** FY: འཕུར་ནི་དགུང་སྔོན་ཕར་ལ་འཕུར།

483 MT: **ཁྱུང་དམར་པོར་ཁ་གཡོག་ལྷེ་གཡོག་བརྒྱབ།** DP: ཁྱུང་དམར་པོ་ཁ་གཡོ་ངོ་གཡོ་རྒྱབ། FY: ཁྱུང་དམར་པོ་ཁ་གཡོ་ལྷེ་གཡོ་རྒྱབས།

484 MT: **ཡུལ་ཁོ་ཚོའི་ཡུལ་དེ་བཤད་རྒྱུ་ན།** FY: ཡུལ་ཁོ་ཚོ་ཡུལ་ན་ཟེར་ཡི་ན།

485 MT, DP: **རི་རིགས་མི་གཅིག་རི་གཅིག་ཡོད།** FY: རི་རིགས་མི་གཅིག་རི་ཅིག་ཡོད།

གཉན་རིགས་མི་གཅིག་གཉན་ཞིག་ཡོད།[486] 有一念神迥异也

There was a different kind of *nyen*.

བྱ་རིགས་མི་གཅིག་བྱ་ཞིག་ཡོད།[487] 有一禽鸟迥异也

There was a different kind of bird.

ཡུལ་ཁོ་ཚོའི་ཡུལ་དེ་ཨེ་སྐྱིད་སྣང་།[488] 询鹏魔域安乐耶

[*Dü* asked Khyung] "Is my homeland full of happiness?"

ཡུལ་ཁྱོད་ཚོའི་ཡུལ་དེ་ཨེ་སྡུག་སྣང་།[489] 尔之故土苦痛耶

"Is your [Khyung's] homeland full of suffering?"

དེ་ཁྱུང་གི་སེམས་ལ་བདེན་པར་བསམ།[490] 鹏鸟思之诚然也

Khyung believed that [what *dü* said] was true.

ཁྱུང་དམར་པོ་བདུད་ལ་ཁྱེར་སོང་ཟིག[491] 诱赤鹏至魔域矣

The red Khyung was thus lured to *dü*'s realm.

དྲི། 问

Question:

ཁྱུང་མེད་ན་གང་གིས་བཙལ་ནི་རེད།[492] 鹏无踪迹孰寻之

Who searched for Khyung after it went missing?

གླུ་དལ་མོ་ལོངས་དང་རྗེས་ན་ཡོད། 有歌相继徐徐咏

Sing it slowly, and more songs will follow.

---

486 MT, DP: **གཉན་རིགས་མི་གཅིག་གཉན་ཞིག་ཡོད།** FY: གཉན་རིགས་མི་གཅིག་གཉན་ཅིག་ཡོད།

487 MT, DP: **བྱ་རིགས་མི་གཅིག་བྱ་ཞིག་ཡོད།** FY: བྱ་རིགས་མི་གཅིག་བྱ་ཅིག་ཡོད།

488 MT: **ཡུལ་ཁོ་ཚོའི་ཡུལ་དེ་ཨེ་སྐྱིད་སྣང་།** DP: ཡུལ་ངའི་གཙོའི་ཡུལ་སྐྱིད་ན། FY: ཡུལ་ཁོ་ཚོ་ཡུལ་དེ་ཨེ་སྐྱིད་ན།

489 MT: **ཡུལ་ཁྱོད་ཚོའི་ཡུལ་དེ་ཨེ་སྡུག་སྣང་།** DP: ཡུལ་ཁྱི་གཙོའི་ཡུལ་དེ་འེ་སྡུག་ནོ། FY: ཡུལ་ཁྱོད་ཚོས་ཡུལ་དེ་ཨེ་སྡུག་ན།

490 MT: **དེ་ཁྱུང་གི་སེམས་ལ་བདེན་པར་བསམ།** FY: ད་ཁྱུང་གི་སེམས་ལ་བདེན་བར་བསམ།

491 MT: **ཁྱུང་དམར་པོ་བདུད་ལ་ཁྱེར་སོང་ཟིག** FY: ཁྱུང་དམར་པོ་བདུད་ལ་འཁྱེར་སོང་ཞིག

492 MT: **ཁྱུང་མེད་ན་གང་གིས་བཙལ་ནི་རེད།** FY: ཁྱུང་མེད་ནོ་གང་གིས་བཙལ་ལེ་རེད།

ལན། 答

Answer:

ཁྱུང་མེད་ན་གོང་བྱ་དཀར་པོས་བཙལ།[493] 赤鹏迷失雪鸡寻

The white snow bird searched for Khyung after it went missing.

གོང་བྱ་དཀར་པོ་ཟེར་ནི་གན།[494] 洁白雪鸡有令也

The white snow bird,

ཕྱོགས་བཞི་ན་ཁྲ་བཞིས་བཙལ་ནི་རེད།[495] 遣四隼以寻四方

Assigned four sparrow hawks to search for Khyung in the four directions.

གླུ་དེ་ཡི་ལན་ལ་དེ་འདྲ་ཡིན། 如是答复彼歌矣

This is the response to the song.

དྲི། 问

Question:

ཕྱོགས་བཞི་ཁྲ་བཞིའི་མིང་རེ་དྲོངས།[496] 四方四隼名何耶

Please name the four sparrow hawks.

གླུ་དལ་བུར་ཞོག་དང་བྲེལ་བ་མེད། 歌徐陈之莫匆促

Please sing the song slowly, there is no hurry.

---

493 MT: **ཁྱུང་མེད་ན་གོང་བྱ་དཀར་པོས་བཙལ།** FY: ཁྱུང་མེད་ནོ་གོང་བྱ་དཀར་པོས་བཙལ།

494 MT: **གོང་བྱ་དཀར་པོ་ཟེར་ནི་གན།** FY: བྱ་གོང་དཀར་པོས་ཟེར་ཡིན་ན།

495 MT: **ཕྱོགས་བཞི་ན་ཁྲ་བཞིས་བཙལ་ནི་རེད།** FY: ཕྱོགས་བཞི་ན་ཁྲ་བཞི་བཙལ་བ་བཞག

496 MT: **ཕྱོགས་བཞི་ཁྲ་བཞིའི་མིང་རེ་དྲོངས།** FY: ཕྱོགས་བཞི་ཁྲ་བཞི་མིང་དེ་དྲོངས།

ལན། 答

Answer:

ཤར་ཕྱོགས་དུང་ཁྲ་དཀར་པོ་གན།[497] 东方之隼为白隼

The conch-white sparrow hawk of the east,

ཤར་ཕྱོགས་ཤར་མཚམས་ཤར་ལ་བཙལ།[498] 东向处处周遍寻

Searched every inch and every corner of the east,

ཤར་ཕྱོགས་གདོང་རེ་གདོང་ལ་བཙལ།[499] 东向各个山垭寻

Searched every mountain pass in the east,

ཤར་ཕྱོགས་ལུང་རེ་ལུང་ལ་བཙལ།[500] 东向各个谷中寻

Searched every valley in the east,

ཤར་ཕྱོགས་མཚམས་ན་མི་སྣང་ཟེར།[501] 言东方未见鹏矣

Reported that Khyung was not in the east.

ལྷོ་ཕྱོགས་གཡུ་ཁྲ་སྔོན་པོ་གན།[502] 南方之隼为青隼

The turquoise-blue sparrow hawk of the south,

ལྷོ་ཕྱོགས་ལྷོ་མཚམས་ལྷོ་ལ་བཙལ།[503] 南向处处周遍寻

Searched every inch and every corner of the south,

---

497 MT: **ཤར་ཕྱོགས་དུང་ཁྲ་དཀར་པོ་གན།** DP: ཤར་ཕྱོགས་དུང་བྱ་དཀར་པོ་གི། FY: ཤར་ཕྱོགས་དུང་ཁྲ་དཀར་པོ་ཀན།

498 MT: **ཤར་ཕྱོགས་ཤར་མཚམས་ཤར་ལ་བཙལ།** FY: ཤར་ཕྱོགས་ཤར་རེ་ཤར་ལ་བཙལ།

499 DP: ཤར་ཕྱོགས་གདོང་རེ་གདོང་ལ་ཚེས། FY:ཤར་ཕྱོགས་སྔོང་རེ་སྔོང་ལ་བཙལ། ED: **ཤར་ཕྱོགས་གདོང་རེ་གདོང་ལ་བཙལ།**

500 DP: ཤར་ཕྱོགས་ལུང་རི་ལུང་ལ་ཚལ་། FY: **ཤར་ཕྱོགས་ལུང་རེ་ལུང་ལ་བཙལ།**

501 MT: **ཤར་ཕྱོགས་མཚམས་ན་མི་སྣང་ཟེར།** DP: ཤར་ཕྱོགས་ཚན་ན་མི་ནང་ཟེར། FY: ཁྱུང་ཤར་ཕྱོགས་གླིང་ན་མི་སྣང་ཟེར།

502 MT: **ལྷོ་ཕྱོགས་གཡུ་ཁྲ་སྔོན་པོ་གན།** DP: ལྷོ་ཕྱོགས་གསེར་བྱ་སེར་པོ་དེ། FY: ལྷོ་ཕྱོགས་གཡུ་ཁྲ་སྔོན་པོ་ཀན།

503 MT: **ལྷོ་ཕྱོགས་ལྷོ་མཚམས་ལྷོ་ལ་བཙལ།** FY: ལྷོ་ཕྱོགས་ལྷོ་རེ་ལྷོ་ལ་བཙལ།

ལྷོ་ཕྱོགས་གདོང་རེ་གདོང་ལ་བཙལ།[504] 南向各个山垭寻
Searched every mountain pass in the south,

ལྷོ་ཕྱོགས་ལུང་རེ་ལུང་ལ་བཙལ།[505] 南向各个谷中寻
Searched every valley in the south,

ལྷོ་ཕྱོགས་མཚམས་ན་མི་སྣང་ཟེར།[506] 言南方未见鹏矣
Reported that Khyung was not in the south.

ནུབ་ཕྱོགས་ལྕགས་ཁྲ་ནག་པོ་གན།[507] 西方之隼为玄隼
The iron-black sparrow hawk of the west,

ནུབ་ཕྱོགས་ནུབ་མཚམས་ནུབ་རེ་བཙལ།[508] 西向处处周遍寻
Searched every inch and every corner of the west,

ནུབ་ཕྱོགས་གདོང་རེ་གདོང་ལ་བཙལ།[509] 西向各个山垭寻
Searched every mountain pass in the west,

ནུབ་ཕྱོགས་ལུང་རེ་ལུང་ལ་བཙལ།[510] 西向各个谷中寻
Searched every valley in the west,

ནུབ་ཕྱོགས་མཚམས་ན་མི་སྣང་ཟེར།[511] 言西洲未见鹏矣
Reported that Khyung was not in the west.

---

[504] DP: ལྷོ་ཕྱོགས་གདོང་རེ་གདོང་ན་ཚེས། FY: ལྷོ་ཕྱོགས་སྡོང་རེ་སྡོང་ལ་བཙལ། ED: **ལྷོ་ཕྱོགས་གདོང་རེ་གདོང་ལ་བཙལ།**

[505] DP: ལྷོ་ཕྱོགས་ལུང་རེ་ལུང་ན་ཚེས། FY: **ལྷོ་ཕྱོགས་ལུང་རེ་ལུང་ལ་བཙལ།**

[506] MT: **ལྷོ་ཕྱོགས་མཚམས་ན་མི་སྣང་ཟེར།** DP: ལྷོ་ཕྱོགས་ཚ་ན་མི་ནང་ཟེར། FY: ཁྱུང་ལྷོ་ཕྱོགས་གླིང་ན་མི་སྣང་ཟེར།

[507] MT: **ནུབ་ཕྱོགས་ལྕགས་ཁྲ་ནག་པོ་གན།** DP: ནུབ་ཕྱོགས་ཟངས་བྱ་དམར་པོ་གེ། FY: ནུབ་ཕྱོགས་ལྕགས་ཁྲ་ནག་པོ་ཀན།

[508] MT: **ནུབ་ཕྱོགས་ནུབ་མཚམས་ནུབ་རེ་བཙལ།** FY: ནུབ་ཕྱོགས་ནུབ་རེ་ནུབ་ལ་བཙལ།

[509] DP: ནུབ་ཕྱོགས་གདོང་རེ་གདོང་ན་ཚེས། FY: ནུབ་ཕྱོགས་སྡོང་རེ་སྡོང་ལ་བཙལ། ED: **ནུབ་ཕྱོགས་གདོང་རེ་གདོང་ལ་བཙལ།**

[510] DP: ནུབ་ཕྱོགས་ལུང་རེ་ལུང་ན་ཚེས། FY: **ནུབ་ཕྱོགས་ལུང་རེ་ལུང་ལ་བཙལ།**

[511] MT: **ནུབ་ཕྱོགས་མཚམས་ན་མི་སྣང་ཟེར།** FY: ཁྱུང་ནུབ་ཕྱོགས་གླིང་ན་མི་སྣང་ཟེར།

བྱང་ཕྱོགས་གསེར་ཁྲ་སེར་པོ་གན།[512] 北方之隼为金隼

The golden-yellow sparrow hawk of the north,

བྱང་ཕྱོགས་བྱང་མཚམས་བྱང་རི་བཙལ།[513] 北向处处周遍寻

Searched every inch and every corner of the north,

བྱང་ཕྱོགས་གདོང་རི་གདོང་ལ་བཙལ།[514] 北向各个山垭寻

Searched every mountain pass in the north,

བྱང་ཕྱོགས་ལུང་རི་ལུང་ལ་བཙལ།[515] 北向各个谷中寻

Searched every valley in the north,

བྱང་ཕྱོགས་མཚམས་ན་མི་སྣང་ཟེར།[516] 言北方未见鹏矣

Reported that Khyung was not in the north.

ཁྱུང་འཛམ་བུ་གླིང་ན་མི་སྣང་ཟེར།[517] 四方未见鹏鸟兮

Khyung had disappeared from Jambu Continent.

བྱ་སྟོང་ཕྲག་འཚོགས་ཏེ་འདུས་དང་ནས།[518] 种种禽鸟齐聚也

All kinds of birds gathered together.

ལྷ་ཀོང་ཙེ་འཕྲུལ་གྱི་རྒྱལ་པོ་གན།[519] 卜卦幻化神王者

The Master of Divination, Kongtse,[17]

---

512 MT: བྱང་ཕྱོགས་ལྷགས་ཁྲ་སེར་པོ་གན། DP: བྱང་ཕྱོགས་གཡུ་བྱ་སྔོན་པོ་གེ། FY: བྱང་ཕྱོགས་གསེར་ཁྲ་སེར་པོ་ཀན། ED: **བྱང་ཕྱོགས་གསེར་ཁྲ་སེར་པོ་གན།**

513 MT: **བྱང་ཕྱོགས་བྱང་མཚམས་བྱང་རི་བཙལ།** FY: བྱང་ཕྱོགས་བྱང་རི་བྱང་ལ་བཙལ།

514 DP: བྱང་ཕྱོགས་གདོང་རི་གདོང་ན་ཆེས། FY: བྱང་ཕྱོགས་སྔོང་རི་སྔོང་ལ་བཙལ། ED: **བྱང་ཕྱོགས་གདོང་རི་གདོང་ལ་བཙལ།**

515 DP: བྱང་ཕྱོགས་ལུང་རི་ལུང་ན་ཆེས། FY: **བྱང་ཕྱོགས་ལུང་རི་ལུང་ལ་བཙལ།**

516 MT: **བྱང་ཕྱོགས་མཚམས་ན་མི་སྣང་ཟེར།** FY: ཁྱུང་བྱང་ཕྱོགས་གླིང་ན་མི་སྣང་ཟེར།

517 DP: **ཁྱུང་འཛམ་བུ་གླིང་ན་མི་སྣང་ཟེར།** FY: ཁྱུང་ཕྱོགས་བཞི་གླིང་ན་མི་སྣང་ཟེར།

518 MT: **བྱ་སྟོང་ཕྲག་འཚོགས་ཏེ་འདུས་དང་ནས།** FY: བྱ་འདབས་སྣ་ཚོགས་ཚོགས་འདུས་ནས།

519 MT: **ལྷ་ཀོང་ཙེ་འཕྲུལ་གྱི་རྒྱལ་པོ་གན།** FY: ལྷ་ཀོང་ཙེ་འཕྲུལ་གྱི་རྒྱལ་པོ་ལ།

མོ་ལུང་རྩིས་གསུམ་བཟོ་བར་སོང་།[520] 起卦占卜以询之

Made a *mo* divination, prophecy, and astrology,

ཀོང་ཙེ་འཕྲུལ་གྱི་རྒྱལ་པོ་གནས།[521] 卜卦幻化神王者

The Master of Divination, Kongtse,

ཁྱུང་འཛམ་བུ་གླིང་ན་མི་སྣང་ཟེར།[522] 言鹏非在瞻部洲

Reported that Khyung was not in Jambu Continent.

ཁྱུང་བདུད་ཀྱི་ཡུལ་ལ་ཁྲིད་སོང་ཟེར།[523] 鹏鸟所困为魔域

Khyung was taken to *dü*'s place.

བོན་ལེའུ་མང་པོ་ཚོགས་སུ་འདུས།[524] 众多莱坞齐聚也

Many Bon *leu* gathered together.

བོན་ལེའུ་ཆང་གིས་བྲུགས་ལ་འཐོགས།[525] 莱坞聚饮微醺也

Bon *leu* were tipsy.

བོན་ལེའུ་མང་པོ་འཚོགས་ནས་བཙལ།[526] 众多莱坞聚以寻

They gathered together, searching for Khyung.

ཚོགས་སུ་འཚོགས་ནས་བུམ་པ་བསྒྲུབས།[527] 聚集制作净瓶也

They gathered together and filled the sacred vase.

---

520 MT: **མོ་ལུང་རྩིས་གསུམ་བཟོ་བར་སོང་།** FY: མོ་ལུང་རྩིས་སུ་བཟོ་བར་སོང་།

521 MT: **ཀོང་ཙེ་འཕྲུལ་གྱི་རྒྱལ་པོ་གནས།** FY: ཀོང་ཙེ་འཕྲུལ་རྒྱལ་ཟེར་ཡིན་ན།

522 MT: **ཁྱུང་འཛམ་བུ་གླིང་ན་མི་སྣང་ཟེར།** FY: ཁྱུང་འཛམ་བུའི་གླིང་ན་མི་སྣང་ཟེར།

523 MT: **ཁྱུང་བདུད་ཀྱི་ཡུལ་ལ་ཁྲིད་སོང་ཟེར།** FY: ཁྱུང་བདུད་ཀྱི་ཡུལ་ལ་ཁྲིད་འདུག་སྣང་།

524 MT: བོན་ལེའུ་མང་པོ་ཚོགས་རུ་བསྡུས། DP: བན་སེར་པོ་བསྡུས་ནི་ཆི་བཟི་བྱེད། བན་སེར་པོ་མང་པོ་བསྡུས་ལེ་ནི། ED: **བོན་ལེའུ་མང་པོ་ཚོགས་སུ་འདུས།**

525 MT: **བོན་ལེའུ་ཆང་གིས་བྲུགས་ལ་འཐོགས།** FY: བོན་ལེའུ་ཆང་གིས་བྲུགས་ལ་ཐོག

526 MT: **བོན་ལེའུ་མང་པོ་འཚོགས་ནས་བཙལ།** FY: བོན་ལེའུ་མོང་པོ་མཚམས་ལབ་སྡད།

527 MT: **ཚོགས་སུ་འཚོགས་ནས་བུམ་པ་བསྒྲུབས།** DP: བན་སེར་པོ་བསྡུས་ནི་བུམ་པ་བསྒྲུབ། FY: མཚམས་ལ་བསྡད་ནས་བུམ་པ་སྒྲུབ།

སྤྱི་བྱ་བརྒྱ་མང་པོ་ཚོགས་བསྡད་སྣང་།[528] 是时种种禽鸟集
All the birds gathered together.

བྱེའུ་ཕ་ཝང་སྒམ་པོས་ཁ་བརྡ་བཟོས།[529] 大智蝙蝠有言也
The wise bat stated,

ཁྱུང་འཛམ་བུ་གླིང་ན་མི་སྣང་ཟེར།[530] 鹏鸟未在瞻部洲
Khyung was not in Jambu Continent.

ཁྱུང་བདུད་ཀྱི་ཡུལ་ལ་ཁྱེར་སོང་ཟིག[531] 魔王囚之于魔域
Khyung was taken to *dü*'s place.

ཁྱུང་བདུད་ཀྱི་ཡུལ་ལ་ཁོ་འཚོལ་འགྲོ།[532] 愿往魔域寻鹏鸟
He [bat] would go to find Khyung in *dü*'s place.

ཁྱུང་བདུད་ཀྱི་ཡུལ་ལ་ཁོ་འབོད་འགྲོ།[533] 愿往魔域唤鹏鸟
He would go to call for Khyung in *dü*'s place.

བྱེའུ་ཕ་ཝང་སྒམ་པོས་བུམ་ཆུ་ཁུར།[534] 大智蝙蝠携净瓶
The wise bat carried the sacred vase.

བུམ་པ་དང་པོ་མགུལ་ལ་བསྐོན།[535] 净瓶其一系颈项
The first sacred vase was tied to its neck.

528 MT: **སྤྱི་བྱ་བརྒྱ་མང་པོ་ཚོགས་བསྡད་སྣང་།** FY: སྤྱི་བྱ་རྒྱལ་མང་པོ་ཚོགས་འདུས་སྣང་།

529 MT: **བྱེའུ་ཕ་ཝང་སྒམ་པོས་ཁ་བརྡ་བཟོས།** DP: བྱི་ཕ་ཝང་སྒོད་པོས་ཁེ་ཐག་བཟོས། FY: བྱི་ཕ་ཝང་རྒོད་པོ་མཁན་བདག་བཟོས།

530 DP: **ཁྱུང་འཛམ་བུ་གླིང་ན་མི་སྣང་ཟེར།**

531 DP: ཁྱུང་བདུད་གི་ཡུལ་ལ་ཁྱེར་སོང་བཟི། ED: **ཁྱུང་བདུད་ཀྱི་ཡུལ་ལ་ཁྱེར་སོང་ཟིག**

532 MT: **ཁྱུང་བདུད་ཀྱི་ཡུལ་ལ་ཁོ་འཚོལ་འགྲོ།** FY: ཁྱུང་བདུད་ཀྱི་ཡུལ་ལ་ཁོ་འཚུལ་འགྲོ།

533 MT, FY: **ཁྱུང་བདུད་ཀྱི་ཡུལ་ལ་ཁོ་འབོད་འགྲོ།**

534 DP: བྱི་ཕ་ཝང་རྒོད་པོ་བུམ་ཆུ་ཁུ། ED: **བྱེའུ་ཕ་ཝང་སྒམ་པོས་བུམ་ཆུ་ཁུར།**

535 MT: **བུམ་པ་དང་པོ་མགུལ་ལ་བསྐོན།** FY: བུམ་པ་དང་པོ་མགུལ་ལ་བཏགས།

བུམ་པ་གཉིས་པ་སྐེད་ལ་བསྐོན།[536] 净瓶其二系腰间

The second sacred vase was tied to its waist.

བུམ་པ་གསུམ་པ་རྐང་ལ་བསྐོན།[537] 净瓶其三系爪足

The third sacred vase was tied to its feet.

བྱིའུ་པ་ཕང་ཉིན་འཕུར་མཚན་འཕུར་བཟོས།[538] 大智蝙蝠日夜飞

The bat flew day and night,

འཕུར་ནས་བདུད་ཀྱི་ཡུལ་ལ་སོང་།[539] 飞行抵达魔域也

Flew to *dü*'s place,

བདུད་མཁར་སྒོ་རུ་བབས་ནི་ཡིན།[540] 落于魔王城门口

Landed at the gates of *dü*'s castle.

བདུད་གོང་འོག་འགབ་མ་བདུད་ཁང་གསུམ།[541] 魔堡上中下三座

There were three castles, from high to low.

བདུད་ཁང་གོང་གི་སྒོ་བཞི་ཕྱེས།[542] 开上堡之四门兮

[The bat] opened the four gates of the upper castle.

བདུད་ཁང་ནང་ན་མི་སྣང་ཟེར།[543] 其间未见鹏鸟矣

[Khyung] was not in the castle.

བདུད་ཁང་འོག་མའི་སྒོ་བཞི་ཕྱེས།[544] 开中堡之四门兮

536 MT: **བུམ་པ་གཉིས་པ་སྐེད་ལ་བསྐོན།** FY: བུམ་པ་གཉིས་པ་སྐེ་ལ་བཏགས།

537 MT: **བུམ་པ་གསུམ་པ་རྐང་ལ་བསྐོན།** FY: བུམ་པ་གསུམ་པ་རྐང་ལ་བཏགས།

538 MT: **བྱིའུ་པ་ཕང་ཉིན་འཕུར་མཚན་འཕུར་བཟོས།** FY: བྱི་པ་ཕང་ཉིན་འཕུར་མཚན་འཕུར་བཏང་།

539 MT: **འཕུར་ནས་བདུད་ཀྱི་ཡུལ་ལ་སོང་།** FY: འཕུར་ནས་བདུད་ཀྱི་ཡུལ་ལ་སླེབས།

540 MT: **བདུད་མཁར་སྒོ་རུ་བབས་ནི་ཡིན།** FY: བདུད་ལྕགས་མཁར་སྒོ་མེད་མགོ་ལ་བབས།

541 FY: བདུད་གོང་བ་འགབ་མ་བདུད་ཁང་གསུམ། ED: **བདུད་གོང་འོག་འགབ་མ་བདུད་ཁང་གསུམ།**

542 FY: **བདུད་ཁང་གོང་གི་སྒོ་བཞི་ཕྱེས།**

543 DP: བདུད་མགོ་མའི་ནང་ན་མི་ནང་ཟེར། FY: **བདུད་ཁང་ནང་ན་མི་སྣང་ཟེར།**

544 FY: བདུད་ཁང་སྒོ་མོ་སྒོ་བཞི་ཕྱེ། ED: **བདུད་ཁང་འོག་མའི་སྒོ་བཞི་ཕྱེས།**

[The bat] opened the four gates of the lower castle.

བདུད་ཁང་ནང་ན་མི་སྣང་ཟེར།[545] 其间未见鹏鸟矣

[Khyung] was not there either.

དྲི། 问

Question:

ཁྱུང་ག་རུ་ནང་ན་བཙུག་བཞག་སྣང་།[546] 见鹏囚于何处耶

Where had Khyung been confined?

གླུ་དལ་མོ་ལོངས་དང་རྗེས་ན་ཡོད། 有歌相继徐徐咏

Sing it slowly, and more songs will follow.

ལན། 答

Answer:

བདུད་སྒོ་ཡི་ནང་ན་བསྡུས་བཞག་སྣང་།[547] 囚于下堡门中兮

Khyung was confined within the door [of the lowest castle].

གླུ་དེ་ཡི་ལན་ལ་དེ་འདྲ་ཡིན། 如是答复彼歌矣

This is the response to the song.

---

545 FY: བདུད་ཁང་ནང་ན་མི་སྣང་ཟེར།

546 MT: ཁྱུང་ག་རུ་ནང་ན་བཙུག་བཞག་སྣང་། FY: བདུད་ག་རུ་ནང་ན་བཙུག་བཞག་སྣང་།

547 DP: བདུད་གོ་ཕང་ནང་ན་བསྡུས་བཞག་ན། FY: བདུད་ར་སྒོ་ན་བཙུག་བཞག་སྣང་། ED: བདུད་སྒོ་ཡི་ནང་ན་བསྡུས་བཞག་སྣང་།

དྲི། 问

Question:

ཁྱུང་མགོ་ལ་ཅི་ཞིག་བསྐོན་བསྡད་སྣང་།[548] 鹏首何所缚之耶

What was placed on Khyung's head?

ལུས་ལ་ཅི་ཞིག་བསྐོན་བསྡད་སྣང་།[549] 鹏身何所缚之耶

What was put on Khyung's body?

རྐང་ལ་ཅི་ཞིག་བཀྱབ་བསྡད་སྣང་།[550] 鹏足何所缚之耶

What was tied to Khyung's feet?

གླུ་དལ་བུར་ཕོག་དང་བྲེལ་བ་མེད། 歌徐陈之莫匆促

Please sing the song slowly, there is no hurry.

ལན། 答

Answer:

ཁྱུང་མགོ་ལ་བདུད་རྨོག་བསྐོན་བཞག་སྣང་།[551] 鹏首魔盔所缚也

A demonic helmet was placed on Khyung's head.

ཁྱུང་ལུས་ལ་བདུད་ཁྲབ་བསྐོན་བཞག་སྣང་།[552] 鹏身魔甲所缚也

A demonic armour was put on Khyung's body.

---

548 MT: **ཁྱུང་མགོ་ལ་ཅི་ཞིག་བསྐོན་བསྡད་སྣང་།** FY: ཁྱུང་མགོ་ལ་ཅི་ཞིག་ཐོགས་བཞག་སྣང་།

549 MT: **ལུས་ལ་ཅི་ཞིག་བསྐོན་བསྡད་སྣང་།** FY: ལུས་ལ་ཅི་ཞིག་སྐོན་བཞག་སྣང་།

550 MT: **རྐང་ལ་ཅི་ཞིག་བཀྱབ་བསྡད་སྣང་།** FY: རྐང་ལ་ཅི་ཞིག་བཀྱབ་བཞག་སྣང་།

551 MT: **ཁྱུང་མགོ་ལ་བདུད་རྨོག་བསྐོན་བཞག་སྣང་།** DP: མགོ་ལ་བདུད་རྨོག་རྐན་བཞག་ན། FY: ཁྱུང་མགོ་ལ་བདུད་རྨོག་ཐོགས་བཞག་སྣང་།

552 MT: **ཁྱུང་ལུས་ལ་བདུད་ཁྲབ་བསྐོན་བཞག་སྣང་།** DP: ལུས་ལ་བདུད་གོས་བརྐན་བཞག་ན། FY: ལུས་ལ་བདུད་ཁྲབ་སྐོན་བཞག་ཡོད།

ཁྱུང་རྐང་ལ་བདུད་ལྕགས་བརྒྱབ་བཞག་སྣང་།[553] 鹏足魔链所缚也

Demonic iron chains were tied to Khyung's feet.

ཁྱུང་ཐུར་ལས་ཉམས་སུ་སོང་བསྟོད་སྣང་།[554] 见鹏勇猛渐失也

The vigorous Khyung was becoming weak.

གླུ་དེ་ཡི་ལན་ལ་དེ་འདྲ་ཡིན། 如是答复彼歌矣

This is the response to the song.

དྲི། 问

Question:

ཐེའུ་པ་ཕང་སྐམ་པོས་ཅི་ཞིག་བཟོས།[555] 大智蝙蝠何为耶

What did the wise bat do?

གླུ་དལ་མོ་ལོངས་དང་རྗེས་ན་ཡོད། 有歌相继徐徐咏

Sing it slowly, and more songs will follow.

ལན། 答

Answer:

བུམ་པ་དང་པོ་མགོ་ལ་བླུགས།[556] 净瓶一者淋鹏首

[Bat] sprinkled water from the first sacred vase over [Khyung's] head.

མགོ་ཡི་བདུད་རྨོག་བསལ་བཞག་སྣང་།[557] 鹏首魔盔解除也

The demonic helmet on its head was thus removed.

---

553 MT: **ཁྱུང་རྐང་ལ་བདུད་ལྕགས་བརྒྱབ་བཞག་སྣང་།** DP: རྐང་ལ་བདུད་ལྕགས་རྒྱབ་གཞི་ན། FY: རྐང་ལ་བདུད་ལྕགས་བརྒྱབ་བཞག་སྣང་།

554 MT: **ཁྱུང་ཐུར་ལས་ཉམས་སུ་སོང་བསྟོད་སྣང་།** FY: ཁྱུང་དར་ལེ་ཉམས་རུད་སོང་འདུག་སྣང་།

555 MT: **ཐེའུ་པ་ཕང་སྐམ་པོས་ཅི་ཞིག་བཟོས།** FY: ཐེའུ་པ་ཕང་རྣོད་པོས་ཅི་ཞིག་བཟོས།

556 MT, DP: **བུམ་པ་དང་པོ་མགོ་ལ་བླུགས།** FY: བུམ་ཆུ་ཁྱུང་གི་མགོ་ལ་གཏོར།

557 MT, FY: **མགོ་ཡི་བདུད་རྨོག་བསལ་བཞག་སྣང་།** DP: མགོ་ཡི་བདུད་སྨོན་བསིལ་བཞི་ཡོད།

ཁྱུང་ཆེན་དགའ་ནས་དི་རེ་རེ།[558] 大鹏悄声欢悦也

Khyung was giggling gleefully.

བྱེའུ་ཕ་ཝང་དགའ་ནས་དི་རེ་རེ།[559] 大智蝙蝠欢悦矣

Bat was giggling gleefully.

བུམ་པ་གཉིས་པ་ལུས་ལ་བླུགས།[560] 净瓶二者淋鹏身

[Bat] sprinkled water from the second sacred vase over [Khyung's] body.

ལུས་ཀྱི་བདུད་ཁྲབ་བསལ་བཞག་སྣང་།[561] 鹏身魔甲解除也

The demonic armour on its body was thus removed.

ཁྱུང་ཆེན་དགའ་ནས་དི་རེ་རེ།[562] 大鹏悄声欢悦也

Khyung was giggling gleefully.

བྱེའུ་ཕ་ཝང་དགའ་ནས་དི་རེ་རེ།[563] 大智蝙蝠欢悦矣

Bat was giggling gleefully.

བུམ་པ་གསུམ་པ་རྐང་ལ་བླུགས།[564] 净瓶三者淋鹏爪

[Bat] sprinkled water from the third sacred vase over [Khyung's] feet.

རྐང་གི་བདུད་ལྕགས་བསལ་བཞག་སྣང་།[565] 鹏爪魔链解除也

The demonic iron chains tied to its feet were thus removed.

ཁྱུང་ཆེན་དགའ་ནས་དི་རེ་རེ།[566] 大鹏悄声欢悦也

Khyung was giggling gleefully.

---

558 DP: ཁྱུང་ཆེན་དགའ་ནི་དི་རེ་རེ། ED: **ཁྱུང་ཆེན་དགའ་ནས་དི་རེ་རེ།**

559 MT, DP: བྱི་ཕ་ཝང་དགའ་ནི་དི་རེ་རེ། ED: **བྱེའུ་ཕ་ཝང་དགའ་ནས་དི་རེ་རེ།**

560 MT: **བུམ་པ་གཉིས་པ་ལུས་ལ་བླུགས།** DP: བུམ་ཆུ་གཉིས་པ་ལུས་ལ་བླུག FY: བུམ་ཆུ་ཁྱུང་གི་ལུས་ལ་བླུག

561 MT, FY: **ལུས་ཀྱི་བདུད་ཁྲབ་བསལ་བཞག་སྣང་།** DP: ལུས་ཀྱི་བདུད་གོས་བསིལ་ལེ་རེ།

562 DP: ཁྱུང་ཆེན་དགའ་ནི་དི་རེ་རེ། ED: **ཁྱུང་ཆེན་དགའ་ནས་དི་རེ་རེ།**

563 MT, DP: བྱི་ཕ་ཝང་དགའ་ནི་དི་རེ་རེ། ED: **བྱེའུ་ཕ་ཝང་དགའ་ནས་དི་རེ་རེ།**

564 MT: **བུམ་པ་གསུམ་པ་རྐང་ལ་བླུགས།** DP: བུམ་ཆུ་གསུམ་པ་རྐང་ལ་བླུག FY: བུམ་ཆུ་ཁྱུང་གི་རྐང་ལ་གཏོར།

565 MT, FY: **རྐང་གི་བདུད་ལྕགས་བསལ་བཞག་སྣང་།** DP: རྐང་གི་བདུད་ལྕགས་བསིལ་བཞི་ཡོད།

566 DP: ཁྱུང་ཆེན་དགའ་ནི་དི་རེ་རེ། FY: ཁྱུང་ཆེན་དགའ་ནས་དི་རི་རི། ED: **ཁྱུང་ཆེན་དགའ་ནས་དི་རེ་རེ།**

བྱིའུ་པ་ལྷང་དགའ་ནས་དི་རེ་རེ།[567] 大智蝙蝠欢悦矣
Bat was giggling gleefully

གླུ་དེ་ཡི་ལན་ལ་དེ་འདྲ་ཡིན། 如是答复彼歌矣
This is the response to the song.

དྲི། 问
Question:

ཁྱུང་གཤོག་སྤུ་གྲིས་ཅི་ཞིག་བཟོས།[568] 鹏鸟剑翼何为耶
What did Khyung's sword-like wings do?

གླུ་དལ་བུར་ཤོག་དང་བྲེལ་བ་མེད། 歌徐陈之莫匆促
Please sing the song slowly, there is no hurry.

ལན། 答
Answer:

གཤོག་ཅིག་སྤུ་གྲི་ལན་གསུམ་བརྡབས།[569] 剑翼挥舞三次兮
Khyung's sword-like wings flapped thrice.

བདུད་ཁང་རྩེ་དགུ་བཤིག་བཞག་ཡོད།[570] 覆灭九角魔堡也
That nine-turreted castle of *dü* was destroyed.

བདུད་ནག་རི་དགུ་བཅག་བཞག་ཡོད།[571] 崩碎九座玄山矣
The nine black mountains were shattered into pieces.

---

567 MT, DP: བྱི་པ་ལྷང་དགའ་ནི་དི་རེ་རེ། FY: བྱི་པ་ལྷང་དགའ་ནས་དི་རི་རི། ED: **བྱིའུ་པ་ལྷང་དགའ་ནས་དི་རེ་རེ།**

568 MT, FY: **ཁྱུང་གཤོག་སྤུ་གྲིས་ཅི་ཞིག་བཟོས།**

569 MT: **གཤོག་ཅིག་སྤུ་གྲི་ལན་གསུམ་བརྡབས།** FY: གཤོག་ཅིག་སྤུ་གྲི་ལན་གསུམ་ལྡོག

570 MT, FY: **བདུད་ཁང་རྩེ་དགུ་བཤིག་བཞག་ཡོད།** DP: བདུད་ཁང་གཡས་བཤིག་གཡོན་བཤིག་བཟོས། བདུད་ཁང་གཡས་འཕང་གཡོན་འཕང་བཟོས།

571 MT: **བདུད་ནག་རི་དགུ་བཅག་བཞག་ཡོད།** FY: བདུད་ནག་ར་དགུ་བཤིག་བཞག་ཡོད།

གླུ་དེ་ཡི་ལན་ལ་དེ་འདྲ་ཡིན། 如是答复彼歌矣
This is the response to the song.

དྲི། 问
Question:

ཁྱུང་འཕུར་བ་ག་རུ་འཕུར་ནི་རེད།[572] 鹏鸟飞往何处耶
Whither did Khyung fly?

ཁྱོད་ཡུན་རིང་མ་འགོར་ལན་རེ་ཤོག 尔作答之莫迟误
Please answer my questions without further ado.

ལན། 答
Answer:

དེ་ལ་ལན་ཞིག་རྒྱག་རྒྱུ་ན། 应答所问者如是
To give an answer to that,

ཁྱུང་འཛམ་བུ་གླིང་ལ་འཕུར་ཡོད་དོ།།[573] 鹏鸟飞往南瞻部
Khyung flew to Jambu Continent.

---

572 MT: **ཁྱུང་འཕུར་བ་ག་རུ་འཕུར་ནི་རེད།** FY: ཁྱུང་འཕུར་བ་གང་ལ་འཕུར་ལེ་རེད།

573 MT: **ཁྱུང་འཛམ་བུ་གླིང་ལ་འཕུར་ཡོད་དོ།།** DP: ཁྱུང་འཛམ་བུ་གླིང་ལ་ཕུར་སོང་བཟེ། འདི་ནི་ཐུགས་གསལ་ཇོ་རྒྱག་ལ་ཆང་མཐུང་པའི་གླུ་དབྱངས་ཡིན། ཆུ་ཁྲི་ལོ་ཀླུ་ཅོས་ཡར་དེ་ཁྲིན། FY: ཁྱུང་འཛམ་བུ་གླིང་ན་འཕུར་ཡོད་དོ།

Endnotes མཇུག་མཆན། 尾注

1 Method (*thabs*), or *upāya* in Sanskrit, refers to the expedient practice that practitioners may use to gain enlightenment. These are often discussed in conjunction with wisdom (*shes rab*), or *prajñā* in Sanskrit: key abilities to select the path toward enlightenment. See, for example, Robert E. Buswell and Donald S. Lopez, *The Princeton Dictionary of Buddhism* (Princeton and Oxford: Princeton University Press, 2014), pp. 655, 942.

ཐབས་ནི་དང་སཾསྐྲྀཏའི་ཐ་སྙད་ཨུ་པཱ་ཡ་ཞེས་པའི་སྐད་དོད་དེ་བྱ་བ་སྒྲུབ་སླ་བར་བྱེད་ཚུལ་གྱི་དོན་དང་། ཤེས་རབ་ནི་སཾསྐྲྀཏའི་ཐ་སྙད་པྲཛྙཱ་ཞེས་པའི་སྐད་དོད་དེ་གནས་ལུགས་རྟོགས་པའི་ཤེས་པ་རབ་ཀྱི་མཐར་སོན་པའི་དོན་ཡིན། ཆོས་གཞུང་དུ་བཤད་པའི་ཐབས་ཤེས་ཟུང་འཇུག་གི་སྐོར་གྱི་ཆེད་ཞིབ་ལ་འདིར་གཟིགས་པར་ཞུ། Robert E. Buswell and Donald S. Lopez, *The Princeton Dictionary of Buddhism* (Princeton and Oxford: Princeton University Press, 2014), pp. 655, 942.

梵文称为乌波野(upāya)的善巧方便(ཐབས།)是指修行者为了开悟采取的权宜法门。它常与择取开悟道路的关键能力之一，即梵文称为般若(prajñā)的智慧(ཤེས་རབ།)一起讨论。例见Robert E. Buswell and Donald S. Lopez, *The Princeton Dictionary of Buddhism* (Princeton and Oxford: Princeton University Press, 2014), pp. 655, 942。

2 *Bé* (*sbas*) means 'shell' or 'carapace' in the local dialect.

ཡུལ་སྐད་ལྟར་ན་རུས་སྦལ་གྱི་རུས་ལ་སྦས་ཀྱང་ཟེར།

"呗"(སྦས།)在当地方言意为"贝壳"或"甲壳"。

3 The wish-fulling tree is also referred to as the world tree. In Bon texts, the wish-fulfilling tree stands on the summit of Mount Meru. See, for example, *Mdo dri med gzi brjid*, 12 vols (Dolpo, Nepal; repr. New Delhi: Jayyed Press, 1978), II (1978), pp. 1–187.

བོན་གྱི་བསྟན་བཅོས་སུ་དཔག་བསམ་ལྗོན་པའི་ཤིང་ནི་རིའི་རྒྱལ་པོ་རི་རབ་ཀྱི་རྩེ་རུ་གནས་པར་གསལ། མདོ་དྲི་མེད་གཟི་བརྗིད། པོད་12ཡོད། (Dolpo, Nepal; repr. New Delhi: Jayyed Press, 1978), II (1978), pp. 1–187.

如意树也指世界树。在苯教文献中，如意树长在须弥山巅峰。例见མདོ་དྲི་མེད་གཟི་བརྗིད། པོད་12ཡོད། (Dolpo, Nepal; repr. New Delhi: Jayyed Press, 1978), II (1978), pp. 1–187。

4 Yémön Gyelpo (Ye smon rgyal po), the King of Primordial Wishes—also referred to as the world god, Sangpo Bumtri (Sangs po 'bum khri)—was born from the cosmic egg. He did not possess the five senses and also had no organs for walking and stretching, but with the help of the 'Thinking

Spirit', Yémön Gyelpo was able to accomplish all these activities. He was the one who created human beings, heavenly spirits, and animals. See Helmut Hoffmann, *The Religions of Tibet*, trans. by Edward Fitzgerald (George Allen & Unwin Ltd, 1961), pp. 104–05; Per Kværne, *The Bon Religion of Tibet* (Boston: Shambhala, 1995), p. 26; Samten Gyaltsen Karmay, *The Arrow and The Spindle*, I (1997), p. 265.

དང་པོར་སྲིད་པའི་ལྷུམ་དྲལ་བཅོ་བརྒྱད་ལས། སྐྱེས་རྒྱུད་ལྷ་མི་གཞེན་གསུམ་དུ་འཕེལ་བ་ལས། ལྷ་ནི་སྲིད་པའི་ཡེ་སྨོན་རྒྱལ་པོ་སྟེ། དེར་ཐོག་མར་ལྟ་བའི་མིག་མེད། ཉན་པའི་རྣ་མེད། སྣོམ་པའི་སྣ་མེད། མྱོང་བའི་ལྕེ་མེད། རྐྱོབ་པའི་ལག་པ་མེད། འགྲོ་བའི་རྐང་པ་མེད། བསམ་པའི་ཡིད་རྒྱུ་ཙམ་ཞིག་ཡོད་པ་ལ། ལྟ་བའི་མིག་དོད། ཉན་པའི་རྣ་དོད། སྣོམ་པའི་སྣ་དོད། མྱོང་བའི་ལྕེ་དོད། རྐྱོབ་པའི་ལག་པ་དོད། འགྲོ་བའི་རྐང་པ་དོད། དེ་ནས་རང་མིང་རང་དུ་བཏགས་ནས་སྲིད་པ་སངས་པ་འབུམ་ཁྲི་ཞེས་ཀྱང་བྱ། དེ་ནས་ཕྱྭ་དམུ་གཙུག་གསུམ་གྱི་རྒྱུད་ཐམས་ཅད་དེ་ལས་གྲོལ་བར་བཤད། འབྲེལ་ཡོད་དཔྱད་ཞིབ་ཀྱི་སྐོར་ལ་འདིར་གཟིགས་པར་ཞུ། Helmut Hoffmann, *The Religions of Tibet*, trans. by Edward Fitzgerald (George Allen & Unwin Ltd, 1961), pp. 104–05; Per Kværne, *The Bon Religion of Tibet* (Boston: Shambhala, 1995), p. 26; Samten Gyaltsen Karmay, *The Arrow and The Spindle*, I (1997), p. 265.

本愿王叶摩嘉波(ཡེ་སྨོན་རྒྱལ་པོ།)也指世间神王桑波菩赤(སང་པོ་འབུམ་ཁྲི།)。他从宇宙之卵中出生,没有五感也没有行走伸展的器官。但在"思索之灵"的帮助下,叶摩嘉波可以做到这些。他是人、天神和动物的创造者。见Helmut Hoffmann, *The Religions of Tibet*, trans. by Edward Fitzgerald (George Allen & Unwin Ltd, 1961), pp. 104–05; Per Kværne, *The Bon Religion of Tibet* (Boston: Shambhala, 1995), p. 26;Samten Gyaltsen Karmay, *The Arrow and The Spindle*, I (1997), p. 265。

5 The Black-headed man (Smon mi dbu nag), or the little black-headed man, was used to refer to mankind. See Nathan Hill, '"Come as Lord of the black-headed"—an Old Tibetan Mythic Formula', in *Tibet after Empire: Culture, Society and Religion between 850–1000*, ed. by Christoph Cüppers, Robert Mayer and Michael Walter (Lumbini: Lumbini International Research Institute, 2013), pp. 169–79 (p. 173); Samten Gyaltsen Karmay, *The Arrow and The Spindle*, I (1997), p. 261.

དང་པོར་སྲིད་པའི་ལྷུམ་དྲལ་བཅོ་བརྒྱད་ལས། སྐྱེས་རྒྱུད་ལྷ་མི་གཞེན་གསུམ་དུ་འཕེལ་བ་ལས། མི་ནི་སྲིད་པའི་སྨོན་མི་དབུ་ནག་ཡིན། དབུ་ནག་ཅེས་པ་ནི་མི་སྤྱིའི་མིང་ལ་འཇུག་སྟེ། འབྲེལ་ཡོད་དཔྱད་ཞིབ་ཀྱི་སྐོར་ལ་འདིར་གཟིགས་པར་ཞུ། Nathan Hill, '"Come as Lord of the black-headed"—an Old Tibetan Mythic Formula', in *Tibet after Empire: Culture, Society and Religion between 850–1000*, ed. by Christoph Cüppers, Robert Mayer and Michael Walter (Lumbini: Lumbini International Research Institute, 2013), pp. 169–79 (p. 173); Samten Gyaltsen Karmay, *The Arrow and The Spindle*, I (1997), p, 261.

黑头凡人(སྨོན་མི་དབུ་ནག)或黑头小人通常指代人类。Nathan Hill, '"Come as Lord of the black-headed"—an Old Tibetan Mythic Formula', in *Tibet after Empire: Culture, Society and Religion between 850–1000*, ed. by Christoph Cüppers, Robert Mayer and Michael Walter (Lumbini: Lumbini International Research Institute, 2013), pp. 169–79 (p. 173); Samten Gyaltsen Karmay, *The Arrow and The Spindle*, I (1997), p. 261。

6 Yeshen Wangdzok (Ye gshen dbang rdzogs) refers to 'the Primordial *gshen* Endowed with All Powers, a legendary ancestor of mankind'. See Namkhai Norbu, *Drung, Deu and Bon*, trans. by Adriano Clemente (Library of Tibetan Works and Archives, 1995), p. 244. Here, we understand Yeshen Wangdzok to be the earliest Bon priest.

དང་པོར་སྲིད་པའི་ལྷུམ་དུལ་བཅོ་བརྒྱད་ལས། སྐྱེས་རྒྱུད་ལྷ་མི་གཤེན་གསུམ་དུ་འཕེལ་བ་ལས། གཤེན་ནི་སྲིད་པའི་ཡེ་གཤེན་དབང་རྫོགས་ཡིན། འབྲེལ་ཡོད་དཔྱད་ཞིབ་ཀྱི་སྐོར་ལ་འདིར་གཟིགས་པར་ཞུ། Namkhai Norbu, *Drung, Deu and Bon*, trans. by Adriano Clemente (Library of Tibetan Works and Archives, 1995), p. 244.

益辛旺宗(ཡེ་གཤེན་དབང་རྫོགས།)是指"最原初的拥有一切力量的祭司'辛'(གཤེན།),也是人类的祖先。"见Namkhai Norbu, *Drung, Deu and Bon*, trans. by Adriano Clemente (Library of Tibetan Works and Archives, 1995), p. 244。此处我们将益辛旺宗理解为最早的苯教祭司。

7 *Lha* (*lha*) are a class of ancient Tibetan deities who are coloured white. They live in the upper sphere of the three divisions of existence, namely the sky, the intermediate space, and the earth. See René de Nebesky-Wojkowitz, *Oracles and Demons of Tibet: The Cult and Iconography of the Tibetan Protective Deities*, p. 299; John Powers, *Introduction to Tibetan Buddhism* (Ithaca and Boulder: Snow Lion Publications, 2007), p. 500.

ལྷ་ཀླུ་གཉན་གསུམ་ལས་གནམ་ལ་གནས་པའི་ནམ་མཁའི་ལྷ་ཡི་རིགས་ཏེ་མདངས་དཀར་པོ་ཞིག་ཡིན་པར་བཤད། འབྲེལ་ཡོད་དཔྱད་ཞིབ་ཀྱི་སྐོར་ལ་འདིར་གཟིགས་པར་ཞུ། René de Nebesky-Wojkowitz, *Oracles and Demons of Tibet: The Cult and Iconography of the Tibetan Protective Deities*, p. 299; John Powers, *Introduction to Tibetan Buddhism* (Ithaca and Boulder: Snow Lion Publications, 2007), p. 500.

拉(ལྷ།)是一种西藏上古时代的一种神灵,为白色。他们生活在天、地及二者之间的三界的天界。见René de Nebesky-Wojkowitz, *Oracles and Demons of Tibet: The Cult and Iconography of the Tibetan Protective Deities*, p. 299; John Powers, *Introduction to Tibetan Buddhism* (Ithaca and Boulder: Snow Lion Publications, 2007), p. 500。

8 *Nyen* (*gnyan*) class of deity live between sky and earth and are represented as having a yellow colouring. They primarily reside in forests, trees, and rocks. *Nyen* are not necessarily malicious. See, for example, Helmut

Hoffmann, *The Religions of Tibet*, p. 17; René de Nebesky-Wojkowitz, *Oracles and Demons of Tibet: The Cult and Iconography of the Tibetan Protective Deities*, pp. 289, 299; Samten Gyaltsen Karmay, *The Arrow and The Spindle*, 3 vols (Kathmandu: Mandala Book Point, 1997–2014), III (2014), pp. 97–113.

ལྷ་ཀླུ་གཉན་གསུམ་ལས་བར་སྣང་གཉན་གྱི་རིགས་ཏེ། སེར་པོ་གསེར་གྱི་མདངས་དང་། ནམ་རྒྱུན་ནགས་ཚལ་དང་བྲག་རི་ལྷ་བུར་གནས་ཤིང་། གཉན་གྱི་རིགས་ལས་མི་ལ་གནོད་པ་གཏོང་མཁན་ཡིན་མིན་ཅི་རིགས་ཡོད་པར་བཤད། འབྲེལ་ཡོད་དཔྱད་ཞིབ་ཀྱི་སྐོར་ལ་འདིར་གཟིགས་པར་ཞུ། Helmut Hoffmann, *The Religions of Tibet*, p. 17; René de Nebesky-Wojkowitz, *Oracles and Demons of Tibet: The Cult and Iconography of the Tibetan Protective Deities*, pp. 289, 299; Samten Gyaltsen Karmay, *The Arrow and The Spindle*, 3 vols (Kathmandu: Mandala Book Point, 1997–2014), III (2014), pp. 97–113.

念(གཉན)是生活在天地之间的一种神灵，为金色。他们主要栖居于森林、树木和岩石中。念不一定危害人类。例见Helmut Hoffmann, *The Religions of Tibet*, p. 17; René de Nebesky-Wojkowitz, *Oracles and Demons of Tibet: The Cult and Iconography of the Tibetan Protective Deities*, pp. 289, 299；Samten Gyaltsen Karmay, *The Arrow and The Spindle*, 3 vols (Kathmandu: Mandala Book Point, 1997–2014), III (2014), pp. 97–113。

9 *Lu* are water spirits sometimes identified as the *nagas* of Indian mythology. *Lu* live under the earth and are of blue colouring. *Lu* are said to have originated from six eggs which were laid by the golden cosmic tortoise. They usually take the form of snakes and reside primarily in rivers and lakes, where they guard treasures. See, for example, Helmut Hoffmann, *The Religions of Tibet*, p. 17; René de Nebesky-Wojkowitz, *Oracles and Demons of Tibet: The Cult and Iconography of the Tibetan Protective Deities*, pp. 290, 299.

ལྷ་ཀླུ་གཉན་གསུམ་ལས་ས་གཞིའི་ཀླུ་ཡི་རིགས་དང་། མདངས་སྔོན་པོ་ས་འོག་ཏུ་གནས་པ་ཞིག་དང་། རྒྱ་གར་ནས་དར་བའི་ནཱ་ག་དང་ཐུད་གཟུགས་མཚུངས་ཕྱིར། དེའི་སྐད་དོད་དུ་གྱུར་ནས་སྣང་བརྙན་གཅིག་ཏུ་འདྲེས། ཀླུ་ནི་སྲིད་པ་གསེར་གྱི་རུས་སྦལ་གྱི་སྒོང་དྲུག་ལས་གྲོལ་བ་བཤད་ཅིང་། ཀླུའི་རིགས་ནི་སྦལ་སྦྲུལ་གྱི་རྣམ་པར་མངོན་ཞིང་། དེ་ནི་ཆུ་ལ་གནས་པའི་གཏེར་བདག་གཅིག་ཏུ་འདོད། འབྲེལ་ཡོད་དཔྱད་ཞིབ་ཀྱི་སྐོར་ལ་འདིར་གཟིགས་པར་ཞུ། Helmut Hoffmann, *The Religions of Tibet*, p. 17; René de Nebesky-Wojkowitz, *Oracles and Demons of Tibet: The Cult and Iconography of the Tibetan Protective Deities*, pp. 290, 299.

鲁是一种水中神灵，有时被认为是印度神话中的那伽(*naga*)。鲁生活在地下，为蓝色。据说鲁是从金色的宇宙之龟所产的六个蛋中生出。他们通常以蛇的形象出现，居于河湖中，守护宝藏。例见Helmut Hoffmann, *The Religions of Tibet*, p. 17; René de Nebesky-Wojkowitz, *Oracles and Demons of Tibet: The Cult and Iconography of the Tibetan Protective Deities*, pp. 290, 299。

10 The previous stanzas mention that there is only one egg. Nonetheless, this part implies that there are three eggs. As mentioned in our introduction, the themes and content of oral traditions are not always consistent. We should view these inconsistencies as inherent to oral traditions, which contain inevitable contradictions, rather than as mistakes.

གོང་གི་ལེའུར་སྒོ་ང་གཅིག་ལས་བརྗོད་མེད་ཀྱང་། འདིར་གསུམ་དུ་གྱུར་ཡོད་པའི་ཚུལ་ནི་ང་ཚོས་སྔོན་གླེང་གི་སྐབས་སུ་ཞུས་པར་ལྟར། ངག་རྒྱུན་རྩོམ་རིག་གི་བརྗོད་གཞི་དང་ནང་དོན་ནི་ནམ་ཡང་འཕོ་འགྱུར་རང་བཞིན་ཞིག་ཏུ་གནས་ཡོད་ཕྱིར། སྔ་ཕྱིའི་བརྗོད་སྟངས་མི་མཐུན་པའི་གནད་འདི་དག་ནི་ནོར་འཁྲུལ་ཞིག་ལས་རྩོམ་རིག་གི་ཁྱད་ཆོས་ཤིག་ཏུ་མཐོང་བར་གལ་ཆེའོ།།

前面的诗节提到只有一颗蛋，但在此处指出有三颗蛋。正如我们在导论中提到的，口述传统中的主题和内容并非始终一致。我们应该将这些不一致看作口述传统固有的特征，而非错误。

11 Local narratives generally suggest that Khyung stepped into the sea in order to catch Rübel. We have not located a complete stanza of this segment.

ཅོ་ནེའི་ཡུལ་གྱི་ངག་རྒྱུན་དུ་བྱ་རྒྱལ་ཁྱུང་གིས་རུས་སྦལ་འཛིན་ཕྱིར་རྒྱ་མཚོར་མཆོངས་པའི་གཏམ་རྒྱུད་གཅིག་ཡིན་པར་བཤད་ཀྱང་། འབྲེལ་ཡོད་ཀྱི་ནང་དོན་ཆ་ཚང་ཞིག་ད་རུང་རྙེད་ཐབས་མ་བྱུང་།

当地叙述中普遍认为，鹏为了捉住龟而跃进海中。我们未找到此内容相关的完整诗节。

12 *Dü* are another class of ancient Tibetan deities whose characteristic color is black. It is said that there are 360 *dü* who live in the *dü* castle with nine turrets. See René de Nebesky-Wojkowitz, *Oracles and Demons of Tibet: The Cult and Iconography of the Tibetan Protective Deities*, pp. 273–74. According to scholars on Buddhism, *dü* were originally heavenly spirits, but were demoted to demons and their King became Mara, the tempter of Prince Siddhartha (the Buddha), and would lead sentient beings into ignorance. See Helmut Hoffmann, *The Religions of Tibet*, p. 19; John Powers, *Introduction to Tibetan Buddhism*, p. 500.

བདུད་ཀྱི་རིགས་ནི་མདངས་ནག་པོ་དང་། བདུད་མཁར་རྩེ་དགུར་བདུད་རིགས་སུམ་བརྒྱ་དྲུག་བཅུ་གནས་པར་བཤད། འབྲེལ་ཡོད་ཀྱི་སྐོར་འདིར་གཟིགས་པར་ཞུ། René de Nebesky-Wojkowitz, *Oracles and Demons of Tibet: The Cult and Iconography of the Tibetan Protective Deities*, pp. 273–74. སངས་རྒྱས་ཆོས་ལུགས་པའི་བརྗོད་སྟངས་ལ། བདུད་དགའ་རབ་དབང་ཕྱུག་སོགས་འདོད་ཁམས་ཀྱི་ལྷའི་བུ་རྣམས་སྐྱེ་བོ་གཞན་རྣམས་རང་ལས་ལྷག་པར་འགྱུར་སྙམ་པའི་ཕྲག་དོག་གི་དབང་གིས་ཟག་པ་ཟད་བྱེད་ཀྱི་ལམ་མངོན་དུ་བྱེད་པའི་གང་ཟག་ལ་འདོད་ཡོན་རྣམས་ལ་ཆགས་པར་བྱེད་པའི་མདའ་ལྔ་ལ་སོགས་འཕངས་ཏེ་བར་ཆད་བྱེད་པའི་གདོན་འདྲེའི་རིགས་ཤིག་ཡིན།

འབྲེལ་ཡོད་དཔྱད་ཞིབ་ཀྱི་སྐོར་ལ་འདིར་གཟིགས་པར་ཞུ། Helmut Hoffmann, *The Religions of Tibet*, p. 19; John Powers, *Introduction to Tibetan Buddhism*, p. 500.

"迪"是远古西藏的一种神灵，为黑色。据说有九角魔堡中居住着360种迪。见René de Nebesky-Wojkowitz, *Oracles and Demons of Tibet: The Cult and Iconography of the Tibetan Protective Deities*, pp. 273–74。据佛教学者称，迪起初是天神，但是堕落成了魔。迪的王是诱惑悉达多王子（佛陀）以及诱导众生到无明之中的魔罗。见Helmut Hoffmann, *The Religions of Tibet*, p. 19；John Powers, *Introduction to Tibetan Buddhism*, p. 500。

13 The names of the four Khyung except the one in the center refer to the four activities of esoteric Buddhism required to attain enlightenment, namely pacification (*zhi*) of hostile powers; augmentation (*rgyas*) of well-being; subjugation (*dbang*) of the three realms; and the destruction (*drag*) of terrifying nature. Each of these activities has a corresponding color, namely white, yellow, red, and green or blue. For the four activities, see Bryan J. Cuevas, 'The "Calf's Nipple" (*Be'u bum*) of Ju Mipam ('Ju Mi pham): A Handbook of Tibetan Ritual Magic', in *Tibetan Ritual*, ed. by José I. Cabezón (Oxford: Oxford University Press, 2010), pp. 165–86 (p. 168).

ཕྱོགས་བཞིའི་ཁྱུང་རྣམས་ནི་གསང་བ་སྔགས་ཀྱི་ལས་བཞིའི་མཚོན་བྱེད་དེ། ནད་དང་གདོན་འདྲེའི་གནོད་པ་ཞི་བར་བྱེད་པའི་ཞི་དང་། ཚེ་དང་བསོད་ནམས་དང་དཔལ་འབྱོར་རྒྱས་པར་བྱེད་པའི་རྒྱས། མི་དང་མི་མ་ཡིན་སོགས་དབང་དུ་སྡུར་བའི་དབང་། དགྲ་བོ་ཚར་གཅོད་པར་བྱེད་པའི་དྲག་པོ་བཅས་ཞི་རྒྱས་དབང་དྲག་གི་ལས་བཞིའོ།། འབྲེལ་ཡོད་དཔྱད་ཞིབ་ཀྱི་སྐོར་ལ་འདིར་གཟིགས་པར་ཞུ། Bryan J. Cuevas, 'The "Calf's Nipple" (*Be'u bum*) of Ju Mipam ('Ju Mi pham): A Handbook of Tibetan Ritual Magic', in *Tibetan Ritual*, ed. by José I. Cabezón (Oxford: Oxford University Press, 2010), pp. 165–86 (p. 168).

除了中央的鹏，其他四种鹏的名字指代密宗达到开悟的四种法门，即对治灾祸烦恼的息法（ཞི།），增长福慧的增法（རྒྱས།），转三界之恶为善的怀法（དབང་།），以及消除魔障的诛法（དྲག）。每种法门有对应的颜色，即白、金、赤、绿或蓝。关于此四法，见Bryan J. Cuevas, 'The "Calf's Nipple" (*Be'u bum*) of Ju Mipam ('Ju Mi pham): A Handbook of Tibetan Ritual Magic', in *Tibetan Ritual*, ed. by José I. Cabezón (Oxford: Oxford University Press, 2010), pp. 165–86 (p. 168)。

14 *Ngakpa* (*sngags pa*) refers to a non-monastic ritual specialist who is married.

འདིར་སྔགས་པ་ནི་སྔགས་ཀྱི་ཆོ་ག་སྒྲུབ་པའི་གྲོང་ཆོག་མཁན་ནམ་གྲོང་སྔགས་པ་ལ་ཟེར།

阿巴（སྔགས་པ།）指不在寺院的、已婚的仪轨专家。

15 *Kagyé torma* (*bka' brgyad gtor ma*) is the offering made to the deity who entrusted the eight sets of Mahayoga teachings to Padmasambhava. *Kagyé* is a buried text (*gter ma*) that is central to tantric practice in the

Nyingma sect. Nicholas Trautz, 'Curating a Treasure: The *Bka' brgyad bde gshegs 'dus pa* in the Development of Rnying ma Tradition', *Revue d'Etudes Tibétaines*, 55 (2020), 495–521 (pp. 497–502).

གསང་སྔགས་སྔ་འགྱུར་གྱི་བསྐྱེད་རིམ་སྐོར་ལ་གཙོ་ཆེ་བའི་དབང་དུ་བྱས་ན་སྒྲུབ་པ་བཀའ་བརྒྱད་ཅེས་སྒྲུབ་ཐབས་སྡེ་བརྒྱད་ཡོད་ཅིང་། དེ་ནི་གསང་སྔགས་རྙིང་མའི་གཏེར་མའི་སྐོར་ལ་གཏེར་ཁ་གོང་འོག་གཉིས་སུ་གྲགས་པའི་འོག་མ་ཡིན། སྒྲུབ་པ་བཀའ་བརྒྱད་ཀྱི་བྱུང་འཕེལ་དང་འབྲེལ་བའི་དཔྱད་ཞིབ་ཀྱི་སྐོར་ལ་འདིར་གཟིགས་པར་ཞུ། Nicholas Trautz, 'Curating a Treasure: The *Bka' brgyad bde gshegs 'dus pa* in the Development of Rnying ma Tradition', *Revue d'Etudes Tibétaines*, 55 (2020), 495–521 (pp. 497–502).

八法施食(བཀའ་བརྒྱད་གཏོར་མ།)是献给将八类大瑜伽教法托付给莲花生大师的本尊的祭食。八大法行是宁玛派密修的一种核心伏藏(གཏེར་མ།)。Nicholas Trautz, 'Curating a Treasure: The *Bka' brgyad bde gshegs 'dus pa* in the Development of Rnying ma Tradition', *Revue d'Etudes Tibétaines*, 55 (2020), 495–521 (pp. 497–502)。

16 Khyung is needed in the *jadang* (*bya rdang*) ritual, which can be loosely translated as making a throne for Khyung. *Jadang* is used at the time of offering sacrifices to the mountain deities to seek protection in Sipé Bon tradition.

དགྲ་ལྷ་མགོན་པོ་བྱ་རྡང་ནི་སྲིད་པའི་ལྷ་བོན་གྱི་ཁྱུང་དང་དགྲ་ལྷ་དཔངས་བསྟོད་བྱེད་པའི་ཆོ་ག་ཞིག་དང་། སྲུང་གི་ཆོ་གའི་རིགས་ཤིག་ཡིན།

夏当(བྱ་རྡང་།)仪式中需要鹏鸟，它可以被简单地理解为给鹏鸟制做宝座。在斯巴苯传统中，夏当仪式通常用于山神祭祀，以寻求其庇护。

17 The wise king Kongtsé (Lha kong tse 'phrul gyi rgyal po) is most often understood to be the Chinese philosopher, Confucius: also portrayed as the patron and disciple of Shenrab Miwo in Tibet. According to Hoffmann, the thirteenth chapter of the Bon text *Key for Memory* (*gzer myig*) outlines the connection between Kongtsé and Bon religion and mentions that Kongtsé once built a Bon monastery for the wider promotion of the religion. Nevertheless, the king of *dü* tried to destroy it. Finally, Shenrab Miwo succeeded in warding off *dü* so that Bon could be promoted in China. See Helmut Hoffmann, *The Religions of Tibet*, pp. 91–92. On the other hand, in some Tibetan literature, Kongtsé does not refer to Confucius. In some cases, the Chinese emperor, Tang Taizong, is associated with this name. 'Kongtsé' is also used to refer to an individual who is a master of divination and prediction. Meanwhile, Kongtsé's epithet, Trülgyi Gyelpo (Phrul gyi rgyal po), the king of magic, is used to refer to Tibetan Kings. specifically Tridu Songtsen and Trisong Detsen. See Shen-yu Lin, 'The Tibetan Image of Confucius', *Revue d'Etudes Tibétaines*, 12 (2007), 105–33

(pp. 111, 112, 129). In short, the meaning of Kongtsé changes over time and with context. Here, based on context, we understand Kongtsé to be the master of divination.

འཕྲུལ་གྱི་རྒྱལ་པོ་ཀོང་ཙེ་ནི་ཕལ་ཆེར་རྒྱ་ནག་གི་གཙུག་ལག་སློབ་དཔོན་ཀོང་ཙེ་ལས་འཕོ་འགྱུར་བྱུང་བའི་སྣང་བརྙན་ཞིག་ཡིན་པར་འདོད་ཅིང་། མདོ་གཟེར་མིག་གི་ལེའུ་བཅུ་གསུམ་པ་ལས་ཀོང་ཙེ་སྐོར་གྱི་བརྗོད་བྱ་ལྟར་ན། དེ་ནི་གཡུང་དྲུང་བོན་གྱི་སྟོན་པ་གཤེན་རབ་མི་བོའི་སྦྱིན་བདག་དང་སློབ་མ་ཞིག་ཡིན་ཞིང་། རྒྱ་ནག་ཡུལ་དུ་བོན་གྱི་བསྟན་པ་སྤེལ་བ་དང་། གསས་ཁང་དཀར་ནག་བཀྲ་གསལ་བཞེངས་ཀྱང་རྗེས་སུ་བདུད་རྗེ་ཡིས་བཤིག་པར་གྲགས། Helmut Hoffmann, *The Religions of Tibet*, pp. 91–92. ཡང་བོད་ཀྱི་ལོ་རྒྱུས་ཀྱི་བསྟན་བཅོས་ཁ་ཤས་སུ། སྐབས་རེར་རྒྱ་ནག་གི་གོང་མ་ཐང་ཐེ་ཙུང་(唐太宗)ལ་གཙུག་ལག་འཕྲུལ་གྱི་རྒྱལ་པོ་ཞེས་བྱ་ཞིང་། འཕྲུལ་གྱི་རྒྱལ་པོ་ཞེས་པ་ནི་ཀོང་ཙེ་ཙམ་ལ་མ་ཟད། སྤུར་རྒྱལ་བཙན་པོ་རྣམས་ལ་ཡང་འཕྲུལ་གྱི་ལྷ་བཙན་པོ་ཞེས་འབོད་པ་མང་སྟེ། གྲོས་སུ་བཙན་པོ་ཁྲི་ལྡེ་སྲོང་བཙན་དང་ཁྲི་སྲོང་ལྡེ་བཙན་ལྟ་བུ། འབྲེལ་ཡོད་དཔྱད་ཞིབ་ཀྱི་སྐོར་ལ་འདིར་གཟིགས་པར་ཞུ། Shen-yu Lin, 'The Tibetan Image of Confucius', *Revue d'Etudes Tibétaines*, 12 (2007), 105–33 (pp. 111, 112, 129). གང་ལྟར། ལོ་རྒྱུས་ཀྱི་དུས་རིམ་རེ་རེར་ཀོང་ཙེ་ཞེས་པའི་མིང་གི་བསྟན་དོན་ལ་འཕོ་འགྱུར་ཅི་རིགས་ཤིག་བྱུང་ཡོད་པ་དང་། སྐབས་བབ་ཀྱི་བརྗོད་དོན་དུ་གཙོ་བོ་གཙུག་ལག་རྩིས་ཀྱི་རྒྱལ་པོ་ལྟ་བུར་འཇུག་པ་ཡིན།

卜卦幻化神王孔子(འཕྲུལ་གྱི་རྒྱལ་པོ།)常常被认为是中国哲学家孔子。在西藏，他被描绘为辛绕米沃的施主和弟子。按Hoffmann所言，苯教经书《塞米》(གཟེར་མིག)的第十三品概述了孔子与苯教的关系，并提及孔子为更广泛地传扬苯教曾修建了一座寺院，但被魔王试图摧毁。最终，辛绕米沃成功驱魔并在汉地传播苯教。见Helmut Hoffmann, *The Religions of Tibet*, pp. 91–92。另外，在一些藏文文献中，孔子并非指中国哲学家孔子。有时指代汉地皇帝唐太宗或是具有占卜预言能力的大师。同时，孔子的称号，“楚极嘉波”(འཕྲུལ་གྱི་རྒྱལ་པོ།)，即幻化之王，也用于指代吐蕃赞普，尤其是赤都松赞与赤松德赞。见Shen-yu Lin, 'The Tibetan Image of Confucius', *Revue d'Etudes Tibétaines*, 12 (2007), 105–33 (pp. 111, 112, 129)。简言之，孔子的意涵随时间和语境而变。此处，基于上下文，我们认为孔子指代占卜大师。

Rübel རུས་སྦལ། 龟说

Rübel

Rübel is a tortoise-shaped deity in both Bon and Tibetan Buddhism. The tortoise is of great significance in Tibetan mythology, cosmology, and astrology. In Bon literature, the tortoise and three other celestial animals—tiger (*rgya stag*), bird (*bya dmar*), and dragon (*g.yu 'brug*) —guard the four gates of Mount Ti Se: the center of the world that links heaven with earth.[1] In addition, the class of water deities known as *lu* (*klu*) emanated from six eggs laid by the cosmic tortoise, Rübel, who holds the entire world on its belly.[2] Rübel also plays a key role in Tibetan Buddhist astrology. According to *Shédzö*, a mouthful of Mañjuśrī's saliva was transformed into Rübel to promote Buddhism in China through a divination. The divinatory schemes located on Rübel's body—including the Five Elements, Eight Trigrams, and Nine Magic Squares—are analysed and explained through Buddhist concepts, such as the five wisdoms (*ye shes lnga*), the eight ways (*'phags lam yan lag brgyad*), and the nine vehicles (*theg pa rim pa dgu*).[3]

Thematically speaking, 'Rübel' in Shépa consists of three parts. The first part outlines Rübel's life in the sea. The second part describes how Rübel was tamed by Mañjuśrī. With a golden arrow and a flaming sword of supreme knowledge which dispels ignorance, Mañjuśrī pierced Rübel's flank and turned it upside down. This upturned shell becomes the foundation of the entire world. Such descriptions are similar—even identical—to those documented in Buddhist and Bon narratives,[4] including *Shédzö*. As noted in our introduction, both religions assert that their respective Wisdom Deity, Mañjuśrī in Buddhism and Mawe Senge or Künbum Goje in Bon, played a key role in emanating or taming

https://doi.org/10.11647/OBP.0312.03

the tortoise.[5] In any case, Rübel is widely understood to provide the basis for the living world. The third part examines how the body parts of Rübel embody the divinatory schemes and their reckoning. More specifically, the narration explores the Five Elements of metal, wood, water, fire, and earth that constitute all existence and which comprise essential components of Chinese astrology. It should be noted that these Five Elements are distinct from the Tibetan Buddhist elements (*'byung ba lnga*)—namely earth, water, fire, air, and space—that constitute the universe. The five Chinese-based elements interact with one another, and the relations among them can be classified into four types: mother (generating), son (generated), friend (supporting), and enemy (overcoming). The Five Elements also interact with the Eight Trigrams, Nine Magic Squares, and the zodiac animals.[6] The combination of Five Elements with zodiac animals produces the sexagenary cycle. The cycle of twelve animals is used to indicate years. Rather like the relationships between the Five Elements, the relationships between these animals can be either antagonistic or friendly. It is worth mentioning that Shépa follows the Chinese sexagenary cycle in which each cycle starts with wood rat, rather than the Tibetan sexagenary cycle that starts with fire hare following the integration of the Kālacakra into the Chinese cycle.[7]

Also narrated in 'Rübel' are the Eight Trigrams and Nine Magic Squares, two other key components of Chinese astrology. The Eight Trigrams, commonly referred to as *parkha* in Tibetan, are eight sets of trigrams. Each trigram consists of three lines—either complete or broken—and has its corresponding element and image in nature.[8] The Eight Trigrams are complementary to the Nine Magic Squares, commonly referred to as *mewa* in Tibetan. These are the numbers one to nine arranged in a three-by-three square or circle. The sum of these numbers is fifteen in all planes, whether horizontal, vertical or diagonal.[9] Each number has a corresponding element, color, and trigram. In Chinese sources, the Nine Magic Squares were present on the shell of a tortoise which emerged from the Luo River (Luohe 洛河), a tributary of the Yellow River. With its help, the pre-historic King Yu 禹 tamed the flood. For this reason, the nine-numbered magic-square is also referred to in Chinese as the 'Luo Scroll' (*luo shu* 洛书) or 'Tortoise Scroll' (*gui shu* 龟书).[10] The divinatory schemes described above are often presented in diagrammatic form on top of a spreadeagled Rübel, which is then referred to as *sipaho* (*srid pa ho*).[11] The circular diagram can also be observed in the copper or silver amulets that people carry to prevent misfortune and to avoid wrathful spirits. The application of these divinatory schemes is extensive, including astrology, geomancy, and medicine, as well as rites of passage in people's everyday lives.[12]

'Rübel' suggests the very early influence of Chinese civilization on Tibetan astrology and divination. China is often imagined to be the land of divination, and Chinese figures such as Princess Wencheng and Confucius are believed by Tibetans to have been masters of divination.[13] Chinese astrology, *nagtsi* (*nag rtsis*), Chinese elemental divination, *jungtsi* (*'byung rtsis*), and Indian astrology, *kartsi* (*skar rtsis*) together comprise a significant part of Tibetan astrology.[14] 'Rübel' also highlights the strikingly similar role played by tortoise in Tibetan and Chinese cosmology, or Asian cosmology more broadly. In Chinese sources, the tortoise shell is a sacred vehicle of divination, and the cracks on the shell (which serves as an oracle) are believed to be an ancient form of Chinese writing.[15] That the limbs of the tortoise were severed by the goddess Nüwa to hold up the sky (*duan aozu yi li siji* 断鳌足以立四极) is documented in chapter six of *Huainanzi*: a collection of essays about Chinese philosophical thoughts complied before 139 B.C.[16] Noting the regular appearance of the tortoise in early creation myths helps us to understand transregional interactions and the selective adoption of external cultural elements by Tibetans.

Rübel, and sometimes the frog—an animal which resembles Rübel in the Himalayan cultural zone[17]—still play an important role in the everyday lives of Tibetans. Along the upper reaches of Luchu River and parts of Tébo, a tortoise-shaped or frog-shaped fry bread is prepared at the beginning of construction of a new house, to honour and inform the earth deity that building work will be carried out. Similar to other Shépa sections, performers do not sing 'Rübel' in its entirety. Locals often narrate 'Khyung' and 'Rübel' together.

Endnotes

1 Giuseppe Tucci, *The Religions of Tibet*, trans. by Geoffrey Samuel (London and Henley: Routledge & Kegan Paul, 1980), p. 219

2 René de Nebesky-Wojkowitz, *Oracles and Demons of Tibet: The Cult and Iconography of the Tibetan Protective Deities* (Delhi: Book Faith India, 1996), p. 290.

3 Don dam smra ba'i seng ge, *A 15th Century Tibetan Compendium of Knowledge (Bshad mdzod yid bzhin nor bu)* with an introduction by E. Gene Smith, ed. by Lokesh Chandra (New Delhi: Jayyed Press, 1969), pp. 418–20.

4 Philippe Cornu, *Tibetan Astrology*, trans. by Hamish Gregor (Boston and London: Shambhala Publications, 1997), pp. 30–31.

5 Charles Ramble, 'The Assimilation of Astrology in the Tibetan Bon Religion', *Extrême-Orient Extrême-Occident*, 35 (2013), 199–232 (pp. 212–14).

6 Cornu, *Tibetan Astrology*, pp. 52–84, 102–26.

7 Cornu, *Tibetan Astrology*, p. 77; Ramble, 'The Assimilation of Astrology in the Tibetan Bon Religion', p. 202.

8 Schuyler V. R. Cammann, 'The Eight Trigrams: Variants and Their Uses', *History of Religions*, 29.4 (1990), 301–17.

9 Siegbert Hummel, 'The sMe-ba-dgu, the Magic Square of the Tibetans', *East and West*, 19.1–2 (1969), 139–46.

10 Xirui Pi, *Liuyilun shuzheng* (Beijing: Beijing University Library, 1899), 2b-4a.

11 Cornu, *Tibetan Astrology*, p. 125; Laurence A. Waddell, *The Buddhism of Tibet* (Cambridge: Cambridge University Press, 2015), p. 453.

12 Sam van Schaik, 'The Golden Turtle: A Sino-Tibetan divination manuscript', *Early Tibet: Notes, thoughts and fragments of research on the history of Tibet*, (2008), https://earlytibet.com/2008/11/28/the-golden-turtle/

13 Shen-yu Lin, 'The Tibetan Image of Confucius', *Revue d'Etudes Tibétaines*, 12 (2007), 105–33.

14 Cornu, *Tibetan Astrology*, pp. 21, 127.

15 Robert Eno, 'Shang State Religion and the Pantheon of the Oracle Texts', in *Early Chinese Religion, Part one: Shang Through Han (1250 BC-220 AD)*, ed. by John Lagerwey and Marc Kalinowski (Leiden: Brill, 2009), pp. 41–102.

16 Shen Xu, 'Huainan honglie jie', in *Daozang*, 5,485 vols (Shanghai: Shanghai Hanfenlou, 1925), vol.863–868 (1925), j11.9b-10a.

17 Duncan J. Poupard, 'How the Turtle Lost its Shell: Sino-Tibetan Divination Manuals and Cultural Translation', *HIMALAYA, the Journal of the Association for Nepal and Himalayan Studies* 38.2 (2018), 4–19.

རུས་སྦལ།

བོད་ཀྱི་གཡུང་དྲུང་བོན་དང་སངས་རྒྱས་ཆོས་ཀྱི་ལུགས་སུ་རུས་སྦལ་ནི་སྲིད་པ་ཆགས་པའི་གཞི་མའི་ལྷ་ཞིག་ཏུ་ངོས་འཛིན་བྱེད་བཞིན་ཡོད་ཅིང་། དེ་ནི་བོད་ཀྱི་ལྷ་རབས་དང་། འཇིག་རྟེན་ཆགས་རབས། མོ་རྩིས་གཏོ་དཔྱད་ཀྱི་ཤེས་བྱ་ཀུན་དང་འབྲེལ་བའི་གལ་གནད་ཅིག་ཏུ་གྱུར་ཡོད། གཡུང་དྲུང་བོན་གྱི་ལུགས་སུ་རུས་སྦལ་དང་། རྒྱ་སྟག། བྱ་དམར། གཡུ་འབྲུག་རྣམས་ནི་གངས་རྒྱལ་ཏི་སེ་ཡི་ཕྱོགས་བཞིར་གནས་པའི་སྲོག་ཆགས་སྡེ་བཞི་དང་།[1] ཆུ་ལ་གནས་པའི་ཀླུ་རིགས་རྣམས་ཀྱང་རུས་སྦལ་གྱི་སྒོང་དྲུག་ལས་གྲོལ་བར་བཤད།[2] བཤད་མཛོད་ཡིད་བཞིན་ནོར་བུ་ལྟར་ན་རུས་སྦལ་ནི་འཕགས་པ་འཇམ་དབྱངས་ཀྱི་མཆིལ་མ་ཞིག་ལས་སྤྲུལ་ཏེ་རྒྱ་ནག་ཡུལ་དུ་རྩིས་ཀྱིས་བསྟན་པ་སྤེལ་ཞིང་།[3] དམ་པའི་ཆོས་ཀྱི་ལྷ་གྲུབ་མཚོན་པའི་ཡེ་ཤེས་ལྔ་དང་། འཕགས་ལམ་ཡན་ལག་བརྒྱད། ཐེག་པ་རིམ་པ་དགུ་ལྟ་བུའི་ཐ་སྙད་རྣམས་ནི་ཁམས་ལྔ་དང་། སྤར་ཁ་བརྒྱད། སྨེ་བ་དགུ་བཅས་རྩིས་ཀྱི་ལུང་དང་སྦྱར་ནས་འགྲེལ་བརྗོད་བྱས་ཡོད།

བརྗོད་གཞི་དངོས་ཀྱི་སྐབས་ལ། རུས་སྦལ་གྱི་ལེའུ་ནི་ཚན་པ་གསུམ་གྱི་ལམ་ནས་འཕགས་པ་འཇམ་དཔལ་དབྱངས་དང་རུས་སྦལ་གྱི་ལུས་ཀྱི་མོ་ཡི་ཤེས་བྱའི་མ་ལག་དང་འབྲེལ་བའི་གཏམ་རྒྱུད་གཅིག་བརྒྱུད་ནས། ཚན་པ་དང་པོར་རུས་སྦལ་རྒྱ་མཚོར་གནས་ཚུལ་དང་། ཚན་པ་གཉིས་པར་འཇམ་དཔལ་དབྱངས་ཀྱི་རུས་སྦལ་བཏུལ་ཚུལ་ཏེ། གསེར་གྱི་མདའ་མོ་དང་ཤེས་རབ་རལ་གྲི་ཡིས་རུས་སྦལ་གྱིས་ལུས་ལ་བསྣུན་ནས་ཁ་བྱིན་ལ་བསྒྱུར་ཕྱིར། རུས་སྦལ་གྱི་རུས་ནི་འཇིག་རྟེན་ཆགས་པའི་གཞི་རུ་གྱུར་པ་དང་། གཏམ་རྒྱུད་དེའི་སྐོར་ལ་གཡུང་དྲུང་བོན་དང་སངས་རྒྱས་ཆོས་ཀྱི་ལུགས། དེ་བཞིན་དུ་བཤད་མཛོད་ཡིད་བཞིན་ནོར་བུར་བཀོད་པ་རྣམས་ནི་ཆ་མཐུན་ཞིང་།[4] སྔོན་སློང་གི་སྐབས་སུ་ཞུས་པ་ལྟར། གཡུང་དྲུང་བོན་དང་སངས་རྒྱས་ཆོས་ཀྱི་ལུགས་གཉིས་ནས་བརྗོད་པའི་ཤེས་རབ་ཀྱི་ལྷ་འཇམ་པའི་དབྱངས་དང་། སྨྲ་བའི་སེང་གེ། ཀུན་འདུས་མགོ་འབྱེད་རྣམས་ནི་རུས་སྦལ་འདུལ་བའི་ལྷ་ཐ་དད་པ་འབའ་ཞིག་ལས།[5] ནང་དོན་གྱི་བྱུང་རབས་རྣམས་ནི་ཡོངས་སུ་མཐུན་ཞིང་ལུགས་གཉིས་ཀས་རུས་སྦལ་ནི་སྲིད་པ་ཆགས་པའི་གཞི་རུ་འདོད་ཡོད། ཚན་པ་གསུམ་པར་རུས་སྦལ་གྱི་རུས་ལས་མོ་ཡི་ཤེས་བྱའི་མ་ལག་གི་སྐོར་ངོ་སྤྲོད་བྱས་ཡོད། དེ་ནི་གསེར་དང་ཤིང་ཆུ་ས་མེ་སྟེ། སྲིད་པ་ཀུན་གྱི་རྒྱུ་རུ་གྱུར་པའི་འབྱུང་བ་ལྔ་ཡི་མ་བུ་དགྲ་གྲོགས་ཀྱི་འབྲེལ་བའི་བརྟག་ཐབས་ལྟར་ངོ་སྤྲོད་བྱེད་པ་དང་། འབྱུང་བ་རྣམས་ནི་རུས་སྦལ་གྱི་ལུས་དཀྱིལ་དང་ཡན་ལག་བཞིའི་རྟགས་སུ་བཀོད་ཡོད། འབྱུང་རྩིས་ཀྱི་འབྱུང་བ་ལྔ་ཡི་གྲངས་འདྲེན་ནི་རྒྱ་ནག་གི་རྩིས་ཀྱི་ཐུན་མོང་མ་ཡིན་པའི་བཞེད་སྟངས་ཤིག་ལས། རྒྱ་གར་བའི་ས་ཆུ་མེ་རླུང་ནམ་མཁའ་ཞེས་པའི་ལུགས་དང་མི་གཅིག་ཀྱང་། མོ་ཡི་ཤེས་བྱའི་མ་ལག་དེ་ནི་འབྱུང་བ་ལྔ་དང་། སྤར་ཁ་བརྒྱད། སྨེ་བ་དགུ། ལོ་སྐོར་བཅུ་གཉིས་བར་གྱི་མ་བུ་དགྲ་གྲོགས་ཀྱི་འབྲེལ་ལམ་ལ་བརྟེན་ནས་འགྲེལ་བརྗོད་བྱས་ཡོད་ཕྱིར།[6] འབྱུང་བ་ལྔ་དང་ལོ་སྐོར་བཅུ་གཉིས་སྦྱར་ནས་ལོ་ཐེར་དྲུག་ཅུའི་བརྩི་ཚུལ་བྱུང་བ་དང་། དེ་བཞིན་དུ་ལོ་སྐོར་བཅུ་གཉིས་ཀྱི་ལོ་རྟགས་རེ་རེ་ནི་འབྱུང་བ་ལྔ་དང་སྦྱར་ནས་མ་བུ་དགྲ་གྲོགས་ཀྱི་འབྲེལ་བ་ལྟར་དུ་བརྩིས་ཡོད་པ་རེད། འདིར་ཐུགས་སྣང་འཇོག་འོས་པ་ཞིག་ལ། བཤད་པའི་ནང་དོན་ལས་གསལ་བའི་ལུགས་སྲོལ་ནི་རྒྱ་ནག་འབྱུང་རྩིས་ཀྱི་ལུགས་ལྟར་ཤིང་བྱིའི་ལོ་ནི་ལོ་ཐེར་དྲུག་ཅུའི་དང་པོར་ངོས་འཛིན་བྱེད་པ་ལས། དུས་འཁོར་གྱི་ལུགས་ལྟར་མེ་ཡོས་ལོ་དང་པོར་བརྩི་བཞིན་མེད་པའོ།།[7]

རུས་སྦལ་གྱི་ལེའུ་ལས་རྒྱ་ནག་འབྱུང་རྩིས་ཀྱི་བརྗོད་གཞི་གཙོ་བོར་གྱུར་པའི་སྤར་ཁ་དང་སྨེ་བའི་སྐོར་ལ་ཞིབ་ཏུ་བརྗོད་ཡོད་དེ། བོད་སྐད་ཀྱི་སྤར་ཁ་ནི་རྒྱའི་(八卦)ཡི་སྒྲ་འགྱུར་དང་། དེ་ནི་མཚན་མའམ་རི་མོ་བརྒྱད་ཀྱིས་གྲུབ་པ་ཞིག་དང་། མཚན་མ་རེ་རེ་ནི་རིང་ཐུང་མི་གཅིག་པའི་འཕྲེད་ཐིག་གསུམ་གྱིས་མཚོན་ཞིང་། རི་མོ་རེ་རེ་ལ་འབྱུང་བ་ལྔ་དང་འབྲེལ་ཏེ་བརྟག་ཐབས་རེ་ཡོད་པ་རེད།[8] སྨེ་བ་ནི་སྤར་ཁ་དང་མཉམ་དུ་བསྟེབས་དགོས་པ་དང་། གྲུ་བཞི་དང་སྒོར་སྒོར་ཞིག་ཏུ་གཅིག་ནས་དགུ་བར་གྱི་གྲངས་ཀ་རྣམས་གསུམ་རེ་རིམ་པར་བསྒྲིགས་ནས། འཕྲེད་ཐད་ཟུར་གསུམ་གྱི་ཕྱོགས་གང་རུང་ནས་བསྡོམས་ཚེ་བསྡོམས་གྲངས་བཅོ་ལྔ་སྟེ་ཕྱོགས་ཀུན་ནས་ཆ་མཚུངས་ཤིག་ཡིན།[9] སྨེ་བའི་གྲངས་ཀ་རེ་རེ་ཡིས་འབྱུང་བ་ལྔའི་ནང་གསེས་ཀྱི་གཅིག་མཚོན་ཞིང་མཚོན་བྱེད་ཀྱི་ཁ་དོག་ཀྱང་མི་འདྲ་བ་རེ་ཡོད་ལ། རྒྱ་ཡིག་གི་ལོ་རྒྱུས་ཡིག་ཚང་ལྟར་ན་སྨེ་བའི་གཞུང་ནི་གནའ་སྔ་མོར་རྨ་ཆུའི་ཡན་ལག་ཏུ་གྱུར་པའི་གློའོ་ཆུ་(洛河)ཡི་རུས་སྦལ་གྱི་རུས་ལས་བྱུང་བར་གྲགས་ཤིང་། ཡར་སྔོན་གྱི་རྒྱ་རྗེ་ཏཱ་ཡོས་(大禹)ཞེས་པས་གཞུང་དེ་ཉིད་ལ་བརྟེན་ནས་ཤཱ་འོད་ཀྱི་འབྱུང་འབྲུག་བཅོས་ཕྱིར། རྗེས་ཀྱི་རྒྱའི་ཡིག་ཚང་ཀུན་ཏུ་སྨེ་བ་དགུ་ལ་གློའོ་ཆུའི་ཡི་གེ་(洛书)དང་རུས་ཀྱི་ཡི་གེ་(龟书)ཞེས་ཡོངས་སུ་གྲགས།[10] དེའང་གོང་གསལ་གྱི་སྤར་ཁ་དང་སྨེ་བའི་རིས་རྣམས་ནི་རུས་སྦལ་གྱི་རྒྱབ་ཏུ་འབྲི་སྲོལ་ཡོད་ཅིང་། ཡོངས་གྲགས་སུ་སྲིད་པ་ཧོ་[11] ཞེས་བོད་པ་རྣམས་ཀྱིས་རྐྱེན་ངན་དང་མི་མཐུན་པའི་ཕྱོགས་རྣམས་བཟློག་བྱེད་དུ་སྐེད་ལ་འདོགས་པའི་སྤར་ཁ་སྨེ་བའི་མེ་ལོང་ནི་དེའི་དཔེ་མཚོན་མངོན་གསལ་ཞིག་ཏུ་གྱུར་ཡོད། སྤར་ཁ་སྨེ་བའི་འབྱུང་རྩིས་དང་འབྲེལ་བའི་ཤེས་བྱ་རྣམས་ནི་ཕལ་ཆེར་བོད་ཀྱི་མི་ཚེ་འཚོ་བའི་ནང་ལ་ནམ་རྒྱུན་མཁོ་ཆེ་བའི་མོ་རྩིས་གཏོ་དཔྱད་ཀྱི་གཞུང་ལུགས་ཀུན་ཏུ་ཁྱབ་ཡོད་ཅིང་སྤྱོད་སྒོ་ཤིན་ཏུ་ཆེ།།[12]

སྔ་རབས་བོད་ཀྱི་ལོ་རྒྱུས་ཡིག་ཚང་རྣམས་སུ་རྒྱ་ནག་ནི་གཙུག་ལག་རྩིས་ཀྱི་འབྱུང་ཁུངས་སུ་ངོས་འཛིན་བྱེད་བཞིན་ཡོད་པ་ལྟར། བོད་ཀྱི་ལོ་རྒྱུས་ལྟར་ན་ནག་རྩིས་ཀྱི་གཞུང་ལུགས་བོད་དུ་དར་བ་ནི་གོང་ཙེ་འཕྲུལ་གྱི་རྒྱལ་པོ་དང་རྒྱ་བཟའ་ཀོང་ཇོ་གཉིས་ཀྱི་བྱུང་རབས་དང་འབྲེལ་ཡོད་པ་ཞིག་རེད།[13] རྒྱ་ནག་ནས་དར་བའི་ནག་རྩིས་སམ་འབྱུང་རྩིས་དང་རྒྱ་གར་ཡུལ་ནས་དར་བའི་སྐར་རྩིས་གཉིས་ཀྱིས་ནི་བོད་ཀྱི་སྲོལ་རྒྱུན་གྱི་གཙུག་ལག་རྩིས་ཀྱི་རིག་པ་གྲུབ་ཡོད།[14] རུས་སྦལ་དང་འབྲེལ་བའི་རྩིས་ཀྱི་བརྗོད་གཞི་ནི་བོད་རྒྱ་ཙམ་དུ་མ་ཟད། ཨེ་ཤ་ཡའི་ཤེས་རིག་སྤྱིའི་ཁྱབ་ཁོངས་སུ་ཤིན་ཏུ་གལ་ཆེན་ཞིག་ཏུ་གྱུར་ཡོད་ལ། གནའ་ཡི་རྒྱ་ནག་གི་སྲོལ་རྒྱུན་དུའང་རུས་སྦལ་གྱི་རུས་ནི་མོ་ཆས་ཀྱི་རིགས་གལ་ཆེན་ཞིག་ཏུ་བརྩི་བ་དང་། རུས་ཀྱི་རི་མོ་ནི་རྒྱ་ཡིག་གི་ཆེས་ཐོག་མའི་གཟུགས་སུ་འདོད་བཞིན་པའོ།།[15] སྤྱི་ལོ་སྔོན་གྱི་༡༣༩ལ་བསྒྲིགས་པའི་རྒྱ་ནག་གི་སྲོལ་རྒྱུན་གྱི་མཚན་ཉིད་རིག་པའི་བསྟན་བཅོས་ཧུའེ་ནན་ཙེ་《淮南子》ཞེས་པའི་ལེའུ་དྲུག་པར། གནམ་གྱི་ལྷ་མོ་ནྱུ་ཝཱ་(女娲)ཡིས་རུས་སྦལ་གྱི་ཡན་ལག་བཞི་བཅད་པའི་(断鳌足以立四极)གཏམ་རྒྱུད་གཅིག་ཀྱང་ཡོད་པ་རེད།[16] གང་ལྟར། རུས་སྦལ་ནི་སྔ་རབས་ཀྱི་འཇིག་རྟེན་ཆགས་རབས་དང་འབྲེལ་བའི་གཏམ་རྒྱུད་ཁག་ཏུ་ཤིན་ཏུ་མང་ཡང་། དེ་ནི་བོད་པ་རྣམས་ཀྱིས་ཡུལ་གྲུ་ཐ་དད་ནས་གཙུག་ལག་རིག་གནས་ནང་འདྲེན་བྱེད་ཚུལ་ལ་ལེགས་པར་བརྟག་པའི་གཞི་འཛིན་གལ་ཆེན་ཞིག་ཏུ་གྱུར་ཡོད།

བོད་པའི་རྒྱུན་ལྡན་གྱི་མི་ཚེའི་འཚོ་བའི་ནང་། རུས་སྦལ་ནི་སྦལ་བ་དང་རིགས་འདྲ་བ་ཞིག་ཏུ་ངོས་འཛིན་བྱེད་ཅིང་།[17] མདོ་སྨད་ཀླུ་ཆུའི་རྒྱུད་དང་ཐེ་བོ་རོང་གི་ས་གནས་ཁ་ཤས་ལ་ཁང་ཞིང་གི་ས་ཆོག་འདེབས་དུས། ས་བདག་གི་འབྲུག་པ་བཅོས་པའི་ཐབས་སུ་རུས་སྦལ་དབྱིབས་ཀྱི་བག་ལེབ་དང་ཟས་རིགས་སྣ་ཚོགས་སྐྱུམ་ལ་

བརྩིས་པའི་ཞལ་ཟས་བཟོ་སྲོལ་ཡོད་པ་རེད། དེའང་བཤད་པའི་ལེའུ་ཚན་གཞན་རྣམས་དང་འདྲ་བར། རུས་སྦལ་གྱི་ལེའུ་གྱེར་སྐབས་ཚན་པ་ཁ་ཤས་ཤིག་ལས་ཆ་ཚང་ནི་གྱེར་བཞིན་མེད་ཅིང་། ཁྱུང་གི་བཤད་པ་དང་རུས་སྦལ་གྱི་བཤད་པ་གཉིས་ནི་མཉམ་དུ་གྱེར་སྲོལ་ཡོད།

མཇུག་མཆན།

1 Giuseppe Tucci, *The Religions of Tibet*, trans. by Geoffrey Samuel (London and Henley: Routledge & Kegan Paul, 1980), p. 219.

2 René de Nebesky-Wojkowitz, *Oracles and Demons of Tibet: The Cult and Iconography of the Tibetan Protective Deities* (Delhi: Book Faith India, 1996), p. 290.

3 Don dam smra ba'i seng ge, *A 15th Century Tibetan Compendium of Knowledge* (*Bshad mdzod yid bzhin nor bu*) with an introduction by E. Gene Smith, ed. by Lokesh Chandra (New Delhi: Jayyed Press, 1969), pp. 418–20.

4 Philippe Cornu, *Tibetan Astrology*, trans. by Hamish Gregor (Boston and London: Shambhala Publications, 1997), pp. 30–31.

5 Charles Ramble, 'The Assimilation of Astrology in the Tibetan Bon Religion', *Extrême-Orient Extrême-Occident*, 35 (2013), 199–232 (pp. 212–14).

6 Cornu, *Tibetan Astrology*, pp. 52–84, 102–26.

7 Cornu, *Tibetan Astrology*, p. 77; Ramble, 'The Assimilation of Astrology in the Tibetan Bon Religion', p. 202.

8 Schuyler V. R. Cammann, 'The Eight Trigrams: Variants and Their Uses', *History of Religions*, 29.4 (1990), 301–17.

9 Siegbert Hummel, 'The sMe-ba-dgu, the Magic Square of the Tibetans', *East and West*, 19.1–2 (1969), 139–46.

10 皮锡瑞,《六艺论疏证》(北京:北京大学图书馆，1899)，2b-4a。

11 Cornu, *Tibetan Astrology*, p. 125; Laurence A. Waddell, *The Buddhism of Tibet* (Cambridge: Cambridge University Press, 2015), p. 453.

12 Sam van Schaik, 'The Golden Turtle: A Sino-Tibetan divination manuscript', *Early Tibet: Notes, thoughts and fragments of research on the history of Tibet*, (2008), https://earlytibet.com/2008/11/28/the-golden-turtle/

13 Shen-yu Lin, 'The Tibetan Image of Confucius', *Revue d'Etudes Tibétaines*, 12 (2007), 105–33.

14 Cornu, *Tibetan Astrology*, pp. 21, 127.

15 Robert Eno, 'Shang State Religion and the Pantheon of the Oracle Texts', in *Early Chinese Religion, Part one: Shang Through Han (1250 BC-220 AD)*, ed. by John Lagerwey and Marc Kalinowski (Leiden: Brill, 2009), pp. 41–102.

16 许慎,《淮南鸿烈解》, 见《道藏》5485卷(上海:上海涵芬楼, 1925), 卷863–868（1925）, j11.9b-10a。

17 Duncan J. Poupard, 'How the Turtle Lost its Shell: Sino-Tibetan Divination Manuals and Cultural Translation', *HIMALAYA, the Journal of the Association for Nepal and Himalayan Studies*, 38.2 (2018), 4–19.

龟

龟在苯教和佛教中是一种龟形神灵。它在藏族神话、宇宙观和占星术中都扮演着非常重要的角色。苯教文献中记载，龟和虎(རྒྱ་སྟག)、雀(བྱ་དམར།)与龙(གཡུ་འབྲུག)四个神兽驻守着连接天地的世界中心冈底斯山的四座大门。[1]此外，被称为"鲁"(ཀླུ།)的一种水中神灵，是源自用腹部支撑起整个世界的宇宙之龟产下的六个蛋。[2]龟在藏传佛教占星术中也有重要地位。《释藻》表明，龟从文殊菩萨的唾液幻化而来，通过占卜术在汉地弘扬佛教。此书也用佛教概念，如五智(ཡེ་ཤེས་ལྔ།)、八正道(འཕགས་ལམ་ཡན་ལག་བརྒྱད།)及九乘次第(ཐེག་པ་རིམ་པ་དགུ།)，分析解释龟身上的五行、八卦和九宫占卜体系。[3]

从内容来看，"龟说"由三部分组成。第一部分概述龟在海中的生活。第二部分描述龟是如何被文殊菩萨调伏。文殊菩萨用一支金箭射中乌龟，并用驱散无明的火焰慧剑刺穿它，将其翻转。龟的腹部由此变成了整个世界的基底。这些叙述和佛教与苯教(包括《释藻》)中关于龟的相关记录相似，甚至一致。[4]如导论所阐明，这两种宗教都强调他们各自的智慧之神，也就是佛教的文殊菩萨和苯教的玛伟僧格或贡布郭杰，在幻化或者调伏宇宙之龟时发挥了关键作用。[5]总之，龟被认为是承载着世界的神兽。第三部分探讨了龟身上的占卜体系及其推算方法。具体来讲，它探究了构成了世间万物的五行，即金、木、水、火、土。五行是汉式占卜的基本要素。应当注意的是，五行与藏传佛教中的五大种(འབྱུང་བ་ལྔ།)——即组成宇宙的地、水、火、风、空不同。五行之间相互影响，其关系可被归纳为四种：母(生)、子(被生)、友(胜)、敌(克)。五行和八卦、九宫及十二生肖相互作用。[6]五行与生肖搭配产生了六十甲子。十二生肖周而复始，被用于标记年份。与五行的内在关系一样，生肖之间的关系要么相克，要么相胜。值得一提的是，释巴遵循了汉式的六十甲子，每一个周期都以木鼠年开启，而不是遵循吸纳了时轮金刚理论的藏历，以火兔年为始。[7]

"龟说"也述及八卦和九宫这两个汉式占卜的关键组成部分。八卦在藏语中叫作"叭喀"，由八个单卦组成。每个单卦由三条完整或中断的线——爻构成。每一卦都和五行与自然现象相对应。[8]八卦与藏语称为"么哇"的九宫互补。九宫由一至九的数字排列在"井"字分隔的正方形或圆中构成。这些数字横、纵、对角相加皆等于十五。[9]每个数字都有对应的五行元素、颜色和单卦。中文记载中，九宫出自黄河支流的洛河的龟壳上。它帮助上古帝王大禹治理了水患。故而中文也将九宫称作"洛书"或"龟书"。[10]上述的占卜体系通常以图的形式绘制在龟身上，称为"斯巴霍"(སྲིད་པ་ཧོ།)。[11]人们为预防不幸与邪祟所戴的铜制或银制护身符上也可以看到这种图案。除此之外，这些占卜体系还广泛应用于星象、堪舆、医药以及人们日常生活中的重要仪式等方面。[12]

"龟说"表明了华夏文明对西藏占星术和卜算的早期影响。藏族将中原描绘为占卜之地，并认为文成公主和孔子是占卜大师。[13]汉式占星术"呐子"(ནག་རྩིས།)、汉式占卜术"均子"(འབྱུང་རྩིས།)与天竺占星术"噶子"(སྐར་རྩིས།)一起成了藏族占卜历算学的重要部分。[14]"龟说"也强调了乌龟在汉、藏、甚至整个亚洲宇宙观中所扮演的惊人的相似角色。在中文史料中，龟壳是一种神圣的占卜载体，龟壳上的裂纹（作为一种神谕）被认为是汉字的雏形。[15]公元前139年编集的关于中国哲学思想的《淮南子》中，第六篇有女娲"断鳌足以立四极"的记录。[16]了解龟在早期创世神话中的角色有助于我们更好地理解跨区域文化交流以及藏族在接受外来文化时的选择性吸收。

在藏族人的日常生活中，龟（在喜马拉雅文化区有时是类似乌龟的青蛙）[17]仍然扮演着重要的角色。在洮河上游和迭部的部分地区，人们在建筑新房时会做龟形或蛙形的油炸面点，用来礼敬与提醒土地神施工即将开始。与释巴其他篇目相似，表演者不会完整唱出"龟说"。当地人习惯把"鹏说"和"龟说"放在 一起叙述。

尾注

1 Giuseppe Tucci, *The Religions of Tibet*, trans. by Geoffrey Samuel (London and Henley: Routledge & Kegan Paul, 1980), p. 219.

2 René de Nebesky-Wojkowitz, *Oracles and Demons of Tibet: The Cult and Iconography of the Tibetan Protective Deities* (Delhi: Book Faith India, 1996), p. 290.

3 Don dam smra ba'i seng ge, *A 15th Century Tibetan Compendium of Knowledge* (*Bshad mdzod yid bzhin nor bu*) with an introduction by E. Gene Smith, ed. by Lokesh Chandra (New Delhi: Jayyed Press, 1969), pp. 418–20.

4 Philippe Cornu, *Tibetan Astrology*, trans. by Hamish Gregor (Boston and London: Shambhala Publications, 1997), pp. 30–31.

5 Charles Ramble, 'The Assimilation of Astrology in the Tibetan Bon Religion', *Extrême-Orient Extrême-Occident*, 35 (2013), 199–232 (pp. 212–14).

6 Cornu, *Tibetan Astrology*, pp. 52–84, 102–26.

7 Cornu, *Tibetan Astrology*, p. 77; Ramble, 'The Assimilation of Astrology in the Tibetan Bon Religion', p. 202.

8 Schuyler V. R. Cammann, 'The Eight Trigrams: Variants and Their Uses', *History of Religions*, 29.4 (1990), 301–17.

9 Siegbert Hummel, 'The sMe-ba-dgu, the Magic Square of the Tibetans', *East and West*, 19.1–2 (1969), 139–46.

10 皮锡瑞,《六艺论疏证》(北京:北京大学图书馆, 1899), 2b-4a。

11 Cornu, *Tibetan Astrology*, p. 125; Laurence A. Waddell, *The Buddhism of Tibet* (Cambridge: Cambridge University Press, 2015), p. 453.

12 Sam van Schaik, 'The Golden Turtle: A Sino-Tibetan divination manuscript', *Early Tibet: Notes, thoughts and fragments of research on the history of Tibet*, (2008), https://earlytibet.com/2008/11/28/the-golden-turtle/

13 Shen-yu Lin, 'The Tibetan Image of Confucius', *Revue d'Etudes Tibétaines*, 12 (2007), 105–33.

14 Cornu, *Tibetan Astrology*, pp. 21, 127.

15 Robert Eno, 'Shang State Religion and the Pantheon of the Oracle Texts', in *Early Chinese Religion, Part one: Shang Through Han (1250 BC-220 AD)*, ed. by John Lagerwey and Marc Kalinowski (Leiden: Brill, 2009), pp. 41–102.

16 许慎,《淮南鸿烈解》, 见《道藏》5485卷(上海:上海涵芬楼, 1925), 卷863–868 (1925), j11.9b-10a。

17 Duncan J. Poupard, 'How the Turtle Lost its Shell: Sino-Tibetan Divination Manuals and Cultural Translation', *HIMALAYA, the Journal of the Association for Nepal and Himalayan Studies*, 38.2 (2018), 4–19.

རུས་སྦལ་གྱི་བཤད་པ། 龟说
Rübel

དྲི། 问
Question:

རུས་མ་ཧཱ་གསེར་གྱི་རུས་སྦལ་གན།[1] 大哉金色鳌龟兮
The great golden Rübel, [which is pronounced *ma hā ser gyi rü bel* in Tibetan],

མ་ནི་ཟེར་བ་ཅི་ཞིག་རེད།[2] 摩之所谓者何耶
What is the meaning of the word "*ma*"?

ཧཱ་ནི་ཟེར་བ་ཅི་ཞིག་རེད།[3] 诃之所谓者何耶
What is the meaning of the word "*hā*"?

གསེར་ནི་ཟེར་བ་ཅི་ཞིག་རེད།[4] 嵾之所谓者何耶
What is the meaning of the word "*ser*"?

རུས་ནི་ཟེར་བ་ཅི་ཞིག་རེད།[5] 嚅之所谓者何耶
What is the meaning of the word "*rü*"?

སྦལ་ནི་ཟེར་བ་ཅི་ཞིག་རེད།[6] 呗之所谓者何耶
What is the meaning of the word "*bel*"?

སྐྱེ་འཆི་མེད་པ་ཅི་ཞིག་རེད།[7] 缘何无生亦无灭
For what reason does [Rübel] have no birth and no death?

---

1 MT: **རུས་མ་ཧཱ་གསེར་གྱི་རུས་སྦལ་གན།** LT: རུས་མ་ཧ་གསེར་གྱི་རུས་སྦལ་གན། FY: མ་ཧཱ་གསེར་གྱི་རུས་སྦལ་ཀན།

2 MT, LT, FY: **མ་ནི་ཟེར་བ་ཅི་ཞིག་རེད།** DP: རུས་མ་ནི་དང་པོ་རྒྱས་ཟིག མ་ནི་དང་པོ་རྒྱས་ལུགས་བཤད།

3 MT, FY: **ཧཱ་ནི་ཟེར་བ་ཅི་ཞིག་རེད།** LT: ཧ་ནི་ཟེར་བ་ཅི་ཞིག་རེད།

4 FY: **གསེར་ནི་ཟེར་བ་ཅི་ཞིག་རེད།**

5 MT, LT, FY: **རུས་ནི་ཟེར་བ་ཅི་ཞིག་རེད།**

6 MT, LT, FY: **སྦལ་ནི་ཟེར་བ་ཅི་ཞིག་རེད།**

7 MT: **སྐྱེ་འཆི་མེད་པ་ཅི་ཞིག་རེད།** LT: སྐྱེ་མཆེད་མེད་པ་ཅི་ཞིག་རེད། FY: སྐྱེ་མཆེད་མེད་པའི་ཅི་ཞིག་རེད།

གླུ་དལ་བུར་ཞོག་དང་བྲེལ་བ་མེད། 歌徐陈之莫匆促

Please sing the song slowly, there is no hurry.

ལན། 答

Answer:

རུས་མ་ཧཱ་གསེར་གྱི་རུས་སྦལ་གན།[8] 大哉金色鳌龟兮

The great golden Rübel,

སྐྱེ་འཆི་པ་མ་དུས་གསུམ་རེད།[9] 无生无灭缘三时

The origin of being immortal is located in three times: past, present, and future.[1]

མ་ནི་ཀུན་ལ་བྱམས་པས་མ།[10] 摩者慈悲怀众生

"*ma*" represents compassion for all sentient beings.[2]

ཧཱ་ནི་སྐྱོན་གྱིས་མ་གོས་པ།[11] 诃者无有染污也

"*ha*" represents being untainted by defects.

གསེར་ནི་རིན་པོ་ཆེ་ཡི་མཆོག[12] 嗲者至尊圣宝也

"*ser*" symbolises the most precious one.

རུས་ནི་འབྱུང་བའི་རུས་ཁམས་རེད།[13] 嚅者种子之性也

"*ru*" refers to the essential nature of the elements.

---

8 MT: **རུས་མ་ཧཱ་གསེར་གྱི་རུས་སྦལ་གན།** LT: རུས་མ་ཧ་གསེར་གྱི་རུས་སྦལ་འདི། FY: མ་ཧཱ་གསེར་གྱི་རུས་སྦལ་འདི།

9 MT: **སྐྱེ་འཆི་པ་མ་དུས་གསུམ་རེད།** LT: སྐྱེ་མཆེད་པ་མ་དུས་གསུམ་རེད།

10 MT: མ་ནི་དུས་གསུམ་མ་ཐན་རེད། DP: མ་ནི་དང་པོ་ཐུས་ལུགས་འདི། རུ་འབབ་ཞིག་སྟོན་པ་ལྷ་ཡི་སྐུ། སྐྱེ་འཆི་མེད་པ་སྤྲུལ་བའི་སྐུ། སྐྱེད་ནི་སངས་རྒྱས་ཀུན་ལ་བསྐྱེད། རུས་མ་ནི་དང་པོ་ཐུས་ལུགས་ཡིན། LT, FY: མ་ནི་དུས་གསུམ་ཐན་ལི་འདི། ED: **མ་ནི་ཀུན་ལ་བྱམས་པས་མ།**

11 MT: ཧཱ་ཕི་སངས་རྒྱས་ཀུན་ལ་ཧཱ། LT: ཧཱ་ནི་དུས་གསུམ་མ་ཐན་གཅིག ED: **ཧཱ་ནི་སྐྱོན་གྱིས་མ་གོས་པ།**

12 LT, FY: གསེར་ནི་སངས་རྒྱས་ཀུན་ལ་ཟེར། ED: **གསེར་ནི་རིན་པོ་ཆེ་ཡི་མཆོག**

13 MT: རུས་ནི་གསལ་བའི་རུས་ཁམས་རེད། LT, FY: རུས་ནི་ཟེར་བ་རུས་ཁམས་རེད། ED: **རུས་ནི་འབྱུང་བའི་རུས་ཁམས་རེད།**

སྦལ་ནི་སྟོན་པ་ལྷ་ཡི་སྐུ།[14] 呗者不灭佛身也

"*bel*" suggests the bodies of the Buddha.[3]

སྐྱེ་འཆི་མེད་ནི་དེ་འདྲ་རེད།[15] 无生无灭者如是

Such as it is, [Rübel] is beyond birth and death.

གླུ་དེ་ཡི་ལན་ལ་དེ་འདྲ་ཡིན། 如是答复彼歌矣

This is the response to the song.

དྲི། 问

Question:

མ་ཧཱ་གསེར་གྱི་རུས་སྦལ་གན།[16] 大哉金色鳌龟兮

That great golden Rübel,

རུས་སྐྱེས་ཞིང་སྐྱེས་གནས་བཞི་པོ་ཤོད།[17] 释鳌龟之四生矣

Please narrate Rübel's four modes of birth.

གླུ་དལ་མོ་ལོངས་དང་རྗེས་ན་ཡོད། 有歌相继徐徐咏

Sing it slowly, and more songs will follow.

ལན། 答

Answer:

རུས་མ་ཧཱ་གསེར་གྱི་རུས་སྦལ་འདི།[18] 大哉金色鳌龟兮

The great golden Rübel,

---

14 LT: སྦལ་ནི་བསྟན་པ་ལྷ་ཡི་སྐུ། ED: **སྦལ་ནི་སྟོན་པ་ལྷ་ཡི་སྐུ།**

15 FY: སྐྱེ་མཆེད་མེད་ནི་དེ་འདྲ་རེད། ED: **སྐྱེ་འཆི་མེད་ནི་དེ་འདྲ་རེད།**

16 MT: **མ་ཧཱ་གསེར་གྱི་རུས་སྦལ་གན།** LT: རུས་མ་ཧ་གསེར་གྱི་རུས་སྦལ་གན། FY: མ་ཧཱ་གསེར་གྱི་རུས་སྦལ་ཀན།

17 MT: **རུས་སྐྱེས་ཞིང་སྐྱེས་གནས་བཞི་པོ་ཤོད།** LT, FY: རུས་སྐྱེ་ཞིང་སྐྱེ་གནས་བཞི་པོ་ཤོད།

18 DP: **རུས་མ་ཧཱ་གསེར་གྱི་རུས་སྦལ་འདི།**

རུས་སྐྱེས་ཤིང་སྐྱེས་གནས་བཞི་པོ་དེ།[19] 其出生有四种也

Its four modes of birth are:

རུས་མངལ་སྐྱེས་རྫུས་སྐྱེས་སྒོང་སྐྱེས་གསུམ།[20] 胎生化生卵生也

Womb birth, miraculous birth and egg birth,

དྲོད་གཤེར་སྐྱེས་དང་སྐྱེས་བཞི་ཡོད།[21] 及湿生者四生也

Warmth-humidity birth.

རུས་སྐྱེས་ཤིང་སྐྱེས་གནས་བཞི་པོ་ཡིན།[22] 四种出生者如是

These are the four modes of birth of Rübel.

གླུ་དེ་ཡི་ལན་ལ་དེ་འདྲ་ཡིན། 如是答复彼歌矣

This is the response to the song.

དྲི། 问

Question:

མ་ཧཱ་གསེར་གྱི་རུས་སྦལ་གན།[23] 大哉金色鳌龟兮

The great golden Rübel,

མངལ་ལས་སྐྱེས་པ་ཅི་ཞིག་རེད།[24] 胎生所生者何耶

What beings are birthed from a womb?

---

19 MT: **རུས་སྐྱེས་ཤིང་སྐྱེས་གནས་བཞི་པོ་དེ།** DP: རུས་སྦལ་སྐྱེ་གནས་བཞི་པོ་འདི། LT: རུས་སྐྱེ་ཞིང་སྐྱེ་གནས་བཞི་པོ་དེ། FY: རུས་སྐྱེ་ཞིང་སྐྱེ་གནས་བཞི་བ་དེ།

20 MT: **རུས་མངལ་སྐྱེས་རྫུས་སྐྱེས་སྒོང་སྐྱེས་གསུམ།** DP: རུ་མངལ་སྐྱེས་རྫུ་སྐྱེས་དྲོད་སྐྱེས་གསུམ། LT, FY: མངལ་སྐྱེས་རྫུས་སྐྱེས་སྒོང་སྐྱེས་གསུམ།

21 MT: **དྲོད་གཤེར་སྐྱེས་དང་སྐྱེས་བཞི་ཡོད།** DP: སྒོང་སྐྱེས་བསྐྱེད་དང་སྐྱེ་གནས་བཞི། LT: དྲོད་ལས་སྐྱེས་དང་སྐྱེ་བཞི་ཡོད། FY: དྲོད་གཤེར་སྐྱེས་དང་སྐྱེ་བཞི་ཡོད།

22 LT: རུས་སྐྱེས་ཞིང་སྐྱེ་གནས་བཞི་པོ་ཡིན། FY: རུས་སྐྱེ་ཞིང་སྐྱེ་གནས་བཞི་ཡིན། ED: **རུས་སྐྱེས་ཤིང་སྐྱེས་གནས་བཞི་པོ་ཡིན།**

23 MT: **མ་ཧཱ་གསེར་གྱི་རུས་སྦལ་གན།** LT: རུས་མ་ཧ་གསེར་གྱི་རུས་སྦལ་གན། FY: མ་ཧཱ་གསེར་གྱི་རུས་སྦལ་ཀན།

24 MT, LT: **མངལ་ལས་སྐྱེས་པ་ཅི་ཞིག་རེད།** FY: མངལ་ལས་སྐྱེས་བ་ཅི་ཞིག་རེད།

རྫུས་ལས་སྐྱེས་པ་ཅི་ཞིག་རེད།[25] 化生所生者何耶
What beings are birthed through miraculous formation?

སྒོང་ལས་སྐྱེས་པ་ཅི་ཞིག་རེད།[26] 卵生所生者何耶
What beings are born from an egg?

དྲོད་ལས་སྐྱེས་པ་ཅི་ཞིག་རེད།[27] 湿生所生者何耶
What beings are born by warmth?

ལན། 答
Answer:

མ་ཧཱ་གསེར་གྱི་རུས་སྦལ་གན།[28] 大哉金色鳌龟兮
The great golden Rübel,

མངལ་ལས་སྐྱེས་པ་ལས་ཅན་རེད།[29] 幸者为胎所生也
Fortunate beings are birthed from a womb.

འཇིག་རྟེན་མི་འདི་མངལ་སྐྱེས་ཡིན།[30] 胎生所生凡人矣
Human beings in the world are womb-born.

རྫུས་ལས་སྐྱེས་པ་ལྷ་ཅན་རེད།[31] 神祇是为化生兮
Gods are born through miraculous formation.

---

25 MT, LT: **རྫུས་ལས་སྐྱེས་པ་ཅི་ཞིག་རེད།** DP: རྫས་ལས་སྐྱེ་བ་ཆི་བཟི་རེ། FY: རྫུས་ལས་སྐྱེས་བ་ཅི་ཞིག་རེད།

26 MT, LT: **སྒོང་ལས་སྐྱེས་པ་ཅི་ཞིག་རེད།** DP: སྒོང་ལས་སྐྱེ་བ་ཆི་བཟི་རེ། FY: སྒོང་ལས་སྐྱེས་བ་ཅི་ཞིག་རེད།

27 MT, LT: **དྲོད་ལས་སྐྱེས་པ་ཅི་ཞིག་རེད།** DP: དྲོད་ལས་སྐྱེ་བ་ཆི་བཟི་རེ། FY: དྲོད་ལས་སྐྱེས་བ་ཅི་ཞིག་རེད།

28 MT: **མ་ཧཱ་གསེར་གྱི་རུས་སྦལ་གན།** DP: ཡང་མ་ཧཱ་གསེར་གྱི་རུས་སྦལ་འདི། LT: རུས་མ་ཧཱ་གསེར་གྱི་རུས་སྦལ་འདི།

29 MT, LT: **མངལ་ལས་སྐྱེས་པ་ལས་ཅན་རེད།** DP: མངལ་ལ་སྐྱེ་བ་བཤད་བགྱི་ན། FY: མངལ་ལས་སྐྱེས་བ་ལུས་ཅན་རེད།

30 DP: འཇིག་རྟེན་མི་འདི་མངལ་སྐྱེ་ཡིན། ED: **འཇིག་རྟེན་མི་འདི་མངལ་སྐྱེས་ཡིན།**

31 MT, LT: **རྫུས་ལས་སྐྱེས་པ་ལྷ་ཅན་རེད།** DP: རྫུ་ལ་སྐྱེ་བ་བཤད་རྒྱུ་ན། FY: རྫུས་ལས་སྐྱེས་བ་ལྷ་ཅན་རེད།

ལྷ་དམག་ཐམས་ཅད་རྫུས་སྐྱེས་ཡིན།[32] 化生所生天兵矣

The army of gods experience miraculous birth.

སྒོང་ལས་སྐྱེས་པ་གཤོག་ཅན་རེད།[33] 翼属是为卵生兮

Winged ones are born from an egg.

བྱ་བརྒྱ་ཐམས་ཅད་སྒོང་སྐྱེས་ཡིན།[34] 卵生所生飞禽矣

Entire bird species are birthed from an egg.

དྲོད་ལས་སྐྱེས་པ་བཤད་རྒྱུ་ན།[35] 潮湿酷热所生兮

Speaking of the ones born by warmth,

འབའ་འབུ་ཐམས་ཅད་དྲོད་སྐྱེས་ཡིན།[36] 湿生种种虫豸矣

These are all species of worms.

དྲི། 问

Question:

མ་ཧཱ་གསེར་གྱི་རུས་སྦལ་འདི།[37] 大哉金色鳌龟兮

The great golden Rübel,

མངལ་ལས་སྐྱེས་པའི་ལོ་གྲངས་ཤོད།[38] 释胎生所历之年

Please narrate how many years womb birth takes,

---

32 DP: **ལྷ་དམག་ཐམས་ཅད་རྫུས་སྐྱེས་ཡིན།**

33 MT, LT, FY: **སྒོང་ལས་སྐྱེས་པ་གཤོག་ཅན་རེད།** DP: སྒོང་ལ་སྐྱེ་བ་བཤད་རྒྱུ་ན།

34 DP: བྱ་བརྒྱ་ཐམས་ཅད་སྒོང་ལ་སྐྱེས། ED: **བྱ་བརྒྱ་ཐམས་ཅད་སྒོང་སྐྱེས་ཡིན།**

35 DP: དྲོད་ལ་སྐྱེ་བ་བཤད་རྒྱུ་ན། LT: དྲོད་ལས་སྐྱེས་པ་དེ་འདྲར་རེད། FY: དྲོད་ལས་སྐྱེས་བ་ལུས་ཅན་རེད། ED: **དྲོད་ལས་སྐྱེས་པ་བཤད་རྒྱུ་ན།**

36 DP: འབའ་འབུ་ཐམས་ཅད་དྲོད་སྐྱེ་ཡིན། ED: **འབའ་འབུ་ཐམས་ཅད་དྲོད་སྐྱེས་ཡིན།**

37 MT, FY: **མ་ཧཱ་གསེར་གྱི་རུས་སྦལ་འདི།** LT: རུཀ་མ་ཧཱ་གསེར་གྱི་རུས་སྦལ་འདི།

38 MT: མངལ་ལས་སྐྱེས་པའི་ཟླ་གྲངས་ཤོད། LT: **མངལ་ལས་སྐྱེས་པའི་ལོ་གྲངས་ཤོད།** FY: མངལ་ལས་སྐྱེས་བའི་ལོ་གྲངས་ཤོད།

རྫུས་ལས་སྐྱེས་པའི་ཟླ་བ་ཤོད།[39] 释化生所历之月
Please narrate how many months miraculous birth takes.

སྒོང་ལས་སྐྱེས་པའི་ཉིན་མ་ཤོད།[40] 释卵生所历之日
Please narrate how many days egg birth takes.

དྲོད་ལས་སྐྱེས་པའི་དུས་ཚོད་ཤོད།[41] 释湿生所历之时
Please narrate how many hours warm birth takes.

གླུ་དལ་མོ་ལོངས་དང་རྗེས་ན་ཡོད། 有歌相继徐徐咏
Sing it slowly, and more songs will follow.

ལན། 答
Answer:

མངལ་ལས་སྐྱེས་པའི་ལོ་གྲངས་འདི།[42] 胎生所历之年兮
The number of years that womb birth takes,

ལོ་རེ་ཟླ་བ་བཅུ་གཉིས་རེད།[43] 是为一十二月矣
Is one year, twelfth months.

རྫུས་ལས་སྐྱེས་པའི་ཟླ་བ་འདི།[44] 化生所历之月兮
The number of months that miraculous birth takes,

---

39 MT: རྫས་ལས་སྐྱེས་པའི་ལོ་ཟླ་ཤོད། DP: རྫུ་ལ་སྐྱེས་པའི་ཟླ་བ་བཤད། LT: **རྫུས་ལས་སྐྱེས་པའི་ཟླ་བ་ཤོད།** FY: རྫུས་ལས་སྐྱེས་བའི་ལོ་ཟླ་ཤོད།

40 MT, LT: **སྒོང་ལས་སྐྱེས་པའི་ཉིན་མ་ཤོད།** DP: རྫུ་ལ་སྐྱེས་པའི་ཞག་པོ་བཤད། FY: སྒོང་ལས་སྐྱེས་བའི་ཉི་མ་ཤོད།

41 MT, LT: **དྲོད་ལས་སྐྱེས་པའི་དུས་ཚོད་ཤོད།** DP: རྫུ་ལ་སྐྱེས་པའི་དུས་ཚོད་བཤད། FY: དྲོད་ལས་སྐྱེས་བའི་དུས་ཚོད་ཤོད།

42 MT: མངལ་ལས་སྐྱེས་ན་ཟླ་གྲངས་འདི། DP: རྫུ་ལ་སྐྱེས་པའི་ཟླ་བ་དེ། LT: **མངལ་ལས་སྐྱེས་པའི་ལོ་གྲངས་འདི།** FY: མངལ་ལས་སྐྱེས་བའི་ལོ་གྲངས་འདི།

43 MT: ཟླ་བོ་ཟླ་བ་འབོ་འབོ་རེད། DP: ལོ་རེ་ཟླ་བ་བཅུ་གཉིས་རེ། LT, FY: **ལོ་རེ་ཟླ་བ་བཅུ་གཉིས་རེད།**

44 MT: རྫུས་ལ་སྐྱེས་ན་ལོ་དུས་འདི། DP: རྫུ་ལས་སྐྱེས་པའི་ཞག་པོ་དེ། LT: **རྫུས་ལས་སྐྱེས་པའི་ཟླ་བ་འདི།** FY: རྫུས་ལས་སྐྱེ་བའི་ཟླ་བ་འདི།

ཟླ་དགུ་ཉི་མ་ཉེར་དགུ་རེད།[45] 是为九月廿九日

Is nine months and twenty-nine days.

སྒོང་ལས་སྐྱེས་པའི་ཉིན་མ་འདི།[46] 卵生所历之日兮

The number of days that egg birth takes,

ཉིན་མ་ཉི་ཤུ་རྩ་གཅིག་རེད།[47] 是为二十一日矣

Is twenty-one days.

དྲོད་ལས་སྐྱེས་པའི་དུས་ཚོད་འདི།[48] 湿生所历之时兮

The number of hours that warm birth takes,

ཉིན་མཚན་དུས་ཚོད་ཉེར་བཞི་རེད།[49] 是为二十四时也

Is within a day and night, twenty-four hours.

དུས་ཚོད་གཅིག་ལ་སྐྱེས་ནི་རེད།[50] 四生同时诞生矣

[Rübel] produces all four forms at once.

གླུ་དེ་ཡི་ལན་ལ་དེ་འདྲ་ཡིན། 如是答复彼歌矣

This is the response to the song.

---

45 MT: ལོ་རེ་ཟླ་བ་བཅུ་གཉིས་རེད། DP: ཞག་པོ་སུམ་བརྒྱ་དྲུག་ཅུ་རེ། LT: **ཟླ་དགུ་ཉི་མ་ཉེར་དགུ་རེད།** FY: ཟླ་རེ་ཟླ་བ་དགུ་དགུ་རེད།

46 MT: སྒོང་ལས་སྐྱེས་ན་ཉིན་མ་འདི། LT: སྒོང་ལས་སྐྱེས་པའི་ཉི་མ་འདི། FY: སྒོང་ལས་སྐྱེ་བའི་ཉི་མ་འདི། ED: **སྒོང་ལས་སྐྱེས་པའི་ཉིན་མ་འདི།**

47 MT, LT, FY: ཉི་མ་ཉི་ཤུ་རྩ་གཅིག་རེད། ED: **ཉིན་མ་ཉི་ཤུ་རྩ་གཅིག་རེད།**

48 MT: དྲོད་ལས་སྐྱེས་ན་དུས་ཚོད་འདི། DP: ཙུ་ལ་སྐྱེས་པའི་དུས་ཚོད་ནི། LT: **དྲོད་ལས་སྐྱེས་པའི་དུས་ཚོད་འདི།** FY: དྲོད་ལས་སྐྱེ་བའི་དུས་ཚོད་འདི།

49 MT: ཉིན་མཚན་དུས་ཚོད་བཅུ་གཉིས་རེད། DP: ཉིན་རེ་དུས་ཚོད་བཅུ་གཉིས་རེ། LT, FY: **ཉིན་མཚན་དུས་ཚོད་ཉེར་བཞི་རེད།**

50 LT, FY: **དུས་ཚོད་གཅིག་ལ་སྐྱེས་ནི་རེད།**

དྲི། 問
Question:

རུས་མ་ཏྭ་གསེར་གྱི་རུས་སྦལ་འདི།[51] 大哉金色鳌龟兮
The great golden Rüþel,

ཕྱིའི་རྒྱ་མཚོའི་ཁ་ལ་འགྲོ་ཚུལ་ཤོད།[52] 釋其行向海上矣
Please narrate how it went to the surface of the sea.

རུས་སོང་བ་ག་རུ་སོང་ནི་རེད།[53] 鳌龟行向何处耶
Whither did it go?

འཁོར་བ་ག་རུ་འཁོར་ནི་རེད།[54] 其所悠游何处耶
Whither did it wander?

འཁྱམ་པ་ག་རུ་འཁྱམས་ནི་རེད།[55] 其所漫游何处耶
Whither did it amble?

གླུ་ཕྱི་མ་ཡོད་ན་ཅི་འདྲ་ཡིན། 有歌相继者何耶
What is the song if more is to come?

གླུ་དལ་བུར་ཤོག་དང་བྲེལ་བ་མེད། 歌徐陈之莫匆促
Please sing the song slowly, there is no hurry.

---

51 MT: **རུས་མ་ཏྭ་གསེར་གྱི་རུས་སྦལ་འདི།** LT: རུས་མ་ཏ་གསེར་གྱི་རུས་སྦལ་འདི། FY: མ་ཏྭ་གསེར་གྱི་རུས་སྦལ་འདི།

52 MT: **ཕྱིའི་རྒྱ་མཚོའི་ཁ་ལ་འགྲོ་ཚུལ་ཤོད།** LT, FY: ཕྱི་རྒྱ་མཚོ་ཁ་ལ་འགྲོ་ཚུལ་ཤོད།

53 MT: **རུས་སོང་བ་ག་རུ་སོང་ནི་རེད།** DP: སོང་ནི་ག་རེ་སོང་ལེ་རེ། LT: རུས་འགྲོ་བ་ཅི་ཡིས་སོང་ནི་རེད། FY: རུས་སོང་ནི་གང་ལ་སོང་ནི་རེད།

54 MT: **འཁོར་བ་ག་རུ་འཁོར་ནི་རེད།** DP: རུ་འཁོར་ནས་ག་རེ་འཁོར་ལེ་རེ། LT: འཁོར་ནི་ཅི་ཡིས་འཁོར་ནི་རེད། FY: རུས་འཁོར་ནི་ག་རུ་འཁོར་ནི་རེད།

55 MT: **འཁྱམ་པ་ག་རུ་འཁྱམས་ནི་རེད།** DP: འཚོང་ནི་གེ་རེ་འཚོང་ལེ་རེ། LT: འཁྱམ་ནི་ཅི་ཡིས་འཁྱམ་ནི་རེད། FY: འཆམ་ནི་གང་ལ་འཆམ་ནི་རེད།

ལན། 答

Answer:

རུས་མ་ཧཱ་གསེར་གྱི་རུས་སྦལ་འདི།[56] 大哉金色鳌龟兮

The great golden Rübel,

རུས་སོང་བ་རྒྱ་མཚོའི་ཁ་ལ་སོང་།[57] 其趋行至海上矣

It went to the surface of the sea.

འཁོར་བ་རྒྱ་མཚོའི་མཐའ་ལ་འཁོར།[58] 其所悠游海边兮

It wandered around the edge of the sea.

འཁྱམ་པ་རྒྱ་མཚོའི་ནང་ལ་འཁྱམས།[59] 其所漫游海中矣

It ambled into the sea.

གླུ་དེ་ཡི་ལན་ལ་དེ་འདྲ་ཡིན། 如是答复彼歌矣

This is the response to that song.

དྲི། 问

Question:

མ་ཧཱ་གསེར་གྱི་རུས་སྦལ་གན།[60] 大哉金色鳌龟兮

The great golden Rübel,

---

56 MT: **རུས་མ་ཧཱ་གསེར་གྱི་རུས་སྦལ་འདི།** LT: རུས་མ་ཧ་གསེར་གྱི་རུས་སྦལ་གན། FY: མ་ཧཱ་གསེར་གྱི་རུས་སྦལ་ཀན།

57 MT: **རུས་སོང་བ་རྒྱ་མཚོའི་ཁ་ལ་སོང་།** DP: སོང་ནི་རྒྱ་མཚོའི་མཁའ་ལ་སོང་། LT: སོང་བ་རྒྱ་མཚོ་ཁ་ལ་སོང་། FY: སོང་ནི་རྒྱ་མཚོ་ཁ་ལ་སོང་།

58 MT: **འཁོར་བ་རྒྱ་མཚོའི་མཐའ་ལ་འཁོར།** DP: རུ་འཁོར་ནི་རྒྱ་མཚོའི་མཁའ་ལ་འཁོར། LT: འཁོར་བ་རྒྱ་མཚོ་མཐའ་ལ་འཁོར། FY: འཁོར་ནི་རྒྱ་མཚོ་མཐའ་ལ་འཁོར།

59 MT: **འཁྱམ་པ་རྒྱ་མཚོའི་ནང་ལ་འཁྱམས།** DP: འཚོང་ནི་རྒྱ་མཚོའི་གཏིང་ནས་འཚོང་། LT: འཁྱམ་པ་རྒྱ་མཚོའི་ཞབས་ལ་འཁྱམས། FY: འཆམ་ནི་རྒྱ་མཚོ་ཞབས་ལ་འཆམ།

60 MT: **མ་ཧཱ་གསེར་གྱི་རུས་སྦལ་གན།** LT: རུས་མ་ཧ་གསེར་གྱི་རུས་སྦལ་འདི། FY: མ་ཧཱ་གསེར་གྱི་རུས་སྦལ་འདི།

ཏུས་རྒྱ་མཚོའི་གཏིང་ན་བཞུགས་དུས་དེར།[61] 时于大海安住也
When dwelling in the deep sea,

ཁ་ན་ཡོད་ན་ཞབས་ན་ཡོད།[62] 于海面或深海耶
Was it on the surface of the sea or at the bottom of the sea?

མཐའ་ན་ཡོད་ན་ཟུར་ན་ཡོད།[63] 于海边或海角耶
Was it on the edge of the sea or by the corner of the sea?

གཡོན་ན་ཡོད་ན་གཡས་ན་ཡོད།[64] 于左方或右方耶
Was it on the left side or right side of the sea?

གླུ་དལ་བུར་ཞོག་དང་བྲེལ་བ་མེད། 歌徐陈之莫匆促
Please sing the song slowly, there is no hurry.

ལན། 答
Answer:

ཏུས་མ་དྷ་གསེར་གྱི་ཏུས་སྦལ་འདི།[65] 大哉金色鳌龟兮
The great golden Rübel,

ཏུས་རྒྱ་མཚོའི་གཏིང་ན་བཞུགས་དུས་དེར།[66] 时于海中安住也
When dwelling in the deep sea,

---

61 MT: ཕྱིའི་རྒྱ་མཚོའི་ཁ་ལ་འཁྱམ་དུས་དེར། DP: ཏུ་རྒྱ་མཚོའི་གཏིང་ན་བཞུགས་དུས་དེར། LT: ཕྱི་རྒྱ་མཚོ་ཞབས་ལ་འཁྱམ་དུས་དེ། FY: ཕྱི་རྒྱ་མཚོ་ཁ་ལ་འཚམ་དུས་དེ། ED: **ཏུས་རྒྱ་མཚོའི་གཏིང་ན་བཞུགས་དུས་དེར།**

62 MT: **ཁ་ན་ཡོད་ན་ཞབས་ན་ཡོད།** DP: ཏུ་མཁའ་ན་ཡོད་ན་ཞབས་ན་ཡོད། LT: ཁ་ན་ཡོད་ལ་ཞབས་ན་ཡོད། FY: ཁ་ན་ཡོད་དམ་ཞབས་ན་ཡོད།

63 MT: **མཐའ་ན་ཡོད་ན་ཟུར་ན་ཡོད།** DP: ཐད་ནས་ཡོད་ན་ཟུར་ན་ཡོད། LT: མཐའ་ན་ཡོད་ལ་དཀྱིལ་ན་ཡོད། FY: མཐའ་ན་ཡོད་དམ་ཟུར་ན་ཡོད།

64 MT: **གཡོན་ན་ཡོད་ན་གཡས་ན་ཡོད།** DP: གཡས་ན་ཡོད་ན་གཡོན་ན་ཡོད། LT: གཡས་ན་ཡོད་ལ་གཡོན་ན་ཡོད། FY: གཡོན་ན་ཡོད་དམ་གཡས་ན་ཡོད།

65 MT: **ཏུས་མ་དྷ་གསེར་གྱི་ཏུས་སྦལ་འདི།** LT: ཏུས་མ་ཏ་གསེར་གྱི་ཏུས་སྦལ་འདི། FY: མ་དྷ་གསེར་གྱི་ཏུས་སྦལ་འདི།

66 MT: ཕྱིའི་རྒྱ་མཚོའི་ཁ་ལ་འཁྱམ་དུས་དེར། DP: ཏུ་རྒྱ་མཚོ་གཏིང་ན་བཞུགས་དུས་དེར། LT: ཕྱི་རྒྱ་མཚོ་ཞབས་ལ་འཁྱམ་དུས་དེར། FY: ཕྱི་རྒྱ་མཚོ་ཁ་ལ་འཚམ་དུས་དེ། ED: **ཏུས་རྒྱ་མཚོའི་གཏིང་ན་བཞུགས་དུས་དེར།**

ཁ་ན་མེད་དང་ཞབས་ན་མེད།[67] 非于海面非深海

It dwelt neither on the surface of the sea nor at the bottom of the sea.

མཐའ་ན་མེད་དང་ཟུར་ན་མེད།[68] 非于海岸非海角

It dwelt neither on the edge of sea nor by the sea's corner.

གཡོན་ན་མེད་དང་གཡས་ན་མེད།[69] 非于左方非右方

It dwelt neither on the left side nor on right side of the sea.

གཡུ་ཡི་ཕོ་བྲང་དབུས་ན་ཡོད།[70] 其于松石宫中住

It resided in the Turquoise Palace.

གླུ་དེ་ཡི་ལན་ལ་འདི་འདྲ་རེད། 如是答复彼歌矣

This is the response to the song.

དྲི། 问

Question:

གཡུ་ཡི་ཕོ་བྲང་དཀྱིལ་ན་བཞུགས།[71] 其于松石宫中住

Rübel dwelt in the Turquoise Palace.

ཁ་གང་ལ་འཁོར་ནས་བཞུགས་བསྡད་ཡོད།[72] 面朝何处安坐耶

Which direction did it face while sitting?

---

67 MT: **ཁ་ན་མེད་དང་ཞབས་ན་མེད།** DP: མཁའ་ན་མེད་སྟེ་ཞབས་ན་མེད། LT: ཁ་ན་མེད་ཀྱང་ཞབས་ན་མེད། FY: ཁ་ན་མེད་ཀྱང་ཞབས་ན་མེད།

68 MT: **མཐའ་ན་མེད་དང་ཟུར་ན་མེད།** DP: ཐད་ན་མེད་སྟེ་ཟུར་ན་མེད། LT: མཐའ་ན་མེད་ཀྱང་དཀྱིལ་ན་མེད། FY: མཐའ་ན་མེད་ཀྱང་ཟུར་ན་མེད།

69 MT: **གཡོན་ན་མེད་དང་གཡས་ན་མེད།** DP: གཡས་ན་མེད་སྟེ་གཡོན་ན་མེད། LT: གཡས་ན་མེད་ཀྱང་གཡོན་ན་མེད། FY: གཡས་ན་མེད་དང་གཡོན་ན་མེད།

70 DP: དབུས་ཕྱོགས་ཕོ་བྲང་ནང་ན་ཡོད། LT: གཡུ་ཡི་ཕོ་བྲང་ནང་དུ་ཡོད། ED: **གཡུ་ཡི་ཕོ་བྲང་དབུས་ན་ཡོད།**

71 MT: **གཡུ་ཡི་ཕོ་བྲང་དཀྱིལ་ན་བཞུགས།** DP: དབུས་ཕྱོགས་ནང་གི་བཞུགས་དུས་དེ། LT: གཡུ་ཕོ་བྲང་དཀྱིལ་ལ་བཞུགས་འདུག་དུས། FY: གཡུ་ཕོ་བྲང་དཀྱིལ་ལ་བཞུགས་དུས་དེར།

72 MT, LT: **ཁ་གང་ལ་འཁོར་ནས་བཞུགས་བསྡད་ཡོད།** DP: ཁ་ག་རེ་འཁོར་ནི་བཞུགས་སྡད་ན། FY: ཁ་ཅི་ལ་འཁོར་ནས་བཞུགས་བསྡད་ཡོད།

ལྟོགས་ན་ཟ་རྒྱུ་ཅི་ཞིག་རེད།[73]
What did it dine on when hungry?
饥时何物以食耶

སྐོམ་ན་འཐུང་རྒྱུ་ཅི་ཞིག་རེད།[74]
What did it drink when thirsty?
渴时何物以饮耶

ལན།
Answer:
答

གཡུ་ཡི་ཡོ་བྲང་དཀྱིལ་ན་བཞུགས།[75]
Dwelling in the Turquoise Palace,
其于松石宫中住

ཁ་དགུང་ལ་འཁོར་ནས་བཞུགས་བསྡད་ཡོད།[76]
Rübel faced the sky while seated.
面朝苍穹安坐矣

ལྟོགས་ན་ཟ་རྒྱུ་བཤད་རྒྱུ་ན།[77]
As for the food eaten when it was hungry,
言其饥时所食兮

གོང་བླ་མའི་རིལ་བུ་ཟོས་ནས་བསྡད།[78]
These were pills blessed by the noble lama.
是为喇嘛药丸矣

---

73 MT, LT, FY: **ལྟོགས་ན་ཟ་རྒྱུ་ཅི་ཞིག་རེད།** DP: ལྟོག་ན་ཟོས་ལེ་ཆི་བཟི་རེ།

74 MT, LT, FY: **སྐོམ་ན་འཐུང་རྒྱུ་ཅི་ཞིག་རེད།** DP: སྐོམ་ན་ན་འཐུང་ལེ་ཆི་བཟི་རེ།

75 MT: **གཡུ་ཡི་ཡོ་བྲང་དཀྱིལ་ན་བཞུགས།** DP: དབུས་ཕྱོགས་ཡོ་བྲང་དཀྱིལ་ན་བཞུགས་སྡད་ན། LT: གཡུ་ཡོ་བྲང་དཀྱིལ་ལ་བཞུགས་དུས་དེར།

76 MT, LT: **ཁ་དགུང་ལ་འཁོར་ནས་བཞུགས་བསྡད་ཡོད།** DP: ཁ་དབུས་ལ་འཁོར་ནི་བཞུགས་སྡད་ན། ཡང་ལྷ་གསེར་གྱི་རུས་སྦལ་དེ།

77 MT: **ལྟོགས་ན་ཟ་རྒྱུ་བཤད་རྒྱུ་ན།** DP: ལྟོག་ན་ཟོས་ལེ་བཤད་བགྱི་ན། LT: ལྟོགས་དུས་ཟ་རྒྱུ་བཤད་རྒྱུ་ན། FY: ལྟོག་ན་ཟ་རྒྱུ་བཤད་རྒྱུ་ན།

78 MT: གོང་བླ་མས་གདམས་པ་གསུངས་པའི་ཟས། DP: དགུང་བླ་མའི་རིལ་བུ་ཟོས་ནི་སྡད། LT: གོང་བླ་མའི་གདམས་ངག་བསྒྲུངས་ནས་བསྡད། FY: དགུང་བླ་མའི་སྨོམ་པ་སྒྲུང་ནས་རེད། ED: **གོང་བླ་མའི་རིལ་བུ་ཟོས་ནས་བསྡད།**

སྐོམ་ན་འཐུང་རྒྱུ་བཤད་རྒྱུ་ན།[79] 言其渴时所饮兮

As for the liquid drunk when it was when thirsty,

གོང་བླ་མའི་བུམ་ཆུ་འཐུང་ནས་བསྟད།[80] 是为喇嘛净水矣

It was water from the noble lama's sacred vase.

དྲི། 问

Question:

མ་ཧཱ་གསེར་གྱི་རུས་སྦལ་གན།[81] 大哉金色鳌龟兮

The great golden Rübel,

གཡུ་ཡོ་བྲང་དཀྱིལ་ན་བཞུགས་དུས་དེར།[82] 时于松石宫中住

When dwelling in the Turquoise Palace,

གཡུ་ཡོ་བྲང་གན་ལ་སྒོ་བཞི་ཡོད།[83] 松石宫殿有四门

There are four doors in that palace.

སྒོ་རེ་རེ་སྲུང་མི་ལྷ་བཞི་ཤོད།[84] 释各门之护神矣

Please tell of the Four Guardian Kings stationed at each door.

---

79 DP: སྐམ་ན་འཐུང་ལེ་བཤད་བགྱི་ན། FY: **སྐོམ་ན་འཐུང་རྒྱུ་བཤད་རྒྱུ་ན།**

80 DP: དཀུང་བླ་མའི་བུམ་ཆུ་འཐུང་ནི་སྟད། FY: དཀུང་བླ་མའི་བུམ་ཆུ་འཐུང་ནས་རེད། ED: **གོང་བླ་མའི་བུམ་ཆུ་འཐུང་ནས་བསྟད།**

81 MT: **མ་ཧཱ་གསེར་གྱི་རུས་སྦལ་གན།** LT: རུས་མ་ཧ་གསེར་གྱི་རུས་སྦལ་གན། FY: མ་ཧཱ་གསེར་གྱི་རུས་སྦལ་འདི།

82 DP: དབུས་ཡོ་བྲང་དཀྱིལ་ན་གཞུགས་དུས་དེར། LT: གཡུ་ཡོ་བྲང་དཀྱིལ་ན་བཞུགས་འདུག་དུས། FY: **གཡུ་ཡོ་བྲང་དཀྱིལ་ན་བཞུགས་དུས་དེར།**

83 MT: **གཡུ་ཡོ་བྲང་གན་ལ་སྒོ་བཞི་ཡོད།** LT: གཡུ་ཡོ་བྲང་ཀནས་ལ་སྒོ་བཞི་ཡོད། FY: གཡུ་ཡ་བྲང་གནས་ལྷ་སྒོ་བཞི་ཡོད།

84 MT: **སྒོ་རེ་རེ་སྲུང་མི་ལྷ་བཞི་ཤོད།** LT: སྒོ་བཞི་བོར་གནས་པའི་ལྷ་བཞི་ཤོད། FY: སྒོ་བཞི་བོ་གནས་པའི་ལྷ་བཞི་ཤོད།

ལན། 答

Answer:

སྒོ་རེ་རེ་སྲུང་མི་ལྷ་བཞི་དེ།[85] 四门之四护神兮

The Four Guardian Kings at each door are:

ཤར་སྒོ་ཡུལ་འཁོར་སྲུང་གི་གནས།[86] 东方持国天王也

Dhṛtarāṣṭra, the guardian king of the east,[4]

ལྷོ་སྒོ་འཕགས་སྐྱེས་པོ་ཡི་གནས།[87] 南方增长天王也

Virūḍhaka, the guardian king of the south,

ནུབ་སྒོ་སྤྱན་མི་བཟང་བའི་གནས།[88] 西方广目天王也

Virūpākṣa, the guardian king of the west,

བྱང་སྒོ་རྣམ་ཐོས་སྲས་ཀྱི་གནས།[89] 北方多闻天王也

Vaiśravaṇa, the guardian king of the north,

སྒོ་བཞི་པོར་གནས་པའི་ལྷ་བཞི་ཡིན།[90] 四门所住四天王

These are the four guardian kings at the doors.

---

85 MT: **སྒོ་རེ་རེ་སྲུང་མི་ལྷ་བཞི་དེ།** DP: སྒོ་བཞི་པོ་གནས་མི་ལྷ་བཞི་གོ། LT: སྒོ་བཞི་པོར་གནས་པའི་ལྷ་བཞི་ནི། FY: སྒོ་བཞི་པོ་གནས་བའི་ལྷ་བཞི་དེ།

86 MT: **ཤར་སྒོ་ཡུལ་འཁོར་སྲུང་གི་གནས།** DP: ཤར་སྒོ་ཡུལ་སྲུང་གི་ནས། LT: ཤར་སྒོ་ཡུལ་ཁམས་སྲུང་བའི་ལྷ། FY: ཤར་སྒོ་ཡུལ་འཁོར་སྲུང་བའི་གནས།

87 MT, FY: **ལྷོ་སྒོ་འཕགས་སྐྱེས་པོ་ཡི་གནས།** DP: ལྷོ་སྒོ་འཕགས་སྐྱེས་པོའི་ནས། LT: ལྷོ་སྒོ་གནས་ཁམས་སྲུང་བའི་ལྷ།

88 MT: ནུབ་སྒོ་སྤྱན་མི་གཟང་དང་གནས། DP: ནུབ་སྒོ་སྤྱན་མི་གཟང་གི་ནས། LT: ནུབ་སྒོ་སྤྱན་མིག་སྲུང་བའི་ལྷ། FY: ནུབ་སྒོ་སྤྱན་མིག་བཟང་བའི་ནས། ED: **ནུབ་སྒོ་སྤྱན་མི་བཟང་བའི་གནས།**

89 MT: བྱང་སྒོ་རྣམ་ཐོས་སྲས་དང་གནས། DP: བྱང་སྒོ་རྣམ་ཐོས་སྲས་ཡི་ནས། LT: བྱང་སྒོ་རྣམ་ཐོས་སྲས་ཀྱི་ལྷ། FY: **བྱང་སྒོ་རྣམ་ཐོས་སྲས་ཀྱི་གནས།**

90 DP: སྒོ་བཞི་པོ་གནས་མི་ལྷ་བཞི་ཡོད། ED: **སྒོ་བཞི་པོར་གནས་པའི་ལྷ་བཞི་ཡིན།**

དྲི། 问
Question:

ཤར་སྒོ་ཡུལ་འཁོར་སྲུང་གི་གནས།[91] 东方持国天王兮
Dhṛtarāṣṭra, the guardian king of the east,

ཕྱག་ན་བསྣམས་ནི་ཅི་ཞིག་རེད།[92] 手中所持者何耶
What does he hold in his hands?

ལྷོ་སྒོ་འཕགས་སྐྱེས་པོ་ཡི་གནས།[93] 南方增长天王兮
Virūḍhaka, the guardian king of the south,

ཕྱག་ན་བསྣམས་ནི་ཅི་ཞིག་རེད།[94] 手中所持者何耶
What does he hold in his hands?

ནུབ་སྒོ་སྤྱན་མི་བཟང་གི་གནས།[95] 西方广目天王兮
Virūpākṣa, the guardian king of the west,

ཕྱག་ན་བསྣམས་ནི་ཅི་ཞིག་རེད།[96] 手中所持者何耶
What does he hold in his hands?

བྱང་སྒོ་གནམ་ཐོས་སྲས་ཀྱི་གནས།[97] 北方多闻天王兮
Vaiśravaṇa, the guardian king of the north,

ཕྱག་ན་བསྣམས་ནི་ཅི་ཞིག་རེད།[98] 手中所持者何耶
What does he hold in his hands?

---

91 DP: ཤར་སྒོ་ཡུལ་འཁོར་སྲུང་གི་ནས། ED: **ཤར་སྒོ་ཡུལ་འཁོར་སྲུང་གི་གནས།**

92 DP: ཕྱག་ན་བསྣམས་ནི་ཆེ་བཟེ་རེ། ED: **ཕྱག་ན་བསྣམས་ནི་ཅི་ཞིག་རེད།**

93 DP: ལྷོ་སྒོ་འཕགས་སྐྱེས་པོ་ཡི་ནས། ED: **ལྷོ་སྒོ་འཕགས་སྐྱེས་པོ་ཡི་གནས།**

94 DP: ཕྱག་ན་བསྣམས་ནི་ཆེ་བཟེ་རེ། ED: **ཕྱག་ན་བསྣམས་ནི་ཅི་ཞིག་རེད།**

95 DP: ནུབ་སྒོ་སྤྱན་མིག་བཟང་གི་ནས། ED: **ནུབ་སྒོ་སྤྱན་མི་བཟང་གི་གནས།**

96 DP: ཕྱག་ན་བསྣམས་ནི་ཆེ་བཟེ་རེ། ED: **ཕྱག་ན་བསྣམས་ནི་ཅི་ཞིག་རེད།**

97 DP: བྱང་སྒོ་རྣམ་ཐོས་སྲས་ཡི་ནས། ED: **བྱང་སྒོ་གནམ་ཐོས་སྲས་ཀྱི་གནས།**

98 DP: ཕྱག་ན་བསྣམས་ནི་ཆེ་བཟེ་རེ། ED: **ཕྱག་ན་བསྣམས་ནི་ཅི་ཞིག་རེད།**

གླུ་དལ་བུར་ཤོག་དང་བྲེལ་བ་མེད། 歌徐陈之莫匆促
Please sing the song slowly, there is no hurry.

ལན། 答
Answer:

ཤར་སྒོ་ཡུལ་འཁོར་སྲུང་གི་གནས།[99] 东方持国天王兮
Dhṛtarāṣṭra, the guardian king of the east,

ཕྱག་ན་ཁྱུར་ནི་བཤད་རྒྱུ་ན།[100] 言其手中所持者
As for the object held in his hands,

ཕྱག་ན་པི་ཝང་སྒྲ་སྙན་ཁྱུར།[101] 手中所持琵琶也
It is the lute.

ཞབས་ན་སྲིན་པོ་ཕོ་མོ་མནན།[102] 足踩男女罗刹矣
He tramples on cannibal demons.

ལྷོ་སྒོ་འཕགས་སྐྱེས་པོའི་གནས།[103] 南方增长天王兮
Virūḍhaka, the guardian king of the south,

ཕྱག་ན་ཁྱུར་ནི་བཤད་རྒྱུ་ན།[104] 言其手中所持者
As for the object held in his hands,

ཕྱག་ན་རལ་གྲི་ཁ་གཉིས་ཁྱུར།[105] 手中所持双刃剑
It is the double-edged sword.

---

99 DP: ཤར་སྒོ་ཡུལ་འཁོར་སྲུང་གི་ནས། ED: ཤར་སྒོ་ཡུལ་འཁོར་སྲུང་གི་གནས།

100 DP: ཕྱག་ན་ཁྱུར་ལེ་བཤད་བཀྱི་ན། ED: ཕྱག་ན་ཁྱུར་ནི་བཤད་རྒྱུ་ན།

101 DP: ཕྱག་ན་པི་ཝང་སྒྲ་སྙན་ཁྱུ། ED: ཕྱག་ན་པི་ཝང་སྒྲ་སྙན་ཁྱུར།

102 DP: ཞབས་ནི་སྲིན་པོ་ཕོ་མནོན། ED: ཞབས་ན་སྲིན་པོ་ཕོ་མོ་མནན།

103 DP: ལྷ་ཕྱོགས་འཕགས་སྐྱེས་པོའི་ནས། ED: ལྷོ་སྒོ་འཕགས་སྐྱེས་པོའི་གནས།

104 DP: ཕྱག་ན་ཁྱུ་ལེ་བཤད་བཀྱི་ན། ED: ཕྱག་ན་ཁྱུར་ནི་བཤད་རྒྱུ་ན།

105 DP: ཕྱག་ན་རལ་གྲི་ཁར་བ་ཁྱུ། ED: ཕྱག་ན་རལ་གྲི་ཁ་གཉིས་ཁྱུར།

ཞབས་ན་སྲིན་པོ་ཕོ་མོ་མནན།[106]
He tramples on cannibal demons.

足踩男女罗刹矣

ནུབ་སྒོ་སྤྱན་མི་བཟང་གི་གནས།[107]
Virūpākṣa, the guardian king of the west,

西方广目天王兮

ཕྱག་ན་ཁུར་ནི་བཤད་རྒྱུ་ན།[108]
As for the object held in his hands,

言其手中所持者

ཕྱག་ན་མཆོད་རྟེན་དཀར་པོ་ཁུར།[109]
It is a white stupa.

手中所持白塔也

ཞབས་ན་སྲིན་པོ་ཕོ་མོ་མནན།[110]
He tramples on cannibal demons.

足踩男女罗刹矣

བྱང་སྒོ་རྣམ་ཐོས་སྲས་ཀྱི་གནས།[111]
Vaiśravaṇa, the guardian king of the north,

北方多闻天王兮

ཕྱག་ན་ཁུར་ནི་བཤད་རྒྱུ་ན།[112]
As for the objects held in his hands,

言其手中所持者

ཕྱག་ན་རྒྱལ་མཚན་ནེའུ་ལེ་ཁུར།[113]
These are a victory banner and a jewel-spitting mongoose.

胜利宝幢吐宝鼬

---

106 DP: ཞབས་ན་སྲིན་པོ་ཕོ་མནོན། ED: ཞབས་ན་སྲིན་པོ་ཕོ་མོ་མནན།

107 DP: ནུབ་སྒོ་སྤྱན་མི་བཟང་གི་ནས། ED: ནུབ་སྒོ་སྤྱན་མི་བཟང་གི་གནས།

108 DP: ཕྱག་ན་ཁུ་ལེ་བཤད་བགྱི་ན། ED: ཕྱག་ན་ཁུར་ནི་བཤད་རྒྱུ་ན།

109 DP: ཕྱག་ན་མཆོ་རྟེན་དཀར་པོ་ཁུ། ED: ཕྱག་ན་མཆོད་རྟེན་དཀར་པོ་ཁུར།

110 DP: ཞབས་ན་སྲིན་པོ་ཕོ་མནོན། ED: ཞབས་ན་སྲིན་པོ་ཕོ་མོ་མནན།

111 ED: བྱང་སྒོ་རྣམ་ཐོས་སྲས་ཀྱི་གནས།

112 ED: ཕྱག་ན་ཁུར་ནི་བཤད་རྒྱུ་ན།

113 ED: ཕྱག་ན་རྒྱལ་མཚན་ནེའུ་ལེ་ཁུར།

ཞབས་ན་སྲིན་པོ་ཕོ་མོ་མནན།[114] 足踩男女罗刹矣

He tramples on cannibal demons.

གླུ་དེ་ཡི་ལན་ལ་དེ་འདྲ་ཡིན། 如是答复彼歌矣

This is the response to the song.

དྲི། 问

Question:

ཕྱི་ཡི་རྣམ་པའི་མཐུན་གསུམ་ཤོད།[115] 释龟三处与孰合

Please speak of the three compatibilities with [Rübel's] outer appearance.

ཁ་ནི་ཅི་དང་མཐུན་བསྟུད་ཡོད།[116] 龟之上部与孰合

With what did its upper section harmonise?

སྐེད་ནི་ཅི་དང་མཐུན་བསྟུད་ཡོད།[117] 龟之中部与孰合

With what did its middle section harmonise?

ཞབས་ནི་ཅི་དང་མཐུན་བསྟུད་ཡོད།[118] 龟之下部与孰合

With what did its lower section harmonise?

གླུ་ཕྱི་མ་ཡོད་ན་ཅི་འདྲ་ཡིན། 有歌相继者何耶

What is the song if more is still to come?

---

114 ED: **ཞབས་ན་སྲིན་པོ་ཕོ་མོ་མནན།**

115 MT: ཕྱི་རུས་རྒྱལ་མོའི་མཐུན་གསུམ་ཤོད། DP: ཕྱི་རུས་སྦྲུལ་རྒྱ་མཚོར་མཐུན་ཚུལ་བཤད། LT: **ཕྱི་ཡི་རྣམ་པའི་མཐུན་གསུམ་ཤོད།** FY: ད་ཕྱི་རྒྱ་མཚོར་མཐུན་གསུམ་ཤོད།

116 MT: **ཁ་ནི་ཅི་དང་མཐུན་བསྟུད་ཡོད།** DP: ཁ་དང་ཆེ་དང་མཐུན་སྡེ་ན། LT: ཁ་ནི་ཅི་ཡིས་མཐུན་བསྟུད་ཡོད། FY: ཁ་ར་ཅི་ཞིག་མཐུན་བསྟུད་ཡོད།

117 MT, FY: **སྐེད་ནི་ཅི་དང་མཐུན་བསྟུད་ཡོད།** DP: ཁེད་པ་ཆེ་དང་མཐུན་སྡེ་ན། LT: སྐེད་ནི་ཅི་ཡིས་མཐུན་བསྟུད་ཡོད།

118 MT, FY: **ཞབས་ནི་ཅི་དང་མཐུན་བསྟུད་ཡོད།** DP: ཞབས་རྫ་ཆེ་དང་མཐུན་སྡེ་ན། LT: ཞབས་ནི་ཅི་ཡིས་མཐུན་བསྟུད་ཡོད།

ཁྱོད་ཡུན་རིང་མ་འགོར་ལན་རེ་ཐོག 尔作答之莫迟误

Please answer my questions without further ado.

ལན། 答

Answer:

མ་ཧཱ་གསེར་གྱི་རུས་སྦལ་འདི།[119] 大哉金色鳌龟兮

The great golden Rübel,

ཁ་ནི་ལྷ་དང་མཐུན་བསྡད་ཡོད།[120] 其上部与拉神合

Its upper section harmonised with *lha*.

སྨེད་ནི་གཉན་དང་མཐུན་བསྡད་ཡོད།[121] 其中部与念神合

Its middle section harmonised with *nyen*.

ཞབས་ནི་ཀླུ་དང་མཐུན་བསྡད་ཡོད།[122] 其下部与鲁神合

Its lower section harmonised with *lu*.

གླུ་དེ་ཡི་ལན་ལ་དེ་འདྲ་ཡིན། 如是答复彼歌矣

This is the response to the song.

དྲི། 问

Question:

མ་ཧཱ་གསེར་གྱི་རུས་སྦལ་འདི།[123] 大哉金色鳌龟兮

The great golden Rübel,

---

119 DP: **མ་ཧཱ་གསེར་གྱི་རུས་སྦལ་འདི།**

120 MT, LT: **ཁ་ནི་ལྷ་དང་མཐུན་བསྡད་ཡོད།** DP: ཁ་ནི་ལྷ་དང་མཐུན་སྡེ་ན། FY: ཁ་ར་ལྷ་དང་བཐུན་བསྡད་ཡོད།

121 MT, LT: **སྨེད་ནི་གཉན་དང་མཐུན་བསྡད་ཡོད།** DP: སྨད་ནི་གཉན་དང་མཐུན་སྡེ་ན། FY: སྨེད་ར་གཉན་དང་བཐུན་བསྡད་ཡོད།

122 MT, LT: **ཞབས་ནི་ཀླུ་དང་མཐུན་བསྡད་ཡོད།** DP: ཞབས་ནི་ཀླུ་དང་མཐུན་སྡེ་ན། FY: ཞབས་ར་ཀླུ་དང་བཐུན་བསྡད་ཡོད།

123 DP: **མ་ཧཱ་གསེར་གྱི་རུས་སྦལ་འདི།**

རུས་ཡར་ལུགས་མར་ལུགས་བར་ལུགས་གསུམ།[124] 上下中之三种形
Having three forms: upper, middle, and lower.

ཡར་ལུགས་ནང་ནས་ཅི་ཞིག་བྱུང་།[125] 上形示现者何耶
What appeared from the upper form?

མར་ལུགས་ནང་ནས་ཅི་ཞིག་བྱུང་།[126] 下形示现者何耶
What appeared from the lower form?

བར་ལུགས་ནང་ནས་ཅི་ཞིག་བྱུང་།[127] 中形示现者何耶
What appeared from the middle form?

ལན། 答
Answer:

ཡང་མ་ཧཱ་གསེར་གྱི་རུས་སྦལ་འདི།[128] 大哉金色鳌龟兮
The great golden Rübel,

རུས་ཡར་ལུགས་ནང་ནས་ཐབས་གཅིག་བྱུང་།[129] 上形示现方便也
Method appeared from its upper form.

མར་ལུགས་ནང་ནས་ཤེས་རབ་བྱུང་།[130] 下形示现般若也
Wisdom appeared from its lower form.

---

124 DP: **རུས་ཡར་ལུགས་མར་ལུགས་བར་ལུགས་གསུམ།**

125 DP: ཡར་ལུགས་ནང་ན་ཆེ་བཟི་བྱུང་། ED: **ཡར་ལུགས་ནང་ནས་ཅི་ཞིག་བྱུང་།**

126 DP: མར་ལུགས་ནང་ན་ཆེ་བཟི་བྱུང་། ED: **མར་ལུགས་ནང་ནས་ཅི་ཞིག་བྱུང་།**

127 DP: བར་ལུགས་ནང་ན་ཆེ་བཟི་བྱུང་། ED: **བར་ལུགས་ནང་ནས་ཅི་ཞིག་བྱུང་།**

128 DP: **ཡང་མ་ཧཱ་གསེར་གྱི་རུས་སྦལ་འདི།**

129 DP: **རུས་ཡར་ལུགས་ནང་ནས་ཐབས་གཅིག་བྱུང་།**

130 DP: **མར་ལུགས་ནང་ནས་ཤེས་རབ་བྱུང་།**

བར་ལུགས་ཡི་གེ་རུ་གཅིག་བྱུང་།[131] 中形示现文壳也
A lettered carapace appeared from its middle form.

དྲི། 问
Question:

མ་ཧཱ་གསེར་གྱི་རུས་སྦལ་གན།[132] 大哉金色鳌龟兮
The great golden Rübel,

རུས་ཁ་ལ་དྲན་པའི་མི་དེ་ཤོད།[133] 释龟所念者孰耶
Please tell of the one about whom Rübel was thinking.

ཁྱོད་ཡུན་རིང་མ་འགོར་ལན་རེ་ཤོག 尔作答之莫迟误
Please answer my questions without further ado.

ལན། 答
Answer:

རུས་སེམས་ལ་དྲན་པའི་མི་གཅིག་སྟེ།[134] 言龟之所念者兮
The being about whom Rübel was thinking is:

ལྷ་རྗེ་བཙུན་འཕགས་པ་འཇམ་དཔལ་ཟེར།[135] 善哉尊者文殊矣
The Venerable Noble Divine Mañjuśrī.

---

131 DP: བར་ལུགས་ཡི་གེ་རུ་གཅིག་བྱུང་།

132 MT: མ་ཧཱ་གསེར་གྱི་རུས་སྦལ་གན། LT: མ་ཧ་གསེར་གྱི་རུས་སྦལ་གན། FY: མ་ཧཱ་གསེར་གྱི་རུས་སྦལ་ཀན།

133 MT: རུས་ཁ་ལ་དྲན་པའི་མི་དེ་ཤོད། LT: རུས་སེམས་དྲན་པའི་མི་གཅིག་ཤོད། FY: རུས་ཁ་ལ་དྲན་པའི་མི་གཅིག་ཤོད།

134 MT: རུས་སེམས་ལ་དྲན་པའི་མི་གཅིག་སྟེ། LT: རུས་སེམས་དྲན་པའི་མི་གཅིག་སྟེ། FY: རུས་ཁ་ལ་དྲན་པའི་མི་གཅིག་སྟེ།

135 MT: ལྷ་རྗེ་བཙུན་འཕགས་པ་འཇམ་དཔལ་ཟེར། LT, FY: ལྷ་རྗེ་བཙུན་འཕགས་པ་འཇམ་དཔལ་རེད།

དྲི། 問

Question:

ལྷ་རྗེ་བཙུན་འཇམ་དཔལ་ཟེར་ནི་དེ།[136] 善哉尊者文殊兮

The Venerable Noble Divine Mañjuśrī,

བྱོན་པ་རྒྱ་མཚོའི་ཁ་ལ་བྱོན།[137] 现于沧海之上也

Descended above the sea.

ཕྱིའི་རྒྱ་མཚོའི་ཁ་ནས་ཅི་ཞིག་བྱས།[138] 其于海上何为耶

What did he do there?

ལན། 答

Answer:

གནམ་ཡར་ནས་མདའ་སྒྲོ་མདའ་ཤིང་བཟོས།[139] 空中制箭一支兮

Mañjuśrī made an arrow shaft with feathers in the sky,

ཕྱིའི་རྒྱ་མཚོའི་ཁ་ལ་མདའ་གཅིག་བརྒྱབ།[140] 射于沧海之上矣

Shot an arrow above the sea.

---

136 MT: **ལྷ་རྗེ་བཙུན་འཇམ་དཔལ་ཟེར་ནི་དེ།** LT: ལྷ་རྗེ་བཙུན་འཇམ་དཔལ་ཟེར་བ་གན། FY: ལྷ་རྗེ་བཙུན་འཇམ་དཔལ་ཟེར་ནི་ཀན།

137 MT: **བྱོན་པ་རྒྱ་མཚོའི་ཁ་ལ་བྱོན།** DP: བྱོན་པ་རྒྱ་མཚོ་ཁ་ལ་བྱོན། LT: བྱོན་ནས་རྒྱ་མཚོ་ཁ་ལ་འོངས། FY: བྱོན་ནས་རྒྱ་མཚོ་ཁ་ལ་འོང་།

138 LT: ཕྱི་རྒྱ་མཚོ་ཁ་ནས་ཅི་ཞིག་བྱས། FY: རྒྱ་མཚོ་ཁ་ལ་ཅི་ཞིག་བྱེད། ED: **ཕྱིའི་རྒྱ་མཚོའི་ཁ་ནས་ཅི་ཞིག་བྱས།**

139 MT: **གནམ་ཡར་ནས་མདའ་སྒྲོ་མདའ་ཤིང་བཟོས།** LT, FY: གནམ་ཡར་ལ་མདའ་སྒྲོ་མདའ་ཤིང་བཟོས།

140 MT: **ཕྱིའི་རྒྱ་མཚོའི་ཁ་ལ་མདའ་གཅིག་བརྒྱབ།** LT, FY: ཕྱི་རྒྱ་མཚོ་ཁ་ལ་མདའ་གཅིག་བརྒྱབ།

དྲི། 问

Question:

ལྷ་རྗེ་བཙུན་འཇམ་དཔལ་ཟེར་ནི་གན།[141] 善哉尊者文殊兮

The Venerable Noble Divine Mañjuśrī,

ཕྱིའི་རྒྱ་མཚོའི་ཁ་ལ་བྱོན་དུས་དེར།[142] 时至沧海之上矣

When descending above the sea,

ཕྱག་གཡས་ན་ཁྱེར་རྒྱུ་ཅི་ཞིག་རེད།[143] 右手所持者何耶

What did he hold in his right hand?

ཕྱག་གཡོན་ན་ཁྱེར་རྒྱུ་ཅི་ཞིག་རེད།[144] 左手所持者何耶

What did he hold in his left hand?

སེམས་ལ་བསྒོམ་རྒྱུ་ཅི་ཞིག་རེད།[145] 心中所思者何耶

About what did he meditate in his mind?

གླུ་དལ་མོ་ལོངས་དང་རྗེས་ན་ཡོད། 有歌相继徐徐咏

Sing it slowly, and more songs will follow.

141 MT: **ལྷ་རྗེ་བཙུན་འཇམ་དཔལ་ཟེར་ནི་གན།** LT: ལྷ་རྗེ་བཙུན་འཇམ་དཔལ་ཟེར་བ་གན། FY: ལྷ་རྗེ་བཙུན་འཇམ་དཔལ་ཟེར་ནི་ཀན།

142 MT: **ཕྱིའི་རྒྱ་མཚོའི་ཁ་ལ་བྱོན་དུས་དེར།** DP: ལྷ་འཕགས་པ་འཇམ་དཔལ་བྱོན། བྱོན་པ་རྒྱ་མཚོ་ཁ་ལ་བྱོན། LT, FY: ཕྱི་རྒྱ་མཚོ་ཁ་ལ་བྱོན་དུས་དེར།

143 MT: **ཕྱག་གཡས་ན་ཁྱེར་རྒྱུ་ཅི་ཞིག་རེད།** DP: ཡས་ན་ཁྱུ་ལེ་ཆི་བཟི་རེ། LT: ཕྱག་གཡས་ལ་བསྣམས་པ་ཅི་ཞིག་རེད། FY: ཕྱག་གཡས་ན་ཁྱེར་བ་ཅི་ཞིག་རེད།

144 MT: **ཕྱག་གཡོན་ན་ཁྱེར་རྒྱུ་ཅི་ཞིག་རེད།** DP: ཕྱག་གཡོན་ན་ཁྱུ་ལེ་ཆི་བཟི་རེ། LT: ཕྱག་གཡོན་ལ་བསྣམས་པ་ཅི་ཞིག་རེད། FY: ཕྱག་གཡོན་ན་ཁྱེར་བ་ཅི་ཞིག་རེད།

145 MT: **སེམས་ལ་བསྒོམ་རྒྱུ་ཅི་ཞིག་རེད།** LT: སེམས་ལ་སྒོམ་པ་ཅི་ཞིག་རེད། FY: སེམས་ལ་སྒོམ་ནི་ཅི་ཞིག་རེད།

ལན། 答

Answer:

ལྷ་རྗེ་བཙུན་འཇམ་དཔལ་ཟེར་ནི་གན།[146] 善哉尊者文殊兮

The Venerable Noble Divine Mañjuśrī,

ཕྱིའི་རྒྱ་མཚོའི་ཁ་ལ་འོང་དུས་དེར།[147] 时至沧海之上矣

At the time of descending above the sea,

ཕྱག་ན་ཁྲར་ནི་བཤད་རྒྱུ་ན།[148] 言其手中所持兮

As for the objects held in his hands,

ཕྱག་གཡས་ན་རལ་གྲི་ཁ་གཉིས་ཁྲར།[149] 右手所持双刃剑

A double-edged sword was in his right hand,

ཕྱག་གཡོན་ན་པི་ཝང་སྒྲ་སྙན་ཁྲར།[150] 左手所持琵琶琴

A lute was in his left hand,

སེམས་ལ་སྙིང་རྗེ་བསྒོམས་ནས་ཡོད།[151] 心中所思慈悲矣

In his mind, he meditated on compassion.

གླུ་དེ་ཡི་ལན་ལ་དེ་འདྲ་ཡིན། 如是答复彼歌矣

This is the response to that song.

---

146 MT: **ལྷ་རྗེ་བཙུན་འཇམ་དཔལ་ཟེར་ནི་གན།** DP: ལྷ་འཕགས་པ་འཇམ་དཔལ་གེ། LT: ལྷ་རྗེ་བཙུན་འཇམ་དཔལ་ཟེར་བ་གན། FY: ལྷ་རྗེ་བཙུན་འཇམ་དཔལ་ཟེར་ནི་ཀན།

147 LT: ཕྱི་རྒྱ་མཚོ་ཁ་ལ་འོངས་དུས་དེར། FY: ཕྱི་རྒྱ་མཚོ་ཁ་ལ་འོང་དུས་དེར། ED: **ཕྱིའི་རྒྱ་མཚོའི་ཁ་ལ་འོང་དུས་དེར།**

148 DP: ཕྱག་ན་ཁྲར་ལེ་བཤད་བགྱི་ན། ED: **ཕྱག་ན་ཁྲར་ནི་བཤད་རྒྱུ་ན།**

149 MT: **ཕྱག་གཡས་ན་རལ་གྲི་ཁ་གཉིས་ཁྲར།** DP: ཕྱག་གཡས་ན་རལ་གྲི་ཁ་གཉིས་ཁྲ། LT: ཕྱག་གཡས་ལ་རལ་གྲི་ཁ་གཉིས་བསྣམས། FY: ཕྱག་གཡས་ན་ར་གྲི་ཁ་གཉིས་ཁྲར།

150 MT, FY: ཕྱག་གཡོན་ན་རྗེ་བཙུན་པི་ཝང་ཁྲར། DP: ཕྱག་གཡོན་པི་ཝང་སྒྲ་བརྙན་ཁྲར། LT: ཕྱག་གཡོན་ལ་རྗེ་བཙུན་པི་ཝང་བསྣམས། ED: **ཕྱག་གཡོན་ན་པི་ཝང་སྒྲ་སྙན་ཁྲར།**

151 LT: སེམས་པ་སྙིང་རྗེ་བསྒོམས་ནས་ཡོད། FY: སེམས་ལ་སྡིག་པ་བསྒོམས་ནས་ཡོང་། ED: **སེམས་ལ་སྙིང་རྗེ་བསྒོམས་ནས་ཡོད།**

དྲི། 问

Question:

ལྷ་རྗེ་བཙུན་འཇམ་དཔལ་ཟེར་བ་གན།[152] 善哉尊者文殊兮

The Venerable Noble Divine Mañjuśrī,

ཕྱིའི་རྒྱ་མཚོའི་ཁ་ནས་ཅི་ཞིག་བཟོས།[153] 于沧海上何为耶

What did he do above the sea?

ལན། 答

Answer:

ལྷ་རྗེ་བཙུན་འཇམ་དཔལ་ཟེར་ནི་དེ། 善哉尊者文殊兮

The Venerable Noble Divine Mañjuśrī,

ཕྱིའི་རྒྱ་མཚོའི་ཁ་ནས་པི་ཝང་དཀྲོལ།[154] 于沧海上奏琵琶

Plucked the lute above the sea.

ཞབས་ནས་ཉན་ན་སྙན་སྒྲ་ཆེ།[155] 下闻琴声渺渺也

Heard from below, the sound was euphonious.

སྒྲ་སྙན་སྒྲ་ཆེ་ནི་ཞབས་ལ་བརྒྱབ།[156] 悠悠琴声至海底

The pleasant sound floated down to the bottom of sea.

---

152 LT: **ལྷ་རྗེ་བཙུན་འཇམ་དཔལ་ཟེར་བ་གན།**

153 MT: **ཕྱིའི་རྒྱ་མཚོའི་ཁ་ནས་ཅི་ཞིག་བཟོས།** LT: ཕྱི་རྒྱ་མཚོ་ཁ་ནས་ཅི་ཞིག་བྱས། FY: ཕྱི་རྒྱ་མཚོ་ཁ་ལ་ཅི་ཞིག་བྱེད།

154 MT: **ཕྱིའི་རྒྱ་མཚོའི་ཁ་ནས་པི་ཝང་དཀྲོལ།** LT: ཕྱི་རྒྱ་མཚོ་ཁ་ནས་པི་ཝང་དཀྲོལ། FY: ཕྱི་རྒྱ་མཚོ་ཁ་ལ་པི་ཝང་བྱས།

155 MT, FY: ཞབས་ཀྱི་ཉན་ན་སྙན་སྒྲ་ཆེ། DP: པི་ཝང་སྒྲ་དེ་སྙན་སྒྲ་ཆེ། LT: ཞབས་ནས་སྙན་ན་སྙན་སྒྲ་ཆེ། ED: **ཞབས་ནས་ཉན་ན་སྙན་སྒྲ་ཆེ།**

156 DP: **སྒྲ་སྙན་སྒྲ་ཆེ་ནི་ཞབས་ལ་བརྒྱབ།**

སྒྲ་ཉན་ནས་རྒྱ་མཚོའི་ཁ་ལ་ཡོང་།[157] 鳌龟闻琴至海上

On hearing the sound, Rübel came to the surface of the sea.

རུས་རྒྱ་མཚོའི་ཁ་ལ་ཡོང་ཚུལ་རེད།[158] 鳌龟至海面如是

This is how Rübel arrived at the surface of the sea.

དྲི། 问

Question:

མ་ཧཱ་གསེར་གྱི་རུས་སྦལ་གན།[159] 大哉金色鳌龟兮

The great golden Rübel,

ཕྱིའི་རྒྱ་མཚོའི་ཁ་ལ་ལངས་དུས་དེར།[160] 其由海中至海上

When coming out of the sea,

ཞབས་ལ་བྱོན་དུས་ཅི་ཞིག་རེད།[161] 时于海底现何耶

What appeared at the bottom of the sea?

སྐེད་ལ་བྱོན་དུས་ཅི་ཞིག་རེད།[162] 时于海中现何耶

What appeared at the middle of the sea?

ཁ་ལ་བྱོན་དུས་ཅི་ཞིག་རེད།[163] 时于海面现何耶

What appeared on the surface of the sea?

---

157 MT, LT: **སྒྲ་ཉན་ནས་རྒྱ་མཚོའི་ཁ་ལ་ཡོང་།** DP: ཞབས་ལ་རྒྱབ་ནི་ཁ་ལ་སླང་། FY: སྒྲར་ཉན་ནས་རྒྱ་མཚོ་ཁ་ལ་ཡོང་།

158 DP: རུ་རྒྱ་མཚོའི་ཁ་ནས་ལེན་ཚུལ་འདི། ED: **རུས་རྒྱ་མཚོའི་ཁ་ལ་ཡོང་ཚུལ་རེད།**

159 MT: **མ་ཧཱ་གསེར་གྱི་རུས་སྦལ་གན།** LT: རུས་མ་ཧ་གསེར་གྱི་རུས་སྦལ་འདི། FY: མ་ཧཱ་གསེར་གྱི་རུས་སྦལ་འདི།

160 MT: **ཕྱིའི་རྒྱ་མཚོའི་ཁ་ལ་ལངས་དུས་དེར།** LT: ཕྱི་རྒྱ་མཚོ་ཁ་ནས་ཇི་ལྟར་ཡོད། FY: ཕྱི་རྒྱ་མཚོ་ཁ་ལ་འོང་བསྡད་ཡོད།

161 MT: **ཞབས་ལ་བྱོན་དུས་ཅི་ཞིག་རེད།** LT: ཞབས་ན་ཡོད་དུས་ཅི་ཞིག་རེད། FY: ཞབས་ན་བྱུང་བའི་ཅི་ཞིག་རེད།

162 MT: **སྐེད་ལ་བྱོན་དུས་ཅི་ཞིག་རེད།** LT: སྐེད་ལ་བྱུང་དུས་ཅི་ཞིག་རེད། FY: སྐེད་ལ་བྱུང་བའི་ཅི་ཞིག་རེད།

163 MT: **ཁ་ལ་བྱོན་དུས་ཅི་ཞིག་རེད།** LT: ཁ་ལ་བྱུང་དུས་ཅི་ཞིག་རེད། FY: ཁ་ལ་བྱུང་བའི་ཅི་ཞིག་རེད།

གླུ་དལ་མོ་ལོངས་དང་རྗེས་ན་ཡོད། 有歌相继徐徐咏
Sing it slowly, and more songs will follow.

ལན། 答
Answer:

མ་ཧཱ་གསེར་གྱི་རུས་སྦལ་འདི།[164] 大哉金色鳌龟兮
The great golden Rübel,

ཞབས་ལ་འབྱོན་དུས་སྦལ་པ་རེད།[165] 时于海底现青蛙
Frog appeared at the bottom of the sea.

སྙིད་ལ་འབྱོན་དུས་གསེར་སྦལ་རེད།[166] 时于海中现金龟
Golden tortoise appeared at the middle of the sea.

ཁ་ལ་འབྱོན་དུས་རུས་སྦལ་རེད།[167] 时于海面现鳌龟
Rübel, the cosmic tortoise, appeared on the surface of the sea.

གླུ་དེ་ཡི་ལན་ལ་དེ་འདྲ་ཡིན། 如是答复彼歌矣
This is the response to that song.

དྲི། 问
Question:

མ་ཧཱ་གསེར་གྱི་རུས་སྦལ་གན།[168] 大哉金色鳌龟兮
The great golden Rübel,

---

164 MT, FY: **མ་ཧཱ་གསེར་གྱི་རུས་སྦལ་འདི།** LT: རུས་མ་ཧ་གསེར་གྱི་རུས་སྦལ་འདི།

165 MT: ཞབས་ལ་འོང་རྒྱུ་རུས་སྦལ་རེད། LT: ཞབས་ལ་བྱུང་དུས་སྦལ་པ་རེད། FY: ཞབས་ན་བྱུང་བའི་སྦལ་ལེབ་རེད། ED: **ཞབས་ལ་འབྱོན་དུས་སྦལ་པ་རེད།**

166 MT: སྙིད་ལ་འོང་རྒྱུ་གསེར་སྦལ་རེད། LT: སྙིད་ལ་བྱུང་དུས་གསེར་སྦལ་རེད། FY: སྙིད་ལ་བྱུང་བའི་གསེར་སྦལ་རེད། ED: **སྙིད་ལ་འབྱོན་དུས་གསེར་སྦལ་རེད།**

167 MT, LT: ཁ་ལ་བྱུང་དུས་རུས་སྦལ་རེད། FY: ཁ་ལ་བྱུང་བའི་རུས་སྦལ་རེད། ED: **ཁ་ལ་འབྱོན་དུས་རུས་སྦལ་རེད།**

168 MT: **མ་ཧཱ་གསེར་གྱི་རུས་སྦལ་གན།** LT: མ་ཧ་གསེར་གྱི་རུས་སྦལ་འདི། FY: མ་ཧཱ་གསེར་གྱི་རུས་སྦལ་འདི།

ཕྱིའི་རྒྱ་མཚོ་ཁ་ལ་འོངས་བསྡད་དུས།[169] 时由海中至海上

When it had come to the surface of the sea,

དབུགས་ཡོད་རེད་ན་དབུགས་མེད་རེད།[170] 其吐息或无息耶

Did it breathe or not breathe?

སྤུ་ལྡན་རེད་ན་སྤུ་མེད་རེད།[171] 其有毛或无毛耶

Did it have hair or not have hair?

གནམ་སྦུབ་རེད་ན་ས་སྦུབ་རེད།[172] 其朝天或伏地耶

Did it face towards the sky or to the earth?

རྒྱུས་ཆོད་རེད་ན་བསྡུས་ཆོད་རེད།[173] 其舒展或蜷曲耶

Did it stretch out or retract itself?

ལན། 答

Answer:

མ་ཧཱ་གསེར་གྱི་རུས་སྦལ་འདི།[174] 大哉金色鳌龟兮

The great golden Rübel,

དབུགས་མེད་མ་རེད་དབུགས་ཡོད་རེད།[175] 其吐息也非无息

It breathed; it was not breathless.

---

169 MT: **ཕྱིའི་རྒྱ་མཚོ་ཁ་ལ་འོངས་བསྡད་དུས།** LT: ཕྱི་རྒྱ་མཚོ་ཁ་ན་ཡོད་པའི་དུས། FY: ཕྱི་རྒྱ་མཚོ་ཁ་ལ་འོང་དུས་ན།

170 MT: **དབུགས་ཡོད་རེད་ན་དབུགས་མེད་རེད།** FY: དབུགས་ཡོད་རེད་དམ་དབུགས་མེད་རེད།

171 LT: སྤུ་ལྡན་རེད་དམ་སྤུ་མེད་རེད། ED: **སྤུ་ལྡན་རེད་ན་སྤུ་མེད་རེད།**

172 MT: **གནམ་སྦུབ་རེད་ན་ས་སྦུབ་རེད།** LT: གནམ་འབུ་རེད་དམ་ས་འབུ་མ་རེད། FY: གནམ་སྦུབ་རེད་དམ་ས་སྦུབ་རེད།

173 MT: **རྒྱུས་ཆོད་རེད་ན་བསྡུས་ཆོད་རེད།** FY: རྒྱུས་ཚད་རེད་དམ་བསྡུས་ཚད་རེད། ED: རྒྱུས་ཆོད་རེད་དམ་བསྡུས་ཆོད་རེད།

174 MT, FY: **མ་ཧཱ་གསེར་གྱི་རུས་སྦལ་འདི།** LT: རུས་མ་ཧ་གསེར་གྱི་རུས་སྦལ་འདི།

175 MT: **དབུགས་མེད་མ་རེད་དབུགས་ཡོད་རེད།** FY: དབུའ་མེད་མ་རེད་དབུའ་ཡོད་རེད།

སྤུ་ལྡན་མ་རེད་སྤུ་མེད་རེད།[176] 其无毛也非有毛

It was hairless, not haired.

གནམ་སྦུབ་མ་རེད་ས་སྦུབ་རེད།[177] 其伏地也非朝天

It faced towards the earth, not towards the sky.

བསྐུས་ཚོད་མ་རེད་རྐྱུས་ཚོད་རེད།[178] 其舒展也非蜷曲

It stretched out rather than retracted itself.

དྲི། 问

Question:

མ་ཧཱ་གསེར་གྱི་རུས་སྦལ་གན།[179] 大哉金色鳌龟兮

The great golden Rübel,

ཤ་རུས་པ་གན་ལ་ཐེལ་གཅིག་བརྒྱབ།[180] 掷印鉴于骨肉也

A seal was placed on Rübel's flesh and bone.

ཐེལ་ཙེ་གང་གི་ཕྱག་ན་སྣང་།[181] 印鉴孰手持之耶

In whose hands was the seal?

ཐེལ་ཁུག་གང་གི་ཡུལ་ན་སྣང་།[182] 印囊所在何处耶

In whose home was the seal case?

---

176 LT: **སྤུ་ལྡན་མ་རེད་སྤུ་མེད་རེད།**

177 MT, FY: **གནམ་སྦུབ་མ་རེད་ས་སྦུབ་རེད།** LT: གནམ་འབུ་མ་རེད་ས་འབུ་རེད།

178 MT: **བསྐུས་ཚོད་མ་རེད་རྐྱུས་ཚོད་རེད།** FY: རྐྱུས་ཚད་མ་རེད་བསྐུས་ཚད་རེད།

179 ED: **མ་ཧཱ་གསེར་གྱི་རུས་སྦལ་གན།**

180 MT: **ཤ་རུས་པ་གན་ལ་ཐེལ་གཅིག་བརྒྱབ།** LT: ཤ་རུས་པའི་གོས་ལ་ཐེལ་གཅིག་བརྒྱབ། FY: ཤ་རུས་པ་ཀན་ལ་ཐེལ་གཅིག་རྒྱོབ།

181 MT: **ཐེལ་ཙེ་གང་གི་ཕྱག་ན་སྣང་།** LT: ཐེལ་ཙེ་གང་གི་ཕྱག་ན་ཡོད། FY: ཐེལ་ཆ་གང་གི་ཕྱག་ན་ཡོད།

182 MT: **ཐེལ་ཁུག་གང་གི་ཡུལ་ན་སྣང་།** LT, FY: ཐེལ་ཁུལ་གང་གི་ཡུལ་ན་ཡོད།

ཁྱོད་ཡུན་རིང་མ་འགོར་ལན་རེ་ཤོག། 尔作答之莫迟误

Please answer my questions without further ado.

ལན། 答

Answer:

མ་ཧཱ་གསེར་གྱི་རུས་སྦལ་འདི།[183] 大哉金色鳌龟兮

The great golden Rübel,

ཐེལ་ཙེ་སྒྲོལ་མའི་ཕྱག་ན་སྣང་།[184] 印鉴持于度母手

The seal was in the hands of Tara.

ཐེལ་ཁུག་སྒྲོལ་མའི་ཡུལ་ན་སྣང་།[185] 印囊所在度母处

The case for the seal was in the land of Tara.

གླུ་དེ་ཡི་ལན་ལ་དེ་འདྲ་ཡིན། 如是答复彼歌矣

This is the response to that song.

དྲི། 问

Question:

མ་ཧཱ་གསེར་གྱི་རུས་སྦལ་གན།[186] 大哉金色鳌龟兮

The great golden Rübel,

ཞི་བས་བཏུལ་ན་དྲག་པོས་བཏུལ།[187] 调伏其以息或诛

Was it tamed peacefully or fiercely?

---

183 ED: **མ་ཧཱ་གསེར་གྱི་རུས་སྦལ་འདི།**

184 MT: **ཐེལ་ཙེ་སྒྲོལ་མའི་ཕྱག་ན་སྣང་།** LT: ཐེལ་ཙེ་སྒྲོལ་མའི་ཕྱག་ན་ཡོད། FY: ཐེལ་ཚ་སྒྲོལ་མའི་ཕྱག་ན་ཡོད།

185 MT: **ཐེལ་ཁུག་སྒྲོལ་མའི་ཡུལ་ན་སྣང་།** LT: ཐེལ་ཁུག་སྒྲོལ་མའོ་ཡུལ་ན་ཡོད། FY: ཐེལ་ཁུག་་སྒྲོལ་མའི་ཡུལ་ན་ཡོད།

186 MT: **མ་ཧཱ་གསེར་གྱི་རུས་སྦལ་གན།** LT: རུས་མ་ཧ་གསེར་གྱི་རུས་སྦལ་དེ།

187 MT: **ཞི་བས་བཏུལ་ན་དྲག་པོས་བཏུལ།** LT: ཞི་བས་འདུལ་ལ་དྲག་པོས་འདུལ། FY: ཞི་བས་བསྡུས་ནི་དྲག་པས་བསྡུས།

ཞི་བས་བརྐོས་ན་དྲག་པོས་བརྐོས།[188] 雕刻其以息或诛
Was it engraved peacefully or fiercely?

ལན། 答
Answer:

མ་ཧཱ་གསེར་གྱི་རུས་སྦལ་འདི།[189] 大哉金色鳌龟兮
The great golden Rübel,

ཞི་བས་མ་བཏུལ་དྲག་པོས་བཏུལ།[190] 调伏其以诛法也
It was tamed fiercely, not peacefully.

ཞི་བས་མ་བརྐོས་དྲག་པོས་བརྐོས།[191] 雕刻其以诛法矣
It was engraved fiercely, not peacefully.

དྲི། 问
Question:

ལྷ་རྗེ་རྗེ་བཙུན་བླ་མ་གན།[192] 伟力上师文殊兮
The Venerable Noble Lama [Mañjuśrī],

སྐེད་པར་རལ་གྱི་ཁ་གཉིས་ཐོགས།[193] 腰间所配双刃剑
A double-edged sword was tied at his waist.

---

188 MT: **ཞི་བས་བརྐོས་ན་དྲག་པོས་བརྐོས།** LT: ཞི་བས་བརྐོས་དམ་དྲག་པོས་བརྐོས།

189 MT: **མ་ཧཱ་གསེར་གྱི་རུས་སྦལ་འདི།** LT: རུས་མ་ཧ་གསེར་གྱི་རུས་སྦལ་འདི།

190 MT, LT: **ཞི་བས་མ་བཏུལ་དྲག་པོས་བཏུལ།**

191 LT: **ཞི་བས་མ་བརྐོས་དྲག་པོས་བརྐོས།** FY: ཞི་པས་ཡན་ལག་འཆིང་བཤག་སྟང་།

192 MT: **ལྷ་རྗེ་རྗེ་བཙུན་བླ་མ་གན།** LT: ལྷ་རྗེ་རྗེ་བཙུན་བླ་མ་ཡིས།

193 MT: **སྐེད་པར་རལ་གྱི་ཁ་གཉིས་ཐོགས།** LT: བརྐོས་པས་རལ་གྱི་ཁ་གཉིས་བརྐོས།

ཤེས་རབ་རྣོ་བའི་རལ་གྲི་ཡིན།[194] 锋利智慧之剑兮
The sword is the wisdom-sharpening one.

ལྷ་རྗེ་བཙུན་འཇམ་དཔལ་རལ་གྲི་དེ།[195] 尊者文殊之剑矣
The sword of the Venerable Noble Divine Mañjuśrī,

ཁ་ལ་མེ་ལྕེ་ཏུར་ཏུར་འབར།[196] 剑刃火舌摇曳兮
On its rim, flames flicker,

སྲིད་པ་ཧོས་ཀུན་བསྲེགས་པར་བཏང་།[197] 焚尽世间万物矣
Burning away an entire existence.

ཤ་རུས་པ་གན་ལ་གྲི་རེ་བརྒྱབ།[198] 掷长剑于骨肉兮
The sword stabbed into Rübel's flesh and bone.

རུས་དབང་པོ་རྣམ་ལྔ་སྒོ་རུ་ཕྱེས།[199] 开龟身之五根矣
The door to the each of Rübel's five senses is opened.[5]

མིག་གི་སྒོ་ཕྱེ་ཅི་ཡིས་ཕྱེས།[200] 眼门何以开之耶
What opens the eye-door?

རྣ་ཅོའི་སྒོ་ཕྱེ་ཅི་ཡིས་ཕྱེས།[201] 耳门何以开之耶
What opens the ear-door?

194 FY: ཤེས་རབ་རྣོ་བའི་རལ་གྲི་ཀན། ED: **ཤེས་རབ་རྣོ་བའི་རལ་གྲི་ཡིན།**

195 LT: **ལྷ་རྗེ་བཙུན་འཇམ་དཔལ་རལ་གྲི་དེ།**

196 MT: **ཁ་ལ་མེ་ལྕེ་ཏུར་ཏུར་འབར།** LT: ཁ་ནས་མེ་ལྕེ་ལྷབ་ལྷབ་འབར།

197 MT: **སྲིད་པ་ཧོས་ཀུན་བསྲེགས་པར་བཏང་།** LT: སྲིད་པ་ལྷོ་རུ་ཤར་བ་ཡིན།

198 MT: **ཤ་རུས་པ་གན་ལ་གྲི་རེ་བརྒྱབ།** LT: ཤ་རུས་པའི་གོས་ལ་གྲི་རེ་བརྒྱབ། FY: ཤ་རུས་པ་ཀན་ལ་གྲི་རེ་རྒྱོབ།

199 MT: **རུས་དབང་པོ་རྣམ་ལྔ་སྒོ་རུ་ཕྱེས།** LT: སྐུའི་དབང་པོ་ལྔ་ཡི་སྒོ་རེ་འབྱེད། FY: སྐུའི་དབང་པོ་ལྔ་ཡི་སྒོ་རེ་ཕྱེ།

200 MT: **མིག་གི་སྒོ་ཕྱེ་ཅི་ཡིས་ཕྱེས།** LT: མིག་གི་སྒོ་ནི་ཅི་ཡིས་འབྱེད། FY: མིག་གི་སྒོ་འབྱེད་ཅི་ཞིག་ཕྱེ།

201 MT: **རྣ་ཅོའི་སྒོ་ཕྱེ་ཅི་ཡིས་ཕྱེས།** LT: རྣ་བའི་སྒོ་ནི་ཅི་ཡིས་འབྱེད། FY: རྣ་བའི་སྒོ་འབྱེད་ཅི་ཞིག་ཕྱེ།

སྣ་བོའི་སྒོ་ཕྱེ་ཅི་ཡིས་ཕྱེས།[202] 鼻门何以开之耶
What opens the nose-door?

ཁ་ཡི་སྒོ་ཕྱེ་ཅི་ཡིས་ཕྱེས།[203] 口门何以开之耶
What opens the tongue-door?

ལུས་ཀྱི་སྒོ་ཕྱེ་ཅི་ཡིས་ཕྱེས།[204] 身门何以开之耶
What opens the body-door?

སེམས་ཀྱི་སྒོ་ཕྱེ་ཅི་ཡིས་ཕྱེས།[205] 意门何以开之耶
What opens the mind-door?

གླུ་དལ་བུར་ཐོག་དང་བྲེལ་བ་མེད། 歌徐陈之莫匆促
Please sing the song slowly, there is no hurry.

ལན། 答
Answer:

རུས་མ་ཧཱ་གསེར་གྱི་རུས་སྦལ་འདི།[206] 大哉金色鳌龟兮
The great golden Rübel,

མིག་གི་སྒོ་ཕྱེ་འོད་ཀྱིས་ཕྱེས།[207] 眼门以色开之也
Lights open the eye-door.

རྣ་ཡི་སྒོ་ཕྱེ་སྒྲ་ཡིས་ཕྱེས།[208] 耳门以声开之也
Sounds open the ear-door.

---

202 MT: **སྣ་བོའི་སྒོ་ཕྱེ་ཅི་ཡིས་ཕྱེས།** LT: སྣ་ཡི་སྒོ་ནི་ཅི་ཡིས་འབྱེད། FY: སྣ་ཡི་སྒོ་འབྱེད་ཅི་ཞིག་ཕྱེ།

203 MT: **ཁ་ཡི་སྒོ་ཕྱེ་ཅི་ཡིས་ཕྱེས།** LT: ཁ་ཡི་སྒོ་ནི་ཅི་ཡིས་འབྱེད། FY: ཁ་ཡི་སྒོ་འབྱེད་ཅི་ཞིག་ཕྱེ།

204 LT: ལུས་ཀྱི་སྒོ་ནི་ཅི་ཡིས་འབྱེད། FY: ལུས་ཀྱི་སྒོ་འབྱེད་ཅི་ཞིག་ཕྱེ། ED: **ལུས་ཀྱི་སྒོ་ཕྱེ་ཅི་ཡིས་ཕྱེས།**

205 MT: **སེམས་ཀྱི་སྒོ་ཕྱེ་ཅི་ཡིས་ཕྱེས།** FY: ཁོག་གི་སྒོ་འབྱེད་ཅི་ཞིག་ཕྱེ།

206 MT: **རུས་མ་ཧཱ་གསེར་གྱི་རུས་སྦལ་འདི།** LT: རུས་མ་ཧ་གསེར་གྱི་རུས་སྦལ་འདོ། FY: མ་ཧཱ་གསེར་གྱི་རུས་སྦལ་འདི།

207 MT: **མིག་གི་སྒོ་ཕྱེ་འོད་ཀྱིས་ཕྱེས།** LT: མིག་གི་སྒོ་ནི་འོད་ཀྱིས་འབྱེད། FY: མིག་གི་སྒོ་འབྱེད་འོད་ཀྱིས་ཕྱེ།

208 MT: **རྣ་ཡི་སྒོ་ཕྱེ་སྒྲ་ཡིས་ཕྱེས།** LT: རྣ་ཡི་སྒོ་ནི་སྒྲ་ཡིས་འབྱེད། FY: རྣ་ཡི་སྒོ་འབྱེད་སྒྲ་ཡིས་ཕྱེ།

སྣ་ཡི་སྒོ་ཕྱེ་དྲི་ཡིས་ཕྱེས།[209] 鼻门以香开之也

Smells open the nose-door.

ཁ་ཡི་སྒོ་ཕྱེ་ཟས་ཀྱིས་ཕྱེས།[210] 舌门以味开之也

Tastes open the tongue-door.

ལུས་ཀྱི་སྒོ་ཕྱེ་གོས་ཀྱིས་ཕྱེས།[211] 身门以触开之也

Textures open the body-door.

སེམས་ཀྱི་སྒོ་ཕྱེ་ཆོས་ཀྱིས་ཕྱེས།[212] 意门以法开之矣

Dharma opens the mind-door.

རལ་གྲི་གཡས་བརྒྱབ་གཡོན་བརྒྱབ་བཟོས།[213] 以劍左右斵之兮

The sword was stabbed into Rübel.

གན་རྒྱལ་རྟག་ཏུ་གནས་པ་ཡིན།[214] 鳌龟四脚朝天也

Rübel was permanently upturned.

རུས་སྦལ་མགོ་བོ་ལྷོ་ལ་གཏད།[215] 鳌龟头部向南也

Rübel's head faced south.

རུས་སྦལ་གཞོགས་གཡས་ཤར་ལ་གཏད།[216] 鳌龟右身向东也

Rübel's right side faced east.

---

209 MT: **སྣ་ཡི་སྒོ་ཕྱེ་དྲི་ཡིས་ཕྱེས།** LT: སྣ་ཡི་སྒོ་ནི་དྲི་ཡིས་འབྱེད། FY: སྣ་ཡི་སྒོ་འབྱེད་དྲི་ཡིས་ཕྱེ།

210 MT: **ཁ་ཡི་སྒོ་ཕྱེ་ཟས་ཀྱིས་ཕྱེས།** LT: ཁ་ཡི་སྒོ་ནི་ཟས་ཀྱིས་འབྱེད། FY: ཁ་ཡི་སྒོ་འབྱེད་ཟས་ཀྱིས་ཕྱེ།

211 LT: ལུས་ཀྱི་སྒོ་ནི་གོས་ཀྱིས་འབྱེད། FY: ལུས་ཀྱི་སྒོ་འབྱེད་གོས་ཀྱིས་ཕྱེ། ED: **ལུས་ཀྱི་སྒོ་ཕྱེ་གོས་ཀྱིས་ཕྱེས།**

212 MT: ཁོག་གི་སྒོ་ཕྱེ་སེམས་ཀྱིས་ཕྱེས། LT: ཁོག་གི་སྒོ་ནི་སེམས་ཀྱིས་འབྱེད། FY: ཁོག་གི་སྒོ་འབྱེད་སེམས་ཀྱིས་ཕྱེ། ED: **སེམས་ཀྱི་སྒོ་ཕྱེ་ཆོས་ཀྱིས་ཕྱེས།**

213 MT: **རལ་གྲི་གཡས་བརྒྱབ་གཡོན་བརྒྱབ་བཟོས།** LT: རལ་གྲི་གཡས་རྒྱུ་གཡོན་རྒྱུག་བཟོས། FY: གཞོགས་གཡས་བརྒྱབས་ནས་གཡོན་དུ་ཕྱུ།

214 FY: ཀན་རྒྱལ་རྟག་ཏུ་གནས་པ་ཡིན། ED: **གན་རྒྱལ་རྟག་ཏུ་གནས་པ་ཡིན།**

215 FY: **རུས་སྦལ་མགོ་བོ་ལྷོ་ལ་གཏད།**

216 FY: རུས་སྦལ་གཞོགས་གཡོན་ཤར་ལ་གཏད། ED: **རུས་སྦལ་གཞོགས་གཡས་ཤར་ལ་གཏད།**

རུས་སྦལ་གཞོགས་གཡོན་ནུབ་ལ་གཏད།[217] 鳖龟左身向西也
Rübel's left side faced west.

རུས་སྦལ་མཇུག་མ་བྱང་ལ་གཏད།[218] 鳖龟尾部向北矣
Rübel's tail faced north.

གླུ་དེ་ཡི་ལན་ལ་དེ་འདྲ་ཡིན། 如是答复彼歌矣
This is the response to that song.

དྲི། 问
Question:

རུས་མ་ཧཱ་གསེར་གྱི་རུས་སྦལ་གན།[219] 大哉金色鳖龟兮
The great golden Rübel,

རུས་སྦལ་མགོ་བོ་ལྷོ་ལ་གཏད།[220] 鳖龟头部向南也
Rübel's head faced south.

མགོ་བོ་འོག་ཏུ་ཅི་ཞིག་བྱུང་།[221] 头部之下现何耶
What appeared beneath its head?

རུས་སྦལ་གཞོགས་གཡས་ཤར་ལ་གཏད།[222] 鳖龟右身向东兮
Rübel's right side faced east.

གཞོགས་གཡས་འོག་ཏུ་ཅི་ཞིག་བྱུང་།[223] 右身之下现何耶
What appeared beneath the right side of its body?

---

217 FY: རུས་སྦལ་གཞོགས་གཡས་ནུབ་ལ་གཏད། ED: **རུས་སྦལ་གཞོགས་གཡོན་ནུབ་ལ་གཏད།**

218 FY: **རུས་སྦལ་མཇུག་མ་བྱང་ལ་གཏད།**

219 LT: རུས་མ་ཧ་གསེར་གྱི་རུས་སྦལ་འདི། ED: **རུས་མ་ཧཱ་གསེར་གྱི་རུས་སྦལ་གན།**

220 FY: **རུས་སྦལ་མགོ་བོ་ལྷོ་ལ་གཏད།**

221 FY: **མགོ་བོ་འོག་ཏུ་ཅི་ཞིག་བྱུང་།**

222 FY: རུས་སྦལ་གཞོགས་གཡོན་ཤར་ལ་གཏད། ED: **རུས་སྦལ་གཞོགས་གཡས་ཤར་ལ་གཏད།**

223 FY: གཞོགས་གཡོན་འོག་ཏུ་ཅི་ཞིག་བྱུང་། ED: **གཞོགས་གཡས་འོག་ཏུ་ཅི་ཞིག་བྱུང་།**

རུས་སྦལ་གཞོགས་གཡོན་ནུབ་ལ་གཏད།[224] 鳌龟左身向西兮
Rübel's left side faced west.

གཞོགས་གཡོན་འོག་ཏུ་ཅི་ཞིག་བྱུང་།[225] 左身之下现何耶
What appeared beneath the left side of its body?

རུས་སྦལ་མཇུག་མ་བྱང་ལ་གཏད།[226] 鳌龟尾部向北兮
Rübel's tail faced north.

མཇུག་མ་འོག་ཏུ་ཅི་ཞིག་བྱུང་།[227] 尾部之下现何耶
What appeared beneath its tail?

གླུ་ཕྱི་མ་ཡོད་ན་ཅི་འདྲ་ཡིན། 有歌相继者何耶
What is the song if there is more to come?

གླུ་དལ་བུར་ཤོག་དང་བྲེལ་བ་མེད། 歌徐陈之莫匆促
Please sing the song slowly, there is no hurry.

ལན། 答
Answer:

རུས་སྦལ་མགོ་བོ་ལྷོ་ལ་གཏད།[228] 鳌龟头部向南兮
Rübel's head faced south.

ལྷོ་མེ་ཁམས་རྒྱལ་པོ་དེ་ཡི་རྟགས།[229] 南方显现火神矣
It represents the fire god of the south.

---

224 FY: རུས་སྦལ་གཞོགས་གཡས་ནུབ་ལ་གཏད། ED: **རུས་སྦལ་གཞོགས་གཡོན་ནུབ་ལ་གཏད།**

225 FY: གཞོགས་གཡས་འོག་ཏུ་ཅི་ཞིག་བྱུང་། ED: **གཞོགས་གཡོན་འོག་ཏུ་ཅི་ཞིག་བྱུང་།**

226 LT: རུས་སྦལ་མཇུག་སྨད་བྱང་ལ་གཏད། FY: **རུས་སྦལ་མཇུག་མ་བྱང་ལ་གཏད།**

227 LT: མཇུག་སྨད་འོག་ཏུ་ཅི་ཞིག་བྱུང་། FY: **མཇུག་མ་འོག་ཏུ་ཅི་ཞིག་བྱུང་།**

228 LT: རུས་སྦལ་མགོ་བོ་ཤར་ལ་གཏད། FY: **རུས་སྦལ་མགོ་བོ་ལྷོ་ལ་གཏད།**

229 LT: ཤར་མེ་ཁམས་རྒྱལ་པོ་བདེ་བའི་རྟགས། FY: **ལྷོ་མེ་ཁམས་རྒྱལ་པོ་དེ་ཡི་རྟགས།**

རུས་སྦལ་གཞོགས་གཡས་ཤར་ལ་གཏད།[230] 鳌龟右身向东兮
Rübel's right side faced east.

ཤར་ཤིང་ཁམས་རྒྱལ་པོ་དེ་ཡི་རྟགས།[231] 东方显现木神矣
It represents the wood god of the east.

རུས་སྦལ་གཞོགས་གཡོན་ནུབ་ལ་གཏད།[232] 鳌龟左身向西兮
Rübel's left side faced west.

ནུབ་ལྕགས་ཁམས་རྒྱལ་པོ་དེ་ཡི་རྟགས།[233] 西方显现金神矣
It represents the metal god of the west.

རུས་སྦལ་མཇུག་མ་བྱང་ལ་གཏད།[234] 鳌龟尾部向北兮
Rübel's tail faced north.

བྱང་ཆུ་ཁམས་རྒྱལ་པོ་དེ་ཡི་རྟགས།[235] 北方显现水神矣
It represents the water god of the north.

གླུ་དེ་ཡི་ལན་ལ་དེ་འདྲ་ཡིན། 如是答复彼歌矣
This is the response to that song.

དྲི། 问
Question:

མ་ཧཱ་གསེར་གྱི་རུས་སྦལ་གན།[236] 大哉金色鳌龟兮
The great golden Rübel,

---

230 LT: རུས་སྦལ་གཞོགས་གཡས་ལྷོ་ལ་གཏད། FY: **རུས་སྦལ་གཞོགས་གཡས་ཤར་ལ་གཏད།**

231 LT: ལྷོ་ཤིང་ཁམས་རྒྱལ་པོ་བདེ་བའི་རྟགས། FY: **ཤར་ཤིང་ཁམས་རྒྱལ་པོ་དེ་ཡི་རྟགས།**

232 LT, FY: **རུས་སྦལ་གཞོགས་གཡོན་ནུབ་ལ་གཏད།**

233 LT: ནུབ་ལྕགས་ཁམས་རྒྱལ་པོ་བདེ་བའི་རྟགས། FY: **ནུབ་ལྕགས་ཁམས་རྒྱལ་པོ་དེ་ཡི་རྟགས།**

234 LT: རུས་སྦལ་མཇུག་སྨད་བྱང་ལ་གཏད། FY: **རུས་སྦལ་མཇུག་མ་བྱང་ལ་གཏད།**

235 LT: བྱང་ཆུ་ཁམས་རྒྱལ་པོ་བདེ་བའི་རྟགས། FY: **བྱང་ཆུ་ཁམས་རྒྱལ་པོ་དེ་ཡི་རྟགས།**

236 FY: མ་ཧཱ་གསེར་གྱི་རུས་སྦལ་འདིའི། ལོ་བརྒྱད་ལོན་པའི་ཕ་གཅིག་ཡོད། ལོ་དགུ་ལོན་པའི་མ་གཅིག་ཡོད། ལོ་བཅུ་གཉིས་ལོན་པའི་བུ་གཅིག་ཡོད། ལོ་དྲུག་བཅུ་ལོན་པའི་ཚ་བོ་ཡོད། ལོ་བརྒྱད་ལོན་པའི་ཕ་གཅིག་དེ། ལག་གི་སྤར་ཁ་བརྒྱད་པོ་ཡིན།

ཁ་ན་འཛོམས་ནི་ཅི་ཞིག་རེད།[237] 口内所含者何耶
What formed on its mouth?

ལག་ན་འཛོམས་ནི་ཅི་ཞིག་རེད།[238] 爪中所持者何耶
What formed on its limbs?

མགོ་ན་འཛོམས་ནི་ཅི་ཞིག་རེད།[239] 头上所聚者何耶
What formed on its head?

གཟུགས་ལ་འཛོམས་ནི་ཅི་ཞིག་རེད།[240] 身体所负者何耶
What formed on its body?

གླུ་དལ་བུར་ཤོག་དང་བྲེལ་བ་མེད། 歌徐陈之莫匆促
Please sing the song slowly, there is no hurry.

ལན། 答
Answer:

ཁ་ན་སྨེ་བ་དགུ་བོ་འཛོམས།[241] 口内所含九宫也
The Nine Magic Squares formed on its mouth.

ལག་ན་སྤར་ཁ་བརྒྱད་པོ་འཛོམས།[242] 爪中所持八卦也
The Eight Trigrams formed on its limbs.

ལོ་དགུ་ལོན་པའི་མ་གཅིག་དེ། ཁ་ཡི་སྨེ་བ་དགུ་པོ་རེད། ལོ་བཅུ་གཉིས་ལོན་པའི་བུ་གཅིག་དེ། མགོ་ཡི་ལོ་སྐོར་བཅུ་གཉིས་རེད། ལོ་དྲུག་བཅུ་ལོན་པའི་ཚ་བོ་དེ། གཟུགས་ཀྱི་ལོ་ཀན་དྲུག་བཅུ་རེད། ED: **མ་དྷ་གསེར་གྱི་རུས་སྦལ་གན།**

237 FY: ཁ་ན་འཛོམ་ལེ་ཅི་ཞིག་རེད། ED: **ཁ་ན་འཛོམས་ནི་ཅི་ཞིག་རེད།**

238 FY: ལག་ན་འཛོམ་ལེ་ཅི་ཞིག་རེད། ED: **ལག་ན་འཛོམས་ནི་ཅི་ཞིག་རེད།**

239 FY: མགོ་ན་འཛོམ་ལེ་ཅི་ཞིག་རེད། ED: **མགོ་ན་འཛོམས་ནི་ཅི་ཞིག་རེད།**

240 FY: གཟུགས་ན་འཛོམ་ལེ་ཅི་ཞིག་རེད། ED: **གཟུགས་ལ་འཛོམས་ནི་ཅི་ཞིག་རེད།**

241 FY: ཁ་ན་འབྱུང་བ་ལྔ་བོ་འཛོམས། ཁ་ན་སྨེ་བ་དགུ་པོ་འཛོམ། ED: **ཁ་ན་སྨེ་བ་དགུ་བོ་འཛོམས།**

242 FY: ལག་ན་སྤར་ཁ་བརྒྱད་པོ་འཛོམ། ED: **ལག་ན་སྤར་ཁ་བརྒྱད་པོ་འཛོམས།**

མགོ་ན་ལོ་སྐོར་བཅུ་གཉིས་འཛོམས།[243]
头上所聚生肖也
The twelve-year animal cycle formed on its head.

གཟུགས་ལ་ལོ་ཀན་དྲུག་ཅུ་འཛོམས།[244]
身体所负甲子也
The sexagenary cycle formed on its body.

གླུ་དེ་ཡི་ལན་ལ་དེ་འདྲ་ཡིན།
如是答复彼歌矣
This is the response to the song.

དྲི།
问
Question:

རུས་མ་ཧཱ་གསེར་གྱི་རུས་སྦལ་གན།[245]
大哉金色鳌龟兮
The great golden Rübel,

འབྱུང་བ་བཞི་པོ་ཆགས་ཚུལ་ཤོད།[246]
释四大种之成情
Please tell of the formation of the Four Elements.

གླུ་དལ་མོ་ལོངས་དང་རྗེས་ན་ཡོད།
有歌相继徐徐咏
Sing it slowly, and more songs will follow.

ལན།
答
Answer:

འབྱུང་བ་བཞི་པོ་ཆགས་ཚུལ་ནི།[247]
四大种之成情兮
The formation of the Four Elements is as follow:[6]

243 FY: མགོ་ན་ལོ་སྐོར་བཅུ་གཉིས་འཛོམ། ED: **མགོ་ན་ལོ་སྐོར་བཅུ་གཉིས་འཛོམས།**

244 FY: གཟླུགས་ན་ལོ་ཀན་དྲུག་བཅུ་འཛོམ། ED: **གཟུགས་ལ་ལོ་ཀན་དྲུག་ཅུ་འཛོམས།**

245 LT: མ་ཧ་གསེར་གྱི་རུས་སྦལ་འདིར། ED: **རུས་མ་ཧཱ་གསེར་གྱི་རུས་སྦལ་གན།**

246 LT, FY: **འབྱུང་བ་བཞི་པོ་ཆགས་ཚུལ་ཤོད།**

247 LT: **འབྱུང་བ་བཞི་པོ་ཆགས་ཚུལ་ནི།** FY: འབྱུང་བ་བཞི་པོ་ཆགས་ཚུལ་འདི།

ས་ཁམས་ཤ་ཡི་འབྱུང་བ་ཆགས།[248] 肉之所成者土也

[Rübel's] flesh forms the earth element.

ཆུ་ཁམས་ཁྲག་གི་འབྱུང་བ་ཆགས།[249] 血之所成者水也

[Rübel's] blood forms the water element.

མེ་ཁམས་དྲོད་ཀྱི་འབྱུང་བ་ཆགས།[250] 热之所成者火也

[Rübel's] heat forms the fire element.

རླུང་ཁམས་དབུགས་ཀྱི་འབྱུང་བ་ཆགས།[251] 气之所成者风也

[Rübel's] breath forms the wind element.

གླུ་དེ་ཡི་ལན་ལ་དེ་འདྲ་རེད། 歌中如彼作答矣

This is the response to that song.

དྲི། 问

Question:

སྨེ་བ་དགུ་བོ་ཆགས་ཚུལ་ཤོད།[252] 释九宫之形成兮

Please narrate the composition of the Nine Magic Squares.

གླུ་དལ་མོ་ལོངས་དང་རྗེས་ན་ཡོད། 有歌相继徐徐咏

Sing it slowly, and more songs will follow.

248 LT, FY: **ས་ཁམས་ཤ་ཡི་འབྱུང་བ་ཆགས།**

249 LT, FY: ཆུ་ཁམས་གྲང་གི་འབྱུང་བ་ཆགས། ED: **ཆུ་ཁམས་ཁྲག་གི་འབྱུང་བ་ཆགས།**

250 LT: **མེ་ཁམས་དྲོད་ཀྱི་འབྱུང་བ་ཆགས།** FY: མེ་ཁམས་དྲོ་ཡི་འབྱུང་བ་ཆགས།

251 LT: རླུང་ཁམས་སེམས་ཀྱི་འབྱུང་བ་ཆགས། FY: རླུང་ཁམས་བསིལ་ཀྱི་འབྱུང་བ་ཆགས། ED: **རླུང་ཁམས་དབུགས་ཀྱི་འབྱུང་བ་ཆགས།**

252 LT, FY: **སྨེ་བ་དགུ་བོ་ཆགས་ཚུལ་ཤོད།**

ལན། 答

Answer:

གཅིག་དཀར་གཉིས་ནག་གསུམ་མཐིང་ལ།[253] 一白二玄三青也

The first is white, the second is black, and the third is blue.

བཞི་ལྗང་ལྔ་སེར་དྲུག་དཀར་དང་།[254] 四绿五黄六白也

The fourth is green, the fifth is yellow, and the sixth is white.

བདུན་དམར་བརྒྱད་དཀར་དགུ་སྨུ་མེན།[255] 七赤八白九紫也

The seventh is red, the eighth is white, and the ninth is violet.

སྨེ་བ་དགུ་པོ་ཆགས་ཚུལ་རེད།[256] 九宫之形成如是

This is the composition of the Nine Magic Squares.

དྲི། 问

Question

སྨེ་བ་དགུ་པོ་བརྩི་ཚུལ་ཤོད།[257] 释九宫之计法兮

Please elucidate the reckoning of the Nine Magic Squares.

ལན། 答

Answer:

སྨེ་བ་དགུ་པོ་བརྩི་ཚུལ་ནི།[258] 其九宫之计法兮

As for the reckoning of the Nine Magic Squares,

---

253 LT, FY: **གཅིག་དཀར་གཉིས་ནག་གསུམ་མཐིང་ལ།**

254 LT, FY: **བཞི་ལྗང་ལྔ་སེར་དྲུག་དཀར་དང་།**

255 LT, FY: བདུན་དམར་བརྒྱད་དང་དགུ་དཀར་ལ། ED: **བདུན་དམར་བརྒྱད་དཀར་དགུ་སྨུ་མེན།**

256 LT, FY: **སྨེ་བ་དགུ་པོ་ཆགས་ཚུལ་རེད།**

257 LT, FY: **སྨེ་བ་དགུ་པོ་བརྩི་ཚུལ་ཤོད།**

258 LT: **སྨེ་བ་དགུ་པོ་བརྩི་ཚུལ་ནི།** FY: སྨེ་བ་དགུ་པོ་བརྩི་ཚུལ་ཀུན།

གཅིག་དཀར་དྲུག་དཀར་བརྒྱད་དཀར་ལྕགས།[259] 一六八白属金也

The first, sixth, and eighth are white, and their element is metal.

གཉིས་ནག་གསུམ་མཐིང་ཆུ་ཡིན་ལ།[260] 二玄三青属水也

The second is black and the third is blue, and their element is water.

བཞི་ལྗང་ཤིང་སྔེ་ལྔ་སེར་ས།[261] 四绿木也五黄土

The fourth—whose element is wood—is green; the fifth is yellow and its element is earth.

བདུན་དམར་དགུ་སྨུ་མེན་མེ་ཡིན།[262] 七赤九紫属火也

The seventh is red and the ninth is violet, and their element is fire.

སྨེ་བ་དགུ་པོ་བརྩི་ཚུལ་ཡིན།[263] 九宫之计法如是

This is the reckoning of the Nine Magic Squares.

དྲི། 问

Question:

སྤར་ཁ་བརྒྱད་པོ་ཆགས་ཚུལ་ཤོད།[264] 释八卦之形成兮

Please narrate the composition of the Eight Trigrams.

གླུ་དལ་བུར་ཤོག་དང་བྲེལ་བ་མེད། 歌徐陈之莫匆促

Please sing the song slowly, there is no hurry.

---

259 LT: གཅིག་དཀར་དྲུག་དཀར་བརྒྱད་དཀར་དང་། FY: གཅིག་དཀར་དྲུག་དཀར་བརྒྱད་དཀར་ལྕགས།

260 LT, FY: གཉིས་ནག་གསུམ་མཐིང་ཆུ་ཡིན་ལ།

261 LT: བཞི་ལྗང་ཤིང་སྔེ་ལྔ་སེར་ལ། FY: བཞི་ལྗང་ཤིང་སྔེ་ལྔ་སེར་ས།

262 LT: བདུན་ནི་དམར་ལ་དགུ་དཀར་དང་། ED: བདུན་དམར་དགུ་སྨུ་མེན་མེ་ཡིན།

263 LT, FY: སྨེ་བ་དགུ་པོ་བརྩི་ཚུལ་ཡིན།

264 LT, FY: སྤར་ཁ་བརྒྱད་པོ་ཆགས་ཚུལ་ཤོད།

ལན། 答
Answer:

ལི་མེ་ཁོན་ས་དྭ་ལྕགས་དང་།[265] 离火坤地兑金也
Li is fire, *khön* is earth, and *da* is metal.

ཁེན་གནམ་ཁམ་ཆུ་གིན་རི་དང་།[266] 乾天坎水艮山也
Khen is sky, *kham* is water, and *gin* is mountain.

ཟིན་ཤིང་ཟོན་རླུང་དེ་དག་ཀྱང་།[267] 再者震木巽风也
Zin is wood and *zön* is wind.

སྤར་ཁ་བརྒྱད་པོ་ཆགས་ཚུལ་ཡིན། 八卦之形成如是
This is the composition of the Eight Trigrams.

དྲི། 问
Question:

སྤར་ཁ་བརྒྱད་པོ་བརྩི་ཚུལ་ཤོད།[268] 释八卦之计法兮
Please explain the reckoning of the Eight Trigrams.

གླུ་དལ་མོ་ལོངས་དང་རྗེས་ན་ཡོད། 有歌相继徐徐咏
Sing it slowly, and more songs will follow.

265 FY: ལི་མེ་ཁོན་ས་དྭ་ལྕགས་དང་།
266 FY: ཁེན་གནམ་ཁམ་ཆུ་གིན་རི་དང་།
267 FY: ཟིན་ཤིང་ཟོན་རླུང་དེ་དག་ཀྱང་།
268 FY: སྤར་ཁ་བརྒྱད་པོ་བརྩི་ཚུལ་ཤོད།

ལན། 答

Answer:

ལི་ལ་གསལ་བའི་མེ་ལོང་དགུ།[269] 离火相应者紫九

Trigram *li* corresponds with the violet Nine [of the Nine Magic Squares].[7]

ཁོན་ལ་གཉིས་དེ་སྲིབ་རི་ནག[270] 坤地相应者玄二

Trigram *khön* corresponds with the black Two.

ལྷགས་ལ་རིན་ཆེན་འབར་བ་བདུན།[271] 兑金相应者赤七

Trigram *da* is associated with the red Seven.

ནམ་མཁའི་རྒྱལ་པོ་དྲུག་ལྡན་དཀར།[272] 乾天相应者白六

Trigram *khen* connects with the white Six.

ཆུ་སྒོག་སྙིང་པོ་སྨུ་བ་གཅིག[273] 坎水相应者白一

Trigram *kham* corresponds with the white One.

རི་ཡི་རྒྱལ་པོ་རྩེ་བརྒྱད་དཀར།[274] 艮山相应者白八

Trigram *gin* connects with the white Eight.

དཔག་བསམ་ཤིང་ལས་འབྲས་བུ་ཐོན།[275] 震木相应者青三

Trigram *zin* connects with the blue Three.

---

269 LT: ལི་དང་ཁོན་ལ་དྭ་དང་ཁེན། FY: ལི་ལ་གསལ་བའི་མེ་ཁམས་བགོས། ED: **ལི་ལ་གསལ་བའི་མེ་ལོང་དགུ།**

270 LT: ཁམ་དང་གིན་ལ་ཟིན་དང་ཟོན། FY: ཁོན་ལ་བསྟུན་ནི་ས་རེ་ནག ED: **ཁོན་ལ་གཉིས་དེ་སྲིབ་རི་ནག**

271 LT: ལྷགས་ལ་རིན་ཆེན་འབར་བ་བགོས། FY: ལྷགས་ལ་རིན་ཆེན་འབྱུང་བ་བགོས། ED: **ལྷགས་ལ་རིན་ཆེན་འབར་བ་བདུན།**

272 LT: ཐུར་ཁ་བརྒྱད་པོ་དྲུག་སྟེ་དཀར། FY: ནམ་མཁའི་རྒྱལ་པོ་དྲུག་སྟེ་དཀར། ED: **ནམ་མཁའི་རྒྱལ་པོ་དྲུག་ལྡན་དཀར།**

273 LT: ཆུ་སོགས་སྙིང་པོ་སྨལ་བ་གཅིག FY: ཆུ་སོགས་སྙིང་པོ་སྨལ་བ་གཅིག ED: **ཆུ་སྒོག་སྙིང་པོ་སྨུ་བ་གཅིག**

274 LT: རི་ནི་རྒྱལ་པོ་རྩེབས་བརྒྱད་དཀར། FY: རི་ཡི་རྒྱལ་པོ་རྩེབས་བརྒྱད་དཀར། ED: **རི་ཡི་རྒྱལ་པོ་རྩེ་བརྒྱད་དཀར།**

275 LT: དཔའ་སེམས་ཤིང་ལས་འབྲས་བུ་ཐོན། FY: **དཔག་བསམ་ཤིང་ལས་འབྲས་བུ་ཐོན།**

རླུང་གི་རྒྱལ་པོ་འཕྱོ་བ་བཞི།[276] 巽风相应者绿四

Trigram *zön* corresponds with the green Four.

ལྔ་སེར་རུས་སྦལ་ལྟོ་ལ་གབ།[277] 黄五隐藏于龟腹

The yellow Five is concealed in the belly of Rübel.

སྤར་ཁ་བརྒྱད་པོ་བརྩི་ཚུལ་ཡིན།[278] 八卦之计法如是

This is the reckoning of the Eight Trigrams.

དྲི། 问

Question:

ལོ་འཁོར་བཅུ་གཉིས་ཆགས་ཚུལ་ཤོད།[279] 释十二兽历形成

Please narrate the composition of the twelve-year cycle.

ལན། 答

Answer:

ལོ་འཁོར་བཅུ་གཉིས་ཆགས་ཚུལ་གན།[280] 十二兽历形成兮

The composition of the cycle of twelve years is as follows:

ལྕགས་ལས་བྱ་དང་སྤྲེལ་གཉིས་མཆེད།[281] 金所伴者猴与鸡

Metal is a companion to rooster and monkey.

---

276 LT: རླུང་གི་རྒྱལ་པོ་ཕྱོགས་པ་བཞི། FY: རླུང་གི་རྒྱལ་པོ་གཞོག་པ་བཞི། ED: **རླུང་གི་རྒྱལ་པོ་འཕྱོ་བ་བཞི།**

277 LT: ལྔ་གསེར་རུས་སྦལ་ལུས་ལ་འགོ། FY: ལྔ་གསེར་རུས་སྦལ་གཏོགས་ལ་འགོ། ED: **ལྔ་སེར་རུས་སྦལ་ལྟོ་ལ་གབ།**

278 ED: **སྤར་ཁ་བརྒྱད་པོ་བརྩི་ཚུལ་ཡིན།**

279 LT, FY: **ལོ་འཁོར་བཅུ་གཉིས་ཆགས་ཚུལ་ཤོད།**

280 LT: ལོ་འཁོ་བཅུག་གཉིས་ཆགས་ཚུལ་གན། FY: ལོ་འཁོར་བཅུ་གཉིས་ཆགས་ཚུལ་ཀན། ED: **ལོ་འཁོར་བཅུ་གཉིས་ཆགས་ཚུལ་གན།**

281 ED: **ལྕགས་ལས་བྱ་དང་སྤྲེལ་གཉིས་མཆེད།**

ཤིང་ལས་སྟག་དང་ཡོས་གཉིས་མཆེད།[282] 木所伴者虎与兔

Wood is a companion to tiger and hare.

ཆུ་ལས་བྱི་ཕག་རྣམ་གཉིས་དང་།[283] 水所伴者鼠与猪

Water is a companion to rat and pig.

མེ་ལས་རྟ་དང་སྦྲུལ་གཉིས་མཆེད།[284] 火所伴者马与蛇

Fire is a companion to horse and snake.

ས་ལས་ཁྱི་འབྲུག་གླང་ལུག་བཞི།[285] 土伴者狗龙牛羊

Earth is a companion to dog, dragon, ox, and sheep.

ལོ་འཁོར་བཅུ་གཉིས་ཆགས་ཚུལ་ཡིན།[286] 兽历之形成如是

This is the composition of the twelve-year cycle.

དྲི། 问

Question:

འབྱུང་བ་ལྔ་ཡི་བརྩི་ཚུལ་ཤོད།[287] 释五行之计法兮

Please narrate the reckoning of the Five Elements.

གླུ་དལ་མོ་ལོངས་དང་རྗེས་ན་ཡོད། 有歌相继徐徐咏

Sing it slowly, and more songs will follow.

---

282 LT: ཤིང་ལ་སྟག་ཡོས་ས་གསུམ་མཆེད། FY: **ཤིང་ལས་སྟག་དང་ཡོས་གཉིས་མཆེད།**

283 LT: ཆུ་ལས་བྱི་ཕག་མཆེད་ས་ལས། FY: **ཆུ་ལས་བྱི་ཕག་རྣམ་གཉིས་དང་།**

284 LT: མེ་ལ་རྟ་སྦྲུལ་ལྷུགས་བྱ་སྤྲེལ། FY: མེ་ལས་རྟ་སྦྲུལ་ལྷུགས་བྱ་སྦྲུལ། ED: **མེ་ལས་རྟ་དང་སྦྲུལ་གཉིས་མཆེད།**

285 LT: ཁྱི་འབྲུག་གླང་ལུག་བཅུ་གཉིས་སོ། FY: **ས་ལས་ཁྱི་འབྲུག་གླང་ལུག་བཞི།**

286 FY: ལོ་འཁོར་བཅུ་གཉིས་རྩིས་ཚུལ་ཡིན། ED: **ལོ་འཁོར་བཅུ་གཉིས་ཆགས་ཚུལ་ཡིན།**

287 FY: འབྱུང་བ་ལྔ་ཡི་རྩིས་ཚུལ་ཤོད། ED: **འབྱུང་བ་ལྔ་ཡི་བརྩི་ཚུལ་ཤོད།**

ལན། 答

Answer:

འབྱུང་བ་ལྔ་ཡི་བརྩི་ཚུལ་བཤད་རྒྱུ་ན།[288] 释五行之计法兮

As for the reckoning of the Five Elements,

ཤིང་མ་ཆུ་ལ་ཤིང་བུ་མེ།[289] 水生木也木生火

Water nurtures wood and wood nurtures fire.

ཤིང་དགྲ་ལྕགས་ལ་ཤིང་གྲོགས་ས།[290] 金克木也土胜木

Metal trumps wood and earth supports wood.

ས་མ་མེ་ལ་ས་བུ་ལྕགས།[291] 火生土也土生金

Fire nurtures earth and earth nurtures metal.

ས་དགྲ་ཤིང་ལ་ས་གྲོགས་ཆུ།[292] 木克土也水胜土

Wood drains the earth and water supports earth.

ལྕགས་མ་ས་ལ་ལྕགས་བུ་ཆུ།[293] 土生金也金生水

Earth nurtures metal and metal nurtures water.

ལྕགས་དགྲ་མེ་ལ་ལྕགས་གྲོགས་ཤིང་།[294] 火克金也木胜金

Fire melts metal and wood supports metal.

ཆུ་མ་ལྕགས་ལ་ཆུ་བུ་ཤིང་།[295] 金生水也水生木

Metal nurtures water and water nurtures wood.

---

288 FY: འབྱུང་བ་ལྔ་ཡི་རྩིས་ཚུལ་བཤད་རྒྱུ་ན། ED: **འབྱུང་བ་ལྔ་ཡི་བརྩི་ཚུལ་བཤད་རྒྱུ་ན།**

289 LT, FY: **ཤིང་མ་ཆུ་ལ་ཤིང་བུ་མེ།**

290 LT, FY: **ཤིང་དགྲ་ལྕགས་ལ་ཤིང་གྲོགས་ས།**

291 LT, FY: **ས་མ་མེ་ལ་ས་བུ་ལྕགས།**

292 LT: ས་དགྲ་ཆུ་ལ་ས་གྲོགས་ཤིང་། FY: **ས་དགྲ་ཤིང་ལ་ས་གྲོགས་ཆུ།**

293 LT, FY: **ལྕགས་མ་ས་ལ་ལྕགས་བུ་ཆུ།**

294 LT, FY: ལྕགས་དགྲ་ཤིང་ལ་ལྕགས་གྲོགས་མེ། ED: **ལྕགས་དགྲ་མེ་ལ་ལྕགས་གྲོགས་ཤིང་།**

295 LT: ཆུ་མ་ལྕགས་ལ་ཆུ་གྲོགས་ཤིང་། FY: **ཆུ་མ་ལྕགས་ལ་ཆུ་བུ་ཤིང་།**

ཆུ་དགྲ་ས་ལ་ཆུ་གྲོགས་མེ།[296] 土克水也火胜水

Earth overcomes water and fire supports water.

མེ་མ་ཤིང་ལ་མེ་བུ་ས།[297] 木生火也火生土

Wood nurtures fire and fire nurtures earth.

མེ་དགྲ་ཆུ་ལ་མེ་གྲོགས་ལྕགས།[298] 水克火也金胜火

Water quenches fire and metal supports fire.

འབྱུང་བ་ལྔ་ཡི་བརྩི་ཚུལ་ཡིན།[299] 五行计法如是矣

This is the reckoning of the Five Elements.

དྲི། 问

Question:

ལོ་འཁོར་བཅུ་གཉིས་མཐུན་ཚུལ་ཤོད།[300] 释年兽之相合兮

Please tell of the compatibility of the zodiac animals.

ལན། 答

Question:

བྱི་འབྲུག་སྤྲེལ་གསུམ་མཐུན་པ་ལ།[301] 鼠龙猴者相合也

Rat, dragon, and monkey are in harmony with one another.

བྱ་གླང་སྦྲུལ་གསུམ་མཐུན་རྒྱུ་རེད།[302] 鸡牛蛇者相合也

Chicken, ox, and snake are in harmony with one another.

---

296 FY: ཆུ་དགྲ་ས་ལ་ཆུ་གྲོགས་མེ།

297 LT, FY: མེ་མ་ཤིང་ལ་མེ་བུ་ས།

298 LT, FY: མེ་དགྲ་ཆུ་ལ་མེ་གྲོགས་ལྕགས།

299 FY: འབྱིང་བ་ལྔ་ཡི་རྩིས་ཚུལ་ཡིན། ED: འབྱུང་བ་ལྔ་ཡི་བརྩི་ཚུལ་ཡིན།

300 LT, FY: ལོ་འཁོར་བཅུ་གཉིས་མཐུན་ཚུལ་ཤོད།

301 LT, FY: བྱི་འབྲུག་སྤྲེལ་གསུམ་མཐུན་པ་ལ།

302 LT, FY: བྱ་གླང་སྦྲུལ་གསུམ་མཐུན་རྒྱུ་རེད།

ཁྱི་རྟ་སྟག་གསུམ་རྒྱུན་དུ་མཐུན།[303]
狗马虎者相合也
Dog, horse, and tiger are in harmony with one another.

ཕག་ཡོས་ལུག་གསུམ་མཐུན་པ་ཡིན།[304]
猪兔羊者相合也
Pig, hare, and sheep are in harmony with one another.

དྲི།
问
Question:

ལོ་ཀྲན་དྲུག་བཅུ་འཁོར་ཚུལ་ཤོད།[305]
释甲子之周期兮
Please speak of the rotation of the sexagenary cycle.

གླུ་དལ་བུར་ཤོག་དང་བྲེལ་བ་མེད།
歌徐陈之莫匆促
Please sing the song slowly, there is no hurry.

ལན།
答
Answer:

རྒྱ་གར་དམ་པའི་ཆོས་ལུགས་ལ།[306]
天竺法之教义兮
According to religious teaching from India,

བྱི་བ་རེ་རེའི་ལོ་ནས་བཟུང་།[307]
肇始每每为子鼠
Rat starts every animal cycle.

བྱི་བ་འབྱུང་བ་ལྔ་ལྔ་རེད།[308]
子鼠五次一甲子
Rat meets each of the Five Elements in alternation,

---

303 LT, FY: ཁྱི་རྟ་སྟག་གསུམ་རྒྱུན་དུ་མཐུན།

304 LT, FY: ཕག་ཡོས་ལུག་གསུམ་མཐུན་པ་ཡིན།

305 LT, FY: ལོ་ཀྲན་དྲུག་བཅུ་འཁོར་ཚུལ་ཤོད།

306 LT, FY: རྒྱ་དཀར་དམ་པའི་ཆོས་ལུགས་ལ། ED: རྒྱ་གར་དམ་པའི་ཆོས་ལུགས་ལ།

307 LT, FY: བྱི་བ་རེ་རེའི་ལོ་ནས་བཟུང་།

308 LT, FY: བྱི་བ་འབྱུང་བ་ལྔ་ལྔ་རེད།

ལྔ་ལྔ་ཆགས་པ་དྲུག་ཅུ་རེད།[309] 一甲子为六十载

Five rounds of the animal cycle are one sexagenary.

དེ་ནི་ལོ་ཀན་དྲུག་ཅུ་རེད།[310] 甲子六十载如是

This is the cycle of sixty years.

ཅེས་ཁྱུང་དང་རུས་སྦལ་གྱི་གླུ།[311] 鹏鸟鳌龟歌如是

This is the song about Khyung and Rübel.

བཤད་པ་རེ་ཞིག་རྫོགས་སོ།།[312] 所释暂且完结矣

This marks the end of the narration.

---

[309] LT, FY: ལྔ་ལྔ་ཆགས་པ་དྲུག་བཅུ་རེད། ED: **ལྔ་ལྔ་ཆགས་པ་དྲུག་ཅུ་རེད།**

[310] LT: **དེ་ནི་ལོ་ཀན་དྲུག་ཅུ་རེད།** FY: དེ་ན་ལོ་ཀན་དྲུག་བཅུ་རེད།

[311] LT: **ཅེས་ཁྱུང་དང་རུས་སྦལ་གྱི་གླུ།**

[312] LT: **བཤད་པ་རེ་ཞིག་རྫོགས་སོ།།** FY: དཀྲ་ཤིས་འཕེལ་བའི་བསོད་ནམས་བསགས། སྡོད་གཉིས་ལ་འཕན་པ་མེད། གང་ཐུབ་ཁོར་ཁྲོ་འཛབས་ཞིང་འཕྲད།

Endnotes མཇུག་མཆན། 尾注

1 The 'three times' (*dus gsum*) refer to the past, present, and future. See Robert E. Buswell and Donald S. Lopez, *The Princeton Dictionary of Buddhism* (Princeton and Oxford: Princeton University Press, 2014), pp. 922–23.

དུས་འདས་པ་དང་། མ་འོངས་པ། ད་ལྟ་བ་གསུམ་སྟེ། འབྲེལ་ཡོད་དཔྱད་ཞིབ་ཀྱི་སྐོར་ལ་འདིར་གཟིགས་པར་ཞུ། Robert E. Buswell and Donald S. Lopez, *The Princeton Dictionary of Buddhism* (Princeton and Oxford: Princeton University Press, 2014), pp. 922–23.

三时(དུས་གསུམ།)指过去, 现在与未来。见Robert E. Buswell and Donald S. Lopez, *The Princeton Dictionary of Buddhism* (Princeton and Oxford: Princeton University Press, 2014), pp. 922–23。

2 Given that both audio and textual sources on this stanza are disrupted in terms of both meaning and logic, we edited it based on the text concerning the topic. See *Dag pa gser gyi mdo thig sogs* (BDRC: W1NLM211, n.d.), p. 60.

ལེའུ་ཚན་འདིའི་སྒྲ་ཕབ་དང་འབྲེལ་ཡོད་ཡིག་ཆ་རྣམས་ནི་ཤིན་ཏུ་རྙོག་འཛིང་ཡིན་ཕྱིར། ཚད་ལྡན་གྱི་ཡིག་ཆ་དཔྱད་གཞིར་བཟུང་ནས་བཅོས་སྒྲིག་བྱས་ཡོད། དག་པ་གསེར་གྱི་མདོ་ཐིག་སོགས། (BDRC: W1NLM211, n.d.), p. 60.

鉴于此诗节的音频和文本资料从文意到逻辑均不完整, 我们按照相关文献修订了它。见དག་པ་གསེར་གྱི་མདོ་ཐིག་སོགས། (BDRC: W1NLM211, n.d.), p. 60。

3 We understand this sentence to refer to the three bodies of a Buddha (*sku gsum*): namely, the dharma body (*chos sku*), the enjoyment body (*longs sku*), and the emanation body (*sprul sku*). The dharma body refers to the essence and the fundamental truth of the Buddha. The enjoyment body is the reward body after practice, and it is only visible to bodhisattvas and not to ordinary people. The emanation body refers to all physical forms of a Buddha. See Buswell and Lopez, *The Princeton Dictionary of Buddhism*, p. 923.

སངས་རྒྱས་རྣམས་ཀྱི་ཕྱིའི་སྐུ་ལུས་ནི་གང་ལ་གང་འདུལ་གྱི་སྤྲུལ་པའི་རྣམ་རོལ་ཡིན་པས་སྤྲུལ་སྐུའི་བདག་ཉིད་ཅན་དང་། གསུང་ནི་ཐབས་ཤེས་གཉིས་སུ་མེད་པར་ཤར་བའི་ལོངས་སྐུའི་བདག་ཉིད་ཅན། ཐུགས་ནི་བདེ་སྟོང་གཉིས་སུ་མེད་པའི་ཡེ་ཤེས་ཀྱི་ངོ་བོ་ཡིན་པས་ཆོས་སྐུའི་བདག་ཉིད་ཅན་ནོ།། འབྲེལ་ཡོད་དཔྱད་ཞིབ་ཀྱི་སྐོར་ལ་འདིར་གཟིགས་པར་ཞུ། Buswell and Lopez, *The Princeton Dictionary of Buddhism*, p. 923.

我们认为此句指佛之三身(སྐུ་གསུམ།), 即法身(ཆོས་སྐུ།)、报身(ལོངས་སྐུ།)、应身(སྤྲུལ་སྐུ།)。法身指佛的本质及根本真实。报身是菩萨可见、常人不可见的修行感报之身。应身为佛在世间的色身。见Buswell and Lopez, *The Princeton Dictionary of Buddhism*, p. 923。

4 According to Buddhist cosmology, the four guardian kings (*rgyal chen sde bzhi*) guard the site on the lower slopes of Mount Sumeru facing the four cardinal directions. These guardian kings are also protectors of the dharma and dharma practitioners. The four kings are commonly found at the entrance to monasteries. In Shépa, the east is guarded by Dhṛtarāṣṭra (Yul 'khor srung) holding a lute. The south is guarded by Virūḍhaka ('Phags skyes po) holding a sword. The west is guarded by Virūpākṣa (Spyan mig bzang) holding a stupa. The north is guarded by Vaiśravaṇa (Rnam thos sras) holding a victory banner and a mongoose which spits jewels. It should be noted that in different Buddhist sources, in different languages, the guardian kings hold different objects.

སངས་རྒྱས་ཆོས་ཀྱི་ལུགས་ལྟར་ན། རིའི་རྒྱལ་པོ་རི་རབ་ཀྱི་ཕྱོགས་བཞིར་སངས་རྒྱས་ཀྱི་བསྟན་པ་སྲུང་ཞིང་སྐྱོང་བའི་རྒྱལ་པ་ཆེན་པོ་བཞི་གནས་ཤིང་། རྒྱུན་ལྡན་དུ་གཙུག་ལག་ཁང་གི་སྒོ་ཁར་བཞེངས་སྲོལ་ཡོད། ཤར་ཕྱོགས་སུ་རྒྱལ་ཆེན་ཡུལ་འཁོར་སྲུང་པི་ཝང་འཛིན་པ་དང་། ལྷོ་ཕྱོགས་སུ་རྒྱལ་ཆེན་འཕགས་སྐྱེས་པོ་རལ་གྲི་འཛིན་པ། ནུབ་ཕྱོགས་སུ་རྒྱལ་ཆེན་སྤྱན་མིག་བཟང་སྦྲུལ་ཞགས་དང་མཆོད་རྟེན་འཛིན་པ་དང་། བྱང་ཕྱོགས་སུ་རྒྱལ་ཆེན་རྣམ་ཐོས་སྲས་རྒྱལ་མཚན་དང་ནེའུ་ལེ་འཛིན་པ་བཅས་ཡིན། ཡིན་ནའང་། ཡིད་ལ་ངེས་དགོས་པ་ཞིག་ནི། སྐད་ཡིག་ཐ་དད་ཀྱི་ནང་བསྟན་གྱི་ལུགས་སུ་རྒྱལ་ཆེན་རྣམས་ཀྱི་ཕྱག་མཚན་གྱི་སྐོར་ལ་ཁྱད་པར་ངེས་ཅན་ཞིག་ཡོད་པ་རེད།

根据佛教世界观, 四大天王(རྒྱལ་ཆེན་སྡེ་བཞི།)面朝四方, 守卫须弥山较低的位置。他们是佛法和修佛者的保护神。在寺院入口通常会看到他们。在释巴中, 持国天王(ཡུལ་འཁོར་སྲུང་།)手持琵琶, 守卫东方; 增长天王(འཕགས་སྐྱེས་པོ།)手持利剑, 守卫南方; 广目天王(སྤྱན་མིག་བཟང་།)手持宝塔, 守卫西方; 多闻天王(རྣམ་ཐོས་སྲས།)手持胜利幢与吐宝鼠, 守卫北方。值得注意的是在不同语言的佛教资料中, 天王手中所持物品不同。

5 'Five senses' (*dbang po lnga*) refer to the five sense bases and the faculties associated with these sense organs. In Buddhism, the mind is regarded as the sixth sense. The six internal sense organs (eye, ear, nose, tongue, body, and mind) and their corresponding external objects (forms, sounds, odors, tastes, tangible objects, and mental phenomena) form the sense fields (*skye mched*). The interaction between each pair of sense organs and objects lead to the production of consciousness.

མིག་རྣ་སྣ་ལྕེ་ལུས་དང་ཡིད་བཅས་ནང་གི་སྐྱེ་མཆེད་དབང་པོ་དྲུག་དང་། གཟུགས་སྒྲ་དྲི་རོ་རེག་དང་ཆོས་བཅས་ཕྱིའི་སྐྱེ་མཆེད་ཡུལ་དྲུག་དང་བཅས་བཅུ་གཉིས་ཏེ། གཟུང་འཛིན་གྱི་སྒོ་ནས་རྣམ་ཤེས་ཡུལ་ལ་སྐྱེ་བ་དང་མཆེད་པར་གྱུར་པའི་གནས་སོ།།

五识(དབང་པོ་ལྔ།)指五尘及与五官相对应的五根。佛教中意识被认为是第六识。六内处(眼、耳、鼻、舌、身、意)与其相对应的六外处(色、声、香、味、触、法)组成了十二入处(སྐྱེ་མཆེད།)。每个感官与外物的交互导致了识的生产。

6 The four great elements (*'byung ba bzhi*) refer to earth, water, fire, and wind, and together constitute the world. These elements also maintain an interactive relationship with the elements of the human body: namely flesh, blood, heat, and breath. It is believed that flesh is earth, blood is water, heat is fire, and breath is wind. In the Sino-Tibetan divination treaties, the four great elements appear from the flesh, blood, bodily warmth, and breath of the tortoise. See Charles Ramble, 'The Assimilation of Astrology in the Tibetan Bon Religion', p. 212.

ས་ཆུ་མེ་རླུང་འབྱུང་བ་བཞི་ནི་ཕྱི་སྣོད་ཀྱི་འཇིག་རྟེན་གྲུབ་པའི་གཞི་དང་། དེ་བཞིན་མིའི་ལུས་ཀྱི་ཤ་ཁྲག་དྲོད་དབུགས་རྣམས་ལས། ཤ་ནི་ས་ཡི་རང་བཞིན་དང་། ཁྲག་ནི་ཆུ་ཡི་རང་བཞིན། དྲོད་ནི་མེ་ཡི་རང་བཞིན། དབུགས་ནི་རླུང་གི་རང་བཞིན་ལྟར་དུ་ངོས་འཛིན་བྱེད་བཞིན་ཡོད་པ་རེད། ཡང་བོད་དང་རྒྱ་ནག་གི་རུས་མོ་དང་འབྲེལ་བའི་དཔྱད་གཞི་ལྟར་ན། ཕྱིའི་འཇིག་རྟེན་གྱི་གཞི་རུ་གྱུར་བའི་ས་ཆུ་མེ་རླུང་གི་འབྱུང་བ་རྣམས་ནི་རུས་སྦལ་གྱི་ཤ་ཁྲག་དྲོད་དབུགས་རྣམས་ལས་བྱུང་བར་གྲགས། འབྲེལ་ཡོད་དཔྱད་ཞིབ་ཀྱི་སྐོར་ལ་འདིར་གཟིགས་པར་ཞུ། Charles Ramble, 'The Assimilation of Astrology in the Tibetan Bon Religion', p. 212.

四大种(འབྱུང་བ་བཞི།)指构成世界的地、水、火、风。四大种与人的身体元素,即肉、血、热、息,维持着交互的关系。人们认为肉为地,血为水,热为火,气息为风。在汉藏卜筮文献中,四大种从龟的肉、血、体温与呼吸而来。见Charles Ramble, 'The Assimilation of Astrology in the Tibetan Bon Religion', p. 212。

7 The Nine Magic Squares are located in the center of *srid pa ho*. They are encircled by the Eight Trigrams and the zodiac animals. This stanza elucidates the correspondence between the Eight Trigrams and the Nine Magic Squares. Even though many Tibetan sources have addressed this formula, given the special relation between Shépa and Drakpa Shédrup noted in our introduction, we have edited this stanza together with his work. See *Co ne grags pa bshad sgrub kyi gsung 'bum*, 18 vols (Beijing: Krung go'i bod rig pa dpe skrun khang, 2009), XVII (2009), p. 393.

སྨེ་བ་དགུ་ནི་སྲིད་པ་ཧོ་ཡི་དཀྱིལ་དུ་གནས་ཤིང་། དེའི་ཕྱི་རུ་སྤར་ཁ་བརྒྱད་དང་། དེའི་ཕྱི་རུ་ལོ་འཁོར་བཅུ་གཉིས་ཀྱིས་བསྐོར་ཡོད། སྐབས་བབ་ཀྱི་བརྗོད་བྱའི་ནང་དུ་སྤར་ཁ་དང་སྨེ་བའི་དགྲ་གྲོགས་ཀྱི་བརྩེ་སྡངས་བརྗོད་ཡོད་ལ། སྤྱིར་དེའི་སྐོར་ལ་བོད་ཡིག་གི་རྒྱུ་ཆ་གཞན་པ་མང་དུ་གསལ་ནའང་། སྔོན་གླེང་གི་སྐབས་སུ་བཤད་པ་དང་རྗེ་བཙུན་གྲགས་པ་བཤད་སྒྲུབ་ཀྱི་འབྲེལ་བའི་སྐོར་གླེང་ཕྱིར། འདིར་ཁོང་གི་གསུང་འབུམ་གྱི་ནང་དོན་ལྟར་སྒྲིག་འགོད་བྱས་ཡོད། ཅོ་ནེ་གྲགས་པ་བཤད་སྒྲུབ་ཀྱི་གསུང་འབུམ། པོད་18ཡོད། (པེ་ཅིང་། ཀྲུང་གོའི་བོད་རིག་པ་དཔེ་སྐྲུན་ཁང་།) XVII (2009), p. 393.

九宫位于斯巴霍的中央,被八卦与十二生肖围绕。此诗节阐明八卦与九宫的对应关系。尽管许多藏文资料已经说明过此关系,鉴于导论所述的释巴与扎巴谢珠的关系,我们依据他的著作对此处进行了编辑。见ཅོ་ནེ་གྲགས་པ་བཤད་སྒྲུབ་ཀྱི་གསུང་འབུམ། པོད་18ཡོད། (པེ་ཅིང་། ཀྲུང་གོའི་བོད་རིག་པ་དཔེ་སྐྲུན་ཁང་། 2009), XVII (2009), p. 393.

Jikten Chakluk

འཇིག་རྟེན་ཆགས་གླུ། 成世说

Jikten Chakluk

From a Buddhist perspective, the universe or world (*'jig rten*) comprises the outer vessel (*phyi snod 'jig rten*) and the sentient beings (*nang bcud sems can*) which inhabit and depend on (*rten*) it. The universe is continuously formed and destroyed due to the collective karma of all sentient beings.[1] Aeon (*bskal pa*; Skt. *kalpa*), or 'cosmic time', measures this evolution. A great aeon (*bskal pa chen po*) comprises four phrases (*bskal pa chen po bzhi*), including formation (*chags pa'i bskal pa*), abiding (*gnas pa'i bskal pa*), destruction (*'jig pa'i bskal pa*), and emptiness (*stong pa'i bskal pa*). According to the *Abhidharmakośa*, the phases of formation and abiding are subsumed under the phase of formation, and the phases of destruction and emptiness are subsumed under the phase of destruction.

This section mainly concerns the destruction and the formation of the world. It opens with a discussion of the outer vessel, and of the destruction of beings—with a particular focus on gods and humans. It reveals how, due to their different karma, each is destroyed for different reasons and in different ways. The narrative then lists the key elements of Buddhist cosmology on which sentient beings depend, and provides an outline for the upcoming section on the origin and layout of the outer vessel: the physical world. The narration then proceeds to address the formation of the world. Commencing with an explanation of the Four Elements (*'byung ba bzhi*), the elements of all matter, it goes on to tell how the collective karma of all beings results in the formation of the Wind Mandala (*rlung gi dkyil 'khor*). On top are the Water Mandala (*chu*

https://doi.org/10.11647/OBP.0312.04

yi dkyil 'khor) and the Golden Earth Mandala (*gser gyi dkyil 'khor*), which form the base of Mount Meru: the cosmic mountain.[2] As the center of the universe, Mount Meru becomes the reference point for describing a Buddhist cosmology. On the horizontal plane, this section illustrates the Mountains, Seas, and Continents that encircle Mount Meru, all within the mountain wall known as the Black Iron Mountain (*lcags ri nag po*), Cakravāla. Furthermore, the movement of the planets is also discussed with reference to Mount Meru. In telling of the movement of planets, the change in length of days and the waxing and waning of the moon are also elaborated. An amalgam of Indian astrological knowledge such as the twenty-eight lunar mansions, and even earlier Mesopotamian astrological systems such as the zodiac band, are discussed as well.[3]

After the narration of the outer vessel is complete, this section moves to the sentient beings that inhabit the vessel. Specifically, the narrative concerns the beings who live in the Three Realms (*khams gsum*) comprising thirty-one abodes, situated along the shaft of Mount Meru according to the being's varied karmas. Then, the characteristics of the beings, such as their heights and life spans, are narrated. In delineating these characteristics, length measurements and systems of calculation are also discussed. Once the narrative on humans is completed, the section turns its focus to the origin and history of the Tibetan people. In a succinct manner, the narrative addresses the development of Buddhism in Tibet: starting from how Tibetans originated from a monkey with enlightenment-mind to the dissemination of Buddhism from seventh century through to the fifteenth century. This section speaks not only to the political and religious history of Tibet, but also demonstrates the significance of the recitation of history (*rabs/lo rgyus*) for Tibetan oral literature.

The content of this section is heavily influenced by the *Abhidharma* tradition,[4] especially the Tibetan Buddhist manuals composed according to the *Abhidharmakośa*. In addition, this section is also influenced by the *Kalachakra* tradition. These two systems share some fundamental Buddhist ideas while maintaining their own distinct philosophical features.[5] Beyond these two influential traditions, readers may also find localised understandings of the world in the 'Narration of Planets' of this section. In Choné, thanks to the rich use of Buddhist terminology for describing cosmology, 'The Formation of the World' is considered by almost all singers to be the most 'profound' and at once also the most 'hard-to-comprehend and narrate' of Shépa elements. As a result, readers will note that compared with other sections, oral narrations in this section are somewhat inconsistent and broken. Nevertheless, the knowledge presented here—central to understanding a Buddhist view of the world—demonstrates the long-enduring vernacularisation of Buddhism in local contexts.

Since there is a substantial degree of overlap between the audio and textual sources that we have collected,[6] the current section reflects the compilation of ten sources.[7] Following the common structure of Tibetan historical narratives, we begin with the origin and layout of the world, delve into human history and finally conclude with Tibetan history. It is worth highlighting that we have chosen to position the destruction of the world before its formation for the reader's convenience. In local understandings, causality between the formation and the destruction of the world is akin to the famous 'chicken or egg' question and has no definite answer or approved sequence. As the verses point out, 'If the formation of the world happens first, please narrate how it is formed. If the destruction of the world happens first, please narrate how it is destroyed'. Accordingly, performers oftentimes debate and discuss this based on their understanding and expertise. The order of narration thus can, in practice, be quite flexible.

Endnotes

1 For a summary of Buddhist cosmology, see, for example, Rupert Gethin, *The Foundations of Buddhism* (Oxford: Oxford University Press, 1998), pp. 112–26; Akira Sadakata, *Buddhist Cosmology: Philosophy and Origins*, trans. by Gaynor Sekimori (Tokyo: Kōsei Publishing Co., 1997), pp. 19–110.

2 For a discussion on Mount Meru in Hindu and Buddhist literature, see Ian W. Mabbett, 'The Symbolism of Mount Meru', *History of Religions*, 23.1 (1983), 64–83.

3 Philippe Cornu, *Tibetan Astrology*, trans. by Hamish Gregor (Boston and London: Shambhala Publications, 1997), pp. 129–30.

4 The content of this section is, to a lesser or greater extent, already covered in other early Buddhist texts. For example, the degradation of human beings is discussed in the *Long Discourse* (Skt. *Dīrgha*-āgama, 413 C.E.).

5 See the similarity and difference between *Abhidharma* tradition and *Kalachakra* tradition regarding cosmology in Vesna Wallace, *The Inner Kalacakratantra: A Buddhist Tantric view of the Individual* (Oxford: Oxford University Press, 2001), pp. 66–76.

6 Some sections of ND and FY (*ri rgyal lhun po*) differ considerably from other sources. For this reason, we have not presented these two sources in the main text but have rather listed them in our footnotes.

7 Our editing and compilation work has benefited from Mkhan chen khra 'gu rin po che's *Chos mngon pa mdzod kyi 'grel chung grub bde'i bcud bsdus* (Vajra Vidya Institute Library, 2020).

འཇིག་རྟེན་ཆགས་གླུ།

སངས་རྒྱས་ཆོས་ཀྱི་ལུགས་ལྟར་ན་སྣོད་བཅུད་འཇིག་རྟེན་ཞེས་འཇིག་རྟེན་གྱི་ཁམས་ནི་ཕྱི་སྣོད་ཀྱི་འཇིག་རྟེན་དང་ནང་བཅུད་ཀྱི་སེམས་ཅན་གཉིས་ཀྱིས་གྲུབ་ཅིང་། སེམས་ཅན་སྤྱི་མཐུན་གྱི་ལས་ཀྱི་དབང་གིས་ཆགས་འཇིག་གི་བརྒྱུད་རིམ་ཞིག་ཏུ་གནས་ཡོད་པ་རེད།[1] བརྒྱུད་རིམ་དེའི་ཡུན་ཚད་ལ་བསྐལ་པ་ཞེས་བྱ་ལ། དེ་ལ་ཡང་ཆགས་པའི་བསྐལ་པ་དང་། གནས་པའི་བསྐལ་པ། འཇིག་པའི་བསྐལ་པ། སྟོང་པའི་བསྐལ་པ་ཞེས་བར་བསྐལ་བཞི་ཡིས་བསྐལ་ཆེན་གཅིག་གྲུབ་ཡོད་པ་དང་། མངོན་པ་མཛོད་ཀྱི་ལུགས་ལྟར་ན། ཆགས་གནས་གཉིས་ལ་ཆགས་པའི་བསྐལ་པ་དང་འཇིག་སྟོང་གཉིས་ལ་འཇིག་པའི་བསྐལ་པ་ཞེས་ཀྱང་བྱའོ།།

སྐབས་ཀྱི་ལེའུ་འདིར་གཙོ་བོར་འཇིག་རྟེན་ཆགས་འཇིག་གཉིས་ཀྱི་སྐོར་བརྗོད་ཡོད་དེ། ཐོག་མར་འཇིག་པའི་ལེའུ་སྟེ། ལྷ་དང་མི་ལ་སོགས་སེམས་ཅན་རྣམས་ནི་སོ་སོའི་ལས་ཀྱི་རྣམ་སྨིན་གྱི་དབང་གིས་རྒྱུ་དང་རྐྱེན་ཐ་དད་པས་རིམ་གྱིས་འཇིག་ཚུལ་དང་། དེ་ནས་ས་ཆུ་མེ་རླུང་ནམ་མཁའ་ཡི་འབྱུང་བ་ལྔ་ལ་བརྟེན་ནས། ནང་བཅུད་སེམས་ཅན་གྱི་རྟེན་གཞི་ལ་ཕྱི་སྣོད་ཀྱི་འཇིག་རྟེན་གྱི་ཆགས་ལུགས་དང་ཆགས་རབས་རྣམས་བརྗོད་ཡོད། ཕྱི་སྣོད་ཀྱི་འཇིག་རྟེན་གྱི་ཆགས་ཚུལ་ལ་ཐོག་མར་འབྱུང་བ་བཞི་ཡི་རྣམ་བཤད་དང་། དེ་ནས་སྤྱི་མཐུན་ལས་ཀྱི་དབང་གིས་རླུང་གི་དཀྱིལ་འཁོར་ཆགས་ཚུལ་དང་། དེ་ནས་ཆུ་ཡི་དཀྱིལ་འཁོར་ཆགས་ཚུལ། རིམ་གྱིས་གསེར་གྱི་དཀྱིལ་འཁོར་ཆགས་ནས། རིའི་རྒྱལ་པོ་རི་རབ་ཀྱི་གཞི་གྲུབ་ཚུལ་རྣམས་བརྗོད་པ་དང་།[2] དེ་ནས་རིའི་རྒྱལ་པོ་རི་རབ་དང་། ལྕགས་རི་ནག་པོ། རི་རབ་མཚོ་བདུན། གླིང་བཞི་གླིང་ཕྲན། རྒྱུ་སྐར་རྣམས་རིའི་རྒྱལ་པོ་རི་རབ་ལ་འཁོར་ཚུལ་དང་། དེ་དང་འབྲེལ་བའི་ཉིན་ཞག་གི་རིང་ཐུང་དང་ཟླ་བའི་འཕེལ་འགྲིབ། རྒྱུ་སྐར་ཉེར་བརྒྱད་དང་སྐར་མའི་ཁྱིམ་བཅུ་གཉིས་ལྟ་བུ་གནའ་བོའི་རྒྱ་གར་དང་མེ་སོ་པོ་ཏ་མེ་ཡའི་ཤེས་རིག་གི་གནམ་རིག་སྐར་རྩིས་ཀྱི་ཤེས་བྱ་རྣམས་འདུས་ཡོད།[3]

ཕྱི་སྣོད་འཇིག་རྟེན་གྱི་ཆགས་ལུགས་ཀྱི་རྗེས་སུ་ནང་བཅུད་ཀྱི་སེམས་ཅན་སྐོར་ཡིན་ཏེ། སེམས་ཅན་གྱི་རིགས་ཐམས་ཅད་ནི་ལས་ཀྱི་རྣམ་སྨིན་ཐ་དད་པའི་དབང་གིས། རིའི་རྒྱལ་པོ་རི་རབ་ཀྱི་སུམ་ཅུ་རྩ་སུམ་ལྷ་གནས་མས་ཀྱི་ཁམས་གསུམ་དུ་གནས་པའི་སེམས་ཅན་རྣམས་ཀྱི་གཟུགས་དང་ཚེ་ཡི་རིང་ཐུང་དང་། ཡུན་ཚད་དང་འཇལ་ཚད་ཀྱི་བརྩི་ཚུལ་སོགས་ཡིན། དེ་ནས་འགྲོ་བ་མིའི་བྱུང་བ་དང་འབྲེལ་བའི་བརྗོད་པ་ཚར་བ་ནས་བཟུང་། བོད་ཡུལ་དུ་མི་བྱུང་རབས་དང་ལོ་རྒྱུས་ཀྱི་སྐོར་ཏེ། བོད་དུ་སངས་རྒྱས་ཀྱི་བསྟན་པ་བྱུང་རབས་དང་། བོད་མིའུ་གདུང་དྲུག་རྣམས་བྲག་སྲིན་མོ་དང་སྤྲེའུ་བྱང་ཆུབ་སེམས་དཔའི་རྒྱུད་ལས་གྲོལ་ཚུལ་སོགས་དུས་རབས་བདུན་པ་ནས་བཅོ་ལྔ་པའི་བར་གྱི་བོད་ཀྱི་ཆོས་སྲིད་ལོ་རྒྱུས་ཀྱི་བྱུང་རབས་ཡོངས་སུ་འདུས་ཡོད།

སྔོན་གླིང་གི་སྐབས་སུ་ཞུས་པ་ལྟར་འཇིག་རྟེན་ཆགས་ལུགས་ཀྱི་ལེའུ་ནི་གཙོ་བོ་མངོན་པ་མཛོད་དང་དེའི་ཡིག་ཆ་ཁག་གི་ལུགས་ལྟར་བརྗོད་ཡོད་པ་ཞིག་ཡིན་ཀྱང་།[4] དཔལ་དུས་ཀྱི་འཁོར་ལོའི་ཤུགས་རྐྱེན་ཡང་མི་ཉུང་བ་ཞིག་ཐོག་ཡོད་ཕྱིར། ལེའུ་འདིར་གཞི་གཅིག་པ་དང་ལུགས་ཐ་དད་པའི་ལྟ་གྲུབ་དེ་གཉིས་རྒྱུན་གཅིག་ཏུ་བབས་ཡོད་པར་མ་ཟད།[5] ཉི་ཟླ་སྐར་གསུམ་གྱི་ཚན་པ་ཁག་ཡུལ་ལུང་རང་གི་ཁྱད་ཆོས་དང་ལྡན་པའི་ལུགས་ཤིག་ཀྱང་ཐར་ཐོར་དུ་མངོན་ཡོད། ལེའུ་འདི་ཡི་བརྗོད་བྱའི་ནང་དོན་དུ་སངས་རྒྱས་ཆོས་ལུགས་ཀྱི་ཐ་སྙད་སྣ་ཚོགས་ཤིག་ཐོན་ཡོད་ཕྱིར། བཤད་པའི་གླུ་པ་རྣམས་ཀྱིས་འཇིག་རྟེན་ཆགས་ལུགས་ནི་བཤད་པའི་ལེའུ་ཀུན་ལས་ཆེས་རྗོགས་

པར་དཀའ་བའི་ཚན་པ་ཞིག་ཏུ་ངོས་འཛིན་བྱེད་བཞིན་ཡོད། དེའི་སྐབས་ཀྱིས་ལེའུ་གཞན་རྣམས་དང་བསྡུར་ན་ལེའུ་འདིར་ཆད་ལྷག་ཀྱང་གང་འཚམ་ཞིག་ཤོར་ཡོད་པ་རེད། ཡིན་ནའང་། ལེའུ་འདིར་སངས་རྒྱས་ཆོས་ལུགས་ཀྱི་འཇིག་རྟེན་ལྟ་གྲུབ་དང་འབྲེལ་བའི་ཤེས་བྱའི་རིགས་མང་ཙམ་ཞིག་ཐོན་ཚུལ་གྱིས། ཡུན་རིང་བའི་ལོ་རྒྱུས་ཀྱི་རྒྱུད་རིམ་དུ་སངས་རྒྱས་ཆོས་ལུགས་ཀྱི་ཤེས་བྱ་རྣམས་རིམ་གྱིས་དག་རྒྱུན་རྩོམ་རིག་གི་རྣམ་པར་གྱུར་བའི་སྣང་ཚུལ་གྱི་ཟུར་ཙམ་ཞིག་མངོན་ཡོད།

དེད་ཅག་གི་ལག་ཏུ་རྙེད་པའི་འཇིག་རྟེན་ཆགས་ལུགས་ཀྱི་སྒྲ་ཕབ་དང་ཡིག་ཆའི་ནང་དོན་རྣམས་ནི་ཕལ་ཆེར་ཆ་མཚུངས་ཤིང་།[6] འདིར་བཀོད་ཡོད་པ་ནི་རྒྱ་ཆའི་པར་གཞི་བཅུ་ཡས་མས་ཤིག་མཉམ་དུ་བསྡེབས་པའི་འབྲས་བུ་ཡིན།[7] དེའང་སྤྱིར་བཏང་གི་བོད་ཀྱི་ལོ་རྒྱུས་བྱུང་རབས་བརྗོད་པའི་གོ་རིམ་ལྟར། ཐོག་མར་འཇིག་རྟེན་གྱི་ཆགས་རབས་དང་། དེ་ནས་མིའི་ལོ་རྒྱུས། དེ་ནས་བོད་ཀྱི་ལོ་རྒྱུས་ཀྱི་བརྗོད་སྲོལ་ཡོད་པ་ལྟར་རིམ་བཞིན་དུ་བསྒྲིགས་ཡོད་ལ། གཞན་ཡང་ཀློག་པ་པོ་རྣམས་ལ་སྐབས་བདེ་བའི་ཆེད་དུ་འཇིག་རྟེན་འཇིག་པའི་ལེའུ་ནི་ཆགས་པའི་ལེའུ་ཡི་སྔོན་དུ་བཀོད་དེ། ཅོ་ནེའི་ཡུལ་གྱི་གླུ་པ་རྣམས་ཀྱིས་བཤད་སྟངས་ལྟར་ན་འཇིག་པའི་ལེའུ་དང་ཆགས་པའི་ལེའུ་ལ་དོན་དུ་སྔ་ཕྱིའི་གོ་རིམ་ངེས་གཏན་ཞིག་མེད་པ་དང་། དེ་ནི་འབྲེལ་ཡོད་བརྗོད་བྱ་ལས། ཆགས་བཤད་སྔ་ན་ཆགས་ཚུལ་ཤོད། འཇིག་བཤད་སྔ་ན་འཇིག་ཚུལ་ཤོད་ཅེས་པ་ལྟར། ཀྲེར་མཁན་རྣམས་ཀྱིས་སོ་སོའི་གོ་བ་དང་ཤེས་ཚོད་ལྟར་སྐབས་གང་ལེགས་དང་བསྟུན་ནས་ཀྲེར་བཞིན་ཡོད་པ་རེད།

མཇུག་མཆན།

1 སངས་རྒྱས་ཆོས་ལུགས་ཀྱི་འཇིག་རྟེན་ཆགས་ལུགས་དང་འབྲེལ་བའི་དཔྱད་ཞིབ་ཀྱི་སྐོར་ལ་འདིར་གཟིགས་པར་ཞུ། Rupert Gethin, *The Foundations of Buddhism* (Oxford: Oxford University Press, 1998), pp. 112–26; Akira Sadakata, *Buddhist Cosmology: Philosophy and Origins*, trans. by Gaynor Sekimori (Tokyo: Kōsei Publishing Co., 1997), pp. 19–110.

2 བྲམ་ཟེར་ཆོས་ལུགས་དང་སངས་རྒྱས་ཆོས་ལུགས་ཀྱི་རིའི་རྒྱལ་པོ་རི་རབ་ཆགས་ལུགས་དང་འབྲེལ་བའི་བསྡུར་དཔྱད་ཀྱི་སྐོར་ལ་འདིར་གཟིགས་པར་ཞུ། Ian W. Mabbett, 'The Symbolism of Mount Meru', *History of Religions*, 23.1 (1983), 64–83.

3 Philippe Cornu, *Tibetan Astrology*, trans. by Hamish Gregor (Boston and London: Shambhala Publications, 1997), pp. 129–30.

4 སྔ་རབས་ཀྱི་ནང་པའི་བསྟན་བཅོས་ཁག་ཏུ་འདིའི་སྐོར་ངེས་ཅན་ཞིག་ཐོན་ཡོད་པ་དང་། དཔེར་ན་སྤྱི་ལོ་སྔོན་གྱི་༤༧༣ཡས་མས་སུ་བྱུང་བར་འདོད་པའི་མདོ་ཕྲན་ཚེགས་ལས་ཐོག་མར་དམྱལ་བའི་སྐོར་གྱི་ལེའུ་ཕྲན་བུ་རེ་ཐོན་ཡོད།

5 ཆོས་མངོན་པ་མཛོད་དང་དཔལ་དུས་ཀྱི་འཁོར་ལོའི་འཇིག་རྟེན་ཆགས་ལུགས་དང་འབྲེལ་བའི་བསྡུར་དཔྱད་ཀྱི་སྐོར་ལ་འདིར་གཟིགས་པར་ཞུ། Vesna Wallace, *The Inner Kalacakratantra: A Buddhist Tantric view of the Individual* (Oxford: Oxford University Press, 2001), pp. 66–76.

6 NDདང་FY (རི་རྒྱལ་ལྷུན་པོ།) ནང་གི་ནང་དོན་ཁག་ནི་པར་གཞི་གཞན་རྣམས་དང་ཁྱད་པར་ཅུང་ཆེ་ཕྱིར། ཆེད་དུ་ཞབས་མཆན་དུ་བཀོད་ཡོད།

7 འབྲེལ་ཡོད་ནང་དོན་གྱི་སྐོར་གུང་བསྡུར་བྱེད་དུས་མངོན་པ་མཛོད་ཀྱི་རྩ་བ་དཔྱད་གཞིར་བཟུང་ཡོད། མཁན་ཆེན་ཁྲ་འགུ་རིན་པོ་ཆེ། ཆོས་མངོན་པ་མཛོད་ཀྱི་འགྲེལ་ཆུང་གྲུབ་བདེའི་བཅུད་བསྡུས། (Vajra Vidya Institute Library, 2020).

成世说

佛教视野中的宇宙或世界(འཇིག་རྟེན།)由器世间(ཕྱི་སྣོད་འཇིག་རྟེན།)和居于其中并依其而生(རྟེན།)的有情众生(ནང་བཅུད་སེམས་ཅན།)构成。因为有情的共业，世界一次次形成并毁灭。[1]劫(བསྐལ་པ།梵*kalpa*)，即宇宙时间，是计算这一演化的单位。一大劫(བསྐལ་པ་ཆེན་པོ།)由成(ཆགས་པའི་བསྐལ་པ།)、住(གནས་པའི་བསྐལ་པ།)、坏(འཇིག་པའི་བསྐལ་པ།)、空(སྟོང་པའི་བསྐལ་པ།)四个中劫(བསྐལ་པ་ཆེན་པོ་བཞི།)组成。根据《俱舍论》，成住二劫合称为成劫，坏空二劫合称为坏劫。

本篇主要关于世界的形成与毁坏。它以有情众生之坏，特别是天人与人的毁坏开篇，揭示了有情是如何因各自的业力、不同的因缘、以不同的方式而毁灭。随后，本篇罗列了有情众生依赖的佛教宇宙要素，为接下来讲述器世间的起源与构成提供了一个大纲。接下来的叙述聚焦于世界的形成。首先解释了构成一切物质的元素，即四大种(འབྱུང་བ་བཞི།)，接着讲述了众生共业致使风轮(རླུང་གི་དཀྱིལ་འཁོར།)成型。风轮之上则是水轮(ཆུ་ཡི་དཀྱིལ་འཁོར།)与支撑宇宙之山须弥山的金色地轮(གསེར་གྱི་དཀྱིལ་འཁོར།)。[2]作为宇宙中心，须弥山是描述佛教世界观的参照物。因此，此篇阐释了围绕着须弥山、被大铁围山(ལྕགས་རི་ནག་པོ།)斫迦罗环绕的七重金山、七香水海及四大洲。同时也以须弥山为参照物，讲述了星宿运动，并详细阐释了白昼长短和月亮盈亏。印度占星术的二十八星宿和美索不达米亚占星系统的十二星座在此也有涉及。[3]

本篇在叙述完器世间后，对居住在器世间的有情众生进行了阐释。具体讲了按业力不同，居住在须弥山上、由三十一层所组成的三界(ཁམས་གསུམ།)的有情众生。接着叙及众生的身高和寿命等特征。描述这些时还讨论了长度的度量与计算方式。在叙述完有关人的内容后，此篇将焦点转向藏族的起源和历史。它以简明扼要的口吻讲述佛教在西藏的发展：即藏族如何源于开智的猕猴以及佛教从七世纪传入藏地至十五世纪的发展情况。这一部分不仅讲述了西藏的政治与宗教历史，而且展示了口述历史(རབས། ལོ་རྒྱུས།)对藏族口头文学的重要意义。

如导论所言，“成世说”在很大程度上受到阿毗达磨传统，[4]尤其受到了根据《俱舍论》编辑的手册的影响。此外，它也受时轮金刚传统影响。这两个传统共享佛教的一些基本思想，同时保持各自的哲学特性。[5]除了这两个影响深远的传统，读者或许会在“日月星宿”一节中，发现人们对世界较为本土化的理解。由于“成世说”使用了大量佛教术语来描述宇宙，在卓尼，几乎所有歌者都认为它是释巴中最“深奥”且最“难记难唱”的篇章。所以与其他篇相比，本篇的口述有些不一致或碎片化。尽管如此，此处呈现的佛教世界观的知识，表明了佛教在当地长久以来的口头化(世俗化)。

我们收集的关于"成世说"的录音与文本资料大体上重合。[6]此篇基于对十种原始资料的编订。[7]遵循藏族历史叙述的结构，我们以世界起源及其形状开篇，进入到人类的历史，最后以藏族历史结尾。需要注意的是，为了便于读者理解，我们选择将毁世的内容安排在成世之前。在当地理解中，成世与坏世的先后是一个类似于"先有鸡还是先有蛋"的问题，没有绝对的答案或公认的顺序。如诗句所指，"若先成世释成情，若先坏世释坏情"。据此，歌者时常基于自己的理解和专业知识，辩论并讨论这一点。故而表演时的叙述顺序非常灵活。

尾注

1 关于佛教世界观的概要，见Rupert Gethin, *The Foundations of Buddhism* (Oxford: Oxford University Press, 1998), pp. 112–26； Akira Sadakata, *Buddhist Cosmology: Philosophy and Origins*, trans. by Gaynor Sekimori (Tokyo: Kōsei Publishing Co., 1997), pp. 19–110。

2 关于印度教与佛教文献中对须弥山的讨论，见Ian W. Mabbett, 'The Symbolism of Mount Meru', *History of Religions*, 23.1 (1983), 64–83。

3 Philippe Cornu, *Tibetan Astrology*, trans. by Hamish Gregor (Boston and London: Shambhala Publications, 1997), pp. 129–30.

4 此篇内容或多或少已被其他早期的佛教经典涵盖，例如《长阿含经》（梵*Dīrgha*-āgama, 公元前413年）中对人堕落的讨论。

5 有关阿毗达磨与时轮金刚传统中世界观的异同讨论，见Vesna Wallace, *The Inner Kalacakratantra: A Buddhist Tantric view of the Individual* (Oxford: Oxford University Press, 2001), pp. 66–76。

6 ND和FY（རི་རྒྱལ་ལྷུན་པོ།）中的一些部分与其他版本大有不同。鉴于此，我们将其列于脚注而非未正文中。

7 我们的编辑和辑录受益于མཁན་ཆེན་ཁྲ་འགུ་རིན་པོ་ཆེ། ཆོས་མངོན་པ་མཛོད་ཀྱི་འགྲེལ་ཆུང་གྲུབ་པའི་བཅུད་བསྡུས། (Vajra Vidya Institute Library, 2020)。

འཇིག་རྟེན་ཆགས་ལུགས། 成世说
The Formation of the World

དྲི། 问
Question:

སྐྱབས་བསླུ་མེད་དཀོན་མཆོག་རྣམ་གསུམ་རེད།[1] 不堕庇护三宝也
The Three Jewels are the infallible refuge.

དྲིན་ཆེ་ནི་དྲིན་ཆེན་པ་མ་རེད།[2] 恩情最盛父母也
Parents are those to whom we are most grateful.

རྩ་ཆེ་ནི་འཇིག་རྟེན་ཆགས་ལུགས་རེད།[3] 开辟鸿蒙殊胜也
The formation of the world is the most fundamental.

དེ་ཆགས་བསྡུད་སྔ་ན་འཇིག་བསྡུད་སྔ།[4] 先成世或先坏世
Which happens first: the formation of the world or its destruction?

ཆགས་བསྡུད་སྔ་ན་ཆགས་ཚུལ་ཤོད།[5] 若先成世释成情
If the formation of the world happens first, please narrate how it is formed.

---

1 MT: **སྐྱབས་བསླུ་མེད་དཀོན་མཆོག་རྣམ་གསུམ་རེད།** PT: སྐྱབས་སླུ་མེད་དཀོན་མཆོག་རྣམ་གསུམ་རེད། FY (འཇིག་རྟེན་ཆགས་ལུགས།): སྐྱབས་སླུ་མེད་པ་དཀོན་མཆོག་གསུམ་རེད།

2 MT: **དྲིན་ཆེ་ནི་དྲིན་ཆེན་པ་མ་རེད།** LT, FY (འཇིག་རྟེན་ཆགས་ལུགས།): དྲིན་ཆེ་བ་དྲིན་ཆེ་པ་མ་རེད། PT: དྲི་ཆེ་བ་དྲིན་ཆེ་པ་མ་རེད།

3 MT: **རྩ་ཆེ་ནི་འཇིག་རྟེན་ཆགས་ལུགས་རེད།** LT, PT, FY (འཇིག་རྟེན་ཆགས་ལུགས།): རྩ་ཆེ་བ་འཇིག་རྟེན་ཆགས་ལུགས་རེད།

4 MT: **དེ་ཆགས་བསྡུད་སྔ་ན་འཇིག་བསྡུད་སྔ།** LT: དེ་ཆགས་པ་སྔའམ་འཇིག་པ་སྔ། PT: དེ་ཆགས་ཀྱང་སྔ་ན་འཇིག་ཀྱང་སྔ། FY (འཇིག་རྟེན་ཆགས་ལུགས།): དེ་ཆགས་ཀྱང་སྔ་འམ་འཇིག་ཀྱང་སྔ།

5 MT: **ཆགས་བསྡུད་སྔ་ན་ཆགས་ཚུལ་ཤོད།** LT: དེ་ཆགས་པ་སྔ་ན་ཆགས་ཚུལ་ཤོད། PT: དེ་ཆགས་ཀྱང་སྔ་ན་ཆགས་ཚུལ་བཤད། FY (འཇིག་རྟེན་ཆགས་ལུགས།): དེ་ཆགས་ཀྱང་སྔ་ན་ཆགས་ཚུལ་ཤོད།

འཛིག་བསྡད་སྔ་ན་འཛིག་ཚུལ་ཤོད།[6] 若先坏世释坏情

If the destruction of the world happens first, please narrate how it is destroyed.

ལན། 答

Answer:

དེ་ཆགས་བསྡད་མ་སྔ་འཛིག་བསྡད་སྔ།[7] 非先成世先坏世

The destruction of the world happens first, not its formation.

དང་པོ་འཛིག་པའི་འཛིག་གསུམ་ཡོད།[8] 先有坏世三种力

First, there are three forces of destruction.

བར་དུ་རྟེན་པའི་རྟེན་གསུམ་ཡོད།[9] 再有续成三种力

Then, there are three supporting forces.

ཐ་མ་ཆགས་པའི་ཆགས་གསུམ་ཡོད།[10] 后有成世三种力

Lastly, there are three forces of formation.

དྲི། 问

Question:

འཛིག་རྟེན་ཆགས་གསུམ་བཤད་རྒྱུ་ན།[11] 释成住坏三者也

Speaking of the formation, of the supporting forces, and of the destruction of the world,

---

6 MT: **འཛིག་བསྡད་སྔ་ན་འཛིག་ཚུལ་ཤོད།** LT: དེ་འཛིག་པ་སྔ་ན་འཛིག་ཚུལ་ཤོད། PT: དེ་འཛིག་ཀྱང་སྔ་ན་འཛིག་ཚུལ་བཤད། FY (འཛིག་རྟེན་ཆགས་ལུགས།): དེ་འཛིག་ཀྱང་སྔ་ན་འཛིག་ཚུལ་ཤོད།

7 MT: **ཆགས་བསྡད་མ་སྔ་འཛིག་བསྡད་སྔ།** LT: དེ་ཆགས་པ་མི་སྔ་འཛིག་པ་སྔ། PT, FY (འཛིག་རྟེན་ཆགས་ལུགས།): དེ་ཆགས་ཀྱང་མི་སྔ་འཛིག་ཀྱང་སྔ།

8 ED: **དང་པོ་འཛིག་པའི་འཛིག་གསུམ་ཡོད།**

9 ED: **བར་དུ་རྟེན་པའི་རྟེན་གསུམ་ཡོད།**

10 ED: **ཐ་མ་ཆགས་པའི་ཆགས་གསུམ་ཡོད།**

11 CM: འཛིག་རྟེན་ཆགས་གསུམ་བཤད་ཀྱིས་ནས། FY (འཛིག་རྟེན་འཛིག་ལུགས།): **འཛིག་རྟེན་ཆགས་གསུམ་བཤད་རྒྱུ་ན།**

དང་པོ་འཇིག་པའི་འཇིག་གསུམ་ཤོད།[12] 先释坏世三种力

Please tell of the three forces of destruction first.

བར་དུ་རྟེན་པའི་རྟེན་གསུམ་ཤོད།[13] 再释续成三种力

Then, please tell of the three supporting forces.

ཐ་མ་ཆགས་པའི་ཆགས་གསུམ་ཤོད།[14] 后释成世三种力

In the end, please tell of the three forces of formation.

གླུ་དལ་བུར་ཤོག་དང་བྲེལ་བ་མེད། 歌徐陈之莫匆促

Please sing the song slowly, there is no hurry.

ལན། 答

Answer:

དང་པོ་འཇིག་གསུམ་བཤད་རྒྱུ་ན།[15] 先释坏世三种力

First, the three forces of destruction are:

མེ་འཇིག་ཆུ་འཇིག་རླུང་འཇིག་གསུམ།[16] 有火水风三者矣

Fire, water, and wind.

བར་དུ་རྟེན་གསུམ་བཤད་རྒྱུ་ན།[17] 再释续成三种力

Then, the three supporting forces are:

རྟེན་པ་མེ་རླུང་ཆུ་གསུམ་རྟེན།[18] 有火水风三者矣

Fire, water, and wind.

---

12 CM: དང་པོ་འཇིག་པའི་འཇིག་གསུམ་བཤད། FY (འཇིག་རྟེན་འཇིག་ལུགས།): དང་པོ་འཇིག་པའི་འཇིག་གསུམ་ཤོད།

13 CM: བར་དུ་རྟེན་པའི་རྟེན་གསུམ་བཤད། FY (འཇིག་རྟེན་འཇིག་ལུགས།): བར་དུ་རྟེན་པའི་རྟེན་གསུམ་ཤོད།

14 CM: ཐ་མ་ཆགས་པའི་ཆགས་གསུམ་བཤད། FY (འཇིག་རྟེན་འཇིག་ལུགས།): ཐ་མ་ཆགས་པའི་ཆགས་གསུམ་ཤོད།

15 CM: དང་པོ་འཇིག་རྟེན་བཤད་ཀྱི་ན། FY (འཇིག་རྟེན་འཇིག་ལུགས།): དང་པོ་འཇིག་གསུམ་བཤད་རྒྱུ་ན།

16 CM: མི་འཇིག་ཆུ་འཇིག་རླུང་འཇིག་༣། FY (འཇིག་རྟེན་འཇིག་ལུགས།): མེ་འཇིག་ཆུ་འཇིག་རླུང་འཇིག་གསུམ།

17 CM: བར་དུ་རྟེན༣་བཤད་གྱིད་ན། FY (འཇིག་རྟེན་འཇིག་ལུགས།): བར་དུ་རྟེན་གསུམ་བཤད་རྒྱུ་ན།

18 CM: རྟེན་པ་མི་རླུང་ཆུང་༣་རྟེན། FY (འཇིག་རྟེན་འཇིག་ལུགས།): རྟེན་པ་མེ་རླུང་ཆུ་གསུམ་རྟེན།

ཐ་མ་ཆགས་གསུམ་བཤད་རྒྱུ་ན།[19] 后释成世三种力

Lastly, the three forces of formation are:

མེ་རླུང་ཆུ་གསུམ་དང་པོ་ཆགས།[20] 有火水风三者矣

Fire, wind, and water.

འཇིག་རྟེན་ཆགས་གསུམ་དེ་འདྲ་ཡིན།[21] 成住坏三世如是

Such are the formation, the supporting forces, and the destruction of the world.

ཕྱི་སྣོད་འཇིག་རྟེན། 器世间
The External World

འཇིག་པའི་ལེའུ། 坏世
The Destruction of the World

དྲི། 问

Question:

དང་པོ་འཇིག་ཚུལ་བཤད་རྒྱུ་ན།[22] 先释世界之坏兮

To start, speaking of how the world is destroyed,

བསྐལ་པ་མ་འཇིག་དང་པོ་ན།[23] 初时劫尚未坏也

At the beginning, when the aeon is not yet destroyed,

---

19 CM: ཐ་མ་ཆགས་ཟ་བཤད་ཀྱིད་ན། FY (འཇིག་རྟེན་འཇིག་ལུགས།): **ཐ་མ་ཆགས་གསུམ་བཤད་རྒྱུ་ན།**

20 CM: མེ་རླུང་ཆུ་ཟ་དང་པོ་ཆགས། FY (འཇིག་རྟེན་འཇིག་ལུགས།): **མེ་རླུང་ཆུ་གསུམ་དང་པོ་ཆགས།**

21 CM: འཇིག་རྟེན་ཆགས་ཟ་དེ་ཏུ་ཡིན། FY (འཇིག་རྟེན་འཇིག་ལུགས།): **འཇིག་རྟེན་ཆགས་གསུམ་དེ་འདྲ་ཡིན།**

22 CM: དང་པོ་འཇིག་ཚུལ་བཤད་ཀྱིད་ན། FY (འཇིག་རྟེན་འཇིག་ལུགས།): **དང་པོ་འཇིག་ཚུལ་བཤད་རྒྱུ་ན།**

23 CM: **བསྐལ་པ་མ་འཇིག་དང་པོ་ན།** FY (འཇིག་རྟེན་འཇིག་ལུགས།): བསྐལ་བ་མ་འཇིག་དང་པོ་ན།

དང་པོ་ལྷ་གནས་འཇིག་ཚུལ་ཤོད།[24] 先释天界之坏情

Please first tell of how the celestial realm is destroyed.

བར་དུ་སེམས་ཅན་འཇིག་ཚུལ་ཤོད།[25] 再释有情世间坏

Then, please tell of how sentient beings are destroyed.

ཐ་མ་བསྐལ་པ་འཇིག་ཚུལ་ཤོད།[26] 后释劫之毁坏情

In the end, please tell of how the aeon is destroyed.

གླུ་དལ་མོ་ལོངས་དང་རྗེས་ན་ཡོད། 有歌相继徐徐咏

Sing it slowly, and more songs will follow.

ལན། 答

Answer:

ལྷ་གནས་འཇིག་ཚུལ་བཤད་རྒྱུ་ན།[27] 先释天界之坏情

Speaking of the destruction of the celestial realm,

ལྷ་གནས་འཐབ་རྩོད་མཚོན་གྱིས་འཇིག[28] 天界坏于争战矣

It is destroyed by battles.

སེམས་ཅན་འཇིག་ཚུལ་བཤད་རྒྱུ་ན།[29] 再释有情众生坏

Speaking of the destruction of sentient beings,

---

24 CM: དང་པོ་ལྷ་གསན་འཇིག་ཚུལ་བཤད། FY (འཇིག་རྟེན་འཇིག་ལུགས།): **དང་པོ་ལྷ་གནས་འཇིག་ཚུལ་ཤོད།**

25 CM: བར་དུ་སེམས་ཅན་འཇིག་ཚུལ་བཤད། FY (འཇིག་རྟེན་འཇིག་ལུགས།): **བར་དུ་སེམས་ཅན་འཇིག་ཚུལ་ཤོད།**

26 CM: ཐ་མ་བསྐལ་པ་འཇིག་ཚུལ་བཤད། FY (འཇིག་རྟེན་འཇིག་ལུགས།): ཐ་མ་བསྐལ་བ་འཇིག་ཚུལ་ཤོད། NT: **ཐ་མ་བསྐལ་པ་འཇིག་ཚུལ་ཤོད།**

27 CM: ལྷ་ནས་འཇིག་ཚུལ་བཤད་ཀྱིད་ན། FY (འཇིག་རྟེན་འཇིག་ལུགས།): **ལྷ་གནས་འཇིག་ཚུལ་བཤད་རྒྱུ་ན།**

28 CM: ལྷ་རྣམས་འཐབ་ཅབ་མཚན་ཀྱི་འཇིག།FY (འཇིག་རྟེན་འཇིག་ལུགས།): ལྷ་གནས་འཐབ་རྩོད་མཚན་གྱིས་འཇུག ED: **ལྷ་གནས་འཐབ་རྩོད་མཚོན་གྱིས་འཇིག།**

29 CM: སེམས་ཅན་འཇིག་ཚུལ་བཤད་ཀྱིད་ན། FY (འཇིག་རྟེན་འཇིག་ལུགས།): **སེམས་ཅན་འཇིག་ཚུལ་བཤད་རྒྱུ་ན།**

ནད་ཡམས་མུ་གེ་མཚོན་གྱིས་འཇིག[30] 瘟疫饥馑刀兵矣

They are destroyed by plague, famine, and warfare.

བསྐལ་པ་འཇིག་ཚུལ་བཤད་རྒྱུ་ན།[31] 后释劫之毁坏情

Speaking of the destruction of the aeon,

མེ་རླུང་ཆུ་གསུམ་རྐྱེན་གྱིས་འཇིག[32] 坏于火风水三者

It is destroyed by fire, wind, and water.

གླུ་དེ་ཡི་ལན་ལ་དེ་འདྲ་ཡིན། 如是答复彼歌矣

This is the response to the song.

དྲི། 问

Question:

ལྷ་རྣམས་འཐབ་རྩོད་བྱེད་དུས་དེར།[33] 于天人之争战时

When the gods engage in battles,

ལྷ་ཡི་རྒྱལ་པོ་གང་ཡིན་ཟེར།[34] 天人之王者孰耶

Who is the King of the gods?

ལྷ་རྣམས་འཐབ་རྩོད་བྱེད་ཚུལ་ཤོད།[35] 释天人之争战情

Please tell of how the gods engage in battles.

---

30 CM: ནད་ཡམས་མུ་གེ་མཚུན་འཇིག་ན། FY (འཇིག་རྟེན་འཇིག་ལུགས།): སེམས་ཅན་མི་གེ་མཚན་གྱི་འཇུག ED: **ནད་ཡམས་མུ་གེ་མཚོན་གྱིས་འཇིག**

31 CM: བསྐལ་པ་འཇིག་ཚུལ་བཤད་ཀྱིད་ན། FY (འཇིག་རྟེན་འཇིག་ལུགས།): བསྐལ་བ་འཇིག་ཚུལ་བཤད་རྒྱུ་ན། ED: **བསྐལ་པ་འཇིག་ཚུལ་བཤད་རྒྱུ་ན།**

32 CM: མེ་རླུང་ཆུ་ཨ་རྐྱེན་གྱིས་འཇིག།FY (འཇིག་རྟེན་འཇིག་ལུགས།): མེ་རླུང་ཆུ་གསུམ་མཚན་གྱིས་འཇིག ED: **མེ་རླུང་ཆུ་གསུམ་རྐྱེན་གྱིས་འཇིག**

33 CM, FY (འཇིག་རྟེན་འཇིག་ལུགས།): ལྷ་གནས་འཐབ་རྩོད་བྱེད་དུས་དེ། ED: **ལྷ་རྣམས་འཐབ་རྩོད་བྱེད་དུས་དེར།**

34 CM, FY (འཇིག་རྟེན་འཇིག་ལུགས།): **ལྷ་ཡི་རྒྱལ་པོ་གང་ཡིན་ཟེར།**

35 CM: ལྷ་རྣམས་འཐབ་རྩོད་བྱེད་ཚུལ་བཤད། FY (འཇིག་རྟེན་འཇིག་ལུགས།): ལྷ་གནས་འཐབ་རྩོད་བྱེད་ཚུལ་ཤོད། ED: **ལྷ་རྣམས་འཐབ་རྩོད་བྱེད་ཚུལ་ཤོད།**

ལྷ་གནས་མཚོན་གྱིས་འཇིག་ཚུལ་ཤོད།[36] 释争战坏天界情

Please narrate how the celestial realm is destroyed by warfare.

ལན། 答

Answer:

ལྷ་ཡི་རྒྱལ་པོ་བཤད་རྒྱུ་ན།[37] 言天人之王者兮

Speaking of the King of the gods,

ལྷ་རྒྱལ་པོ་དབང་ཕྱུག་ཚངས་པ་ཡིན།[38] 大自在天者是也

It is the Almighty, Maheśvara.

འཁྲུག་པ་ལངས་ཚུལ་བཤད་རྒྱུ་ན།[39] 言争战何以启兮

Speaking of how battles start,

ཉོན་མོངས་བརྒྱ་ཡིས་འཁྲུགས་པ་ལངས།[40] 种种烦恼惹争斗

Numerous afflictions trigger the combat.

ལྷ་གནས་འཐབ་རྩོད་མཚོན་གྱིས་འཇིག[41] 争战坏天界如是

Warfare destroys the celestial realm.

36 CM: ལྷ་རྣམས་མཚན་གྱི་འཇིག་ཚུལ་བཤད། FY (འཇིག་རྟེན་འཇིག་ལུགས།): ལྷ་རྣམས་མཚན་གྱི་འཇུག་ཚུལ་ཤོད། ED: **ལྷ་གནས་མཚོན་གྱིས་འཇིག་ཚུལ་ཤོད།**

37 CM: ལྷའི་རྒྱལ་པོ་བཤད་ཀྱིད་ན། ED: **ལྷ་ཡི་རྒྱལ་པོ་བཤད་རྒྱུ་ན།**

38 CM: ལྷ་རྒྱལ་དབང་ཕྱུག་ཚངས་པ་ཡི། FY (འཇིག་རྟེན་འཇིག་ལུགས།): **ལྷ་རྒྱལ་པོ་དབང་ཕྱུག་ཚངས་པ་ཡིན།**

39 CM: འཁྲུགས་པ་ལངས་ཚུལ་བཤད་ཀྱིད་ན། FY (འཇིག་རྟེན་འཇིག་ལུགས།): **འཁྲུག་པ་ལངས་ཚུལ་བཤད་རྒྱུ་ན།**

40 CM: ཉོན་མོངས་བརྒྱ་ཡི་འཁྲུགས་པ་ལ། FY (འཇིག་རྟེན་འཇིག་ལུགས།): **ཉོན་མོངས་བརྒྱ་ཡིས་འཁྲུགས་པ་ལངས།**

41 CM: ལྷ་རྣམས་འཐབ་རྩོད་མཚན་གྱིས་འཇིག། FY (འཇིག་རྟེན་འཇིག་ལུགས།): ལྷ་གནས་འཐབ་རྩོད་མཚན་གྱིས་འཇིག ED: **ལྷ་གནས་འཐབ་རྩོད་མཚོན་གྱིས་འཇིག**

དྲི། 问
Question:

སེམས་ཅན་འཇིག་ཚུལ་བཤད་རྒྱུ་ན།[42] 有情众生之坏情
Speaking of the destruction of sentient beings,

སྔོན་མི་ཡི་རྒྱལ་པོ་གང་གི་དུས།[43] 往昔人王孰时耶
During which king's reign in the ancient past [did this occur]?

ནད་ཡམས་མུ་གེ་འོང་ཚུལ་ཤོད།[44] 瘟疫饥馑何以始
Please tell of how the plague and famine start.

སེམས་ཅན་མཚོན་གྱིས་འཇིག་ཚུལ་ཤོད།[45] 刀兵何以坏有情
Please tell of how sentient beings are destroyed by warfare.

གླུ་དལ་བུར་ཤོག་དང་བྲེལ་བ་མེད། 歌徐陈之莫匆促
Please sing the song slowly, there is no hurry.

ལན། 答
Answer:

སྔོན་རྒྱལ་པོ་སྟོབས་ཀྱི་དབང་པོ་གཅིག[46] 往昔伟力之王兮
It is during the reign of the King with great power,

42 CM: སེམས་ཅད་འཇིག་ཚུལ་བཤད་ཀྱི་ན། FY (འཇིག་རྟེན་འཇིག་ལུགས།): **སེམས་ཅན་འཇིག་ཚུལ་བཤད་རྒྱུ་ན།**

43 CM: སྔོན་མི་རྒྱལ་པོ་གང་འི་ཟེར། FY (འཇིག་རྟེན་འཇིག་ལུགས།): སྔོན་མི་ཡི་རྒྱལ་པོ་གང་གི་བེར། ED: **སྔོན་མི་ཡི་རྒྱལ་པོ་གང་གི་དུས།**

44 CM: ནད་ཡམས་མུ་གེ་འོང་ཚུལ་བཤད། FY (འཇིག་རྟེན་འཇིག་ལུགས།): **ནད་ཡམས་མུ་གེ་འོང་ཚུལ་ཤོད།**

45 CM: སེམས་ཅན་མཚན་གྱི་འཇིག་ཚུལ་བཤད། FY (འཇིག་རྟེན་འཇིག་ལུགས།): སེམས་ཅན་མཚན་གྱིས་འཇིག་ཚུལ་ཤོད། ED: **སེམས་ཅན་མཚོན་གྱིས་འཇིག་ཚུལ་ཤོད།**

46 CM: སྔོན་རྒྱལ་པོ་སྟོབས་ཀྱི་དབང་པོ་ཀ། FY (འཇིག་རྟེན་འཇིག་ལུགས།): སྔོན་མི་རྒྱལ་པོ་སྟོགས་ཀྱི་དབང་པོའི་བུ། ED: **སྔོན་རྒྱལ་པོ་སྟོབས་ཀྱི་དབང་པོ་གཅིག**

ཏོག་ཅེས་བྱ་བའི་རྒྱལ་པོའི་དུས།[47] 是谓叨王之时也

Who is addressed as Tok.[1]

འབྲས་བུ་ལོ་ཏོག་མ་བྱུང་ཞིང་།[48] 毋生毋产谷粮也

There was no harvest.

ནད་ཡམས་མུ་གེ་མཚོན་གྱིས་འཇིག[49] 瘟疫饥馑刀兵坏

Plague, famine, and warfare destroy everything.

གླུ་དེ་ཡི་ལན་ལ་དེ་འདྲ་ཡིན། 如是答复彼歌矣

This is the response to the song.

དྲི། 问

Question:

དང་པོ་ནད་ཡམས་འོང་ཚུལ་ཤོད།[50] 先释瘟疫何以始

First, please narrate how the plague starts.

བར་དུ་མུ་གེ་འོང་ཚུལ་ཤོད།[51] 再释饥馑何以始

Then, please narrate how the famine starts.

ཐ་མ་མཚོན་གྱིས་འཇིག་ཚུལ་ཤོད།[52] 后释刀兵何以坏

Last, please tell of the destruction by warfare.

---

47 CM: ཏོག་ཅེས་བྱ་བ་རྒྱལ་པོ་དུས། FY (འཇིག་རྟེན་འཇིག་ལུགས།): ཏོག་ཅེས་བྱ་བ་རྒྱལ་དུས། ED: **ཏོག་ཅེས་བྱ་བའི་རྒྱལ་པོའི་དུས།**

48 CM: འབྲས་བུ་ལོ་ལྟོག་མི་འབྱུང་ཞིང་། FY (འཇིག་རྟེན་འཇིག་ལུགས།): འབྲས་བུ་ལོ་ཏོག་མེད་འབྱུང་ཞིང་། ED: **འབྲས་བུ་ལོ་ཏོག་མི་འབྱུང་ཞིང་།**

49 CM: ནད་ཡམས་མུ་གེ་མཚན་གྱི་འཇིག། FY (འཇིག་རྟེན་འཇིག་ལུགས།): ནད་ཡམས་མུ་གེ་མཚན་གྱིས་འཇིག ED: **ནད་ཡམས་མུ་གེ་མཚོན་གྱིས་འཇིག**

50 CM: དང་པོ་ནད་ཀྱི་འོང་ཚུལ་བཤད། FY (འཇིག་རྟེན་འཇིག་ལུགས།): **དང་པོ་ནད་ཡམས་འོང་ཚུལ་ཤོད།**

51 CM: བར་དུ་མུ་གེ་འོང་ཚུལ་བཤད། FY (འཇིག་རྟེན་འཇིག་ལུགས།): **བར་དུ་མུ་གེ་འོང་ཚུལ་ཤོད།**

52 CM: ཐ་མ་མཚན་གྱི་འཇིག་ཚུལ་བཤད། FY (འཇིག་རྟེན་འཇིག་ལུགས།): ཐ་མ་མཚན་གྱི་འོང་ཚུལ་ཤོད། ED: **ཐ་མ་མཚོན་གྱིས་འཇིག་ཚུལ་ཤོད།**

གླུ་དལ་བུར་ཐོག་དང་བྲེལ་བ་མེད། 歌徐陈之莫匆促

Please sing the song slowly, there is no hurry.

ལན། 答

Answer:

ནད་ཡམས་འོང་ཚུལ་བཤད་རྒྱུ་ན།[53] 言瘟疫之起始情

Speaking of how the plague starts,

མི་རྣམས་ཟས་ཀྱིས་མ་འཚོ་བས།[54] 人界谷粮不足也

Food in the human realm is insufficient.

མདངས་མདོག་ངན་ཞིང་མ་བཟོད་ནས།[55] 体弱面色憔悴也

[Human beings] look pale and weak.

སྣ་ཚོགས་ནད་ཀྱང་བྱུང་བ་ཡིན།[56] 种种瘟疫如是现

Thus, all kinds of plagues occur.

མུ་གེ་འོང་ཚུལ་བཤད་རྒྱུ་ན།[57] 言饥馑之起始情

Speaking of how famine starts,

གཟའ་རྒྱུ་སྐར་ཉི་ཟླ་སྐར་མའི་འཁོར།[58] 日月星宿聚集也

The sun, moon, and stars gather together.

53 CM: ནད་ཡམས་འོང་ཚུལ་བཤད་ཀྱིད་ན། FY (འཇིག་རྟེན་འཇིག་ལུགས།): **ནད་ཡམས་འོང་ཚུལ་བཤད་རྒྱུ་ན།**

54 CM: མི་ཟས་ཀྱི་མ་ཚོ། FY (འཇིག་རྟེན་འཇིག་ལུགས།): མི་ཟས་ཀྱི་ཚང་མ་མདོག་ངན་ཅིང་། ED: **མི་རྣམས་ཟས་ཀྱིས་མ་འཚོ་བས།**

55 CM: མདོག་ངན་ཅིང་མི་བཟད། FY (འཇིག་རྟེན་འཇིག་ལུགས།): མི་བཟད་ནད་ཀྱང་འབྱུང་བ་ཡིན། ED: **མདངས་མདོག་ངན་ཞིང་མ་བཟོད་ནས།**

56 CM: ནད་ཀྱང་འབྱུང་བ་ཡིན། ED: **སྣ་ཚོགས་ནད་ཀྱང་བྱུང་བ་ཡིན།**

57 CM: མུ་གེ་འོང་ཚུལ་བཤད་ཀྱི་ན། FY (འཇིག་རྟེན་འཇིག་ལུགས།): **མུ་གེ་འོང་ཚུལ་བཤད་རྒྱུ་ན།**

58 CM: བཟའ་རྒྱུ་སྐར་ཉི་ཟླ་མ་དང་འཚུར། FY: (འཇིག་རྟེན་འཇིག་ལུགས།) བཟའ་རྒྱུ་སྐད་ཉིལ་མ་རྡངས་འཚུར། ED: **གཟའ་རྒྱུ་སྐར་ཉི་ཟླ་སྐར་མའི་འཁོར།**

མི་བཟད་མུ་གེ་བྱུང་བ་ཡིན།[59] 骇人饥荒示现也
The terrible famine happens.

མི་མཇེད་འཇིག་རྟེན་མཚོན་གྱིས་འཇིག[60] 娑婆世界刀兵坏
The mundane world is destroyed by warfare.

སེམས་ཅན་ཐམས་ཅད་མཚོན་གྱིས་འཇིག[61] 一切众生刀兵坏
Human beings are destroyed by warfare.

གླུ་དེ་ཡི་ལན་ལ་དེ་འདྲ་ཡིན། 如是答复彼歌矣
This is the response to the song.

དྲི། 问
Question:

མཚོན་གྱི་བསྐལ་པ་ཅི་འདྲ་འོང་།[62] 刀兵之灾长几何
How long does the age of weapons last?

ནད་ཡམས་བསྐལ་པ་ཅི་འདྲ་འོང་།[63] 瘟疫之灾长几何
How long does the age of plagues last?

མུ་གེ་བསྐལ་པ་ཅི་འདྲ་འོང་།[64] 饥馑之灾长几何
How long does the age of famines last?

---

[59] CM, FY (འཇིག་རྟེན་འཇིག་ལུགས།): མི་བཟད་མུ་གེ་འབྱུང་བ་ཡིན། ED: **མི་བཟད་མུ་གེ་བྱུང་བ་ཡིན།**

[60] CM: མ་རྒྱུད་རྒྱུད་ལྡན་མཚན་གྱིས་འཆར། FY (འཇིག་རྟེན་འཇིག་ལུགས།): མ་རུང་རླུང་ལྡན་མཚན་གྱིས་འཆར། ED: **མི་མཇེད་འཇིག་རྟེན་མཚོན་གྱིས་འཇིག**

[61] CM: སེམས་ཅན་ཐམས་ཅད་མཚན་གྱི་འཇིག།FY (འཇིག་རྟེན་འཇིག་ལུགས།): སེམས་ཅན་ཐམས་ཅད་མཚན་གྱིས་འཇིག ED: **སེམས་ཅན་ཐམས་ཅད་མཚོན་གྱིས་འཇིག།**

[62] CM: མཚན་གྱིས་བསྐལ་པ་ཅི་འདྲ་འོང་། FY (འཇིག་རྟེན་འཇིག་ལུགས།): མཚན་གྱི་བསྐལ་བ་ཅི་འདྲ་འོང་། ED: **མཚོན་གྱི་བསྐལ་པ་ཅི་འདྲ་འོང་།**

[63] CM: **ནད་ཡམས་བསྐལ་པ་ཅི་འདྲ་འོང་།** FY (འཇིག་རྟེན་འཇིག་ལུགས།): ནད་ཡམས་བསྐལ་བ་ཅི་འདྲ་འོང་།

[64] CM: **མུ་གེ་བསྐལ་པ་ཅི་འདྲ་འོང་།** FY (འཇིག་རྟེན་འཇིག་ལུགས།): མུ་གེ་བསྐལ་བ་ཅི་འདྲ་འོང་།

གླུ་ཕྱི་མ་ཡོད་ན་ཅི་འདྲ་ཡིན། 有歌相继者何耶
What is the song if more is still to come?

ཁྱོད་ཡུན་རིང་མ་འགོར་ལན་རེ་ཤོག 尔作答之莫迟误
Please answer my questions without further ado.

ལན། 答
Answer:

མཚོན་གྱི་བསྐལ་པ་ཞག་བདུན་འོང་།[65] 刀兵之灾长七日
The age of weapons lasts for seven days.

ནད་ཡམས་ཟླ་བདུན་ཞག་བདུན་འོང་།[66] 瘟疫长七月七日
The age of plague lasts for seven months and seven days.

མུ་གེ་བསྐལ་པ་ལོ་བདུན་དང་།[67] 饥馑之灾长七年
The age of famine lasts for seven years,

ཟླ་བ་བདུན་དང་ཞག་བདུན་འོང་།[68] 以及七月又七日
Seven months and seven days.

སེམས་ཅན་འཇིག་ཚུལ་དེ་ལྟར་ཡིན།[69] 有情众生坏如是
In such way, sentient beings are destroyed.

---

65 FY (འཇིག་རྟེན་འཇིག་ལུགས།): མཚན་གྱི་བསྐལ་བ་ཉིན་བདུན་འོང་། ED: **མཚོན་གྱི་བསྐལ་པ་ཞག་བདུན་འོང་།**

66 CM: ནོད་ཡམ་བསྐལ་པ་ཞགས་བདུན་འོང་། FY (འཇིག་རྟེན་འཇིག་ལུགས།): ནད་ཡམས་བསྐལ་བ་ལོ་བདུན་འོང་། ED: **ནད་ཡམས་ཟླ་བདུན་ཞག་བདུན་འོང་།**

67 FY (འཇིག་རྟེན་འཇིག་ལུགས།): མུ་གེ་བསྐལ་བ་ཟླ་བདུན་འོང་། ED: **མུ་གེ་བསྐལ་པ་ལོ་བདུན་དང་།**

68 ED: **ཟླ་བ་བདུན་དང་ཞག་བདུན་འོང་།**

69 CM: སེམས་ཅན་འཇིག་ཚུལ་དེ་ཏུ་ཡིན། FY (འཇིག་རྟེན་འཇིག་ལུགས།): སེམས་ཅན་འཇིག་ཚུལ་དེ་འདྲ་ཡིན། ED: **སེམས་ཅན་འཇིག་ཚུལ་དེ་ལྟར་ཡིན།**

དྲི། 问
Question:

བསྐལ་པ་འཇིག་ཚུལ་བཤད་རྒྱུ་ན།[70] 释劫之坏灭者兮
Speaking of the destruction of the aeon,

འཇིག་པའི་རྒྱུ་ནི་ཅི་ཡིན་ཟེར།[71] 坏灭内因是何耶
What is the internal cause of the destruction?

འཇིག་པའི་རྐྱེན་ནི་ཅི་ཡིན་ཟེར།[72] 坏灭外因是何耶
What is the external cause of the destruction?

འཇིག་པའི་བྱ་བ་ཅི་ཡིན་ཟེར།[73] 坏灭之力是何耶
What are the forces of destruction?

གླུ་དལ་བུར་ལོག་དང་ཐེལ་བ་མེད། 歌徐陈之莫匆促
Please sing the song slowly, there is no hurry.

ལན། 答
Answer:

འཇིག་པའི་རྒྱུ་རྐྱེན་བཤད་རྒྱུ་ན།[74] 言坏灭之内外情
Speaking of the cause of destruction,

---

70 CM: བསྐལ་པ་འཇིག་ཚུལ་བཤད་ཀྱི་ན། FY (འཇིག་རྟེན་འཇིག་ལུགས།): བསྐལ་བ་འཇིག་ཚུལ་བཤད་རྒྱུ་ན། ED: **བསྐལ་པ་འཇིག་ཚུལ་བཤད་རྒྱུ་ན།**

71 CM: འཇིག་པའི་རྒྱུ་རྐྱེན་ཅི་ཡིན་ཟེར། FY (འཇིག་རྟེན་འཇིག་ལུགས།): འཇིག་པའི་རྒྱུ་དེ་ཅི་ཡིན་ཟེར། ED: **འཇིག་པའི་རྒྱུ་ནི་ཅི་ཡིན་ཟེར།**

72 CM: འཇིག་པའི་རྐྱེན་རེ་ཅི་ཡིན་ཟེར། FY (འཇིག་རྟེན་འཇིག་ལུགས།): འཇིག་པའི་རྐྱེན་དེ་ཅི་ཡིན་ཟེར། ED: **འཇིག་པའི་རྐྱེན་ནི་ཅི་ཡིན་ཟེར།**

73 CM: འཇིག་པའི་བྱ་བ་བོ་ཡིན་ཟེར། FY (འཇིག་རྟེན་འཇིག་ལུགས།): **འཇིག་པའི་བྱ་བ་ཅི་ཡིན་ཟེར།**

74 CM: འཇིག་པའི་རྒྱུ་རྐྱེན་བཤད་ཀྱི་ན། FY (འཇིག་རྟེན་འཇིག་ལུགས།): འཇིག་པའི་རྒྱུ་དེ་བཤད་རྒྱུ་ན། ED: **འཇིག་པའི་རྒྱུ་རྐྱེན་བཤད་རྒྱུ་ན།**

རྒྱུ་ནི་སྡུག་བསྔལ་འདི་ལ་རྟེན།[75] 内因苦痛磨难也

Pain and suffering are the internal causes.

ཆུ་མེ་རླུང་གི་རྐྱེན་གྱིས་འཇིག[76] 外因水火风是也

Water, fire, and wind are the external causes.

ཏྲུ་བ་ནད་ཡམས་མུ་གེ་མཚོན།[77] 瘟疫饥馑刀兵力

Plague, famine, and warfare are the forces of destruction.

གླུ་དེ་ཡི་ལན་ལ་དེ་འདྲ་ཡིན། 如是答复彼歌矣

This is the response to the song.

དྲི། 问

Question:

བསྐལ་པ་འཇིག་ཚུལ་བཤད་རྒྱུ་ན།[78] 释劫之坏灭者兮

Speaking of the destruction of the aeon,

མེ་འཇིག་ཆུ་འཇིག་རླུང་འཇིག་གསུམ།[79] 火水风者三种力

It has three forces of destruction: fire, water, and wind.

དང་པོ་འཇིག་པ་གང་གིས་འཇིག[80] 坏力一者是何耶

What is the first force of destruction?

---

75 CM, FY (འཇིག་རྟེན་འཇིག་ལུགས།): **རྒྱུ་ནི་སྡུག་བསྔལ་འདི་ལ་རྟེན།**

76 CM: ཆུ་ར་ཨ་རྐྱེན་གྱི་འཇིག། FY (འཇིག་རྟེན་འཇིག་ལུགས།): མེ་རླུང་ཆུ་གསུམ་རྐྱེན་གྱིས་འཇིག ED: **ཆུ་མེ་རླུང་གི་རྐྱེན་གྱིས་འཇིག།**

77 CM: ཏྲུ་བ་ནད་ཡམས་མུ་གེ་མཚན། FY (འཇིག་རྟེན་འཇིག་ལུགས།): ཏྲུ་བ་ནད་ཡམས་མུ་གེ་མཚན། ED: **ཏྲུ་བ་ནད་ཡམས་མུ་གེ་མཚོན།**

78 CM: བསྐལ་པ་འཇིག་ཚུལ་བཤད་ཀྱི་ན། FY (འཇིག་རྟེན་འཇིག་ལུགས།): བསྐལ་བ་འཇིག་ཚུལ་བཤད་རྒྱུ་ན། ED: **བསྐལ་པ་འཇིག་ཚུལ་བཤད་རྒྱུ་ན།**

79 CM: འཇིག་ཆུ་འཇིག་རླུང་འཇིག་ཨ། FY (འཇིག་རྟེན་འཇིག་ལུགས།): **མེ་འཇིག་ཆུ་འཇིག་རླུང་འཇིག་གསུམ།**

80 CM, FY (འཇིག་རྟེན་འཇིག་ལུགས།): དང་པོ་འཇིག་པ་གང་གི་འཇིག།LT: མེ་འཇིག་ཅི་ཕྱིར་འཇིག་པ་རེད། ཆུ་འཇིག་ཅི་ཕྱིར་འཇིག་པ་རེད། རླུང་འཇིག་ཅི་ཕྱིར་འཇིག་པ་རེད། ཁྱོས་དང་པོ་མེ་འཇིག་མ་བཤད་ན། ཆུ་རླུང་གིས་འཇིག་ཚུལ་བཤད་སྟོལ་མེད། PT, FY (འཇིག་རྟེན་ཆགས་ལུགས།): མེ་འཇིག་གིས་ཅི་ཞིག་འཇིག་ནི་རེད། ཆུ་འཇིག་གིས་ཅི་ཞིག་འཇིག་ནི་

བར་དུ་འཇིག་པ་གང་གིས་འཇིག[81] 坏力再者是何耶
What is the second force of destruction?

ཐ་མ་འཇིག་པ་གང་གིས་འཇིག[82] 坏力三者是何耶
What is the last force of destruction?

གླུ་དལ་མོ་ལོངས་དང་རྗེས་ན་ཡོད། 有歌相继徐徐咏
Sing it slowly, and more songs will follow.

ལན། 答
Answer:

དང་པོ་འཇིག་པ་མེ་ཡིས་འཇིག[83] 坏力一者是火也
Fire is the first force of destruction.

བར་དུ་འཇིག་པ་ཆུ་ཡིས་འཇིག[84] 坏力再者是水也
Water is the second force of destruction.

ཐ་མ་འཇིག་པ་རླུང་གིས་འཇིག[85] 坏力三者是风也
Wind is the last force of destruction.

གླུ་དེ་ཡི་ལན་ལ་དེ་འདྲ་ཡིན། 如是答复彼歌矣
This is the response to the song.

རེད། རླུང་འཇིག་གིས་ཅི་ཞིག་འཇིག་ནི་རེད། ཁྱོད་དང་པོ་མེ་ཡི་འཇིག་ཚུལ་མ་བཤད་ན། ཆུ་རླུང་གི་འཇིག་ཚུལ་བཤད་ཚུལ་མེད། ED: **དང་པོ་འཇིག་པ་གང་གིས་འཇིག**

[81] CM: བར་དུ་འཇིག་པ་གང་གི་འཇིག དེ་ཟ་གྱི་བར་ན་འཇིག་ཚུལ་ཡོད། FY (འཇིག་རྟེན་འཇིག་ལུགས།): བར་དུ་འཇིག་པ་གང་གི་འཇིག། ED: **བར་དུ་འཇིག་པ་གང་གིས་འཇིག**

[82] ED: **ཐ་མ་འཇིག་པ་གང་གིས་འཇིག**

[83] FY (འཇིག་རྟེན་འཇིག་ལུགས།): དང་པོ་འཇིག་པ་མེ་ཡི་འཇིག ED: **དང་པོ་འཇིག་པ་མེ་ཡིས་འཇིག**

[84] FY (འཇིག་རྟེན་འཇིག་ལུགས།): བར་དུ་འཇིག་པ་རླུང་གི་འཇིག ED: **བར་དུ་འཇིག་པ་ཆུ་ཡིས་འཇིག**

[85] CM: ཐ་མ་འཇིག་པ་རླུང་གི་འཇིག། FY (འཇིག་རྟེན་འཇིག་ལུགས།): ཐ་མ་འཇིག་པ་ཆུ་ཡི་འཇིག དེ་གསུམ་གྱི་ཕར་ལ་འདུག་ཚུལ་མེད། ED: **ཐ་མ་འཇིག་པ་རླུང་གིས་འཇིག**

དྲི། 问

Question:

དང་པོ་མེ་ཡིས་འཇིག་ཚུལ་ཤོད།[86] 先释火所坏之情

Please tell of the destruction by fire in the first place.

བར་དུ་ཆུ་ཡིས་འཇིག་ཚུལ་ཤོད།[87] 再释水所坏之情

Then, please tell of the destruction by water.

ཐ་མ་རླུང་གིས་འཇིག་ཚུལ་ཤོད།[88] 后释风所坏之情

Finally, please tell of the destruction by wind.

གླུ་དལ་བུར་ཤོག་དང་བྲེལ་བ་མེད། 歌徐陈之莫匆促

Please sing the song slowly, there is no hurry.

---

86 CM: དང་པོ་མེ་ཡིན་འཇིག་ཚུལ་བཤད། FY (འཇིག་རྟེན་འཇིག་ལུགས།): དང་པོ་མེ་ཡི་འཇིག་ཚུལ་ཤོད། ED: **དང་པོ་མེ་ཡིས་འཇིག་ཚུལ་ཤོད།**

87 CM: བར་དུ་རླུང་ཡིན་འཇིག་ཚུལ་བཤད། FY (འཇིག་རྟེན་འཇིག་ལུགས།): བར་དུ་རླུང་གི་འཇིག་ཚུལ་ཤོད། ED: **བར་དུ་ཆུ་ཡིས་འཇིག་ཚུལ་ཤོད།**

88 CM: ཐ་མ་ཆུ་ཡིན་འཇིག་ཚུལ་བཤད། FY (འཇིག་རྟེན་འཇིག་ལུགས།): ཐ་མ་ཆུ་ཡི་འཇིག་ཚུལ་ཤོད། ED: **ཐ་མ་རླུང་གིས་འཇིག་ཚུལ་ཤོད།**

ལན། 答
Answer:

མེ་ཡིས་འཇིག་ཚུལ་བཤད་རྒྱུ་ན།[89] 言火所坏之情兮
Speaking of the destruction by fire,

དགུང་ནས་ཉི་མ་རྒྱུན་དུ་ཤར།[90] 日于长空永不落
The sun never sets in the sky,

ཉི་མ་གཅིག་ལ་འོད་ཟེར་བདུན།[91] 所发日光七道也
With seven solar rays.[2]

འོད་ཟེར་དང་པོས་རྩི་ཤིང་ནགས་ཚལ་སྐམ།[92] 其一燎干植被也
The first ray burns the trees and forests.

འོད་ཟེར་གཉིས་པས་ཆུ་ཕྲན་སྐམ།[93] 其二蒸发溪流也
The second ray dries up the streams.

---

[89] CM: མེ་ཡི་འཇིག་ཚུལ་བཤད་ཀྱིད་ན། LT: མེ་འཇིག་གི་འཇིག་ཚུལ་བཤད་རྒྱུ་ན། ཉིན་མ་བདུན་ནི་ཤར་ནས་རེད། རྩི་ཤིང་ནགས་ཚལ་རིམ་གྱིས་ཚིག དབུས་ལྷུང་དཀྱིལ་འཁོར་ནས་བཟུང་སྟེ། མཐར་བསམ་གཏན་གཉིས་པ་མན་ཆད་ཚིག དེ་མེ་འཇིག་བསྐལ་པ་འཇིག་ཚུལ་རེད། PT: མེ་འཇིག་གི་འཇིག་ཚུལ་བཤད་རྒྱུ་ན། ཉི་མ་བདུན་རིམ་གྱིས་ཤར་ལས། རྩི་ཤིང་དང་ནགས་ཚལ་རིམ་གྱིས་ཚིག དབུས་ལྷུང་དཀྱིལ་འཁོར་ནས་བཟུང་སྟེ། མཐར་བསམ་གཏན་གཉིས་པ་མན་ཆད་ཚིག དབུས་ལྷུང་དཀྱིལ་འཁོར་ནས་བཟུང་སྟེ། མཐར་བསམ་གཏན་གཉིས་པ་མན་ཆད་ཚིག མེ་འཇིག་བསྐལ་བ་འཇིག་ཚུལ་རེད། FY (འཇིག་རྟེན་འཇིག་ལུགས།): མེ་ཡི་འཇུག་ཚུལ་བཤད་རྒྱུ་ན། FY (འཇིག་རྟེན་ཆགས་ལུགས།): མེ་འཇིག་གི་འཇིག་ཚུལ་བཤད་རྒྱུ་ན། ཉི་མ་བདུན་རིམ་གྱིས་ཤར་ནས་ནི། དབུས་ལྷུང་དཀྱིལ་འཁོར་ནས་བཟུང་སྟེ། མཐར་བསམ་གཏན་གཉིས་པ་མན་ཆད་ཚིག དེ་མེ་འཇིག་བསྐལ་པ་འཇིག་ཚུལ་རེད། ED: **མེ་ཡིས་འཇིག་ཚུལ་བཤད་རྒྱུ་ན།**

[90] CM: དགུང་ནམ་ལ་ཉི་མ་རྒྱུན་དུ་ཆར། FY (འཇིག་རྟེན་འཇིག་ལུགས།): དགུང་གནམ་ལ་ཉི་མ་རྒྱུན་དུ་འཆར། ED: **དགུང་ནས་ཉི་མ་རྒྱུན་དུ་ཤར།**

[91] CM: ཉི་མ་༧་ལ་འོད་ཟེར་བདུན། འོད་ཟེར་དང་པོ་འཇིག་ཚུལ་བཤད། འོད་ཟེར་གཉིས་པའི་འཇིག་ཚུལ་བཤད། འོད་ཟེར་གསུམ་པའི་འཇིག་ཚུལ་བཤད། FY (འཇིག་རྟེན་འཇིག་ལུགས།): དགུང་ཉི་མ་གཅིག་ལ་འོད་ཟེར་བདུན། འོད་ཟེར་དང་པོའི་འཇིག་ཚུལ་ཤོད། འོད་ཟེར་གཉིས་པའི་འཇིག་ཚུལ་ཤོད། འོད་ཟེར་གསུམ་པའི་འཇིག་ཚུལ་ཤོད། འོད་ཟེར་བཞི་བའི་འཇིག་ཚུལ་ཤོད། འོད་ཟེར་ལྔ་བའི་འཇིག་ཚུལ་ཤོད། འོད་ཟེར་དྲུག་པའི་འཇིག་ཚུལ་ཤོད། འོད་ཟེར་བདུན་པའི་འཇིག་ཚུལ་ཤོད། ED: **ཉི་མ་གཅིག་ལ་འོད་ཟེར་བདུན།**

[92] CM: འོད་ཟེར་དང་པོ་རྩ་ཤིང་ནགས་ཚལ་སྐམས། FY (འཇིག་རྟེན་འཇིག་ལུགས།): འོད་ཟེར་དང་པོ་རྩྭ་ཤིང་ནགས་ཚུལ་སྐམས། ED: **འོད་ཟེར་དང་པོས་རྩི་ཤིང་ནགས་ཚལ་སྐམ།**

[93] CM: འོད་ཟེར་གཉིས་པ་སྡེང་ཆུང་ཕྲན་སྐམས། FY (འཇིག་རྟེན་འཇིག་ལུགས།): འོད་ཟེར་གཉིས་པ་ས་སྡེང་ཆུ་ཕྲན་སྐམས། ED: **འོད་ཟེར་གཉིས་པས་ཆུ་ཕྲན་སྐམ།**

འོད་ཟེར་གསུམ་པས་ཆུ་ཀླུང་ཐམས་ཅད་སྐམ།[94] 其三干涸江河也

The third ray dries up all rivers.

འོད་ཟེར་བཞི་བས་ཕྱོགས་བཞིའི་མཚོ་རྣམས་སྐམ།[95] 其四烧四方之湖

The fourth ray dries up all lakes in the four directions.

འོད་ཟེར་ལྔ་པས་ཕྱིའི་རྒྱ་མཚོ་སྐམ།[96] 其五灼干咸水海

The fifth ray dries up the Great Outer Sea.

འོད་ཟེར་དྲུག་པས་རི་གླིང་མི་ཡིས་འབར།[97] 其六焚须弥大洲

The sixth ray burns Mount Meru and the Continents.

འོད་ཟེར་བདུན་པས་ཚངས་ཆེན་མན་ཆད་འཇིག[98] 七隳大梵天以下

The seventh ray destroys up to the Great Brahma of the first Dhyāna and below.

---

94 CM: འོད་ཟེར་༣པའི་ཆུ་ཀླུང་ཐམས་ཅད་སྐམས། FY (འཇིག་རྟེན་འཇིག་ལུགས།): འོད་ཟེར་གསུམ་པ་ཆུ་ཀླུང་ཐམས་ཅད་སྐམས། ED: **འོད་ཟེར་གསུམ་པས་ཆུ་ཀླུང་ཐམས་ཅད་སྐམ།**

95 CM: འོད་ཟེར་༤བ་ཆུ་༤མཚོ་རྣམས་སྐམས། FY (འཇིག་རྟེན་འཇིག་ལུགས།): འོད་ཟེར་བཞི་བ་ཆུ་བཞི་མཚོ་རྣམས་སྐམས། ED: **འོད་ཟེར་བཞི་བས་ཕྱོགས་བཞིའི་མཚོ་རྣམས་སྐམ།**

96 CM: འོད་ཟེར་ལྔ་ཕྱི་རྒྱ་མཚོ་སྐམས། FY (འཇིག་རྟེན་འཇིག་ལུགས།): འོད་ཟེར་ལྔ་བ་ཕྱི་རྒྱལ་པོ་སྐམས། ED: **འོད་ཟེར་ལྔ་པས་ཕྱིའི་རྒྱ་མཚོ་སྐམ།**

97 CM: འོད་ཟེར་དྲུག་པ་རི་གླིང་མིའི་འབར། FY (འཇིག་རྟེན་འཇིག་ལུགས།): འོད་ཟེར་དྲུག་བ་རི་གླིང་མི་ཡིས་འབར། ED: **འོད་ཟེར་དྲུག་པས་རི་གླིང་མི་ཡིས་འབར།**

98 CM, FY (འཇིག་རྟེན་འཇིག་ལུགས།): འོད་ཟེར་བདུན་པ་ཚངས་ཆེན་མན་ཆད་འཇིག ED: **འོད་ཟེར་བདུན་པས་ཚངས་ཆེན་མན་ཆད་འཇིག**

ཆུ་རླུང་གིས་མ་འཇིག་མེ་ཡིས་འཇིག[99] 非水风坏火坏也

It is fire, rather than water and wind,

བསམ་གཏན་དང་པོ་མན་ཆད་འཇིག[100] 一禅天以下皆毁

That destroys up to the First Dhyāna and below.

མེ་ཡིས་འཇིག་ཚུལ་དེ་ལྟར་ཡིན།[101] 火所坏情如是矣

Such is the destruction by fire.

ལོ་མང་པོ་ཞིག་ལ་ཆར་བབས་ནས།[102] 雨水经年灌澍兮

Rain falls for many years.

---

99 MT: མེ་འཇིག་གཞུག་ལ་ཅི་ཞིག་ཆགས། ཆུ་འཇིག་གཞུག་ལ་ཅི་ཞིག་ཆགས། རླུང་འཇིག་གཞུག་ལ་ཅི་ཞིག་ཆགས། མེ་འཇིག་བསམ་གཏན་དང་པོ་ཆགས། ཆུ་རླུང་གིས་མི་འཇིག་མེ་ཡིས་འཇིག བསམ་གཏན་དང་པོ་མན་ཆད་ན། ཆུ་འཇིག་བསམ་གཏན་གཉིས་པ་ཆགས། མེ་རླུང་གིས་མི་འཇིག་ཆུ་ཡིས་འཇིག བསམ་གཏན་གཉིས་པ་མན་ཆད་ན། རླུང་འཇིག་བསམ་གཏན་གསུམ་པ་ཆགས། མེ་ཆུ་ཡིས་མི་འཇིག་རླུང་གིས་འཇིག བསམ་གཏན་གསུམ་པ་མན་ཆད་ན། CM: ཆུ་རླུང་གི་ལ་འགི་ཡིན་འགི། LT: མེ་འཇིག་གི་མཇུག་ལ་ཅི་ཞིག་ཆགས། ཆུ་འཇིག་གི་མཇུག་ལ་ཅི་ཞིག་ཆགས། རླུང་འཇིག་གི་མཇུག་ལ་ཅི་ཞིག་ཆགས། མེ་འཇིག་གིས་གསུམ་རྟེན་དང་པོ་ཆགས། ཆུ་རླུང་གིས་མི་འཇིག་མེ་ཡིས་འཇིག སྒོ་གསུམ་རྟེན་དང་པོ་མན་ཆད་ཡིན། ཆུ་འཇིག་གིས་གསུམ་རྟེན་གཉིས་པ་ཆགས། མེ་རླུང་གིས་མི་འཇིག་ཆུ་ཡིས་འཇིག སྒོ་གསུམ་རྟེན་གཉིས་པ་མན་ཆད་ཡིན། རླུང་འཇིག་གིས་གསུམ་རྟེན་གསུམ་པ་ཆགས། མེ་ཆུ་ཡིས་མི་འཇིག་རླུང་གིས་འཇིག སྒོ་གསུམ་རྟེན་གསུམ་པ་མན་ཆད་ཡིན། LT: མེ་འཇིག་གི་མཇུག་ལ་ཅི་ཞིག་ཆགས། ཆུ་འཇིག་གི་མཇུག་ལ་ཅི་ཞིག་ཆགས། རླུང་འཇིག་གི་མཇུག་ལ་ཅི་ཞིག་ཆགས། མི་འཇིག་གི་བསམ་གཏན་དང་པོ་ཆགས། ཆུ་རླུང་གིས་མི་འཇིག་མེ་ཡིས་འཇིག གནས་བསམ་གཏན་དང་པོ་མན་ཆད་ཡིན། ཆུ་འཇིག་གི་བསམ་གཏན་གཉིས་པ་ཆགས། མི་རླུང་གིས་མི་འཇིག་ཆུ་ཡིས་འཇིག གནས་བསམ་གཏན་གཉིས་པ་མན་ཆད་ཡིན། རླུང་འཇིག་གིས་བསམ་གཏན་གསུམ་པ་ཆགས། མེ་ཆུ་ཡིས་མི་འཇིག་རླུང་གིས་འཇིག གནས་བསམ་གཏན་གསུམ་པ་མན་ཆད་ཡིན། FY (འཇིག་རྟེན་འཇིག་ལུགས།): མེ་རླུང་གིས་མི་འཇིག་ཆུ་ཡིས་འཇིག FY (འཇིག་རྟེན་ཆགས་ལུགས།): མེ་འཇིག་གི་མཇུག་ལ་ཅི་ཞིག་ཆགས། ཆུ་འཇིག་གི་མཇུག་ལ་ཅི་ཞིག་ཆགས། རླུང་འཇིག་གི་མཇུག་ལ་ཅི་ཞིག་ཆགས། མེ་འཇིག་གིས་བསམ་གཏན་དང་པོ་ཆགས། ཆུ་རླུང་གིས་མི་འཇིག་མེ་ཡིས་འཇིག ཀུན་བསམ་གཏན་དང་པོ་མན་ཆད་ཡིན། ཆུ་འཇིག་གི་བསམ་གཏན་གཉིས་པ་ཆགས། མེ་རླུང་གིས་མི་འཇིག་ཆུ་ཡིས་འཇིག ཀུན་བསམ་གཏན་གཉིས་པ་མན་ཆད་ཡིན། རླུང་འཇིག་གིས་བསམ་གཏན་གསུམ་པ་ཆགས། མེ་ཆུ་ཡིས་མི་འཇིག་རླུང་གིས་འཇིག ཀུན་བསམ་གཏན་གསུམ་པ་མན་ཆད་ཡིན། ED: **ཆུ་རླུང་གིས་མ་འཇིག་མེ་ཡིས་འཇིག**

100 CM: **བསམ་གཏན་དང་པོ་མན་ཆད་འཇིག།** FY (འཇིག་རྟེན་འཇིག་ལུགས།): བསམ་གཏན་དང་པོའི་མན་ཆད་འཇིག

101 CM: མེའི་འཇིག་མ་འཇིག་ཚུལ་ཡིན། FY (འཇིག་རྟེན་འཇིག་ལུགས།): མེ་ཡི་འཇིག་པའི་འཇིག་ཚུལ་ཡིན། ED: **མེ་ཡིས་འཇིག་ཚུལ་དེ་ལྟར་ཡིན།**

102 CM: ལོ་མང་པོ་ཞིག་ལ་ཆར་བབས་ན། FY (འཇིག་རྟེན་འཇིག་ལུགས།): **ལོ་མང་པོ་ཞིག་ལ་ཆར་བབས་ནས།**

རི་གླིང་ཐམས་ཅད་ཆུ་ཡིས་འཇིག[103] 水坏须弥大洲也

Water destroys Mount Meru and the Continents.

ཕྱིའི་རྒྱ་མཚོ་ཆེན་པོ་འཕྱུར་བ་ན།[104] 大咸水海漫溢也

The Great Outer Sea overflows.

མེ་རླུང་གིས་མ་འཇིག་ཆུ་ཡིས་འཇིག[105] 非火风坏水坏也

It is water, rather than fire and wind, that,

བསམ་གཏན་གཉིས་པ་མན་ཆད་འཇིག[106] 二禅天以下皆毁

Destroys up to the Second Dhyāna and below.

ཆུ་ཡིས་འཇིག་ཚུལ་དེ་ལྟར་ཡིན།[107] 水所坏情如是矣

Such is the destruction by water.

དྲག་པོ་རླུང་གཅིག་གཡུགས་པ་ན།[108] 时有烈风吹动兮

The heavy wind blows,

རླུང་ཉིན་གཡུགས་གཅིག་དང་མཚན་གཡུགས་གཉིས།[109] 风吹昼夜不息也

Day and night.

---

103 CM: རི་གླིང་ཐམས་ཅད་ཆུའི། FY (འཇིག་རྟེན་འཇིག་ལུགས།): རི་གློང་ཐམས་ཅད་ཆུ་ཡིས་འཇིག ED: **རི་གླིང་ཐམས་ཅད་ཆུ་ཡིས་འཇིག**

104 CM: ཕྱི་རྒྱལ་མཚོ་ཆེན་པོ་ཕྱུག་པ་ན། FY (འཇིག་རྟེན་འཇིག་ལུགས།): ཕྱི་རྒྱལ་པོ་ཆེན་པོ་ཕྱུག་པོ་ནི། ED: **ཕྱིའི་རྒྱ་མཚོ་ཆེན་པོ་འཕྱུར་བ་ན།**

105 CM: མེ་རླུང་གི་མ་འགི་ཆུ་ཡིན་འགི། FY (འཇིག་རྟེན་འཇིག་ལུགས།): མེ་རླུང་གིས་མི་འཇིག་ཆུ་ཡིས་འཇིག།ED: **མེ་རླུང་གིས་མ་འཇིག་ཆུ་ཡིས་འཇིག**

106 CM: **བསམ་གཏན་གཉིས་པ་མན་ཆད་འཇིག**།FY (འཇིག་རྟེན་འཇིག་ལུགས།): བསམ་གཏན་གཉིས་པའི་མན་ཆད་འཇིག

107 CM: ཆུའི་འཇིག་ལ་འཇིག་ཚུལ་ཡིན། FY (འཇིག་རྟེན་འཇིག་ལུགས།): ཚོ་ཆུ་ཞུ་ཞུ་འཇིག་ལེ་ཡིན། ཆུ་ཡི་འཇིག་ལ་འཇིག་ཚུལ་ཡིན། ED: **ཆུ་ཡིས་འཇིག་ཚུལ་དེ་ལྟར་ཡིན།**

108 CM: དྲག་པོ་རླུང་༧་གཡོ་བ་ན། FY (འཇིག་རྟེན་འཇིག་ལུགས།): རྟོགས་པོ་རླུང་གཅིག་གཡོ་བ་ན། རི་གློང་ཐམས་ཅད་རླུང་གིས་འཇིག རླུང་དམར་ནག་འཚུབ་མ་ཕྱོགས་བཅུར་གཏོགས། ED: **དྲག་པོ་རླུང་གཅིག་གཡུགས་པ་ན།**

109 CM: རླུང་ཉིད་གཡོ་༧་དང་མཚན་གཡོ་གཉིས། FY (འཇིག་རྟེན་འཇིག་ལུགས།): རླུང་ཉིན་གཡོ་གཅིག་དང་མཚན་གཡོ་གཉིས། ED: **རླུང་ཉིན་གཡུགས་གཅིག་དང་མཚན་གཡུགས་གཉིས།**

མེ་ཆུ་ཡིས་མ་འཇིག་རླུང་གིས་འཇིག[110] 非火水坏风坏也

It is wind, rather than fire and water, that,

བསམ་གཏན་གསུམ་པ་མན་ཆད་འཇིག[111] 三禅天以下皆毁

Destroys up to the Third Dhyāna and below.

རླུང་གིས་འཇིག་ཚུལ་དེ་ལྟར་ཡིན།[112] 风所坏之情如是

Such is the destruction by wind.

གླུ་དེ་ཡི་ལན་ལ་དེ་འདྲ་ཡིན། 如是答复彼歌矣

This is the response to the song.

དྲི། 问

Question:

འཇིག་ཚུལ་ཆུ་རླུང་མེ་གསུམ་ཡོད།[113] 有水风火三种灾

There are three types of destruction: by water, wind, and fire.

མེ་འཇིག་མང་ན་ཆུ་འཇིག་མང་།[114] 火灾多耶水灾多

Does destruction by fire or by water happen more often?

གང་མང་ན་མང་ཚུལ་ལན་རེ་གྲོབས།[115] 多者之情释之矣

Whichever happens more often, please narrate the ways in which it happens.

---

[110] ED: **མེ་ཆུ་ཡིས་མ་འཇིག་རླུང་གིས་འཇིག**

[111] CM: གསམ་གཏན་༣་པའི་མན་ཆད་འཇིག། FY (འཇིག་རྟེན་འཇིག་ལུགས།): བསམ་གཏན་གསུམ་པའི་མན་ཆད་འཇུག ED: **བསམ་གཏན་གསུམ་པ་མན་ཆད་འཇིག**

[112] CM, FY (འཇིག་རྟེན་འཇིག་ལུགས།): རླུང་གི་འཇིག་ལ་འཇིག་ཚུལ་ཡིན། ED: **རླུང་གིས་འཇིག་ཚུལ་དེ་ལྟར་ཡིན།**

[113] LT: **འཇིག་ཚུལ་ཆུ་རླུང་མེ་གསུམ་ཡོད།** PT: འཇིག་ཚུལ་ལ་ཆུ་རླུང་མེ་གསུམ་ཡོད།

[114] LT: དེ་མེ་འཇིགས་མང་ངམ་ཆུ་འཇིགས་མང་། PT: **མེ་འཇིག་མང་ན་ཆུ་འཇིག་མང་།** FY (འཇིག་རྟེན་ཆགས་ལུགས།): མེ་འཇིག་མང་ངམ་ཆུ་འཇིག་མང་།

[115] LT: **གང་མང་ན་མང་ཚུལ་ལན་རེ་གྲོབས།** PT, FY (འཇིག་རྟེན་ཆགས་ལུགས།): གང་མང་ན་མང་ཚུལ་ལན་རེ་ཤོད།

ལན། 答

Answer:

མེ་འཇིག་བདུན་གྱི་བར་དེ་ལ།[116] 七次火灾之后兮

In between every seven successive episodes of destruction by fire,

ཆུ་འཇིག་གཅིག་གིས་འཇིག་པ་ཡིན།[117] 一次水灾坏之也

There is one destruction by water.

ཆུ་འཇིག་གཅིག་དང་མེ་འཇིག་བདུན།[118] 一水灾后七火灾

One destruction by water, then seven successive episodes of destructions by fire.

སྲེལ་ནས་ཆུ་འཇིག་བདུན་གྱི་མཐར།[119] 继七水灾之后也

When the seventh destruction by water is finished,

མེ་འཇིག་བདུན་གཅིག་སོང་ནས་ནི།[120] 七火灾循环一次

A cycle of seven more destructions by fire occurs,

རླུང་གི་འཇིག་པ་བྱུང་བ་ཡིན།[121] 现一风灾之劫也

Which is followed by one destruction by wind.

དེ་མེ་ཆུ་རླུང་གསུམ་འཇིག་ཚུལ་ཡིན།[122] 火水风之灾如是

These are the three types of destruction: fire, water, and wind.

……

116 LT, PT, FY (འཇིག་རྟེན་ཆགས་ལུགས།): མེ་འཇིག་བདུན་གྱི་བར་དེ་ལ།

117 LT, PT, FY (འཇིག་རྟེན་ཆགས་ལུགས།): ཆུ་འཇིག་གཅིག་གིས་འཇིག་པ་ཡིན།

118 LT, PT, FY (འཇིག་རྟེན་ཆགས་ལུགས།): ཆུ་འཇིག་གཅིག་དང་མེ་འཇིག་བདུན།

119 LT, PT, FY (འཇིག་རྟེན་ཆགས་ལུགས།): སྲེལ་ནས་ཆུ་འཇིག་བདུན་གྱི་མཐར།

120 PT, FY (འཇིག་རྟེན་ཆགས་ལུགས།): མེ་འཇིག་བདུན་གཅིག་སོང་ནས་ནི།

121 LT: རླུང་གིས་འཇིག་པ་འབྱུང་བ་ཡིན། PT, FY (འཇིག་རྟེན་ཆགས་ལུགས།): མཐུག་ཏུ་རླུང་གིས་འཇིག་པ་ཡིན། ED: རླུང་གི་འཇིག་པ་བྱུང་བ་ཡིན།

122 LT, PT, FY (འཇིག་རྟེན་ཆགས་ལུགས།): དེ་མེ་ཆུ་རླུང་གསུམ་འཇིག་ཚུལ་ཡིན།

དང་པོ་འཇིག་ཚུལ་དེ་ལྟར་ཡིན།[123] 首先坏劫如是兮

Such is the destruction of the world in the first place.

བར་དུ་རྟེན་ཚུལ་བཤད་རྒྱུ་ན།[124] 再释续成之情也

Then, as for the supporting forces of the world,

གྱིར་སེམས་ཅན་ལས་ལ་བརྟེན་པ་ན།[125] 有情所圄共业也

Sentient beings who are dependent on karma,

རྟེན་པའི་དཀྱིལ་འཁོར་རྣམ་གསུམ་ཤོད།[126] 释其所依三轮也

Please tell of the three Mandalas [that sentient beings] rest on.

རྟེན་པའི་རི་མཚོ་གླིང་གསུམ་ཤོད།[127] 释其所依山海洲

Please tell of the Mountains, Seas, and Continents [that sentient beings] rest on.

རྟེན་པའི་ལྷ་གནས་གནས་གསུམ་ཤོད།[128] 释其所依三重天

Please tell of the Three Realms [that sentient beings] rest on.

རྟེན་ཉི་ཟླ་དང་ནི་སྐར་གསུམ་ཤོད།[129] 释日月与星宿也

Please tell of the sun, moon, and stars [that sentient beings] depend on.

---

123 CM: དང་པོ་འཇིག་ཚུལ་དེ་ཏུ་ཡིན། FY (འཇིག་རྟེན་འཇིག་ལུགས།): དང་པོ་འཇིག་ཚུལ་དེ་འདྲ་ཡིན། ED: **དང་པོ་འཇིག་ཚུལ་དེ་ལྟར་ཡིན།**

124 CM: བར་དུ་རྟེན་ཚུལ་བཤད་ཀྱི་ན། FY (འཇིག་རྟེན་འཇིག་ལུགས།): **བར་དུ་རྟེན་ཚུལ་བཤད་རྒྱུ་ན།**

125 CM: ཕྱིར་སེམས་ཅན་ལས་ལ་རྟེན་པ་ན། FY (འཇིག་རྟེན་འཇིག་ལུགས།): ཕྱིར་སེམས་ཅན་ལུས་ལ་རྟེན་པ་ན། ED: **གྱིར་སེམས་ཅན་ལས་ལ་བརྟེན་པ་ན།**

126 CM: རྟེན་པའི་དཀྱིལ་འཁོར་རྣམས་བཤད། FY (འཇིག་རྟེན་འཇིག་ལུགས།): **རྟེན་པའི་དཀྱིལ་འཁོར་རྣམ་གསུམ་ཤོད།**

127 CM: རྟེན་པའི་རི་མཚོ་གླིང་༣་བཤད། FY (འཇིག་རྟེན་འཇིག་ལུགས།): རྟེན་པ་རི་མཚོ་གླིང་གསུམ་ཤོད། ED: **རྟེན་པའི་རི་མཚོ་གླིང་གསུམ་ཤོད།**

128 CM: རྟེན་ལྷའི་གནས་དང་གནས་༣་བཤད། FY (འཇིག་རྟེན་འཇིག་ལུགས།): རྟེན་ལྷའི་གནས་དང་གནས་གསུམ་ཤོད། ED: **རྟེན་པའི་ལྷ་གནས་གནས་གསུམ་ཤོད།**

129 CM: རྟེན་ཉི་ཟླ་དང་ནི་སྐར་གསུམ་བཤད། FY (འཇིག་རྟེན་འཇིག་ལུགས།): **རྟེན་ཉི་ཟླ་དང་ནི་སྐར་གསུམ་ཤོད།**

རྟེན་སྟོང་གསུམ་སྟོང་གི་འཇིག་རྟེན་ཤོད།[130] 释三千之世界也

Please tell of the three thousand worlds [that sentient beings] rest on.

རྟེན་ཚ་གྲང་དམྱལ་བའི་གནས་གསུམ་ཤོད།[131] 释三热寒地狱也

Please tell of the three hot and cold hells [that sentient beings] depend on.

གླུ་དལ་བུར་ཤོག་དང་བྲེལ་བ་མེད། 歌徐陈之莫匆促

Please sing the song slowly, there is no hurry.

ཆགས་པའི་ལེའུ། 成世
The Formation of the World

དྲི།[132] 问

Question:

གླུ་ལེན་པའི་ས་གཞི་ཡངས་པ་ལ།[133] 所赞世界廣大兮

The earth [world], about which we are singing, is vast.

130 CM: རྟེན་སྟོང་གསུམ་སྟོང་གི་འཇིག་རྟེན་བཤད། FY (འཇིག་རྟེན་འཇིག་ལུགས།): **རྟེན་སྟོང་གསུམ་སྟོང་གི་འཇིག་རྟེན་ཤོད།**

131 CM: རྟེན་ཚ་གྲང་དམྱལ་བའི་གནས་ཙ་བཤད། FY (འཇིག་རྟེན་འཇིག་ལུགས།): **རྟེན་ཚ་གྲང་དམྱལ་བའི་གནས་གསུམ་ཤོད།**

132 ND: ཨོ་ལོ་གསེར་ཐུས་རྒྱུད་གཉན་ན། དང་པོ་འབྱུང་བ་ཅི་ལ་ཆགས། གཉིས་བ་འབྱུང་བ་ཅི་ལ་ཆགས། གསུམ་པ་འབྱུང་བ་ཅི་ལ་ཆགས། བཞི་བ་འབྱུང་བ་ཅི་ལ་ཆགས། དང་པོ་འབྱུང་བ་ཡོངས་ལ་ཆགས། ཡོངས་ལ་རླུང་གི་དཀྱིལ་འཁོར་ཆགས། གཉིས་བ་འབྱུང་བ་རི་ལ་ཆགས། རི་ལ་མེ་ཡིས་དཀྱིལ་འཁོར་ཆགས། གསུམ་པ་འབྱུང་བ་འཁོར་ལ་ཆགས། འཁོར་ལ་ཆུ་ཡི་དཀྱིལ་འཁོར་ཆགས། བཞི་བ་འབྱུང་བ་ཟངས་ལ་ཆགས། ཟངས་ལ་ས་ཡི་དཀྱིལ་འཁོར་ཆགས། FY (རི་རྒྱལ་ལྷུན་པོ།): ཨོ་ལོ་གསེར་ཐུས་རྒྱུད་གཉན་ན། དང་པོ་འབྱུང་བ་ཅི་ལ་ཆགས། གཉིས་པ་འབྱུང་བ་ཅི་ལ་ཆགས། གསུམ་པ་འབྱུང་བ་ཅི་ལ་ཆགས། བཞི་བ་འབྱུང་བ་ཅི་ལ་ཆགས། དང་པོ་འབྱུང་བ་ཡོངས་ལ་ཆགས། ཡོངས་ལ་རླུང་གི་དཀྱིལ་འཁོར་ཆགས། གཉིས་པ་འབྱུང་བ་རི་ལ་ཆགས། རི་ལ་མེ་ཡི་དཀྱིལ་འཁོར་ཆགས། གསུམ་པ་འབྱུང་བ་ཞིང་ལ་ཆགས། ཞིང་ལ་ཆུ་ཡི་དཀྱིལ་འཁོར་ཆགས། བཞི་བ་འབྱུང་བ་ཟངས་ལ་ཆགས། ཟངས་ལ་ས་ཡི་དཀྱིལ་འཁོར་ཆགས།

133 LT: **གླུ་ལེན་པའི་ས་གཞི་ཡངས་པ་ལ།** PT, FY (འཇིག་རྟེན་ཆགས་ལུགས།): གླུ་ལེན་པའི་ས་གཞི་ཡངས་བ་ལ།

ས་གཞི་ལ་གཟུགས་ཁམས་ཚང་ཨེ་ཡོད།[134]

世界有无种子耶

Does the world have elements?

དེ་ཚང་ན་ཚང་ཚུལ་ལན་རེ་ཐོབས།[135]

若有则陈有之情

Please tell how, if so.

གླུ་དལ་བུར་ཞོག་དང་བྲེལ་བ་མེད།

歌徐陈之莫匆促

Please sing the song slowly, there is no hurry.

ལན།

答

Answer:

དེ་ཚང་བའི་ཚང་ཚུལ་བཤད་རྒྱུ་ན།[136]

言其有种子之情

Speaking of the way in which it has,

ས་ཁམས་བསྡུས་པའི་རིགས་དང་གཅིག[137]

一者地所聚合也

Earth is the first source element,

ཆུ་ཁམས་བསྡུས་པ་དེ་དང་གཉིས།[138]

二者水所聚合也

Water, the second source element,

མེ་ཁམས་བསྡུས་པ་དེ་དང་གསུམ།[139]

三者火所聚合也

Fire, the third source element,

---

134 LT: **ས་གཞི་ལ་གཟུགས་ཁམས་ཚང་ཨེ་ཡོད།** PT, FY (འཇིག་རྟེན་ཆགས་ལུགས།): ས་གཞི་ལ་གཟུགས་དེ་ཚང་སྡོད་ཡོད།

135 LT, FY (འཇིག་རྟེན་ཆགས་ལུགས།): **དེ་ཚང་ན་ཚང་ཚུལ་ལན་རེ་ཐོབས།**

136 LT, PT, FY (འཇིག་རྟེན་ཆགས་ལུགས།): **དེ་ཚང་བའི་ཚང་ཚུལ་བཤད་རྒྱུ་ན།**

137 LT: **ས་ཁམས་བསྡུས་པའི་རིགས་དང་གཅིག** PT, FY (འཇིག་རྟེན་ཆགས་ལུགས།): ས་ཁམས་བསྡུས་བའི་རིགས་དང་གཅིག

138 LT: **ཆུ་ཁམས་བསྡུས་པ་དེ་དང་གཉིས།** PT, FY (འཇིག་རྟེན་ཆགས་ལུགས།): ཆུ་ཁམས་བསྡུས་བའི་དེ་དང་གཉིས།

139 LT: **མེ་ཁམས་བསྡུས་པ་དེ་དང་གསུམ།** PT, FY (འཇིག་རྟེན་ཆགས་ལུགས།): མེ་ཁམས་བསྡུས་བའི་དེ་དང་གསུམ།

རླུང་ཁམས་བསྡུས་པ་དེ་དང་བཞི།[140] Wind, the fourth source element,	四者风所聚合也
ཁམས་བཞི་པོ་བསྡུས་ཚུལ་དེ་ལྟར་རེད།[141] This is how the Four Elements aggregate.	四大和合者如是
གླུ་དེ་ཡི་ལན་ལ་དེ་འདྲ་ཡིན། This is the response to the song.	如是答复彼歌矣
དྲི།[142] Question:	问
ཁྱོས་གལ་ཏེ་འབྱུང་བཞི་བཤད་རྒྱུ་ན།[143] If you would explain the Four Elements,	如若尔释四大种
ས་ཡི་དབྱིབས་དེ་ཅི་འདྲ་རེད།[144] What is the shape of the earth element?	地之形状者何耶
ས་ཡི་ཁ་དོག་ཅི་འདྲ་རེད།[145] What is the colour of the earth element?	地之颜色者何耶

140 LT: **རླུང་ཁམས་བསྡུས་པ་དེ་དང་བཞི།** PT, FY (འཇིག་རྟེན་ཆགས་ལུགས།): རླུང་ཁམས་བསྡུས་བའི་དེ་དང་བཞི།

141 LT: ཁམས་བཞི་པོ་བསྡུས་ཚུལ་འདི་ལྟར་རེད། PT: ཁམས་བཞི་ལ་བསྡུས་ཚུལ་དུ་རུ་རེད། FY (འཇིག་རྟེན་ཆགས་ལུགས།): ཁམས་བཞི་ལ་བསྡུས་ཚུལ་དེ་རྡུ་རེད། ED: **ཁམས་བཞི་པོ་བསྡུས་ཚུལ་དེ་ལྟར་རེད།**

142 ND: རླུང་གི་དབྱིབས་དང་ཁ་དོག་ཤོད། མེ་དབྱིབས་དང་ཁ་དོག་ཤོད། ཆུ་ཡི་དབྱིབས་དང་ཁ་དོག་ཤོད། ས་ཡི་དབྱིབས་དང་ཁ་དོག་ཤོད། རླུང་གི་དབྱིབས་དེ་ལྡིང་མགོ་ཡིན། རླུང་གི་ཁ་དོག་དཀར་པོ་ཡིན། མེ་ཡི་དབྱིབས་དེ་གྲུ་གསུམ་ཡིན། མེ་ཡི་ཁ་དོག་དམར་པོ་ཡིན། ཆུ་ཡི་དབྱིབས་དེ་བསྒམས་པོ་ཡིན། ཆུ་ཡི་ཁ་དོག་སྔོན་པོ་ཡིན། ས་ཡི་དབྱིབས་དེ་གོང་པོ་ཡིན། ས་ཡི་ཁ་དོག་དཀར་པོ་ཡིན། FY (རི་རྒྱལ་ལྷུན་པོ།): རླུང་གི་དབྱིབས་དང་ཁ་དོག་ཤོད། མེ་དབྱིབས་དང་ཁ་དོག་ཤོད། ཆུ་ཡི་དབྱིབས་དང་ཁ་དོག་ཤོད། ས་ཡི་དབྱིབས་དང་ཁ་དོག་ཤོད། རླུང་གི་དབྱིབས་དེ་ཟླ་གམ་ཡིན། རླུང་གི་ཁ་དོག་སྔོན་པོ་ཡིན། མེ་ཡི་དབྱིབས་དེ་གྲུ་གསུམ་ཡིན། མེ་ཡི་ཁ་དོག་དམར་པོ་ཡིན། ཆུ་ཡི་དབྱིབས་དེ་ཟླུམ་པོ་ཡིན། ཆུ་ཡི་ཁ་དོག་དཀར་པོ་ཡིན། ས་ཡི་དབྱིབས་དེ་གྲུ་བཞི་ཡིན། ས་ཡི་ཁ་དོག་སེར་པོ་ཡིན།

143 LT: ཁྱོད་ཀྱིས་འབྱུང་བཞི་བཤད་རྒྱུ་ན། PT: ཁྱོད་ཡ་གལ་ཏེ་འབྱུང་བཞི་བཤད་རྒྱུ་ན། FY (འཇིག་རྟེན་ཆགས་ལུགས།): ཁྱོད་ཀྱིས་གལ་ཏེ་འབྱུང་བཞི་བཤད་རྒྱུ་ན། ED: **ཁྱོས་གལ་ཏེ་འབྱུང་བཞི་བཤད་རྒྱུ་ན།**

144 LT, PT, FY (འཇིག་རྟེན་ཆགས་ལུགས།): ས་ཡི་དབྱིབས་དེ་ཅི་འདྲ་ཡིན། ED: **ས་ཡི་དབྱིབས་དེ་ཅི་འདྲ་རེད།**

145 LT, PT, FY (འཇིག་རྟེན་ཆགས་ལུགས།): ས་ཡི་ཁ་དོག་ཅི་འདྲ་ཡིན། ED: **ས་ཡི་ཁ་དོག་ཅི་འདྲ་རེད།**

ས་ཡི་ས་བོན་ཅི་འདྲ་རེད།[146] 地之种子者何耶
What is the seed of the earth element?

ཆུ་ཡི་དབྱིབས་དེ་ཅི་འདྲ་རེད།[147] 水之形状者何耶
What is the shape of the water element?

ཆུ་ཡི་ཁ་དོག་ཅི་འདྲ་རེད།[148] 水之颜色者何耶
What is the colour of the water element?

ཆུ་ཡི་ས་བོན་ཅི་འདྲ་རེད།[149] 水之种子者何耶
What is the seed of the water element?

མེ་ཡི་དབྱིབས་དེ་ཅི་འདྲ་རེད།[150] 火之形状者何耶
What is the shape of the fire element?

མེ་ཡི་ཁ་དོག་ཅི་འདྲ་རེད།[151] 火之颜色者何耶
What is the colour of the fire element?

མེ་ཡི་ས་བོན་ཅི་འདྲ་རེད།[152] 火之种子者何耶
What is the seed of the fire element?

རླུང་གི་དབྱིབས་དེ་ཅི་འདྲ་རེད།[153] 风之形状者何耶
What is the shape of the wind element?

རླུང་གི་ཁ་དོག་ཅི་འདྲ་རེད།[154] 风之颜色者何耶
What is the colour of the wind element?

---

146 LT: ས་ཡི་ས་བོན་ཅི་འདྲ་ཡིན། PT, FY (འཇིག་རྟེན་ཆགས་ལུགས།): ནང་གི་ས་བོན་ཅི་ཞིག་རེད། ED: **ས་ཡི་ས་བོན་ཅི་འདྲ་རེད།**

147 LT, PT: ཆུ་ཡི་དབྱིབས་དེ་ཅི་འདྲ་ཡིན། FY (འཇིག་རྟེན་ཆགས་ལུགས།): **ཆུ་ཡི་དབྱིབས་དེ་ཅི་འདྲ་རེད།**

148 LT, PT: ཆུ་ཡི་ཁ་དོག་ཅི་འདྲ་ཡིན། FY (འཇིག་རྟེན་ཆགས་ལུགས།): **ཆུ་ཡི་ཁ་དོག་ཅི་འདྲ་རེད།**

149 LT, PT, FY (འཇིག་རྟེན་ཆགས་ལུགས།): ནང་གི་ས་བོན་ཅི་ཞིག་རེད། ED: **ཆུ་ཡི་ས་བོན་ཅི་འདྲ་རེད།**

150 LT, PT: མེ་ཡི་དབྱིབས་དེ་ཅི་འདྲ་ཡིན། FY (འཇིག་རྟེན་ཆགས་ལུགས།): **མེ་ཡི་དབྱིབས་དེ་ཅི་འདྲ་རེད།**

151 LT, PT: མེ་ཡི་ཁ་དོག་ཅི་འདྲ་ཡིན། FY (འཇིག་རྟེན་ཆགས་ལུགས།): **མེ་ཡི་ཁ་དོག་ཅི་འདྲ་རེད།**

152 LT: **མེ་ཡི་ས་བོན་ཅི་འདྲ་རེད།** PT, FY (འཇིག་རྟེན་ཆགས་ལུགས།): ནང་གི་ས་བོན་ཅི་ཞིག་རེད།

153 LT, PT: རླུང་གི་དབྱིབས་དེ་ཅི་འདྲ་ཡིན། FY (འཇིག་རྟེན་ཆགས་ལུགས།): **རླུང་གི་དབྱིབས་དེ་ཅི་འདྲ་རེད།**

154 LT, PT: རླུང་གི་ཁ་དོག་ཅི་འདྲ་ཡིན། FY (འཇིག་རྟེན་ཆགས་ལུགས།): **རླུང་གི་ཁ་དོག་ཅི་འདྲ་རེད།**

རླུང་གི་ས་བོན་ཅི་འདྲ་རེད།[155] 风之种子者何耶
What is the seed of the wind element?

གླུ་དལ་བུར་སྒོག་དང་བྲེལ་བ་མེད། 歌徐陈之莫匆促
Please sing the song slowly, there is no hurry.

ལན། 答
Answer:

ས་ཡི་དབྱིབས་དེ་གྲུ་བཞི་རེད།[156] 地之形状者方兮
The earth element is in the shape of a square,

ས་ཡི་ཁ་དོག་སེར་པོ་རེད།[157] 地之颜色者金也
Yellow in colour.

ས་ཡི་ས་བོན་ལཾ་ཡིག་རེད།[158] 地之种子字喇矣
Its seed is *lam*.[3]

ཆུ་ཡི་དབྱིབས་དེ་ཟླུམ་པོ་རེད།[159] 水之形状者圆兮
The water element is in the shape of a circle,

ཆུ་ཡི་ཁ་དོག་དཀར་པོ་རེད།[160] 水之颜色者白也
White in colour.

ཆུ་ཡི་ས་བོན་ཁཾ་ཡིག་རེད།[161] 水之种子字喀矣
Its seed is *kham*.

---

155 LT: **རླུང་གི་ས་བོན་ཅི་འདྲ་རེད།** PT, FY (འཇིག་རྟེན་ཆགས་ལུགས།): ནང་གི་ས་བོན་ཅི་ཞིག་རེད།

156 LT, FY (འཇིག་རྟེན་ཆགས་ལུགས།): **ས་ཡི་དབྱིབས་དེ་གྲུ་བཞི་རེད།** PT: ས་ཡི་དབྱིབས་ནི་གྲུ་བཞི་རེད།

157 LT, PT, FY (འཇིག་རྟེན་ཆགས་ལུགས།): **ས་ཡི་ཁ་དོག་སེར་པོ་རེད།**

158 LT: ནང་གི་ས་བོན་ལམ་ཡིག་རེད། PT, FY (འཇིག་རྟེན་ཆགས་ལུགས།): ས་ཡི་ས་བོན་ལམ་ཡིག་རེད། ED: **ས་ཡི་ས་བོན་ལཾ་ཡིག་རེད།**

159 LT, FY (འཇིག་རྟེན་ཆགས་ལུགས།): **ཆུ་ཡི་དབྱིབས་དེ་ཟླུམ་པོ་རེད།** PT: ཆུ་འི་དབྱིབས་ནི་ཟླུམ་པོ་རེད།

160 LT, PT, FY (འཇིག་རྟེན་ཆགས་ལུགས།): **ཆུ་ཡི་ཁ་དོག་དཀར་པོ་རེད།**

161 LT: ནང་གི་ས་བོན་ཁམ་ཡིག་རེད། PT, FY (འཇིག་རྟེན་ཆགས་ལུགས།): ཆུ་ཡི་ས་བོན་ཁམ་ཡིག་རེད། ED: **ཆུ་ཡི་ས་བོན་ཁཾ་ཡིག་རེད།**

མེ་ཡི་དབྱིབས་དེ་གྲུ་གསུམ་རེད།[162] 火之形状三角兮
The fire element is in the shape of a triangle,

མེ་ཡི་ཁ་དོག་དམར་པོ་རེད།[163] 火之颜色者赤也
Red in colour.

མེ་ཡི་ས་བོན་རཾ་ཡིག་རེད།[164] 火之种子字喃矣
Its seed is *ram*.

རླུང་གི་དབྱིབས་དེ་ཟླ་གམ་རེད།[165] 风之形状半圆兮
The air element is in the shape of a semi-circle.

རླུང་གི་ཁ་དོག་སྔོན་པོ་རེད།[166] 风之颜色者青也
Blue in colour.

རླུང་གི་ས་བོན་ཡཾ་ཡིག་རེད།[167] 风之种子字呀矣
Its seed is *yam*.

གླུ་དེ་ཡི་ལན་ལ་དེ་འདྲ་ཡིན། 如是答复彼歌矣
This is the response to the song.

---

162 LT: མེ་ཡི་དབྱིབས་དེ་གྲུ་གསུམ་ཡིན། PT, FY (འཇིག་རྟེན་ཆགས་ལུགས།): **མེ་ཡི་དབྱིབས་དེ་གྲུ་གསུམ་རེད།**

163 LT: མེ་ཡི་ཁ་དོག་དམར་པོ་ཡིན། PT, FY (འཇིག་རྟེན་ཆགས་ལུགས།): **མེ་ཡི་ཁ་དོག་དམར་པོ་རེད།**

164 LT: ནང་གི་ས་བོན་རམ་ཡིག་ཡིན། PT, FY (འཇིག་རྟེན་ཆགས་ལུགས།): མེ་ཡི་ས་བོན་རམ་ཡིག་ཡིན། ED: **མེ་ཡི་ས་བོན་རཾ་ཡིག་རེད།**

165 LT, FY (འཇིག་རྟེན་ཆགས་ལུགས།): རླུང་གི་དབྱིབས་དེ་ཟླ་གམ་ཡིན། PT: རླུང་གི་དབྱིབས་ནི་ཟླ་གམ་ཡིན། ED: **རླུང་གི་དབྱིབས་དེ་ཟླ་གམ་རེད།**

166 LT, PT: རླུང་གི་ཁ་དོག་སྔོན་པོ་ཡིན། FY (འཇིག་རྟེན་ཆགས་ལུགས།): **རླུང་གི་ཁ་དོག་སྔོན་པོ་རེད།**

167 LT, PT: ནང་གི་ས་བོན་ཡམ་ཡིག་ཡིན། FY (འཇིག་རྟེན་ཆགས་ལུགས།): རླུང་གི་ས་བོན་ཡམ་ཡིག་ཡིན། ED: **རླུང་གི་ས་བོན་ཡཾ་ཡིག་རེད།**

དྲི།[168] 问

Question:

རླུང་གི་དཀྱིལ་འཁོར་ཅི་ལྟར་ཆགས།[169] 风轮何以成之耶

How is the Wind Mandala formed?

ཆུ་ཡི་དཀྱིལ་འཁོར་ཅི་ལྟར་ཆགས།[170] 水轮何以成之耶

How is the Water Mandala formed?

གསེར་གྱི་དཀྱིལ་འཁོར་ཅི་ལྟར་ཆགས།[171] 地轮何以成之耶

How is the Golden Earth Mandala formed?[4]

གླུ་དལ་མོ་ལོངས་དང་རྗེས་ན་ཡོད། 有歌相继徐徐咏

Sing it slowly, and more songs will follow.

---

168 ND: རླུང་སྣང་ནས་བྱུང་ནི་འོག་ནས་བྱུང་། མེ་འོག་ནས་བྱུང་ནི་སྣང་ནས་བྱུང་། ཆུ་སྣང་ནས་བྱུང་ནི་འོག་ནས་བྱུང་། ས་སྣང་ནས་བྱུང་ནི་འོག་ནས་བྱུང་། རླུང་འོག་ནས་མ་བྱུང་སྣང་ནས་བྱུང་། མེ་འོག་ནས་མ་བྱུང་སྣང་ནས་བྱུང་། ཆུ་འོག་ནས་མ་བྱུང་སྣང་ནས་བྱུང་། ས་སྣང་ནས་མ་བྱུང་འོག་ནས་བྱུང་། རླུང་འོག་ནས་མ་བྱུང་སྣང་ནས་བྱུང་། གང་དང་གང་ཡིས་མཉེན་ནས་བྱུང་། མེ་འོག་ནས་མ་བྱུང་སྣང་ནས་བྱུང་། གང་དང་གང་ཡིས་མཉེན་ནས་བྱུང་། ཆུ་འོག་ནས་མ་བྱུང་སྣང་ནས་བྱུང་། གང་དང་གང་ཡིས་མཉེན་ནས་བྱུང་། ས་སྣང་ནས་མ་བྱུང་འོག་ནས་བྱུང་། གང་དང་གང་ཡིས་མཉེན་ནས་བྱུང་། རླུང་འོག་ནས་མ་བྱུང་སྣང་ནས་བྱུང་། བསམ་གཏན་དང་བའི་མཉེན་ནས་བྱུང་། བསམ་གཏན་དང་བའི་ཞིང་ཁམས་ན། རླུང་བསེར་བུ་རྫོང་གི་འོག་ནས་བྱུང་། མེ་འོག་ནས་མ་བྱུང་སྣང་ནས་བྱུང་། བསམ་གཏན་གཉིས་བའི་མཉེན་ནས་བྱུང་། བསམ་གཏན་གཉིས་བའི་ཞིང་ཁམས་ནས། མེ་མེ་སྟག་རྫོང་གི་འོག་ནས་བྱུང་། ཆུ་འོག་ནས་མ་བྱུང་སྣང་ནས་བྱུང་། བསམ་གཏན་གསུམ་བའི་མཉེན་ནས་བྱུང་། བསམ་གཏན་གསུམ་བའི་ཞིང་ཁམས་ནས། ཆུ་ཐིགས་པ་གསུམ་གྱི་འོག་ནས་བྱུང་། ས་སྣང་ནས་མ་བྱུང་འོག་ནས་བྱུང་། ས་འོག་མ་དགུ་ཡི་ཁོག་ལས་བྱུང་། ས་དབང་ཆེན་སྲུས་ཀྱི་ས་གཞི་བྱུང་། FY (རི་རྒྱལ་ལྷུན་པོ།): རླུང་སྣང་ནས་བྱུང་ནི་འོག་ནས་བྱུང་། མེ་སྣང་ནས་བྱུང་ནི་འོག་ནས་བྱུང་། ཆུ་སྣང་ནས་བྱུང་ནི་འོག་ནས་བྱུང་། ས་སྣང་ནས་བྱུང་ནི་འོག་ནས་བྱུང་། རླུང་འོག་ནས་མ་བྱུང་སྣང་ནས་བྱུང་། མེ་འོག་ནས་མ་བྱུང་སྣང་ནས་བྱུང་། ཆུ་འོག་ནས་མ་བྱུང་སྣང་ནས་བྱུང་། ས་སྣང་ནས་མ་བྱུང་འོག་ནས་བྱུང་། རླུང་འོག་ནས་མ་བྱུང་སྣང་ནས་བྱུང་། གང་དང་གང་ཡི་ཉེ་ནས་བྱུང་། མེ་འོག་ནས་མ་བྱུང་སྣང་ནས་བྱུང་། གང་དང་གང་ཡི་ཉེ་ནས་བྱུང་། ཆུ་འོག་ནས་མ་བྱུང་སྣང་ནས་བྱུང་། གང་དང་གང་ཡི་ཉེ་ནས་བྱུང་། ས་སྣང་ནས་མ་བྱུང་འོག་ནས་བྱུང་། གང་དང་གང་ཡི་ཉེ་ནས་བྱུང་། རླུང་འོག་ནས་མ་བྱུང་སྣང་ནས་བྱུང་། བསམ་གཏན་དང་པོའི་ཉེ་ནས་བྱུང་། བསམ་གཏན་དང་པོའི་ཞིང་ཁམས་ན། རླུང་བསེར་བུ་རྫོང་གི་འོག་ནས་བྱུང་། མེ་འོག་ནས་མ་བྱུང་སྣང་ནས་བྱུང་། བསམ་གཏན་གཉིས་པའི་ཉེ་ནས་བྱུང་། བསམ་གཏན་གཉིས་པའི་ཞིང་ཁམས་ན། མེ་སྟག་རྫོང་གི་འོག་ནས་བྱུང་། ཆུ་འོག་ནས་མ་བྱུང་སྣང་ནས་བྱུང་། བསམ་གཏན་གསུམ་པའི་ཉེ་ནས་བྱུང་། བསམ་གཏན་གསུམ་པའི་ཞིང་ཁམས་ན། ཆུ་ཐིགས་པ་གསུམ་གྱི་འོག་ནས་བྱུང་། ས་སྣང་ནས་ཡ་བྱུང་འོག་ནས་བྱུང་། ས་འོག་མ་དགུ་ཡི་ཁོག་ལས་བྱུང་། ས་དབང་ཆེན་སྲུས་ཀྱི་ས་གཞི་བྱུང་།

169 ED: **རླུང་གི་དཀྱིལ་འཁོར་ཅི་ལྟར་ཆགས།**

170 ED: **ཆུ་ཡི་དཀྱིལ་འཁོར་ཅི་ལྟར་ཆགས།**

171 ED: **གསེར་གྱི་དཀྱིལ་འཁོར་ཅི་ལྟར་ཆགས།**

ལན། 答
Answer:

རླུང་གི་དཀྱིལ་འཁོར་ཆགས་ཚུལ་ནི།[172] 风轮成形之情兮
As for the formation of the Wind Mandala,

སེམས་ཅན་སྤྱི་མཐུན་ལས་ཀྱིས་ནི།[173] 缘众生之共业也
Due to the collective karma of beings,

རླུང་འཇམ་མང་དུ་འཕེལ་བས་ཆགས།[174] 轻风增盛所成矣
Soft wind gradually increases, forming the Wind Mandala.

ཆུ་ཡི་དཀྱིལ་འཁོར་ཆགས་ཚུལ་ནི།[175] 水轮成形之情兮
Regarding the formation of the Water Mandala,

སེམས་ཅན་སྤྱི་མཐུན་ལས་ཀྱིས་ནི།[176] 缘众生之共业也
Due to the collective karma of beings,

སྤྲིན་གསེར་ཆར་མང་བབས་པས་ཆགས།[177] 金云澍雨成水轮
Golden clouds give rise to rain, forming the Water Mandala,

གསེར་གྱི་དཀྱིལ་འཁོར་ཆགས་ཚུལ་ནི།[178] 地轮成形之情兮
Regarding the formation of the Golden Earth Mandala,

ཆུ་དེ་རླུང་གིས་དཀྲུགས་པ་ལས།[179] 水轮为风吹动也
The Water Mandala agitated by the wind,

---

172 ED: རླུང་གི་དཀྱིལ་འཁོར་ཆགས་ཚུལ་ནི།

173 ED: སེམས་ཅན་སྤྱི་མཐུན་ལས་ཀྱིས་ནི།

174 ED: རླུང་འཇམ་མང་དུ་འཕེལ་བས་ཆགས།

175 ED: ཆུ་ཡི་དཀྱིལ་འཁོར་ཆགས་ཚུལ་ནི།

176 ED: སེམས་ཅན་སྤྱི་མཐུན་ལས་ཀྱིས་ནི།

177 ED: སྤྲིན་གསེར་ཆར་མང་བབས་པས་ཆགས།

178 ED: གསེར་གྱི་དཀྱིལ་འཁོར་ཆགས་ཚུལ་ནི།

179 ED: ཆུ་དེ་རླུང་གིས་དཀྲུགས་པ་ལས།

མཚོ་ཡི་སྟེང་ལ་གསེར་དུ་ཆགས།[180] 其上所成地轮矣

On top of which the Golden Earth Mandala forms.

གླུ་དེ་ཡི་ལན་ལ་དེ་འདྲ་ཡིན། 如是答复彼歌矣

This is the response to the song.

དྲི།[181] 问

Question:

རླུང་གི་དཔག་ཚད་ཅི་འདྲ་རེད།[182] 风轮由旬几何耶

Please tell of the size of the Wind Mandala, in leagues.[5]

ཆུ་ཡི་དཔག་ཚད་ཅི་འདྲ་རེད།[183] 水轮由旬几何耶

Please tell of the size of the Water Mandala, in leagues.

---

180 ED: **མཚོ་ཡི་སྟེང་ལ་གསེར་དུ་ཆགས།**

181 ND: རླུང་གི་དཔག་ཚད་ཅི་ཡོད་ཤོད། མི་ཡི་དཔག་ཚད་ཅི་ཡོད་ཤོད། ཆུ་ཡི་དཔག་ཚད་ཅི་ཡོད་ཤོད། ས་ཡི་དཔག་ཚད་ཅི་ཡོད་ཤོད། རླུང་གི་དཔག་ཚད་མཐོ་ཚད་གན། རླུང་ས་དཔར་དྲུག་དང་འབུམ་ཁྲག་དྲུག མེ་ཡི་དཔག་ཚད་མཐོ་ཚད་གན། མེ་ས་དབར་དྲུག་དང་འབུམ་ཕྲག་བཞི། ཆུ་ཡི་དཔག་ཚད་མཐོ་ཚད་གན། ས་དབར་དྲུག་དང་འབུམ་ཕྲག་གསུམ། ས་ཡི་དཔག་ཚད་མཐོ་ཚད་ཀན། ཡར་ལ་དཔག་ཚད་བརྒྱད་ཁྲི་ཡིན། མར་ལ་དཔག་ཚད་བཞི་སྟོང་ཡིན། མཐའ་བསྐོར་དཔག་ཚད་གྲངས་མེད་ཡིན། ས་དབང་ཆེན་སྲས་ཀྱི་ས་གཞི་ཡིན། དབང་ཆེན་བྱ་བ་ཅི་ཞིག་རེད། ཆུ་གཞིན་བྱ་བ་ཅི་ཞིག་རེད། ས་གཞིན་བྱ་བ་ཅི་ཞིག་རེད། ས་དབང་ཆེན་སྲས་ཀྱི་ས་གཞི་དེ། དབང་ཆེན་བྱ་བ་དབང་ཐང་ཆེ། ས་ཆེན་རི་ལ་དབང་གི་ཡིན། ཆུ་གཞིན་བྱ་བ་བཤད་རྒྱུ་ན། མཐའ་ཡས་མེད་པར་ཡངས་པ་རེད། ཆུ་ཡི་བྱ་བ་འདི་འདྲ་ཡིན། ས་གཞིན་བྱ་བ་བཤད་རྒྱུ་ན། འབུར་ཁྲི་ས་དབང་བསྡམས་ནས་ཡོད། རིན་ཆེན་སྣ་ཚོགས་འདི་ནས་བྱུང་། ས་གཞི་འདི་ལ་ཆགས་ཆགས་ནས་ཡོད། ས་དབང་ཆེན་སྲས་ཀྱི་ས་གཞི་དེ། དང་པོ་ཆགས་པ་ཆུ་ལ་ཆགས། བར་གྱི་བྱ་བ་ཆུ་ལ་ཏ། ཐ་མ་ཕྱོགས་བཞི་གླིང་བཞི་ཆགས། ཕྱོ་ཁྲུངས་ལུང་ལྷུགས་རི་ནག་པོ་ཆགས། FY (རི་རྒྱལ་ལྷུན་པོ།): རླུང་གི་དཔག་ཚད་ཅི་ཡོད་ཤོད། མི་དཔག་ཚད་ཅི་ཡོད་ཤོད། ཆུ་ཡི་དཔག་ཚད་ཅི་ཡོད་ཤོད། ས་ཡི་དཔག་ཚད་ཅི་ཡོད་ཤོད། རླུང་གི་དཔག་ཚད་མཐོ་ཚད་ཀན། རླུང་ས་དབར་དྲུག་དང་འབུམ་ཕྲག་དྲུག མེ་ཡི་དཔག་ཚད་མཐོ་ཚད་ཀན། མེ་ས་དབར་དྲུག་དང་འབུམ་ཕྲག་བཞི། ཆུ་ཡི་དཔག་ཚད་མཐོ་ཚད་ཀན། ཆུ་ས་དབར་དྲུག་དང་འབུམ་ཕྲག་གསུམ། ས་ཡི་དཔག་ཚད་མཐོ་ཚད་ཀན། ཡར་ལ་དཔག་ཚད་བརྒྱད་ཕྲག་ཡིན། མར་ལ་དཔག་ཚད་བཞི་སྟོང་ཡིན། མཐའ་བསྐོར་དཔག་ཚད་གྲངས་མེད་ཡིན། ས་དབང་ཆེན་སྲས་ཀྱི་ས་གཞི་ཡིན། དབང་ཆེན་བྱ་བ་ཅི་ཞིག་རེད། ཆུ་གཞིན་བྱ་བ་ཅི་ཞིག་རེད། ས་གཞིན་བྱ་བ་ཅི་ཞིག་རེད། ས་དབང་ཆེན་སྲས་ཀྱི་ས་གཞི་དེ། དབང་ཆེན་བྱ་བ་དབང་ཐང་ཆེ། ས་ཆེན་རི་ལ་དབང་གི་ཡིན། ཆུ་གཞིན་བྱ་བ་བཤད་རྒྱུ་ན། མཐའ་ཡས་མེད་པར་ཡངས་པ་རེད། ཆུ་ཡི་བྱ་བ་འདི་འདྲ་ཡིན། ས་གཞིན་བྱ་བ་བཤད་རྒྱུ་ན། འབུམ་ཁྲི་ས་དབང་བསྡམས་ནས་ཡོད། རིན་ཆེན་སྣ་ཚོགས་འདི་ནས་བྱུང་། ས་གཞི་འདི་ལ་ཆགས་ནས་ཡོད། ས་དབང་ཆེན་སྲས་ཀྱི་ས་གཞི་དེ། དང་པོ་ཆགས་པ་ཆུ་ལ་ཆགས། བར་གྱི་བྱ་བ་ཆུ་ལ་ཆགས། ཐ་མ་ཕྱོགས་བཞི་གླིང་བཞི་ཆགས། ཕྱོ་ཕོར་ཡུག་ལྷུགས་རི་ནག་པོ་ཆགས།

182 ED: **རླུང་གི་དཔག་ཚད་ཅི་འདྲ་རེད།**

183 ED: **ཆུ་ཡི་དཔག་ཚད་ཅི་འདྲ་རེད།**

གསེར་གྱི་དཔག་ཚད་ཅི་འདྲ་རེད།[184] 地轮由旬几何耶
Please tell of the size of the Golden Earth Mandala, in leagues.

གླུ་དལ་བུར་ཤོག་དང་བྲེལ་བ་མེད། 歌徐陈之莫匆促
Please sing the song slowly, there is no hurry.

ལན། 答
Answer:

རླུང་གི་དཔག་ཚད་བཤད་རྒྱུ་ན།[185] 言风轮之由旬兮
Speaking of the size of the Wind Mandala,

ཛམས་སུ་ས་ཡ་དྲུག་འབུམ་མོ།[186] 其厚百又六十万
It is 1,600,000 leagues high.

མཐའ་སྐོར་ནི་དཔག་ཚད་གྲངས་མེད་དོ།[187] 其周由旬不可计
Its perimeter is immeasurable.

ཆུ་ཡི་དཔག་ཚད་བཤད་རྒྱུ་ན།[188] 言水轮之由旬兮
Speaking of the size of the Water Mandala,

ཆུ་ཛམས་འབུམ་ཕྲག་བཅུ་གཅིག་དང་།[189] 至其一百万由旬
The Water Mandala is,

སྟོང་ཕྲག་དག་ནི་ཉི་ཤུའོ།[190] 又十二万由旬也
1,120,000 leagues high.

---

184 ED: གསེར་གྱི་དཔག་ཚད་ཅི་འདྲ་རེད།

185 ED: རླུང་གི་དཔག་ཚད་བཤད་རྒྱུ་ན།

186 ED: ཛམས་སུ་ས་ཡ་དྲུག་འབུམ་མོ།

187 ED: མཐའ་སྐོར་ནི་དཔག་ཚད་གྲངས་མེད་དོ།

188 ED: ཆུ་ཡི་དཔག་ཚད་བཤད་རྒྱུ་ན།

189 ED: ཆུ་ཛམས་འབུམ་ཕྲག་བཅུ་གཅིག་དང་།

190 ED: སྟོང་ཕྲག་དག་ནི་ཉི་ཤུའོ།

ཕྱིས་ནི་རྫམས་སུ་འབུམ་ཕྲག་བརྒྱད།[191] 水深八十万由旬
Then, it remains [as an ocean] 800,000 leagues high.

ལྷག་མ་དག་ནི་གསེར་དུ་འགྱུར།[192] 所余地轮由旬也
The rest is the height of the gold Earth Mandala.

ཆུ་དང་གསེར་གྱི་ཐད་ཀར་ན།[193] 水轮地轮周缘兮
The diameter of the Earth Mandala and the Gold Earth Mandala is,

འབུམ་ཕྲག་བཅུ་གཉིས་སྟོང་ཕྲག་གསུམ།[194] 一百二十万由旬
1,203,450,

བརྒྱ་ཕྲག་དང་ནི་ཕྱེད་དང་ལྔ།[195] 又三千四百五十
Leagues high.

གླུ་དེ་ཡི་ལན་ལ་དེ་འདྲ་ཡིན། 如是答复彼歌矣
This is the response to the song.

དྲི།[196] 问
Question:

---

191 ED: **ཕྱིས་ནི་རྫམས་སུ་འབུམ་ཕྲག་བརྒྱད།**

192 ED: **ལྷག་མ་དག་ནི་གསེར་དུ་འགྱུར།**

193 ED: **ཆུ་དང་གསེར་གྱི་ཐད་ཀར་ན།**

194 ED: **འབུམ་ཕྲག་བཅུ་གཉིས་སྟོང་ཕྲག་གསུམ།**

195 ED: **བརྒྱ་ཕྲག་དང་ནི་ཕྱེད་དང་ལྔ།**

196 ND: རི་ཡི་རྒྱལ་པོ་རི་རབ་གནས། ཡར་ལ་དཔག་ཚད་ཅི་འདྲ་ཆགས། མར་ལ་དཔག་ཚད་ཅི་འདྲ་ཆགས། མཐོ་ལ་ལྷག་པ་ཅི་འདྲ་ཆགས། རི་ཡི་རྒྱལ་པོ་རི་རབ་གནས། ཡར་ལ་དཔག་ཚད་བརྒྱད་ཁྲི་ཆགས། མར་ལ་དཔག་ཚད་བརྒྱད་ཁྲི་ཆགས། མཐོ་ལ་ལྷག་པ་བཞི་སྟོང་ཆགས། རི་ཡི་རྒྱལ་པོ་རི་རབ་གནས། གཡས་གཡོན་དཔག་ཚད་ཅི་འདྲ་ཏ། མཐའ་འཁོར་དཔག་ཚད་ཅི་འདྲ་ཏ། རི་ཡི་རྒྱལ་པོ་རི་རབ་གནས། དགའ་ལྡན་ལྷ་ཡི་ཡུལ་དུ་ཆགས། མཐའ་འཁོར་དཔག་ཚད་གྲངས་མེད་ཡིན། རི་ཡི་རྒྱལ་པོ་རི་རབ་གནས། གཡས་ཀྱི་རི་རབ་ཅི་ཞིག་རེད། གཡོན་གྱི་རི་རབ་ཅི་ཞིག་རེད། སྔོན་གྱི་རི་རབ་ཅི་ཞིག་རེད། ཕྱི་ཡི་རི་རབ་ཅི་ཞིག་རེད། རི་ཡི་རྒྱལ་པོ་རི་རབ་གནས། གཡོན་གྱི་རི་རབ་སེར་པོ་རེད། གཡས་ཀྱི་རི་རབ་ནག་པོ་རེད། སྔོན་ནི་ནམ་ཡིག། ཕྱི་ནི་ཀ་ལུ་ཡིན། རི་ཡི་རྒྱལ་པོ་རི་རབ་གནས། རི་དྭང་མོ་ཡིན་ནམ་ཟེར་བུ་ཡིན། རིང་དྭང་མོ་མིན་དང་ཟེར་བུ་ཡིན། ཟེར་བུ་བྱུང་དོན་ཅི་འདྲ་སྣང་། ཟེར་བུ་བྱུང་དོན་བརྒྱ་དེ་ཡིན། རི་ཡི་རྒྱལ་པོ་རི་རབ་གནས། མཐའ་ན་གསེར་གྱི་རི་བདུན་ཡོད། རི་ཡི་རྒྱལ་པོ་རི་རབས་མིང་རེ་དྲངས། མཉེན་གཞི་བརྩེ་རྒྱུའི་རི་དེ་གཅིག ལྷ་ན་སྟོམ་གྱི་རི་དེ་གཉིས། སྟོམ་རི་དྭུན་གྱི་རི་དེ་གསུམ། སྨོག་བརྩེ་རྒྱུའི་རི་དེ་བཞི། ཅན་གྱི་

རི་ཡི་རྒྱལ་པོ་རི་རབ་གན།[197]

Mount Meru,

山之王者须弥兮

རི་དེ་ལྔ། གསེར་གཞི་ཅན་གྱི་རི་དེ་དྲུག རི་རྒྱལ་ལྷུན་པོ་དེ་དང་བདུན། རི་རྒྱལ་པོ་དང་བཅས་བཤད་པ་ཡིན། རི་ཡི་རྒྱལ་པོ་རི་རབ་གན། དེ་ལ་དཔག་རིམ་ཅི་འདྲ་ཡོད། རི་རབ་དཔག་རིམ་བཞི་སྟོང་ཡིན། རི་ཡི་རྒྱལ་པོ་རི་རབ་གན། རི་ཡི་དཔག་རིམ་དང་པོ་ན། ལྷ་མཉེན་གང་གི་བརྟན་བཤད་ཡོད། རི་ཡི་དཔག་རིམ་གཉིས་བ་ན། རི་ཡི་དཔག་རིམ་གསུམ་བཤད་ཡོད། རི་ཡི་དཔག་རིམ་བཞི་བཤད་ཡོད། རི་ཡི་དཔག་རིམ་དང་པོ་ན། དམ་པོ་གཉིས་ཡི་གཞི་ཐོག་བརྟན། རི་རབ་དཔག་རིམ་གཉིས་བ་ན། ཕྲན་དོང་གྲྭ་ཡི་ལྷ་ཡི་བརྟན། རི་རབ་དཔག་རིམ་གསུམ་བ་ན། ཧ་བདུན་གཟི་བདུན་གཉེན་ཡི་བརྟན། རི་རབ་དཔག་རིམ་བཞི་བ་ན། ལྷ་ཁང་རྒྱལ་ཆེན་བཞི་ཡི་བརྟན། རི་ཡི་རྒྱལ་པོ་རི་རབ་གན། དམ་པོ་གཉིས་ཡིས་གཞི་ཐོག་བརྟན། ཕྱུག་བཞི་བ་ཐོགས་བ་ཅི་ལ་ཐོགས། ཕྲང་དུང་གྲྭ་ཡིས་ལྷ་ཡི་བརྟན། ཕྱུག་ཕྲེང་བ་འཛིན་པ་ཅི་ལ་འཛིན། ཧ་བདུན་གཟི་བདུན་ལྷ་ཡིས་བརྟན། ཧ་བདུན་གཟིགས་བ་ཅི་ལ་གཟིགས། ལྷ་ཁང་རྒྱལ་ཆེན་བཞི་ཡི་བརྟན། བཞི་ཁ་བརྟམ་བ་ཅི་ལ་བརྟན། རི་ཡི་རྒྱལ་པོ་རི་རབ་གན། དམ་པོ་གཉིས་གཞི་ཐོག་བརྟན། ཕྱུག་བཞི་བ་ཐོགས་པ་ཅི་ལ་ཐོགས། རྒྱ་མཚོ་བཞུར་རྒྱུན་གང་ལ་བརྟན། ལྷ་མཉེན་ཁོ་རང་བསམ་ཐོག་བརྟན། ཕྲེང་དུང་གྲྭ་ཡི་ལྷ་ཡི་བརྟན། ཕྱུག་ཕྲེང་བ་འཛིན་བ་འདི་ལ་འཛིན། རི་རབ་གྲལ་ཁ་བརྒྱ་རྒྱུ་ཡིན། ལྷ་མཉེན་ཁོ་རང་བསམ་ཐོག་བརྟན། ཧ་བདུན་གཟི་བདུན་ལྷ་ཡི་བརྟན། ཧ་བདུན་གཟིགས་པ་རི་ལ་གཟིགས། རི་རབ་རྒྱུན་གྱི་གང་ཡི་བརྟན། ལྷ་མཉེན་ཁོ་རང་བསམ་ཐོག་བརྟན། ལྷ་ཁང་རྒྱལ་ཆེན་བཞི་ཡི་བརྟན། རི་ཁ་མཉེན་མའི་འདེབས་ལ་བརྟན། གླིང་བཞི་གླིང་ཕྲན་མཚམས་བརྒྱད་པོ། ལྷ་མཉེན་ཁོ་རང་བསམ་ཐོག་ཡིན། FY (རི་རྒྱལ་ལྷུན་པོ།) : རི་ཡི་རྒྱལ་པོ་རི་རབ་ཀན། ཡར་ལ་དཔག་ཚད་ཅི་འདྲ་ཆགས། མར་ལ་དཔག་ཚད་ཅི་འདྲ་ཆགས། མཐོ་ལ་ལྷག་པ་ཅི་འདྲ་ཆགས། རི་ཡི་རྒྱལ་པོ་རི་རབ་ཀན། ཡར་ལ་དཔག་ཚད་བརྒྱད་ཁྲི་ཆགས། མར་ལ་དཔག་ཚད་བརྒྱད་ཁྲི་ཆགས། མཐོ་ལ་ལྷག་པ་བཞི་སྟོང་ཆགས། རི་ཡི་རྒྱལ་པོ་རི་རབ་ཀན། གཡས་གཡོན་དཔག་ཚད་ཅི་འདྲ་ཆགས། མཐའ་འཁོར་དཔག་ཚད་ཅི་འདྲ་ཆགས། རི་ཡི་རྒྱལ་པོ་རི་རབ་ཀན། དགའ་ལྡན་ལྷ་ཡི་ཡུལ་དུ་ཆགས། མཐའ་འཁོར་དཔག་ཚད་གྲངས་མེད་ཡིན། རི་ཡི་རྒྱལ་པོ་རི་རབ་ཀན། གཡས་ཀྱི་རི་རབ་ཅི་ཞིག་རེད། གཡོན་གྱི་རི་རབ་ཅི་ཞིག་རེད། སྔོན་གྱི་རི་རབ་ཅི་ཞིག་རེད། ཕྱི་ཡི་རི་རབ་ཅི་ཞིག་རེད། རི་ཡི་རྒྱལ་པོ་རི་རབ་ཀན། གཡོན་གྱི་རི་རབ་སེར་པོ་རེད། གཡས་ཀྱི་རི་རབ་ནག་པོ་རེད། སྔོན་ནི་གནམ་སྲུས་ཧ་བརྒྱད་རེད། ཕྱི་ནི་ཁྲ་གསུམ་རིན་པོ་ཡིན། རི་ཡི་རྒྱལ་པོ་རི་རབ་ཀན། རི་དྲང་མོ་ཡིན་ནམ་ཡོར་པོ་ཡིན། རིང་དྲང་མོ་མིན་དང་ཡོར་པོ་ཡིན། ཡོར་པོ་བྱུང་དོན་ཅི་འདྲ་སྣང་། ཡོར་པོ་བྱུང་དོན་བརྒྱ་དེ་ཡིན། རི་ཡི་རྒྱལ་པོ་རི་རབ་ཀན། མཐའ་ན་གསེར་གྱི་རི་བདུན་ཡོད། རི་རྒྱལ་པོ་རི་བདུན་གྱི་མིང་རེ་དྲངས། གཉའ་ཤིང་འཛིན་གྱི་རི་དེ་གཅིག ལྟ་ན་སྡུག་གི་རི་དེ་གཉིས། གཤོལ་མདུའ་འཛིན་གྱི་རི་དེ་གསུམ། སུ་ཁྱུད་འཛིན་གྱི་རི་དེ་བཞི། རྣམ་འདུལ་ཅན་གྱི་རི་དེ་ལྔ། སེང་ལྡེང་ཅན་གྱི་རི་དེ་དྲུག རི་རྒྱལ་ལྷུན་པོ་དེ་དང་བདུན། རི་རྒྱལ་པོ་དང་བཅས་བཤད་པ་ཡིན། རི་ཡི་རྒྱལ་པོ་རི་རབ་ཀན། དེ་ལ་བང་རིམ་ཅི་འདྲ་ཡོད། རི་རབ་ལ་བང་རིམ་བཞི་སྐྱེགས་ཡིན། རི་ཡི་བང་རིམ་དང་པོ་ཀན། ལྷ་གཉན་གང་གི་གནས་བཤད་ཡོད། རི་ཡི་བང་རིམ་གཉིས་པ་ན། ལྷ་གཉན་གང་གི་གནས་བཤད་ཡོད། རི་ཡི་བང་རིམ་གསུམ་པ་ན། ལྷ་གཉན་གང་གི་གནས་བཤད་ཡོད། རི་ཡི་བང་རིམ་བཞི་བ་ན། ལྷ་གཉན་གང་གི་གནས་བཤད་ཡོད། རི་ཡི་བང་རིམ་དང་པོ་ན། དམ་པོ་གཉན་གྱིས་བཞི་ཐོག་གནས། རི་རབ་བང་རིམ་གཉིས་པ་ན། ཕྲེང་དུང་གྲྭ་ཡི་ལྷ་ཡི་གནས། རི་རབ་བང་རིམ་གསུམ་པ་ན། ཧ་བདུན་གཟའ་བདུན་གཉེན་ཡི་གནས། རི་རབ་བང་རིམ་བཞི་བ་ན། ལྷ་ཁང་རྒྱལ་ཆེན་བཞི་ཡི་གནས། རི་ཡི་རྒྱལ་པོ་རི་རབ་ཀན། དམ་པོ་གང་ཡིས་གཞི་ཐོག་གནས། ཕྱུག་བཞི་བ་ཐོགས་པ་ཅི་ལ་ཐོགས། ཕྲེང་དུང་གྲྭ་ཡིས་ལྷ་ཡི་གནས། ཕྱུག་ཕྲེང་བ་འཛིན་པ་ཅི་ལ་འཛིན། ཧ་བདུན་གཟའ་བདུན་ལྷ་ཡིས་གནས། ཧ་བདུན་གཟིགས་པས་ཅི་ལ་གཟིགས། ལྷ་ཁང་རྒྱལ་ཆེན་བཞི་ཡིས་གནས། རི་ཁ་གཞན་མ་ཅི་ལ་གནས། རི་ཡི་རྒྱལ་པོ་རི་རབ་ཀན། དམ་པོ་གཉན་གྱིས་གཞི་ཐོགས་གནས། ཕྱུག་བཞི་བ་ཐོགས་པ་ཅི་ལ་ཐོགས། རྒྱ་མཚོ་བཞུར་རྒྱུན་གང་ལ་གནས། ལྷ་གཉན་ཁོ་རང་བསམ་ཐོག་གནས། ཕྲེང་དུང་གྲྭ་ཡི་ལྷ་ཡི་གནས། ཕྱུག་ཕྲེང་བ་འཛིན་པ་འདི་ལ་འཛིན། རི་རབ་གྲལ་ཁ་བརྒྱ་རྒྱུ་ཡིན། ལྷ་གཉན་ཁོ་རང་བསམ་ཐོག་གནས། ཧ་བདུན་གཟའ་བདུན་ལྷ་ཡི་གནས། ཧ་བདུན་གཟིགས་པ་རི་ལ་གཟིགས། རི་རབ་རྒྱུན་པར་དེ་ཡི་གནས། ལྷ་གཉན་ཁོ་རང་བསམ་ཐོག་གནས། ལྷ་ཁང་རྒྱལ་ཆེན་བཞི་ཡི་གནས། རི་ཁ་གཉན་པའི་འདབས་ལ་གནས། གླིང་བཞི་གླིང་ཕྲན་མཚམས་བརྒྱད་པོ། ལྷ་གཉན་ཁོ་རང་བསམ་ཐོག་ཡིན།

[197] ED: **རི་ཡི་རྒྱལ་པོ་རི་རབ་གན།**

མཐའ་ན་གསེར་གྱི་རི་བདུན་ཡོད།[198] 外围七重金山也
Is surrounded by the Seven Golden Mountains.

གསེར་གྱི་རི་བདུན་མིང་རེ་དྲོངས།[199] 释七重山各个名
Please narrate each of their names.

གླུ་དལ་མོ་ལོངས་དང་རྗེས་ན་ཡོད། 有歌相继徐徐咏
Sing it slowly, and more songs will follow.

ལན། 答
Answer:

གཉའ་ཤིང་འཛིན་དང་གཤོལ་མདའ་འཛིན།[200] 持双山与持轴山
Yoke Holder Mountain [Yugandhara] and Plow Holder Mountain [Īṣādhāra],

སེང་ལྡེང་ཅན་དང་ལྟ་ན་སྡུག[201] 担木山与善见山
Acadia Tree Mountain [Khadiraka] and Lovely to Behold Mountain [Sudarśana],

རྟ་རྣ་རི་དང་རྣམ་འདུད་རི།[202] 马耳山与象鼻山
Horse-Eared Mountain [Aśvakarṇa] and Bowing Down Mountain [Vinataka], and

མུ་ཁྱུད་འཛིན་དེ་བདུན་ཡིན་ཟེར།[203] 持边山者七金山
Rim-Holder Mountain [Nimindhara] make the Seven Golden Mountains.

---

198 ED: **མཐའ་ན་གསེར་གྱི་རི་བདུན་ཡོད།**

199 FY (འཇིག་རྟེན་ཆགས་ཚུལ།): **གསེར་གྱི་རི་བདུན་མིང་རེ་དྲོངས།**

200 FY (འཇིག་རྟེན་ཆགས་ཚུལ།): **གཉའ་ཤིང་འཛིན་དང་གཤོལ་མདའ་འཛིན།**

201 FY (འཇིག་རྟེན་ཆགས་ཚུལ།): **སེང་ལྡེང་ཅན་དང་ལྟ་ན་སྡུག**

202 FY (འཇིག་རྟེན་ཆགས་ཚུལ།): **རྟ་རྣ་རི་དང་རྣམ་འདུད་རི།**

203 FY (འཇིག་རྟེན་ཆགས་ཚུལ།): **མུ་ཁྱུད་འཛིན་དེ་བདུན་ཡིན་ཟེར།**

གླུ་དེ་ཡི་ལན་ལ་དེ་འདྲ་ཡིན། 如是答复彼歌矣

This is the response to the song.

དྲི། 问

Question:

གསེར་རི་རི་བདུན་དཔག་ཚད་ཤོད།[204] 释七重金山由旬

Please narrate the heights of the Seven Golden Mountains, in leagues.

མཚོ་ནང་ན་དཔག་ཚད་ཅི་འདྲ་ཡོད།[205] 海下由旬几何耶

In leagues, how deep under the sea are they immersed?

མཚོ་ཐོག་ན་དཔག་ཚད་ཅི་འདྲ་ཡོད།[206] 海上由旬几何耶

In leagues, how high above the sea do they rise?

ལན། 答

Answer:

མཚོ་ནང་ན་དཔག་ཚད་བརྒྱད་ཁྲི་ཡོད།[207] 海下八万由旬兮

They are immersed to a depth of 80,000 leagues under the sea.

མཚོ་ཐོག་ན་ཆེ་ཆུང་བཤད་རྒྱུ་ན།[208] 言其海上之大小

Speaking of their varied heights above the sea,

ཆེ་བའི་དཔག་ཚད་བཞི་ཁྲི་ཡོད།[209] 大者四万由旬也

The highest one [Yoke Holder Mountain] rises above the sea to a height of 40,000 leagues.

---

204 FY (འཇིག་རྟེན་ཆགས་ཚུལ།): ཁྱེད་ཀྱིས་གསེར་རི་རི་བདུན་དཔག་ཚད་ཤོད། ED: **གསེར་རི་རི་བདུན་དཔག་ཚད་ཤོད།**

205 FY (འཇིག་རྟེན་ཆགས་ཚུལ།): **མཚོ་ནང་ན་དཔག་ཚད་ཅི་འདྲ་ཡོད།**

206 FY (འཇིག་རྟེན་ཆགས་ཚུལ།): **མཚོ་ཐོག་ན་དཔག་ཚད་ཅི་འདྲ་ཡོད།**

207 FY (འཇིག་རྟེན་ཆགས་ཚུལ།): **མཚོ་ནང་ན་དཔག་ཚད་བརྒྱད་ཁྲི་ཡོད།**

208 FY (འཇིག་རྟེན་ཆགས་ཚུལ།): **མཚོ་ཐོག་ན་ཆེ་ཆུང་བཤད་རྒྱུ་ན།**

209 FY (འཇིག་རྟེན་ཆགས་ཚུལ།): **ཆེ་བའི་དཔག་ཚད་བཞི་ཁྲི་ཡོད།**

རི་ལྷག་མ་ཐམས་ཅད་ཕྱེད་ཕྱེད་ཆུང་།[210] 余山依次减半矣

The height of the remaining six mountains is each half less than the previous one.

དྲི། 问

Question:

རོལ་བའི་མཚོ་བདུན་གང་ན་ཡོད།[211] 七内海者何处耶

Where are the Seven Playful Seas?

མཚོ་བདུན་པོ་དེ་ལ་མིང་རེ་དྲོངས།[212] 释七内海各个名

Please narrate the name of each of the Seven Seas.

གླུ་དལ་མོ་ལོངས་དང་རྗེས་ན་ཡོད། 有歌相继徐徐咏

Sing it slowly, and more songs will follow.

ལན། 答

Answer:

རི་བདུན་པོ་བར་ན་མཚོ་བདུན་ཡོད།[213] 七重山间七内海

Between the Seven Golden Mountains are the Seven Seas.

མཚོ་དེ་ལ་རོལ་པའི་མཚོ་བདུན་ཟེར།[214] 其海名为七香海

The seas are referred to as the Seven Playful Seas.

---

210 FY (འཇིག་རྟེན་ཆགས་ཚུལ།): **རི་ལྷག་མ་ཐམས་ཅད་ཕྱེད་ཕྱེད་ཆུང་།**

211 FY (འཇིག་རྟེན་ཆགས་ཚུལ།): རོལ་པའི་མཚོ་བདུན་གང་ན་ཡོད། ED: **རོལ་བའི་མཚོ་བདུན་གང་ན་ཡོད།** ND: རི་ཡི་རྒྱལ་བོ་རི་རབ་གན། རི་བརྒྱའི་ནང་ན་ཚོགས་བདུན་ཡོད། ཚོགས་བདུན་པོའི་གོ་རིམ་བཤད་རྒྱུ་སྣང་། རྒྱུ་རྩེའི་ཚོགས་དང་ངག་གི་ཚོགས། དམར་པོའི་ཚོགས་དང་ཆང་གི་ཚོགས། འོ་མ་ཚོགས་དང་ཆུ་ཡི་ཚོགས། ཚོགས་ནག་པོ་དེ་དང་བདུན། ཚོགས་བརྒྱད་པོའི་གོ་རིམ་བཤད་པ་ཡིན། FY (རི་རྒྱལ་ལྷུན་པོ།): རི་ཡི་རྒྱལ་པོ་རི་རབ་ཀན། རི་བདུན་ནང་ན་མཚོ་བདུན་ཡོད། མཚོ་བདུན་པོའི་གོ་རིམ་བཤད་རྒྱུ་སྣང་། བདུད་རྩིའི་མཚོ་དང་ཆ་ཡི་མཚོ། མར་གྱི་མཚོ་དང་ཆང་གི་མཚོ། འོ་མ་མཚོ་དང་ཞོ་ཡི་མཚོ། ཆུ་མཚོ་ནག་པོ་དེ་དང་བདུན། མཚོ་བདུན་པོའི་གོ་རིམ་བཤད་པ་ཡིན།

212 FY (འཇིག་རྟེན་ཆགས་ཚུལ།): **མཚོ་བདུན་པོ་དེ་ལ་མིང་རེ་དྲོངས།**

213 FY (འཇིག་རྟེན་ཆགས་ཚུལ།): **རི་བདུན་པོ་བར་ན་མཚོ་བདུན་ཡོད།**

214 FY (འཇིག་རྟེན་ཆགས་ཚུལ།): **མཚོ་དེ་ལ་རོལ་པའི་མཚོ་བདུན་ཟེར།**

ཚྭ་ཡི་མཚོ་དང་ཆང་གི་མཚོ།[215] 咸水海与酒海也

Sea of Salt and Sea of Wine,[6]

ཆུ་ཡི་མཚོ་དང་འོ་མའི་མཚོ།[216] 清水海与乳海也

Sea of Water and Sea of Milk,

ཞོ་ཡི་མཚོ་དང་མར་གྱི་མཚོ།[217] 酪海与酥油海也

Sea of Yoghurt and Sea of Butter,

སྦྲང་རྩིའི་མཚོ་དང་མཚོ་བདུན་ཡིན།[218] 蜜海共计七内海

Together with the Sea of Nectar, these make the Seven Seas.

གླུ་དེ་ཡི་ལན་ལ་དེ་འདྲ་ཡིན། 如是答复彼歌矣

This is the response to the song.

དྲི། 问

Question:

མཚོ་བདུན་པོ་དེ་ཡི་དཔག་ཚད་ཤོད།[219] 释七内海由旬分

In leagues, please tell of the width of the Seven Seas.

གླུ་ཕྱི་མ་ཡོད་ན་ཅི་འདྲ་ཡིན། 有歌相继者何耶

What is the song if more is still to come?

---

215 FY (འཇིག་རྟེན་ཆགས་རྒྱལ།): ཚྭ་ཡི་མཚོ་དང་ཆང་གི་མཚོ།

216 FY (འཇིག་རྟེན་ཆགས་རྒྱལ།): ཆུ་ཡི་མཚོ་དང་འོ་མའི་མཚོ།

217 FY (འཇིག་རྟེན་ཆགས་རྒྱལ།): ཞོ་ཡི་མཚོ་དང་མར་གྱི་མཚོ།

218 FY (འཇིག་རྟེན་ཆགས་རྒྱལ།): སྦྲང་རྩིའི་མཚོ་དང་མཚོ་བདུན་ཡིན།

219 FY (འཇིག་རྟེན་ཆགས་རྒྱལ།): མཚོ་བདུན་པོ་དེ་ཡི་དཔག་ཚད་ཤོད།

ལན། 答

Answer:

མཚོ་དང་པོར་སྟོང་ཕྲག་བརྒྱད་ཙུ་ཡོད།[220] 第一海八万由旬

The first sea is 80,000 leagues wide.

མཚོ་ལྷག་མ་དྲུག་པོ་ཕྱེད་ཕྱེད་ཆགས།[221] 所余者次第减半

The width of the remaining six seas is each half as wide than the previous one.

དྲི། 问

Question:

ཕྱི་ལྕགས་རི་ནག་པོ་གང་ལ་ཆགས།[222] 大铁围山何处耶

Where is the Black Iron Mountain located?

ཕྱིའི་རྒྱ་མཚོ་ཆེན་པོ་གང་ལ་ཆགས།[223] 大咸水海何处耶

Where is the Great Outer Sea located?

གླུ་དལ་མོ་ལོངས་དང་རྗེས་ན་ཡོད། 有歌相继徐徐咏

Sing it slowly, and more songs will follow.

ལན། 答

Answer:

རི་བདུན་པོའི་བར་ན་རོལ་མཚོ་ཡོད།[224] 七金山间七海兮

The Playful Seas are in between the Seven Golden Mountains.

---

220 FY (འཇིག་རྟེན་ཆགས་ཚུལ): **མཚོ་དང་པོར་སྟོང་ཕྲག་བརྒྱད་ཙུ་ཡོད།**

221 FY (འཇིག་རྟེན་ཆགས་ཚུལ): མཚོ་ལྷག་པ་དྲུག་པོ་ཕྱེད་ཕྱེད་ཆགས། ED: **མཚོ་ལྷག་མ་དྲུག་པོ་ཕྱེད་ཕྱེད་ཆགས།**

222 FY (འཇིག་རྟེན་ཆགས་ཚུལ): **ཕྱི་ལྕགས་རི་ནག་པོ་གང་ལ་ཆགས།**

223 FY (འཇིག་རྟེན་ཆགས་ཚུལ): ཕྱི་རྒྱ་མཚོ་ཆེན་པོ་གང་ལ་ཆགས། ED: **ཕྱིའི་རྒྱ་མཚོ་ཆེན་པོ་གང་ལ་ཆགས།**

224 FY (འཇིག་རྟེན་ཆགས་ཚུལ): **རི་བདུན་པོའི་བར་ན་རོལ་མཚོ་ཡོད།**

རི་བདུན་ལ་ནང་གི་རྒྱ་མཚོ་ཟེར།[225] 七山间之七内海

They are also referred to as the Inner Sea,

དེ་མཐའ་བསྐོར་ལ་ལྕགས་རི་ནག་པོ་ཆགས།[226] 其外大铁围山也

Which are all encircled by the Black Iron Mountain [Cakravāḍa].

མུ་ཁྱུད་འཛིན་དང་འཁོར་ཡུག་བར།[227] 持边山与铁围山

From Rim-Holder Mountain [the outermost mountain] to the Black Iron Mountain,

ཕྱིའི་རྒྱ་མཚོ་ཆེན་པོ་ཆགས་འདུག་ཡོད།[228] 其间为大咸水海

Lies the Great Outer Sea.

གླུ་དེ་ཡི་ལན་ལ་དེ་འདྲ་ཡིན། 如是答复彼歌矣

This is the response to the song.

དྲི། 问

Question:

ཕྱིའི་རྒྱ་མཚོ་ཆེན་པོའི་དཔག་ཚད་ཤོད།[229] 释大咸水海由旬

In leagues, please narrate the width of the Great Outer Sea.

---

225 FY (འཛིག་རྟེན་ཆགས་ཚུལ།): **རི་བདུན་ལ་ནང་གི་རྒྱ་མཚོ་ཟེར།**

226 FY (འཛིག་རྟེན་ཆགས་ཚུལ།): **དེ་མཐའ་བསྐོར་ལ་ལྕགས་རི་ནག་པོ་ཆགས།**

227 FY (འཛིག་རྟེན་ཆགས་ཚུལ།): **མུ་ཁྱུད་འཛིན་དང་འཁོར་ཡུག་བར།**

228 DP: ཕྱི་རྒྱ་མཚོ་ཆེན་པོ་ཆགས་སྟེར་ཡོད། FY (འཛིག་རྟེན་ཆགས་ཚུལ།): ཕྱི་རྒྱ་མཚོ་ཆེན་པོ་ཆགས་འདུག་ཡོད། ED: **ཕྱིའི་རྒྱ་མཚོ་ཆེན་པོ་ཆགས་འདུག་ཡོད།**

229 DP: ཕྱི་རྒྱ་མཚོ་ཆེན་པོའི་དཔག་ཚད་བཤད། FY (འཛིག་རྟེན་ཆགས་ཚུལ།): ཕྱི་རྒྱ་མཚོ་ཆེན་པོའི་དཔག་ཚད་ཤོད། ED: **ཕྱིའི་རྒྱ་མཚོ་ཆེན་པོའི་དཔག་ཚད་ཤོད།**

ལན། 答

Answer:

ཕྱིའི་རྒྱ་མཚོའི་དཔག་ཚད་བཤད་རྒྱུ་ན།[230] 言大咸水海由旬

Speaking of the width of the Great Outer Sea,

འབུམ་གསུམ་དང་སྟོང་ཕྲག་ཉེར་གཉིས་ཡོད།[231] 三十二万二千矣

It is 322,000 leagues.

དྲི། 问

Question:

རི་རྒྱལ་ལྷུན་པོའི་དབྱིབས་དེ་ནི།[232] 须弥山王之形兮

As for the shape of Mount Meru,

མཛོད་མངོན་པའི་ལུགས་ལ་ཅི་འདྲ་ཡིན།[233] 俱舍论所述何耶

According to the *Treasury of Abhidharma*, what does it look like?

དུས་འཁོར་ལུགས་ལ་ཅི་འདྲ་ཡིན།[234] 时轮经所述何耶

According to the *Wheel of Time*, what does it look like?

ཁྱོད་ཡུན་རིང་མ་འགོར་ལན་རེ་སློག 尔作答之莫迟误

Please answer my questions without further ado.

---

230 DP: ཕྱི་པག་ཆེད་བཤད་བརྒྱུད་ན། FY (འཇིག་རྟེན་ཆགས་རྒྱལ།): ཕྱི་རྒྱ་མཚོ་དཔག་ཚད་བཤད་རྒྱུ་ན། ED: **ཕྱིའི་རྒྱ་མཚོའི་དཔག་ཚད་བཤད་རྒྱུ་ན།**

231 DP, FY (འཇིག་རྟེན་ཆགས་རྒྱལ།): **འབུམ་གསུམ་དང་སྟོང་ཕྲག་ཉེར་གཉིས་ཡོད།**

232 DP: ལྷུན་པོ་དབྱི་ཏེ་བཤད། FY (འཇིག་རྟེན་ཆགས་རྒྱལ།): རི་རྒྱལ་ལྷུན་པོའི་དབྱིབས་ཏེ་སོད། ED: **རི་རྒྱལ་ལྷུན་པོའི་དབྱིབས་དེ་ནི།**

233 DP: མཛོད་མངོན་པའི་ལུག་ལ་མཆུ་ཏུ་ཡིན། FY (འཇིག་རྟེན་ཆགས་རྒྱལ།): **མཛོད་མངོན་པའི་ལུགས་ལ་ཅི་འདྲ་ཡིན།**

234 DP: གི་དུས་འཁོར་ལུག་ལ་མཆུ་ཏུ་ཡིན། FY (འཇིག་རྟེན་ཆགས་རྒྱལ།): **དུས་འཁོར་ལུགས་ལ་ཅི་འདྲ་ཡིན།**

ལན། 答

Answer:

རི་རྒྱལ་ལྷུན་པོའི་དབྱིབས་བཤད་རྒྱུ་ན།[235] 言须弥山王之形

Speaking of the shape of Mount Meru,

མཛོད་མངོན་པའི་ལུགས་ལ་གྲུ་བཞི་ཡིན།[236] 俱舍论所述方形

It is in the shape of a square in the *Treasury of Abhidharma*.

དུས་འཁོར་ལུགས་ལ་ཟླུམ་པོ་ཡིན།[237] 时轮经所述圆形

It is in the shape of a circle in the *Wheel of Time*.

གླུ་དེ་ཡི་ལན་ལ་དེ་འདྲ་ཡིན། 如是答复彼歌矣

This is the response to the song.

དྲི། 问

Question:

གསེར་གྱི་རི་བདུན་དབྱིབས་དེ་ཤོད།[238] 释七重金山之形

Please tell of the shape of the Seven Golden Mountains.

ཕྱི་ལྕགས་རི་ནག་པོའི་དབྱིབས་དེ་ཤོད།[239] 释大铁围山之形

Please tell of the shape of the Black Iron Mountain.

གླུ་དལ་མོ་ལོངས་དང་རྗེས་ན་ཡོད། 有歌相继徐徐咏

Sing it slowly, and more songs will follow.

235 DP: རྒྱ་ལྷུན་པོའི་དབྱི་བཤད་ན། FY (འཛིག་རྟེན་ཆགས་རྩུལ།): **རི་རྒྱལ་ལྷུན་པོའི་དབྱིབས་བཤད་རྒྱུ་ན།**

236 DP, FY (འཛིག་རྟེན་ཆགས་རྩུལ།): **མཛོད་མངོན་པའི་ལུགས་ལ་གྲུ་བཞི་ཡིན།**

237 DP: དུས་འཁོར་ལུགས་ལ་ཟླ་གམ། FY (འཛིག་རྟེན་ཆགས་རྩུལ།): **དུས་འཁོར་ལུགས་ལ་ཟླུམ་པོ་ཡིན།**

238 DP: གསེར་གྱི་རི་བདུན་དབྱེ་དེ་བཤད། FY (འཛིག་རྟེན་ཆགས་རྩུལ།): གསེར་གྱི་རི་བདུན་དབྱིབས་ཏེ་ཤོད། ED: **གསེར་གྱི་རི་བདུན་དབྱིབས་དེ་ཤོད།**

239 DP: ཕྱི་ལྕགས་རི་ནག་པོ་དབྱི་དེ་བཤད། FY (འཛིག་རྟེན་ཆགས་རྩུལ།): ཕྱི་ལྕགས་རི་ནག་པོའི་དབྱིབས་ཏེ་ཤོད། ED: **ཕྱི་ལྕགས་རི་ནག་པོའི་དབྱིབས་དེ་ཤོད།**

ལན། 答

Answer:

ཕྱི་ལྕགས་རི་ནག་པོ་གོར་གོར་ཡིན།[240] 大铁围山圆形也

The Black Iron Mountain is in the shape of circle,

རི་གསེར་རི་བདུན་པོ་དེ་དང་འདྲ།[241] 七重金山相类似

So are the Seven Golden Mountains.

གླུ་དེ་ཡི་ལན་ལ་དེ་འདྲ་ཡིན། 如是答复彼歌矣

This is the response to the song.

དྲི། 问

Question:

རི་རྒྱལ་ལྷུན་པོའི་རྒྱུ་དེ་ཤོད།[242] 释须弥山之本源

Please narrate the substance from which Mount Meru is made.

གསེར་གྱི་རི་བདུན་རྒྱུ་དེ་ཤོད།[243] 释七重金山本源

Please narrate the substance from which the Seven Golden Mountains are made.

ཕྱི་ལྕགས་རི་ནག་པོའི་རྒྱུ་དེ་ཤོད།[244] 释玄铁围山本源

Please narrate the substance from which the Black Iron Mountain is made.

---

240 DP: ཕྱི་ལྕགས་རི་ནག་པོ་འགོ་སྐོར་ཡིན། FY (འཇིག་རྟེན་ཆགས་ཚུལ།): **ཕྱི་ལྕགས་རི་ནག་པོ་གོར་གོར་ཡིན།**

241 DP: རི་གསེར་རི་བདུན་པོ་དད་དང་འདྲ། FY (འཇིག་རྟེན་ཆགས་ཚུལ།): **རི་གསེར་རི་བདུན་པོ་དེ་དང་འདྲ།**

242 DP: རི་རྒྱལ་ལྷུན་པོའི་བརྒྱུ་སྟེ་བ FY (འཇིག་རྟེན་ཆགས་ཚུལ།): རི་རྒྱལ་ལྷུན་པོའི་རྒྱུ་ཏེ་ཤོད། ED: **རི་རྒྱལ་ལྷུན་པོའི་རྒྱུ་དེ་ཤོད།**

243 DP: གསེར་གྱི་རི་བདུན་བརྒྱུ་སྟེ་བཤད། FY (འཇིག་རྟེན་ཆགས་ཚུལ།): གསེར་གྱི་རི་བདུན་རྒྱུ་ཏེ་ཤོད། ED: **གསེར་གྱི་རི་བདུན་རྒྱུ་དེ་ཤོད།**

244 DP: ཕྱི་ལྕགས་རི་ནག་པོའི་བརྒྱུ་དེ་བཤད། FY (འཇིག་རྟེན་ཆགས་ཚུལ།): ཕྱི་ལྕགས་རི་ནག་པོའི་རྒྱུ་ཏེ་ཤོད། ED: **ཕྱི་ལྕགས་རི་ནག་པོའི་རྒྱུ་དེ་ཤོད།**

གླུ་དལ་བུར་ཐོག་དང་བྲེལ་བ་མེད། 歌徐陈之莫匆促

Please sing the song slowly, there is no hurry.

ལན། 答

Answer:

དེ་གསུམ་པོའི་རྒྱུ་དེ་བཤད་རྒྱུ་ན།[245] 言三者之本源兮

Speaking of the substances of the three,

རིའི་རྒྱལ་པོ་རིན་ཆེན་བཞི་ལས་གྲུབ།[246] 四宝石成须弥山

Mount Meru is made of four precious metals.

གསེར་གྱི་རི་བདུན་གསེར་ལས་གྲུབ།[247] 七重金山由金成

The Seven Golden Mountains are made of gold.

ཕྱི་ལྕགས་རི་ནག་པོ་ལྕགས་ལས་གྲུབ།[248] 大铁围山由铁成

The Black Iron Mountain is made of iron.

དེ་གསུམ་པོའི་རྒྱུ་ནི་དེ་འདྲ་ཡིན།[249] 三者之本源如是

Such are the substances of the three mountains.

245 DP: དེ་གསུམ་པོ་བརྒྱུ་དེ་བཤད་བརྒྱུད་ན། FY (འཇིག་རྟེན་ཆགས་ཚུལ།): དེ་གསུམ་པོ་རྒྱུ་ཏེ་བཤད་རྒྱུ་ན། ED: **དེ་གསུམ་པོའི་རྒྱུ་དེ་བཤད་རྒྱུ་ན།**

246 DP: དེ་རིན་ཆེན་བཞི་ལས་གྲུབ། FY (འཇིག་རྟེན་ཆགས་ཚུལ།): རི་རྒྱལ་པོ་རིན་ཆེན་བཞི་ལས་གྲུབ། ED: **རིའི་རྒྱལ་པོ་རིན་ཆེན་བཞི་ལས་གྲུབ།**

247 DP, FY (འཇིག་རྟེན་ཆགས་ཚུལ།): **གསེར་གྱི་རི་བདུན་གསེར་ལས་གྲུབ།**

248 DP, FY (འཇིག་རྟེན་ཆགས་ཚུལ།): **ཕྱི་ལྕགས་རི་ནག་པོ་ལྕགས་ལས་གྲུབ།**

249 DP: དེ་པོ་བརྒྱུད་དེ་ཏུ་ཙ་ཡིན། FY (འཇིག་རྟེན་ཆགས་ཚུལ།): དེ་གསུམ་པོ་རྒྱུ་ནི་དེ་འདྲ་ཡིན། ED: **དེ་གསུམ་པོའི་རྒྱུ་ནི་དེ་འདྲ་ཡིན།**

དྲི།[250] 问

Question:

དེ་གསུམ་པོའི་ཁ་དོག་ཅི་ཞིག་ཡིན།[251] 三者之颜色何耶

What are the colours of the three mountains?

གླུ་དལ་མོ་ལོངས་དང་རྗེས་ན་ཡོད། 有歌相继徐徐咏

Sing it slowly, and more songs will follow.

---

250 ND: རི་ཡི་རྒྱལ་བོ་རི་རབ་གན། ཕྱོགས་དང་བོ་གང་ལ་འཁོར་བསྐྱོད་སྣང་། ཕྱོགས་གཉིས་བ་གང་ལ་འཁོར་བསྐྱོད་སྣང་། ཕྱོགས་གསུམ་བ་གང་ལ་འཁོར་བསྐྱོད་སྣང་། ཕྱོགས་བཞི་བ་གང་ལ་འཁོར་བསྐྱོད་སྣང་། རི་ཡི་རྒྱལ་བོ་རི་རབ་གན། དང་བོ་ཤར་ལ་འཁོར་བསྐྱོད་སྣང་། གཉིས་བ་ལྷོ་ལ་འཁོར་བསྐྱོད་སྣང་། གསུམ་བ་ནུབ་ལ་འཁོར་བསྐྱོད་སྣང་། བཞི་བ་བྱང་ལ་འཁོར་བསྐྱོད་སྣང་། རི་ཡི་རྒྱལ་བོ་རི་རབ་གན། དང་བོ་ཤར་ལ་འཁོར་བསྐྱོད་ན། ཕྱོགས་དང་བོ་ཅི་ལ་བཙལ་བཞིན་སྣང་། གཉིས་བ་ལྷོ་ལ་འཁོར་བསྐྱོད་ན། གཉིས་བ་ཅི་ལ་བཙལ་བཞིན་སྣང་། གསུམ་བ་ནུབ་ལ་འཁོར་བསྐྱོད་ན། གསུམ་བ་ཅི་ལ་བཙལ་བཞིན་སྣང་། ཕྱོགས་བཞི་བ་བྱང་ལ་འཁོར་བསྐྱོད་ན། བཞི་བ་ཅི་ལ་བཙལ་བཞིན་སྣང་། རི་ཡི་རྒྱལ་བོ་རི་རབ་གན། ཕྱོགས་དང་བོ་ཤར་ལ་འཁོར་བསྐྱོད་སྣང་། ཤར་དཀར་བོ་དུང་གི་བཙལ་བཞིན་སྣང་། གཉིས་བ་ལྷོ་ལ་འཁོར་བསྐྱོད་སྣང་། ལྷོ་སྔོན་བོ་གཡུ་ལ་བཙལ་བཞིན་སྣང་། གསུམ་བ་ནུབ་ལ་འཁོར་བསྐྱོད་སྣང་། ནུབ་དམར་བོ་ཟངས་ལ་བཙལ་བཞིན་སྣང་། བཞི་བ་བྱང་ལ་འཁོར་བསྐྱོད་སྣང་། བྱང་སེར་བོ་གསེར་ལ་བཙལ་བཞིན་སྣང་། རི་ཡི་རྒྱལ་བོ་རི་རབ་གན། དང་བོ་ཤར་ལ་འཁོར་བསྐྱོད་ན། ཤར་ཕྱོགས་ནམ་མཁའ་ཅི་ཞིག་རེད། གཉིས་བ་ལྷོ་ལ་འཁོར་བསྐྱོད་ན། ལྷོ་ཕྱོགས་ནམ་མཁའ་ཅི་ཞིག་རེད། གསུམ་བ་ནུབ་ལ་འཁོར་བསྐྱོད་ན། ནུབ་ཕྱོགས་ནམ་མཁའ་ཅི་ཞིག་རེད། བཞི་བ་བྱང་ལ་འཁོར་བསྐྱོད་ན། བྱང་ཕྱོགས་ནམ་མཁའ་ཅི་ཞིག་རེད། རི་ཡི་རྒྱལ་བོ་རི་རབ་གན། ཤར་ཕྱོགས་རི་དེ་དུང་རི་རེད། དུང་གི་འོད་དེ་མཚོ་ལ་བརྒྱབ། མཚོ་ཡི་འོད་དེ་གནམ་ལ་བརྒྱབ། ཤར་ཕྱོགས་ནམ་མཁའ་དཀར་བོ་རེད། ལྷོ་ཕྱོགས་རི་དེ་གཡུ་རི་རེད། གཡུ་ཡི་འོད་དེ་མཚོ་ལ་བརྒྱབ། མཚོ་ཡི་འོད་དེ་གནམ་ལ་བརྒྱབ། ལྷོ་ཕྱོགས་ནམ་མཁའ་སྔོན་བོ་རེད། ནུབ་ཕྱོགས་རི་དེ་ཟངས་རི་རེད། ཟངས་ཀྱི་འོད་དེ་མཚོ་ལ་བརྒྱབ། མཚོ་ཡི་འོད་དེ་གནམ་ལ་བརྒྱབ། ནུབ་ཕྱོགས་ནམ་མཁའ་དམར་བོ་ཡིན། བྱང་ཕྱོགས་རི་དེ་གསེར་རི་རེད། གསེར་གྱི་འོད་དེ་མཚོ་ལ་བརྒྱབ། མཚོ་ཡི་འོད་དེ་གནམ་ལ་བརྒྱབ། བྱང་ཕྱོགས་ནམ་མཁའ་སེར་བོ་རེད། FY (རི་རྒྱལ་ལྷུན་པོ།): རི་ཡི་རྒྱལ་པོ་རི་རབ་ཀན། ཕྱོགས་དང་པོ་གང་ལ་འཁོར་བསྐྱོད་སྣང་། ཕྱོགས་གཉིས་པ་གང་ལ་འཁོར་བསྐྱོད་སྣང་། ཕྱོགས་གསུམ་པ་གང་ལ་འཁོར་བསྐྱོད་སྣང་། ཕྱོགས་བཞི་བ་གང་ལ་འཁོར་བསྐྱོད་སྣང་། རི་ཡི་རྒྱལ་པོ་རི་རབ་ཀན། དང་པོ་ཤར་ལ་འཁོར་བསྐྱོད་སྣང་། གཉིས་པ་ལྷོ་ལ་འཁོར་བསྐྱོད་སྣང་། གསུམ་པ་ནུབ་ལ་འཁོར་བསྐྱོད་སྣང་། བཞི་བ་བྱང་ལ་འཁོར་བསྐྱོད་སྣང་། རི་ཡི་རྒྱལ་པོ་རི་རབ་ཀན། དང་པོ་ཤར་ལ་འཁོར་བསྐྱོད་ན། ཕྱོགས་དང་པོ་ཅི་ལ་སྒྲུལ་བཞིན་སྣང་། གཉིས་པ་ལྷོ་ལ་འཁོར་བསྐྱོད་ན། གཉིས་པ་ཅི་ལ་སྒྲུལ་བཞིན་སྣང་། གསུམ་པ་ནུབ་ལ་འཁོར་བསྐྱོད་ན། གསུམ་པ་ཅི་ལ་སྒྲུལ་བཞིན་སྣང་། ཕྱོགས་བཞི་བ་བྱང་ལ་འཁོར་བསྐྱོད་ན། བཞི་བ་ཅི་ལ་སྒྲུལ་བཞིན་སྣང་། རི་ཡི་རྒྱལ་པོ་རི་རབ་ཀན། ཕྱོགས་དང་པོ་ཤར་ལ་འཁོར་བསྐྱོད་སྣང་། ཤར་དཀར་པོ་དུང་གི་སྒྲུལ་བཞིན་སྣང་། གཉིས་པ་ལྷོ་ལ་འཁོར་བསྐྱོད་སྣང་། ལྷོ་སྔོན་པོ་གཡུ་ལ་སྒྲུལ་བཞིན་སྣང་། གསུམ་པ་ནུབ་ལ་འཁོར་བསྐྱོད་སྣང་། ནུབ་དམར་པོ་ཟངས་ལ་སྒྲུལ་བཞིན་སྣང་། བཞི་བ་བྱང་ལ་འཁོར་བསྐྱོད་སྣང་། བྱང་སེར་པོ་གསེར་ལ་སྒྲུལ་བཞིན་སྣང་། རི་ཡི་རྒྱལ་པོ་རི་རབ་ཀན། དང་པོ་ཤར་ལ་འཁོར་བསྐྱོད་ན། ཤར་ཕྱོགས་ནམ་མཁའ་ཅི་ཞིག་རེད། གཉིས་པ་ལྷོ་ལ་འཁོར་བསྐྱོད་ན། ལྷོ་ཕྱོགས་ནམ་མཁའ་ཅི་ཞིག་རེད། གསུམ་པ་ནུབ་ལ་འཁོར་བསྐྱོད་ན། ནུབ་ཕྱོགས་ནམ་མཁའ་ཅི་ཞིག་རེད། བཞི་བ་བྱང་ལ་འཁོར་བསྐྱོད་ན། བྱང་ཕྱོགས་ནམ་མཁའ་ཅི་ཞིག་རེད། རི་ཡི་རྒྱལ་པོ་རི་རབ་ཀན། ཤར་ཕྱོགས་རི་དེ་དུང་རི་རེད། དུང་གི་འོད་དེ་མཚོ་ལ་བརྒྱབ། མཚོ་ཡི་འོད་དེ་གནམ་ལ་བརྒྱབ། ཤར་ཕྱོགས་ནམ་མཁའ་དཀར་པོ་རེད། ལྷོ་ཕྱོགས་རི་དེ་གཡུ་རི་རེད། གཡུ་ཡི་འོད་དེ་མཚོ་ལ་བརྒྱབ། མཚོ་ཡི་འོད་དེ་གནམ་ལ་བརྒྱབ། ལྷོ་ཕྱོགས་ནམ་མཁའ་སྔོན་པོ་རེད། ནུབ་ཕྱོགས་རི་དེ་ཟངས་རི་རེད། ཟངས་ཀྱི་འོད་དེ་མཚོ་ལ་བརྒྱབ། མཚོ་ཡི་འོད་དེ་གནམ་ལ་བརྒྱབ། ནུབ་ཕྱོགས་ནམ་མཁའ་དམར་པོ་ཡིན། བྱང་ཕྱོགས་རི་དེ་གསེར་རི་རེད། གསེར་གྱི་འོད་དེ་མཚོ་ལ་བརྒྱབ། མཚོ་ཡི་འོད་དེ་གནམ་ལ་བརྒྱབ། བྱང་ཕྱོགས་ནམ་མཁའ་སེར་པོ་རེད།

251 DP: དེ་གསུམ་པོ་ཁག་དོག་མཚུ་ཙ་ཡིན། FY (འཇིག་རྟེན་ཆགས་ཚུལ།): དེ་གསུམ་པོ་ཁ་དོག་ཅི་ཞིག་ཡིན། ED: **དེ་གསུམ་པོའི་ཁ་དོག་ཅི་ཞིག་ཡིན།**

ལན། 答

Answer:

དེ་གསུམ་པོའི་ཁ་དོག་བཤད་རྒྱུ་ན།[252] 言三者之颜色兮

Speaking of the colours of the three,

རི་རྒྱལ་པོ་ཤར་ཕྱོགས་དཀར་པོ་ཡིན།[253] 山王东方白色也

The eastern face of Mount Meru is white in colour,

ལྷོ་སྔོན་ནུབ་དམར་བྱང་སེར་པོ།[254] 南青西赤北金色

The southern face blue, the western face red, and the northern face yellow.

གསེར་རིའི་ཁ་དོག་སེར་པོ་ཡིན།[255] 七重金山金色也

The Seven Golden Mountains are golden.

ཕྱི་ལྕགས་རིའི་ཁ་དོག་ནག་པོ་ཡིན།[256] 大铁围山玄色也

The Black Iron Mountain is black.

དེ་གསུམ་གྱི་ཁ་དོག་དེ་འདྲ་ཡིན།[257] 三者之颜色如是

Such are the colours of the three mountains.

---

252 DP: དེ་གསུམ་པོ་ཁ་དོག་བཤད་བརྒྱུད་ན། FY (འཇིག་རྟེན་ཆགས་ཚུལ།): དེ་གསུམ་པོ་ཁ་དོག་བཤད་རྒྱུ་ན། ED: **དེ་གསུམ་པོའི་ཁ་དོག་བཤད་རྒྱུ་ན།**

253 DP: རི་རྒྱལ་པོ་ཕྱོགས་དཀར་པོ་ཡིན། FY (འཇིག་རྟེན་ཆགས་ཚུལ།): ཕྱི་རྒྱལ་པོ་ཤར་ཕྱོགས་དཀར་པོ་ཡིན། ED: **རི་རྒྱལ་པོ་ཤར་ཕྱོགས་དཀར་པོ་ཡིན།**

254 DP: ལྷོ་སྔོ་ནུབ་དམར་པོ་བྱང་གསེར་པོ། FY (འཇིག་རྟེན་ཆགས་ཚུལ།): **ལྷོ་སྔོན་ནུབ་དམར་བྱང་སེར་པོ།**

255 DP, FY (འཇིག་རྟེན་ཆགས་ཚུལ།): གསེར་རི་ཁ་དོག་སེར་པོ་ཡིན། ED: **གསེར་རིའི་ཁ་དོག་སེར་པོ་ཡིན།**

256 DP: ཕྱི་ལྕགས་རི་ཁ་ཡིན། FY (འཇིག་རྟེན་ཆགས་ཚུལ།): ཕྱི་ལྕགས་རི་ཁ་དོག་ནག་པོ་ཡིན། ED: **ཕྱི་ལྕགས་རིའི་ཁ་དོག་ནག་པོ་ཡིན།**

257 DP: དེ་གསུམ་གྱི་ཁ་དོག་ཏུ་ཙ་ཡིན། FY (འཇིག་རྟེན་ཆགས་ཚུལ།): **དེ་གསུམ་གྱི་ཁ་དོག་དེ་འདྲ་ཡིན།**

དྲི། 问
Question:

གླིང་བཞི་དང་གླིང་ཕྲན་ག་རུ་ཡོད།[258] 四洲中洲何处耶
Where are the Four Continents and Subcontinents located?

གླིང་བཞི་བོ་རེ་རེའི་མིང་རེ་དྲོངས།[259] 释四大部洲各名
Please narrate the name of each Continent.

གླིང་བཞི་ལ་གླིང་ཕྲན་ཅི་འདྲ་ཡོད།[260] 四洲之中洲几何
How many Subcontinents does each Continent have?

རང་རང་གི་གླིང་ཕྲན་མིང་རེ་དྲོངས།[261] 释中洲各个之名
Please narrate the name of each Subcontinent.

ལན། 答
Answer:

རི་རྒྱལ་ལྷུན་པོའི་ཕྱོགས་བཞི་ན།[262] 须弥山之四面兮
In the four directions of Mount Meru,

གླིང་བཞི་དང་གླིང་ཕྲན་བརྒྱད་ཡོད་དོ།[263] 大洲中洲八者也
Where the Four Continents and eight Subcontinents are located.

གླིང་བཞི་ནི་ཤར་ནི་ལུས་འཕགས་པོ།[264] 四洲东方胜身洲
The Superior Body Continent [Pūrvavideha] in the east,

---

258 DP: གླིང་བཞི་དང་གླིང་ཕྲན་ག་རེ་ཡོད། FY (འཇིག་རྟེན་ཆགས་ཚུལ།): གླིང་བཞི་དང་གླིང་ཕྲན་གང་ལ་ཡོད། ED: **གླིང་བཞི་དང་གླིང་ཕྲན་ག་རུ་ཡོད།**

259 DP, FY (འཇིག་རྟེན་ཆགས་ཚུལ།): གླིང་བཞི་བོ་རེ་རེར་མིང་རེ་དྲོངས། ED: **གླིང་བཞི་བོ་རེ་རེའི་མིང་རེ་དྲོངས།**

260 DP: གླིང་གླིང་ཕྲན་ཆེ་འདྲ་ཡོད། FY (འཇིག་རྟེན་ཆགས་ཚུལ།): **གླིང་བཞི་ལ་གླིང་ཕྲན་ཅི་འདྲ་ཡོད།**

261 DP, FY (འཇིག་རྟེན་ཆགས་ཚུལ།): **རང་རང་གི་གླིང་ཕྲན་མིང་རེ་དྲོངས།**

262 DP: རི་བརྒྱ་ལྷུན་པོའི་ཕྱོགས་བཞི་ན། FY (འཇིག་རྟེན་ཆགས་ཚུལ།): **རི་རྒྱལ་ལྷུན་པོའི་ཕྱོགས་བཞི་ན།**

263 DP: གླིང་བཞི་དང་གླིང་ཕྲན་ཡོད་དོ། FY (འཇིག་རྟེན་ཆགས་ཚུལ།): **གླིང་བཞི་དང་གླིང་ཕྲན་བརྒྱད་ཡོད་དོ།**

264 DP: **གླིང་བཞི་ནི་ཤར་ནི་ལུས་འཕགས་པོ།** FY (འཇིག་རྟེན་ཆགས་ཚུལ།): གླིང་བཞི་ན་ཤར་ནི་ལུས་འཕགས་པོ།

ལྷོ་འཛམ་བུ་གླིང་དང་བ་གླང་སྤྱོད།[265] 南赡部与西牛货

The Rose Apple Tree Continent [Jambudvīpa] in the south and the Bountiful Cow Continent [Godāniya] in the west,

བྱང་སྒྲ་མི་སྙན་དང་གླིང་བཞི་ཡིན།[266] 北俱卢者四洲矣

And the Unpleasant Sound Continent [Uttarakuru] in the north make up the Four Continents.

གླིང་རེ་ལ་གླིང་ཕྲན་གཉིས་རེ་ཡོད།[267] 各洲有二中洲兮

Each Continent has two Subcontinents.

ཤར་ཕྱོགས་ན་ལུས་དང་ལུས་འཕགས་པ།[268] 东提诃洲毗提诃

Body [Deha] and Superior Body [Videha] on the sides of the eastern Continent,

ལྷོ་ཕྱོགས་ན་རྔ་ཡབ་དང་རྔ་ཡབ་གཞན།[269] 南遮末罗洲筏罗

Tail-fan [Cāmara] and Other Tail-fan [Avaracāmara] on the sides of the southern Continent,

ནུབ་ཕྱོགས་ན་གཡོ་ལྡན་ལམ་མཆོག་འགྲོ།[270] 西舍谛洲上仪洲

Crafty [Śāthā] and Treading the Perfect Path [Uttaramantriṇa] on the sides of the western Continent,

བྱང་ཕྱོགས་སྒྲ་མི་སྙན་དང་སྒྲ་མི་སྙན་གྱི་ཟླ།[271] 北矩拉婆洲拉婆

Unpleasant Sound [Kurava] and Adherents of the Unpleasant Sound [Kaurava] on the sides of northern Continent,

---

265 DP, FY (འཇིག་རྟེན་ཆགས་ཚུལ།): **ལྷོ་འཛམ་བུ་གླིང་དང་བ་གླང་སྤྱོད།**

266 DP: བྱང་སྒྲ་མི་སྙན་དང་གླིང་ཡིན། FY (འཇིག་རྟེན་ཆགས་ཚུལ།): **བྱང་སྒྲ་མི་སྙན་དང་གླིང་བཞི་ཡིན།**

267 DP: གླིང་རེ་ལ་གླིང་ཕྲན་གཉིས་རེ་ཡོད། FY (འཇིག་རྟེན་ཆགས་ཚུལ།): **གླིང་རེ་ལ་གླིང་ཕྲན་གཉིས་རེ་ཡོད།**

268 DP, FY (འཇིག་རྟེན་ཆགས་ཚུལ།): ཤར་ཕྱོགས་ན་ལུས་དང་ལུས་འཕགས་པོ། ED: **ཤར་ཕྱོགས་ན་ལུས་དང་ལུས་འཕགས་པ།**

269 DP: ལྷོ་ཕྱོགས་ན་སྔ་པོ་ཛ་གཡོ་གཞན། FY (འཇིག་རྟེན་ཆགས་ཚུལ།): **ལྷོ་ཕྱོགས་ན་རྔ་ཡབ་དང་རྔ་ཡབ་གཞན།**

270 DP: ནུབ་ཕྱོགས་ན་གཡོ་ལྡན་ལམ་ཆོག་གྲོ། FY (འཇིག་རྟེན་ཆགས་ཚུལ།): **ནུབ་ཕྱོགས་ན་གཡོ་ལྡན་ལམ་མཆོག་འགྲོ།**

271 DP: བྱང་ཕྱོགས་སྒྲ་མི་སྙན་དང་སྙན་གྱི་ཟླ། FY (འཇིག་རྟེན་ཆགས་ཚུལ།): **བྱང་ཕྱོགས་སྒྲ་མི་སྙན་དང་སྒྲ་མི་སྙན་གྱི་ཟླ།**

རང་རང་གླིང་ཕྲན་དེ་འདྲ་ཡིན།[272] 中洲各个名如是

Such are the names of each Subcontinent.

དྲི། 问

Question:

གླིང་བཞི་པོའི་རྩ་བ་བཤད་རྒྱུ་ན།[273] 释四洲之根基兮

Speaking of the basis of the Four Continents,

ཕྱི་གླིང་བཞི་པོའི་རྩ་བ་ག་རུ་གནས།[274] 四洲之基座何耶

Where do the Four Continents rest?

གླིང་བཞི་པོའི་མིང་དེ་ཅི་འདྲ་ཐོགས།[275] 四洲何以名之耶

What accounts for the names of the Four Continents?

གླུ་དལ་མོ་ལོངས་དང་རྗེས་ན་ཡོད། 有歌相继徐徐咏

Sing it slowly, and more songs will follow.

ལན། 答

Answer:

གླིང་བཞི་པོའི་རྩ་བ་བཤད་རྒྱུ་ན།[276] 言四洲之基座兮

Speaking of the basis of the Four Continents,

---

272 DP: རང་རང་གླིང་ཕྲན་དུ་རུ་ཡིན། FY (འཇིག་རྟེན་ཆགས་ཚུལ།): **རང་རང་གླིང་ཕྲན་དེ་འདྲ་ཡིན།**

273 DP: གླིང་བཞི་པོ་རྩ་བ་བཤད་བརྒྱུད་ན། FY (འཇིག་རྟེན་ཆགས་ཚུལ།): གླིང་བཞི་པོ་རྩ་བ་བཤད་རྒྱུ་ན། ED: **གླིང་བཞི་པོའི་རྩ་བ་བཤད་རྒྱུ་ན།**

274 DP. ཕྱི་གླིང་བཞི་པོ་རྩ་བ་གང་ལ། FY (འཇིག་རྟེན་ཆགས་ཚུལ།): ཕྱི་གླིང་བཞི་པོ་རྩ་བ་གང་ལ་གནས། ED: **ཕྱི་གླིང་བཞི་པོའི་རྩ་བ་ག་རུ་གནས།**

275 DP: གླིང་བཞི་པོ་མིད་དེ་ཀུ་ཐོ། FY (འཇིག་རྟེན་ཆགས་ཚུལ།): གླིང་བཞི་པོ་མིང་དེ་ཅི་འདྲ་ཐོགས། ED: **གླིང་བཞི་པོའི་མིང་དེ་ཅི་འདྲ་ཐོགས།**

276 DP: གླིང་བཞི་པོ་རྩ་བ་བཤད་བརྒྱུད་ན། FY (འཇིག་རྟེན་ཆགས་ཚུལ།): གླིང་བཞི་པོ་རྩ་བ་བཤད་རྒྱུ་ན། ED: **གླིང་བཞི་པོའི་རྩ་བ་བཤད་རྒྱུ་ན།**

ཕྱིའི་རྒྱ་མཚོ་ཞབས་ཀྱི་ས་ལ་ཐུག[277] 立于大咸水海底

They rest on the seafloor of the Great Outer Sea.

གླིང་རེ་ལ་མིང་གིས་འབོད་ཚུལ་ནི།[278] 各个洲之名称兮

This is how each Continent receives its name,

མཚོ་མ་དྲོས་པ་ཡི་མཚོ་ནང་ན།[279] 无热恼湖之内也

In the Unheated Lake [Lake Anavatapta],

ཤིང་འཛམ་བུ་ཞེས་པའི་ཤིང་གཅིག་ཡོད།[280] 有阎浮树一棵也

There is a tree referred to as the Rose Apple [Jambu],

ཤིང་དེ་ཡི་འབྲས་བུ་མཚོ་ནང་ལྷུང་།[281] 果实落于湖中也

Its fruits fall into the lake.

འཛམ་བུ་ཞེས་པའི་སྒྲ་གཅིག་བྱུང་།[282] 有赡部之声现也

The sound 'jambu' occurs.

གླིང་འདི་ལ་འཛམ་བུ་གླིང་ཞེས་བཏགས།[283] 其洲以此名赡部

In such way, the continent is referred to as the Jambu Continent.

བ་གླང་ནོར་བུ་ལ་སྤྱོད་པས།[284] 以牛充作货值兮

Cows are used as currency [in the Bountiful Cow Continent].

---

277 DP: ཕྱི་ཞབས་གྱིས་ས་ལ་མཐུ། FY (འཇིག་རྟེན་ཆགས་ཚུལ།): ཕྱི་རྒྱ་མཚོ་ཞབས་གྱི་ས་ལ་ཐུག ED: **ཕྱིའི་རྒྱ་མཚོ་ཞབས་ཀྱི་ས་ལ་ཐུག**

278 DP: གླིང་ཏེ་ལ་གིམ་གིས་བདག་ཚུལ་ནི། FY (འཇིག་རྟེན་ཆགས་ཚུལ།): **གླིང་རེ་ལ་མིང་གིས་འབོད་ཚུལ་ནི།**

279 DP: མཚོ་མ་དྲས་པ་ཡིད་མཚོ་ནང་། FY (འཇིག་རྟེན་ཆགས་ཚུལ།): **མཚོ་མ་དྲོས་པ་ཡི་མཚོ་ནང་ན།**

280 DP, FY (འཇིག་རྟེན་ཆགས་ཚུལ།): **ཤིང་འཛམ་བུ་ཞེས་པའི་ཤིང་གཅིག་ཡོད།**

281 DP, FY (འཇིག་རྟེན་ཆགས་ཚུལ།): **ཤིང་དེ་ཡི་འབྲས་བུ་མཚོ་ནང་ལྷུང་།**

282 DP: འཛམ་བུ་ཞེས་པའི་སྒྲ་བྱུང་། FY (འཇིག་རྟེན་ཆགས་ཚུལ།): **འཛམ་བུ་ཞེས་པའི་སྒྲ་གཅིག་བྱུང་།**

283 DP: འོ་གླིང་འདི་ལ་འཛམ་བུ་གླིང་ཞེས་བཏགས། FY (འཇིག་རྟེན་ཆགས་ཚུལ།): **གླིང་འདི་ལ་འཛམ་བུ་གླིང་ཞེས་བཏགས།**

284 DP, FY (འཇིག་རྟེན་ཆགས་ཚུལ།): **བ་གླང་ནོར་བུ་ལ་སྤྱོད་པས།**

གླིང་དེ་ལ་བ་གླང་སྤྱོད་ཞེས་བཏགས།[285] 其洲据此名牛货
In such way, the continent is referred to as the Bountiful Cow Continent.

འཆི་བའི་སྔ་རོ་ཞག་བདུན་ན།[286] 离世之七日前兮
Seven days prior to one's death,

ཁྱོད་འཆི་བོ་ཞེས་པའི་སྒྲ་འབྱུང་བས།[287] 闻汝将死之声现
The sound 'you will die' occurs.

གླིང་དེ་ལ་སྒྲ་མི་སྙན་ཞེས་བཏགས།[288] 其洲名为不悦声
In such manner, the Unpleasant Continent receives its name.

ལུས་འཕགས་པོའི་མི་ལ་ལུས་འཕགས་པས།[289] 胜身洲人身高兮
In the Superior Body Continent where peoples' bodies are tall,

གླིང་དེ་ལ་ལུས་འཕགས་པོ་ཞེས་བཏགས།[290] 其洲以此名胜身
In such manner, the Superior Body Continent receives its name.

གླིང་བཞི་པོ་མིང་ནི་དེ་ལྟར་བཏགས།[291] 四大部洲名如是
It is in this manner that that Four Continents receive their names.

གླུ་དེ་ཡི་ལན་ལ་དེ་འདྲ་ཡིན། 如是答复彼歌矣
This is the response to the song.

---

285 DP: གླང་དེ་ལ་བ་ལོང་ཞེས་བཏགས། FY (འཇིག་རྟེན་ཆགས་ཚུལ།): **གླིང་དེ་ལ་བ་གླང་སྤྱོད་ཞེས་བཏགས།**

286 DP: འཆི་པའི་སྔ་རོ་ཞག FY (འཇིག་རྟེན་ཆགས་ཚུལ།): འཆི་པའི་སྔ་རོ་ཞག་མདུན་ན། ED: **འཆི་བའི་སྔ་རོ་ཞག་བདུན་ན།**

287 DP: ཁྱོད་འཆི་བོ་ཞེས་པའི་སྒྲ་འབྱུང་བས། FY (འཇིག་རྟེན་ཆགས་ཚུལ།): **ཁྱོད་འཆི་བོ་ཞེས་པའི་སྒྲ་འབྱུང་བས།**

288 DP: གླིང་སྙན་ཞེས་བཏགས། FY (འཇིག་རྟེན་ཆགས་ཚུལ།): **གླིང་དེ་ལ་སྒྲ་མི་སྙན་ཞེས་བཏགས།**

289 DP: འཛམ་བུ་མི་ལས་ལུས་འཕགས་པས། FY (འཇིག་རྟེན་ཆགས་ཚུལ།): ལུས་འཕགས་པའི་མི་ལ་ལུས་འཕགས་བས། ED: **ལུས་འཕགས་པོའི་མི་ལ་ལུས་འཕགས་པས།**

290 DP, FY (འཇིག་རྟེན་ཆགས་ཚུལ།): **གླིང་དེ་ལ་ལུས་འཕགས་པོ་ཞེས་བཏགས།**

291 DP: ཞི་བོ་མིང་དེ་དུ་ཙ་བཏགས། FY (འཇིག་རྟེན་ཆགས་ཚུལ།): གླིང་བཞི་བོ་མིང་ནི་དེ་ལྟར་བཏགས། ED: **གླིང་བཞི་པོ་མིང་ནི་དེ་ལྟར་བཏགས།**

དྲི།[292] 问

Question:

གླིང་བཞི་པོ་དབྱིབས་དེ་ཅི་འདྲ་ཡིན།[293] 四洲之形者何耶

In what shape are the Four Continents?

གླུ་དལ་བུར་ཤོག་དང་བྲེལ་བ་མེད། 歌徐陈之莫匆促

Please sing the song slowly, there is no hurry.

---

[292] ND: རི་ཡི་རྒྱལ་པོ་རི་རབ་གནན། དང་པོ་ཤར་ལ་འཁོར་བཤད་ན། ཤར་གཉིས་པ་པོད་ཀྱི་གླིང་གྲུ་བཤད། གླིང་གཅིག་གི་
ཡུལ་གྲུ་ཅི་ཞིག་རེད། གླིང་གི་ཁ་དོག་ཅི་ཞིག་རེད། གླིང་གི་སྐྲ་རྟག་ཅི་ཞིག་རེད། གླིང་གི་དཔག་ཚད་ཅི་འདྲ་ཡིན། ཤར་གཉིས་
པ་པོད་ཀྱི་གླིང་གྲུ་གན། གླིང་བཙུ་ཡི་གཡུ་གྲུ་ཀླིང་མགོ་ཡིན། གླིང་གི་ཁ་དོག་དཀར་པོ་ཡིན། སྐྲ་རྟག་སུམ་ཙུ་རྩ་གཅིག་རེད།
དཔག་ཚད་བཞི་བཙུ་ཐམ་པ་ཡིན། གཉིས་པ་ལྷོ་ལ་འཁོར་བཤད་ཡོད། ལྷོ་འཛམ་བུ་གླིང་གི་ཡུལ་གྲུ་ཤོད། གླིང་གན་གི་ཡུལ་གྲུ་
ཅི་ཞིག་རེད། གླིང་གི་ཁ་དོག་ཅི་ཞིག་རེད། གླིང་གི་སྐྲ་རྟགས་ཅི་ཞིག་ཡིན། གླིང་གི་དཔག་ཚད་ཅི་འདྲ་སྣང་། ལྷོ་འཛམ་བུ་གླིང་
གི་ཡུལ་གྲུ་གན། གླིང་གི་ཡུལ་གྲུ་བཟླམས་པོ་རེད། གླིང་གི་ཁ་དོག་སྔོན་པོ་རེད། སྐྲ་རྟགས་སུམ་ཙུ་སོ་གཉིས་ཡིན། དཔག་ཚད་
བཞི་བཙུ་ཐམ་པ་རེད། གསུམ་པ་ནུབ་ལ་འཁོར་བཤད་ཡོད། ནུབ་དཔའ་གླིང་ཞིང་གི་ཡུལ་གྲུ་ཤོད། གླིང་གན་གི་ཡུལ་གྲུ་ཅི་འདྲ་
རེད། གླིང་གི་ཁ་དོག་ཅི་ཞིག་རེད། གླིང་གི་སྐྲ་རྟགས་ཅི་འདྲ་སྣང་། གླིང་གི་དཔག་ཚད་ཅི་འདྲ་སྣང་། ནུབ་དཔའ་གླིང་ཞིང་གི་
ཡུལ་གྲུ་གན། གླིང་གི་ཡུལ་གྲུ་བཙུ་གསུམ་རེད། གླིང་གི་ཁ་དོག་དམར་པོ་རེད། སྐྲ་རྟགས་སུམ་ཙུ་སོ་གཉིས་རེད། དཔག་ཚད་
བཞི་བཙུ་ཐམ་པ་རེད། བཞི་བ་བྱང་ལ་འཁོར་བཤད་ཡོད། བྱང་བྲང་མའི་གཉེན་གྱི་གླིང་གྲུ་ཤོད། གླིང་གན་གི་ཡུལ་གྲུ་ཅི་ཞིག་
རེད། གླིང་གི་ཁ་དོག་ཅི་ཞིག་རེད། གླིང་གི་སྐྲ་རྟགས་ཅི་འདྲ་སྣང་། གླིང་གི་དཔག་ཚད་ཅི་འདྲ་སྣང་། བྱང་བྲ་མའི་གཉེན་གྱི་ཡུལ་
གྲུ་གན། གླིང་གི་དབྱིབས་དེ་སྒོར་བུ་རེད། གླིང་གི་ཁ་དོག་སེར་པོ་རེད། སྐྲ་རྟགས་སུམ་བཙུ་རྩ་བཞི་རེད། དཔག་ཚད་བཞི་བཙུ་
ཐམ་པ་རེད། རྒྱབ་རི་ས་ལ་ཆགས་བཤད་ཡོད། རི་རབས་གནམ་ལ་བསླངས་བཤད་ཡོད། FY (རི་རྒྱལ་ལྷུན་པོ།): རི་ཡི་རྒྱལ་པོ་
རི་རབ་ཀན། དང་པོ་ཤར་ལ་འཁོར་བཤད་ན། ཤར་ལུས་འཕགས་གླིང་གི་ཡུལ་གྲུ་ཤོད། གླིང་གི་དབྱིབས་གྲུ་ཅི་ཞིག་རེད། གླིང་
གི་ཁ་དོག་ཅི་ཞིག་རེད། གླིང་གི་རྒྱ་རྟགས་ཅི་འདྲ་ཡིན། གླིང་གི་དཔག་ཚད་ཅི་འདྲ་ཡིན། ཤར་ལུས་འཕགས་གླིང་གི་ཡུལ་གྲུ་ཀན།
གླིང་གི་དབྱིབས་གྲུ་ཟླ་གམ་ཡིན། གླིང་གི་ཁ་དོག་དཀར་པོ་ཡིན། རྒྱ་རྟགས་སུམ་ཙུ་རྩ་གཅིག་རེད། དཔག་ཚད་བཞི་བཙུ་ཐམ་
པ་ཡིན། གཉིས་པ་ལྷོ་ལ་འཁོར་བཤད་ཡོད། ལྷོ་འཛམ་བུ་གླིང་གི་ཡུལ་གྲུ་ཤོད། གླིང་ཀན་གི་དབྱིབས་གྲུ་ཅི་ཞིག་རེད། གླིང་གི་ཁ་
དོག་ཅི་ཞིག་རེད། གླིང་གི་རྒྱ་རྟགས་ཅི་འདྲ་ཡིན། གླིང་གི་དཔག་ཚད་ཅི་འདྲ་སྣང་། ལྷོ་འཛམ་བུ་གླིང་གི་ཡུལ་གྲུ་ཀན། གླིང་གི་
དབྱིབས་གྲུ་ཤིང་རྟ་རེད། གླིང་གི་ཁ་དོག་སྔོན་པོ་རེད། རྒྱ་རྟགས་སུམ་ཙུ་སོ་གཉིས་ཡིན། དཔག་ཚད་བཞི་བཙུ་ཐམ་པ་རེད། གསུམ་
པ་ནུབ་ལ་འཁོར་བཤད་ཡོད། ནུབ་བ་གླང་སྤྱོད་ཀྱི་ཡུལ་གྲུ་ཤོད། གླིང་ཀན་གི་དབྱིབས་གྲུ་ཅི་འདྲ་རེད། གླིང་གི་ཁ་དོག་ཅི་ཞིག་
རེད། གླིང་གི་རྒྱ་རྟགས་ཅི་འདྲ་སྣང་། གླིང་གི་དཔག་ཚད་ཅི་འདྲ་སྣང་། ནུབ་བ་གླང་སྤྱོད་ཀྱི་ཡུལ་གྲུ་ཀན། གླིང་གི་དབྱིབས་གྲུ་
ཟོར་བུ་རེད། གླིང་གི་ཁ་དོག་དམར་པོ་རེད། རྒྱ་རྟགས་སུམ་ཙུ་སོ་གཉིས་རེད། དཔག་ཚད་བཞི་བཙུ་ཐམ་པ་རེད། བཞི་བ་བྱང་ལ་
འཁོར་བཤད་ཡོད། སྒྲ་མི་སྙན་གྱི་ཡུལ་གྲུ་ཤོད། གླིང་ཀན་གི་དབྱིབས་གྲུ་ཅི་ཞིག་རེད། གླིང་གི་ཁ་དོག་ཅི་ཞིག་རེད། གླིང་གི་རྒྱ་
རྟགས་ཅི་འདྲ་སྣང་། གླིང་གི་དཔག་ཚད་ཅི་འདྲ་སྣང་། བྱང་སྒྲ་མི་སྙན་གྱི་ཡུལ་གྲུ་ཀན། གླིང་གི་དབྱིབས་དེ་གྲུ་བཞི་ཡིན། གླིང་གི་
ཁ་དོག་སེར་པོ་རེད། རྒྱ་རྟགས་སུམ་བཙུ་རྩ་བཞི་རེད། དཔག་ཚད་བཞི་བཙུ་ཐམ་པ་རེད། རི་རབ་ས་ལ་ཆགས་བཤད་ཡོད། རི་
རབ་གནམ་ལ་བསླངས་བཤད་ཡོད།

[293] DP: གླིང་བཞི་པོ་དབྱི་སྡེ་རྩ་ཏུ་ཡིན། FY (འཛིག་རྟེན་ཆགས་ཚུལ།): གླིང་བཞི་པོ་དབྱིབས་དེ་ཅི་འདྲ་ཡིན། ED: **གླིང་བཞི་པོ་དབྱིབས་དེ་ཅི་འདྲ་ཡིན།**

ལན། 答

Answer:

གླིང་བཞི་པོ་དབྱིབས་དེ་བཤད་རྒྱུ་ན།[294] 言四大部洲之形

Speaking of the shape of the Four Continents,

ཤར་ལུས་འཕགས་ནི་ཟླ་གམ་འདྲ།[295] 东胜身洲半月形

The eastern Superior Body Continent is in the shape of a half-circle.

འཛམ་གླིང་དབྱིབས་དེ་ཤིང་རྟ་ཡིན།[296] 南赡部洲如车形

The southern Rose Apple Tree Continent is in the shape of a cart.

ནུབ་བ་ལང་སྤྱོད་དེ་ནོར་བུ་ཡིན།[297] 西牛货洲为圆形

The western Bountiful Cow Continent is in the shape of a circle.

བྱང་སྒྲ་མི་སྙན་ནི་གྲུ་བཞི་ཡིན།[298] 北俱卢洲四方形

The northern Unpleasant Sound Continent is in the shape of a square.

གླིང་བཞི་པོ་དབྱིབས་དེ་དེ་འདྲ་ཡིན།[299] 四大洲之形如是

Such are the shapes of the Four Continents.

---

294 FY (འཇིག་རྟེན་ཆགས་ཚུལ།): གླིང་བཞི་པོ་དབྱིབས་ཏེ་བཤད་རྒྱུ་ན། ED: **གླིང་བཞི་པོ་དབྱིབས་དེ་བཤད་རྒྱུ་ན།**

295 DP: ཤར་ལུས་འཕགས་པོ་ནི་ཟླ་ཀམ་འདྲ། FY (འཇིག་རྟེན་ཆགས་ཚུལ།): **ཤར་ལུས་འཕགས་ནི་ཟླ་གམ་འདྲ།**

296 DP: འཛམ་གླིང་དབྱིབས་དེ་ཤིང་རྟའི་དབྱིབས། FY (འཇིག་རྟེན་ཆགས་ཚུལ།): འཛམ་གླིང་དབྱིབས་ཏེ་ཤིང་རྟ་ཡིན། ED: **འཛམ་གླིང་དབྱིབས་དེ་ཤིང་རྟ་ཡིན།**

297 DP: ནུབ་བ་གླང་སྤྱོད་དེ་ནོར་བུ་ཡིན། FY (འཇིག་རྟེན་ཆགས་ཚུལ།): **ནུབ་བ་ལང་སྤྱོད་དེ་ནོར་བུ་ཡིན།**

298 DP: མི་སྙན་ནི་གྲུབ་བཞི་ཡིན། FY (འཇིག་རྟེན་ཆགས་ཚུལ།): **བྱང་སྒྲ་མི་སྙན་ནི་གྲུ་བཞི་ཡིན།**

299 DP: གླིང་བཞི་པོ་དབྱིབས་ཏེ་དུ་རུ་ཡིན། FY (འཇིག་རྟེན་ཆགས་ཚུལ།): གླིང་བཞི་པོ་དབྱིབས་ཏེ་དེ་འདྲ་ཡིན། ED: **གླིང་བཞི་པོ་དབྱིབས་དེ་དེ་འདྲ་ཡིན།**

ཞུ། 问

Question:

ཤར་ལུས་འཕགས་པོའི་དཔག་ཚད་ཤོད།[300] 释东胜身洲由旬

Please narrate the size of the eastern Superior Body Continent, in leagues.

ལྷོ་འཛམ་བུ་གླིང་གི་དཔག་ཚད་ཤོད།[301] 释南赡部洲由旬

Please narrate the size of the southern Rose Apple Tree Continent, in leagues.

ནུབ་བ་ལང་སྤྱོད་ཀྱི་དཔག་ཚད་ཤོད།[302] 释西牛货洲由旬

Please narrate the size of the western Bountiful Cow Continent, in leagues.

བྱང་སྒྲ་མི་སྙན་གྱི་དཔག་ཚད་ཤོད།[303] 释北俱卢洲由旬

Please narrate the size of the northern Unpleasant Sound Continent, in leagues.

ལན། 答

Answer:

ཤར་ལུས་འཕགས་པོའི་དཔག་ཚད་ནི།[304] 东胜身洲由旬兮

As for the size of the eastern Superior Body Continent,

ཕྱོགས་གསུམ་ལ་དཔག་ཚད་ཉིས་སྟོང་ཡོད།[305] 三边由旬各二千

Three of its sides are each 2,000 leagues long.

---

300 DP: ཤར་ལུས་འཕགས་པོ་ཡི་དཔག་ཚེད་བཤད། FY (འཇིག་རྟེན་ཆགས་ཚུལ།): **ཤར་ལུས་འཕགས་པོའི་དཔག་ཚད་ཤོད།**

301 DP: འཛམ་བུ་གླིང་པའི་དཔག་ཚེད་བཤད། FY (འཇིག་རྟེན་ཆགས་ཚུལ།): ལྷོ་འཛམ་བུ་གླིང་པའི་དཔག་ཚད་ཤོད། ED: **ལྷོ་འཛམ་བུ་གླིང་གི་དཔག་ཚད་ཤོད།**

302 DP: ནུབ་བ་གླང་སྤྱོད་ཀྱི་དཔག་ཚེད་བཤད། FY (འཇིག་རྟེན་ཆགས་ཚུལ།): **ནུབ་བ་ལང་སྤྱོད་ཀྱི་དཔག་ཚད་ཤོད།**

303 DP: བྱང་སྒྲ་མི་སྙན་གྱི་དཔག་ཚེད་བཤད། FY (འཇིག་རྟེན་ཆགས་ཚུལ།): **བྱང་སྒྲ་མི་སྙན་གྱི་དཔག་ཚད་ཤོད།**

304 DP: ཤར་ལུས་ལ་འཕགས་པོ་ཡི་དཔག་ཚེད་ནི། FY (འཇིག་རྟེན་ཆགས་ཚུལ།): **ཤར་ལུས་འཕགས་པོའི་དཔག་ཚད་ནི།**

305 DP: ཕྱོགས་གསུམ་ལ་དཔག་ཚེད་སྟོང་གཉིས་རེ་ཡོད། FY (འཇིག་རྟེན་ཆགས་ཚུལ།): ཕྱོགས་གསུམ་ལ་དཔག་ཚད་སྟོང་གཉིས་ཡོད། ED: **ཕྱོགས་གསུམ་ལ་དཔག་ཚད་ཉིས་སྟོང་ཡོད།**

ཕྱོགས་གཅིག་ལ་སུམ་བརྒྱ་ལྔ་བཅུ་ཡོད།[306] 余边三百五十矣

The one remaining side is 350 leagues long.

ལྷོ་འཛམ་བུ་གླིང་གི་དཔག་ཚད་ནི།[307] 南赡部洲由旬兮

Speaking of the size of the southern Rose Apple Tree Continent,

ཕྱོགས་གསུམ་ལ་དཔག་ཚད་ཉིས་སྟོང་ཡོད།[308] 三边由旬各二千

Three of its sides are each 2,000 leagues long.

ཕྱོགས་གཅིག་ལ་དཔག་ཚད་ཕྱེད་དང་བཞི།[309] 余边由旬三有半

The one remaining side is three and a half leagues long.

ནུབ་བ་གླང་སྤྱོད་ཀྱི་དཔག་ཚད་ནི།[310] 西牛货洲由旬兮

As for the size of the western Bountiful Cow Continent,

མཐའ་སྐོར་དཔག་ཚད་བདུན་སྟོང་ལྔ་བརྒྱ།[311] 周缘七千五百也

Its perimeter is 7,500 leagues.

ཐད་ཀར་དཔག་ཚད་ཉིས་སྟོང་ལྔ་བརྒྱ།[312] 直径二千五百矣

Its diameter is 2,500 leagues.

---

306 DP: ཕྱོགས་ག་ལ་གསུམ་བརྒྱ་ལྔ་བཅུ་ཡོད། FY (འཇིག་རྟེན་ཆགས་ཚུལ།): ཕྱོགས་གཅིག་ལ་དཔག་ཚད་སུམ་བརྒྱ་ལྔ་བཅུ་ཡོད། ED: **ཕྱོགས་གཅིག་ལ་སུམ་བརྒྱ་ལྔ་བཅུ་ཡོད།**

307 DP: འཛམ་བུ་དཔག་ཚེད་བཤད་བརྒྱུད་ན། FY (འཇིག་རྟེན་ཆགས་ཚུལ།): ལྷོ་འཛམ་བུ་གླིང་པའི་དཔག་ཚད་བཤད་རྒྱུ་ན། ED: **ལྷོ་འཛམ་བུ་གླིང་གི་དཔག་ཚད་ནི།**

308 DP: ཕྱོགས་གསུམ་ལ་དཔག་ཚེད་སྟོང་གཉིས་ཡོད། FY (འཇིག་རྟེན་ཆགས་ཚུལ།): ཕྱོགས་གསུམ་ལ་དཔག་ཚད་སྟོང་གཉིས་ཡོད། ED: **ཕྱོགས་གསུམ་ལ་དཔག་ཚད་ཉིས་སྟོང་ཡོད།**

309 DP: ཕྱོགས་གཅིག་ལ་དཔག་ཚེད་ཕྱེད་དང་བཞི། FY (འཇིག་རྟེན་ཆགས་ཚུལ།): **ཕྱོགས་གཅིག་ལ་དཔག་ཚད་ཕྱེད་དང་བཞི།**

310 DP: ནུབ་བ་གླང་སྤྱོད་ཀྱི་དཔག་ཚེད་ནི། FY (འཇིག་རྟེན་ཆགས་ཚུལ།): **ནུབ་བ་གླང་སྤྱོད་ཀྱི་དཔག་ཚད་ནི།**

311 DP: ཕྱོགས་གསུམ་ལ་དཔག་ཚོད་སྟོང་གཉིས་ཡིན། FY (འཇིག་རྟེན་ཆགས་ཚུལ།): ཕྱོགས་གསུམ་ལ་དཔག་ཚད་སྟོང་གཉིས་ཡོད། ED: **མཐའ་སྐོར་དཔག་ཚད་བདུན་སྟོང་ལྔ་བརྒྱ།**

312 DP: ཕྱོགས་གཅིག་གསུམ་བརྒྱ་ལྔ་བཅུ་ཡོད། FY (འཇིག་རྟེན་ཆགས་ཚུལ།): ཕྱོགས་གཅིག་ལ་གསུམ་བརྒྱ་ལྔ་བཅུ་ཡོད། ED: **ཐད་ཀར་དཔག་ཚད་ཉིས་སྟོང་ལྔ་བརྒྱ།**

བྱང་སྒྲ་མི་སྙན་གྱི་དཔག་ཚད་ནི།[313] 北俱卢洲由旬兮

As for the size of the northern Unpleasant Sound Continent,

ཕྱོགས་རེ་ལ་དཔག་ཚད་ཉིས་སྟོང་ཡོད།[314] 各边由旬二千矣

Each of its four sides are 2,000 leagues long.

གླིང་བཞི་པོའི་དཔག་ཚད་དེ་འདྲ་ཡིན།[315] 四洲之由旬如是

Such are the sizes of the Four Continents.

དྲི། 问

Question:

གླིང་ཕྲན་བརྒྱད་ཀྱི་དཔག་ཚད་ཤོད།[316] 释八中部洲由旬

Please narrate the size of the eight Subcontinents, in leagues.

གླིང་ཕྲན་བརྒྱད་པོའི་དབྱིབས་དེ་ཤོད།[317] 释八中部洲之形

Please narrate the shape of the eight Subcontinents.

གླུ་དལ་བུར་ཤོག་དང་བྲེལ་བ་མེད། 歌徐陈之莫匆促

Please sing the song slowly, there is no hurry.

---

313 DP: བྱང་སྒྲ་མི་སྙན་གྱི་དཔག་ཚེད་ནི། FY (འཛིག་རྟེན་ཆགས་ཚུལ།): **བྱང་སྒྲ་མི་སྙན་གྱི་དཔག་ཚད་ནི།**

314 DP: ཕྱོགས་རི་ལ་དཔག་ཚེད་ཉིས་སྟོང་རེ། FY (འཛིག་རྟེན་ཆགས་ཚུལ།): ཕྱོགས་རེ་ལ་དཔག་ཚད་གཉིས་སྟོང་ཡོད། ED: **ཕྱོགས་རེ་ལ་དཔག་ཚད་ཉིས་སྟོང་ཡོད།**

315 DP: གླིང་བཞི་པོ་དཔོག་ཚེད་ད་དུ་རུ་ཡིན། གླིང་བཞིའི་བྱེ་བ་བྱེད་ཚུལ། གླིང་གསུམ་ལ་བག་མ་གཏོར་ལེན་དང་། ནོར་ཚོགས་ཚོང་ཁང་ཆེན་པོ་ཡོད། སྒྲ་མི་སྙན་ལ་ཧེ་དག་མེད། FY (འཛིག་རྟེན་ཆགས་ཚུལ།): གླིང་བཞི་པོ་དཔག་ཚད་དེ་འདྲ་ཡིན། གླིང་བཞི་ན་བྱ་བ་བྱེད་ཚུལ་ཤོད། གླིང་བཞིའི་བྱ་བ་བྱེད་ཚུལ་ནི། གླིང་གསུམ་ལ་བག་མ་གཏོང་ལེན་དང་། ནོ་ཚོང་ཚོང་ཁང་ཆེན་པོ་ཡོད། སྒྲ་མི་སྙན་ལ་དེ་དག་མེད། ED: **གླིང་བཞི་པོའི་དཔག་ཚད་དེ་འདྲ་ཡིན།**

316 FY (འཛིག་རྟེན་ཆགས་ཚུལ།): **གླིང་ཕྲན་བརྒྱད་ཀྱི་དཔག་ཚད་ཤོད།**

317 FY (འཛིག་རྟེན་ཆགས་ཚུལ།): གླིང་ཕྲན་བརྒྱད་པོའི་དབྱིབས་ཧེ་ཤོད། ED: **གླིང་ཕྲན་བརྒྱད་པོའི་དབྱིབས་དེ་ཤོད།**

ལན། 答

Answer:

གླིང་ཕྲན་བརྒྱད་ཀྱི་དཔག་ཚད་ནི།[318] 八中部洲之由旬

As for the size of the eight Subcontinents in leagues,

རང་རང་གི་གླིང་ལས་ཕྱེད་ཕྱེད་ཆུང་།[319] 各为大洲之半矣

Each is a half the size of its main Continent.

གླིང་ཕྲན་བརྒྱད་པོའི་དབྱིབས་བཤད་ན།[320] 八中部洲之形兮

As for the shape of the eight Subcontinents,

རང་རང་གཙོ་བོ་དབྱིབས་དང་འདྲ།[321] 与其大洲之形同

Each is the same shape as its main continent.

གླུ་དེ་ཡི་ལན་ལ་དེ་འདྲ་ཡིན། 如是答复彼歌矣

This is the response to the song.

དྲི། 问

Question:

ལྷོ་འཛམ་བུ་གླིང་གི་དབུས་དེ་ཤོད།[322] 释南赡部洲中心

Please tell of the center of the southern Rose Apple Tree Continent.

ཕྱོགས་བཞིའི་གནས་བཞིའི་མིང་རེ་དྲོངས།[323] 四方圣地各名也

Please tell of the name of the Four Holy Places in its four directions.

---

318 DP: གླིང་ཕྲན་བརྒྱད་ཀྱི་དཔག་ཚེད་ནི། FY (འཇིག་རྟེན་ཆགས་ཚུལ།): **གླིང་ཕྲན་བརྒྱད་ཀྱི་དཔག་ཚད་ནི།**

319 DP: རང་རང་གི་གླིང་ལ་ཕྱེད་ཕྱེད་ཆུང་། FY (འཇིག་རྟེན་ཆགས་ཚུལ།): **རང་རང་གི་གླིང་ལས་ཕྱེད་ཕྱེད་ཆུང་།**

320 DP: གླིང་ཕྲན་བརྒྱད་པོ་དབྱིབས་བཤད། FY (འཇིག་རྟེན་ཆགས་ཚུལ།): གླིང་ཕྲན་བརྒྱད་པོ་དབྱིབས་བཤད་ན། ED: **གླིང་ཕྲན་བརྒྱད་པོའི་དབྱིབས་བཤད་ན།**

321 FY (འཇིག་རྟེན་ཆགས་ཚུལ།): **རང་རང་གཙོ་བོ་དབྱིབས་དང་འདྲ།**

322 DP: ལྷོ་འཛམ་བུ་གླིང་གི་དབུས་ཏེ་བཤད། FY (འཇིག་རྟེན་ཆགས་ཚུལ།): **ལྷོ་འཛམ་བུ་གླིང་གི་དབུས་དེ་ཤོད།**

323 DP: བཞིའི་གནས་བཞི་མི་རེ་དྲོངས། FY (འཇིག་རྟེན་ཆགས་ཚུལ།): ཕྱོགས་བཞིའི་གནས་བཞི་མིང་རེ་དྲོངས། ED: **ཕྱོགས་བཞིའི་གནས་བཞིའི་མིང་རེ་དྲོངས།**

མཚོ་མ་དྲོས་པ་ཡི་མཚོ་དེ་ཤོད།[324] 释其无热恼湖矣

Please tell of the Unheated Lake.

གླུ་དལ་མོ་ལོངས་དང་རྗེས་ན་ཡོད། 有歌相继徐徐咏

Sing it slowly, and more songs will follow.

ལན།[325] 答

Answer:

ལྷོ་འཛམ་གླིང་དབུས་དེ་བཤད་རྒྱུ་ན།[326] 言南赡部洲中心

Speaking of the center of the southern Rose Apple Tree Continent,

བསྐལ་བཟང་སངས་རྒྱས་སྟོང་བཞུགས་པ།[327] 贤劫千佛安住也

Where 1,000 Buddhas of the Fortunate Aeon reside.

ཡུལ་རྡོ་རྗེ་གདན་དེ་དབུས་ཡིན་ཟེར།[328] 中心菩提伽耶也

The Bodh Gaya is said to be the center.

---

324 DP: མཚོ་མ་དྲོ་པ་ཡི་མཚོ་དེ་བཤད། FY (འཇིག་རྟེན་ཆགས་ཚུལ།): མཚོ་མ་དྲོས་པའི་མཚོ་དེ་ཤོད། ED: **མཚོ་མ་དྲོས་པ་ཡི་མཚོ་དེ་ཤོད།**

325 ND: རི་རབ་ལྷུན་པོ་ལྷོ་ཕྱོགས་ན། སྤྲགས་ཅེ་སྐར་མའི་ཐུབ་གསུམ་ཤོད། ཧྲ་ར་ནག་ཅེའི་མཉེན་གསུམ་ཤོད། བྱ་རྒོད་ཕུང་པོའི་རི་དྭག་ཤོད། རི་རབ་ལྷུན་པོའི་ལྷོ་ཕྱོགས་ན། སྤྲགས་ཅེ་སྐར་མའི་ཐུབ་གསུམ་གན། ཆགས་བ་རྡོ་རྗེ་གདན་ལ་ཆགས། ཧྲ་ར་ནག་ཅེའི་མཉེན་གསུམ་གན། ཆགས་བ་རྡོ་རྗེ་གདན་ལ་ཆགས། བྱ་རྒོད་ཕུང་པོའི་རི་དྭག་གན། ཆགས་པ་རྡོ་རྗེ་གདན་ལ་ཆགས། རྡོ་རྗེ་གདན་ཞིག་ཆགས་བ་རེད། རྡོ་རྗེ་གདན་གྱི་ལྟེ་བ་ལ། སངས་རྒྱས་ས་ལ་བཞུགས་བསྟོད་སྣང་། སངས་རྒྱས་ཆོས་འཁོར་བསྐོར་ནི་གན། ཐུ་དྲོ་བསྐོར་བ་གང་གིས་བསྐོར། ད་ལྷ་བསྐོར་བ་གང་གིས་བསྐོར། མ་འོངས་བསྐོར་བ་གང་གིས་བསྐོར། སངས་རྒྱས་ཆོས་འཁོར་བསྐོར་ནི་ཀན། ཐུ་དྲོ་བཅོམ་གདན་འདས་ཀྱིས་བསྐོར། ད་ལྷ་ཤཱཀྱ་ཐུབ་པས་བསྐོར། མ་འོངས་རྒྱལ་བ་བྱམས་པས་བསྐོར། བཅས་གསུམ་ཆོས་འཁོར་བསྐོར་ནི་ཡིན། FY (རི་རྒྱལ་ལྷུན་པོ།): རི་རྒྱལ་ལྷུན་པོ་ལྷོ་ཕྱོགས་ན། སྤྲགས་ཅེ་སྐར་མའི་ཐུབ་གསུམ་ཤོད། ཧྲ་ར་ནག་ཅེའི་མཉེན་གསུམ་ཤོད། བྱ་རྒོད་ཕུང་པོའི་རི་དྭག་ཤོད། རི་རྒྱལ་ལྷུན་པོའི་ལྷོ་ཕྱོགས་ན། སྤྲགས་ཅེ་སྐར་མའི་ཐུབ་གསུམ་ཀན། ཆགས་པ་རྡོ་རྗེ་གདན་ལ་ཆགས། ཧྲ་ར་ནག་ཅེའི་མཉེན་གསུམ་ཀན། ཆགས་པ་རྡོ་རྗེ་གདན་ལ་ཆགས། བྱ་རྒོད་ཕུང་པོའི་རི་དྭག་ཀན། ཆགས་པ་རྡོ་རྗེ་གདན་ལ་ཆགས། རྡོ་རྗེ་གདན་ཞིག་ཆགས་པ་རེད། རྡོ་རྗེ་གདན་གྱི་ལྟེ་བ་ལ། སངས་རྒྱས་ས་ལ་བཞུགས་བསྟོད་སྣང་། སངས་རྒྱས་ཆོས་འཁོར་བསྐོར་ནི་ཀན། ཐུ་དྲོ་བསྐོར་བ་གང་གིས་བསྐོར། ད་ལྷ་བསྐོར་བ་གང་གིས་བསྐོར། མ་འོངས་བསྐོར་བ་གང་གིས་བསྐོར། སངས་རྒྱས་ཆོས་འཁོར་བསྐོར་ནི་ཀན། ཐུ་དྲོ་བཅོམ་ལྡན་འདས་ཀྱིས་བསྐོར། ད་ལྷ་ཤཱཀྱ་ཐུབ་པས་བསྐོར། མ་འོངས་རྒྱལ་བ་བྱམས་པས་བསྐོར། བཅས་གསུམ་ཆོས་འཁོར་བསྐོར་ནི་ཡིན།

326 DP: ལྷོ་འཛམ་དབུས་ཡེ་བཤད་བརྒྱུད་ན། FY (འཇིག་རྟེན་ཆགས་ཚུལ།): **ལྷོ་འཛམ་གླིང་དབུས་དེ་བཤད་རྒྱུ་ན།**

327 DP, FY (འཇིག་རྟེན་ཆགས་ཚུལ།): **བསྐལ་བཟང་སངས་རྒྱས་སྟོང་བཞུགས་པ།**

328 DP, FY (འཇིག་རྟེན་ཆགས་ཚུལ།): **ཡུལ་རྡོ་རྗེ་གདན་དེ་དབུས་ཡིན་ཟེར།**

ཤར་རི་བོ་རྩེ་ལྔ་པོ་ཏ་ལ།[329] 东五台南布达拉
The Five-Peaked Mountain in the east and the Potala [in the south],

གནས་ཨོ་ཌི་ཡ་ན་ཤམྦྷལ།[330] 西乌长北香巴拉
The Oddiyana [in the west] and the Shambhala [in the north],

ཕྱོགས་བཞིའི་གནས་ཆེན་བཞི་བོ་ཡིན།[331] 四方圣地如是矣
Such are the Four Holy Places in the four directions.

གནས་རྡོ་རྗེ་གདན་གྱི་བྱང་ཕྱོགས་ན།[332] 菩提伽耶之北兮
On the north of the Bodh Gaya,

མཚོ་མ་དྲོས་པ་ཡི་མཚོ་ཡོད་ཟེར།[333] 言有无热恼湖矣
The Unheated Lake is said to be located.

གླུ་དེ་ཡི་ལན་ལ་དེ་འདྲ་ཡིན། 如是答复彼歌矣
This is the response to the song.

དྲི། 问
Question:

མཚོ་དེ་ཡི་དབྱིབས་དང་དཔག་ཚད་ཤོད།[334] 释湖之形与由旬
Please narrate the shape and size of the Unheated Lake.

ཕྱོགས་བཞི་ན་ཆུ་ཆེན་རྣམ་བཞི་ཡོད།[335] 于四方有四大河
The Four Great Rivers flow to the four directions of the lake.

---

329 DP: རི་བོ་རྩེ་ལྔ་པོ་ཏ་ལ། FY (འཇིག་རྟེན་ཆགས་རྩུལ།): **ཤར་རི་བོ་རྩེ་ལྔ་པོ་ཏ་ལ།**

330 DP: བནས་ཨོ་ཡ་ན་ཤམ་བྷ་ལ། FY (འཇིག་རྟེན་ཆགས་རྩུལ།): གནས་ཨོ་ཏི་ཡཱ་ན་ཤམྦྷལ། ED: **གནས་ཨོ་ཌི་ཡ་ན་ཤམྦྷལ།**

331 DP: ཕྱོགས་བཞིའི་གནས་ཆེན་པ། FY (འཇིག་རྟེན་ཆགས་རྩུལ།): **ཕྱོགས་བཞིའི་གནས་ཆེན་བཞི་བོ་ཡིན།**

332 DP: རྡོརྗེགདན་གྱི་བྱང་ཕྱོགས་ན། FY (འཇིག་རྟེན་ཆགས་རྩུལ།): **གནས་རྡོ་རྗེ་གདན་གྱི་བྱང་ཕྱོགས་ན།**

333 DP: མཚོ་མ་དྲོས་པ་ཡིས་མཚོ་ཡོད་ཟེར། FY (འཇིག་རྟེན་ཆགས་རྩུལ།): **མཚོ་མ་དྲོས་པ་ཡི་མཚོ་ཡོད་ཟེར།**

334 DP: མཚོ་དེ་ཡི་དབྱི་དང་ཚོད་བཤད། FY (འཇིག་རྟེན་ཆགས་རྩུལ།): **མཚོ་དེ་ཡི་དབྱིབས་དང་དཔག་ཚད་ཤོད།**

335 DP: ཕྱོགས་བཞི་ཆུ་ཆེན་རྣམས་བཞི་ཡོད། FY (འཇིག་རྟེན་ཆགས་རྩུལ།): **ཕྱོགས་བཞི་ན་ཆུ་ཆེན་རྣམ་བཞི་ཡོད།**

གན་བཞི་པོ་རེ་རེའི་མིང་རེ་དྲོངས།[336] 陈四河各个名矣
Please narrate the name of each river.

ལན། 答
Answer:

མཚོ་དེ་ཡི་དབྱིབས་དེ་གྲུ་བཞི་ཡིན།[337] 其湖之形四方兮
The Unheated Lake is in the shape of a square.

མཐའ་སྐོར་དཔག་ཚད་ཉིས་བརྒྱ་ཡོད།[338] 周缘由旬二百也
The perimeter is 200 leagues.

ཤར་ཕྱོགས་ན་ཆུ་བོ་གངྒཱ་ཡོད།[339] 东方之水殑伽河
The Ganges flows to the east,

ལྷོ་ཕྱོགས་ན་ཆུ་བོ་སིན་དྷུ་ཡོད།[340] 南方之水信度河
The Sindhu to the south,

ནུབ་ཕྱོགས་ན་ཆུ་བོ་པཀྵུ་ཡོད།[341] 西方之水缚刍河
The Pakshu to the west,

བྱང་ཕྱོགས་ན་ཆུ་བོ་ཤཱི་ཏ་ཡོད།[342] 北方之水徙多河
The Śītā to the north.

---

336 DP: གེ་བཞི་པོ་རེ་རེ་མིང་རེ་དྲོངས། FY (འཇིག་རྟེན་ཆགས་ཚུལ།): ཀན་བཞི་པོ་རེ་རེར་མིང་རེ་དྲོངས། ED: **གན་བཞི་པོ་རེ་རེའི་མིང་རེ་དྲོངས།**

337 DP: མཚོ་དབྱིབས་ཏེ་གྲུག་ཞི་ཡིན། FY (འཇིག་རྟེན་ཆགས་ཚུལ།): **མཚོ་དེ་ཡི་དབྱིབས་དེ་གྲུ་བཞི་ཡིན།**

338 DP: མཐའ་སྐོར་དཔག་ཚེད་ཉིས་བརྒྱ་ཡོད། FY (འཇིག་རྟེན་ཆགས་ཚུལ།): **མཐའ་སྐོར་དཔག་ཚད་ཉིས་བརྒྱ་ཡོད།**

339 DP: ཤར་ཕྱོགས་ན་ཆུ་བོ་གང་བ་ཡོད། FY (འཇིག་རྟེན་ཆགས་ཚུལ།): ཤར་ཕྱོགས་ན་ཆུ་བོ་གངྒ་ཡོད། ED: **ཤར་ཕྱོགས་ན་ཆུ་བོ་གངྒཱ་ཡོད།**

340 DP: ན་ཆུ་བོ་སིན་མདའ་ཡོད། FY (འཇིག་རྟེན་ཆགས་ཚུལ།): ལྷོ་ཕྱོགས་ན་ཆུ་བོ་སིནྡྷུ་ཡོད། ED: **ལྷོ་ཕྱོགས་ན་ཆུ་བོ་སིན་དྷུ་ཡོད།**

341 DP: ནུབ་ཕྱོགས་ན་ཆུ་ན་བཀྵུ་ཡོད། FY (འཇིག་རྟེན་ཆགས་ཚུལ།): **ནུབ་ཕྱོགས་ན་ཆུ་བོ་པཀྵུ་ཡོད།**

342 DP: བྱང་ཕྱོགས་ན་ཆུ་བོ་སི་ཏ་ཡོད། FY (འཇིག་རྟེན་ཆགས་ཚུལ།): བྱང་ཕྱོགས་ན་ཆུ་བོ་སིནྡྷུ་ཡོད། ED: **བྱང་ཕྱོགས་ན་ཆུ་བོ་ཤཱི་ཏ་ཡོད།**

ཆུ་ཆེན་རྣམ་བཞི་དེ་འདྲ་ཡིན།[343] 其之四大河如是
Such are the Four Great Rivers.

དྲི། 问
Question:

ཆུ་རེ་ལ་ཆུ་ཕྲན་ཅི་འདྲ་ཡོད།[344] 各河支流几何耶
How many tributaries does each river have?

ཤིང་འཛམ་བུ་ཤིང་དེ་ག་རུ་ཡོད།[345] 阎浮树于何处耶
Where is the tree known as 'Jambu' located?

ལྷ་བརྒྱ་བྱིན་གླིང་ཆེན་ག་རུ་ཡོད།[346] 帝释天于何洲耶
Where is Indra's continent located?

ལན། 答
Answer:

ཆུ་རེ་ལ་ཆུ་ཕྲན་ལྔ་བརྒྱ་རེད།[347] 各河支流五百也
Each River has five hundred tributary streams.

མཚོ་མ་དྲོས་པའི་དཀྱིལ་དེ་ན།[348] 无热恼湖中心兮
In the center of the Unheated Lake,

---

343 DP: དེ་རྣམས་བཞི་དུ་རུ་ཡིན། FY (འཇིག་རྟེན་ཆགས་ཚུལ།): ཆུ་ཆེན་སྣ་བཞི་དེ་འདྲ་ཡིན། ED: **ཆུ་ཆེན་རྣམ་བཞི་དེ་འདྲ་ཡིན།**

344 DP: ཆུ་རེ་ལ་ཆུ་ཕང་མཆི་འདྲ་ཡོད། FY (འཇིག་རྟེན་ཆགས་ཚུལ།): ཆུ་རེ་ལ་ཆུ་གྲངས་ཅི་འདྲ་ཡོད། ED: **ཆུ་རེ་ལ་ཆུ་ཕྲན་ཅི་འདྲ་ཡོད།**

345 DP: ཤིང་འཛམ་བུ་ཤིང་དེ་ག་ཏེ་ཡོད། FY (འཇིག་རྟེན་ཆགས་ཚུལ།): ཤིང་འཛམ་བུ་ཤིང་དེ་གང་ལ་ཡོད། ED: **ཤིང་འཛམ་བུ་ཤིང་དེ་ག་རུ་ཡོད།**

346 DP: ལྷ་བརྒྱ་བྱིན་གླང་ཆེན་ག་རག་ཡོད། FY (འཇིག་རྟེན་ཆགས་ཚུལ།). ལྷ་བརྒྱ་བྱིན་གླིང་ཆེན་གང་ལ་ཡོད། ED: **ལྷ་བརྒྱ་བྱིན་གླིང་ཆེན་ག་རུ་ཡོད།**

347 DP: ཆུ་རེ་ལ་ཆུ་བྲང་ལྔ་བརྒྱ་དེ། FY (འཇིག་རྟེན་ཆགས་ཚུལ།): ཆུ་རེ་ལ་ཆུ་གྲངས་ལྔ་བརྒྱ་རེད། ED: **ཆུ་རེ་ལ་ཆུ་ཕྲན་ལྔ་བརྒྱ་རེད།**

348 DP: མཚོ་མ་དྲོས་པའི་དཀྱི། FY (འཇིག་རྟེན་ཆགས་ཚུལ།): **མཚོ་མ་དྲོས་པའི་དཀྱིལ་དེ་ན།**

ཤིང་འཛམ་བུའི་ཤིང་གི་སྡོང་པོ་ཡོད།[349] 有树名为阎浮矣

There is a tree known as 'Jambu'.

རི་སྤོས་ངད་ལྡན་པའི་བྱང་ཕྱོགས་ན།[350] 香醉山之北方兮

On the north of the Fragrant Mountain [Gandhamādana],

ལྷ་དབང་པོ་བརྒྱ་བྱིན་གཡུལ་ངོར་སྤྱོད།[351] 帝释天之战场矣

Where Indra engages in battle,

ལྷ་བརྒྱ་བྱིན་གླིང་ཆེན་དེ་ན་ཡོད།[352] 帝释天洲位于此

Is where Indra's continent is located.

དྲི། 问

Question:

ལྷ་བརྒྱ་བྱིན་གླིང་ཆེན་ཆེ་ཆུང་ཤོད།[353] 释帝释天洲大小

Please tell of the size of Indra's continent.

ཞེང་དང་མཐོ་དམའ་དཔག་ཚད་ཤོད།[354] 释宽与高之由旬

Please tell of its width and height, in leagues.

གླིང་འདི་ལ་གླིང་གཡོག་ཅི་འདྲ་ཡོད།[355] 此洲小洲几何耶

How many subcontinents does this continent have?

---

349 DP: ཤིང་འཛམ་བུའི་ཤིང་གི་སྡོང་བུ་ཡོད། FY (འཇིག་རྟེན་ཆགས་ཚུལ།): **ཤིང་འཛམ་བུའི་ཤིང་གི་སྡོང་པོ་ཡོད།**

350 DP: རི་སྤོས་རོང་ལྡན་གི་བྱང་ཕྱོགས། FY (འཇིག་རྟེན་ཆགས་ཚུལ།): **རི་སྤོས་ངད་ལྡན་པའི་བྱང་ཕྱོགས་ན།**

351 DP: ལྷ་དབང་པོ་བརྒྱ་བྱིན་གཡུལ། FY (འཇིག་རྟེན་ཆགས་ཚུལ།): **ལྷ་དབང་པོ་བརྒྱ་བྱིན་གཡུལ་ངོར་སྤྱོད།**

352 DP: ལྷ་བརྒྱ་བྱིན་གླམང་ཆེན་རྩེ་ན་ཡོད། FY (འཇིག་རྟེན་ཆགས་ཚུལ།): **ལྷ་བརྒྱ་བྱིན་གླིང་ཆེན་དེ་ན་ཡོད།**

353 DP: ལྷ་བརྒྱ་བྱིན་གླང་ཆེན་ཆེ་ཆུང་བཤད། FY (འཇིག་རྟེན་ཆགས་ཚུལ།): **ལྷ་བརྒྱ་བྱིན་གླིང་ཆེན་ཆེ་ཆུང་ཤོད།**

354 DP: ཞེད་དང་ཐོད་སྨད་རས་བཤད། FY (འཇིག་རྟེན་ཆགས་ཚུལ།): ཞེང་དང་མཐོ་དམན་དཔག་ཚད་ཤོད། ED: **ཞེང་དང་མཐོ་དམའ་དཔག་ཚད་ཤོད།**

355 DP: གླིང་འདི་ལ་གླིང་གཡོག་མཆི་འདྲ་ཡོད། FY (འཇིག་རྟེན་ཆགས་ཚུལ།): **གླིང་འདི་ལ་གླིང་གཡོག་ཅི་འདྲ་ཡོད།**

སྟོད་རྒྱ་གར་ཡུལ་ཆེན་ཅི་འདྲ་ཡོད།[356] 天竺大国几何耶

How many large states are there in the Indian subcontinent?

གླིང་འདི་ལ་ཡུལ་ཆུང་ཅི་འདྲ་ཡོད།[357] 此洲小国几何耶

How many small states are there?

གླུ་དལ་བུར་ཤོག་དང་ཐྲེལ་བ་མེད། 歌徐陈之莫匆促

Please sing the song slowly, there is no hurry.

ལན། 答

Answer:

གན་གླིང་ཆེན་ཞེང་ལ་དཔག་ཚད་གཅིག[358] 大洲宽者一由旬

Indra's continent is one league wide.

མཐོ་དམའ་དཔག་ཚད་ཕྱེད་དང་གཉིས།[359] 高者一又半由旬

It is one and a half leagues high.

གླིང་འདི་ལ་གླིང་གཡོག་ལྔ་བརྒྱ་ཡོད།[360] 此洲小洲五百矣

There are five hundred subcontinents.

སྟོད་རྒྱ་གར་ཡུལ་ཆེན་དྲུག་ཡོད་དེ།[361] 天竺大国有六兮

In the Indian subcontinent, there are six great states,

---

356 DP: སྟོད་བརྒྱ་སྐར་ཡུལ་ན་མཆི་འདུ་ཡོད། FY (འཇིག་རྟེན་ཆགས་ཚུལ།): **སྟོད་རྒྱ་གར་ཡུལ་ཆེན་ཅི་འདྲ་ཡོད།**

357 DP: ལ་ཡུལ་ཆུང་འཆི་འདུ་ཡོད། FY (འཇིག་རྟེན་ཆགས་ཚུལ།): **གླིང་འདི་ལ་ཡུལ་ཆུང་ཅི་འདྲ་ཡོད།**

358 DP: གེ་གླང་ཆེན་ཞེང་ལ་དཔག་གཅིག FY (འཇིག་རྟེན་ཆགས་ཚུལ།): ཀན་གླིང་ཆེན་ཞེང་ལ་དཔག་ཚད་གཅིག ED: **གན་གླིང་ཆེན་ཞེང་ལ་དཔག་ཚད་གཅིག**

359 DP: ཐོག་སྨད་ཕྱེད་དང་གཉིས་ཡོད། FY (འཇིག་རྟེན་ཆགས་ཚུལ།): མཐོ་དམན་དཔག་ཚད་ཕྱེད་དང་གཉིས། ED: **མཐོ་དམའ་དཔག་ཚད་ཕྱེད་དང་གཉིས།**

360 DP: གླིང་འདི་ལ་གླིང་གཡོ་ལྔ་བརྒྱ་ཡོད། FY (འཇིག་རྟེན་ཆགས་ཚུལ།): **གླིང་འདི་ལ་གླིང་གཡོག་ལྔ་བརྒྱ་ཡོད།**

361 DP: སྟོད་བརྒྱ་ཀར་ཡུལ་ཆེན་དྲུག་ཡོད་དེ། FY (འཇིག་རྟེན་ཆགས་ཚུལ།): **སྟོད་རྒྱ་གར་ཡུལ་ཆེན་དྲུག་ཡོད་དེ།**

གླིང་འདི་ལ་ཡུལ་ཆུང་སྟོང་གཅིག་དང་།[362] 小国一千一十八
1,018 small states,

བཅོ་བརྒྱད་ཡོད་པས་གཞན་ལས་འཕགས།[363] 相较他处多善矣
Which are better than other continents.

འཛམ་གླིང་འཕགས་ཚུལ་དེ་འདྲ་ཡིན།[364] 南赡部洲善如是
Such is the superiority of the Southern Rose Apple Tree Continent.

ཉི་ཟླ་སྐར་གསུམ་གྱི་ལེའུ། 日月星宿
The Sun, the Moon, and Stars

དྲི། 问
Question:

དཀྱུང་ཉི་ཟླ་སྐར་གསུམ་ཤར་བ་ན།[365] 日月星升天穹兮
The sun, the moon, and stars rising in the sky,

ཉི་མའི་རྒྱུ་དེ་ཅི་ཞིག་རེད།[366] 日何物所成之耶
Of what substance is the sun made?

ཟླ་བའི་རྒྱུ་དེ་ཅི་ཞིག་རེད།[367] 月何物所成之耶
Of what substance is the moon made?

---

362 DP: འདི་ལ་ཡུ་ཆུང་སྟོང་གཅིག་དང་། FY (འཛིག་རྟེན་ཆགས་ཚུལ།): **གླིང་འདི་ལ་ཡུལ་ཆུང་སྟོང་གཅིག་དང་།**

363 DP, FY (འཛིག་རྟེན་ཆགས་ཚུལ།): **བཅོ་བརྒྱད་ཡོད་པས་གཞན་ལས་འཕགས།**

364 DP: འོ་འཛམ་གླིང་འཕགས་འདུ་རུ་ཡིན། FY (འཛིག་རྟེན་ཆགས་ཚུལ།): **འཛམ་གླིང་འཕགས་ཚུལ་དེ་འདྲ་ཡིན།**

365 DP: དཀྱུང་ན་ཉི་ཟླ་སྐར་ཙ་ཤར། FY (འཛིག་རྟེན་ཆགས་ཚུལ།): དཀྱུང་ཉི་ཟླ་སྐར་གསུམ་ཤར་པ་ན། ED: **དཀྱུང་ཉི་ཟླ་སྐར་གསུམ་ཤར་བ་ན།**

366 MT: ཉི་མ་དཀྱུང་ལ་ཤར་རྒྱུ་དེ། ཉི་མའི་འོད་དེ་ཅི་ཞིག་རེད། DP: དཀྱུང་ནམ་ལ་ཉི་ཟླའི་བརྒྱུད་དེ་མཆི་ཞིག་ཡིན། LT, PT, FY (འཛིག་རྟེན་ཆགས་ལུགས།): **ཉི་མའི་རྒྱུ་དེ་ཅི་ཞིག་རེད།** FY (འཛིག་རྟེན་ཆགས་ཚུལ།): དཀྱུང་ཉི་ཟླའི་རྒྱུ་དེ་ཅི་ཞིག་ཡིན།

367 MT: ཟླ་བ་དཀྱུང་ལ་ཤར་རྒྱུ་དེ། ཟླ་བའི་འོད་དེ་ཅི་ཞིག་རེད། LT, PT, FY (འཛིག་རྟེན་ཆགས་ལུགས།): **ཟླ་བའི་རྒྱུ་དེ་ཅི་ཞིག་རེད།**

སྐར་མའི་རྒྱུ་དེ་ཅི་ཞིག་རེད།[368] 星斗何所成之耶

Of what substance are the stars made?

གླུ་ཕྱི་མ་ཡོད་ན་ཅི་འདྲ་ཡིན། 有歌相继者何耶

What is the song if more is still to come?

ཁྱོད་ཡུན་རིང་མ་འགོར་ལན་རེ་ཐོག 尔作答之莫迟误

Please answer my questions without further ado.

ལན། 答

Answer:

དེ་ལ་ལན་ཞིག་རྒྱག་རྒྱུ་ན། 应答所问者如是

To give an answer to that,

དེ་གསུམ་གྱི་རྒྱུ་དེ་བཤད་རྒྱུ་ན།[369] 三者何物所成兮

Speaking of the substances of the three,

ཉི་མའི་རྒྱུ་དེ་མེ་ཤེལ་ཡིན།[370] 日为火晶所成也

The sun is made of fire crystals.

རྒྱུ་དེ་ཡིས་ཉི་མ་དྲོ་བ་རེད།[371] 日因其而发热矣

This substance makes the sun warm.

ཟླ་བའི་རྒྱུ་དེ་ཆུ་ཤེལ་ཡིན།[372] 月为水晶所成兮

The moon is made of water crystals.

---

368 MT: སྐར་མ་དཀྱུང་ལ་ཤར་རྒྱུ་དེ། སྐར་མའི་འོད་དེ་ཅི་ཞིག་རེད། DP: སྐར་མའི་བརྒྱུད་དེ་མཆི་ཞིག་ཡིན། FY (འཇིག་རྟེན་ཆགས་ཚུལ།): སྐར་མའི་རྒྱུ་དེ་ཅི་ཞིག་ཡིན། ED: **སྐར་མའི་རྒྱུ་དེ་ཅི་ཞིག་རེད།**

369 DP: གསུམ་གྱི་བརྒྱུད་དེ་བཤད་བརྒྱུད་ན། FY (འཇིག་རྟེན་ཆགས་ཚུལ།): **དེ་གསུམ་གྱི་རྒྱུ་དེ་བཤད་རྒྱུ་ན།**

370 MT: ཉི་མའི་འོད་དེ་དྲོད་སེ་རེད། DP: ཉི་མའི་བརྒྱུད་དེ་མེ་ཞེས། LT, PT, FY (འཇིག་རྟེན་ཆགས་ལུགས།): ཉི་མའི་འོད་དངོས་མེ་ཤེལ་རེད། FY (འཇིག་རྟེན་ཆགས་ཚུལ།): **ཉི་མའི་རྒྱུ་དེ་མེ་ཤེལ་ཡིན།**

371 LT: **རྒྱུ་དེ་ཡིས་ཉི་མ་དྲོ་བ་རེད།** PT: རྒྱུ་དེ་ཡིས་ཉི་མ་དྲོ་ནི་རེད། FY (འཇིག་རྟེན་ཆགས་ལུགས།): རྒྱུ་མེ་ཤེལ་ཉི་མ་དྲོ་ནི་རེད།

372 MT: ཟླ་བའི་འོད་དེ་འཁྱག་སེ་རེད། DP: ཟླ་བའི་རྒྱུ་དེ་ཆུ་ཞེས་ཡིན། LT, PT, FY (འཇིག་རྟེན་ཆགས་ལུགས།): ཟླ་བའི་འོད་དངོས་ཆུ་ཤེལ་རེད། FY (འཇིག་རྟེན་ཆགས་ཚུལ།): **ཟླ་བའི་རྒྱུ་དེ་ཆུ་ཤེལ་ཡིན།**

རྒྱུ་ཆུ་ཤེལ་ཟླ་བ་བསིལ་བ་རེད།[373] 月因其而清凉矣

This substance makes the moon icy.

སྐར་མའི་རྒྱུ་ལ་སྣ་ཚོགས་ཡོད།[374] 成星之物繁多矣

Stars are made of varied substances.

དྲི། 问

Question:

དཀྱུང་ཉི་ཟླ་སྐར་གསུམ་བཤད་རྒྱུ་ན།[375] 释天日月星宿兮

To narrate of the sun, moon, and stars,

ཉིའི་ཐད་ཀར་དཔག་ཚད་ཅི་འདྲ་ཡོད།[376] 日之直径几由旬

In leagues, what is the diameter of the sun?

མཐའ་སྐོར་དཔག་ཚད་ཅི་འདྲ་ཡོད།[377] 其周长有几由旬

In leagues, what is the perimeter of the sun?

མཐོ་དམའ་དཔག་ཚད་ཅི་འདྲ་ཡོད།[378] 其之高有几由旬

In leagues, what is the height of the sun?

ཟླ་བའི་ཐད་ཀར་དཔག་ཚད་ཅི་འདྲ་ཡོད།[379] 月之直径几由旬

In leagues, what is the diameter of the moon?

---

373 LT: **རྒྱུ་ཆུ་ཤེལ་ཟླ་བ་བསིལ་བ་རེད།** PT, FY (འཛིག་རྟེན་ཆགས་ལུགས།): རྒྱུ་ཆུ་ཤེལ་ཟླ་བ་བསིལ་ནི་རེད།

374 DP, FY (འཛིག་རྟེན་ཆགས་ཚུལ།): **སྐར་མའི་རྒྱུ་ལ་སྣ་ཚོགས་ཡོད།**

375 LT: **དཀྱུང་ཉི་ཟླ་སྐར་གསུམ་བཤད་རྒྱུ་ན།** ཚངས་ཐིག་དཔག་ཚད་ཅི་འདྲ་ཡོད། མཐའ་སྐོར་དཔག་ཚད་ཅི་འདྲ་ཡོད། མཐོ་དམའ་དཔག་ཚད་ཅི་འདྲ་ཡོད། དེ་རེ་རེའི་ཐད་ནས་མིང་རེ་དྲོངས། PT, FY (འཛིག་རྟེན་ཆགས་ལུགས།): ད་དཀྱུང་ཉི་ཟླ་སྐར་གསུམ་བཤད་རྒྱུ་ན།

376 DP: དཔག་ཚོད་འཅི་འདྲ་ཡོད། PT: ཉིའི་ཐད་ཀར་དཔག་ཚད་ཆི་འདྲ་ཡོད། FY (འཛིག་རྟེན་ཆགས་ལུགས།): **ཉིའི་ཐད་ཀར་དཔག་ཚད་ཅི་འདྲ་ཡོད།** FY (འཛིག་རྟེན་ཆགས་ཚུལ།): ཉི་མའི་དཔག་ཚད་ཅི་འདྲ་ཡོད།

377 PT: མཐའ་སྐོར་དུ་དཔག་ཚད་ཆི་འདྲ་ཡོད། FY (འཛིག་རྟེན་ཆགས་ལུགས།): **མཐའ་སྐོར་དཔག་ཚད་ཅི་འདྲ་ཡོད།**

378 PT: མཐོ་དམན་ལ་དཔག་ཚད་ཆི་འདྲ་ཡོད། FY (འཛིག་རྟེན་ཆགས་ལུགས།): **མཐོ་དམའ་དཔག་ཚད་ཅི་འདྲ་ཡོད།**

379 DP: ཟླའི་དཔག་ཚོད་འཆི་འདྲ་ཡོད། PT: ཟླ་བ་ལ་ཐད་ཀར་དཔག་ཚད་ཆི་འདྲ་ཡིན། FY (འཛིག་རྟེན་ཆགས་ལུགས།): **ཟླ་བའི་ཐད་ཀར་དཔག་ཚད་ཅི་འདྲ་ཡོད།** FY (འཛིག་རྟེན་ཆགས་ཚུལ།): ཟླ་བའི་དཔག་ཚད་ཅི་འདྲ་ཡོད།

མཐའ་སྐོར་དཔག་ཚད་ཅི་འདྲ་ཡོད།[380] 其周长有几由旬

In leagues, what is the perimeter of the moon?

མཐོ་དམའ་དཔག་ཚད་ཅི་འདྲ་ཡོད།[381] 其之高有几由旬

In leagues, what is the height of the moon?

ལན། 答

Answer:

ཉི་ཟླའི་དཔག་ཚད་བཤད་རྒྱུ་ན།[382] 言日月以由旬计

Speaking of the size of the sun and moon,

ཐད་ཀར་དཔག་ཚད་ལྔ་བཅུ་ཡོད།[383] 直径五十由旬矣

They are fifty leagues in diameter.

ཉི་མར་གཅིག་གི་ལྷག་ལས་མེད།[384] 日较月多一由旬

The sun's diameter is one league more than the moon.

མཐའ་སྐོར་དེ་ཡི་གསུམ་འགྱུར་ཡིན།[385] 周长为月之三倍

The perimeter of the sun is three times that of the moon.

མཐོ་དམའ་དཔག་ཚད་དྲུག་གི་སྟེང་།[386] 其之高为六由旬

They are six and,

---

380 PT: མཐའ་སྐོར་དུ་དཔག་ཚད་ཆི་འདྲ་ཡོད། FY (འཇིག་རྟེན་ཆགས་ལུགས།): **མཐའ་སྐོར་དཔག་ཚད་ཅི་འདྲ་ཡོད།**

381 PT: མཐོ་དམན་ལ་དཔག་ཚད་ཆི་འདྲ་ཡོད། FY (འཇིག་རྟེན་ཆགས་ལུགས།): **མཐོ་དམའ་དཔག་ཚད་ཅི་འདྲ་ཡོད།**

382 LT, PT: **ཉི་ཟླའི་དཔག་ཚད་བཤད་རྒྱུ་ན།** FY (འཇིག་རྟེན་ཆགས་ལུགས།): ཉི་ཟླ་དཔག་ཚད་བཤད་རྒྱུ་ན།

383 DP: ཉི་མའི་དཔག་གཅིག་ཡོད། ཟླའི་དཔག་ལྔ་བཅུ་ཡོད། LT: ཚངས་ཐིག་དཔག་ཚད་ལྔ་བཅུ་ཡོད། PT, FY (འཇིག་རྟེན་ཆགས་ལུགས།): **ཐད་ཀར་དཔག་ཚད་ལྔ་བཅུ་ཡོད།** FY (འཇིག་རྟེན་ཆགས་ཚུལ།): ཉི་མའི་དཔག་ཚད་ང་གཅིག་ཡོད། ཟླ་བའི་དཔག་ཚད་ལྔ་བཅུ་ཡོད།

384 PT, FY (འཇིག་རྟེན་ཆགས་ལུགས།): ཉི་མ་ཡ་པ་ཅིག་གིས་ལྷག་ལས་མེད། ED: **ཉི་མར་གཅིག་གི་ལྷག་ལས་མེད།**

385 LT: **མཐའ་སྐོར་དེ་ཡི་གསུམ་འགྱུར་ཡིན།** PT, FY (འཇིག་རྟེན་ཆགས་ལུགས།): མཐའ་སྐོར་དུ་དེ་ཡི་གསུམ་འགྱུར།

386 LT: མཐོ་དམའ་དཔག་ཚད་དྲུག་རེ་ཡིན། PT, FY (འཇིག་རྟེན་ཆགས་ལུགས།): མཐོ་དམན་ལ་དཔག་ཚད་དྲུག་རེ་ཡིན། ED: **མཐོ་དམའ་དཔག་ཚད་དྲུག་གི་སྟེང་།**

བཅོ་བརྒྱད་ཀྱི་ཡི་ཆ་གཅིག་བཞག[387] 又十八分之一矣

One-eighteenth of a league in height.

ཉི་ཟླའི་དཔག་ཚད་བརྩེ་ཚུལ་ཡིན།[388] 日月由旬如是计

Such are the sizes of the sun and moon measured, in leagues.

དྲི། 问

Question:

སྐར་མ་དགུང་ལ་ཤར་རྒྱུ་དེ།[389] 星宿现于苍穹兮

Stars rising in the sky,

སྐར་མའི་གྲངས་ཀ་ཅི་འདྲ་ཡོད།[390] 星宿之数几何耶

How many stars are there?

གླུ་དལ་མོ་ལོངས་དང་རྗེས་ན་ཡོད། 有歌相继徐徐咏

Sing it slowly, and more songs will follow.

ལན། 答

Answer:

སྐར་མའི་གྲངས་ཀ་བཤད་རྒྱུ་ན།[391] 释星宿之数量兮

Speaking of the number of stars,

---

387 LT, PT, FY (འཇིག་རྟེན་ཆགས་ལུགས།): དཔག་ཚད་གཅིག་གི་བརྒྱད་ཆ་ཡོད། ED: **བཅོ་བརྒྱད་ཀྱི་ཡི་ཆ་གཅིག་བཞག**

388 LT: **ཉི་ཟླའི་དཔག་ཚད་བརྩེ་ཚུལ་ཡིན།** PT, FY (འཇིག་རྟེན་ཆགས་ལུགས།): ཉི་ཟླའི་དཔག་ཚད་རྩིས་ཚུལ་ཡིན།

389 MT: **སྐར་མ་དགུང་ལ་ཤར་རྒྱུ་དེ།**

390 MT: **སྐར་མའི་གྲངས་ཀ་ཅི་འདྲ་ཡོད།** LT: སྐར་མའི་གྲངས་ཀ་ཅི་འདྲ་ཡོད། PT: སྐར་མའི་གྲངས་ཀ་ཆི་འདྲ་ཡོད། སྐར་མའི་རེ་ལ་དཔག་ཚད་ཆི་འདྲ་ཡོད། FY (འཇིག་རྟེན་ཆགས་ལུགས།): སྐར་མ་གྲངས་ཀ་ཅི་འདྲ་ཡོད། སྐར་མའི་དཔག་ཚད་ཅི་འདྲ་ཡོད།

391 MT, LT, PT, FY (འཇིག་རྟེན་ཆགས་ལུགས།): **སྐར་མའི་གྲངས་ཀ་བཤད་རྒྱུ་ན།**

བྱེ་བ་བརྒྱད་དང་ས་ཡ་ལྔ།[392] 八千五百万之数

There are eighty-five million.

སྐར་མའི་གྲངས་ཀ་དེ་འདྲ་ཡོད།[393] 星宿之数目如是

Such is the number of stars.

གླུ་དེ་ཡི་ལན་ལ་དེ་འདྲ་ཡིན། 如是答复彼歌矣

This is the response to the song.

དྲི། 问

Question:

སྐར་མ་ཆེ་ཆུང་མང་པོ་ཡོད།[394] 星宿大小繁多兮

There are many stars of all different sizes.

ཆེ་བ་དཔག་ཚད་ཅི་འདྲ་ཡོད།[395] 大者由旬几何耶

What size are the larger ones, in leagues?

འབྲིང་བ་དཔག་ཚད་ཅི་འདྲ་ཡོད།[396] 中者由旬几何耶

What size are the middle ones, in leagues?

ཆུང་བ་དཔག་ཚད་ཅི་འདྲ་ཡོད།[397] 小者由旬几何耶

What size are the smaller ones, in leagues?

---

392 MT, LT: **བྱེ་བ་བརྒྱད་དང་ས་ཡ་ལྔ།** PT, FY (འཇིག་རྟེན་ཆགས་ལུགས།): དུང་གཉིས་དང་བྱེ་བརྒྱད་ས་ཡ་ལྔ།

393 LT, PT: **སྐར་མའི་གྲངས་ཀ་དེ་འདྲ་ཡོད།** FY (འཇིག་རྟེན་ཆགས་ལུགས།): སྐར་མ་གྲངས་ཀ་དེ་འདྲ་ཡོད།

394 LT: སྐར་མའི་ཆེ་ཆུང་མང་པོ་ཡོད། PT: སྐར་མ་ཆེ་ཆུང་མང་བོ་ཡོད། FY (འཇིག་རྟེན་ཆགས་ལུགས།): **སྐར་མ་ཆེ་ཆུང་མང་པོ་ཡོད།**

395 DP: སྐར་མ་དཔག་ཚོད་འཆི་འདྲ་ཡོད། LT, FY (འཇིག་རྟེན་ཆགས་ལུགས།): **ཆེ་བ་དཔག་ཚད་ཅི་འདྲ་ཡོད།** PT: ཆེ་བ་ལ་དཔག་ཚད་ཆི་འདྲ་ཡོད། FY (འཇིག་རྟེན་ཆགས་རྒྱལ།): སྐར་མའི་དཔག་ཚད་ཅི་འདྲ་ཡོད།

396 LT, FY (འཇིག་རྟེན་ཆགས་ལུགས།): **འབྲིང་བ་དཔག་ཚད་ཅི་འདྲ་ཡོད།** PT: འབྲིང་བ་ལ་པདག་ཚད་ཆི་འདྲ་ཡོད།

397 LT, FY (འཇིག་རྟེན་ཆགས་ལུགས།): **ཆུང་བ་དཔག་ཚད་ཅི་འདྲ་ཡོད།** PT: ཆུང་བ་ལ་དཔག་ཚད་ཆི་འདྲ་ཡོད།

ལན། 答

Answer:

སྐར་མའི་དཔག་ཚད་བཤད་རྒྱུ་ན།[398] 言星宿之大小兮

Speaking of the size of stars,

སྐར་མའི་དཔག་ཚད་སྣ་ཚོགས་རེད།[399] 星宿大小迥异矣

Their sizes are varied.

ཆེ་བ་རྒྱང་གྲགས་བཅོ་བརྒྱད་ཡོད།[400] 大者十八拘卢舍

The larger ones are eighteen earshots.[7]

འབྲིང་བ་རྒྱང་གྲགས་བཅུ་གཉིས་ཡོད།[401] 中者十二拘卢舍

The middle ones are twelve earshots.

ཆུང་བ་རྒྱང་གྲགས་གཅིག་ཏེ་ཡོད།[402] 小者一拘卢舍矣

The smaller ones are one earshot.

དེ་ཆེ་ཆུང་གསུམ་གྱི་སྐར་ཚད་ཡིན།[403] 三种之星宿如是

These are the sizes of the three different scales of stars.

---

398 LT, PT, FY (འཛིག་རྟེན་ཆགས་ལུགས།): **སྐར་མའི་དཔག་ཚད་བཤད་རྒྱུ་ན།**

399 MT: **སྐར་མའི་དཔག་ཚད་སྣ་ཚོགས་རེད།** སྐར་མ་ཆེན་པོ་མང་པོ་ཡིན། DP: སྐར་མའི་དཔག་ཚོད་སྣ་ཚོགས་ཡོད།

400 MT, LT: **ཆེ་བ་རྒྱང་གྲགས་བཅོ་བརྒྱད་ཡོད།** DP: ཆེ་བ་དཔག་ཚོད་བཅོ་བརྒྱད་ཡོད། PT, FY (འཛིག་རྟེན་ཆགས་ལུགས།): ཆེ་བ་ལ་རྒྱང་གྲགས་བཅོ་བརྒྱད་ཡོད། FY (འཛིག་རྟེན་ཆགས་ཚུལ།): ཆེ་བ་དཔག་ཚད་བརྒྱ་ཕྲག་བཅོ་བརྒྱད་ཡོད།

401 MT, LT: **འབྲིང་བ་རྒྱང་གྲགས་བཅུ་གཉིས་ཡོད།** PT, FY (འཛིག་རྟེན་ཆགས་ལུགས།): འབྲིང་བ་ལ་རྒྱང་གྲགས་བཅུ་གཉིས་བར།

402 MT: ཆུང་བ་རྒྱང་གྲགས་གསུམ་རེ་ཡིན། DP: ཆུང་བ་བརྒྱ་ཕྲག་བཅུ་གཅིག་ཡོད། LT, PT, FY (འཛིག་རྟེན་ཆགས་ལུགས།): ཆུང་བ་རྒྱང་གྲགས་གསུམ་དང་གཅིག FY (འཛིག་རྟེན་ཆགས་ཚུལ།): ཆུང་བ་བརྒྱ་ཕྲག་བཅུ་གཉིས་ཡོད། ED: **ཆུང་བ་རྒྱང་གྲགས་གཅིག་ཏེ་ཡོད།**

403 LT, PT, FY (འཛིག་རྟེན་ཆགས་ལུགས།): **དེ་ཆེ་ཆུང་གསུམ་གྱི་སྐར་ཚད་ཡིན།**

དྲི། 问
Question:

སྐར་མ་སྐར་ཆེན་ཉེར་བརྒྱད་ཡོད།[404] 大星宿有二十八
There are twenty-eight constellations.

ཤར་ལ་སྐར་མ་བདུན་རེ་ཡོད།[405] 东方有七星宿也
In the east, there are seven constellations.

ནུབ་ལ་སྐར་མ་བདུན་རེ་ཡོད།[406] 西方有七星宿也
In the west, there are seven constellations.

ལྷོ་ལ་སྐར་མ་བདུན་རེ་ཡོད།[407] 南方有七星宿也
In the south, there are seven constellations.

བྱང་ལ་སྐར་མ་བདུན་རེ་ཡོད།[408] 北方有七星宿也
In the north, there are seven constellations.

སྐར་ཆེན་ཉེར་བརྒྱད་མིང་རེ་དྲོངས།[409] 释二十八星宿名
Please narrate each of their names.

གླུ་དལ་བུར་ཤོག་དང་བྲེལ་བ་མེད། 歌徐陈之莫匆促
Please sing the song slowly, there is no hurry.

404 MT: ཕྱོགས་བཞིར་སྐར་མ་ཅི་འདྲ་སྡོང་། LT: **སྐར་མ་སྐར་ཆེན་ཉེར་བརྒྱད་ཡོད།** PT, FY (འཇིག་རྟེན་ཆགས་ལུགས།): སྐར་མ་ལ་སྐར་ཆེན་ཉེར་བརྒྱད་ཡོད།

405 LT, PT, FY (འཇིག་རྟེན་ཆགས་ལུགས།): **ཤར་ལ་སྐར་མ་བདུན་རེ་ཡོད།**

406 LT, PT, FY (འཇིག་རྟེན་ཆགས་ལུགས།): **ནུབ་ལ་སྐར་མ་བདུན་རེ་ཡོད།**

407 LT, PT, FY (འཇིག་རྟེན་ཆགས་ལུགས།): **ལྷོ་ལ་སྐར་མ་བདུན་རེ་ཡོད།**

408 LT, PT, FY (འཇིག་རྟེན་ཆགས་ལུགས།): **བྱང་ལ་སྐར་མ་བདུན་རེ་ཡོད།**

409 LT: ཁྱོས་རྒྱུ་སྐར་ཉེར་བརྒྱད་མིང་རེ་དྲོངས། FY (འཇིག་རྟེན་ཆགས་ལུགས།): ཁྱོད་ཀྱིས་སྐར་ཆེན་ཉེར་བརྒྱད་མིང་རེ་དྲོངས། ED: **སྐར་ཆེན་ཉེར་བརྒྱད་མིང་རེ་དྲོངས།**

ལན། 答

Answer:

སྨིན་དྲུག་སྣར་མ་མགོ་དང་ལག[410] 昴毕觜宿参宿兮

Kṛttikā, Rohinī, Mrigashīrsha, Ārdrā,

ནབས་སོ་རྒྱལ་སྐག་བདུན་ནི་ཤར།[411] 井鬼柳宿东七宿

Punarvasu, Pushya, and Āshleshā are the seven constellations in the east.

མཆུ་དང་གྲེ་དབོ་མེ་བཞི་དང་།[412] 星张翼宿轸宿兮

Maghā, Pūrva Phalgunī, Uttara Phalgunī, Hasta,

ནག་པ་ས་རི་ས་ག་ལྷོ།[413] 角亢氐者南七宿

Chitrā, Svātī, and Vishākhā are the seven constellations in the south.

ལྷ་མཚམས་སྣྲོན་སྣུབས་ཆུ་སྟོད་དང་།[414] 房心尾宿箕宿兮

Anurādhā, Jyeshtha, Mūla, Pūrva Ashādhā,

ཆུ་སྨད་བྱི་བཞིན་གྲོ་བཞིན་ནུབ།[415] 斗牛女宿西七宿

Uttara Ashādhā, Abhijit, and Śravaṇā are the seven constellations in the west.

མོན་གྲེ་མོན་གྲུ་ཁྲུམས་སྟོད་སྨད།[416] 虚危室宿壁宿兮

Śatabhiṣā, Dhaniṣṭhā, Pūrva Bhādrapadā, Uttara Bhādrapadā,

---

410 LT, FY (འཇིག་རྟེན་ཆགས་ལུགས།): **སྨིན་དྲུག་སྣར་མ་མགོ་དང་ལག** PT: སྨིན་དྲུག་སྣ་མང་དང་མགོ་དང་ལག

411 LT: **ནབས་སོ་རྒྱལ་སྐག་བདུན་ནི་ཤར།** PT: སྣ་སོ་རྒྱལ་སྐག་བདུན་ཤར། FY (འཇིག་རྟེན་ཆགས་ལུགས།): ནབས་སོ་རྒྱལ་དང་སྐག་བདུན་ཤར།

412 LT, FY (འཇིག་རྟེན་ཆགས་ལུགས།): **མཆུ་དང་གྲེ་དབོ་མེ་བཞི་དང་།** PT: ཆུ་དང་བྲེ་དབོ་མེ་གཞི་དང་།

413 LT, FY (འཇིག་རྟེན་ཆགས་ལུགས།): **ནག་པ་ས་རི་ས་ག་ལྷོ།** PT: ནག་པ་ས་རེ་ས་ག་བྱུང་།

414 LT, FY (འཇིག་རྟེན་ཆགས་ལུགས།): **ལྷ་མཚམས་སྣྲོན་སྣུབས་ཆུ་སྟོད་དང་།** PT: ལྷག་འཚམས་སྣོན་སྣུབ་ཆུ་སྟོད་དང་།

415 LT, FY (འཇིག་རྟེན་ཆགས་ལུགས།): ཆུ་སྨད་གྲོ་བཞིན་བྱི་བཞིན་ནུབ།PT: ཆུ་སྨད་གྲོ་བཞིན་བྱེད་བཞིན་ནུབ། ED: **ཆུ་སྨད་བྱི་བཞིན་གྲོ་བཞིན་ནུབ།**

416 LT: མོན་གྲུ་མོན་གྲེ་ཁྲུམས་སྟོད་སྨད། PT: མོན་ཀྲེ་མོན་གྲུབ་ཁྲུང་སྟོད་སྨད། FY (འཇིག་རྟེན་ཆགས་ལུགས།): **མོན་གྲེ་མོན་གྲུ་ཁྲུམས་སྟོད་སྨད།**

ནམ་གྲུ་ཐ་སྐར་བྲ་ཉེ་བྱང་།[417] 奎娄胃宿北七宿

Revatī, Ashvinī, and Bharanī are the seven constellations in the north.

ཕྱོགས་བཞིའི་སྐར་མ་བདུན་རེ་དང་།[418] 四方之星宿者兮

Seven constellations in each of the four cardinal directions,

རྒྱུ་སྐར་ཉེར་བརྒྱད་དེ་འདྲ་ཡིན།[419] 二十八星宿如是

In such way, they make twenty-eight constellations.

ཆད་ལྷག་མེད་པར་དྲངས་བཞག་ཡོད།[420] 据实陈之无简略

Without missing or adding single one, I have narrated them all.

གླུ་དེ་ཡི་ལན་ལ་དེ་འདྲ་ཡིན། 如是答复彼歌矣

This is the response to the song.

དྲི། 问

Question:

ཉི་མ་གླིང་བཞིར་འཁོར་ཚུལ་ཤོད།[421] 日绕四洲之情兮

Please narrate how the sun revolves around the Four Continents.

རང་འགྲོ་འཁོར་ན་ཅི་ལྟར་འཁོར།[422] 其自转之情何耶

How does the sun rotate on its own axis?

417 LT, FY (འཇིག་རྟེན་ཆགས་ལུགས།): **ནམ་གྲུ་ཐ་སྐར་བྲ་ཉེ་བྱང་།** PT: སྣ་དྲུག་ཐ་སྐར་གྲོ་བཞིན་ལྷོ།

418 MT: ཕྱོགས་བཞིར་སྐར་མ་བདུན་བདུན་ཡིན། LT: **ཕྱོགས་བཞིའི་སྐར་མ་བདུན་རེ་དང་།** PT, FY (འཇིག་རྟེན་ཆགས་ལུགས།): ཕྱོགས་བཞིའི་སྐར་མ་བདུན་དང་།

419 LT: རྒྱུ་སྐར་ཉེ་བརྒྱད་དེ་འདད་ཡིན། PT, FY (འཇིག་རྟེན་ཆགས་ལུགས།): **རྒྱུ་སྐར་ཉེར་བརྒྱད་དེ་འདྲ་ཡིན།**

420 LT, PT, FY (འཇིག་རྟེན་ཆགས་ལུགས།): **ཆད་ལྷག་མེད་པར་དྲངས་བཞག་ཡོད།**

421 DP: ཉི་མའི་གླིང་བཞིར་འཁོར་ཚུལ་བཤད། FY (འཇིག་རྟེན་ཆགས་ཚུལ།): **ཉི་མ་གླིང་བཞིར་འཁོར་ཚུལ་ཤོད།**

422 DP: རང་ན་མཚུ་རུ་འཁོར། FY (འཇིག་རྟེན་ཆགས་ཚུལ།): **རང་འགྲོ་འཁོར་ན་ཅི་ལྟར་འཁོར།**

གླིང་འགྲོ་འཁོར་ན་ཅི་ལྟར་འཁོར།[423] 绕四洲转情何耶

How does the sun revolve around the Four Continents?

སྔ་ཕྱི་ཅི་ལྟར་འཁོར་ནི་རེད།[424] 晨昏昼夜何以现

How do dawn and dusk occur?

ལན། 答

Answer:

ཉི་མ་འཁོར་ཚུལ་བཤད་རྒྱུ་ན།[425] 释日转之情形兮

Speaking of the rotation of the sun,

རང་འགྲོ་འཁོར་ན་གཡོན་དུ་འཁོར།[426] 其自转由西向东

The sun rotates clockwise on its own axis.

གླིང་འགྲོ་འཁོར་ན་གཡས་སུ་འཁོར།[427] 绕四洲由东向西

The sun revolves anticlockwise around the Four Continents.

ཐོག་གི་བང་རིམ་བཞི་རུ་འཁོར།[428] 绕第四层旋转矣

It spins around the fourth terrace [of Mount Meru].

---

423 DP: ཉུང་འགྲོ་བྱེད་ན་མཚུ་རུ་འཁོར། FY (འཇིག་རྟེན་ཆགས་ཚུལ།): ཉུང་འགྲོ་འཁོར་ན་ཅི་ལྟར་འཁོར། ED: **གླིང་འགྲོ་འཁོར་ན་ཅི་ལྟར་འཁོར།**

424 DP: ལྔ་བྱི་མཚུ་རུ་འཁོར་ལི་ཡིན། FY (འཇིག་རྟེན་ཆགས་ཚུལ།): སྔ་ཕྱི་ཅི་ལྟར་འཁོར་ལེ་རེད། ED: **སྔ་ཕྱི་ཅི་ལྟར་འཁོར་ནི་རེད།**

425 DP: ཉི་མ་འཁོར་ཚུལ་བཤད་བརྒྱུད་ན། FY (འཇིག་རྟེན་ཆགས་ཚུལ།): **ཉི་མ་འཁོར་ཚུལ་བཤད་རྒྱུ་ན།**

426 DP: རང་འགྲོ་བྱེས་ན་གཡོན་སུ་འཁོར། FY (འཇིག་རྟེན་ཆགས་ཚུལ།): རང་འགྲོ་འཁོར་ན་གཡོན་རུ་འཁོར། ED: **རང་འགྲོ་འཁོར་ན་གཡོན་དུ་འཁོར།**

427 DP: ཉུང་འགྲོ་བྱེད་ན་གཡོས་སུ། FY (འཇིག་རྟེན་ཆགས་ཚུལ།): ཉུང་འགྲོ་འཁོར་ན་གཡས་སུ་འཁོར། ED: **གླིང་འགྲོ་འཁོར་ན་གཡས་སུ་འཁོར།**

428 DP: ཐུགས་ཀྱི་པར་རི་བཞིན་དུ་འཁོར། FY (འཇིག་རྟེན་ཆགས་ཚུལ།): ཐོག་གི་བང་རིམ་བཞིན་དུ་འཁོར། ED: **ཐོག་གི་བང་རིམ་བཞི་རུ་འཁོར།**

དྲི། 问

Question:

གན་ཉི་མ་རྒྱུག་པའི་རྒྱུག་ལམ་ན།[429] 日经黄道带旋转

In the path of the sun rotating,

ཁྱིམ་དེ་ལ་ཉི་ཁྱིམ་བཅུ་གཉིས་ཡོད།[430] 其处有十二宫也

There are twelve zodiac houses of the sun.

ཁྱིམ་དེ་རེ་རེའི་མིང་རེ་དྲོངས།[431] 释各个宫之名矣

Please narrate the name of each house.

གླུ་དལ་མོ་ལོངས་དང་རྗེས་ན་ཡོད། 有歌相继徐徐咏

Sing it slowly, and more songs will follow.

ལན། 答

Answer:

ཁྱིམ་བཅུ་གཉིས་རེ་རེ་འདྲེན་རྒྱུ་ན།[432] 言十二宫各宫兮

Speaking of each of the twelve houses,

གཞུ་དང་ཆུ་སྲིན་བུམ་པའི་ཁྱིམ།[433] 人马摩羯宝瓶宫

Sagittarius, Capricorn, Aquarius,

429 DP: ཀེ་ཉི་མ་བརྒྱུགས་པའི་བརྒྱུགས་ལམ་ན། FY (འཇིག་རྟེན་ཆགས་ཚུལ།): ཀན་ཉི་མ་རྒྱུགས་པའི་རྒྱུགས་ལམ་ན། ED: **གན་ཉི་མ་རྒྱུག་པའི་རྒྱུག་ལམ་ན།**

430 DP, FY (འཇིག་རྟེན་ཆགས་ཚུལ།): **ཁྱིམ་དེ་ལ་ཉི་ཁྱིམ་བཅུ་གཉིས་ཡོད།**

431 DP: རེ་རེ་ཞུང་རི་དྲོངས། FY (འཇིག་རྟེན་ཆགས་ཚུལ།): ཁྱིམ་དེ་རེ་རེར་མིང་རེ་དྲོངས། ED: **ཁྱིམ་དེ་རེ་རེའི་མིང་རེ་དྲོངས།**

432 DP: གེ་ཁྱིམ་བཅུ་གཉིས་རེ་འཁྲིན་བརྒྱུད་ན། FY (འཇིག་རྟེན་ཆགས་ཚུལ།): ཁྱིམ་བཅུ་གཉིས་རེ་རེར་འདྲེན་རྒྱུ་ན། ED: **ཁྱིམ་བཅུ་གཉིས་རེ་རེ་འདྲེན་རྒྱུ་ན།**

433 DP: གེ་གཞུགས་དང་ཆུ་སྲིད་བུའི་ཁྱིམ། FY (འཇིག་རྟེན་ཆགས་ཚུལ།): **གཞུ་དང་ཆུ་སྲིན་བུམ་པའི་ཁྱིམ།**

ཉ་ཁྱིམ་ལུག་ཁྱིམ་གླང་གི་ཁྱིམ།[434] 双鱼白羊金牛宫
Pisces, Aries, Taurus,

འཁྲིག་པ་ཀ་ཀྐྚ་སེང་གེའི་ཁྱིམ།[435] 双子巨蟹狮子宫
Gemini, Cancer, Leo,

བུ་མོ་སྲང་དང་སྡིག་ཁྱིམ་ཅན།[436] 室女天秤天蝎宫
Virgo, Libra, and Scorpio,

ཁྱིམ་བཅུ་གཉིས་འདྲེན་ཚུལ་དེ་འདྲ་ཡིན།[437] 言十二宫者如是
Such are the twelve zodiac houses of the sun.

དྲི། 问
Question:

ཁྱེད་གལ་ཏེ་ཁྱིམ་དེ་བཤད་རྒྱུ་ན།[438] 如若汝释十二宫
If you would like to elaborate on the zodiac houses,

དགུན་གྱི་ཁྱིམ་ལ་ཅི་འདྲ་ཡོད།[439] 冬之宫者是何耶
How many Winter zodiac houses are there?

དཔྱིད་ཀྱི་ཁྱིམ་ལ་ཅི་འདྲ་ཡོད།[440] 春之宫者是何耶
How many Spring zodiac houses are there?

---

434 DP: ཉན་ཁྱིམ་གླང་གི་ཁྱིམ། FY (འཛིག་རྟེན་ཆགས་ཚུལ།): **ཉ་ཁྱིམ་ལུག་ཁྱིམ་གླང་གི་ཁྱིམ།**

435 DP: འཁྲིགས་པ་ཀ་ཀ་ཊའི་སྣང་གི་ཁྱིམས། FY (འཛིག་རྟེན་ཆགས་ཚུལ།): འཁྲིག་པ་ཀ་ཀྐྚ་སེང་གེ་ཁྱིམ། ED: **འཁྲིག་པ་ཀ་ཀྐྚ་སེང་གེའི་ཁྱིམ།**

436 DP: བུ་མོ་སྣགས་དང་སྡོག་ཁྱིམ་བཅན། FY (འཛིག་རྟེན་ཆགས་ཚུལ།): **བུ་མོ་སྲང་དང་སྡིག་ཁྱིམ་ཅན།**

437 DP: ཁྱིབ་འདྲེན་ཚུལ་དུ་ནུ་ཡིན། FY (འཛིག་རྟེན་ཆགས་ཚུལ།): **ཁྱིམ་བཅུ་གཉིས་འདྲེན་ཚུལ་དེ་འདྲ་ཡིན།**

438 DP: ཁྱེད་གལ་ཏེ་ཁྱིམ་ཏེ་བཤད་བརྒྱུད་ན། FY (འཛིག་རྟེན་ཆགས་ཚུལ།): **ཁྱེད་གལ་ཏེ་ཁྱིམ་དེ་བཤད་རྒྱུ་ན།**

439 DP: ཁྱིབ་འདྲེན་ཚུལ་དུ་ནུ་ཡིན། FY (འཛིག་རྟེན་ཆགས་ཚུལ།): **དགུན་གྱི་ཁྱིམ་ལ་ཅི་འདྲ་ཡོད།**

440 DP: ཀྱི་ཁྱིམ་ལ། FY (འཛིག་རྟེན་ཆགས་ཚུལ།): **དཔྱིད་ཀྱི་ཁྱིམ་ལ་ཅི་འདྲ་ཡོད།**

དབྱར་གྱི་ཁྱིམ་ལ་ཅི་འདྲ་ཡོད།[441] 夏之宫者是何耶
How many Summer zodiac houses are there?

སྟོན་གྱི་ཁྱིམ་ལ་ཅི་འདྲ་ཡོད།[442] 秋之宫者是何耶
How many Autumn zodiac houses are there?

རང་རང་གི་ཁྱིམ་དེ་མིང་རེ་དྲོངས།[443] 释各季之宫名矣
Please narrate the name of each zodiac house in each season.

ལན། 答
Answer:

དེ་བཞི་པོ་ཁྱིམ་དེ་འདྲེན་རྒྱུ་ན།[444] 言四季之各宫兮
Speaking of the zodiac houses in the four seasons,

དེ་རེ་ལ་ཉི་ཁྱིམ་གསུམ་གསུམ་ཡོད།[445] 日于每季经三宫
Each season has three.

གཞུ་དང་ཆུ་སྲིན་བུམ་པ་དགུན།[446] 人马摩羯宝瓶冬
Sagittarius, Capricorn, and Aquarius are in Winter.

ཉ་ཁྱིམ་ལུག་ཁྱིམ་གླང་ཁྱིམ་དཔྱིད།[447] 双鱼白羊金牛春
Pisces, Aries, and Taurus are in Spring.

---

441 DP: དབྱར་གྱི་ཁྱིམ། FY (འཛིག་རྟེན་ཆགས་ཚུལ།): **དབྱར་གྱི་ཁྱིམ་ལ་ཅི་འདྲ་ཡོད།**

442 DP: སྟོན་གྱི། FY (འཛིག་རྟེན་ཆགས་ཚུལ།): **སྟོན་གྱི་ཁྱིམ་ལ་ཅི་འདྲ་ཡོད།**

443 DP: རང་རང་གི་ཁྱིམ་ཏེ་མི་རེ་དྲོམངས། FY (འཛིག་རྟེན་ཆགས་ཚུལ།): **རང་རང་གི་ཁྱིམ་དེ་མིང་རེ་དྲོངས།**

444 DP: དེ་བཞི་པོ་ཁྱིམ་བརྒྱུད་ན། FY (འཛིག་རྟེན་ཆགས་ཚུལ།): **དེ་བཞི་པོ་ཁྱིམ་དེ་འདྲེན་རྒྱུ་ན།**

445 DP: དེ་རེ་ལ་ཉི་ཁྱིམ་གསུམ་གསུམ་ཡོད། FY (འཛིག་རྟེན་ཆགས་ཚུལ།): **དེ་རེ་ལ་ཉི་ཁྱིམ་གསུམ་གསུམ་ཡོད།**

446 DP: གཞུགས་དང་ཆུ་སྲིན་བུམ་པ་དགུན། FY (འཛིག་རྟེན་ཆགས་ཚུལ།): **གཞུ་དང་ཆུ་སྲིན་བུམ་པ་དགུན།**

447 DP: ཉན་ཁྱིམ་གླང་ཁྱིམ་བྱིར། FY (འཛིག་རྟེན་ཆགས་ཚུལ།): **ཉ་ཁྱིམ་ལུག་ཁྱིམ་གླང་ཁྱིམ་དཔྱིད།**

འབྲིག་པ་ཀཀྲ་ཊ་སེང་གེ་དབྱར།[448] 双子巨蟹狮子夏

Gemini, Cancer, and Leo are in Summer.

བུ་མོ་སྲང་དང་སྡིག་ཁྲིམ་སྟོན།[449] 室女天秤天蝎秋

Virgo, Libra, and Scorpio are in Autumn.

དེ་རེ་ལ་གསུམ་གསུམ་དེ་ལྟར་ཡིན།[450] 各季之三宫如是

Such are the three houses of each season.

དྲི། 问

Question:

དབྱར་ཉི་མ་རིང་ནི་ཅི་ཞིག་རེད།[451] 夏时日何以长耶

Please tell of why daylight is longer in the Summer?

དགུན་ཉི་མ་ཐུང་ནི་ཅི་ཞིག་རེད།[452] 冬时日何以短耶

Why is daylight shorter in the Winter?

སྟོན་ཉིན་མཚན་མཉམ་དེ་ཅི་ཞིག་རེད།[453] 秋昼夜何以等分

Why are days and nights of equal length in Autumn?

དེ་རེ་ལ་ཡུད་ཙམ་ཅི་འདྲ་ཡོད།[454] 哞乎栗多几何耶

How many long hours are there in each season?[8]

---

448 DP: འབྲིགས་པ་ཀ་ཙ་སེངྒ་དབྱར། FY (འཇིག་རྟེན་ཆགས་ཚུལ།): **འབྲིག་པ་ཀཀྲ་ཊ་སེང་གེ་དབྱར།**

449 DP: བུམ་མོ་སྲང་དང་སྡིག་ཁྲིམ་སྟོན། FY (འཇིག་རྟེན་ཆགས་ཚུལ།): **བུ་མོ་སྲང་དང་སྡིག་ཁྲིམ་སྟོན།**

450 DP: དེ་རེ་ལ་གསུམ་དུ་རུ་ཡིན། FY (འཇིག་རྟེན་ཆགས་ཚུལ།): **དེ་རེ་ལ་གསུམ་གསུམ་དེ་ལྟར་ཡིན།**

451 MT: **དབྱར་ཉི་མ་རིང་ནི་ཅི་ཞིག་རེད།** DP: དབྱར་དུ་དུ་ཉི་མ་རིང་ཚུལ་བཤད། FY (འཇིག་རྟེན་ཆགས་ཚུལ།): དབྱར་དུས་སུ་ཉི་མ་རིང་ཚུལ་ཡོད།

452 MT: **དགུན་ཉི་མ་ཐུང་ནི་ཅི་ཞིག་རེད།** DP: དགུན་ཉི་མ་ཐུང་ཚུལ། FY (འཇིག་རྟེན་ཆགས་ཚུལ།): དགུན་ཉི་མ་ཐུང་ཚུལ་ཅི་ལྟར་ཡིན།

453 MT: **སྟོན་ཉིན་མཚན་མཉམ་དེ་ཅི་ཞིག་རེད།** DP: སྟོན་ཉི་མཚན་མཉམ་ཚུལ་མཆུ་རུ་ཡིན། FY (འཇིག་རྟེན་ཆགས་ཚུལ།): སྟོན་ཉིན་མཚན་མཉམ་ཚུལ་ཅི་ལྟར་ཡིན།

454 DP: ལ་ཡིང་ཙམ་མཆི་འདུ་ཡོད། FY (འཇིག་རྟེན་ཆགས་ཚུལ།): **དེ་རེ་ལ་ཡུད་ཙམ་ཅི་འདྲ་ཡོད།**

གླུ་དལ་བུར་ཞོག་དང་བྲེལ་བ་མེད། 歌徐陈之莫匆促

Please sing the song slowly, there is no hurry.

ལན། 答

Answer:

དབྱར་ཉི་མ་རིང་ནི་བཤད་རྒྱུ་ན།[455] 言夏昼何以长兮

Speaking of the reason why daylight is longer in the Summer,

རི་ཡི་རྒྱལ་པོའི་ཕྱི་ལ་བསྒྲིངས།[456] 日于须弥外缘行

The sun circles around the outside of Mount Meru.

དབྱར་ཉིན་མོ་ཡུད་ཙམ་བཅོ་བརྒྱད་ཡོད།[457] 昼十八哞乎栗多

Summer days have eighteen hours.

དབྱར་མཚན་མོ་ཡུད་ཙམ་བཅུ་གཉིས་ཡོད།[458] 夜十二哞乎栗多

Summer nights have twelve hours.

དགུན་ཉི་མ་ཐུང་ནི་བཤད་རྒྱུ་ན།[459] 言冬昼何以短兮

Speaking of the reason why daylight is shorter in the Winter,

རི་ཡི་རྒྱལ་པོའི་ནང་ལ་བསྒྲིངས།[460] 日于须弥内围行

The sun circles around the inside of Mount Meru.

---

455 MT: **དབྱར་ཉི་མ་རིང་ནི་བཤད་རྒྱུ་ན།**

456 MT: **རི་ཡི་རྒྱལ་པོའི་ཕྱི་ལ་བསྒྲིངས།**

457 DP: དབྱར་ཉི་མ་བཅོ་བརྒྱད་ཡོད། FY (འཇིག་རྟེན་ཆགས་ཚུལ།): **དབྱར་ཉིན་མོ་ཡུད་ཙམ་བཅོ་བརྒྱད་ཡོད།**

458 DP: དབྱར་མཚན་མོ་ཡོད་ཙམ་བཅུ་གཉིས་ཡོད། FY (འཇིག་རྟེན་ཆགས་ཚུལ།): **དབྱར་མཚན་མོ་ཡུད་ཙམ་བཅུ་གཉིས་ཡོད།**

459 MT: **དགུན་ཉི་མ་ཐུང་ནི་བཤད་རྒྱུ་ན།**

460 MT: **རི་ཡི་རྒྱལ་པོའི་ནང་ལ་བསྒྲིངས།**

དགུན་ཉིན་མོ་ཡུད་ཙམ་བཅུ་གཉིས་ཡོད།[461] 昼十二哞乎栗多
Winter days have twelve hours.

དགུན་མཚན་མོ་ཡུད་ཙམ་བཅོ་བརྒྱད་ཡོད།[462] 夜十八哞乎栗多
Winter nights have eighteen hours.

སྟོན་ཉིན་མཚན་མཉམ་དེ་བཤད་རྒྱུ་ན།[463] 秋时昼夜何以同
Speaking of the reason why days and nights are of equal length in the Autumn,

རི་ཡི་རྒྱལ་པོའི་ཁ་ལ་བསྒྲིངས།[464] 日于须弥山沿行
The sun revolves around the surface of Mount Meru.

སྟོན་ཉིན་མཚན་བཅོ་ལྔ་འདྲ་འདྲ་ཡོད།[465] 各十五哞乎栗多
Days and nights in the Autumn are an equal length of fifteen hours.

ཉིན་མཚན་རིང་ཐུང་དེ་འདྲ་ཡིན།[466] 昼夜之长短如是
Such is the length of days and nights.

དྲི། 问
Question:

དེ་རེ་ལ་ཆུ་ཚོད་ཅི་འདྲ་ཡོད།[467] 其时所长各几何
How many short hours are there in each season?

---

461 DP: དགུན་ཉི་མོ་ཡིད་ཙམ་བཅུ་གཉིས་ཡོད། FY (འཇིག་རྟེན་ཆགས་ཚུལ།): **དགུན་ཉིན་མོ་ཡུད་ཙམ་བཅུ་གཉིས་ཡོད།**

462 DP: མཚན་མོ་ཡིད་ཙམ་བཅོ་བརྒྱད་ཡོད། FY (འཇིག་རྟེན་ཆགས་ཚུལ།): **དགུན་མཚན་མོ་ཡུད་ཙམ་བཅོ་བརྒྱད་ཡོད།**

463 MT: **སྟོན་ཉིན་མཚན་མཉམ་དེ་བཤད་རྒྱུ་ན།**

464 MT: **རི་ཡི་རྒྱལ་པོའི་ཁ་ལ་བསྒྲིངས།**

465 MT, FY (འཇིག་རྟེན་ཆགས་ཚུལ།): **སྟོན་ཉིན་མཚན་བཅོ་ལྔ་འདྲ་འདྲ་ཡོད།** DP: སྟོན་ཉིན་མོ་བཅོ་ལྔ་འདྲ་འདྲ་ཡོད།

466 DP: གི་ཉིན་མོ་རིང་ཐུང་དུ་རུ་ཡིན། FY (འཇིག་རྟེན་ཆགས་ཚུལ།): གན་ཉིན་མཚན་རིང་ཐུང་དེ་འདྲ་ཡིན། ED: **ཉིན་མཚན་རིང་ཐུང་དེ་འདྲ་ཡིན།**

467 DP: དེ་རི་ལ་ཆུ་ཆེད་མཆི་འདྲ་ཡོད། FY (འཇིག་རྟེན་ཆགས་ཚུལ།): དེ་རེ་ལ་ཆུ་ཚད་ཅི་འདྲ་ཡོད། ED: **དེ་རེ་ལ་ཆུ་ཚོད་ཅི་འདྲ་ཡོད།**

གླུ་དལ་བུར་ཐོག་དང་བྲེལ་བ་མེད། 歌徐陈之莫匆促
Please sing the song slowly, there is no hurry.

ལན། 答
Answer:

དེ་གསུམ་པོའི་ཆུ་ཚོད་བཤད་རྒྱུ་ན།[468] 释三季之时长兮
Speaking of the number of short hours in the three seasons,

དབྱར་ཉིན་མོ་ཆུ་ཚོད་བཞི་བཅུ་ཡོད།[469] 夏之日长四十时
Summer has forty hours of daylight.

དགུན་ཉིན་མོ་ཆུ་ཚོད་ཉི་ཤུ་ཡོད།[470] 冬之日长二十时
Winter has twenty hours of daylight.

སྟོན་ཉིན་མཚན་སུམ་ཅུ་འདྲ་འདྲ་ཡིན།[471] 秋之日长三十时
Autumn has thirty hours of daylight.

གླུ་དེ་ཡི་ལན་ལ་དེ་འདྲ་ཡིན། 如是答复彼歌矣
This is the response to the song.

དྲི། 问
Question:

ཚེས་ལྔའི་ཟླ་བ་ཅི་ཞིག་རེད།[472] 月于五日何状耶
What does the moon look like on the fifth day of the month?

468 DP: དེ་གསུམ་བུ་ཆུ་ཚེད་བཤད་བརྒྱུད་ན། FY (འཇིག་རྟེན་ཆགས་ཚུལ།): **དེ་གསུམ་པོའི་ཆུ་ཚོད་བཤད་རྒྱུ་ན།**

469 DP: དབྱར་ཉི་མོ་ཆུ་ཚད་ཡོད། FY (འཇིག་རྟེན་ཆགས་ཚུལ།): **དབྱར་ཉིན་མོ་ཆུ་ཚོད་བཞི་བཅུ་ཡོད།**

470 DP: དགུན་ནི་མ་ཚུར་ཉིས་ཡོད། FY (འཇིག་རྟེན་ཆགས་ཚུལ།): **དགུན་ཉིན་མོ་ཆུ་ཚོད་ཉི་ཤུ་ཡོད།**

471 DP: སྟོན་ཉིན་མོ་སུམ་ཅུ་འདྲ་འདྲ་ཡིན། FY (འཇིག་རྟེན་ཆགས་ཚུལ།): **སྟོན་ཉིན་མཚན་སུམ་ཅུ་འདྲ་འདྲ་ཡིན།**

472 MT: **ཚེས་ལྔའི་ཟླ་བ་ཅི་ཞིག་རེད།**

བཅོ་ལྔའི་ཟླ་བ་ཅི་ཞིག་རེད།[473] 月于十五何状耶

What does the moon look like on the fifteenth day of the month?

ཉི་ཤུའི་ཟླ་བ་ཅི་ཞིག་རེད།[474] 月于廿日何状耶

What does the moon look like on the twentieth day of the month?

ལན། 答

Answer:

ཚེས་ལྔའི་ཟླ་བ་ཟོར་བ་རེད།[475] 月于五日如镰刀

The waxing crescent moon looks like a sickle.

བཅོ་ལྔའི་ཟླ་བ་སྒོ་ལོ་རེད།[476] 月于十五如圆球

The full moon looks like a ball.

ཉི་ཤུའི་ཟླ་བ་ལྕགས་ཀྱུ་རེད།[477] 月于廿日如残钩

The waning moon looks like a hook.

དྲི། 问

Question:

ཉི་ཟླ་སྐར་གསུམ་ཤར་ཚུལ་ཤོད།[478] 释日月星宿显现

Please narrate how the sun, moon, and stars rise.

---

473 MT: **བཅོ་ལྔའི་ཟླ་བ་ཅི་ཞིག་རེད།**

474 MT: **ཉི་ཤུའི་ཟླ་བ་ཅི་ཞིག་རེད།**

475 MT: **ཚེས་ལྔའི་ཟླ་བ་ཟོར་བ་རེད།**

476 MT: **བཅོ་ལྔའི་ཟླ་བ་སྒོ་ལོ་རེད།**

477 MT: **ཉི་ཤུའི་ཟླ་བ་ལྕགས་ཀྱུ་རེད།**

478 MT: ཉི་མ་དགུང་ལ་ཤར་ཚུལ་ཤོད། ཟླ་བ་དགུང་ལ་ཤར་ཚུལ་ཤོད། སྐར་མ་དགུང་ལ་ཤར་ཚུལ་ཤོད། LT, PT, FY (འཇིག་རྟེན་ཆགས་ལུགས།): **ཉི་ཟླ་སྐར་གསུམ་ཤར་ཚུལ་ཤོད།**

རི་གང་གི་ཐད་ནས་ཤར་བ་ཡིན།[479] 其于何山显现耶
Over which mountain do they rise?

དེ་ཤར་བའི་ཤར་ཚུལ་ཅི་ལྟར་ཡིན།[480] 其显现之情何耶
Please narrate the way in which they rise.

གླུ་དལ་མོ་ལོངས་དང་རྗེས་ན་ཡོད། 有歌相继徐徐咏
Sing it slowly, and more songs will follow.

ལན། 答
Answer:

དེ་ཤར་བའི་ཤར་ཚུལ་བཤད་རྒྱུ་ན།[481] 言其显现之情兮
Speaking of the ways in which they rise,

རི་ཆེ་བ་རི་རྒྱལ་ལྷུན་པོ་ཡི།[482] 于须弥山显现也
Mount Meru,

བང་རིམ་བཞི་ཡི་ཐད་ཀར་དང་།[483] 于其第四层周匝
Whose fourth terrace,

---

479 MT: ཉི་མ་དགུང་ལ་ཤར་ཚུལ་དེ། ཉི་མ་རྒྱ་མཚོའི་ནང་ནས་ཤར། ཉི་མ་སྔོན་སྐྱེ་རེངས་སུ། ཟླ་བ་དགུང་ལ་ཤར་ཚུལ་དེ། ཟླ་བ་རྒྱ་མཚོའི་སྙིང་ལ་ཤར། ཟླ་བ་སྔོན་སྐྱེ་རེངས་སུ། སྐར་མ་དགུང་ལ་ཤར་ཚུལ་དེ། སྐར་མ་རྒྱ་མཚོའི་ཁ་ལ་ཤར། སྐར་མ་སྔོན་སྐྱེ་རེངས་སུ། DP: འོ་ཉི་མ་རི་ལ་ཤར་ཚུལ་བཤད། ཆུ་ཐོག་གི་རི་བརྒྱ་ལྷུན་པོ་ཡིན། གེ་དཔག་གེ་རེ་མཐར་ནས་འཁོར། གསེར་རོ་ག་རི་མཐར་ན་ཤར། LT: **རི་གང་གི་ཐད་ནས་ཤར་བ་ཡིན།** PT: རི་ག་རི་ཐད་ནས་ཤར་བ་ཡིན། FY (འཇིག་རྟེན་ཆགས་ལུགས): རི་གང་ལ་ཐད་ནས་ཤར་བ་ཡིན། FY (འཇིག་རྟེན་ཆགས་ཚུལ): ད་ཉི་མ་དེ་ལ་ཤར་ཚུལ་ཤོད། ཆུ་ཐོག་གི་རི་རྒྱལ་ལྷུན་པོ་ཡིན། ཀུན་དཔག་ཚད་གང་ལ་ཐད་ནས་འཁོར། གསེར་རི་གང་ལ་ཐད་ནས་ཤར།

480 LT: **དེ་ཤར་བའི་ཤར་ཚུལ་ཅི་ལྟར་ཡིན།** PT: དེ་ཤར་བའི་ཤར་ཚུལ་ཆི་རུ་ཡིན། FY (འཇིག་རྟེན་ཆགས་ལུགས): དེ་ཤར་བའི་ཤར་ཚུལ་ཅི་འདྲ་ཡིན།

481 DP: ཉི་མ་རི་ལ་ཤར་ཚུལ་ནི། ཆར་ཆུ་ཐོག་གི་རི་བརྒྱ་ལྷུན་པོ་ཡིན། དཔག་ཚེད་བཞི་ཁྲི་ཐད་ནས་བཤད། གཉན་ཞིང་འཇིག་རྟེན་རི་ཅི། གེ་ཉི་མ་ཤར་ཚུལ་དུ་རུ་ཡིན། LT, FY (འཇིག་རྟེན་ཆགས་ལུགས): **དེ་ཤར་བའི་ཤར་ཚུལ་བཤད་རྒྱུ་ན།** PT: དེ་ཤར་བ་ཤར་ཚུལ་བཤད་རྒྱུ་ན། FY (འཇིག་རྟེན་ཆགས་ཚུལ): ཉི་མ་དེ་ལ་ཤར་ཚུལ་ནི། ཆུ་ཐོག་གི་རི་རྒྱལ་ལྷུན་པོ་ཡིན། དཔག་ཚད་བཞི་ཁྲི་ཐད་ནས་ཤར། གཉའ་ཤིང་འཛིན་རི་རྩེ་ལ་ཤར། ཀུན་ཉི་མ་ཤར་ཚུལ་དེ་འདྲ་ཡིན།

482 LT: རི་ཆེ་བ་རི་རྒྱལ་ལྷུན་པོ་ཡིན། PT, FY (འཇིག་རྟེན་ཆགས་ལུགས): **རི་ཆེ་བ་རི་རྒྱལ་ལྷུན་པོ་ཡི།**

483 LT: **བང་རིམ་བཞི་ཡི་ཐད་ཀར་དང་།** PT, FY (འཇིག་རྟེན་ཆགས་ལུགས): བང་རིམ་བཞིའི་ཐད་ཀར་དང་།

རི་གཉའ་ཤིང་འཛིན་གྱི་རྩེ་མོ་ནས།[484] 于持双山之巅也

Which is also the peak of the Yoke Holder Mountain,

ཉི་ཟླ་སྐར་གསུམ་ཤར་བ་ཡིན།[485] 日月星宿升起矣

Is where the sun, moon, and stars rise.

གླུ་དེ་ཡི་ལན་ལ་དེ་འདྲ་ཡིན། 如是答复彼歌矣

This is the response to the song.

ནང་བཅུད་སེམས་ཅན། 有情世间
Sentient Beings

འདྲི། 问

Question:

ཕྱི་སྣོད་ཀྱི་འཇིག་རྟེན་ཆགས་བསྡད་ན།[486] 器世间已成形兮

The Receptacle World is formed.

ནང་སེམས་ཅན་སྐྱེས་པའི་ཁམས་གསུམ་ཤོད།[487] 释生有情之三界

Please narrate the Three Realms within it where sentient beings are born.

484 LT: རི་གཉའ་ཤིང་འཇིག་རྟེན་རྩེ་མོ་ནས། PT: རི་གཉལ་ཤིང་འཛིན་གི་རྩེ་མོ་ནས། FY (འཇིག་རྟེན་ཆགས་ལུགས།): **རི་གཉའ་ཤིང་འཛིན་གྱི་རྩེ་མོ་ནས།**

485 LT: **ཉི་ཟླ་སྐར་གསུམ་ཤར་བ་ཡིན།** PT, FY (འཇིག་རྟེན་ཆགས་ལུགས།): ཉི་ཟླ་དེ་ནས་ཤར་ནས་ཡིན།

486 DP: ཕྱིད་སྣོད་ཀྱི་འཇིག་རྟེན་ཆགས་སྡད་ན། FY (འཇིག་རྟེན་ཆགས་ལུགས།): ཕྱི་ཉིད་ཀྱི་འཇིག་རྟེན་ཆགས་སྡོད་ན། FY (འཇིག་རྟེན་ཆགས་ཚུལ།): ཕྱི་ཉིད་ཀྱི་འཇིག་རྟེན་ཆགས་སྡོད་ན། ED: **ཕྱི་སྣོད་ཀྱི་འཇིག་རྟེན་ཆགས་བསྡད་ན།**

487 MT, FY (འཇིག་རྟེན་ཆགས་ལུགས།): གནས་སེམས་ཅན་སྐྱེས་པའི་ཁམས་གསུམ་ཤོད། DP: ནང་བཅུད་ཀྱི་སེམས་ཅན་སྐྱེད་ཚུལ་བཤད། LT: གནས་སེམས་ཅན་སྐྱེ་བའི་ཁམས་གསུམ་ཤོད། PT: གནས་སེམས་ཅན་སྐྱེས་བའི་ཁམས་གསུམ་ཤོད། FY (འཇིག་རྟེན་ཆགས་ཚུལ།): ནང་བཅུད་ཀྱི་སེམས་ཅན་སྐྱེས་ཚུལ་ཤོད། ED: **ནང་སེམས་ཅན་སྐྱེས་པའི་ཁམས་གསུམ་ཤོད།**

ཁམས་གསུམ་རེ་རེའི་མིང་རེ་དྲོངས།[488] 三界各个名何耶

Please narrate each of their names.

གླུ་དལ་བུར་ཐོག་དང་བྲེལ་བ་མེད། 歌徐陈之莫匆促

Please sing the song slowly, there is no hurry.

ལན། 答

Answer:

གནས་འདོད་ཁམས་གཟུགས་ཁམས་གཟུགས་མེད་ཁམས།[489] 欲界色界无色界

Desire Realm, Form Realm, and Formless Realm.

སེམས་ཅན་སྐྱེས་པའི་ཁམས་གསུམ་རེད།[490] 所生有情之三界

Sentient beings are born in these Three Realms.

གླུ་དེ་ཡི་ལན་ལ་དེ་འདྲ་ཡིན། 如是答复彼歌矣

This is the response to the song.

དྲི། 问

Question:

ཁྱོད་ལ་ཁམས་གསུམ་བཤད་རྒྱུ་ན།[491] 汝所释之三界兮

You have already narrated the Three Realms [*kham*].

---

488 MT: **ཁམས་གསུམ་རེ་རེའི་མིང་རེ་དྲོངས།** LT: ཁམས་གསུམ་པོ་རེ་རེའི་མིང་རེ་དྲོངས། PT: ཁམས་གསུམ་དེ་རེ་རེར་མིང་རེ་དྲོངས། FY (འཇིག་རྟེན་ཆགས་ལུགས།): ཁམས་གསུམ་དེ་རེ་རེར་མིང་རེ་དྲོངས།

489 MT, LT, PT: **གནས་འདོད་ཁམས་གཟུགས་ཁམས་གཟུགས་མེད་ཁམས།** FY (འཇིག་རྟེན་ཆགས་ལུགས།): གནས་འདོད་ཁམས་གཟུགས་ཁམས་གཟུགས་མེད་ཁམས།

490 MT: **སེམས་ཅན་སྐྱེས་པའི་ཁམས་གསུམ་རེད།** LT: དེ་སེམས་ཅན་སྐྱེ་བའི་ཁམས་གསུམ་ཡིན། PT: དེ་སེམས་ཅན་སྐྱེས་བའི་ཁམས་གསུམ་ཡིན། FY (འཇིག་རྟེན་ཆགས་ལུགས།): དེ་སེམས་ཅན་སྐྱེས་པའི་ཁམས་གསུམ་ཡིན།

491 LT: **ཁྱོད་ལ་ཁམས་གསུམ་བཤད་རྒྱུ་ན།** PT, FY (འཇིག་རྟེན་ཆགས་ལུགས།): ཁྱོད་ལ་གལ་ཏེ་ཁམས་གསུམ་བཤད་རྒྱུ་ན།

ཁམས་རྒྱས་པ་དྲུག་ཅུ་རེ་བཞི་ཡོད།[492] 其有六十四界也

To explain the *kham* in detail, there are sixty-four.

དེ་མདོར་བསྡུས་བཤད་ན་བཅོ་བརྒྱད་ཡོད།[493] 简而言之十八界

To explain the *kham* in brief, there are eighteen.[9]

དེ་རེ་རེའི་ཐད་ནས་མིང་རེ་དྲོངས།[494] 其各界之名何耶

Please narrate each of their names.

ལན། 答

Answer:

ཁམས་ལ་བཅོ་བརྒྱད་བགྲང་རྒྱུ་ཡོད།[495] 界有十八之数兮

Counted together, there are Eighteen Elements [*kham*].

ཁམས་ལ་བཅོ་བརྒྱད་བགྲང་རྒྱུ་ན།[496] 所计十八界者也

The Eighteen Elements are:

མིག་དང་རྣ་བ་སྣ་དང་ལྕེ།[497] 眼与耳与鼻与舌

Eye, ear, nose, and tongue,

ལུས་དང་ཡིད་ཀྱི་ཁམས་དང་དྲུག[498] 身与意者六根矣

Body and mind make the six [sense faculties].

---

492 LT, FY (འཇིག་རྟེན་ཆགས་ལུགས།): **ཁམས་རྒྱས་པ་དྲུག་ཅུ་རེ་བཞི་ཡོད།** PT: ཁམས་རྒྱལ་བ་དྲུག་ཅུ་རེ་བཞི་ཡོད།

493 LT: **དེ་མདོར་བསྡུས་བཤད་ན་བཅོ་བརྒྱད་ཡོད།** PT: དེ་མདོར་བསྡུས་ནས་བཅོ་བརྒྱད་ཡོད། FY (འཇིག་རྟེན་ཆགས་ལུགས།): དེ་མདོར་བསྡུས་ན་བཅོ་བརྒྱད་ཡོད།

494 LT: **དེ་རེ་རེའི་ཐད་ནས་མིང་རེ་དྲོངས།** PT: བཅོ་བརྒྱད་པོ་དེ་རེ་རེ་མིང་རེ་དྲོངས། FY (འཇིག་རྟེན་ཆགས་ལུགས།): བཅོ་བརྒྱད་པོ་དེ་རེ་རེར་མིང་རེ་དྲོངས།

495 LT, PT, FY (འཇིག་རྟེན་ཆགས་ལུགས།): **ཁམས་ལ་བཅོ་བརྒྱད་བགྲང་རྒྱུ་ཡོད།**

496 LT, PT, FY (འཇིག་རྟེན་ཆགས་ལུགས།): **ཁམས་ལ་བཅོ་བརྒྱད་བགྲང་རྒྱུ་ན།**

497 LT, PT, FY (འཇིག་རྟེན་ཆགས་ལུགས།): **མིག་དང་རྣ་བ་སྣ་དང་ལྕེ།**

498 LT: **ལུས་དང་ཡིད་ཀྱི་ཁམས་དང་དྲུག** PT: ལུས་དང་ཡིད་ཀྱི་ཁམས་དྲུག་དེ།

མིག་དང་རྣ་དང་སྣ་བ་དང་།[499] 眼识耳识鼻识分

Eye consciousness, ear consciousness, and nose consciousness,

ལྕེ་ལུས་ཡིད་ཀྱི་རྣམ་ཤེས་དྲུག[500] 舌身意识六识矣

Tongue consciousness, body consciousness, and mind consciousness make six consciousnesses,

གཟུགས་སྒྲ་དྲི་རོ་རེག་བྱའི་ཁམས།[501] 色声香味触之尘

Forms, sounds, odors, tastes, and textures,

ཆོས་ཁམས་བཞག་ན་བཅོ་བརྒྱད་ཡོད།[502] 及法尘共十八界

And Dharma [the Six Sense Objects] make Eighteen Elements.

བཅོ་བརྒྱད་བཞག་ཚུལ་དེ་འདྲ་ཡིན།[503] 其十八界者如是

Such are the Eighteen Elements.

དྲི། 问

Question:

དེ་མི་ཚད་སྐྱེ་མཆེད་བཅུ་གཉིས་ཡོད།[504] 此外尚有十二处

Other than these, there are Twelve Sense Bases.

499 LT: ས་ཆུ་མེ་རླུང་གནས་བཞིའི་ཁམས། ནམ་མཁའི་ཁམས་དང་དྲུག་སྟོང་སྟེ། PT, FY (འཇིག་རྟེན་ཆགས་ལུགས།): ས་ཆུ་མེ་རླུང་གནམ་གཞིས་ཁམས། ནམ་མཁའི་ཁམས་དང་དྲུག་སྟེང་དུ། ED: **མིག་དང་རྣ་དང་སྣ་བ་དང་།**

500 ED: **ལྕེ་ལུས་ཡིད་ཀྱི་རྣམ་ཤེས་དྲུག**

501 LT, PT, FY (འཇིག་རྟེན་ཆགས་ལུགས།): **གཟུགས་སྒྲ་དྲི་རོ་རེག་བྱའི་ཁམས།**

502 LT, PT, FY (འཇིག་རྟེན་ཆགས་ལུགས།): **ཆོས་ཁམས་བཞག་ན་བཅོ་བརྒྱད་ཡོད།**

503 LT: **བཅོ་བརྒྱད་བཞག་ཚུལ་དེ་འདྲ་ཡིན།** PT, FY (འཇིག་རྟེན་ཆགས་ལུགས།): ཁམས་བཅོ་བརྒྱད་བཞག་ཚུལ་དེ་འདྲ་ཡིན།

504 LT, PT, FY (འཇིག་རྟེན་ཆགས་ལུགས།): དེའི་མི་ཚད་སྐྱེ་མཆེད་བཅུ་གཉིས་ཡོད། ED: **དེ་མི་ཚད་སྐྱེ་མཆེད་བཅུ་གཉིས་ཡོད།**

དེ་བཅུ་གཉིས་རེ་རེའི་མིང་རེ་དྲོངས།[505] 十二处名各何耶
Please narrate each of their names.

ཁྱོད་ཡུན་རིང་མ་འགོར་ལན་རེ་ཐོག། 尔作答之莫迟误
Please answer my questions without further ado.

ལན། 答
Answer:

དེ་ལ་ལན་ཞིག་རྒྱག་རྒྱུ་ན། 应答所问者如是
To give an answer to that,

མིག་དང་རྣ་བ་སྣ་དང་ལྕེ།[506] 眼与耳与鼻与舌
Eye, ear, nose, and tongue,

ལུས་དང་ཡིད་ནི་སྐྱེ་མཆེད་དྲུག[507] 身与意者六根矣
Body and mind make Six Sense Faculties.

གཟུགས་སྒྲ་དྲི་རོ་རེག་བྱ་དང་།[508] 色声香味触之尘
Forms, sounds, odors, tastes, and textures,

ཆོས་ཀྱི་སྐྱེ་མཆེད་བཅས་པ་དྲུག[509] 及法尘共六者矣
Together with Dharma make Six Sense Objects.

སྐྱེ་མཆེད་བཅུ་གཉིས་འདྲེན་ཚུལ་ཡིན།[510] 其十二处者如是
Such are the Twelve Sense Bases.

---

505 LT: **དེ་བཅུ་གཉིས་རེ་རེའི་མིང་རེ་དྲོངས།** PT: དེ་བཅུ་གཉིས་རེ་རེ་མིང་རེ་དྲོངས། FY (འཛིག་རྟེན་ཆགས་ལུགས།): དེ་བཅུ་གཉིས་རེ་རེར་མིང་རེ་དྲོངས།

506 LT, PT, FY (འཛིག་རྟེན་ཆགས་ལུགས།): **མིག་དང་རྣ་བ་སྣ་དང་ལྕེ།**

507 LT: **ལུས་དང་ཡིད་ནི་སྐྱེ་མཆེད་དྲུག** PT, FY (འཛིག་རྟེན་ཆགས་ལུགས།): ལུས་རྣམ་ཤེས་དང་ནི་སྐྱེ་མཆེད་དྲུག

508 LT, PT, FY (འཛིག་རྟེན་ཆགས་ལུགས།): **གཟུགས་སྒྲ་དྲི་རོ་རེག་བྱ་དང་།**

509 LT: **ཆོས་ཀྱི་སྐྱེ་མཆེད་བཅས་པ་དྲུག** PT, FY (འཛིག་རྟེན་ཆགས་ལུགས།): ཆོས་ཀྱི་སྐྱེ་མཆེད་དང་བཅས་དྲུག

510 LT, PT, FY (འཛིག་རྟེན་ཆགས་ལུགས།): **སྐྱེ་མཆེད་བཅུ་གཉིས་འདྲེན་ཚུལ་ཡིན།**

དྲི། 问

Question:

འདོད་ལྷའི་གནས་དེ་ཅི་འདྲ་ཡོད།[511] 欲界天有几重耶

How many abodes are there in the Desire Realm?

ཐོག་གཟུགས་ཁམས་གནས་དེ་ཅི་འདྲ་ཡོད།[512] 色界天有几重耶

Above it, how many abodes are there in the Form Realm?

སྟེང་གཟུགས་མེད་གནས་དེ་ཅི་འདྲ་ཡོད།[513] 无色界天几重耶

At the top, how many abodes are there in the Formless Realm?

གླུ་དལ་མོ་ལོངས་དང་རྗེས་ན་ཡོད། 有歌相继徐徐咏

Sing it slowly, and more songs will follow.

ལན། 答

Answer:

ཁམས་གསུམ་པོའི་གནས་དེ་བཤད་རྒྱུ་ན།[514] 言三界之诸天兮

Speaking of the abodes in the Three Realms,

འདོད་ཁམས་འདོད་ལྷ་རིགས་དྲུག་ཡོད།[515] 欲界六种天人矣

There are six classes of gods [residing in six abodes] in the Desire Realm.

---

511 DP: འདོད་ལྷའི་གནས་ཏེ་མཆི་འདྲ་ཡིན། FY (འཇིག་རྟེན་ཆགས་ཚུལ།): ཝོ་འདོད་ལྷའི་གནས་དེ་ཅི་འདྲ་ཡོད། ED: **འདོད་ལྷའི་གནས་དེ་ཅི་འདྲ་ཡོད།**

512 DP: ཐོག་གཟུགས་ཁམས་གནས་ཏེ་མཆི་འདྲ་ཡིན། FY (འཇིག་རྟེན་ཆགས་ཚུལ།): **ཐོག་གཟུགས་ཁམས་གནས་དེ་ཅི་འདྲ་ཡོད།**

513 DP: སྟེར་གཟུགས་གནས་ཏེ་མཆི་འདྲ་ཡོད། FY (འཇིག་རྟེན་ཆགས་ཚུལ།): **སྟེང་གཟུགས་མེད་གནས་དེ་ཅི་འདྲ་ཡོད།**

514 DP: ཁམས་གཟུགས་པོ་གནས་ཏེ་བཤད་བརྒྱུད་ན། FY (འཇིག་རྟེན་ཆགས་ཚུལ།): ཁམས་གསུམ་པོ་གནས་དེ་བཤད་རྒྱུ་ན། ED: **ཁམས་གསུམ་པོའི་གནས་དེ་བཤད་རྒྱུ་ན།**

515 DP: ཝོ་འདོད་ཁམས་འདོད་ལྷ་དྲུག་ཡོད། FY (འཇིག་རྟེན་ཆགས་ཚུལ།): ཝོ་འདོད་ཁམས་འདོད་ལྷ་རིགས་དྲུག་ཡོད། ED: **འདོད་ཁམས་འདོད་ལྷ་རིགས་དྲུག་ཡོད།**

ཐོག་གཟུགས་ཁམས་གནས་རིགས་བཅུ་བདུན་ཡོད།[516] 色界天有十七重

Above it is the Form Realm where there are seventeen abodes.

དེའི་ཐོག་ལ་གཟུགས་མེད་གནས་བཞི་ཡོད།[517] 无色界天四重矣

Above it is the Formless Ream where there are four abodes.

གླུ་དེ་ཡི་ལན་ལ་དེ་འདྲ་ཡིན། 如是答复彼歌矣

This is the response to the song.

དྲི། 问

Question:

འདོད་ཁམས་འདོད་ལྷ་རིགས་དྲུག་ཡོད།[518] 欲界六种天人兮

There are six classes of gods in the Desire Realm.

དེ་རེ་རེའི་མིང་དེ་ཁ་ལ་དྲོངས།[519] 释其各个之名矣

Please narrate each of their names.

ལན། 答

Answer:

རྒྱལ་ཆེན་རིགས་བཞིའི་གནས་དང་གཅིག[520] 一者四天王天也

The abode of the Four Great Kings, the first class,

---

516 DP: ཐོག་གཟུགས་ཁམས་གནས་རིག་བཅུན་ཡོད། FY (འཇིག་རྟེན་ཆགས་ཚུལ།): **ཐོག་གཟུགས་ཁམས་གནས་རིགས་བཅུ་བདུན་ཡོད།**

517 DP: དེ་ཐོག་ལ་གཞུགས་མིད་གནས་བཞི། FY (འཇིག་རྟེན་ཆགས་ཚུལ།): དེ་ཐོག་ལ་གཟུགས་མེད་གནས་བཞི་ཡོད། ED: **དེའི་ཐོག་ལ་གཟུགས་མེད་གནས་བཞི་ཡོད།**

518 MT: འདོད་ཁམས་འདོད་ལྷ་རིགས་དྲུག་ཡོད། LT: ཁྱེས་འདོད་ཁམས་འདོད་ལྷ་རིགས་དྲུག་ཤོད། PT: ད་འདོད་ཁམས་འདོད་ལྷ་རིགས་དྲུག་ཤོད། FY (འཇིག་རྟེན་ཆགས་ལུགས།): **ད་འདོད་ཁམས་འདོད་ལྷ་རིགས་དྲུག་ཤོད།**

519 MT: **དེ་རེ་རེའི་མིང་དེ་ཁ་ལ་དྲོངས།** DP: གནས་འདོད་ལྷ་རིགས་དྲུག་མིང་རེ་དྲོངས། LT: དེ་རེ་རེའི་ཐད་ནས་མིང་རེ་དྲོངས། PT: དེ་རེ་རེ་ཁ་ནས་མིང་རེ་དྲོངས། FY (འཇིག་རྟེན་ཆགས་ལུགས།): དེ་རེ་རེར་ཁ་ནས་མིང་རེ་དྲོངས།

520 MT, LT, PT: **རྒྱལ་ཆེན་རིགས་བཞིའི་གནས་དང་གཅིག** DP: གེ་རྒྱ་ཆེན་རིགས་བཞི་སུམ་ཅུ་གསུམ། འཐབ་བྲལ་དགའ་ལྡན་འཕྲུ་དང་། གནས་བཞན་འཕྲུལ་དབང་བྱེད་དྲུག་པོ་ཡིན། FY (འཇིག་རྟེན་ཆགས་ལུགས།): རྒྱལ་ཆེན་རིགས་བཞི་

སུམ་ཅུ་རྩ་གསུམ་གནས་དང་གཉིས།[521] 二者是忉利天也
The abode of Thirty-three, the second one,

འཐབ་བྲལ་དགའ་ལྡན་འཕྲུལ་དགའ་སོགས།[522] 夜摩兜率化乐天
The abode of the Conflict Free, the abode of the Joyous, and the abode of Enjoying Emanations,

གཞན་འཕྲུལ་དབང་བྱེད་གནས་དང་དྲུག[523] 六者他化自在天
The abode of Mastery over Others' Emanations, the sixth one.

འདོད་ཁམས་འདོད་ལྷ་རིགས་དྲུག་རེད།[524] 欲界六天人如是
Such are the six classes of gods in the Desire Realm.

དྲི། 问
Question:

འདོད་ཁམས་འདོད་ལྷ་རིགས་དྲུག་གི།[525] 欲界六种天人兮
Among the six classes of gods in the Desire Realm,

དེ་ས་དང་འབྲེལ་པ་ཅི་འདྲ་ཡོད།[526] 地属者有几何耶
How many of them reside in terrestrial palaces?

གནས་དང་གཅིག FY (འཇིག་རྟེན་ཆགས་རྩུལ།): ཀུན་རྒྱལ་ཆེན་རིགས་བཞི་སུམ་ཅུ་རྩ་གསུམ། འཐབ་བྲལ་དགའ་ལྡན་འཕྲུལ་དགའ་དང་། གནས་གཞན་འཕྲུལ་དབང་ཕྱུག་དྲུག་པོ་ཡིན།

521 MT, LT, PT, FY (འཇིག་རྟེན་ཆགས་ལུགས།): **སུམ་ཅུ་རྩ་གསུམ་གནས་དང་གཉིས།**

522 MT: **འཐབ་བྲལ་འཕྲུལ་དགའ་དགའ་ལྡན་སོགས།** LT, FY (འཇིག་རྟེན་ཆགས་ལུགས།): འཐབ་བྲལ་དགའ་ལྡན་འཕྲུལ་དགའ་ལྷ། PT: འཐབ་བྲལ་དགའ་ལྡན་ཕྲུལ་དགའ་ལྷ།

523 MT, LT, PT: **གཞན་འཕྲུལ་དབང་བྱེད་གནས་དང་དྲུག** FY (འཇིག་རྟེན་ཆགས་ལུགས།): གཞན་འཕྲུལ་དབང་ཕྱུག་གནས་དང་དྲུག

524 MT: **འདོད་ཁམས་འདོད་ལྷ་རིགས་དྲུག་རེད།** LT: དེ་འདོད་ཁམས་འདོད་ལྷ་གནས་དྲུག་ཡིན། PT, FY (འཇིག་རྟེན་ཆགས་ལུགས།): དེ་འདོད་ཁམས་འདོད་ལྷ་རིགས་དྲུག་ཡིན།

525 LT: འདོད་ཁམས་འདོད་ལྷ་རིགས་དྲུག་པོ། གནས་འདོད་ཁམས་འདོད་ལྷ་རིགས་དྲུག་གི། PT: འདོད་ཁམས་འདོད་ལྷ་རིགས་དྲུག་པོ། འདོད་ཁམས་འདོད་ལྷའི་རིགས་དག་གི། FY (འཇིག་རྟེན་ཆགས་ལུགས།): འདོད་ཁམས་འདོད་ལྷ་རིགས་དྲུག་པོ། **འདོད་ཁམས་འདོད་ལྷ་རིགས་དྲུག་གི།**

526 MT: **དེ་ས་དང་འབྲེལ་པ་ཅི་འདྲ་ཡོད།** DP: འོག་ས་ལ་ཐུགས་པའི་གནས་ཏེ་བཤད། LT: གནས་ས་དང་འབྲེལ་པ་ཅི་འདྲ་ཡོད། PT: གནས་ས་དང་འབྲེལ་བ་ཆེ་འདྲ་ཡོད། FY (འཇིག་རྟེན་ཆགས་ལུགས།): གནས་ས་དང་འབྲེལ་བ་ཅི་འདྲ་ཡོད། FY (འཇིག་རྟེན་ཆགས་རྩུལ།): འོག་ས་ལ་མ་ཐུག་གནས་དེ་སྲིད།

དེ་རེ་རེའི་མིང་དེ་ཁ་ལ་དྲོངས།[527] 释其各个之名也

Please narrate each of their names.

ས་དང་མ་འབྲེལ་ཅི་འདུ་ཡོད།[528] 天属者有几何耶

How many of them reside in celestial palaces?

དེ་རེ་རེའི་མིང་དེ་ཁ་ལ་དྲོངས།[529] 释其各个之名也

Please narrate each of their names.

གླུ་དལ་བུར་ཤོག་དང་བྲེལ་བ་མེད། 歌徐陈之莫匆促

Please sing the song slowly, there is no hurry.

ལན། 答

Answer:

ས་དང་འབྲེལ་པ་གནས་གཉིས་ཡོད།[530] 地属者有二种兮

Two abodes are terrestrial.

རྒྱལ་ཆེན་རིགས་བཞི་སུམ་ཅུ་གསུམ།[531] 四天王天忉利天

The abode of the Four Great Kings and the abode of Thirty-three,

---

527 MT: **དེ་རེ་རེའི་མིང་དེ་ཁ་ལ་དྲོངས།**

528 MT, LT, FY (འཇིག་རྟེན་ཆགས་ལུགས།): **ས་དང་མ་འབྲེལ་ཅི་འདུ་ཡོད།** DP: འོག་ས་ལ་མ་བྱུགས་གནས་ཏི་བཤད། PT: ས་དང་མ་འབྲེལ་ཆི་འདུ་ཡོད། FY (འཇིག་རྟེན་ཆགས་ཚུལ།): འོག་ས་ལ་བྱུག་པའི་གནས་དེ་ཤོད།

529 MT: **དེ་རེ་རེའི་མིང་དེ་ཁ་ལ་དྲོངས།** LT: དེ་རེ་རེའི་ཐད་ནས་མིང་རེ་དྲོངས། PT: དེ་རེ་རེ་ཁ་ནས་མིང་རེ་དྲོངས། FY (འཇིག་རྟེན་ཆགས་ལུགས།): དེ་རེ་རེར་ཁ་ནས་མིང་རེ་དྲོངས།

530 LT: ས་དང་འབྲེལ་པའི་གནས་གཉིས་ཡོད། PT, FY (འཇིག་རྟེན་ཆགས་ལུགས།): ས་དང་འབྲེལ་བའི་གནས་གཉིས་ཡོད། ED: **ས་དང་འབྲེལ་པ་གནས་གཉིས་ཡོད།**

531 MT, LT: **རྒྱལ་ཆེན་རིགས་བཞི་སུམ་ཅུ་གསུམ།** DP: གནས་སུམ་ཅུ་ཙ་རྒྱལ་ཆེན་བཞི། PT: རྒྱལ་ཆེན་རིགས་བཞི་སུམ་ཅུ་རྩ་གསུམ། FY (འཇིག་རྟེན་ཆགས་ལུགས།): རྒྱལ་ཆེན་རིགས་བཞི་སུམ་ཅུ་རྩ་གསུམ་ནི། FY (འཇིག་རྟེན་ཆགས་ཚུལ།): གནས་སུམ་ཅུ་རྩ་གསུམ་རྒྱལ་ཆེན་བཞི།

ས་དང་འབྲེལ་པ་གནས་གཉིས་ཡིན།[532] 二种是为地属矣

Are connected to the earth.

ས་དང་མ་འབྲེལ་གནས་བཞི་ཡོད།[533] 天属者有四种兮

Four abodes are celestial.

འཐབ་བྲལ་འཕྲུལ་དགའ་དགའ་ལྡན་གསུམ།[534] 夜摩兜率化乐三

The abode of the Conflict Free, the abode of the Joyous, and the abode of Enjoying Emanations,

གཞན་འཕྲུལ་དབང་བྱེད་གནས་དང་བཞི།[535] 他化自在天者四

And the abode of Mastery over Others' Emanations,

ས་དང་མ་འབྲེལ་གནས་བཞི་ཡིན།[536] 四者皆为天属矣

These four abodes are not connected to the earth.

གླུ་དེ་ཡི་ལན་ལ་དེ་འདྲ་ཡིན། 如是答复彼歌矣

This is the response to the song.

532 MT, LT, PT: ས་དང་འབྲེལ་པའི་གནས་གཉིས་ཡིན། DP: འོ་ས་ལ་ཐུགས་པའི་གནས་༢་ཡི། FY (འཇིག་རྟེན་ཆགས་ལུགས): ས་དང་འབྲེལ་བ་གནས་གཉིས་ཡིན། FY (འཇིག་རྟེན་ཆགས་ཚུལ): ས་ལ་ཐུག་པའི་གནས་གཉིས་ཡིན། FY (འཇིག་རྟེན་ཆགས་ཚུལ): རི་རྒྱལ་པོ་བང་རིམ་བཞི་པོ་ཡི། ཕྱོགས་བཞི་ན་ཕོ་བྲང་རྣམ་བཞི་ཡོད། ལྷ་གང་དང་གང་གི་ཕོ་བྲང་ཡིན། ཀུན་ཕོ་བྲང་བཞི་པོ་མིང་རེ་རྟོགས། རི་རྒྱལ་ལྷུན་པོའི་རྩེ་དབུས་ན། ལྷ་རྒྱལ་པོ་གང་གི་ཕོ་བྲང་ཡོད། ཀུན་མཐའ་སྐོར་དཔག་ཚད་ཅི་འདྲ་ཡོད། གནས་སུམ་ཅུ་རྩ་གསུམ་ཕོ་བྲང་ན། ལྷ་ཆེན་པོ་སུམ་ཅུ་རྩ་གསུམ་བཞུགས། ལྷ་དེ་རེ་རེར་མིང་རེ་རྟོགས། ཀུན་ཕྱོགས་བཞིའི་ཕོ་བྲང་འདྲེན་རྒྱུ་ན། ཀུན་རྒྱལ་ཆེན་བཞི་བའི་ཕོ་བྲང་ཡིན། རི་རྒྱལ་ལྷུན་པོའི་རྩེ་དབུས་ན། ལྷ་དབང་པོ་བརྒྱ་བྱིན་ཕོ་བྲང་ཡོད། ཀུན་མཐའ་སྐོར་དཔག་ཚད་ཁྲི་གཅིག་ཡོད། ལྷ་སུམ་ཅུ་རྩ་གསུམ་འདྲེན་རྒྱུ་ན། བདག་པོ་བཅུ་གཅིག་བརྒྱ་བྱིན་དང་། ཉི་མ་བཅུ་གཉིས་ནོར་ལྷ་བརྒྱད། ཐ་སྐར་བུ་གཉིས་སོ་གསུམ་ཡོད། ED: **ས་དང་འབྲེལ་པ་གནས་གཉིས་ཡིན།**

533 LT, PT, FY (འཇིག་རྟེན་ཆགས་ལུགས): **ས་དང་མ་འབྲེལ་གནས་བཞི་ཡོད།**

534 MT: **འཐབ་བྲལ་འཕྲུལ་དགའ་དགའ་ལྡན་གསུམ།** LT, PT, FY (འཇིག་རྟེན་ཆགས་ལུགས): འཐབ་བྲལ་དགའ་ལྡན་འཕྲུལ་དགའ་དང་།

535 MT, LT, PT: **གཞན་འཕྲུལ་དབང་བྱེད་གནས་དང་བཞི།** FY (འཇིག་རྟེན་ཆགས་ལུགས): གཞན་འཕྲུལ་དབང་ཕྱུག་གནས་དང་བཞི།

536 MT, LT, PT, FY (འཇིག་རྟེན་ཆགས་ལུགས): **ས་དང་མ་འབྲེལ་གནས་བཞི་ཡིན།** DP: འཐབ་བྲལ་ཡོན་ཆད་གནས་བཞི་པོ། ལ་མ་ཐུགས་གནས་༤་ཡིན། FY (འཇིག་རྟེན་ཆགས་ཚུལ): འཐབ་བྲལ་ཡན་ཆད་གནས་བཞི་པོ། ས་ལ་མ་ཐུག་གནས་བཞི་ཡིན།

དྲི། 问
Question:

འདོད་ཁམས་འཁྲུག་རྩོད་གནས་བཞི་ཡོད།[537] 欲界好战四地兮
There are four abodes of warlike gods in the Desire Realm.[10]

གནས་བཞི་རེ་རེའི་མིང་རེ་དྲོངས།[538] 四地各个名何耶
Please narrate each of their names.

གླུ་དལ་བུར་ཤོག་དང་བྲེལ་བ་མེད། 歌徐陈之莫匆促
Please sing the song slowly, there is no hurry.

ལན། 答
Answer:

འདོད་ཁམས་མན་གྱི་ཁམས་གསེང་ན།[539] 欲界下部下层兮
In the lower section of the Desire Realm,

ལྷ་མིན་གྱི་དབང་པོ་སྒྲ་གཅན་གནས།[540] 阿修罗王所住也
Is the abode of the King of the demigods, Rahu.

ལྷ་མིན་གྱི་དབང་པོ་དཀར་འཕྲེང་གནས།[541] 其下花鬘王所居
Below is the abode of the White Garland.

---

537 LT: **འདོད་ཁམས་འཁྲུག་རྩོད་གནས་བཞི་ཡོད།** PT, FY (འཇིག་རྟེན་ཆགས་ལུགས།): འདོད་ཁམས་ན་འཁྲུག་རྩོད་གནས་བཞི་ཡོད།

538 LT: **གནས་བཞི་རེ་རེའི་མིང་རེ་དྲོངས།** PT: གནས་བཞི་པོ་རེ་རེ་མིང་རེ་དྲོངས། FY (འཇིག་རྟེན་ཆགས་ལུགས།): གནས་བཞི་པོ་རེ་རེར་མིང་རེ་དྲོངས།

539 LT: **འདོད་ཁམས་མན་གྱི་ཁམས་གསེང་ན།** PT, FY (འཇིག་རྟེན་ཆགས་ལུགས།): འདུལ་མཚམས་མན་གྱི་ཁམས་གསེང་ན།

540 LT, PT: **ལྷ་མིན་གྱི་དབང་པོ་སྒྲ་གཅན་གནས།** FY (འཇིག་རྟེན་ཆགས་ལུགས།): ལྷ་མིན་གྱི་དབང་པོ་དགྲ་གཅན་གནས།

541 ED: **ལྷ་མིན་གྱི་དབང་པོ་དཀར་འཕྲེང་གནས།**

དེའི་འོག་ཏུ་དབང་པོ་མགུལ་འཕྲེང་གནས།[542] 再下静心天居处
Below that is the abode of the Necklace.

དེའི་འོག་ཏུ་ཐགས་བཟང་རིས་ཀྱི་གནས།[543] 再下绮画王居处
Below that is the abode of the Splendid Fabric.

ལྷ་མིན་གྱི་གནས་བཞི་དེ་འདྲ་རེད།[544] 阿修罗四地如是
Such are the four abodes of the demigods.

གླུ་དེ་ཡི་ལན་ལ་དེ་འདྲ་ཡིན། 如是答复彼歌矣
This is the response to the song.

དྲི། 问
Question:

གཟུགས་ཁམས་གནས་རིགས་བཅུ་བདུན་ཤོད།[545] 释色界十七天兮
Please narrate the seventeen abodes of the Form Realm.

བསམ་གཏན་དང་པོའི་གནས་གསུམ་ཤོད།[546] 释初禅天三天也
Please narrate the three abodes of the First Dhyāna.

---

542 LT, FY (འཇིག་རྟེན་ཆགས་ལུགས།): དེའི་འོག་ཏུ་དབང་པོ་མགུལ་ཕྲེང་གནས། དེའི་འོག་ཏུ་དབང་པོ་བསྟན་པ་དང་། PT: དེ་ཡི་འོག་ཏུ་དབང་པོ་མགུལ་ཕྲེང་གནས། དེ་འོག་ཏུ་དབང་བོ་བསྟན་པ་དང་། ED: **དེའི་འོག་ཏུ་དབང་པོ་མགུལ་འཕྲེང་གནས།**

543 LT, FY (འཇིག་རྟེན་ཆགས་ལུགས།): **དེའི་འོག་ཏུ་ཐགས་བཟང་རིས་ཀྱི་གནས།** PT: དེའི་འོག་ཏུ་ཐག་བཟང་རི་བའི་གནས།

544 LT, PT, FY (འཇིག་རྟེན་ཆགས་ལུགས།): **ལྷ་མིན་གྱི་གནས་བཞི་དེ་འདྲ་རེད།**

545 MT, LT, PT: **གཟུགས་ཁམས་གནས་རིགས་བཅུ་བདུན་ཤོད།** DP: གནས་གཟུངས་ཁམས་བཅུན་བརྒྱུད་བཤད། FY (འཇིག་རྟེན་ཆགས་ལུགས།): གཟུགས་ཁམས་གནས་རིས་བཅུ་བདུན་ཤོད། FY (འཇིག་རྟེན་ཆགས་ཚུལ།): གནས་གཟུགས་ཁམས་བཅུ་བདུན་བཤད་རྒྱུ་ན།

546 MT, LT, FY (འཇིག་རྟེན་ཆགས་ལུགས།): **བསམ་གཏན་དང་པོའི་གནས་གསུམ་ཤོད།** DP: དགུང་བསམ་གཏན་དང་པོའི་གནས་གསུམ་བཤད། PT: གསུམ་རྟེན་དང་པོ་གནས་གསུམ་བཤོད། FY (འཇིག་རྟེན་ཆགས་ཚུལ།): དགུང་བསམ་གཏན་དང་པོའི་གནས་གསུམ་ཤོད།

བསམ་གཏན་གཉིས་པའི་གནས་གསུམ་ཤོད།[547] 释二禅天三天也

Please narrate the three abodes of the Second Dhyāna.

བསམ་གཏན་གསུམ་པའི་གནས་གསུམ་ཤོད།[548] 释三禅天三天也

Please narrate the three abodes of the Third Dhyāna.

བསམ་གཏན་བཞི་པའི་གནས་གསུམ་ཤོད།[549] 释四禅天三天也

Please narrate the three abodes of the Fourth Dhyāna.

འཕགས་པའི་གནས་ལྔ་མིང་རེ་དྲོངས།[550] 释净居天五天也

Please narrate the Five Pure Abodes.

དེ་རེ་རེའི་མིང་རེ་ཁ་ལ་དྲོངས།[551] 释其各个之名兮

Please tell each of their names.

གླུ་དལ་བུར་ཤོག་དང་བྲེལ་བ་མེད། 歌徐陈之莫匆促

Please sing the song slowly, there is no hurry.

ལན། 答

Answer:

དེ་ལ་ལན་ཞིག་རྒྱག་རྒྱུ་ན། 应答所问者如是

To give an answer to that,

---

547 MT, LT, FY (འཇིག་རྟེན་ཆགས་ལུགས།) DP: བསམ་གཏན་གཉིས་པའི་གནས་གསུམ་བཤད། FY (འཇིག་རྟེན་ཆགས་ཚུལ།): **བསམ་གཏན་གཉིས་པའི་གནས་གསུམ་ཤོད།** PT: གསུམ་རྟེན་གཉིས་བའི་གནས་གསུམ་བཤོད།

548 MT, LT, FY (འཇིག་རྟེན་ཆགས་ལུགས།) DP: བསམ་གཏན་གསུམ་པའི་གནས་བཤད། PT: གསུམ་རྟེན་གསུམ་པའི་གནས་གསུམ་བཤོད། FY (འཇིག་རྟེན་ཆགས་ཚུལ།): **བསམ་གཏན་གསུམ་པའི་གནས་གསུམ་ཤོད།**

549 MT, FY (འཇིག་རྟེན་ཆགས་ལུགས།): བསམ་གཏན་བཞི་བའི་གནས་གསུམ་ཤོད། DP: བཞིའི་སོ་སྐྱེར་གནས་གསུམ་བཤད། LT: **བསམ་གཏན་བཞི་པའི་གནས་གསུམ་ཤོད།** PT: གསུམ་རྟེན་བཞི་བའི་གནས་གསུམ་ཤོད། FY (འཇིག་རྟེན་ཆགས་ཚུལ།): བཞི་པའི་བསོད་སྐྱེས་གནས་གསུམ་ཤོད།

550 MT: རྟོགས་པའི་གཙང་མའི་གནས་ལྔ་ཤོད། DP: འཕགས་པའི་གནས་ལྔ་མིང་རིགས་དྲོངས། LT, FY (འཇིག་རྟེན་ཆགས་ལུགས།): རྟོགས་པའི་ཚངས་པའི་གནས་ལྔ་ཤོད། PT: རྟོགས་པའི་ཚངས་མའི་གནས་ལྔ་ཤོད། FY (འཇིག་རྟེན་ཆགས་ཚུལ།): **འཕགས་པའི་གནས་ལྔ་མིང་རེ་དྲོངས།**

551 MT: **དེ་རེ་རེའི་མིང་རེ་ཁ་ལ་དྲོངས།** LT: དེ་རེ་རེའི་ཁ་ནས་མིང་རེ་དྲོངས། PT, FY (འཇིག་རྟེན་ཆགས་ལུགས།): དེ་རེ་རེར་ཁ་ནས་མིང་རེ་དྲོངས།

བསམ་གཏན་དང་པོའི་གནས་གསུམ་དེ།[552] 初禅天之三天兮

The three abodes of the First Dhyāna are:

གནས་ཚངས་རིས་ཚངས་མདུན་ཚངས་ཆེན་གསུམ།[553] 梵众梵辅大梵天

Brahma class, Ministers of Brahma, and Great Brahma.

བསམ་གཏན་དང་པོའི་གནས་གསུམ་རེད།[554] 是为初禅三天矣

Such are the three abodes of the First Dhyāna.

བསམ་གཏན་གཉིས་པའི་གནས་གསུམ་དེ།[555] 二禅天之三天兮

The three abodes of the Second Dhyāna are:

གནས་འོད་ཆུང་ཚད་མེད་འོད་གསལ་གསུམ།[556] 少光无量光极光

Limited Light, Immeasurable Light, and Radiant Light.

བསམ་གཏན་གཉིས་པའི་གནས་གསུམ་རེད།[557] 是为二禅三天矣

Such are the three abodes of the Second Dhyāna.

བསམ་གཏན་གསུམ་པའི་གནས་གསུམ་དེ།[558] 三禅天之三天兮

The three abodes of the Third Dhyāna are:

---

552 MT: **བསམ་གཏན་དང་པོའི་གནས་གསུམ་དེ།**

553 MT: **གནས་ཚངས་རིས་ཚངས་མདུན་ཚངས་ཆེན་གསུམ།** DP: གནས་ཚང་པ་ཚངས་ཧེ་ཚངས་བདེན། LT: ཚངས་རིས་ཚངས་པ་ཚངས་ཆེན་གསུམ། PT: གནས་ཚངས་རིགས་ཚངས་བ་ཚངས་ཆེན་གསུམ། FY (འཇིག་རྟེན་ཆགས་ལུགས།): གནས་ཚངས་རིས་ཚངས་པ་ཚངས་ཆེན་གསུམ། FY (འཇིག་རྟེན་ཆགས་ཚུལ།): གནས་ཚངས་པ་ཚངས་རིས་ཚངས་ཆེན་གསུམ།

554 MT: **བསམ་གཏན་དང་པོའི་གནས་གསུམ་རེད།** DP: དགེ་བསམ་གཏན་དང་པོའི་གནས་གསུམ་ཡིན། LT: དེ་བསམ་གཏན་དང་པོ་གནས་གསུམ་ཡིན། PT: དེ་གསམ་རྟེན་དང་པོ་གནས་གསུམ་ཡིན། FY (འཇིག་རྟེན་ཆགས་ལུགས།): དེ་བསམ་གཏན་དང་པོའི་གནས་གསུམ་ཡིན། FY (འཇིག་རྟེན་ཆགས་ཚུལ།): ཀན་བསམ་གཏན་དང་པོའི་གནས་གསུམ་ཡིན།

555 MT: **བསམ་གཏན་གཉིས་པའི་གནས་གསུམ་དེ།**

556 MT, LT: **གནས་འོད་ཆུང་ཚད་མེད་འོད་གསལ་གསུམ།** DP, FY (འཇིག་རྟེན་ཆགས་ཚུལ།): པནས་འོད་ཆུང་འོད་གསལ་ཚད་མེད་འོད། PT: གནས་འོད་ཆུང་ཚེ་མེད་འོད་གསལ་གསུམ། FY (འཇིག་རྟེན་ཆགས་ལུགས།): གནས་འོད་ཆུང་ཚད་མེད་འོད་འོད་གསལ་གསུམ།

557 MT: **བསམ་གཏན་གཉིས་པའི་གནས་གསུམ་རེད།** DP: གཏན་གཉིས་པའི་གནས་གསུམ་ཡིན། LT, FY (འཇིག་རྟེན་ཆགས་ལུགས།): དེ་བསམ་གཏན་གཉིས་པའི་གནས་གསུམ་ཡིན། PT: དེ་གསུམ་རྟེན་གཉིས་པའི་གནས་གསུམ་ཡིན། FY (འཇིག་རྟེན་ཆགས་ཚུལ།): ཀན་བསམ་གཏན་གཉིས་པའི་གནས་གསུམ་ཡིན།

558 MT: **བསམ་གཏན་གསུམ་པའི་གནས་གསུམ་དེ།**

གནས་དགེ་ཆུང་ཚད་མེད་དགེ་རྒྱས་གསུམ།[559] 净少无量极光净
Limited Virtue, Immeasurable Virtue, and Full Virtue.

བསམ་གཏན་གསུམ་པའི་གནས་གསུམ་རེད།[560] 是为三禅三天矣
Such are the three abodes of the Third Dhyāna.

བསམ་གཏན་བཞི་པའི་གནས་གསུམ་དེ།[561] 四禅天之三天兮
The three abodes of the Fourth Dhyāna are:

སྤྲིན་མེད་བསོད་ནམས་འབྲས་བུ་ཆེ།[562] 无云福生广果天
Cloudless, Merit Born, and Great Fruition.

བསམ་གཏན་བཞི་བའི་གནས་གསུམ་རེད།[563] 是为四禅三天矣
Such are the three abodes of the Fourth Dhyāna.

འཕགས་པའི་གཙང་མའི་གནས་ལྔ་དེ།[564] 净居天之五天兮
The Five Pure Abodes are:

གནས་མི་ཆེ་མི་གདུང་གྱ་ནོམ་སྣང་།[565] 无热无烦善现天
Not Great, Without Pain, Perfect Appearance,

---

559 MT: **གནས་དགེ་ཆུང་ཚད་མེད་དགེ་རྒྱས་གསུམ།** DP: གནས་དགེ་ཆུང་དགེ་རྒྱད་ཚར་མེད་དགེ། LT: དགེ་རྒྱས་དགེ་ཚད་ཆུང་མེད་དགེ། PT: གནས་དགེ་རྒྱས་དགེ་ཆུང་ཚེ་མེད་གསུམ། FY (འཇིག་རྟེན་ཆགས་ལུགས།): གནས་དགེ་རྒྱས་དགེ་ཆུང་ཚད་མེད་དགེ་གསུམ། FY (འཇིག་རྟེན་ཆགས་ཚུལ།): གནས་དགེ་ཆུང་དགེ་རྒྱས་ཚད་མེད་དགེ།

560 MT: **བསམ་གཏན་གསུམ་པའི་གནས་གསུམ་རེད།** DP: བསམ་གཏན་གསུམ་ཡིན། LT, FY (འཇིག་རྟེན་ཆགས་ལུགས།): དེ་བསམ་གཏན་གསུམ་པའི་གནས་གསུམ་ཡིན། PT: དེ་གསུམ་རྟེན་གསུམ་པའི་གནས་གསུམ་ཡིན། FY (འཇིག་རྟེན་ཆགས་ཚུལ།): ཀུན་བསམ་གཏན་གསུམ་པའི་གནས་གསུམ་ཡིན།

561 MT: **བསམ་གཏན་བཞི་པའི་གནས་གསུམ་དེ།**

562 MT: **སྤྲིན་མེད་བསོད་ནམས་འབྲས་བུ་ཆེ་གསུམ།** DP: གནས་སྤྲིན་མེད་བསོད་སྐྱེད་འབྲས་བུ་ཆེ། LT: སྤྲིན་མེད་བསོད་ནམས་འབྲས་བུ་ཆེ། PT, FY (འཇིག་རྟེན་ཆགས་ལུགས།): སྤྲིན་མེད་བསོད་སྐྱེས་འབྲས་བུ་ཆེ། FY (འཇིག་རྟེན་ཆགས་ཚུལ།): གནས་སྤྲིན་མེད་བསོད་སྐྱེས་འབྲས་བུ་ཆེ།

563 MT: **བསམ་གཏན་བཞི་བའི་གནས་གསུམ་རེད།** DP: གེ་བཞི་བོ་སོ་སྐྱེར་གནས་ན། LT: དེ་བསམ་གཏན་བཞི་བའི་གནས་གསུམ་ཡིན། PT: དེ་གསུམ་རྟེན་བཞི་བའི་གནས་གསུམ་ཡིན། FY (འཇིག་རྟེན་ཆགས་ལུགས།): དེ་བསམ་གཏན་བཞི་པའི་གནས་གསུམ་ཡིན། FY (འཇིག་རྟེན་ཆགས་ཚུལ།): ཀུན་བཞི་བོ་བསོད་སྐྱེས་གནས་གསུམ་ཡིན།

564 ED: **འཕགས་པའི་གཙང་མའི་གནས་ལྔ་དེ།**

565 MT: **གནས་མི་ཆེ་མི་གདུང་གྱ་ནོམ་སྣང་།** DP: གནས་མེད་ཆད་མི་གདུང་གྱི་ནམ་སྣང་། LT: གནས་མེ་ཆེ་མེ་གདུང་གྱ་ནོམ་སྣང་། PT: གནས་མེ་ཆེ་མེ་གདུང་བྱ་ནོམ་སྣང་། FY (འཇིག་རྟེན་ཆགས་ལུགས།): གནས་མི་ཚ་མི་གདུང་གྱ་ནོམ་སྣང་། FY (འཇིག་རྟེན་ཆགས་ཚུལ།): གནས་མི་ཚ་མི་གདུང་གྱ་ནོམ་སྣང་།

གནས་ཤིན་ཏུ་མཐོང་དང་འོག་མིན་ལྷ།[566] 善见天色究竟天

Great Perception and the Unexcelled.

འཕགས་པའི་གཙང་མའི་གནས་ལྔ་རེད།[567] 是为净居五天矣

Such are the Five Pure Abodes.

དེ་ཐམས་ཅད་བསྡོམས་ནས་བགྲང་རྒྱུ་ན།[568] 共计诸天之数兮

Counting all the above-mentioned together,

གཟུགས་ཁམས་གནས་རིགས་བཅུ་བདུན་རེད།[569] 色界十七天如是

Are the seventeen abodes of the Form Realm.

དྲི། 问

Question:

གཟུགས་ཁམས་གནས་རིགས་བཅུ་བདུན་གྱི།[570] 色界之十七天兮

The seventeen abodes of the Form Realm,

གནས་གོང་མའི་གཟུགས་མེད་གནས་བཞི་ཡོད།[571] 其上无色界四天

Above which are the four abodes of the Formless Realm.

---

566 MT: **གནས་ཤིན་ཏུ་མཐོང་དང་འོག་མིན་ལྷ།** DP: གནས་ཤིང་དུ་ཐོ་པ་འོག་མིང་ལྷ། LT: ཤིན་ཏུ་མཐོ་དང་འོག་མིན་ལྷ། PT, FY (འཇིག་རྟེན་ཆགས་ལུགས།): གནས་ཤིང་དུ་མཐོང་དང་འགོ་མིན་ལྷ། FY (འཇིག་རྟེན་ཆགས་ཚུལ།): གནས་ཤིན་ཏུ་མཐོང་བ་འོག་མིན་ལྷ།

567 MT: རྟོགས་པའི་གཙང་མའི་གནས་ལྔ་རེད། DP: གེ་བཞི་གནས་ལྔ་ཡིན། LT, FY (འཇིག་རྟེན་ཆགས་ལུགས།): དེ་རྟོགས་པའི་ཚངས་པའི་གནས་ལྔ་ཡིན། PT: དེ་རྟོགས་པའི་ཚངས་མའི་གནས་ལྔ་ཡིན། FY (འཇིག་རྟེན་ཆགས་ཚུལ།): ཀན་ལྔ་པོ་འཕགས་པའི་གནས་ལྔ་ཡིན། ED: **འཕགས་པའི་གཙང་མའི་གནས་ལྔ་རེད།**

568 MT, LT: **དེ་ཐམས་ཅད་བསྡོམས་ནས་བགྲང་རྒྱུ་ན།** PT, FY (འཇིག་རྟེན་ཆགས་ལུགས།): དེ་ཐམས་ཅད་སྡོམ་ནས་འགྲང་རྒྱུ་ན།

569 MT: **གཟུགས་ཁམས་གནས་རིགས་བཅུ་བདུན་རེད།** PT: གཟུགས་ཁམས་ཀྱི་གནས་རིགས་བཅུ་བདུན་ཡིན། FY (འཇིག་རྟེན་ཆགས་ལུགས།): གཟུགས་ཁམས་ཀྱི་གནས་རིས་བཅུ་བདུན་ཡིན།

570 LT: གཟུགས་ཁམས་ཀྱི་གནས་རིགས་བཅུ་བདུན་གྱི། PT: གཟུགས་ཁམས་ཀྱི་གནས་རིགས་བཅུ་བདུན་གི FY (འཇིག་རྟེན་ཆགས་ལུགས།): གཟུགས་ཁམས་ཀྱི་གནས་རིས་བཅུ་བདུན་གི ED: **གཟུགས་ཁམས་གནས་རིགས་བཅུ་བདུན་གྱི།**

571 MT: **གནས་གོང་མའི་གཟུགས་མེད་གནས་བཞི་ཡོད།** DP: གཟུགས་ནས་བཞི་མིང་རེ་དྲངས། LT, PT, FY (འཇིག་རྟེན་ཆགས་ལུགས།): དེའི་གོང་མ་གཟུགས་མེད་གནས་བཞི་ཡོད། FY (འཇིག་རྟེན་ཆགས་ཚུལ།): གཟུགས་མེད་གནས་བཞི་མིང་རེ་དྲངས།

དེ་རེ་རེའི་མིང་དེ་ཁ་ལ་དྲོངས།[572] 释其各个之名矣
Please narrate each of their names.

གླུ་ཕྱི་མ་ཡོད་ན་ཅི་འདྲ་ཡིན། 有歌相继者何耶
What is the song if more is still to come?

ཁྱོད་ཡུན་རིང་མ་འགོར་ལན་རེ་ཤོག 尔作答之莫迟误
Please answer my questions without further ado.

ལན། 答
Answer:

དེ་ལ་ལན་ཞིག་རྒྱག་རྒྱུ་ན། 应答所问者如是
To give an answer to that:

གནས་ནམ་མཁའ་མཐའ་ཡས་རྣམ་ཤེས་མཐའ།[573] 空无边识无边处
Infinite Space, Infinite Consciousness,

གནས་ཅི་ཡང་མེད་དང་སྲིད་རྩེ་བཞི།[574] 无所有处有顶天
Nothingness and Neither Existence nor Non-existence.

དེ་གཟུགས་མེད་སྐྱེ་མཆེད་མུ་བཞི་རེད།[575] 是为无色界四天
These are the four abodes of the Formless Realm.

---

572 MT: **དེ་རེ་རེའི་མིང་དེ་ཁ་ལ་དྲོངས།** LT: གནས་བཞི་པོ་རེ་རེའི་མིང་རེ་དྲོངས། FY (འཇིག་རྟེན་ཆགས་ལུགས།): གནས་བཞི་པོ་རེ་རེར་མིང་རེ་དྲོངས།

573 MT, PT, FY, FY (འཇིག་རྟེན་ཆགས་ཚུལ།): **གནས་ནམ་མཁའ་མཐའ་ཡས་རྣམ་ཤེས་མཐའ།** DP: གནས་ནམ་མཁའ་མཐའ་ཡས་རྣམས་བཤད་མཐའ། LT: གནས་ནམ་མཁའ་རྣམ་ཤེས་མཐའ་ཡས་དང་།

574 MT, LT, PT, FY (འཇིག་རྟེན་ཆགས་ཚུལ།): **གནས་ཅི་ཡང་མེད་དང་སྲིད་རྩེ་བཞི།** DP: གནས་གཅིག་ཡང་མེད་ཙམ་བཞི།

575 MT: **དེ་གཟུགས་མེད་སྐྱེ་མཆེད་མུ་བཞི་རེད།** DP: གེ་གཟུགས་མེད་ཁམས་ཀྱི་གནས་བཞི་ཡིན། LT, PT, FY (འཇིག་རྟེན་ཆགས་ལུགས།): དེ་གཟུགས་མེད་སྐྱེ་མཆེད་མུ་བཞི་ཡིན། FY (འཇིག་རྟེན་ཆགས་ཚུལ།): ཀན་གཟུགས་མེད་ཁམས་ཀྱི་གནས་བཞི་ཡིན།

དྲི། 问

Question:

འདོད་ཁམས་འདོད་ལྷ་རིགས་དྲུག་ཡོད།[576] 欲界六种天人兮

There are six classes of gods in the Desire Realm.

འདོད་ལྷ་རིགས་ཀྱི་ལུས་ཚད་ཤོད།[577] 释天人之身量矣

Please tell of the height of the gods in the Desire Realm.

རྒྱལ་ཆེན་རིགས་བཞིའི་ལུས་ཚད་ཤོད།[578] 四天王天人身量

Please tell of the height of the gods in the abode of the Four Great Kings.

འདོམ་དང་རྒྱང་གྲགས་ཅི་འདྲ་རེད།[579] 肘长拘卢舍几何

What are [their heights] in arm span and earshot?[11]

སུམ་ཅུ་རྩ་གསུམ་ལུས་ཚད་ཤོད།[580] 释忉利天人身量

Please tell of the height of the gods in the abode of Thirty-three,

འདོམ་དང་རྒྱང་གྲགས་ཅི་འདྲ་རེད།[581] 肘长拘卢舍几何

What are [their heights] in arm span and earshot?

འཐབ་བྲལ་ལྷ་ཡི་ལུས་ཚད་ཤོད།[582] 释夜摩天人身量

Please tell of the height of the gods in the abode of the Conflict Free,

---

576 MT: **འདོད་ཁམས་འདོད་ལྷ་རིགས་དྲུག་ཡོད།**

577 MT: **འདོད་ལྷ་རིགས་ཀྱི་ལུས་ཚད་ཤོད།** འདོད་ལྷ་རིགས་ཀྱི་མཐོ་ཚད་ཤོད། LT: ད་འདོད་ལྷ་རིགས་ཀྱི་ལུས་ཚད་ཤོད། PT: ད་འདོད་ལྷ་རིགས་དྲུག་ལུས་ཚད་བཤད། FY (འཇིག་རྟེན་ཆགས་ལུགས།): ད་འདོད་ལྷ་རིགས་དྲུག་གི་ལུས་ཚད་ཤོད།

578 MT: **རྒྱལ་ཆེན་རིགས་བཞིའི་ལུས་ཚད་ཤོད།** LT, PT, FY (འཇིག་རྟེན་ཆགས་ལུགས།): རྒྱལ་ཆེན་རིགས་བཞིའི་ལུས་ཚད་ལ།

579 MT: **འདོམ་དང་རྒྱང་གྲགས་ཅི་འདྲ་རེད།** LT, FY (འཇིག་རྟེན་ཆགས་ལུགས།): འདོམ་དང་རྒྱང་གྲགས་ཅི་འདྲ་ཡོད། PT: འདོམ་དང་རྒྱང་གྲགས་ཆི་འདྲ་ཡོད།

580 MT: **སུམ་ཅུ་རྩ་གསུམ་ལུས་ཚད་ཤོད།** LT: སུམ་ཅུ་རྩ་གསུམ་ལུས་ཚད་ལ། PT, FY (འཇིག་རྟེན་ཆགས་ལུགས།): ལྷ་སུམ་ཅུ་རྩ་གསུམ་ལུས་ཚད་ལ།

581 MT: **འདོམ་དང་རྒྱང་གྲགས་ཅི་འདྲ་རེད།** LT, FY (འཇིག་རྟེན་ཆགས་ལུགས།): འདོམ་དང་རྒྱང་གྲགས་ཅི་འདྲ་ཡོད། PT: འདོམ་དང་རྒྱང་གྲགས་ཆི་འདྲ་ཡོད།

582 MT: **འཐབ་བྲལ་ལྷ་ཡི་ལུས་ཚད་ཤོད།** LT, PT, FY (འཇིག་རྟེན་ཆགས་ལུགས།): འཐབ་བྲལ་ལྷ་ཡི་ལུས་ཚད་ལ།

འདོམ་དང་རྒྱང་གྲགས་ཅི་འདྲ་རེད།[583] 肘长拘卢舍几何

What are [their heights] in arm span and earshot?

དགའ་ལྡན་ལྷ་ཡི་ལུས་ཚད་སྨོད།[584] 释兜率天人身量

Please tell of the height of the gods in the abode of the Joyous,

འདོམ་དང་རྒྱང་གྲགས་ཅི་འདྲ་རེད།[585] 肘长拘卢舍几何

What are [their heights] in arm span and earshot?

འཕྲུལ་དགའ་ལྷ་ཡི་ལུས་ཚད་སྨོད།[586] 释乐化天人身量

Please tell of the height of the gods in the abode of Enjoying Emanations,

འདོམ་དང་རྒྱང་གྲགས་ཅི་འདྲ་རེད།[587] 肘长拘卢舍几何

What are [their heights] in arm span and earshot?

གཞན་འཕྲུལ་དབང་བྱེད་ལུས་ཚད་སྨོད།[588] 他化自在天人身

Please tell of the height of the gods in the abode of Mastery over Others' Emanations,

འདོམ་དང་རྒྱང་གྲགས་ཅི་འདྲ་རེད།[589] 肘长拘卢舍几何

What are [their heights] in arm span and earshot?

---

583 MT: **འདོམ་དང་རྒྱང་གྲགས་ཅི་འདྲ་རེད།** LT, FY (འཛིག་རྟེན་ཆགས་ལུགས།): འདོམ་དང་རྒྱང་གྲགས་ཅི་འདྲ་ཡོད། PT: འདོམ་དང་རྒྱང་གྲགས་ཆི་འདྲ་ཡོད།

584 MT: **དགའ་ལྡན་ལྷ་ཡི་ལུས་ཚད་སྨོད།** LT, PT, FY (འཛིག་རྟེན་ཆགས་ལུགས།): དགའ་ལྡན་ལྷ་ཡི་ལུས་ཚད་ལ།

585 MT: **འདོམ་དང་རྒྱང་གྲགས་ཅི་འདྲ་རེད།** LT, FY (འཛིག་རྟེན་ཆགས་ལུགས།): འདོམ་དང་རྒྱང་གྲགས་ཅི་འདྲ་ཡོད། PT: འདོམ་དང་རྒྱང་གྲགས་ཆི་འདྲ་ཡོད།

586 MT: **འཕྲུལ་དགའ་ལྷ་ཡི་ལུས་ཚད་སྨོད།** LT, FY (འཛིག་རྟེན་ཆགས་ལུགས།): འཕྲུལ་དགའ་ལྷ་ཡི་ལུས་ཚད་ལ། PT: ཕྲུལ་དགའ་ལྷ་ཡི་ལུས་ཚད་ལ།

587 MT: **འདོམ་དང་རྒྱང་གྲགས་ཅི་འདྲ་རེད།** LT, FY (འཛིག་རྟེན་ཆགས་ལུགས།): འདོམ་དང་རྒྱང་གྲགས་ཅི་འདྲ་ཡོད། PT: འདོམ་དང་རྒྱང་གྲགས་ཆི་འདྲ་ཡོད།

588 MT: **གཞན་འཕྲུལ་དབང་བྱེད་ལུས་ཚད་སྨོད།** LT, PT: གཞན་འཕྲུལ་དབང་བྱེད་ལུས་ཚད་ལ། FY (འཛིག་རྟེན་ཆགས་ལུགས།): གཞན་ཕྲུལ་དབང་ཕྱུག་ལུས་ཚད་ལ།

589 MT: **འདོམ་དང་རྒྱང་གྲགས་ཅི་འདྲ་རེད།** LT, FY (འཛིག་རྟེན་ཆགས་ལུགས།): འདོམ་དང་རྒྱང་གྲགས་ཅི་འདྲ་ཡོད། PT: འདོམ་དང་རྒྱང་གྲགས་ཆི་འདྲ་ཡོད།

གླུ་དལ་བུར་ཐོག་དང་བྲེལ་བ་མེད། 歌徐陈之莫匆促

Please sing the song slowly, there is no hurry.

ལན། 答

Answer:

རྒྱལ་ཆེན་རིགས་བཞིའི་ལུས་ཚད་དེ།[590] 四天王天人身量

The height of gods in the abode of the Four Great Kings,

གཞུ་འདོམ་བརྒྱ་དང་ཉེར་ལྔ་ཡོད།[591] 百又二十五肘长

Is one hundred and twenty-five arm spans,

རྒྱང་གྲགས་གཅིག་གི་བཞི་ཆ་ཡིན།[592] 一拘卢舍之四一

Which is a quarter of one earshot.

སུམ་ཅུ་རྩ་གསུམ་ལུས་ཚད་དེ།[593] 忉利天人身量兮

The height of the gods in the abode of Thirty-three,

གཞུ་འདོམ་ཉིས་བརྒྱ་ལྔ་བཅུ་ཡོད།[594] 二百又五十肘长

Is two hundred and fifty arm spans,

རྒྱང་གྲགས་གཅིག་གི་བཞི་ཆ་གཉིས།[595] 一拘卢舍之四二

Which is two quarters of one earshot.

---

590 MT: **རྒྱལ་ཆེན་རིགས་བཞིའི་ལུས་ཚད་དེ།** DP: སྟོད་འདོད་ལྷའི་ལུས་ཀྱི་ཆེ་ཆུང་ནི། མི་བཞུ་སྟོང་ཉེར་ལྔ་ཏེ། ལྷ་རྒྱལ་ཆེན་རིགས་བཞིའི་ལྷས་ཚར། དེ་ཐོབ་ལ་ལྔ་བོ་ཉིས་འགྱུར་ཡིན། LT: རྒྱལ་ཆེན་རིགས་བཞིའི་ལུས་ཚད་ལ། PT, FY (འཇིག་རྟེན་ཆགས་ལུགས།): ལྷ་རྒྱལ་ཆེན་རིགས་བཞིའི་ལུས་ཚད་ལ། FY (འཇིག་རྟེན་ཆགས་རྩུལ།): སྟོད་འདོད་ལྷའི་ལུས་ཀྱི་ཆེ་ཆུང་ནི། མི་གཞུ་འདོམ་བརྒྱ་དང་ཉེར་ལྔ་དེ། ལྷ་རྒྱལ་ཆེན་རིགས་བཞིའི་ལུས་ཚད་ཡིན། དེ་ཐོག་ལ་ལྔ་བོ་ཉིས་འགྱུར་ཡིན།

591 MT, LT, PT, FY (འཇིག་རྟེན་ཆགས་ལུགས།): **གཞུ་འདོམ་བརྒྱ་དང་ཉེར་ལྔ་ཡོད།**

592 MT, LT, PT, FY (འཇིག་རྟེན་ཆགས་ལུགས།): **རྒྱང་གྲགས་གཅིག་གི་བཞི་ཆ་ཡིན།**

593 MT: **སུམ་ཅུ་རྩ་གསུམ་ལུས་ཚད་དེ།** PT, LT, FY (འཇིག་རྟེན་ཆགས་ལུགས།): སུམ་ཅུ་རྩ་གསུམ་ལུས་ཚད་ལ།

594 MT, LT, PT, FY (འཇིག་རྟེན་ཆགས་ལུགས།): **གཞུ་འདོམ་ཉིས་བརྒྱ་ལྔ་བཅུ་ཡོད།**

595 MT, LT, PT, FY (འཇིག་རྟེན་ཆགས་ལུགས།): **རྒྱང་གྲགས་གཅིག་གི་བཞི་ཆ་གཉིས།**

འཐབ་བྲལ་ལྷ་ཡི་ལུས་ཚད་དེ།[596] 夜摩天人身量兮
The height of gods in the abode of the Conflict Free,

གཞུ་འདོམ་བཞི་བརྒྱ་རྒྱང་གྲགས་ཀྱི།[597] 肘长四百之数也
Is four hundred arm spans,

བཞི་ཆའི་ནང་གི་གསུམ་ཆ་ཡིན།[598] 一拘卢舍之四三
Which is three quarters of one earshot.

དགའ་ལྡན་ལྷ་ཡི་ལུས་ཚད་དེ།[599] 兜率天人身量兮
The height of gods in the abode of the Joyous,

གཞུ་འདོམ་ལྔ་བརྒྱ་ཐམ་པ་ཡོད།[600] 肘长五百之数也
Is five hundred arm spans,

རྒྱང་གྲགས་ཡོངས་རྫོགས་ཚང་བ་ཡིན།[601] 一拘卢舍之整数
Which is one entire earshot.

འཕྲུལ་དགའ་ལྷ་ཡི་ལུས་ཚད་དེ།[602] 乐化天人身量兮
The height of the gods in the abode of Enjoying Emanations,

གཞུ་འདོམ་དྲུག་བརྒྱ་ལྔ་བཅུ་རེད།[603] 六百五十肘长也
Is six hundred and fifty arm spans.

---

596 MT: **འཐབ་བྲལ་ལྷ་ཡི་ལུས་ཚད་དེ།** LT, PT, FY (འཇིག་རྟེན་ཆགས་ལུགས།): འཐབ་བྲལ་ལྷ་ཡི་ལུས་ཚད་ལ།

597 MT, LT, FY (འཇིག་རྟེན་ཆགས་ལུགས།): **གཞུ་འདོམ་བཞི་བརྒྱ་རྒྱང་གྲགས་ཀྱི།** PT: གཞུ་འདོམ་བཞི་བརྒྱ་རྒྱང་གྲགས་གི།

598 MT: **བཞི་ཆའི་ནང་གི་གསུམ་ཆ་ཡིན།** LT: བཞི་ཆ་ནང་གི་སུམ་ཆ་ཡིན། PT, FY (འཇིག་རྟེན་ཆགས་ལུགས།): བཞི་ཆ་ནང་གི་གསུམ་ཆ་ཡིན།

599 MT: **དགའ་ལྡན་ལྷ་ཡི་ལུས་ཚད་དེ།** LT, PT, FY (འཇིག་རྟེན་ཆགས་ལུགས།): དགའ་ལྡན་ལྷ་ཡི་ལུས་ཚད་ལ།

600 MT, LT, PT, FY (འཇིག་རྟེན་ཆགས་ལུགས།): **གཞུ་འདོམ་ལྔ་བརྒྱ་ཐམ་པ་ཡོད།**

601 MT, PT: **རྒྱང་གྲགས་ཡོངས་རྫོགས་ཚང་བ་ཡིན།** FY (འཇིག་རྟེན་ཆགས་ལུགས།): རྒྱང་གྲགས་ཡོངས་རྫོགས་ཚོང་བ་ཡིན།

602 MT: **འཕྲུལ་དགའ་ལྷ་ཡི་ལུས་ཚད་དེ།** LT, FY (འཇིག་རྟེན་ཆགས་ལུགས།): འཕྲུལ་དགའ་ལྷ་ཡི་ལུས་ཚད་ལ། PT: ཕྲུལ་དགའ་ལྷ་ཡི་ལུས་ཚད་ལ།

603 MT: **གཞུ་འདོམ་དྲུག་བརྒྱ་ལྔ་བཅུ་རེད།** LT, PT, FY (འཇིག་རྟེན་ཆགས་ལུགས།): གཞུ་འདོམ་དྲུག་བརྒྱ་ལྔ་བཅུ་ཡོད།

གཞན་འཕྲུལ་དབང་བྱེད་ལུས་ཚད་དེ།[604] 他化自在天人身

The height of gods in the abode of Mastery over Others' Emanations,

གཞུ་འདོམ་བདུན་བརྒྱ་ལྔ་བཅུ་རེད།[605] 七百又五十肘长

Is seven hundred and fifty arm spans.

དེ་འདོད་ལྷ་རིགས་དྲུག་གི་ལུས་ཚད་ཡིན།[606] 欲界六天人身量

These are the heights of the six classes of gods in the Desire Realm.

གླུ་དེ་ཡི་ལན་ལ་དེ་འདྲ་ཡིན། 如是答复彼歌矣

This is the response to the song.

---

604 MT: **གཞན་འཕྲུལ་དབང་བྱེད་ལུས་ཚད་དེ།** LT: གཞན་འཕྲུལ་དབང་བྱེད་ལྷའི་ལུས་ཚད། PT: གཞན་འཕྲུལ་དབང་ཕྱུག་ལྷ་ལུས་ཚད། FY (འཇིག་རྟེན་ཆགས་ལུགས།): གཞན་འཕྲུལ་དབང་ཕྱུག་ལྷ་ལུས་ལ།

605 MT: **གཞུ་འདོམ་བདུན་བརྒྱ་ལྔ་བཅུ་རེད།** LT: གཞུ་འདོམ་བདུན་བརྒྱ་ལྔ་བཅུ་ཡིན། PT, FY (འཇིག་རྟེན་ཆགས་ལུགས།): གཞུ་འདོམ་བདུན་བརྒྱ་ལྔ་བཅུ་ཡོད།

606 LT, PT: དེ་འདོད་ལྷ་རིགས་ཀྱི་ལུས་ཚད་ཡིན། FY (འཇིག་རྟེན་ཆགས་ལུགས།): **དེ་འདོད་ལྷ་རིགས་དྲུག་གི་ལུས་ཚད་ཡིན།**

དྲི།[607]

问

Question:

བཤད་ན་འདོམ་དང་རྒྱང་གྲགས་ཡོད།[608]

已释肘长拘卢舍

Arm span and earshot have been discussed.

དཔག་ཚད་ཀྱི་བརྩི་ཚུལ་ཡང་བཤད་དགོས།[609]

释以由旬之计法

The measurement known as leagues needs to be narrated as well.

རྒྱང་གྲགས་དཔག་ཚད་བརྩི་ཚུལ་ཤོད།[610]

释拘卢舍由旬计

Please narrate how to calculate earshot and league.

---

607 ND: རི་ཡི་རྒྱལ་བོ་རི་རབ་གན། དཔག་ཚད་དཔག་རྟོག་མ་བཤད་ན། ཆེ་བའི་ཆེ་པོ་མ་བཤད་ན། དཔག་ཚད་ཆེ་ཚད་ལེན་ན་མིན། ཚུལ་དབྱིབས་དམ་པོ་ལེན་ན་མིན། ཚུལ་དབྱིབས་དམ་པོ་རྡུལ་ཕྲན་རེད། ཕྲ་ན་ཕྲ་བའི་ཕྲ་རབ་བཤད། ཆེ་ན་ཆེ་བའི་ཆེ་རབ་བཤད། ཆུང་ན་ཆུང་བའི་ཆུང་རབ་བཤད། དབྱིབས་ཚུལ་དམ་པོའི་རྡུལ་ཕྲན་གན། ཕྲ་ན་རི་འདི་ཕྲ་བ་ཡིན། ཆེ་ན་རི་འདི་ཆེ་བ་ཡིན། ཆུང་ན་རི་འདི་ཆུང་བ་ཡིན། ཚུལ་དབྱིབས་དམ་པོར་རྡུལ་ཕྲན་བཞི། དེར་རི་རྒྱུན་བསགས་པའི་རྡུལ་ཕྲན་བཤད། རྡུལ་སྔ་མའི་རྡུལ་དེ་མ་འདོན་པས། ཕྱི་མའི་རྡུལ་དེ་རྡུལ་ཕྲན་བཤད། རྡུལ་དེ་བསགས་པའི་དགེ་ཕྲག་གཅིག རྡུལ་དགེ་རྡུལ་ཆུ་རྡུལ་ལག་རྡུལ་གསུམ། ཕྱི་མའི་རྡུལ་དེ་མདོག་དྲུག་ཡིན། དགེ་ཕྲག་གཅིག་དེ་ཅི་ལ་ཕབ། དགེ་ཕྲག་གཅིག་དེ་གཉེན་ལ་ཕབ། གཉེན་གསུམ་བཞི་བླངས་ནས་ཅི་ལ་ཕབ། གཉེན་གསུམ་བཞི་བླངས་ནས་ཤར་ལ་ཕབ། ཤར་དཀར་བོ་རྫོང་གྱི་ཅི་ལ་ཕབ། ཤར་དཀར་བོ་རྫོང་གྱི་མཚམས་ལ་ཕབ། མཚམས་ལྔ་བླངས་ནས་ཅི་ལ་ཕབ། མཚམས་ལྔ་བླངས་ནས་མཐོ་ལ་ཕབ། མཐོ་གཉིས་བླངས་ནས་ཅི་ལ་ཕབ། མཐོ་གཉིས་བླངས་ཁྲི་གང་ཡིན། མཐོ་གང་བླངས་ནས་ཅི་ལ་ཕབ། མཐོ་གང་བླངས་ནས་འདོམས་གང་ཡིན། འདོམས་བརྒྱ་བླངས་ནས་ཅི་ལ་ཕབ། འདོམས་བརྒྱ་བླངས་ནས་བརྒྱ་གྲགས་གཅིག བརྒྱ་གྲག་བརྒྱད་དེ་ཅི་ལ་ཕབ། བརྒྱ་གྲག་བརྒྱད་དེ་དཔག་ཚད་གཅིག FY (རི་རྒྱལ་ལྷུན་པོ།): རི་ཡི་རྒྱལ་པོ་རི་རབ་ཀན། དཔག་ཚད་དཔག་རྟོག་མ་བཤད་ན། ཆེ་བའི་ཆེ་ནོ་མ་བཤད་ན། དཔག་ཚད་ཆེ་ཚད་ལེན་ན་མེད། དབྱིབས་ཚུལ་དམ་པོ་ལེན་ན་མེད། དབྱིབས་ཚུལ་དམ་པོ་རྡུལ་ཕྲན་ཀན། ཕྲ་ན་ཕྲ་བའི་ཕྲ་རབ་ཤོད། ཆེ་ན་ཆེ་བའི་ཆེ་རབ་ཤོད། ཆུང་ན་ཆུང་བའི་ཆུང་རབ་ཤོད། དབྱིབས་ཚུལ་དམ་པོའི་རྡུལ་ཕྲན་ཀན། ཕྲ་ན་རི་འདི་ཕྲ་བ་ཡིན། ཆེ་ན་རི་འདི་ཆེ་བ་ཡིན། ཆུང་ན་རི་འདི་ཆུང་བ་ཡིན། དབྱིབས་ཚུལ་དམ་པོའི་རྡུལ་ཕྲན་ཡིན། ད་རི་རྒྱུན་བསགས་པའི་རྡུལ་ཕྲན་ཤོད། རྡུལ་སྔ་མའི་རྡུལ་དེ་མ་འདོན་པས། ཕྱི་མའི་རྡུལ་དེ་རྡུལ་ཕྲན་ཤོད། རྡུལ་དེ་བསགས་པའི་རྡུལ་ཕྲན་གཅིག རྡུལ་ལྕགས་རྡུལ་ཆུ་རྡུལ་ལུག་རྡུལ་གསུམ། ཕྱི་མའི་རྡུལ་དེ་མདོག་དྲུག་ཡིན། རྡུལ་ཕྲན་གཅིག་དེ་ཅི་ལ་ཕབ། རྡུལ་ཕྲན་གཅིག་དེ་ཉི་ཟེར་ལ་ཕབ། ཉི་ཟེར་གསུམ་བཞི་བླངས་ནས་ཅི་ལ་ཕབ། ཉི་ཟེར་གསུམ་བཞི་བླངས་ནས་སྲོ་མ་ལ་ཕབ། སྲོ་མ་དཀར་པོ་རྫོང་གི་ཅི་ལ་ཕབ། སྲོ་མ་དཀར་པོ་རྫོང་གི་སོར་ཚིགས་ལ་ཕབ། སོར་ཚིགས་ལྔ་བླངས་ནས་ཅི་ལ་ཕབ། སོར་ཚིགས་ལྔ་བླངས་ནས་མཐོ་ལ་ཕབ། མཐོ་གཉིས་བླངས་ནས་ཅི་ལ་ཕབ། མཐོ་གཉིས་བླངས་ནས་ཁྲི་གང་ཡིན། ཁྲུ་གང་བླངས་ནས་ཅི་ལ་ཕབ། ཁྲུ་གང་བླངས་ནས་འདོམ་གང་ཡིན། འདོམ་བརྒྱ་བླངས་ནས་ཅི་ལ་ཕབ། འདོམ་བརྒྱ་བླངས་ནས་རྒྱང་གྲགས་གཅིག རྒྱང་གྲགས་བརྒྱད་དེ་ཅི་ལ་ཕབ། རྒྱང་གྲགས་བརྒྱད་དེ་དཔག་ཚད་གཅིག

608 MT: **བཤད་ན་འདོམ་དང་རྒྱང་གྲགས་ཡོད།** LT: ཤེས་འདོད་ན་འདོམ་དང་རྒྱང་གྲགས་དང་། PT, FY (འཛིག་རྟེན་ཆགས་ལུགས།): དེ་ཤེས་ན་འདོམ་དང་རྒྱང་གྲགས་དང་།

609 MT: **དཔག་ཚད་ཀྱི་བརྩི་ཚུལ་ཡང་བཤད་དགོས།** LT: དཔག་ཚད་བརྩི་ཚུལ་ཡང་ཤེས་དགོས། PT: དཔག་ཚད་ཀྱི་རྩིས་ཚུལ་ཡང་ཤེས་དགོས། FY (འཛིག་རྟེན་ཆགས་ལུགས།): དཔག་ཚད་ཀྱི་རྩིས་ཚུལ་ཡང་བཤད་དགོས།

610 MT: **རྒྱང་གྲགས་དཔག་ཚད་བརྩི་ཚུལ་ཤོད།** LT: ཁྱེས་རྒྱང་གྲགས་དཔག་ཚད་བརྩི་ཚུལ་ཤོད། PT: ད་རྒྱང་གྲགས་དཔག་ཚད་རྩིས་ཚུལ་བཤད། FY (འཛིག་རྟེན་ཆགས་ལུགས།): ད་རྒྱང་གྲགས་དཔག་ཚད་རྩིས་ཚུལ་ཤོད།

དཔག་ཚད་བརྩི་ཚུལ་ཅི་འདྲ་རེད།[611] 以由旬计几何耶

How to measure a league?

རྒྱང་གྲགས་བརྩི་ཚུལ་ཅི་འདྲ་རེད།[612] 拘卢舍计几何耶

How to measure an earshot?

གཞུ་འདོམ་བརྩི་ཚུལ་ཅི་འདྲ་རེད།[613] 肘长计之几何耶

How to measure an arm span?

དེ་རྣམས་ཀྱི་རྩོམ་གཞི་ཅི་ཞིག་རེད།[614] 其根本者是何耶

What is their basic component?

ལན། 答

Answer:

རྒྱང་གྲགས་དཔག་ཚད་བཤད་རྒྱུ་ན།[615] 言拘卢舍由旬兮

Both earshot and league,

རྡུལ་ཕྲ་རབ་བསགས་ནས་ཡོད་པ་ཡིན།[616] 以极微所成之矣

Are composed of atoms.

---

611 MT: **དཔག་ཚད་བརྩི་ཚུལ་ཅི་འདྲ་རེད།** LT: དཔག་ཚད་བརྩི་ཚུལ་ཅི་འདྲ་ཡིན། PT: དཔག་ཚད་རྩིས་ཚུལ་ཆི་འདྲ་ཡིན། FY (འཇིག་རྟེན་ཆགས་ལུགས།): དཔག་ཚད་རྩིས་ཚུལ་ཅི་འདྲ་ཡིན། FY (འཇིག་རྟེན་ཆགས་ཚུལ།): ཀན་དཔག་ཚད་གཅིག་གི་ཚད་དེ་སོད།

612 MT: **རྒྱང་གྲགས་བརྩི་ཚུལ་ཅི་འདྲ་རེད།** LT: རྒྱང་གྲགས་བརྩི་ཚུལ་ཅི་འདྲ་ཡིན། PT: རྒྱང་གྲགས་རྩིས་ཚུལ་ཆི་འདྲ་ཡིན། FY (འཇིག་རྟེན་ཆགས་ལུགས།): རྒྱང་གྲགས་རྩིས་ཚུལ་ཅི་འདྲ་ཡིན། FY (འཇིག་རྟེན་ཆགས་ཚུལ།): ཀན་རྒྱང་གྲགས་གཅིག་གི་ཚད་དེ་སོད།

613 MT: **གཞུ་འདོམ་བརྩི་ཚུལ་ཅི་འདྲ་རེད།** LT: གཞུ་འདོམ་བརྩི་ཚུལ་ཅི་འདྲ་ཡིན། PT: གཞུ་འདོམ་རྩིས་ཚུལ་ཆི་འདྲ་ཡིན། FY (འཇིག་རྟེན་ཆགས་ལུགས།): གཞུ་འདོམ་རྩིས་ཚུལ་ཅི་འདྲ་ཡིན། FY (འཇིག་རྟེན་ཆགས་ཚུལ།): ཀན་གཞུ་འདོམ་གཅིག་གི་ཚད་དེ་སོད།

614 MT: འདོམ་ཕྲན་གཞོམ་གསུམ་ཡོངས་སུ་གྲགས། PT: དེ་རྣམས་ཀྱི་རྩོམ་གཞི་ཆི་འདྲ་ཡིན། FY (འཇིག་རྟེན་ཆགས་ལུགས།): དེ་རྣམས་ཀྱི་རྩོད་གཞི་ཅི་འདྲ་ཡིན། ED: **དེ་རྣམས་ཀྱི་རྩོམ་གཞི་ཅི་ཞིག་རེད།**

615 LT: **རྒྱང་གྲགས་དཔག་ཚད་བཤད་རྒྱུ་ན།** PT: རྒྱང་གྲགས་དང་དཔག་རྩིས་བཤད་རྒྱུ་ན། FY (འཇིག་རྟེན་ཆགས་ལུགས།): རྒྱང་གྲགས་དང་དཔག་ཚད་བཤད་རྒྱུ་ན།

616 LT, PT, FY (འཇིག་རྟེན་ཆགས་ལུགས།): **རྡུལ་ཕྲ་རབ་བསགས་ནས་ཡོད་པ་ཡིན།**

ཕྲ་རབ་རྡུལ་བདུན་བསགས་པ་ལ།[617] 七极微者相叠也
Seven atoms form,

རྡུལ་ཕྲན་གཅིག་ལ་བཞག་པ་ཡིན།[618] 是以成一微尘也
One molecule.

དེ་བདུན་ལ་ནི་ལྕགས་རྡུལ་གཅིག[619] 七微尘为一铁尘
Seven molecules make one iron particle.

ལྕགས་རྡུལ་བདུན་ནི་ཆུ་རྡུལ་གཅིག[620] 七铁尘为一水尘
Seven iron particles make one water particle.

ཆུ་རྡུལ་བདུན་ལ་རི་བོང་གཅིག[621] 七水尘为一兔尘
Seven water particles make one rabbit particle.

རྡུལ་དེ་བདུན་ལ་ལུག་རྡུལ་གཅིག[622] 七兔尘为一羊尘
Seven rabbit particles make one sheep particle.

ལུག་རྡུལ་བདུན་ནི་གླང་རྡུལ་གཅིག[623] 七羊尘为一牛尘
Seven sheep particles make one ox particle.

དེ་བདུན་ལ་ནི་ཉི་རྡུལ་གཅིག[624] 其七所成为隙尘
Seven ox particles make one particle of sun dust.

---

617 LT, PT, FY (འཇིག་རྟེན་ཆགས་ལུགས།): **ཕྲ་རབ་རྡུལ་བདུན་བསགས་པ་ལ།**

618 LT, PT, FY (འཇིག་རྟེན་ཆགས་ལུགས།): **རྡུལ་ཕྲན་གཅིག་ལ་བཞག་པ་ཡིན།**

619 LT, PT, FY (འཇིག་རྟེན་ཆགས་ལུགས།): **དེ་བདུན་ལ་ནི་ལྕགས་རྡུལ་གཅིག**

620 LT: **ལྕགས་རྡུལ་བདུན་ནི་ཆུ་རྡུལ་གཅིག** PT: ལྕགས་རྡུལ་བདུན་ལ་ནི་ཆུ་རྡུལ་གཅིག FY (འཇིག་རྟེན་ཆགས་ལུགས།): ལྕགས་རྡུལ་བདུན་ལ་ཆུ་རྡུལ་གཅིག

621 LT, PT, FY (འཇིག་རྟེན་ཆགས་ལུགས།): **ཆུ་རྡུལ་བདུན་ལ་རི་བོང་གཅིག**

622 LT: **རྡུལ་དེ་བདུན་ལ་ལུག་རྡུལ་གཅིག** PT: རྡུལ་དེ་བདུན་ལ་ནི་ལུག་རྡུལ་ཡིན། FY (འཇིག་རྟེན་ཆགས་ལུགས།): རི་བོང་རྡུལ་བདུན་ལ་ལུག་རྡུལ་གཅིག

623 LT: **ལུག་རྡུལ་བདུན་ནི་གླང་རྡུལ་གཅིག** PT, FY (འཇིག་རྟེན་ཆགས་ལུགས།): ལུག་རྡུལ་བདུན་ལ་གླང་རྡུལ་གཅིག

624 LT: **དེ་བདུན་ལ་ནི་ཉི་རྡུལ་གཅིག** PT: དེ་བདུན་ཉི་ཉིར་རྡུལ་གཅིག་ཡིན། FY (འཇིག་རྟེན་ཆགས་ལུགས།): དེ་བདུན་ཉི་ཟེར་རྡུལ་གཅིག་ཡིན།

དེ་བདུན་ལ་ནི་སྲོ་མ་གཅིག[625] 其七所成为虮也

Seven particles of sun dust make one louse egg.

སྲོ་མ་བདུན་ནི་ཤིག་གཅིག་ཡིན།[626] 七虮所成为一虱

Seven louse egg particles make one louse.

ཤིག་བདུན་ཚོགས་ལ་ནས་གཅིག་ཡིན།[627] 七虱所成为一麦

Seven louse particles make one barley.

ནས་བདུན་ལ་ནི་སོར་ཚིགས་གཅིག[628] 七麦所成一指节

Seven barley particles make one knuckle.

སོར་ཚིགས་ཉི་ཤུ་རྩ་བཞི་ལ།[629] 指节二十四之数

Twenty-four knuckles,

བརྩིས་ནས་ཁྲུ་གང་བཞག་ནི་ཡིན།[630] 是为一肘之长也

Make one cubit.

ཁྲུ་བཞི་ལ་ནི་གཞུ་འདོམ་གང་།[631] 四肘之长为一弓

Four cubits make one arm span.

གཞུ་འདོམ་ལྔ་བརྒྱ་རྒྱང་གྲགས་གཅིག[632] 五百弓为拘卢舍

Five hundred arm spans make one earshot.

---

625 LT, PT, FY (འཇིག་རྟེན་ཆགས་ལུགས།): **དེ་བདུན་ལ་ནི་སྲོ་མ་གཅིག**

626 LT: **སྲོ་མ་བདུན་ནི་ཤིག་གཅིག་ཡིན།** PT: སྲོ་མ་བདུན་ལ་ནི་ཤིག་གཅིག FY (འཇིག་རྟེན་ཆགས་ལུགས།): སྲོ་མ་བདུན་ལ་ཤིག་གཅིག་ཡིན།

627 LT: **ཤིག་བདུན་ཚོགས་ལ་ནས་གཅིག་ཡིན།** PT: ཤིག་བདུན་ཚོགས་པ་ནས་གཅིག་ཡིན། FY (འཇིག་རྟེན་ཆགས་ལུགས།): ཤིག་བདུན་ཚོགས་ནི་ནས་གཅིག་ཡིན།

628 LT, PT, FY (འཇིག་རྟེན་ཆགས་ལུགས།): **ནས་བདུན་ལ་ནི་སོར་ཚིགས་གཅིག**

629 LT, PT, FY (འཇིག་རྟེན་ཆགས་ལུགས།): **སོར་ཚིགས་ཉི་ཤུ་རྩ་བཞི་ལ།**

630 LT: **བརྩིས་ནས་ཁྲུ་གང་བཞག་ནི་ཡིན།** PT, FY (འཇིག་རྟེན་ཆགས་ལུགས།): རྩིས་ནས་ཁྲི་གང་བཞག་ནི་ཡིན།

631 LT, PT, FY (འཇིག་རྟེན་ཆགས་ལུགས།): **ཁྲུ་བཞི་ལ་ནི་གཞུ་འདོམ་གང་།**

632 LT, PT, FY (འཇིག་རྟེན་ཆགས་ལུགས།): **གཞུ་འདོམ་ལྔ་བརྒྱ་རྒྱང་གྲགས་གཅིག**

རྒྱང་གྲགས་བརྒྱད་ལ་དཔག་ཚད་གཅིག[633] 八拘卢舍为由旬

Eight ear shots make one league.

དེ་རྒྱང་གྲགས་དཔག་ཚད་བརྩི་ཚུལ་རེད།[634] 拘卢舍由旬如是

This is how ear shot and league are calculated.

དྲི། 问

Question:

འདོད་ལྷ་འདི་ཡི་ཚེ་ཚད་ཤོད།[635] 释欲界之寿限兮

Please tell of the life span of the gods in the Desire Realm.

གླུ་དལ་བུར་ཤོག་དང་བྲེལ་བ་མེད། 歌徐陈之莫匆促

Please sing the song slowly, there is no hurry.

ལན། 答

Answer:

འདོད་ལྷའི་ཚེ་ཚད་བཤད་རྒྱུ་ན།[636] 言欲界天人之寿

Speaking of the lifespan of the gods in the Desire Realm,

མི་ལོ་ལྔ་བཅུ་ཐམ་པ་ལ།[637] 人间之五十岁者

Fifty human years,

---

633 LT, PT, FY (འཇིག་རྟེན་ཆགས་ལུགས།): **རྒྱང་གྲགས་བརྒྱད་ལ་དཔག་ཚད་གཅིག**

634 LT: **དེ་རྒྱང་གྲགས་དཔག་ཚད་བརྩི་ཚུལ་རེད།** PT, FY (འཇིག་རྟེན་ཆགས་ལུགས།): དེ་རྒྱང་གྲགས་དཔག་ཚད་རྩིས་ཚུལ་རེད། FY (འཇིག་རྟེན་ཆགས་ཚུལ།): ཀན་དཔག་ཚད་གཅིག་གི་ཚད་བཤད་ན། ཀན་རྒྱང་གྲགས་བརྒྱད་ལ་དཔག་ཚད་གཅིག ཀན་རྒྱང་གྲགས་གཅིག་གི་ཚད་བཤད་ན། ཀན་གཞུ་འདོམ་ལྔ་བརྒྱ་བཅུ་སུམ་ཡིན། ཀན་གཞུ་འདོམ་གཅིག་གི་ཚད་བཤད་ན། ཀན་ཁྲུ་བ་བཞི་ཡི་གྲངས་ཀ་ཡིན། ཀན་གསུམ་པོའི་རྩིས་ཚུལ་དེ་འདྲ་ཡིན།

635 MT: **འདོད་ལྷ་འདི་ཡི་ཚེ་ཚད་ཤོད།** LT: ད་ནི་འདོད་ལྷ་རིགས་དྲུག་གི། ཚེ་ཚད་མ་རྟོག་གསལ་པོ་ཤོད། PT: དེ་འདོད་ལྷ་རིགས་ཀྱི་ཚེ་ཚད་བཤད། FY (འཇིག་རྟེན་ཆགས་ལུགས།): ད་འདོད་ལྷ་རིགས་དྲུག་གི་ཚེ་ཚད་ཤོད།

636 LT, PT, FY (འཇིག་རྟེན་ཆགས་ལུགས།): **འདོད་ལྷའི་ཚེ་ཚད་བཤད་རྒྱུ་ན།**

637 LT: མི་ཡང་བཅུ་ཐམ་པ་ལ། PT, FY (འཇིག་རྟེན་ཆགས་ལུགས།): **མི་ལོ་ལྔ་བཅུ་ཐམ་པ་ལ།**

རྒྱལ་ཆེན་རིགས་བཞིའི་ཉིན་ཞག་གཅིག[638] 四天王天一昼夜

Are just one day and one night in the abode of the Four Great Kings.

དེ་སུམ་ཅུ་དེ་ལ་ཟླ་བ་གཅིག[639] 其三十日为一月

Thirty such days are a month,

དེ་བཅུ་གཉིས་དེ་ལ་ལོ་གཅིག་ཡིན།[640] 其十二月为一年

Twelve such months are a year,

ལོ་དེ་ལྔ་བརྒྱ་ལོན་པ་ན།[641] 其年五百之数兮

Five hundred such years,

རྒྱལ་ཆེན་རིགས་བཞིའི་ཚེ་ཚད་ཡིན།[642] 四天王天之寿矣

Are the lifespan of the gods in the abode of the Four Great Kings.

དེ་ནས་སུམ་ཅུ་རྩ་གསུམ་དང་།[643] 由此及忉利天兮

Following that, in the abode of the Thirty-three,

འཐབ་བྲལ་དགའ་ལྡན་འཕྲུལ་དགའ་དང་།[644] 夜摩兜率天人寿

In the abode of the Conflict-Free, the abode of the Joyous, and the abode of Enjoying Emanations,

གཞན་འཕྲུལ་དབང་བྱེད་ཚེ་ཚད་ནི།[645] 他化自在天人寿

And in the abode of Mastery over Others' Emanations where gods' lifespans,

---

638 LT: **རྒྱལ་ཆེན་རིགས་བཞིའི་ཉིན་ཞག་གཅིག** PT, FY (འཇིག་རྟེན་ཆགས་ལུགས།): ལྷ་རྒྱལ་ཆེན་རིགས་བཞིའི་ཉིན་ཞག་གཅིག མི་ལོ་བརྒྱ་ལ་རྩ་གསུམ་ལ། ལྷ་ཉིན་ཞག་གཅིག་ལ་རྩིས་པ་ཡིན།

639 LT: དེ་སུམ་དེ་ལ་ཟླ་བ་གཅིག PT, FY (འཇིག་རྟེན་ཆགས་ལུགས།): **དེ་སུམ་ཅུ་དེ་ལ་ཟླ་བ་གཅིག**

640 LT, PT, FY (འཇིག་རྟེན་ཆགས་ལུགས།): **དེ་བཅུ་གཉིས་དེ་ལ་ལོ་གཅིག་ཡིན།**

641 LT: **ལོ་དེ་ལྔ་བརྒྱ་ལོན་པ་ན།** PT: ལོ་དེ་ལྔ་བརྒྱ་ལོན་པ་ལ། FY (འཇིག་རྟེན་ཆགས་ལུགས།): ལོ་དེ་ལྔ་བརྒྱ་ལོན་བ་ལ།

642 LT, PT, FY (འཇིག་རྟེན་ཆགས་ལུགས།): **རྒྱལ་ཆེན་རིགས་བཞིའི་ཚེ་ཚད་ཡིན།**

643 LT: **དེ་ནས་སུམ་ཅུ་རྩ་གསུམ་དང་།**

644 LT: འཐབ་བྲལ་དགའ་ལྡན་ཚེ་ཚད་དང་། ED: **འཐབ་བྲལ་དགའ་ལྡན་འཕྲུལ་དགའ་དང་།**

645 LT: **གཞན་འཕྲུལ་དབང་བྱེད་ཚེ་ཚད་ནི།**

རིམ་བཞིན་ཉིས་འགྱུར་ཉིས་འགྱུར་བརྩི།[646]
次第翻倍以计之
Are doubled respectively.

དེ་ལྟར་ལོ་དང་ཟླ་བ་ཡི།[647]
其之年与月者兮
In such a way, their lifespans in years and months,

བརྩི་ཚུལ་དེ་བཞིན་བརྩིས་ན་ནི།[648]
如其计法计算矣
Which are calculated similarly [to the previous one].

རང་ལོ་སྟོང་དང་ཉིས་སྟོང་དང་།[649]
一千岁与二千岁
Are one thousand years [in the abode of the Thirty-three] and two thousand years [in the abode of the Conflict-Free],

བཞི་སྟོང་དང་ནི་བརྒྱད་སྟོང་དང་།[650]
四千岁与八千岁
Four thousand years [in the abode of the Joyous] and eight thousand years [in the abode of Enjoying Emanations],

ཆིག་ཁྲི་དྲུག་སྟོང་ཡུན་ཚད་ནི།[651]
一万又六千岁矣
Sixteen thousand years [in the abode of Mastery over Others' Emanations].

འདོད་ལྷ་རིགས་དྲུག་ཚེ་ཚད་རེད།[652]
欲界天人寿如是
Such are the lifespans of the gods in the Desire Realm.

---

646 LT: **རིམ་བཞིན་ཉིས་འགྱུར་ཉིས་འགྱུར་བརྩི།**

647 PT, FY (འཇིག་རྟེན་ཆགས་ལུགས།): **དེ་ལྟར་ལོ་དང་ཟླ་བ་ཡི།**

648 LT: བརྩི་ཚུལ་དེ་བཞིན་རྩིས་ན་ནི། PT, FY (འཇིག་རྟེན་ཆགས་ལུགས།): རྩིས་ཚུལ་དེ་བཞིན་རྩིས་ནས་ནི། ED: **བརྩི་ཚུལ་དེ་བཞིན་བརྩིས་ན་ནི།**

649 LT: **རང་ལོ་སྟོང་དང་ཉིས་སྟོང་དང་།** PT, FY (འཇིག་རྟེན་ཆགས་ལུགས།): རང་ལོ་སྟོང་དང་གཉིས་སྟོང་དང་།

650 LT: **བཞི་སྟོང་དང་ནི་བརྒྱད་སྟོང་དང་།** PT, FY (འཇིག་རྟེན་ཆགས་ལུགས།): བཞི་སྟོང་བརྒྱད་སྟོང་ཁྲི་ཕྲག་སྟོང་།

651 LT: **ཆིག་ཁྲི་དྲུག་སྟོང་ཡུན་ཚད་ནི།**

652 LT: **འདོད་ལྷ་རིགས་དྲུག་ཚེ་ཚད་རེད།** PT: འདོད་ལྷའི་རིགས་དྲུག་གི་ཚེ་ཚད་རེད། FY (འཇིག་རྟེན་ཆགས་ལུགས།): འདོད་ལྷ་རིགས་དྲུག་ཚེ་ཚད་ཡིན།

དྲི། 问

Question:

ཁྱོས་ལྷ་མིའི་ཆེ་ཚད་བཤད་པ་ན།[653] 汝释天人之寿兮

You have narrated the lifespans of the gods.

ཉིན་ཞག་ཅི་ལྟར་རྩིས་ནི་ཡིན།[654] 昼夜何以计之耶

How are days and nights calculated?

ལོ་དེ་བརྩི་ཚུལ་ཅི་འདྲ་ཡིན།[655] 年岁何以计之耶

How are years calculated?

བསྐལ་པ་བརྩི་སྲོལ་ཅི་འདྲ་ཡིན།[656] 劫数何以计之耶

How are aeons calculated?[12]

དེ་རྣམས་ཀྱི་བརྩི་སྲོལ་ཅི་ལྟར་ཡིན།[657] 其类之计法何耶

What is the formula for such calculations?

དེ་རྣམས་ཀྱི་བརྩི་སྲོལ་མ་ཤེས་ན།[658] 若不知其计法兮

If we do not know the formula for the calculation,

ལོ་བསྐལ་པ་བརྩི་སྲོལ་ཤེས་ཚུལ་མེད།[659] 不知劫数计法矣

Then we do not know how to calculate the aeons, either.

---

653 LT: ཁྱོས་ལྷ་མིའི་ཆེ་ཚད་བཤད་རྒྱུ་ན། PT: ཁྱོད་ལྷ་མིའི་ཆེ་ཚད་བཤད་རྒྱུ་ན། ED: **ཁྱོས་ལྷ་མིའི་ཆེ་ཚད་བཤད་པ་ན།**

654 LT: ཉིན་ཞག་ཇི་ལྟར་བརྩིས་ནི་རེད། PT: ཉིན་ཞག་ཆི་ཏུ་རྩིས་ནི་ཡིན། FY (འཇིག་རྟེན་ཆགས་ལུགས།): **ཉིན་ཞག་ཅི་ལྟར་རྩིས་ནི་ཡིན།**

655 LT, FY (འཇིག་རྟེན་ཆགས་ལུགས།): **ལོ་དེ་བརྩི་ཚུལ་ཅི་འདྲ་ཡིན།** PT: ལོ་དེ་རྩིས་ཚུལ་ཆི་འདྲ་ཡིན།

656 LT: **བསྐལ་པ་བརྩི་སྲོལ་ཅི་འདྲ་ཡིན།** PT: བསྐལ་བ་རྩིས་ཚུལ་ཆི་འདྲ་ཡིན། FY (འཇིག་རྟེན་ཆགས་ལུགས།): བསྐལ་བ་བརྩི་སྲོལ་ཅི་འདྲ་ཡིན།

657 PT, FY (འཇིག་རྟེན་ཆགས་ལུགས།): དེ་རྣམས་ཀྱི་རྩོམ་གཞི་ཅི་ལྟར་ཡིན། ED: **དེ་རྣམས་ཀྱི་བརྩི་སྲོལ་ཅི་ལྟར་ཡིན།**

658 LT: **དེ་རྣམས་ཀྱི་བརྩི་སྲོལ་མ་ཤེས་ན།** PT, FY (འཇིག་རྟེན་ཆགས་ལུགས།): དེ་རྣམས་ཀྱི་རྩོམ་གཞི་མ་ཤེས་ན།

659 LT: ལོ་བསྐལ་པ་བརྩི་ཚུལ་ཤེས་སྲོལ་མེད། PT: ལོ་བསྐལ་བའི་རྩིས་སྲོལ་ཤེས་ཚུལ་མེད། FY (འཇིག་རྟེན་ཆགས་ལུགས།): ལོ་བསྐལ་བ་རྩིས་སྲོལ་ཤེས་ཚུལ་མེད། ED: **ལོ་བསྐལ་པ་བརྩི་སྲོལ་ཤེས་ཚུལ་མེད།**

ལན། 答

Answer:

ད་དུས་མཐའི་སྐད་ཅིག་བཤད་རྒྱུ་ན།[660] 言一刹那之时兮

Speaking of one instant, the smallest unit of time,

རྡུལ་ཕྲ་རབ་གཅིག་གི་འགྲིལ་ཡུན་ནི།[661] 合一极微所历矣

Which is equal to the time that one atom takes to move.

སྐད་ཅིག་བརྒྱ་དང་ཉི་ཤུ་ལ།[662] 一百二十刹那兮

A hundred and twenty instants,

དེའི་སྐད་ཅིག་མ་གཅིག་ཡིན།[663] 为一怛刹那所历

Make one gross moment.

དེ་ན་སྐད་ཅིག་དྲུག་ཅུ་ལ།[664] 六十怛刹那者兮

Sixty gross moments,

ཐང་གཅིག་གི་ཡུན་ཚད་ཡིན།[665] 为一腊缚所历矣

Make one long minute.

ཐང་གཅིག་སུམ་ཅུ་ཡུད་ཙམ་ཡིན།[666] 三十为牟乎栗多

Thirty long minutes make one long hour.

---

660 LT: **ད་དུས་མཐའི་སྐད་ཅིག་བཤད་རྒྱུ་ན།** PT: དེ་དུས་མཐའི་སྐད་ཆ་བཤད་རྒྱུ་ན། FY (འཇིག་རྟེན་ཆགས་ལུགས།): དེ་དུས་མཐའི་སྐད་ཆ་བཤད་རྒྱུ་ན།

661 LT: **རྡུལ་ཕྲ་རབ་གཅིག་གི་འགྲིལ་ཡུན་ནི།** PT: རྡུལ་ཕྲ་རབ་གཅིག་གི་འབྲིལ་ཡུན་ལ། FY (འཇིག་རྟེན་ཆགས་ལུགས།): རྡུལ་ཕྲ་རབ་གཅིག་ནི་འབྲིལ་ཡུན་ལ།

662 ED: **སྐད་ཅིག་བརྒྱ་དང་ཉི་ཤུ་ལ།**

663 LT: སྐད་གཅིག་མ་གཅིག་ཡིན་པར་བཤད། PT, FY (འཇིག་རྟེན་ཆགས་ལུགས།): **དེའི་སྐད་ཅིག་མ་གཅིག་ཡིན།**

664 LT: དེ་ན་སྐད་ཅིག་བཅུ་དྲུག་ཡིན། PT, FY (འཇིག་རྟེན་ཆགས་ལུགས།): དེའི་སྐད་ཅིག་མ་དྲུག་ཅུ་ལ། ED: **དེ་ན་སྐད་ཅིག་དྲུག་ཅུ་ལ།**

665 LT: ཐང་ལ་ཅིག་གི་ཡུན་ཚད་ཡིན། PT, FY (འཇིག་རྟེན་ཆགས་ལུགས།): **ཐང་གཅིག་གི་ཡུན་ཚད་ཡིན།**

666 LT: ཐང་ཅིག་སུམ་ཅུ་ཡུན་ཙམ་ཡིན། PT, FY (འཇིག་རྟེན་ཆགས་ལུགས།): **ཐང་གཅིག་སུམ་ཅུ་ཡུད་ཙམ་ཡིན།**

ཡུད་ཙམ་སུམ་ཅུ་ཉིན་ཞག་གཅིག[667] 其三十为一昼夜
Thirty long hours make one day and one night,

དེ་ལ་ཆུ་ཚོད་དྲུག་ཅུ་ཡོད།[668] 其计有六十时也
Which is made up of sixty short hours.

ཉིན་ཞག་སུམ་ཅུ་ཟླ་བ་གཅིག[669] 三十日为一月也
Thirty days make one month.

ཟླ་བ་བཅུ་གཉིས་ལོ་གཅིག་ཡིན།[670] 十二月为一年也
Twelve months make one year.

དེ་ལོ་ཟླ་ཞག་གསུམ་བརྩི་ཚུལ་ཡིན།[671] 年月日计法如是
Such is the formula for calculating years, months, and days.

དྲི། 问
Question:

ཁྱོས་གལ་ཏེ་བསྐལ་པ་བཤད་རྒྱུ་ན།[672] 如若汝释劫数兮
If you would explain the aeon,

བསྐལ་པ་རྣམ་པ་མང་པོ་ཡོད།[673] 劫数诸多种类矣
There are many types of aeon.

---

667 LT: ཡུད་ཙམ་སུམ་ཅུ་ཉིན་ཞག་བཅུ། PT, FY (འཇིག་རྟེན་ཆགས་ལུགས།): **ཡུད་ཙམ་སུམ་ཅུ་ཉིན་ཞག་གཅིག**

668 LT, FY (འཇིག་རྟེན་ཆགས་ལུགས།): **དེ་ལ་ཆུ་ཚོད་དྲུག་ཅུ་ཡོད།**

669 LT, PT, FY (འཇིག་རྟེན་ཆགས་ལུགས།): **ཉིན་ཞག་སུམ་ཅུ་ཟླ་བ་གཅིག**

670 LT, PT, FY (འཇིག་རྟེན་ཆགས་ལུགས།): **ཟླ་བ་བཅུ་གཉིས་ལོ་གཅིག་ཡིན།**

671 LT: **དེ་ལོ་ཟླ་ཞག་གསུམ་བརྩི་ཚུལ་ཡིན།** PT, FY (འཇིག་རྟེན་ཆགས་ལུགས།): དེ་ལོ་ཟླ་ཞག་གསུམ་རྩིས་ཚུལ་ཡིན།

672 LT: **ཁྱོས་གལ་ཏེ་བསྐལ་པ་བཤད་རྒྱུ་ན།** PT, FY (འཇིག་རྟེན་ཆགས་ལུགས།): ཁྱོད་གལ་ཏེ་བསྐལ་བ་བཤད་རྒྱུ་ན།

673 LT: **བསྐལ་པ་རྣམ་པ་མང་པོ་ཡོད།** PT, FY (འཇིག་རྟེན་ཆགས་ལུགས།): བསྐལ་བ་རྣམ་པ་མང་པོ་ཡོད།

བསྐལ་པ་བརྩི་ཚུལ་ཅི་འདྲ་ཡིན།[674]
劫数何以计之耶
What is the formula for calculating aeons?

ཆགས་བསྐལ་ཅི་ལྟར་རྩིས་པ་ཡིན།[675]
成劫何以计之耶
How to calculate the aeon of formation?

གནས་བསྐལ་ཅི་ལྟར་རྩིས་པ་ཡིན།[676]
住劫何以计之耶
How to calculate the aeon of abiding?

འཇིག་བསྐལ་ཅི་ལྟར་རྩིས་པ་ཡིན།[677]
坏劫何以计之耶
How to calculate the aeon of destruction?

སྟོང་བསྐལ་ཅི་ལྟར་རྩིས་པ་ཡིན།[678]
空劫何以计之耶
How to calculate the empty aeon?

བསྐལ་ཆེན་ཅི་ལྟར་རྩིས་པ་ཡིན།[679]
大劫何以计之耶
How to calculate the great aeon?

གླུ་དལ་བུར་ཤོག་དང་བྲེལ་བ་མེད།
歌徐陈之莫匆促
Please sing the song slowly, there is no hurry.

[674] LT: **བསྐལ་པ་བརྩི་ཚུལ་ཅི་འདྲ་ཡིན།** PT: དེའི་བསྐལ་བ་རྩིས་ཚུལ་ཆི་འདྲ་ཡིན། FY (འཇིག་རྟེན་ཆགས་ལུགས།): དེ་བསྐལ་བ་རྩིས་ཚུལ་ཅི་འདྲ་ཡིན།

[675] LT: ཆགས་བསྐལ་ཅི་ལྟར་བརྩིས་པ་ཡིན། PT: འཆགས་བསྐལ་དེ་ཆི་རུ་རྩིས་བ་ཡིན། FY (འཇིག་རྟེན་ཆགས་ལུགས།): ཆགས་བསྐལ་དེ་ཅི་ལྟར་རྩིས་བ་ཡིན། ED: **ཆགས་བསྐལ་ཅི་ལྟར་རྩིས་པ་ཡིན།**

[676] LT: གནས་བསྐལ་ཅི་ལྟར་བརྩིས་པ་ཡིན། PT: གནས་བསྐལ་དེ་ཆི་རུ་རྩིས་བ་ཡིན། FY (འཇིག་རྟེན་ཆགས་ལུགས།): གནས་བསྐལ་དེ་ཅི་ལྟར་རྩིས་བ་ཡིན། ED: **གནས་བསྐལ་ཅི་ལྟར་རྩིས་པ་ཡིན།**

[677] LT: འཇིག་བསྐལ་ཅི་ལྟར་བརྩིས་པ་ཡིན། PT: འཇིག་བསྐལ་དེ་ཅི་བྱས་རྩིས་བ་ཡིན། FY (འཇིག་རྟེན་ཆགས་ལུགས།): འཇིག་བསྐལ་དེ་ཅི་ལྟར་རྩིས་བ་ཡིན། ED: **འཇིག་བསྐལ་ཅི་ལྟར་རྩིས་པ་ཡིན།**

[678] LT: སྟོང་བསྐལ་ཅི་ལྟར་བརྩིས་པ་ཡིན། PT: སྟོང་བསྐལ་དེ་ཆི་རུ་རྩིས་བ་ཡིན། FY (འཇིག་རྟེན་ཆགས་ལུགས།): རྟེན་བསྐལ་དེ་ཅི་ལྟར་རྩིས་བ་ཡིན། ED: **སྟོང་བསྐལ་ཅི་ལྟར་རྩིས་པ་ཡིན།**

[679] LT: བསྐལ་ཆེན་ཅི་ལྟར་བརྩིས་པ་ཡིན། PT: བསྐལ་ཆེན་དེ་ཆི་རུ་རྩིས་བ་ཡིན། FY (འཇིག་རྟེན་ཆགས་ལུགས།): བསྐལ་ཆེན་དེ་ཅི་ལྟར་རྩིས་བ་ཡིན། ED: **བསྐལ་ཆེན་ཅི་ལྟར་རྩིས་པ་ཡིན།**

ལན། 答

Answer:

དང་པོ་འཇིག་བསྐལ་བཤད་རྒྱུ་ན།[680] 先者所言坏劫兮

First, as for the aeon of destruction,

མནར་མེད་དམྱལ་བའི་ནང་དེ་ན།[681] 于无间地狱中也

From the point where in the Incessant Hell,

གསར་སྐྱེ་བ་མེད་པ་སྣེ་བཟུང་སྟེ།[682] 从其新生无有处

No new hell beings are born,

གོང་བསམ་གཏན་གསུམ་གྱི་འཇིག་པ་དེ།[683] 至三禅天坏之时

To the destruction of three Dhyānas,

མེ་འཇིག་ཆུ་འཇིག་རླུང་འཇིག་ཡིན།[684] 火灾水灾风灾也

By fire, water, and wind.

འཇིག་བསྐལ་གྱི་བཞག་སྲོལ་དེ་འདྲ་རེད།[685] 所说之坏劫如是

Such is the aeon of destruction.

---

680 LT, PT, FY (འཇིག་རྟེན་ཆགས་ལུགས།): **དང་པོ་འཇིག་བསྐལ་བཤད་རྒྱུ་ན།**

681 LT: **མནར་མེད་དམྱལ་བའི་ནང་དུ་ནི།** PT: མནར་མེད་ཀྱི་དམྱལ་བ་ནང་དུ་ནི། FY (འཇིག་རྟེན་ཆགས་ལུགས།): མནར་མེད་ཀྱི་དམྱལ་བའི་ནང་དེ་ན།

682 LT: གསར་སྐྱེས་པ་མེད་པའི་གནས་བཟུང་སྟེ། PT: གསར་སྐྱེ་བ་མེད་པ་གནས་བཟུང་སྟེ། FY (འཇིག་རྟེན་ཆགས་ལུགས།): གསར་སྐྱེ་བ་མེད་པ་ནས་ཟུང་སྟེ། ED: **གསར་སྐྱེ་བ་མེད་པ་སྣེ་བཟུང་སྟེ།**

683 LT: མགོ་བསམ་གཏན་གསུམ་གྱི་འཇིག་རྒྱུ་ཡིན། PT, FY (འཇིག་རྟེན་ཆགས་ལུགས།): གོང་བསམ་གཏན་གསུམ་གྱི་འཇིག་རྒྱུ་ཡིན། ED: **གོང་བསམ་གཏན་གསུམ་གྱི་འཇིག་པ་དེ།**

684 LT: **མེ་འཇིག་ཆུ་འཇིག་རླུང་འཇིག་ཡིན།** དེ་གང་རུང་ཞིག་གི་འཇིག་ཡུན་ལ། PT, FY (འཇིག་རྟེན་ཆགས་ལུགས།): མེ་འཇིག་དང་ཆུ་འཇིག་རླུང་འཇིག་ཡིན། དེ་གང་རུང་ཞིག་གི་འཇིག་ཡུན་ལ།

685 LT: འཇིག་བསྐལ་གྱི་བཤད་སྲོལ་དེ་འདྲ་རེད། PT, FY (འཇིག་རྟེན་ཆགས་ལུགས།): **འཇིག་བསྐལ་གྱི་བཞག་སྲོལ་དེ་འདྲ་རེད།**

དྲི། 问

Question:

འཇིག་བསྐལ་ཆགས་བསྐལ་བར་དེ་ལ།[686] 坏劫成劫之间兮

Between the aeon of destruction and the aeon of formation,

བསྐལ་པའི་མིང་ལ་ཅི་ཞིག་རེད།[687] 其劫之名是何耶

What is the name of this aeon?

ཆགས་བསྐལ་ཅི་ཡིས་ཡོང་བ་རེད།[688] 成劫何以显现耶

How does the aeon of formation appear?

འཇིག་བསྐལ་ཅི་ཡིས་ཡོང་བ་རེད།[689] 坏劫何以显现耶

How does the aeon of destruction appear?

ལན། 答

Answer:

འཇིག་བསྐལ་ཆགས་བསྐལ་བར་དེ་ལ།[690] 坏劫成劫之间兮

Between the aeon of destruction and the aeon of formation,

བསྐལ་པའི་མིང་ལ་སྟོང་བསྐལ་ཡིན།[691] 劫数名为空劫矣

Is the aeon known as the empty aeon.

---

686 LT, FY (འཇིག་རྟེན་ཆགས་ལུགས།): **འཇིག་བསྐལ་ཆགས་བསྐལ་བར་དེ་ལ།** PT: འཇིག་བསྐལ་འཆགས་བསྐལ་བར་དེ་ལ།

687 PT: བསྐལ་བ་དེ་ལ་མིང་ཅི་ཞིག་ཡོད་པ་རེད། FY (འཇིག་རྟེན་ཆགས་ལུགས།): བསྐལ་བ་མིང་དེ་ཅི་ཞིག་ཡོད་པ་རེད། ED: **བསྐལ་པའི་མིང་ལ་ཅི་ཞིག་རེད།**

688 LT: **ཆགས་བསྐལ་ཅི་ཡིས་ཡོང་བ་རེད།** PT: བསྐལ་འཆགས་ཅི་ཞིག་སོང་བ་རེད། FY (འཇིག་རྟེན་ཆགས་ལུགས།): བསྐལ་ཆགས་ཅི་ཞིག་སོང་བ་རེད།

689 LT: **འཇིག་བསྐལ་ཅི་ཡིས་ཡོང་བ་རེད།**

690 LT, FY (འཇིག་རྟེན་ཆགས་ལུགས།): **འཇིག་བསྐལ་ཆགས་བསྐལ་བར་དེ་ལ།** PT: འཇིག་བསྐལ་འཆགས་བསྐལ་བར་དེ་ལ།

691 LT: **བསྐལ་པའི་མིང་ལ་སྟོང་བསྐལ་ཡིན།** PT: བསྐལ་བའི་མིང་ལ་སྟོང་བསྐལ་ཡིན། FY (འཇིག་རྟེན་ཆགས་ལུགས།): བསྐལ་བ་མིང་ལ་རྟེན་བསྐལ་ཡིན།

དྲི། 问

Question:

སྟོང་བསྐལ་ཆགས་བསྐལ་གནས་བསྐལ་གསུམ།[692] 空成住者三劫兮

The empty aeon, the aeon of formation and the aeon of abiding,

དེ་གསུམ་གྱི་ཡུན་ཚད་ཅི་ཙམ་རེད།[693] 三者时长几何耶

What are the lengths of these three aeons?

གླུ་དལ་བུར་ཤོག་དང་བྲེལ་བ་མེད། 歌徐陈之莫匆促

Please sing the song slowly, there is no hurry.

ལན། 答

Answer:

དེ་གསུམ་གྱི་ཡུན་ཚད་བཤད་རྒྱུ་ན།[694] 言三者之时长兮

Speaking of the lengths of these three aeons,

འཇིག་བསྐལ་ཡུན་ཚད་མཉམ་པ་ཡིན།[695] 同于坏劫之时长

They are the same length as the aeon of destruction.

དྲི། 问

Question:

སྟོད་ལྷ་ཡི་ཉིན་མཚན་ཅི་འདྲ་ཡིན།[696] 天人昼夜何状耶

What are days and nights like in the abodes of gods?

---

692 LT: **སྟོང་བསྐལ་ཆགས་བསྐལ་གནས་བསྐལ་གསུམ།** PT: སྟོང་བསྐལ་དང་འཆགས་བསྐལ་གནས་བསྐལ་གསུམ། FY (འཇིག་རྟེན་ཆགས་ལུགས།): རྟེན་བསྐལ་དང་ཆགས་བསྐལ་གནས་བསྐལ་གསུམ།

693 LT, PT, FY (འཇིག་རྟེན་ཆགས་ལུགས།): **དེ་གསུམ་གྱི་ཡུན་ཚད་ཅི་ཙམ་རེད།**

694 LT, PT, FY (འཇིག་རྟེན་ཆགས་ལུགས།): **དེ་གསུམ་གྱི་ཡུན་ཚད་བཤད་རྒྱུ་ན།**

695 LT: **འཇིག་བསྐལ་ཡུན་ཚད་མཉམ་པ་ཡིན།** PT, FY (འཇིག་རྟེན་ཆགས་ལུགས།): འཇིག་བསྐལ་དང་ཡུན་ཚད་མཉམ་པ་ཡིན།

696 FY (འཇིག་རྟེན་ཆགས་ཚུལ།): **སྟོད་ལྷ་ཡི་ཉིན་མཚན་ཅི་འདྲ་ཡིན།**

ལྷ་ཡི་ཉིན་ཞག་ཚད་དེ་ཤོད།[697] 释天人昼夜计法

Please tell of how days are calculated in the abodes of gods.

གླུ་དལ་མོ་ལོངས་དང་རྗེས་ན་ཡོད། 有歌相继徐徐咏

Sing it slowly, and more songs will follow.

ལན། 答

Answer:

སྟོད་ལྷ་ཡི་ཡུལ་ན་ཉི་ཟླ་མེད།[698] 天界本无日月兮

There is neither sun nor moon in the abodes of gods.

སྲིད་མེ་ཏོག་པད་མ་ཁ་ཕྱེ་ན།[699] 如若莲花绽放时

The lotus flower,

དེ་ཉིན་མོ་ཡིན་ཟེར་ཁ་ཟུབ་ན།[700] 言此即为白昼也

Blossoms in the day and shuts at night.

དེ་མཚན་མོ་ཡིན་ཟེར་དེ་ལྟར་ཤེས།[701] 花阖即知为夜矣

In such way, days and nights are distinguished.

གླུ་དེ་ཡི་ལན་ལ་དེ་འདྲ་ཡིན། 如是答复彼歌矣

This is the response to the song.

697 FY (འཇིག་རྟེན་ཆགས་ཚུལ།): ལྷ་ཡི་ཉིན་ཞག་ཚད་དེ་ཤོད།

698 FY (འཇིག་རྟེན་ཆགས་ཚུལ།): སྟོད་ལྷ་ཡི་ཡུལ་ན་ཉི་ཟླ་མེད།

699 FY (འཇིག་རྟེན་ཆགས་ཚུལ།): སྲིད་མེ་ཏོག་པད་མ་ཁ་འབྱེད་ན། ED: སྲིད་མེ་ཏོག་པད་མ་ཁ་ཕྱེ་ན།

700 FY (འཇིག་རྟེན་ཆགས་ཚུལ།): དེ་ཉིན་མོ་ཡིན་ཟེར་ཁ་ཟུབ་ན།

701 FY (འཇིག་རྟེན་ཆགས་ཚུལ།): དེ་མཚན་མོ་ཡིན་ཟེར་དེ་ལྟར་ཤེས།

དྲི། 问

Question:

ལྷ་དེ་ལ་ཕ་མ་ཡོད་མེད་ཤོད།[702] 释其有无父与母

Please narrate whether gods have parents.

ལྷ་དབང་པོ་བརྒྱ་བྱིན་སྐྱེས་ཚུལ་ཤོད།[703] 释帝释天何以生

Please narrate how Indra was born.

གླུ་དལ་མོ་ལོངས་དང་རྗེས་ན་ཡོད། 有歌相继徐徐咏

Sing it slowly, and more songs will follow.

ལན། 答

Answer:

ལྷ་ཕ་མ་གང་གི་པང་བར་ནས།[704] 天人父母腿面兮

On the lap of either a god or a goddess,

བུ་བུ་མོ་རྫུས་ཏེ་སྐྱེས་པ་ན།[705] 其子与女化生也

A child who is born miraculously,

ལྷ་དེ་དང་དེའི་བུ་ཡིན་ཟེར།[706] 是为神之子女矣

Is believed to be their child.

ལྷ་དབང་པོ་བརྒྱ་བྱིན་སྐྱེས་ཚུལ་ནི།[707] 帝释天何以生兮

As for how Indra was born,

---

702 FY (འཇིག་རྟེན་ཆགས་ཚུལ།): ལྷ་དེ་ལ་ཕ་མ་ཡོད་མེད་ཤོད།

703 FY (འཇིག་རྟེན་ཆགས་ཚུལ།): ལྷ་དབང་པོ་བརྒྱ་བྱིན་སྐྱེས་ཚུལ་ཤོད།

704 FY (འཇིག་རྟེན་ཆགས་ཚུལ།): ལྷ་ཕ་མ་གང་གི་བར་དེ་ན། ED: ལྷ་ཕ་མ་གང་གི་པང་བར་ནས།

705 FY (འཇིག་རྟེན་ཆགས་ཚུལ།): བུ་བུ་མོ་རྫུས་ཏེ་སྐྱེས་པ་ན།

706 FY (འཇིག་རྟེན་ཆགས་ཚུལ།): ལྷ་དེ་དང་དེའི་བུ་ཡིན་ཟེར།

707 FY (འཇིག་རྟེན་ཆགས་ཚུལ།): ལྷ་དབང་པོ་བརྒྱ་བྱིན་སྐྱེས་ཚུལ་ནི།

ལུས་ཆེ་ལ་གོས་དང་བཅས་པ་སྐྱེས།[708] 巨身着衣而生矣

He was born with a gigantic body and wearing clothes.

གླུ་དེ་ཡི་ལན་ལ་དེ་འདྲ་ཡིན། 如是答复彼歌矣

This is the response to the song.

དྲི། 问

Question:

ཡང་གཟུགས་ཁམས་ལྷ་རྣམས་ཅི་ལྟར་སྐྱེས།[709] 色界天人何以生

How are the gods in the Form Realm born?

གནས་གཟུགས་ཁམས་ལྷ་ཡི་ལུས་ཚད་ཤོད།[710] 释色界天人身长

Please tell of the height of the gods in the Form Realm.

གནས་གཟུགས་ཁམས་ལྷ་ཡི་ཚེ་ཚད་ཤོད།[711] 释色界天人之寿

Please tell of the life span of the gods in the Form Realm.

གླུ་དལ་བུར་ཤོག་དང་བྲེལ་བ་མེད། 歌徐陈之莫匆促

Please sing the song slowly, there is no hurry.

---

708 FY (འཇིག་རྟེན་ཆགས་ཚུལ།): **ལུས་ཆེ་ལ་གོས་དང་བཅས་པ་སྐྱེས།**

709 DP: ཡང་བཟུང་ཁམས་ལྷ་རྣམས་ཀྱུ་རུ་སྐྱེད། FY (འཇིག་རྟེན་ཆགས་ཚུལ།): **ཡང་གཟུགས་ཁམས་ལྷ་རྣམས་ཅི་ལྟར་སྐྱེས།**

710 DP: གནས་གཟུང་ཁམས་ལྷ་ཡི་ལུས་ཚད་བཤད། FY (འཇིག་རྟེན་ཆགས་ཚུལ།): **གནས་གཟུགས་ཁམས་ལྷ་ཡི་ལུས་ཚད་ཤོད།**

711 DP: གནས་གཟུང་ཁམས་ལྷའི་ཚེ་ཚད་བཤད། FY (འཇིག་རྟེན་ཆགས་ཚུལ།): གནས་གཟུགས་ཁམས་ལྷའི་ཚེ་ཚད་ཤོད། ED: **གནས་གཟུགས་ཁམས་ལྷ་ཡི་ཚེ་ཚད་ཤོད།**

ལན། 答

Answer:

ཡང་གཟུགས་ཁམས་ལྷའི་སྐྱེས་ཚུལ་ནི།[712] 色界天人出生兮

Then, as for how gods in the Form Realm are born,

ལུས་ཆུང་ནས་ཆེ་རུ་སྐྱེ་རྒྱུ་མེད།[713] 自生时身无增减

Their bodies do not grow since birth.

ལུས་རྫོགས་ཤིང་གོན་པ་གོན་ནས་སྐྱེས།[714] 巨身着衣而生矣

They are born fully grown and wearing clothes.

གནས་གཟུགས་དང་པོའི་ལྷ་དེ་ལ།[715] 于色界之第一天

The gods in the first abode of the Form Realm [Brahma class in the First Dhyāna],

ལུས་ཚད་དཔག་ཚད་ཕྱེད་དང་གཅིག[716] 天人身长半由旬

Whose height is half a league.

དེའི་གོང་མ་ཐམས་ཅད་ཕྱེད་ཕྱེད་བསྐྱེད།[717] 其上递增半由旬

In the abodes above it, the height of the gods is a half a league more than the previous one.

འོད་ཆུང་རྣམས་ཀྱི་ལྷག་ཡན་ཆད།[718] 于少光天之上兮

Above the abode of the Limited Light [in the Second Dhyāna],

---

712 DP: ཡང་གཟུང་ཁམས་ལྷའི་སྐྱེས་ཚུལ་ནི། FY (འཇིག་རྟེན་ཆགས་ཚུལ།): **ཡང་གཟུགས་ཁམས་ལྷའི་སྐྱེས་ཚུལ་ནི།**

713 DP: ལུས་ཆུང་ནས་ཆེ་རུ་སྐྱེད་བརྒྱུད་མེད། FY (འཇིག་རྟེན་ཆགས་ཚུལ།): **ལུས་ཆུང་ནས་ཆེ་རུ་སྐྱེ་རྒྱུ་མེད།**

714 DP: རྫོགས་ཤིང་གོན་པ་གོན་ནས་སྐྱེས། FY (འཇིག་རྟེན་ཆགས་ཚུལ།): **ལུས་རྫོགས་ཤིང་གོན་པ་གོན་ནས་སྐྱེས།**

715 DP: གནས་གཟུགས་ཁམས་དང་པོའི་ལྷ་དེ་ལ། FY (འཇིག་རྟེན་ཆགས་ཚུལ།): **གནས་གཟུགས་དང་པོའི་ལྷ་དེ་ལ།**

716 DP: ལུས་དཔག་ཚད་ཚོར་བ་ཡོད་པས། FY (འཇིག་རྟེན་ཆགས་ཚུལ།): ལུས་དཔག་ཚད་ཚོད་པ་ཡོད་ཟེར་བས། ED: **ལུས་ཚད་དཔག་ཚད་ཕྱེད་དང་གཅིག**

717 DP: དེའི་གོང་མ་ཐམས་ཅད་ཉིས་འགྱུར་ཡིན། FY (འཇིག་རྟེན་ཆགས་ཚུལ།): དེའི་གོང་མ་ཐམས་ཅད་ཉིས་གྱུར་ཡིན། ED: **དེའི་གོང་མ་ཐམས་ཅད་ཕྱེད་ཕྱེད་བསྐྱེད།**

718 DP: ཚེ་བསྐལ་ཆེན་གཅིག་གི་ཆེ་བར་ཐུབ། FY (འཇིག་རྟེན་ཆགས་ཚུལ།): ཚེ་བསྐལ་ཆེན་གཅིག་གི་ཚེ་བར་ཐུབ། ED: **འོད་ཆུང་རྣམས་ཀྱི་ལྷག་ཡན་ཆད།**

དེའི་གོང་མ་ཐམས་ཅད་ཉིས་འགྱུར་ཡིན།[719] 天人寿以双倍增

The height of the gods in each abode increases twofold.

སྤྲིན་མེད་དཔག་ཚད་གསུམ་དོར་རོ།།[720] 无云天减三由旬

In the abode of the Cloudless [in the Fourth Dhyāna], the height of the gods reduces three leagues from the doubled size.

རང་ལུས་ཆེ་ཚད་དང་མཉམ་པའི།[721] 色界天人身与寿

The life spans of gods in the Form Realm in aeons is equal to,

གྲངས་དང་མཉམ་པའི་བསྐལ་པ་ཡིན།[722] 于其劫中相等同

The number of their body height measured in leagues.

གླུ་དེ་ཡི་ལན་ལ་དེ་འདྲ་ཡིན། 如是答复彼歌矣

This is the response to the song.

དྲི། 问

Question:

ཟླ་གཟུགས་མེད་ལུས་ཚད་ཅི་འདྲ་ཡོད།[723] 无色天人长几何

What is the height of gods in the Formless Realm?

ཟླ་གཟུགས་མེད་ཆེ་ལོ་ཅི་འདྲ་ཡོད།[724] 无色天人寿几何

What is the life span of gods in the Formless Realm?

---

719 DP: དེའི་སྟོང་མོ་ཐམས་ཅད་ཉིས། FY (འཇིག་རྟེན་ཆགས་ཚུལ།): དེའི་གོང་མ་ཐམས་ཅད་ཉིས་གྱུར་ཡིན། ED: **དེའི་གོང་མ་ཐམས་ཅད་ཉིས་འགྱུར་ཡིན།**

720 ED: **སྤྲིན་མེད་དཔག་ཚད་གསུམ་དོར་རོ།**

721 ED: **རང་ལུས་ཆེ་ཚད་དང་མཉམ་པའི།**

722 ED: **གྲངས་དང་མཉམ་པའི་བསྐལ་པ་ཡིན།**

723 DP: ཟུགས་མེད་ལུས་ཚོད་མཆི་འདྲ་ཡོད། FY (འཇིག་རྟེན་ཆགས་ཚུལ།): **ཟླ་གཟུགས་མེད་ལུས་ཚད་ཅི་འདྲ་ཡོད།**

724 DP: ཟླ་གཟུགས་མེད་ཆེ་ལོ་མཆི་འདྲ་ཡོད། FY (འཇིག་རྟེན་ཆགས་ཚུལ།): **ཟླ་གཟུགས་མེད་ཆེ་ལོ་ཅི་འདྲ་ཡོད།**

གནས་སྲིད་རྩེ་ལྷ་ཡི་ཚེ་ཚད་ཤོད།[725] 释最高天人寿兮

Please tell of the life span of gods in the abode of Neither Existence nor Non-Existence.

ལན། 答

Answer:

ལྷ་གཟུགས་མེད་ལྷ་ལ་ལུས་ཚད་མེད།[726] 无色天人无身长

Gods in the Formless Realm do not have heights,

གནས་གཟུགས་མེད་ཁམས་ན་གཟུགས་མེད་ཟེར།[727] 言无色界无身矣

It is said that they do not possess physical bodies.

གནས་གཟུགས་མེད་དང་པོ་ལྷ་དེ་ལ།[728] 无色第一天之人

The gods in the first abode of the Formless Realm [the Infinite Space],

ཚེ་བསྐལ་པ་སྟོང་ཕྲག་ཉི་ཤུ་ཐུབ།[729] 其寿有二万劫矣

Whose life span could be up to 20,000 great aeons.

གནས་བཞི་བ་སྲིད་རྩེའི་ལྷ་དེ་ལ།[730] 有顶天之天人兮

The gods in the fourth abodes, Neither Existence nor Non-Existence,

ཚེ་བསྐལ་པ་སྟོང་ཕྲག་བརྒྱད་ཅུ་ཐུབ།[731] 其寿有八万劫矣

Whose life span could be up to 80,000 great aeons.

725 DP: གནས་སྲིད་རྩེ་ལྷའི་ཚེ་ཚད་བཤད། FY (འཇིག་རྟེན་ཆགས་ཚུལ།): **གནས་སྲིད་རྩེ་ལྷ་ཡི་ཚེ་ཚད་ཤོད།**

726 DP, FY (འཇིག་རྟེན་ཆགས་ཚུལ།): **ལྷ་གཟུགས་མེད་ལྷ་ལ་ལུས་ཚད་མེད།**

727 DP, FY (འཇིག་རྟེན་ཆགས་ཚུལ།): **གནས་གཟུགས་མེད་ཁམས་ན་གཟུགས་མེད་ཟེར།**

728 DP, FY (འཇིག་རྟེན་ཆགས་ཚུལ།): **གནས་གཟུགས་མེད་དང་པོ་ལྷ་དེ་ལ།**

729 DP: **ཚེ་བསྐལ་པ་སྟོང་ཕྲག་ཉི་ཤུ་ཐུབ།** FY (འཇིག་རྟེན་ཆགས་ཚུལ།): ཚེ་བསྐལ་བ་སྟོང་ཕྲག་ཉི་ཤུ་ཐུབ།

730 DP: གནས་བཞི་བ་སྲིད་རྩེའི། FY (འཇིག་རྟེན་ཆགས་ཚུལ།): **གནས་བཞི་བ་སྲིད་རྩེའི་ལྷ་དེ་ལ།**

731 DP: ཚེ་བསྐལ་པ་སྟོམ་ཕྲག་བརྒྱད་བཅུ་ཐུབ། FY (འཇིག་རྟེན་ཆགས་ཚུལ།): ཚེ་བསྐལ་བ་སྟོང་ཕྲག་བརྒྱད་ཅུ་ཐུབ། ED: **ཚེ་བསྐལ་པ་སྟོང་ཕྲག་བརྒྱད་ཅུ་ཐུབ།**

དེ་གཟུགས་མེད་ཚེ་ཚད་དེ་འདྲ་ཡིན།[732] 无色天人寿如是

Such is the life span of the gods in the Formless Realm.

དྲི། 问

Question:

གླིང་བཞི་པོ་མི་ཡི་ལུས་ཚད་ཤོད།[733] 释四大洲人身长

Please tell of the height of people in the Four Continents.

ལྷོ་འཛམ་གླིང་མི་ཡི་ཚེ་ལོ་ཤོད།[734] 释赡部洲人之寿

Please tell of the life span of people in the Rose Apple Tree Continent.

གླིང་གཞན་པ་གསུམ་གྱི་ཚེ་ལོ་ཤོད།[735] 释另三洲人之寿

Please tell of the life span of people in the other three Continents.

གླུ་དལ་བུར་ཤོག་དང་བྲེལ་བ་མེད། 歌徐陈之莫匆促

Please sing the song slowly, there is no hurry.

ལན། 答

Answer:

གླིང་བཞི་པོ་མིའི་ལུས་ཚད་བཤད་རྒྱུ་ན།[736] 言四大洲人身长

Speaking of people's height in the Four Continents,

---

732 DP: དེ་གཟུགས་མེད་ཚེ་ཚད་དེ་རྡ་ཡིན། FY (འཇིག་རྟེན་ཆགས་རྒྱལ།): **དེ་གཟུགས་མེད་ཚེ་ཚད་དེ་འདྲ་ཡིན།**

733 DP: གླིང་བཞི་པོ་མི་ལུས་ཚེ་ཚད་བཤད། FY (འཇིག་རྟེན་ཆགས་རྒྱལ།): གླིང་བཞི་པོ་མི་ལུས་ཚད་ཤོད། ED: **གླིང་བཞི་པོ་མི་ཡི་ལུས་ཚད་ཤོད།**

734 DP: ལོ་འཛམ་གླིང་མི་ཡི་ཚེ་ལོ་བཤད། གླིང་བཞི་ནས་གསུམ་གྱི་ཚེ་ལོ་བཤད། FY (འཇིག་རྟེན་ཆགས་རྒྱལ།): ལོ་འཛམ་གླིང་མི་ཡི་ཚེ་ལོ་ཤོད། ED: **ལྷོ་འཛམ་གླིང་མི་ཡི་ཚེ་ལོ་ཤོད།**

735 DP: གླིང་གཞན་པ་གསུམ་གྱི་ཚེ་ལོ་བཤད། FY (འཇིག་རྟེན་ཆགས་རྒྱལ།): **གླིང་གཞན་པ་གསུམ་གྱི་ཚེ་ལོ་ཤོད།**

736 DP: གླིང་མི་ཡི་ལུས་ཚེད་བཤད་བརྒྱུད་ན། FY (འཇིག་རྟེན་ཆགས་རྒྱལ།): **གླིང་བཞི་པོ་མིའི་ལུས་ཚད་བཤད་རྒྱུ་ན།**

ལྷོ་འཛམ་བུ་གླིང་པ་ཁྲུ་བཞི་ཡོད།[737] 赡部洲人四肘长

People are four-cubits high in the Southern Continent.

ཤར་ནུབ་བྱང་ཉིས་འགྱུར་ཉིས་འགྱུར་ཆེ།[738] 东西北洲各倍增

People are twice as tall as those in the previous in the Eastern, Western, and Northern Continents.

བྱང་སྒྲ་མི་སྙན་པ་ལོ་སྟོང་ཐུབ།[739] 俱卢人寿一千载

The life span of people in the northern Unpleasant Sound Continent can reach 1,000 years,

ནུབ་བ་གླང་སྤྱོད་ལོ་ལྔ་བརྒྱ་ཐུབ།[740] 牛货人寿五百岁

500 years in the western Bountiful Cow Continent,

ཤར་ལུས་འཕགས་པོ་ཉིས་བརྒྱ་ཕྱེད།[741] 胜身人寿二百五

250 years in the eastern Superior Body Continent,

འཛམ་བུ་གླིང་པའི་ཚེ་ཚད་དེ།[742] 赡部洲之人寿兮

In the southern Rose Apple Tree Continent, people's life span,

འདི་ན་མ་ངེས་ཐ་མར་ནི།[743] 赡部人寿不定也

Is uncertain,

---

737 DP: ལྷོ་འཛམ་བུ་གླིང་བཞི་ཡིན། FY (འཇིག་རྟེན་ཆགས་ཚུལ།): ལྷོ་འཛམ་བུ་གླིང་པ་ཁྲུ་བཞི་ཡོད། ED: **ལྷོ་འཛམ་བུ་གླིང་པ་ཁྲུ་བཞི་ཡོད།**

738 DP: ཤར་བྱང་ཉིས་འགྱུར་ཉིས་གྱུར་ཆེ། FY (འཇིག་རྟེན་ཆགས་ཚུལ།): ཤར་ནུབ་བྱང་ཉིས་གྱུར་ཉིས་གྱུར་ཆེ། ED: **ཤར་ནུབ་བྱང་ཉིས་འགྱུར་ཉིས་འགྱུར་ཆེ།**

739 DP, FY (འཇིག་རྟེན་ཆགས་ཚུལ།): **བྱང་སྒྲ་མི་སྙན་པ་ལོ་སྟོང་ཐུབ།**

740 FY (འཇིག་རྟེན་ཆགས་ཚུལ།): **ནུབ་བ་གླང་སྤྱོད་ལོ་ལྔ་བརྒྱ་ཐུབ།**

741 FY (འཇིག་རྟེན་ཆགས་ཚུལ།): ཤར་ལུས་འཕགས་པའི་ལོ་སུམ་བརྒྱ་དང་ཕྱེད། ED: **ཤར་ལུས་འཕགས་པོ་ཉིས་བརྒྱ་ཕྱེད།**

742 FY (འཇིག་རྟེན་ཆགས་ཚུལ།): ལྷོ་འཛམ་གླིང་མི་ཚེ་བརྒྱ་གཅིག་དྲུག་ཅུ་ཡིན། ED: **འཛམ་བུ་གླིང་པའི་ཚེ་ཚད་དེ།**

743 ED: **འདི་ན་མ་ངེས་ཐ་མར་ནི།**

ལོ་བཅུ་དང་པོ་དཔག་ཏུ་མེད།[744] 由十岁至不可计
Ranging from ten years to immeasurable in the beginning.

གླུ་དེ་ཡི་ལན་ལ་དེ་འདྲ་ཡིན། 如是答复彼歌矣
This is the response to the song.

དྲི། 问
Question:

སེམས་ཅན་སྐྱེས་གནས་རྣམ་བཞི་ཡོད།[745] 有情四种出生兮
Sentient beings have four modes of birth.

དེ་བཞི་པོ་རེ་རེའི་མིང་རེ་དྲོངས།[746] 出生各个名何耶
Please name each of the four modes.

གླུ་དལ་མོ་ལོངས་དང་རྗེས་ན་ཡོད། 有歌相继徐徐咏
Sing it slowly, and more songs will follow.

ལན། 答
Answer:

སྒོང་སྐྱེས་མངལ་སྐྱེས་དྲོད་གཤེར་སྐྱེས།[747] 卵生胎生湿生兮
Egg birth, womb birth, warmth-and-humidity birth,

---

744 ED: **ལོ་བཅུ་དང་པོ་དཔག་ཏུ་མེད།**

745 DP: ནང་སེམས་ཅན་སྐྱེས་ནས་ལས་སྐྱེས། མི་མྱུར་ག་ཡེ་འོག་ལོ་ཡིན། LT: སེམས་ཅན་སྐྱེ་གནས་རྣམ་བཞི་ཡོད། PT, FY (འཇིག་རྟེན་ཆགས་ལུགས།): སེམས་ཅན་ལ་སྐྱེ་གནས་རྣམ་བཞི་ཡོད། FY (འཇིག་རྟེན་ཆགས་ཚུལ།): ནང་སེམས་ཅན་སྐྱེ་གནས་བཞི་ལས་སྐྱེས། འོ་མི་རྒྱུད་གང་ལ་འགོ་ལི་ཡིན། ED: **སེམས་ཅན་སྐྱེས་གནས་རྣམ་བཞི་ཡོད།**

746 DP: བ་སྐྱེས་གནས་བཞི་པོ་བཤད། LT: **དེ་བཞི་པོ་རེ་རེའི་མིང་རེ་དྲོངས།** PT: དེ་བཞི་པོ་རེ་རེ་མིང་རེ་དྲོངས། FY (འཇིག་རྟེན་ཆགས་ལུགས།): དེ་བཞི་པོ་རེ་རེར་མིང་རེ་དྲོངས། FY (འཇིག་རྟེན་ཆགས་ཚུལ།): འོ་སྐྱེ་བ་སྐྱེས་གནས་བཞི་པོ་ཤོད།

747 DP: ཀེ་རྫུས་སྐྱེད་མངའ་སྐྱེད་སྒོང་སྐྱེད་དང་། LT: **སྒོང་སྐྱེས་མངལ་སྐྱེས་དྲོད་གཤེར་སྐྱེས།** PT: སྒོང་སྐྱེས་མངལ་སྐྱེས་དྲོད་སྐྱེས་དེ་དང་གསུམ། FY (འཇིག་རྟེན་ཆགས་ལུགས།): སྒོང་སྐྱེས་མངལ་སྐྱེས་དྲོད་སྐྱེས་གསུམ། FY (འཇིག་རྟེན་ཆགས་ཚུལ།): ཀན་རྫུས་སྐྱེས་མངལ་སྐྱེས་སྒོང་སྐྱེས་དང་།

རྫུས་སྐྱེས་དང་ནི་རྣམ་པ་བཞི།[748] 及化生者四生也

And miraculous birth.

དེ་ནི་སྐྱེས་གནས་བཞི་པོ་ཡིན།[749] 四种之出生如是

Such are the four modes of birth.

གླུ་དེ་ཡི་ལན་ལ་དེ་འདྲ་ཡིན། 如是答复彼歌矣

This is the response to the song.

དྲི། 问

Question:

སེམས་ཅན་འགྲོ་བ་རིགས་དྲུག་ཡོད།[750] 六道有情众生兮

There are six classes of sentient beings.

རིགས་དྲུག་པོ་རེ་རེའི་མིང་རེ་སྒྲོངས།[751] 六道各个名何耶

Please narrate each of the six classes of being.

ད་ལྷ་ལ་སྐྱེས་གནས་བཞི་ཨེ་ཡོད།[752] 天道者有四生耶

Do gods have four modes of birth?

ལྷ་མིན་ལ་སྐྱེས་གནས་བཞི་ཨེ་ཡོད།[753] 阿修罗道四生耶

Do demi-gods have four modes of birth?

---

748 DP: དེ་དྲོད་སྐྱེད་སྐྱེས་གནས་བཞི་པོ་ཡིན། LT: རྫུས་ཏེ་སྐྱེས་དང་རྣམ་པ་བཞི། PT: རྫུས་ཏེ་སྐྱེས་གནས་རྣམ་པ་བཞི། FY (འཇིག་རྟེན་ཆགས་ལུགས།): རྫུས་ཏེ་སྐྱེས་ནས་རྣམ་པ་བཞི། FY (འཇིག་རྟེན་ཆགས་ཚུལ།): དེ་དྲོད་སྐྱེས་སྐྱེས་གནས་བཞི་པོ་ཡིན། ED: **རྫུས་སྐྱེས་དང་ནི་རྣམ་པ་བཞི།**

749 PT: དེ་ནི་སྐྱེས་ཆེན་བཞི་པོ་ཡིན། LT, FY (འཇིག་རྟེན་ཆགས་ལུགས།): དེ་ནི་སྐྱེ་གནས་བཞི་པོ་ཡིན། ED: **དེ་ནི་སྐྱེས་གནས་བཞི་པོ་ཡིན།**

750 LT, PT, FY (འཇིག་རྟེན་ཆགས་ལུགས།): **སེམས་ཅན་འགྲོ་བ་རིགས་དྲུག་ཡོད།**

751 LT: རིགས་དྲུག་རེ་རེའི་མིང་རེ་སྒྲོངས། PT: རིགས་དྲུག་པོ་རེ་རེ་མིང་རེ་སྒྲོངས། FY (འཇིག་རྟེན་ཆགས་ལུགས།): རིགས་དྲུག་པོ་རེ་རེར་མིང་རེ་སྒྲོངས། ED: **རིགས་དྲུག་པོ་རེ་རེའི་མིང་རེ་སྒྲོངས།**

752 LT: ད་ལྷ་ལ་སྐྱེ་གནས་བཞི་ཨེ་ཡོད། PT: དེ་ལྷ་ལ་སྐྱེས་གནས་བཞི་ཨེ་ཡོད། FY (འཇིག་རྟེན་ཆགས་ལུགས།): དེ་ལྷ་ན་སྐྱེས་གནས་བཞི་ཨེ་ཡོད། ED: **ད་ལྷ་ལ་སྐྱེས་གནས་བཞི་ཨེ་ཡོད།**

753 LT: ལྷ་མིན་ལ་སྐྱེ་གནས་བཞི་ཨེ་ཡོད། PT, FY (འཇིག་རྟེན་ཆགས་ལུགས།): ལྷ་མ་ཡིན་ལ་སྐྱེས་གནས་བཞི་ཨེ་ཡོད། ED: **ལྷ་མིན་ལ་སྐྱེས་གནས་བཞི་ཨེ་ཡོད།**

མི་ལ་སྐྱེས་གནས་བཞི་ཨེ་ཡོད།[754] 人道者有四生耶
Do humans have four modes of birth?

དུད་འགྲོ་ལ་སྐྱེས་གནས་བཞི་ཨེ་ཡོད།[755] 畜生道有四生耶
Do animals have four modes of birth?

ཡི་དྭགས་ལ་སྐྱེས་གནས་བཞི་ཨེ་ཡོད།[756] 饿鬼道有四生耶
Do hungry ghosts have four modes of birth?

དམྱལ་བ་ལ་སྐྱེས་གནས་བཞི་ཨེ་ཡོད།[757] 地狱道有四生耶
Do hell beings have four modes of birth?

གླུ་དལ་བུར་ཤོག་དང་བྲེལ་བ་མེད། 歌徐陈之莫匆促
Please sing the song slowly, there is no hurry.

ལན། 答
Answer:

མི་དང་དུད་འགྲོ་རྣམ་པ་བཞི། 人与畜生有四生
Human beings and animals possess four modes of birth.

ལྷ་མ་ཡིན་ལྷ་དང་དམྱལ་བ་ལ།[758] 阿修罗天神饿鬼
Demi-gods, gods, and hell beings,

---

754 LT: ཡང་མི་ལ་སྐྱེ་གནས་བཞི་ཨེ་ཡོད། PT, FY (འཇིག་རྟེན་ཆགས་ལུགས།): **མི་ལ་སྐྱེས་གནས་བཞི་ཨེ་ཡོད།**

755 LT: དུད་འགྲོ་ལ་སྐྱེ་གནས་བཞི་ཨེ་ཡོད། PT, FY (འཇིག་རྟེན་ཆགས་ལུགས།): **དུད་འགྲོ་ལ་སྐྱེས་གནས་བཞི་ཨེ་ཡོད།**

756 LT: ཡི་དྭགས་ལ་སྐྱེ་གནས་བཞི་ཨེ་ཡོད། PT, FY (འཇིག་རྟེན་ཆགས་ལུགས།): **ཡི་དྭགས་ལ་སྐྱེས་གནས་བཞི་ཨེ་ཡོད།**

757 LT: དམྱལ་བ་ལ་སྐྱེ་གནས་བཞི་ཨེ་ཡོད། PT, FY (འཇིག་རྟེན་ཆགས་ལུགས།): **དམྱལ་བ་ལ་སྐྱེས་གནས་བཞི་ཨེ་ཡོད།**

758 LT: ལྷ་མ་ཡིན་ལྷ་དང་དམྱལ་བ་པ། PT, FY (འཇིག་རྟེན་ཆགས་ལུགས།): **ལྷ་མ་ཡིན་ལྷ་དང་དམྱལ་བ་ལ།**

དེ་གསུམ་པོ་རྫུས་སྐྱེས་ཤ་སྟག་ཡིན།[759] 三者惟有化生矣
Only have miraculous births.

གླུ་དེ་ཡི་ལན་ལ་དེ་འདྲ་ཡིན། 如是答复彼歌矣
This is the response to the song.

དྲི། 问
Question:

མི་ལ་སྐྱེས་གནས་བཞི་ཡོད་ན།[760] 若人道有四种生
If humans have four modes of birth,

མི་རྫུས་སྐྱེས་དེ་ལ་སུ་ཞིག་འཛོག[761] 化生所生者孰耶
Who is born through miraculous birth?

མི་སྒོང་སྐྱེས་དེ་ལ་སུ་ཞིག་འཛོག[762] 卵生所生者孰耶
Who is born from an egg?

མི་དྲོད་སྐྱེས་དེ་ལ་སུ་ཞིག་འཛོག[763] 湿生所生者孰耶
Who is born through warmth?

མི་མངལ་སྐྱེས་དེ་ལ་སུ་ཞིག་འཛོག[764] 胎生所生者孰耶
Who is born from a womb?

---

759 DP: ལྷ་ཐམས་ཅད་རྫུས་སྐྱེས་ཤ་སྟག་ཡིན། LT: **དེ་གསུམ་པོ་རྫུས་སྐྱེས་ཤ་སྟག་ཡིན།** དེ་གསུམ་ལ་སྐྱེ་གནས་བཞི་པོ་ཡོད། PT: དེ་གསུམ་ལ་སྐྱེས་གནས་བཞི་ཀ་ཡོད། དེ་གསུམ་ཀ་རྫུས་སྐྱེས་ཤ་སྟག་ཡིན། FY (འཇིག་རྟེན་ཆགས་ལུགས།): དེ་གསུམ་ལ་སྐྱེས་གནས་བཞི་ཀ་ཡོད། དེ་གསུམ་ལ་རྫུས་སྐྱེས་ཤ་སྟག་ཡིན། FY (འཇིག་རྟེན་ཆགས་ཚུལ།): ལྷ་ཐམས་ཅད་རྫུས་སྐྱེས་ཤ་སྟག་ཡིན།

760 LT: མི་ལ་སྐྱེ་གནས་བཞི་ཡོད་ན། PT, FY (འཇིག་རྟེན་ཆགས་ལུགས།): **མི་ལ་སྐྱེས་གནས་བཞི་ཡོད་ན།** FY (འཇིག་རྟེན་ཆགས་ཚུལ།): ལྷ་ཐམས་ཅད་སྐྱེས་ཚུལ་ཅི་འདྲ་ཡིན། བར་མི་ཡི་སྐྱེས་ཚུལ་ཅི་འདྲ་ཡིན། བོད་ཀྱི་མི་རྒྱུད་ཅི་འདྲ་སྐྱེས།

761 LT, PT, FY (འཇིག་རྟེན་ཆགས་ལུགས།): **མི་རྫུས་སྐྱེས་དེ་ལ་སུ་ཞིག་འཛོག**

762 LT, PT, FY (འཇིག་རྟེན་ཆགས་ལུགས།): **མི་སྒོང་སྐྱེས་དེ་ལ་སུ་ཞིག་འཛོག**

763 LT, PT, FY (འཇིག་རྟེན་ཆགས་ལུགས།): **མི་དྲོད་སྐྱེས་དེ་ལ་སུ་ཞིག་འཛོག**

764 LT, PT, FY (འཇིག་རྟེན་ཆགས་ལུགས།): **མི་མངལ་སྐྱེས་དེ་ལ་སུ་ཞིག་འཛོག**

དེ་རེ་རེ་ལ་ཡང་མིང་རེ་དྲོངས།[765] 其人各个名何耶

Please narrate each of their names.

གླུ་དལ་མོ་ལོངས་དང་རྗེས་ན་ཡོད། 有歌相继徐徐咏

Sing it slowly, and more songs will follow.

ལན། 答

Answer:

མི་རྫུས་སྐྱེས་སློབ་དཔོན་པད་མ་ཡིན།[766] 人化生者莲花生

Guru Rinpoche is a human who was miraculously born.

མི་སྒོང་སྐྱེས་དགྲ་བཅོམ་ཉེ་དབང་བཞག[767] 人卵生二阿罗汉

The Arhat, the Worthy one, and Vishnu are humans born from an egg.[13]

མི་དྲོད་སྐྱེས་རྒྱལ་པོ་སྤྱི་བོ་སྐྱེས།[768] 人湿生者顶生王

King Mūrdhaja is a human born from heat.

མི་ཕལ་ཆེ་བ་ནི་མངལ་སྐྱེས་ཡིན།[769] 人胎生者普罗众

Ordinary human beings are those humans born from a womb.

---

765 LT: **དེ་རེ་རེ་ལ་ཡང་མིང་རེ་དྲོངས།** PT: དེ་རེ་རེ་ཁ་ནས་མིང་རེ་དྲོངས། FY (འཇིག་རྟེན་ཆགས་ལུགས།): དེ་རེ་རེར་ཁ་ནས་མིང་རེ་དྲོངས།

766 DP: ཡ་དང་པོའི་མི་དེ་རྫུས་སྐྱེས་ཡིན། LT: **མི་རྫུས་སྐྱེས་སློབ་དཔོན་པད་མ་ཡིན།** PT: མི་རྫུས་སྐྱེས་ལ་སློབ་དཔོན་པདྨ་བཞག FY (འཇིག་རྟེན་ཆགས་ལུགས།): མི་རྫུས་སྐྱེས་ལ་སློབ་དཔོན་པད་མ་བཞག བསྐལ་བ་དང་པོའི་མི་དེ་རྫུས་སྐྱེས་ཡིན། མི་དེ་ལ་སྐྱེས་གནས་བཞི་ཀ་ཡོད།

767 DP: གེ་རྒྱལ་པོ་རྗེས་སུ་སྒོང་སྐྱེས་ཡིན། LT: **མི་སྒོང་སྐྱེས་དགྲ་བཅོམ་ཉེ་དབང་བཞག** PT: མི་སྒོང་སྐྱེས་ལ་དགྲ་བཅོམ་ཉེ་བག་བཞག FY (འཇིག་རྟེན་ཆགས་ལུགས།): མི་སྒོང་སྐྱེས་ལ་དགྲ་བཅོམ་ཉེ་འབག་བཞག FY (འཇིག་རྟེན་ཆགས་ཚུལ།): རྒྱལ་པོ་སྤྱི་སྐྱེས་སྒོང་སྐྱེས་ཡིན།

768 DP: དེ་ང་ལས་ནུས་ཏེ་དྲོས་སྐྱེས་ཡིན། LT: **མི་དྲོད་སྐྱེས་རྒྱལ་པོ་སྤྱི་བོ་སྐྱེས།** PT: མི་དྲོད་སྐྱེས་ལ་རྒྱལ་བོ་སྤྱི་བོར་སྐྱེས། FY (འཇིག་རྟེན་ཆགས་ལུགས།): མི་དྲོད་སྐྱེས་ལ་རྒྱལ་པོ་སྤྱི་བོར་སྐྱེས། FY (འཇིག་རྟེན་ཆགས་ཚུལ།): དེ་མངལ་ལས་བྱུང་དེ་དྲོད་སྐྱེས་ཡིན།

769 LT: **མི་ཕལ་ཆེ་བ་ནི་མངལ་སྐྱེས་ཡིན།** PT: མི་ད་ལྟ་ཕལ་ཆེན་མངལ་སྐྱེས་ཡིན། FY (འཇིག་རྟེན་ཆགས་ལུགས།): མི་ད་ལྟ་ཕལ་ཆེར་མངལ་སྐྱེས་ཡིན། FY (འཇིག་རྟེན་ཆགས་ཚུལ།): རྒྱལ་པོ་དོན་གྲུབ་མངལ་སྐྱེས་ཡིན། FY (འཇིག་རྟེན་ཆགས་ཚུལ།): འོ་བོད་ཀྱི་བུ་རྣམས་མངལ་སྐྱེས་ཡིན།

མིའི་སྐྱེས་གནས་བཞི་པོ་འདི་ལྟར་ཡིན།[770] 人之四生者如是

These are the four modes of birth that humans have.

དྲི། 问

Question:

སྔོན་ཆེ་ལོ་དཔག་ཏུ་མེད་པའི་དུས།[771] 过去人无寿限兮

In ancient times, when the life span of human beings was infinite,

མི་ཐམས་ཅད་རྫུས་སྐྱེས་ཤ་སྟག་ཡིན།[772] 众人皆为化生矣

All human beings were born miraculously.

དེའི་རྗེས་ལ་མངལ་སྐྱེས་ཅི་ལྟར་འོང་།[773] 其后何以胎生耶

After that, why did human beings have womb births?

དེའི་རྗེས་ལ་འགྲོ་བ་ཅི་ལྟར་དར།[774] 其后何以生息耶

How, then, do human beings flourish?

གླུ་དལ་མོ་ལོངས་དང་རྗེས་ན་ཡོད། 有歌相继徐徐咏

Sing it slowly, and more songs will follow.

770 DP: འོ་བོད་ཀྱི་བུ་རྣམས་མངའ་སྐྱེས་ཡིན། LT: མིའི་སྐྱེ་གནས་བཞི་པོ་འདི་ལྟར་ཡིན། PT: མིའི་སྐྱེས་གནས་བཞི་པོ་དུ་རུ་ཡིན། FY (འཇིག་རྟེན་ཆགས་ལུགས།): མིའི་སྐྱེས་གནས་བཞི་པོ་དེ་འདྲ་ཡིན། ED: **མིའི་སྐྱེས་གནས་བཞི་པོ་འདི་ལྟར་ཡིན།**

771 DP: དང་པོ་ཆེ་ཆེ་ལོ་གྲང་བཤད། སྐལ་དང་པི་མི་དངེས་ཆི་ཞི་ཟེར། དགུང་ཉི་ཟླ་མེད་པས་མཚུ་རུ་འགྲོ། LT: **སྔོན་ཆེ་ལོ་དཔག་ཏུ་མེད་པའི་དུས།** PT, FY (འཇིག་རྟེན་ཆགས་ལུགས།): སྔོན་ཆེ་ཆེ་ལོ་དཔག་མེད་དུས། FY (འཇིག་རྟེན་ཆགས་རྩུལ།): བསྐལ་བ་དང་པོ་ཆེ་ཚད་ལོ་གྲངས་ཤོད། བསྐལ་བ་དང་པོ་མི་དེས་ཅི་ཞིག་ཟ། དགུང་ཉི་ཟླ་མེད་པས་ཅི་ལྟར་འགྲོ

772 LT, PT, FY (འཇིག་རྟེན་ཆགས་ལུགས།): **མི་ཐམས་ཅད་རྫུས་སྐྱེས་ཤ་སྟག་ཡིན།**

773 LT: **དེའི་རྗེས་ལ་མངལ་སྐྱེས་ཅི་ལྟར་འོང་།** PT: དེའི་རྗེས་ལ་མངལ་སྐྱེས་ཅི་འདྲ་འོང་། FY (འཇིག་རྟེན་ཆགས་ལུགས།): དེ་རྗེས་ལ་མངལ་སྐྱེས་ཅི་འདྲ་འོང་།

774 LT: **དེའི་རྗེས་ལ་འགྲོ་བ་ཅི་ལྟར་དར།**

ལན། 答

Answer:

སྔོན་བསྐལ་པ་དང་པོའི་མི་དེ་རྣམས།[775] 昔第一劫之人兮

A long time ago, in the first aeon, human beings,

གཟུགས་ཅན་གྱི་ལྷ་དང་འདྲ་བ་ཡིན།[776] 其与天人相似矣

Who were just the same as those gods in the Form Realm,

གཟུགས་མཛེས་ཤིང་ཡན་ལག་ཉིང་ལག་ཚང་།[777] 华身与其四体兮

With beautiful bodies and complete body parts,

རང་འོད་ལ་རང་གིས་སོང་བ་ཡིན།[778] 身自发光漫游矣

Had radiant bodies, moving freely,

ཟས་དགའ་བ་ཟས་སུ་ཟ་བ་ཡིན།[779] 其所食者珍馐兮

And were sustained by the best foods.

---

775 DP: པ་དང་པོ་མི་ཐམས་ཅད། དེ་ཆེ་ལོ་དཔག་མེད་བརྒྱ་དང་འདྲ། ཟས་སྐྱང་ལས་དགའ་བ་ཟོས་སུ་ཟ། ཟས་མི་ཟ་ལྷ་དང་འདྲ། རང་འོད་ལ་རང་ཉི་སོང་ལི་ཡིན། དུས་སྐོབས་སུ་ཉི་ཟླ་སྐར་གསུམ་མེད། དུས་སྐབས་སུ་ཉི་ཟླ་མེད་ན་ཉི། དུས་སྐབས་སུ་འཛིན་རྟེན་བརྒྱ་རུ་ཕྱེར། བར་ཞིག་ལ་ཉི་ཟླ་འབྱུང་ཚུལ་བཤད། སྐལ་དདང་པོ་པདྨ་ཁ། དེ་དུས་སུ་ཉི་མོའི་ཐ་སྙད་བྱུས། སྐལ་དང་པོ་ཀུན་ སྟ་མི་ཁ་ཕྱེད་ན། དེའི་དུས་སུ་ཚན་མོའི་ཐ་སྙད་བྱེས། མི་ལེ་ཅན་རྣམས་པ་ཞེས་ཟས། རང་རང་གི་ལུས་ཀྱི་འདོ་རྣམས་ཉམས། རྩེ་ རྩེ་ཅན་སྐྱེས་མཐུན་ལས་དབང་ལ། དགུང་ནམ་ལ་ཉི་ཟླ་སྐར་གསུམ་ཤར། ད་ཉི་ཟླ་འབྱུང་ཚུལ་དུ་རུ་ཡིན། LT: སྔོན་བསྐལ་པ་ དང་པོའི་ལྷ་དེ་རྣམས། PT: སྔོན་བསྐལ་བ་དང་པོ་མི་དེ་རྣམས། FY (འཇིག་རྟེན་ཆགས་ལུགས།): སྔོན་བསྐལ་བ་དང་པོ་ ལ་དེ་རྣམས། FY (འཇིག་རྟེན་ཆགས་ཚུལ།): བསྐལ་བ་དང་པོ་མི་ཐམས་ཅད། དེ་ཆེ་ལོ་དཔག་མེད་ལྷ་དང་འདྲ། ཟས་གང་ ལས་དགའ་བ་ཟས་སུ་ཟ། ཟས་ངན་པ་མི་ཟ་ལྷ་དང་འདྲ། རང་འོད་ལ་རང་ཉིད་སོང་ལེ་ཡིན། དུས་སྐབས་སུ་ཉི་ཟླ་སྐར་གསུམ་མེད། དུས་སྐབས་སུ་ཉི་ཟླ་མེད་པ་ན། དུས་སྐབས་སུ་ཉིན་མཚན་ཅི་ལྟར་བྱེད། བར་ཞིག་ལ་ཉི་ཟླ་འབྱུང་ཚུལ་ཤོད། བསྐལ་བ་དང་པོ་པད་ ན་ཁ་འབྱེད་ན། དེ་དུས་སུ་ཉིན་མོའི་ཐ་སྙད་བྱས། བསྐལ་བ་དང་པོ་ཀུ་མུད་ཁ་འབྱེད་ན། དེ་དུས་སུ་མཚན་མོའི་ཐ་སྙད་བྱས། མི་ ལེ་ལོ་ཅན་རྣམས་ས་ཞག་ཟས། རང་རང་གི་ལུས་ཀྱི་འོད་རྣམས་ཉམས། སེམས་ཅན་སྐྱེས་མཐུན་ལས་དབང་གིས། དགུང་ལ་ཉི་ཟླ་ སྐར་གསུམ་ཤར། ཉི་ཟླ་འབྱུང་ཚུལ་དེ་འདྲ་ཡིན། ED: **སྔོན་བསྐལ་པ་དང་པོའི་མི་དེ་རྣམས།**

776 LT, PT, FY (འཇིག་རྟེན་ཆགས་ལུགས།): **གཟུགས་ཅན་གྱི་ལྷ་དང་འདྲ་བ་ཡིན།**

777 LT: གཟུགས་མཛེས་ཤིང་ཡན་ལན་ཉིང་ལག་ཚང་། PT: གཟུགས་མཛེས་བ་ཡན་ལན་ཉིང་ལག་ཚང་། FY (འཇིག་རྟེན་ ཆགས་ལུགས།): གཟུགས་མཛེས་པ་ཡན་ལན་ཉིད་ལག་ཚང་། ED: **གཟུགས་མཛེས་ཤིང་ཡན་ལག་ཉིང་ལག་ཚང་།**

778 LT: རང་འོད་ལ་བརྟེན་ནས་སོག་བ་ཡིན། PT, FY (འཇིག་རྟེན་ཆགས་ལུགས།): **རང་འོད་ལ་རང་གིས་སོང་བ་ཡིན།**

779 LT, PT: **ཟས་དགའ་བ་ཟས་སུ་ཟ་བ་ཡིན།** FY (འཇིག་རྟེན་ཆགས་ལུགས།): ཟས་དཀར་པའི་ཟས་སུ་ཟ་བ་ཡིན།

ཚེ་ལོ་ཡང་དཔག་མེད་ཐུབ་པ་རེད།[780] 其人寿者无限矣

And were able to live for an infinite number of years.

དེ་རྗེས་ལ་རིམ་གྱིས་འགྲིབ་ཚུལ་ཡིན།[781] 其后渐次递减兮

After that, the lifespan of human beings gradually decreased.

མི་དེ་ཚོས་ས་ཡི་ས་ཞག་ཟས།[782] 人所食者地味也

Human beings ate dust,[14]

རོ་སྦྲང་རྩི་ལྟ་བུ་མངར་བ་མྱངས།[783] 味甘犹若蜂蜜矣

Which tastes like sweet honey.

རོ་དེར་ཆགས་ནས་གསོག་འཇོག་བྱས།[784] 因其贪恋口欲故

They began to crave such tastes.

དེ་རྗེས་ལ་མ་རྨོས་མ་བཏབ་པའི།[785] 再后生自然粳米

After that, wild rice which grew without being cultivated,

འབྲུ་རིགས་ལོ་ཏོག་ཡོད་བཞིན་དུ།[786] 粳米无需耕种也

Was always available.

བདག་འཛིན་གྱིས་གསོག་འཇོག་བྱས་པ་ལས།[787] 业因贪欲累积故

Human beings hoarded it for themselves.

---

780 LT: ཚེ་ལོ་དཔག་མེད་ཐུབ་པ་རེད། FY (འཇིག་རྟེན་ཆགས་ལུགས།): **ཚེ་ལོ་ཡང་དཔག་མེད་ཐུབ་པ་རེད།**

781 LT, PT: དེ་རྗེས་ལ་རིམ་གྱིས་འགྲིབ་ཚུལ་ནི། FY (འཇིག་རྟེན་ཆགས་ལུགས།): **དེ་རྗེས་ལ་རིམ་གྱིས་འགྲིབ་ཚུལ་ཡིན།**

782 LT, FY (འཇིག་རྟེན་ཆགས་ལུགས།): མི་དེ་ཚོས་ས་ཡི་ས་ཞག་ཟ། PT: མི་དེ་ཚོས་ད་ཡི་ས་ཞག་ཟ། ED: **མི་དེ་ཚོས་ས་ཡི་ས་ཞག་ཟས།**

783 LT: **རོ་སྦྲང་རྩི་ལྟ་བུ་མངར་བ་མྱངས།** PT, FY (འཇིག་རྟེན་ཆགས་ལུགས།): རོ་སྦྲང་རྩི་ལྟ་བུར་དངར་བ་མྱངས།

784 LT: **རོ་དེར་ཆགས་ནས་གསོག་འཇོག་བྱས།** PT, FY (འཇིག་རྟེན་ཆགས་ལུགས།): རོ་དེ་ཆགས་ནས་གསོག་འཇོག་བྱེད། རོ་ཞིང་པོ་དེ་ཡང་དེ་དུས་རེད།

785 LT, PT, FY (འཇིག་རྟེན་ཆགས་ལུགས།): **དེ་རྗེས་ལ་མ་རྨོས་མ་བཏབ་པའི།**

786 LT: **འབྲུ་རིགས་ལོ་ཏོག་ཡོད་བཞིན་དུ།** PT, FY (འཇིག་རྟེན་ཆགས་ལུགས།): ལོ་ཏོག་དེ་གསུམ་ནི་ཡོད་བཞིན་དུ།

787 LT: **བདག་འཛིན་གྱིས་གསོག་འཇོག་བྱས་པ་ལས།** PT, FY (འཇིག་རྟེན་ཆགས་ལུགས།): བདག་འཛིན་གྱི་གསོག་འཇོག་བྱེད་པ་ལས།

ལོ་ཏོག་རྣམས་རིམ་བཞིན་མེད་པར་སོང་།[788] 所获渐减至无也

Gradually, there was no grain.

རང་རྒྱུད་ལ་འདོད་སྲེད་སྐྱེས་ནས་ནི།[789] 于念中生私欲也

Greed was born in their minds.

རང་འོད་ཀྱང་དེ་ནས་ཉམས་པ་རེད།[790] 故自身光渐逝也

Then, self-light degenerated.

དུས་དེ་ཚེ་སྡུག་བསྔལ་མང་པོ་མྱུངས།[791] 于彼时受诸多苦

From this generation on, suffering was experienced.

གླུ་དེ་ཡི་ལན་ལ་དེ་འདྲ་ཡིན། 如是答复彼歌矣

This is the response to the song.

དྲི། 问

Question:

སྤྱི་མཐུན་སེམས་ཅན་ལས་དབང་གིས།[792] 众生因其共业兮

Due to the power of the collective karma of sentient beings,

མི་རིགས་ནི་མང་པོ་ཡོད་ན་ཡང་།[793] 人有诸种种姓矣

Many classes of human exist.

---

788 LT: **ལོ་ཏོག་རྣམས་རིམ་བཞིན་མེད་པར་སོང་།** PT, FY (འཇིག་རྟེན་ཆགས་ལུགས།): ལོ་ཏོག་ཡང་རིམ་བཞིན་མེད་པར་སོང་།

789 LT: **རང་རྒྱུད་ལ་འདོད་སྲེད་སྐྱེས་ནས་ནི།** PT, FY (འཇིག་རྟེན་ཆགས་ལུགས།): དེ་ཐམས་ཅད་རིམ་པ་ཐལ་བ་ལ།

790 LT: **རང་འོད་ཀྱང་དེ་ནས་ཉམས་པ་རེད།** PT: རང་འོད་དང་དེ་ནས་ཉམས་རླག་རེད།

791 LT: **དུས་དེ་ཚེ་སྡུག་བསྔལ་མང་པོ་མྱུངས།** PT: དུས་དེ་ཚེ་སྡུག་བསྔལ་མང་བོ་བྱེད། FY (འཇིག་རྟེན་ཆགས་ལུགས།): དུས་དེ་ཚེ་སྡུག་བསྔལ་མང་པོ་བྱེད།

792 LT: སྤྱི་མཐུན་སེམས་ཅན་ལས་དབང་གི PT, FY (འཇིག་རྟེན་ཆགས་ལུགས།): སྤྱི་མཐུན་གྱི་སེམས་ཅན་ལས་དབང་གི ED: **སྤྱི་མཐུན་སེམས་ཅན་ལས་དབང་གིས།**

793 LT: **མི་རིགས་ནི་མང་པོ་ཡོད་ན་ཡང་།** PT, FY (འཇིག་རྟེན་ཆགས་ལུགས།): མི་རིགས་མང་པོ་ཡོད་ན་ཡང་།

མི་རིགས་ཀྱི་གཙོ་བོ་རིགས་བཞི་ཡོད།[794] 人之四种种姓兮

There are four main classes.

དེ་བཞི་པོ་རེ་རེའི་མིང་རེ་དྲོངས།[795] 四者各个名何耶

Please narrate each of their names.

གླུ་དལ་མོ་ལོངས་དང་རྗེས་ན་ཡོད། 有歌相继徐徐咏

Sing it slowly, and more songs will follow.

ལན། 答

Answer:

རིགས་དེ་རེ་རེ་བཤད་རྒྱུ་ན།[796] 言人各个种姓兮

The classes are as follows:

བྲམ་ཟེ་རིགས་དང་རྗེ་རིགས་དང་།[797] 婆罗门与刹帝利

Priest class and ruling class,

དམངས་རིགས་གདོལ་བའི་རིགས་དང་བཞི།[798] 吠舍与首陀罗也

Commoner class and outlaw class.

མི་རིགས་གཙོ་བོ་རིགས་བཞི་ཡིན།[799] 四种之种姓如是

These are the four classes of human beings.

---

794 LT: **མི་རིགས་ཀྱི་གཙོ་བོ་རིགས་བཞི་ཡོད།** PT, FY (འཇིག་རྟེན་ཆགས་ལུགས།): མི་རིགས་གཙོ་བོ་རིགས་བཞི་ཡོད།

795 LT: **དེ་བཞི་པོ་རེ་རེའི་མིང་རེ་དྲོངས།** PT: དེ་བཞི་པོ་རེ་རེ་མིང་རེ་དྲོངས། FY (འཇིག་རྟེན་ཆགས་ལུགས།): དེ་བཞི་པོ་རེ་རེར་མིང་རེ་དྲོངས།

796 LT, PT, FY (འཇིག་རྟེན་ཆགས་ལུགས།): **རིགས་དེ་རེ་རེ་བཤད་རྒྱུ་ན།**

797 LT, PT, FY (འཇིག་རྟེན་ཆགས་ལུགས།): **བྲམ་ཟེ་རིགས་དང་རྗེ་རིགས་དང་།**

798 LT, PT, FY (འཇིག་རྟེན་ཆགས་ལུགས།): **དམངས་རིགས་གདོལ་བའི་རིགས་དང་བཞི།**

799 LT: **མི་རིགས་གཙོ་བོ་རིགས་བཞི་ཡིན།** PT, FY (འཇིག་རྟེན་ཆགས་ལུགས།): མི་རིགས་ཀྱི་གཙོ་བོ་རིགས་བཞི་ཡིན།

གླུ་དེ་ཡི་ལན་ལ་དེ་འདྲ་ཡིན། 如是答复彼歌矣

This is the response to the song.

དྲི། 问

Question:

བྲམ་ཟེ་རིགས་དེ་ག་རུ་བཞག[800] 婆罗门种何处耶

How is the priest caste defined?

རྗེ་ཡི་རིགས་དེ་ག་རུ་བཞག[801] 刹帝利种何处耶

How is the ruling class defined?

དམངས་ཀྱི་རིགས་དེ་ག་རུ་བཞག[802] 吠舍之种何处耶

How is the commoner class defined?

གདོལ་བའི་རིགས་དེ་ག་རུ་བཞག[803] 首陀罗种何处耶

How is the outlaw class defined?

གླུ་དལ་བུར་སློག་དང་བྲེལ་བ་མེད། 歌徐陈之莫匆促

Please sing the song slowly, there is no hurry.

ལན། 答

Answer:

རིགས་བཞིའི་བཞག་ཚུལ་བཤད་རྒྱུ་ན།[804] 言四种姓所处兮

Speaking of the distribution of the four classes,

---

[800] LT: **བྲམ་ཟེ་རིགས་དེ་ག་རུ་བཞག** PT: བྲམ་ཟེ་རིགས་དེ་ག་རེ་བཞག FY (འཇིག་རྟེན་ཆགས་ལུགས།): བྲམ་ཟེ་རིགས་དེ་གང་ལ་བཞག

[801] FY (འཇིག་རྟེན་ཆགས་ལུགས།): རྗེའུ་རིགས་དེ་གང་ལ་བཞག ED: **རྗེ་ཡི་རིགས་དེ་ག་རུ་བཞག**

[802] FY (འཇིག་རྟེན་ཆགས་ལུགས།): དམངས་རིགས་དེ་གང་ལ་བཞག ED: **དམངས་ཀྱི་རིགས་དེ་ག་རུ་བཞག།**

[803] LT: **གདོལ་བའི་རིགས་དེ་ག་རུ་བཞག** PT: གདོལ་བའི་རིགས་དེ་ག་རེ་བཞག FY (འཇིག་རྟེན་ཆགས་ལུགས།): གདོལ་བའི་རིགས་དེ་གང་ལ་བཞག

[804] LT, PT, FY (འཇིག་རྟེན་ཆགས་ལུགས།): **རིགས་བཞིའི་བཞག་ཚུལ་བཤད་རྒྱུ་ན།**

ཁྱིམ་སྤྱངས་ནས་ནགས་ཁྲོད་གནས་རྣམས་སུ།[805] 出家住于林中者

Those who leave their families and live in the woods,

རྩ་བ་དང་འབྲས་བུ་ཟ་བཞིན་དུ།[806] 所食草根与果实

Eat grass and fruits,

ཆོས་སྒྲུབ་ནས་བསྡད་པ་དེ་རྣམས་ནི།[807] 其生以证道法也

Practice Dharma as their lives.

རིགས་བཟང་པོ་བྲམ་ཟེ་རིགས་ལ་བཞག[808] 是为善姓婆罗门

Are the great class: priests.

གནས་ཁྱིམ་དུ་གནས་ཀྱང་རྐུན་ཇག་སོགས།[809] 在家住之无盗窃

Dwelling at home and not engaging in stealing and robbing,

མི་བྱེད་པའི་འབྱོར་ཅན་དེ་ལ་ནི།[810] 毋需偷抢而富足

But wealthy,

རིགས་རྗེ་རིགས་དེ་ལ་བཞག་པ་ཡིན།[811] 其种是为刹帝利

They are the ruling class.

---

805 LT: **ཁྱིམ་སྤྱངས་ནས་ནགས་ཁྲོད་གནས་རྣམས་སུ།** PT, FY (འཇིག་རྟེན་ཆགས་ལུགས།): ཁྱིམ་སྤྱང་ནས་ནགས་ཁྲོད་གནས་རྣམས་སུ།

806 LT, PT: **རྩ་བ་དང་འབྲས་བུ་ཟ་བཞིན་དུ།** FY (འཇིག་རྟེན་ཆགས་ལུགས།): རྩྭ་བ་དང་འབྲས་བུ་ཟ་བཞིན་དུ།

807 LT: ཆོས་བསྒྲུབས་ནས་སྡོད་པ་དེ་རྣམས་ནི། PT, FY (འཇིག་རྟེན་ཆགས་ལུགས།): ཆོས་བསྒྲུབས་ནས་བསྡད་པ་དེ་རྣམས་ནི། ED: **ཆོས་སྒྲུབ་ནས་བསྡད་པ་དེ་རྣམས་ནི།**

808 LT: རིགས་བཟང་པོ་བྲམ་ཟེར་རིགས་བཞག PT, FY (འཇིག་རྟེན་ཆགས་ལུགས།): རིགས་བཟང་བོ་བྲམ་ཟེར་རིགས་བཞག ED: **རིགས་བཟང་པོ་བྲམ་ཟེ་རིགས་ལ་བཞག**

809 LT: **གནས་ཁྱིམ་དུ་གནས་ཀྱང་རྐུན་ཇག་སོགས།** PT, FY (འཇིག་རྟེན་ཆགས་ལུགས།): གནས་ཁྱིམ་དུ་གནས་ཀྱང་རྐུ་ཇག་སོགས།

810 LT, PT, FY (འཇིག་རྟེན་ཆགས་ལུགས།): **མི་བྱེད་པའི་འབྱོར་ཅན་དེ་ལ་ནི།**

811 LT: **རིགས་རྗེ་རིགས་དེ་ལ་བཞག་པ་ཡིན།** PT: རིགས་རྗེ་རིགས་དེ་ལ་བཞག་ནི་ཡིན། FY (འཇིག་རྟེན་ཆགས་ལུགས།): རིགས་རྗེའུ་རིགས་དེ་ལ་བཞག་ནི་ཡིན།

ཉམ་ཆུང་གིས་སོ་ནམ་ལས་ལ་བརྩོན།[812] 穷困亲为稼穑者
Impoverished people who toil and farm,

ཁྲིམས་ཁུར་ནས་ལས་དང་རྒྱུ་འབྲས་བསྲི།[813] 背负律令积因果
Abide by the law and adhere to causality,

དེ་རྣམས་ལ་དམངས་རིགས་ཟེར་བ་ཡིན།[814] 其众是为吠舍矣
Those are the commoner class.

སྲོག་གཅོད་རྐུ་འཕྲོག་ལ་སོགས་པའི།[815] 杀生盗窃之属兮
Killing, stealing, and so forth,

མི་དགེ་བའི་ལས་ལ་འཇུག་མཁན་ནི།[816] 不行善行之人也
People who engage in wrongdoings,

དེ་གདོལ་བའི་རིགས་ལ་བཞག་པ་རེད།[817] 其种姓为首陀罗
They are the outlaw class.

རིགས་བཞི་པོའི་བཞག་ཚུལ་དེ་འདྲ་ཡིན།[818] 四种姓所成如是
This is how the four classes are defined.

གླུ་དེ་ཡི་ལན་ལ་དེ་འདྲ་ཡིན། 如是答复彼歌矣
This is the response to the song.

---

812 LT: **ཉམ་ཆུང་གིས་སོ་ནམ་ལས་ལ་བརྩོན།** PT: ཉམས་ཆུང་གིས་ཞིང་ལས་ས་བོན་བཏབ། FY (འཇིག་རྟེན་ཆགས་ལུགས།): གཉོམ་ཆུང་གིས་ཞིང་ལས་ས་བོན་བཏབ།

813 LT: ཁྲིམས་ཁུར་ནས་ལས་དང་རྒྱུ་འབྲས་བསྲེས། PT, FY (འཇིག་རྟེན་ཆགས་ལུགས།): ཁྲིམས་ཁུར་ནས་ལས་དང་རྒྱུ་འབྲས་སྲེས། ED: **ཁྲིམས་ཁུར་ནས་ལས་དང་རྒྱུ་འབྲས་བསྲི།**

814 LT, PT, FY (འཇིག་རྟེན་ཆགས་ལུགས།): **དེ་རྣམས་ལ་དམངས་རིགས་ཟེར་བ་ཡིན།**

815 LT, PT, FY (འཇིག་རྟེན་ཆགས་ལུགས།): **སྲོག་གཅོད་རྐུ་འཕྲོག་ལ་སོགས་པའི།**

816 LT: **མི་དགེ་བའི་ལས་ལ་འཇུག་མཁན་ནི།** PT, FY (འཇིག་རྟེན་ཆགས་ལུགས།): མི་དགེ་བའི་ལས་ལ་མི་འཛེམ་མཁན།

817 LT: **དེ་གདོལ་བའི་རིགས་ལ་བཞག་པ་རེད།** PT, FY (འཇིག་རྟེན་ཆགས་ལུགས།): དེ་འདོལ་བའི་རིགས་ལ་བཞག་ནི་རེད།

818 LT, PT: **རིགས་བཞི་པོའི་བཞག་ཚུལ་དེ་འདྲ་ཡིན།** FY (འཇིག་རྟེན་ཆགས་ལུགས།): རིགས་བཞི་བའི་བཞག་ཚུལ་དེ་འདྲ་ཡིན།

དྲི། 问

Question:

བོད་ཀྱི་མི་ཡི་ཕ་མ་ཤོད།[819] 释蕃人之父母兮

Please narrate the ancestors of the Tibetan people.

བོད་ཀྱི་ཕ་དེ་གང་ཞིག་ཡིན།[820] 蕃人之父者孰耶

Who was the father of Tibetans?

བོད་ཀྱི་མ་དེ་གང་ཞིག་ཡིན།[821] 蕃人之母者孰耶

Who was the mother of Tibetans?

གན་པ་མ་བུ་དེ་ཅི་འདྲ་སྐྱེས།[822] 父母其子几何耶

How many children did the parents have?

གླུ་དལ་བུར་ཤོག་དང་བྲེལ་བ་མེད། 歌徐陈之莫匆促

Please sing the song slowly, there is no hurry.

ལན། 答

Answer:

བོད་ཀྱི་མི་ཡི་ཕ་མ་གན།[823] 言蕃人之父母兮

As for the parents of Tibetans,

---

819 DP: འོ་བར་གྱི་མི་ཡི་ཕ་མ་བཤད། FY (འཇིག་རྟེན་ཆགས་རྒྱུལ།): འོ་བོད་ཀྱི་མི་ཡི་ཕ་མ་ཤོད། ED: **བོད་ཀྱི་མི་ཡི་ཕ་མ་ཤོད།**

820 DP: འོ་བར་གྱི་ཞིག་ཡིན། FY (འཇིག་རྟེན་ཆགས་རྒྱུལ།): འོ་བོད་ཀྱི་ཕ་དེ་གང་ཞིག་ཡིན། ED: **བོད་ཀྱི་ཕ་དེ་གང་ཞིག་ཡིན།**

821 DP: འོ་བར་གྱི་མ་དེ་གང་ཞིག་ཡིན། FY (འཇིག་རྟེན་ཆགས་རྒྱུལ།): འོ་བོད་ཀྱི་མ་དེ་གང་ཞིག་ཡིན། ED: **བོད་ཀྱི་མ་དེ་གང་ཞིག་ཡིན།**

822 DP: གེ་ཉེ་མ་དུ་དེ་མཆི་འདྲ་སྐྱེས། FY (འཇིག་རྟེན་ཆགས་རྒྱུལ།): ཀན་པ་མ་བུ་དེ་ཅི་འདྲ་སྐྱེས། ED: **གན་པ་མ་བུ་དེ་ཅི་འདྲ་སྐྱེས།**

823 DP: འོ་བར་གྱི་མི་མ་གེས། FY (འཇིག་རྟེན་ཆགས་རྒྱུལ།): འོ་བོད་ཀྱི་མི་ཡི་ཕ་མ་ཀན། ED: **བོད་ཀྱི་མི་ཡི་ཕ་མ་གན།**

ཕ་སྤྲེའུ་བྱང་ཆུབ་སེམས་དཔའ་ཡིན།[824] 父为菩提心猕猴
The father was a monkey with an enlightenment-mind.

མ་ནི་བྲག་གི་སྲིན་མོ་ཡིན།[825] 母为罗刹魔女也
The mother was a rock demoness.

བུ་དང་པོ་མིའུ་རིགས་དྲུག་ཟེར།[826] 言其有子六位矣
In the beginning, they had six sons.

གླུ་དེ་ཡི་ལན་ལ་དེ་འདྲ་ཡིན། 如是答复彼歌矣
This is the response to the song.

དྲི། 问
Question:

བུ་དྲུག་པོ་མི་ཉིད་ཅི་ལྟར་ལོག[827] 六子何以成人耶
How did six sons turn into humans?

བོད་ལ་ཁ་བ་ཅི་ལྟར་འོང་།[828] 雪何以降蕃域耶
How did snow fall on Tibet?

དང་པོ་ཟས་དེ་གང་ནས་འོང་།[829] 初时何种谷粮现
Whence did crops appear?

---

824 DP: **ཕ་སྤྲེའུ་བྱང་ཆུབ་སེམས་དཔའ་ཡིན།** FY (འཇིག་རྟེན་ཆགས་ཚུལ།): ཕ་སྤྲེལ་གཅིག་བྱང་ཆུབ་སེམས་ཅན་ཡིན།

825 DP: མ་སྲིན་མོ་དྲག་སྲིན་མ་ཡིན་ཟེར། FY (འཇིག་རྟེན་ཆགས་ཚུལ།): མ་སྲིན་མོ་བྲག་སྲིན་མོ་ཡིན་ཟེར། ED: **མ་ནི་བྲག་གི་སྲིན་མོ་ཡིན།**

826 DP: བུ་དང་པོ་མིའུ་ཟེར། FY (འཇིག་རྟེན་ཆགས་ཚུལ།): བུ་དང་པོ་མི་གཅིག་རིགས་དྲུག་ཟེར། ED: **བུ་དང་པོ་མིའུ་རིགས་དྲུག་ཟེར།**

827 DP: བུ་དྲུག་པོ་མི་ཉི་མཆུ་རུ་བོག། FY (འཇིག་རྟེན་ཆགས་ཚུལ།): **བུ་དྲུག་པོ་མི་ཉིད་ཅི་ལྟར་ལོག**

828 DP: འོ་བར་ལ་མཁའ་བ་མཆུ་རུ་འོང་། FY (འཇིག་རྟེན་ཆགས་ཚུལ།): འོ་བོད་ལ་ཁ་བ་ཅི་ལྟར་འོང་། ED: **བོད་ལ་ཁ་བ་ཅི་ལྟར་འོང་།**

829 DP: འོ་དང་པོ་ཟས་སྡེ་ག་རེ་འོང་། FY (འཇིག་རྟེན་ཆགས་ཚུལ།): འོ་དང་པོ་ཟས་དེ་གང་ལ་འོང་། ED: **དང་པོ་ཟས་དེ་གང་ནས་འོང་།**

གླུ་དལ་མོ་ལོངས་དང་རྗེས་ན་ཡོད། 有歌相继徐徐咏

Sing it slowly, and more songs will follow.

ལན། 答

Answer:

ལྷ་ཐུགས་རྗེ་ཆེན་པོའི་སྤྲུལ་པ་བྱོན།[830] 观世音转世降临

The emanation of Avalokiteśvara descended.

བུ་མིའུ་རིགས་དྲུག་མི་རུ་ལོག[831] 成人六道轮回中

Six sons turned into humans.

ལྷ་ཐུགས་རྗེ་ཆེན་པོའི་མཆིལ་མ་བཏབ།[832] 观世音吐唾液兮

The Avalokiteśvara spat out saliva.

བོད་ལ་ཁ་བ་དེ་ལས་འོང་།[833] 有雪降于蕃域矣

Snow fell in Tibet.

ལྷ་ཐུགས་རྗེ་ཆེན་པོའི་སྤྲུལ་སྣང་བསྐུར།[834] 观世音之妙力行

The Avalokiteśvara bestowed venerable power.

བོད་ཀྱི་ཟས་ནི་དེ་ལས་འོང་།[835] 有谷粮现蕃域矣

Crops grew in Tibet.

---

830 DP, FY (འཇིག་རྟེན་ཆགས་རྒྱུལ།): ལྷ་ཐུགས་རྗེ་ཆེན་པོའི་སྤྲུལ་བ་བྱོན། ED: **ལྷ་ཐུགས་རྗེ་ཆེན་པོའི་སྤྲུལ་པ་བྱོན།**

831 DP: བུ་མིའུ་རིགས་དྲུག་མི་ཡི་ལོག FY (འཇིག་རྟེན་ཆགས་རྒྱུལ།): བུ་མི་གཅིག་རིགས་དྲུག་མི་ཡི་ལོག ED: **བུ་མིའུ་རིགས་དྲུག་མི་རུ་ལོག**

832 DP: ལྷ་ཐུགས་རྗེ་ཆེན་པོ་ལ་བསྔོབ། FY (འཇིག་རྟེན་ཆགས་རྒྱུལ།): **ལྷ་ཐུགས་རྗེ་ཆེན་པོའི་མཆིལ་མ་བཏབ།**

833 DP: འོ་བར་ལ་མཁའ་བ་དེ་ལས་འོང་། FY (འཇིག་རྟེན་ཆགས་རྒྱུལ།): འོ་བོད་ལ་ཁ་བ་དེ་ལས་འོང་། ED: **བོད་ལ་ཁ་བ་དེ་ལས་འོང་།**

834 DP: ལྷ་ཐུ་རྗེ་ཆེན་པོའི་སྤྲུལ་སྣང་བསྐུར། FY (འཇིག་རྟེན་ཆགས་རྒྱུལ།): **ལྷ་ཐུགས་རྗེ་ཆེན་པོའི་སྤྲུལ་སྣང་བསྐུར།**

835 DP: འོ་བར་ཀྱི་སྐྱེ་དེ་ལས་འོང་། FY (འཇིག་རྟེན་ཆགས་རྒྱུལ།): འོ་བོད་ཀྱི་ཟས་ནི་དེ་ལས་འོང་། ED: **བོད་ཀྱི་ཟས་ནི་དེ་ལས་འོང་།**

གླུ་དེ་ཡི་ལན་ལ་དེ་འདྲ་ཡིན། 如是答复彼歌矣
This is the response to the song.

དྲི། 问
Question:

བོད་དང་པོར་རྒྱལ་པོ་གང་ཞིག་བྱོན།[836] 吐蕃开元王孰耶
Who was the first Tibetan king?

བོད་དང་པོར་བསྟན་པ་གང་ཞིག་དར།[837] 吐蕃初时孰传法
Which religion was disseminated in the beginning?

བར་བོད་ཀྱི་ཆོས་སྲིད་ཅི་ལྟར་བཟྡེས།[838] 而后政教何以合
Then, how was the theocracy established?

ཆོས་ཁྲིམས་རྒྱལ་ཁྲིམས་གང་གིས་བཙུགས།[839] 教法俗法何以立
Who established the religious and secular laws?

གླུ་དལ་བུར་ཤོག་དང་ཐྲེལ་བ་མེད། 歌徐陈之莫匆促
Please sing the song slowly, there is no hurry.

---

[836] DP: བར་དང་པོ་རྒྱལ་པོ་གང་ཞིག་བྱོན། FY (འཇིག་རྟེན་ཆགས་ཚུལ།): བོད་དང་པོ་རྒྱལ་པོ་གང་ཞིག་བྱོན། ED: **བོད་དང་པོར་རྒྱལ་པོ་གང་ཞིག་བྱོན།**

[837] DP: བརདང་པོ་བསྟན་པ་གང་ཞིག་དར། FY (འཇིག་རྟེན་ཆགས་ཚུལ།): བོད་དང་པོ་བསྟན་པ་གང་ཞིག་དར། ED: **བོད་དང་པོར་བསྟན་པ་གང་ཞིག་དར།**

[838] DP: ཕར་བར་ཀྱི་ཆོས་སྡེ་བ་རྟེད། FY (འཇིག་རྟེན་ཆགས་ཚུལ།): བར་བོད་ཀྱི་ཆོས་སྲི་ཅི་ལྟར་རྟེད། ED: **བར་བོད་ཀྱི་ཆོས་སྲིད་ཅི་ལྟར་བཟྡེས།**

[839] DP: འཆོས་ཁྲི་ལས་བརྒྱ་ཁྲིམས་གང་གིང་བཙུགས། FY (འཇིག་རྟེན་ཆགས་ཚུལ།): འོ་ཆོས་ཁྲིམས་རྒྱལ་ཁྲིམས་གང་གིས་བཙུགས། ED: **ཆོས་ཁྲིམས་རྒྱལ་ཁྲིམས་གང་གིས་བཙུགས།**

ལན། 答

Answer:

བོད་ལ་དང་པོ་མཁས་པ་མེད།[840] 吐蕃初无智者兮

At the beginning, there were 'no sages' in Tibet.

བོད་ལ་དང་པོ་རྒྱལ་པོ་མེད།[841] 吐蕃初无王统矣

Tibetans had no king.

ལྷ་གཉའ་ཁྲི་བཙན་པོ་དང་པོར་བྱོན།[842] 聂赤赞普为太祖

King Nyatri Tsenpo became the first King.

ཡུལ་ཕལ་ཆེར་བོན་པོའི་བསྟན་པ་དར།[843] 其地盛行苯教法

Bon religion was widely believed.

བར་ལྷ་ཐོ་ཐོ་རི་གཉན་བཙན་བྱོན།[844] 佗土度日年赞继

Then, King Lha Toto Rinyen Tsen ascended to the throne,

ཆོས་རྒྱ་གར་ཡུལ་ནས་བོད་ལ་ཞུས།[845] 迎请佛法于天竺

Inviting Buddhism from India.

840 DP: འོ་བར་ལ་དང་པོ་མཁས་པ་མེད། FY (འཇིག་རྟེན་ཆགས་རྩུལ།): འོ་བོད་ལ་དང་པོ་མཁས་བ་མེད། ED: **བོད་ལ་དང་པོ་མཁས་པ་མེད།**

841 DP: འོ་བར་ལ་མེད། FY (འཇིག་རྟེན་ཆགས་རྩུལ།): འོ་བོད་ལ་དང་པོ་རྒྱལ་པོ་མེད། ED: **བོད་ལ་དང་པོ་རྒྱལ་པོ་མེད།**

842 DP: ལྷ་ཉན་ཁྲི་བཙེན་པོ་དང་པོ་བྱོན། FY (འཇིག་རྟེན་ཆགས་རྩུལ།): ལྷ་གཉའ་ཁྲི་བཙན་པོ་དང་པོ་བྱོན། ED: **ལྷ་གཉའ་ཁྲི་བཙན་པོ་དང་པོར་བྱོན།**

843 DP: ཡུལ་ཕལ་ཆེད་བོན་པོའི་བསྟན་པ་དར། FY (འཇིག་རྟེན་ཆགས་རྩུལ།): ཡུལ་ཕར་ཆེད་བོན་པོའི་བསྟན་པ་དར། ED: **ཡུལ་ཕལ་ཆེར་བོན་པོའི་བསྟན་པ་དར།**

844 DP: བར་ཞིག་ཐོ་སྙུན་བཙན་བྱོན། FY (འཇིག་རྟེན་ཆགས་རྩུལ།): བར་ཞིག་ལ་ཐོ་ཐོ་སྙན་བཙན་བྱོན། ED: **བར་ལྷ་ཐོ་ཐོ་རི་གཉན་བཙན་བྱོན།**

845 DP: ཆོས་རྒྱ་དཀར་ཡུན་ནས་བར་ལ་ཞུ། FY (འཇིག་རྟེན་ཆགས་རྩུལ།): ཆོས་རྒྱ་དཀར་ཡུལ་ནས་བོད་ལ་ཞུ། ED: **ཆོས་རྒྱ་གར་ཡུལ་ནས་བོད་ལ་ཞུས།**

དུས་ཕྱི་མ་ཆོས་རྒྱལ་སྲོང་བཙན་བྱོན།[846] 其后法王松赞继

Later, the Dharma King, King Songtsen Gampo was enthroned,

ཆོས་ཁྲིམས་རྒྱལ་ཁྲིམས་དེ་ཡིས་བཙུགས།[847] 立教法与世俗法

Establishing religious and secular laws.

གླུ་དེ་ཡི་ལན་ལ་དེ་འདྲ་ཡིན། 如是答复彼歌矣

This is the response to the song.

དྲི། 问

Question:

བོད་ཀྱི་ཡི་གེ་ཅི་ལྟར་བྱེས།[848] 释蕃文字何以创

How was the Tibetan script created?

རྒྱ་བོད་གཉིས་ཞང་ཚ་ཅི་ལྟར་བཟོས།[849] 汉蕃甥舅何以成

How did China and Tibet form a maternal-uncle-and-nephew relationship?

བོད་སངས་རྒྱས་བསྟན་པ་ནམ་ཞིག་དར།[850] 何时佛教传吐蕃

Since when has Buddhism thrived in Tibet?

གླུ་དལ་མོ་ལོངས་དང་རྗེས་ན་ཡོད། 有歌相继徐徐咏

Sing it slowly, and more songs will follow.

---

846 DP: དུས་ཕྱི་མ་ཆོས་རྒྱལ་སྟོང་བ། FY (འཛིག་རྟེན་ཆགས་ཚུལ།): **དུས་ཕྱི་མ་ཆོས་རྒྱལ་སྲོང་བཙན་བྱོན།**

847 DP: མས་རྒྱ་ཁྲིམས་དེའི་བཙགས། FY (འཛིག་རྟེན་ཆགས་ཚུལ།): **ཆོས་ཁྲིམས་རྒྱལ་ཁྲིམས་དེ་ཡིས་བཙུགས།**

848 DP: འོ་བར་ཀྱི་ཡི་གེ་མཆུ་རུ་ཞེས། FY (འཛིག་རྟེན་ཆགས་ཚུལ།): འོ་བོད་ཀྱི་ཡི་གེ་ཅི་ལྟར་བྱེས། ED: **བོད་ཀྱི་ཡི་གེ་ཅི་ལྟར་བྱེས།**

849 DP: ཉིས་ཞང་ཚན་མཆུ་རུ་བཟོས། FY (འཛིག་རྟེན་ཆགས་ཚུལ།): རྒྱ་བོད་གཉིས་ཞང་ཚན་ཅི་ལྟར་བཟོས། ED: **རྒྱ་བོད་གཉིས་ཞང་ཚ་ཅི་ལྟར་བཟོས།**

850 DP: བར་སངས་རྒྱས་བསྟན་པ་ནམ་ཞིག་དར། FY (འཛིག་རྟེན་ཆགས་ཚུལ།): **བོད་སངས་རྒྱས་བསྟན་པ་ནམ་ཞིག་དར།**

ལན། 答

Answer:

གན་སློབ་དཔོན་ཐུ་མི་རྒྱ་གར་བྱོན།[851] 大臣吞弥至天竺

Minister Thonmi went to India [to learn the alphabet].

བོད་ཀྱིས་ཡི་གེ་དེ་ལས་ཤེས།[852] 自此创立蕃文矣

The Tibetan script was, in this way, created.

གན་བློན་པོ་མགར་དེ་རྒྱ་ལ་བྱོན།[853] 大臣噶尔至汉地

Minister Gar went to China [to win the hand of Princess Wencheng],

རྒྱ་བོད་གཉིས་ཞང་ཚ་དེ་ཡིས་བཟོས།[854] 汉藏甥舅关系立

The maternal-uncle-and-nephew relationship between China and Tibet was thus established.

ལྷ་ཁྲི་སྲོང་ལྡེ་བཙན་རྒྱ་གར་ནས།[855] 赤松德赞所迎请

King Trisong Detsen,

ལྷ་བླ་མ་སློབ་དཔོན་གདན་འདྲེན་ཞུས།[856] 天竺莲花生大士

Invited Guru Rinpoche from India.

---

851 DP: སྣད་སློབ་དཔིན་ཐུ་མི་རྒྱ་གར་བྱོན། FY (འཛིག་རྟེན་ཆགས་རྩུལ།): གན་སློབ་དཔོན་ཐུ་མི་རྒྱ་གར་བྱོན། ED: **གན་སློབ་དཔོན་ཐུ་མི་རྒྱ་གར་བྱོན།**

852 DP: ཝོ་བར་ཀྱི་པས་ཤོར། FY (འཛིག་རྟེན་ཆགས་རྩུལ།): ཝོ་བོད་ཀྱི་ཡི་གེ་དེ་ལས་ཤེས། ED: **བོད་ཀྱིས་ཡི་གེ་དེ་ལས་ཤེས།**

853 DP: སྐད་སློབ་དཔོན་མགར་དེ་རྒྱ་མ་བྱོན། FY (འཛིག་རྟེན་ཆགས་རྩུལ།): གན་སློབ་དཔོན་མགར་དེ་རྒྱ་ལ་བྱོན། ED: **གན་བློན་པོ་མགར་དེ་རྒྱ་ལ་བྱོན།**

854 FY (འཛིག་རྟེན་ཆགས་རྩུལ།): **རྒྱ་བོད་གཉིས་ཞང་ཚ་དེ་ཡིས་བཟོས།**

855 DP: ལྷ་ཁྲི་སྟིན་ལྡིག་བཙན་རྒྱ་པར་བྱོན། FY (འཛིག་རྟེན་ཆགས་རྩུལ།): ལྷ་ཁི་སོང་ལྡེ་བཙན་རྒྱ་གར་བྱོན། ED: **ལྷ་ཁྲི་སྲོང་ལྡེ་བཙན་རྒྱ་གར་ནས།**

856 DP: ལྷ་བླ་མ་སློབ་དཔོན་དྲེན་ཞུ། FY (འཛིག་རྟེན་ཆགས་རྩུལ།): ལྷ་བླ་མ་སློབ་དཔོན་གདན་འདྲེན་ཞུ། ED: **ལྷ་བླ་མ་སློབ་དཔོན་གདན་འདྲེན་ཞུས།**

སངས་རྒྱས་བསྟན་པ་དེ་ཡིས་བཙུགས།[857]
佛祖教法传如是
Buddhism has thus been disseminated.

གླུ་དེ་ཡི་ལན་ལ་དེ་འདྲ་ཡིན།
如是答复彼歌矣
This is the response to the song.

དྲི།
问
Question:

ལྷ་ས་དག་པའི་ཞིང་ཁམས་ན།[858]
于拉萨之净土兮
In Lhasa, the pure land,

ལྷ་ཆེན་པོ་ཇོ་བོ་རྣམ་གསུམ་བཞུགས།[859]
立觉沃佛像三尊
Rest three statues of the Buddha.

ལྷ་ཇོ་བོ་རྣམ་གསུམ་མིང་རེ་ཐོངས།[860]
释三觉沃之名矣
Please narrate the name of each statue.

གླུ་དལ་བུར་ཐོག་དང་བྲེལ་བ་མེད།
歌徐陈之莫匆促
Please sing the song slowly, there is no hurry.

ལན།
答
Answer:

ལྷ་ཇོ་བོ་ཤཱཀྱ་མུ་ནེ་དང་།[861]
觉沃释迦摩尼兮
Jowo Shakyamuni,

---

857 DP: འོ་སངས་རྒྱས་བསྟན་པ་དེའི་བཙུགས། FY (འཇིག་རྟེན་ཆགས་ཚུལ།): འོ་སངས་རྒྱས་བསྟན་པ་དེ་ཡིས་བཙུགས། ED: **སངས་རྒྱས་བསྟན་པ་དེ་ཡིས་བཙུགས།**

858 DP, FY (འཇིག་རྟེན་ཆགས་ཚུལ།): འོ་ལྷ་ས་དག་པའི་ཞིང་ཁམས་ན། ED: **ལྷ་ས་དག་པའི་ཞིང་ཁམས་ན།**

859 DP: ལྷ་ཆེན་པོ་ཇོ་བོ་རྣམས་བཞུགས། FY (འཇིག་རྟེན་ཆགས་ཚུལ།): **ལྷ་ཆེན་པོ་ཇོ་བོ་རྣམ་གསུམ་བཞུགས།**

860 DP: ལྷ་ཇོ་བོ་རྣམས་གསུམ་མིང་རེ་ཐོངས། FY (འཇིག་རྟེན་ཆགས་ཚུལ།): **ལྷ་ཇོ་བོ་རྣམ་གསུམ་མིང་རེ་ཐོངས།**

861 DP, FY (འཇིག་རྟེན་ཆགས་ཚུལ།): ལྷ་ཇོ་བོ་ཤ་ཀྱ་མུ་ནི་དང་། ED: **ལྷ་ཇོ་བོ་ཤཱཀྱ་མུ་ནེ་དང་།**

ལྷ་ཆེན་པོ་མི་བསྐྱོད་རྡོ་རྗེ་དང་།[862] 觉沃明觉多杰也
Jowo Mikyo Dorje,

ལོ་ཀེ་ཤྭ་ར་ཡ་དེ་རྣམ་གསུམ་ཡིན།[863] 圣观世音三像矣
Together with the statue of Avalokiteśvara, these make up the three statues.

གླུ་དེ་ཡི་ལན་ལ་དེ་འདྲ་ཡིན། 如是答复彼歌矣
This is the response to the song.

དྲི། 问
Question:

ལྷ་སའི་ཇོ་བོ་གང་ནས་བྱོན།[864] 拉萨觉沃何处迎
Whence was the Jowo Shakyamuni in Lhasa received?

ལྷ་མི་བསྐྱོད་རྡོ་རྗེ་གང་ནས་བྱོན།[865] 八岁等身何处迎
Whence was the Jowo Mikyo Dorje received?

ལྷ་ཐུགས་རྗེ་ཆེན་པོ་ཅི་ལྟར་བྱོན།[866] 圣观世音何以至
How was the statue of Avalokiteśvara received?

གླུ་དལ་མོ་ལོངས་དང་རྗེས་ན་ཡོད། 有歌相继徐徐咏
Sing it slowly, and more songs will follow.

---

862 DP: ལྷ་ཆེན་པོ་མི་སྐྱེད་རྡོ་རྗེ་དང་། FY (འཇིག་རྟེན་ཆགས་རྒྱུལ།): **ལྷ་ཆེན་པོ་མི་བསྐྱོད་རྡོ་རྗེ་དང་།**

863 DP: ལྷ་ལོ་ཀེ་ཤབ་ར་རྣམས་གསུམ་ཡིན། FY (འཇིག་རྟེན་ཆགས་རྒྱུལ།): ལྷ་ལོ་ཀེ་ཤྭར་དེ་རྣམ་གསུམ་ཡིན། ED: **ལོ་ཀེ་ཤྭ་ར་ཡ་དེ་རྣམ་གསུམ་ཡིན།**

864 DP, FY (འཇིག་རྟེན་ཆགས་རྒྱུལ།): འོ་ལྷ་སའི་ཇོ་བོ་གང་ནས་བྱོན། ED: **ལྷ་སའི་ཇོ་བོ་གང་ནས་བྱོན།**

865 DP: ལྷ་མི་སྐྱེད་རྡོ་རྗེ་གང་ནས་བྱོན། FY (འཇིག་རྟེན་ཆགས་རྒྱུལ།): **ལྷ་མི་བསྐྱོད་རྡོ་རྗེ་གང་ནས་བྱོན།**

866 DP: ལྷ་ཐུགས་རྗེ་ཆེན་པོ་མཚུ་རུ་བྱོན། FY (འཇིག་རྟེན་ཆགས་རྒྱུལ།): **ལྷ་ཐུགས་རྗེ་ཆེན་པོ་ཅི་ལྟར་བྱོན།**

ལན། 答

Answer:

རྒྱལ་པོ་སྲོང་བཙན་སྒམ་པོ་ཡིན།[867] 赞普松赞干布兮

It was King Songtsen Gampo.

གན་རྒྱ་བཟའ་ཀོང་ཇོ་རྒྱ་ནས་བླངས།[868] 娶汉地文成公主

He received Princess Wencheng from China.

དབུས་ལྷ་སའི་ཇོ་བོ་དེ་བས་སྤྱན།[869] 拉萨迎请觉沃像

Jowo Shakyamuni was, in this way, received.

སྟོད་བལ་པོའི་ཡུལ་ནས་ཁྲི་བཙུན་བླངས།[870] 娶尼泊尔尺尊兮

He received Princess Bhrikuti from Nepal,

ལྷ་མི་བསྐྱོད་རྡོ་རྗེ་དེ་བས་སྤྱན།[871] 迎请八岁等身像

Jowo Mikyo Dorje was, in this way, received.

རྒྱལ་པོ་སྤྲུལ་པའི་དགེ་སློང་གཅིག[872] 赞普转世有德僧

He reincarnated as a monk,

སྟོད་རྒྱ་གར་ཙན་དན་གོ་ཤིང་བླངས།[873] 于天竺得檀香木

Obtained sandalwood from India,

---

867 DP: སྲོང་བཙན་སྒོལ་པོ་ཡིན། FY (འཇིག་རྟེན་ཆགས་རྩུལ།): འོ་རྒྱལ་པོ་སྲོང་བཙན་སྒམ་པོ་ཡིན། ED: **རྒྱལ་པོ་སྲོང་བཙན་སྒམ་པོ་ཡིན།**

868 DP: སྐད་རྒྱ་བཟའ་གང་ཅོ་རྒྱ་ནང་གླངས། FY (འཇིག་རྟེན་ཆགས་རྩུལ།): ཀན་རྒྱ་བཟའ་ཀོང་ཇོ་རྒྱ་ནང་བླངས། ED: **གན་རྒྱ་བཟའ་ཀོང་ཇོ་རྒྱ་ནས་བླངས།**

869 DP, FY (འཇིག་རྟེན་ཆགས་རྩུལ།): **དབུས་ལྷ་སའི་ཇོ་བོ་དེ་བས་སྤྱན།**

870 DP: སྟོད་བལ་པའི་ཡུལ་ནས་ཁྲི་བཙུན་བླངས། FY (འཇིག་རྟེན་ཆགས་རྩུལ།): **སྟོད་བལ་པོའི་ཡུལ་ནས་ཁྲི་བཙུན་བླངས།**

871 DP: ལྷ་མི་སྐྱེད་རྡོ་རྗེ་དེ་བས་སྤྱན། FY (འཇིག་རྟེན་ཆགས་རྩུལ།): **ལྷ་མི་བསྐྱོད་རྡོ་རྗེ་དེ་བས་སྤྱན།**

872 DP: འོ་རྒྱལ་པོ་སླིང་གཅིག།FY (འཇིག་རྟེན་ཆགས་རྩུལ།): འོ་རྒྱལ་པོ་སྤྲུལ་བའི་དགེ་སློང་གཅིག ED: **རྒྱལ་པོ་སྤྲུལ་པའི་དགེ་སློང་གཅིག**

873 DP, FY (འཇིག་རྟེན་ཆགས་རྩུལ།): སྟོད་རྒྱ་གར་ཙན་དན་ཀོ་ཞིང་བླངས། ED: **སྟོད་རྒྱ་གར་ཙན་དན་གོ་ཤིང་བླངས།**

ལྷ་ཐུགས་རྗེ་ཆེན་པོ་དེ་བས་བྱོན།[874] 圣观世音以此至

The statue of Avalokiteśvara was thus received.

དྲི། 问

Question:

བོད་ལྷ་ཁང་བརྒྱ་རྩ་ཅི་ལྟར་བཞེངས།[875] 吐蕃百寺何以建

How were over a hundred monasteries built in Tibet?

བོད་ལྷ་སའི་ཇོ་ཁང་ཅི་ལྟར་བཞེངས།[876] 拉萨大昭何以建

How was the Jokhang Monastery in Lhasa built?

གནས་པོ་ཏ་ལ་ནི་གང་གིས་བཞེངས།[877] 布达拉宫何以建

Who built the Potala Palace?

བོད་ཀྱི་ས་བཤད་གང་གིས་བརྒྱབ།[878] 蕃之风水孰堪耶

Who performed geomancy in Tibet?

གླུ་དལ་བུར་ཐོག་དང་བྲེལ་བ་མེད། 歌徐陈之莫匆促

Please sing the song slowly, there is no hurry.

ལན། 答

Answer:

བོད་ཀྱི་ས་བཤད་རྒྱ་བཟས་བརྒྱབ།[879] 蕃之风水文成堪

The Chinese Consort, Princess Wencheng, performed geomancy in Tibet,

---

874 DP: ལྷ་ཐུགས་རྗེ་ཆེན་པོ་དེ་ལས་བྱོན། FY (འཇིག་རྟེན་ཆགས་ཚུལ།): **ལྷ་ཐུགས་རྗེ་ཆེན་པོ་དེ་བས་བྱོན།**

875 DP: བར་ལྷ་ཁང་བརྒྱ་མཚུ་རུ་བཞེང་། FY (འཇིག་རྟེན་ཆགས་ཚུལ།): **བོད་ལྷ་ཁང་བརྒྱ་རྩ་ཅི་ལྟར་བཞེངས།**

876 DP: བར་ལྷ་སའི་ཇོ་ཁང་མཚུ་རུ་བཞེང་། FY (འཇིག་རྟེན་ཆགས་ཚུལ།): **བོད་ལྷ་སའི་ཇོ་ཁང་ཅི་ལྟར་བཞེངས།**

877 DP: གནས་སོས་ལ་སྲི་གང་གིས་བཞེང་། FY (འཇིག་རྟེན་ཆགས་ཚུལ།): **གནས་པོ་ཏ་ལ་ནི་གང་གིས་བཞེངས།**

878 DP: ཀྱི་ས་བཤད་གང་གིས་རྒྱབ། FY (འཇིག་རྟེན་ཆགས་ཚུལ།): འོ་བོད་ཀྱི་ས་བཤད་གང་གིས་རྒྱབ། ED: **བོད་ཀྱི་ས་བཤད་གང་གིས་བརྒྱབ།**

879 DP: འོ་བར་གྱི་ས་བཤད་རྒྱ་བཟའ་རྒྱབ། FY (འཇིག་རྟེན་ཆགས་ཚུལ།): འོ་བོད་ཀྱི་ས་བཤད་རྒྱ་བཟའ་རྒྱབ། ED: **བོད་ཀྱི་ས་བཤད་རྒྱ་བཟས་བརྒྱབ།**

གན་སྲིན་མོ་གནམ་གདངས་ས་འདྲ་ཟེར།[880] 言地如魔女仰卧

Indicating that the landscape is like a demoness lying supine.

ཚིགས་རྣམས་ལ་ལྷ་ཁང་བརྒྱ་རྩ་བཞེངས།[881] 建百寺于诸节点

A hundred monasteries were built in [her] joints.

ས་སྲིན་མོ་སེམས་ཀྱི་དཀྱིལ་དེ་ན།[882] 于魔女之心脏处

At the site where the heart of the demoness is located,

མཚོ་མི་ཆེ་མི་ཆུང་འཁྱིལ་བསྡད་ཡོད།[883] 有不大不小之湖

A medium-sized lake had existed.

མཚོ་རུབ་ནས་ལྷ་སའི་ཇོ་ཁང་བཞེངས།[884] 竭湖而建大昭寺

After the lake was drained, the Jokhang Monastery was built.

གན་བཙུན་མོ་བལ་བཟའ་ཁྲི་བཙུན་གྱིས།[885] 尼泊尔尺尊公主

The Nepalese Consort, Princess Bhrikuti,

དབུས་པོ་ཏ་ལ་ཡི་པོ་བྲང་བཞེངས།[886] 建立布达拉宫矣

Built the Potala Palace.

---

880 DP: སྐར་སྲིན་མོ་གནམ་གདངས་པ་འདྲ་ཟེར། FY (འཇིག་རྟེན་ཆགས་རྒྱལ): ཀན་སྲིན་མོ་གནམ་གདངས་ས་འདྲ་ཟེར།ED: **གན་སྲིན་མོ་གནམ་གདངས་ས་འདྲ་ཟེར།**

881 DP: རྣམས་ལ་ལྷ་ཁང་རྒྱ་རྩ་འཁོར། FY (འཇིག་རྟེན་ཆགས་རྒྱལ): **ཚིགས་རྣམས་ལ་ལྷ་ཁང་བརྒྱ་རྩ་བཞེངས།**

882 DP: ས་སྲིན་མོ་ལོ་པའི་ཀྱིལ་དེ་ན། FY (འཇིག་རྟེན་ཆགས་རྒྱལ): ས་སྲིན་མོ་འདོམས་པའི་དཀྱིལ་དེ་ན། ED: **ས་སྲིན་མོ་སེམས་ཀྱི་དཀྱིལ་དེ་ན།**

883 DP: མཚོ་མི་ཆེ་ཆུང་འཁྱིལ་སྡོད་མོ། FY (འཇིག་རྟེན་ཆགས་རྒྱལ): **མཚོ་མི་ཆེ་མི་ཆུང་འཁྱིལ་བསྡད་ཡོད།**

884 DP: རུ་ན་ལྷ་སའི་ཇོ་ཁང་བཞེས། FY (འཇིག་རྟེན་ཆགས་རྒྱལ): མཚོ་རབ་ནས་ལྷ་སའི་ཇོ་ཁང་བཞེངས། ED: **མཚོ་རུབ་ནས་ལྷ་སའི་ཇོ་ཁང་བཞེངས།**

885 DP: སྐད་བཙུན་མོ་བལ་བཟའ་ཁྲི་བཙུན་གྱི། FY (འཇིག་རྟེན་ཆགས་རྒྱལ): ཀན་བཙུན་མོ་བལ་བཟའ་ཁྲི་བཙུན་གྱིས། ED: **གན་བཙུན་མོ་བལ་བཟའ་ཁྲི་བཙུན་གྱིས།**

886 DP: དབུས་པོ་ཏ་ལ་ཡི། FY (འཇིག་རྟེན་ཆགས་རྒྱལ): **དབུས་པོ་ཏ་ལ་ཡི་པོ་བྲང་བཞེངས།**

དྲི། 问

Question:

སྤོད་བསམ་ཡས་ལྷ་ཁང་ཅི་ལྟར་བཞེངས།[887] 桑耶寺何以建耶

How was Samye Monastery built?

དགེ་འདུན་སྡེ་དེ་ཅི་ལྟར་བཙུགས།[888] 僧伽何以成立耶

How was the Buddhist community established?[15]

གན་བོན་པོའི་བསྟན་པ་ཅི་ལྟར་བཤིགས།[889] 苯教教法何以灭

How was the Bon religion destroyed?

གླུ་དལ་མོ་ལོངས་དང་རྗེས་ན་ཡོད། 有歌相继徐徐咏

Sing it slowly, and more songs will follow.

ལན། 答

Answer:

ལྷ་རྒྱལ་པོ་ཁྲི་སྲོང་ལྡེ་བཙན་ཡིན།[890] 赞普赤松德赞兮

It was King Trisong Detsen.

སྤོད་ཨོ་རྒྱན་པད་མ་གདན་འདྲེན་ཞུས།[891] 迎请莲花生大士

He invited Guru Rinpoche,

---

887 DP: སྤོད་བསམ་ཡང་ལྷ་ཁང་མཆུ་རུ་བཞེངད། FY (འཇིག་རྟེན་ཆགས་ཚུལ།): **སྤོད་བསམ་ཡས་ལྷ་ཁང་ཅི་ལྟར་བཞེངས།**

888 DP: བར་དགོན་སྔོར་སྲིད་མཆུ་རུ་ཙུགས། FY (འཇིག་རྟེན་ཆགས་ཚུལ།): འོ་དགེ་འདུན་སྡེ་དེ་ཅི་ལྟར་བཙུགས། ED: **དགེ་འདུན་སྡེ་དེ་ཅི་ལྟར་བཙུགས།**

889 DP: གེ་བོན་པོའི་པ་མཆུ་རུ་ཞེའི། FY (འཇིག་རྟེན་ཆགས་ཚུལ།): གན་བོན་པོའི་བསྟན་པ་ཅི་ལྟར་བཤིག ED: **གན་བོན་པོའི་བསྟན་པ་ཅི་ལྟར་བཤིགས།**

890 DP, FY (འཇིག་རྟེན་ཆགས་ཚུལ།): **ལྷ་རྒྱལ་པོ་ཁྲི་སྲོང་ལྡེ་བཙན་ཡིན།**

891 DP: སྔེད་ཨུ་རྒྱན་པདྨ་གདན་འདྲན་ཞུགས། FY (འཇིག་རྟེན་ཆགས་ཚུལ།): སྤོད་ཨུ་རྒྱན་པད་མ་གདན་འདྲེན་ཞུས། ED: **སྤོད་ཨོ་རྒྱན་པད་མ་གདན་འདྲེན་ཞུས།**

བོད་ལྷ་འདྲེ་ཐམས་ཅད་དམ་ལ་བཏགས།[892] 誓愿调伏蕃神魔

Who bound entire deities and demons in Tibet under oath,

ལྷ་བསམ་ཡས་ལྷ་ཁང་དེ་ཡིས་བཞེངས།[893] 桑耶寺以此建立

And built Samye Monastery.

སྟོད་རྒྱ་གར་མཁན་ཆེན་བོད་ལ་ཞུས།[894] 迎请天竺寂护也

The Great Khenpo, Śāntarakṣita, was invited to Tibet from India.

བོད་དགེ་འདུན་སྡེ་ནི་དེ་ཡིས་བཙུགས།[895] 蕃僧伽以此成立

The Buddhist community was, in such way, established.

ལྷ་རྒྱལ་པོས་ཆོས་ཀྱི་བཟང་ངན་ཤེས།[896] 赞普辨别正邪法

The King distinguished the 'good' dharma from the 'bad'.

གན་བོན་པོའི་བསྟན་པ་དེ་ཡིས་བཤིགས།[897] 苯教教法以此毁

Bon religion was thus destroyed.

དྲི། 问

Question:

བཀའ་བསྟན་འགྱུར་བོད་ལ་ཅི་ལྟར་འོང་།[898] 经论何以传吐蕃

How were the Buddhist cannons, Kangyur and Tangyur, invited to Tibet?

---

892 DP: འདྲེ་ཐམས་ཅད་དམ་ལ་གཏགས། FY (འཇིག་རྟེན་ཆགས་ཚུལ།): **བོད་ལྷ་འདྲེ་ཐམས་ཅད་དམ་ལ་བཏགས།**

893 DP: ལྷ་བསམ་ཡང་ལྷ་ཁང་དེ་ཡིས་བཞེད། FY (འཇིག་རྟེན་ཆགས་ཚུལ།): **ལྷ་བསམ་ཡས་ལྷ་ཁང་དེ་ཡིས་བཞེངས།**

894 DP: སྟོད་རྒྱ་གར་མཁན་ཆེན་བར་ལ། FY (འཇིག་རྟེན་ཆགས་ཚུལ།): **སྟོད་རྒྱ་གར་མཁན་ཆེན་བོད་ལ་ཞུས།**

895 DP: བར་དགེན་སྡེ་དེ་ཡིས་བཙུགས། FY (འཇིག་རྟེན་ཆགས་ཚུལ།): **བོད་དགེ་འདུན་སྡེ་ནི་དེ་ཡིས་བཙུགས།**

896 DP: ལྷ་རྒྱལ་བར་ཆོས་ཀྱི་བཟང་ངན་ཤེས། FY (འཇིག་རྟེན་ཆགས་ཚུལ།): **ལྷ་རྒྱལ་པོས་ཆོས་ཀྱི་བཟང་ངན་ཤེས།**

897 DP: གེ་བོན་པོའི་བསྟན་པིས་གཤིགས། FY (འཇིག་རྟེན་ཆགས་ཚུལ།): ཀན་བོན་པོའི་བསྟན་པ་དེ་ཡིས་བཤིག ED: **གན་བོན་པོའི་བསྟན་པ་དེ་ཡིས་བཤིགས།**

898 DP: བཀའ་བསྟན་འགྱུར་བར་ལ་མཆུ་རུ་འོང་། FY (འཇིག་རྟེན་ཆགས་ཚུལ།): **བཀའ་བསྟན་འགྱུར་བོད་ལ་ཅི་ལྟར་འོང་།**

བཤད་སྒྲུབ་བསྟན་པ་ཅི་ལྟར་བཙུགས།[899] 教法修持何以立
How was Buddhist teaching and practice established?

བོད་སྒོམ་ཆེན་སྔགས་པ་ཅི་ལྟར་འོང་།[900] 瑜伽密士何以兴
How were the yogis and tantrists empowered?

གླུ་དལ་མོ་ལོངས་དང་རྗེས་ན་ཡོད། 有歌相继徐徐咏
Sing it slowly, and more songs will follow.

ལན། 答
Answer:

བོད་ཞེས་རབ་ཅན་ཚོ་རྒྱ་གར་སོང་།[901] 蕃善知识往天竺
Tibetan intellectuals went to India,

སྟོད་རྒྱ་གར་སྐད་རིགས་ཐམས་ཅད་ཤེས།[902] 习得天竺语文矣
Learned all kinds of Indian scripts.

སྟོད་རྒྱ་གར་ཆོས་དེ་བོད་ལ་བསྒྱུར།[903] 译天竺法于吐蕃
The Dharma was translated into Tibetan.

བཀའ་བསྟན་བཅོས་ཐམས་ཅད་དེ་ལྟར་འོང་།[904] 如是种种经论传
Kangyur and Tangyur were, in such way, invited.

---

899 DP: འོ་བཤད་གྲུབ་བསྟན་པ་མཆུ་རུ་བཙུགས། FY (འཇིག་རྟེན་ཆགས་ཚུལ།): འོ་བཤད་སྒྲུབ་བསྟན་པ་ཅི་ལྟར་བཙུགས།ED: **བཤད་སྒྲུབ་བསྟན་པ་ཅི་ལྟར་བཙུགས།**

900 DP: མ་ཆེན་སྔགས་པ་མཆུ་རུ་འོང་། FY (འཇིག་རྟེན་ཆགས་ཚུལ།): **བོད་སྒོམ་ཆེན་སྔགས་པ་ཅི་ལྟར་འོང་།**

901 DP: བར་ཞེས་རབ་ཅན་ཚོགས་རྒྱ་གར་སོང་། FY (འཇིག་རྟེན་ཆགས་ཚུལ།): **བོད་ཞེས་རབ་ཅན་ཚོ་རྒྱ་གར་སོང་།**

902 DP, FY (འཇིག་རྟེན་ཆགས་ཚུལ།): **སྟོད་རྒྱ་གར་སྐད་རིགས་ཐམས་ཅད་ཤེས།**

903 DP: སྟོད་རྒྱ་གར་ཆོས་ཏེ་བར་ལ་བསྒྱུར། FY (འཇིག་རྟེན་ཆགས་ཚུལ།): **སྟོད་རྒྱ་གར་ཆོས་དེ་བོད་ལ་བསྒྱུར།**

904 DP: བཀའ་བསྟོན་བཅོས་ཐམས་ཅད་དུ་རུ་འོང་། FY (འཇིག་རྟེན་ཆགས་ཚུལ།): **བཀའ་བསྟན་བཅོས་ཐམས་ཅད་དེ་ལྟར་འོང་།**

སྟོད་རྒྱ་གར་མཁན་པོ་མང་པོ་བྱོན།[905] 迎请天竺诸堪布

A great number of Khenpo arrived in Tibet from India.

བཤད་སྒྲུབ་བསྟན་པ་དེ་ཡིས་བཙུགས།[906] 如是教法修持立

Buddhist teachings and practices, in such way, were established.

ལྷ་ཨོ་རྒྱན་པད་མ་དབང་བཞི་བསྐུར།[907] 莲花生授四灌顶

Guru Rinpoche bestowed four empowerments.[16]

བོད་སྒོམ་ཆེན་སྔགས་པ་དེ་ལྟར་འོང་།[908] 如是瑜伽密士兴

In such way, the yogis and tantrists were empowered in Tibet.

དྲི། 问

Question:

རྩེ་པོ་བྲང་དམར་པོ་གང་གིས་བཞེངས།[909] 布宫红宫孰建耶

Who built the Red Palace?

རྟེན་གསེར་གདུང་ཆེན་པོ་ཅི་ལྟར་བཞེངས།[910] 大金塔何以立耶

How was the great golden stupa [of the Great Fifth] erected?

---

905 DP: སྟོད་མཁན་པོ་མང་པོ་བྱོན། FY (འཇིག་རྟེན་ཆགས་ཚུལ།): **སྟོད་རྒྱ་གར་མཁན་པོ་མང་པོ་བྱོན།**

906 DP: འོ་བཤོད་གྲུབ་བསྟོན་པ་དེ་ཡིས་བཙུགས། FY (འཇིག་རྟེན་ཆགས་ཚུལ།): འོ་བཤད་སྒྲུབ་བསྟན་པ་དེ་ཡིས་བཙུགས། ED: **བཤད་སྒྲུབ་བསྟན་པ་དེ་ཡིས་བཙུགས།**

907 DP: ལྷ་ཨུ་རྒྱན་པདྨ་དབང་བཞི་བསྐུར། FY (འཇིག་རྟེན་ཆགས་ཚུལ།): ལྷ་ཨུ་རྒྱན་པད་མ་དབང་བཞི་བསྐུར། ED: **ལྷ་ཨོ་རྒྱན་པད་མ་དབང་བཞི་བསྐུར།**

908 DP: བར་སྔགས་པ་དུ་རུ་འོང་། FY (འཇིག་རྟེན་ཆགས་ཚུལ།): **བོད་སྒོམ་ཆེན་སྔགས་པ་དེ་ལྟར་འོང་།**

909 DP: རྩེ་པོ་བྲང་དམར་པོ་གང་གིས་བཞེངས། FY (འཇིག་རྟེན་ཆགས་ཚུལ།): **རྩེ་པོ་བྲང་དམར་པོ་གང་གིས་བཞེངས།**

910 DP: རྟེན་གསེར་གདུང་ཆེན་པོ་མཆུ་རུ་བཞེངས། FY (འཇིག་རྟེན་ཆགས་ཚུལ།): **རྟེན་གསེར་གདུང་ཆེན་པོ་ཅི་ལྟར་བཞེངས།**

དབུས་སེ་འབྲས་དགེ་གསུམ་ཅི་ལྟར་ཆགས།[911] 前藏三寺何以建
How were Sera, Drepung, and Ganden Monasteries established in Ü-Tsang?

གླུ་དལ་བུར་ཤོག་དང་བྲེལ་བ་མེད། 歌徐陈之莫匆促
Please sing the song slowly, there is no hurry.

ལན། 答
Answer:

བར་ཞིག་ལ་སྡེ་སྲིད་སངས་རྒྱས་རྫྱོན།[912] 摄政桑吉嘉措兮
The Regent Sangye Gyatso,

རྩེ་ཕོ་བྲང་དམར་པོ་དེ་ཡིས་བཞེངས།[913] 建布宫之红宫也
Built the Red Palace,

རྟེན་ལ་གསེར་གདུང་ཆེན་པོ་བཞེངས།[914] 建立雄伟金塔矣
Erected the great golden stupa.

རྗེ་བདག་ཉིད་ཆེན་པོས་དགའ་ལྡན་བཏབ།[915] 宗喀巴建甘丹寺
Tsongkhapa founded Ganden Monastery.

རྗེ་བྱམས་ཆེན་ཆོས་རྗེས་སེ་ར་བཏབ།[916] 降青确吉建桑耶
Jamchen Choje founded Sera Monastery.

911 DP: ཟེ་འབྲས་དགེ་གསུམ་མཆུ་རུ་ཆགས། ལྷ་བླ་མ་གང་དང་གང་གི་བཏོབ། FY (འཇིག་རྟེན་ཆགས་ཚུལ།): **དབུས་སེ་འབྲས་དགེ་གསུམ་ཅི་ལྟར་ཆགས།** ལྷ་བླ་མ་གང་དང་གང་གི་བཏབ།

912 DP: བར་ཞི་ལ་སྡེ་སྲི་སངས་རྒྱ་རྫྱོན། FY (འཇིག་རྟེན་ཆགས་ཚུལ།): **བར་ཞིག་ལ་སྡེ་སྲིད་སངས་རྒྱས་རྫྱོན།**

913 DP: རྩེ་ཕོ་དེ་ཡི་ཞིངས། FY (འཇིག་རྟེན་ཆགས་ཚུལ།): **རྩེ་ཕོ་བྲང་དམར་པོ་དེ་ཡིས་བཞེངས།**

914 DP: ངན་རྟེན་ལ་གསེར་གདུང་ཆེན་པོ་བཞེངས། FY (འཇིག་རྟེན་ཆགས་ཚུལ།): དྭན་རྟེན་ལ་གསེར་གདུང་ཆེན་པོ་བཞེངས། ED: **རྟེན་ལ་གསེར་གདུང་ཆེན་པོ་བཞེངས།**

915 DP: རྗེ་བདག་ཉི་ཆེན་པོ་དགའ་ལྡན་བཏབ།། FY (འཇིག་རྟེན་ཆགས་ཚུལ།): **རྗེ་བདག་ཉིད་ཆེན་པོས་དགའ་ལྡན་བཏབ།**

916 DP: ཆེན་ཆོས་རྗེ་གསེར་ར་བཏབ།། FY (འཇིག་རྟེན་ཆགས་ཚུལ།): **རྗེ་བྱམས་ཆེན་ཆོས་རྗེས་སེ་ར་བཏབ།**

རྗེ་འཇམ་དབྱངས་ཆོས་རྗེས་འབྲས་སྤུང་བཏབ།[917] 嘉样确吉建哲蚌

Jamyang Choje founded Drepung Monastery.

དབུས་སེར་འབྲས་དགེ་གསུམ་དེ་ལྟར་ཆགས།[918] 建前藏三寺如是

The Three Great Gelug Monasteries in the Ü region were established in this manner.

དྲི། 问

Question:

གཙང་བཀྲ་ཤིས་ལྷུན་པོ་ཆགས་ཚུལ་ཤོད།[919] 释建后藏之扎寺

Please narrate how Tashi Lhunpo Monastery in the Tsang region was founded.

གླུ་དལ་བུར་ཞོག་དང་བྲེལ་བ་མེད། 歌徐陈之莫匆促

Please sing the song slowly, there is no hurry.

ལན། 答

Answer:

རྗེ་དགེ་འདུན་གྲུབ་པ་གཙང་ལ་བྱོན།[920] 根敦珠巴至后藏

Gendün Drupa went to Tsang district,

གཙང་བཀྲིས་ལྷུན་པོ་དེ་ལྟར་ཆགས།[921] 建立扎什伦布寺

Tashi Lhunpo Monastery was founded.

---

917 DP: རྗེ་འཇམ་དབྱངས་ཆོས་རྗེས་འབྲས་དཔུང་བཏབ།། FY (འཛིག་རྟེན་ཆགས་ཚུལ།): **རྗེ་འཇམ་དབྱངས་ཆོས་རྗེས་འབྲས་སྤུང་བཏབ།**

918 DP: དབུས་སེར་འབྲས་དགེ།། FY (འཛིག་རྟེན་ཆགས་ཚུལ།): **དབུས་སེར་འབྲས་དགེ་གསུམ་དེ་ལྟར་ཆགས།**

919 DP: ཙང་བཀྲ་ཤིས་ལྷུན་པོ་ཆགས་ཚུལ་བཤད།། FY (འཛིག་རྟེན་ཆགས་ཚུལ།): **གཙང་བཀྲ་ཤིས་ལྷུན་པོ་ཆགས་ཚུལ་ཤོད།**

920 DP: རྗེ་དགེ་འདུན་གྲུབ་ཅེས་བཙང་ལ་བྱོན།། FY (འཛིག་རྟེན་ཆགས་ཚུལ།): **རྗེ་དགེ་འདུན་གྲུབ་པ་གཙང་ལ་བྱོན།**

921 DP: ཙང་བཀྲ་ཤིས་ལྷུན་པོ་ཏུ་ཙུ། FY (འཛིག་རྟེན་ཆགས་ཚུལ།): **གཙང་བཀྲིས་ལྷུན་པོ་དེ་ལྟར་ཆགས།**

དྲི། 问

Question:

བོད་སྟོན་མོ་མགོ་དེ་གང་ནས་བཙུགས།[922] 吐蕃盛会何时举

When was the first banquet held in Tibet?

རྟ་རྒྱུག་མདའ་འཕེན་གང་ནས་བཙུགས།[923] 骑马射箭何时行

When were horse racing and archery contests started?

གླུ་བས་གླུ་མགོ་གང་ནས་བཙུགས།[924] 歌者首歌何时咏

When was song singing initiated?

གླུ་དལ་བུར་ཤོག་དང་བྲེལ་བ་མེད། 歌徐陈之莫匆促

Please sing the song slowly, there is no hurry.

ལན། 答

Answer:

བོད་དབུས་གཙང་རྒྱལ་པོ་ཁྲི་སྲོང་གིས།[925] 赞普赤松德赞兮

King Trisong Detsen,

ལྷ་ཁང་འདུ་ཁང་བཞེངས་པ་ཡིན།[926] 建立寺庙经堂也

Built monasteries and temples.

922 DP: དང་པོ་སྟོས་མོ་མགོ་ཏེ་ག་རི་གཙུག། FY (འཇིག་རྟེན་ཆགས་ཚུལ།): བོད་སྟོན་མོ་མགོ་དེ་གང་ལ་བཙུགས། ED: **བོད་སྟོན་མོ་མགོ་དེ་གང་ནས་བཙུགས།**

923 DP: སྐད་རྟ་རྒྱུ་མདའ་འཕན་ཏེས་བཙུགས། FY (འཇིག་རྟེན་ཆགས་ཚུལ།): ཀན་རྟ་རྒྱུ་མདའ་འཕན་གང་ལ་བཙུགས། ED: **རྟ་རྒྱུག་མདའ་འཕེན་གང་ནས་བཙུགས།**

924 DP: སྐད་གླུ་བས་གླུ་མགོ་ག་ཏེས་བཙུགས། FY (འཇིག་རྟེན་ཆགས་ཚུལ།): ཀན་གླུ་བས་གླུ་འགོ་གང་ལ་བཙུགས། ED. **གླུ་བས་གླུ་མགོ་གང་ནས་བཙུགས།**

925 DP: དབུས་གཙང་རྒྱལ་པོ་ཁྲི་སྲོང་གིས། FY (འཇིག་རྟེན་ཆགས་ཚུལ།): **བོད་དབུས་གཙང་རྒྱལ་པོ་ཁྲི་སྲོང་གིས།**

926 DP: ལྷ་ཁང་འདུགས་ཁངས་བཞན་པ་བཞིན། FY (འཇིག་རྟེན་ཆགས་ཚུལ།): ལྷ་ཁང་འདུ་ཁང་བཞེངས་པ་བཞིན། ED: **ལྷ་ཁང་འདུ་ཁང་བཞེངས་པ་ཡིན།**

ལོ་བཅུ་གསུམ་བར་དུ་སྟོན་མོ་བཟོས།[927] 襄举盛会十三载

The banquet was held for thirteen years.

ལོ་བཅུ་གསུམ་བར་དུ་འགྲུལ་པ་ཚོགས།[928] 宾客咸集十三年

The guests gathered for thirteen years.

མི་རེ་ལ་རྟ་རེ་རྒྱུག་དུ་བཅུག[929] 一人一马竞相逐

Each person rode a horse to race.

བོད་སྟོན་མོ་མགོ་དེ་དེ་དུས་བཙུགས།[930] 吐蕃盛会兴如是

This marked the beginning of banquets in Tibet.

རྟ་རྒྱུག་མདའ་འཕེན་དེ་དུས་བཙུགས།[931] 赛马射箭兴如是

This marked the beginning of horse racing and archery.

གླུ་བས་གླུ་མགོ་དེ་དུས་བཙུགས།[932] 歌咏唱和兴如是

This marked the beginning of song singing.

---

927 DP: ལོ་བཅུག་སུམ་བར་དུ་སྟོས་མོ་བཟོས། FY (འཇིག་རྟེན་ཆགས་ཚུལ།): **ལོ་བཅུ་གསུམ་བར་དུ་སྟོན་མོ་བཟོས།**

928 DP: ལོ་བཅུ་གསུམ་བར་དུ་འགྲུ་བ་ཚོགས། FY (འཇིག་རྟེན་ཆགས་ཚུལ།): ལོ་བཅུ་གསུམ་བར་དུ་མགྲོན་པོ་ཚོགས། ED: **ལོ་བཅུ་གསུམ་བར་དུ་འགྲུལ་པ་ཚོགས།**

929 DP: མི་དེ་ལ་རྟ་རེ་བཙུགས། FY (འཇིག་རྟེན་ཆགས་ཚུལ།): མི་རེ་ལ་རྟ་རེ་རྒྱུག་གི་བཙུག ED: **མི་རེ་ལ་རྟ་རེ་རྒྱུག་དུ་བཅུག**

930 DP: སྟོས་མོ་མགོ་དེ་དེ་དུས་བཙུགས། FY (འཇིག་རྟེན་ཆགས་ཚུལ།): བོད་སྟོན་མོ་འགོ་དེ་དེ་དུས་བཙུགས། ED: **བོད་སྟོན་མོ་མགོ་དེ་དེ་དུས་བཙུགས།**

931 ED: **རྟ་རྒྱུག་མདའ་འཕེན་དེ་དུས་བཙུགས།**

932 ED: **གླུ་བས་གླུ་མགོ་དེ་དུས་བཙུགས།**

Endnotes མཇུག་མཆན། 尾注

1 Tok (Tog gi rgyal po), also known as Sang rgyas zhi ba 'od, was born during the bad karmic calamity in order to spread Buddhism.

ཏོག་གི་རྒྱལ་པོ་སངས་རྒྱས་ཞི་བ་འོད་ཅེས་བྱ་བ་ནི་སྟོན་བསྐལ་པ་དྲག་པོ་རྣམ་པར་འཁྲུག་པའི་དུས་སུ་འཁྲུངས་པར་བཤད།

叨王(ཏོག་གི་རྒྱལ་པོ།)也被称为桑杰希瓦奥(སངས་རྒྱས་ཞི་བ་འོད།),为传播佛法,生于恶业究极时期。

2 It is worth highlighting that in *Treasury of Abhidharma* indicates that seven suns, rather than seven solar rays, rise and never set in the sky.

ཡིད་ལ་ངེས་དགོས་པ་ཞིག་ལ། མངོན་པ་མཛོད་དུ་མཁའ་ལ་ཤར་བ་ནི་ཉི་མ་བདུན་ལས་འོད་ཟེར་བདུན་མ་ཡིན་ནོ།།

值得强调的是《俱舍论》中指出,七个太阳而非七道日光升至空中,永不下落。

3 This refers to the seed syllable whose sound and symbol contains primordial forces and the essence of universe. Each seed syllable also corresponds to an element. See Lama Anagarika Govinda, *Foundations of Tibetan Mysticism* (New York: Samuel Weiser, 1969), p. 142.

ཡིག་འབྲུའམ་ཡི་གེ་རེ་རེ་ནི་འབྱུང་བའི་གཞི་དང་རང་བཞིན་དང་རིགས་ཀྱི་མཚོན་བྱེད་ཡིན། འབྲེལ་ཡོད་དཔྱད་ཞིབ་ཀྱི་སྐོར་ལ་འདིར་གཟིགས་པར་ཞུ། Lama Anagarika Govinda, *Foundations of Tibetan Mysticism* (New York: Samuel Weiser, 1969), p. 142.

此指种子字,其声与象征包含着本源之力与宇宙本质。每个种子字也与一种元素相对应。见Lama Anagarika Govinda, *Foundations of Tibetan Mysticism* (New York: Samuel Weiser, 1969), p. 142。

4 The nature of the golden base is the earth. Therefore, this mandala is referred to as the Golden Earth Mandala.

གསེར་གྱི་གཞི་ནི་འབྱུང་བ་ས་ཡི་རང་བཞིན་ཡིན་ཕྱིར་འདིར་ས་གཞི་གསེར་གྱི་དཀྱིལ་འཁོར་ལ་ཞེས་པ་ཡིན།

金色底座的本性为地元素,因此,这个曼陀罗指金色地轮。

5 League (*dpag tshad*), a unit of ancient Indian measurement, is equivalent to six to twelve kilometres, based on different understandings. In Shépa, one league is 4,000 arm spans (*'dom*) and eight earshots (*rgyang grags*).

དཔག་ཚད་ནི་གནའི་རྒྱ་གར་གྱི་བར་ཐག་འཇལ་བྱེད་ཀྱི་ཚད་དེ། དེའང་ལུགས་མི་འདྲ་བ་ལྟར་དཔག་ཚད་གཅིག་ལ་སྤྱི་ལེ་དྲུག་ནས་བཅུ་གཉིས་བར་དུ་བརྩི་སྟངས་མི་འདྲ་བ་ཁ་ཤས་ཤིག་བྱུང་ཡོད་ལ།

སྐབས་བབ་ཀྱི་བཤད་པའི་བརྗོད་བྱ་ལྟར་ན། དཔག་ཚད་གཅིག་ནི་འདོམ་བཞི་དང་། ཡང་ན་རྒྱང་གྲགས་བརྒྱད་དུ་འདོད་ཡོད་དོ།།

由旬(དཔག་ཚད།)为古代印度度量单位, 根据不同理解, 一由旬等同于六至十二公里。释巴中, 一由旬等于四千肘(འདོམ།)或八拘卢舍(རྒྱང་གྲགས།)。

6 The name and order of the seven seas surrounding Mount Meru from center to periphery are different in the primary sources. For example, in *Kālacakra-tantra*, it lists the order as the Sea of Salt, the Sea of Wine, the Sea of Water, the Sea of Milk, the Sea of Yoghurt, the Sea of Butter, and the Sea of Nectar. In Chinese Buddhist sources, the order of the seven seas is as follows: the Sea of Salt, the Sea of Milk, the Sea of Yoghurt, the Sea of Butter, the Sea of Nectar, the Auspicious Sea, and the Sea of Wine.

དེའང་ཡིག་ཚང་གི་ལུགས་ཐ་དད་ལྟར་ན་རིའི་རྒྱལ་པོ་རི་རབ་ཀྱི་མཐའ་བསྐོར་དུ་གནས་པའི་རོལ་མཚོ་བདུན་གྱི་མིང་དང་གོ་རིམ་ནི་ཐུང་མི་མཐུན་ཏེ། དུས་འཁོར་རྩ་རྒྱུད་ལྟར་ན། ཚྭ་ཡི་མཚོ། ཆང་གི་མཚོ། ཆུ་ཡི་མཚོ། འོ་མའི་མཚོ། ཞོ་ཡི་མཚོ། མར་གྱི་མཚོ་དང་སྦྲང་རྩིའི་མཚོ་ལྟར་ཡིན་ཡང་། རྒྱའི་ནང་བསྟན་གྱི་ཡིག་ཚང་ལྟར་ན། རིམ་བཞིན་དུ་ཚྭ་ཡི་མཚོ་དང་། འོ་མའི་མཚོ། ཞོ་ཡི་མཚོ། མར་གྱི་མཚོ། སྦྲང་རྩིའི་མཚོ། དཔལ་གྱི་མཚོ། ཆང་གི་མཚོ་ལྟར་ཡིན་ནོ།།

文献中, 环绕须弥山的七内海从中央到外围的名称与顺序不同。例如,《时轮密续》中列出的顺序为咸水海、酒海、清水海、乳海、酪海、酥油海、蜜海。中文佛教文献里七内海顺序为咸水海、乳海、酪海、酥油海、蜜海、吉祥海、酒海。

7 Earshot is a unit of ancient Indian measurement, referring to the reach of human hearing. One earshot is five hundred arm spans.

རྒྱང་གྲགས་ནི་གནའི་རྒྱ་གར་གྱི་རྒྱང་ཐག་རིང་ཐུང་འཇལ་བྱེད་ཀྱི་ཚད་དེ། སྐད་ཤུགས་ཆེ་ཤོས་ཀྱིས་སྐད་བཏང་ན་གོ་ཐུབ་པའི་ཐག་རིང་གི་ཚོད་ལ་ཟེར་ཞིང་། རྒྱང་གྲགས་གཅིག་ལ་འདོམ་ལྔ་བརྒྱ་ཡོད།

拘卢舍为古代印度度量单位, 为人耳所能听到的最远的距离。一拘卢舍为五百肘。

8 A long hour (*yud tsam*) is one thirtieth of a day, roughly forty-eight minutes. It is different from a short hour (*chu tshod*), which is one sixtieth of a day.

ཡུད་ཙམ་གཅིག་ནི་ཉིན་ཞག་གཅིག་གི་སུམ་ཅུའི་ཆ་གཅིག་དང་། དེང་གི་སྐར་མ་བཞི་ཅུ་ཞེ་བརྒྱད་ཙམ་ཡིན། ཆུ་ཚོད་གཅིག་ནི་ཡུད་ཙམ་གྱི་ཕྱེད་ཀ་སྟེ། ཉིན་ཞག་གཅིག་གི་དྲུག་ཅུའི་ཆ་གཅིག་ཡིན།

一长小时(ཡུད་ཙམ།)为一天的三十分之一, 大概为四十八分钟。它不同于短小时(ཆུ་ཚོད།), 其为一天的六十分之一。

9 The Tibetan word *khams* can be translated as 'realm' or 'element', depending on the context. Here, the eighteen *khams* refer to the Eighteen Elements, which are the Six Sense Faculties, the Six Sense Objects, and the Six Sensory Consciousnesses. See the discussion of sense fields (*skye mched*) in the section of Rübel.

འདིར་ཁམས་བཅོ་བརྒྱད་ལ་གོ་སྟེ། དམིགས་པ་ཡུལ་གྱི་ཁམས་དྲུག་དང་། རྟེན་དབང་པོའི་ཁམས་དྲུག། བརྟེན་པ་རྣམ་ཤེས་ཀྱི་ཁམས་དྲུག་གོ། འབྲེལ་ཡོད་ཞིབ་རྒྱས་ཀྱི་སྐོར་ནི་རུས་སྦལ་གྱི་ལེའུ་ལས་སྐྱེ་མཆེད་ཀྱི་སྐབས་སུ་གསལ།

藏文"康"(ཁམས།)可以根据语境译为"界"或"处"。此处十八康指十八界，包括六根、六尘、六识。见"龟说"中对"处"(སྐྱེ་མཆེད།)的讨论。

10 At the base of Mount Meru is the place where demigods or *asuras* dwell. They live in four cities. Demigods wage countless wars against the gods over the wishing-fulfilling tree, since gods enjoy the fruit-laden upper part while lower roots were left to demigods. Due to this, demigods are described as belligerent.

ལྷ་མིན་ནི་རིའི་རྒྱལ་པོ་རི་རབ་ཀྱི་བང་རིམ་གསུམ་པ་དང་བཞི་བར་གནས་ཤིང་། ལྷ་མིན་གྱི་ཡུལ་ནས་སྐྱེས་པའི་དཔག་བསམ་ཤིང་གི་རྩེ་མོ་ཡི་འབྲས་བུ་ནི་ལྷས་ལོངས་སུ་སྤྱོད་ཕྱིར། ལྷ་མིན་རྣམས་འཁྲུག་སེམས་དང་ང་རྒྱལ་གྱིས་ལྷ་དང་ཉིན་རེར་གཡུལ་འཐབ་བྱེད་ནས་འཁྲུག་རྩོད་ཀྱི་དབང་དུ་ལྷུང་ཡོད།

须弥山底是阿修罗的居所，他们居住在四座城市。天神居于如意树产果实的部分，而阿修罗居于如意树的根部。为了获得如意树的果实，阿修罗对天神发动过无数次战争。因此，阿修罗被描写为十分好战。

11 Arm span refers to the distance measured from fingertip to fingertip of outstretched arms. One arm span is equivalent to six feet.

འདོམ་ནི་ལག་པ་གཡས་གཡོན་གཉིས་ཀ་བརྐྱངས་པའི་བར་ཐག་སྟེ། ཁྲུ་དྲུག་ཙམ་གྱི་རིང་ཚད་ལ་ཞེས་པ་ཡིན།

肘长指张开双臂从左指尖到右指尖的距离。一肘等于六尺。

12 Aeon (*bskal pa*) refers to cosmic time which starts at the formation of the world, through the aeon of abiding, to the destruction of the world, and to the state of emptiness.

བསྐལ་པ་ནི་འཇིག་རྟེན་ཁམས་འདི་ཆགས་པ་ནས་མེད་པར་གྱུར་པའི་ཆགས་གནས་འཇིག་སྟོང་གི་དུས་ཡུན་ལ་ཟེར།

劫(བསྐལ་པ།)指从成、住、坏到空的宇宙时间。

13 For human beings who had miraculous birth, egg birth, and warmth birth, see *Abhidharmakośa-Bhāṣya of Vasubandhu: The Treasury of the Abhidharma and Its (Auto) Commentary*, ed. and trans. into English by Gelong L. Sangpo, 4 vols (Delhi: Motilal Banarsidass Publishers Private Limited, 2012), II (2012), p. 955.

དེའང་སྒོང་སྐྱེས་དང་། རྫུས་སྐྱེས། དྲོད་སྐྱེས་ཀྱི་མི་དང་འབྲེལ་བའི་དཔྱད་ཞིབ་ཀྱི་སྐོར་ལ་འདིར་གཟིགས་པར་ཞུ། *Abhidharmakośa-Bhāṣya of Vasubandhu: The Treasury of the Abhidharma and Its (Auto) Commentary*, ed. and trans. into English by Gelong L.

Sangpo, 4 vols (Delhi: Motilal Banarsidass Publishers Private Limited, 2012), II (2012), p. 955.

关于化生、卵生与湿生的人，见*Abhidharmakośa-Bhāṣya of Vasubandhu: The Treasury of the Abhidharma and Its (Auto) Commentary*, ed. and trans. into English by Gelong L. Sangpo, 4 vols (Delhi: Motilal Banarsidass Publishers Private Limited, 2012), II (2012), p. 955。

14 Dust, or earth plant (*sa zhag*), refers to the food eaten by human beings in the first aeon.

བསྐལ་པ་ཐོག་མའི་སྐབས་ཀྱི་ཟས་ཤིག

地味(ས་ཞག)指第一劫时人类所吃的食物。

15 This refers to the Seven Chosen Ones (*sad mi mi bdun*): the first seven monks ordained by Śāntarakṣita (Zhi ba tsho), who is referred to as the 'Great Khenpo'.

མཁན་ཆེན་པོ་ཞི་བ་འཚོའི་མདུན་ནས་ཐོག་མར་བསླབ་སྡོམ་ཞུས་ནས་རབ་ཏུ་བྱུང་བའི་བོད་མི་བདུན།

此指七圣僧(སད་མི་མི་བདུན།)，即被称为大堪布的寂护(梵Śāntarakṣita, ཞི་བ་ཚོ།)授戒的七个僧人。

16 The four empowerments (*dbang bzhi*) refer to the four levels of empowerment according to the Tantric tradition. The four empowerments include vase empowerment (*bum dbang*), secret empowerment (*gsang dbang*), wisdom-knowledge empowerment (*shes rab ye shes kyi dbang*), and word empowerment (*tshig dbang*). See Robert E. Buswell and Donald S. Lopez, *The Princeton Dictionary of Buddhism* (Princeton and Oxford: Princeton University Press, 2014), pp. 172, 334, 407, 656.

དབང་བཞི་ཞེས་པ་ནི་ལུས་ལྷར་སྐུར་སྒོམ་པའི་བསྐྱེད་རིམ་ལ་དབང་ཐོབ་པའི་ཕྱིར་དུ་བུམ་པའི་དབང་དང་། ངག་གི་བཟླས་བརྗོད་ལ་དབང་ཐོབ་པའི་ཕྱིར་དུ་གསང་དབང་། ཡིད་འོད་ཟེར་སྟོང་པ་ཉིད་བསྒོམ་པ་ལ་དབང་ཐོབ་པའི་ཆེད་དུ་ཤེས་རབ་ཡེ་ཤེས་ཀྱི་དབང་། ལུས་ངག་ཡིད་གསུམ་དབྱེར་མེད་པའི་ཟུང་འཇུག་གི་སྐུ་འགྲུབ་པའི་ཕྱིར་དུ་ཚིག་གི་དབང་བཅས་སོ།། འབྲེལ་བའི་དཔྱད་ཞིབ་ཀྱི་སྐོར་ལ་འདིར་གཟིགས་པར་ཞུ། Robert E. Buswell and Donald S. Lopez, *The Princeton Dictionary of Buddhism* (Princeton and Oxford: Princeton University Press, 2014), pp. 172, 334, 407, 656.

四灌顶(དབང་བཞི།)指密宗传统中四种不同的灌顶，包括宝瓶灌顶(བུམ་དབང་།)、秘密灌顶(གསང་དབང་།)、智慧灌顶(ཤེས་རབ་ཡེ་ཤེས་ཀྱི་དབང་།)、胜义灌顶(ཚིག་དབང་།)。见Robert E. Buswell and Donald S. Lopez, *The Princeton Dictionary of Buddhism* (Princeton and Oxford: Princeton University Press, 2014), pp. 172, 334, 407, 656。

Chémar ཕྱེ་མར། 切玛

Chémar

Chémar (*phye mar*), the auspicious offering of ground barley and butter, is traditionally reserved for major celebrations such as weddings and new year festivities. The making of *chémar* has a long history. In Bon ritual texts, '*chémar ölkön*' (*phye mar 'ol kon*) is mentioned as a common offering to the gods, even though its shape is unknown.[1] Served as an offering, *chémar* is presented differently. Nowadays, the *chémar* with which we are most familiar is the one offered during New Year celebrations in Central Tibet, in which it is presented in an elaborately-decorated wooden box with two divisions. In Gyantse, *chémar* is presented in a wooden box filled with barley and butter, and a raised mound of the mixture is decorated with a sun, moon, and stars fashioned of butter.[2] In Choné, however, *chémar* is presented in the form of a wooden box at the bottom and a copper plate holding the roasted barley in the middle, on top of which butter is placed; salt-cured pork slices are sometimes added to the sides, together with a juniper branch on the top. In terms of contemporary local understandings, this serves as a representation of Mount Meru (Fig. 5).

Unlike the new year celebration for which only one *chémar* is made, three *chémar* are made on a wedding day in the houses of the groom and the bride, respectively. One is placed on the table on a raised platform on which people eat and sleep—where monks, village ritual specialists, and elders sit. The other two are placed on tables on the wooden floor, where the bride's side or the groom's side and community members related to the host are seated. *Chémar* is also made on other occasions. On the day of the mountain deity offering, on finishing the ritual, *tsampa*

https://doi.org/10.11647/OBP.0312.05

from *chémar* is scattered to celebrate the driving away of malevolent spirits and as a praise offering to the war god and the protector of the Dharma. In the new year archery competition, *tsampa* from *chémar* is placed on the head of the winner who hits the target to celebrate their success and prosperity. Shépa is often sung at these important social and religious gatherings, and 'Chémar' plays a significant role in the Shépa performance.

'Chémar' is always sung at the beginning of the Shépa performance. As noted in the narrative itself, '[t]he song of *chémar* is the head of songs; the refuge prayer is the beginning of dharma chanting; the collar is located at the top of one's clothes. Songs cannot be sung without the song of *chémar*; Dharma cannot be chanted without the refuge prayer; clothes cannot be worn without a collar'. Without first narrating some stanzas of 'Chémar', one cannot officially initiate the Shépa narration. For instance, as detailed in our introduction: on the wedding day, the bride's side pose questions relating to Shépa to the groom's side by starting with 'Chémar'. Only after the questions are correctly answered can the groom begin the process of bringing the bride back. When arriving at the groom's house, the Shépa narration also commences with a telling of 'Chémar'. This time, the groom's side is allowed to pose questions and engage in a singing battle with the bride's side. As such, 'Chémar' is both the most narrated and the best-preserved section of Shépa.

The current section consists of two parts: the description of *chémar* itself and the process of manufacturing the table that holds *chémar*. The narration opens with a description of the shape as well as the identification of each of the elements that make up *chémar*, after which the description turns to the symbolic meanings of each element. Once the narration relating to *chémar* itself is complete, the story turns to that of the table, and addresses the selection of materials and the skills needed for its assemblage. Similar to other sections of Shépa, singers do not usually perform 'Chémar' in its entirety during the celebration.

Endnotes

1 *Mdo khams yul gyi bod yig gna'dpe phyogs bsdus mthong ba 'dzum bzhad*, ed. by Blo bzang lhun grub rdo rje, 60 vols (Lanzhou: Gansu wenhua chubanshe, 2012), XVI (2012), p. 169.

2 Giuseppe Tucci, *Tibetan Folk Songs from Gyantse and Western Tibet* (Ascona: Artibus Asiae, 1966), p. VII.

ཕྱེ་མར།

ཕྱེ་མར་ནི་རྩམ་པ་དང་མར་གྱིས་གྲུབ་པའི་བཀྲ་ཤིས་པའི་མཚོན་དོན་དང་ལྡན་པའི་མཆོད་རྫས་ཤིག་དང་། གཙོ་བོར་གཉེན་སྟོན་དང་ལོ་སར་གྱི་སྐབས་སུ་སྒྲིག་སྲོལ་ཡོད་པ་རེད། སྔ་རབས་བོད་ཀྱི་བསང་མཆོད་སོགས་སུ་ཕྱེ་མར་འོལ་གོང་ཞེས་ལྷ་བཤོས་ཀྱི་རིགས་ཤིག་ཏུ་གསལ་བར་བལྟས་ན། དེ་ནི་ལོ་རྒྱུས་ཡུན་རིང་དང་ལྡན་པའི་མཆོད་རྫས་ཀྱི་རིགས་ཤིག་ཡིན་པ་རྟོགས་སླ།[1] དེང་གི་དུས་ལ་བོད་ཀྱི་ལོ་སར་གྱི་སྐབས་རྟེན་འབྲེལ་མཚོན་བྱེད་དུ་མཆོད་པའི་གྲོ་སོ་ཕྱེ་མར་ནི་ཚོན་མདངས་ཅན་གྱི་ཤིང་སྒམ་དུ་བཞམས་སྲོལ་ཡོད་ཅིང་། གཙང་རྒྱལ་རྩེའི་ཡུལ་གྱི་ཕྱེ་མར་ནི་ནས་དང་གྲོ་སོགས་སྤུངས་པའི་སྒམ་ཞིག་ཏུ་མར་གྱིས་ཉི་ཟླ་སྐར་གསུམ་གྱི་རིན་པོ་ཆེའི་དབྱིབས་ལྟར་བརྒྱན་ཡོད་པ་ཞིག་དང་།[2] མདོ་སྨད་ཙོ་ནའི་ཡུལ་གྱི་སྲོལ་རྒྱུན་གྱི་ཕྱེ་མར་ནི་ཞབས་ནས་ཤིང་གིས་གདན་བྱས་པའི་ཟངས་ཀྱི་སྡེར་མ་ཞིག་ཏུ་རྩམ་པའི་རི་ཞིག་སྤུངས་ཏེ་དེའི་སྟེང་ལ་མར་རས། སྐབས་རེར་ཕག་ཤ་ཕྲན་བུ་གསུམ་གྱིས་བརྒྱན་ཞིང་། རྩམ་པའི་རིའི་རྩེ་མོར་ཤུག་པའི་ལོ་མ་ཞིག་འཛུག་སྲོལ་ཡོད་ཅིང་། རྩམ་པའི་རི་དེ་ནི་རིའི་རྒྱལ་པོ་རི་རབ་ཀྱི་མཚོན་བྱེད་དུ་ངོས་འཛིན་བྱེད་བཞིན་ཡོད་པ་རེད། <དཔེ་རིས། ༥>

ཕྱིར་བཏང་ལོ་སར་གྱི་དུས་སྟོན་སྐབས་ལ་ཕྱེ་མར་གཅིག་ལས་སྒྲིག་སྲོལ་མེད་ཀྱང་། གཉེན་སྟོན་གྱི་རིང་ལ་མག་པ་དང་བག་མའི་ཁྱིམ་ནང་ལ་ཕྱེ་མར་གསུམ་རེ་སྒྲིག་བཞིན་ཡོད། གཅིག་ནི་དགེ་འདུན་པ་དང་ཚོ་ག་མཁན་དང་བགྲེས་པོ་རྣམས་ཀྱི་མདུན་དོས་ཀྱི་ཅོག་ཙེའི་སྟེང་དུ་དང་། གཞན་པ་གཉིས་ནི་ཚོམས་ཆེན་ནང་གི་མི་བདག་དང་མགྲོན་པོ་རྣམས་འདུས་པའི་ཅོག་ཙེའི་ཐོག་ཏུ་ཡིན། ཡང་ཡུལ་ཚོའི་དགྲ་ལྷ་དཔངས་བསྟོད་ཀྱི་སྐབས་སུ་ལྷ་རྒྱལ་འཐེན་དུས། ཕྱེ་མར་གཏོར་ནས་མི་མཐུན་པའི་ཕྱོགས་ཀུན་ལས་རྣམ་པར་རྒྱལ་ཞིང་ལྷ་དང་སྲུང་མ་རྣམས་ཀྱི་མངའ་ཐང་གསོལ་སྲོལ་ཡོད་པ་རེད། ལོ་སར་གྱི་སྐབས། ཧ་རྒྱུག་མདའ་འཕེན་བྱེད་དུས་ཕྱེ་མར་ནི་མཐའ་མཇུག་གི་རྒྱལ་ཁ་ཐོབ་མཁན་གྱི་མགོ་ལ་གཏོར་ནས་བཀྲ་ཤིས་དང་ལྷ་རྒྱལ་གསོལ་ཞིང་བཤད་པ་ཡང་གྱེར་སྲོལ་ཡོད།

དེའང་སྐབས་བབ་ཀྱི་ལེའུ་ལས། སྨྲ་ཕྱེ་མར་སྨྲ་ཡི་སྨྲ་མགོ་ཡིན།། ཆོས་སྐྱབས་འགྲོ་ཆོས་ཀྱི་ཆོས་མགོ་ཡིན།། གོས་གོང་བ་ལུས་ཀྱི་ལུས་མགོ་ཡིན།། སྨྲ་ཕྱེ་མར་མེད་ན་ལེན་ལུགས་མེད།། ཆོས་སྐྱབས་འགྲོ་མེད་ན་འདོན་ལུགས་མེད།། གོས་གོང་བ་མེད་ན་གོན་ལུགས་མེད།། ཅེས་བརྗོད་པ་ལྟར། ཕྱེ་མར་གྱི་ལེའུ་ཚན་ཁ་ཤས་ཤིག་མ་དྲངས་བར་དུ་བཤད་པའི་སྨྲ་ནི་ལེན་ཐབས་མེད་ཅིང་། སྟོན་གླེང་དུ་ཞུས་པ་ལྟར། གཉེན་སྟོན་གྱི་སྐབས་བག་མའི་ཕྱོགས་ནས་ཕྱེ་མར་གྱི་ལེའུ་ལས་འགོ་བཙུགས་སྟེ། མག་པའི་ཕྱོགས་ཀྱི་བསུ་བ་བྱེད་མཁན་རྣམས་ལ་སྨྲ་ཡི་དྲི་བ་སྣ་ཚོགས་འདོན་ངེས་ཤིང་། དྲི་བ་རྣམས་རེ་རེ་བཞིན་ལན་ཕོག་ན་ད་གཟོད་བག་མ་བསུ་ལེན་བྱེད་ཆོག་པ་ཡིན། ཡང་མག་པའི་ནང་དུ་སླེབས་ཚར་ནས་ཕྱེ་མར་གྱི་ལེའུ་ལས་འགོ་བཙུགས་སྟེ། མག་པའི་ཕྱོགས་ནས་སྐྱེལ་མ་བྱེད་མཁན་རྣམས་ལ་དྲི་བ་བཏང་སྟེ་ཤགས་ཀྱི་འགྲན་འཛུགས་དགོས་ཕྱིར། ཕྱེ་མར་ནི་བཤད་པའི་ལེའུ་ཚན་ཀུན་ལས་ལེན་ཐེངས་ཆེས་མང་ཞིང་ནང་དོན་ཆེས་ཆ་ཚང་བ་དེ་ཉིད་དུ་གྱུར་ཡོད།

ཕྱེ་མར་གྱི་ལེའུ་ནི་ཚན་པ་གཉིས་ཀྱིས་གྲུབ་ཅིང་། གཙོ་བོ་ཕྱེ་མར་གྱི་རྣམ་པ་དང་ཕྱེ་མར་ཅོག་ཙེ་ཡི་ཁ་སྒྲོད་སྟངས་གཉིས་ཏེ། དང་པོར་ཕྱེ་མར་གྱི་རྣམ་པའི་ཆ་རྣམས་རེ་རེ་བཞིན་ངོ་སྤྲོད་བྱས་ཏེ་མཚོན་དོན་དང་བཅས་བརྗོད་ཡོད། དེ་ནས་ཕྱེ་མར་བཞམས་ཡུལ་ཅོག་ཙེ་ལ་མཁོ་བའི་རྒྱུ་ཆ་དང་དེ་དག་ཁ་སྒྲོད་སྟངས་དང་འབྲེལ་བའི་ལག་རྩལ་གྱི་སྐོར་རྣམས་བརྗོད་ཡོད། དེ་ཡང་བཤད་པའི་ལེའུ་གཞན་རྣམས་དང་འདྲ་བར། དངོས་སུ་གྱེར་པའི་སྐབས་སུ་ཕྱེ་མར་གྱི་ལེའུ་ཆ་ཚང་ནི་གྱེར་གྱི་མེད་དོ།

མཇུག་མཆན།

1 མདོ་ཁམས་ཡུལ་གྱི་བོད་ཡིག་གནའ་དཔེའི་ཕྱོགས་བསྡུས་མཐོང་བ་འཛུམ་བཞད། བློ་བཟང་ལྷུན་གྲུབ་རྡོ་རྗེ་ཡིས་རྩོམ་སྒྲིག་བྱས། པོད་60ཡོད། (ལན་ཀྲུ། ཀན་སུའུ་རིག་གནས་དཔེ་སྐྲུན་ཁང་། 2012), XVI (2012), p. 169.

2 Giuseppe Tucci, *Tibetan Folk Songs from Gyantse and Western Tibet* (Ascona: Artibus Asiae, 1966), p. VII.

切玛

切玛(ཕྱེ་མར།)是由青稞面和酥油做成的吉祥供品，用于婚礼和新年这样的大型庆典。切玛的制做历史悠久。在苯教仪式文献中，"切玛奥贡"(ཕྱེ་མར་འོལ་ཀོན།)是献给神灵的常见供品，尽管其形状未知。[1]如今，作为供品的切玛形态各异。我们熟知的是西藏庆祝新年时的切玛。它盛在一个装饰精美的双格木盒中。江孜的切玛装在盛满青稞和酥油的木盒中，高出的部分用酥油捏成的日、月、星来点缀。[2]卓尼的切玛则以方木盒为底座，中间为圆形铜盘，其中盛着青稞面，其上方侧面放着酥油片，有时放三片腊肉，最顶部是一小束柏香枝。当地人认为切玛代表着须弥山<图 5>。

不同于新年庆典时只做一个切玛，婚礼当天的新郎和新娘家分别做三个切玛。一个放在僧人、村中仪式专家与老者所围坐的炕桌上。另外两个放在客厅，分别摆放在新娘或新郎一方和其乡邻所围坐的两张桌子上。切玛也会出现在其他场合。在攒山神仪式结束时，人们会抛撒切玛中的青稞面，以用来驱除邪祟，赞颂祖先神、战神与护法神。在新年的射箭比赛中，人们会将切玛里的青稞面抹在射中目标的胜出者的头上，以庆祝其成功及家庭兴旺。在这些重要的社会集会中，人们通常都会唱释巴，而"切玛"在释巴中恰恰又是非常重要的一个篇目。

诚如此篇所言，"切玛歌者咏之首，皈依经者经之纲，衣之领者衣之端，无切玛歌不兴咏，无皈依经不诵经，无衣领兮不着衣"。释巴的演唱始终以"切玛"开场。如果不唱几个"切玛"的诗节，释巴演唱就不能正式开始。例如，如导论所述，在迎亲时，新娘一方从"切玛"开始，用释巴中的问题来逗问新郎一方。只有当正确回答了问题，新郎才能开始迎娶新娘回家的流程。抵达新郎家后，释巴叙述也是从"切玛"开始。此时，新郎一方允许提问并可以与新娘一方斗歌。这些原因使得"切玛"成了释巴中表演频率最高且保存最完好的一篇。

本篇包含两部分：对切玛本身的描述和对摆放切玛的桌子的制做过程的描述。叙述首先描绘了切玛的外形以及组成它的每种元素，接下来阐释每个组成元素的象征意义。讲完切玛后，叙述转移到了桌子，阐释了制做桌子所需选择的材料与组合桌子所需的技巧。与其余篇目相同，歌者通常不会在庆典时演唱整篇"切玛"。

尾注

1 མདོ་ཁམས་ཡུལ་གྱི་བོད་ཡིག་གནའ་དཔེ་ཕྱོགས་བསྡུས་མཐོང་བ་འཛུམ་བཞད། བློ་བཟང་ལྷུན་གྲུབ་རྡོ་རྗེ་ཡིས་རྩོམ་སྒྲིག་བྱས། པོད་60ཡོད། (ལན་ཧྲུ། ཀན་སུའུ་རིག་གནས་དཔེ་སྐྲུན་ཁང་། 2012), XVI (2012), p. 169.

2 Giuseppe Tucci, *Tibetan Folk Songs from Gyantse and Western Tibet* (Ascona: Artibus Asiae, 1966), p. VII.

ཕྱེ་མར། 切玛

Chémar

གླུ་ཕྱེ་མར་གླུ་ཡི་གླུ་མགོ་ཡིན།[1] 切玛歌者咏之首

The song of *chémar* is the head of songs.

ཆོས་སྐྱབས་འགྲོ་ཆོས་ཀྱི་ཆོས་མགོ་ཡིན།[2] 皈依经者经之纲

The refuge prayer is the beginning of Dharma chanting.[1]

གོས་གོང་བ་ལུས་ཀྱི་ལུས་མགོ་ཡིན།[3] 衣之领者衣之端

The collar is located at the top of one's clothes.

གླུ་ཕྱེ་མར་མེད་ན་ལེན་ལུགས་མེད།[4] 无切玛歌不兴咏

Songs cannot be sung without the song of *chémar*.

ཆོས་སྐྱབས་འགྲོ་མེད་ན་འདོན་ལུགས་མེད།[5] 无皈依经不诵经

Dharma cannot be chanted without the refuge prayer.

གོས་གོང་བ་མེད་ན་གོན་ལུགས་མེད།[6] 无衣领兮不着衣

Clothes cannot be worn without a collar.

དྲི། 问

Question:

ཕྱེ་མར་རི་རབ་བརྩེགས་འདྲ་གན།[7] 切玛形如须弥兮

The Mount Meru-like *chémar*,

---

1 UN, FY: གླུ་ཕྱེ་མར་གླུ་ཡི་གླུ་མགོ་ཡིན།

2 UN, FY: ཆོས་སྐྱབས་འགྲོ་ཆོས་ཀྱི་ཆོས་མགོ་ཡིན།

3 FY: ལུས་གོང་བ་ལུས་ཀྱི་ལུས་མགོ་ཡིན། ED: གོས་གོང་བ་ལུས་ཀྱི་ལུས་མགོ་ཡིན།

4 UN, FY: གླུ་ཕྱེ་མར་མེད་ན་ལེན་ལུགས་མེད།

5 UN, FY: ཆོས་སྐྱབས་འགྲོ་མེད་ན་འདོན་ལུགས་མེད།

6 FY: ལུས་གོང་བ་མེད་ན་གོས་ལུགས་མེད། ED: གོས་གོང་བ་མེད་ན་གོན་ལུགས་མེད།

7 MT, UN: ཕྱེ་མར་རི་རབ་བརྩེགས་འདྲ་གན། FY: ཕྱེ་མར་རི་རབ་བརྩེགས་འདྲ་ཀན།

རྩིག་མཁན་གང་གིས་བརྩིགས་ནི་རེད།[8] 塑匠造之者孰耶
Which builder built it?

སྡེར་རྩི་མེ་ལོང་ཕྱིས་འདྲ་གན།[9] 碟子亮如明镜兮
The shining mirror-like tray,

ལྷུགས་མ་གང་གིས་ལྷུགས་ནི་རེད།[10] 铸匠造之者孰耶
Which smith cast it?

ཤ་སྡེར་ཟུར་བཞི་ཟོགས་བརྒྱད་གན།[11] 托盘四角八边兮
The rectangular wooden box,[2]

ཤིང་མཁན་གང་གིས་སྦྲད་ནི་རེད།[12] 木匠造之者孰耶
Which carpenter crafted it?

གླུ་དལ་བུར་ཞོག་དང་བྲེལ་བ་མེད། 歌徐陈之莫匆促
Please sing the song slowly, there is no hurry.

ལན། 答
Answer:

ཕྱེ་མར་རི་རབ་བརྩིགས་འདྲ་གན།[13] 切玛形如须弥兮
The Mount Meru-like *chémar*,

---

8 MT: **རྩིག་མཁན་གང་གིས་བརྩིགས་ནི་རེད།** UN: བརྩེགས་མཁན་གང་གི་བརྩེགས་ནི་རེད། FY: བརྩིགས་མཁན་གང་གི་བརྩིགས་ནི་རེད།

9 MT: **སྡེར་རྩི་མེ་ལོང་ཕྱིས་འདྲ་གན།** UN: སྡེར་རྩི་མེ་ལོང་འཕྱུར་འདྲ་གན། FY: སྡེར་རྩི་མེ་ལོང་འཕྱུར་འདྲ་ཀན།

10 MT: **ལྷུགས་མ་གང་གིས་ལྷུགས་ནི་རེད།** UN, FY: ལྷུགས་མ་གང་གི་ལྷུགས་ནི་རེད།

11 MT. **ཤ་སྡེར་ཟུར་བཞི་ཟོགས་བརྒྱད་གན།** UN: ཤ་ལྷན་ཟུར་བཞི་སྒོང་སྒྲ་གན། FY: ཤ་ལྷན་ཟུར་བཞི་སྒོང་སྒྲ་ཀན།

12 MT: **ཤིང་མཁན་གང་གིས་སྦྲད་ནི་རེད།** UN: ཤིང་མཁན་གང་གི་བཤངས་ནི་རེད། FY: ཤིང་མཁན་གང་གི་བཤམས་ནི་རེད།

13 MT, UN: **ཕྱེ་མར་རི་རབ་བརྩིགས་འདྲ་གན།** FY: ཕྱེ་མར་རི་རབ་བརྩིགས་འདྲ་ཀན།

མ་སེང་འབྲུག་མིན་གདའ་བརྩིགས་ནི་མེད།[14] 非珠姆不能塑矣

None other than Sengdruk built it.[3]

སྡེར་རྩེ་མེ་ལོང་ཕྱིས་འདྲ་གན།[15] 碟子亮如明镜兮

The shining mirror-like tray,

རྒྱ་ལྷུགས་མ་མིན་གདའ་ལྷུགས་ནི་མེད།[16] 非汉工匠不能铸

None other than a Chinese smith cast it.

ཤ་སྡེར་ཟུར་བཞི་ལོགས་བརྒྱད་གན།[17] 托盘四角八边兮

The rectangular wooden box,

བཟོ་གོང་ཤུང་མིན་གདའ་སྦྲད་ནི་མེད།[18] 非公输盘不能造

None other than Gongshu Ban crafted it.[4]

གླུ་དེ་ཡི་ལན་ལ་དེ་འདྲ་ཡིན། 如是答复彼歌矣

This is the response to the song.

དྲི། 问

Question:

ཕྱེ་མར་རི་རབ་བརྩིགས་འདྲ་གན།[19] 切玛形如须弥兮

The Mount Meru-like *chémar*,

---

14 MT: **མ་སེང་འབྲུག་མིན་གདའ་བརྩིགས་ནི་མེད།** UN: སུ་སྐྱུང་མོ་མིན་གདའ་བརྩེགས་ནི་རེད། FY: མ་སུ་མོ་མིན་གདའ་བརྩིགས་ནི་མེད།

15 MT: **སྡེར་རྩེ་མེ་ལོང་ཕྱིས་འདྲ་གན།** UN: སྡེར་རྩེ་མེ་ལོང་འཕྱུར་འདྲ་གན། FY: སྡེར་རྩེ་མེ་ལོང་འཕྱུར་འདྲ་ཀན།

16 MT, FY: **རྒྱ་ལྷུགས་མ་མིན་གདའ་ལྷུགས་ནི་མེད།** UN: རྒྱ་ལྷུགས་པ་མིན་གདའ་ལྷུགས་ནི་རེད།

17 MT: **ཤ་སྡེར་ཟུར་བཞི་ལོགས་བརྒྱད་གན།** UN: ཤ་ལྡན་ཟུར་བཞི་སློང་སྐྱ་གན། FY: ཤ་ལྡན་ཟུར་བཞི་སློང་སྐྱ་ཀན།

18 MT: **བཟོ་གོང་ཤུང་མིན་གདའ་སྦྲད་ནི་མེད།** UN: བཟོ་བཀོད་གསུམ་མིན་གདའ་བཤངས་ནི་རེད། FY: བཟོ་བཀོད་གསུམ་མིན་གདའ་བཤམས་ནི་མེད།

19 MT, UN: **ཕྱེ་མར་རི་རབ་བརྩིགས་འདྲ་གན།** FY: ཕྱེ་མར་རི་རབ་བརྩིགས་འདྲ་ཀན།

བྱུང་བ་ཅི་ལས་བྱུང་ནི་རེད།[20] 其以何物所做耶
What is it made of?

སྡེར་སྐྱེ་མེ་ལོང་ཕྱིས་འདྲ་གན།[21] 碟子亮如明镜兮
The shining mirror-like tray,

བྱུང་བ་ཅི་ལས་བྱུང་ནི་རེད།[22] 其以何物所做耶
What is it made of?

ཤ་སྡེར་ཟུར་བཞི་ཟོགས་བརྒྱད་གན།[23] 托盘四角八边兮
The rectangular wooden box,

བྱུང་བ་ཅི་ལས་བྱུང་ནི་རེད།[24] 其以何物所做耶
What is it made of?

ལན། 答
Answer:

ཕྱེ་མར་རི་རབ་བརྩེགས་འདྲ་གན།[25] 切玛形如须弥兮
The Mount Meru-like *chémar*,

བྱུང་བ་སྔོན་པོ་ནས་ལས་བྱུང་།[26] 其以青稞所做矣
Is made of barley.

སྡེར་སྐྱེ་མེ་ལོང་ཕྱིས་འདྲ་གན།[27] 碟子亮如明镜兮
The shining mirror-like tray,

---

20 MT: **བྱུང་བ་ཅི་ལས་བྱུང་ནི་རེད།** UN, FY: བྱུང་བ་ཅི་ལ་བྱུང་ནི་རེད།

21 MT: **སྡེར་སྐྱེ་མེ་ལོང་ཕྱིས་འདྲ་གན།** UN: སྡེར་སྐྱེ་མེ་ལོང་འཕྱུར་འདྲ་གན། FY: སྡེར་སྐྱེ་མེ་ལོང་འཕྱུར་འདྲ་ཀན།

22 MT: **བྱུང་བ་ཅི་ལས་བྱུང་ནི་རེད།** UN, FY: བྱུང་བ་ཅི་ལ་བྱུང་ནི་རེད།

23 MT: **ཤ་སྡེར་ཟུར་བཞི་ཟོགས་བརྒྱད་གན།** UN: ཤ་ལྡན་ཟུར་བཞི་གློང་སྒྲུ་གན། FY: ཤ་ལྡན་ཟུར་བཞི་གློང་སྒྲུ་ཀན།

24 MT: **བྱུང་བ་ཅི་ལས་བྱུང་ནི་རེད།** UN, FY: བྱུང་བ་ཅི་ལ་བྱུང་ནི་རེད།

25 MT, UN: **ཕྱེ་མར་རི་རབ་བརྩེགས་འདྲ་གན།** FY: ཕྱེ་མར་རི་རབ་བརྩེགས་འདྲ་ཀན།

26 MT, FY: **བྱུང་བ་སྔོན་པོ་ནས་ལས་བྱུང་།** UN: བྱུང་བ་སྔོན་པོ་གཉར་ནས་བྱུང་།

27 MT: **སྡེར་སྐྱེ་མེ་ལོང་ཕྱིས་འདྲ་གན།** UN: སྡེར་སྐྱེ་མེ་ལོང་འཕྱུར་འདྲ་གན། FY: སྡེར་སྐྱེ་མེ་ལོང་འཕྱུར་འདྲ་ཀན།

བྱུང་བ་གསེར་དང་དངུལ་ལས་བྱུང་།[28] 其以金银所做矣
Is made of gold and silver.

ཤ་སྡེར་ཟུར་བཞི་ཡོགས་བརྒྱད་གན།[29] 托盘四角八边兮
The rectangular wooden box,

བྱུང་བ་གསོམ་པའི་ཤིང་ལས་བྱུང་།[30] 其以松木所做矣
Is made of pine wood.

དྲི། 问
Question:

ཕྱེ་མར་རི་རབ་བརྩིགས་འདྲ་གན།[31] 切玛形如须弥兮
The Mount Meru-like *chémar*,

བྱུང་བ་ག་རུ་བྱུང་ནི་རེད།[32] 青稞出于何处耶
Where does [the barley] come from?

སྡེར་རྩེ་མེ་ལོང་ཕྱིས་འདྲ་གན།[33] 碟子亮如明镜兮
The shining mirror-like tray,

བྱུང་བ་ག་རུ་བྱུང་ནི་རེད།[34] 金银出于何处耶
Where does [the gold and silver] come from?

ཤ་སྡེར་ཟུར་བཞི་ཡོགས་བརྒྱད་གན།[35] 托盘四角八边兮
The rectangular wooden box,

---

28 MT, UN, FY: **བྱུང་བ་གསེར་དང་དངུལ་ལས་བྱུང་།**

29 MT: **ཤ་སྡེར་ཟུར་བཞི་ཡོགས་བརྒྱད་གན།** UN: ཤ་ལྡན་ཟུར་བཞི་གློང་སྐྲུ་གན། FY: ཤ་ལྡན་ཟུར་བཞི་གློང་སྐྲུ་ཀན།

30 MT, FY: **བྱུང་བ་གསོམ་པའི་ཤིང་ལས་བྱུང་།** UN: བྱུང་བ་གསོན་པོའི་ཤིང་ལས་བྱུང་།

31 MT, UN: **ཕྱེ་མར་རི་རབ་བརྩིགས་འདྲ་གན།** FY: ཕྱེ་མར་རི་རབ་བརྩིགས་འདྲ་ཀན།

32 MT: **བྱུང་བ་ག་རུ་བྱུང་ནི་རེད།** UN: འཕྱུར་བ་གང་ནས་ཕྱུར་ནི་ཡིན། FY: འབྱུང་བ་གང་ནས་བྱུང་ནི་རེད།

33 MT: **སྡེར་རྩེ་མེ་ལོང་ཕྱིས་འདྲ་གན།** UN: སྡེར་རྩེ་མེ་ལོང་འཕྱུར་འདྲ་གན། FY: སྡེར་རྩེ་མེ་ལོང་འཕྱུར་འདྲ་ཀན།

34 MT: **བྱུང་བ་ག་རུ་བྱུང་ནི་རེད།** UN: འཕྱུར་བ་གང་ནས་ཕྱུར་ནི་རེད། FY: འབྱུང་བ་གང་ནས་བྱུང་ནི་རེད།

35 MT: **ཤ་སྡེར་ཟུར་བཞི་ཡོགས་བརྒྱད་གན།** UN: ཤ་ལྡན་ཟུར་བཞི་གློང་སྐྲུ་གན། FY: ཤ་ལྡན་ཟུར་བཞི་གློང་སྐྲུ་ཀན།

བྱུང་བ་ག་རུ་བྱུང་ནི་རེད།[36] 松木出于何处耶

Where does [the pine tree] come from?

གླུ་དལ་མོ་ལོངས་དང་རྗེས་ན་ཡོད། 有歌相继徐徐咏

Sing it slowly, and more songs will follow.

ལན། 答

Answer:

ཕྱེ་མར་རི་རབ་བརྩེགས་འདྲ་གན།[37] 切玛形如须弥兮

The Mount Meru-like *chémar,*

བྱུང་བ་ས་གཞིའི་རྒྱུ་ལས་བྱུང་།[38] 青稞出于田地矣

[The barley] comes from the earth.

སྡེར་རྩེ་མེ་ལོང་ཕྱིས་འདྲ་གན།[39] 碟子亮如明镜兮

The shining mirror-like tray,

བྱུང་བ་རྒྱ་ནག་ཡུལ་ནས་བྱུང་།[40] 金银出于汉地矣

[The gold and silver] come from mainland China.

ཤ་སྡེར་ཟུར་བཞི་ཡོགས་བརྒྱད་གན།[41] 托盘四角八边兮

The rectangular wooden box,

བྱུང་བ་ནགས་ཁྲོད་རྒྱུ་ལས་བྱུང་།[42] 松木出于林地矣

[The pine tree] comes from the forest.

---

36 MT: **བྱུང་བ་ག་རུ་བྱུང་ནི་རེད།** UN: འཕྱུར་བ་གང་ནས་ཕྱུར་ནི་རེད། FY: འབྱུང་བ་གང་ནས་བྱུང་ནི་རེད།

37 MT, UN: **ཕྱེ་མར་རི་རབ་བརྩེགས་འདྲ་གན།** FY: ཕྱེ་མར་རི་རབ་བརྩེགས་འདྲ་ཀན།

38 MT: **བྱུང་བ་ས་གཞིའི་རྒྱུ་ལས་བྱུང་།** UN: འཕྱུར་བ་གཞིའི་ཕྱུད་ལས་ཕྱུར། FY: འབྱུང་བ་ས་གཞིའི་རྒྱུ་ལས་བྱུང་།

39 MT: **སྡེར་རྩེ་མེ་ལོང་ཕྱིས་འདྲ་གན།** UN: སྡེར་རྩེ་མེ་ལོང་ཕྱུར་འདྲ་གན། FY: སྡེར་རྩེ་མེ་ལོང་འཕྱུར་འདྲ་ཀན།

40 MT: **བྱུང་བ་རྒྱ་ནག་ཡུལ་ནས་བྱུང་།** UN: འཕྱུར་བ་རྒྱ་བཙོའི་རྒྱུ་ལས་ཕྱུར། FY: འབྱུང་བ་རྒྱ་བཙོའི་རྒྱུ་ལས་བྱུང་།

41 MT: **ཤ་སྡེར་ཟུར་བཞི་ཡོགས་བརྒྱད་གན།** UN: ཤ་ལྡན་ཟུར་བཞི་གློང་སྐྱ་གན། FY: ཤ་ལྡན་ཟུར་བཞི་གློང་སྐྱ་ཀན།

42 MT: **བྱུང་བ་ནགས་ཁྲོད་རྒྱུ་ལས་བྱུང་།** UN: འཕྱུར་བ་ནགས་ཁྲོད་ཁྲོད་ནས་ཕྱུར། FY: འབྱུང་བ་ནགས་ཁྲོད་རྒྱུ་ལས་བྱུང་།

གླུ་དེ་ཡི་ལན་ལ་དེ་འདྲ་ཡིན།
This is the response to the song.

如是答复彼歌矣

དྲི།
Question:

问

ཕྱེ་མར་རི་རབ་བརྩེགས་འདྲ་གན།[43]
The Mount Meru-like *chémar*,

切玛形如须弥兮

དེ་ཡི་དབྱིབས་དང་ཁ་དོག་ཤོད།[44]
Please narrate its shape and colour.

释其形与色何耶

སྡེར་རྩེ་མེ་ལོང་ཕྱིས་འདྲ་གན།[45]
The shining mirror-lịke tray,

碟子亮如明镜兮

དེ་ཡི་དབྱིབས་དང་ཁ་དོག་ཤོད།[46]
Please narrate its shape and colour.

释其形与色何耶

ཤ་སྡེར་ཟུར་བཞི་ལོགས་བརྒྱད་གན།[47]
The rectangular wooden box,

托盘四角八边兮

དེ་ཡི་དབྱིབས་དང་ཁ་དོག་ཤོད།[48]
Please narrate its shape and colour.

释其形与色何耶

43 MT: ཕྱེ་མར་རི་རབ་བརྩེགས་འདྲ་གན།
44 MT: དེ་ཡི་དབྱིབས་དང་ཁ་དོག་ཤོད།
45 MT: སྡེར་རྩེ་མེ་ལོང་ཕྱིས་འདྲ་གན།
46 MT: དེ་ཡི་དབྱིབས་དང་ཁ་དོག་ཤོད།
47 MT: ཤ་སྡེར་ཟུར་བཞི་ལོགས་བརྒྱད་གན།
48 MT: དེ་ཡི་དབྱིབས་དང་ཁ་དོག་ཤོད།

ལན། 答

Answer:

ཕྱེ་མར་དབྱིབས་དེ་གྲུ་གསུམ་རེད།[49] 切玛之形三角兮

Chémar is in the shape of a pyramid,

ཕྱེ་མར་ཁ་དོག་དཀར་པོ་རེད།[50] 切玛之色洁白矣

Of a white colour.

སྡེར་རྩེའི་དབྱིབས་དེ་རིལ་ལི་རེད།[51] 碟子之形正圆兮

The tray is in the shape of a sphere,

སྡེར་རྩེའི་ཁ་དོག་སེར་པོ་རེད།[52] 碟子之色金黄矣

Of a golden colour.

ཤ་སྡེར་དབྱིབས་དེ་གྲུ་བཞི་རེད།[53] 托盘之形四方兮

The wooden box is in the shape of cube,

ཤ་སྡེར་ཁ་དོག་སྔོན་པོ་རེད།[54] 托盘之色青绿矣

Of a green colour.

དྲི། 问

Question:

ཕྱེ་མར་རི་རབ་བརྩེགས་འདྲ་གན།[55] 切玛形如须弥兮

The Mount Meru-like *chémar*,

---

49 MT: ཕྱེ་མར་དབྱིབས་དེ་གྲུ་གསུམ་རེད།

50 MT: ཕྱེ་མར་ཁ་དོག་དཀར་པོ་རེད།

51 MT: སྡེར་རྩེའི་དབྱིབས་དེ་རིལ་ལི་རེད།

52 MT: སྡེར་རྩེའི་ཁ་དོག་སེར་པོ་རེད།

53 MT: ཤ་སྡེར་དབྱིབས་དེ་གྲུ་བཞི་རེད།

54 MT: ཤ་སྡེར་ཁ་དོག་སྔོན་པོ་རེད།

55 UN: ཕྱེ་མར་རི་རབ་བརྩེགས་འདྲ་གན། FY: ཕྱེ་མར་རི་རབ་བརྩེགས་འདྲ་ཀན།

ནང་གི་དབྱིབས་དེ་ཅི་འདྲ་རེད།[56] 其内之状若何耶

What is its inside form?

སྡེར་རྩེ་མེ་ལོང་ཕྱིས་འདྲ་གན།[57] 碟子亮如明镜兮

The shining mirror-like tray,

ནང་གི་དབྱིབས་དེ་ཅི་འདྲ་རེད།[58] 其内之状若何耶

What is its inside form?

ཤ་སྡེར་ཟུར་བཞི་ལོགས་བརྒྱད་གན།[59] 托盘四角八边兮

The rectangular wooden box,

ནང་གི་དབྱིབས་དེ་ཅི་འདྲ་རེད།[60] 其内之状若何耶

What is its inside form?

གླུ་དལ་བུར་ཐོག་དང་བྲེལ་བ་མེད། 歌徐陈之莫匆促

Please sing the song slowly, there is no hurry.

ལན། 答

Answer:

ཕྱེ་མར་རི་རབ་བརྩེགས་འདྲ་གན།[61] 切玛形如须弥兮

The Mount Meru-like *chémar*,

དབྱིབས་དེ་དུང་ཡིན་དཀར་པོ་རེད།[62] 其内状若螺之白

Its inside form is as white as a conch shell.

---

56 UN, FY: དེའི་ནང་གི་དབྱིབས་དེ་ཅི་འདྲ་རེད། ED: **ནང་གི་དབྱིབས་དེ་ཅི་འདྲ་རེད།**

57 UN: སྡེར་རྩེ་མེ་ལོང་འཁྱུར་འདྲ་གན། FY: སྡེར་རྩེ་མེ་ལོང་འཁྱུར་འདྲ་ཀན། ED: **སྡེར་རྩེ་མེ་ལོང་ཕྱིས་འདྲ་གན།**

58 UN, FY: དེའི་ནང་གི་དབྱིབས་དེ་ཅི་འདྲ་རེད། ED: **ནང་གི་དབྱིབས་དེ་ཅི་འདྲ་རེད།**

59 UN: ཤ་ལྷན་ཟུར་བཞི་གློང་སྐྱ་གན། FY: ཤ་ལྷན་ཟུར་བཞི་གློང་སྐྱ་ཀན། ED: **ཤ་སྡེར་ཟུར་བཞི་ལོགས་བརྒྱད་གན།**

60 UN, FY: དེའི་ནང་གི་དབྱིབས་དེ་ཅི་འདྲ་རེད། ED: **ནང་གི་དབྱིབས་དེ་ཅི་འདྲ་རེད།**

61 UN: **ཕྱེ་མར་རི་རབ་བརྩེགས་འདྲ་གན།** FY: ཕྱེ་མར་རི་རབ་བརྩེགས་འདྲ་ཀན།

62 UN, FY: **དབྱིབས་དེ་དུང་ཡིན་དཀར་པོ་རེད།**

སྡེར་རྩེ་མེ་ལོང་ཕྱིས་འདྲ་གན།[63] 碟子亮如明镜兮

The shining mirror-like tray,

དབྱིབས་དེ་གསེར་ཡིན་སེར་པོ་རེད།[64] 其内状若金之黄

Its inside form is as yellow as gold.

ཤ་སྡེར་གྲུར་བཞི་ལོགས་བརྒྱད་གན།[65] 托盘四角八边兮

The rectangular wooden box,

དབྱིབས་དེ་གཡུ་ཡིན་སྔོན་པོ་རེད།[66] 其内状若松石青

Its inside form is as blue as turquoise.

གླུ་དེ་ཡི་ལན་ལ་དེ་འདྲ་ཡིན། 如是答复彼歌矣

This is the response to the song.

དྲི། 问

Question:

ཕྱེ་མར་རི་རབ་བརྩིགས་འདྲ་གན།[67] 切玛形如须弥兮

The Mount Meru-like *chémar*,

གང་དང་གང་གི་ཆགས་ཚུལ་རེད།[68] 其型所依者何耶

What does it resemble?

སྡེར་རྩེ་མེ་ལོང་ཕྱིས་འདྲ་གན།[69] 碟子亮如明镜兮

The shining mirror-like tray,

63 UN: སྡེར་རྩེ་མེ་ལོང་ཕྱུར་འདྲ་གན། FY: སྡེར་རྩེ་མེ་ལོང་འཕྱུར་འདྲ་ཀན། ED: **སྡེར་རྩེ་མེ་ལོང་ཕྱིས་འདྲ་གན།**

64 UN: དབྱིབས་དེ་གསེར་ཡིན་སེར་བོ་རེད། FY: **དབྱིབས་དེ་གསེར་ཡིན་སེར་པོ་རེད།**

65 UN: ཤ་ལྡན་གྲུར་བཞི་སློང་སྐྱ་གན། FY: ཤ་ལྡན་གྲུར་བཞི་སློང་སྐྱ་ཀན། ED: **ཤ་སྡེར་གྲུར་བཞི་ལོགས་བརྒྱད་གན།**

66 UN: དབྱིབས་དེ་གཡུ་ཡིན་སྔོན་ཨོ་རེད། FY: **དབྱིབས་དེ་གཡུ་ཡིན་སྔོན་པོ་རེད།**

67 MT, UN: **ཕྱེ་མར་རི་རབ་བརྩིགས་འདྲ་གན།** FY: ཕྱེ་མར་རི་རབ་བརྩིགས་འདྲ་ཀན།

68 MT, UN, FY: **གང་དང་གང་གི་ཆགས་ཚུལ་རེད།**

69 MT: **སྡེར་རྩེ་མེ་ལོང་ཕྱིས་འདྲ་གན།** UN: སྡེར་རྩེ་མེ་ལོང་འཕྱུར་འདྲ་གན། FY: སྡེར་རྩེ་མེ་ལོང་འཕྱུར་འདྲ་ཀན།

གང་དང་གང་གི་ཆགས་ཚུལ་རེད།[70] 其型所依者何耶

What does it resemble?

ཤ་སྡེར་གྲུར་བཞི་ལོགས་བརྒྱད་གནས།[71] 托盘四角八边兮

The rectangular wooden box,

གང་དང་གང་གི་ཆགས་ཚུལ་རེད།[72] 其型所依者何耶

What does it resemble?

ལན། 答

Answer:

ཕྱེ་མར་རི་རབ་བརྩེགས་འདྲ་གནས།[73] 切玛形如须弥兮

The Mount Meru-like *chémar*,

རིའི་རྒྱལ་པོ་རི་རབ་ཆགས་ཚུལ་རེད།[74] 其型所依须弥山

Resembles Mount Meru.

སྡེར་རྩེ་མེ་ལོང་ཕྱིས་འདྲ་གནས།[75] 碟子亮如明镜兮

The shining mirror-like tray,

ཟླ་དང་ཉི་མ་ཆགས་ཚུལ་རེད།[76] 其型所依日月矣

Resembles the sun and the moon.

---

70 MT, UN, FY: **གང་དང་གང་གི་ཆགས་ཚུལ་རེད།**

71 MT: **ཤ་སྡེར་གྲུར་བཞི་ལོགས་བརྒྱད་གནས།** UN: ཤ་ལྡན་གྲུར་བཞི་གློང་སྐྱ་གནས། FY: ཤ་ལྡན་གྲུར་བཞི་གློང་སྐྱ་ཀནས།

72 MT, UN, FY: **གང་དང་གང་གི་ཆགས་ཚུལ་རེད།**

73 MT, UN: **ཕྱེ་མར་རི་རབ་བརྩེགས་འདྲ་གནས།** FY: ཕྱེ་མ་རི་རབ་བརྩེགས་འདྲ་ཀནས།

74 MT: **རིའི་རྒྱལ་པོ་རི་རབ་ཆགས་ཚུལ་རེད།** UN: རི་རྒྱལ་བོ་རི་རབ་ཆགས་ཚུལ་རེད། FY: རི་རྒྱལ་པོ་རི་རབ་ཆགས་ཚུལ་རེད།

75 MT: **སྡེར་རྩེ་མེ་ལོང་ཕྱིས་འདྲ་གནས།** UN: སྡེར་རྩེ་མེ་ལོང་ཕྱུར་འདྲ་གནས། FY: སྡེར་རྩེ་མེ་ལོང་འཕྱུར་འདྲ་ཀནས།

76 MT: **ཟླ་དང་ཉི་མ་ཆགས་ཚུལ་རེད།** UN, FY: ཉི་མ་ཟླ་བ་ཆགས་ཚུལ་རེད།

ཤ་སྦྱེར་ཟུར་བཞི་ལོགས་བརྒྱད་གན།[77] 托盘四角八边兮

The rectangular wooden box,

ཕྱོགས་བཞིའི་གླིང་བཞི་ཆགས་ཚུལ་རེད།[78] 其型所依四大洲

Resembles the Four Continents.

དྲི། 问

Question:

ཕྱོགས་གསུམ་མར་རྒྱན་བཏང་བ་དེ།[79] 三面所饰酥油兮

The butter smeared on three sides of the *chémar*,

གང་དང་གང་གི་ཆགས་ལུགས་རེད།[80] 其所象征者何耶

What does it represent?

ཐོག་ན་ཤུག་པ་འཛུགས་ཚུལ་དེ།[81] 顶部所插柏枝兮

The juniper tree branch placed at the top of the *chémar*,

གང་དང་གང་གི་ཆགས་ལུགས་རེད།[82] 其所象征者何耶

What does it represent?

ཁྱོད་ཡུན་རིང་མ་འགོར་ལན་རེ་སློག། 尔作答之莫迟误

Please answer my questions without further ado.

77 MT: **ཤ་སྦྱེར་ཟུར་བཞི་ལོགས་བརྒྱད་གན།** UN: ཤ་ལྷན་ཟུར་བཞི་སྒོང་སྒྲུ་གན། FY: ཤ་ལྷན་ཟུར་བཞི་སྒོང་སྒྲུ་ཀན།

78 MT: **ཕྱོགས་བཞིའི་གླིང་བཞི་ཆགས་ཚུལ་རེད།** UN: གསོལ་པོའི་ཞིང་གི་ཆགས་ཚུལ་རེད། FY: གསོལ་པའི་ཞིང་གི་ཆགས་ཚུལ་རེད།

79 UN, FY: **ཕྱོགས་གསུམ་མར་རྒྱན་བཏང་བ་དེ།**

80 UN: གང་དང་གང་གི་ཆཏ་ལུགས་རེད། FY: **གང་དང་གང་གི་ཆགས་ལུགས་རེད།**

81 UN, FY: ཐོག་ན་ཤུག་པ་འཛོམས་ཚུལ་དེ། ED: **ཐོག་ན་ཤུག་པ་འཛུགས་ཚུལ་དེ།**

82 UN: གང་དང་གང་གི་ཆཏ་ལུགས་རེད། FY: **གང་དང་གང་གི་ཆགས་ལུགས་རེད།**

ལན། 答

Answer:

དེ་ལ་ལན་ཞིག་རྒྱག་རྒྱུ་ན། 应答所问者如是

To give an answer to that,

ཕྱོགས་གསུམ་མར་རྒྱན་བཏང་བ་དེ།[83] 三面所饰酥油兮

The butter smeared on three sides of the *chémar*,

རིགས་གསུམ་མགོན་པོའི་ཆགས་ལུགས་རེད།[84] 其所象征三怙主

Represents the three Dharma protectors.[5]

ཐོག་ན་ཤུག་པ་འཛུགས་ཚུལ་དེ།[85] 顶部所插柏枝兮

The juniper tree branch placed at the top of the *chémar*,

སྐྱེ་དངོས་ཐམས་ཅད་འཛོམས་ཚུལ་རེད།[86] 其所象征众生聚

Represents the gathering of all living beings.

དྲི། 问

Question:

ཕྱེ་མར་རི་རབ་བརྩེགས་འདྲ་གན།[87] 切玛形如须弥兮

The Mount Meru-like *chémar*,

རྒྱུག་པ་ག་ཟུ་རྒྱུག་ནི་རེད།[88] 其所趋行何处耶

Whither does it proceed?

83 UN, FY: **ཕྱོགས་གསུམ་མར་རྒྱན་བཏང་བ་དེ།**

84 UN: རིགས་གསུམ་མགོན་པོའི་ཆཏ་ཚུལ་རེད། FY: **རིགས་གསུམ་མགོན་པོའི་ཆགས་ལུགས་རེད།**

85 UN, FY: ཐོག་ན་ཤུག་པ་འཛོམས་ཚུལ་དེ། ED: **ཐོག་ན་ཤུག་པ་འཛུགས་ཚུལ་དེ།**

86 UN, FY: **སྐྱེ་དངོས་ཐམས་ཅད་འཛོམས་ཚུལ་རེད།**

87 MT, UN: **ཕྱེ་མར་རི་རབ་བརྩེགས་འདྲ་གན།** FY: ཕྱེ་མ་རི་རབ་བརྩེགས་འདྲ་ཀན།

88 MT: **རྒྱུག་པ་ག་ཟུ་རྒྱུག་ནི་རེད།** UN, FY: རྒྱུགས་པ་གང་ནས་རྒྱུགས་ནི་རེད།

སྡེར་རྩེ་མེ་ལོང་ཕྱིས་འདྲ་གན།[89] 碟子亮如明镜兮
The shining mirror-like tray,

རྒྱུག་པ་ག་རུ་རྒྱུག་ནི་རེད།[90] 其所趋行何处耶
Whither does it proceed?

ཤ་སྡེར་ཟུར་བཞི་ལོགས་བརྒྱད་གན།[91] 托盘四角八边兮
The rectangular wooden box,

རྒྱུག་པ་ག་རུ་རྒྱུག་ནི་རེད།[92] 其所趋行何处耶
Whither does it proceed?

གླུ་དལ་མོ་ལོངས་དང་རྗེས་ན་ཡོད། 有歌相继徐徐咏
Sing it slowly, and more songs will follow.

ལན། 答
Answer:

ཕྱེ་མར་རི་རབ་བརྩིགས་འདྲ་གན།[93] 切玛形如须弥兮
The Mount Meru-like *chémar*,

རྒྱུག་པ་རི་རབ་རྩེ་ལ་རྒྱུག[94] 趋行须弥山之巅
Proceeds to the peak of Mount Meru.

སྡེར་རྩེ་མེ་ལོང་ཕྱིས་འདྲ་གན།[95] 碟子亮如明镜兮
The shining mirror-like tray,

---

89 MT: **སྡེར་རྩེ་མེ་ལོང་ཕྱིས་འདྲ་གན།** UN: སྡེར་རྩེ་མེ་ལོང་ཕྱུར་འདྲ་གན། FY: སྡེར་རྩེ་མེ་ལོང་འཕྱུར་འདྲ་ཀན།

90 MT: **རྒྱུག་པ་ག་རུ་རྒྱུག་ནི་རེད།** UN, FY: རྒྱུགས་པ་གང་ནས་རྒྱུགས་ནི་རེད།

91 MT: **ཤ་སྡེར་ཟུར་བཞི་ལོགས་བརྒྱད་གན།** UN: ཤ་ལྡན་ཟུར་བཞི་སློང་སྐྱ་གན། FY: ཤ་ལྡན་ཟུར་བཞི་སློང་སྐྱ་ཀན།

92 MT: **རྒྱུག་པ་ག་རུ་རྒྱུག་ནི་རེད།** UN, FY: རྒྱུགས་པ་གང་ནས་རྒྱུགས་ནི་རེད།

93 MT, UN: **ཕྱེ་མར་རི་རབ་བརྩིགས་འདྲ་གན།** FY: ཕྱེ་མ་རི་རབ་བརྩིགས་འདྲ་ཀན།

94 MT: **རྒྱུག་པ་རི་རབ་རྩེ་ལ་རྒྱུག།** UN, FY: རྒྱུགས་པ་རི་རབ་རྩེ་ལ་རྒྱུགས།

95 MT: **སྡེར་རྩེ་མེ་ལོང་ཕྱིས་འདྲ་གན།** UN: སྡེར་རྩེ་མེ་ལོང་འཕྱུར་འདྲ་གན། FY: སྡེར་རྩེ་མེ་ལོང་འཕྱུར་འདྲ་ཀན།

རྒྱུག་པ་རི་རབ་མཐའ་ལ་རྒྱུག[96] 趋行须弥山边缘
Proceeds to the edge the Mount Meru.

ཤ་སྡེར་གྲུར་བཞི་ཟོགས་བརྒྱད་གན།[97] 托盘四角八边兮
The rectangular wooden box,

རྒྱུག་པ་ཕྱོགས་བཞིའི་གླིང་ལ་རྒྱུག[98] 趋行四大部洲矣
Proceeds to the Four Continents.

གླུ་དེ་ཡི་ལན་ལ་དེ་འདྲ་ཡིན། 如是答复彼歌矣
This is the response to the song.

དྲི། 问
Question:

ཕྱེ་མར་རི་རབ་བརྩིགས་འདྲ་གན།[99] 切玛形如须弥兮
The Mount Meru-like *chémar*,

འཁོར་བ་ག་རུ་འཁོར་ནི་རེད།[100] 其所环绕何处耶
What does it encircle?

སྡེར་རྩེ་མེ་ལོང་ཕྱིས་འདྲ་གན།[101] 碟子亮如明镜兮
The shining mirror-like tray,

འཁོར་བ་ག་རུ་འཁོར་ནི་རེད།[102] 其所环绕何处耶
What does it encircle?

---

96 MT: **རྒྱུག་པ་རི་རབ་མཐའ་ལ་རྒྱུག།** UN, FY: རྒྱུགས་པ་རི་རབ་རྐེད་ལ་རྒྱུགས།

97 MT: **ཤ་སྡེར་གྲུར་བཞི་ཟོགས་བརྒྱད་གན།** UN: ཤ་ལྡན་གྲུར་བཞི་སློང་སྐྱ་གན། FY: ཤ་ལྡན་གྲུར་བཞི་སློང་སྐྱ་ཀན།

98 MT: **རྒྱུག་པ་ཕྱོགས་བཞིའི་གླིང་ལ་རྒྱུག།**UN, FY: རྒྱུགས་པ་རི་རབ་མཐའ་ལ་རྒྱུགས།

99 MT, UN: **ཕྱེ་མར་རི་རབ་བརྩིགས་འདྲ་གན།** FY: ཕྱེ་མར་རི་རབ་བརྩིགས་འདྲ་ཀན།

100 MT: **འཁོར་བ་ག་རུ་འཁོར་ནི་རེད།** UN, FY: འཁོར་བ་གང་ལ་འཁོར་ནི་ཡིན།

101 MT: **སྡེར་རྩེ་མེ་ལོང་ཕྱིས་འདྲ་གན།** UN: སྡེར་རྩེ་མེ་ལོང་འཕྱུར་འདྲ་གན། FY: སྡེར་རྩེ་མེ་ལོང་འཕྱུར་འདྲ་ཀན།

102 MT: **འཁོར་བ་ག་རུ་འཁོར་ནི་རེད།** UN, FY: འཁོར་བ་གང་ལ་འཁོར་ནི་ཡིན།

ཤ་སྡེར་ཟུར་བཞི་ལོགས་བརྒྱད་གན།[103] 托盘四角八边兮

The rectangular wooden box,

འཁོར་བ་ག་རུ་འཁོར་ནི་རེད།[104] 其所环绕何处耶

What does it encircle?

ལན། 答

Answer:

ཕྱེ་མར་རི་རབ་བརྩེགས་འདྲ་གན།[105] 切玛形如须弥兮

The Mount Meru-like *chémar*,

འཁོར་བ་ཞང་ཚའི་ཀྱན་ལ་འཁོར།[106] 环绕甥舅结秦晋

Encircles the wedding ceremony[6] between the maternal uncle [the wife-giver] and the nephew [the wife-taker].[7]

སྡེར་རྩེ་མེ་ལོང་ཕྱིས་འདྲ་གན།[107] 碟子亮如明镜兮

The shining mirror-like tray,

འཁོར་བ་ཞང་ཚའི་ཀྱན་ལ་འཁོར།[108] 环绕甥舅结秦晋

Encircles the wedding ceremony between the maternal uncle and the nephew.

ཤ་སྡེར་ཟུར་བཞི་ལོགས་བརྒྱད་གན།[109] 托盘四角八边兮

The rectangular wooden box,

---

103 MT: **ཤ་སྡེར་ཟུར་བཞི་ལོགས་བརྒྱད་གན།** UN: ཤ་ལྷན་ཟུར་བཞི་གློང་སྒྲུ་གན། FY: ཤ་ལྷན་ཟུར་བཞི་གློང་སྒྲུ་ཀན།

104 MT: **འཁོར་བ་ག་རུ་འཁོར་ནི་རེད།** UN, FY: འཁོར་བ་གང་ལ་འཁོར་ནི་ཡིན།

105 UN: **ཕྱེ་མར་རི་རབ་བརྩེགས་འདྲ་གན།** FY: ཕྱེ་མར་རི་རབ་བརྩེགས་འདྲ་ཀན།

106 MT, UN, FY: **འཁོར་བ་ཞང་ཚའི་ཀྱན་ལ་འཁོར།**

107 MT: **སྡེར་རྩེ་མེ་ལོང་ཕྱིས་འདྲ་གན།** UN: སྡེར་རྩེ་མེ་ལོང་འཕྱུར་འདྲ་གན། FY: སྡེར་རྩེ་མེ་ལོང་འཕྱུར་འདྲ་ཀན།

108 MT, UN, FY: **འཁོར་བ་ཞང་ཚའི་ཀྱན་ལ་འཁོར།**

109 MT: **ཤ་སྡེར་ཟུར་བཞི་ལོགས་བརྒྱད་གན།** UN: ཤ་ལྷན་ཟུར་བཞི་གློང་སྒྲུ་གན། FY: ཤ་ལྷན་ཟུར་བཞི་གློང་སྒྲུ་ཀན།

འཁོར་བ་ཞང་ཚའི་རྒྱན་ལ་འཁོར།[110] 环绕甥舅结秦晋

Encircles the wedding ceremony between the maternal uncle and the nephew.

དྲི། 问

Question:

ཕྱེ་མར་སྐོར་ལ་ཚར་བཤད་སྣང་།[111] 切玛歌者至此已

The narration of *chémar* itself has been concluded.

གླུ་ཕྱི་མ་ཡོད་ན་ཅི་འདྲ་ཡིན།[112] 何歌接续切玛歌

What is the song if more is still to come?

གླུ་རིང་ཐུང་སྒོ་ནས་མ་བླངས་ཞིག[113] 咏歌非以长短论

Songs are not sung according to their length.

ཕྱི་ཅོག་ཅེ་བྱེད་པའི་ཤིང་གསུམ་ཤོད།[114] 释制桌之三种木

Please describe the three woods used for table-making.

ལན། 答

Answer:

ཕྱེ་མར་སྐོར་ལ་ཚར་བཤད་སྣང་།[115] 切玛歌者至此已

The narration of *chémar* itself has been concluded.

---

110 MT, UN, FY: **འཁོར་བ་ཞང་ཚའི་རྒྱན་ལ་འཁོར།**

111 MT: **ཕྱེ་མར་སྐོར་ལ་ཚར་བཤད་སྣང་།** UN: ཕྱེ་མ་གོ་ལས་བཤད་ནས་ཡོད། FY: གླུ་ཕྱེ་མར་གོ་ལོས་ཚར་བཤད་ནས།

112 UN: **གླུ་ཕྱི་མ་ཡོད་ན་ཅི་འདྲ་ཡིན།** FY: གླུ་ད་རུང་ཡོད་ན་ཅི་འདྲ་ཡིན།

113 UN, FY: གླུ་རིང་ཐུང་སྒོ་ནས་མ་བླངས་བཞིག ED: **གླུ་རིང་ཐུང་སྒོ་ནས་མ་བླངས་ཞིག**

114 MT: **ཕྱི་ཅོག་ཅེ་བྱེད་པའི་ཤིང་གསུམ་ཤོད།** UN: ཤིང་གྱུ་བཟོས་ནུས་པའི་ཤིང་གསུམ་ཤོད། FY: ཤིང་གྱི་བཟོས་ནུས་པའི་ཤིང་གསུམ་ཤོད།

115 MT: **ཕྱེ་མར་སྐོར་ལ་ཚར་བཤད་སྣང་།** UN: ཕྱེ་མར་གོ་ལས་བཤད་ནས་ཡོད། FY: གླུ་ཕྱེ་མར་གོ་ལོས་ཚར་བཤད་ནས།

གླུ་ཡོད་ནི་ད་རུང་མ་ཚར་ཟིག[116] 亦有余歌尚未咏

But additional songs have not yet been sung,

གླུ་རིང་ཐུང་ད་རུང་ལེན་འདོད་ཡོད།[117] 欲咏长短歌者兮

Still wishing to sing both short and long verses.

ཤིང་ཅོག་ཙེ་ཤུག་པ་གསོམ་པ་སྟག་པའོ།།[118] 柏木松木桦木矣

The three woods used to make tables are juniper, pine, and birch.[8]

དྲི། 问

Question:

ཤིང་ཤུག་པ་སྐྱེས་ས་ག་རུ་ཡོད།[119] 柏木生于何处耶

Where does the juniper tree grow?

ཤིང་གསོམ་པ་སྐྱེས་ས་ག་རུ་ཡོད།[120] 松木生于何处耶

Where does the pine tree grow?

ཤིང་སྟག་པ་སྐྱེས་ས་ག་རུ་ཡོད།[121] 桦木生于何处耶

Where does the birch tree grow?

གླུ་དལ་མོ་ལོངས་དང་རྗེས་ན་ཡོད། 有歌相继徐徐咏

Sing it slowly, and more songs will follow.

---

116 UN, FY: གླུ་ཡོད་ད་རུང་མ་ཚར་བཟིག ED: **གླུ་ཡོད་ནི་ད་རུང་མ་ཚར་ཟིག**

117 UN, FY: **གླུ་རིང་ཐུང་ད་རུང་ལེན་འདོད་ཡོད།**

118 MT: **ཤིང་ཅོག་ཙེ་ཤུག་པ་གསོམ་པ་སྟག་པའོ།།** UN: ཤིང་གྱི་བཟོས་ཙན་དན་སྤོས་ལྡན་དཔལ་ལྡན་བོ། FY: ཤིང་གྱི་བཟོས་ཙན་དན་སྤོས་ལྡན་དཔལ་ལྡན་བོ།

119 MT: **ཤིང་ཤུག་པ་སྐྱེས་ས་ག་རུ་ཡོད།** UN: ཤིང་ཙན་དན་འཕྱུར་བ་གང་ནས་འཕྱུར། FY: ཤིང་ཙན་དན་འཕྱུར་ས་གང་ནས་འཕྱུར།

120 MT: **ཤིང་གསོམ་པ་སྐྱེས་ས་ག་རུ་ཡོད།** UN: ཤིང་སྤོས་ལྡན་འཕྱུར་བ་གང་ནས་འཕྱུར། FY: ཤིང་སྤོས་ལྡན་འཕྱུར་ས་གང་ནས་འཕྱུར།

121 MT: **ཤིང་སྟག་པ་སྐྱེས་ས་ག་རུ་ཡོད།** UN: ཤིང་དཔལ་ལྡན་འཕྱུར་བ་གང་ནས་འཕྱུར། FY: ཤིང་དཔལ་ལྡན་འཕྱུར་ས་གང་ནས་འཕྱུར།

ལན། 答

Answer:

ཤིང་ཤུག་པ་སྐྱེས་ས་བྲག་ན་ཡོད།[122] 石崖上生柏木兮

The juniper tree grows on the cliff.

ཤིང་གསོམ་པ་སྐྱེས་ས་ནགས་ན་ཡོད།[123] 森林中生松木也

The pine tree grows in the forest.

ཤིང་སྟག་པ་སྐྱེས་ས་མཚམས་ན་ཡོད།[124] 阴阳交界生桦木

The birch tree grows in the intermediate region where sunny and shady sides border one another.

གླུ་དེ་ཡི་ལན་ལ་དེ་འདྲ་ཡིན། 如是答复彼歌矣

This is the response to the song.

དྲི། 问

Question:

ཤིང་ཤུག་པ་བླངས་ནས་ཅི་ཞིག་ལས།[125] 取柏木作何用耶

What is juniper wood used for?

ཤིང་གསོམ་པ་བླངས་ནས་ཅི་ཞིག་ལས།[126] 取松木作何用耶

What is pine wood used for?

ཤིང་སྟག་པ་བླངས་ནས་ཅི་ཞིག་ལས།[127] 取桦木作何用耶

What is birch wood used for?

---

122 MT: **ཤིང་ཤུག་པ་སྐྱེས་ས་བྲག་ན་ཡོད།** UN, FY: ཤིང་ཙན་དན་འཕྱུར་ས་ནགས་ན་ཡོད།

123 MT: **ཤིང་གསོམ་པ་སྐྱེས་ས་ནགས་ན་ཡོད།** UN: ཤིང་དཔལ་ལྡན་སྐྱེས་ས་བྲག་ན་ཡོད། FY: ཤིང་དཔལ་ལྡན་འཕྱུར་ས་བྲག་ན་ཡོད།

124 MT: **ཤིང་སྟག་པ་སྐྱེས་ས་མཚམས་ན་ཡོད།** UN, FY: ཤིང་སྤྲོས་ལྡན་འཕྱུར་ས་མཚེའུ་ན་ཡོད།

125 MT: **ཤིང་ཤུག་པ་བླངས་ནས་ཅི་ཞིག་ལས།** UN, FY: ཤིང་ཙན་དན་བླངས་ནས་ཅི་ཞིག་ལས།

126 MT: **ཤིང་གསོམ་པ་བླངས་ནས་ཅི་ཞིག་ལས།** UN, FY: ཤིང་སྤྲོས་ལྡན་བླངས་ནས་ཅི་ཞིག་ལས།

127 MT: **ཤིང་སྟག་པ་བླངས་ནས་ཅི་ཞིག་ལས།** UN, FY: ཤིང་དཔལ་ལྡན་བླངས་ནས་ཅི་ཞིག་ལས།

ལན། 答

Answer:

ཤིང་ཤུག་པ་བླངས་ནས་སྟེང་མ་སྒྲུད།[128] 取柏木制桌面也

Juniper wood is used to make the plank.

ཤིང་གསོམ་པ་བླངས་ནས་ཞབས་ཁ་སྒྲུད།[129] 取松木制桌沿也

Pine wood is used to make the table aprons.

ཤིང་སྟག་པ་བླངས་ནས་རྐང་བཞི་སྒྲུད།[130] 取桦木制桌腿也

Birch wood is used to make the four table legs.

དྲི། 问

Question:

ཤིང་ཤུག་པ་བླངས་ནས་སྟེང་མ་བཟོས།[131] 取柏木制桌面兮

Juniper wood is used to make the plank.

མཐུག་སྲབ་མེད་པ་ཅི་ཞིག་རེད།[132] 不薄不厚何以定

Why is it neither thick nor thin?

ཤིང་གསོམ་པ་བླངས་ནས་ཞབས་ཁ་བཟོས།[133] 取松木制桌沿兮

Pine wood is used to make the table aprons.

གཡས་གཡོན་མེད་པ་ཅི་ཞིག་རེད།[134] 不偏不倚何以定

Why are they neither left nor right?

---

128 MT: **ཤིང་ཤུག་པ་བླངས་ནས་སྟེང་མ་སྒྲུད།** UN, FY: ཙན་དན་བླངས་ནས་པང་ལེབ་བཟོས།

129 MT: **ཤིང་གསོམ་པ་བླངས་ནས་ཞབས་ཁ་སྒྲུད།** UN, FY: སྤོས་ལྡན་བླངས་ནས་ཞབས་ཁ་བཟོས།

130 MT: **ཤིང་སྟག་པ་བླངས་ནས་རྐང་བཞི་སྒྲུད།** UN, FY: དཔལ་ལྡན་བླངས་ནས་རྐང་བཞི་བཟོས།

131 MT: **ཤིང་ཤུག་པ་བླངས་ནས་སྟེང་མ་བཟོས།**

132 MT: **མཐུག་སྲབ་མེད་པ་ཅི་ཞིག་རེད།** UN: ཐོག་འོག་མེད་པ་ཅི་ཞིག་རེད། FY: མཐོ་ཞབས་གཉིས་ཀ་ཅི་ཡིས་བཟོས།

133 MT: **ཤིང་གསོམ་པ་བླངས་ནས་ཞབས་ཁ་བཟོས།**

134 MT: **གཡས་གཡོན་མེད་པ་ཅི་ཞིག་རེད།** UN: གཡས་གཡོན་ཕྱོགས་གཉིས་ཅི་ཡི་བཟོས། FY: གཡས་གཡོན་ཕྱོགས་གཉིས་ཅི་ཡིས་བཟོས།

ཤིང་སྟག་པ་བླངས་ནས་རྐང་བཞི་བཟོས།[135] 取桦木制桌腿兮

Birch wood is used to make the four table legs,

རིང་ཐུང་མེད་པ་ཅི་ཞིག་རེད།[136] 不长不短何以定

Why are they neither long nor short?

གླུ་དལ་མོ་ལོངས་དང་རྗེས་ན་ཡོད། 有歌相继徐徐咏

Sing it slowly, and more songs will follow.

ལན། 答

Answer:

མཐུག་སྲབ་མེད་པ་འབུར་ལེན་བརྒྱབ།[137] 薄厚刨子定之也

A plane smooths [the plank], making it neither thick nor thin.

གཡས་གཡོན་མེད་པ་ཐིག་སྐོར་བརྒྱབ།[138] 偏倚墨斗定之也

An ink marker straightens [the table aprons], making them neither left nor right.

རིང་ཐུང་མེད་པ་སོག་ལེ་བརྒྱབ།[139] 长短锯子定之也

A saw levels [the table legs], making them neither long nor short.

གླུ་དེ་ཡི་ལན་ལ་དེ་འདྲ་ཡིན། 如是答复彼歌矣

This is the response to the song.

---

135 MT: **ཤིང་སྟག་པ་བླངས་ནས་རྐང་བཞི་བཟོས།**

136 MT: **རིང་ཐུང་མེད་པ་ཅི་ཞིག་རེད།** UN: རིང་ཐུང་ཅི་ཡི་ཚད་ལ་བཟོས། FY: རིང་ཐུང་ཚད་ལ་ཅི་ཡིས་བཟོས།

137 MT: **མཐུག་སྲབ་མེད་པ་འབུར་ལེན་བརྒྱབ།** UN: མཐོ་ཞབས་མེད་པར་པང་ལེན་རྒྱབ། FY: མཐོ་ཞབས་མེད་པར་པང་ལེབ་རྒྱབ།

138 MT: **གཡས་གཡོན་མེད་པ་ཐིག་སྐོར་བརྒྱབ།** UN, FY: གཡས་གཡོན་མེད་པར་ཐིག་བསྐོར་རྒྱབ།

139 MT: **རིང་ཐུང་མེད་པ་སོག་ལེ་བརྒྱབ།** UN, FY: རིང་ཐུང་མེད་པར་སོ་བུ་རྒྱབ།

དྲི། 问

Question:

པང་ལེབ་སྟེང་ལ་འཕེན་རྒྱུ་དེ།[140] 桌面平整向上兮

The smooth plank facing upwards,

བཟོ་ཀོང་སྐྱུང་ཁོག་ལ་ཅི་ཞིག་བསམ།[141] 木匠心中作何想

What does the carpenter think of this?

ཞབས་ཁ་འཕྲད་ལ་འཕེན་རྒྱུ་དེ།[142] 桌沿严丝合缝兮

The table aprons joining together,

བཟོ་ཀོང་སྐྱུང་ཁོག་ལ་ཅི་ཞིག་བསམ།[143] 木匠心中作何想

What does the carpenter think of this?

རྐང་བཞི་ས་ལ་འཛུགས་རྒྱུ་དེ།[144] 四腿贴合地面兮

The four legs standing on the ground,

བཟོ་ཀོང་སྐྱུང་ཁོག་ལ་ཅི་ཞིག་བསམ།[145] 木匠心中作何想

What does the carpenter think of this?

---

140 MT: **པང་ལེབ་སྟེང་ལ་འཕེན་རྒྱུ་དེ།** UN, FY: པང་ལེབ་བདེ་ལ་བདེ་ཕན་བཟོས།

141 MT: **བཟོ་ཀོང་སྐྱུང་ཁོག་ལ་ཅི་ཞིག་བསམ།** UN: བཟོ་བོ་སེམས་ལ་ཅི་ཞིག་བསམ། FY: བཟོ་བ་སེམས་ལ་ཅི་ཞིག་བསམ།

142 MT: **ཞབས་ཁ་འཕྲད་ལ་འཕེན་རྒྱུ་དེ།** UN: ཞབས་ཁ་འཕྲེད་ལ་འཕངས་རྒྱུ་དེ། FY: ཞབས་ཁ་འཕྲད་ལ་འཕངས་རྒྱུ་དེ།

143 MT: **བཟོ་ཀོང་སྐྱུང་ཁོག་ལ་ཅི་ཞིག་བསམ།** UN: བཟོ་བོ་སེམས་ལ་ཅི་ཞིག་བསམ། FY: བཟོ་བ་སེམས་ལ་ཅི་ཞིག་བསམ།

144 MT, UN, FY: **རྐང་བཞི་ས་ལ་འཛུགས་རྒྱུ་དེ།**

145 MT: **བཟོ་ཀོང་སྐྱུང་ཁོག་ལ་ཅི་ཞིག་བསམ།** UN: བཟོ་བོ་སེམས་ལ་ཅི་ཞིག་བསམ། FY: བཟོ་བ་སེམས་ལ་ཅི་ཞིག་བསམ།

ལན། 答

Answer:

པང་ལེབ་སྟེང་ལ་འཕེན་རྒྱུ་དེ།[146] 桌面平整向上兮

The smooth plank facing upwards,

བཟོ་ཀོང་སྤུང་ཁོག་ལ་ཡག་མོ་བསམ།[147] 木匠心中欢喜矣

The carpenter finds this to be marvelous.

ཞབས་ཁ་འཕྲད་ལ་འཕེན་རྒྱུ་དེ།[148] 桌沿严丝合缝兮

The table aprons joining together,

བཟོ་ཀོང་སྤུང་ཁོག་ལ་ཧྲ་མོ་བསམ།[149] 木匠心中喜乐矣

The carpenter finds this to be wonderful.

རྐང་བཞི་ས་ལ་འཛུགས་རྒྱུ་དེ།[150] 四腿贴合地面兮

The four legs standing on the ground,

བཟོ་ཀོང་སྤུང་ཁོག་ལ་བཟང་མོ་བསམ།[151] 木匠心中赞叹矣

The carpenter finds this to be excellent.

---

146 MT: **པང་ལེབ་སྟེང་ལ་འཕེན་རྒྱུ་དེ།**

147 MT: **བཟོ་ཀོང་སྤུང་ཁོག་ལ་ཡག་མོ་བསམ།** UN: པང་ལེབ་བདེ་ལ་བདེ་མོ་བསམ། FY: པང་ལེབ་བདེ་ལ་བདེ་མོད་བསམ།

148 MT: **ཞབས་ཁ་འཕྲད་ལ་འཕེན་རྒྱུ་དེ།**

149 MT: **བཟོ་ཀོང་སྤུང་ཁོག་ལ་ཧྲ་མོ་བསམ།** UN: ཞབས་ཁ་འཕྲེད་ན་བྱམས་མོ་བསམ། FY: ཞབས་ཁ་འཕྲད་ན་བྱམས་མོད་བསམ།

150 MT: **རྐང་བཞི་ས་ལ་འཛུགས་རྒྱུ་དེ།**

151 MT: **བཟོ་ཀོང་སྤུང་ཁོག་ལ་བཟང་མོ་བསམ།** UN: རྐང་བཞི་འཛུགས་ན་ཡག་མོ་བསམ། FY: རྐང་བཞི་འཛུགས་ན་ཡག་མོད་བསམ།

དྲི། 问

Question:

སྟེང་མ་སྟེང་ལ་འཕེན་རྒྱུ་དེ།[152] 桌面平整向上兮

The smooth plank facing upwards,

སྟེང་མ་ཅི་ཡིས་གྲུབ་བསྡད་སྣང་།[153] 桌面以何固之耶

What makes the plank stay?

ཞབས་ཁ་འཕྲད་ལ་འཕེན་རྒྱུ་དེ།[154] 桌沿严丝合缝兮

The table aprons joining together,

ཞབས་ཁ་ཅི་ཡིས་གྲུབ་བསྡད་སྣང་།[155] 桌沿以何合之耶

What makes the table aprons interconnect?

ཀང་བཞི་ས་ལ་འཛུགས་རྒྱུ་དེ།[156] 四腿贴合地面兮

The four legs standing on the ground,

ཀང་བཞི་ཅི་ཡིས་གྲུབ་བསྡད་སྣང་།[157] 四腿以何立之耶

What makes the four legs stand?

ཁྱོད་ཡུན་རིང་མ་འགོར་ལན་རེ་ཤོག 尔作答之莫迟误

Please answer my questions without further ado.

152 MT: སྟེང་མ་སྟེང་ལ་འཕེན་རྒྱུ་དེ།

153 MT: སྟེང་མ་ཅི་ཡིས་གྲུབ་བསྡད་སྣང་།

154 MT. ཞབས་ཁ་འཕྲད་ལ་འཕེན་རྒྱུ་དེ།

155 MT: ཞབས་ཁ་ཅི་ཡིས་གྲུབ་བསྡད་སྣང་།

156 MT: ཀང་བཞི་ས་ལ་འཛུགས་རྒྱུ་དེ།

157 MT: ཀང་བཞི་ཅི་ཡིས་གྲུབ་བསྡད་སྣང་།

ལན། 答

Answer:

སྟེང་མ་སྟེང་ལ་འཕེན་རྒྱུ་དེ།[158] 桌面平整向上兮

The smooth plank facing upwards,

སྟེང་མ་སྤྱིན་གྱིས་གྲུབ་བསྡོད་སྣང་།[159] 桌面以胶固之矣

Glue makes the plank stay.

ཞབས་ཁ་འཕྲད་ལ་འཕེན་རྒྱུ་དེ།[160] 桌沿严丝合缝兮

The table aprons joining together,

ཞབས་ཁ་མོ་ཅེ་གྲུབ་བསྡོད་སྣང་།[161] 桌沿以榫合之矣

A mortise and tenon joint interconnects the table aprons.[9]

རྐང་བཞི་ས་ལ་འཛོགས་རྒྱུ་དེ།[162] 四腿贴合地面兮

The four legs standing on the ground,

རྐང་བཞི་ཞི་ཅེ་གྲུབ་བསྡོད་སྣང་།[163] 四腿以席立之矣

A bamboo mat supports the table legs.[10]

གླུ་དེ་ཡི་ལན་ལ་དེ་འདྲ་ཡིན། 如是答复彼歌矣

This is the response to the song.

---

158 MT: སྟེང་མ་སྟེང་ལ་འཕེན་རྒྱུ་དེ།

159 MT: སྟེང་མ་སྤྱིན་གྱིས་གྲུབ་བསྡོད་སྣང་།

160 MT: ཞབས་ཁ་འཕྲད་ལ་འཕེན་རྒྱུ་དེ།

161 MT: ཞབས་ཁ་མོ་ཅེ་གྲུབ་བསྡོད་སྣང་།

162 MT: རྐང་བཞི་ས་ལ་འཛོགས་རྒྱུ་དེ།

163 MT: རྐང་བཞི་ཞི་ཅེ་གྲུབ་བསྡོད་སྣང་།

དྲི། 问

Question:

ཅོག་ཙེ་ཐད་ལ་ཐད་གསུམ་ཤོད།[164] 释桌案有三张兮

Please speak of the three tables.[11]

ཐད་གཅིག་བླངས་ནས་ག་རུ་བཞག[165] 第一张置何处耶

Where is the first table set?

ཐད་གཉིས་བླངས་ནས་ག་རུ་བཞག[166] 第二张置何处耶

Where is the second table set?

ཐད་གསུམ་བླངས་ནས་ག་རུ་བཞག[167] 第三张置何处耶

Where is the third table set?

ལན། 答

Answer:

ཅོག་ཙེ་ཐད་ལ་ཐད་གསུམ་དེ།[168] 言桌案有三张兮

Speaking of the three tables,

ཐད་གཅིག་བླངས་ནས་དབུས་ལ་འཕངས།[169] 第一张置卫藏也

The first table is placed in Ü-Tsang,

དབུས་གཙང་བླ་མའི་ཆོས་ཅོག་བཞོས།[170] 卫藏喇嘛作经案

As a sutra table for the Ü-Tsang lama.

---

164 MT, UN, FY: **ཅོག་ཙེ་ཐད་ལ་ཐད་གསུམ་ཤོད།**

165 MT: **ཐད་གཅིག་བླངས་ནས་ག་རུ་བཞག** UN, FY: ཐད་གཅིག་བླངས་ནས་ཅི་ཞིག་བཞོས།

166 MT: **ཐད་གཉིས་བླངས་ནས་ག་རུ་བཞག།**UN, FY: ཐད་གཉིས་བླངས་ནས་ཅི་ཞིག་བཞོས།

167 MT: **ཐད་གསུམ་བླངས་ནས་ག་རུ་བཞག།**UN, FY: ཐད་གསུམ་བླངས་ནས་ཅི་ཞིག་བཞོས། ཁྲོད་ཡུན་རིང་མ་འགོར་ལན་རེ་ཤོད།

168 MT: **ཅོག་ཙེ་ཐད་ལ་ཐད་གསུམ་དེ།**

169 MT: **ཐད་གཅིག་བླངས་ནས་དབུས་ལ་འཕངས།** UN, FY: ཐད་གཅིག་བླངས་ནི་བཤད་རྒྱུ་ན།

170 MT: **དབུས་གཙང་བླ་མའི་ཆོས་ཅོག་བཞོས།** UN, FY: དབུས་གཙང་བླ་མའི་ཆོས་སྡེགས་བཞོས།

ཐད་གཉིས་བླངས་ནས་རྒྱ་ལ་འཕངས།[171] 第二张置汉地也

The second table is placed in China,

རྒྱ་ནག་རྒྱལ་པོའི་བཞུགས་ཅོག་བཟོས།[172] 汉地皇帝作龙案

As an office table for the Chinese Emperor.

ཐད་གསུམ་བླངས་ནས་བོད་ལ་འཕངས།[173] 第三张置蕃域也

The third table is placed in the Tibetan region,

བོད་གླུར་རྒྱལ་མང་པོའི་གླུ་ཅོག་བཟོས།[174] 蕃域歌者作歌案

As a singing table for Tibetan singers.

ཅོག་ཙེ་སྐོར་ལ་ཚར་བཤད་སྣང་།[175] 桌案叙述圆满也

The narration about the table is now complete.

ཕྱེ་མར་བཞུགས་གཅིག་བཞུགས་བཤད་སྣང་།[176] 切玛时时常在兮

Chémar is there on every occasion.

ཕྱེ་མར་ད་བཞུགས་བཞུགས་བཤད་སྣང་།[177] 今朝切玛亦在矣

Chémar is here for today's occasion.

---

171 MT: **ཐད་གཉིས་བླངས་ནས་རྒྱ་ལ་འཕངས།** UN, FY: ཐད་གཉིས་བླངས་ནི་བཤད་རྒྱུ་ན།

172 MT: **རྒྱ་ནག་རྒྱལ་པོའི་བཞུགས་ཅོག་བཟོས།** UN, FY: རྒྱ་ནག་རྒྱལ་པོའི་ཞུགས་སྟེགས་བཟོས།

173 MT: **ཐད་གསུམ་བླངས་ནས་བོད་ལ་འཕངས།** UN, FY: ཐད་གསུམ་བླངས་ནི་བཤད་རྒྱུ་ན།

174 MT: **བོད་གླུར་རྒྱལ་མང་པོའི་གླུ་ཅོག་བཟོས།** UN, FY: བོད་སྐད་རྒྱག་མང་པོའི་གླུ་སྟེགས་བཟོས།

175 MT: **ཅོག་ཙེ་སྐོར་ལ་ཚར་བཤད་སྣང་།** UN: ཅོག་ཙེ་ལོས་དགོས་བསམ་བཤད་སྣང་། FY: ཅོག་ཙེ་གོ་ལོས་ཚང་བཤད་སྣང་།

176 MT: **ཕྱེ་མར་བཞུགས་གཅིག་བཞུགས་བཤད་སྣང་།**

177 MT: **ཕྱེ་མར་ད་བཞུགས་བཞུགས་བཤད་སྣང་།**

Endnotes མཇུག་མཆན། 尾注

1 'Taking refuge' (*skyabs 'gro*) refers to seeking refuge from the sufferings of Samsara in the three jewels of Buddhism: the Buddha, the Dharma, and the Sangha. The recitation of the refuge prayer represents one's Buddhist identity. It is the foundational Buddhist practice through which one entrusts oneself to the Buddha and his teachings and steps on the path to escape Samsara.

རང་ཉིད་སྤྱིར་འཁོར་བའི་ཉེས་དམིགས་དང་། ཁྱད་པར་དུ་ངན་འགྲོའི་ཉེས་དམིགས་ལ་ལེགས་པར་བསམས་ནས་འཇིགས་པ་དྲན་པ་དང་། དཀོན་མཆོག་གསུམ་ལ་འཇིགས་པ་ལས་སྐྱོབ་པའི་ནུས་པ་ཡོད་པར་ཤེས་པའི་རྒྱུ་གཉིས་ལ་བརྟེན་ནས། དཀོན་མཆོག་གསུམ་ལ་བསམ་པ་ཐག་པ་ནས་བློ་སྙོམ་འཆའ་བའི་སྐྱབས་འགྲོ་ཡིད་ལེགས་པར་འཁྲུལ་བ་སྟོན་དུ་བཏང་ཞིང་། སྐྱབས་འགྲོ་བསླབ་བྱ་ཚུལ་བཞིན་དུ་བསླབ་པར་བྱའོ།།

皈依(སྐྱབས་འགྲོ།)指寻求佛教三宝，即佛、法、僧的庇护，从而解脱轮回之苦。念诵皈依文代表了佛教徒的身份。它是佛教的根本修行，皈依者将自己托付给佛陀及他的教义，踏上远离轮回之路。

2 The rectangular wooden box (*sha sder*) is used to hold bread or meat.

ཤ་དང་བག་ལེབ་སོགས་འཇོག་པའི་ཤིང་གི་སྒྲོད་གྲུ་བཞི་ནར་མོ་ཅན་ཞིག་ཡིན།

长方形的木盒(ཤ་སྡེར།)常用于盛放馍馍或肉等食物。

3 Sengcham Dugmo (Seng lcam 'brug mo) is the wife of King Gesar. After examining both primary and secondary literature on her and King Gesar, it is regrettably still unclear how she relates to the preparation of Chémar.

སེང་ལྕམ་འབྲུག་མོ་ནི་གླིང་གེ་སར་རྒྱལ་པོའི་བཙུན་མོ་ཡིན། འབྲེལ་ཡོད་སྒྲུང་དཔེ་ཁག་ལ་བལྟས་ཀྱང་། ཕྱེ་མར་གྱི་ལེའུར་སེང་ལྕམ་འབྲུག་མོ་ཐོན་དགོས་པའི་རྒྱུ་མཚན་གྱི་སྐོར་ལ་གནས་སྐབས་སུ་ཤེས་རྟོགས་བྱུང་མ་སོང་།

森姜珠姆(སེང་ལྕམ་འབྲུག་མོ།)是格萨尔王的妻子。在考察了有关她与格萨尔王的文献后，遗憾的的是，我们依旧不清楚她与做切玛有何关系。

4 Disputes exist about the identity of the carpenter. Some argue that it might refer to Confucius, the renowned Chinese philosopher and a mythical character in Bon literature (see more about Kongtsé in the section of Khyung). We argue that the carpenter might refer to the Chinese Carpenter Lu Ban (507–444 BC), whose family name is Gongshu in Chinese and who is also referred to as Gongshu Ban. He was the most famous carpenter in ancient China and was later revered as the god of carpenters. In Choné,

the terms *zo kongsung* (*bzo kong sung*) and *akhu zo* (*a khu bzo*) are used interchangeably to refer to a carpenter in a general sense.

འདིར་བཟོ་ཞེས་པ་ནི་གང་ཡིན་མིན་སྐོར་ལ་རྩོད་གཞི་ཚུང་མཆིས་ཏེ། ཁག་ཅིག་གིས་དེ་ནི་རྒྱ་ནག་གི་རྟུའོ་ལུགས་ཀྱི་སྲོལ་འབྱེད་མཁན་ཀོང་ཙེ་ལས་འཕོ་འགྱུར་བྱུང་བར་འདོད་པའི་བོན་ལུགས་ཀྱི་བཟོ་ཀོང་ཙེ་འཕྲུལ་གྱི་རྒྱལ་པོ་ཞེས་པ་དེ་ཡིན་པར་བཤད། ཡང་ཁག་ཅིག་གིས་དེ་ནི་རྒྱ་ནག་གི་ལོ་རྒྱུས་ཡོངས་སུ་གྲགས་པའི་བཟོ་རིག་སྨྲ་བའི་སྲོལ་འབྱེད། རུས་རྒྱུད་ལ་ཀོང་སུང་(公输)དང་། མཚན་ལ་ལུའུ་པཎ་(鲁班507–444 BC) དུ་གྲགས་པ་དེ་ཉིད་ཡིན་པར་འདོད། གང་ལྟར་ཅོ་ནེའི་ཡུལ་དུ་ཤིང་བཟོ་རྣམས་ལ་བཟོ་ཀོང་སུང་དང་ཨ་ཁུ་བཟོ་ལྟ་བུར་འབོད་སྲོལ་ཡོད་པ་རེད།

关于木匠的身份存在争议。有人认为其或许是中国著名哲学家以及苯教文献中的神秘角色孔子(更多内容见“鹏说”)。我们认为木匠有可能指鲁班(公元前507–444),其姓为公输,也叫公输盘。他是中国古代最著名的木匠,后来被敬奉为木匠之神。在卓尼,“凿高孙”(བཟོ་ཀོང་སུང་།)和“阿古凿”(ཨ་ཁུ་བཟོ།)这两个词通常都可以用来指代木匠。

5 The three Dharma protectors (Rigs gsum mgon po) refer to Avalokiteśvara, Mañjuśrī and Vajrapāni, the manifestations of compassion, wisdom, and power, respectively.

རིགས་གསུམ་མགོན་པོ་ནི། མཁྱེན་བརྩེ་ནུས་གསུམ་གྱི་ངོ་བོ་སྤྱན་རས་གཟིགས་དང་འཇམ་པའི་དབྱངས་དང་ཕྱག་ན་རྡོ་རྗེ་བཅས་ཡིན།

三怙主(རིགས་གསུམ་མགོན་པོ།)指观音菩萨、文殊菩萨与金刚手菩萨,分别示现慈悲、智慧与力量。

6 *Gyen* (*rgyan*) refers to the gathering in a general sense in Choné Tibetan. Here, it should be understood as the gathering for a wedding ceremony.

ཡུལ་སྐད་དུ་རྒྱན་ནི་མང་ཚོགས་མཉམ་དུ་འདུས་པའི་དོན་ལ་གོ་ཞིང་། འདིར་གཉེན་སྟོན་གྱི་དགྱེས་འཛོམས་ལ་ཟེར་བ་ཡིན།

“见”(རྒྱན།)在卓尼藏语中指聚会。此处应被理解为婚礼上的聚会。

7 See ‘Zhanglu’ and ‘Tsalu’ on the relationship between the maternal uncle (the wife-giver) and the nephew (the wife-taker).

མནའ་མ་སྐྱེལ་མཁན་གྱི་ཞང་པོ་དང་བསུ་མཁན་གྱི་ཚ་བོའི་སྐོར་ལ་ཞང་གླུ་དང་ཚ་གླུའི་འགོ་བརྗོད་ལས་གསལ་ལོ།།

有关舅舅(嫁女者)与外甥(娶妻者)的关系,见“送亲辞”与“迎亲辞”。

8 The textual sources speak of three auspicious and aromatic trees (the sandalwood tree, the fragrant tree, and the palm tree), which often appear in Buddhist texts, as used to make the table. However, when it comes to

explaining these trees, local singers suggest that the three trees are in fact juniper, pine, and birch, which have traditionally been used to make tables.

བཤད་པའི་ཡིག་ཆ་ལྟར་ན། ཅོག་ཙེ་ཡི་ཤིང་རྣམས་ནི་ཆོས་གཞུང་དུ་གསལ་བའི་ཙན་དན་དང་། དྲི་ཞིམ། ཏ་ལའི་ལྗོན་པ་རྣམས་ཡིན་པར་གསལ་ཡང་། གླུ་པ་རྣམས་ཀྱིས་འགྲེལ་བཤད་བྱེད་དུས། དེ་དག་ནི་ཤུག་པ་དང་། གསོམ་པ། སྟག་པ་གསུམ་ཡིན་པར་བཤད།

根据释巴书写文本，用于制做桌子的是常在佛教典籍中出现的三种吉祥且有香味的树（檀香、芳香、棕榈），但当解释这些树的时候，歌者们认为三种树实际上指代的是柏树、松树与桦树。

9 *Motsi* (*mo tsi*) refers to a mortise and tenon joint that connects pieces of wood without resorting to using nails. Since *motsi* is a Chinese loan word, *maozi* 卯子, we have transcribed it phonetically.

མོ་ཙི་ནི་རྒྱ་ཡིག་གི་(卯子) བྱ་བའི་སྒྲ་གདངས་དང་། པང་ལེབ་ཁ་སྦྱོད་བྱེད་དུ་རྒྱུག་པའི་ཤིང་གི་གཟེར་བུ་ཞིག་ལ་གོ།

"毛字"(མོ་ཙི།)指的是一种不使用钉子而将木头连接起来的榫卯。由于"毛字"是汉语借词"卯子"，我们按其音转写了它。

10 *Zhitsi* (*zhi tsi*) refers to the bamboo mat that is the placed on the clay platform to make it comfortable and clean. A layer of wool felt is placed on top of the bamboo mat, offering people additional comfort and softness. This is a Chinese loan word, *xizi* 席子.

རྒྱ་སྐད་ཀྱི་ཞི་ཙི(席子) བྱ་བའི་སྒྲ་གདངས་དང་། སྨྱུག་མས་བརྩམས་ཤིང་ཚ་ཐབ་སྟེང་དུ་བཏིང་ནས། དེའི་ཐོག་ཏུ་བལ་དང་རྗེད་པའི་གདན་དང་ཕྱུར་བ་སོགས་འདིང་གི་ཡོད་པ་རེད།

"夕字"(ཞི་ཙི།)指的是使炕更加舒适干净的竹制垫子。通常在竹垫上面还会放一层更软，让人更舒适的毛毡。它是汉语借词"席子"。

11 *Té* (*thad*) is a Chinese classifier *tai* 台, used to count tables.

རྒྱ་སྐད་ཀྱི་གྲངས་ཚད་སྟོན་བྱེད་ཀྱི་ཐ་སྙད་ཐད་(台)བྱ་བའི་སྒྲ་གདངས་རེད།

"太"(ཐད།)是汉语量词"台"，用来计桌子之数。

Da མདའ། 箭

Da

In all Tibetan areas, the arrow, *da* (*mda'*) has both religious and cultural significance. Different forms and names of arrows are employed in various religious contexts across the Tibetan Plateau to accommodate specific needs.[1] In Tibetan cultural life, the arrow, as one of nine weapons of the war gods positioned at man's right shoulder (*dgra lha'i go mtshon sna dgu*), is essential equipment for a brave man.[2] Other than being a weapon, the arrow, representing fertility and bravery, is most often regarded as symbolising man as opposed to the spindle, which symbolises woman.[3] In *The Dividing of the Wealth between the Brother and the Sister* (*Ming sring dpal bgos*), a Bon text that outlines the first marriage between man and god, an arrow is offered by the father of the goddess when she marries man.[4] This custom is still widely practiced across Tibetan areas. In Tibetan historical accounts, one of the most well-known stories about the arrow relates to how the monk Lhalung Pelgyi Dorje used it as the weapon to assassinate Langdarma who suppressed Buddhism in the ninth century. Later, the monk fled to Chentsa in Amdo, where he buried the arrow and bow. As much as controversies about the story itself continue to circulate,[5] arrow-making in Chentsa was inscribed in the Qinghai provincial-level Intangible Cultural Heritage list in 2018,[6] and the story has been reconstructed and exploited for the purpose of cultural preservation and economic development.

In Shépa, 'Da' delineates the arrow-making process and the representational meaning of each of the arrow's components. The narrative starts with bamboo, out of which the shaft, the arrow's main structural element, is crafted. The story then turns to how to select the

https://doi.org/10.11647/OBP.0312.06

right kind of bamboo along with how to best identify and harvest bamboo from the forest. Once the bamboo is carried to the place where arrows are made, the narration proceeds to describing the other components that make up an arrow and the various items that are attached to an arrow, explaining their respective meanings in turn.

This section mentions different arrows stored in *anyé zhidak*, often translated as the 'territorial deity' or 'owner of the base': a built-in wooden cabinet specifically designed for arrow storage in the main living room. Generally speaking, three types of arrows are stored in *anyé zhidak* (Fig. 6). The first type is known as the *tsen* arrow (*btsan mda'*) or the 'spirit arrow', for which the feathers of Khyung serve as fletching, based on local explanations. The *tsen* arrow represents the spirits of deceased ancestors through a household's male line and is seldom seen by anyone other than members of a household. Before each new year, a new *khata* is offered to this arrow.

The second type is the *yang* arrow (*g.yang mda'*), which is decorated with an eagle feather and is often translated as the 'auspicious arrow'. This is an essential object for securing a family's fortune and prosperity. When livestock are sold, some of their hair is tied to the *yang* arrow's shaft as a way of expressing hope that fortune will be retained and, from a Buddhist point of view, that such animals be born as human beings in the next life. Unlike the *tsen* arrow, the auspicious arrow can be placed outside *anyé zhidak*, and it is often used when monks perform rituals. It also appears in the ritual of calling for fortune (*g.yang 'gugs*) when a bride leaves her natal family. When a groom's family takes in a bride, the fortune also needs to be accepted via the *yang* arrow. Beyond weddings, the auspicious arrow is also presented when the ritual of calling for fortune (*rnam sras g.yang 'bod*) is performed in the village (Fig. 7).

The third type is known as the 'shooting arrow' (*'phen mda'*), and is decorated with the feather of a night owl. The shooting arrow is most often used during the new year archery contest. Each household will take three shooting arrows from *anyé zhidak* to participate in the contest. The archery contest is particularly meaningful for newlywed couples, and the groom needs to release a series of three arrows. If he hits the target, it is understood that he will soon have a son and that his life will be prosperous. He will then be celebrated with barley flour from the *chémar* which is placed on his head. These days, professional arrows and bows are purchased for use in the contest. A 'regular arrow' in most cases refers to the shooting arrow. When it is wrapped with a five-colored silk ribbon on the wedding day, as explained in our introduction, it becomes the arrow that represents fertility. It is gifted by the bride's parents to the groom, conveying the wish that the new couple will soon have a son.

'Da' is often performed on wedding days. To receive the arrow from the bride's parents, the groom's best man must answer a series of questions on Shépa posed by elders. The most commonly narrated content is about the arrow. In recent years, given that ever fewer members of the younger generation can sing Shépa, money (instead of song) is offered to elders in exchange for the arrow. This section is also narrated at new year gatherings when an arrow is passed from elders to the youngest boy.

'Da' also highlights a key relationship in Tibetan society between *zhang* and *tsa*, which can be translated in a literal sense as 'maternal uncle' and 'nephew'. However, we should note that these two terms should not be understood only literally, and that their cultural and social meaning is further discussed in 'Lönpo Garchen', 'Tsalu', and 'Zhanglu'—the sections of Shépa that focus particularly on marriage.

Endnotes

1 Robert Beer, *The Handbook of Tibetan Buddhist Symbols* (Chicago and London: Serindia Publications, 2003), pp. 117–20.

2 Tashi Tsering Josayma, '*Khra ring bog gi bshad pa* and Other Material on the Matchlock', in *Defence and Offence: Armour and Weapons in Tibetan Culture*, ed. by Federica Venturi and Alice Travers (Annali di Ca' Foscari. Serie orientale, 2021) pp. 861–932 (pp. 903–05).

3 Samten Gyaltsen Karmay, *The Arrow and The Spindle*, 3 vols (Kathmandu: Mandala Book Point, 1997–2014), I (1997), p. 150.

4 Samten Gyaltsen Karmay, *The Arrow and The Spindle*, 3 vols, I (1997), pp. 147–48.

5 Samten Gyaltsen Karmay, *The Arrow and The Spindle*, 3 vols, II (2005), pp. 25–29; Sam van Schaik, 'The Decline of Buddhism I: Was Lang Darma

a Buddhist?', *Early Tibet: Notes, Thoughts and Fragments of Research on the History of Tibet*, (2008), https://earlytibet.com/2008/02/28/lang-darma/

6 The Government of Qinghai Province, 'The List of the Fifth Inventory of Qinghai Provincial Intangible Cultural Heritage', (2018), http://www.qinghai.gov.cn/xxgk/xxgk/fd/zfwj/201801/t20180129_28408.html

མདའ།

བོད་ཀྱི་སྲོལ་རྒྱུན་གྱི་རིག་གནས་ལས་མདའ་ནི་ཆོས་སྲིད་གཉིས་ཀྱི་མཚོན་དོན་དང་ལྡན་པ་ཞིག་དང་། དེ་ནི་ཡ་ཐོག་གི་ལྷ་རབས་ལས་བྱུང་བའི་འཕྲུལ་མཚོན་གྱི་རིགས་ཤིག་དང་དགྲ་ལྷ་གོ་མཚོན་སྣ་དགུ་ཡི་གྲས་ཤིག་ཀྱང་ཡིན།[1] བོད་ཀྱི་ཡུལ་ལུང་ཀུན་ཏུ་རིག་གནས་ཀྱི་མཚོན་དོན་གཅིག་ཀྱང་རྣམ་པ་མི་གཅིག་པའི་མདའ་ཡི་རིགས་མང་པོ་ཞིག་བྱུང་ཡོད།[2] དེའི་ཕྱིར། དེ་དག་ནི་དཔའ་བོ་གཡུལ་ལས་རྒྱལ་བའི་མཚོན་ཆ་ཙམ་དུ་མ་ཟད། རིགས་ཀྱི་སྲིད་འཛིན་པ་དང་རྒྱུད་འཕེལ་བའི་མཚོན་དོན་དང་ལྡན་ཕྱིར། མདའ་དང་འཕང་ཞེས་བོད་ཀྱི་རིག་གནས་ནང་དུ་སྐྱེས་པ་དང་སྐྱེས་སྨན་གྱི་མཚོན་བྱེད་དུ་ཡོངས་སུ་གྲགས།[3] བོན་ལུགས་གཉེན་སྟོན་གྱི་གཏོ་གཞུང་མིང་སྲིད་དཔལ་བགོས་ཞེས་པ་ལས། དང་པོར་ལྷ་མིའི་བར་དུ་གཉེན་འཇུགས་དུས། ལྷ་མོའི་ཡབ་ཀྱིས་མི་ལ་མདའ་ཞིག་བསྐུལ་བའི་ལོ་རྒྱུས་ཤིག་ཐོན་ཡོད་པ་དེ་ནི།[4] བོད་ཀྱི་ཡུལ་ལུང་ཀུན་ཏུ་ད་ལྟའི་བར་དུ་དར་ཡོད་པའི་ལུགས་སྲོལ་གལ་ཆེན་ཞིག་ཡིན་པ་དང་། དེ་ཡིས་ཁྱད་དུ་འཕགས་པའི་བོད་ཀྱི་རིག་གནས་ཀྱི་ལྟ་བ་ཞིག་མཚོན་གྱི་ཡོད། བོད་ཀྱི་དག་རྒྱུན་དུ། ལྷ་ལུང་དཔལ་གྱི་རྡོ་རྗེ་ཡིས་ཝ་དུམ་བཙན་པོ་མདའ་ཡིས་བསྒྲོངས་རྗེས་མདོ་སྨད་ཕྱོགས་སུ་བྲོས་ཏེ། མཐར་མདའ་གཞུ་རྣམས་གཙན་ཚའི་ཡུལ་དུ་བསྐུངས་པར་གྲགས་པའི་ལོ་རྒྱུས་ཀྱི་བྱུང་རབས་རྩོད་གཞི་ཅན་དེ་ལ་བརྟེན་ནས།[5] ཕྱི་ལོ་༢༠༡༨ནས་བཟུང་། མདོ་སྨད་གཙན་ཚའི་ཡུལ་གྱི་མདའ་རྩེད་ཀྱི་ཡུལ་སྲོལ་ནི་མཚོ་སྔོན་ཞིང་ཆེན་གྱི་མངོན་མིན་ཤུལ་བཞག་རིག་གནས་ཀྱི་གྲས་སུ་བཀོད་ནས།[6] ལྷ་ལུང་དཔལ་གྱི་རྡོ་རྗེ་དང་འབྲེལ་བའི་གཏམ་རྒྱུད་དེ་ཉིད་བསྐྱར་སྐྲིག་བྱས་ཏེ་དེང་གི་མངོན་མིན་ཤུལ་བཞག་རིག་གནས་ཀྱི་སྲུང་སྐྱོབ་དང་ཡུལ་ལུང་གི་དཔལ་འབྱོར་གོང་འཕེལ་གཏོང་བྱེད་ཀྱི་མཐུན་རྐྱེན་དུ་གྱུར་འདུག

བཤད་པའི་བརྗོད་བྱ་ལས་མདའ་ཡི་ལེའུ་ཚན་དུ། མདའ་ཞིག་བཟོ་བའི་གོ་རིམ་དང་མདའ་ཡི་གྲུབ་ཆ་རེ་རེའི་མཚོན་བྱེད་རྣམས་ངོ་སྤྲོད་བྱས་ཡོད་ལ། དེའང་ཐོག་མར་མདའ་ཡི་རྒྱུ་ཆ་གཙོ་བོར་གྱུར་བའི་སྨྱུག་མ་ནས་བཟུང་། མདའ་སྨྱུག་ཅི་ལྟར་བསལ་ནས་བཅད་པ་དང་། དེ་ནས་རིམ་གྱིས་ལ་ལུང་བརྒྱུད་ནས་ཁྱེར་ཚུལ་དང་། མདའ་རུ་བཟོ་ཚུལ། མདའ་ཡི་གྲུབ་ཆ་རེ་རེ་དག་གི་མཚོན་དོན་རྣམས་བརྗོད་ཡོད།

གཞན་ཡང་། མདའ་ཡི་དད་མོས་དང་འབྲེལ་བའི་ཨ་མྱེས་གཞི་བདག་ཅེས་མདོ་སྨད་ཙོ་ནེ་པ་རྣམས་ཀྱི་ཁང་ཆེན་དུ་ཆེད་དུ་གསོལ་ཡོད་པའི་སྣམ་ཚུང་ཞིག་དང་། སྣམ་དེར་མདའ་གསུམ་གསོལ་སྲོལ་ཡོད། <དཔེ་རིས ༦> དང་པོ་ནི་བཙན་མདའ་དང་། དེ་ནི་ཁྱུང་གི་མདའ་སྒྲོ་ཅན་ཞིག་ཡིན་པར་བཤད་ཅིང་། བྲག་བཙན་དམར་པོ་ནི་པ་མཆུན་གྱི་བླ་སྲུང་ཡིན་ཕྱིར། བཙན་མདའ་ནི་བླ་ཡི་མཚོན་རྟགས་དང་ཕྱི་ལ་མི་མངོན་པར་སྣམ་གྱི་ནང་དུ་བཙུགས་ཡོད། དེར་ལོ་རེའི་ལོ་སར་གྱི་སྐབས་ཁ་བཏགས་གསར་པ་རེ་བརྗེས་སྲོལ་ཡོད་པ་རེད།

རིགས་གཉིས་པ་ནི་གཡང་མདའ་སྟེ། རྐོད་ཀྱི་མདའ་སྒྲོ་ཅན་ཞིག་དང་། ཁྱིམ་གཞིས་ཀྱི་དཔལ་དང་ཕྱྭ་གཡང་འཕེལ་བའི་མཚོན་བྱེད་གཙོ་བོ་ཡིན། ཁྱིམ་ཚང་ནས་སྒོ་ཕྱུགས་ཕྱི་ལ་བཙོང་དུས་ཁྱིམ་གཡང་མི་འཆོར་བའི་ཆེད་སྒོ་ཕྱུགས་ཀྱི་སྤུ་རིས་ནི་གཡང་མདར་འདོགས་པ་དང་། སངས་རྒྱས་ཆོས་ཀྱི་དད་མོས་ལྟར་སྒོ་ཕྱུགས་དེ་དག་ལ་བསྔོ་སྨོན་ཡང་བྱེད་སྲོལ་ཡོད་པ་རེད། བཙན་མདའ་དང་མི་འདྲ་བ་ཞིག་ལ་གཡང་མདའ་ནི་ཨ་མྱེས་གཞི་བདག་གི་ཕྱི་རུ་བཙུགས་ཡོད་ལ། ནམ་རྒྱུན་དགེ་འདུན་པ་དང་ཆོ་ག་མཁན་གྱིས་གཡང་འགུགས་ཀྱི་ཆོ་ག་སྒྲུབ་དུས་བཀོལ་བཞིན་ཡོད་པ་དང་། གཉེན་སྟོན་གྱི་སྐབས་མག་པས་བག་མ་ཁྱེ་དུས་ཀྱང་གཡང་མདའ་ཁྱུས་པར་

བརྒྱུད་ནས་བག་མའི་བརྫངས་མ་རྣམས་ངོས་ལེན་བྱེད་བཞིན་ཡོད་པ་རེད། ཡང་རྣམ་སྲས་གཡང་འབོད་ལྷ་བུའི་ཡུལ་སྡེ་སྤྱིའི་ཕྱྭ་གཡང་གི་ཆོ་ག་སྒྲེལ་དུས་ཀྱང་གཡང་མདའ་དེ་ཉིད་བཀོལ་བཞིན་པའོ།། <དཔེ་རིས། ༧>

རིགས་གསུམ་པ་ནི་འུག་པའི་མདའ་སྒྲོ་ཅན་ཞིག་ཡིན་ཏེ། དེར་འཕེན་མདའ་ཞེས་ཀྱང་བྱ། ལོ་སར་གྱི་སྐབས་རྟ་རྒྱུགས་མདའ་འཕེན་བྱེད་པར་བཀོལ་བཞིན་ཡོད་ཅིང་། དེའི་སྐབས་སུ་ཁྱིམ་ཚང་རེ་རེ་ནས་མདའ་གསུམ་རེ་ཁྱེར་ཏེ་མདའ་རྩེད་དུ་ཞུགས་དགོས་ཤིང་། དེ་ནི་གཉེན་སྒྲིག་མ་ཐག་པའི་སྐྱེས་པ་རྣམས་ལ་མཚོན་ན་ཤིན་ཏུ་དོན་སྙིང་དང་ལྡན་པ་ཞིག་སྟེ། མདའ་གསུམ་འཕངས་པ་ལས་ཡོད་ཚད་འབེན་ལ་ཐོག་ན་བུ་ཞིག་བཙའ་ངེས་པ་དང་བཙན་ཕྱུག་འཕེལ་དར་རྒྱས་པའི་རྟེན་འབྲེལ་དུ་བརྩི་ཞིང་། མང་ཚོགས་ཀྱིས་ཀྱང་ཀི་ཀི་བསྭོ་སྭོ་ཡི་ཁ་གཡང་བསྒྲགས་ནས་སྐྱེས་པ་དེའི་མགོ་ལ་ཕྱེ་མར་གཏོར་སྲོལ་ཡོད་པ་རེད། ཡིན་ནའང་། དེང་གི་རྟ་རྒྱུག་མདའ་འཕེན་གྱི་དུས་ལ་རྒྱུན་ལྡན་དུ་མཐོང་བའི་མདའ་གཞུ་རྣམས་ནི་ཕལ་ཆེར་ཉོས་ཡོང་བའི་ཆེད་སྤྱོད་ཀྱི་མདའ་གཞུ་འབའ་ཞིག་རེད། ཐོན་སློང་གི་སྐབས་སུ་ཞུས་པ་ལྟར། གཉེན་སྟོན་གྱི་སྐབས་སུ་དར་ཚོན་སྣ་ལྔའི་རྒྱན་གྱིས་བརྟམས་པའི་མདའ་དེར། སྲིད་འཛིན་པ་དང་རྒྱུད་འཕེལ་བའི་མཚོན་དོན་དང་ལྡན། བག་མའི་ཡབ་ཡུམ་གྱིས་མག་པར་མདའ་དེ་ཉིད་བསྐུལ་དོན་ཡང་རུས་རྒྱུད་ཀྱི་ཆབ་སྲིད་བཟུང་བའི་བུ་ཞིག་བཙའ་བའི་སྨོན་འདུན་དང་བཅས་པས་ཡིན།

མདའ་བཤད་ཀྱི་ལེའུ་ནི་གཉེན་སྟོན་གྱི་སྐབས་སུ་གྱེར་ལེན་བྱེད་ཅིང་། དེའང་བག་མའི་ཡབ་ཡུམ་གྱི་མདུན་ནས་མདའ་ཞིག་ཞུ་ཐབས་སུ་མག་པ་དང་མག་རོགས་གཉིས་ཀྱིས་བཤད་པའི་དྲི་བ་རེ་རེར་ལུགས་བཞིན་དུ་ལན་འདེབས་དགོས་ཤིང་གླུ་ཡི་བརྗོད་བྱ་ཕལ་ཆེར་ནི་མདའ་བཤད་ཀྱི་སྐོར་ཡིན། ཡིན་ནའང་ཉེ་བའི་མི་ལོ་དག་ལ། ལོ་གཞོན་རྣམས་ཀྱིས་མདའ་ཞུ་དུས་བཤད་པ་གྱེར་གྱི་མེད་ལ། ཚབ་ཏུ་དངུལ་ལོར་གྱི་སྐྱེས་སྤྲོད་ཀྱི་ཡོད་པ་དང་། ཡང་ལོ་སར་གྱི་དགྱེས་འཛོམས་སྐབས་ལ་སྐྱ་ན་བགྲེས་པོ་མན་ཆད་ནས་མདའ་ཤིག་བརྒྱུད་དེ་བྱིས་པ་བུ་ཕྲུག་ཡན་ཆད་ཀྱི་ལག་ཏུ་སྤྲོད་དགོས་ཤིང་། སྐབས་སུ་མདའ་བཤད་ཀྱི་ལེའུ་གྱེར་ལེན་བྱེད་སྲོལ་ཡོད་པ་རེད།

དེའང་མདའ་བཤད་ཀྱི་ལེའུ་ལས་ཞང་ཚ་ཞེས་བོད་ཀྱི་སྤྱི་ཚོགས་མི་ཚོས་དང་འབྲེལ་བའི་ཉེ་ཚན་གྱི་རྣམ་གཞག་གལ་ཆེན་ཞིག་ཐོན་ཡོད་པ་དང་། ཞང་ཚ་ཞེས་པ་ནི་ཡིག་ངོས་ཀྱི་དོན་ལྟར་ཞང་པོ་དང་ཚ་བོ་གཉིས་ཀྱི་འབྲེལ་བའི་དོན་ཙམ་ལ་འཇུག་པ་ཞིག་མ་ཡིན་པར། དེ་དང་འབྲེལ་བའི་བོད་ཀྱི་སྤྱི་ཚོགས་མི་ཚོས་རིག་གནས་ངོས་ཀྱི་མཚོན་དོན་གྱི་སྐོར་ནི་ནློན་པོ་མགར་ཆེན་དང་། ཞང་གླུ། ཚ་གླུ་ཡི་ལེའུ་རྣམས་སུ་མུ་མཐུད་དུ་བགྲོ་གླེང་བྱ་ངེས་ཡིན།

མཇུག་མཆན།

1 Tashi Tsering Josayma, '*Khra ring bog gi bshad pa* and Other Material on the Matchlock', in *Defence and Offence: Armour and Weapons in Tibetan Culture*, ed. by Federica Venturi and Alice Travers (Annali di Ca' Foscari. Serie orientale, 2021) pp. 861–932 (pp. 903–05).

2 Robert Beer, *The Handbook of Tibetan Buddhist Symbols* (Chicago and London: Serindia Publications, 2003), pp. 117–20.

3 Samten Gyaltsen Karmay, *The Arrow and The Spindle*, 3 vols (Kathmandu: Mandala Book Point, 1997–2014), I (1997), p. 150.

4 Samten Gyaltsen Karmay, *The Arrow and The Spindle*, 3 vols, I (1997), pp. 147–48.

5 Samten Gyaltsen Karmay, *The Arrow and The Spindle*, 3 vols, II (2005), pp. 25–9; Sam van Schaik, 'The Decline of Buddhism I: Was Lang Darma a Buddhist?', *Early Tibet: Notes, Thoughts and Fragments of Research on the History of Tibet*, (2008), https://earlytibet.com/2008/02/28/lang-darma/

6 青海省人民政府，"关于公布青海省第五批省级非物质文化遗产代表作名录的通知"，(2018)，http://www.qinghai.gov.cn/xxgk/xxgk/fd/zfwj/201801/t20180129_28408.html

箭

箭，即达(མདའ།)，在藏族宗教与文化中有着重要意义。根据具体需求，不同造型和名称的箭会被用于不同的宗教场合。[1]在藏族文化生活中，箭作为男人右肩上的战神的九种武器(དགྲ་ལྷའི་གོ་མཚོན་སྣ་དགུ།)之一，是勇士的重要装备。[2]除了作为武器，箭常被认为是男性的象征，代表生殖力和勇气。它与象征女性的纺锤相对应。[3]苯教典籍《兄妹分家》概述了人与神的第一次婚姻。当女神嫁给人时，其父亲赠予了他们一支箭。[4]这一习俗在藏区各地流传至今。藏族历史记载中，有关箭的最广为流传的故事，是九世纪时僧人拉隆贝吉多杰用箭暗杀了抑制佛教的朗达玛。随后，僧人逃亡到安多尖扎，并在那里埋藏了箭与弓。虽然这个故事有诸多争议，[5]但是尖扎的制箭工艺在2018年入选了青海省级非物质文化遗产名录。[6]这个故事也被重新建构以服务于当下文化保护和经济发展的目标。

"箭说"细致描写了做箭的过程，以及箭的各个部分所代表的意义。叙述始于箭的主要组成部分——制做箭杆的竹子。接着详细讲述了如何选择最好的竹子，以及在丛林中如何甄别和采伐竹子。当竹子被运送到制做箭的工坊，叙述开始描绘箭的其他组成部分，以及装饰箭所使用的各种物品及其所代表的意义。

本篇提及了在阿乃日达中存放着的不同种类的箭。阿乃日达是在客厅中专门设计的存放箭的木柜，通常被译为"地祇"或"本主"。一般而言，阿乃日达内部有三种箭<图　6>。第一种被称为"赞箭"(བཙན་མདའ།)或"神箭"，当地人认为它以鹏的羽毛为箭翎。赞箭代表家宅中男性一脉逝去先人的灵魂，很少会被外人看到。每年新年时，家人会为此箭献一条新的哈达。

第二种叫做"央箭"(གཡང་མདའ།)，由鹰羽装饰，常被译为"福箭"，是守护家庭财富与兴旺的重要物品。当家中卖出牲畜时，它们的毛会被绑在央箭上，表示希望财富可以留下来，同时期冀这些牲畜来生转世为人(从佛教的角度而言)。和赞箭不同，央箭可以放在阿乃日达外面，通常在僧人做仪式时使用。它也会出现在新娘离开娘家时的"唤福"(གཡང་འགུགས།)仪式中。当新郎家迎接新娘时，财富也需要通过央箭被接纳。除了婚礼，央箭也用于村子的"唤福"(རྣམ་སྲུས་གཡང་འགོད།)仪式中<图 7>。

第三种由猫头鹰的羽毛装饰的箭叫做"箭矢"(འཕེན་མདའ།)，常用于新年的射箭比赛。届时，每家每户会从阿乃日达取出三支箭矢来参加比赛。射箭比赛对新婚夫妻尤为重要。新郎需要射出三支箭。如果中靶，寓意他将会拥有一个儿子并且生活富足。众人会将切玛中的青稞面抹在他头上以示庆祝。如今，人们使用专业的箭与弓来参加新年射箭比赛。如导论中已述，当箭矢在婚礼上被五彩丝绸包裹时，就变成了代表生殖力的箭。新娘父母将其赠予新郎，承载着他们对新婚夫妻早日生子的美好祝福。

在婚礼上，通常会唱起"箭说"。为了从新娘父母那里取得箭，新郎的伴郎必须回答老者们从释巴中提出的一系列问题，最常问到的便是关于箭的内容。近年来，由于可以唱释巴的年轻人越来越少，红包（而非歌）会献给老者们以换取箭。在新年聚会时，人们会将箭从长者传递到年纪最小的男孩儿手中，本篇也会随之被唱起。

"箭说"也凸显了藏族社会中"尚"与"擦"之间的重要关系。这两个词按字面通常被理解为甥舅关系，然而对他们的解读不应该只拘泥于文字表面，其文化与社会意涵在"大臣噶尔东赞"、"送亲辞"以及"迎亲辞"中会有进一步的讨论。

尾注

1 Robert Beer, *The Handbook of Tibetan Buddhist Symbols* (Chicago and London: Serindia Publications, 2003), pp. 117–20.

2 Tashi Tsering Josayma, '*Khra ring bog gi bshad pa* and Other Material on the Matchlock', in *Defence and Offence: Armour and Weapons in Tibetan Culture*, ed. by Federica Venturi and Alice Travers (Annali di Ca' Foscari. Serie orientale, 2021) pp. 861–932 (pp. 903–05).

3 Samten Gyaltsen Karmay, *The Arrow and The Spindle*, 3 vols (Kathmandu: Mandala Book Point, 1997–2014), I (1997), p. 150.

4 Samten Gyaltsen Karmay, *The Arrow and The Spindle*, 3 vols, I (1997), pp. 147–48.

5 Samten Gyaltsen Karmay, *The Arrow and The Spindle*, 3 vols, II (2005), pp. 25–29; Sam van Schaik, 'The Decline of Buddhism I: Was Lang Darma a Buddhist?', *Early Tibet: Notes, Thoughts and Fragments of Research on the History of Tibet*, (2008), https://earlytibet.com/2008/02/28/lang-darma/

6 青海省人民政府，"关于公布青海省第五批省级非物质文化遗产代表作名录的通知"，(2018)，http://www.qinghai.gov.cn/xxgk/xxgk/fd/zfwj/201801/t20180129_28408.html

མདའ་བཤད། 箭说
Arrow

དྲི། 问
Question:

གནམ་སྐྱ་རེངས་སངས་སེ་ལངས་དུས་ལ།[1] 是时天之既白兮
At the break of dawn,

ཚ་བོ་ཡུལ་ལ་འགྲོ་རྒྱུ་རེད།[2] 外甥将欲归家矣
The nephew [the wife taker] will be heading back to his home.[1]

སྐེད་ལ་འདོགས་རྒྱུའི་མདའ་ཞིག་དགོས།[3] 腰间需系箭一支
An arrow must be tied at his waist.

མདའ་མེད་ན་སྐེད་པ་སྟོང་བ་རེད།[4] 若无箭则腰间空
Without an arrow, his waist would be empty.

ཞང་གཞི་བདག་ཡར་བཞུགས་ནང་དུ་ན།[5] 舅屋阿乃日达兮
In the *anyé zhidak* of the maternal uncle's [the wife giver] household,

མདའ་འདི་མོ་འདྲ་འདྲ་གསུམ་ཡོད་རེད།[6] 有箭如是者三支
There are three such arrows.[2]

མདའ་ཆེ་གན་ཞང་གི་བཙན་མདའ་རེད།[7] 大者舅之神箭也
The large one is the maternal uncle's *tsen* arrow.

---

1 UN, FY: གནམ་སྐྱ་རེངས་སང་སེ་ལངས་དུས་ལ། TR: ནམ་སྐྱ་རེངས་སངས་སེ་ལངས་དུས་ཀྱི། ED: **གནམ་སྐྱ་རེངས་སངས་སེ་ལངས་དུས་ལ།**

2 UN, FY: **ཚ་བོ་ཡུལ་ལ་འགྲོ་རྒྱུ་རེད།** TR: ང་ཚ་བ་ཡུལ་ལ་འགྲོ་རྒྱུ་ཡིན།

3 UN, TR, FY: སྐེད་ལ་འདོགས་རྒྱུ་མདའ་གཅིག་དགོས། ED: **སྐེད་ལ་འདོགས་རྒྱུའི་མདའ་ཞིག་དགོས།**

4 UN, TR: **མདའ་མེད་ན་སྐེད་པ་སྟོང་བ་རེད།** FY: མདའ་མེད་ན་སྐེད་པ་སྟོང་པ་རེད།

5 ZG: **ཞང་གཞི་བདག་ཡར་བཞུགས་ནང་དུ་ན།**

6 ZG: **མདའ་འདི་མོ་འདྲ་འདྲ་གསུམ་ཡོད་རེད།**

7 ZG: **མདའ་ཆེ་གན་ཞང་གི་བཙན་མདའ་རེད།**

མདའ་འབྲིང་གན་ཞང་གི་གཡང་མདའ་རེད།[8] 中者舅之福箭也

The medium one is the maternal uncle's auspicious arrow.

མདའ་ཆུང་གན་ཞང་གི་འཕེན་མདའ་རེད།[9] 小者舅之箭矢也

The small one is the maternal uncle's shooting arrow.

ཚ་ཁྱོད་ལ་རང་མདའ་མི་སྣང་ཟེར།[10] 无有甥所求之箭

Nephew, the arrow that you have requested is not available.

ལན། 答

Answer:

གཉན་རྨ་རྒྱལ་སྤོམ་རའི་ཚུལ་བཟུང་ནས།[11] 箭如阿念玛卿兮

[The arrow is] like *nyen* Machen Pomra (Anyé Machen),

ཞང་ནས་འཕེན་པའི་མདའ་ཞིག་ཡིན།[12] 舅父所射之箭也

Which is the maternal uncle's shooting arrow;

ཚ་བོར་འདོགས་པའི་མདའ་ཞིག་ཡིན།[13] 外甥所佩之箭矣

Which shall be the one worn by the nephew.

ཞང་གཞི་བདག་ཡར་བཞུགས་ནང་དུ་ན།[14] 舅屋阿乃日达兮

In the *anyé zhidak* of the maternal uncle's household,

---

8 ZG: **མདའ་འབྲིང་གན་ཞང་གི་གཡང་མདའ་རེད།**

9 ZG: **མདའ་ཆུང་གན་ཞང་གི་འཕེན་མདའ་རེད།**

10 ZG: **ཚ་ཁྱོད་ལ་རང་མདའ་མི་སྣང་ཟེར།**

11 UN, FY: གཉན་རྨ་ཆེན་སྤོམ་ར་ཚུལ་བཟུང་ནས། TR: **གཉན་རྨ་རྒྱལ་སྤོམ་རའི་ཚུལ་བཟུང་ནས།**

12 MT: **ཞང་ནས་འཕེན་པའི་མདའ་ཞིག་ཡིན།** UN: ཞང་ལ་འཕངས་བའི་མདའ་ཞིག་ཡོད། TR: དུས་ན་ཞིང་འཕངས་པའི་མདའ་གཅིག་ཡོད། FY: ཞིང་ལ་འཕངས་བའི་མདའ་གཅིག་ཡོད།

13 UN: ཚ་བོར་ད་ལོ་འདོགས་པའི་མདའ་ཞིག་ཡིན། FY: ཚ་བ་ད་ལོ་འདོངས་པའི་མདའ་ཞིག་ཡོད། ED: **ཚ་བོར་འདོགས་པའི་མདའ་ཞིག་ཡིན།**

14 ZG: **ཞང་གཞི་བདག་ཡར་བཞུགས་ནང་དུ་ན།**

མདའ་འདི་མོ་འདྲ་འདྲ་གསུམ་ཡོད་རེད།[15]
There are three such arrows.

有箭如是者三支

མདའ་ཆེ་གན་ཞང་གི་བཙན་མདའ་རེད།[16]
The large one is the maternal uncle's *tsen* arrow.

大者舅之神箭也

མདའ་འབྲིང་གན་ཞང་གི་གཡང་མདའ་རེད།[17]
The medium one is the maternal uncle's auspicious arrow.

中者舅之福箭也

མདའ་ཆུང་གན་ཚ་ཡི་རང་མདའ་རེད།[18]
The small one shall be the nephew's arrow.

小者外甥所求箭

མདའ་ཚ་ལ་འདི་ནས་བྱིན་དང་ན།[19]
If the arrow is bestowed upon the nephew,

若予小箭于外甥

ཚ་ཡུལ་ཕྱོགས་ཡུལ་ལ་སོང་ནས་ནི།[20]
After the nephew has returned to his home,

外甥归家之后也

ཁྱུར་ནས་གཞི་བདག་ཡར་བཞུགས་ནང་།[21]
It shall be placed in his own *anyé zhidak*.

置箭于其日达内

གཡང་སྒེར་བང་རིམ་གསུམ་ནང་ན།[22]
The *yang* holder [in his *anyé zhidak*] has three levels.[3]

三层福柜之上也

---

15 ZG: མདའ་འདི་མོ་འདྲ་འདྲ་གསུམ་ཡོད་རེད།

16 ZG: མདའ་ཆེ་གན་ཞང་གི་བཙན་མདའ་རེད།

17 ZG: མདའ་འབྲིང་གན་ཞང་གི་གཡང་མདའ་རེད།

18 ZG: མདའ་ཆུང་གན་ཚ་ཡི་རང་མདའ་རེད།

19 ZG: མདའ་ཚ་ལ་འདི་ནས་བྱིན་དང་ན།

20 ZG: ཚ་ཡུལ་ཕྱོགས་ཡུལ་ལ་སོང་ནས་ནི།

21 ZG: ཁྱུར་ནས་གཞི་བདག་ཡར་བཞུགས་ནང་།

22 ZG: གཡང་སྒེར་བང་རིམ་གསུམ་ནང་ན།

བང་རིམ་དང་པོའི་ཐོག་ན་ནི།[23] 于其首层之上兮

Upon the first level,

མདའ་འདི་མོ་འདྲ་འདྲ་བཙུགས་ནས་སྣང་།[24] 插此箭于其上矣

The arrow shall be placed.

བང་རིམ་གཉིས་པའི་ཐོག་ན་ནི།[25] 于其二层之上兮

Upon the second level,

ཆུ་སྔོན་པོའི་མཆོད་པ་ཕུལ་ནས་སྣང་།[26] 敬奉净水其上矣

Water offerings shall be made.

བང་རིམ་གསུམ་པའི་ཐོག་ན་ནི།[27] 于其三层之上兮

Upon the third level,

མར་སེར་པོའི་མཆོད་མེ་བཞག་ནས་སྣང་།[28] 供上金色酥油灯

Butter lamps shall be offered.

སྔོན་དུ་སྤོས་གསུམ་སྦྱར་ནས་སྣང་།[29] 其前尚香三支兮

Three sticks of incense shall be offered in front [of the *anyé zhidak*].

སྔོན་དུ་ཕྱག་གསུམ་འཚལ་ནས་སྣང་།[30] 其前叩首三次矣

Three prostrations shall be made in front [of the *anyé zhidak*].

---

23 ZG: **བང་རིམ་དང་པོའི་ཐོག་ན་ནི།**

24 ZG: **མདའ་འདི་མོ་འདྲ་འདྲ་བཙུགས་ནས་སྣང་།**

25 ZG: **བང་རིམ་གཉིས་པའི་ཐོག་ན་ནི།**

26 ZG: **ཆུ་སྔོན་པོའི་མཆོད་པ་ཕུལ་ནས་སྣང་།**

27 ZG: **བང་རིམ་གསུམ་པའི་ཐོག་ན་ནི།**

28 ZG: **མར་སེར་པོའི་མཆོད་མེ་བཞག་ནས་སྣང་།**

29 ZG: **སྔོན་དུ་སྤོས་གསུམ་སྦྱར་ནས་སྣང་།**

30 ZG: **སྔོན་དུ་ཕྱག་གསུམ་འཚལ་ནས་སྣང་།**

དྲི། 问

Question:

མདའ་དེ་ལ་བཙའ་ཆགས་ཨེ་ཡོད་ཟེར།[31] 彼箭箭簇锈损耶

Is the arrow [head] rusty?

སྒྲོ་དེ་ལ་སྤུ་ཆད་ཨེ་ཡོད་ཟེར།[32] 彼箭箭翎残缺耶

Is the feather incomplete?

སྨྱུག་དེ་ལ་ཀྱག་ཀྱོག་ཨེ་ཡོད་ཟེར།[33] 彼箭箭身弯曲耶

Is the shaft bent?

གླུ་དལ་བུར་ཤོག་དང་བྲེལ་བ་མེད། 歌徐陈之莫匆促

Please sing the song slowly, there is no hurry.

ལན། 答

Answer:

མདའ་དེ་ལ་བཙའ་ཆགས་མེད་ཀི་ཟེར།[34] 彼箭箭簇未锈损

The arrow [head] is not rusty.

སྒྲོ་དེ་ལ་སྤུ་ཆད་མེད་ཀི་ཟེར།[35] 彼箭箭翎未残缺

The feather is not incomplete.

---

31 UN: མདའ་དེ་བཙའ་ཆགས་ཨེ་ཡོད་ཟེར། TR: **མདའ་དེ་ལ་བཙའ་ཆགས་ཨེ་ཡོད་ཟེར།** FY: མདའ་དེ་ལ་བཙའ་ཆག་ཨེ་ཡོད་ཟེར།

32 UN, FY: **སྒྲོ་དེ་ལ་སྤུ་ཆད་ཨེ་ཡོད་ཟེར།** TR: སྒྲོ་དེ་ལ་སྤུ་ཟད་ཨེ་ཡོད་ཟེར།

33 UN: སྨྱུག་ད་ལ་ཀྱག་ཀྱོག་ཨེ་ཡོད་ཟེར། TR: སྨྱུག་དེ་ལ་ཆག་སྐྱོན་ཨེ་ཡོད་ཟེར། FY: **སྨྱུག་དེ་ལ་ཀྱག་ཀྱོག་ཨེ་ཡོད་ཟེར།**

34 UN: མདའ་དེ་ལ་བཙའ་ཆགས་མེད་གི་ཟེར། TR: **མདའ་དེ་ལ་བཙའ་ཆགས་མེད་ཀི་ཟེར།** FY: མདའ་དེ་ལ་བཙའ་ཆག་མེད་ཀི་ཟེར།

35 UN: སྒྲོ་དེ་ལ་སྤུ་ཆད་མེད་གི་ཟེར། TR: སྒྲོ་དེ་ལ་སྤུ་ཟད་མེད་ཀི་ཟེར། FY: **སྒྲོ་དེ་ལ་སྤུ་ཆད་མེད་ཀི་ཟེར།**

སྨྱུག་དེ་ལ་ཀྱུག་ཀྱོག་མེད་ཀི་ཟེར།[36] 彼箭箭身未弯曲
The shaft is not bent.

མདའ་དེ་ཡི་ཁ་སྤྲད་ཚང་བསྡད་ཡོད།[37] 彼箭品相完好也
The arrow is intact.

སྐེད་ལ་འདོགས་རྒྱུའི་མདའ་ཞིག་རེད།[38] 腰间所系之箭矣
It is the one that is tied to [the nephew's] waist.

གླུ་དེ་ཡི་ལན་ལ་དེ་འདྲ་ཡིན། 如是答复彼歌矣
This is the response to the song.

དྲི། 问
Question:

ད་མདའ་རེ་བཤད་ན་སྨྱུག་རེ་བཤད།[39] 释箭抑或释竹兮
Now, shall we tell of the arrow or the bamboo?

གླུ་དལ་མོ་ལོངས་དང་རྗེས་ན་ཡོད། 有歌相继徐徐咏
Sing it slowly, and more songs will follow.

---

36 UN: སྨྱུག་དེ་ལ་ཀྱུག་ཀྱོག་མེད་གི་ཟེར། TR: སྨྱུག་དེ་ལ་ཆག་སྐྱོན་མེད་ཀི་ཟེར། FY: **སྨྱུག་དེ་ལ་ཀྱུག་ཀྱོག་མེད་ཀི་ཟེར།**

37 UN, FY: མདའ་དེ་ཡི་ཁ་སྤུས་ཚང་བསྡད་ཡོད། TR: མདའ་དེ་ཡི་མཚན་ཉིད་ཚང་བར་ཡོད། ED: **མདའ་དེ་ཡི་ཁ་སྤྲད་ཚང་བསྡད་ཡོད།**

38 UN: སྐེད་ལ་འདོགས་རྒྱུའི་མདའ་གཅིག་རེད། TR, FY: སྐེད་ལ་འདོགས་རྒྱུ་མདའ་གཅིག་རེད། ED: **སྐེད་ལ་འདོགས་རྒྱུའི་མདའ་ཞིག་རེད།**

39 MT: **ད་མདའ་རེ་བཤད་ན་སྨྱུག་རེ་བཤད།** UN, TR, FY: མདའ་བཤད་བྱེད་དམ་སྨྱུག་བཤད་བྱེད།

ལན། 答

Answer:

མདའ་རེ་མི་བཤད་སྨྱུག་རེ་བཤད།[40] 非释箭也释竹矣

Let's tell of the bamboo first, rather than the arrow.

དྲི། 问

Question:

སྨྱུག་ཆད་པ་ག་རུ་ཆད་ནི་རེད།[41] 竹者源于何处耶

Where did bamboo originate?

སྨྱུག་བབས་པ་ག་རུ་བབས་ནི་རེད།[42] 竹者生根何处耶

Where did bamboo take root?

སྨྱུག་སྐྱེས་པ་ག་རུ་སྐྱེས་ནི་རེད།[43] 竹者长于何处耶

Where did bamboo grow?

ལན། 答

Answer:

སྨྱུག་ཆད་པ་རྒྱ་གར་ཡུལ་ནས་ཆད།[44] 竹者源于天竺也

Bamboo originated in the land of India.

---

40 MT: **མདའ་རེ་མི་བཤད་སྨྱུག་རེ་བཤད།** UN, FY: མདའ་བཤད་མི་བྱེད་སྨྱུག་བཤད་བྱེད། TR: མདའ་བཤད་མི་དགོས་སྨྱུག་བཤད་བྱོས།

41 MT: **སྨྱུག་ཆད་པ་ག་རུ་ཆད་ནི་རེད།** UN: སྨྱུག་ཆད་པ་གང་ནས་ཆད་ནི་རེད། TR: སྨྱུག་མཆེད་པ་གང་ནས་མཆེད་པ་རེད།

42 MT: **སྨྱུག་བབས་པ་ག་རུ་བབས་ནི་རེད།** UN: སྨྱུག་འདེབས་པ་གང་ནས་བཏབ་ནི་རེད།

43 MT: **སྨྱུག་སྐྱེས་པ་ག་རུ་སྐྱེས་ནི་རེད།** UN: སྨྱུག་སྐྱེས་པ་གང་ནས་སྐྱེས་ནི་རེད། TR: སྨྱུག་སྐྱེས་པ་གང་ནས་སྐྱེས་པ་རེད། FY: སྨྱུག་སྐྱེས་པ་གང་དུ་སྐྱེས་ནི་རེད།

44 MT, UN: **སྨྱུག་ཆད་པ་རྒྱ་གར་ཡུལ་ནས་ཆད།** TR: སྨྱུག་མཆེད་པ་རྒྱ་གར་ཡུལ་ནས་མཆེད།

བབས་པ་བལ་པོའི་ས་རུ་བབས།[45] 竹者生根尼泊尔

Bamboo took root in the land of Nepal.

སྐྱེས་པ་ནགས་ཚུང་ཁྲོད་དུ་སྐྱེས།[46] 竹者长于小林间

Bamboo grew in the grove.

དྲི། 问

Question:

སྨྱུག་གི་ས་བོན་ཅི་བྱེད་ཡོང་།[47] 竹之种何以现耶

How did the bamboo seed emerge?

སྨ་ཡི་ས་བོན་ཅི་བྱེད་ཡོང་།[48] 藤之种何以现耶

How did the cane seed emerge?

ལྕགས་ཀྱི་ས་བོན་ཅི་བྱེད་ཡོང་།[49] 铁之种何以现耶

How did the iron seed emerge?

གླུ་དལ་མོ་ལོངས་དང་རྗེས་ན་ཡོད། 有歌相继徐徐咏

Sing it slowly, and more songs will follow.

---

45 MT: **བབས་པ་བལ་པོའི་ས་རུ་བབས།** UN, FY: སྨྱུག་འདེབས་པ་བལ་པོ་ཡུལ་ནས་བཏབ།

46 MT: **སྐྱེས་པ་ནགས་ཚུང་ཁྲོད་དུ་སྐྱེས།** UN: སྨྱུག་སྐྱེས་པ་ནགས་ཚུང་ཁྲོད་ནས་སྐྱེས། TR: སྨྱུག་སྐྱེས་པ་རྒྱ་རྫོང་ནགས་ནས་སྐྱེས། FY: སྨྱུག་སྐྱེས་པ་ནགས་ཚུང་ཁྲོད་དུ་སྐྱེས།

47 MT, TR: སྨྱུག་གི་ས་བོན་ཅི་ཞིག་རེད། UN: སྨྱུག་གི་ས་བོན་ཅི་བྱེད་འོང་། FY: སྨྱུག་གི་ས་བོན་ཅི་ཞིག་ཡོང་། ED: **སྨྱུག་གི་ས་བོན་ཅི་བྱེད་ཡོང་།**

48 MT: སྨ་ཡི་ས་བོན་ཅི་ཞིག་རེད། UN: སྨ་ཡི་ས་བོན་ཅི་བྱེད་འོང་། TR: སྨ་ཡི་ས་བོན་ཅི་ཞིག་རེད། FY: སྨ་ཡི་ས་བོན་ཅི་ཞིག་ཡོང་། ED: **སྨ་ཡི་ས་བོན་ཅི་བྱེད་ཡོང་།**

49 MT: ལྕགས་ཀྱི་ས་བོན་ཅི་ཞིག་རེད། UN: ལྕགས་ཀྱི་ས་བོན་ཅི་བྱེད་འོང་། FY: ལྕགས་ཀྱི་ས་བོན་ཅི་ཞིག་ཡོང་། ED: **ལྕགས་ཀྱི་ས་བོན་ཅི་བྱེད་ཡོང་།**

ལན། 答

Answer:

སྨྱུག་གི་ས་བོན་བཤད་རྒྱུ་ན།[50] 言竹之种何以现

Speaking of the bamboo seed,

ཕུག་གི་ལྷ་བྱ་གོང་མོ་དེས།[51] 深谷之中雪鸡也

The snow grouse of the deep valley,

སྨྱུག་མའི་ས་བོན་ཁྱུར་བསྣུད་ཡོད།[52] 衔来竹之种子也

Carried the bamboo seed,

ལྷོ་སྨད་ནགས་ལ་བཏབ་བཞག་ཡོད།[53] 撒于南下林中矣

And cast it in the southern lower forest.

སྦ་ཡི་ས་བོན་བཤད་རྒྱུ་ན།[54] 言藤之种何以现

Speaking of the cane seed,

བར་གྱི་ངང་བ་སེར་པོ་དེས།[55] 中部之斑头雁也

The yellow swan of the middle region,

སྦ་ཡི་ས་བོན་ཁྱུར་བསྣུད་ཡོད།[56] 衔来藤之种子也

Carried the cane seed,

---

50 MT: **སྨྱུག་གི་ས་བོན་བཤད་རྒྱུ་ན།**

51 MT, UN, FY: **ཕུག་གི་ལྷ་བྱ་གོང་མོ་དེས།** TR: ཕུག་གི་ལྷ་བྱ་གུང་མོ་དེས།

52 MT: **སྨྱུག་མའི་ས་བོན་ཁྱུར་བསྣུད་ཡོད།** UN, FY: སྨྱུག་མའི་ས་བོན་ཁྱུར་ནས་ཡོང་། TR: སྨྱུག་མའི་ས་བོན་ཁྱུར་ནས་འོངས།

53 MT: **ལྷོ་སྨད་ནགས་ལ་བཏབ་བཞག་ཡོད།** UN, FY: ལྷོ་སྨད་ནགས་ལ་བཏབ་སྡེ་བཞག TR: ལྷོ་སྨད་ནགས་ལ་བཏབ་ནས་བཞག

54 MT: **སྦ་ཡི་ས་བོན་བཤད་རྒྱུ་ན།**

55 UN: བར་གྱི་ངང་བ་པཊ་ཏ་ཡིས། TR: **བར་གྱི་ངང་བ་སེར་པོ་དེས།** FY: བར་གྱི་ངང་བ་པཊ་ཏི་ཡིས།

56 MT: **སྦ་ཡི་ས་བོན་ཁྱུར་བསྣུད་ཡོད།** UN, FY: སྦ་ཡི་ས་བོན་ཁྱུར་ཏེ་འོངས། TR: སྤ་ཡི་ས་བོན་ཁྱུར་ནས་འོངས།

ལྷོ་ཡི་བྲག་ངོར་བཏབ་བཞག་ཡོད།[57] 撒于南崖之上矣
And cast it on the southern cliff.

ལྷགས་ཀྱི་ས་བོན་བཤད་རྒྱུ་ན།[58] 言铁之种何以现
Speaking of the iron seed,

སྨད་ཀྱི་འདྲེ་བྱ་གཤོག་པ་དེས།[59] 下部之魔翅雀也
The devilish bird of the lower part,

ལྷགས་ཀྱི་ས་བོན་ཁྱེར་བསྣད་ཡོད།[60] 衔来铁之种子也
Carried the iron seed,

སྐྱེད་མོས་ཚལ་དུ་བཏབ་བཞག་ཡོད།[61] 撒于园林之中矣
And cast it in the grove.

གླུ་དེ་ཡི་ལན་ལ་དེ་འདྲ་ཡིན། 如是答复彼歌矣
This is the response to the song.

དྲི། 问
Question:

སྨྱུག་དཀར་པོ་དམར་པོ་སེར་པོ་གསུམ།[62] 竹者白赤金三色
There are three different coloured bamboos: white, red, and yellow.

57 MT: **ལྷོ་ཡི་བྲག་ངོར་བཏབ་བཞག་ཡོད།** UN, FY: ལྷོ་བྲག་ངོ་ལ་བཏབ་སྟེ་བཞག TR: ལྷོ་ཡི་ངོས་ལ་བཏབ་ནས་བཞག

58 MT: **ལྷགས་ཀྱི་ས་བོན་བཤད་རྒྱུ་ན།**

59 MT, UN, FY: **སྨད་ཀྱི་འདྲེ་བྱ་གཤོག་པ་དེས།**

60 MT: **ལྷགས་ཀྱི་ས་བོན་ཁྱེར་བསྣད་ཡོད།** UN: ལྷགས་ཀྱི་ས་བོན་ཁྱེར་ཏེ་འོངས། FY: ལྷགས་ཡི་ས་བོན་ཁྱེར་ཏེ་འོངས།

61 MT: **སྐྱེད་མོས་ཚལ་དུ་བཏབ་བཞག་ཡོད།** UN, FY: སྐྱེད་མོས་ཚལ་དུ་བཏབ་སྟེ་བཞག

62 MT, UN, FY: **སྨྱུག་དཀར་པོ་དམར་པོ་སེར་པོ་གསུམ།** TR: སྨྱུག་དཀར་རོ་དམར་རོ་སེར་རོ་གསུམ།

སྨྱུག་དཀར་པོའི་ས་འཛིན་གང་ན་ཡོད།[63] 白竹生于何处耶

Where does white bamboo grow?

སྨྱུག་དམར་པོའི་ས་འཛིན་གང་ན་ཡོད།[64] 赤竹生于何处耶

Where does red bamboo grow?

སྨྱུག་སེར་པོའི་ས་འཛིན་གང་ན་ཡོད།[65] 金竹生于何处耶

Where does yellow bamboo grow?

ལན། 答

Answer:

སྨྱུག་དཀར་པོའི་ས་འཛིན་ཉིན་ན་ཡོད།[66] 白竹生于阳山也

White bamboo grows on the sunny side of the mountain.

སྨྱུག་དམར་པོའི་ས་འཛིན་སྲིབ་ན་ཡོད།[67] 赤竹生于阴山也

Red bamboo grows on the shady side of the mountain.

སྨྱུག་སེར་པོའི་ས་འཛིན་གཤོང་ན་ཡོད།[68] 金竹生于凹谷也

Yellow bamboo grows in ravines between mountains,

ཉིན་སྲིབ་གཉིས་ཀའི་མཚམས་ན་ཡོད།[69] 阴山阳山相会处

Where the sunny and shady sides border each other.

---

63 MT: སྨྱུག་དཀར་པོ་གང་གི་ས་འཛིན་རེད། UN: **སྨྱུག་དཀར་པོའི་ས་འཛིན་གང་ན་ཡོད།** TR, FY: སྨྱུག་དཀར་པོ་ས་འཛིན་གང་ན་ཡོད།

64 MT: སྨྱུག་དམར་པོ་གང་གི་ས་འཛིན་རེད། UN: **སྨྱུག་དམར་པོའི་ས་འཛིན་གང་ན་ཡོད།** TR, FY: སྨྱུག་དམར་པོ་ས་འཛིན་གང་ན་ཡོད།

65 MT: སྨྱུག་སེར་པོ་གང་གི་ས་འཛིན་རེད། UN: **སྨྱུག་སེར་པོའི་ས་འཛིན་གང་ན་ཡོད།** TR, FY: སྨྱུག་སེར་པོ་ས་འཛིན་གང་ན་ཡོད།

66 MT, UN: **སྨྱུག་དཀར་པོའི་ས་འཛིན་ཉིན་ན་ཡོད།** TR, FY: སྨྱུག་དཀར་པོ་ས་འཛིན་ཉིན་ན་ཡོད།

67 MT, UN: **སྨྱུག་དམར་པོའི་ས་འཛིན་སྲིབ་ན་ཡོད།** TR, FY: སྨྱུག་དམར་པོ་ས་འཛིན་སྲིབ་ན་ཡོད།

68 MT, UN: **སྨྱུག་སེར་པོའི་ས་འཛིན་གཤོང་ན་ཡོད།** TR, FY: སྨྱུག་སེར་པོ་ས་འཛིན་གཤོང་ན་ཡོད།

69 MT, UN, FY: **ཉིན་སྲིབ་གཉིས་ཀའི་མཚམས་ན་ཡོད།** TR: ཉིན་སྲིབ་གཉིས་ཀྱི་མཚམས་ན་ཡོད།

དྲི། 问

Question:

སྨྱུག་འཁྱག་ནི་མ་བཙུག་གང་གིས་གསོས།[70] 竹弗冻乎孰蔽耶

What warms bamboo, protecting it from the cold?

སྨྱུག་ལྟོགས་ནི་མ་བཙུག་གང་གིས་གསོས།[71] 竹弗饥乎孰育耶

What breeds bamboo, protecting it from hunger?

སྨྱུག་སྐོམ་ནི་མ་བཙུག་གང་གིས་གསོས།[72] 竹弗渴乎孰哺耶

What nurtures bamboo, protecting it from thirst?

གླུ་དལ་བུར་ཐོག་དང་བྲེལ་བ་མེད། 歌徐陈之莫匆促

Please sing the song slowly, there is no hurry.

ལན། 答

Answer:

སྨྱུག་འཁྱག་ནི་མ་བཙུག་ས་ཡིས་གསོས།[73] 竹弗冻乎地蔽之

The earth warms bamboo, protecting it from the cold.

སྨྱུག་ལྟོགས་ནི་མ་བཙུག་གནམ་གྱིས་གསོས།[74] 竹弗饥乎天育之

The sky breeds bamboo, protecting it from hunger.

---

70 MT: **སྨྱུག་འཁྱག་ནི་མ་བཙུག་གང་གིས་གསོས།** UN, FY: སྨྱུག་འཁྱག་ནི་མ་སོང་གང་གིས་རྩམ། TR: སྨྱུག་འཁྱག་ཏུ་མ་བཙུག་སུ་ཡིས་རྩམ།

71 MT: **སྨྱུག་ལྟོགས་ནི་མ་བཙུག་གང་གིས་གསོས།** UN, FY: སྨྱུག་ལྟོག་ནི་མ་སོང་གང་གིས་གསོས། TR: སྨྱུག་ལྟོགས་ཀྱི་མ་བཙུག་སུ་ཡིས་གསོས།

72 MT: **སྨྱུག་སྐོམ་ནི་མ་བཙུག་གང་གིས་གསོས།**

73 MT: **སྨྱུག་འཁྱག་ནི་མ་བཙུག་ས་ཡིས་གསོས།** UN, FY: སྨྱུག་འཁྱག་ནི་མ་སོང་ས་ཡིས་རྩམ། TR: སྨྱུག་འཁྱག་གི་མ་བཙུག་ས་ཡིས་རྩམ།

74 MT: **སྨྱུག་ལྟོགས་ནི་མ་བཙུག་གནམ་གྱིས་གསོས།** UN, FY: སྨྱུག་ལྟོག་ནི་མ་སོང་གནམ་གྱིས་གསོས། TR: སྨྱུག་ལྟོགས་ཀྱི་མ་བཙུག་གནམ་གྱིས་གསོས།

སྨྱུག་སྐོམ་ནི་མ་བཙུག་ཆུ་ཡིས་གསོས།[75]
竹弗渴乎水哺之
The water nurtures bamboo, protecting it from thirst.

གླུ་དེ་ཡི་ལན་ལ་དེ་འདྲ་ཡིན།
如是答复彼歌矣
This is the response to the song.

དྲི།
问
Question:

སྨྱུག་ས་འོག་ལ་བསྡད་ནས་ཆེ་འདྲ་རེད།[76]
竹生地下需几时
How long does bamboo take to grow underground?

ས་ཁ་ལ་འབུས་ནས་ཆེ་འདྲ་རེད།[77]
破土萌发需几时
How long does bamboo take to sprout and reach the earth's surface?

རྣ་ཡིས་གོ་ནས་ཆེ་འདྲ་རེད།[78]
耳中听闻需几时
How long do ears take to hear [bamboo growing]?

མིག་གིས་མཐོང་ནས་ཆེ་འདྲ་རེད།[79]
目中所见需几时
How long do eyes take to see [bamboo growing]?

ལན།
答
Answer:

སྨྱུག་ས་འོག་ལ་བསྡད་ནས་ལོ་གསུམ་རེད།[80]
竹生地下三年兮
It takes three years for bamboo to grow underground.

---

75 MT: **སྨྱུག་སྐོམ་ནི་མ་བཙུག་ཆུ་ཡིས་གསོས།**

76 MT: **སྨྱུག་ས་འོག་ལ་བསྡད་ནས་ཆེ་འདྲ་རེད།** UN, FY: སྨྱུག་ས་འོག་བསྡད་ནས་ཆེ་འདྲ་རེད། TR: སྨྱུག་ས་རུ་བསྡད་ནས་ཆེ་འདྲ་རེད།

77 MT: **ས་ཁ་ལ་འབུས་ནས་ཆེ་འདྲ་རེད།** UN, FY: ས་ཁ་བུད་ནས་ཆེ་འདྲ་རེད། TR: ས་ཁར་བུད་ནས་ཆེ་འདྲ་རེད།

78 UN, FY: **རྣ་ཡིས་གོ་ནས་ཆེ་འདྲ་རེད།**

79 MT, FY: **མིག་གིས་མཐོང་ནས་ཆེ་འདྲ་རེད།**

80 MT: **སྨྱུག་ས་འོག་ལ་བསྡད་ནས་ལོ་གསུམ་རེད།** UN: སྨྱུག་ས་འོག་བསྡད་ནས་ལོ་གསུམ་རེད། TR: སྨྱུག་ས་རུ་བསྡད་ནས་ལོ་གསུམ་རེད། FY: སྨྱུག་ས་ཁོག་བསྡད་ནས་ལོ་གསུམ་རེད།

ས་ཁ་ལ་འབུས་ནས་ཟླ་གསུམ་རེད།[81] 破土萌发三月也

It takes three months for bamboo to sprout and reach the earth's surface.

རྣ་ཡིས་གོ་ནས་ཉིན་གསུམ་རེད།[82] 耳中听闻三日也

It takes three days for ears to hear [bamboo growing].

མིག་གིས་མཐོང་ནས་དུས་གསུམ་རེད།[83] 目中所见三时矣

It takes three hours for eyes to see [bamboo growing].

སྨད་ཀྱི་ས་ཡི་མཐོ་བ་ལ།[84] 于下部之坡地兮

On the slope of the lower land,

སྨྱུག་སྔོན་པོ་ལོ་མ་སིལ་སིལ་སིལ།[85] 竹叶青绿丰茂矣

Green bamboo leaves grow luxuriantly.

དྲི། 问

Question:

སྨྱུག་ཚིགས་གཅིག་ཚིགས་ཀ་ལོན་དུས་དེར།[86] 竹生发至一节兮

At the time bamboo reaches its first node,

གང་དང་གང་གི་དགྲ་ལྷ་རེད།[87] 孰与孰之战神耶

Which war god does it represent?

---

81 MT: **ས་ཁ་ལ་འབུས་ནས་ཟླ་གསུམ་རེད།** UN, FY: ས་ཁ་བུད་ནས་ལོ་གསུམ་རེད། TR: ས་ཁར་བུད་ནས་ལོ་གསུམ་རེད།

82 MT, UN, FY: **རྣ་ཡིས་གོ་ནས་ཉིན་གསུམ་རེད།**

83 MT, UN, FY: **མིག་གིས་མཐོང་ནས་དུས་གསུམ་རེད།**

84 MT: **སྨད་ཀྱི་ས་ཡི་མཐོ་བ་ལ།**

85 MT: **སྨྱུག་སྔོན་པོ་ལོ་མ་སིལ་སིལ་སིལ།**

86 MT: **སྨྱུག་ཚིགས་གཅིག་ཚིགས་ཀ་ལོན་དུས་དེར།** UN, FY: སྨྱུག་ཚིགས་གཅིག་ཚིགས་ཀ་ལོན་པ་དེ། TR: སྨྱུག་ཚིགས་གཅིག་ཚིགས་ནི་ལོན་པ་དེ།

87 MT: **གང་དང་གང་གི་དགྲ་ལྷ་རེད།** UN: གནམ་དང་གནམ་པས་ཅི་ལ་ཕན། TR: གནམ་པས་གནམ་པ་ཅི་ལ་གནམ། FY: གནམ་དང་གནམ་པས་ཅི་ལ་གནམ།

ཚིགས་གཉིས་ཚིགས་ཀ་ལོན་དུས་དེར།[88] 竹生发至二节兮
At the time bamboo reaches its second node,

གང་དང་གང་གི་དགྲ་ལྷ་རེད།[89] 孰与孰之战神耶
Which war god does it represent?

ཚིགས་གསུམ་ཚིགས་ཀ་ལོན་དུས་དེར།[90] 竹生发至三节兮
At the time bamboo reaches its third node,

གང་དང་གང་གི་དགྲ་ལྷ་རེད།[91] 孰与孰之战神耶
Which war god does it represent?

ཚིགས་བཞི་ཚིགས་ཀ་ལོན་དུས་དེར།[92] 竹生发至四节兮
At the time bamboo reaches its fourth node,

གང་དང་གང་གི་དགྲ་ལྷ་རེད།[93] 孰与孰之战神耶
Which war god does it represent?

ཚིགས་ལྔ་ཚིགས་ཀ་ལོན་དུས་དེར།[94] 竹生发至五节兮
At the time bamboo reaches its fifth node,

88 MT: **ཚིགས་གཉིས་ཚིགས་ཀ་ལོན་དུས་དེར།** UN, FY: སྨྱུག་ཚིགས་གཉིས་ཚིགས་ཀ་ལོན་པ་དེ། TR: སྨྱུག་ཚིགས་གཉིས་ཚིགས་ནི་ལོན་པ་དེ།

89 MT: **གང་དང་གང་གི་དགྲ་ལྷ་རེད།** UN: གཏམ་དང་གཏམ་པས་ཅི་ལ་ཕན། TR: གཏམ་པས་གཏམ་པ་ཅི་ལ་གཏམ། FY: གཏམ་དང་གཏམ་པས་ཅི་ལ་གཏམ།

90 MT: **ཚིགས་གསུམ་ཚིགས་ཀ་ལོན་དུས་དེར།** UN, FY: སྨྱུག་ཚིགས་གསུམ་ཚིགས་ཀ་ལོན་པ་དེ། TR: སྨྱུག་ཚིགས་གསུམ་ཚིགས་ནི་ལོན་པ་དེ།

91 MT: **གང་དང་གང་གི་དགྲ་ལྷ་རེད།** UN: གཏམ་དང་གཏམ་པས་ཅི་ལ་ཕན། TR: གཏམ་པས་གཏམ་པ་ཅི་ལ་གཏམ། FY: གཏམ་དང་གཏམ་པས་ཅི་ལ་གཏམ།

92 MT: **ཚིགས་བཞི་ཚིགས་ཀ་ལོན་དུས་དེར།** UN, FY: སྨྱུག་ཚིགས་བཞི་ཚིགས་ཀ་ལོན་པ་དེ། TR: སྨྱུག་ཚིགས་བཞི་ཚིགས་ནི་ལོན་པ་དེ།

93 MT: **གང་དང་གང་གི་དགྲ་ལྷ་རེད།** UN: གཏམ་དང་གཏམ་པས་ཅི་ལ་ཕན། TR: གཏམ་པས་གཏམ་པ་ཅི་ལ་གཏམ། FY: གཏམ་དང་གཏམ་པས་ཅི་ལ་གཏམ།

94 MT: **ཚིགས་ལྔ་ཚིགས་ཀ་ལོན་དུས་དེར།** UN, FY: སྨྱུག་ཚིགས་ལྔ་ཚིགས་ཀ་ལོན་པ་དེ། TR: སྨྱུག་ཚིགས་ལྔ་ཚིགས་ནི་ལོན་པ་དེ།

གང་དང་གང་གི་དགྲ་ལྷ་རེད།[95] 孰与孰之战神耶
Which war god does it represent?

ཚིགས་དྲུག་ཚིགས་ཀ་ལོན་དུས་དེར།[96] 竹生发至六节兮
At the time bamboo reaches its sixth node,

གང་དང་གང་གི་དགྲ་ལྷ་རེད།[97] 孰与孰之战神耶
Which war god does it represent?

ཚིགས་བདུན་ཚིགས་ཀ་ལོན་དུས་དེར།[98] 竹生发至七节兮
At the time bamboo reaches its seventh node,

གང་དང་གང་གི་དགྲ་ལྷ་རེད།[99] 孰与孰之战神耶
Which war god does it represent?

ཚིགས་བརྒྱད་ཚིགས་ཀ་ལོན་དུས་དེར།[100] 竹生发至八节兮
At the time bamboo reaches its eighth node,

གང་དང་གང་གི་དགྲ་ལྷ་རེད།[101] 孰与孰之战神耶
Which war god does it represent?

---

95 MT: **གང་དང་གང་གི་དགྲ་ལྷ་རེད།** UN: གཏམ་དང་གཏམ་པས་ཅི་ལ་ཕན། TR: གཏམ་པས་གཏམ་པ་ཅི་ལ་གཏམ། FY: གཏམ་དང་གཏམ་པས་ཅི་ལ་གཏམ།

96 MT: **ཚིགས་དྲུག་ཚིགས་ཀ་ལོན་དུས་དེར།** UN, FY: སྨྱུག་ཚིགས་དྲུག་ཚིགས་ཀ་ལོན་པ་དེ། TR: སྨྱུག་ཚིགས་དྲུག་ཚིགས་ནི་ལོན་པ་དེ།

97 MT: **གང་དང་གང་གི་དགྲ་ལྷ་རེད།** UN: གཏམ་དང་གཏམ་པས་ཅི་ལ་ཕན། TR: གཏམ་པས་གཏམ་པ་ཅི་ལ་གཏམ། FY: གཏམ་དང་གཏམ་པས་ཅི་ལ་གཏམ།

98 MT: **ཚིགས་བདུན་ཚིགས་ཀ་ལོན་དུས་དེར།** UN, FY: སྨྱུག་ཚིགས་བདུན་ཚིགས་ཀ་ལོན་པ་དེ། TR: སྨྱུག་ཚིགས་བདུན་ཚིགས་ནི་ལོན་པ་དེ།

99 MT: **གང་དང་གང་གི་དགྲ་ལྷ་རེད།** UN: གཏམ་དང་གཏམ་པས་ཅི་ལ་ཕན། TR: གཏམ་པས་གཏམ་པ་ཅི་ལ་གཏམ། FY: གཏམ་དང་གཏམ་པས་ཅི་ལ་གཏམ།

100 MT: **ཚིགས་བརྒྱད་ཚིགས་ཀ་ལོན་དུས་དེར།** UN, FY: སྨྱུག་ཚིགས་བརྒྱད་ཚིགས་ཀ་ལོན་པ་དེ། TR: སྨྱུག་ཚིགས་བརྒྱད་ཚིགས་ནི་ལོན་པ་དེ།

101 MT: **གང་དང་གང་གི་དགྲ་ལྷ་རེད།** UN: གཏམ་དང་གཏམ་པས་ཅི་ལ་ཕན། TR: གཏམ་པས་གཏམ་པ་ཅི་ལ་གཏམ། FY: གཏམ་དང་གཏམ་པས་ཅི་ལ་གཏམ།

སྨྱུག་ཚིགས་དགུ་ཚིགས་ཀ་ལོན་དུས་དེར།[102] 竹生发至九节兮
At the time bamboo reaches its ninth node,

གང་དང་གང་གི་དགྲ་ལྷ་རེད།[103] 孰与孰之战神耶
Which war god does it represent?

གླུ་དལ་བུར་ཤོག་དང་བྲེལ་བ་མེད། 歌徐陈之莫匆促
Please sing the song slowly, there is no hurry.

ལན། 答
Answer:

སྨྱུག་ཚིགས་གཅིག་ཚིགས་ཀ་ལོན་དུས་དེར།[104] 竹生发至一节兮
Bamboo, reaching its first node,

ཕ་གཅིག་བུ་གཅིག་དགྲ་ལྷ་རེད།[105] 一父一子之战神
Represents the war god of one father and one son.

ཚིགས་གཉིས་ཚིགས་ཀ་ལོན་དུས་དེར།[106] 竹生发至二节兮
Bamboo, reaching its second node,

ཕ་གཅིག་བུ་གཉིས་དགྲ་ལྷ་རེད།[107] 一父二子之战神
Represents the war god of one father and two sons.

---

102 UN, FY: སྨྱུག་ཚིགས་དགུ་ཚིགས་ཀ་ལོན་པ་དེ། ED: **སྨྱུག་ཚིགས་དགུ་ཚིགས་ཀ་ལོན་དུས་དེར།**

103 UN: གཏམ་དང་གཏམ་པས་ཅི་ལ་ཕན། TR: གཏམ་པས་གཏམ་པ་ཅི་ལ་གཏམ། FY: གཏམ་དང་གཏམ་པས་ཅི་ལ་གཏམ། ED: **གང་དང་གང་གི་དགྲ་ལྷ་རེད།**

104 MT: **སྨྱུག་ཚིགས་གཅིག་ཚིགས་ཀ་ལོན་དུས་དེར།** UN, FY: སྨྱུག་ཚིགས་གཅིག་ཚིགས་ཀ་ལོན་པ་དེ། TR: སྨྱུག་ཚིགས་གཅིག་ཚིགས་ནི་ལོན་པ་དེ།

105 MT, UN, TR, FY: **ཕ་གཅིག་བུ་གཅིག་དགྲ་ལྷ་རེད།**

106 MT: **ཚིགས་གཉིས་ཚིགས་ཀ་ལོན་དུས་དེར།** UN: སྨྱུག་ཚིགས་གཉིས་ཚིགས་ཀ་ལོན་པ་དེ། TR: སྨྱུག་ཚིགས་གཉིས་ཚིགས་ནི་ལོན་པ་དེ། FY: ཚིགས་གཉིས་ཚིགས་ཀ་ལོན་པ་དེ།

107 MT, UN, TR, FY: **ཕ་གཅིག་བུ་གཉིས་དགྲ་ལྷ་རེད།**

ཚིགས་གསུམ་ཚིགས་ཀ་ལོན་དུས་དེར།[108] 竹生发至三节兮
Bamboo, reaching its third node,

ཕ་གཅིག་བུ་གསུམ་དགྲ་ལྷ་རེད།[109] 一父三子之战神
Represents the war god of one father and three sons.

ཚིགས་བཞི་ཚིགས་ཀ་ལོན་དུས་དེར།[110] 竹生发至四节兮
Bamboo, reaching its fourth node,

ཕ་གཅིག་བུ་བཞི་དགྲ་ལྷ་རེད།[111] 一父四子之战神
Represents the war god of one father and four sons.

ཚིགས་ལྔ་ཚིགས་ཀ་ལོན་དུས་དེར།[112] 竹生发至五节兮
Bamboo, reaching its fifth node,

འབྱུང་བ་ལྔ་ཡི་དགྲ་ལྷ་རེད།[113] 是为五大种战神
Represents the war god of the Five Elements.

ཚིགས་དྲུག་ཚིགས་ཀ་ལོན་དུས་དེར།[114] 竹生发至六节兮
Bamboo, reaching its sixth node,

མིའུ་རིགས་དྲུག་དགྲ་ལྷ་རེད།[115] 是为六氏族战神
Represents the war god of six ancestral clans of Tibet.[4]

---

108 MT: **ཚིགས་གསུམ་ཚིགས་ཀ་ལོན་དུས་དེར།** UN: སྨྱུག་ཚིགས་གསུམ་ཚིགས་ཀ་ལོན་པ་དེ། TR: སྨྱུག་ཚིགས་གསུམ་ཚིགས་ནི་ལོན་པ་དེ། FY: ཚིགས་གསུམ་ཚིགས་ཀ་ལོན་པ་དེ།

109 MT, UN, TR, FY: **ཕ་གཅིག་བུ་གསུམ་དགྲ་ལྷ་རེད།**

110 MT: **ཚིགས་བཞི་ཚིགས་ཀ་ལོན་དུས་དེར།** UN: སྨྱུག་ཚིགས་བཞི་ཚིགས་ཀ་ལོན་པ་དེ། TR: སྨྱུག་ཚིགས་བཞི་ཚིགས་ནི་ལོན་པ་དེ། FY: ཚིགས་བཞི་ཚིགས་ཀ་ལོན་པ་དེ།

111 MT, UN: **ཕ་གཅིག་བུ་བཞི་དགྲ་ལྷ་རེད།** TR, FY: ཕ་གཅིག་བུ་བཞི་དགྲ་ལྷ་རེད།

112 MT: **ཚིགས་ལྔ་ཚིགས་ཀ་ལོན་དུས་དེར།** UN: སྨྱུག་ཚིགས་ལྔ་ཚིགས་ཀ་ལོན་པ་དེ། TR: སྨྱུག་ཚིགས་ལྔ་ཚིགས་ནི་ལོན་པ་དེ། FY: ཚིགས་ལྔ་ཚིགས་ཀ་ལོན་པ་དེ།

113 MT, UN, TR, FY: **འབྱུང་བ་ལྔ་ཡི་དགྲ་ལྷ་རེད།**

114 MT: **ཚིགས་དྲུག་ཚིགས་ཀ་ལོན་དུས་དེར།** UN: སྨྱུག་ཚིགས་དྲུག་ཚིགས་ཀ་ལོན་པ་དེ། TR: སྨྱུག་ཚིགས་དྲུག་ཚིགས་ནི་ལོན་པ་དེ། FY: ཚིགས་དྲུག་ཚིགས་ཀ་ལོན་པ་དེ།

115 MT: **མིའུ་རིགས་དྲུག་དགྲ་ལྷ་རེད།** UN: མི་ཡི་རི་ཡི་དགྲ་ལྷ་རེད། TR: མི་རི་རི་ཡི་དགྲ་ལྷ་རེད། FY: མི་འུ་རི་ཡི་དགྲ་ལྷ་རེད།

ཚིགས་བདུན་ཚིགས་ཀ་ལོན་དུས་དེར།[116] 竹生发至七节兮
Bamboo, reaching its seventh node,

གཤེན་རབ་བསྟན་པའི་དགྲ་ལྷ་རེད།[117] 是为苯教之战神
Represents the war god of Bon religion.

ཚིགས་བརྒྱད་ཚིགས་ཀ་ལོན་དུས་དེར།[118] 竹生发至八节兮
Bamboo, reaching its eighth node,

དཀུང་རི་གཉན་ཀུན་དགྲ་ལྷ་རེད།[119] 种种念神之战神
Represents the war god of the entire *nyen*.

སྨྱུག་ཚིགས་དགུ་ཚིགས་ཀ་ལོན་དུས་དེར།[120] 竹生发至九节兮
Bamboo, reaching its ninth node,

སྨྱུག་དེ་ཡི་ཁ་སྤྲུད་ཚང་བསྡད་སྣང་།[121] 彼竹生长完全矣
Represents the bamboo reaching full size.

གླུ་དེ་ཡི་ལན་ལ་དེ་འདྲ་ཡིན། 如是答复彼歌矣
This is the response to the song.

116 MT: **ཚིགས་བདུན་ཚིགས་ཀ་ལོན་དུས་དེར།** UN: སྨྱུག་ཚིགས་བདུན་ཚིགས་ཀ་ལོན་པ་དེ། TR: སྨྱུག་ཚིགས་བདུན་ཚིགས་ནི་ལོན་པ་དེ། FY: ཚིགས་བདུན་ཚིགས་ཀ་ལོན་པ་དེ།

117 MT: **གཤེན་རབ་བསྟན་པའི་དགྲ་ལྷ་རེད།** UN, TR, FY: ཤེས་རབ་བསྟན་པའི་དགྲ་ལྷ་རེད།

118 MT: **ཚིགས་བརྒྱད་ཚིགས་ཀ་ལོན་དུས་དེར།** UN: སྨྱུག་ཚིགས་བརྒྱད་ཚིགས་ཀ་ལོན་པ་དེ། TR: སྨྱུག་ཚིགས་བརྒྱད་ཚིགས་ནི་ལོན་པ་དེ། FY: ཚིགས་བརྒྱད་ཚིགས་ཀ་ལོན་པ་དེ།

119 MT: **དཀུང་རི་གཉན་ཀུན་དགྲ་ལྷ་རེད།** UN, TR, FY: དཀུང་རི་གཉན་ཀུན་གྱི་དགྲ་ལྷ་རེད།

120 UN, FY: སྨྱུག་ཚིགས་དགུ་ཚིགས་ཀ་ལོན་པ་དེ། ED: **སྨྱུག་ཚིགས་དགུ་ཚིགས་ཀ་ལོན་དུས་དེར།**

121 MT: **སྨྱུག་དེ་ཡི་ཁ་སྤྲུད་ཚང་བསྡད་སྣང་།** UN, FY: མདའ་དེ་ཡི་ཆ་རྐྱེན་ལོན་བསྡད་ཡོད། TR: མདའ་དེ་ཡི་ཆ་བྱད་ལོན་པ་ཡིན།

དྲི། 问

Question:

བུ་ཞེ་རུས་ཅན་དེ་ནགས་ལ་སོང་།[122] 勤勉儿郎赴山林

The diligent man went to the forest,

ནགས་ལ་སོང་ནས་ཤིང་ཞིག་བཅད།[123] 赴山林以伐木矣

To chop wood.

ཁ་ཤིང་དང་མ་ཐུག་སྨྱུག་དང་ཐུག[124] 不见林木见竹兮

He saw bamboo and not wood.

སྨྱུག་མ་གཙོད་བྱེད་མིང་གསུམ་ཤོད།[125] 释采竹之三种器

Please elucidate the three tools used for collecting bamboo.

སྨྱུག་བཅད་པ་ཅི་ཡིས་བཅད་ནི་རེད།[126] 何器用以砍竹耶

What was used to cut the bamboo?

སྨྱུག་བྲེགས་པ་ཅི་ཡིས་བྲེགས་ནི་རེད།[127] 何器用以葺竹耶

What was used to prune the bamboo?

སྨྱུག་གཙུས་པ་ཅི་ཡིས་གཙུས་ནི་རེད།[128] 何器用以缚竹耶

What was used to tie the bamboo together?

---

122 MT, UN, TR, FY: **བུ་ཞེ་རུས་ཅན་དེ་ནགས་ལ་སོང་།**

123 MT: **ནགས་ལ་སོང་ནས་ཤིང་ཞིག་བཅད།** UN, TR, FY: ལྗོ་སྨད་ནགས་ལ་ཤིང་འཐུ་སོང་།

124 MT, FY: **ཁ་ཤིང་དང་མ་ཐུག་སྨྱུག་དང་ཐུག** UN: ཁ་ཤིང་ལ་མ་ཐུག་སྨྱུག་ལ་ཐུག TR: དེ་ཤིང་དང་མ་ཐུག་སྨྱུག་དང་ཐུག

125 MT: **སྨྱུག་མ་གཙོད་བྱེད་མིང་གསུམ་ཤོད།**

126 MT: **སྨྱུག་བཅད་པ་ཅི་ཡིས་བཅད་ནི་རེད།** TR: སྨྱུག་གཙོད་པ་ཅི་ཡིས་བཅད་ནི་རེད། UN, FY: སྨྱུག་གཙོད་པ་ཅི་ཡི་བཅད་ནི་རེད།

127 MT: **སྨྱུག་བྲེགས་པ་ཅི་ཡིས་བྲེགས་ནི་རེད།** TR: སྨྱུག་འབྲེག་པ་ཅི་ཡིས་བྲེགས་ནི་རེད། UN, FY: སྨྱུག་འབྲེག་པ་ཅི་ཡི་བྲེགས་ནི་རེད།

128 MT, TR: **སྨྱུག་གཙུས་པ་ཅི་ཡིས་གཙུས་ནི་རེད།** UN, FY: སྨྱུག་གཙུས་པ་ཅི་ཡི་གཙུས་ནི་རེད།

གླུ་དལ་མོ་ལོངས་དང་རྗེས་ན་ཡོད། 有歌相继徐徐咏

Sing it slowly, and more songs will follow.

ལན། 答

Answer:

སྨྱུག་མ་གཙོད་བྱེད་མིང་གསུམ་དེ།[129] 言采竹之三器兮

The three tools for collecting bamboo are as follows:

སྨྱུག་གཙོད་བྱེད་སྟ་རེ་སྟ་ཆུང་རེད།[130] 细斧用以砍竹也

The small axe was used to cut the bamboo.

སྨྱུག་འབྲེག་པ་ཟོར་བ་སྔོན་པོས་བྲེགས།[131] 青镰用以葺竹也

The greyish-blue sickle was used to prune the bamboo.

སྨྱུག་གཅུས་པ་སྨ་སོར་ལྔ་ཡིས་གཅུས།[132] 五指以藤缚竹也

Fingers were used to help tie the bamboo together.

གླུ་དེ་ཡི་ལན་ལ་དེ་འདྲ་ཡིན། 如是答复彼歌矣

This is the response to the song.

དྲི། 问

Question:

སྨྱུག་འཁུར་བྱེད་ཅི་ཡིས་ཁུར་ནི་རེད།[133] 何物用以负竹耶

What was used to carry the bamboo?

---

[129] MT: **སྨྱུག་མ་གཙོད་བྱེད་མིང་གསུམ་དེ།**

[130] MT: **སྨྱུག་གཙོད་བྱེད་སྟ་རེ་སྟ་ཆུང་རེད།** UN: སྨྱུག་གཙོད་པ་སྟ་རེ་སྟར་ཆུང་རེད། TR: སྨྱུག་གཙོད་པ་སྟེའུ་དང་སྟ་རེས་བཅད། FY: སྨྱུག་གཙོད་པ་སྟ་རེ་སྟ་ཆུང་བཅད།

[131] MT: **སྨྱུག་འབྲེག་པ་ཟོར་བ་སྔོན་པོས་བྲེགས།** UN, TR, FY: འབྲེག་པ་རྒྱ་ཟོར་སྔོན་པོས་བྲེགས།

[132] MT: **སྨྱུག་གཅུས་པ་སྨ་སོར་ལྔ་ཡིས་གཅུས།** UN: གཅུས་པ་སྨ་སྨ་གཅུས་སྨྱིའི་གཅུས། TR: གཅུས་པ་གཅུ་ཟླ་བཞིན་དུ་གཅུས། FY: གཅུས་པ་སྨ་སྨ་གཅུས་སྨྱི་གཅུས།

[133] MT: **སྨྱུག་འཁུར་བྱེད་ཅི་ཡིས་ཁུར་ནི་རེད།** UN: སྨྱུག་ཁུར་ཕྱུད་ཅི་ཡི་ཁུར་ནི་རེད། TR: སྨྱུག་ཁུར་སར་ཅི་ཡིས་ཁུར་ནི་རེད། FY: སྨྱུག་ཁུར་ཕྱུད་ཅི་ཡིས་ཁུར་ནི་རེད།

སྨྱུག་འཁུར་སྟན་ཅི་ཡིས་སྟན་ནི་རེད།[134] 何物用以承竹耶

What was used to cushion the bamboo?

ཁྱོད་ཡུན་རིང་མ་འགོར་ལན་རེ་ཤོག 尔作答之莫迟误

Please answer my questions without further ado.

ལན། 答

Answer:

སྨྱུག་འཁུར་ཐེད་ཤྭ་རྒྱུས་གླ་རྒྱུས་རེད།[135] 麇鹿麝鹿筋以负

Deer and musk deer sinews were used to carry the bamboo.

སྨྱུག་འཁུར་སྟན་ཤྭ་ལྤགས་གླ་ལྤགས་རེད།[136] 麇鹿麝鹿皮以承

Deer and musk deer leather were used to cushion the bamboo.

གླུ་དེ་ཡི་ལན་ལ་དེ་འདྲ་ཡིན། 如是答复彼歌矣

This is the response to the song.

དྲི། 问

Question:

སྨྱུག་གྲིབ་རེ་གྲིབ་ལ་ཅི་ལྟར་ཁུར།[137] 山阴何以运竹耶

How was the bamboo carried on the shady side of each mountain?

ཉིན་རེ་ཉིན་ལ་ཅི་ལྟར་ཁུར།[138] 山阳何以运竹耶

How was the bamboo carried on the sunny side of each mountain?

---

134 MT: སྨྱུག་འཁུར་སྟན་ཅི་ཡིས་སྟན་ནི་རེད།

135 MT: སྨྱུག་འཁུར་ཐེད་ཤྭ་རྒྱུས་གླ་རྒྱུས་རེད། UN, FY: ཁུར་ཐུད་ཤྭ་རྒྱུས་གླ་རྒྱུས་རེད།

136 MT: སྨྱུག་འཁུར་སྟན་ཤྭ་ལྤགས་གླ་ལྤགས་རེད།

137 MT, FY: སྨྱུག་གྲིབ་རེ་གྲིབ་ལ་ཅི་ལྟར་ཁུར། UN: སྨྱུག་གྲིབ་རེ་གྲིབ་ལ་ཇི་ལྟར་ཁུར། TR: སྨྱུག་གྲིབ་རི་གྲིབ་ལ་ཅི་ཡིས་ཁུར།

138 MT, FY: ཉིན་རེ་ཉིན་ལ་ཅི་ལྟར་ཁུར། UN: ཉིན་རེ་ཉིན་ལ་ཇི་ལྟར་ཁུར། TR: ཉིན་རི་ཉིན་ལ་ཅི་ཡིས་ཁུར།

ལུང་རེ་ལུང་ལ་ཅི་ལྟར་ཁྱེར།[139] 山谷何以运竹耶

How was the bamboo carried in every valley?

ལན། 答

Answer:

སྲིབ་རེ་སྲིབ་ལ་འཁྱེར་དུས་དེར།[140] 每每至山之阴兮

Carrying the bamboo on the shady side of each mountain,

སྟག་དམར་པོ་བཞིན་དུ་ངར་ནས་སོང་།[141] 如赤虎生猛而行

[He] was like a fierce tiger, walking vigorously.

ཉིན་རེ་ཉིན་ལ་འཁྱེར་དུས་དེར།[142] 每每至山之阳兮

Carrying the bamboo on the sunny side of each mountain,

ཁྱུང་འབྲུག་སྔོན་བཞིན་དུ་མགྱོགས་པོར་སོང་།[143] 如龙鹏迅疾而行

[He] was like Khyung and dragon, walking swiftly.

ལུང་རེ་ལུང་ལ་འཁྱེར་དུས་དེར།[144] 每每至山之谷兮

Carrying the bamboo in every valley,

ཁ་ནས་གླུ་གསུམ་བླངས་ནས་སོང་།[145] 且歌且咏且行路

He was singing songs all the way.

---

139 MT: **ལུང་རེ་ལུང་ལ་ཅི་ལྟར་ཁྱེར།** UN: ལམ་རེ་ལམ་ལ་ཇི་ལྟར་ཁྱེར། TR: ལམ་དང་ལམ་ལ་ཅི་ཡིས་ཁྱེར། FY: ལམ་རེ་ལམ་ལ་ཅི་ལྟར་ཁྱེར།

140 MT: **སྲིབ་རེ་སྲིབ་ལ་འཁྱེར་དུས་དེར།** UN, FY: སྲིབ་རེ་སྲིབ་ལ་འགྲོ་དུས་དེར། TR: སྲིབ་རི་སྲིབ་ལ་འགྲོ་དུས་དེར།

141 MT: **སྟག་དམར་པོ་བཞིན་དུ་ངར་ནས་སོང་།** UN, FY: སྟག་དམར་པོ་བཞིན་དུ་ངར་གིས་ཁྱེར། TR: སྟག་དམར་པོ་བཞིན་དུ་ཁྱེར་ནས་སོང་།

142 MT, UN, FY: **ཉིན་རེ་ཉིན་ལ་འཁྱེར་དུས་དེར།** TR: ཉིན་རི་ཉིན་ལ་ཁྱེར་དུས་དེར།

143 MT: **ཁྱུང་འབྲུག་སྔོན་བཞིན་དུ་མགྱོགས་པོར་སོང་།** UN, FY: ཁྱུང་འབྲུག་བཞིན་དུ་མགྱོགས་པར་སོང་། TR: ཁྱུང་འབྲུག་བཞིན་དུ་མགྱོགས་པོར་སོང་།

144 MT: **ལུང་རེ་ལུང་ལ་འཁྱེར་དུས་དེར།** UN, FY: ལམ་རེ་ལམ་ལ་ཁྱེར་དུས་དེར། TR: ལམ་དང་ལམ་ལ་ཁྱེར་དུས་དེར།

145 MT: **ཁ་ནས་གླུ་གསུམ་བླངས་ནས་སོང་།** UN: ཁ་ནས་གླུ་རེ་ལངས་ནས་སོང་། TR: ཁ་ནས་གླུ་རེ་ལེན་བཞིན་སོང་། FY: ཁ་ན་གླུ་རེ་ལངས་ནས་སོང་།

དྲི། 问

Question:

ཁུར་ནས་མདའ་མཁན་ཡུལ་ལ་ཐོན།[146] 运竹行至箭坊兮

The bamboo was carried to the arrow-maker's place.

མདའ་མཁན་ཕོ་མོ་ཕྱག་བཟང་པོ།[147] 箭坊男女手灵巧

The male and female arrow makers were dexterous.

མདའ་ཉན་ནི་སྨྱུག་དེ་ཅི་འདྲ་སྣང་།[148] 竹宜作箭者几何

How many culms of bamboo were usable for making arrows?

མདའ་མི་ཉན་སྨྱུག་དེ་ཅི་འདྲ་སྣང་།[149] 竹毋作箭者几何

How many culms of bamboo were unusable for making arrows?

གླུ་དལ་བུར་ཞོག་དང་བྲེལ་བ་མེད། 歌徐陈之莫匆促

Please sing the song slowly, there is no hurry.

ལན། 答

Answer:

མདའ་མཁན་ཕོ་མོས་བཤད་རྒྱུ་དེ།[150] 男女箭匠如是说

According to the male and female arrow makers,

མདའ་ཉན་ནི་སྨྱུག་དེ་གྲངས་ཀ་སྣང་།[151] 宜作箭之竹可数

Usable culms of bamboo for making arrows were countable.

146 MT: **ཁུར་ནས་མདའ་མཁན་ཡུལ་ལ་ཐོན།** UN, TR, FY: སྨྱུག་མདའ་མཁན་ཡུལ་ལ་ཐོན་དུས་དེར།

147 MT, UN, FY: **མདའ་མཁན་ཕོ་མོ་ཕྱག་བཟང་པོ།**

148 MT: **མདའ་ཉན་ནི་སྨྱུག་དེ་ཅི་འདྲ་སྣང་།** UN, FY: མདའ་ཉན་མི་སྨྱུག་དེ་ཅི་འདྲ་ཡོད། TR: མདའ་རན་ནི་སྨྱུག་དེ་ཅི་འདྲ་ཡོད།

149 MT: **མདའ་མི་ཉན་སྨྱུག་དེ་ཅི་འདྲ་སྣང་།** UN, TR, FY: མདའ་མི་ཉན་སྨྱུག་དེ་ཅི་འདྲ་ཡོད།

150 MT: **མདའ་མཁན་ཕོ་མོས་བཤད་རྒྱུ་དེ།** UN: མདའ་མཁན་ཕོ་མོ་ཟེར་བ་ཡིན་ན། TR: མདའ་མཁན་ཕོ་མོས་ཟེར་བ་ན། FY: མདའ་མཁན་ཕོ་མོ་ཟེར་ཡི་ན།

151 MT: **མདའ་ཉན་ནི་སྨྱུག་དེ་གྲངས་ཀ་སྣང་།** UN, FY: མདའ་ཉན་མི་སྨྱུག་དེ་གྲངས་ཡོད་རེད། TR: མདའ་རན་ནི་སྨྱུག་དེ་གྲངས་ཡོད་རེད།

མདའ་མི་ཉན་སྨྱུག་དེ་གྲངས་མེད་སྣང་།[152] 不宜作箭竹无数
Unusable culms of bamboo for making arrows were uncountable.

དྲི། 问
Question:

སྨྱུག་དཀར་པོ་མིག་ལ་འཛོག་དུས་དེར།[153] 审度白竹之时兮
When the white bamboo was observed,

སྨྱུག་དེར་སེམས་ལ་ཅི་ཞིག་བསམས།[154] 其心中作何想耶
What did [the arrow maker] wish for the bamboo?

སྨྱུག་མདའ་དེ་ལྟོང་ལ་འཛོག་དུས་དེར།[155] 彼箭卡入槽扣时
When the arrow was notched,

སྨྱུག་དེར་སེམས་ལ་ཅི་ཞིག་བསམས།[156] 其心中作何想耶
What did [the arrow maker] wish for the bamboo?

སྨྱུག་མདའ་དེ་འབེན་ལ་འཕེན་དུས་དེར།[157] 彼箭引发向靶时
When that arrow was shot at its target,

སྨྱུག་དེར་སེམས་ལ་ཅི་ཞིག་བསམས།[158] 其心中作何想耶
What did [the arrow maker] wish for the bamboo?

---

152 MT: **མདའ་མི་ཉན་སྨྱུག་དེ་གྲངས་མེད་སྣང་།** UN, FY: མདའ་མི་ཉན་སྨྱུག་དེ་གྲངས་མེད་རེད། TR: མདའ་མི་རན་སྨྱུག་དེ་གྲངས་མེད་རེད།

153 MT: **སྨྱུག་དཀར་པོ་མིག་ལ་འཛོག་དུས་དེར།** UN: སྨྱུག་དཀར་པོ་མིག་ལ་བཞག་དུས་དེར། FY: སྨྱུག་དཀར་པོ་མིག་ལ་བཞག་དུས་དེ།

154 MT, UN, FY: སྨྱུག་དེ་ཡི་སེམས་ལ་ཅི་ཞིག་བསམ། ED: **སྨྱུག་དེར་སེམས་ལ་ཅི་ཞིག་བསམས།**

155 UN: མདའ་སྟོང་གསེག་ལ་འཕེན་དུས་དེར། TR: སྨྱུག་མདའ་དེ་ལྟོང་ལ་བཞག་དུས་དེར། FY: མདའ་སྟོང་ཟག་ལ་འཕེན་དུས་དེར། ED: **སྨྱུག་མདའ་དེ་ལྟོང་ལ་འཛོག་དུས་དེར།**

156 UN, TR, FY: སྨྱུག་དེ་ཡི་སེམས་ལ་ཅི་ཞིག་བསམ། ED: **སྨྱུག་དེར་སེམས་ལ་ཅི་ཞིག་བསམས།**

157 UN, TR, FY: མདའ་ཡོན་ཀྱོག་འབེན་ལ་འཕེན་དུས་དེར། TR: **སྨྱུག་མདའ་དེ་འབེན་ལ་འཕེན་དུས་དེར།**

158 UN, FY: སྨྱུག་དེ་ཡི་སེམས་ལ་ཅི་ཞིག་བསམ། ED: **སྨྱུག་དེར་སེམས་ལ་ཅི་ཞིག་བསམས།**

ལན། 答

Answer:

སྨྱུག་དཀར་པོ་མིག་ལ་འཇོག་དུས་དེར།[159] 审度白竹之时分

When the white bamboo was observed,

སྨྱུག་འཁྱོག་གི་མ་འཇུག་སྨྱུག་ཆེན་མཁྱེན།[160] 所思竹身勿弯曲

The wish was for the bamboo shaft not to bend.

སྨྱུག་མདའ་དེ་ལྟོང་ལ་འཇོག་དུས་དེར།[161] 彼箭卡入槽扣时

When the arrow was notched,

སྨྱུག་གསེག་གི་མ་འཇུག་སྨྱུག་ཆེན་མཁྱེན།[162] 所思竹身勿倾斜

The wish was for the bamboo shaft not to tilt.

སྨྱུག་མདའ་དེ་འབེན་ལ་འཕེན་དུས་དེར།[163] 彼箭引发向靶时

When the arrow was shot at its target,

སྨྱུག་ཡོ་གི་མ་འཇུག་སྨྱུག་ཆེན་མཁྱེན།[164] 所思竹身勿偏移

The wish was for the bamboo shaft not to veer off to one side.

དྲི། 问

Question:

མདའ་མཁན་ཕོ་མོས་ཟེར་བ་ན།[165] 男女箭匠如是说

According to the male and female arrow makers,

---

159 UN, FY: **སྨྱུག་དཀར་པོ་མིག་ལ་འཇོག་དུས་དེར།**

160 UN, FY: སྨྱུག་འཕྲེད་ཀི་མ་སོང་སྨྱུག་ཆེན་མཁྱེན། TR: **སྨྱུག་འཁྱོག་གི་མ་འཇུག་སྨྱུག་ཆེན་མཁྱེན།**

161 UN: མདའ་སྟོང་གསེག་ལ་འཕེན་དུས་དེར། TR: **སྨྱུག་མདའ་དེ་ལྟོང་ལ་འཇོག་དུས་དེར།**

162 UN, FY: སྨྱུག་ཞེང་གི་མ་སོང་སྨྱུག་ཆེན་མཁྱེན། TR: སྨྱུག་གཟུར་གི་མ་འཇུག་སྨྱུག་ཆེན་མཁྱེན། ED: **སྨྱུག་གསེག་གི་མ་འཇུག་སྨྱུག་ཆེན་མཁྱེན།**

163 UN, FY: ཡོན་ཀྱོག་འབེན་ལ་འཕེན་དུས་དེར། TR: **སྨྱུག་མདའ་དེ་འབེན་ལ་འཕེན་དུས་དེར།**

164 UN, FY: སྨྱུག་གི་ཁ་མ་ཀྱུག་སྨྱུག་ཆེན་མཁྱེན། ED: **སྨྱུག་ཡོ་གི་མ་འཇུག་སྨྱུག་ཆེན་མཁྱེན།**

165 UN, TR, FY: མདའ་མཁན་ཕོ་མོ་ཟེར་བ་ན། ED: **མདའ་མཁན་ཕོ་མོས་ཟེར་བ་ན།**

མདའ་ལ་མི་མཁོ་གཅིག་ཀྱང་མེད།[166] 作箭所需勿缺者

Every element in an arrow is essential.

མདའ་ལ་མཁོ་བའི་དྲང་གསུམ་ཤོད།[167] 释箭所需三种直

Please tell of the three straight elements of the arrow.

གླུ་དལ་བུར་ཤོག་དང་བྲེལ་བ་མེད། 歌徐陈之莫匆促

Please sing the song slowly, there is no hurry.

ལན། 答

Answer:

མདའ་ལ་མཁོ་བའི་དྲང་གསུམ་དེ།[168] 言箭所需三种直

The three straight elements are as follows:

དཔའ་བོ་རྒྱུད་དྲང་ཆེ་རྟགས་ཅན།[169] 英武儿郎心性直

The moral uprightness of the brave man,

ཤིང་དྲང་དེ་ལ་ལྟ་བ་དེ།[170] 考量木料之笔直

Examining the straightness of the shaft,

ཤིང་དེ་མ་རེད་དྲང་དེ་རེད།[171] 非其木也为其直

Rather than the shaft itself.

མདའ་ལ་མཁོ་བའི་དྲང་གསུམ་རེད།[172] 箭需三种直如是

These are the three straight elements of the arrow.

---

166 UN, TR, FY: **མདའ་ལ་མི་མཁོ་གཅིག་ཀྱང་མེད།**

167 UN, TR, FY: **མདའ་ལ་མཁོ་བའི་དྲང་གསུམ་ཤོད།**

168 ED: **མདའ་ལ་མཁོ་བའི་དྲང་གསུམ་དེ།**

169 UN, FY: དཔའ་བོ་རྒྱུད་རྩུང་ཚོས་རྟགས་རྒྱུག TR: **དཔའ་བོ་རྒྱུད་དྲང་ཆེ་རྟགས་ཅན།**

170 UN, FY: **ཤིང་དྲང་དེ་ལ་ལྟ་བ་དེ།** TR: ཤིང་དྲང་དེ་ལ་བལྟ་བ་དེ།

171 UN, FY: **ཤིང་དེ་མ་རེད་དྲང་དེ་རེད།** TR: ཤིང་བདེ་མ་རེད་དྲང་བདེ་རེད།

172 UN: **མདའ་ལ་མཁོ་བའི་དྲང་གསུམ་རེད།** TR, FY: མདའ་ལ་མཁོ་བའི་དྲང་གསུམ་ཡིན།

གླུ་དེ་ཡི་ལན་ལ་དེ་འདྲ་ཡིན། 如是答复彼歌矣

This is the response to the song.

དྲི། 问

Question:

མདའ་ལ་མི་མཁོ་གཅིག་ཀྱང་མེད།[173] 彼箭所需勿缺者

Every element in an arrow is essential.

མདའ་ལ་མཁོ་བའི་མདེའུ་གསུམ་ཤོད།[174] 释箭所需三种簇

Please describe the three arrowheads of the arrow.

ལན། 答

Answer:

མདའ་ལ་མཁོ་བའི་མདེའུ་གསུམ་དེ།[175] 言箭所需三种簇

The three arrowheads are as follows:

ཕ་རྒྱན་རེ་བུ་རེ་བོས་བཞག་ཡོད།[176] 召集各个父与子

Pairs of fathers and sons were summoned,

འབོད་སར་གྲི་དང་མཚོན་གསུམ་ཁྱོན།[177] 携带刀剑等三器

Arriving at the place with three weapons, including a sword.

ཏྲེ་ཙ་ལག་ཏུ་གྲི་ལྟར་ཁྱོན།[178] 铁砧如刀剑在手

An anvil in hand was like a knife.

---

173 UN, FY: མདའ་ལ་མི་མཁོ་གཅིག་ཀྱང་མེད།

174 UN, FY: མདའ་ལ་མཁོ་བའི་མདེའུ་གསུམ་ཤོད།

175 ED: མདའ་ལ་མཁོ་བའི་མདེའུ་གསུམ་དེ།

176 UN, FY: ཕ་རྒྱན་རེ་བུ་རེ་བོས་བཞག་ཡོད།

177 UN: འབད་སར་གྲི་དང་མཚོན་གསུམ་ཁྱོན། FY: འབོད་སར་གྲི་དང་མཚོན་གསུམ་ཁྱོན།

178 UN, FY: ཏྲེ་ཙ་ལག་ཏུ་གྲི་ལྟར་ཁྱོན།

ཐོ་བ་ལག་ཏུ་མདེའུ་ལྟར་བྱོན།[179] 铁锤如箭簇在手

A hammer in hand was like an arrowhead.

མདེའུ་མདུང་རལ་གྲི་མཚོན་གྱིས་བརྡུངས།[180] 锻打箭簇矛剑兮

Arrowheads, spear, and sword were crafted.

ཆེ་ཆུང་མང་བས་ཟུར་དུ་བརྡུངས།[181] 大小众多分别锻

A great number of [arrowheads] in large and small sizes were forged separately.

མདའ་ལ་མཁོ་བའི་མདེའུ་གསུམ་ཡིན།[182] 箭需三种簇如是

These are the three arrowheads of the arrow.

དྲི། 问

Question:

མདའ་དེ་ལ་མི་མཁོ་གཅིག་ཀྱང་མེད།[183] 彼箭所需勿缺者

Every element in an arrow is essential.

མདའ་དེ་ལ་མཁོ་བའི་རྒྱུས་གསུམ་ཤོད།[184] 释箭所需三种筋

Please describe the three sinews of the arrow.

གླུ་དལ་མོ་ལོངས་དང་རྗེས་ན་ཡོད། 有歌相继徐徐咏

Sing it slowly, and more songs will follow.

---

179 UN, FY: **ཐོ་བ་ལག་ཏུ་མདེའུ་ལྟར་བྱོན།**

180 UN: མདེའུ་རྡུང་རལ་གྲི་མཚོན་གྱི་རྡུང་། FY: མདེའུ་བརྡུང་རལ་གྲི་མཚོན་གྱིས་བརྡུང་། ED: **མདེའུ་མདུང་རལ་གྲི་མཚོན་གྱིས་བརྡུངས།**

181 UN: ཆེ་ཆུང་མང་བས་ཟུར་དུ་རྡུང་། FY: ཆེ་ཆུང་མང་བས་ཟུར་དུ་བརྡུང་། ED: **ཆེ་ཆུང་མང་བས་ཟུར་དུ་བརྡུངས།**

182 UN, FY: **མདའ་ལ་མཁོ་བའི་མདེའུ་གསུམ་ཡིན།**

183 UN, TR, FY: **མདའ་དེ་ལ་མི་མཁོ་གཅིག་ཀྱང་མེད།**

184 UN, TR, FY: **མདའ་དེ་ལ་མཁོ་བའི་རྒྱུས་གསུམ་ཤོད།**

ལན། 答

Answer:

མདའ་དེ་ལ་མཁོ་བའི་རྒྱུས་གསུམ་དེ།[185] 言箭所需三种筋

The three sinews are as follows:

ཤྭ་བ་རག་པའི་སྒལ་རྒྱུས་གཅིག[186] 一者麇鹿之背筋

The back sinew of the yellowish deer,

འབྲི་གཡག་སྔོན་མོའི་རྗ་རྒྱུས་གཉིས།[187] 二者青牸牦胫筋

The leg sinew of the grayish-blue yak and female yak.

འབྲོང་གཡག་ཁམ་པའི་སུག་རྒྱུས་གསུམ།[188] 三者褐野牛蹄筋

The trotter sinew of the reddish-brown yak and wild yak.

མདའ་ལ་མཁོ་བའི་རྒྱུས་གསུམ་རེད།[189] 箭需三种筋如是

These are the three sinews of the arrow.

དྲི། 问

Question:

མདའ་ལ་མི་མཁོ་གཅིག་ཀྱང་མེད།[190] 彼箭所需勿缺者

Every element in an arrow is essential.

185 ED: **མདའ་དེ་ལ་མཁོ་བའི་རྒྱུས་གསུམ་དེ།**

186 UN, FY: ཤྭ་བ་རུས་པའི་སྒལ་རྒྱུས་གཅིག TR: ཤ་བ་དགོ་བའི་སྒལ་རྒྱུས་གཅིག ED: **ཤྭ་བ་རག་པའི་སྒལ་རྒྱུས་གཅིག**

187 UN: **འབྲི་གཡག་སྔོན་མོའི་ཤྲོ་རྒྱུས་གཉིས།** FY: འབྲི་གཡག་སྔོན་པོ་ཤྲོ་རྒྱུས་གཉིས། TR: འབྲི་གཡག་རག་པོའི་རྗ་རྒྱུས་གཉིས། ED: **འབྲི་གཡག་སྔོན་མོའི་རྗ་རྒྱུས་གཉིས།**

188 UN, FY: འབྲི་གཡག་ཁམ་པའི་སུག་རྒྱུས་གསུམ། TR: འབྲོང་གཡག་དཀར་མའི་སུག་རྒྱུས་གསུམ། ED: **འབྲོང་གཡག་ཁམ་པའི་སུག་རྒྱུས་གསུམ།**

189 UN, TR: **མདའ་ལ་མཁོ་བའི་རྒྱུས་གསུམ་རེད།** FY: མདའ་ལ་མཁོ་པའི་རྒྱུས་གསུམ་རེད།

190 UN, TR, FY: **མདའ་ལ་མི་མཁོ་གཅིག་ཀྱང་མེད།**

མདའ་ལ་མཁོ་བའི་སྤྱིན་གསུམ་ཤོད།[191] 释箭所需三种胶

Please describe the three types of glue used in an arrow.

ལན། 答

Answer:

མདའ་དེ་ལ་མཁོ་བའི་སྤྱིན་གསུམ་དེ།[192] 言箭所需三种胶

The three types of glue are as follows:

མཚོ་ཡི་ནང་གི་ཉ་སྤྱིན་རེད།[193] 一者湖海之鱼胶

Fish glue from the lake,

བར་ཀྱི་སྐྱིད་ཀྱི་སྐྱིད་སྤྱིན་རེད།[194] 二者牛犊之皮胶

Calf leather glue,

རུས་ཀྱི་རྩེ་ཡི་རུས་སྤྱིན་རེད།[195] 三者骨尖之骨胶

Bone glue from the bone tip.

མདའ་ལ་མཁོ་བའི་སྤྱིན་གསུམ་རེད།[196] 箭需三种胶如是

These are the three types of arrow glue.

---

191 MT, UN, TR, FY: **མདའ་ལ་མཁོ་བའི་སྤྱིན་གསུམ་ཤོད།**

192 MT: **མདའ་དེ་ལ་མཁོ་བའི་སྤྱིན་གསུམ་དེ།**

193 MT: **མཚོ་ཡི་ནང་གི་ཉ་སྤྱིན་རེད།** UN, TR, FY: སྨད་ཀྱི་ཆུ་མོ་ཉ་སྤྱིན་གཅིག

194 MT: **བར་ཀྱི་སྐྱིད་ཀྱི་སྐྱིད་སྤྱིན་རེད།** UN: བོད་ཀྱི་ཨ་གྱད་གྲོང་སྤྱིན་གཉིས། TR: བོད་ཀྱི་ཨ་ཀྱད་གྲོང་སྦྱིན་གཉིས། FY: བོད་ཀྱི་ཨ་ཀྱད་གྲོང་སྤྱིན་གཉིས།

195 MT: **རུས་ཀྱི་རྩེ་ཡི་རུས་སྤྱིན་རེད།** UN, FY: འབྲོང་སྔོན་པོ་ཡི་རྭ་སྤྱིན་གསུམ། TR: འབྲོང་སྔོན་པོ་རྭ་ཡི་སྤྱིན་གསུམ་དེ།

196 UN, TR: **མདའ་ལ་མཁོ་བའི་སྤྱིན་གསུམ་རེད།** FY: མདའ་ལ་མཁོ་པའི་སྤྱིན་གསུམ་རེད།

དྲི། 问

Question:

མདའ་ལ་མི་མཁོ་གཅིག་ཀྱང་མེད།[197] 彼箭所需勿缺者

Every element in an arrow is essential.

མདའ་ལ་མཁོ་བའི་སྒྲོ་གསུམ་ཤོད།[198] 释箭所需三种翎

Please describe the arrow's three types of feather fletching.

གླུ་དལ་བུར་ཤོག་དང་བྲེལ་བ་མེད། 歌徐陈之莫匆促

Please sing the song slowly, there is no hurry.

ལན། 答

Answer:

མདའ་དེ་ལ་མཁོ་བའི་སྒྲོ་གསུམ་དེ།[199] 言箭所需三种翎

The three types of feather fletching are as follows:

མདའ་ཆེ་བ་ཁྱུང་ཆེན་དེའི་རེད།[200] 一者大鹏之羽翎

Great Khyung's feather for the first arrow.

---

197 UN, TR, FY: **མདའ་ལ་མི་མཁོ་གཅིག་ཀྱང་མེད།**

198 MT, UN, TR, FY: **མདའ་ལ་མཁོ་བའི་སྒྲོ་གསུམ་ཤོད།**

199 MT: **མདའ་དེ་ལ་མཁོ་བའི་སྒྲོ་གསུམ་དེ།** UN: ས་ཨ་མཆོད་ཀྱི་གུར་ཁང་ན། ཤ་ལ་རྐོན་པའི་ཤ་ཁྲི་གསོས། དེ་ལ་ལྷ་བའི་རྐོན་རྟེ་བཙུགས། ཐང་དཀར་ཡར་འགྲོ་རྐང་ནས་བཟུངས། ཐང་དཀར་མར་འགྲོ་སྐེ་ནས་བཟུངས། བྱ་རྒོད་རྒན་པོ་མགོ་ནས་བཟུང་། བྱ་རྒོད་རྒན་པོ་སྤུག་སྐད་དྲངས། ཁྱོད་མདའ་མཁན་ཕུ་བོའི་ཕྱག་བཟང་པོ། ཁྱོད་ཀྱོད་དོན་ཡིན་ནམ་སྒྲོ་དོན་ཡིན། མདའ་མཁན་ཕུ་བོ་ཟེར་བ་ན། ཁྱོད་བྱ་རྒོད་མ་ཤི་མ་བཅད་ན། རང་རང་ཤོག་པའི་གཡས་གཡོན་ནས། སྒྲོ་དེ་གསུམ་གསུམ་བོད་ལ་ཕྱིན། ཁྱོད་བྱ་རྒོད་ཐམས་ཅད་སྲོག་ལས་ཐར། TR: ས་གསེར་ལུང་མཆོག་གི་གུར་ཁང་ན། ཤ་ལ་དགོས་པའི་ཤ་ཁྲི་གསོས། དེ་དང་ལྷ་བུའི་སྐེ་རྟེ་བཙུགས། ཐང་དཀར་ཡར་འགྲོ་རྐང་ནས་བཟུང་། ཐང་དཀར་མར་འགྲོ་སྐེ་ནས་བཟུང་། བྱ་རྒོད་རྒད་པོ་མགོ་ནས་བཟུང་། བྱ་རྒོད་རྒད་པོས་སྤུག་སྐད་བཏོན། ཁྱོད་མདའ་མཁན་ཕུ་བོ་ཕྱག་བཟང་པོ། འདི་ཀྱོད་དོན་ཡིན་ནམ་སྒྲོ་དོན་ཡིན། མདའ་མཁན་ཕུ་བོ་ཟེར་བ་ན། ཁྱོད་བྱ་རྒོད་གཤོག་པ་མ་བཅག་ན། རང་རང་གཤོག་པའི་གཡས་གཡོན་ནས། སྒྲོ་དེ་གསུམ་གསུམ་ཕྱིན་བཏང་ན། ཁྱོད་བྱ་རྒོད་ཐམས་ཅད་སྲོག་ལས་ཐར། FY: ས་ཨ་མཆོད་ཀྱི་གུར་ཁང་ན། ཤ་ལ་རྐོན་པའི་ཤ་ཁྲི་གསོས། དེ་ལ་ལྷ་བའི་རྐོན་རྟེ་བཙུགས། ཐང་དཀར་ཡར་འགྲོ་རྐང་ནས་བཟུང་། ཐང་དཀར་མར་འགྲོ་སྐེ་ནས་བཟུང་། བྱ་རྒོད་རྒན་པོ་མགོ་ནས་བཟུང་། བྱ་རྒོད་རྒན་པོ་སྤུག་སྐད་དྲང་། ཁྱོད་མདའ་མཁན་ཕུ་བོ་ཕྱག་བཟང་པོ། ཁྱོད་ཀྱོད་དོན་ཡིན་ནམ་སྒྲོ་དོན་ཡིན། མདའ་མཁན་ཕུ་བོ་ཟེར་བ་ན། ཁྱོད་བྱ་རྒོད་མ་ཤི་མ་བཅད་ན། རང་རང་གཤོག་པའི་གཡས་གཡོན་ནས། སྒྲོ་དེ་གསུམ་གསུམ་བོད་ལ་ཕྱིན། ཁྱོད་བྱ་རྒོད་ཐམས་ཅད་སྲོག་ལས་ཐར།

200 MT: **མདའ་ཆེ་བ་ཁྱུང་ཆེན་དེའི་རེད།**

མདའ་ཆུང་བ་ལ་ཡི་སྒླག་དེའི་རེད།[201] 二者苍鹰之羽翎
Eagle feather for the second arrow.

མདའ་གསུམ་པ་འུག་པའི་འུག་བྱིའི་རེད།[202] 三者鸱鸮之羽翎
Night owl feather for the third arrow.

མདའ་ལ་མགོ་བའི་སྒྲོ་གསུམ་རེད།[203] 箭需三种翎如是
These are the arrow's three types of feather fletching.

གླུ་དེ་ཡི་ལན་ལ་དེ་འདྲ་ཡིན། 如是答复彼歌矣
This is the response to the song.

དྲི། 问
Question:

མདའ་ལ་མི་མགོ་གཅིག་ཀྱང་མེད།[204] 彼箭所需勿缺者
Every element in an arrow is essential.

མདའ་ལ་བཏགས་པའི་སྒྲོ་བཞི་ཤོད།[205] 释箭严饰之四翎
Please explain the four feathers attached to the arrow.

ལན། 答
Answer:

མདའ་ལ་བཏགས་པའི་སྒྲོ་བཞི་དེ།[206] 言箭镶嵌四翎貌
The four feathers attached to the arrow are as follows:

---

201 MT: མདའ་ཆུང་བ་ལ་ཡི་སྒླག་དེའི་རེད།

202 MT: མདའ་གསུམ་པ་འུག་པའི་འུག་བྱིའི་རེད།

203 UN, TR, FY: མདའ་ལ་མགོ་བའི་སྒྲོ་གསུམ་རེད།

204 ED: མདའ་ལ་མི་མགོ་གཅིག་ཀྱང་མེད།

205 UN, TR, FY: མདའ་ལ་བཏགས་པའི་སྒྲོ་བཞི་ཤོད།

206 ED: མདའ་ལ་བཏགས་པའི་སྒྲོ་བཞི་དེ།

མདའ་ལ་སྒྲོ་གཅིག་འགྲིག་སོང་ན།[207] 一翎镶嵌于箭时
When the first feather is placed,

གསེར་གྱི་ལྷ་ཁང་བསླངས་པ་འདྲ།[208] 若金色神庙耸立
It is like a golden temple being raised.

མདའ་ལ་སྒྲོ་གཉིས་འགྲིག་སོང་ན།[209] 二翎镶嵌于箭时
When the second feather is placed,

བྱ་རྒོད་ཐང་ལ་བབས་པ་འདྲ།[210] 若鹰骤落平原矣
It is like a vulture landing in a pasture.

མདའ་ལ་སྒྲོ་གསུམ་འགྲིག་སོང་ན།[211] 三翎镶嵌于箭时
When the third feather is placed,

ཁླག་མོ་གཟན་ལ་གཞོལ་བ་འདྲ།[212] 若雎鹰降以猎食
It is like an eagle swooping down onto its prey.

མདའ་ལ་སྒྲོ་བཞི་འགྲིག་སོང་ན།[213] 四翎镶嵌于箭时
When the fourth feather is placed,

རྒྱལ་པོ་སྡེ་བཞི་བཞུགས་པ་འདྲ།[214] 若四大天王现矣
It is like the Four Great Kings descending.

མདའ་ལ་བཏགས་པའི་སྒྲོ་བཞི་རེད།[215] 箭所嵌四翎如是
These are the four feathers of the arrow.

---

207 UN, TR, FY: **མདའ་ལ་སྒྲོ་གཅིག་འགྲིག་སོང་ན།**

208 UN, FY: གསེར་གྱི་བང་ལ་མངོན་སུམ་དུ། འབྲུ་ཡི་ལྷ་ཁང་སྤུང་བ་འདྲ། TR: **གསེར་གྱི་ལྷ་ཁང་བསླངས་པ་འདྲ།**

209 UN, TR, FY: **མདའ་ལ་སྒྲོ་གཉིས་འགྲིག་སོང་ན།**

210 UN, FY: བྱ་རྒོད་ཐང་ལ་འདུས་པ་འདྲ། TR: བྱ་རྒོད་ཐང་ལ་བབ་པ་འདྲ། ED: **བྱ་རྒོད་ཐང་ལ་བབས་པ་འདྲ།**

211 UN, TR, FY: **མདའ་ལ་སྒྲོ་གསུམ་འགྲིག་སོང་ན།**

212 UN, FY: ཁེ་ཀའི་གྲི་གསུམ་ཉི་མ་འདྲ། TR: **ཁླག་མོ་གཟན་ལ་གཞོལ་བ་འདྲ།**

213 UN, TR, FY: **མདའ་ལ་སྒྲོ་བཞི་འགྲིག་སོང་ན།**

214 UN, TR, FY: **རྒྱལ་པོ་སྡེ་བཞི་བཞུགས་པ་འདྲ།**

215 UN, FY: **མདའ་ལ་བཏགས་པའི་སྒྲོ་བཞི་རེད།** TR: དེ་མདའ་ལ་བཏགས་པའི་སྒྲོ་བཞི་རེད།

དྲི། 问

Question:

མདའ་ལ་མི་མཁོ་གཅིག་ཀྱང་མེད།[216] 彼箭所需勿缺者

Every element in an arrow is essential.

མདའ་དེ་ལ་མཁོ་བའི་ཚོས་གསུམ་ཤོད།[217] 释箭所需三种彩

Please describe the three arrow paints.

གླུ་དལ་མོ་ལོངས་དང་རྗེས་ན་ཡོད། 有歌相继徐徐咏

Sing it slowly, and more songs will follow.

ལན། 答

Answer:

མདའ་ལ་མཁོ་བའི་ཚོས་གསུམ་དེ།[218] 言箭所需三种彩

The three paints are as follows:

ཁ་ལ་སྐྱུད་པའི་ཧོར་གྱི་ཚོས།[219] 霍尔靓丽之色也

Ravishing paint from Hor,[5]

ལི་ཁྲི་དམར་པོ་རྒྱ་ཡི་ཚོས།[220] 汉地赤色硃砂也

Vermillion paint from China,

མིག་ལ་མཛེས་པའི་བོད་ཀྱི་ཚོས།[221] 吐蕃惊艳之色也

Gorgeous paint from Tibet.

---

216 UN, FY: **མདའ་ལ་མི་མཁོ་གཅིག་ཀྱང་མེད།**

217 MT: **མདའ་དེ་ལ་མཁོ་བའི་ཚོས་གསུམ་ཤོད།** UN, FY: མདའ་ལ་མཁོ་བའི་ཚོས་གསུམ་ཤོད།

218 UN, FY: **མདའ་ལ་མཁོ་བའི་ཚོས་གསུམ་དེ།**

219 MT: དམར་པོ་དཀར་པོ་སེར་པོ་གསུམ། UN, FY: ཁ་ལ་སྐྱེར་གྱི་ཧོར་གྱི་ཚོས། ED: **ཁ་ལ་སྐྱུད་པའི་ཧོར་གྱི་ཚོས།**

220 UN, FY: **ལི་ཁྲི་དམར་པོ་རྒྱ་ཡི་ཚོས།**

221 UN, FY: ཁ་ལ་མཛའ་བའི་བོད་ཀྱི་ཚོས། ED: **མིག་ལ་མཛེས་པའི་བོད་ཀྱི་ཚོས།**

མདའ་ལ་མཁོ་བའི་ཚོས་གསུམ་རེད།[222] 箭需三种彩如是

These are the three arrow paints.

གླུ་དེ་ཡི་ལན་ལ་དེ་འདྲ་ཡིན། 如是答复彼歌矣

This is the response to the song.

དྲི། 问

Question:

མདའ་ལ་མི་མཁོ་གཅིག་ཀྱང་མེད།[223] 彼箭所需勿缺者

Every element is essential to the arrow.

མདའ་ལ་མཁོ་བའི་སྒྲོ་གསུམ་ཤོད།[224] 释箭所需三种囊

Please describe the three types of arrow quiver.

ལན། 答

Answer:

མདའ་ལ་མཁོ་བའི་སྒྲོ་གསུམ་དེ།[225] 言箭所需三种囊

The three types of arrow quiver are as follows:

དཔའ་བོ་ང་རང་ནགས་ལ་སོང་།[226] 英武儿郎入山林

The courageous man went into the forest.

རྒྱ་སྟར་སྔོན་པོ་རྐེད་ལ་བརྒྱབ།[227] 青色斧斤挎腰间

An axe with a greyish-blue patina was strapped to his waist.

---

222 UN, FY: **མདའ་ལ་མཁོ་བའི་ཚོས་གསུམ་རེད།**

223 UN, FY: **མདའ་ལ་མི་མཁོ་གཅིག་ཀྱང་མེད།**

224 UN, FY: མདའ་ལ་མཁོ་བའི་འགྲོ་གསུམ་ཤོད། ED: **མདའ་ལ་མཁོ་བའི་སྒྲོ་གསུམ་ཤོད།**

225 ED: **མདའ་ལ་མཁོ་བའི་སྒྲོ་གསུམ་དེ།**

226 UN: དཔའ་བོ་ངོ་རུང་ནགས་ལ་སོང་། FY: དཔའ་བོ་ང་རུང་ནགས་ལ་སོང་། ED: **དཔའ་བོ་ང་རང་ནགས་ལ་སོང་།**

227 UN: རྒྱ་ལྕགས་བསྟནར་སྔོན་མོ་རྐེད་ལ་རྒྱབ། FY: རྒྱ་སྟར་སྔོན་པོ་རྐེད་ལ་རྒྱབ། ED: **རྒྱ་སྟར་སྔོན་པོ་རྐེད་ལ་བརྒྱབ།**

སྟག་ནག་སྟག་དཀར་སྟག་དམར་གསུམ།[228] 玄白赤纹三种桦
The black, white, and red birch:

ཤིང་སྟག་པ་དེའི་སྟག་ལྤགས་དེ།[229] 彼桦树之树皮兮
The bark of the birch tree,

ཤིང་དེ་མ་རེད་སྒྲོ་དེ་རེད།[230] 而非其木作箭囊
Rather than [birch] wood, is needed to make the quiver.[6]

མདའ་ལ་མཁོ་བའི་སྒྲོ་གསུམ་རེད།[231] 箭需三种囊如是
These are the three types of arrow quiver.

དྲི། 问
Question:

མདའ་ལ་དར་སྣ་འདོགས་ལུགས་ཤོད།[232] 释箭身饰丝绸兮
Please explain the meaning of the silk ribbons tied to the arrow.

དར་དཀར་པོ་ཕྱོགས་གཅིག་འཕྱང་བ་གན།[233] 所垂丝绸之白者
The white hanging silk ribbon,

གང་དང་གང་གི་བླ་མདའ་རེད།[234] 孰与孰之魂箭耶
Whose soul arrow does it represent?[7]

དར་དམར་པོ་ཕྱོགས་གཅིག་འཕྱང་བ་གན།[235] 所垂丝绸之赤者
The red hanging silk ribbon,

---

228 FY: **སྟག་ནག་སྟག་དཀར་སྟག་དམར་གསུམ།**

229 UN: ཤིང་སྟག་པ་དེའི་སྟག་པགས་རེད། FY: ཤིང་སྟག་པ་དེའི་སྟག་པགས་དེ། ED: **ཤིང་སྟག་པ་དེའི་སྟག་ལྤགས་དེ།**

230 UN: ཤིང་དེ་མ་རེད་འགྲོ་དེ་རེད། FY: བཤུས་དེ་མ་རེད་སྒྲོ་དེ་རེད། ED: **ཤིང་དེ་མ་རེད་སྒྲོ་དེ་རེད།**

231 UN, FY: མདའ་ལ་མཁོ་བའི་འགྲོ་གསུམ་རེད། ED: **མདའ་ལ་མཁོ་བའི་སྒྲོ་གསུམ་རེད།**

232 UN, TR, FY: **མདའ་ལ་དར་སྣ་འདོགས་ལུགས་ཤོད།**

233 UN, FY: དར་དཀར་པོ་ཕྱོགས་གཅིག་བྱེད་པ་ཀན། TR: **དར་དཀར་པོ་ཕྱོགས་གཅིག་འཕྱང་བ་གན།**

234 UN, TR, FY: **གང་དང་གང་གི་བླ་མདའ་རེད།**

235 UN, FY: དར་དམར་པོ་ཕྱོགས་གཅིག་བྱེད་པ་ཀན། ED: **དར་དམར་པོ་ཕྱོགས་གཅིག་འཕྱང་བ་གན།**

གང་དང་གང་གི་བླ་མདའ་རེད།[236] 孰与孰之魂箭耶
Whose soul arrow does it represent?

དར་སེར་པོ་ཕྱོགས་གཅིག་འཕྱང་བ་གན།[237] 所垂丝绸之金者
The yellow hanging silk ribbon,

གང་དང་གང་གི་བླ་མདའ་རེད།[238] 孰与孰之魂箭耶
Whose soul arrow does it represent?

དར་ལྗང་ཁུ་ཕྱོགས་གཅིག་འཕྱང་བ་གན།[239] 所垂丝绸之绿者
The green hanging silk ribbon,

གང་དང་གང་གི་བླ་མདའ་རེད།[240] 孰与孰之魂箭耶
Whose soul arrow does it represent?

དར་སྔོན་པོ་ཕྱོགས་གཅིག་འཕྱང་བ་གན།[241] 所垂丝绸之青者
The blue hanging silk ribbon,

གང་དང་གང་གི་བླ་མདའ་རེད།[242] 孰与孰之魂箭耶
Whose soul arrow does it represent?

གླུ་དལ་བུར་ཤོག་དང་བྲེལ་བ་མེད། 歌徐陈之莫匆促
Please sing the song slowly, there is no hurry.

---

236 UN, FY: **གང་དང་གང་གི་བླ་མདའ་རེད།**

237 UN: དར་སར་པོ་ཕྱོགས་གཅིག་བྱེད་པ་ཀན། TR: **དར་སེར་པོ་ཕྱོགས་གཅིག་འཕྱང་བ་གན།** FY: དར་སེར་པོ་ཕྱོགས་གཅིག་བྱེད་པ་ཀན།

238 UN, TR, FY: **གང་དང་གང་གི་བླ་མདའ་རེད།**

239 UN, FY: དར་ལྗང་ཁུ་ཕྱོགས་གཅིག་བྱེད་པ་ཀན། TR: **དར་ལྗང་ཁུ་ཕྱོགས་གཅིག་འཕྱང་བ་གན།**

240 UN, TR, FY: **གང་དང་གང་གི་བླ་མདའ་རེད།**

241 UN, FY: དར་ནག་པོ་ཕྱོགས་གཅིག་བྱེད་པ་ཀན། TR: དར་རྣམ་པ་སྣ་ཚོགས་བཏགས་པ་གན། ED: **དར་སྔོན་པོ་ཕྱོགས་གཅིག་འཕྱང་བ་གན།**

242 UN, FY: **གང་དང་གང་གི་བླ་མདའ་རེད།** TR: གང་དང་གང་གི་བླ་མདའ་ཡིན།

ལན། 答

Answer:

དར་དཀར་པོ་ཕྱོགས་གཅིག་འཕྱུང་བ་གན།[243] 所垂丝绸之白者

The white hanging silk ribbon,

ཡེ་ཤེས་ལྷ་ཡི་བླ་མདའ་ཡིན།[244] 慧神之魂箭是也

Represents the soul arrow of the deity of wisdom.

དར་དམར་པོ་ཕྱོགས་གཅིག་འཕྱུང་བ་གན།[245] 所垂丝绸之赤者

The red hanging silk ribbon,

རྨ་ཆེན་སྤོམ་རའི་བླ་མདའ་ཡིན།[246] 玛卿之魂箭是也

Represents the soul arrow of Machen Pomra.

དར་སེར་པོ་ཕྱོགས་གཅིག་འཕྱུང་བ་གན།[247] 所垂丝绸之金者

The yellow hanging silk ribbon,

རྒྱལ་པོ་འཐང་གེའི་བླ་མདའ་ཡིན།[248] 嘉波唐格魂箭也

Represents the soul arrow of Gyelpo Tanggé.[8]

དར་ལྗང་ཁུ་ཕྱོགས་གཅིག་འཕྱུང་བ་གན།[249] 所垂丝绸之绿者

The green hanging silk ribbon,

---

243 UN, FY: དར་དཀར་པོ་ཕྱོགས་གཅིག་བྱེད་པ་ཀན། TR: དར་དཀར་སེར་ལྗང་གསུམ་འཕྱུང་བ་གན། ED: **དར་དཀར་པོ་ཕྱོགས་གཅིག་འཕྱུང་བ་གན།**

244 UN, FY: **ཡེ་ཤེས་ལྷ་ཡི་བླ་མདའ་ཡིན།** TR: རྨ་རྒྱལ་སྤོམ་རའི་བླ་མདའ་ཡིན།

245 UN, FY: དར་དམར་པོ་ཕྱོགས་གཅིག་བྱེད་པ་ཀན། ED: **དར་དམར་པོ་ཕྱོགས་གཅིག་འཕྱུང་བ་གན།**

246 UN, FY: **རྨ་ཆེན་སྤོམ་རའི་བླ་མདའ་ཡིན།**

247 UN: དར་སར་པོ་ཕྱོགས་གཅིག་བྱེད་པ་ཀན། FY: དར་སེར་པོ་ཕྱོགས་གཅིག་བྱེད་པ་ཀན། ED: **དར་སེར་པོ་ཕྱོགས་གཅིག་འཕྱུང་བ་གན།**

248 UN: རྒྱལ་པོ་ཐོ་ཀའི་བླ་མདའ་ཡིན། FY: རྒྱལ་བོ་ཐོ་ཀེའི་བླ་མདའ་ཡིན། ED: **རྒྱལ་པོ་འཐང་གེའི་བླ་མདའ་ཡིན།**

249 UN, FY: དར་ལྗང་ཁུ་ཕྱོགས་གཅིག་བྱེད་པ་ཀན། ED: **དར་ལྗང་ཁུ་ཕྱོགས་གཅིག་འཕྱུང་བ་གན།**

དགེ་བསྙེན་བྲག་དཀར་གྱི་བླ་མདའ་ཡིན།[250] 白石山神魂箭也
Represents the soul arrow of Gényen Drakkar.[9]

དར་སྔོན་པོ་ཕྱོགས་གཅིག་འཕྱང་བ་གན།[251] 所垂丝绸之青者
The blue hanging silk ribbon,

སྦྱིན་བདག་ཚང་གི་བླ་མདའ་ཡིན།[252] 施主命运魂箭也
Represents the soul arrow of the benefactor.

གླུ་དེ་ཡི་ལན་ལ་དེ་འདྲ་ཡིན། 如是答复彼歌矣
This is the response to the song.

དྲི། 问
Question:

མདའ་སྦོག་ཉི་མའི་མེ་ལོང་གན།[253] 箭上所悬之镜兮
The mirror tied to the top of the arrow,

གོ་དོན་མཚོན་པ་ཅི་འདྲ་རེད།[254] 其所象征者何耶
What does it represent?

མདའ་དེ་ནས་རི་ལུང་ལོན་པ་གན།[255] 箭身之上山川兮
The valleys drawn on the arrow,

250 UN: དེ་ན་གཉན་གྲགས་པའི་བླ་མདའ་ཡིན། FY: དེན་གཉན་གྲགས་པའི་བླ་མདའ་ཡིན། ED: **དགེ་བསྙེན་བྲག་དཀར་གྱི་བླ་མདའ་ཡིན།**

251 UN, FY: དར་ནག་པོ་ཕྱོགས་གཅིག་བྱེད་པ་ཀན། TR: དར་རྣམ་པ་སྣ་ཚོགས་བཏགས་པ་དེ། ED: **དར་སྔོན་པོ་ཕྱོགས་གཅིག་འཕྱང་བ་གན།**

252 UN: སྦྱིན་བདག་ཚང་གི་བླ་མདའ་རེད། TR: སྦྱིན་བདག་ཚང་གི་བླ་མདའ་ཡིན། FY: **སྦྱིན་བདག་ཚང་གི་བླ་མདའ་ཡིན།**

253 UN, FY: མདའ་སྦོག་ཉི་མའི་མེ་ལོང་ཀན། ED: **མདའ་སྦོག་ཉི་མའི་མེ་ལོང་གན།**

254 UN: གོ་དོན་མཚན་པ་ཅི་འདྲ་རེད། FY: གོ་དོན་མཚན་པས་ཅི་འདྲ་རེད། ED: **གོ་དོན་མཚོན་པ་ཅི་འདྲ་རེད།**

255 FY: མདའ་དེ་ནས་རི་ལུང་ལོན་པ་ཀན། ED: **མདའ་དེ་ནས་རི་ལུང་ལོན་པ་གན།**

གོ་དོན་མཚོན་པ་ཅི་འདྲ་རེད།[256] 其所象征者何耶
What do they represent?

མདའ་མགོར་མར་གྱིས་བསྐུས་ནི་གན།[257] 箭首所贴酥油兮
The butter smeared on the uppermost section of the arrow,

གོ་དོན་མཚོན་པ་ཅི་འདྲ་རེད།[258] 其所象征者何耶
What does it represent?

མདའ་དོར་དུང་རེ་བཏགས་ནི་གན།[259] 箭上所挂海螺兮
The conch shell tied to the arrow,

གོ་དོན་མཚོན་པ་ཅི་འདྲ་རེད།[260] 其所象征者何耶
What does it represent?

མདའ་མདེའུ་ལྕགས་ཀྱིས་བཏགས་ནི་གན།[261] 箭簇所镶铁簇兮
The iron of the arrowhead riveted to the arrow,

གོ་དོན་མཚོན་པ་ཅི་འདྲ་རེད།[262] 其所象征者何耶
What does it represent?

གླུ་དལ་བུར་ཞོག་དང་བྲེལ་བ་མེད། 歌徐陈之莫匆促
Please sing the song slowly, there is no hurry.

256 FY: གོ་དོན་མཚན་པས་ཅི་འདྲ་རེད། ED: **གོ་དོན་མཚོན་པ་ཅི་འདྲ་རེད།**

257 FY: མདའ་མགོ་མར་ལ་བསྐུས་ལི་ཀན། ED: **མདའ་མགོར་མར་གྱིས་བསྐུས་ནི་གན།**

258 FY: གོ་དོན་མཚན་པས་ཅི་འདྲ་རེད། ED: **གོ་དོན་མཚོན་པ་ཅི་འདྲ་རེད།**

259 FY: མདའ་དོ་དུང་རེ་བཏགས་ལི་ཀན། ED: **མདའ་དོར་དུང་རེ་བཏགས་ནི་གན།**

260 FY: གོ་དོན་མཚན་པས་ཅི་འདྲ་རེད། ED: **གོ་དོན་མཚོན་པ་ཅི་འདྲ་རེད།**

261 FY: མདའ་མདེའུ་ལྕགས་ཀྱིས་བཏགས་ལི་ཀན། ED: **མདའ་མདེའུ་ལྕགས་ཀྱིས་བཏགས་ནི་གན།**

262 FY: གོ་དོན་མཚན་པས་ཅི་འདྲ་རེད། ED: **གོ་དོན་མཚོན་པ་ཅི་འདྲ་རེད།**

ལན། 答

Answer:

དེ་ལ་ལན་ཞིག་རྒྱག་རྒྱུ་ན། 应答所问者如是

To give an answer to that,

མདའ་ཐོག་ཉི་མའི་མེ་ལོང་གན།[263] 箭上所悬之镜兮

The mirror tied to the top of the arrow,

ཉི་ཟླ་སྐྱེ་སྟོབས་ཀྱི་རྟགས་མཚན་རེད།[264] 象征日月之力矣

Represents the force of the sun and the moon.

མདའ་དེ་ནས་རི་ཀླུང་ལོན་པ་གན།[265] 箭身之上山川兮

The valleys drawn on the arrow,

ཞང་ཚན་ནས་ཀྱིས་འཁྱིལ་ན་བསམ།[266] 愿舅家仓禀足矣

Wish for maternal uncle's household's barley to be abundant.

མདའ་མགོར་མར་གྱིས་བསྐུས་ནི་གན།[267] 箭首所贴酥油兮

The butter smeared on the uppermost section of the arrow,

ཞང་ཚན་མར་གྱིས་འཇམ་ན་བསམ།[268] 愿舅家酥油常鲜

Wish for maternal uncle's household's butter to be soft.

མདའ་ངོར་དུང་རེ་བཏགས་ནི་གན།[269] 箭上所挂海螺兮

The conch-shell tied to the arrow,

---

263 UN, FY: མདའ་ཐོག་ཉི་མའི་མེ་ལོང་ཀན། ED: **མདའ་ཐོག་ཉི་མའི་མེ་ལོང་གན།**

264 UN, FY: **ཉི་ཟླ་སྐྱེ་སྟོབས་ཀྱི་རྟགས་མཚན་རེད།**

265 UN, FY: མདའ་དེ་ནས་རི་ཀླུང་ལོན་པ་ཀན། ED: **མདའ་དེ་ནས་རི་ཀླུང་ལོན་པ་གན།**

266 UN, FY: ཞང་ཚན་ནས་ཀྱིས་འཁྱིལ་མོ་བསམ། ED: **ཞང་ཚན་ནས་ཀྱིས་འཁྱིལ་ན་བསམ།**

267 UN: མདའ་མགོ་མར་གྱི་བསྐུས་ལི་ཀན། FY: མདའ་མགོ་མར་ལ་བསྐུས་ལི་ཀན། ED: **མདའ་མགོར་མར་གྱིས་བསྐུས་ནི་གན།**

268 UN, FY: ཞང་ཚན་མདའ་ཡི་འཇམ་པོ་བསམ། ED: **ཞང་ཚན་མར་གྱིས་འཇམ་ན་བསམ།**

269 UN: མདའ་ངོ་དུང་གི་བཏགས་ལི་ཀན། FY: མདའ་ངོ་དུང་རེ་བཏགས་ལི་ཀན། ED: **མདའ་ངོར་དུང་རེ་བཏགས་ནི་གན།**

ཞང་ཚན་དུང་གིས་དཀར་ན་བསམ།[270] 愿舅家洁如海螺

Wish that maternal uncle's household be as pure as the conch shell.

མདའ་མདེའུ་ལྕགས་ཀྱིས་བདགས་ནི་གན།[271] 箭簇所镶之铁兮

That iron arrowhead riveted to the arrow,

ཞང་ཚན་ལྕགས་ཀྱིས་ཐང་ན་བསམ།[272] 愿舅家固如金铁

Wish that maternal uncle's household be as solid as iron.

ཞེས་མདའ་ཡི་གླུ་གླངས་ཏེ་རེ་ཞིག་རྫོགས་སོ།།[273] 释箭之歌圆满矣

The song of arrow has been completed.

---

270 UN, FY: ཞང་ཚན་དུང་གི་ཀད་མོ་བསམ། ED: **ཞང་ཚན་དུང་གིས་དཀར་ན་བསམ།**

271 UN: མདའ་མདེའུ་ལྕགས་ཀྱི་བདགས་ལི་ཀན། FY: མདའ་མདེའུ་ལྕགས་ཀྱིས་བདགས་ལི་ཀན། ED: **མདའ་མདེའུ་ལྕགས་ཀྱིས་བདགས་ནི་གན།**

272 UN: ཞང་ཚན་ལྕགས་ཀྱི་ཐང་མོ་བསམ། FY: ཞང་ཚན་ལྕགས་ཀྱིས་ཐང་མོ་བསམ། ཚ་བོ་སྐྱིད་ལ་འདོགས་ཀྱི་མདའ་གཞི་རེད། མདའ་ལེན་མི་ཀན་ཡི་བསྒོམ་གསུམ་ཤོད། སྟོང་དམར་པོ་དེ་གསུམ་སངས་རྒྱས་བསྒོམས། སྒྲོ་ཆེད་བོད་ཐང་དེ་རྣན་པོའི་བསྒོམས། མདེའུ་རྡོ་རྗེ་མགར་ར་ཤིས་ངས་བསྒོམས། མདའ་ལེན་མི་མགོ་ལུས་སྤྲ་ཡིན། ED: **ཞང་ཚན་ལྕགས་ཀྱིས་ཐང་ན་བསམ།**

273 TR: **ཞེས་མདའ་ཡི་གླུ་གླངས་ཏེ་རེ་ཞིག་རྫོགས་སོ།།**

Endnotes མཇུག་མཆན། 尾注

1 *Tsabo* (*tsha bo*) means 'nephew' and 'brother-in-law'. In this context, it should be understood as the groom who is requesting the arrow and is about to take his bride back.

ཞང་ཚ་ཞེས་པའི་སྐབས་ཚ་བོ་ནི་སྲིང་མོ་དང་ཨ་ནེ་ཡི་མག་པ་རྣམས་ལ་གོ་ཞིང་། སྐབས་དོན་དུ་བག་མ་བསུ་མཁན་དང་མདའ་ཞུ་མཁན་གྱི་མག་པ་ལ་གོ་བ་ཡིན།

"擦噢"(ཚ་བོ།)在藏语中意为外甥或姐夫。在这个语境中要理解为请箭并娶亲的新郎。

2 The number of arrows vary between narrations. Sometimes, the party of the wife-giver sings that as many as thirty-five arrows are stored in the wife-giver's *anyé zhidak* and asks the wife-taker to identify of the name of each arrow in order to make the process more challenging and interesting.

མདའ་ཡི་གྲངས་ཀྱི་སྐོར་ལ་བརྗོད་ལུགས་ཅི་རིགས་ཤིག་ཡོད་ཅིང་། དཔེར་ན། སྐབས་རེར་སྐྱེལ་མ་རྣམས་ཀྱིས་ཨ་མྱེས་གཞི་བདག་ཏུ་མདའ་སུམ་ཅུ་སོ་ལྔ་ཡོད་རབས་བཤད། དེ་སུམ་ཅུ་སོ་ལྔ་ཡི་མིང་རེ་དྲངས་ཞེས་བག་མ་བསུ་ལེན་མཁན་རྣམས་ལ་དཀའ་ལས་ངེས་ཅན་ཞིག་གཏོང་བཞིན་ཡོད་པ་རེད།

不同叙述中，箭的数量也不一样。有时为了让娶亲过程变得更有挑战性且更有趣，送亲的一方会唱在阿乃日达中有三十五支箭，并请娶亲者说出每支箭的名字。

3 *Yang* holder (*g.yang sder*) or 'fortune holder' is the wooden box holding arrows in the *anyé zhidak*. A well-crafted *yang* holder is made up of three levels. At each level, a corresponding offering is made. There are five kinds of produce within the *yang* holder: barley, wheat, beans, rice, and hemp seeds, as well as treasury jewels such as gold, silver, turquoises, and coral.

གཡང་སྡེར་ནི་ཨ་མྱེས་གཞི་བདག་ཏུ་བཞམས་ཡོད་པའི་ཤིང་སྒམ་ཞིག་དང་། དེ་ལ་སྤྱིར་བཏང་རིམ་པ་གསུམ་ཡོད་ཅིང་རིམ་པ་རེ་རེར་མཆོད་རྫས་རེ་བཞམས་ཡོད། རྒྱུན་ལྡན་དུ་ནང་དུ་གྲོ་ནས་སྲན་གསུམ་དང་འབྲས་དང་སོ་བ་སོགས་འབྲུ་རིགས་རྣམས་དང་། དེ་ནས་གསེར་དངུལ་དང་གཡུ་དང་བྱུ་རུ་རྣམས་བཞམས་ཡོད་པ་རེད།

央柜(གཡང་སྡེར།)或福柜是阿乃日达内放置箭的木盒。一个制作精良的福柜有三层。每一层都会敬献对应的供品。福柜中有五种作物：青稞、小麦、豆子、大米和麻籽以及珠宝，比如金、银、绿松石和珊瑚。

4 'Six clans of little men' (*mi'u rigs drug*) refer to the six ancestral clans of Tibet.

སྨ་འབྲུ་དབྲ་ལྡོང་དང་དཔའ་ཟླ་སོགས་བོད་མིའུ་གདུང་དྲུག་རྣམས་ཡིན།

六氏族(མིའུ་རིགས་དྲུག)指西藏的六个宗族。

5 The meaning of *hor* (*hor*) has changed over time. Generally speaking, up to the thirteenth century, *hor* refers to Turks or northern nomadic people. From the Yuan dynasty onward, the term usually refers to Mongols. In contemporary Choné, similar to other places in Amdo, *sokpo* (*sog po*) is used to refer to Mongols. For the Tibetan encounter with the Central Eurasian states and peoples, see Christopher Beckwith, *The Tibetan Empire in Central Asia: A History of the Struggle for Great Power Among Tibetans, Turks, Arabs, and Chinese During the Early Middle Ages* (Princeton: Princeton University Press, 1987), pp. 37–54. For the early encounters between Tibetans and Mongols, see Christopher Atwood, 'The First Mongol Contacts with the Tibetans', *Revue d'Etudes Tibétaines*, 31 (2015), 21–45.

ཧོར་ཞེས་པའི་ཐ་སྙད་ཀྱི་གོ་དོན་ལ་འཕོ་འགྱུར་རབས་དང་རིམ་པ་བྱུང་ཡོད་དེ། སྤྱིར་བཏང་ལྟར་ན། དུས་རབས་བཅུ་གསུམ་པའི་གོང་དུ་ཧོར་ནི་དྲུ་གུ་དང་འབྲེལ་བའི་བོད་ཀྱི་བྱང་གི་མི་རིགས་ཁག་དང་། དུས་རབས་བཅུ་གསུམ་པ་ཡས་མས་ནས་བཟུང་ཧོར་ནི་ཆེད་དུ་སོག་པོའི་མིང་དུ་གྱུར་ཅིང་། ཨ་མདོ་ཡི་ཡུལ་གྲུ་ཕལ་མོ་ཆེ་དང་འདྲ་བར་ཅོ་ནེ་པ་རྣམས་ཀྱིས་ཀྱང་སོག་པོ་ཞེས་འབོད་བཞིན་ཡོད། བོད་དང་ཨེ་ཤ་ཡ་དཀྱིལ་མའི་མི་རིགས་བར་གྱི་འབྲེལ་ལམ་སྐོར་གྱི་དཔྱད་ཞིབ་ལ་འདིར་གཟིགས་པར་ཞུ། Christopher Beckwith, *The Tibetan Empire in Central Asia: A History of the Struggle for Great Power Among Tibetans, Turks, Arabs, and Chinese During the Early Middle Ages* (Princeton: Princeton University Press, 1987), pp. 37–54. བོད་དང་སོག་པོ་ཐོག་མར་ཕྱད་དུས་ཀྱི་གནས་ཚུལ་སྐོར་འདིར་གཟིགས་པར་ཞུ། Christopher Atwood, 'The First Mongol Contacts with the Tibetans', *Revue d'Etudes Tibétaines*, 31 (2015), 21–45.

"霍尔"(ཧོར།)一词的意思几经变化。一般而言，霍尔在十三世纪之前指土耳其人或北部游牧人。从元代起，这个名词通常指蒙古人。同安多其他区域一样，在卓尼人们常用"扫告"(སོག་པོ།)指代蒙古人。关于藏族与中亚国家与族群的相遇，见Christopher Beckwith, *The Tibetan Empire in Central Asia: A History of the Struggle for Great Power Among Tibetans, Turks, Arabs, and Chinese During the Early Middle Ages* (Princeton: Princeton University Press, 1987), pp. 37–54。有关藏族与蒙古人的早期相遇，见Christopher Atwood, 'The First Mongol Contacts with the Tibetans', *Revue d'Etudes Tibétaines*, 31 (2015), 21–45。

6 Birch bark can be peeled off a tree to make a durable quiver.

ལྡོན་ཤིང་སྟག་པའི་ཤུན་ལྤགས་ནི་མདའ་ཤུབས་བཟོ་བྱེད་ཀྱི་རྒྱུ་ཆ་ཡིན།

桦树皮可以用来做耐用的箭囊。

7 Soul arrow (*bla mda'*) is used in the ritual to summon the soul and invoke longevity.

བླ་མདའ་ནི་བླ་འბོད་ཀྱི་སྐབས་སུ་ཆེད་དུ་བཀོལ་བཞིན་ཡོད་པ་རེད།

魂箭(བླ་མདའ།)在招魂和祈寿仪式中使用。

8 Gyelpo Tanggé (Rgyal po 'thing ge) is considered to be the grandson of Yapla Deldruk (Ya bla bdal drug) who is the lord of Phyva, one of the lineages created by Yémön Gyelpo: the king of primordial wishes. Gyelpo Tanggé is regarded as the common ancestor of all Tibetans and surrounding ethnic groups. According to myth, after Gyelpo Tanggé strangled himself with a shoelace, his body was shared by his three sons: Tibetan, Hor, and Chinese. See Samten Gyaltsen Karmay, *The Arrow and The Spindle*, I (1997), pp. 267–70.

དེའང་ལྷ་རབས་ལྟར་ན། ཡེ་སྨོན་རྒྱལ་པོ་ནས་ཕྱྭ་རྒྱུད་ཐམས་ཅད་སྤྲོལ་ཞིང་། དེ་ནས་ཕྱྭ་རྗེ་ཡ་བླ་བདལ་དྲུག་དང་། དེའི་རྒྱུད་པ་རྒྱལ་པོ་འཐིང་གེ་དང་། དེ་ནི་བོད་དང་རྒྱ་ཧོར་སོགས་ཉེ་འཁོར་མི་རིགས་ཀུན་གྱི་ཐུན་མོང་གི་མེས་པོ་དང་། རྒྱལ་པོ་འཐིང་གེ་ཡིས་རང་ཉིད་ལྷམ་སྒྲོམ་གྱིས་བཅིངས་ནས་ཤི་རྗེས་ཁོང་གི་ལུས་པོ་ནི་རྒྱ་བོད་ཧོར་གསུམ་གྱིས་བགོས་པར་བཤད། འབྲེལ་བའི་དཔྱད་ཞིབ་ཀྱི་སྐོར་ལ་འདིར་གཟིགས་པར་ཞུ། Samten Gyaltsen Karmay, *The Arrow and The Spindle*, I (1997), pp. 267–70.

本愿王耶摩嘉波所创造了“恰“(ཕྱྭ།) 氏族。嘉波唐格(རྒྱལ་པོ་འཐིང་གེ)被认为是此族之王雅拉德珠(ཡ་བླ་བདལ་དྲུག)的孙子。嘉波唐格被当作是藏族及周围民族的共同祖先。根据神话, 嘉波唐格用一根鞋带自缢后, 他的身体被三个儿子, 即藏、霍尔与汉分开。见Samten Gyaltsen Karmay, *The Arrow and The Spindle*, I (1997), pp. 267–70。

9 Based on the limited information to which we have access, we consider that the mountain deity mentioned here could be Gényen Drakkar (Dge bsnyen brag dkar): the protective deity of the Choné king. This mountain deity is situated in the northwestern quadrant of contemporary Choné County. It is said that he came from Central Tibet together with the ancestor of the Choné king. Missing his homeland dearly, he turned his face towards Central Tibet. In the meantime, the protective deity mentioned here could refer to Gényen Karwa (Dge bsnyen dkar ba): one of the most important mountain deities in Amdo. His name references his wearing white felt hat. He is the protector deity of many monasteries, including Ganden, Reting, Sera and Dungkar. See René de Nebesky-Wojkowitz, *Oracles and Demons of Tibet: The Cult and Iconography of the Tibetan Protective Deities* (Delhi: Book Faith India, 1996), p. 160.

ཤེས་ཚོད་ལྟར་ན། འདིའི་རི་གཉན་ནི་ཅོ་ནེ་ས་སྐྱོང་གི་ཡུལ་ལྷ་དགེ་བསྙེན་བྲག་དཀར་ཞེས་པ་དེ་ཡིན་དགོས་ཤིང་། ཡུལ་ལྷ་འདི་ནི་དེང་གི་ཅོ་ནེ་རྫོང་གི་ནུབ་བྱང་གི་མཚམས་སུ་ཆགས་ཡོད་པ་དང་། དག་

རྒྱུན་ལྟར་ན་དེ་ནི་ས་སྐྱོང་གི་མེས་པོ་རྣམས་དང་མཉམ་དུ་སྟོད་དབུས་གཙང་ཡུལ་ནས་མདོ་སྨད་དུ་ཕེབས་ཤིང་། ནམ་རྒྱུན་དབུས་གཙང་ཡུལ་དྲན་པའི་རྐྱེན་གྱིས། སྟོད་དབུས་གཙང་གི་ཕྱོགས་ལ་ཁ་འཁོར་ཡོད་པར་བཤད། གཞན་ཡང་མདོ་སྨད་ཕྱོགས་ཀྱི་ཡུལ་ལྷ་དགེ་བསྙེན་དཀར་བ་ཞེས་པ་དེ་ཡང་ཡིན་ངེས་ཏེ། དེ་ནི་དབུ་ཞྭ་དཀར་པོ་ཅན་གྱི་ཆ་ལུགས་ཤིག་དང་། དགའ་ལྡན་དགོན་དང་། རྭ་སྒྲེག་དགོན། སེ་ར་དགོན། ཏུང་དཀར་དགོན་སོགས་ཀྱི་སྲུང་མ་རེད། René de Nebesky-Wojkowitz, *Oracles and Demons of Tibet: The Cult and Iconography of the Tibetan Protective Deities* (Delhi: Book Faith India, 1996), p. 160.

根据所获得的有限信息，我们认为此处提及的山神可能是卓尼土司的护神格念札噶(དགེ་བསྙེན་བྲག་དཀར)。此山神位于现在卓尼县的西北方。据说他与卓尼土司的先祖从卫藏而来，由于非常想念故乡，他面朝卫藏。同时，此处提及的护神有可能是指安多最重要的山神之一格念噶瓦(དགེ་བསྙེན་དཀར་བ)。他得名是因其身穿白色毡帽。他是众多寺院的护神，包括甘丹寺、热振寺、色拉寺和东嘎寺。见René de Nebesky-Wojkowitz, *Oracles and Demons of Tibet: The Cult and Iconography of the Tibetan Protective Deities* (Delhi: Book Faith India, 1996), p. 160。

Lönpo Garchen
བློན་པོ་མགར་ཆེན། 大臣噶尔东赞

Lönpo Garchen

Lönpo Garchen, or Gar Tongtsen, was one of Songtsen Gampo's ministers. He is renowned among Tibetans for requesting the hand of the Chinese princess Wencheng, more commonly known as the Gyasa (Rgya bza'), in the first half of the seventh century. While interpretations of this inter-ethnocultural marriage abound in Chinese and Tibetan texts—both historical and contemporary[1]—the reconstruction of this marriage is currently in full swing within the context of intangible cultural heritage preservation and tourism development in China. In 2006, Tibetan opera was registered as a form of Chinese National-level Intangible Cultural Heritage.[2] As one of eight classical Tibetan operas (*rnam thar chen mo brgyad*), *Princess Wencheng* is based on the story of this famed marriage and is replayed in the context of multi-ethnic nationalism. An outdoor live show in Lhasa entitled *Princess Wencheng* (*'un shing kong jo*), with around 800 crew, began in 2013 and is one of the most powerful examples of this reconstruction.

In Shépa, 'Lönpo Garchen' opens with an introduction to King Songtsen Gampo, Princess Wencheng, and to the minister himself, tracing their lineages and outlining how they relate to Buddhism. The narrative then proceeds with an account of the preparations for Gar Tongtsen's trip to Tang China, listing the gifts he brought and the many hardships he endured on the journey. Once the minister finally arrives, the narrative turns to his shrewdness in competitions with envoys of other kingdoms who also came to China to woo Princess Wencheng. The end of this section describes Minister Gar Tongtsen's wisdom in

https://doi.org/10.11647/OBP.0312.07

escaping from China, where—due to his intelligence—he was detained by the Tang emperor. Much valuable Tibetan historical and cultural knowledge is contained in this section. For instance, the Tibetan kings are named; Lake Otang, on which Jokhang Monastery was established, is identified; and the sun-and-moon treasure mirror, which later transform into the sacred lake—Tso Ngönpo (Qinghaihu 青海湖)—is also mentioned.[3] Taken together, all these elements continue to shape Tibetans' cultural and religious understandings and practices as these are inscribed on the landscape.

Despite a significant number of variations in detail,[4] the general plot of 'Lönpo Garchen' resembles Tibetan literary sources, such as *The Mirror of the Royal Genealogies* in the fourteenth century, as well as the Tibetan opera, *Princess Wencheng*.[5] What distinguishes the current section from other literature is that it provides a detailed description of Gar Tongtsen's journey to Tang China and highlights the difficulties involved in bringing the Princess—together with the sacred statue of Jowo Shakyamuni, now enshrined in Jokhang Monastery—back to Lhasa. Thus, this section is not so much about celebrating the marriage between Songtsen Gampo and Princess Wencheng, but focuses rather more on praising the wisdom and bravery of Minister Gar Tongtsen. For these reasons, according to local understandings, Minister Gar Tongtsen is seen to be a matchmaker (*gnya' bo bar pa*) for a happy marriage. This section is most often performed on the wedding day itself.

Matchmakers were key figures when arranged marriages were still widely practiced in Choné. The matchmaker would be expected to know both sides well, including whether a household had a good reputation, if one side was affluent, whether one's in-laws were easy to get along with, whether one's bone was clean, if one's hearth deity (*thab ka*) was easy to please, and so on. In recent years, while the practice of arranged marriages has waned, the services of the matchmaker are still in demand and the practice is now reversed. Young people first fall in love after which they identify someone whom both sides know to be a good matchmaker.

Having managed the challenging negotiations between the two families in terms of dowry, bride price, and gifts before the wedding, the matchmaker also shoulders significant responsibility on the wedding day itself. During the marriage ceremony, he is the groom's 'spokesman'.

The groom is expected to stand up straight and remain silent in the bride's house. As outlined in our introduction, the matchmaker and other companions help the groom request the arrow. He engages with the joyful challenges set by the bride's side so that they can enter and leave the bride's house in the timeframe reckoned by the monk. The matchmaker is also charged with ensuring that no one becomes intoxicated and that no quarrels or fights erupt on the wedding day. In short, the matchmaker is the person in charge of almost everything on the wedding day. In light of this challenging task, the newlywed couple pay a new year's visit to the matchmaker bearing gifts as a sign of their appreciation.

This section is performed on the wedding day to highlight the hardship involved in taking and receiving a bride. Usually, singers do not perform the story in its entirety due to time limitations, instead singing only certain stanzas. The most commonly selected part is the one describing the arduous journey that the matchmaker Gar Tongtsen and his companions undertook. As we note in our introduction, the performance of Shépa is flexible in content as long as the context is relevant and appropriate. This section is often performed together with 'Zhanglu' and 'Tsalu', the songs of the wife-giver and wife-taker respectively on the wedding day.

Endnotes

1 Martin Slobodník, 'The Chinese Princess Wencheng in Tibet: A Cultural Intermediary between Facts and Myth', in *Trade, Journeys, Inner-and Intercultural Communication in East and West (up to 1250)*, ed. by Jozef M. Gálik and Tatiana Štefanovičová (Bratislava: Lufema, 2006), pp. 267–76.

2 The Central People's Government of the People's Republic of China, 'The Announcement of the First Inventory of National-level Intangible Cultural Heritage', (2006), http://www.gov.cn/zwgk/2006-06/02/content_297946.htm

3 It is also said that the treasure mirror turned into the Sun and Moon Mountain in Qinghai Province.

4 Our goal is not to compare and contrast variations in detail from different sources, but rather to enrich our understanding of the story of how Princess Wencheng was brought to Tibet. To this end, we do not outline

each variation here but rather provide Chinese, Tibetan and English references for those who are interested to read more. For English sources, see Bsod nams rgyal mtshan, *The Mirror Illuminating the Royal Genealogies*, trans. by Per K. Sørensen (Wiesbaden: Harrassowitz Verlag, 1994), pp. 215–49; Sonam Wangmo, 'A Study of Written and Oral Narratives of Lhagang in Eastern Tibet', *Revue d'Etudes Tibétaines*, 45 (2017), 69–88; Cameron D. Warner, 'A Miscarriage of History: Wencheng Gongzhu and Sino-Tibetan Historiography', *Inner Asia*, 13.2 (2011), 239–64. For earliest records in Chinese, see Xu Liu, *Jiutangshu* (Beijing: Zhonghua shuju, 1975), j196a.5221–22. For one of the Tibetan earliest records, see for example *Bka' chems ka khol ma*, ed. by Smon lam rgya mtsho (Lanzhou: Kan su'u mi rigs dpe skrun khang, 1989), pp. 147–210.

5 Yao Wang, *Tales from Tibetan Opera* (Beijing: New World Press, 2013), pp. 17–33.

བློན་པོ་མགར་ཆེན།

མགར་སྟོང་བཙན་ནི་བཙན་པོ་སྲོང་བཙན་སྒམ་པོའི་བློན་ཆེན་ཞིག་དང་། དུས་རབས་བདུན་པའི་སྐབས་ལ་རྒྱ་ནག་དང་ཕྱི་འབྲེལ་གྱི་བརྒྱུད་རིམ་དུ། ཁོང་གིས་རྒྱ་བཟའ་བོད་དུ་ཞུས་པའི་གཏམ་རྒྱུད་ནི་བོད་ཀྱི་ལོ་རྒྱུས་ཡོངས་སུ་གྲགས། དེ་དང་མཉམ་དུ་སྲོལ་རྒྱུན་གྱི་བོད་རྒྱའི་ལོ་རྒྱུས་ཡིག་ཚང་རྣམས་སུ་རྒྱ་བཟའ་ཀོང་ཇོ་དང་འབྲེལ་བའི་རྒྱ་ཆ་ཕུན་སུམ་ཚོགས་པ་ཞིག་ཡོད་ཅིང་།[1] རྒྱ་ནག་སྲིད་གཞུང་གི་མདོན་མིན་ཤུལ་བཞག་རིག་གནས་སྲུང་སྐྱོབ་དང་ཡུལ་སྐོར་ལྗོངས་རྒྱུའི་སྲིད་ཇུས་ཀྱི་རྒྱབ་ལྗོངས་འོག ད་སྔར་གཏམ་རྒྱུད་འདི་དང་འབྲེལ་བའི་རྣམ་པ་གསར་བ་ཞིག་ཀྱང་རིམ་གྱིས་ཕྱི་ལ་མདོན་བཞིན་ཡོད་པ་རེད། སྤྱི་ལོ་༢༠༠༨ནས་བོད་ཀྱི་རྣམ་ཐར་ཁག་ནི་རྒྱལ་ཁབ་རིམ་པའི་མདོན་མིན་ཤུལ་བཞག་གི་གྲས་སུ་བཀོད་ཅིང་།[2] རྣམ་ཐར་ཆེན་མོ་བརྒྱད་ཀྱི་ཡ་གྱལ་དུ་གྱུར་བའི་རྒྱ་བཟའ་ཀོང་ཇོ་ཡི་ཟློས་གར་ནི། མི་རིགས་སྣ་མང་གི་རྒྱལ་ཁབ་ཅེས་པའི་གནས་བབ་གཅིག་གི་ངོས་ནས་བསྐྱར་དུ་བསྒྲིགས་ཏེ་འཁྲབ་སྟོན་བྱེད་བཞིན་ཡོད་པ་དང་། དཔེར་ན་སྤྱི་ལོ་༢༠༡༣ནས་བཟུང་འཁྲབ་སྟོན་མཁན་༤༠༠ལྷག་གིས་གྲུབ་པའི་རྒྱ་བཟའ་ཀོང་ཇོ་ཞེས་པའི་ཟློས་གར་ཞིག་ལྷ་ས་གྲོང་ཁྱེར་ནས་དངོས་སུ་འཁྲབ་འགོ་བཙུགས་པ་ལྟ་བུའོ།།

བློན་པོ་མགར་ཆེན་གྱི་ལེའུ་ཚན་ལས། ཐོག་མར་བཙན་པོ་སྲོང་བཙན་སྒམ་པོ་དང་། རྒྱ་བཟའ་ཀོང་ཇོ། བློན་པོ་མགར་ཆེན་རྣམས་ངོ་སྤྲོད་བྱས་ཏེ། སངས་རྒྱས་ཆོས་ལུགས་ཀྱི་ལྟ་དགོངས་ལྟར་དེ་དག་གི་སྐྱེས་རྒྱུད་ཀྱི་སྐོར་བརྗོད་ཡོད་པ་དང་། དེ་ནས་བློན་པོ་མགར་ཆེན་གྱིས་རྒྱ་ནག་ཏུ་ཕེབས་པའི་སྔ་གོན་མཛད་རིམ་དང་། ལམ་བར་དུ་མྱོང་བའི་དཀའ་ངལ། མཐའ་མ་རྒྱ་ནག་ཏུ་བསླེབས་པ་ནས་བཟུང་། བློ་གྲོས་དང་ཐབས་རྩལ་གྱིས་རྒྱལ་ཁབ་སོ་སོ་ནས་ཕེབས་པའི་ཕོ་ཉ་ཀུན་ལས་འབུར་དུ་ཐོན་ཏེ་ཀོང་ཇོ་ཞུས་ཐུབ་ཚུལ་དང་། དེ་ནས་རྒྱ་ནག་གོང་མ་མགར་ལ་ཐུགས་མོས་ཕྱིར་བཀག་སྒྲོམ་སྣ་ཚོགས་བྱེད་ཚུལ། མགར་གྱིས་དཀའ་བ་དེ་དག་ཁྱད་དུ་བསད་ནས་ལམ་ལ་ཐར་བའི་བྱུང་རབས་རྣམས་བརྗོད་ཡོད། ལེའུ་འདིར་བོད་ཀྱི་ལོ་རྒྱུས་དང་འབྲེལ་བའི་ཤེས་བྱ་མང་པོ་ཞིག་འདུས་ཡོད་དེ། དཔེར་ན། བཙན་པོ་རིམ་བྱོན་གྱི་མཚན་གྲངས་དང་། གཙུག་ལག་ཁང་གི་ཆགས་གནས་འོ་ཐང་མཚོ་དང་རི་བོ་ཉི་ཟླ་དང་མཚོ་སྔོན་པོ་བཅས་དང་སྦྲེལ་ཏེ།[3] བོད་ཀྱི་ཆོས་སྲིད་རིག་གནས་ཀྱི་ཤེས་བྱའི་མ་ལག་ཏུ་གྲུབ་པའི་བོད་ཁམས་ཁྱོན་གྱི་ཡུལ་ལྗོངས་ཀྱི་རྣམ་པ་ཞིག་ཕྱོགས་ཀུན་ནས་མདོན་ཡོད།

བློན་པོ་མགར་དང་འབྲེལ་བའི་གཏམ་རྒྱུད་སྣ་ཚོགས་ལས་བྱེ་བྲག་གི་ངོས་ནས་ཁྱད་པར་དེས་ཅན་ཞིག་ཡོད་ན་འང་།[4] སྐབས་སུ་བབ་པའི་བརྗོད་བྱ་འདི་ནི་དུས་རབས་བཅུ་བཞིའི་ནང་བྱུང་བའི་རྒྱལ་རབས་གསལ་བའི་མེ་ལོང་དང་བོད་ཀྱི་ཟློས་གར་རྒྱ་བཟའ་ཀོང་ཇོ་ཡི་ནང་དོན་དང་ཕལ་ཆེར་མཚུངས།[5] ཡང་ལོ་རྒྱུས་བསྟན་བཅོས་མང་ཆེ་བའི་བརྗོད་དོན་དང་མི་མཐུན་པ་ཞིག་ནི། བློན་པོ་མགར་ཆེན་གྱི་བརྗོད་བྱར་མགར་རྒྱ་ནག་ཡུལ་དུ་ཕེབས་པའི་བརྒྱུད་རིམ་དང་། དེ་ནས་ཀོང་ཇོ་ཞུས་རྗེས་ཀོང་ཇོ་དང་གཙུག་ལག་ཁང་གི་ཇོ་བོ་ལྷ་སར་སྐྱེལ་བའི་ལམ་བར་དུ་མྱོང་བའི་དཀའ་ཁག་གི་སྐོར་ཞིབ་ཏུ་བརྗོད་ནས། བློན་པོ་མགར་ཆེན་གྱི་མཛད་པ་ལ་བསྟོད་བསྔགས་གཙོ་བོར་བཟུང་ཡོད་པ་ལས། སྲོང་བཙན་སྒམ་པོ་དང་རྒྱ་བཟའ་ཀོང་ཇོ་ཡི་གཉེན་འབྲེལ་གྱི་སྐོར་ལ་ཕལ་ཆེར་མཐོང་ཆེན་མེད་པའི་ཚུལ་ལ་བརྟག་ན། ཅོ་ནེ་པ་རྣམས་ཀྱིས་གཉེན་སྟོན་གྱི་ཉིན་མོར་བློན་པོ་མགར་ཆེན་གྱི་ལེའུ་གྱེར་

ལེན་བྱེད་དོན་ཡང་། མགར་སྟོང་བཙན་ནི་བཙན་པོ་དང་རྒྱ་བཟའི་བར་པ་ལྟ་བུར་ངོས་འཛིན་བྱེད་པས་ཡིན་པར་འདོད།

ཚེ་ནེ་པའི་གཉེན་སྒྲོལ་དུ། གཞུང་པོ་བར་པ་ནི་ད་ལྟའི་བར་དུ་ཤིན་ཏུ་གལ་ཆེན་ཞིག་ཏུ་བརྩི་ཞིང་། ཕྱོགས་གཉིས་ཀྱི་ཁྱིམ་ཚང་གི་དངོས་ཡོད་གནས་ཚུལ་ཏེ་མཚོན་སྟོན་བཟང་ངན་དང་། འབྱོར་བ་དྲག་ཞན། རུས་རྒྱུད་གཙང་བཙོག ཐབ་ལྟའི་འཇམ་རྩུབ་སོགས་ལ་གཞུང་པོ་བར་པས་ཡོངས་སུ་རྒྱུས་ལོན་ནས་འགན་ལེན་བྱེད་དགོས་པ་དང་། དེང་གི་དུས་ལའང་ལུགས་སྲོལ་དེ་ནི་ཡོངས་སུ་མ་ཉམས་པར། ཕོ་མོ་ཕན་ཚུན་བར་དུ་ཡིད་སེམས་གཅིག་ཏུ་མཐུན་རུང་། ཕྱོགས་གཉིས་ཀའི་བློ་དང་འཚམས་པའི་བར་པ་ཞིག་བཙལ་ནས། གཉེན་སྟོན་གྱི་སྔོན་ལ་བཛངས་མ་དང་སྐྱེས་ཀྱི་སྣ་གོན་བར་པས་ཕྱོགས་གཉིས་ཀ་དང་གྲོས་མོལ་བྱེད་དགོས་པ་དང་། གཉེན་སྟོན་གྱི་ཉིན་མོར་མག་པས་བག་མའི་ཁྱིམ་དུ་གཏམ་དང་སྐད་ཆ་ངག་ལ་ལེན་མི་ཆོག་ཕྱིར། གཞུང་པོ་བར་པས་ཚབ་བྱེད་ནས་ཕ་རོལ་བའི་ཤགས་ལ་ལན་རེ་རེ་བཞིན་དུ་ཕོག་དགོས། ཛོན་གླིང་གི་སྐབས་སུ་ཞུས་པ་ལྟར། བར་པས་ཟུར་ལས་རྣམས་དང་མཉམ་དུ་མག་རོགས་ལ་མདའ་ཞུ་རོགས་བྱས་ཏེ། དེ་ནས་མོ་རྩིས་ཀྱི་ལུང་ལྟར་བག་མ་བསུ་ལེན་དང་སྐྱེལ་མ་དུས་ལྟར་དུ་བྱེད་པ་དང་། གཉེན་སྟོན་གྱི་སྐབས་སུ་ཆང་བཟི་མཁན་དང་། ཁ་རྩོད་དང་རྩུང་རེས་སོགས་མི་བྱུང་བར་ལྟ་རྟོག་གི་འགན་ལེན་ཅི་རིགས་བྱེད་དགོས་ཕྱིར། ཁྱོ་ཤུག་གཉིས་ཀྱིས་ཀྱང་ཕྱི་མའི་ལོ་སར་གྱི་སྐབས་སྐྱེས་དང་བཅས་ཏེ་བར་པའི་ནང་ལ་སོང་ནས་ཐུགས་རྗེ་ཞུ་དགོས་པ་ཡིན།

བློན་པོ་མགར་ཆེན་གྱི་ལེའུ་འདི་ནི་གཉེན་སྟོན་གྱི་ཉིན་མོར་ལེན་ཞིང་། ཡིན་ནའང་དུས་ཚོད་ཀྱི་དབང་གིས་ཚན་པ་ཁ་ཤས་ཤིག་ལས་ནང་དོན་ཡོངས་ནི་གྱེར་ལེན་བྱེད་བཞིན་མེད་པ་དང་། ནང་དོན་ཕལ་ཆེ་བ་ནི་མགར་དང་འཁོར་རྣམས་རྒྱ་བཟའ་བསུ་བར་འགྲོ་བའི་ལམ་ཁར་བརྒྱུད་པའི་དཀའ་ངལ་སྣ་ཚོགས་ཀྱི་སྐོར་ཡིན། ཛོན་གླིང་གི་སྐབས་སུ་ཞུས་པ་ལྟར། སྐབས་བབ་ཀྱི་ཡུལ་དུས་དང་བསྟུན་ནས་བརྗོད་བྱ་ནི་ཆེད་དུ་བདམས་ནས་གྱེར་ཅིང་། བློན་པོ་མགར་ཆེན་གྱི་ལེའུ་ནི་ཞང་གླུ་དང་ཚ་གླུ་དང་མཉམ་དུ་གྱེར་སྲོལ་ཡོད་པ་རེད།

མཇུག་མཆན།

1 Martin Slobodník, 'The Chinese Princess Wencheng in Tibet: A Cultural Intermediary between Facts and Myth', in *Trade, Journeys, Inner-and Intercultural Communication in East and West (up to 1250)*, ed. by Jozef M. Gálik and Tatiana Štefanovičová (Bratislava: Lufema, 2006), pp. 267–76.

2 中华人民共和国中央人民政府，"国务院关于公布第一批国家级非物质文化遗产名录的通知"，(2006)，http://www.gov.cn/zwgk/2006-06/02/content_297946.htm

3 དག་རྒྱན་དུ་ཉི་ཟླ་རི་བོ་ནི་རྒྱ་བཟའི་མེ་ལོང་ལ་གས་ཆག་ཤོར་ནས་གྱུར་པར་བཤད།

4 དེའང་འབྲེལ་ཡོད་བརྗོད་དོན་སྐོར་ལ་ལོ་རྒྱུས་ཡིག་ཆ་ཁག་ནས་བསྒྱུར་དཔྱད་ཀྱི་ཆེད་དུ་མ་ཡིན་པར། གཏམ་རྒྱུད་འདིའི་རྣམ་པ་སྣ་མང་ཞིག་མངོན་ཐུབ་པའི་ཆེད་དུ་འདིར་འབྲེལ་ཡོད་བོད་རྒྱ་དབྱིན་གསུམ་

གྱི་རྒྱུ་ཆ་ཁག་ངོ་སྤྲོད་ཙམ་བྱེད་ཡོད། Bsod nams rgyal mtshan, *The Mirror Illuminating the Royal Genealogies*, trans. by Per K. Sørensen (Wiesbaden: Harrassowitz Verlag, 1994), pp. 215–49; Sonam Wangmo, 'A Study of Written and Oral Narratives of Lhagang in Eastern Tibet', *Revue d'Etudes Tibétaines*, 45 (2017), 69–88; Cameron D. Warner, 'A Miscarriage of History: Wencheng Gongzhu and Sino-Tibetan Historiography', *Inner Asia*, 13.2 (2011), 239–64. འབྲེལ་ཡོད་དོན་རྐྱེན་འཁོད་པའི་རྒྱ་ཡིག་གི་ཡིག་ཚང་སྔ་ཤོས་ནི་ཐང་ཡིག་རྙིང་མ་རེད། 刘昫,《旧唐书》(北京:中华书局, 1975), j196a.5221–22. བོད་ཡིག་གི་ཡིག་ཚང་སྔ་ཤོས་ནི་བཀའ་ཆེམས་ཀ་ཁོལ་མ་ཡིན། བཀའ་ཆེམས་ཀ་ཁོལ་མ། སྨོན་ལམ་རྒྱ་མཚོས་རྩོམ་སྒྲིག་བྱས། (ལན་གྲུ། ཀན་སུའུ་མི་རིགས་དཔེ་སྐྲུན་ཁང་།1989), pp. 147–210.

5 Yao Wang, *Tales from Tibetan Opera* (Beijing: New World Press, 2013), pp. 17–33.

大臣噶尔东赞

大臣噶尔，又名噶尔东赞，是松赞干布的一位大臣。七世纪上半叶，他为赞普迎娶被藏族称为“嘉泽”（རྒྱ་བཟའ།）的汉地文成公主而享有盛名。自古至今，汉藏文献中对这场跨民族婚姻的解读很丰富。[1]目前，随着非遗保护与旅游发展的兴起，对此婚姻的重新建构也在全面展开。2006年，藏戏被列为国家级非物质文化遗产，[2]其中作为八大经典藏戏（རྣམ་ཐར་ཆེན་མོ་བརྒྱད།）之一的“文成公主”就是以这场著名的婚姻为蓝本。如今，它在多民族国家的情境中重新被演绎。自2013年开始，大约800名演员阵容的“文成公主”（ཝུན་ཤིང་ཀོང་ཇོ།）在拉萨上演，是这种重新建构最有力的例证之一。

“大臣噶尔东赞”以介绍松赞干布、文成公主及噶尔东赞开篇，追溯了他们各自的世系并简述了他们与佛教的关系。之后讲述了噶尔东赞为去大唐所做的准备，罗列了他准备的礼物以及旅程中承受的诸多艰辛。转而叙述噶尔东赞最终抵达长安，同各国前来求娶文成公主的使臣竞争，并展现了他的智谋。最后，叙述以大臣噶尔东赞因才智被唐皇拘禁但成功逃离中原而结尾。本篇包含许多宝贵的藏族历史文化知识。例如，点明了藏王的名讳，指明了大昭寺的所在地奥塘湖，提及了变为青海湖（མཚོ་སྔོན་པོ།）的日月宝镜。[3]这些元素持续塑造着藏族那些镌刻进地理景观中的文化宗教认识和习俗。

尽管在细节上存在大量的差异，[4]但“大臣噶尔东赞”的总体情节和藏族历史文献，比如十四世纪的《西藏王统记》与藏戏《文成公主》，颇为类似。[5]本篇和其他文本的不同之处在于，它细致刻画了噶尔东赞的中原之行，以及把公主和如今供奉在大昭寺的神圣释迦摩尼等身像迎接到拉萨的艰难。因此，与其说本篇在歌颂松赞干布和文成公主之间的姻缘，倒不如说它是在赞颂大臣噶尔东赞的有勇有谋。因此，在当地的理解中，大臣噶尔东赞被认为是幸福婚姻的媒人（གཉའ་ཚོ་བར་པ།），所以此篇大多会在婚礼上演唱。

过去实行包办婚姻时，媒人是很关键人物。媒人要对结亲双方都了如指掌，包括一家人的口碑好坏，家境是否富裕，双亲是否难以相处，骨头是否干净，灶神（ཐབ་ཀ།）是否容易取悦，不一而足。近些年，尽管包办婚姻淡出了当地社会，人们依然需要媒人的帮助来结亲。这导致传统习俗有所改变：年轻人通常先恋爱，再找一位双方都满意的好媒人。

媒人除了在婚礼前处理两家之间有关嫁妆、彩礼、礼物及诸多有挑战性的协商之外，还要在婚礼当天承担重要的责任。在婚礼上，他是新郎的“发言人”，因为在新娘家时，新郎需要遵循保持站立并一言不发的传统。媒人和其他同伴需要帮助新郎求取箭，他也需要参与新娘一方设置的有趣挑战，并在僧人卜算好的时间节点进入并离开新娘家。媒人还负责确保在婚礼上没人喝醉，也没有口角或打架发生。简言之，媒人几乎包揽了婚礼上的所有事。由于他任务繁多，新婚夫妻在新年时需要带礼品拜访媒人以感谢其辛苦付出。

本篇在婚礼当天演唱，强调娶亲和迎亲的困难。通常演唱者因时间限制只会唱一些诗节，而不会表演整个故事。最常选取的部分是噶尔东赞与其随护在旅途中经历的困难。导论已述，只要是情境相关且合适，释巴表演在内容上是灵活的。因此，本篇常常与"送亲辞"和"迎亲辞"，即"出嫁歌"和"娶亲歌"，在婚礼上一起演唱。

尾注

1 Martin Slobodník, 'The Chinese Princess Wencheng in Tibet: A Cultural Intermediary between Facts and Myth', in *Trade, Journeys, Inner-and Intercultural Communication in East and West (up to 1250)*, ed. by Jozef M. Gálik and Tatiana Štefanovičová (Bratislava: Lufema, 2006), pp. 267–76.

2 中华人民共和国中央人民政府，"国务院关于公布第一批国家级非物质文化遗产名录的通知"，(2006)，http://www.gov.cn/zwgk/2006-06/02/content_297946.htm

3 传说宝镜变成了青海的日月山。

4 我们的目的并非对比不同史料的细节异同，而是丰富我们对吐蕃迎娶文成公主这一故事的解读。因此，我们未在此细列每处不同，而是为有兴趣的读者提供了汉、藏、英三语的参考文献。英文资料见Bsod nams rgyal mtshan, *The Mirror Illuminating the Royal Genealogies*, trans. by Per K. Sørensen (Wiesbaden: Harrassowitz Verlag, 1994), pp. 215–49； Sonam Wangmo, 'A Study of Written and Oral Narratives of Lhagang in Eastern Tibet', *Revue d'Etudes Tibétaines*, 45 (2017), 69–88； Cameron D. Warner, 'A Miscarriage of History: Wencheng Gongzhu and Sino-Tibetan Historiography', *Inner Asia*, 13.2 (2011), 239–64。中文最早时期的记录见刘昫，《旧唐书》(北京：中华书局，1975)，j196a.5221–22。藏文早期记录，例见བཀའ་ཆེམས་ཀ་ཁོལ་མ། སྨོན་ལམ་རྒྱ་མཚོས་རྩོམ་སྒྲིག་བྱས། (ལན་གྲུ། ཀན་སུའུ་མི་རིགས་དཔེ་སྐྲུན་ཁང་|1989), pp. 147–210。

5 Yao Wang, *Tales from Tibetan Opera* (Beijing: New World Press, 2013), pp. 17–33.

བློན་པོ་མགར་ཆེན། 大臣噶尔东赞

Minister Gar Tongtsen

དྲི། 问

Question:

སྟོད་ན་འཇའ་ཞིག་ཤར་བསྡད་སྣང་།[1] 虹霓现于上部兮

The rainbow appeared in the upper region,

སྟོད་ལ་ཅི་ཞིག་འཁྲུངས་ནི་རེད།[2] 生于上部者孰耶

Who was born there?

སྨད་ན་མཚོ་ཞིག་འཁྱིལ་བསྡད་སྣང་།[3] 湖泽汇于下部兮

The lake formed in the lower region,

སྨད་ལ་ཅི་ཞིག་འཁྲུངས་ནི་རེད།[4] 生于下部者孰耶

Who was born there?

བར་ན་རླུང་ཞིག་ལངས་བསྡད་སྣང་།[5] 风飕飕于中部兮

The wind blew in the middle region,

---

[1] MT: **སྟོད་ན་འཇའ་ཞིག་ཤར་བསྡད་སྣང་།** ZG: སྟོད་ལ་འཁྲུངས་པ་ཅི་འདྲ་སྣང་། སྨད་ལ་འཁྲུངས་པ་ཅི་འདྲ་སྣང་། བར་ལ་འཁྲུངས་པ་ཅི་འདྲ་སྣང་། སྟོད་ལ་འཁྲུངས་པ་བརྒྱ་དང་བརྒྱད་རེ་སྣང་། སྨད་ལ་འཁྲུངས་པ་བརྒྱ་དང་བརྒྱད་རེ་སྣང་། བར་ལ་འཁྲུངས་པ་བརྒྱ་དང་བརྒྱད་རེ་སྣང་། བརྒྱ་དང་བརྒྱད་ནས་གཅིག་རེ་ལོངས། གཅིག་རེ་མིང་དེ་ཅི་ཞིག་ཟེར། བརྒྱ་དང་བརྒྱད་ནས་གཅིག་རེ་ལོངས། གཅིག་རེ་མིང་དེ་ཅི་ཞིག་ཟེར། བརྒྱ་དང་བརྒྱད་ནས་གཅིག་རེ་ལོངས། གཅིག་རེ་མིང་དེ་ཅི་ཞིག་ཟེར། བརྒྱ་དང་བརྒྱད་ནས་གཅིག་རེ་ལོངས། གཅིག་རེ་མིང་དེ་སྲོང་བཙན་སྒམ་པོ་རེད། བརྒྱ་དང་བརྒྱད་ནས་གཅིག་རེ་ལོངས། གཅིག་རེ་མིང་དེ་རྒྱ་བཟའ་ཀོང་ཇོ་རེད། བརྒྱ་དང་བརྒྱད་ནས་གཅིག་རེ་ལོངས། གཅིག་རེ་མིང་དེ་བློན་པོ་མགར་ཆེན་རེད། CS: སྟོད་ན་འཇའ་ཅིག་ཤར་འདས་ཡོད། FY: སྟོད་ན་འཇའ་ཞིག་འདུག་ཡོད།

[2] MT: **སྟོད་ལ་ཅི་ཞིག་འཁྲུངས་ནི་རེད།** CS: སྟོད་ན་ཆེ་གཞི་འཁྲུངས་ནི་རེད། FY: སྟོད་ན་ཅི་ཞིག་འཁྲུངས་ནི་རེད།

[3] MT: **སྨད་ན་མཚོ་ཞིག་འཁྱིལ་བསྡད་སྣང་།** CS: སྨད་ལ་མཚོ་ཅིག་འཁྱིལ་འདས་ཡོད། FY: སྨད་ལ་མཚོ་ཞིག་འཁྱིལ་འདུག་ཡོད།

[4] MT, FY: **སྨད་ལ་ཅི་ཞིག་འཁྲུངས་ནི་རེད།** CS: སྨད་ལ་ཆེ་གཞི་འཁྲུངས་ནི་རེད།

[5] MT: **བར་ན་རླུང་ཞིག་ལངས་བསྡད་སྣང་།** CS: བར་ལ་རླུང་འཚུབ་གཡུག་གི་ན། FY: བར་ལ་རླུང་ཞིག་གཡུག་འདུག་ཡོད།

བར་ལ་ཅི་ཞིག་འཁྲུངས་ནི་རེད།[6] 生于中部者孰耶

Who was born there?

གླུ་དལ་བུར་ཤོག་དང་བྲེལ་བ་མེད། 歌徐陈之莫匆促

Please sing the song slowly, there is no hurry.

ལན། 答

Answer:

སྟོད་ལ་འཇའ་ཞིག་ཤར་རྒྱུ་དེ།[7] 虹霓现于上部兮

That rainbow appearing in the upper region,

སྲོང་བཙན་སྒམ་པོ་འཁྲུངས་བསྡད་སྣང་།[8] 松赞干布降生矣

King Songtsen Gampo was born.

སྨད་ལ་མཚོ་ཞིག་འཁྱིལ་རྒྱུ་དེ།[9] 湖泽汇于下部兮

That lake forming in the lower region,

རྒྱ་བཟའ་ཀོང་ཇོ་འཁྲུངས་བསྡད་སྣང་།[10] 文成公主降生矣

Princess Wencheng was born.

བར་ལ་རླུང་ཞིག་ལངས་རྒྱུ་དེ།[11] 风飂飂于中部兮

That wind blowing in the middle region,

---

6 MT, FY: **བར་ལ་ཅི་ཞིག་འཁྲུངས་ནི་རེད།** CS: བར་ལ་ཆི་གཞི་འཁྲུངས་འདུས་ཡོད།

7 MT: **སྟོད་ལ་འཇའ་ཞིག་ཤར་རྒྱུ་དེ།** CS: སྟོད་ལ་འཇའ་ཅིག་ཤར་གི་ཟེར། FY: སྟོད་ལ་འཇའ་ཞིག་ཤར་གི་ཟེར།

8 MT: **སྲོང་བཙན་སྒམ་པོ་འཁྲུངས་བསྡད་སྣང་།** CS: སྲོང་བཙན་སྒོམ་པོ་འཁྲུངས་དེ་ཡོད། FY: སྲོང་བཙན་སྒམ་པོ་འཁྲུངས་འདུག་ཡོད།

9 MT: **སྨད་ལ་མཚོ་ཞིག་འཁྱིལ་རྒྱུ་དེ།** CS: སྨད་ལ་མཚོ་ཅིག་འཁྱིལ་གི་ཟེར། FY: སྨད་ལ་མཚོ་ཞིག་འཁྱིལ་གི་ཟེར།

10 MT: **རྒྱ་བཟའ་ཀོང་ཇོ་འཁྲུངས་བསྡད་སྣང་།** CS: སྨད་རྒྱ་བཟའ་ཀོ་ཆོ་འཁྲུངས་དེ་ཡོད། FY: སྨད་རྒྱ་བཟའ་ཀོང་ཇོ་འཁྲུངས་འདུག་ཡོད།

11 MT: **བར་ལ་རླུང་ཞིག་ལངས་རྒྱུ་དེ།** CS: བར་ལ་རླུང་ཅིག་གཡུག་གི་ཟེར། FY: བར་ལ་རླུང་ཞིག་གཡུག་གི་ཟེར།

བློན་པོ་མགར་ཆེན་འབྲུངས་བསྟོད་སྟོང་།[12] 大臣东赞降生矣

Minister Gar Tongtsen was born.

གླུ་དེ་ཡི་ལན་ལ་དེ་འདྲ་ཡིན། 如是答复彼歌矣

This is the response to the song.

དྲི། 问

Question:

སྟོད་ཀྱི་སྲོང་བཙན་སྒམ་པོ་གན།[13] 上部松赞干布兮

King Songtsen Gampo of the upper region,

ཁྱོས་མིག་གིས་མཐོང་ན་རྣ་ཡིས་གོ།[14] 尔目睹耶耳闻耶

Did you see him or hear about him?

རྣ་ཡིས་གོ་ན་ཅི་རེད་ཟེར།[15] 若耳闻之者何耶

If you heard about him, what was it that you heard?

སྨད་ཀྱི་རྒྱ་ནག་ཀོང་ཇོ་གན།[16] 下部文成公主兮

Princess Wencheng of the lower region,

ཁྱོས་མིག་གིས་མཐོང་ན་རྣ་ཡིས་གོ།[17] 尔目睹耶耳闻耶

Did you see her or hear about her?

---

12 MT: **བློན་པོ་མགར་ཆེན་འབྲུངས་བསྟོད་སྟོང་།** CS: དེ་བློན་པོ་སྒང་ཆེན་འབྲུངས་དེ་ཡོད། FY: དེ་བློན་པོ་མགར་ཆེན་འབྲུངས་འདུག་ཡོད།

13 MT: སྲོང་བཙན་སྒམ་པོ་འབྲུངས་བསྟོད་སྟོང་། CS: སྟོད་ཡི་སྲོང་བཙན་སྒམ་པོ་གད། FY: སྟོད་ཀྱི་སྲོང་བཙན་སྒམ་པོ་ཀན། ED: **སྟོད་ཀྱི་སྲོང་བཙན་སྒམ་པོ་གན།**

14 MT: **ཁྱོས་མིག་གིས་མཐོང་ན་རྣ་ཡིས་གོ།** CS: མིག་གིས་མཐོང་ན་རྣ་ཡི་གོ། FY: མིག་གིས་མཐོང་ན་རྣ་ཡིས་གོ

15 MT: **རྣ་ཡིས་གོ་ན་ཅི་རེད་ཟེར།**

16 MT: རྒྱ་བཟའ་ཀོང་ཇོ་འབྲུངས་བསྟོད་སྟོང་། CS: སྨད་ན་རྒྱ་བཟའ་ཀོ་ཆོ་གན། FY: སྨད་ཀྱི་རྒྱ་བཟའ་ཀོང་ཇོ་ཀན། ED: **སྨད་ཀྱི་རྒྱ་ནག་ཀོང་ཇོ་གན།**

17 MT: **ཁྱོས་མིག་གིས་མཐོང་ན་རྣ་ཡིས་གོ།** CS: མིག་གིས་མཐོང་ན་རྣ་ཡི་གོ། FY: མིག་གིས་མཐོང་ན་རྣ་ཡིས་གོ

རྣ་ཡིས་གོ་ན་ཅི་རེད་ཟེར།[18] 若耳闻之者何耶

If you heard about her, what was it that you heard?

བར་གྱི་བློན་པོ་མགར་ཆེན་གན།[19] 中部大臣东赞兮

Minister Gar Tongtsen of the middle region,

ཁྱོས་མིག་གིས་མཐོང་ན་རྣ་ཡིས་གོ།[20] 尔目睹耶耳闻耶

Did you see him or hear about it?

རྣ་ཡིས་གོ་ན་ཅི་རེད་ཟེར།[21] 若耳闻之者何耶

If you heard about him, what was it that you heard?

གླུ་དལ་མོ་ལོངས་དང་རྗེས་ན་ཡོད། 有歌相继徐徐咏

Sing it slowly, and more songs will follow.

ལན། 答

Answer:

སྟོད་ཀྱི་སྲོང་བཙན་སྒམ་པོ་གན།[22] 上部松赞干布兮

King Songtsen Gampo of the upper region,

མིག་གིས་མ་མཐོང་རྣ་ཡིས་གོ།[23] 目弗睹之耳闻之

Was only heard about and not seen.

---

18 MT: **རྣ་ཡིས་གོ་ན་ཅི་རེད་ཟེར།**

19 MT: བློན་པོ་མགར་ཆེན་འབྲུངས་བསྟོད་སྐང། CS: བར་ན་བློན་པོ་སྟང་ཆེན་གད། FY: བར་གྱི་བློན་པོ་མགར་ཆེན་ཀན། ED: **བར་གྱི་བློན་པོ་མགར་ཆེན་གན།**

20 MT: **ཁྱོས་མིག་གིས་མཐོང་ན་རྣ་ཡིས་གོ།** CS: མིག་གིས་མཐོང་ན་རྣ་ཡི་གོ། FY: མིག་གིས་མཐོང་ན་རྣ་ཡིས་གོ

21 MT: **རྣ་ཡིས་གོ་ན་ཅི་རེད་ཟེར།**

22 MT: **སྟོད་ཀྱི་སྲོང་བཙན་སྒམ་པོ་གན།** CS: སྟོད་ཡི་སྲོང་བཙན་སྒོམ་པོ་གད། FY: སྟོད་ཀྱི་སྲོང་བཙན་སྒམ་པོ་ཀན།

23 CS: **མིག་གིས་མ་མཐོང་རྣ་ཡིས་གོ།** FY: མིག་གིས་མ་མཐོང་རྣ་ཡིས་གོ

སྲོང་ཆེ་ནི་གོ་ནས་སེམས་ལ་བཟུང་།[24] 闻其威严心记之

I heard about His Majesty and then enshrined him in my heart.

སེམས་ལ་བཟུང་ནས་ཡིད་རེ་གསལ།[25] 心记之也意明之

Then, he was engraved in my mind forever.

སྨད་ཀྱི་རྒྱ་ནག་ཀོང་ཇོ་གན།[26] 下部文成公主兮

Princess Wencheng of the lower region,

མིག་གིས་མ་མཐོང་རྣ་ཡིས་གོ།[27] 目弗睹之耳闻之

Was only heard about and not seen.

ཀོང་ཆེ་ནི་གོ་ནས་སེམས་ལ་བཟུང་།[28] 闻其尊贵心记之

I heard about Her Royal Highness and then enshrined her in my heart.

སེམས་ལ་བཟུང་ནས་ཡིད་རེ་གསལ།[29] 心记之也意明之

Then, she was engraved in my mind forever.

བར་གྱི་བློན་པོ་མགར་ཆེན་གན།[30] 中部大臣东赞兮

Minister Gar Tongtsen of the middle region,

མིག་གིས་མ་མཐོང་རྣ་ཡིས་གོ།[31] 目弗睹之耳闻之

Was only heard about and not seen.

---

24 MT: སྲོང་ཆེ་ནི་གོ་ནས་སེམས་ལ་བཟུང་། CS: རྣ་ཡིས་གོ་ནས་སེམས་ལ་ཟུངས། FY: རྣ་ཡིས་གོ་ནས་སེམས་ལ་བཟུང་།

25 CS, FY: སེམས་ལ་བཟུང་ནས་ཡིད་རེ་གསལ།

26 MT: སྨད་ཀྱི་རྒྱ་ནག་ཀོང་ཇོ་གན། CS: སྨད་ཡི་རྒྱ་བཟའ་ཀོ་ཆོད་གད། FY: སྨད་ཀྱི་རྒྱ་བཟའ་ཀོང་ཇོ་ཀན།

27 CS: མིག་གིས་མ་མཐོང་རྣ་ཡིས་གོ། FY: མིག་གིས་མ་མཐོང་རྣ་ཡིས་གོ

28 MT: ཀོང་ཆེ་ནི་གོ་ནས་སེམས་ལ་བཟུང་། CS: རྣ་ཡིས་གོ་ནས་སེམས་ལ་ཟུངས། FY: རྣ་ཡིས་གོ་ནས་སེམས་ལ་བཟུང་།

29 CS, FY: སེམས་ལ་བཟུང་ནས་ཡིད་རེ་གསལ།

30 MT: བར་གྱི་བློན་པོ་མགར་ཆེན་གན། CS: བར་འདི་བློན་པོ་སྒང་ཆེན་གད། FY: བར་གྱི་བློན་པོ་མགར་ཆེན་ཀན།

31 CS: མིག་གིས་མ་མཐོང་རྣ་ཡིས་གོ། FY: མིག་གིས་མ་མཐོང་རྣ་ཡིས་གོ།

མགར་ཆེ་ནི་གོ་ནས་སེམས་ལ་བཟུང་།[32]
闻其睿智心记之
I heard about His Excellency and then enshrined him in my heart.

སེམས་ལ་བཟུང་ནས་ཡིད་རེ་གསལ།[33]
心记之也意明之
Then, he was engraved in my mind forever.

གླུ་དེ་ཡི་ལན་ལ་དེ་འདྲ་ཡིན།
如是答复彼歌矣
This is the response to the song.

དྲི།
问
Question:

སྟོད་ཀྱི་སྲོང་བཙན་སྒམ་པོ་གན།[34]
上部松赞干布兮
King Songtsen Gampo of the upper region,

སྲོང་ཆེ་ན་གང་གི་རྒྱུད་ལས་ཆད།[35]
降生之宗室何耶
From which lineage did His Majesty descend?

ཐུགས་ཆེ་ན་གང་གི་གཞུག་ལས་འབྲུངས།[36]
慈悲承袭于何耶
Whence was his great compassion born?

སྨད་ཀྱི་རྒྱ་ནག་ཀོང་ཇོ་གན།[37]
下部文成公主者
Princess Wencheng of the lower region,

---

32 MT: **མགར་ཆེ་ནི་གོ་ནས་སེམས་ལ་བཟུང་།** CS: རྣ་ཡིས་གོ་ནས་སེམས་ལ་ཟུངས། FY: རྣ་ཡིས་གོ་ནས་སེམས་ལ་བཟུང་།

33 CS, FY: **སེམས་ལ་བཟུང་ནས་ཡིད་རེ་གསལ།**

34 MT: **སྟོད་ཀྱི་སྲོང་བཙན་སྒམ་པོ་གན།** CS: སྟོད་ཡི་སྲོང་བཙན་སྒོམ་པོ་གད། FY: སྟོད་ཀྱི་སྲོང་བཙན་སྒམ་པོ་ཀན།

35 MT: **སྲོང་ཆེ་ན་གང་གི་རྒྱུད་ལས་ཆད།** CS: ཞོ་ཆེ་ན་གང་གི་རྒྱུད་ལས་ཆད། FY: ཞོ་ཆེན་ན་གང་གི་རྒྱུད་ལས་ཆད།

36 MT: **ཐུགས་ཆེ་ན་གང་གི་གཞུག་ལས་འབྲུངས།** CS: ཐུགས་ཆོ་ནི་གང་གི་གཞུག་ལ་འབྲུངས། FY: ཐུགས་རྗེ་ཆེན་ན་གང་གི་གཞུག་ལ་འབྲུངས།

37 MT: **སྨད་ཀྱི་རྒྱ་ནག་ཀོང་ཇོ་གན།** CS: སྨད་ཡི་རྒྱ་བཟའ་ཀོ་ཆོ་གད། FY: སྨད་ཀྱི་རྒྱ་བཟའ་ཀོང་ཇོ་ཀན།

གོང་ཆེ་ན་གང་གི་རྒྱུད་ལས་ཆད།[38] 降生之宗室何耶
From which lineage did Her Royal Highness descend?

ཐུགས་ཆེ་ན་གང་གི་གཞུག་ལས་འཁྲུངས།[39] 慈悲承袭于何耶
Whence was her great compassion born?

བར་གྱི་བློན་པོ་མགར་ཆེན་གན།[40] 中部大臣东赞者
Minister Gar Tongtsen of the middle region,

མགར་ཆེ་ན་གང་གི་རྒྱུད་ལས་ཆད།[41] 降生之宗室何耶
From which lineage did His Excellency descend?

ཐུགས་ཆེ་ན་གང་གི་གཞུག་ལས་འཁྲུངས།[42] 慈悲承袭于何耶
Whence was his great compassion born?

ལན། 答
Answer:

དེ་ལ་ལན་ཞིག་རྒྱག་རྒྱུ་ན། 应答所问者如是
To give an answer to that,

སྟོད་ཀྱི་སྲོང་བཙན་སྒམ་པོ་གན།[43] 上部松赞干布兮
King Songtsen Gampo of the upper region,

---

[38] MT: **གོང་ཆེ་ན་གང་གི་རྒྱུད་ལས་ཆད།** CS: གོང་ཆེ་ནི་གང་གི་རྒྱུད་ལས་ཆད། FY: གོང་ཆེན་ན་གང་གི་རྒྱུད་ལས་ཆད།

[39] MT: **ཐུགས་ཆེ་ན་གང་གི་གཞུག་ལས་འཁྲུངས།** CS: ཐུགས་ཆེ་ནི་གང་གི་གཞུག་ལ་འཁྲུངས། FY: ཐུགས་རྗེ་ཆེན་ན་གང་གི་གཞུག་ལ་འཁྲུངས།

[40] MT: **བར་གྱི་བློན་པོ་མགར་ཆེན་གན།** CS: བར་གི་བློན་པོ་སྟང་ཆེན་གད། FY: བར་གྱི་བློན་པོ་མགར་ཆེན་ཀན།

[41] MT, FY: **མགར་ཆེ་ན་གང་གི་རྒྱུད་ལས་ཆད།** CS: སྟང་ཆེ་ནི་གང་གི་རྒྱུད་ལས་ཆད།

[42] MT: **ཐུགས་ཆེ་ན་གང་གི་གཞུག་ལས་འཁྲུངས།** CS: ཐུགས་ཆེ་ནི་གང་གི་གཞུག་ལ་འཁྲུངས། FY: ཐུགས་རྗེ་ཆེན་ན་གང་གི་གཞུག་ལ་འཁྲུངས།

[43] CS: སྟོད་ཡི་སྲོང་བཙན་སྒོམ་པོ་གད། FY: སྟོད་ཀྱི་སྲོང་བཙན་སྒམ་པོ་ཀན། ED: **སྟོད་ཀྱི་སྲོང་བཙན་སྒམ་པོ་གན།**

སྲོང་ཆེ་ནི་ལོ་རྒྱུས་བཤད་རྒྱུ་ན།[44] 言赞普之宗室也
Speaking of the noble lineage of His Majesty,

སྲོང་ཆེ་ནི་དབང་པོའི་རྒྱུད་ལས་ཆད།[45] 为帝王之苗裔矣
He descended from the mighty King.

ཐུགས་ཆེ་ནི་ལོ་རྒྱུས་བཤད་རྒྱུ་ན།[46] 言慈悲之渊源兮
Speaking of the origin of his great compassion,

ཐུགས་རྗེ་ཆེན་པོའི་གཞུག་ལས་འཁྲུངས།[47] 承袭于观音大士
It was born from the Lord of Great Compassion, Avalokiteśvara.

སྨད་ཀྱི་རྒྱ་ནག་ཀོང་ཇོ་གན།[48] 下部文成公主兮
Princess Wencheng of the lower region,

ཀོང་ཆེ་ནི་ལོ་རྒྱུས་བཤད་རྒྱུ་ན།[49] 言公主之宗室也
Speaking of the noble lineage of Her Royal Highness,

ཀོང་ཆེ་ནི་རྒྱལ་པོའི་རྒྱུད་ལས་ཆད།[50] 为皇帝之苗裔矣
She descended from the Emperor.

ཐུགས་ཆེ་ནི་ལོ་རྒྱུས་བཤད་རྒྱུ་ན།[51] 言慈悲之渊源兮
Speaking of the origin of her great compassion,

---

44 CS: ཞོ་ཆེ་ནི་ལོ་རྒྱུས་བཤད་རྒྱུ་ན། FY: ཞོ་ཆེན་ན་ལོ་རྒྱུད་བཤད་རྒྱ་ན། ED: **སྲོང་ཆེ་ནི་ལོ་རྒྱུས་བཤད་རྒྱུ་ན།**

45 CS, FY: ཐུགས་རྗེ་ཆེན་པོ་རྒྱུད་ལས་ཆད། ED: **སྲོང་ཆེ་ནི་དབང་པོའི་རྒྱུད་ལས་ཆད།**

46 ED: **ཐུགས་ཆེ་ནི་ལོ་རྒྱུས་བཤད་རྒྱུ་ན།**

47 CS: ཐུགས་ཆེ་དབང་པོ་གཞུག་ལ་འཁྲུངས། FY: ཐུགས་རྗེ་དབང་པོ་གཞུག་ལ་འཁྲུའས། ED: **ཐུགས་རྗེ་ཆེན་པོའི་གཞུག་ལས་འཁྲུངས།**

48 CS: སྨད་ཡི་རྒྱ་བཟའ་ཀོ་ཅོ་གད། FY: སྨད་ཀྱི་རྒྱ་བཟའ་ཀོང་ཇོ་ཀན། ED: **སྨད་ཀྱི་རྒྱ་ནག་ཀོང་ཇོ་གན།**

49 ED: **ཀོང་ཆེ་ནི་ལོ་རྒྱུས་བཤད་རྒྱུ་ན།**

50 CS: གོང་ཆེ་ནི་སྒྲོལ་མའི་རྒྱུན་ལས་ཆད། FY: གོང་ཆེན་ན་རྒྱལ་པོ་གཞུག་ལ་འཁྲུངས། ED: **ཀོང་ཆེ་ནི་རྒྱལ་པོའི་རྒྱུད་ལས་ཆད།**

51 ED: **ཐུགས་ཆེ་ནི་ལོ་རྒྱུས་བཤད་རྒྱུ་ན།**

ཐུགས་ཆེ་ནི་སྒྲོལ་མའི་གཞུག་ལས་འཁྲུངས།[52] 承袭于救度佛母
It was born from the Tara.

བར་གྱི་བློན་པོ་མགར་ཆེན་གན།[53] 中部大臣东赞兮
Minister Gar Tongtsen of the middle region,

ཐུགས་ཆེ་ནི་ལོ་རྒྱུས་བཤད་རྒྱུ་ན།[54] 言慈悲之渊源也
Speaking of the origin of his compassion,

ཕྱག་གཡས་ནི་བདུད་རྩིའི་བུམ་པ་ཁྱེར།[55] 观音右手之净瓶
From the sacred vase in [Avalokiteśvara's] right hand,

དེ་བདུད་རྩིའི་བུམ་པའི་ནང་དུ་འཁྲུངས།[56] 其于净瓶之中出
Minister Gar Tongtsen was born.

དྲི། 问
Question:

སྟོད་ཀྱི་སྲོང་བཙན་སྒམ་པོ་གན།[57] 上部松赞干布兮
King Songtsen Gampo of the upper region,

---

52 CS: ཐུགས་ཆེ་ནི་རྒྱལ་པོ་གཞུག་ལ་འཁྲུངས། FY: ཐུགས་རྗེ་ཆེན་ན་སྒྲོལ་མའི་རྒྱུད་ལས་ཆད། ED: **ཐུགས་ཆེ་ནི་སྒྲོལ་མའི་གཞུག་ལས་འཁྲུངས།**

53 CS: བར་དེ་བློན་པོ་སྣང་ཆེན་གད། FY: བར་གྱི་བློན་པོ་མགར་ཆེན་ཀན། ED: **བར་གྱི་བློན་པོ་མགར་ཆེན་གན།**

54 CS: སྣང་ཆེ་ནི་ལོ་རྒྱུས་བཤད་རྒྱུ་ན། ཐུགས་ཆེ་ནི་ལོ་རྒྱུས་བཤད་རྒྱུ་ན། FY: མགར་ཆེན་ན་ལོ་རྒྱུས་བཤད་རྒྱུ་ན། ཐུགས་རྗེ་ཆེན་ན་ལོ་རྒྱུས་བཤད་རྒྱུ་ན། ED: **ཐུགས་ཆེ་ནི་ལོ་རྒྱུས་བཤད་རྒྱུ་ན།**

55 CS: ཕྱག་གཡས་ན་བདུད་རྩི་བུམ་པ་ཁྱེར། FY: སྤྱན་རས་གཟིགས་ཀྱི་རྒྱུད་ལས་ཆད། ED: **ཕྱག་གཡས་ནི་བདུད་རྩིའི་བུམ་པ་ཁྱེར།**

56 CS, FY: དེ་བདུད་རྩི་བུམ་པ་ནང་དུ་འཁྲུངས། སྤྱན་རས་གཟིགས་ཀྱི་སྐུ་ལས་འཁྲུངས། ED: **དེ་བདུད་རྩིའི་བུམ་པའི་ནང་དུ་འཁྲུངས།**

57 MT, ZG: **སྟོད་ཀྱི་སྲོང་བཙན་སྒམ་པོ་གན།** CS: སྟོད་ཡི་སྲོང་བཙན་སྒོམ་པོ་གད། FY: སྟོད་ཀྱི་སྲོང་བཙན་སྒམ་པོ་ཀན།

སྲོང་བཙན་སྒམ་པོའི་ཕ་མ་ཤོད།[58] 释赞普父母孰耶

Please tell of his parents.

སྨད་ཀྱི་རྒྱ་ནག་ཀོང་ཇོ་གན།[59] 下部文成公主兮

Princess Wencheng of the lower region,

རྒྱ་བཟའ་ཀོང་ཇོའི་ཕ་མ་ཤོད།[60] 释公主父母孰耶

Please tell of her parents.

བར་གྱི་བློན་པོ་མགར་ཆེན་གན།[61] 中部大臣东赞兮

Minister Gar Tongtsen of the middle region,

བློན་པོ་མགར་གྱི་ཕ་མ་ཤོད།[62] 释大臣父母孰耶

Please tell of his parents.

ལན། 答

Answer:

སྟོད་ཀྱི་སྲོང་བཙན་སྒམ་པོ་གན།[63] 上部松赞干布兮

King Songtsen Gampo of the upper region,

སྲོང་བཙན་ཕ་མ་བཤད་རྒྱུ་ན།[64] 言赞普之父母者

Speaking of his parents,

---

58 MT, ZG: **སྲོང་བཙན་སྒམ་པོའི་ཕ་མ་ཤོད།** CS: སྲུང་བཙན་ཕ་མ་བུ་གསུམ་ཤོད། FY: སྲོང་བཙན་ཕ་མ་བུ་གསུམ་ཤོད།

59 MT, ZG: **སྨད་ཀྱི་རྒྱ་ནག་ཀོང་ཇོ་གན།** CS: སྨད་ཡི་རྒྱ་བཟའ་ཀོ་ཅོ་གད། FY: སྨད་ཀྱི་རྒྱ་བཟའ་ཀོང་ཇོ་ཀན།

60 MT, ZG: **རྒྱ་བཟའ་ཀོང་ཇོའི་ཕ་མ་ཤོད།** CS, FY: རྒྱ་བཟའ་ཕ་མ་བུ་གསུམ་ཤོད།

61 MT, ZG: **བར་གྱི་བློན་པོ་མགར་ཆེན་གན།** CS: བར་ན་བློན་པོ་སྟང་ཆེན་གད། FY: བར་གྱི་བློན་པོ་མགར་ཆེན་ཀན།

62 MT, ZG: **བློན་པོ་མགར་གྱི་ཕ་མ་ཤོད།** CS, FY: བློན་པོ་ཕ་མ་བུ་གསུམ་ཤོད།

63 MT, ZG: **སྟོད་ཀྱི་སྲོང་བཙན་སྒམ་པོ་གན།** CS: སྟོད་ཀྱི་སྲོང་བཙན་སྒོམ་པོ་གད། FY: སྟོད་ཀྱི་སྲོང་བཙན་སྒམ་པོ་ཀན།

64 MT, FY: **སྲོང་བཙན་ཕ་མ་བཤད་རྒྱུ་ན།** CS: སྲུང་བཙན་ཕ་མ་བཤད་རྒྱུ་ན།

ཕ་ནི་དབང་པོ་རྒྱལ་པོ་རེད།[65] 父者王中圣王也

His father was the Mighty King.[1]

མ་ནི་དབང་མོ་རྒྱལ་མོ་རེད།[66] 母者坤极圣后也

His mother was the Noble Queen.

བུ་ནི་སྲོང་བཙན་ཁོང་རང་རེད།[67] 子者松赞干布矣

The son was King Songtsen Gampo himself.

སྨད་ཀྱི་རྒྱ་ནག་ཀོང་ཇོ་གན།[68] 下部文成公主兮

Princess Wencheng of the lower region,

རྒྱ་བཟའ་ཕ་མ་བཤད་རྒྱུ་ན།[69] 言公主之父母者

Speaking of her parents,

ཕ་ནི་རྒྱ་ནག་རྒྱལ་པོ་རེད།[70] 父者大唐皇帝也

Her father was the Emperor of Tang China.

མ་ནི་རྒྱ་ནག་རྒྱལ་མོ་རེད།[71] 母者大唐皇后也

Her mother was the Empress of Tang China.

བུ་ནི་རྒྱ་བཟའ་ཁོང་རང་རེད།[72] 子者文成公主矣

The daughter was Princess Wencheng herself.

བར་གྱི་བློན་པོ་མགར་ཆེན་གན།[73] 中部噶尔东赞兮

Minister Gar Tongtsen of the middle region,

---

65 MT, ZG, FY: **ཕ་ནི་དབང་པོ་རྒྱལ་པོ་རེད།** CS: ཕ་ནི་དབང་པོ་རྒྱལ་ཡོན་རེད།

66 MT, ZG: **མ་ནི་དབང་མོ་རྒྱལ་མོ་རེད།** CS: མ་ནི་དབང་བོ་རྒྱལ་མོ་རེད། FY: མ་ནི་དབང་པོ་རྒྱལ་མོ་རེད།

67 MT, ZG: **བུ་ནི་སྲོང་བཙན་ཁོང་རང་རེད།** CS: བུ་ནི་སྲུང་བཙན་སྒམ་པོ་རང་། FY: བུ་ནི་སྲོང་བཙན་ཁོ་རང་རེད།

68 MT, ZG: **སྨད་ཀྱི་རྒྱ་ནག་ཀོང་ཇོ་གན།** CS: སྨད་ཡི་རྒྱ་བཟའ་ཀོ་ཇོ་གད། FY: སྨད་ཀྱི་རྒྱ་བཟའ་ཀོང་ཇོ་ཀན།

69 MT, CS, FY: **རྒྱ་བཟའ་ཕ་མ་བཤད་རྒྱུ་ན།**

70 MT, ZG, FY: **ཕ་ནི་རྒྱ་ནག་རྒྱལ་པོ་རེད།** CS: ཕ་ནི་རྒྱ་ནག་རྒྱལ་བོ་རེད།

71 MT, ZG, CS, FY: **མ་ནི་རྒྱ་ནག་རྒྱལ་མོ་རེད།**

72 MT, ZG: **བུ་ནི་རྒྱ་བཟའ་ཁོང་རང་རེད།** CS: བུ་མོ་རྒྱ་བཟའ་ཁོ་རས་རེད། FY: བུ་མོ་རྒྱ་བཟའ་ཁོ་རང་རེད།

73 MT: **བར་གྱི་བློན་པོ་མགར་ཆེན་གན།** CS: བར་ན་བློན་པོ་སྒར་ཆེན་གད། FY: བར་གྱི་བློན་པོ་མགར་ཆེན་ཀན།

བློན་པོའི་ཕ་མ་བཤད་རྒྱུ་ན།[74] 言大臣之父母者

Speaking of his parents,

ཕ་ནི་ཐོག་གི་རྒྱལ་པོ་རེད།[75] 父者雷霆之王也

His father was the King of Thunder.[2]

མ་ནི་འོད་ཀྱི་རྒྱལ་མོ་རེད།[76] 母者电光之后也

His mother was the Queen of Lightning.

བུ་ནི་བློན་པོ་ཁོང་རང་རེད།[77] 子者大臣东赞矣

The son was Minister Gar Tongtsen himself.

དྲི། 问

Question:

སྟོད་ཀྱི་སྲོང་བཙན་སྒམ་པོ་གན།[78] 上部松赞干布兮

King Songtsen Gampo of the upper region,

སྲོང་བཙན་གང་གི་སྤྲུལ་པ་རེད།[79] 赞普孰之化身耶

Whose emanation was he?

སྨད་ཀྱི་རྒྱ་ནག་ཀོང་ཇོ་གན།[80] 下部文成公主兮

Princess Wencheng of the lower region,

རྒྱ་བཟའ་གང་གི་སྤྲུལ་པ་རེད།[81] 公主孰之化身耶

Whose emanation was she?

---

74 MT: བློན་པོའི་ཕ་མ་བཤད་རྒྱུ་ན། FY: བློན་པོ་ཕ་མ་བཤད་རྒྱུ་ན།

75 MT, FY: ཕ་ནི་ཐོག་གི་རྒྱལ་པོ་རེད། CS: ཕ་ནི་ཐོག་གི་རྒྱལ་པོ་རེད།

76 MT: མ་ནི་འོད་ཀྱི་རྒྱལ་མོ་རེད། CS: མ་ནི་ཐོག་གི་རྒྱལ་མོ་རེད། FY: མ་ནི་ཐོག་གི་རྒྱལ་མོ་རེད།

77 MT: བུ་ནི་བློན་པོ་ཁོང་རང་རེད། CS: བུ་ནི་བློན་པོ་ཁོ་རས་རེད། FY: ཕུ་ནི་བློན་ཀོ་ཁོ་རང་རེད།

78 MT, ZG: སྟོད་ཀྱི་སྲོང་བཙན་སྒམ་པོ་གན།

79 MT, ZG: སྲོང་བཙན་གང་གི་སྤྲུལ་པ་རེད།

80 MT, ZG: སྨད་ཀྱི་རྒྱ་ནག་ཀོང་ཇོ་གན།

81 MT, ZG: རྒྱ་བཟའ་གང་གི་སྤྲུལ་པ་རེད།

བར་གྱི་བློན་པོ་མགར་ཆེན་གན།[82] 中部大臣东赞兮
Minister Gar Tongtsen of the middle region,

བློན་པོ་གང་གི་སྤྲུལ་པ་རེད།[83] 大臣孰之化身耶
Whose emanation was he?

གླུ་ཕྱི་མ་ཡོད་ན་ཅི་འདྲ་ཡིན། 有歌相继者何耶
What is the song if more is still to come?

ཁྱོད་ཡུན་རིང་མ་འགོར་ལན་རེ་ཤོག 尔作答之莫迟误
Please answer my questions without further ado.

ལན། 答
Answer:

དེ་ལ་ལན་ཞིག་རྒྱག་རྒྱུ་ན། 应答所问者如是
To give an answer to that,

སྟོད་ཀྱི་སྲོང་བཙན་སྒམ་པོ་གན།[84] 上部松赞干布兮
King Songtsen Gampo of the upper region,

ཐུགས་རྗེ་ཆེན་པོའི་སྤྲུལ་པ་རེད།[85] 为观音之化身矣
He was an emanation of The Lord of Great Compassion, Avalokiteśvara.

སྨད་ཀྱི་རྒྱ་ནག་ཀོང་ཇོ་གན།[86] 下部文成公主兮
Princess Wencheng of the lower region,

---

82 MT, ZG: བར་གྱི་བློན་པོ་མགར་ཆེན་གན།

83 MT, ZG: བློན་པོ་གང་གི་སྤྲུལ་པ་རེད།

84 MT, ZG: སྟོད་ཀྱི་སྲོང་བཙན་སྒམ་པོ་གན།

85 MT, ZG: ཐུགས་རྗེ་ཆེན་པོའི་སྤྲུལ་པ་རེད།

86 MT, ZG: སྨད་ཀྱི་རྒྱ་ནག་ཀོང་ཇོ་གན།

མ་སྒྲོལ་མ་རྗེའི་སྤྲུལ་པ་རེད།[87] 为度母之化身矣
She was an emanation of the goddess Tara.

བར་གྱི་བློན་པོ་མགར་ཆེན་གན།[88] 中部大臣东赞兮
Minister Gar Tongtsen of the middle region,

འཇམ་དཔལ་དབྱངས་ཀྱི་སྤྲུལ་པ་རེད།[89] 为文殊之化身矣
He was an emanation of the Buddha of wisdom, Mañjuśrī.

དྲི། 问
Question:

སྲོང་བཙན་སྒམ་པོའི་ཡན་ཆད་ན།[90] 由往昔至松赞兮
Up to King Songtsen Gampo,

རྒྱལ་པོ་གྲངས་ཀ་ཅི་འདྲ་སྣང་།[91] 赞普之数几何耶
How many Kings had there been?

གནས་བཅུ་བཙུན་མོའི་མན་ཆད་ན།[92] 计十方之王妃兮
Counting Consorts from far and near,[3]

བཙུན་མོ་ནང་ལེན་ཅི་འདྲ་སྣང་།[93] 蕃域所聘几何耶
How many Consorts had married into Tibet?

---

87 MT, ZG: མ་སྒྲོལ་མ་རྗེའི་སྤྲུལ་པ་རེད།

88 MT: བར་གྱི་བློན་པོ་མགར་ཆེན་གན།

89 MT: འཇམ་དཔལ་དབྱངས་ཀྱི་སྤྲུལ་པ་རེད།

90 MT: སྲོང་བཙན་སྒམ་པོའི་ཡན་ཆད་ན། CS: རྒྱལ་བོ་སྲོང་བཙན་སྒོམ་པོ་ཡན་ཆད་ན། FY: རྒྱལ་པོ་སྲོང་བཙན་ཡན་ཆད་ན།

91 MT: རྒྱལ་པོ་གྲངས་ཀ་ཅི་འདྲ་སྣང་། CS: རྒྱལ་བོ་གྲངས་ཀ་ཅི་འདྲ་ཡོད། FY: རྒྱལ་པོ་གྲངས་ཀ་ཇི་འདྲ་ཡོད།

92 MT: གནས་བཅུ་བཙུན་མོའི་མན་ཆད་ན། CS: གནས་བཅུ་བཙུན་མོ་ཡན་ཆད་ན། FY: གནས་བཅུ་བཙུན་མོ་མན་ཆད་ན།

93 MT: བཙུན་མོ་ནང་ལེན་ཅི་འདྲ་སྣང་། CS, FY: བཙུན་མོ་ནང་ལེན་ཅི་འདྲ་ཡོད།

ཆོས་ཀྱི་བློན་པོའི་ཚུན་ཆད་ན།[94] 计掌宗教之朝臣
Including Religious Ministers,

བློན་པོ་གྲངས་ཀ་ཅི་འདྲ་སྣང་།[95] 朝臣之数几何耶
How many Ministers had there been?

ལན། 答
Answer:

སྲོང་བཙན་སྒམ་པོའི་ཡན་ཆད་ན།[96] 由往昔至松赞兮
Up to King Songtsen Gampo,

རྒྱལ་པོའི་གྲངས་ཀ་བཤད་རྒྱུ་ན།[97] 言赞普之数几何
Speaking of the number of Kings,

རྒྱལ་པོ་སུམ་ཅུ་རྩ་གཉིས་ཡོད།[98] 所计三十二位矣
There had been thirty-two.

གནས་བཅུ་བཙུན་མོའི་མན་ཆད་ན།[99] 计十方之王妃兮
Counting Consorts from far and near,

བཙུན་མོ་ནང་ལེན་བཤད་རྒྱུ་ན།[100] 言王妃之数几何
Speaking of the number of Consorts,

---

94 MT: **ཆོས་ཀྱི་བློན་པོའི་ཚུན་ཆད་ན།** CS: ཆོས་ཀྱི་བློན་པོ་ཚུན་ཆད་ན། FY: ཆོས་ཀྱི་གླིང་བུ་ཚུན་ཆད་ན།

95 MT: **བློན་པོ་གྲངས་ཀ་ཅི་འདྲ་སྣང་།** CS: བློན་པོ་གྲངས་ཀ་ཅི་འདྲ་ཡོད། FY: གླིང་བུ་གྲངས་ཀ་ཅི་འདྲ་ཡོད།

96 MT: **སྲོང་བཙན་སྒམ་པོའི་ཡན་ཆད་ན།** CS: རྒྱལ་པོ་སྲོང་བཙན་སྒོམ་པོ་ཡན་ཆད་ན། FY: རྒྱལ་པོ་སྲོང་བཙན་ཡན་ཆད་ན།

97 MT: **རྒྱལ་པོའི་གྲངས་ཀ་བཤད་རྒྱུ་ན།**

98 MT, FY: **རྒྱལ་པོ་སུམ་ཅུ་རྩ་གཉིས་ཡོད།** CS: རྒྱལ་པོ་སུམ་ཅུ་རྩ་གཉིས་ཡོད།

99 MT: **གནས་བཅུ་བཙུན་མོའི་མན་ཆད་ན།** FY: གནས་བཅུ་བཙུན་མོ་མན་ཆད་ན། CS: གནས་བཅུ་བཙུན་མོ་ཡན་ཆད་ན།

100 MT: **བཙུན་མོ་ནང་ལེན་བཤད་རྒྱུ་ན།**

བཙུན་མོ་ནང་ལེན་ལྔ་ལྔ་ཡོད།[101] 蕃域所聘五位矣
There had been five.

ཆོས་ཀྱི་བློན་པོའི་ཚུན་ཆད་ན།[102] 计掌宗教之朝臣
Including the Religious Ministers,

བློན་པོའི་གྲངས་ཀ་བཤད་རྒྱུ་ན།[103] 言朝臣之数几何
Speaking of the number of Ministers,

བློན་པོའི་གྲངས་ཀ་སོ་གསུམ་ཡོད།[104] 所计三十三位矣
There had been thirty-three.

དྲི། 问
Question:

སྲོང་བཙན་སྒམ་པོའི་ཡན་ཆད་ན།[105] 由往昔至松赞兮
Up to King Songtsen Gampo,

རྒྱལ་པོ་སུམ་ཅུ་རྩ་གཉིས་ཡོད།[106] 所计赞普三十二
There had been thirty-two Kings.

རྒྱལ་པོ་རེ་རེའི་མིང་རེ་སྒྲོངས།[107] 一一道来其姓名
Narrate the name of each King.

---

101 MT, CS: **བཙུན་མོ་ནང་ལེན་ལྔ་ལྔ་ཡོད།** FY: བཙུན་མོ་ནང་ལེན་ལྔ་བོ་ཡོད།

102 MT: **ཆོས་ཀྱི་བློན་པོའི་ཚུན་ཆད་ན།** CS: ཆོས་ཀྱི་བློན་པོ་ཚུན་ཆད་ན། FY: ཆོས་ཀྱི་གླིང་བུ་ཚུན་ཆད་ན།

103 MT: **བློན་པོའི་གྲངས་ཀ་བཤད་རྒྱུ་ན།**

104 MT: **བློན་པོའི་གྲངས་ཀ་སོ་གསུམ་ཡོད།** CS: བློན་པོ་གྲངས་ཀ་སོ་གསུམ་ཡོད། FY: གླིང་བུ་གྲངས་ཀ་སོ་གསུམ་ཡོད།

105 MT: **སྲོང་བཙན་སྒམ་པོའི་ཡན་ཆད་ན།** CS: རྒྱལ་པོ་སྲོང་བཙན་སྒོམ་པོ་ཡན་ཆད་ན། FY: རྒྱལ་པོ་སྲོང་བཙན་ཡན་ཆད་ན།

106 MT: **རྒྱལ་པོ་སུམ་ཅུ་རྩ་གཉིས་ཡོད།** CS: རྒྱལ་པོ་གསུམ་བཅུ་རྩ་གཉིས་གན། FY: རྒྱལ་པོ་སུམ་ཅུ་རྩ་གཉིས་ཀན།

107 MT: **རྒྱལ་པོ་རེ་རེའི་མིང་རེ་སྒྲོངས།** CS: རྒྱལ་པོ་རེ་རེ་མིང་རེ་སྒྲོངས། FY: རྒྱལ་པོ་རེ་རེར་མིང་རེ་སྒྲོངས།

གནས་བཅུ་བཙུན་མོའི་མན་ཆད་ན།[108] 计十方之王妃兮

Counting Consorts from far and near,

བཙུན་མོ་ནང་ལེན་ལྔ་ལྔ་ཡོད།[109] 蕃域所聘五位也

There had been five Consorts.

བཙུན་མོ་རེ་རེའི་མིང་རེ་དྲོངས།[110] 一一道来其姓名

Narrate the name of each Consort.

ཆོས་ཀྱི་བློན་པོའི་རྒྱུན་ཆད་ན།[111] 计掌宗教之朝臣

Including religious Ministers,

བློན་པོ་སུམ་ཅུ་རྩ་གསུམ་ཡོད།[112] 所计三十三位矣

There had been thirty-three Ministers.

བློན་པོ་རེ་རེའི་མིང་རེ་དྲོངས།[113] 一一道来其姓名

Narrate the name of each Minister.

གླུ་དལ་བུར་ཤོག་དང་བྲེལ་བ་མེད། 歌徐陈之莫匆促

Please sing the song slowly, there is no hurry.

ལན། 答

Answer:

སྲོང་བཙན་སྒམ་པོའི་ཡན་ཆད་ན།[114] 由往昔至松赞兮

Up to King Songtsen Gampo,

---

108 MT: **གནས་བཅུ་བཙུན་མོའི་མན་ཆད་ན།** FY: གནས་བཅུ་བཙུན་མོ་མན་ཆད་ན།

109 MT: **བཙུན་མོ་ནང་ལེན་ལྔ་ལྔ་ཡོད།** FY: བཙུན་མོ་ནང་ལེན་ལྔ་བོ་ཀན།

110 MT: **བཙུན་མོ་རེ་རེའི་མིང་རེ་དྲོངས།** CS: བཙུན་མོ་རེ་རེ་མིང་རེ་དྲོངས། FY: བཙུན་མོ་རེ་རེར་མིང་རེ་དྲོངས།

111 MT: **ཆོས་ཀྱི་བློན་པོའི་རྒྱུན་ཆད་ན།** FY: ཆོས་ཀྱི་གླིང་བུ་རྒྱུན་ཆད་ན།

112 MT: **བློན་པོ་སུམ་ཅུ་རྩ་གསུམ་ཡོད།** FY: གླིང་བུ་གྲངས་ཀ་སོ་གསུམ་ཀན།

113 MT: **བློན་པོ་རེ་རེའི་མིང་རེ་དྲོངས།** FY: གླིང་བུ་རེ་རེར་མིང་རེ་དྲོངས།

114 MT: **སྲོང་བཙན་སྒམ་པོའི་ཡན་ཆད་ན།** CS: རྒྱལ་པོ་སྲོང་བཙན་སྒོམ་པོ་ཡན་ཆད་ན། རྒྱལ་པོའི་མིང་དེ་ཞིབ་མོ་བཤོད། FY: རྒྱལ་པོ་སྲོང་བཙན་ཡན་ཆད་ན།

གཉའ་ཁྲི་བཙན་པོ་རྒྱལ་པོ་གཅིག[115] 聂赤赞普天王一

King Nyatri Tsenpo, the first one,[4]

མུ་ཁྲི་བཙན་པོ་རྒྱལ་པོ་གཉིས།[116] 穆赤赞普天王二

King Mutri Tsenpo, the second one,

དིང་ཁྲི་བཙན་པོ་རྒྱལ་པོ་གསུམ།[117] 定赤赞普天王三

King Dingtri Tsenpo, the third one,

སོ་ཁྲི་བཙན་པོ་རྒྱལ་པོ་བཞི།[118] 索赤赞普天王四

King Sotri Tsenpo, the fourth one,

མེར་ཁྲི་བཙན་པོ་རྒྱལ་པོ་ལྔ།[119] 美赤赞普天王五

King Mertri Tsenpo, the fifth one,

གདགས་ཁྲི་བཙན་པོ་རྒྱལ་པོ་དྲུག[120] 达赤赞普天王六

King Daktri Tsenpo, the sixth one,

སྲིབ་ཁྲི་བཙན་པོ་རྒྱལ་པོ་བདུན།[121] 塞赤赞普天王七

King Siptri Tsenpo, the seventh one,

གནམ་གྱི་ཁྲི་བདུན་དེ་དག་རེད།[122] 是为天赤七王矣

These were the seven kings of the celestial sphere [whose names contain] *tri* (*khri*).[5]

---

115 CS: གཉའ་ཁྲི་བཙན་པོ་རྒྱལ་བོ་གཅིག། FY: གནམ་ཁྲི་བདུན་དང་སྟོད་ལྡེ་གཉིས། བར་ལེགས་དྲུག་དང་ས་ལྡེ་བརྒྱད། སྨད་བཙན་ལྔ་དང་བར་ཉེར་བཞི། དེ་རེ་རེའི་དབང་དུ་ཁྲི་བཞི་འདུས། ED: **གཉའ་ཁྲི་བཙན་པོ་རྒྱལ་པོ་གཅིག**

116 CS: མུ་ཁྲི་བཙན་པོ་རྒྱལ་བོ་གཉིས། ED: **མུ་ཁྲི་བཙན་པོ་རྒྱལ་པོ་གཉིས།**

117 CS: དིང་ཁྲི་བཙན་པོ་རྒྱལ་བོ་གསུམ། ED: **དིང་ཁྲི་བཙན་པོ་རྒྱལ་པོ་གསུམ།**

118 CS: སོ་ཁྲི་བཙན་པོ་རྒྱལ་བོ་བཞི། ED: **སོ་ཁྲི་བཙན་པོ་རྒྱལ་པོ་བཞི།**

119 CS: མེར་ཁྲི་བཙན་པོ་རྒྱལ་བོ་ལྔ། ED: **མེར་ཁྲི་བཙན་པོ་རྒྱལ་པོ་ལྔ།**

120 CS: གདགས་ཁྲི་བཙན་པོ་རྒྱལ་བོ་དྲུག ED: **གདགས་ཁྲི་བཙན་པོ་རྒྱལ་པོ་དྲུག**

121 CS: སྲུབས་ཁྲི་བཙན་པོ་རྒྱལ་བོ་བདུན། ED: **སྲིབ་ཁྲི་བཙན་པོ་རྒྱལ་པོ་བདུན།**

122 CS: **གནམ་གྱི་ཁྲི་བདུན་དེ་དག་རེད།**

ཁྲི་གུམ་བཙན་པོ་རྒྱལ་པོ་གཅིག[123] 止贡赞普登王一

King Drigum Tsenpo, the first one,

སྤུ་དེ་གུང་རྒྱལ་རྒྱལ་པོ་གཉིས།[124] 布德贡杰登王二

King Pudé Gunggyel, the second one,

སྟོད་ཀྱི་སྟེང་གཉིས་དེ་གཉིས་ཡིན།[125] 是为上登二王矣

These were the two kings of the upper sphere [whose names contain] *teng* (*steng*).

ཨེ་ཤོ་ལེགས་དང་རྒྱལ་པོ་གཅིག[126] 艾肖勒者中勒一

King Esho Lek, the first one,

དེ་ཤོ་ལེགས་དང་རྒྱལ་པོ་གཉིས།[127] 德肖勒者中勒二

King Désho Lek, the second one,

ཐི་ཤོ་ལེགས་དང་རྒྱལ་པོ་གསུམ།[128] 提肖勒者中勒三

King Tisho Lek, the third one,

གུ་རུ་ལེགས་དང་རྒྱལ་པོ་བཞི།[129] 古茹勒者中勒四

King Guru Lek, the fourth one,

འབྲོང་ཞི་ལེགས་དང་རྒྱལ་པོ་ལྔ།[130] 仲谢勒者中勒五

King Drongzhi Lek, the fifth one,

---

123 CS: ཁྲི་གུམ་བཙན་པོ་རྒྱལ་བོ་གཅིག ED: ཁྲི་གུམ་བཙན་པོ་རྒྱལ་པོ་གཅིག

124 CS: སྤུ་དེ་གུང་རྒྱལ་རྒྱལ་བོ་གཉིས། ED: སྤུ་དེ་གུང་རྒྱལ་རྒྱལ་པོ་གཉིས།

125 CS: སྟོད་ཀྱི་སྟེང་གཉིས་དེ་གཉིས་ཡིན།

126 CS: ཐོ་ལེགས་བཙན་པོ་རྒྱལ་བོ་གཅིག ED: ཨེ་ཤོ་ལེགས་དང་རྒྱལ་པོ་གཅིག

127 CS: ཨེ་ཤོ་ལེགས་བཙན་པོ་རྒྱལ་བོ་གཉིས། ED: དེ་ཤོ་ལེགས་དང་རྒྱལ་པོ་གཉིས།

128 CS: གུ་རུ་ལེགས་དང་རྒྱལ་བོ་གསུམ། ED: ཐི་ཤོ་ལེགས་དང་རྒྱལ་པོ་གསུམ།

129 CS: འབྲོང་ཞི་ལེགས་དང་རྒྱལ་བོ་བཞི། ED: གུ་རུ་ལེགས་དང་རྒྱལ་པོ་བཞི།

130 CS: ཐི་ཤོ་ལེགས་དང་རྒྱལ་བོ་ལྔ། ED: འབྲོང་ཞི་ལེགས་དང་རྒྱལ་པོ་ལྔ།

ཨི་ཤོ་ལེགས་དང་རྒྱལ་པོ་དྲུག[131] 伊肖勒者中勒六

King Isho Lek, the sixth one,

འདི་དྲུག་ལ་བར་གྱི་ལེགས་དྲུག་ཟེར།[132] 是为中勒六王矣

These were the six kings of the intermediate sphere [whose names contain] *lek* (*legs*).

ཟ་ནམ་ཟིན་ལྡེ་རྒྱལ་པོ་གཅིག[133] 萨南森德王者一

King Zanam Zindé, the first one,

འཕྲུལ་ནམ་གཞུང་བཙན་ལྡེ་དང་གཉིས།[134] 楚南雄德王者二

King Trülnam Zhungtsen Dé, the second one,

སེ་སྣོལ་གནམ་ལྡེ་རྒྱལ་པོ་གསུམ།[135] 色诺南德王者三

King Sé Nölnam Dé, the third one,

སེ་སྣོལ་པོ་ལྡེ་རྒྱལ་པོ་བཞི།[136] 色诺布德王者四

King Sé Nölpö Dé, the fourth one,

ལྡེ་སྣོལ་ནམ་དང་རྒྱལ་པོ་ལྔ།[137] 德诺南者王者五

King Dé Nölnam, the fifth one,

ལྡེ་སྣོལ་པོ་དང་རྒྱལ་པོ་དྲུག[138] 德诺布者王者六

King Dé Nölpo, the sixth one,

131 CS: ཨུ་ཤོ་ལེགས་དང་རྒྱལ་པོ་དྲུག ED: ཨི་ཤོ་ལེགས་དང་རྒྱལ་པོ་དྲུག

132 CS: འདི་དྲུག་ལ་བར་གྱི་ལེགས་དྲུག་ཟེར།

133 CS: ཟྭ་གནམ་ཟིན་ལྡེ་རྒྱལ་པོ་གཅིག། ED: ཟ་ནམ་ཟིན་ལྡེ་རྒྱལ་པོ་གཅིག

134 CS: ལྡེ་འཕྲུལ་གནམ་གཞུང་རྒྱལ་པོ་གཉིས། ED: ལྡེ་འཕྲུལ་ནམ་གཞུང་བཙན་དང་གཉིས།

135 CS: སེ་སྣོལ་གནམ་ལྡེ་བཙན་དང་རྒྱལ་པོ་གསུམ། ED: སེ་སྣོལ་གནམ་ལྡེ་རྒྱལ་པོ་གསུམ།

136 ED: སེ་སྣོལ་པོ་ལྡེ་རྒྱལ་པོ་བཞི།

137 CS: གནམ་ལྡེ་རྣོམ་ནམ་དང་རྒྱལ་པོ་བཞི། ED: ལྡེ་སྣོལ་ནམ་དང་རྒྱལ་པོ་ལྔ།

138 CS: བསེའ་རྣོལ་པོ་དང་རྒྱལ་པོ་ལྔ། ED: ལྡེ་སྣོལ་པོ་དང་རྒྱལ་པོ་དྲུག

ལྡེ་རྒྱལ་པོ་དང་རྒྱལ་པོ་བདུན།[139] 德杰布者王者七

King Dé Gyelpo, the seventh one,

ལྡེ་སྤྲིན་བཙན་དང་རྒྱལ་པོ་བརྒྱད།[140] 德振赞者王者八

King Dé Trintsen, the eighth one,

འདི་བརྒྱད་ས་ཡི་ལྡེ་བརྒྱད་ཟེར།[141] 是为地之八王矣

These were the eight kings of the terrestrial sphere [whose names contain] *dé* (*lde*).

དེའི་རྗེས་ཀྱི་རྒྱལ་པོ་དེ་དག་ནི།[142] 其后世之赞普兮

Subsequent kings after the above-mentioned ones are:

རྒྱལ་ཏོ་རེ་ལོང་བཙན་དང་རྒྱལ་པོ་གཅིག[143] 结多日隆赞普一

King Gyel Toré Longtsen, the first one,

ཁྲི་བཙན་ནམ་དང་རྒྱལ་པོ་གཉིས།[144] 赤赞南者赞普二

King Tri Tsennam, the second one,

ཁྲི་སྒྲ་དཔུང་བཙན་རྒྱལ་པོ་གསུམ།[145] 赤札邦赞赞普三

King Tridra Pungtsen, the third one,

ཁྲི་ཐོག་རྗེ་བཙན་རྒྱལ་པོ་བཞི།[146] 赤托杰赞赞普四

King Tritok Jétsen, the fourth one,

---

139 CS: སྡེ་རྒྱལ་བོ་དང་རྒྱལ་བོ་དྲུག། ED: ལྡེ་རྒྱལ་པོ་དང་རྒྱལ་པོ་བདུན།

140 CS: ལྡེ་སྲིན་བཙན་དང་རྒྱལ་བོ་བདུན། ED: ལྡེ་སྤྲིན་བཙན་དང་རྒྱལ་པོ་བརྒྱད།

141 CS: འདི་བརྒྱད་ས་ཡི་ལྡེ་བརྒྱད་ཟེར།

142 CS: དེའི་རྗེས་ཀྱི་རྒྱལ་པོ་དེ་དག་ནི།

143 CS: རྒྱལ་ཏོ་རི་སླུང་བཙན་དང་བརྒྱད། ED: རྒྱལ་ཏོ་རེ་ལོང་བཙན་དང་རྒྱལ་པོ་གཅིག

144 CS: ཁྲི་བཙན་ནམ་དང་རྒྱལ་བོ་གཅིག། ED: ཁྲི་བཙན་ནམ་དང་རྒྱལ་པོ་གཉིས།

145 CS: ཁྲི་སྒྲ་དཔུང་བཙན་རྒྱལ་བོ་གཉིས། ED: ཁྲི་སྒྲ་དཔུང་བཙན་རྒྱལ་པོ་གསུམ།

146 CS: ཁྲི་ཐོག་རྗེ་བཙན་དང་རྒྱལ་བོ་གསུམ། ED: ཁྲི་ཐོག་རྗེ་བཙན་རྒྱལ་པོ་བཞི།

ལྷ་ཐོ་ཐོ་རི་གཉན་བཙན་རྒྱལ་པོ་ལྔ།[147] 拉托托日念赞五

King Lha Toto Rinyen Tsen, the fifth one,

ཁྲི་གཉན་གཟུངས་བཙན་རྒྱལ་པོ་དྲུག[148] 赤念松丹赞普六

King Trinyen Zungtsen, the sixth one,

འབྲོང་གཉན་ལྡེ་རུ་རྒྱལ་པོ་བདུན།[149] 仲念德茹赞普七

King Drongnyen Déru, the seventh one,

སྟག་རི་གཉན་གཟིགས་རྒྱལ་པོ་བརྒྱད།[150] 达日念色赞普八

King Takri Nyenzik, the eighth one,

གནམ་རི་སྲོང་བཙན་རྒྱལ་པོ་དགུ།[151] 南日松赞赞普九

King Namri Songtsen, the ninth one,

གནས་བཅུ་བཙུན་མོའི་མན་ཆད་ན།[152] 计十方之王妃兮

Counting the Consorts from far and near,

བཙུན་མོ་ནང་ལེན་ལྔ་ལྔ་ཡོད།[153] 蕃域所聘五位也

The five Consorts were:

ཞིག་བཟའ་མོང་བཟའ་རུ་ཡོང་བཟའ།[154] 象雄芒妃党项妃

Zhang Zhung Consort Litikmen, Mong Consort Tricham, and Ruyong Consort Gyelmotsun,

---

147 CS: ལྷ་ཐོ་ཐོ་རུ་བཙན་དང་རྒྱལ་པོ་བཞི། ED: **ལྷ་ཐོ་ཐོ་རི་གཉན་བཙན་རྒྱལ་པོ་ལྔ།**

148 CS: ཁྲི་སྙ་གཟུང་བཙན་རྒྱལ་པོ་ལྔ། ED: **ཁྲི་གཉན་གཟུངས་བཙན་རྒྱལ་པོ་དྲུག**

149 CS: འབྲོང་མཉེན་ལྡེའུ་རྒྱལ་པོ་དྲུག། ED: **འབྲོང་གཉན་ལྡེ་རུ་རྒྱལ་པོ་བདུན།**

150 CS: སྟག་རི་གཉན་གཟིགས་རྒྱལ་པོ་བདུན། ED: **སྟག་རི་གཉན་གཟིགས་རྒྱལ་པོ་བརྒྱད།**

151 CS: གནམ་རུ་སྲུང་བཙན་རྒྱལ་པོ་བརྒྱད། ED: **གནམ་རི་སྲོང་བཙན་རྒྱལ་པོ་དགུ།**

152 MT: **གནས་བཅུ་བཙུན་མོའི་མན་ཆད་ན།** CS: གནས་བཅུ་བཙུན་མོ་ཡན་ཆད་ན། FY: གནས་བཅུ་བཙུན་མོ་མན་ཆད་ན།

153 MT, CS: **བཙུན་མོ་ནང་ལེན་ལྔ་ལྔ་ཡོད།** FY: བཙུན་མོ་ནང་ལེན་ལྔ་པོ་གན།

154 MT: **ཞིག་བཟའ་མོང་བཟའ་རུ་ཡོང་བཟའ།** CS: གཅིག་བཟའ་མོང་བཟའ་རུ་ཡོང་བཟའ། FY: གཅིག་བཟའ་མོན་བཟའ་རུ་ཡོང་བཟའ།

རྒྱ་བཟའ་བལ་བཟའ་དེ་དང་ལྔ།[155] 汉妃尼妃五位矣

Chinese Consort Wencheng and Nepalese Consort Tritsun [Bhrikuti].

གླུ་དེ་ཡི་ལན་ལ་དེ་འདྲ་ཡིན། 如是答复彼歌矣

This is the response to the song.

དྲི། 问

Question:

རྒྱ་བཟའ་བལ་བཟའ་འཁྲུངས་བསྟོད་སྣང་།[156] 汉妃尼妃降生兮

Princess Wencheng and Princess Bhrikuti were born.

ཕྱོགས་བཞི་གང་གི་ཡུལ་ནས་རེད།[157] 生于四方何处耶

In which of the four directions were they born?

རྒྱལ་པོ་གང་གི་གཞུག་ནས་འཁྲུངས།[158] 帝王孰所生之耶

From which King were they descended?

ལན། 答

Answer:

ཕྱོགས་བཞི་གང་གི་ཡུལ་ན་མེད།[159] 非于四方其他处

No direction other than,

---

155 MT: **རྒྱ་བཟའ་བལ་བཟའ་དེ་དང་ལྔ།** FY: རྒྱ་བཟའ་བལ་བཟའ་ཀུན་དང་ལྔ། ཆོས་ཀྱི་གླིང་དུ་ཚུན་ཆད་ན། གླིང་དུ་གྲངས་ཀ་སོ་གསུམ་ཀན། བོད་དུ་སྨན་ལྷ་ཆོས་འཛིན་རེད། ཧོར་གྱི་ཧོར་ལྷ་རིན་ཆེན་རེད། རྒྱ་ཡི་ཨ་ཕོ་ཁྲ་ཚན་རེད།

156 MT: **རྒྱ་བཟའ་བལ་བཟའ་འཁྲུངས་བསྟོད་སྣང་།** CS: རྒྱལ་བཟའ་བལ་བཟའ་འཁྲུངས་འདས་སྣང་། FY: རྒྱ་བཟའ་བལ་བཟའ་འཁྲུངས་འདུག་ན།

157 MT: **ཕྱོགས་བཞི་གང་གི་ཡུལ་ནས་རེད།** CS, FY: ཕྱོགས་བཞི་གང་གི་ཡུལ་ར་ན།

158 MT: **རྒྱལ་པོ་གང་གི་གཞུག་ནས་འཁྲུངས།** CS: རྒྱལ་བོ་གང་གི་ཕྱུག་ལས་འཁྲུངས། FY: རྒྱལ་པོ་གང་གི་གཞུག་ལ་འཁྲུངས།

159 FY: ཕྱོགས་བཞི་གང་གི་ཡུལ་ལ་མེད། ED: **ཕྱོགས་བཞི་གང་གི་ཡུལ་ན་མེད།**

ཤར་ལྷོ་གཉིས་ནས་འཁྲུངས་བསྐྱད་སྣང་།[160] 二妃生于东与南

The east [where Princess Wencheng] and the south [where Princess Bhrikuti] were they born.

རྒྱལ་པོ་གང་གི་གཞུག་ན་མེད།[161] 非为其他帝王生

No Kings other than,

རྒྱ་བཟའ་ཐང་གི་བུ་མོ་རེད།[162] 是为唐王之女也

The King of Tang China, who was the father of Princess Wencheng,

བལ་བཟའ་བལ་པོའི་བུ་མོ་རེད།[163] 是为尼王之女也

The King of Nepal, who was the father of Princess Bhrikuti.

དྲི། 问

Question:

རྒྱ་བཟའ་བལ་བཟའ་འཁྲུངས་བསྐྱད་སྣང་།[164] 汉妃尼妃降生兮

That Princess Wencheng and Princess Bhrikuti had been born.

ཤེས་མི་མི་དེ་གང་རེད།[165] 彼闻之者孰人耶

Who was the person that learned of this?

གོ་མི་མི་དེ་གང་རེད།[166] 彼知之者孰人耶

Who was the person that knew about this?[6]

---

160 MT: **ཤར་ལྷོ་གཉིས་ནས་འཁྲུངས་བསྐྱད་སྣང་།** CS: ཤར་ལྷོ་གཉིས་ནས་འཁྲུངས་འདས་སྣང་། FY: སྐད་རྒྱ་ནག་གླིང་ཆེན་འདི་ན་ཡོད།

161 FY: རྒྱལ་པོ་གང་གི་གཞུག་ལས་མེད། ED: **རྒྱལ་པོ་གང་གི་གཞུག་ན་མེད།**

162 CS: **རྒྱ་བཟའ་ཐང་གི་བུ་མོ་རེད།** FY: རྒྱལ་པོ་ཐུགས་དབང་གཞུག་ལ་འཁྲུངས།

163 CS: **བལ་བཟའ་བལ་པོའི་བུ་མོ་རེད།**

164 MT: **རྒྱ་བཟའ་བལ་བཟའ་འཁྲུངས་བསྐྱད་སྣང་།** CS: རྒྱལ་བཟའ་བལ་བཟའ་འཁྲུངས་འདས་སྣང་། FY: རྒྱ་བཟའ་བལ་བཟའ་འཁྲུངས་འདུག་ན།

165 MT: **ཤེས་མི་མི་དེ་གང་རེད།** CS, FY: ཤེས་པའི་མི་དེ་ཅི་ཞིག་རེད།

166 MT: **གོ་མི་མི་དེ་གང་རེད།** CS: གོ་བའི་མི་དེ་ཅི་ཞིག་རེད། FY: གོ་པའི་མི་དེ་ཅི་ཞིག་རེད།

གཏམ་མི་མི་དེ་གང་རེད།[167] 彼议之者孰人耶
Who was the person that talked about this?

གླུ་དལ་མོ་ལོངས་དང་རྗེས་ན་ཡོད། 有歌相继徐徐咏
Sing it slowly, and more songs will follow.

ལན། 答
Answer:

ཤེས་ནི་མ་རེད་མཁྱེན་ནི་རེད།[168] 非闻之也觉之也
This [their birth] was not learned about but was sensed.

གོ་བའི་མི་དེ་བཤད་རྒྱུ་ན།[169] 言所知之人孰兮
Speaking of the one who knew of it,

གོ་བའི་མི་དེ་རྒྱལ་པོ་རེད།[170] 上部赞普闻之矣
It was King [Songtsen Gampo].

གཏམ་པའི་མི་དེ་བཤད་རྒྱུ་ན།[171] 言所议之人孰兮
Speaking of the persons who talked about it,

ནང་ལེན་བཙུན་མོ་གཉིས་ཀྱིས་གཏམ།[172] 有二王妃议之矣
They were two Consorts.

---

167 MT: **གཏམ་མི་མི་དེ་གང་རེད།** CS, FY: གཏམ་པའི་མི་དེ་ཅི་ཞིག་རེད།

168 MT, FY: **ཤེས་ནི་མ་རེད་མཁྱེན་ནི་རེད།** CS: ཤེས་པའི་མི་དེ་མཁྱེན་ནི་རེད།

169 MT: **གོ་བའི་མི་དེ་བཤད་རྒྱུ་ན།**

170 MT: **གོ་བའི་མི་དེ་རྒྱལ་པོ་རེད།** CS: གོ་མཁན་སྟོད་ཀྱི་རྒྱལ་པོ་རེད། FY: གོ་པ་སྟོད་ཀྱི་རྒྱལ་པོ་རེད།

171 MT, CS, FY: **གཏམ་པའི་མི་དེ་བཤད་རྒྱུ་ན།**

172 MT: **ནང་ལེན་བཙུན་མོ་གཉིས་ཀྱིས་གཏམ།** CS: ནང་ལེན་བཙུན་མོ་གཉིས་ཀྱི་གཏམ། FY: ནང་ལེན་བཙུན་མོ་གཉིས་དེས་གཏམ།

ལྷ་སའི་མཚོ་ཡི་ཡར་མཚོ་ནས།[173] 拉萨之湖上畔兮

On the upper bank of the lake in Lhasa,

ནང་བློན་བརྒྱད་ཀྱིས་གྲོས་ཀ་འཚོགས།[174] 内臣八者聚议之

Eight ministers of internal affairs convened a meeting to have a discussion.

འོ་ཐང་མཚོ་ཡི་མར་མཚོ་ནས།[175] 奥塘湖之下畔兮

On the lower bank of Otang Lake,[7]

ཕྱི་བློན་བརྒྱད་ཀྱིས་གྲོས་ཀ་འཚོགས།[176] 外臣八者聚议之

Eight ministers of external affairs convened a meeting to have a discussion.

འཚོགས་པའི་བློན་པོ་མགར་ཆེན་གན།[177] 大臣噶尔召集兮

Minister Gar Tongtsen convened the meeting.

བློན་པོ་མགར་གྱིས་ཤ་གཟུག་འཕངས།[178] 大臣噶尔言备肉

Minister Gar Tongtsen suggested bringing meat.

ཤ་རྐང་བ་གཉིས་དང་ལག་པ་གཉིས།[179] 肉之前后腿成对

Two front shanks and two rear shanks,

---

173 MT: **ལྷ་སའི་མཚོ་ཡི་ཡར་མཚོ་ནས།** CS: དབུས་ལྷ་ཚོགས་པའི་ཡར་འཛོམས་ན། FY: བོད་ལྷ་ས་ཚོང་རའི་ཡར་འགྲམ་ན།

174 MT: **ནང་བློན་བརྒྱད་ཀྱིས་གྲོས་ཀ་འཚོགས།** CS: ནང་ལེན་བརྒྱད་ཀྱི་གྲོས་ག་ཚོགས། FY: ནང་ལེན་བརྒྱད་ཀྱིས་གྲོས་ཀ་འཚོགས།

175 MT: **འོ་ཐང་མཚོ་ཡི་མར་མཚོ་ནས།** CS: འོ་ཐང་མཚོ་ཡི་མར་འཛོམས་ན། FY: འོ་ཐང་མཚོ་ཡི་མར་འགྲམ་ན།

176 MT: **ཕྱི་བློན་བརྒྱད་ཀྱིས་གྲོས་ཀ་འཚོགས།** CS: ཕྱི་ལན་བརྒྱད་ཀྱི་གྲོས་ག་ཚོགས། FY: ཕྱི་ལེན་བརྒྱད་ཀྱིས་གྲོས་ཀ་འཚོགས།

177 MT: **འཚོགས་པའི་བློན་པོ་མགར་ཆེན་གན།** CS: ཚོགས་པ་བློན་པོ་སྒར་ཆེན་རེད། FY: འཚོགས་པ་བློན་པོ་མགར་ཆེན་རེད།

178 MT: **བློན་པོ་མགར་གྱིས་ཤ་གཟུག་འཕངས།** CS: བློན་པོ་སྒར་གིས་ཁལ་ཐག་བཟོས། FY: བློན་པོ་མགར་ཆེན་ཁལ་ཐག་བཟོས།

179 MT, FS: **ཤ་རྐང་བ་གཉིས་དང་ལག་པ་གཉིས།** CS: ཤ་རྐང་པ་གཉིས་དང་ལག་པ་གཉིས།

རྩིབ་བུ་གཉིས་དང་འགྲམ་པ་གཉིས།[180] 肋条与头亦成对
Two racks of ribs and two cheeks [constituting one head],

ཤ་ཤ་སྒྲུག་གཅིག་གིས་ལམ་འཇུག་བཟོས།[181] 备整豚以为路用
An animal in its entirety was packed for the upcoming journey.[8]

བོད་ཀྱི་རྟེན་འབྲེལ་འགྲིག་བཞག་ཡོད།[182] 吐蕃吉日祥瑞矣
The prospects of the Tibetans' [mission] looked auspicious.

གླུ་དེ་ཡི་ལན་ལ་དེ་འདྲ་ཡིན། 如是答复彼歌矣
This is the response to the song.

དྲི། 问
Question:

བློན་པོ་རྒྱ་ནག་ལ་འགྲོ་དུས་དེར།[183] 大臣噶尔往中原
When Minister Gar Tongtsen departed for Tang China,

རྟ་སྔོན་པོ་བརྒྱ་ལ་ཅི་ཞིག་བཀལ།[184] 青马百匹负何行
What was loaded on to a hundred blueish horses?

དྲེལ་ཁ་སྐྱ་བརྒྱ་ལ་ཅི་ཞིག་བཀལ།[185] 灰嘴百骡载何行
What was loaded on to a hundred gray-mouthed mules?

---

180 MT: **རྩིབ་བུ་གཉིས་དང་འགྲམ་པ་གཉིས།** CS: ཤ་རྩིབ་བུ་གཉིས་དང་འགྲུར་མ་གཉིས། FY: ཤ་རྩིབ་བུ་གཉིས་དང་བྲུ་མ་གཉིས།

181 MT: **ཤ་ཤ་སྒྲུག་གཅིག་གིས་ལམ་འཇུག་བཟོས།** CS: ཤ་ཤ་སྒྲུག་གཅིག་གི་ལམ་འཇུག་ཡོད། FY: ཤ་ཤ་སྒྲུག་གཅིག་གི་ལམ་འཇུག་ཡོད།

182 CS: བོད་ཀྱི་རྟེན་འབྲེལ་སྒྲུབ་བཞག་ཡོད། FY: བོད་ཀྱི་རྟེན་བྲེལ་སྒྲུབ་བཞག་ཡོད། ED: **བོད་ཀྱི་རྟེན་འབྲེལ་འགྲིག་བཞག་ཡོད།**

183 MT, ZG: **བློན་པོ་རྒྱ་ནག་ལ་འགྲོ་དུས་དེར།** CS: བློན་པོ་རྒྱ་ནང་འགྲོ་དུས་སུ། FY: བློན་པོ་རྒྱ་ནང་འགྲོ་དུས་དེར།

184 MT, ZG: **རྟ་སྔོན་པོ་བརྒྱ་ལ་ཅི་ཞིག་བཀལ།** CS: རྟ་རྫ་མོང་བརྒྱ་ལ་ཅི་ཞིག་བཟོས། FY: རྟ་རྫ་མོ་བརྒྱ་ལ་ཅི་ཞིག་བཟོས།

185 MT, ZG: **དྲེལ་ཁ་སྐྱ་བརྒྱ་ལ་ཅི་ཞིག་བཀལ།** CS, FY: དྲེལ་ཁ་སྐྱ་བརྒྱ་ལ་ཅི་ཞིག་བཟོས།

གླང་སྤུ་དཀར་བརྒྱ་ལ་ཅི་ཞིག་བཀལ།[186] 白牛百头驮何行

What was loaded on to a hundred white oxen?

ལན། 答

Answer:

བློན་པོ་རྒྱ་ནག་ལ་འགྲོ་དུས་དེར།[187] 大臣前往中原兮

When Minister Gar Tongtsen departed for Tang China,

རྟ་སྔོན་པོ་བརྒྱ་ལ་གོས་ཆེན་བཀལ།[188] 青马百匹负绢帛

Gorgeous brocade was loaded on to the hundred blueish horses.

དྲེལ་ཁ་སྐྱ་བརྒྱ་ལ་ཕྲུག་ཆེན་བཀལ།[189] 灰嘴百骡载氆氇

Fine woolen cloth was loaded on to the hundred gray-mouthed mules.

གླང་སྤུ་དཀར་བརྒྱ་ལ་ནོར་བུ་བཀལ།[190] 白牛百头驮珍宝

Jewels were loaded on to the hundred white oxen.

དྲི། 问

Question:

བློན་ཐག་རིང་ཡུལ་ལ་འགྲོ་དུས་དེར།[191] 大臣行路漫漫兮

When Minister Gar Tongtsen embarked on the journey to the faraway place,

---

186 MT, ZG: **གླང་སྤུ་དཀར་བརྒྱ་ལ་ཅི་ཞིག་བཀལ།** CS, FY: གླང་སྤུ་དཀར་བརྒྱ་ལ་ཅི་ཞིག་བཟོས།

187 MT, ZG: **བློན་པོ་རྒྱ་ནག་ལ་འགྲོ་དུས་དེར།** CS: བློན་པོ་རྒྱ་ནང་འགྲོ་དུས་སུ།

188 MT, ZG: **རྟ་སྔོན་པོ་བརྒྱ་ལ་གོས་ཆེན་བཀལ།** CS: རྟ་ཇ་མོང་བརྒྱ་ལ་གོས་ཆེན་བཀལ། FY: རྟ་ཇ་མོ་བརྒྱ་ལ་གོས་ཆེན་བཀལ།

189 MT, ZG, FY: **དྲེལ་ཁ་སྐྱ་བརྒྱ་ལ་ཕྲུག་ཆེན་བཀལ།** CS: དྲེལ་ཁ་སྐྱ་བརྒྱ་ལ་འཕྲུལ་ཆེན་བཀལ།

190 MT, ZG, FY: **གླང་སྤུ་དཀར་བརྒྱ་ལ་ནོར་བུ་བཀལ།** CS: གླང་སྤུ་དཀར་བརྒྱ་ལ་ནོམ་པ་བཀལ།

191 MT: **བློན་ཐག་རིང་ཡུལ་ལ་འགྲོ་དུས་དེར།** CS: ས་ཐང་རི་ལམ་ལ་འགྲོ་དུས་སུ། FY: ས་ཐག་རིང་ལམ་ལ་འགྲོ་རྒྱུ་དུས།

གོས་ཆེན་རྒྱ་ལ་ཨེ་མཁོ་ཞིག[192] 汉地所需绢帛耶

Was gorgeous brocade needed in Tang China?

ཕྱུག་ཆེན་རྒྱ་ལ་ཨེ་མཁོ་ཞིག[193] 汉地所需氆氇耶

Was fine woolen cloth needed in Tang China?

ནོར་བུ་རྒྱ་ལ་ཨེ་མཁོ་ཞིག[194] 汉地所需珍宝耶

Were jewels needed in Tang China?

ཁྱོད་ཡུན་རིང་མ་འགོར་ལན་རེ་ཐོག། 尔作答之莫迟误

Please answer my questions without further ado.

ལན། 答

Answer:

དེ་ལ་ལན་ཞིག་རྒྱག་རྒྱུ་ན། 应答所问者如是

To give an answer to that,

གོས་ཆེན་རྒྱ་ལ་མ་མཁོ་ཞིག[195] 汉地所需非绢帛

Gorgeous brocade was not needed in Tang China.

ཕྱུག་ཆེན་རྒྱ་ལ་མ་མཁོ་ཞིག[196] 汉地所需非氆氇

Fine woolen cloth was not needed in Tang China.

ནོར་བུ་རྒྱ་ལ་མ་མཁོ་ཞིག[197] 汉地所需非珍宝

Jewels were not needed in Tang China.

---

192 MT, CS, FY: **གོས་ཆེན་རྒྱ་ལ་ཨེ་མཁོ་ཞིག**

193 MT, FY: **ཕྱུག་ཆེན་རྒྱ་ལ་ཨེ་མཁོ་ཞིག** CS: འཕྱུག་ཆེན་རྒྱ་ལ་ཨེ་མཁོ་ཞིག

194 MT, FY: **ནོར་བུ་རྒྱ་ལ་ཨེ་མཁོ་ཞིག** CS: ནོམ་པ་རྒྱ་ལ་ཨེ་མཁོ་ཞིག

195 MT, CS, FY: གོས་ཆེན་རྒྱ་ལ་མ་མཁོ་ཞིག

196 MT, FY: **ཕྱུག་ཆེན་རྒྱ་ལ་མ་མཁོ་ཞིག** CS: འཕྱུག་ཆེན་རྒྱ་ལ་མ་མཁོ་ཞིག

197 MT, FY: **ནོར་བུ་རྒྱ་ལ་མ་མཁོ་ཞིག** CS: ནོམ་པ་རྒྱ་ལ་མ་མཁོ་ཞིག

དྲི། 问

Question:

སྨད་རྒྱ་ལ་མཁོ་ནི་ཅི་ཞིག་རེད།[198] 下部汉地何所需

Then, what was needed in lower China?

ལན། 答

Answer:

སྨད་རྒྱ་ལ་མཁོ་ནི་བཤད་རྒྱུ་ན།[199] 下部汉地所需者

Speaking of the items needed in lower China,

གླ་དམར་པོའི་གླ་རྩི་རྒྱ་ལ་མཁོ།[200] 所需朱麝之香脐

The musk of red deer was needed.

ཤྭ་སྔོན་པོའི་རྭ་ཆེན་རྒྱ་ལ་མཁོ།[201] 所需青鹿之茸角

The velvet antler of the blue deer was needed.

དར་ཚོན་སྣ་ལྔ་རྒྱ་ལ་མཁོ།[202] 所需五彩绸缎旗

Five-colored silken [prayer] flags were needed.

198 MT: **སྨད་རྒྱ་ལ་མཁོ་ནི་ཅི་ཞིག་རེད།** CS: སྨད་རྒྱ་ལ་ཁྱེར་ནི་ཅི་ཞིག་རེད། FY: སྨད་རྒྱ་ལ་མཁོ་ནི་ཅི་ཞིག་རེད། སྨད་རྒྱ་ལ་འདོད་ནི་ཅི་ཞིག་རེད། སྨད་རྒྱ་ལ་ཁྱེར་ནི་ཅི་ཞིག་རེད།

199 MT: **སྨད་རྒྱ་ལ་མཁོ་ནི་བཤད་རྒྱུ་ན།**

200 MT: **གླ་དམར་པོའི་གླ་རྩི་རྒྱ་ལ་མཁོ།** CS: གླ་དམར་རོ་གླ་རྩི་རྒྱ་ལ་མཁོ། FY: གླ་དམར་གླ་རྩི་རྒྱ་ལ་མཁོ།

201 MT: **ཤྭ་སྔོན་པོའི་རྭ་ཆེན་རྒྱ་ལ་མཁོ།** CS: ཤྭ་རྭ་སྔོན་པོ་རྒྱ་ལ་མཁོ། FY: ཤྭ་བ་སྔོན་པོ་རྭ་ཆེན་རྒྱ་ལ་མཁོ།

202 MT: **དར་ཚོན་སྣ་ལྔ་རྒྱ་ལ་མཁོ།** CS: དར་ཚོན་སྣ་ལྔ་རྒྱ་ལ་ཁྱེར། FY: རྒྱ་ལ་ཁྱེར་ནི་བཤད་རྒྱུ་ན། དར་ཚོན་སྣ་ལྔ་རྒྱ་ལ་ཁྱེར། ཕྱི་འདང་ཕྱུགས་འདང་རྒྱོབ་བཞིག་ཡོད།

དྲི། 问

Question:

ཁོང་བློན་པོ་རྒྱ་ནག་འགྲོ་དུས་དེར།[203] 大臣前往中原兮

When Minister Gar Tongtsen embarked on his journey to Tang China,

ཕ་རྒྱལ་པོའི་ཐུགས་འདང་ཅི་ཞིག་རེད།[204] 大唐皇帝何所思

What was the Tang Emperor reckoning on?

མ་རྒྱལ་མོའི་བསམ་འདང་ཅི་ཞིག་རེད།[205] 大唐皇后何所思

What was the Tang Empress reckoning on?

རྒྱ་བཟའི་རིན་སླ་ཅི་ཞིག་རེད།[206] 公主之聘礼何耶

What was the bride price for Princess Wencheng?

ལན། 答

Answer:

ཕ་རྒྱལ་པོའི་ཐུགས་འདང་བཤད་རྒྱུ་ན།[207] 言大唐皇帝所思

Speaking of what the Tang Emperor reckoned on,

བཻཌཱུརྻ་ཡི་རྨོག་གཅིག་ཁུར།[208] 琉璃头盔一顶矣

It was a lapis lazuli helmet that was brought to him.

---

203 MT: **ཁོང་བློན་པོ་རྒྱ་ནག་འགྲོ་དུས་དེར།**

204 MT, ZG: **ཕ་རྒྱལ་པོའི་ཐུགས་འདང་ཅི་ཞིག་རེད།** CS: ཕོ་རྒྱལ་པོ་ཐུགས་འདང་ཅི་ཞིག་རེད། FY: ཕོ་རྒྱལ་པོ་ཐུགས་འདང་ཅི་ཞིག་རེད།

205 ZG: **མ་རྒྱལ་མོའི་བསམ་འདང་ཅི་ཞིག་རེད།** CS: ཕོ་བློན་པོ་ཞུ་སདང་ཅི་ཞིག་རེད། FY: ཕོ་བློན་པོ་ཞུ་འདང་ཅི་ཞིག་རེད།

206 MT, ZG: **རྒྱ་བཟའི་རིན་སླ་ཅི་ཞིག་རེད།** CS: རྒྱ་བཟའི་རིན་པ་ཅི་ཞིག་རེད། FY: བུ་མོ་རྒྱ་བཟའ་རིན་སླ་ཅི་ཞིག་རེད།

207 MT, ZG: **ཕ་རྒྱལ་པོའི་ཐུགས་འདང་བཤད་རྒྱུ་ན།**

208 MT: **བཻཌཱུརྻ་ཡི་རྨོག་གཅིག་ཁུར།** ZG: བཻཌཱུརྻ་ཡི་རྨོག་གཅིག་ཁུ། CS: ཕ་རྒྱལ་པོ་རིན་ཆེན་གོས་གཅིག་ཁུར། FY: གོས་རིན་པོ་ཆེ་ཡི་གོན་གཅིག་ཁུར།

ཁྲུར་དམག་ལ་འགྲོ་ན་དམག་དོན་འགྲུབ།[209] 戴于战场凯旋兮

There would be a victory if it [the helmet] was brought onto the battlefield.

ཁྲུར་ས་ལ་འགྲོ་ན་ལོ་ཏོག་ཡག[210] 置于田地丰登矣

Crops would grow vigorously if it [the helmet] was placed on farmland.

རྒྱ་བཟའི་རིན་གླ་བཤད་རྒྱུ་ན།[211] 言公主之聘礼兮

Speaking of the bride price for Princess Wencheng,

གསེར་དངུལ་བྲེ་ཚད་འཇལ་ལ་གླངས།[212] 金银升量斗计矣

It was many *dré* of golden and silver.[9]

དྲི། 问

Question:

བློན་པོ་རྒྱ་ལ་འགྲོ་དུས་དེར།[213] 大臣前往中原兮

At the time when Minister Gar Tongtsen headed to Tang China,

ལམ་ལ་བར་ཆད་ཡོད་ན་མེད།[214] 路途有无险阻耶

Were there any obstacles on the journey?

བོད་ཀྱི་བླ་མ་བཅུ་གསུམ་གན།[215] 蕃喇嘛十三位兮

Thirteen Tibetan lama,

209 MT, ZG: **ཁྲུར་དམག་ལ་འགྲོ་ན་དམག་དོན་འགྲུབ།** CS, FY: ལུས་ལ་གོན་ན་ཡིད་འོང་དང་།

210 MT, ZG: **ཁྲུར་ས་ལ་འགྲོ་ན་ལོ་ཏོག་ཡག** CS: ལམ་ལ་ཁྲུར་ན་ལམ་ཐོག་ཡག།FY: བྱེས་ལ་ཁྲུར་ན་ལམ་ཐོག་ཡག ཁོ་བློན་པོ་ཞུ་འདང་བཤད་རྒྱུ་ན། བཻཌཱུརྱ་ཡི་རྨོག་གཅིག་སྐད།

211 MT: **རྒྱ་བཟའི་རིན་གླ་བཤད་རྒྱུ་ན།** CS: རྒྱ་བཟའ་གསེར་དངུལ་བྲེ་ཚད་འཇལ། FY: རྒྱ་བཟའ་རིན་གླ་བཤད་རྒྱུ་ན།

212 MT: **གསེར་དངུལ་བྲེ་ཚད་འཇལ་ལ་གླངས།** CS: རྒྱ་བཟའ་གསེར་དངུལ་བྲེ་ཚད་འཇལ། FY: གསེར་དངུལ་བྲེ་ཚད་འཇག་ལ་ལོན།

213 ZG: **བློན་པོ་རྒྱ་ལ་འགྲོ་དུས་དེར།**

214 ZG: **ལམ་ལ་བར་ཆད་ཡོད་ན་མེད།**

215 ED: **བོད་ཀྱི་བླ་མ་བཅུ་གསུམ་གན།**

ཕྱག་མོ་ཞུས་ནས་ཅི་རེ་ཟེར།[216] 占卜所测者何耶

Resorting to *mo* divination, what did they suggest?[10]

རྒྱ་ཡི་རྩིས་པ་བཅུ་གསུམ་གན།[217] 汉卦师十三位兮

Thirteen Chinese astrologers,

རྩིས་ལ་བརྩིས་ནས་ཅི་རེ་ཟེར།[218] 卦辞所解者何耶

Resorting to astrology, what did they suggest?

ཧོར་གྱི་མོ་བ་བཅུ་གསུམ་གན།[219] 霍卜师十三位兮

Thirteen Hor diviners,

མོ་རེ་འཕངས་ནས་ཅི་རེ་ཟེར།[220] 卜具所占者何耶

Resorting to *mo* prediction, what did they suggest?

ལན། 答

Answer:

བོད་ཀྱི་བླ་མ་བཅུ་གསུམ་གན།[221] 蕃喇嘛十三位兮

Thirteen Tibetan lamas,

ཞུས་ནས་ཕྱག་མོ་བཟོ་རྒྱུ་དེ།[222] 喇嘛占卜预测也

Consulting the *mo* divination.

ལམ་ལ་བར་ཆད་མི་སྣང་ཟེར།[223] 言前路无险阻矣

Suggested that there were no obstacles ahead.

---

216 ED: ཕྱག་མོ་ཞུས་ནས་ཅི་རེ་ཟེར།

217 ED: རྒྱ་ཡི་རྩིས་པ་བཅུ་གསུམ་གན།

218 ED: རྩིས་ལ་བརྩིས་ནས་ཅི་རེ་ཟེར།

219 ED: ཧོར་གྱི་མོ་བ་བཅུ་གསུམ་གན།

220 ED: མོ་རེ་འཕངས་ནས་ཅི་རེ་ཟེར།

221 ZG: བོད་ཀྱི་བླ་མ་བཅུ་གསུམ་གན།

222 ZG: ཞུས་ནས་ཕྱག་མོ་བཟོ་རྒྱུ་དེ།

223 ZG: ལམ་ལ་བར་ཆད་མི་སྣང་ཟེར།

རྒྱ་ཡི་རྩིས་པ་བཅུ་གསུམ་གན།[224] 汉卦师十三位兮
Thirteen Chinese astrologers,

རྩིས་ལ་བརྩིས་ཏེ་ལབ་རྒྱུ་དེ།[225] 卦师解说卦辞也
Reckoning the astrology.

ལམ་ལ་བར་ཆད་མི་སྣང་ཟེར།[226] 言前路无险阻矣
Suggested that there were no obstacles ahead.

ཧོར་གྱི་མོ་བ་བཅུ་གསུམ་གན།[227] 霍卜师十三位兮
Thirteen Hor diviners,

མོ་རི་ས་ལ་འཕེན་རྒྱུ་དེ།[228] 卜师投掷卜具也
Conducting the *mo* prediction.

ལམ་ལ་བར་ཆད་མི་སྣང་ཟེར།[229] 言前路无险阻矣
Suggested that there were no obstacles ahead.

དྲི། 问
Question:

བློན་པོ་རྒྱ་ལ་འགྲོ་དུས་དེར།[230] 大臣前往中原兮
When Minister Gar Tongtsen headed to Tang China,

གང་ཕྱོགས་འཁོར་ནས་རྒྱ་ནག་སོང་།[231] 往中原时向何方
In which direction was he proceeding towards Tang China?

---

224 ZG: རྒྱ་ཡི་རྩིས་པ་བཅུ་གསུམ་གན།

225 ZG: རྩིས་ལ་བརྩིས་ཏེ་ལབ་རྒྱུ་དེ།

226 ZG: ལམ་ལ་བར་ཆད་མི་སྣང་ཟེར།

227 ZG: ཧོར་གྱི་མོ་བ་བཅུ་གསུམ་གན།

228 ZG: མོ་རི་ས་ལ་འཕེན་རྒྱུ་དེ།

229 ZG: ལམ་ལ་བར་ཆད་མི་སྣང་ཟེར།

230 ZG: བློན་པོ་རྒྱ་ལ་འགྲོ་དུས་དེར།

231 ZG: གང་ཕྱོགས་འཁོར་ནས་རྒྱ་ནག་སོང་།

ཁྱོད་ཡུན་རིང་མ་འགོར་ལན་རེ་ཞོག། 尔作答之莫迟误

Please answer my questions without further ado.

ལན། 答

Answer:

དེ་ལ་ལན་ཞིག་རྒྱག་རྒྱུ་ན། 应答所问者如是

To give an answer to that,

ཁས་ཁ་ལ་ནས་བསང་རེ་ཕུད།[232] 于山垭口煨桑兮

On the mountain pass, the *sang* offering was made.

བསང་རེ་ལྡིང་ཏེ་ཤར་ལ་འཐེན།[233] 垭口桑烟东飘也

The smoke of the *sang* offering floated to the east [where Tang China is located].

ཤར་ལ་འཁོར་ནས་རྒྱ་ནག་སོང་།[234] 往中原时向东矣

To the east, he was heading towards Tang China.

དྲི། 问

Question:

བློན་པོ་རྒྱ་ལ་འགྲོ་དུས་དེར།[235] 大臣前往中原兮

When Minister Gar Tongtsen departed for Tang China,

འགྲོ་རོགས་རྟ་པ་ཅི་འདྲ་སྣང་།[236] 随扈骑士几何耶

How many horsemen accompanied him?

---

232 ZG: ཁས་ཁ་ལ་ནས་བསང་རེ་ཕུད།

233 ZG: བསང་རེ་ལྡིང་ཏེ་ཤར་ལ་འཐེན།

234 ZG: ཤར་ལ་འཁོར་ནས་རྒྱ་ནག་སོང་།

235 MT: བློན་པོ་རྒྱ་ལ་འགྲོ་དུས་དེར། CS: བློན་པོ་རྒྱ་ལ་འགྲོ་དུས་དེར། FY: བློན་པོ་རྒྱ་ལ་འགྲོ་དུས་དེ།

236 MT: འགྲོ་རོགས་རྟ་པ་ཅི་འདྲ་སྣང་། CS: འགྲོ་རོགས་རྟ་བ་ཅི་འདྲ་ཡོད། FY: འགྲོ་རོགས་རྟ་བ་ཅི་འདྲ་ཡོད།

ལན། 答

Answer:

བློན་པོ་རྒྱ་ནག་འགྲོ་དུས་དེར།[237] 大臣前往中原兮

At the time when Minister Gar Tongtsen departed for Tang China,

འགྲོ་རོགས་རྟ་པ་ལྔ་བརྒྱ་ཡོད།[238] 随扈骑士五百矣

Five hundred horsemen accompanied him.

དྲི། 问

Question:

རྟ་ལྔ་བརྒྱ་གང་ནས་བྱུང་ནི་རེད།[239] 骥五百现何处耶

Whence did the five hundred horses emerge?

མི་ལྔ་བརྒྱ་གང་ནས་བྱུང་ནི་རེད།[240] 士五百现何处耶

Whence did the five hundred men emerge?

གླུ་དལ་མོ་ལོངས་དང་རྗེས་ན་ཡོད། 有歌相继徐徐咏

Sing it slowly, and more songs will follow.

ལན། 答

Answer:

རྟ་ལྔ་བརྒྱ་བྱུང་ཚུལ་བཤད་རྒྱུ་ན།[241] 言骥五百现何处

Speaking of how the five hundred horses appeared,

---

237 MT: བློན་པོ་རྒྱ་ནག་འགྲོ་དུས་དེར། CS: བློན་པོ་རྒྱལ་འགྲོར་དུས་དེར།

238 MT, FY: འགྲོ་རོགས་རྟ་པ་ལྔ་བརྒྱ་ཡོད། CS: འགྲོ་རོགས་རྟ་བ་ལྔ་བརྒྱ་ཡོད།

239 MT, CS, FY: རྟ་ལྔ་བརྒྱ་གང་ནས་བྱུང་ནི་རེད།

240 MT, CS, FY: མི་ལྔ་བརྒྱ་གང་ནས་བྱུང་ནི་རེད།

241 MT: རྟ་ལྔ་བརྒྱ་བྱུང་ཚུལ་བཤད་རྒྱུ་ན།

ཀྱོང་ཐུགས་རྗེ་ཆེན་པོ་ཞལ་བཅུ་གཅིག[242] 十一面之观世音
The Eleven-faced Great Compassionate One,

ཕྱག་གཉིས་པའི་སོར་མོ་ལྔ་བོ་ལས།[243] 第二手之五指间
From the five fingers of his second hand,

འོད་ཟེར་འཇའ་ཚོན་སྣ་ལྔ་ཤར།[244] 五色虹光衍现矣
Appeared a rainbow of five-coloured rays:

འཇའ་དཀར་པོ་དམར་པོ་ནག་པོ་གསུམ།[245] 虹光白赤玄三者
White, red, and black,

འཇའ་སེར་པོ་སྔོན་པོ་དེ་དང་ལྔ།[246] 虹光金青五者矣
As well as yellow and blue.

དྲི། 问
Question:

འཇའ་དཀར་པོ་ནང་ནས་ཅི་ཞིག་བྱུང་།[247] 于白光中现何耶
What emerged from the white light of the rainbow?

གླུ་དལ་བུར་ཤོག་དང་བྲེལ་བ་མེད། 歌徐陈之莫匆促
Please sing the song slowly, there is no hurry.

---

242 MT: **ཀྱོང་ཐུགས་རྗེ་ཆེན་པོ་ཞལ་བཅུ་གཅིག** CS: ཀྱོང་ཐུགས་རྗེ་ཆེན་པོ་བཅུ་གཅིག་ཞལ། FY: ཏ་ལཱ་བརྒྱ་ངེས་ལག་མ་བྱུང་ན། མི་ལྷ་བརྒྱ་ངེས་ལག་མ་བྱུང་ན། མགར་མི་འགྲོ་གཅིག་དང་མི་འགྲོ་གཉིས། མི་འགྲོ་ལམ་ལ་མི་ལང་ཟེར། ཀྱོང་ཐུགས་རྗེ་ཆེན་པོ་བཅུ་གཅིག་ཞལ།

243 CS: ཕྱག་གཉིས་ཀྱི་སོར་མོ་ལྔ་བོ་ལས། FY: **ཕྱག་གཉིས་པའི་སོར་མོ་ལྔ་བོ་ལས།**

244 CS, FY: **འོད་ཟེར་འཇའ་ཚོན་སྣ་ལྔ་ཤར།**

245 CS: འཇའ་དཀར་བོ་དམར་བོ་ནག་པོ་གསུམ། FY: **འཇའ་དཀར་པོ་དམར་པོ་ནག་པོ་གསུམ།**

246 CS: འཇའ་སེར་བོ་སྔོན་པོ་དེ་དང་ལྔ། FY: **འཇའ་སེར་པོ་སྔོན་པོ་དེ་དང་ལྔ།**

247 CS: འཇའ་དཀར་བོ་ནང་ནས་ཅི་ཞིག་བྱུང་། FY: **འཇའ་དཀར་པོ་ནང་ནས་ཅི་ཞིག་བྱུང་།**

ལན། 答

Answer:

འཇའ་དཀར་པོ་ནང་ནས་བྱུང་ཚུལ་དེ།[248] 于白光中所现兮

Emerging from the white light of the rainbow,

རྟ་དཀར་པོ་བརྒྱ་དང་མི་དཀར་པོ་བརྒྱ།[249] 白骥百也白士百

Were a hundred white horses and a hundred white men.

མི་དཀར་པོ་བརྒྱ་བོ་ཤིང་ལྷ་ཡིན།[250] 白士百者木神矣

The hundred white men were wood gods.

ཤིང་མེད་ཡུལ་ལ་ཐོན་དུས་དེར།[251] 时至地界无木兮

When arriving in a woodless region,

ཤིང་ལྷ་བརྒྱ་ཡིས་ཤིང་རེ་བཟུང་།[252] 百位木神携木至

Each wood god would bring wood.

དྲི། 问

Question:

འཇའ་དམར་པོ་ནང་ནས་ཅི་ཞིག་བྱུང་།[253] 于赤光中现何耶

What emerged from the red light of the rainbow?

---

248 MT: **འཇའ་དཀར་པོ་ནང་ནས་བྱུང་ཚུལ་དེ།** FY: འཇའ་དཀར་པོ་ནང་ནས་བྱུང་པོ་དེ།

249 MT: **རྟ་དཀར་པོ་བརྒྱ་དང་མི་དཀར་པོ་བརྒྱ།** CS: རྟ་དཀར་བོ་བརྒྱ་ལ་མི་དཀར་བརྒྱ། FY: རྟ་དཀར་པོ་བརྒྱ་ལ་མི་དཀར་པོ་བརྒྱ།

250 MT: **མི་དཀར་པོ་བརྒྱ་བོ་ཤིང་ལྷ་ཡིན།** CS: མི་དཀར་བོ་བརྒྱ་བོ་ཤིང་ལྷ་རེད། FY: མི་དཀར་པོ་བརྒྱ་བོ་ཤིང་ལྷ་རེད།

251 MT: **ཤིང་མེད་ཡུལ་ལ་ཐོན་དུས་དེར།** CS: ཤིང་མེད་སའི་ཡུལ་ལ་ཐོན་དུས་དེར། FY: ཤིང་མེད་ཡུལ་དུ་ཐོན་དུས་དེར།

252 MT, FY: **ཤིང་ལྷ་བརྒྱ་ཡིས་ཤིང་རེ་བཟུང་།** CS: ཤིང་ལྷ་བརྒྱ་ཡི་ཤིང་རེ་བཟུང་།

253 CS: འཇའ་དམར་བོ་ནང་ནས་ཅི་ཞིག་བྱུང་། FY: **འཇའ་དམར་པོ་ནང་ནས་ཅི་ཞིག་བྱུང་།**

ལན། 答

Answer:

འཇའ་དམར་པོ་ནང་ནས་བྱུང་ཚུལ་དེ།[254] 于赤光中所现兮

Emerging from the red light of the rainbow,

རྟ་དམར་པོ་བརྒྱ་དང་མི་དམར་པོ་བརྒྱ།[255] 赤骥百也赤士百

Were a hundred red horses and a hundred red men.

མི་དམར་པོ་བརྒྱ་བོ་མེ་ལྷ་ཡིན།[256] 赤士百者火神矣

The hundred red men were fire gods.

མེ་མེད་ཡུལ་ལ་ཐོན་དུས་དེར།[257] 时至地界无火兮

When arriving in a fireless region,

མེ་ལྷ་བརྒྱ་ཡིས་མེ་རེ་བཟུང་།[258] 百位火神带火至

Each fire god would bring fire.

དྲི། 问

Question:

འཇའ་ནག་པོ་ནང་ནས་ཅི་ཞིག་བྱུང་།[259] 于玄光中现何耶

What emerged from the black light of the rainbow?

---

254 MT: **འཇའ་དམར་པོ་ནང་ནས་བྱུང་ཚུལ་དེ།** FY: འཇའ་དམར་པོ་ནང་ནས་བྱུང་པོ་དེ།

255 MT: **རྟ་དམར་པོ་བརྒྱ་དང་མི་དམར་པོ་བརྒྱ།** CS: རྟ་དམར་བོ་བརྒྱ་ལ་མི་དམར་བརྒྱ། FY: རྟ་དམར་པོ་བརྒྱ་ལ་མི་དམར་པོ་བརྒྱ།

256 MT: **མི་དམར་པོ་བརྒྱ་བོ་མེ་ལྷ་ཡིན།** CS: མི་དམར་བོ་བརྒྱ་བོ་མེ་ལྷ་ཡིན། FY: མི་དམར་བོ་བརྒྱ་བོ་མེའི་ལྷ་ཡིན།

257 MT, FY: **མེ་མེད་ཡུལ་ལ་ཐོན་དུས་དེར།** CS: མེ་མེད་སའི་ཡུལ་ལ་ཐོན་དུས་དེར།

258 MT, FY: **མེ་ལྷ་བརྒྱ་ཡིས་མེ་རེ་བཟུང་།** CS: མེ་ལྷ་བརྒྱ་ཡི་མེ་རེ་བཟུང་།

259 CS, FY: **འཇའ་ནག་པོ་ནང་ནས་ཅི་ཞིག་བྱུང་།**

ལན། 答

Answer:

འཇའ་ནག་པོ་ནང་ནས་བྱུང་ཚུལ་དེ།[260] 于玄光中所现兮

Emerging from the black light of the rainbow,

རྟ་ནག་པོ་བརྒྱ་དང་མི་ནག་པོ་བརྒྱ།[261] 玄骥百也玄士百

Were a hundred black horses and a hundred black men.

མི་ནག་པོ་བརྒྱ་བོ་ལྕགས་ལྷ་ཡིན།[262] 玄士百者金神矣

The hundred black men were iron gods.

ལྕགས་མེད་ཡུལ་ལ་ཐོན་དུས་དེར།[263] 时至地界无金兮

When arriving in an ironless region,

ལྕགས་ལྷ་བརྒྱ་ཡིས་ལྕགས་རེ་བཟུང་།[264] 百位金神执金至

Each iron god would bring iron.

དྲི། 问

Question:

འཇའ་སེར་པོ་ནང་ནས་ཅི་ཞིག་བྱུང་།[265] 于金光中现何耶

What emerged from the yellow light of the rainbow?

གླུ་དལ་བུར་ཐོག་དང་བྲེལ་བ་མེད། 歌徐陈之莫匆促

Please sing the song slowly, there is no hurry.

260 MT: **འཇའ་ནག་པོ་ནང་ནས་བྱུང་ཚུལ་དེ།** FY: འཇའ་ནག་པོ་ནང་ནས་བྱུང་པོ་དེ།

261 MT: **རྟ་ནག་པོ་བརྒྱ་དང་མི་ནག་པོ་བརྒྱ།** CS: རྟ་ནག་བརྒྱ་ལ་མི་ནག་བརྒྱ། FY: རྟ་ནག་པོ་བརྒྱ་ལ་མི་ནག་པོ་བརྒྱ།

262 MT: **མི་ནག་པོ་བརྒྱ་བོ་ལྕགས་ལྷ་ཡིན།** CS: མི་ནག་བརྒྱ་བོ་ལྕགས་ལྷ་ཡིན། FY: མི་ནག་པོ་བརྒྱ་བོ་ལྕགས་ལྷ་རེད།

263 MT, FY: **ལྕགས་མེད་ཡུལ་ལ་ཐོན་དུས་དེར།** CS: ལྕགས་མེད་སའི་ཡུལ་ལ་ཐོན་དུས་དེར།

264 MT, FY: **ལྕགས་ལྷ་བརྒྱ་ཡིས་ལྕགས་རེ་བཟུང་།** CS: ལྕགས་ལྷ་བརྒྱ་ཡི་ལྕགས་རེ་བཟུང་།

265 CS: འཇའ་སེར་བོ་ནང་ནས་ཅི་ཞིག་བྱུང་། FY: **འཇའ་སེར་པོ་ནང་ནས་ཅི་ཞིག་བྱུང་།**

ལན། 答

Answer:

འཇའ་སེར་པོ་ནང་ནས་བྱུང་ཚུལ་དེ།[266] 于金光中所现兮

Emerging from the yellow light of the rainbow,

རྟ་སེར་པོ་བརྒྱ་དང་མི་སེར་པོ་བརྒྱ།[267] 金骥百也金士百

Were a hundred yellow horses and a hundred yellow men.

མི་སེར་པོ་བརྒྱ་བོ་ཆུ་ལྷ་ཡིན།[268] 金士百者水神矣

The hundred yellow men were water gods.

ཆུ་མེད་ཡུལ་ལ་ཐོན་དུས་དེར།[269] 时至地界无水兮

When arriving in a waterless region,

ཆུ་ལྷ་བརྒྱ་ཡིས་ཆུ་རེ་བཟུང་།[270] 百位水神持水至

Each water god would bring water.

གླུ་དེ་ཡི་ལན་ལ་དེ་འདྲ་ཡིན། 如是答复彼歌矣

This is the response to the song.

དྲི། 问

Question:

འཇའ་སྔོན་པོ་ནང་ནས་ཅི་ཞིག་བྱུང་།[271] 于青光中现何耶

What emerged from the blue light of the rainbow?

266 MT: **འཇའ་སེར་པོ་ནང་ནས་བྱུང་ཚུལ་དེ།** FY: འཇའ་སེར་པོ་ནང་ནས་བྱུང་པོ་དེ།

267 MT: **རྟ་སེར་པོ་བརྒྱ་དང་མི་སེར་པོ་བརྒྱ།** CS: རྟ་སེར་བརྒྱ་ལ་མི་སེར་བརྒྱ། FY: རྟ་སེར་པོ་བརྒྱ་ལ་མི་སེར་པོ་བརྒྱ།

268 MT: **མི་སེར་པོ་བརྒྱ་བོ་ཆུ་ལྷ་ཡིན།** CS: རྟ་སེར་བརྒྱ་བོ་ཆུ་ལྷ་རེད། FY: མི་སེར་པོ་བརྒྱ་བོ་ཆུ་ལྷ་རེད།

269 MT: **ཆུ་མེད་ཡུལ་ལ་ཐོན་དུས་དེར།** CS: ཆུ་མེད་པའི་ཡུལ་ལ་ཐོན་དུས་དེར། FY: ཆུ་མེད་ཡུལ་ལ་ཐོན་དུས་རེར།

270 MT, FY: **ཆུ་ལྷ་བརྒྱ་ཡིས་ཆུ་རེ་བཟུང་།** CS: ཆུ་ལྷ་བརྒྱ་ཡི་ཆུ་རེ་བཟུང་།

271 CS, FY: **འཇའ་སྔོན་པོ་ནང་ནས་ཅི་ཞིག་བྱུང་།**

ལན། 答

Answer:

འཇའ་སྔོན་པོ་ནང་ནས་བྱུང་ཚུལ་དེ།[272] 于青光中所现兮

Emerging from the blue light of the rainbow,

རྟ་སྔོན་པོ་བརྒྱ་དང་མི་སྔོན་པོ་བརྒྱ།[273] 青骥百也青士百

Were a hundred blue horses and a hundred blue men.

མི་སྔོན་པོ་བརྒྱ་བོ་མི་ལྷ་ཡིན།[274] 青士百者人神矣

The hundred blue men were human gods.

མི་མེད་ཡུལ་ལ་ཐོན་དུས་དེར།[275] 时至地界无人兮

When arriving in an uninhabited region,

མི་ལྷ་བརྒྱ་ཡིས་འབངས་རེ་བཟུང་།[276] 百位人神领人至

Each human god would bring a human.

ཀ་བཞི་ས་ལ་སྟུག་སེ་བཙུགས།[277] 四柱固立于地兮

Four pillars [of the tent] penetrated the ground firmly.

སྐར་ཁུང་གཙུག་ལ་ཐད་སེ་རེད།[278] 头顶撑起天窗矣

The skylight was steadily lifted up overhead.

སྦྲ་གུར་གནམ་ལ་བསླངས་བཞག་ཡོད།[279] 毡帐撑向天穹矣

The felt tent was raised.

---

272 MT: **འཇའ་སྔོན་པོ་ནང་ནས་བྱུང་ཚུལ་དེ།** FY: འཇའ་སྔོན་པོ་ནང་ནས་བྱུང་པོ་དེ།

273 MT: **རྟ་སྔོན་པོ་བརྒྱ་དང་མི་སྔོན་པོ་བརྒྱ།** CS: རྟ་སྔོན་པོ་བརྒྱ་ལ་མི་སྔོན་བརྒྱ། FY: རྟ་སྔོན་པོ་བརྒྱ་ལ་མི་སྔོན་པོ་བརྒྱ།

274 MT: **མི་སྔོན་པོ་བརྒྱ་བོ་མི་ལྷ་ཡིན།** CS: མི་སྔོན་བརྒྱ་བོ་མི་ལྷ་རེད། FY: མི་སྔོན་པོ་བརྒྱ་ནི་མི་ལྷ་རེད།

275 MT, CS, FY: **མི་མེད་ཡུལ་ལ་ཐོན་དུས་དེར།**

276 MT, FY: **མི་ལྷ་བརྒྱ་ཡིས་འབངས་རེ་བཟུང་།** CS: མི་འཕེལ་རྐང་གཉིས་ས་ལ་ཟུགས།

2ı7 MT: **ཀ་བཞི་ས་ལ་སྟུག་སེ་བཙུགས།** CS, FY: ཀ་བཞི་ས་ལ་ཏུག་སེ་བཙུགས།

278 MT: **སྐར་ཁུང་གཙུག་ལ་ཐད་སེ་རེད།** CS: གུར་ཁང་གནམ་ལ་ཐད་སོ་རེད། FY: གུར་ཁང་གནམ་ལ་ཐད་སེ་རེད།

279 MT, CS, FY: **སྦྲ་གུར་གནམ་ལ་བསླངས་བཞག་ཡོད།**

དྲི། 问

Questions:

མཚོན་ཆ་བཏགས་ནས་རྒྱ་ལ་སོང་།[280] 佩带武器往汉地

[Minister Gar Tongtsen] departed for Tang China, carrying a weapon.

མཚོན་དེའི་མིང་ལ་ཅི་ཞིག་རེད།[281] 所佩武器名何耶

What was the name of the weapon?

མཚོན་ཆ་བཏགས་ནས་ཅི་ཞིག་བཟོས།[282] 佩武器欲何为耶

What was the purpose of carrying a weapon?

ལན། 答

Answer:

རིན་ཆེན་སྣ་ལྔའི་མཚོན་ཞིག་རེད།[283] 所佩五宝之刀兮

It was a knife inlaid with five precious metals.

མཚོན་ཆ་བཏགས་ནས་ཉམས་འགྱུར་བསྟན།[284] 佩刀彰显气概矣

Carrying it, to demonstrate strength.

དྲི། 问

Questions:

བློན་པོ་རྒྱ་ལ་འགྲོ་དུས་དེར།[285] 大臣前往中原兮

When the Minister Gar Tongtsen departed for Tang China,

---

280 MT, CS: **མཚོན་ཆ་བཏགས་ནས་རྒྱ་ལ་སོང་།** FY: མཚོན་ཆ་བཏགས་ནི་རྒྱ་ལ་སོང་།

281 MT: **མཚོན་དེའི་མིང་ལ་ཅི་ཞིག་རེད།** CS: མཚོན་དེའི་མིང་ལ་ཅི་ཞིག་ཟེར། FY: མཚོན་དེ་མིང་ལ་ཅི་ཞིག་རེད།

282 CS: **མཚོན་ཆ་བཏགས་ནས་ཅི་ཞིག་བཟོས།** FY: མཚོན་ཆ་བཏགས་ནི་ཅི་ཞིག་བཟོས།

283 MT, CS: **རིན་ཆེན་སྣ་ལྔའི་མཚོན་ཞིག་རེད།** FY: རིན་ཆེ་སྣ་ལྔའི་མཚོན་ཞིག་ཡིན།

284 CS: མཚོན་ཆ་བཏགས་ནས་ཉམས་འགྱུར་སྟོན། ED: **མཚོན་ཆ་བཏགས་ནས་ཉམས་འགྱུར་བསྟན།**

285 MT, ZG: **བློན་པོ་རྒྱ་ལ་འགྲོ་དུས་དེར།** CS: བློན་པོ་རྒྱ་ལ་འགྲོ་དུས་དེར། FY: བློན་པོ་རྒྱ་ལ་འགྲོ་དུས་དེ། ལམ་ལ་ཁ་འདོན་འདོན་བཞིན་ཡོད།

ཁ་ནང་འདོན་རྒྱུ་ཅི་ཞིག་རེད།[286] 口中所诵者何耶

What was recited?

ལམ་ལ་ཁ་འདོན་ཅི་ཞིག་བཟོས།[287] 行路诵经所为何

What was the purpose of reciting the prayer along the way?

གླུ་ཕྱི་མ་ཡོད་ན་ཅི་འདྲ་ཡིན། 有歌相继者何耶

What is the song if more is still to come?

ཁྱོད་ཡུན་རིང་མ་འགོར་ལན་རེ་ཐོག 尔作答之莫迟误

Please answer my questions without further ado.

ལན། 答

Answer:

དེ་ལ་ལན་ཞིག་རྒྱག་རྒྱུ་ན། 应答所问者如是

To give an answer to that,

བློན་པོ་རྒྱ་ལ་འགྲོ་དུས་དེར།[288] 大臣前往中原兮

When the Minister Gar Tongtsen departed for Tang China,

ཁ་ནང་སྒྲོལ་མ་བཏོན་ནས་སོང་།[289] 口中所诵度母经

The Tara Mantra was recited,

ལམ་ལ་བར་ཆད་མེད་ན་བསམས།[290] 祈愿路无险阻矣

Wishing for a smooth journey.

---

[286] MT, ZG: **ཁ་ནང་འདོན་རྒྱུ་ཅི་ཞིག་རེད།** CS: ལམ་ལ་ཁ་འདོན་ཅི་ཞིག་འདོན།

[287] FY: **ལམ་ལ་ཁ་འདོན་ཅི་ཞིག་བཟོས།**

[288] ED: **བློན་པོ་རྒྱ་ལ་འགྲོ་དུས་དེར།**

[289] MT, ZG, FY: **ཁ་ནང་སྒྲོལ་མ་བཏོན་ནས་སོང་།** ཟངས་མའི་གཙུ་ཐོགས་ནས་སོང་། CS: ཁ་ནང་སྒྲོལ་མ་འདོན་ནས་སོང་།

[290] MT: **ལམ་ལ་བར་ཆད་མེད་ན་བསམས།** CS: ལམ་ལ་བར་ཆད་མེད་མོ་བསམ། FY: ལམ་ལ་བར་ཆད་མེད་མོད་བསམ།

དྲི།
问
Question:

སྲིབ་རེ་སྲིབ་ལ་འགྲོ་དུས་དེར།[291]
每每行至山阴兮
Passing through the shady side of each mountain,

སྲིབ་ཀྱི་ལུང་བ་ལུང་དགུ་ཡོད།[292]
阴面山谷九重矣
There were nine valleys.

སྲིབ་ཀྱི་ལུང་དགུར་ཅི་ལྟར་སོང་།[293]
阴谷九重何以过
How did he get through the nine valleys on the shady side?

ཉིན་རེ་ཉིན་ལ་འགྲོ་དུས་དེར།[294]
每每行至山阳兮
Passing through the sunny side of each mountain,

ཉིན་དོ་ལུང་བ་ལུང་དགུ་ཡོད།[295]
阳面山谷九重矣
There were nine valleys.

ཉིན་གྱི་ལུང་དགུར་ཅི་ལྟར་སོང་།[296]
阳谷九重何以过
How did he get through the nine valleys on the sunny side?

ལན།
答
Answer:

ཉིན་མཚན་མེད་པར་ལམ་དུ་སོང་།[297]
夜以继日行路也
Travelling day and night.

---

291 MT, FY: **སྲིབ་རེ་སྲིབ་ལ་འགྲོ་དུས་དེར།** CS: སྲིབ་རིའི་སྲིབ་ལ་འགྲོ་དུས་དེར།

292 FY: **སྲིབ་ཀྱི་ལུང་བ་ལུང་དགུ་ཡོད།**

293 MT: **སྲིབ་ཀྱི་ལུང་དགུར་ཅི་ལྟར་སོང་།** CS: སྲིབ་གྱི་ལུང་དགུ་ཇི་ལྟར་སོང་། FY: འཁྲུག་ནི་མང་ན་དེ་ལྟར་སོང་།

294 MT: **ཉིན་རེ་ཉིན་ལ་འགྲོ་དུས་དེར།** CS: ཉིན་རིའི་ཉིན་ལ་འགྲོ་དུས་དེར། FY: ཉིན་རེ་ཉིན་ན་འགྲོ་དུས་དེར།

295 ED: **ཉིན་དོ་ལུང་བ་ལུང་དགུ་ཡོད།** FY: ཉི་དོ་ལུང་བ་ལུང་དགུ་ཡོད།

296 MT: **ཉིན་གྱི་ལུང་དགུར་ཅི་ལྟར་སོང་།** CS: ཉིན་གྱི་ལུང་དགུ་ཇི་ལྟར་སོང་། FY: ཚ་ནི་མང་ན་དེ་ལྟར་སོང་།

297 MT: **ཉིན་མཚན་མེད་པར་ལམ་དུ་སོང་།** CS: ཉིན་མཚན་མེད་པར་ལམ་དུ་འགྲོ།

སྲིབ་རེ་སྲིབ་ལ་འགྲོ་དུས་དེར།[298] 每每行至山阴兮
When passing through the shady side of each mountain,

སྲིབ་ཀྱི་གྲིབ་མ་རླུང་དགུ་ཁྱེར།[299] 历经山阴之风也
Enduring the piercing wind,

འབྲུག་ལ་མ་སྐྲག་དེ་ལྟར་སོང་།[300] 无惧严寒前行矣
Marching forward without flinching at the cold.

ཉིན་རེ་ཉིན་ལ་འགྲོ་དུས་དེར།[301] 每每行至山阳兮
When passing through the sunny side of each mountain,

གསེར་གྱི་ཉི་མ་རང་ཤར་ཁྱེར།[302] 背负炎炎烈日也
Enduring the fiery sun,

ཚ་ལ་མ་སྐྲག་དེ་ལྟར་སོང་།[303] 无畏酷热前行矣
Marching forward without flinching at the heat.

ཁོང་བློན་པོ་རྒྱ་ལ་ཐོན་དུས་དེར།[304] 时大臣至中原兮
When Minister Gar Tongtsen arrived in Tang China,

བྷ་ཏ་ཧོར་གྱི་རྒྱལ་པོ་གཅིག[305] 一者巴达霍尔王
King of Bhata Hor, the first one,

---

298 MT, FY: **སྲིབ་རེ་སྲིབ་ལ་འགྲོ་དུས་དེར།** CS: སྲིབ་རིའི་སྲིབ་ལ་འགྲོ་དུས་དེར།

299 MT: **སྲིབ་ཀྱི་གྲིབ་མ་རླུང་དགུ་ཁྱེར།** CS: སྲིབ་གྱི་གྲིབ་མ་རླུང་དགུ་ཁྱེར། FY: སྲིབ་ཀྱི་གྲིབ་མ་ལུང་དགུ་ཁྱེར།

300 MT: **འབྲུག་ལ་མ་སྐྲག་དེ་ལྟར་སོང་།**

301 MT: **ཉིན་རེ་ཉིན་ལ་འགྲོ་དུས་དེར།** CS: ཉིན་རིའི་ཉིན་ལ་འགྲོ་དུས་དེར། FY: ཉིན་རེ་ཉིན་ན་འགྲོ་དུས་དེར།

302 MT, FY: **གསེར་གྱི་ཉི་མ་རང་ཤར་ཁྱེར།** CS: སེར་གྱི་ཉི་མ་རང་ཤར་ཁྱེར།

303 MT: **ཚ་ལ་མ་སྐྲག་དེ་ལྟར་སོང་།**

304 ED: **ཁོང་བློན་པོ་རྒྱ་ལ་ཐོན་དུས་དེར།**

305 MT: སྟོང་གྲོགས་གཉན་གྱི་རྒྱལ་པོ་གཅིག ZG: བྷ་ཛ་ཧོར་གྱི་རྒྱལ་པོ་གཅིག ED: **བྷ་ཏ་ཧོར་གྱི་རྒྱལ་པོ་གཅིག**

རྒྱ་གར་ཆོས་ཀྱི་རྒྱལ་པོ་གཉིས།[306] 二者天竺法王矣

King of the Doctrine of India, the second one,

གེ་སར་དམག་གི་རྒྱལ་པོ་གསུམ།[307] 三者格萨尔武王

King Gesar of War, the third one,

སྟག་གཟིག་ནོར་གྱི་རྒྱལ་པོ་བཞི།[308] 四者大食之宝王

King of the Wealthy State of Persia, the fourth one [who were all also wooing Princess Wencheng],

དེ་རེ་རེའི་བློན་པོ་བསླེབས་བསྡད་ཡོད།[309] 各国大臣抵达矣

Each of their ministers had arrived as well.

དྲི། 问

Question:

སྐྱ་སེལ་ལེ་གནམ་གང་ལངས་དུས་དེར།[310] 时曙光现天际兮

At the crack of dawn,

ཕ་རྒྱལ་པོ་གང་ལ་འཁོར་བསྡད་སྣང་།[311] 父皇之心何所向

Whom did the Tang Emperor favour?

---

306 MT: གསང་སྔགས་ཆོས་ཀྱི་རྒྱལ་པོ་གཉིས། ZG: སྟག་གཟིག་ནོར་གྱི་རྒྱལ་པོ་གཉིས། ED: **རྒྱ་གར་ཆོས་ཀྱི་རྒྱལ་པོ་གཉིས།**

307 MT: **གེ་སར་དམག་གི་རྒྱལ་པོ་གསུམ།** ZG: གྲུ་རྒྱལ་བོད་ཀྱི་རྒྱལ་པོ་གསུམ།

308 MT: **སྟག་གཟིག་ནོར་གྱི་རྒྱལ་པོ་བཞི།** རྒྱལ་པོ་ཕྱུགས་དབང་དེ་དང་ལྔ། ZG: གེ་སར་དམག་གི་རྒྱལ་པོ་བཞི།

309 ED: **དེ་རེ་རེའི་བློན་པོ་བསླེབས་བསྡད་ཡོད།**

310 MT: **སྐྱ་སེལ་ལེ་གནམ་གང་ལངས་དུས་དེར།** CS: སྐྱ་སེལ་ལེ་ནམ་མཁའ་ལངས་དུས་དེར། FY: སྐྱ་གསལ་ཞི་ནམ་མཁའ་ལངས་དུས་དེར།

311 MT, ZG: **ཕ་རྒྱལ་པོ་གང་ལ་འཁོར་བསྡད་སྣང་།** CS: ཕ་རྒྱལ་བོ་གང་ན་འཁོར་བསྡད་ཡོད། FY: ཕ་རྒྱལ་པོ་གང་ལ་འཁོར་བསྡད་ཡོད།

མ་རྒྱལ་མོ་གང་ལ་འཁོར་བསྟུད་སྣང་།[312] 母后之心何所向

Whom did the Tang Empress favour?

རྒྱ་བཟའ་གང་ལ་འཁོར་བསྟུད་སྣང་།[313] 公主之心何所向

Whom did Princess Wencheng favour?

གླུ་དལ་བུར་ཐོག་དང་བྲེལ་བ་མེད། 歌徐陈之莫匆促

Please sing the song slowly, there is no hurry.

ལན། 答

Answer:

སྐྱ་སེལ་ལེ་གནམ་གང་ལངས་དུས་དེར།[314] 时曙光现天际兮

At the crack of dawn,

ཕ་རྒྱལ་པོ་ཧོར་ལ་འཁོར་བསྟུད་སྣང་།[315] 父皇之心向霍尔

The Tang Emperor favoured Hor.

མ་རྒྱལ་མོ་རྒྱ་ལ་འཁོར་བསྟུད་སྣང་།[316] 母后之心向中原

The Tang Empress favoured Tang China.

རྒྱ་བཟའ་བོད་ལ་འཁོར་བསྟུད་སྣང་།[317] 公主之心向吐蕃

Princess Wencheng favoured Tibet.

---

312 MT, ZG: **མ་རྒྱལ་མོ་གང་ལ་འཁོར་བསྟུད་སྣང་།** CS: མ་རྒྱལ་མོ་གང་ན་འཁོར་བསྟུད་ཡོད། FY: མ་རྒྱལ་མོ་གང་ལ་འཁོར་བསྟུད་ཡོད།

313 MT, ZG: **རྒྱ་བཟའ་གང་ལ་འཁོར་བསྟུད་སྣང་།** CS: རྒྱ་བཟའ་གང་ན་འཁོར་བསྟུད་ཡོད། FY: བུ་མོ་རྒྱ་བཟའ་གང་ལ་འཁོར་བསྟུད་ཡོད།

314 MT: **སྐྱ་སེལ་ལེ་གནམ་གང་ལངས་དུས་དེར།**

315 MT, ZG: **ཕ་རྒྱལ་པོ་ཧོར་ལ་འཁོར་བསྟུད་སྣང་།** CS: ཕ་རྒྱལ་བོ་ཧོར་ལ་འཁོར་བསྟུད་ཡོད། FY: ཕ་རྒྱལ་པོ་ཧོར་ལ་འཁོར་བསྟུད་ཡོད།

316 MT: **མ་རྒྱལ་མོ་རྒྱ་ལ་འཁོར་བསྟུད་སྣང་།** ZG: མ་རྒྱལ་མོ་ སྟག་གཟིག་ནོར་ལ་འཁོར་བསྟུད་སྣང་། CS: མ་རྒྱལ་མོ་རྒྱ་གར་འཁོར་བསྟུད་ཡོད། FY: མ་རྒྱལ་མོ་རྒྱ་ལ་འཁོར་བསྟུད་ཡོད།

317 MT, ZG: **རྒྱ་བཟའ་བོད་ལ་འཁོར་བསྟུད་སྣང་།** CS: རྒྱ་བཟའ་བོད་ལ་འཁོར་བསྟུད་ཡོད། FY: བུ་མོ་རྒྱ་བཟའ་བོད་ལ་འཁོར་བསྟུད་ཡོད།

གླུ་དེ་ཡི་ལན་ལ་དེ་འདྲ་ཡིན། 如是答复彼歌矣
This is the response to the song.

དྲི། 问
Question:

ཕ་རྒྱལ་པོའི་ཁ་ལ་ཨེ་སོང་ཞིག[318] 父皇所愿如意耶
Was the Tang Emperor's wish fulfilled?

མ་རྒྱལ་མོའི་ཁ་ལ་ཨེ་སོང་ཞིག[319] 母后所愿如意耶
Was the Tang Empress's wish fulfilled?

རྒྱ་བཟའི་ཁ་ལ་ཨེ་སོང་ཞིག[320] 公主所愿如意耶
Was Princess Wencheng's wish fulfilled?

ལན། 答
Answer:

ཕ་རྒྱལ་པོའི་ཁ་ལ་མ་སོང་ཞིག[321] 父皇所愿未如意
The Tang Emperor's wish was not fulfilled.

མ་རྒྱལ་མོའི་ཁ་ལ་མ་སོང་ཞིག[322] 母后所愿未如意
The Tang Empress's wish was not fulfilled.

རྒྱ་བཟའི་ཁ་ལ་སོང་བསྡད་སྣང་།[323] 公主所愿如意也
Princess Wencheng's wish was fulfilled.

---

318 MT: **ཕ་རྒྱལ་པོའི་ཁ་ལ་ཨེ་སོང་ཞིག** CS: ཕ་རྒྱལ་བོའི་ཁ་ལ་ཨེ་སོང་ཐལ། FY: རྒྱ་བོད་ཧོར་གྱིས་ཅི་ཞིག་བཟོས། ཕ་རྒྱལ་པོ་ཁ་ལ་ཨེ་སོང་ཞིག

319 MT: **མ་རྒྱལ་མོའི་ཁ་ལ་ཨེ་སོང་ཞིག** CS: མ་རྒྱལ་མོའི་ཁ་ལ་ཨེ་སོང་ཐལ། FY: མ་རྒྱལ་མོ་ཁ་ལ་ཨེ་སོང་ཞིག

320 MT: **རྒྱ་བཟའི་ཁ་ལ་ཨེ་སོང་ཞིག** CS: རྒྱལ་བཟའི་ཁ་ལ་ཨེ་སོང་ཐལ། FY: བུ་མོ་རྒྱ་བཟའ་ཁ་ལ་ཨེ་སོང་ཞིག

321 MT: **ཕ་རྒྱལ་པོའི་ཁ་ལ་མ་སོང་ཞིག** CS: ཕ་རྒྱལ་བོའི་ཁ་ལ་སོང་སྡད་སྣང་། FY: ཕ་རྒྱལ་པོ་ཁ་ལ་སོང་བསྡད་ཡོད།

322 MT: **མ་རྒྱལ་མོའི་ཁ་ལ་མ་སོང་ཞིག** CS: མ་རྒྱལ་མོའི་ཁ་ལ་མ་སོང་ཐལ། FY: མ་རྒྱལ་མོ་ཁ་ལ་མ་སོང་ཞིག

323 MT: **རྒྱ་བཟའི་ཁ་ལ་སོང་བསྡད་སྣང་།** CS: རྒྱ་བཟའི་ཁ་ལ་མ་སོང་ཐལ། FY: བུ་མོ་རྒྱ་བཟའ་ཁ་ལ་མ་སོང་ཞིག

དྲི། 问

Question:

ཁོ་བློན་པོ་རྒྱ་ནག་ཐོན་དུས་དེར།[324] 是时大臣至汉地

When Minister Gar Tongtsen arrived in Tang China,

དཀའ་ཚུལ་གཅིག་དང་སྡུག་ཚུལ་གཉིས།[325] 疑难接二连三兮

One after another, thorny issues emerged.

ཕ་རྒྱལ་པོས་བོས་ནི་ཟེར་ནི་གན།[326] 皇帝宣召诸人议

The Tang Emperor summoned [all envoys] and suggested,

དུང་མིག་ནང་དར་སྐུད་འདྲེན་ཚུལ་ཤོད།[327] 释丝何以穿螺孔

Please tell us how to pull a silk thread through a hole in a conch shell.

གླུ་དལ་མོ་ལོངས་དང་རྗེས་ན་ཡོད། 有歌相继徐徐咏

Sing it slowly, and more songs will follow.

ལན། 答

Answer:

དུང་མིག་ནང་དར་སྐུད་འདྲེན་ཚུལ་དེ།[328] 丝线如此穿螺孔

This was how the silk thread was passed through a hole in a conch shell.

བློན་པོས་གྲོག་མ་ཞིག་གསོས་ཡོད།[329] 大臣饲一蚂蚁兮

Minister Gar Tongtsen fed an ant.

---

324 ED: **ཁོ་བློན་པོ་རྒྱ་ནག་ཐོན་དུས་དེར།**

325 ED: **དཀའ་ཚུལ་གཅིག་དང་སྡུག་ཚུལ་གཉིས།**

326 MT, ZG: **ཕ་རྒྱལ་པོས་བོས་ནི་ཟེར་ནི་གན།**

327 MT, ZG: **དུང་མིག་ནང་དར་སྐུད་འདྲེན་ཚུལ་ཤོད།** CS, FY: དུང་མིག་ལ་དར་སྐུད་འདྲེན་ཚུལ་ཤོད།

328 MT, ZG: **དུང་མིག་ནང་དར་སྐུད་འདྲེན་ཚུལ་དེ།** CS: དུང་མིག་ལ་དར་སྐུད་འདྲེན་ཚུལ་དེ། FY: དུང་མིག་ལ་དར་སྐུད་འདྲེན་ཚུལ་དེ། དངས་ནས་མ་ཉན་སྡུག་རེ་མཐོང་། བློན་པོ་མགར་གྱི་དཀའ་སྡུག་ཅིག དཀའ་རྒྱུ་གཅིག་ལ་སྡུག་རྒྱུ་གཉིས། གནས་ཚང་རྣན་མོ་བཀའ་དྲིན་ལས།

329 MT, ZG: **བློན་པོས་གྲོག་མ་ཞིག་གསོས་ཡོད།**

འབུ་གྲོག་མའི་སྐེད་པར་དར་སྐུད་བཏགས།[330] 蚁腰系一丝线矣

A thread was tied around the ant's waist.

ཕུ་རེ་བཏབ་ནས་ཡུད་ཙམ་དྲངས།[331] 吹蚁顷刻蚁拽线

[He] blew the ant and the silk was propelled forward immediately.

དུང་མིག་ནང་དར་སྐུད་དྲངས་བཞག་ཡོད།[332] 丝线贯穿螺孔矣

In such a way, the silk thread was pulled through the hole in the conch shell.

དྲི། 问

Question:

དཀའ་ཚུལ་གཅིག་དང་སྡུག་ཚུལ་གཉིས།[333] 疑难接二连三兮

Thorny issues came one after another.

ཤིང་བརྒྱའི་རྩེ་རྟིང་ལྟ་ཚུལ་ཤོད།[334] 百木根梢何以辨

Please explain how to differentiate the top of a hundred logs from the bottom.

ལན། 答

Answer:

ཤིང་བརྒྱའི་རྩེ་རྟིང་ལྟ་ཚུལ་དེ།[335] 百木根梢如此辨

This is how the top and bottom of a hundred logs were differentiated.

---

330 MT, ZG: **འབུ་གྲོག་མའི་སྐེད་པར་དར་སྐུད་བཏགས།** CS: འབུ་གྲོག་མའི་རྐེད་ལ་དར་རྐུད་བཏགས། FY: འབུ་གྲོག་མ་སྐེད་ལ་དར་སྐུད་བཏགས།

331 MT, ZG, FY: **ཕུ་རེ་བཏབ་ནས་ཡུད་ཙམ་དྲངས།** CS: ཕུག་རེ་བཏབ་ན་ཡར་ལ་སོང་།

332 MT, ZG: **དུང་མིག་ནང་དར་སྐུད་དྲངས་བཞག་ཡོད།** CS: དུང་མིག་ལ་དར་སྐུད་དྲངས་སོང་ཞེས། FY: དུང་མིག་ལ་དར་སྐུད་དྲངས་བཞག་ཡོད།

333 ED: **དཀའ་ཚུལ་གཅིག་དང་སྡུག་ཚུལ་གཉིས།**

334 MT, ZG, CS: **ཤིང་བརྒྱའི་རྩེ་རྟིང་ལྟ་ཚུལ་ཤོད།** FY: ཤིང་བརྒྱའི་རྩེ་རྟིང་ལྟ་ཚུལ་ཤོད།

335 MT, ZG, CS: **ཤིང་བརྒྱའི་རྩེ་རྟིང་ལྟ་ཚུལ་དེ།** FY: ཤིང་བརྒྱའི་རྩེ་རྟིང་ལྟ་ཚུལ་དེར། ཤིང་མགོ་རྟིང་མ་ཤེས་སྡུག་རེ་མཐོང་། བློན་པོ་མགར་གྱི་དཀའ་སྡུག་ཅིག དཀའ་རྒྱ་གཅིག་ལ་སྡུག་རྒྱ་གཉིས། གནས་ཚང་ཏན་མོའི་བཀའ་དྲིན་གྱིས།

ཤིང་བླངས་ནས་རྒྱ་མཚོའི་ཆུ་ནང་འཕངས།[336] 投木于水之中矣

[He] hurled the logs into the water.

རྩ་བ་མར་ལ་འཛུལ་ནས་སོང་།[337] 根部下沉没入水

[Because of their heaviness,] the bottoms tipped down.

རྩེ་མོ་གཡེང་ནས་གནམ་ལ་གཏད།[338] 梢端上浮向天穹

[Because of their lightness,] the tops turned up.

ཤིང་བརྒྱ་ངོ་ཤེས་དེ་ལྟར་བཟོས།[339] 百木根梢以此分

In this way, the tops and bottoms of logs were differentiated.

དྲི། 问

Question:

དཀའ་ཚུལ་གཅིག་དང་སྡུག་ཚུལ་གཉིས།[340] 疑难接二连三兮

Thorny challenges came one after another.

རྒོད་མ་བརྒྱ་དང་རྟེའུ་ཕྲུག་བརྒྱ།[341] 母马马驹各百数

Within a hundred mares and a hundred colts,

མ་བུ་ངོ་ཤེས་བཟོ་ཚུལ་ཤོད།[342] 释母与子何以辨

Please describe how to match each mare with her colt.

---

336 MT, ZG, FY: **ཤིང་བླངས་ནས་རྒྱ་མཚོའི་ཆུ་ནང་འཕངས།** CS: ཤིང་བླངས་ནས་རྒྱ་མཚོའི་ཆུ་ལ་འཕངས།

337 MT, ZG: **རྩ་བ་མར་ལ་འཛུལ་ནས་སོང་།** CS: རྩ་བ་ལྗི་བས་ཞབས་ལ་འདས། FY: མདོ་སྨད་ལྗི་བས་ཞབས་ལ་ལྷུང་།

338 MT, ZG: **རྩེ་མོ་གཡེང་ནས་གནམ་ལ་གཏད།** CS: རྩེ་མོ་ཡངས་བས་གནམ་ལ་གཏད། FY: རྩེ་མོ་ཡང་བས་གནམ་ལ་གཏད།

339 MT, ZG: **ཤིང་བརྒྱ་ངོ་ཤེས་དེ་ལྟར་བཟོས།** CS: ཤིང་བརྒྱའི་རྩེ་རྟིང་འདི་ལྟར་ཤེས། FY: ཤིང་བརྒྱའི་རྩེ་རྟིང་དེ་ལྟར་ཤེས།

340 ED: **དཀའ་ཚུལ་གཅིག་དང་སྡུག་ཚུལ་གཉིས།**

341 ZG: **རྒོད་མ་བརྒྱ་དང་རྟེའུ་ཕྲུག་བརྒྱ།**

342 ZG: **མ་བུ་ངོ་ཤེས་བཟོ་ཚུལ་ཤོད།** CS: རྒོད་རྟེའུ་མ་བུ་ཤེས་ཚུལ་ཤོད།

གླུ་དལ་བུར་ཤོག་དང་བྲེལ་བ་མེད། 歌徐陈之莫匆促
Please sing the song slowly, there is no hurry.

ལན། 答
Answer:

རྒོད་མ་བརྒྱ་དང་རྟེའུ་ཕྲུག་བརྒྱ།[343] 母马马驹各百兮
Within a hundred mares and a hundred colts,

མ་བུ་ངོ་ཤེས་བཟོ་ཚུལ་དེ།[344] 母子依此方法辨
This is how each mare and its colt were identified.

རྒོད་མ་བརྒྱ་པོ་སྣེ་ལ་བཏགས།[345] 母马百匹拘於圈
[He] corralled one hundred mares.

རྟེའུ་བརྒྱ་པོ་རི་ནས་བཟུང་།[346] 马驹百匹牧于山
Herded one hundred colts on to the mountain.

མ་རེ་བཏང་ནས་བུ་རེ་འཁོར།[347] 释放母马子绕母
After the mother was released, its colt walked around her.

བུ་ངོ་མ་ངོ་འདི་ལྟར་ཤེས།[348] 各个母子如此知
In such a way, each mare and its colt were identified.

---

343 ZG: **རྒོད་མ་བརྒྱ་དང་རྟེའུ་ཕྲུག་བརྒྱ།** CS, FY: རྒོད་མ་བརྒྱ་དང་རྟེའུ་བརྒྱ།

344 ZG: **མ་བུ་ངོ་ཤེས་བཟོ་ཚུལ་དེ།** CS: རྟེའུ་ངོ་མ་ངོ་ཤེས་ཚུལ་དེ། FY: རྟའུ་མ་ངོ་ཤེས་བཟོ་དུས་དེར། ངོ་རེ་མ་ཤེས་སྨུག་རེ་མཐོང་། བློན་པོ་མགར་གྱི་དཀའ་སྨུག་ཅིག དཀའ་རྒྱུ་གཅིག་ལ་སྨུག་རྒྱུ་གཉིས། གནས་ཚང་རྒན་མོ་བཀའ་དྲིན་ལས།

345 ZG: **རྒོད་མ་བརྒྱ་པོ་སྣེ་ལ་བཏགས།** CS: རྒོད་མ་བརྒྱ་པོ་སྣེ་ལ་བཏང་། FY: རྒོད་མ་བརྒྱ་པོ་རི་ལ་སྐྱོང་།

346 ZG: **རྟེའུ་བརྒྱ་པོ་རི་ནས་བཟུང་།** CS: རྟེའུ་བརྒྱ་པོ་ར་ནས་བཟུང་། FY: རྟེའུ་ཆུང་བརྒྱ་པོ་ར་ནང་བཟུང་།

347 ZG: **མ་རེ་བཏང་ནས་བུ་རེ་འཁོར།** CS: མ་རེ་བཏང་ན་བུ་རེ་འཁོར། FY: མ་རེ་ཕྲད་ནས་བུ་རེ་འཁོར།

348 ZG: **བུ་ངོ་མ་ངོ་འདི་ལྟར་ཤེས།** CS: རྟེའུ་ངོ་མ་ངོ་འདི་ལྟར་ཤེས། FY: མ་ངོ་བུ་ཤེས་དེ་ལྟར་བཟོས།

དྲི། 问

Question:

དཀའ་ཚུལ་གཅིག་དང་སྡུག་ཚུལ་གཉིས།[349] 疑难接二连三分

Thorny challenges came one after another.

བྱ་མོ་བརྒྱ་དང་བྱ་ཕྲུག་བརྒྱ།[350] 雌鸡仔鸡各百数

Within a hundred hens and a hundred chicks,

མ་བུ་ངོ་ཤེས་བཟོ་ཚུལ་ཤོད།[351] 释母与子何以辨

Please describe how to match each hen to her chick.

ལན། 答

Answer:

བྱ་མོ་བརྒྱ་དང་བྱ་ཕྲུག་བརྒྱ།[352] 雌鸡仔鸡各百分

Within a hundred hens and a hundred chicks,

མ་བུ་ངོ་ཤེས་བཟོ་ཚུལ་དེ།[353] 母子依此方法辨

This is how each hen and its chick were identified.

སྦང་མ་བླངས་ནས་མདུན་ལ་བཏབ།[354] 撒麦糠于雌鸡前

The spent grain was placed in front of [the hens].

མ་རེ་ཁ་ལ་བུ་རེ་བཞག[355] 仔鸡啄食于母口

Each chick [only] pecked food held in its mother's mouth.

---

349 ED: དཀའ་ཚུལ་གཅིག་དང་སྡུག་ཚུལ་གཉིས།

350 ZG: བྱ་མོ་བརྒྱ་དང་བྱ་ཕྲུག་བརྒྱ།

351 ED: མ་བུ་ངོ་ཤེས་བཟོ་ཚུལ་ཤོད།

352 ZG: བྱ་མོ་བརྒྱ་དང་བྱ་ཕྲུག་བརྒྱ།

353 ZG: མ་བུ་ངོ་ཤེས་བཟོ་ཚུལ་དེ།

354 ZG: སྦང་མ་བླངས་ནས་མདུན་ལ་བཏབ།

355 ZG: མ་རེ་ཁ་ལ་བུ་རེ་བཞག

བྱ་དོ་མ་དོ་འདི་ལྟར་ཤེས།[356] 各个母子如此知

In such a way, each hen and its chick were identified.

དྲི། 问

Question:

དཀའ་ཚུལ་གཅིག་དང་སྡུག་ཚུལ་གཉིས།[357] 疑难接二连三兮

Thorny challenges came one after another.

མ་མོ་བརྒྱ་དང་ལུ་གུ་བརྒྱ།[358] 母羊羔羊百数者

Within a hundred lambs and a hundred ewes,

མ་བུ་དོ་ཤེས་བཟོ་ཚུལ་ཤོད།[359] 释母与子何以辨

Please describe how to match each ewe with her lamb.

གླུ་དལ་བུར་ཤོག་དང་བྲེལ་བ་མེད། 歌徐陈之莫匆促

Please sing the song slowly, there is no hurry.

ལན། 答

Answer:

མ་མོ་བརྒྱ་དང་ལུ་གུ་བརྒྱ།[360] 母羊羔羊百数者

Within a hundred lamb and a hundred ewes,

356 ZG: **བྱ་དོ་མ་དོ་འདི་ལྟར་ཤེས།**

357 ED: **དཀའ་ཚུལ་གཅིག་དང་སྡུག་ཚུལ་གཉིས།**

358 MT: **མ་མོ་བརྒྱ་དང་ལུ་གུ་བརྒྱ།**

359 MT: **མ་བུ་དོ་ཤེས་བཟོ་ཚུལ་ཤོད།** སེམས་ཅན་འབྱེད་བགོ་བཟོ་ཚུལ་ཤོད། CS: ལུག་བརྒྱ་མ་བུ་ཤེས་ཚུལ་ཤོད། FY: རེའུ་བརྒྱའི་མ་བུ་དོ་དེ་ཤེས་ཚུལ་ཤོད།

360 MT: **མ་མོ་བརྒྱ་དང་ལུ་གུ་བརྒྱ།**

མ་བུ་ངོ་ཤེས་བཟོ་ཚུལ་དེ།[361] — 母子依此方法辨

This is how each ewe and its lamb were identified.

མ་མོ་བརྒྱ་བརྒྱ་ཁ་ཁར་བསྡུས།[362] — 分隔百数母羊兮

Separate one hundred ewes off to one side.

ལུ་གུ་བརྒྱ་བརྒྱ་ཁ་ཁར་བསྡུས།[363] — 分隔百数羔羊矣

Separate one hundred lambs off to the other side.

མ་རེ་ཕུད་ནས་བུ་རེ་འཁོར།[364] — 羔羊各个绕母羊

After the mother was released, its lamb walked around her.

མ་བུ་ངོ་ཤེས་དེ་ལྟར་བཟོས།[365] — 母羊羔羊如此辨

In such a way, each ewe and its lamb were identified.

དྲི། — 问

Question:

དཀའ་ཚུལ་གཅིག་དང་སྡུག་ཚུལ་གཉིས།[366] — 疑难接二连三兮

Thorny challenges came one after another.

མཚན་གྱི་ཕྱེད་ཙམ་ཐོན་བསྡད་ཡོད།[367] — 子夜之时抵达矣

[Minister Gar Tongtsen] arrived [at the lodging house] at midnight.

---

361 MT: **མ་བུ་ངོ་ཤེས་བཟོ་ཚུལ་དེ།** CS: ལུག་བརྒྱ་མ་བུ་ངོ་ཤེས་ལ། FY: རེའུ་བརྒྱ་མ་བུ་མོ་ཤེས་ལ། མ་ངོ་མ་ཤེས་སྡུག་རེ་མཐོང་། བློན་པོ་མགར་གྱི་དཀའ་སྡུག་ཅིག དཀའ་རྒྱུ་གཅིག་ལ་སྡུག་རྒྱུ་གཉིས། གནས་ཚང་ཏན་མོ་བཀའ་དྲིན་གྱིས།

362 MT: **མ་མོ་བརྒྱ་བརྒྱ་ཁ་ཁར་བསྡུས།** CS: མ་བུ་གཉིས་ཀ་ཁ་ཁ་ཕྱེ། FY: མ་བུ་གཉིས་ཀ་ཁ་ཁ་འབྱེད།

363 MT: **ལུ་གུ་བརྒྱ་བརྒྱ་ཁ་ཁར་བསྡུས།**

364 MT: **མ་རེ་ཕུད་ནས་བུ་རེ་འཁོར།** CS: མ་རེ་བཏང་ན་བུ་རེ་འཁོར། FY: མ་རེ་ཕྲད་ནས་བུ་རེ་འཁོར།

365 MT: **མ་བུ་ངོ་ཤེས་དེ་ལྟར་བཟོས།** CS: མ་ངོ་བུ་ངོ་འདི་ལྟར་ཤེས། FY: མ་ངོ་བུ་ངོ་དེ་ལྟར་ཤེས། རེའུ་བརྒྱ་མ་བུ་བསྡུས་བཞག་ཡོད།

366 ED: **དཀའ་ཚུལ་གཅིག་དང་སྡུག་ཚུལ་གཉིས།**

367 MT, CS: **མཚན་གྱི་ཕྱེད་ཙམ་ཐོན་བསྡད་ཡོད།** FY: ཕོ་བློན་པོ་རྒྱ་ནག་ཐོན་དུས་དེར། མཚན་མོ་ཕྱེད་ཙམ་ལ་ཐོན་བསྡད་ཡོད།

སྲང་ཞི་འདྲ་མཚུངས་རྩ་བརྒྱད་ཡོད།[368] 相似大道八条兮

There were eight main streets, all similar.

གནས་ཚང་ངོ་ཤེས་ཅི་ལྟར་བྱེད།[369] 驿馆何以识之耶

How to find the right lodging house?

གླུ་དལ་མོ་ལོངས་དང་རྗེས་ན་ཡོད། 有歌相继徐徐咏

Sing it slowly, and more songs will follow.

ལན། 答

Answer:

གནས་ཚང་ངོ་ཤེས་བཟོ་རྒྱུ་དེ།[370] 寻觅辨识驿馆兮

To locate the lodging house,

སྒོའི་ཐོག་ན་རྡོ་རྗེ་རྒྱ་གྲམ་ཡོད།[371] 门上十字金刚杵

There was a crossed Vajra at the top of the door.

སྒོའི་འོག་ན་གཡུང་དྲུང་ཡི་གེ་ཡོད།[372] 门下雍仲万字符

There was a Swastika at the bottom of the door.

གནས་ཚང་ངོ་ཤེས་དེ་བཞིན་བཟོས།[373] 驿馆据此以识之

In such a way, the right lodging house was located.

གླུ་དེ་ཡི་ལན་ལ་དེ་འདྲ་ཡིན། 如是答复彼歌矣

This is the response to the song.

---

368 MT, CS, FY: **སྲང་ཞི་འདྲ་མཚུངས་རྩ་བརྒྱད་ཡོད།**

369 MT, CS: **གནས་ཚང་ངོ་ཤེས་ཅི་འདྲ་བྱེད།** FY: གནས་ཚང་ངོ་ཤེས་ཅི་ལྟར་བྱེད།

370 MT: **གནས་ཚང་ངོ་ཤེས་བཟོ་རྒྱུ་དེ།** CS, FY: གནས་ཚང་ངོ་ཤེས་བྱེད་དུས་དེར།

371 MT, FY: **སྒོའི་ཐོག་ན་རྡོ་རྗེ་རྒྱ་གྲམ་ཡོད།** CS: སྒོའི་ཐོག་རྡོ་རྗེ་རྒྱ་གྲམ་ཡོད།

372 MT, CS, FY: **སྒོའི་འོག་ན་གཡུང་དྲུང་ཡི་གེ་ཡོད།**

373 MT: **གནས་ཚང་ངོ་ཤེས་དེ་བཞིན་བཟོས།** CS: གནས་ཚང་ངོ་ཤེས་འདི་འདྲ་བྱས། FY: གནས་ཚང་ངོ་ཤེས་དེ་ལྟར་བྱས།

དྲི། 问

Question:

གནས་ཚང་ངོ་ཤེས་བཟོ་རྒྱུ་དེ།[374] 寻觅辨识驿馆兮

When searching for the lodging house,

བློན་པོ་རྒྱ་ལ་མ་འཆུག་ཟིག[375] 大臣汉地无差池

Gar Tongtsen did not make a single mistake in Tang China.

འཆུག་མི་འདུག་ཚ་བ་ཅི་ཞིག་རེད།[376] 无差池者缘何耶

What was the reason for not making any mistake?

ལན། 答

Question:

མ་འཆུག་ཚ་བ་བཤད་རྒྱུ་ན།[377] 言无差池之缘由

Speaking of the reason why no mistake was made,

འགྲོ་དུས་མེ་སྒྲོན་གཡུགས་ནས་སོང་།[378] 去时火把留踪迹

[He] swung a torch on his way to [the Palace of the Tang Emperor].

འོང་དུས་མེ་སྟག་བཏུས་ནས་འོངས།[379] 来时拾炭循迹还

[He] collected [charcoal from] fire sparks of the torch on his way back to [the lodging house].

---

374 MT: **གནས་ཚང་ངོ་ཤེས་བཟོ་རྒྱུ་དེ།** CS, FY: གནས་ཚང་ངོ་ཤེས་བྱེད་བཞིན་དུ།

375 MT: བློན་པོ་རྒྱ་ནག་མ་འཆུག་ཟིག CS: བོད་བློན་པོ་གྱུ་ལ་མ་འཆུག་བཟིག FY: བོད་བློན་པོ་རྒྱ་ལ་མ་འཆུག་ཟིག ED: **བློན་པོ་རྒྱ་ལ་མ་འཆུག་ཟིག**

376 MT, FY: **འཆུག་མི་འདུག་ཚ་བ་ཅི་ཞིག་རེད།** CS: འཆུག་མི་འདུག་ཚ་བ་ཅི་ཡིན་ཟེར།

377 MT: **མ་འཆུག་ཚ་བ་བཤད་རྒྱུ་ན།** CS, FY: འཆུག་མི་འདུག་ཚ་བ་བཤད་རྒྱུ་ན།

378 MT: གོལ་རི་མོ་ཅན་གྱི་གོས་གཅིག་གསོལ། ZG: **འགྲོ་དུས་མེ་སྒྲོན་གཡུགས་ནས་སོང་།** CS: ཕོ་བློན་པོ་བརྒྱ་ལ་འཆུག་སོང་ན། FY: ཕོ་བློན་པོ་རྒྱ་ནག་འཆུག་སོང་ན།

379 MT: ཁོང་ཚ་ནས་བལྟས་ན་ཤིན་ཏུ་ཡག ZG: **འོང་དུས་མེ་སྟག་བཏུས་ནས་འོངས།** CS: པ་རྒྱལ་པོ་ཁྲུགས་བཙན་མེད་འགྲོ་ཟེར། FY: པ་རྒྱལ་པོ་ཁྲུགས་བཙན་ཆེ་ཡི་ཟེར།

ཁོས་ངོ་ཤེས་དེ་ལྟར་བཟོས་ནི་རེད།[380] 如此辨识驿馆也

In such a way, he recognised the lodging house.

དྲི། 问

Question:

དཀའ་རྩལ་གཅིག་དང་སྡུག་རྩལ་གཉིས།[381] 如是答复彼歌矣

Thorny challenges came one after another.

བུ་མོ་འདྲ་འདྲ་གསུམ་བརྒྱ་བསྒྲིགས།[382] 相似三百少女者

[Princess Wencheng] would stand side by side with three hundred similar ladies.

རྒྱ་བཟའ་ངོ་ཤེས་ཅི་ལྟར་བཟོས།[383] 汉之公主何以辨

How was Princess Wencheng to be identified?

ལན། 答

Question:

རྒྱ་བཟའ་ངོ་ཤེས་བཟོ་དུས་དེར།[384] 时辨汉之公主兮

In identifying Princess Wencheng,

བློན་པོ་མགར་ལ་དཀའ་ངལ་བྱུང་།[385] 大臣噶遇疑难矣

Minister Gar Tongtsen faced great difficulty.

---

380 MT, ZG: **ཁོས་ངོ་ཤེས་དེ་ལྟར་བཟོས་ནི་རེད།** CS: ཁོའི་སྒྲོག་ལ་ཆད་པ་བཅད་འགྲོ་ཟེར། FY: ཁོའི་སྒྲོག་ལ་ཆད་པ་ཡོད་ཀི་ཟེར།

381 MT: **དཀའ་རྩལ་གཅིག་དང་སྡུག་རྩལ་གཉིས།**

382 ZG: **བུ་མོ་འདྲ་འདྲ་གསུམ་བརྒྱ་བསྒྲིགས།**

383 FY: **རྒྱ་བཟའ་ངོ་ཤེས་ཅི་ལྟར་བཟོས།**

384 MT: **རྒྱ་བཟའ་ངོ་ཤེས་བཟོ་དུས་དེར།** CS: རྒྱ་བཟའ་ངོ་ཤེས་བྱེད་རྒྱུ་དེ།

385 MT: **བློན་པོ་མགར་ལ་དཀའ་ངལ་བྱུང་།** CS: བློན་པོ་སྒར་ལ་དཀའ་ངལ་བྱུང་།

གནས་ཚང་ཨ་པོའི་བཀའ་དྲིན་ལས།[386] 驿馆老妪恩善兮

Thanks to the kindness of an old lady of the lodging house,[11]

རྒྱ་བཟའ་ངོ་ཤེས་བཟོས་དང་ཟིག[387] 方可分辨汉公主

Princess Wencheng could be identified.

དྲི། 问

Question:

ཅི་འདྲ་བྱས་ནས་ངོ་ཤེས་བཟོས།[388] 何以结识老妪耶

How did he become acquainted with her [the old lady of the lodging house]?

རྒན་མོ་ངོ་ཤེས་བཟོ་དུས་དེར།[389] 时识驿馆老妪兮

At the time of getting acquainted with her,

ངོ་ཤེས་བཟོ་སླ་ཅི་ཞིག་བྱིན།[390] 结识所馈赠何耶

What was offered to make her acquaintance?

ལུས་ལ་གོན་རྒྱུ་ཅི་ཞིག་བྱིན།[391] 所予身上衣何耶

What item of clothing was given?

ཁ་ལ་བཀོལ་རྒྱུ་ཅི་ཞིག་བྱིན།[392] 所用于口何物耶

What was offered that could be used by one's mouth?

ཁྱོད་ཡུན་རིང་མ་འགོར་ལན་རེ་ཤོག 尔作答之莫迟误

Please answer my questions without further ado.

---

386 MT: གནས་ཚང་རྒན་མོའི་བཀའ་དྲིན་ལས། ZG: **གནས་ཚང་ཨ་པོའི་བཀའ་དྲིན་ལས།** CS: གནས་ཚང་རྒན་མོའི་དཀའ་དྲིན་ལ།

387 MT: **རྒྱ་བཟའ་ངོ་ཤེས་བཟོས་དང་ཟིག**

388 CS: ཅི་འདྲ་བྱས་ནས་ངོ་ཤེས་བྱེད། ED: **ཅི་འདྲ་བྱས་ནས་ངོ་ཤེས་བཟོས།**

389 CS: གནས་ཚང་ངོ་ཤེས་བྱེད་དུས་དེར། FY: གནས་ཚང་ངོ་ཤེས་བཟོ་དུས་དེར། ED: **རྒན་མོ་ངོ་ཤེས་བཟོ་དུས་དེར།**

390 CS: ངོ་ཤེས་བྱེད་སླ་ཅི་ཞིག་བྱིན། FY: **ངོ་ཤེས་བཟོ་སླ་ཅི་ཞིག་བྱིན།**

391 CS, FY: **ལུས་ལ་གོན་རྒྱུ་ཅི་ཞིག་བྱིན།**

392 CS, FY: ཁ་ལ་སྐྱུས་རྒྱུ་ཅི་ཞིག་བྱིན། ED: **ཁ་ལ་བཀོལ་རྒྱུ་ཅི་ཞིག་བྱིན།**

ལན། 答

Answer:

དེ་ལ་ལན་ཞིག་རྒྱག་རྒྱུ་ན། 应答所问者如是

To give an answer to that,

རྒན་མོ་ངོ་ཤེས་བཟོ་དུས་དེར།[393] 时识驿馆妇人兮

At the time of becoming acquainted with the old lady,

ངོ་ཤེས་བཟོ་སྒླ་ནོམ་པ་བྱིན།[394] 所馈赠者钱财矣

Money was offered.

ཁ་ལ་བཀོལ་རྒྱུ་བཤད་རྒྱུ་ན།[395] 言所用于口之物

Speaking of an item used by one's mouth,

བཀོལ་རྒྱུ་ཟངས་མའི་སྦུག་གཅིག་བྱིན།[396] 铜制空管一只矣

It was a copper pipe.

དྲི། 问

Question:

སྨད་རྒྱ་ནག་རྩིས་དེ་དགེ་བསྟད་སྣང་།[397] 汉地卦术颇灵验

"The Chinese astrology and divination were powerful.

---

393 CS: གནས་ཚང་ངོ་ཤེས་བྱེད་དུས་དེར། FY: གནས་ཚང་ངོ་ཤེས་བཟོ་དུས་དེར། ED: **རྒན་མོ་ངོ་ཤེས་བཟོ་དུས་དེར།**

394 MT: **ངོ་ཤེས་བཟོ་སྒླ་ནོམ་པ་བྱིན།** CS: ངོ་ཤེས་བྱེད་སྒླ་ནོམ་པ་བྱིན། ལུས་ལ་གོན་རྒྱུ་བཤད་རྒྱུ་ན། བ་ཡི་རྨུ་གཅིག་བྱིན། FY: ངོ་ཤེས་བཟོ་སྒླ་ནོར་བུ་བྱིན། ལུས་ལ་གོན་རྒྱུ་བཤད་རྒྱུ་ན། བཻཌཱུརྻ་ཡི་རྨོག་གཅིག་བྱིན།

395 CS: ཁ་ལ་སྐུས་རྒྱུ་བཤད་རྒྱུ་ན། FY: **ཁ་ལ་བཀོལ་རྒྱུ་བཤད་རྒྱུ་ན།**

396 MT: **བཀོལ་རྒྱུ་ཟངས་མའི་སྦུག་གཅིག་བྱིན།** CS: བཀོལ་རྒྱུ་ཟངས་མའི་དུམ་གཅིག་བྱིན། FY: བཀོལ་རྒྱུ་ཟངས་མའི་དུམ་གཅིག་བྱིན།

397 ZG: **སྨད་རྒྱ་ནག་རྩིས་དེ་དགེ་བསྟད་སྣང་།**

མགོ་གཙོད་པའི་ཁྲིམས་ཏེ་ང་ལ་ཡོང་།[398] 若知此则吾命休

I [the old lady of the lodging house] shall die [if the meeting with Minister Gar Tongtsen was reckoned]."

མཐོང་མི་ཐུབ་བོད་ཀྱིས་ཅི་ཞིག་བཟོས།[399] 大臣何以使勿见

What did [Gar Tongtsen] do to avoid [the meeting] being spotted?

སྣོན་མི་ཐུབ་བོད་ཀྱིས་ཅི་ཞིག་བཟོས།[400] 大臣何以使勿察

What did [Gar Tongtsen] do to avoid [the meeting] being detected?

གདམ་མི་ཐུབ་བོད་ཀྱིས་ཅི་ཞིག་བཟོས།[401] 大臣何以使勿闻

What did [Gar Tongtsen] do to avoid [the meeting] being heard?

ལན། 答

Answer:

ས་དོང་ཕུག་ཅན་གྱི་ཞབས་ལ་བཅུག[402] 藏匿老妪于地窖

[The old lady] hid in the cellar [so that the meeting would not be spotted].

སྣོན་མི་ཐུབ་ཐོག་ལ་ཡོལ་ལྭ་བཀབ།[403] 上罩帘布使勿见

A veil was placed on the top of cellar so that it could not be detected.

---

398 ZG: **མགོ་གཙོད་པའི་ཁྲིམས་ཏེ་ང་ལ་ཡོང་།**

399 MT: **མཐོང་མི་ཐུབ་བོད་ཀྱིས་ཅི་ཞིག་བཟོས།** CS: མཐོང་མི་ཐུབ་བོད་ལ་ཅི་ཞིག་བཤད། FY: གནས་ཚང་རྒན་མོ་ཟེར་ན་ཀན། མཐོང་མི་ཐུབ་བོད་ལ་ཅི་ཞིག་བཟོས།

400 MT: **སྣོན་མི་ཐུབ་བོད་ཀྱིས་ཅི་ཞིག་བཟོས།** CS: སྣོན་མི་ཐུབ་བོད་ལ་ཅིག་ཞིག་བཤད། FY: སྣོན་མི་ཐུབ་བོད་ལ་ཅི་ཞིག་བཟོས།

401 MT: **གདམ་མི་ཐུབ་བོད་ཀྱིས་ཅི་ཞིག་བཟོས།** CS: གདམ་མི་ཐུབ་བོད་ལ་ཅི་ཞིག་བཤད། FY: གདམ་མི་ཐུབ་བོད་ལ་ཅི་ཞིག་བཟོས།

402 CS: ས་དོང་ཕུག་ཅན་གྱི་ཞབས་ནས་གདམ། FY: མཐོང་མི་ཐུབ་བོད་ལ་བཤད་རྒྱུ་ན། **ས་དོང་ཕུག་ཅན་གྱི་ཞབས་ལ་བཅུག**

403 CS: ཡོལ་ལྭ་བཀབ་པའི་ཞབས་ནས་གདམ། FY: **སྣོན་མི་ཐུབ་ཐོག་ལ་ཡོལ་ལྭ་བཀབ།**

གདམ་མི་ཐུབ་ཟངས་མའི་སྦུ་གུར་གདམ།[404] 铜管传声使勿闻

Speech was conducted through a copper pipe so that it could not be overheard.

དྲི། 问

Question:

གནས་ཚང་རྒན་མོ་ཟེར་ནི་གན།[405] 所云驿馆老妪兮

The old lady,

ས་དོང་ཞབས་ཀྱི་འདུག་ཚུལ་ཤོད།[406] 释何以隐匿地窖

Please describe how she sat in the cellar.

གླུ་དལ་མོ་ལོངས་དང་རྗེས་ན་ཡོད། 有歌相继徐徐咏

Sing it slowly, and more songs will follow.

ལན། 答

Answer:

ས་དོང་ཞབས་ཀྱི་འདུག་ཚུལ་དེ།[407] 何以隐匿地窖兮

This is how she sat in the cellar.

རྡོ་ཕ་བོང་གསུམ་གྱིས་བར་རྡོ་བཙོས།[408] 巨石三块垒台矣

A tripod of three giant hearth-stones was constructed.

---

404 CS: ཟངས་མའི་སྦུ་གུའི་ནང་ནས་གདམ། FY: **གདམ་མི་ཐུབ་ཟངས་མའི་སྦུ་གུར་གདམ།**

405 MT, CS: **གནས་ཚང་རྒན་མོ་ཟེར་ནི་གན།** FY: གནས་ཚང་རྒན་མོ་ཟེར་ན་ཀན།

406 MT, CS: **ས་དོང་ཞབས་ཀྱི་འདུག་ཚུལ་ཤོད།** FY: ས་དོང་ཞབས་ཀྱི་བཞུགས་ཚུལ་བཤད།

407 MT: **ས་དོང་ཞབས་ཀྱི་འདུག་ཚུལ་དེ།** CS: ས་དུང་ཞབས་ཀྱི་འདུག་ཚུལ་དེ། FY: ས་དོང་ཞབས་ཀྱི་བཞུགས་དུས་དེར།

408 MT: **རྡོ་ཕ་བོང་གསུམ་གྱིས་བར་རྡོ་བཙོས།** CS: རྡོ་ཕ་བོང་གསུམ་གྱི་བུ་རྡོ་བཙོས། FY: རྡོ་ཕ་བོ་གསུམ་གྱིས་བར་རྡོ་བཙོས།

དེའི་ཐོག་ན་ཟངས་མའི་བ་མ་བཙུགས།[409] 于上置一铜锅兮

A copper cauldron was placed on top.

ཚོགས་སླང་སྡོན་མོའི་ཞབས་ལ་བཞུགས།[410] 坐于铜锅之中矣

[The old lady] sat inside the cauldron.[12]

གཏམ་པ་སྦུག་ལྕུགས་ནང་ལ་གཏམ།[411] 铜管互通陈情兮

Information was delivered via the pipe.

བློན་པོས་སྦུག་ལྕུགས་ཁ་ནས་ཉན།[412] 大臣铜管口听矣

Minister Gar Tongtsen was listening at the other end of the pipe.

གནས་ཚང་རྒན་མོའི་སྐུ་དྲིན་ལས།[413] 驿馆妇人恩善兮

Thanks to the old lady of the lodging house,

སྨད་རྒྱ་ནག་རྒྱ་བཟའ་ཀོང་ཇོ་གན།[414] 下部汉地之公主

Of Princess Wencheng,

ཕྲག་གཡས་ནི་བུང་བ་འཁོར་གི་ཟེར།[415] 言有蜜蜂绕右肩

It was said that a bee would circle around her right shoulder.

བློན་པོ་མགར་གྱིས་ངོ་ཤེས་བཟོས།[416] 大臣以此辨识矣

In such a way, Minister Gar Tongtsen identified her.

---

409 MT: **དེའི་ཐོག་ན་ཟངས་མའི་བ་མ་བཙུགས།** CS, FY: དེའི་ཐོག་ཟངས་མའི་བ་མ་བཙུགས།

410 MT: ཕྱིང་ར་སྡོན་པོའི་ཚང་ལ་བཞུགས། CS: གན་མཚོ་ལང་སྡོན་མོའི་ཞབས་ནས་བསྡད། FY: ཀན་མཚོ་ལང་སྡོན་པོའི་ཞབས་ལ་བཞུགས། ED: **ཚོགས་སླང་སྡོན་མོའི་ཞབས་ལ་བཞུགས།**

411 MT: **གཏམ་པ་སྦུག་ལྕུགས་ནང་ལ་གཏམ།** ཟངས་མའི་སྦུག་གི་ནང་དུ་གཏམ། CS: བཤད་བྱེད་སྦུ་ལྕུགས་རྒྱུ་ནང་རྒྱུག FY: བཤད་པ་སྦུ་ལྕུགས་ནང་དུ་རྒྱུག

412 MT: **བློན་པོས་སྦུག་ལྕུགས་ཁ་ནས་ཉན།** CS: བློན་པོས་སྦུ་ལྕུགས་ཁ་ནས་ཉན། FY: བློན་པོ་སྦུག་ལྕུགས་ཁ་ལ་ཉན།

413 MT: **གནས་ཚང་རྒན་མོའི་སྐུ་དྲིན་ལས།** CS, FY: གནས་ཚང་རྒན་མོའི་དཀའ་དྲིན་ལ།

414 MT, CS: **སྨད་རྒྱ་ནག་རྒྱ་བཟའ་ཀོང་ཇོ་གན།** FY: སྨད་རྒྱ་ནག་རྒྱ་བཟའ་ཀོང་ཇོ་ཀན།

415 MT, ZG: **ཕྲག་གཡས་ནི་བུང་བ་འཁོར་གི་ཟེར།** CS: ཕྲག་གཡས་ན་བུང་བ་འཁོར་གི་ཟེར། FY: ཕྲག་གཡས་ནི་བུང་མ་འཁོར་གི་ཟེར།

416 MT, ZG: **བློན་པོ་མགར་གྱིས་ངོ་ཤེས་བཟོས།**

དྲི། 问

Question:

བོད་བླ་མར་ཞུས་ནས་ཅི་ཞིག་བཟོས།[417] 问蕃喇嘛作何耶

What did the Tibetan lama do after consulting them?

རྒྱ་རྩིས་པར་ཞུས་ནས་ཅི་ཞིག་བཟོས།[418] 问汉卦师作何耶

What did the Chinese astrologists do after consulting them?

ཧོར་མོ་བར་ཞུས་ནས་ཅི་ཞིག་བཟོས།[419] 问霍卜师作何耶

What did Hor diviners do after consulting them?

ལན། 答

Answer:

བོད་བླ་མར་ཞུས་ནས་ཕྱག་མོ་གཟིགས།[420] 吐蕃喇嘛占卜兮

The Tibetan lama conducted the *mo* divination,

རྒྱ་བཟའ་བོད་ལ་བྱིན་ན་བསམ།[421] 汉公主嫁吐蕃矣

Indicating that Princess Wencheng would marry into Tibet.

རྒྱ་རྩིས་པར་ཞུས་ནས་རྩིས་རི་བཀླུགས།[422] 汉地卦师卜算兮

The Chinese astrologists reckoned the astrology,

---

417 MT: **བོད་བླ་མར་ཞུས་ནས་ཅི་ཞིག་བཟོས།** CS: བོད་བླ་མར་ཞུས་ནས་ཅི་ཞིག་གསུངས། FY: བོད་བླ་མ་ཞུས་ནས་ཅི་ཞིག་བཟོས།

418 MT: **རྒྱ་རྩིས་པར་ཞུས་ནས་ཅི་ཞིག་བཟོས།** CS: རྒྱ་རྩིས་བར་ཞུས་ནས་ཅི་ཞིག་བཤད། FY: རྒྱ་རྩིས་བ་ཞུས་ནས་ཅི་ཞིག་བཟོས།

419 MT: **ཧོར་མོ་བར་ཞུས་ནས་ཅི་ཞིག་བཟོས།** CS: ཧོར་མོ་བར་ཞུས་ནས་ཅི་ཞིག་བཤད། FY: ཧོར་མོ་བ་ཞུས་ནས་ཅི་ཞིག་བཟོས།

420 MT: **བོད་བླ་མར་ཞུས་ནས་ཕྱག་མོ་གཟིགས།** CS: བོད་བླ་མར་ཞུས་ནས་ཕྱགས་མོ་བཟོས། FY: བོད་བླ་མ་ཞུས་ནས་ཕྱག་མོ་གཟིགས།

421 MT: **རྒྱ་བཟའ་བོད་ལ་བྱིན་ན་བསམ།** CS: རྒྱ་བཟའ་བོད་ལ་བྱིན་ནོ་ཟེར། FY: རྒྱ་བཟའ་བོད་ལ་བྱིན་མོད་བསམ།

422 MT: **རྒྱ་རྩིས་པར་ཞུས་ནས་རྩིས་རི་བཀླུགས།** CS: རྒྱ་རྩིས་བར་ཞུས་ནས་རྩིས་རི་ཀློག FY: རྒྱ་རྩིས་བ་ཞུས་ན་རྩིས་རི་ཀློག

རྒྱ་བཟའ་བོད་ལ་བྱིན་ན་བསམ།[423] 汉公主嫁吐蕃矣

Indicating that Princess Wencheng would marry into Tibet.

ཧོར་མོ་བར་ཞུས་ནས་མོ་རེ་བཏབ།[424] 霍尔卜师打卦兮

The Hor diviners conducted the *mo* prediction,

རྒྱ་བཟའ་བོད་ལ་བྱིན་ན་བསམ།[425] 汉公主嫁吐蕃矣

Indicating that Princess Wencheng would marry into Tibet.

རྒྱ་བཟའ་བོད་ལ་ཐོར་སོང་ཞིག[426] 汉公主嫁吐蕃兮

The Tibetans won the hand of Princess Wencheng.

རྒྱ་ཐམས་ཅད་ཏུ་སྐད་ཅི་རི་རི།[427] 汉地处处落泪矣

All Chinese shed bitter tears.

བར་བའི་ཁ་ལ་སོང་བསྡད་སྡང་།[428] 大臣所愿达成矣

The matchmaker [Gar Tongtsen] fulfilled his mission.

དྲི། 问

Question:

སྨད་ཀྱི་རྒྱ་བཟའ་ཀོང་ཇོ་གན།[429] 下部汉地之公主

Princess Wencheng of Tang China,

ཕྱི་མི་རེད་ན་ནང་མི་རེད།[430] 外道抑或佛弟子

Was she an outsider [non-Buddhist] or an insider [Buddhist]?

---

423 MT: **རྒྱ་བཟའ་བོད་ལ་བྱིན་ན་བསམ།** CS: རྒྱ་བཟའ་བོད་ལ་བྱིན་ནོ་ཟེར། FY: རྒྱ་བཟའ་བོད་ལ་བྱིན་མོད་བསམ།

424 MT, CS: **ཧོར་མོ་བར་ཞུས་ནས་མོ་རེ་བཏབ།** FY: ཧོར་མོ་བ་ཞུས་ནས་མོ་རེ་བཏབ།

425 MT: **རྒྱ་བཟའ་བོད་ལ་བྱིན་ན་བསམ།** CS: རྒྱ་བཟའ་བོད་ལ་བྱིན་ནོ་ཟེར། FY: རྒྱ་བཟའ་བོད་ལ་བྱིན་མོད་གསུངས།

426 ZG: **རྒྱ་བཟའ་བོད་ལ་ཐོར་སོང་ཞིག**

427 ZG: **རྒྱ་ཐམས་ཅད་ཏུ་སྐད་ཅི་རི་རི།**

428 CS: **བར་བའི་ཁ་ལ་སོང་བསྡད་སྡང་།** FY: བར་བའི་ཁོག་ལ་སོང་བསྡད་ཡོད།

429 MT: **སྨད་ཀྱི་རྒྱ་བཟའ་ཀོང་ཇོ་གན།** CS: སྨད་རྒྱ་ནག་རྒྱ་བཟའ་ཀོང་ཇོ་གན། FY: སྨད་རྒྱ་ནག་རྒྱ་བཟའ་ཀོང་ཇོ་ཀན།

430 MT: **ཕྱི་མི་རེད་ན་ནང་མི་རེད།** FY: ཕྱི་མི་རེད་དམ་ནང་མི་རེད།

ནང་མི་གང་གི་སྤྲུལ་པ་རེད།[431] 佛弟子者孰所化
Whose emanation was she?

གླུ་དལ་བུར་ཤོག་དང་བྲེལ་བ་མེད། 歌徐陈之莫匆促
Please sing the song slowly, there is no hurry.

ལན། 答
Answer:

སྨད་ཀྱི་རྒྱ་བཟའ་ཀོང་ཇོ་གན།[432] 下部汉地之公主
Princess Wencheng,

ཕྱི་མི་མ་རེད་ནང་མི་རེད།[433] 非外道也佛弟子
Was not an outsider but rather an insider.

ནང་མི་སྒྲོལ་མའི་སྤྲུལ་པ་རེད།[434] 佛弟子者度母化
She was an emanation of Tara.

གླུ་དེ་ཡི་ལན་ལ་དེ་འདྲ་ཡིན། 如是答复彼歌矣
This is the response to the song.

དྲི། 问
Question:

རྒྱ་བཟའི་ལྷ་སྐལ་ཅི་ཞིག་རེད།[435] 其本尊佛像何耶
What was Princess Wencheng's tutelary deity?

431 MT, CS, FY: ནང་མི་གང་གི་སྤྲུལ་པ་རེད།

432 MT, CS: སྨད་ཀྱི་རྒྱ་བཟའ་ཀོང་ཇོ་གན།

433 MT, CS, FY: ཕྱི་མི་མ་རེད་ནང་མི་རེད།

434 MT, CS, FY: ནང་མི་སྒྲོལ་མའི་སྤྲུལ་པ་རེད།

435 CS: རྒྱ་བཟའི་ལྷ་སྐལ་ཅི་ཞིག་རེད། FY: བུ་མོ་རྒྱ་བཟའ་ལྷ་སྐལ་ཅི་ཞིག་རེད།

གླུ་དལ་མོ་ལོངས་དང་རྗེས་ན་ཡོད། 有歌相继徐徐咏
Sing it slowly, and more songs will follow.

ལན། 答
Answer:

ལྷ་སྐལ་ཇོ་བོ་ཤཱཀྱ་མུ་ནེ་རེད།[436] 本尊释迦摩尼像
Jowo Sakyamuni was Princess Wencheng's tutelary deity.

གན་གསུམ་གྱི་ནང་ནས་འདེམས་ནི་ཡིན།[437] 选于三尊佛像中
Being chosen from among three statues,

ཁ་དབུས་ལ་འཁོར་ནས་བཞུགས་བསྡད་སྣང་།[438] 其面朝向吐蕃矣
It faced Central Tibet.

གླུ་དེ་ཡི་ལན་ལ་དེ་འདྲ་ཡིན། 如是答复彼歌矣
This is the response to the song.

དྲི། 问
Question:

རྒྱ་བཟའ་ཁྱིམ་ནས་ལངས་བསྡད་ཡོད།[439] 公主离家启程兮
Princess Wencheng was about to embark on her journey from home.

དགུང་ཉི་མ་གཟའ་དང་འདྲེས་བསྡད་སྣང་།[440] 苍穹星宿聚拢也
The stars in the sky gathered together.

---

436 CS: ཤཀྱ་མུ་ནེ་ལྷ་སྐལ་རེད། FY: ཇོ་བོ་ཤཱ་ཀྱ་མུ་ནེ་ལྷ་སྐལ་རེད། ED: **ལྷ་སྐལ་ཇོ་བོ་ཤཱཀྱ་མུ་ནེ་རེད།**

437 CS: **གན་གསུམ་གྱི་ནང་ནས་འདེམས་ནི་ཡིན།** FY: གན་གསུམ་གྱི་ནང་ནས་བསལ་ནི་ཡིན།

438 CS: **ཁ་དབུས་ལ་འཁོར་ནས་བཞུགས་བསྡད་སྣང་།** FY: ཁ་དབུས་ལ་འཁོར་ནས་བཞུགས་བསྡད་ཡོད།

439 CS: **རྒྱ་བཟའ་ཁྱིམ་ནས་ལངས་བསྡད་ཡོད།** FY: རྒྱ་བཟའ་ལམ་ལ་ལངས་བསྡད་ཡོད།

440 CS, FY: དགུང་ཉི་མ་གཟའ་དང་འདྲེས་བསྡད་ཡོད། ED: **དགུང་ཉི་མ་གཟའ་དང་འདྲེས་བསྡད་སྣང་།**

གཟའ་ལ་བལྟས་ནས་ཅི་ཞིག་ཐོགས།[441] 依星宿所佩何耶
According to the stars, what did [Princess Wencheng] wear?

ནང་བཙུན་མོ་བཙུན་དང་འདྲེས་བསྡད་སྣང་།[442] 后宫妃嫔共相聚
Consorts gathered together.

བཙུན་ལ་བལྟས་ནས་ཅི་ཞིག་ཐོགས།[443] 依德行所佩何耶
According to the virtue, what did [Princess Wencheng] wear?

ཚང་མ་གཉེན་དང་འདྲེས་བསྡད་སྣང་།[444] 内戚亲眷同会聚
Families and relatives gathered together.

གཉེན་ལ་བལྟས་ནས་ཅི་ཞིག་ཐོགས།[445] 依血缘所佩何耶
According to the kinship, what did [Princess Wencheng] wear?

ལན། 答
Answer:

གཟའ་ལ་བལྟས་ནས་མགོ་སྣ་ཐོགས།[446] 依星宿佩头饰也
According to the stars, a headdress was worn.

བཙུན་ལ་བལྟས་ནས་གདུ་བུ་ཐོགས།[447] 依德行佩手镯也
According to the virtue, bracelets were worn.

441 CS, FY: **གཟའ་ལ་བལྟས་ནས་ཅི་ཞིག་ཐོགས།**

442 CS: ནང་བཙུན་མོ་དང་འདྲེས་བསྡད་སྣང་། FY: ནང་བཙུན་མོ་བཙུན་དང་འདྲེས་བསྡད་ན། ED: **ནང་བཙུན་མོ་བཙུན་དང་འདྲེས་བསྡད་སྣང་།**

443 CS, FY: **བཙུན་ལ་བལྟས་ནས་ཅི་ཞིག་ཐོགས།**

444 CS: ཆབ་མ་མཉེན་དང་འདྲེས་བསྡད་སྣང་། FY: ཆུང་མ་གཉེན་དང་འདྲེས་བསྡད་ཡོད། ED: **ཚང་མ་གཉེན་དང་འདྲེས་བསྡད་སྣང་།**

445 CS: མཉེན་ལ་བལྟས་ནས་ཅི་ཞིག་ཐོགས། FY: **གཉེན་ལ་བལྟས་ནས་ཅི་ཞིག་ཐོགས།**

446 CS: གཟའ་ལ་བལྟས་ནས་མགོ་ཐོད་ཐོགས། FY: **གཟའ་ལ་བལྟས་ནས་མགོ་སྣ་ཐོགས།**

447 CS: **བཙུན་ལ་བལྟས་ནས་གདུ་བུ་ཐོགས།** FY: བཙུན་ལ་བལྟས་ནས་ལག་ཕྱི་ཐོགས།

གཉེན་ལ་བལྟས་ནས་གའུ་ཐོགས།[448] 依血缘佩嘎乌盒

According to the kinship, an amulet box was worn.

དྲི། 问

Question:

རྒྱ་བཟའ་ལམ་ལ་ལངས་བསྡད་སྣང་།[449] 公主启程行路兮

Princess Wencheng embarked on her journey.

བཞེས་དང་ཕུད་དག་བཟོས་བསྡད་སྣང་།[450] 饮食衣物齐备矣

Foods and clothes were packed.

རྒྱ་བཟའི་རྫོངས་པར་ཅི་ཞིག་བྱིན།[451] 公主之妆奁何耶

What was given as her dowry?

ཁྱོད་ཡུན་རིང་མ་འགོར་ལན་རེ་ཐོག། 尔作答之莫迟误

Please answer my questions without further ado.

ལན། 答

Answer:

དེ་ལ་ལན་ཞིག་རྒྱག་རྒྱུ་ན། 应答所问者如是

To give an answer to that,

448 CS: མཉེན་ལ་བལྟས་ནས་ག་བུ་ཐོགས། FY: གཉེན་ལ་བལྟས་ནསས་གདུ་གུ་ཐོགས། ED: **གཉེན་ལ་བལྟས་ནས་གའུ་ཐོགས།**

449 MT, ZG: **རྒྱ་བཟའ་ལམ་ལ་ལངས་བསྡད་སྣང་།** CS: རྒྱ་བཟའ་ཁྲིམ་ར་ལངས་བསྡད་ཡོད། FY: རྒྱ་བཟའ་ལམ་ལ་ལངས་བསྡད་ཡོད།

450 ZG: **བཞེས་དང་ཕུད་དག་བཟོས་བསྡད་སྣང་།**

451 MT: **རྒྱ་བཟའི་རྫོངས་པར་ཅི་ཞིག་བྱིན།** CS: རྒྱ་བཟའ་རྫོང་བ་ཅི་ཞིག་ཡིན། FY: རྒྱ་བཟའ་རྫངས་ཇ་ཅི་ལྟར་བྱིན།

ཟླ་ཉི་མ་གཉིས་ཀྱིས་རྫོངས་པ་བཟོས།[452] 日月宝镜为妆奁

The dowry was a treasure mirror of the sun and moon.

དྲི། 问

Question:

རྒྱ་བཟའ་ལམ་ལ་ལངས་བསྡད་སྣང་།[453] 公主启程行路兮

Princess Wencheng embarked on her journey.

བློན་པོ་བཙོན་ལ་བསྡུས་བསྡད་སྣང་།[454] 大臣身陷囹圄矣

Minister Gar Tongtsen was imprisoned.

བསྡུས་པའི་རྒྱ་བ་ཅི་ཞིག་རེད།[455] 囚禁大臣缘何耶

Why was he imprisoned?

གླུ་དལ་བུར་ཤོག་དང་བྲེལ་བ་མེད། 歌徐陈之莫匆促

Please sing the song slowly, there is no hurry.

ལན། 答

Answer:

པ་རྒྱལ་པོ་དེ་ཡིས་ཟེར་རྒྱུ་ན།[456] 大唐皇帝言如是

The Tang Emperor,

---

452 MT: **ཟླ་ཉི་མ་གཉིས་ཀྱིས་རྫོངས་པ་བཟོས།** CS: ཟླ་ཉི་མ་གཉིས་ཀྱི་རྫོང་བ་བྱིན། FY: ཟླ་ཉི་མ་གཉིས་ཀྱི་བརྫངས་ཇ་བཟོས།

453 MT: **རྒྱ་བཟའ་ལམ་ལ་ལངས་བསྡད་སྣང་།** CS, FY: རྒྱ་བཟའ་ལམ་ལ་ལངས་བསྡད་ཡོད།

454 MT, ZG: **བློན་པོ་བཙོན་ལ་བསྡུས་བསྡད་སྣང་།** CS: བར་བ་བཙན་དང་འདུས་བསྡད་ཡོད། FY: བར་བ་བཙོན་ལ་བསྡུས་བསྡད་ཡོད།

455 MT: **བསྡུས་པའི་རྒྱ་བ་ཅི་ཞིག་རེད།**

456 MT: **པ་རྒྱལ་པོ་དེ་ཡིས་ཟེར་རྒྱུ་ན།**

རྒྱ་ནག་ཡུལ་དུ་འཛིན་རྒྱུ་ཟེར།[457] 留其驻于中原矣

Demanded that he [the Minister] stay in Tang China.

གླུ་དེ་ཡི་ལན་ལ་དེ་འདྲ་ཡིན། 如是答复彼歌矣

This is the response to the song.

དྲི། 问

Question:

བློན་པོ་བཙོན་ལ་བསྡུས་བསྡད་སྣང་།[458] 大臣身陷囹圄兮

Minister Gar Tongtsen was imprisoned.

མཐའ་ན་དྲི་ངན་སྣ་ཚོགས་ཡོད།[459] 种种恶臭萦绕矣

All kinds of malodorous smells saturated the air.

བར་ནས་རྫུན་གཏམ་ནད་ཡོད་ཟེར།[460] 大臣谎称有疾病

Gar Tongtsen told a lie, saying he was sick.

ནད་དེར་ནད་ཚན་རིགས་ལྔ་ཡོད།[461] 彼病是为五因致

His illness had five causes.

སྲོག་ཕྱི་སྲོག་བཅད་ནས་ནང་སྲོག་བཞག[462] 望切内外命脉兮

[The physician] checked both his external and internal life forces.[13]

ནང་སྲོག་ཚ་ལ་མེ་དང་འདྲ།[463] 内脉炙热如火也

His internal life force was as hot as fire,

---

457 MT: **རྒྱ་ནག་ཡུལ་དུ་འཛིན་རྒྱུ་ཟེར།**

458 ED: **བློན་པོ་བཙོན་ལ་བསྡུས་བསྡད་སྣང་།**

459 CS, FY: **མཐའ་ན་དྲི་ངན་སྣ་ཚོགས་ཡོད།**

460 MT, ZG: **བར་ནས་རྫུན་གཏམ་ནད་ཡོད་ཟེར།** FY: བར་བས་རྫུན་གཏམ་ནད་ཡོད་ཟེར།

461 FY: ནད་དེ་ནད་ཚན་རིགས་ལྔ་ཡོད། མཛེས་མ་ནང་དུ་སྨུག་བསྡད་ཡོད། ནང་དུ་ལ་ལོག་རྒྱབ་ལ་བསྡད། ED: **ནད་དེར་ནད་ཚན་རིགས་ལྔ་ཡོད།**

462 ZG: **སྲོག་ཕྱི་སྲོག་བཅད་ནས་ནང་སྲོག་བཞག**

463 ZG: **ནང་སྲོག་ཚ་ལ་མེ་དང་འདྲ།**

སྲོག་སྲོག་ཅན་དོན་དག་མི་སྣང་ཟེར།[464] 示现其命尚安矣
Indicating that his condition was not life-threatening.

སྲོག་ཕྱི་སྲོག་བཅད་ནས་ནང་སྲོག་བཞག[465] 望切内外命脉兮
[The physician] checked both his external and internal life forces.

ནང་སྲོག་གྲང་ལ་རྡོ་དང་འདྲ།[466] 内脉冷如岩石兮
His internal life force was as cold as a rock,

སྲོག་སྲོག་ཅན་དོན་དག་མི་སྣང་ཟེར།[467] 示现其命尚安矣
Indicating that his condition was not life-threatening.

སྲོག་ཕྱི་སྲོག་བཅད་ནས་ནང་སྲོག་བཞག[468] 望切内外命脉兮
[The physician] checked both his external and internal life forces.

ནང་སྲོག་བྱ་ཡི་དབུགས་ཡང་མེད།[469] 呼吸羸弱弗如鸟
His internal life force was even weaker than that of a bird,

སྲོག་སྲོག་ཅན་དོན་དག་ཡོད་སྣང་ཟེར།[470] 示现其命无可救
Indicating that his condition was life-threatening.

བོད་བླ་མར་ཞུས་ནས་ཅི་ཞིག་བཟོས།[471] 问蕃喇嘛作何耶
What did the Tibetan lama do after consulting them?

---

464 ZG: སྲོག་སྲོག་ཅན་དོན་དག་མི་སྣང་ཟེར།

465 ZG: སྲོག་ཕྱི་སྲོག་བཅད་ནས་ནང་སྲོག་བཞག

466 ZG: ནང་སྲོག་གྲང་ལ་རྡོ་དང་འདྲ།

467 ZG: སྲོག་སྲོག་ཅན་དོན་དག་མི་སྣང་ཟེར།

468 ZG: སྲོག་ཕྱི་སྲོག་བཅད་ནས་ནང་སྲོག་བཞག

469 ZG: ནང་སྲོག་བྱ་ཡི་དབུགས་ཡང་མེད།

470 ZG: སྲོག་སྲོག་ཅན་དོན་དག་ཡོད་སྣང་ཟེར།

471 MT: བོད་བླ་མར་ཞུས་ནས་ཅི་ཞིག་བཟོས། CS: བོད་བླ་མར་ཞུས་ནས་ཅི་ཞིག་ཟེར། FY: བོད་བླ་མ་ཞུས་ནས་ཅི་ལྟར་བཟོས།

རྒྱ་རྩིས་པར་ཞུས་ནས་ཅི་ཞིག་བཟོས།[472] 问汉卦师作何耶
What did the Chinese astrologists do after consulting them?

ཧོར་མོ་བར་ཞུས་ནས་ཅི་ཞིག་བཟོས།[473] 问霍卜师作何耶
What did the Hor diviners do after consulting them?

གླུ་དལ་བུར་སློག་དང་བྲེལ་བ་མེད། 歌徐陈之莫匆促
Please sing the song slowly, there is no hurry.

ལན། 答
Answer:

བོད་བླ་མར་ཞུས་ནས་ཕྱག་མོ་གཟིགས།[474] 吐蕃喇嘛占卜兮
The Tibetan lama consulted the *mo* divination.

བོད་བླ་མར་ཞུས་ནས་མ་ཤེས་ཟིག[475] 吐蕃喇嘛不知矣
They had no answer.

རྒྱ་རྩིས་པར་ཞུས་ནས་རྩིས་རེ་བརྒྱབས།[476] 汉地卦师卜算兮
The Chinese astrologists reckoned the astrology.

རྒྱ་རྩིས་པར་ཞུས་ནས་མ་ཤེས་ཟིག[477] 汉地卦师不知矣
They had no answer.

---

472 MT: **རྒྱ་རྩིས་པར་ཞུས་ནས་ཅི་ཞིག་བཟོས།** CS: རྒྱ་རྩི་བར་ཞུས་ནས་ཅི་ཞིག་ཟེར། FY: རྒྱ་རྩིས་བར་ཞུ་ནས་ཅི་ལྟར་བཟོས།

473 MT: **ཧོར་མོ་བར་ཞུས་ནས་ཅི་ཞིག་བཟོས།** CS: ཧོར་མོ་བ་ཞུས་ནས་ཅི་ཞིག་ཟེར། FY: ཧོར་མོ་བ་ཞུས་ནས་ཅི་ལྟར་བཟོས།

474 MT: **བོད་བླ་མར་ཞུས་ནས་ཕྱག་མོ་གཟིགས།**

475 MT: **བོད་བླ་མར་ཞུས་ནས་མ་ཤེས་ཟིག** CS: བོད་བླ་མར་ཞུས་ན་མི་ཤེས་ཟེར། FY: བོད་བླ་མ་ཞུས་ནས་མ་ཤེས་ཟིག

476 MT: **རྒྱ་རྩིས་པར་ཞུས་ནས་རྩིས་རེ་བརྒྱབས།**

477 MT: **རྒྱ་རྩིས་པར་ཞུས་ནས་མ་ཤེས་ཟིག** CS: རྒྱ་རྩིས་བར་ཞུས་ནས་མི་ཤེས་ཟེར། FY: རྒྱ་རྩིས་བ་ཞུས་ནས་མ་ཤེས་ཟིག

ཧོར་མོ་བར་ཞུས་ནས་མོ་རི་བཏབ།[478] 霍尔卜师打卦兮

The Hor diviners conducted the *mo* prediction.

ཧོར་མོ་བར་ཞུས་ནས་མ་ཤེས་ཟིག[479] 霍而卜师不知矣

They had no answer.

བློན་པོ་མགར་གྱིས་ཟེར་རྒྱུ་ན།[480] 大臣噶尔如是言

Minister Gar Tongtsen stated:

ཁོའི་ཡུལ་གྱི་རི་གཉན་མ་དགའ་ཟིག[481] 故土山神不悦也

The mountain deity in his homeland was displeased.

ཁོས་ཡུལ་གྱི་རི་གཉན་མཆོད་དགོས་ཟེར།[482] 其需飨祀山神矣

He needed to make offerings to the mountain deity.

ལོ་དགུའི་ཤ་ཡི་ཤ་རྙིང་དགོས།[483] 需九载之腊肉兮

Meat that had been aged nine years was needed,[14]

ལོ་དགུའི་ཤ་དེ་འཆའ་བཞིན་སོང་།[484] 且走且食九载肉

Eating the aged meat while walking [to the mountain deity].

ཟླ་དགུའི་ཆང་གི་ཆང་རྙིང་དགོས།[485] 需九月之酒酿兮

Wine that had been aged for nine months was needed,

---

478 MT: **ཧོར་མོ་བར་ཞུས་ནས་མོ་རི་བཏབ།**

479 MT: **ཧོར་མོ་བར་ཞུས་ནས་མ་ཤེས་ཟིག** CS: ཧོར་མོ་བ་ཞུས་ནས་མི་ཤེས་ཟེར། FY: ཧོར་མོ་བ་ཞུས་ནས་མ་ཤེས་ཟིག

480 MT, ZG: **བློན་པོ་མགར་གྱིས་ཟེར་རྒྱུ་ན།** CS: བློན་པོ་བར་བས་ཟེར་གི་ར། FY: བློན་པོ་བར་བས་ཟེར་ན་རེད།

481 MT, ZG: **ཁོའི་ཡུལ་གྱི་རི་གཉན་མ་དགའ་ཟིག** CS: ཁོ་ཡུལ་གྱི་རི་གཉིན་མ་དགའ་ཟེར། FY: ཁོ་ཡུལ་ཀྱི་རི་གཉན་མ་དགའ་ཟིག

482 MT, ZG: **ཁོས་ཡུལ་གྱི་རི་གཉན་མཆོད་དགོས་ཟེར།** CS: ཁོ་ཡུལ་གྱི་རི་གཉིན་མཆོད་དགོས་ཟེར། FY: ཁོ་ཡུལ་ཀྱི་རི་གཉན་མཆོད་དགོས་ཟེར།

483 MT, ZG: **ལོ་དགུའི་ཤ་ཡི་ཤ་རྙིང་དགོས།** CS: ལོ་དགུའི་ཤྭ་བའི་ཤྭ་སྙིང་དང་། FY: ཡང་ལོ་དགུའི་ཤྭ་བའི་ཤྭ་སྙིང་དང་།

484 MT: ལོ་དགུའི་ཤྭ་དེ་འཆའ་བཞིན་སོང་། ZG: **ལོ་དགུའི་ཤ་དེ་འཆའ་བཞིན་སོང་།**

485 MT, ZG: **ཟླ་དགུའི་ཆང་གི་ཆང་རྙིང་དགོས།** CS, FY: ལོ་དགུའི་ཆང་གི་ཆང་སྙིང་དགོས།

ཆླ་དགུའི་ཆང་དེ་འཐུང་བཞིན་སོང་།[486] 且走且饮九月酒

Drinking the old wine while walking [to the mountain deity].

གོས་ཆེན་ཐུམ་དགུའི་ཐུལ་དེ་དགོས།[487] 需烧绢之灰九袋

Nine bags of ashes of burned gorgeous brocade were needed.

གཏོར་དུ་སོང་ན་དྲག་མོད་བསམ།[488] 撒灰烬恶疾除矣

The disease would be cured once they were sprinkled.

གསོམ་པའི་སོལ་བ་འདོམ་དགུ་དགོས།[489] 需松木碳仗九仞

A piece of pine charcoal nine fathoms long was needed.

འཛུགས་སུ་སོང་ན་དྲག་མོད་བསམ།[490] 植碳仗恶疾除矣

The disease would be cured once this was planted.

འབུ་སྲུག་བཟའི་ཀླད་པ་སྡེར་དགུ་དགོས།[491] 需蚊之脑九盘兮

Nine plates of mosquito brains were needed.

ཟ་བར་སོང་ན་དྲག་མོད་བསམ།[492] 舐蚊脑恶疾除矣

The disease would be cured once they were licked up.

---

486 MT: ལོ་དགུའི་ཆང་དེ་འཐུང་བཞིན་སོང་། ZG: **ཆླ་དགུའི་ཆང་དེ་འཐུང་བཞིན་སོང་།**

487 MT: གོས་ཆེན་རིས་དེ་རིམ་དགུ་དགོས། ZG: **གོས་ཆེན་ཐུམ་དགུའི་ཐུལ་དེ་དགོས།** FY: གོས་ཆེན་ཐལ་བ་སླེལ་དགུ་དགོས།

488 MT: དེ་བཅལ་གི་སོང་ན་དྲག་མོད་བསམ། ZG: **གཏོར་དུ་སོང་ན་དྲག་མོད་བསམ།** FY: ཀན་སྒྲུག་གི་སོང་ན་དྲག་མོད་བསམ།

489 MT: **གསོམ་པའི་སོལ་བ་འདོམ་དགུ་དགོས།** CS: ཙན་དན་སོལ་བ་འདོམ་དགུ་དགོས། FY: དབྱུག་པའི་སོལ་བ་འདོམ་དགུ་དགོས།

490 MT: དེ་བཅལ་གི་སོང་ན་དྲག་མོད་བསམ། ZG: **འཛུགས་སུ་སོང་ན་དྲག་མོད་བསམ།** FY: ཀན་འཛུགས་གི་སོང་ན་དྲག་མོད་བསམ།

491 MT, ZG: **འབུ་སྲུག་བཟའི་ཀླད་པ་སྡེར་དགུ་དགོས།** CS: འབུ་མི་བཞུའི་ཀླད་པ་སྡེར་དགུ་དགོས། FY: འབུ་སྲུག་བཟུའི་ཀླད་པ་སྡེར་དགུ་དགོས།

492 MT: གན་ལྷག་གི་སོང་ན་དྲག་མོད་བསམ། ZG: **ཟ་བར་སོང་ན་དྲག་མོད་བསམ།** FY: ཀན་ལྷག་གི་སོང་ན་དྲག་མོད་བསམ།

འབུ་གྲོག་མའི་སྣ་ཁྲག་ཐོ་དགུ་དགོས།[493] 需蚂蚁鼻血九桶

Nine bottles of the nose-bleeds of ants were needed.

དེ་འཐུང་དུ་སོང་ན་དྲག་མོད་བསམ།[494] 饮鼻血恶疾除矣

The disease would be cured once these were drunk.

དེ་ཐམས་ཅད་བྱེད་ན་དྲག་མོད་བསམ།[495] 其皆成后恶疾除

The disease would be cured if all this was performed.

གངས་རི་ཆེན་པོའི་རྩེ་ལ་སོང་།[496] 至大雪山之巅兮

[Minister Gar Tongtsen] went to the top of the great snow mountain.

དགྲ་ལྷ་དཔང་བསྟོད་བཟོ་བཞིན་སོང་།[497] 礼赞英勇山神矣

Offered praise to the mountain deity.

བློན་པོ་མ་ཡིན་ཐམས་ཅད་ཆང་རེ་འཐུང་།[498] 大臣弗饮诸人饮

Everybody [the guardians sent by the Tang Emperor] except the Minister drank wine.

མགོ་ཐུར་གཏད་ནས་ལོག་བསྡད་ཡོད།[499] 其皆头重脚轻兮

They were completely intoxicated and staggered around.

བར་ནས་ཆུ་འཁྱག་འཐུང་བསྡད་ཡོད།[500] 大臣所饮冷水矣

Gar Tongtsen drank cold water.

---

493 MT, CS, FY: **འབུ་གྲོག་མའི་སྣ་ཁྲག་ཐོ་དགུ་དགོས།**

494 MT: **དེ་འཐུང་དུ་སོང་ན་དྲག་མོད་བསམ།** FY: དེ་འཐུང་གི་སོང་ན་དྲག་མོད་བསམ།

495 CS: ད་ཐམས་བྱས་ན་དྲག་མོ་བསམ། FY: **དེ་ཐམས་ཅད་བྱེད་ན་དྲག་མོད་བསམ།**

496 CS: **གངས་རི་ཆེན་པོའི་རྩེ་ལ་སོང་།** FY: གངས་རི་ཆེ་པོ་རྩེ་ན་སོང་།

497 MT: **དགྲ་ལྷ་དཔང་བསྟོད་བཟོ་བཞིན་སོང་།** CS: དགྲ་ལྷ་དཔལ་སྟོད་བཟོས་དགོས་ཟེར། FY: དགྲ་ལྷ་དཔའ་སྟོད་བཟོ་དགོས་ཟེར།

498 CS: མགར་གྱི་མ་འཐུང་གཞན་པས་ཆང་རྩེ་འཐུང་། FY: **བློན་པོ་མ་ཡིན་ཐམས་ཅད་ཆང་རེ་འཐུང་།**

499 CS, FY: **མགོ་ཐུར་གཏད་ནས་ལོག་བསྡད་ཡོད།**

500 MT, ZG: **བར་ནས་ཆུ་འཁྱག་འཐུང་བསྡད་ཡོད།** CS: བར་བས་ཆུ་འཁྱག་འཐུང་ནི་ཡིན། FY: བར་བས་ཆུ་འཁྱག་འཐུང་གི་ཡོད།

བར་ལ་ལངས་ནས་བྲོས་ནས་སོང་།[501] 大臣起身逃遁矣

Gar Tongtsen stood up and fled.

ཛ་ཟོ་ར་ལུང་གི་ལུང་མདོ་ནས།[502] 行至索日山谷口

At the Zora valley gate,

རྒྱ་བཟའི་ཤུལ་ལ་ཚོད་བསྡད་སྡང་།[503] 现汉公主之行迹

He caught up with Princess Wencheng.

དྲི། 问

Question:

རྒྱ་བཟས་ཁ་བརྡ་ཅི་ཞིག་བཟོས།[504] 汉公主所问何耶

What did Princess Wencheng ask?

ལན། 答

Answer:

རྒྱ་བཟའི་ཁ་བརྡ་གཏམ་རྒྱུ་ན།[505] 汉公主之所问兮

Princess Wencheng asked,

ཁོའི་ཨ་ཕ་ཨ་མ་བདེ་མོ་ཡིན་ནམ་ཟེར།[506] 其父其母安乐耶

If her parents were doing well.

བློན་པོ་མགར་གྱིས་ཟེར་བ་ལ།[507] 大臣噶尔如是言

Minister Gar Tongtsen replied:

501 MT, ZG: **བར་ལ་ལངས་ནས་བྲོས་ནས་སོང་།** CS: བར་བ་ནས་བྲོས་ནི་སོང་། FY: བར་བ་ལངས་ནས་བྲོས་ནི་སོང་།

502 MT, FY: **ཛ་ཟོ་ར་ལུང་གི་ལུང་མདོ་ནས།** CS: ཛ་ཟོ་ར་ལུང་གི་ལུང་མདོ་ནས།

503 MT: **རྒྱ་བཟའི་ཤུལ་ལ་ཚོད་བསྡད་སྡང་།** CS: རྒྱ་བཟའ་ཡང་ཚོད་སོང་ཟེར། FY: རྒྱ་བཟའ་རྗེས་ནས་ཚོད་བསྡད་ཡོད།

504 MT: **རྒྱ་བཟས་ཁ་བརྡ་ཅི་ཞིག་བཟོས།**

505 MT: **རྒྱ་བཟའི་ཁ་བརྡ་གཏམ་རྒྱུ་ན།** FY: རྒྱ་བཟས་གོང་ཛོ་ཟེར་བ་ན།

506 MT: **ཁོའི་ཨ་ཕ་ཨ་མ་བདེ་མོ་ཡིན་ནམ་ཟེར།** CS: ཁོའི་ཕ་དེ་མོ་ཨེ་ཡིན་ཟེར། FY: ཁོ་ཕ་མ་བདེ་མོ་ཨེ་ཡོད་ཟེར།

507 CS: བློན་པོ་གི་ཟེར་གི་ར། FY: **བློན་པོ་མགར་གྱིས་ཟེར་བ་ལ།**

ཁྱོད་ཕ་མ་བདེ་མོ་ཡིན་ནོ་ཟེར།[508] 父皇母后安乐也

"Your parents are doing well."

ཁྱོད་ཀྱི་རྫོངས་པ་རྫུན་མ་རེད།[509] 妆奁皆为赝品也

"Your dowry is fake."

ཟླ་ཉི་མ་ཚགས་ཀྱི་ཤེལ་བུར་བགོས།[510] 日月宝镜破碎兮

The sun and moon treasure mirror was broken.

ཀོ་ནང་ས་དང་རྡོ་ཅིག་འཛོམས།[511] 皮囊内为土石矣

It became earth and rock in the hide [mirror case].

བུ་མོ་རྒྱ་བཟའ་ཕོ་རེ་ཆད།[512] 汉公主者心伤兮

Princess Wencheng was heartbroken,

ལམ་ཐག་རིང་ལ་ཆས་ནས་སོང་།[513] 前路漫漫其往矣

Embarking on her long journey [to Tibet].

---

508 MT: **ཁྱོད་ཕ་མ་བདེ་མོ་ཡིན་ནོ་ཟེར།** CS: ཁྱོད་ཕ་མ་བདེ་མོ་ཡོད་ཅེས་ཟེར། FY: ཁྱོད་ཕ་མ་བདེ་མོ་ཡོད་བཅས་ཟེར།

509 MT: **ཁྱོད་ཀྱི་རྫོངས་པ་རྫུན་མ་རེད།** CS: ཁྱོད་ལ་བརྫངས་བ་རྫུན་མ་ཟེར། FY: ཁྱོད་ཀྱི་རྫངས་རྫ་རྫུན་མ་རེད།

510 MT: **ཟླ་ཉི་མ་ཚགས་ཀྱི་ཤེལ་བུར་བགོས།** CS: ཟླ་ཉི་མ་ལྷགས་ཀྱི་ཤེལ་བུར་བགོས། FY: ཟླ་ཉི་མ་ལྷགས་ཀྱི་ཤེལ་བུ་བགོས།

511 CS: ཀོ་དང་ས་དང་རྡོ་གཅིག་འཛོམས། FY: **ཀོ་ནང་ས་དང་རྡོ་ཅིག་འཛོམས།**

512 CS, FY: **བུ་མོ་རྒྱ་བཟའ་ཕོ་རེ་ཆད།**

513 CS: **ལམ་ཐག་རིང་ལ་ཆས་ནས་སོང་།** FY: ལམ་ཐག་རིང་ལ་ཆས་བསྡད་ཡོད།

Endnotes མཇུག་མཆན། 尾注

1 One of Shépa's distinctive features is hyperbole which enacts a sense of solemness and auspiciousness. It is therefore of no surprise that the parents of these three figures narrated in the Shépa are different from historical accounts. Tibetan histories reveal that King Namri Songtsen and Queen Togar Zatsé Pong were the parents of Songtsen Gampo. In Chinese historical texts, Princess Wencheng was not a daughter of the Tang Emperor, Taizong. Instead, she was a daughter of a member of the imperial clan. Gar Tongtsen was a descendent of the Gar clan. See Xu Liu, *Jiutangshu*, j196a.5221–22; Xiu Ouyang and Qi Song, *Xintangshu* (Beijing: Zhonghua shuju, 1975), j216a.6074; Tsepon Wangchuk Deden Shakabpa, *One Hundred Thousand Moons: An Advanced Political History of Tibet*, trans. by Derek F. Maher (Boston: Brill, 2010), p. 117; Yao Wang, *Tubo jingshi lu* (Beijing: Wenwu chubanshe, 1982), pp. 44–45.

བཤད་པའི་བརྗོད་བྱར་སྒྱུ་རྩལ་རང་བཞིན་དང་ལྡན་པའི་སྒྲོ་བཏགས་ཀྱི་བརྗོད་ལུགས་ནི་ཤིན་ཏུ་ཁྱབ་ཆེ་བ་ལྟར། འདིར་བརྗོད་པའི་ཡབ་ཡུམ་གྱི་སྐོར་ཡང་དེ་ལས་མ་འདས་ཕྱིར་དངོས་བྱུང་གི་ལོ་རྒྱུས་དང་མི་མཐུན་ལ། བོད་ཀྱི་ལོ་རྒྱུས་ལྟར་ན། བཙན་པོ་སྲོང་བཙན་སྒམ་པོ་ནི་ཡབ་རྒྱལ་པོ་གནམ་རི་སྲོང་བཙན་དང་ཡུམ་བཙུན་མོ་ཚེ་སྤོང་བཟའ་འབྲི་མ་ཐོད་དཀར་གཉིས་ཀྱི་སྲས་སུ་འཁྲུངས་ཤིང་། རྒྱའི་ལོ་རྒྱུས་ལྟར་ན། རྒྱ་བཟའ་ཀོང་ཇོ་ཡང་རྒྱ་ནག་གོང་མའི་སྲས་མོ་མ་ཡིན་པར། གོང་མའི་ཉེ་འབྲེལ་ཞིག་གི་སྲས་མོ་ཡིན་པར་གསལ། དེ་བཞིན་མགར་སྟོང་བཙན་ཡང་མགར་གྱི་གདུང་རྒྱུད་ལས་འཁྲུངས་པ་ཡིན། འབྲེལ་ཡོད་དཔྱད་ཞིབ་ཀྱི་སྐོར་ལ་འདིར་གཟིགས་པར་ཞུ། 刘昫,《旧唐书》, j196a.5221–22; 欧阳修和宋祁,《新唐书》(北京：中华书局, 1975), j216a.6074; Tsepon Wangchuk Deden Shakabpa, *One Hundred Thousand Moons: An Advanced Political History of Tibet*, trans. by Derek F. Maher (Boston: Brill, 2010), p. 117; 王尧,《吐蕃金石录》(北京：文物出版社, 1982), pp. 44–45.

释巴的一个特征是使用夸张的手法表示一种庄严和吉祥感, 因此, 毫不意外, 释巴中对这三者父母的叙述与历史记录不符。藏族历史揭示松赞干布的父母是南日松赞和妥噶萨册彭。在中文历史文献中, 文成公主并非唐太宗的女儿, 而是一位王室成员的女儿。噶尔东赞是噶氏宗族的后裔。见刘昫,《旧唐书》, j196a.5221–22; 欧阳修和宋祁,《新唐书》(北京：中华书局, 1975), j216a.6074; Tsepon Wangchuk Deden Shakabpa, *One Hundred Thousand Moons: An Advanced Political History of Tibet*, trans. by Derek F. Maher (Boston: Brill, 2010), p. 117; 王尧,《吐蕃金石录》(北京：文物出版社, 1982), pp. 44–45。

2 In Tibetan culture, thunder symbolises power and strength while light symbolises wisdom. See, for example, *The Epic of Gesar of Ling: Gesar's Magical Birth, Early Years, and Coronation as King*, trans. by Robin Kornman,

Sangye Khandro and Lama Chönam (Boston and London: Shambhala, 2012), p. 596.

ཐོག་ནི་སྟོབས་ཤུགས་དང་གློག་ནི་ཤེས་རབ་ཀྱི་མཚོན་བྱེད་ཡིན། འབྲེལ་ཡོད་དཔྱད་ཞིབ་ཀྱི་སྐོར་ལ་འདིར་གཟིགས་པར་ཞུ། *The Epic of Gesar of Ling: Gesar's Magical Birth, Early Years, and Coronation as King*, trans. by Robin Kornman, Sangye Khandro and Lama Chönam (Boston and London: Shambhala, 2012), p. 596.

藏文化中，雷象征力量而电象征智慧。例见*The Epic of Gesar of Ling: Gesar's Magical Birth, Early Years, and Coronation as King*, trans. by Robin Kornman, Sangye Khandro and Lama Chönam (Boston and London: Shambhala, 2012), p. 596。

3 The Consort from ten-directions can be understood as a form of rhetoric, indicating that the wives of King Songtsen Gampo comes from far and wide. Dependent on context, this term could also refer to the first wife of King Songtsen Gampo, Pogong Dongza Tritsün (Pho gong ldong bza' khri btsun). It is worth noting that disputes exist over the number of consorts that King Songtsen Gampo had. Tibetan sources generally suggest that he had five wives, namely the Zhang Zhung Consort Litikmen, the Mong Consort Tricham, the Ruyong Consort Gyelmotsun, the Chinese Consort Wencheng, and the Nepalese Consort Tritsun (Bhrikuti). Nevertheless, *Bka' chems ka khol ma* states that Songtsen Gampo had six wives. Other than the above mentioned five, his first wife was Pogong Dongza Tritsün. See *Bka' chems ka khol ma*, p. 231. For a critical examination of King Songtsen Gampo's Consorts as mentioned in Tibetan sources, see Giuseppe Tucci, 'The Wives of Sron btsan sgam po', *Oriens Extremus*, 9.1 (1962), 121–26.

འདིར་གནས་བཅུ་ཞེས་དོན་ནི་བཙན་པོ་སྲོང་བཙན་སྒམ་པོའི་བཙུན་མོ་རྣམས་ནི་ཡུལ་ཕྱོགས་སོ་སོ་ནས་ཕེབས་པས་ཡིན་ནམ་སྙམ། བཙན་པོའི་བཙུན་མོ་ཡི་གྲངས་ཀའི་སྐོར་ལ་འདྲེན་ལུགས་གཉིས་ཙམ་མཐོང་སྟེ། སྤྱིར་བཏང་གི་ལོ་རྒྱུས་བསྟན་བཅོས་རྣམས་སུ་མོང་བཟའ་ཁྲི་ལྕམ་དང་། ཞང་ཞུང་བཟའ་ལི་ཐིག་སྨན། མི་ཉག་རུ་ཡོང་བཟའ། རྒྱ་བཟའ་དང་བལ་བཟའ་ཞེས་ལྔ་རུ་གྲགས་མོད་ཀྱང་། བཀའ་ཆེམས་ཀ་ཁོལ་མ་ལས་བཙུན་མོ་དྲུག་ཡོད་པར་བཤད་དེ། གོང་གི་ལྔ་པོ་ལས་ཕོ་གོང་ལྡོང་བཟའ་ཁྲི་བཙུན་ཞེས་པ་ཞིག་ཀྱང་ཡོད་ཕྱིར། དེ་ནི་གནས་བཅུ་ཞེས་པ་དང་འབྲེལ་བ་ཡོད་མེད་ལ་བརྟག་པར་རིགས་སོ།། འབྲེལ་ཡོད་དཔྱད་ཞིབ་ཀྱི་སྐོར་ལ་འདིར་གཟིགས་པར་ཞུ། བཀའ་ཆེམས་ཀ་ཁོལ་མ། p. 231. Giuseppe Tucci, 'The Wives of Sron btsan sgam po', *Oriens Extremus*, 9.1 (1962), 121–26.

十方妃子可以理解为一种修辞，用来表达松赞干布的妻子来自不同的地方。基于上下文，此词也可指松赞干布的第一个妃子珀空东萨尺尊(ཕོ་གོང་ལྡོང་བཟའ་ཁྲི་བཙུན།)。值得注意的是，对于松赞干布妃子的数量存在争议。藏文史料通常表示他有五位妃子，即象雄妃丽提曼，芒妃墀江，党项妃甲莫尊，汉妃文成、尼伯尔妃尺尊(布里库提)。然而བཀའ་ཆེམས་ཀ་ཁོལ་མ།记载松赞干布有六位妻子。除了上述五位，第一位妻子是上文提到的珀空东萨尺尊。见 བཀའ་ཆེམས་ཀ་ཁོལ་མ། p. 231。有关对藏文史料中，对松赞干布妻子的考证，见 Giuseppe Tucci, 'The Wives of Sron btsan sgam po', *Oriens Extremus*, 9.1 (1962), 121–26。

4 The names of the Tibetan Kings are written differently in different Tibetan sources.

ལོ་རྒྱུས་ཀྱི་བསྟན་བཅོས་རྣམས་སུ་བཙན་པོའི་མཚན་གྱི་འབྲི་སྟངས་མི་འདྲ་བ་ཅི་རིགས་ཞིག་བྱུང་འདུག

赞普的名字在不同藏文史料中存在不同的写法。

5 The first seven Kings whose names contain the word, *tri*, were said to return to heaven with the assistance of the *mu* cord (*rmu thag*) after they died. Later, this cord was cut by King Drigum Tsenpo in a battle with his Minister, Longam (Lo ngam). From then, Kings were unable to return to the celestial sphere and their tombs were located on earth.

བོད་ཀྱི་ལོ་རྒྱུས་རྣམས་སུ་དང་ཐོག་གནམ་གྱི་ཁྲི་བདུན་གྱི་བཙན་པོ་རྣམས་ནི་དམུ་ཐག་ལ་འཇུས་ནས་གནམ་ལ་གཤེགས་པ་དང་། རྗེས་སུ་གྲི་གུ་བཙན་པོས་ལོ་ངམ་དང་འཐབ་ནས་དམུ་ཐག་བཅད་དེ་བཙན་པོ་བཀྲོངས་པས། དེ་ནས་བང་སོ་ས་ལ་བརྟབ་ཕྱིར་དེ་ནི་བཙན་པོ་རྣམས་ཀྱི་བང་སོ་ཐོག་མར་གྲགས་སོ།།

前七位赞普的名字中包含"赤"字，据说他们在死后利用天绳（རྨུ་ཐག）回到天界。但是后来，此绳被直贡赞普在与大臣罗昂（ལོ་ངམ།）的战斗中斩断。自此，赞普不能返回天界，他们的坟墓被修建在了地上。

6 *Go* (*go*), other than meaning 'hear', also means 'know about' or 'understand'. For example, 'understood' is '*go thal*' or '*go song*'.

ཡུལ་སྐད་དུ་གོ་ཞེས་པ་ནི་ཐོས་པའི་དོན་ཙམ་དུ་མ་ཟད། ཤེས་པ་དང་རྟོགས་པའི་དོན་ཡང་ཡོད་དེ། དཔེར་ན་གོ་ཐལ་དང་གོ་སོང་ལྟ་བུའོ།།

"高"（གོ）除了"听"的意思，也有"知道"或"明白"的意义。例如"明白"是"གོ་ཐལ།"或"གོ་སོང་།"。

7 The Otang ('O thang) Lake is understood to be the location of the heart of the supine demoness (*srin mo gan rkyal*) who reclined on Tibet's landscape, according to Princess Wencheng's reckoning. Jokhang Monastery, one of the twelve monasteries built across the Tibetan Empire, was constructed on top of Otang Lake to subjugate the demoness.

ལོ་རྒྱུས་ཀྱི་བརྗོད་སྟངས་ལས་རྒྱ་བཟས་ས་དཔྱད་མཛད་པ་ལྟར་ན། བོད་ཁམས་ནི་སྲིན་མོ་གན་རྐྱལ་འགྱེལ་འདྲའི་དབྱིབས་སུ་ཡོད་པ་དང་། འོ་ཐང་མཚོ་ནི་སྲིན་མོའི་སྙིང་ཁར་གནས་ཕྱིར། དེའི་ཁ་གནོན་དུ་མཚོ་བསུབས་ནས་ར་ས་འཕྲུལ་སྣང་གཙུག་ལག་ཁང་བཞེངས་པར་གྲགས།

根据文成公主的堪定，奥塘湖是仰卧在藏地的女魔(སྲིན་མོ་གན་རྒྱལ།)的心脏所在地。建立在奥塘湖的大昭寺是为了镇压女魔，在吐蕃修建的十二座寺院之一。

8 Usually salt-cured pork is packed as a gift for the bride's family.

ཕག་ཤའི་ཤ་སྐྱུག་ནི་སྐྱེས་ཀྱི་རྩུལ་དུ་བག་མའི་ཚང་ལ་ཁྱེར་སྲོལ་ཡོད་པ་རེད།

熏制的猪肉通常会作为给新娘家的礼物。

9 *Dré* (*bre*) is a unit of measure for volume. It is equivalent to about one litre.

བོད་ཀྱི་ཤོང་ཚད་འཇལ་བྱེད་ཀྱི་སྣོད་གཅིག་ཡིན།

"占"(བྲེ།)是容积的测量单位，等于一升。

10 As a predictive technique, *mo* (*mo*) divination is conducted by various means, and the most commonly observed one is dice (*sho mo*). Other than dice, it also practiced using pebbles, song, mirror, rosary, and so forth. Its rich and varied forms might be the reason that both Tibetans and Hor consult *mo* for advice. For different kinds of *mo* divination practices and their significance for Tibetan culture, see Christopher Bell, 'Divination, Prophecy and Oracles in Tibetan Buddhism', in *Prophecy in the New Millennium*, ed. by Sarah Harvey and Suzanne Newcombe (Surrey and Burlington: Ashgate Publishing Company, 2013), pp. 123–35 (pp. 123–26); Robert Ekvall, 'Some Aspects of Divination in Tibetan Society', *Ethnology*, 2.1 (1963), 31–39.

བོད་པ་རྣམས་ལ་འབྱུང་འགྱུར་གྱི་གནས་ཚུལ་ལ་བརྟག་བྱེད་ཀྱི་རྣོ་མཐོང་མོ་ཡི་རིགས་ནི་ཤིན་ཏུ་མང་ལ། དེ་དག་ལས་ཆེས་རྒྱུན་ལྡན་དུ་གྱུར་བ་ཞིག་ནི་ཤོ་མོ་དང་། གཞན་ཡང་རྡེའུ་དང་མེ་ལོང་དང་ཕྲེང་བ་སོགས་ལ་བརྟེན་ནས་བརྟག་ཐབས་ཀྱང་ཡོད་པ་རེད། བོད་ཀྱི་མོ་ཡི་རིག་གནས་དང་འབྲེལ་བའི་དཔྱད་ཞིབ་ཀྱི་སྐོར་ལ་འདིར་གཟིགས་པར་ཞུ། Christopher Bell, 'Divination, Prophecy and Oracles in Tibetan Buddhism', in *Prophecy in the New Millennium*, ed. by Sarah Harvey and Suzanne Newcombe (Surrey and Burlington: Ashgate Publishing Company, 2013), pp. 123–35 (pp. 123–26); Robert Ekvall, 'Some Aspects of Divination in Tibetan Society', *Ethnology*, 2.1 (1963), 31–39.

作为一种预言术，"摩"（མོ།)可以用多种方式进行，最常见的一种是以骰子卜算(ཤོ་མོ།)。除了骰子，鹅卵石、歌、镜子、念珠等等都可以用来卜算。有关不同的摩及其对藏文化的意义，见Christopher Bell, 'Divination, Prophecy and Oracles in Tibetan Buddhism', in *Prophecy in the New Millennium*, ed. by Sarah Harvey and Suzanne Newcombe (Surrey and Burlington: Ashgate Publishing Company, 2013), pp. 123–35 (pp. 123–26); Robert Ekvall, 'Some Aspects of Divination in Tibetan Society', *Ethnology*, 2.1 (1963), 31–39。

11 *Apo* (*a po*) means 'grandmother', both paternal and maternal, in Choné Tibetan. The term is also used to refer to female elders.

ཅོ་ནེ་པ་རྣམས་ཀྱིས་མེས་མོ་དང་ཨ་ཕྱི་ལྷ་བུའི་བགྲེས་མོ་རྣམས་ལ་ཨ་པོ་ཞེས་འབོད།

阿包(ཨ་པོ།)在卓尼藏语中意为"祖母"或"外祖母"。它也被用于称呼老年女性。

12 *Tsoklang ngönmo* (*tshogs slang sngon mo*) refers to a big copper cauldron which is often placed in the hearth of the living room.

ཚོགས་སླང་སྔོན་མོ་ཞེས་པ་ནི་ཅོ་ནེ་པ་རྣམས་ཀྱིས་ཁང་ཆེན་གྱི་དཀྱིལ་ཀའི་འགྲམ་དུ་སླ་ང་ཆེན་མོ་ཞིག་བཙུགས་ཡོད་པ་དེ་ཡིན།

"措朗翁莫"(ཚོགས་སླང་སྔོན་མོ།)指客厅灶台上的大铜锅。

13 Locals believe that people have two life forces, external and internal. External life force is signified by the breath, while the internal life force refers to one's soul. According to the singers, the Chinese Emperor asked a physician to check Minister Gar Tongtsen's condition by examining his pulse. Gar Tongtsen tied the string which was used to check his pulse to the fire, to a rock, and to a bird, in turn—so that his real condition would remain undetected.

ཡུལ་ལུང་གི་བཤད་རྒྱུན་ལྟར་ན་སྲོག་ལ་ཕྱི་ནང་གཉིས་ཡོད་པ་ལས། ཕྱི་སྲོག་ནི་དབུགས་འབྱིན་རྔུབ་དང་ནང་སྲོག་ནི་བླ་གནས་མེད་ལ་བརྟག་དགོས་ཕྱིར། རྒྱ་ནག་གོང་མས་སྨན་པ་མངགས་ནས་མགར་གྱི་རྩ་ལ་བརྟག་དུས། མགར་གྱིས་སྨན་པས་རྩལ་དངོས་རྟོགས་མི་ཐུབ་པའི་ཆེད་དུ། རྟོག་བྱེད་ཀྱི་སྐུད་པ་ནི་མེ་དང་རྡོ་དང་བྱེའུ་གསུམ་དང་སྦྲེལ་བར་བཤད།

当地传统认为,人有外部与内部两种生命力。外生命力为呼吸,内生命力指灵魂。据歌者称,汉地皇帝请医生用诊脉的方法检查大臣噶尔东赞的情况。为了使自己的真实状况不被探查,噶尔东赞把诊脉的线分别置于火、石与鸟上。

14 Meat aged for nine years would be too old to eat. Similarly, wine aged for nine months would be too sour to drink. Thus, it is difficult to find these items. It is apparent that Gar Tongtsen deliberately created obstacles to escape from Tang China.

ལོ་དགུའི་ཤ་རྙིང་དང་ཟླ་དགུའི་ཆང་རྙིང་ནི་རུལ་སྐྱུར་དུ་སོང་ནས་ཁ་ལ་ལེན་ཐབས་མེད་ཕྱིར་རྙེད་མི་སྲིད་པས། མགར་གྱིས་འགྲུབ་ཐབས་བྲལ་བའི་དཀའ་ལས་འདི་དག་ཆེད་དུ་གོ་སྒྲིག་བྱས་པ་འཐང་རང་ཉིད་རྒྱ་ནག་ནས་ཐར་ཏེ་བོད་ལ་འགྲོ་བའི་ཆེད་དུ་རེད།

放置九年的肉将会太久而不能吃。同理,陈了九月的酒会太酸而不能饮。因此找到这些物品很难。显然,噶尔东赞刻意创造这些困难以逃离汉地。

Zhanglu and Tsalu
ཞང་གླུ་དང་ཚ་གླུ། 送亲辞和迎亲辞

Zhanglu and Tsalu

Zhang (*zhang*) and *tsa* (*tsha*), when paired reciprocally and translated literally, are the kinship terms for maternal uncle and nephew. Along with their more restrictive meanings of 'maternal uncle' and 'nephew', matrilateral cross-cousin marriage and exogamous patrilineages in Tibetan society ensure that *zhang* and *tsa* have additional and extended definitions as 'wife-giver' and 'wife-taker' in the system of generalised social exchange. This contrasts with the marriage practice among some Tibeto-Burman ethnocultural groups, in which cross-cousin marriage is still taboo.

Zhang and *tsa* are also used in other contexts, but their kinship connotation overshadows all other usages and extensions of meaning. For example, *zhang* is used as a prefix in the compound *zhang blon*, meaning 'minister' in Old Tibetan sources. Such usage may be influenced by the earlier restrictive usage of *zhang* to identify maternal relatives of the emperor who took on official positions. Additionally, *zhang tsa* is used to describe the political relationship between the Tibetan Empire and the Tang Empire, which was characterised by the marriages between two Chinese princesses and two Tibetan kings in 641 A.D. and 710 A.D. respectively. On the east and west face of the 'Tang-Tibet Treaty Inscription' located outside of Jokhang Monastery in Lhasa—established between the Tibetan king Tritsuk Detsen (802–838) and the Tang emperor Li Heng (李恒 795–824) in A.D. 823 after border negotiations—Tibet and China were referred to as *dbon zhang*, or 'nephew' (in honorific form) and 'maternal uncle' respectively. In

https://doi.org/10.11647/OBP.0312.08

a similar vein, Chinese discourse adopts *sheng jiu guan xi* (甥舅关系), meaning the relationship between a nephew and his maternal uncle, to address the Sino-Tibetan political connection. The term 'maternal uncle-nephew states' (*sheng jiu guo* 甥舅国) was often used in Tang-Tibetan diplomatic communications in the late eighth century.

The importance of *zhang*, the maternal uncle, is demonstrated in both texts and proverbs in Tibetan society. For instance, the Bon text *Dividing the Wealth between the Brother and the Sister* describes that the gods are invoked by the goddess and her brother when she is about to leave the home on her wedding day. The brother invokes five gods except the maternal uncle god (*zhang lha*), who seems to be invoked by the sister. There are numerous Tibetan proverbs about *zhang*. In Choné, the saying that 'once a maternal uncle, nine-generation's maternal uncle as well' speaks to the long-lasting importance and involvement of *zhang* in *tsa*'s family affairs.

Similar to other Tibetan areas, *zhangpo* (*zhang po*) in Choné refers to a maternal uncle, which contrasts with a paternal uncle, *akhu* (*a khu*) or *abo* (*a bo*). *Tsabo* (*tsha bo*) is used to address both an uncle-in-law and brother-in-law. Nevertheless, when it comes to marriage-related practices, both *zhang* and *tsa* have broader meanings and are used in a more general sense. For example, the matchmaker is addressed as 'maternal uncle matchmaker' or 'uncle-in-law matchmaker'. This does not mean that the matchmaker is one's actual maternal uncle or uncle-in-law, but rather that the matchmaker is of the same generation as one's parents and might be related by blood or by marriage. On the wedding day, the meaning of *tsa* becomes more inclusive. It refers not only to the groom, but also to his companions—particularly the best man—who assist him to overcome all the challenges set by the bride's side, including speaking for him and requesting the arrow from the bride's father, given that the groom should follow the protocol of remaining silent, unseated, and unfed in the bride's house. In a similar vein, *zhang* also widens in meaning. It refers to the people—all of whom are male besides two bridesmaids—who escort the bride to the groom's house. The number of *zhang* in the escorting team varies by village, from twenty to seventy or more.

'Tsalu' and 'Zhanglu' are performed on the wedding day. The former is performed at the bride's house when the groom and his companions come to take the bride. In contrast, the latter is performed when the *zhang* escorts the bride to the groom's house. Both sections emphasise the challenging aspects of taking and receiving a bride in order to show the joy of forming new kinship relations despite all those difficulties. They also highlight entertaining aspects of the wedding ceremony. Together with 'Lönpo Garchen', 'Chémar', and 'Da', these sections of Shépa occupy a crucial role in completing the wedding ceremony in Choné.

Endnotes

1 Paul K. Benedict, 'Tibetan and Chinese Kinship Terms', *Harvard Journal of Asiatic Studies*, 6.3–4 (1942), 313–37 (p. 337).

2 On the exogamous patrilineage and the notion of bone (*rus pa*) in Tibetan society, see for example Benedict, 'Tibetan and Chinese Kinship Terms', p. 328; Nancy Levine, 'The Theory of Rü: Kinship, Descent and Status in a Tibetan Society', in *Asian Highland Societies in Anthropological Perspective*, ed. by Christoph von Fürer-Haimendorf (New Delhi: Sterling Publishers, 1981), pp. 52–78.

3 Claude Lévi-Strauss, *The Elementary Structures of Kinship* (Boston: Beacon Press, 1969), pp. 371–75.

4 Mark Turin, 'Thangmi Kinship Terminology in Comparative Perspective', *Trends in Linguistics Studies and Monographs*, 149 (2004), 101–39 (pp. 103–04).

5 Brandon Dotson, 'A Note on ŹAN: Maternal Relatives of the Tibetan Royal Line and Marriage into the Royal Family', *Journal Asiatique*, 292.1–2 (2004), 75–99 (p. 82).

6 For a complete Tibetan transcription and English translation of the Treaty, see Hugh E. Richardson, 'The Sino-Tibetan Treaty Inscription of A.D. 821/823 at Lhasa', *The Journal of the Royal Asiatic Society of Great Britain and Ireland*, 2 (1978), 137–62 (pp. 140–54).

7 Xu Liu, *Jiutangshu* (Beijing: Zhonghua shuju, 1975), j196.b, 5245–46.

8 Samten Gyaltsen Karmay, *The Arrow and The Spindle*, 3 vols (Kathmandu: Mandala Book Point, 1997–2014), I (1997), p. 149.

ཞང་གླུ་དང་ཚ་གླུ།

ཞང་དང་ཚ་ཞེས་གཅིག་ཏུ་གྲུབ་པའི་ཐ་སྙད་འདི་ནི་བོད་པའི་སྐྱི་ཚོགས་མི་ཆོས་དང་འབྲེལ་བའི་ཉེ་ཚན་གྱི་ཐ་སྙད་གལ་ཆེན་ཞིག་ཡིན། དེ་ནི་བྱེ་བྲག་གི་ཞང་པོ་དང་ཚ་བོའི་དོན་ཙམ་ལ་འཇུག་པར་མ་ཟད། བོད་ཀྱི་སྤྱི་ཚོགས་སུ་མ་ཚན་གྱི་མིང་སྲིད་བར་དང་།[1] ཕ་ཚན་གྱི་སྲིད་མོའི་བུ་ལ་གཉེན་འཛུགས་[2] སྲོལ་ཡོད་པ་ལྟར། ཞང་ཚ་ནི་བག་མ་སྐྱེལ་ལེན་གྱི་ཕྱོགས་གཉིས་ལ་ཡང་འཇུག་ཕྱིར། སྤྱི་ཚོགས་མི་ཆོས་ངོས་ཀྱི་མཚོན་དོན་ཞིག་ཀྱང་གྲུབ་ཡོད་པ་རེད།[3] ཡིན་ནའང་། བོད་ཀྱི་སྣང་ཚུལ་དེ་ནི་བོད་འབར་སྐད་ཁོངས་ཀྱི་མི་རིགས་ཁག་ཏུ་མ་ཚན་གྱི་མིང་སྲིད་བར་དུ་གཉེན་འཛུགས་པར་འཛེམ་པའི་ལུགས་སྲོལ་དང་ཡོངས་སུ་མི་མཐུན་པ་ཞིག་རེད།[4]

དེའི་ཕྱིར་ཞང་ཚ་ཞེས་པར་བོད་ཀྱི་སྤྱི་ཚོགས་མི་ཆོས་ངོས་ཀྱི་གོ་དོན་ནི་ཉེ་ཚན་གྱི་མཚོན་དོན་ཙམ་ལས་ཡོངས་སུ་བརྒལ་ཡོད་པ་ལ་དཔེར་ན། བོད་བཙན་པོའི་སྐབས་སུ་ཞང་བློན་ཞེས་པ་ནི་ཆེད་སྤྱོད་ཀྱི་ཐ་སྙད་ཅིག་ཏུ་གྱུར་ཡོད་ཚུལ་ལ་བརྟག་ན། ཞང་ཞེས་སྔོན་དུ་སྦྱར་དོན་ཡང་བཙན་པོའི་མ་ཞང་རྣམས་ཀྱིས་ཆབ་སྲིད་ཀྱི་གོ་གནས་ཆེན་པོ་བཞེས་སྐྱོང་བའི་དབང་གིས་རིམ་གྱིས་ཟུར་ཆགས་པ་དང་།[5] གཞན་ཡང་སྤྱི་ལོ་༧༩༧དང་༨༡༠ལ། བཙན་པོ་རྣམས་ཀྱིས་སྔ་ཕྱིར་རྒྱ་ནག་ནས་ཀོང་ཇོ་གཉིས་ནང་ལེན་བྱས་པའི་རྐྱེན་གྱིས། ཞང་ཚ་ནི་བོད་རྒྱའི་བར་གྱི་ཆབ་སྲིད་འབྲེལ་ལམ་མཚོན་བྱེད་ཀྱི་ཐ་སྙད་གཙོ་བོ་ཞིག་ཏུ་གྱུར་པ་དང་། ད་སྔར་ལྷ་ལྡན་གཙུག་ལག་ཁང་གི་མདུན་དུ་བཙུགས་ཡོད་པའི་དབོན་ཞང་མོལ་བའི་རྡོ་རིང་ཡི་གེ་སྟེ། ཁྲི་རྒྱལ་བཙན་པོ་ཁྲི་གཙུག་ལྡེ་བཙན་(༨༠༢–༨༣༨)དང་ཐང་གི་གོང་མ་ལི་ཧེང་(李恒 ༧༩༥–༨༢༤)གི་རིང་ལ། སྤྱི་ལོ༨༢༣ལ་བཙུགས་པ་དེའི་ངོས་སུ་ཡང་། བོད་རྒྱ་གཉིས་ཀྱི་འབྲེལ་ལམ་མཚོན་བྱེད་དུ་དབོན་ཞང་ཞེས་པའི་ཐ་སྙད་བཀོལ་ཡོད་ཅིང་།[6] དེ་ནས་བཟུང་རྒྱ་ཡིག་གི་ཡིག་ཚང་ཁག་ཏུ་དབོན་ཞང་ཞེས་པ་ནི་བོད་རྒྱའི་ཆབ་སྲིད་ཀྱི་འབྲེལ་ལམ་མཚོན་བྱེད་ཀྱི་ཐ་སྙད་གཙོ་བོ་ཞིག་ཏུ་གྱུར་ཡོད་པ་དང་། དུས་རབས་བརྒྱད་པའི་རྗེས་ནས་བཟུང་བོད་རྒྱའི་བར་གྱི་ཕྱི་འབྲེལ་གྱི་གཞུང་ཡིག་ཁག་ཏུའང་དེ་བཞིན་དུ་སྤྱོད་བཞིན་ཡོད་པ་རེད།[7]

དེའང་བོད་ཀྱི་སྤྱི་ཚོགས་མི་ཆོས་དང་འབྲེལ་བའི་བསྟན་བཅོས་དང་གཏམ་དཔེ་ལས་ཞང་པོ་ནི་གལ་ཆེན་ཞིག་ཏུ་ངོས་འཛིན་བྱེད་སྲོལ་ཡོད་པ་དང་། བོན་གྱི་གཉེན་སྒྲིག་ཚིག་མིང་སྲིད་དཔལ་བགོས་ཞེས་པ་ལས། གཉེན་སྒྲིག་གི་ཉིན་མོར་མིང་སྲིད་གཉིས་ནས་འགོ་བའི་ལྷ་ལྡེ་རྣམས་གདན་འདྲེན་ཞུ་དུས། ཞང་ལྷ་ནི་སྲིད་མོས་ཞུས་ཀྱང་། གཞན་རྣམས་ནི་མིང་པོས་ཞུས་པ་དང་།[8] དེ་བཞིན་དུ་ཁྱིམ་ཚང་གང་རུང་ཞིག་ལ་ཞང་པོ་ནི་ཤིན་ཏུ་གལ་ཆེ་བ་ཞིག་ཏུ་གྱུར་ཡོད་ཚུལ་དང་འབྲེལ་བའི་གཏམ་དཔེ་ནི་བགྲང་གིས་མི་ལངས་ལ། ཙོ་ནེ་པ་རྣམས་ཀྱི་བཤད་རྒྱུན་དུའང་ཞང་མི་རབས་དགུ་ཡི་ཞང་པོ་ཞེས་ཡོངས་སུ་གྲགས།

ཙོ་ནེ་པ་རྣམས་ཀྱིས་ཞང་པོ་ནི་མ་ཡུམ་གྱི་མིང་པོ་ལ་ཟེར་ཞིང་། ཕ་སྤུན་ལ་ཨ་ཁུ་དང་ཨ་བོ་ཞེས་བོད་ཁམས་ཡོངས་དང་མཐུན། དེ་བཞིན་དུ་ཚ་བོ་ཞེས་པ་ཨ་ནེ་དང་ཨ་ཅེ་ཡི་མག་པ་རྣམས་ལ་ཆེད་དུ་འབོད། ཞང་ཚ་ཞེས་པའི་ཐ་སྙད་འདི་ནི་གཉེན་སྲོལ་དང་འབྲེལ་བའི་རིག་གནས་ཀྱི་སྣང་ཚུལ་ཁག་ཏུ་རྒྱུན་འབྱམས་སུ་སོང་ཡོད་པ་ལ་དཔེར་ན། གཉའ་བོ་བར་པ་ལ་མ་ཞང་བར་པ་དང་ཚ་བོ་བར་པ་ཞེས་པའི་ཐ་སྙད་ཀྱང་བྱུང་ཡོད་ལ། དེའི་སྐབས་སུ་གཉའ་བོ་བར་པ་ནི་ཞང་པོའམ་ཚ་བོ་ངོ་མ་ཞིག་ཡིན་དགོས་པའི་ངེས་པ་མེད་དེ། མག་པའི་ཕ་མ་དང་གཉེན་འབྲེལ་ཡོད་པ་དང་ན་ཚོད་མཉམ་པ་ཞིག་ཡིན་ཕྱིར། གཉའ་བོར་བཀུག་ནས་དེ་ལྟར་བཏགས་པ་རེད། ཡང་གཉེན་

སྟོན་གྱི་ཉིན་མོར་ཚ་བོ་ཡི་འཇུག་ཡུལ་ནི་ཁྱབ་ཤིན་ཏུ་ཆེ་སྟེ། ཉིན་མོ་དེར་བག་མའི་ནང་དུ་མི་ཟ་མི་སྡོད་མི་གཏམ་པར་གྲགས་པའི་མག་པ་ཙམ་དུ་མ་ཟད། མདའ་ཞུ་མཁན་གྱི་མག་རོགས་ལ་ཡང་གོ་བ་དང་། དེ་བཞིན་དུ་ཞང་གི་འཇུག་ཡུལ་ཡང་བག་རོགས་གཉིས་མ་གཏོགས་པའི་བག་མ་སྐྱེལ་མཁན་གྱི་སྐྱེས་པ་ཀུན་ལ་གོ་བཞིན་ཡོད་པ་རེད། ཡུལ་སྡེ་སོ་སོའི་དངོས་ཡོད་གནས་ཚུལ་ཐ་དད་པའི་དབང་གིས་སྐྱེལ་མ་བྱེད་མཁན་གྱི་ཞང་པོའི་མི་གྲངས་མི་འདྲ་སྟེ། ཕལ་ཆེ་བ་ལ་ཉི་ཤུ་ནས་བདུན་ཅུ་བར་དང་སྐབས་རེར་དེ་ལས་མང་བའོ།།

དེའང་གཉེན་སྟོན་གྱི་སྐབས། ཚ་གླུ་ནི་བག་མ་བསུ་བར་འགྲོ་དུས་བག་མའི་ཁྱིམ་དུ་གྱེར་དགོས་པ་དང་། ཞང་གླུ་ནི་ཞང་པོ་རྣམས་ཀྱིས་བག་མ་བསྐྱལ་ཏེ་མག་པའི་ནང་དུ་གྱེར་དགོས་པ་ཡིན། གཉིས་ཀྱི་བརྗོད་དོན་གཙོ་བོ་ཡང་བསུ་བ་དང་སྐྱེལ་མ་བྱེད་མཁན་རྣམས་ཀྱིས་ལམ་བར་གྱི་དཀའ་ངལ་སྣ་ཚོགས་ཁྱད་དུ་བསད་ནས། མཐར་གཉེན་འབྲེལ་བཙུགས་པའི་དགའ་སྤྲོ་དང་བདེ་སྐྱིད་མཚོན་བཞིན་ཡོད་པ་རེད། ཞང་གླུ་དང་ཚ་གླུ། སྙན་པོ་མགར་ཆེན། ཕྱེ་མར་དང་མདའ་ཡི་ལེའུ་ཚན་རྣམས་ནི་གཉེན་སྟོན་གྱི་དགྱེས་འཛོམས་སུ་དགའ་མགུ་འཕེལ་བྱེད་ཀྱི་བཤད་པའི་ལེའུ་གལ་ཆེན་རྣམས་ཡིན།

མཇུག་མཆན།

1 Paul K. Benedict, 'Tibetan and Chinese Kinship Terms', *Harvard Journal of Asiatic Studies*, 6.3–4 (1942), 313–37 (p. 337).

2 བོད་ཀྱི་ཕ་མཚུན་གྱི་དད་མོས་དང་རུས་རྒྱུད་གཅིག་པའི་ནང་དུ་གཉེན་འཛུགས་པར་འཛེམ་པའི་ལུགས་སྲོལ་དང་འབྲེལ་བའི་དཔྱད་ཞིབ་ཀྱི་སྐོར་ལ་འདིར་གཟིགས་པར་ཞུ། Benedict, 'Tibetan and Chinese Kinship Terms', p. 328; Nancy Levine, 'The Theory of Rü: Kinship, Descent and Status in a Tibetan Society', in *Asian Highland Societies in Anthropological Perspective*, ed. by Christoph von Fürer-Haimendorf (New Delhi: Sterling Publishers, 1981), pp. 52–78.

3 Claude Lévi-Strauss, *The Elementary Structures of Kinship* (Boston: Beacon Press, 1969), pp. 371–75.

4 Mark Turin, 'Thangmi Kinship Terminology in Comparative Perspective', *Trends in Linguistics Studies and Monographs*, 149 (2004), 101–39 (pp. 103–04).

5 Brandon Dotson, 'A Note on ŹAN: Maternal Relatives of the Tibetan Royal Line and Marriage into the Royal Family', *Journal Asiatique*, 292.1–2 (2004), 75–99 (p. 82).

6 རྡོ་རིང་ངོས་ཀྱི་ནང་དོན་དང་འབྲེལ་བའི་དཔྱད་ཞིབ་ཀྱི་སྐོར་ལ་འདིར་གཟིགས་པར་ཞུ། Hugh E. Richardson, 'The Sino-Tibetan Treaty Inscription of A.D. 821/823 at Lhasa', *The Journal of the Royal Asiatic Society of Great Britain and Ireland*, 2 (1978), 137–62 (pp. 140–54).

7 刘昫,《旧唐书》(北京:中华书局, 1975), j196.b, 5245–46。

8 Samten Gyaltsen Karmay, *The Arrow and The Spindle*, 3 vols (Kathmandu: Mandala Book Point, 1997–2014), I (1997), p. 149.

送亲辞和迎亲辞

"尚"(ཞང་།)与"擦"(ཚ།)成对出现，是指代舅舅与外甥的亲属名词。除了严格意义上的"舅舅"与"外甥"，藏族社会中母方的表兄妹通婚(舅表婚)[1]和父方的异姓通婚[2](族外婚姻)使舅舅与外甥在广义社会交换的系统中有了"嫁女者"与"娶亲者"这一衍生的意义。[3]这与一些藏缅族群中可能存在的姑表婚禁忌形成鲜明对比。[4]

舅舅与外甥这两个词也被用于其他范畴，但其表示亲属的涵义影响了所有这类衍生的用法及意义。例如，"尚"作为"外戚"(ཞང་བློན།)一词的前置定语，在古藏语史料中意为"大臣"。这种用法可能受早期使用"尚"来指代身居官位的皇帝的母方亲属。[5]此外，"尚擦"常被用于描述吐蕃与大唐之间的政治关系。此关系以公元641年和710年两位汉地公主与吐蕃赞普的联姻为特点。拉萨大昭寺外，由赞普赤祖德赞(802–838)和唐王李恒(795–824)在823年协商边界后所修的"唐蕃会盟碑"的东西两面，吐蕃与大唐分别被称作甥(敬称)与舅。[6]同样，中文讨论中常用"甥舅关系"来表明汉藏之间特殊的政治关系。在八世纪后期，唐朝与吐蕃的外交交往中也经常使用"甥舅国"一词。[7]

藏族社会的典籍和谚语都强调舅舅的重要性。例如，苯教典籍《兄妹分家》描写了在婚礼当天，离家的女神和她兄长召唤的神灵。兄长召唤了除了舅神(ཞང་ལྷ།)以外的五位神灵。舅神似乎是留给其妹妹召唤的。[8]此外，藏族关于舅舅的谚语不可计数。卓尼的老话"一做舅舅九辈子"足见舅舅在外甥家庭事务中经久不衰的影响力和重要性。

与藏区其他地方一样，"尚欧"(ཞང་པོ།)在卓尼指舅舅。它与叔叔，"阿古"(ཨ་ཁུ།)或"阿乌"(ཨ་བོ།)相对应。"擦噢"(ཚ་བོ།)常用于称呼姑父和姐夫。然而，"尚"与"擦"在涉及婚姻相关的习俗时有更宽泛的含义和使用范围。例如，媒人会被称作"阿舅媒人"(ཞང་པོ་བར་པ།)或"姑父媒人"(ཚ་བོ་བར་པ།)。这并非意味着媒人是某人真正的舅舅或姑父，而是指媒人与某人的父母同辈并且有可能有血亲或姻亲关系。在婚礼当天，"擦"的意思也更加宽泛。它不仅可以指新郎，也能指他的同伴们，尤其是伴郎，因为伴郎在婚礼当天负责帮助新郎从新娘父亲那里请箭，而新郎则需遵循在新娘家不言、不坐、不食的礼仪。同理，"尚"的含义也会更加宽泛。它指除了两位伴娘以外，所有护送新娘到新郎家的男子。护送队伍中"尚"的数量因村而异，从二十位到七十位甚至更多。

"送亲辞"与"迎亲辞"会在婚礼时上演。前者在"尚"送新娘到新郎家时演唱，后者在新郎与同伴来新娘家娶亲时表演。这两篇强调了送亲与迎亲的挑战，用以展示不论多少困难，结成秦晋的喜悦。同时，它们也突显了婚礼庆典的娱乐性。这两篇与"大臣噶尔东赞"、"切玛"以及"箭"在卓尼婚礼仪式中扮演着非常重要的角色。

尾注

1 Paul K. Benedict, 'Tibetan and Chinese Kinship Terms', *Harvard Journal of Asiatic Studies*, 6.3–4 (1942), 313–37 (p. 337).

2 有关藏族社会中父系族外婚与骨头的概念, 例见Benedict, 'Tibetan and Chinese Kinship Terms', p. 328; Nancy Levine, 'The Theory of Rü: Kinship, Descent and Status in a Tibetan Society', in *Asian Highland Societies in Anthropological Perspective*, ed. by Christoph von Fürer-Haimendorf (New Delhi: Sterling Publishers, 1981), pp. 52–78。

3 Claude Lévi-Strauss, *The Elementary Structures of Kinship* (Boston: Beacon Press, 1969), pp. 371–75.

4 Mark Turin, 'Thangmi Kinship Terminology in Comparative Perspective', *Trends in Linguistics Studies and Monographs*, 149 (2004), 101–39 (pp. 103–04).

5 Brandon Dotson, 'A Note on ŹAN: Maternal Relatives of the Tibetan Royal Line and Marriage into the Royal Family', *Journal Asiatique*, 292.1–2 (2004), 75–99 (p. 82).

6 对于此盟约之藏文转写与英文翻译, 见Hugh E. Richardson, 'The Sino-Tibetan Treaty Inscription of A.D. 821/823 at Lhasa', *The Journal of the Royal Asiatic Society of Great Britain and Ireland*, 2 (1978), 137–62 (pp. 140–54)。

7 刘昫,《旧唐书》(北京：中华书局, 1975), j196.b, 5245–46。

8 Samten Gyaltsen Karmay, *The Arrow and The Spindle*, 3 vols (Kathmandu: Mandala Book Point, 1997–2014), I (1997), p. 149.

ཞང་གླུ། 送亲辞
Zhanglu

དྲི། 问
Question:

ཞང་ན་ཉིང་སླེབ་པ་ག་རུ་བསླེབས།[1] 去岁舅至何处耶
Where did maternal uncle [you] arrive last year?

ཁ་རྩང་གཤར་བ་ག་རུ་བཤར།[2] 昨日舅至何处耶
Where did maternal uncle pass by yesterday?

ད་རེས་འབབ་པ་ག་རུ་བབས།[3] 今朝舅至何处耶
Where is maternal uncle present today?

གླུ་དལ་བུར་ཤོག་དང་བྲེལ་བ་མེད། 歌徐陈之莫匆促
Please sing the song slowly, there is no hurry.

ལན། 答
Answer:

ཞང་ན་ཉིང་སླེབ་པ་གླིང་ལ་བསླེབས།[4] 去岁舅至岭国也
Last year, maternal uncle [I] arrived in the Kingdom of Ling.

ཞང་ཁ་རྩང་གཤར་བ་ཧོར་ལ་བཤར།[5] 昨日舅至霍尔也
Yesterday, maternal uncle passed by Hor.

---

1 MT, ZG: ཞང་ན་ཉིང་སླེབ་པ་ག་རུ་བསླེབས།
2 MT, ZG: ཁ་རྩང་གཤར་བ་ག་རུ་བཤར།
3 MT, ZG: ད་རེས་འབབ་པ་ག་རུ་བབས།
4 MT, ZG: ཞང་ན་ཉིང་སླེབ་པ་གླིང་ལ་བསླེབས།
5 MT, ZG: ཞང་ཁ་རྩང་གཤར་བ་ཧོར་ལ་བཤར།

ཞང་ད་རེས་འབབ་པ་རྒྱན་ལ་བབས།[6] 今朝舅至婚礼也

Today, maternal uncle is present at the wedding ceremony.

གླུ་དེ་ཡི་ལན་ལ་དེ་འདྲ་ཡིན། 如是答复彼歌矣

This is the response to the song.

དྲི། 问

Question:

ཞང་ན་ཉིང་སླེབ་པ་གླིང་ལ་བསླེབས།[7] 去岁舅至岭国兮

Maternal uncle arrived in the Kingdom of Ling last year.

གླིང་དེ་ཡི་གླིང་སྐད་ཅི་ཞིག་རེད།[8] 何为岭国之辞耶

What is the lingua franca of the Ling Kingdom?

ཞང་ཁ་ཙང་གཤར་བ་ཧོར་ལ་བཤར།[9] 昨日舅至霍尔兮

Maternal uncle passed by Hor yesterday.

ཧོར་དེ་ཡི་ཧོར་སྐད་ཅི་ཞིག་རེད།[10] 何为霍尔之辞耶

What is the lingua franca of Hor?

ཞང་ད་རེས་འབབ་པ་རྒྱན་ལ་བབས།[11] 今朝舅至婚礼兮

Maternal uncle is present at the wedding ceremony today.

རྒྱན་འདི་ཡི་རྒྱན་སྐད་ཅི་ཞིག་རེད།[12] 何为婚礼之辞耶

What is the lingua franca of today's ceremony?

---

6 MT, ZG: ཞང་ད་རེས་འབབ་པ་རྒྱན་ལ་བབས།

7 MT, ZG: ཞང་ན་ཉིང་སླེབ་པ་གླིང་ལ་བསླེབས།

8 MT, ZG: གླིང་དེ་ཡི་གླིང་སྐད་ཅི་ཞིག་རེད།

9 MT, ZG: ཞང་ཁ་ཙང་གཤར་བ་ཧོར་ལ་བཤར།

10 MT, ZG: ཧོར་དེ་ཡི་ཧོར་སྐད་ཅི་ཞིག་རེད།

11 MT, ZG: ཞང་ད་རེས་འབབ་པ་རྒྱན་ལ་བབས།

12 MT, ZG: རྒྱན་འདི་ཡི་རྒྱན་སྐད་ཅི་ཞིག་རེད།

ལན། 答

Answer:

གླིང་དེ་ན་གླིང་སྐད་ས་ལ་ལ།[13] 岭国之辞赛马也

The lingua franca of the Kingdom Ling is *sa-la-la* [horse racing].

ཧོར་དེ་ན་ཧོར་སྐད་མདའ་ར་ར།[14] 霍尔之辞射箭也

The lingua franca of Hor is *da-ra-ra* [arrow shooting].

ཀྱུན་འདི་ན་གླུ་སྐད་ཛ་ཛ་ཛ།[15] 婚礼之辞花儿也

The lingua franca of the wedding ceremony is *da-da-da* [song singing].

དྲི། 问

Question:

ཞང་རྟ་བརྒྱུགས་ན་འདུར་བརྒྱུགས།[16] 舅骑马或步行耶

Did maternal uncle [arrive] by horse or on foot?

ཞང་མདའ་བླངས་ན་མདའ་འཕངས།[17] 舅射箭或持箭耶

Did maternal uncle [arrive] carrying the arrow or shooting the arrow?

ཞང་ཆང་འཐུང་ན་གླུ་ལེན།[18] 咏花儿或饮酒耶

Does maternal uncle [arrive] to drink wine or sing a song?

གླུ་དལ་མོ་ལོངས་དང་རྗེས་ན་ཡོད། 有歌相继徐徐咏

Sing it slowly, and more songs will follow.

13 MT: གླིང་དེ་ཡི་གླིང་སྐད་རྟ་རྒྱུག་རེད། ZG: **གླིང་དེ་ན་གླིང་སྐད་ས་ལ་ལ།**

14 MT: ཧོར་དེ་ཡི་ཧོར་སྐད་མདའ་འཕེན་རེད། ZG: **ཧོར་དེ་ན་ཧོར་སྐད་མདའ་ར་ར།**

15 MT: ཀྱུན་འདི་ཡི་གླུ་སྐད་གླུ་ལེན་རེད། ZG: **ཀྱུན་འདི་ན་གླུ་སྐད་ཛ་ཛ་ཛ།**

16 MT, ZG: **ཞང་རྟ་བརྒྱུགས་ན་འདུར་བརྒྱུགས།**

17 MT, ZG: **ཞང་མདའ་བླངས་ན་མདའ་འཕངས།**

18 MT, ZG: **ཞང་ཆང་འཐུང་ན་གླུ་ལེན།**

ལན།
答
Answer:

ངས་འདུར་བརྒྱུགས་མེད་དང་རྟ་བརྒྱུགས།[19]
吾骑马非步行也
I came here on horseback rather than on foot.

ངས་མདའ་བླངས་མེད་དང་མདའ་འཕངས།[20]
吾射箭非持箭也
I came here shooting the arrow rather than carrying the arrow.

ངས་ཆང་འཐུང་མིན་དང་གླུ་ལེན།[21]
咏花儿非饮酒也
I come here to sing songs rather than drink wine.

གླུ་དེ་ཡི་ལན་ལ་དེ་འདྲ་ཡིན།
如是答复彼歌矣
This is the response to the song.

དྲི།
问
Question:

མགོ་རིལ་རྟོག་པོ་ཅི་ལ་བཞག[22]
头下所枕者何耶
What propped up your head [last night]?[1]

གཟུགས་གཞི་ཡན་ལག་ཅི་ལ་བཞག[23]
身下所铺者何耶
On what did you rest your body?

རྐང་པ་སེན་མོ་ཅི་ལ་བཞག[24]
足下所垫者何耶
What cushioned your feet?

གླུ་དལ་བུར་ཐོག་དང་བྲེལ་བ་མེད།
歌徐陈之莫匆促
Please sing the song slowly, there is no hurry.

---

19 MT, ZG: ངས་འདུར་བརྒྱུགས་མེད་དང་རྟ་བརྒྱུགས།
20 MT, ZG: ངས་མདའ་བླངས་མེད་དང་མདའ་འཕངས།
21 MT, ZG: ངས་ཆང་འཐུང་མིན་དང་གླུ་ལེན།
22 MT, ZG: མགོ་རིལ་རྟོག་པོ་ཅི་ལ་བཞག
23 MT, ZG: གཟུགས་གཞི་ཡན་ལག་ཅི་ལ་བཞག
24 MT, ZG: རྐང་པ་སེན་མོ་ཅི་ལ་བཞག

ལན། 答

Answer:

མགོ་རིལ་རྡོག་པོ་སྔས་ལ་བཞག[25] 头下所枕为枕头

My head was propped up with a pillow.

གཟུགས་གཞི་ཡན་ལག་གདན་ལ་བཞག[26] 身下所铺为毛毡

My body rested on a felt mat.

རྐང་པ་སེན་མོ་ཞི་ལ་བཞག[27] 足下所垫为竹席

My feet were cushioned by a bamboo mat.

གླུ་དེ་ཡི་ལན་ལ་དེ་འདྲ་ཡིན། 如是答复彼歌矣

This is the response to the song.

དྲི། 问

Question:

ཞང་སྔས་ལ་བང་རིམ་ཅི་འདྲ་ཡོད།[28] 舅之枕有几层耶

How many layers are there in maternal uncle's pillow?

ཞང་གདན་ལ་སྤུ་གྲངས་ཅི་འདྲ་ཡོད།[29] 舅之毡有毛几何

How many hairs are there in maternal uncle's felt mat?

ཞང་ཞི་དེར་བསྣོལ་ཁ་ཅི་འདྲ་ཡོད།[30] 舅之席有竹几编

How many intersecting strips are there in maternal uncle's bamboo mat?

---

25 MT, ZG: མགོ་རིལ་རྡོག་པོ་སྔས་ལ་བཞག

26 MT, ZG: གཟུགས་གཞི་ཡན་ལག་གདན་ལ་བཞག

27 MT, ZG: རྐང་པ་སེན་མོ་ཞི་ལ་བཞག

28 MT, ZG: ཞང་སྔས་ལ་བང་རིམ་ཅི་འདྲ་ཡོད།

29 MT, ZG: ཞང་གདན་ལ་སྤུ་གྲངས་ཅི་འདྲ་ཡོད།

30 MT, ZG: ཞང་ཞི་དེར་བསྣོལ་ཁ་ཅི་འདྲ་ཡོད།

ལན། 答

Answer:

ཞང་སྔས་ལ་བང་རིམ་གསུམ་ཡོད།[31] 舅之枕有三层也

The layers of the pillow are three.

གདན་ལ་སྤུ་གྲངས་གྲངས་མེད་ཡོད།[32] 舅之毡有毛无数

The hairs of the felt mat are uncountable.

ཞི་ཅི་བསྒྲོལ་ཁ་གསུམ་གསུམ་ཡོད།[33] 舅之席有竹三编

The bamboo mat is woven together by three horizontal strips and three vertical strips.

དྲི། 问

Question:

དང་པོ་ཚོར་དེ་ཅི་ཞིག་ཚོར།[34] 首先所觉者何耶

What did you sense first [this morning]?

བར་བ་ཚོར་དེ་ཅི་ཞིག་ཚོར།[35] 复次所觉者何耶

What did you sense next?

མཐའ་མ་ཚོར་དེ་ཅི་ཞིག་ཚོར།[36] 再次所觉者何耶

What did you sense last?

ཁྱེད་ཡུན་རིང་མ་འགོར་ལན་རེ་ཤོག 尔作答之莫迟误

Please answer my questions without further ado.

---

[31] MT, ZG: ཞང་སྔས་ལ་བང་རིམ་གསུམ་ཡོད།

[32] MT, ZG: གདན་ལ་སྤུ་གྲངས་གྲངས་མེད་ཡོད།

[33] MT, ZG: ཞི་ཅི་བསྒྲོལ་ཁ་གསུམ་གསུམ་ཡོད།

[34] ZG: དང་པོ་ཚོར་དེ་ཅི་ཞིག་ཚོར།

[35] ZG: བར་བ་ཚོར་དེ་ཅི་ཞིག་ཚོར།

[36] ZG: མཐའ་མ་ཚོར་དེ་ཅི་ཞིག་ཚོར།

ལན། 答

Answer:

དེ་ལ་ལན་ཞིག་རྒྱག་རྒྱུ་ན། 应答所问者如是

To give an answer to that,

དང་པོ་ཚོར་དེ་དབུ་གྱིས་ཚོར།[37] 首先所觉呼气也

First, I exhaled.

བར་བ་ཚོར་དེ་སེམས་ཀྱིས་ཚོར།[38] 复次所觉心神也

Next, I pondered.

མཐའ་མ་ཚོར་དེ་མིག་གིས་ཚོར།[39] 再次所觉眼睛也

Last, my eyes opened.

དྲི། 问

Question:

ཞང་ཁོག་སྟོད་དགྱེ་བ་ཅི་ཞིག་རེད།[40] 舅起上身何状耶

What did it look like when maternal uncle raised his upper body [when getting up]?

ཁོག་སྨད་དགྱེ་བ་ཅི་ཞིག་རེད།[41] 舅起下身何状耶

What did it look like when maternal uncle raised his lower body?

ཁོག་སྐེད་དགྱེ་བ་ཅི་ཞིག་རེད།[42] 舅起腰身何状耶

What did it look like when maternal uncle raised his waist?

37 ZG: དང་པོ་ཚོར་དེ་དབུ་གྱིས་ཚོར།

38 ZG: བར་བ་ཚོར་དེ་སེམས་ཀྱིས་ཚོར།

39 ZG: མཐའ་མ་ཚོར་དེ་མིག་གིས་ཚོར།

40 MT, ZG: ཞང་ཁོག་སྟོད་དགྱེ་བ་ཅི་ཞིག་རེད།

41 MT, ZG: ཁོག་སྨད་དགྱེ་བ་ཅི་ཞིག་རེད།

42 MT, ZG: ཁོག་སྐེད་དགྱེ་བ་ཅི་ཞིག་རེད།

ལན། 答

Answer:

ཁོག་སྟོད་དགྱེ་བ་སྟག་དགྱེ་རེད།[43] 舅起上身如虎也

Maternal uncle raised his upper body like a tiger.

ཁོག་སྨད་དགྱེ་བ་གཟིག་དགྱེ་རེད།[44] 舅起下身如豹也

Maternal uncle raised his lower body like a leopard.

ཁོག་སྐེད་དགྱེ་བ་འབྲོང་དགྱེ་རེད།[45] 舅起腰身如野犛

Maternal uncle raised his waist like a wild yak.

དྲི། 问

Question:

ལག་གཡས་པས་ཕུ་ཐུང་གྱོན་དུས་དེར།[46] 时穿袍之右袖兮

When pulling on your right sleeve,

ཞང་ཁྱེད་སེམས་ལ་ཅི་ཞིག་བསམས།[47] 舅汝心中何所思

What did you think of it?

ལག་གཡོན་པས་ཕུ་ཐུང་གྱོན་དུས་དེར།[48] 时穿袍之左袖兮

When pulling on your left sleeve,

ཞང་ཁྱེད་སེམས་ལ་ཅི་ཞིག་བསམས།[49] 舅汝心中何所思

What did you think of it?

---

43 MT, ZG: ཁོག་སྟོད་དགྱེ་བ་སྟག་དགྱེ་རེད།

44 MT, ZG: ཁོག་སྨད་དགྱེ་བ་གཟིག་དགྱེ་རེད།

45 MT, ZG: ཁོག་སྐེད་དགྱེ་བ་འབྲོང་དགྱེ་རེད།

46 MT, ZG: ལག་གཡས་པས་ཕུ་ཐུང་གྱོན་དུས་དེར།

47 MT, ZG: ཞང་ཁྱེད་སེམས་ལ་ཅི་ཞིག་བསམས།

48 MT, ZG: ལག་གཡོན་པས་ཕུ་ཐུང་གྱོན་དུས་དེར།

49 MT, ZG: ཞང་ཁྱེད་སེམས་ལ་ཅི་ཞིག་བསམས།

སྐེ་རགས་དཀྲིས་གསུམ་དཀྲི་དུས་དེར།[50] 时缠腰带腰间兮
When tying the belt around your waist,

ཞང་ཁྱེད་སེམས་ལ་ཅི་ཞིག་བསམས།[51] 舅汝心中何所思
What did you think of it?

གླུ་དལ་མོ་ལོངས་དང་རྗེས་ན་ཡོད། 有歌相继徐徐咏
Sing it slowly, and more songs will follow.

ལན། 答
Answer:

ལག་གཡས་པས་ཕུ་རུང་གྱོན་དུས་དེར།[52] 时穿袍之右袖兮
Pulling on the right sleeve,

ཞང་ངས་སེམས་ལ་བཟང་མོ་བསམས།[53] 吾心所思其喜人
I found this to be wonderful.

ལག་གཡོན་པས་ཕུ་རུང་གྱོན་དུས་དེར།[54] 时穿袍之左袖兮
Pulling on the left sleeve,

ཞང་ངས་སེམས་ལ་བདེ་མོ་བསམས།[55] 吾心所思其舒适
I found this to be comfortable.

སྐེ་རགས་དཀྲིས་གསུམ་དཀྲི་དུས་དེར།[56] 时缠腰带腰间兮
Tying the belt around my waist,

---

50 MT, ZG: **སྐེ་རགས་དཀྲིས་གསུམ་དཀྲི་དུས་དེར།**

51 MT, ZG: **ཞང་ཁྱེད་སེམས་ལ་ཅི་ཞིག་བསམས།**

52 MT, ZG: **ལག་གཡས་པས་ཕུ་རུང་གྱོན་དུས་དེར།**

53 MT: གོས་དེ་ལུས་ལ་འཁྲིག་ན་བསམས། ཞང་ངས་སེམས་ལ་ཧྲུ་མོ་བསམས། ZG: **ཞང་ངས་སེམས་ལ་བཟང་མོ་བསམས།**

54 MT, ZG: **ལག་གཡོན་པས་ཕུ་རུང་གྱོན་དུས་དེར།**

55 MT: ལྟ་དེ་གཟུགས་ལ་མཛེས་ན་བསམས། ཞང་ངས་སེམས་ལ་མཛེས་མོ་བསམས། ZG: **ཞང་ངས་སེམས་ལ་བདེ་མོ་བསམས།**

56 MT, ZG: **སྐེ་རགས་དཀྲིས་གསུམ་དཀྲི་དུས་དེར།**

ཞང་ངས་སེམས་ལ་ཡག་མོ་བསམས།[57] 吾心所思其俊俏

I found this to be gorgeous.

གླུ་དེ་ཡི་ལན་ལ་དེ་འདྲ་ཡིན། 如是答复彼歌矣

This is the response to the song.

དྲི། 问

Question:

ཞང་མགོ་ཡི་རྒྱན་ཆ་སྣ་གསུམ་ཤོད།[58] 释舅之三头饰兮

Please tell of maternal uncle's three head ornaments.

སྣ་གསུམ་པོའི་མིང་དེ་ད་གཅིག་ཤོད།[59] 此时释其各个名

Please name them one by one.

གླུ་དལ་བུར་ཤོག་དང་བྲེལ་བ་མེད། 歌徐陈之莫匆促

Please sing the song slowly, there is no hurry.

ལན། 答

Answer:

ཞང་མགོ་ཡི་རྒྱན་ཆ་རྣམ་གསུམ་དེ།[60] 舅之三种头饰兮

Maternal uncle's three head ornaments are as follows:

ཝ་མོ་གཏིང་རིང་རྒྱན་གཅིག་རེད།[61] 一者狐皮之帽也

The fox fur hat is the first one.

---

57 MT, ZG: ཞང་ངས་སེམས་ལ་ཡག་མོ་བསམས།

58 MT, ZG: ཞང་མགོ་ཡི་རྒྱན་ཆ་སྣ་གསུམ་ཤོད།

59 MT, ZG: སྣ་གསུམ་པོའི་མིང་དེ་ད་གཅིག་ཤོད།

60 MT, ZG: ཞང་མགོ་ཡི་རྒྱན་ཆ་རྣམ་གསུམ་དེ།

61 MT, ZG: ཝ་མོ་གཏིང་རིང་རྒྱན་གཅིག་རེད།

གོས་ཆེན་རི་མོ་རྒྱན་གཉིས་རེད།[62] 二者锦缎镶边也
The brocade [the hat's outer fabric] is the second one.

སྒྲོལ་ལུང་སིལ་སྐྱད་རྒྱན་གསུམ་རེད།[63] 三者赤色飘带也
The tassels [at the back of the hat] is the third one.

ཞང་མགོ་ཡི་རྒྱན་ཆ་རྣམ་གསུམ་རེད།[64] 舅头饰三者如是
These are maternal uncle's three head ornaments.

གླུ་དེ་ཡི་ལན་ལ་དེ་འདྲ་ཡིན། 如是答复彼歌矣
This is the response to the song.

དྲི། 问
Question:

ཞང་སྐེ་ཡི་རྒྱན་ཆ་རྣམ་གསུམ་ཤོད།[65] 释舅之三颈饰兮
Please narrate maternal uncle's three neck ornaments.

སྣ་གསུམ་པོའི་མིང་དེ་ད་གཅིག་ཤོད།[66] 此时释其各个名
Please name them one by one.

ལན། 答
Answer:

ཞང་སྐེ་ཡི་རྒྱན་ཆ་རྣམ་གསུམ་དེ།[67] 舅之三种颈饰兮
Maternal uncle's three neck ornaments are as follows:

---

62 MT, ZG: གོས་ཆེན་རི་མོ་རྒྱན་གཉིས་རེད།
63 MT, ZG: སྒྲོལ་ལུང་སིལ་སྐྱད་རྒྱན་གསུམ་རེད།
64 MT, ZG: ཞང་མགོ་ཡི་རྒྱན་ཆ་རྣམ་གསུམ་རེད།
65 MT, ZG: ཞང་སྐེ་ཡི་རྒྱན་ཆ་རྣམ་གསུམ་ཤོད།
66 MT, ZG: སྣ་གསུམ་པོའི་མིང་དེ་ད་གཅིག་ཤོད།
67 MT, ZG: ཞང་སྐེ་ཡི་རྒྱན་ཆ་རྣམ་གསུམ་དེ།

ཟངས་མའི་གའུ་རྒྱན་གཅིག་རེད།[68] 一者嘎乌铜盒也

The copper amulet box is the first one.

བ་སོའི་ཕྲེང་བ་རྒྱན་གཉིས་རེད།[69] 二者象牙佛珠也

The ivory rosary is the second one.

བླ་མའི་སྲུང་ཐག་རྒྱན་གསུམ་རེད།[70] 三者喇嘛护身绳

The protective cord blessed by the lama is the third one.

ཞང་སྐེ་ཡི་རྒྱན་ཆ་རྣམ་གསུམ་ཡིན།[71] 舅颈饰三者如是

These are maternal uncle's three neck ornaments.

དྲི། 问

Question:

ཞང་གཟུགས་ཀྱི་རྒྱན་ཆ་རྣམ་གསུམ་ཤོད།[72] 释舅之三服饰兮

Please tell of maternal uncle's three body ornaments.

སྣ་གསུམ་པོའི་མིང་དེ་ད་གཅིག་ཤོད།[73] 此时释其各个名

Please name them one by one.

ལན། 答

Answer:

ཞང་གཟུགས་ཀྱི་རྒྱན་ཆ་རྣམ་གསུམ་དེ།[74] 舅身之三服饰兮

Maternal uncle's three body ornaments are as follows:

---

68 MT, ZG: ཟངས་མའི་གའུ་རྒྱན་གཅིག་རེད།

69 MT, ZG: བ་སོའི་ཕྲེང་བ་རྒྱན་གཉིས་རེད།

70 MT, ZG: བླ་མའི་སྲུང་ཐག་རྒྱན་གསུམ་རེད།

71 MT, ZG: ཞང་སྐེ་ཡི་རྒྱན་ཆ་རྣམ་གསུམ་ཡིན།

72 MT, ZG: ཞང་གཟུགས་ཀྱི་རྒྱན་ཆ་རྣམ་གསུམ་ཤོད།

73 MT, ZG: སྣ་གསུམ་པོའི་མིང་དེ་ད་གཅིག་ཤོད།

74 MT, ZG: ཞང་གཟུགས་ཀྱི་རྒྱན་ཆ་རྣམ་གསུམ་དེ།

ཕྲུག་ཆེན་ཐུལ་ལུ་རྒྱན་གཅིག་རེད།[75] 一者上等氆氇袍

The fine woolen clothes are the first one.

གོས་ཆེན་རི་མོ་རྒྱན་གཉིས་རེད།[76] 二者亮纹绸绮衣

The gorgeous brocade [which serves as trim for the collar and cuffs] is the second one.

ཆུ་སྲམ་ལྤགས་པ་རྒྱན་གསུམ་རེད།[77] 三者水獭皮镶边

The otter pelts [which serve as a trim for the hem] are the third one.

ཞང་ལུས་ཀྱི་རྒྱན་ཆ་རྣམ་གསུམ་ཡིན།[78] 舅身三服饰如是

These are maternal uncle's three body ornaments.

དྲི། 问

Question:

ཞང་སྐེད་པའི་རྒྱན་ཆ་རྣམ་གསུམ་ཤོད།[79] 释舅腰佩三器兮

Please tell of maternal uncle's three waist ornaments.

སྣ་གསུམ་པོའི་མིང་དེ་ད་གཅིག་ཤོད།[80] 此时释其各个名

Please name them one by one.

གླུ་དལ་བུར་ཤོག་དང་བྲེལ་བ་མེད། 歌徐陈之莫匆促

Please sing the song slowly, there is no hurry.

75 MT, ZG: ཕྲུག་ཆེན་ཐུལ་ལུ་རྒྱན་གཅིག་རེད།

76 MT, ZG: གོས་ཆེན་རི་མོ་རྒྱན་གཉིས་རེད།

77 MT, ZG: ཆུ་སྲམ་ལྤགས་པ་རྒྱན་གསུམ་རེད།

78 MT, ZG: ཞང་ལུས་ཀྱི་རྒྱན་ཆ་རྣམ་གསུམ་ཡིན།

79 MT, ZG: ཞང་སྐེད་པའི་རྒྱན་ཆ་རྣམ་གསུམ་ཤོད།

80 MT, ZG: སྣ་གསུམ་པོའི་མིང་དེ་ད་གཅིག་ཤོད།

ལན། 答

Answer:

ཞང་སྐྱེད་པའི་རྒྱན་ཆ་རྣམ་གསུམ་དེ།[81] 舅腰所佩三器兮

Maternal uncle's three waist ornaments are as follows:

དངུལ་གྱི་ཆབ་མ་རྒྱན་གཅིག་རེད།[82] 一者银制腰带也

The silver belt is the first one.

བྱུ་རུའི་སློ་གྲི་རྒྱན་གཉིས་རེད།[83] 二者珊瑚饰刀也

The knife inlaid with coral is the second one.

མེ་ཆ་སློ་ཟུར་རྒྱན་གསུམ་རེད།[84] 三者是为火镰也

The flint is the third one.

ཞང་སྐྱེད་པའི་རྒྱན་ཆ་རྣམ་གསུམ་ཡིན།[85] 舅腰佩三器如是

There are maternal uncle's three waist ornaments.

དྲི། 问

Question:

ཞང་རྐང་གི་རྒྱན་ཆ་རྣམ་གསུམ་ཤོད།[86] 释舅足穿三物兮

Please tell of maternal uncle's three foot ornaments.

སྣ་གསུམ་པོའི་མིང་དེ་ད་གཅིག་ཤོད།[87] 此时释其各个名

Please name them one by one.

---

81 MT, ZG: ཞང་སྐྱེད་པའི་རྒྱན་ཆ་རྣམ་གསུམ་དེ།

82 MT: དངུལ་གྱི་ཆབ་མ་རྒྱན་གཅིག་རེད། ZG: སྐེ་རགས་ཞབས་སྐྲ་རྒྱན་གཅིག་རེད།

83 MT, ZG: བྱུ་རུའི་སློ་གྲི་རྒྱན་གཉིས་རེད།

84 MT, ZG: མེ་ཆ་སློ་ཟུར་རྒྱན་གསུམ་རེད།

85 MT, ZG: ཞང་སྐྱེད་པའི་རྒྱན་ཆ་རྣམ་གསུམ་ཡིན།

86 MT, ZG: ཞང་རྐང་གི་རྒྱན་ཆ་རྣམ་གསུམ་ཤོད།

87 MT, ZG: སྣ་གསུམ་པོའི་མིང་དེ་ད་གཅིག་ཤོད།

ལན། 答

Answer:

ཞང་རྐང་གི་རྒྱན་ཆ་རྣམ་གསུམ་དེ།[88] 舅足所穿三物兮

Maternal uncle's three foot ornaments are as follows:

རྡོ་ཅེ་ཨོག་ར་རྒྱན་གཅིག་རེད།[89] 一者是为皮靴也

The leather vamp is the first one.

ཕྲུག་གི་དཀྱིལ་གདོང་རྒྱན་གཉིས་རེད།[90] 二者氆氇靴筒也

The woolen upper part of the boot is the second one.

སྐྱེད་ཀྱི་ལྷམ་སྒྲོག་རྒྱན་གསུམ་རེད།[91] 三者牛皮鞋带也

The cattle-hide boot strap is the third one.

ཞང་རྐང་གི་རྒྱན་ཆ་སྣ་གསུམ་ཡིན།[92] 舅足穿三物如是

These are maternal uncle's three foot ornaments.

དྲི། 问

Question:

རྟ་དམར་པོ་བརྒྱ་དང་བརྒྱད་ཡོད།[93] 赤马一百零八匹

Among the 108 reddish-brown horses,

ཞང་ཁྱེད་ཀྱི་བཙན་རྟ་ག་རུ་ཡོད།[94] 舅汝之赞马何处

Where is your *tsen* horse?[2]

88 MT, ZG: ཞང་རྐང་གི་རྒྱན་ཆ་རྣམ་གསུམ་དེ།

89 MT, ZG: རྡོ་ཅེ་ཨོག་ར་རྒྱན་གཅིག་རེད།

90 MT, ZG: ཕྲུག་གི་དཀྱིལ་གདོང་རྒྱན་གཉིས་རེད།

91 MT: སྐྱེད་ཀྱི་ལྷམ་སྒྲོག་རྒྱན་གསུམ་རེད། ZG: རི་བོང་གྲུ་ཡི་ལྷམ་སྒྲོག་གསུམ།

92 MT, ZG: ཞང་རྐང་གི་རྒྱན་ཆ་སྣ་གསུམ་ཡིན།

93 MT: རྟ་ཁང་གཅིག་གི་གོང་བ་ན། ZG: རྟ་དམར་པོ་བརྒྱ་དང་བརྒྱད་ཡོད།

94 MT: ཞང་གི་བཙན་རྟ་ག་རུ་སྣང་། ZG: ཞང་ཁྱེད་ཀྱི་བཙན་རྟ་ག་རུ་ཡོད།

རྟ་དཀར་པོ་བརྒྱ་དང་བརྒྱད་ཡོད།[95] 白马一百零八匹

Among the 108 white horses,

ཞང་ཁྱེད་ཀྱི་ཆིབས་རྟ་ག་རུ་ཡོད།[96] 舅汝之乘马何处

Where is your mount?

རྟ་སྔོན་པོ་བརྒྱ་དང་བརྒྱད་ཡོད།[97] 青马一百零八匹

Among the 108 bluish horses,

ཞང་ཁྱེད་ཀྱི་ཁལ་རྟ་ག་རུ་ཡོད།[98] 舅汝之馱马何处

Where is your pack horse?

གླུ་དལ་བུར་ཞོག་དང་བྲེལ་བ་མེད། 歌徐陈之莫匆促

Please sing the song slowly, there is no hurry.

ལན། 答

Answer:

རྟ་དམར་པོ་བརྒྱ་དང་བརྒྱད་ཡོད།[99] 赤马一百零八匹

Among the 108 reddish-brown horses,

བརྒྱ་དང་བརྒྱད་ཅེས་མ་གཏམ་པར།[100] 勿言一百零八也

Laying these numbers aside,

ཟངས་ལྟར་དམར་བའི་རྟ་གཅིག་ཡོད།[101] 如红铜之赤马兮

The horse which is as red as copper,

95 MT: རྟ་ཁང་གཅིག་གི་བར་མ་ན། ZG: རྟ་དཀར་པོ་བརྒྱ་དང་བརྒྱད་ཡོད།

96 MT: ཞང་གི་ཆིབས་རྟ་ག་རུ་སྣང་། ZG: ཞང་ཁྱེད་ཀྱི་ཆིབས་རྟ་ག་རུ་ཡོད།

97 MT: རྟ་ཁང་གཅིག་གི་སྨད་མ་ན། ZG: རྟ་སྔོན་པོ་བརྒྱ་དང་བརྒྱད་ཡོད།

98 MT. ཞང་གི་ཁལ་རྟ་ག་རུ་སྣང་། ZG: ཞང་ཁྱེད་ཀྱི་ཁལ་རྟ་ག་རུ་ཡོད།

99 MT: རྟ་ཁང་གཅིག་གི་གོང་བ་ན། རྟ་དམར་པོ་བརྒྱ་དང་བརྒྱད་ཡོད། ZG: རྟ་དམར་པོ་བརྒྱ་དང་བརྒྱད་ཡོད།

100 ZG: བརྒྱ་དང་བརྒྱད་ཅེས་མ་གཏམ་པར།

101 MT: རྒྱུག་གོམ་ལག་འཇོམས་པའི་རྟ་གཅིག་ཡོད། ZG: ཟངས་ལྟར་དམར་བའི་རྟ་གཅིག་ཡོད།

ཞང་ངའི་བཙན་རྟ་དེ་རུ་ཡོད།[102] 舅吾之赞马是也
Is my *tsen* horse.

རྟ་དཀར་པོ་བརྒྱ་དང་བརྒྱད་ཡོད།[103] 白马一百零八匹
Among the 108 white horses,

བརྒྱ་དང་བརྒྱད་ཅེས་མ་གཏམ་པར།[104] 勿言一百零八也
Laying these numbers aside,

དུང་ལྟར་དཀར་བའི་རྟ་གཅིག་ཡོད།[105] 若白螺之白马兮
The horse which is as white as a conch shell,

ཞང་ངའི་ཆིབས་རྟ་དེ་རུ་ཡོད།[106] 舅吾之乘马是也
Is my mount.

རྟ་སྔོན་པོ་བརྒྱ་དང་བརྒྱད་ཡོད།[107] 青马一百零八匹
Among the 108 bluish horses,

བརྒྱ་དང་བརྒྱད་ཅེས་མ་གཏམ་པར།[108] 勿言一百零八也
Laying these numbers aside,

གཡུ་ལྟར་སྔོ་བའི་རྟ་གཅིག་ཡོད།[109] 若松石之青马兮
The horse which is as blue as turquoise,

ཞང་ངའི་ཁལ་རྟ་དེ་རུ་ཡོད།[110] 舅吾之駄马是也
Is my pack horse.

---

102 MT: ཞང་གི་བཙན་རྟ་དེ་ན་སྣང་། ZG: **ཞང་ངའི་བཙན་རྟ་དེ་རུ་ཡོད།**

103 MT: རྟ་ཁང་གཅིག་གི་བར་མ་ན། རྟ་དཀར་པོ་བརྒྱ་དང་བརྒྱད་ཡོད། ZG: **རྟ་དཀར་པོ་བརྒྱ་དང་བརྒྱད་ཡོད།**

104 ZG: **བརྒྱ་དང་བརྒྱད་ཅེས་མ་གཏམ་པར།**

105 MT: རྒྱུག་གོམ་ལག་འཇོམས་པའི་རྟ་གཅིག་ཡོད། ZG: **དུང་ལྟར་དཀར་བའི་རྟ་གཅིག་ཡོད།**

106 MT: ཞང་གི་ཆིབས་རྟ་དེ་ན་སྣང་། ZG: **ཞང་ངའི་ཆིབས་རྟ་དེ་རུ་ཡོད།**

107 MT: རྟ་ཁང་གཅིག་གི་སྨད་མ་ན། རྟ་སྔོན་པོ་བརྒྱ་དང་བརྒྱད་ཡོད། ZG: **རྟ་སྔོན་པོ་བརྒྱ་དང་བརྒྱད་ཡོད།**

108 ZG: **བརྒྱ་དང་བརྒྱད་ཅེས་མ་གཏམ་པར།**

109 MT: རྒྱུག་གོམ་ལག་འཇོམས་པའི་རྟ་གཅིག་ཡོད། ZG: **གཡུ་ལྟར་སྔོ་བའི་རྟ་གཅིག་ཡོད།**

110 MT: ཞང་གི་ཁལ་རྟ་དེ་ན་སྣང་། ZG: **ཞང་ངའི་ཁལ་རྟ་དེ་རུ་ཡོད།**

གླུ་དེ་ཡི་ལན་ལ་དེ་འདྲ་ཡིན། 如是答复彼歌矣
This is the response to the song.

དྲི། 问
Question:

སྒ་གདང་ནས་བླངས་ན་ཕུར་ནས་བླངས།[111] 取鞍于架或木钉
Was your saddle taken from the rack or from the peg?

སྲབ་གདང་ནས་བླངས་ན་ཕུར་ནས་བླངས།[112] 取辔于架或木钉
Was your bridle taken from the rack or from the peg

རྟ་ལྕག་གདང་ནས་བླངས་ན་ཕུར་ནས་བླངས།[113] 取鞭于架或木钉
Was your horsewhip taken the rack or from the peg?

གླུ་དལ་མོ་ལོངས་དང་རྗེས་ན་ཡོད། 有歌相继徐徐咏
Sing it slowly, and more songs will follow.

ལན། 答
Answer:

སྒ་ཕུར་ནས་མ་བླངས་གདང་ནས་བླངས།[114] 取鞍于架非木钉
The saddle was taken from the rack, not from the peg.

སྲབ་གདང་ནས་མ་བླངས་ཕུར་ནས་བླངས།[115] 取辔于钉非木架
The bridle was taken from the peg, not from the rack.

---

111 MT, ZG: སྒ་གདང་ནས་བླངས་ན་ཕུར་ནས་བླངས།

112 MT, ZG: སྲབ་གདང་ནས་བླངས་ན་ཕུར་ནས་བླངས།

113 MT: རྟ་ལྕག་གསུམ་གན་བླངས་རྒྱུལ་ཤོད། ZG: རྟ་ལྕག་གདང་ནས་བླངས་ན་ཕུར་ནས་བླངས།

114 MT, ZG: སྒ་ཕུར་ནས་མ་བླངས་གདང་ནས་བླངས།

115 MT, ZG: སྲབ་གདང་ནས་མ་བླངས་ཕུར་ནས་བླངས།

ཧ་ལྕག་ཕུར་ནས་བླངས་ནི་རེད།[116] 取马鞭于木钉矣
The horsewhip was taken from the peg.

གླུ་དེ་ཡི་ལན་ལ་དེ་འདྲ་ཡིན། 如是答复彼歌矣
This is the response to the song.

དྲི། 问
Question:

སྒ་ཐད་ཀིར་བརྒྱབ་ན་ཟུར་ནས་བརྒྱབ།[117] 鞍正置或侧置耶
Was your saddle set from the front or from the side?

སྲབ་ཐད་ཀིར་བརྒྱབ་ན་ཟུར་ནས་བརྒྱབ།[118] 辔正戴或侧戴耶
Was your bridle set from the front or from the side?

ཧ་ལྕག་གསུམ་གན་ལེན་ཚུལ་ཤོད།[119] 马鞭如何持之耶
Please tell how to hold a horsewhip.[3]

ལན། 答
Answer:

སྒ་ཐད་ཀིར་མ་བརྒྱབ་ཟུར་ནས་བརྒྱབ།[120] 鞍侧置也非正置
The saddle was set from the side, not from the front.

སྲབ་ཟུར་ནས་མ་བརྒྱབ་ཐད་ཀིར་བརྒྱབ།[121] 辔正戴也非侧戴
The bridle was set from the front, not from the side.

---

116 MT, ZG: ཧ་ལྕག་ཕུར་ནས་བླངས་ནི་རེད།
117 MT, ZG: སྒ་ཐད་ཀིར་བརྒྱབ་ན་ཟུར་ནས་བརྒྱབ།
118 MT, ZG: སྲབ་ཐད་ཀིར་བརྒྱབ་ན་ཟུར་ནས་བརྒྱབ།
119 MT, ZG: ཧ་ལྕག་གསུམ་གན་ལེན་ཚུལ་ཤོད།
120 MT, ZG: སྒ་ཐད་ཀིར་མ་བརྒྱབ་ཟུར་ནས་བརྒྱབ།
121 MT, ZG: སྲབ་ཟུར་ནས་མ་བརྒྱབ་ཐད་ཀིར་བརྒྱབ།

རྟ་ལྕགས་གསུམ་གན་ལག་ལ་བླངས།[122] 马鞭持于手中矣

A horsewhip should be held in the hand.

དྲི། 问

Question:

ལག་གཡོན་པས་སྲབ་ལ་བཟུང་དུས་དེར།[123] 时左手牵缰绳兮

Holding the rein with your left hand [while mounting the horse],

ཞང་ཁྱེད་སེམས་ལ་ཅི་ཞིག་བསམས།[124] 舅汝心中作何想

What did you think of it?

རྐང་གཡོན་པས་ཡོབ་ཆེན་བསྣུན་དུས་དེར།[125] 时左足踩马镫兮

Stepping into the stirrups with your left foot [while mounting the horse],

ཞང་ཁྱེད་སེམས་ལ་ཅི་ཞིག་བསམས།[126] 舅汝心中作何想

What did you think of it?

སྒ་སྤྱུ་སེབ་ཐོག་ལ་བསྒྲིངས་དུས་དེར།[127] 时腿跨上软鞍兮

Sitting in the well-decorated saddle,

ཞང་ཁྱེད་སེམས་ལ་ཅི་ཞིག་བསམས།[128] 舅汝心中作何想

What did you think of it?

ཁྱེད་ཡུན་རིང་མ་འགོར་ལན་རེ་ཤོག 尔作答之莫迟误

Please answer my questions without further ado.

122 MT, ZG: རྟ་ལྕགས་གསུམ་གན་ལག་ལ་བླངས།

123 MT, ZG: ལག་གཡོན་པས་སྲབ་ལ་བཟུང་དུས་དེར།

124 MT, ZG: ཞང་ཁྱེད་སེམས་ལ་ཅི་ཞིག་བསམས།

125 MT, ZG: རྐང་གཡོན་པས་ཡོབ་ཆེན་བསྣུན་དུས་དེར།

126 MT, ZG: ཞང་ཁྱེད་སེམས་ལ་ཅི་ཞིག་བསམས།

127 MT, ZG: སྒ་སྤྱུ་སེབ་ཐོག་ལ་བསྒྲིངས་དུས་དེར།

128 MT, ZG: ཞང་ཁྱེད་སེམས་ལ་ཅི་ཞིག་བསམས།

ལན། 答

Answer:

དེ་ལ་ལན་ཞིག་རྒྱུག་རྒྱུ་ན། 应答所问者如是

To give an answer to that,

ལག་གཡོན་པས་སྲབ་ལ་བཟུང་དུས་དེར།[129] 时左手牵缰绳兮

Holding the reins with my left hand,

རྟ་དེ་ཁ་ར་བདེ་མོ་བསམས།[130] 思其马之健硕矣

I found the horse to be healthy.

རྐང་གཡོན་པས་ཡོབ་ཆེན་བསྣན་དུས་དེར།[131] 时左足踩马镫兮

Stepping into stirrups with my left foot,

སྒ་སྒྲུ་སེབ་ཁོག་ལ་ཧྲ་མོ་བསམས།[132] 思马鞍之精美矣

I found the well-decorated saddle to be marvelous.

སྒ་སྒྲུ་སེབ་ཐོག་ལ་བསྒྲིངས་དུས་དེར།[133] 时腿跨上软鞍兮

Sitting in the well-decorated saddle,

རྟ་དེ་གོམ་པ་ཡག་མོ་བསམས།[134] 思马步之卓越矣

I found the horse's gait to be wonderful.

---

129 MT, ZG: ལག་གཡོན་པས་སྲབ་ལ་བཟུང་དུས་དེར།

130 MT, ZG: རྟ་དེ་ཁ་ར་བདེ་མོ་བསམས།

131 MT, ZG: རྐང་གཡོན་པས་ཡོབ་ཆེན་བསྣན་དུས་དེར།

132 MT, ZG: སྒ་སྒྲུ་སེབ་ཁོག་ལ་ཧྲ་མོ་བསམས།

133 MT, ZG: སྒ་སྒྲུ་སེབ་ཐོག་ལ་བསྒྲིངས་དུས་དེར།

134 MT, ZG: རྟ་དེ་གོམ་པ་ཡག་མོ་བསམས།

དྲི། 问

Question:

སྣ་སྤྱུ་སེབ་ཁོག་ལ་བསྒྲིངས་དུས་དེར།[135] 骑坐马鞍之上兮

Sitting in the well-decorated saddle,

སྔུན་ལ་ལྟ་བ་ཅི་ལ་བལྟས།[136] 前方所见者何耶

Looking ahead, what did you see?

ཕྱི་ལ་ལྟ་བ་ཅི་ལ་བལྟས།[137] 后方所见者何耶

Looking back, what did you see?

གཡོན་ལ་ལྟ་བ་ཅི་ལ་བལྟས།[138] 左侧所见者何耶

Looking left, what did you see?

གཡས་ལ་ལྟ་བ་ཅི་ལ་བལྟས།[139] 右侧所见者何耶

Looking right, what did you see?

གླུ་དལ་བུར་ཤོག་དང་བྲེལ་བ་མེད། 歌徐陈之莫匆促

Please sing the song slowly, there is no hurry.

ལན། 答

Answer:

སྣ་སྤྱུ་སེབ་ཁོག་ལ་བསྒྲིངས་དུས་དེར།[140] 骑坐马鞍之上兮

Sitting in the well-decorated saddle,

135 MT, ZG: སྣ་སྤྱུ་སེབ་ཁོག་ལ་བསྒྲིངས་དུས་དེར།

136 MT, ZG: སྔུན་ལ་ལྟ་བ་ཅི་ལ་བལྟས།

137 MT, ZG: ཕྱི་ལ་ལྟ་བ་ཅི་ལ་བལྟས།

138 MT, ZG: གཡོན་ལ་ལྟ་བ་ཅི་ལ་བལྟས།

139 MT, ZG: གཡས་ལ་ལྟ་བ་ཅི་ལ་བལྟས།

140 MT, ZG: སྣ་སྤྱུ་སེབ་ཁོག་ལ་བསྒྲིངས་དུས་དེར།

སྔུན་དུ་ལྟ་བ་མགོ་ལ་བལྟས།[141] 前方所见马头也
Looking ahead to see the horse's head,

རྟ་དེ་མགོ་འཕང་མཐོ་ན་བསམས།[142] 其马头首高昂矣
I found the horse's raised head to be spirited.

ཕྱི་ལ་ལྟ་བ་གཟུགས་ལ་བལྟས།[143] 后方所见马身兮
Looking back to see the horse's body,

རྟ་དེ་མཇུག་རྐུབ་ཡག་མོ་བསམས།[144] 其马尾胯健硕矣
I found the horse's rump to be muscular.

གཡས་ལ་བལྟས་ནས་གཡོན་ལ་བལྟས།[145] 左右所见马蹄兮
Looking right and left,

རྟ་དེ་གོམ་པ་ཡག་ན་བསམས།[146] 思其马步优雅矣
I found the horse's gait to be graceful.

གླུ་དེ་ཡི་ལན་ལ་དེ་འདྲ་ཡིན། 如是答复彼歌矣
This is the response to the song.

དྲི། 问
Question:

རྟ་རྒྱུག་ན་ག་རུ་རྒྱུག་ནི་ཡིན།[147] 马儿驰向何处耶
Where do horses gallop?

---

141 MT, ZG: སྔུན་དུ་ལྟ་བ་མགོ་ལ་བལྟས།
142 MT, ZG: རྟ་དེ་མགོ་འཕང་མཐོ་ན་བསམས།
143 MT, ZG: ཕྱི་ལ་ལྟ་བ་གཟུགས་ལ་བལྟས།
144 MT, ZG: རྟ་དེ་མཇུག་རྐུབ་ཡག་མོ་བསམས།
145 MT: གཡས་ལ་ལྟ་བ་རྐང་ལ་བལྟས། ZG: གཡས་ལ་བལྟས་ནས་གཡོན་ལ་བལྟས།
146 MT, ZG: རྟ་དེ་གོམ་པ་ཡག་ན་བསམས།
147 MT, ZG: རྟ་རྒྱུག་ན་ག་རུ་རྒྱུག་ནི་ཡིན།

མདའ་འཕེན་ན་ག་རུ་འཕེན་ནི་ཡིན།[148] 箭儿射向何处耶
Where do arrows fly?

གླུ་ལེན་ན་ག་རུ་ལེན་ནི་ཡིན།[149] 花儿咏向何处耶
Whither do resonating songs float?

གླུ་དལ་བུར་ཐོག་དང་བྲེལ་བ་མེད། 歌徐陈之莫匆促
Please sing the song slowly, there is no hurry.

ལན། 答
Answer:

རྟ་རྒྱུག་ན་གཡར་མོ་ཐང་ལ་རྒྱུག[150] 马儿驰向大草原
Horses gallop across the great pasture,[4]

ལྟད་མོ་བལྟ་རྒྱུ་དེ་ན་ཡོད།[151] 见赛马于彼处矣
Where there are performances.

མདའ་འཕེན་ན་ཛ་ཁའི་ཛོབ་ལ་འཕེན།[152] 箭儿射向密林兮
Arrows fly into the forest,

འཆའ་རྒྱུ་འཐུང་རྒྱུ་དེ་ན་ཡོད།[153] 见食饮于彼处矣
Where there are food and drink.

གླུ་ལེན་ན་བསམ་པའི་རང་གླུ་ལེན།[154] 花儿咏于心中兮
Songs strike chords in our hearts,

148 MT, ZG: མདའ་འཕེན་ན་ག་རུ་འཕེན་ནི་ཡིན།
149 MT, ZG: གླུ་ལེན་ན་ག་རུ་ལེན་ནི་ཡིན།
150 MT, ZG: རྟ་རྒྱུག་ན་གཡར་མོ་ཐང་ལ་རྒྱུག
151 MT, ZG: ལྟད་མོ་བལྟ་རྒྱུ་དེ་ན་ཡོད།
152 MT, ZG: མདའ་འཕེན་ན་ཛ་ཁའི་ཛོབ་ལ་འཕེན།
153 MT: ཟ་རྒྱུ་འཐུང་རྒྱུ་དེ་ན་ཡོད། ZG: འཆའ་རྒྱུ་འཐུང་རྒྱུ་དེ་ན་ཡོད།
154 MT, ZG: གླུ་ལེན་ན་བསམ་པའི་རང་གླུ་ལེན།

གོ་རྒྱུ་ཉམ་རྒྱུ་དེ་ན་ཡོད།[155] 见深意于彼处矣

Where pleasant sounds and deep meanings are to be found.

གླུ་དེ་ཡི་ལན་ལ་དེ་འདྲ་ཡིན། 如是答复彼歌矣

This is the response to the song.

155 MT, ZG: གོ་རྒྱུ་ཉམ་རྒྱུ་དེ་ན་ཡོད།

ཚ་གླུ། 迎亲辞
Tsalu

དྲི། 问
Question:

ཚ་ཡུལ་ཕྱོགས་ཡུལ་ནས་འོང་དུས་དེར།[156] 时甥从家而来兮
When the nephew [the groom/you] came all the way here [to the bride's house] from your home,

བཀུར་བའི་བླ་རབས་ཅི་ཞིག་རེད།[157] 虔敬之上师孰耶
To which lama lineage did you pay your respects?

བསྟོད་པའི་དགྲ་ལྷ་ཅི་ཞིག་རེད།[158] 礼赞之战神孰耶
To which war god did you offer praise?

ཐོགས་པའི་མཚོན་སྣུང་ཅི་ཞིག་རེད།[159] 佩戴之武器何耶
Which weapon did you bring with you?

གླུ་དལ་བུར་ཤོག་དང་བྲེལ་བ་མེད། 歌徐陈之莫匆促
Please sing the song slowly, there is no hurry.

ལན། 答
Answer:

ཚ་ཡུལ་ཕྱོགས་ཡུལ་ནས་འོང་དུས་དེར།[160] 时甥从家而来兮
On the nephew's [my] way here from home,

156 MT, ZG: ཚ་ཡུལ་ཕྱོགས་ཡུལ་ནས་འོང་དུས་དེར།
157 MT, ZG: བཀུར་བཞི་བླ་རབས་ཅི་ཞིག་རེད།
158 MT, ZG: བསྟོད་པའི་དགྲ་ལྷ་ཅི་ཞིག་རེད།
159 MT, ZG: ཐོགས་པའི་མཚོན་སྣུང་ཅི་ཞིག་རེད།
160 MT, ZG: ཚ་ཡུལ་ཕྱོགས་ཡུལ་ནས་འོང་དུས་དེར།

བཀུར་བའི་བླ་རབས་བཤད་རྒྱུ་ན།[161] 言虔敬之上师者
Speaking of the lama lineage to whom I paid my respects,

སངས་རྒྱས་བཅོམ་ལྡན་བཀུར་བསྟུད་ཡོད།[162] 佛祖释迦摩尼矣
It is the exalted one, the Buddha.

བསྟོད་པའི་དགྲ་ལྷ་བཤད་རྒྱུ་ན།[163] 言礼赞之战神兮
Speaking of the war deity to whom I offered praise,

ཡུལ་གྱི་རི་གཞན་བསྟོད་བསྟུད་ཡོད།[164] 礼赞故乡山神矣
It is the mountain deity of the homeland.

ཐོགས་པའི་མཚོན་སྲུང་བཤད་རྒྱུ་ན།[165] 言佩戴之武器兮
Speaking of the amulet weapon I brought with me,

མཚོན་གོ་ལག་ལྔ་བོ་ཐོགས་བསྟུད་ཡོད།[166] 佩戴五种武器矣
There are five kinds of weapons.[5]

གླུ་དེ་ཡི་ལན་ལ་དེ་འདྲ་ཡིན། 如是答复彼歌矣
This is the response to the song.

དྲི། 问
Question:

ཚ་ཡུལ་ཕྱོགས་ཡུལ་ནས་འོང་དུས་དེར།[167] 时甥从家而来兮
On your way here from your home,

---

161 MT, ZG: བཀུར་བའི་བླ་རབས་བཤད་རྒྱུ་ན།

162 MT, ZG: སངས་རྒྱས་བཅོམ་ལྡན་བཀུར་བསྟུད་ཡོད།

163 MT, ZG: བསྟོད་པའི་དགྲ་ལྷ་བཤད་རྒྱུ་ན།

164 MT: རི་ཡི་རི་གཞན་བསྟོད་བསྟུད་ཡོད། ZG: ཡུལ་གྱི་རི་གཞན་བསྟོད་བསྟུད་ཡོད།

165 MT, ZG: ཐོགས་པའི་མཚོན་སྲུང་བཤད་རྒྱུ་ན།

166 MT, ZG: མཚོན་གོ་ལག་ལྔ་བོ་ཐོགས་བསྟུད་ཡོད།

167 MT, ZG: ཚ་ཡུལ་ཕྱོགས་ཡུལ་ནས་འོང་དུས་དེར།

ཁེས་ཕྲན་བརྒྱུད་ནས་འོང་དུས་དེར།[168] 时汝行于小山径
When you were trekking along the narrow mountain path,

ཁེས་ཀྱི་ཁ་ན་གཟའ་ཞིག་སྣང༌།[169] 有泽神于垭口也
The *za* spirit was at the mountain pass.[6]

ཁྱེད་མ་སྐྲག་ཅི་ལྟར་འོང་ནི་ཡིན།[170] 汝行何以无怖畏
How did you advance without fear?

འགག་ཕྲན་བརྒྱུད་ནས་འོང་དུས་དེར།[171] 时行于峡谷之路
When you were trudging along the narrow gorge path,

འགག་གི་ཁ་ན་བཙན་ཞིག་སྣང༌།[172] 有赞神于谷口也
The *tsen* spirit was at the gorge pass.[7]

ཁྱེད་མ་སྐྲག་ཅི་ལྟར་འོང་ནི་ཡིན།[173] 汝行何以无怖畏
How did you advance without fear?

ཐང་ཕྲན་བརྒྱུད་ནས་འོང་དུས་དེར།[174] 时行于平原之路
When you were travelling through the plains,

ཐང་གི་ཁ་ན་ཐེའུ་ཞིག་སྣང༌།[175] 有忒神于平原也
The *teu* spirit was on the plains.[8]

ཁྱེད་མ་སྐྲག་ཅི་ལྟར་འོང་ནི་ཡིན།[176] 汝行何以无怖畏
How did you advance without fear?

---

168 MT, ZG: ཁེས་ཕྲན་བརྒྱུད་ནས་འོང་དུས་དེར།
169 MT, ZG: ཁེས་ཀྱི་ཁ་ན་གཟའ་ཞིག་སྣང༌།
170 MT: ཁྱེད་མ་སྐྲག་ཅི་ལྟར་འོང་ནི་ཡིན། ZG: ཁྱེད་མ་སྐྲག་ག་ཏུ་འོང་ནི་ཡིན།
171 MT, ZG: འགག་ཕྲན་བརྒྱུད་ནས་འོང་དུས་དེར།
172 MT, ZG: འགག་གི་ཁ་ན་བཙན་ཞིག་སྣང༌།
173 MT: ཁྱེད་མ་སྐྲག་ཅི་ལྟར་འོང་ནི་ཡིན། ZG: ཁྱེད་མ་སྐྲག་ག་ཏུ་འོང་ནི་ཡིན།
174 MT, ZG: ཐང་ཕྲན་བརྒྱུད་ནས་འོང་དུས་དེར།
175 MT, ZG: ཐང་གི་ཁ་ན་ཐེའུ་ཞིག་སྣང༌།
176 MT: ཁྱེད་མ་སྐྲག་ཅི་ལྟར་འོང་ནི་ཡིན། ZG: ཁྱེད་མ་སྐྲག་ག་ཏུ་འོང་ནི་ཡིན།

ལན།
Answer:
答

ཁེས་ཕྲན་བརྒྱུད་ནས་འོང་དུས་དེར།[177]
Trekking along the narrow mountain path,
时行于小山径兮

ཁེས་ཀྱི་ཁ་ནས་གཟའ་སྲུང་ཐོགས།[178]
I wore the amulet to protect me from the *za* spirit.
戴护符御泽神也

ང་མ་སྐྲག་དེ་ལྟར་འོང་ནི་ཡིན།[179]
In such way, I advanced without fear.
如此吾行无怖畏

འགག་ཕྲན་བརྒྱུད་ནས་འོང་དུས་དེར།[180]
Trudging along the narrow gorge path,
时行于峡谷之路

འགག་གི་ཁ་ན་བཙན་སྲུང་ཐོགས།[181]
I wore the amulet to protect me from the *tsen* spirit.
戴护符御赞神也

ང་མ་སྐྲག་དེ་ལྟར་འོང་ནི་ཡིན།[182]
In such way, I advanced without fear.
如此吾行无怖畏

ཐང་ཕྲན་བརྒྱུད་ནས་འོང་དུས་དེར།[183]
Travelling through the plains,
时行于平原之路

ཁ་ནང་སྒྲོལ་མ་བཏོན་ནས་འོང་།[184]
I chanted the Tara Mantra.
诵读度母密咒矣

177 MT, ZG: ཁེས་ཕྲན་བརྒྱུད་ནས་འོང་དུས་དེར།

178 MT, ZG: ཁེས་ཀྱི་ཁ་ནས་གཟའ་སྲུང་ཐོགས།

179 MT: ང་མ་སྐྲག་དེ་ལྟར་འོང་ནི་ཡིན། ZG: ང་མ་སྐྲག་དེ་ཏུ་འོང་ནི་ཡིན།

180 MT, ZG: འགག་ཕྲན་བརྒྱུད་ནས་འོང་དུས་དེར།

181 MT, ZG: འགག་གི་ཁ་ན་བཙན་སྲུང་ཐོགས།

182 MT: ང་མ་སྐྲག་དེ་ལྟར་འོང་ནི་ཡིན། ZG: ང་མ་སྐྲག་དེ་ཏུ་འོང་ནི་ཡིན།

183 MT, ZG: ཐང་ཕྲན་བརྒྱུད་ནས་འོང་དུས་དེར།

184 MT, ZG: ཁ་ནང་སྒྲོལ་མ་བཏོན་ནས་འོང་།

ང་མ་སྐྱག་དེ་ལྟར་འོང་ནི་ཡིན།[185] 如此吾行无怖畏
In such way, I advanced without fear.

དྲི། 问
Question:

ཚ་ཞང་གི་ཡུལ་ལ་བསླེབས་དུས་དེར།[186] 时甥行至舅乡兮
When you arrived in the maternal uncle's homeland,

ཐང་ཡར་ཐང་མར་ཐང་བར་ཐང་གསུམ།[187] 平川上中下三处
There are a series of plains: upper, middle, and lower.

ཡར་ཐང་ཐང་ན་འཇིགས་ཞིག་སྣང་།[188] 于上川有障碍兮
One challenge lay on the upper plain,

ཁྱེད་མ་སྐྱག་ཅི་ལྟར་འོང་ནི་ཡིན།[189] 汝行何以无畏惧
How did you advance without being scared?

བར་ཐང་ཐང་ན་འཇིགས་ཞིག་སྣང་།[190] 于中川有障碍兮
Another challenge lay on the middle plain,

ཁྱེད་མ་སྐྱག་ཅི་ལྟར་འོང་ནི་ཡིན།[191] 汝行何以无畏惧
How did you advance without being scared?

མར་ཐང་ཐང་ན་འཇིགས་ཞིག་སྣང་།[192] 于下川有障碍兮
The third challenge lay on the lower plain,

---

185 MT: ང་མ་སྐྱག་དེ་ལྟར་འོང་ནི་ཡིན། ZG: ང་མ་སྐྱག་དེ་རུ་འོང་ནི་ཡིན།
186 MT, ZG: ཚ་ཞང་གི་ཡུལ་ལ་བསླེབས་དུས་དེར།
187 MT, ZG: ཐང་ཡར་ཐང་མར་ཐང་བར་ཐང་གསུམ།
188 MT, ZG: ཡར་ཐང་ཐང་ན་འཇིགས་ཞིག་སྣང་།
189 MT: ཁྱེད་མ་སྐྱག་ཅི་ལྟར་འོང་ནི་ཡིན། ZG: ཁྱེད་མ་སྐྱག་ག་རུ་འོང་ནི་ཡིན།
190 MT, ZG: བར་ཐང་ཐང་ན་འཇིགས་ཞིག་སྣང་།
191 MT: ཁྱེད་མ་སྐྱག་ཅི་ལྟར་འོང་ནི་ཡིན། ZG: ཁྱེད་མ་སྐྱག་ག་རུ་འོང་ནི་ཡིན།
192 MT, ZG: མར་ཐང་ཐང་ན་འཇིགས་ཞིག་སྣང་།

ཁྱེད་མ་སྐྲག་ཅི་ལྟར་འོང་ནི་ཡིན།[193] 汝行何以无畏惧
How did you advance without being scared?

གླུ་དལ་མོ་ལོངས་དང་རྗེས་ན་ཡོད། 有歌相继徐徐咏
Sing it slowly, and more songs will follow.

ལན། 答
Answer:

ས་ཐག་རིང་བརྒྱུད་ནས་འོང་དུས་དེར།[194] 来路漫漫而至兮
Coming from afar,

ཡར་ཐང་ཐང་ན་འཛིགས་ཞིག་སྣང་།[195] 于上川有障碍也
One challenge lay on the upper plain,

ཡར་ཐང་ཐང་ནས་རྟ་རེ་བརྒྱུགས།[196] 赛马驰骋上川也
I raced the horse there,

རྟ་རེ་བརྒྱུགས་ནས་རྡུལ་རེ་འཕྱུར།[197] 马迹唯留飞尘也
Leaving a trail of dust.

ང་མ་སྐྲག་དེ་ལྟར་འོང་ནི་ཡིན།[198] 如此吾行无畏惧
In such way, I advanced without being scared.

བར་ཐང་ཐང་ན་འཛིགས་ཞིག་སྣང་།[199] 于中川有障碍兮
Another challenge lay on the middle plain,

---

193 MT: ཁྱེད་མ་སྐྲག་ཅི་ལྟར་འོང་ནི་ཡིན། ZG: ཁྱེད་མ་སྐྲག་ག་ཚུ་འོང་ནི་ཡིན།
194 MT, ZG: ས་ཐག་རིང་བརྒྱུད་ནས་འོང་དུས་དེར།
195 MT, ZG: ཡར་ཐང་ཐང་ན་འཛིགས་ཞིག་སྣང་།
196 MT, ZG: ཡར་ཐང་ཐང་ནས་རྟ་རེ་བརྒྱུགས།
197 MT, ZG: རྟ་རེ་བརྒྱུགས་ནས་རྡུལ་རེ་འཕྱུར།
198 MT: ང་མ་སྐྲག་དེ་ལྟར་འོང་ནི་ཡིན། ZG: ང་མ་སྐྲག་དེ་ཚུ་འོང་ནི་ཡིན།
199 MT, ZG: བར་ཐང་ཐང་ན་འཛིགས་ཞིག་སྣང་།

བར་ཐང་ཐང་ནས་མདའ་རེ་འཕངས།[200] 持箭射于中川也

I shot an arrow there,

མདའ་རེ་འཕངས་ནས་འབེན་ལ་ཕོག།[201] 箭矢命中靶子也

Hitting the target.

ང་མ་སྒྲག་དེ་ལྟར་འོང་ནི་ཡིན།།[202] 如此吾行无畏惧

In such way, I advanced without being scared.

མར་ཐང་ཐང་ན་འཛིགས་ཞིག་སྣང་།[203] 于下川有障碍兮

The third challenge lay on the lower plain,

མར་ཐང་ཐང་ནས་ཀི་གསུམ་བཏབ།[204] 吾长啸于下川也

I howled there,

ཀི་གསུམ་བཏབ་ནས་བུད་ལ་འོང་།[205] 长啸而后前行也

Advancing on my way.

ང་མ་སྒྲག་དེ་ལྟར་འོང་ནི་ཡིན།།[206] 如此吾行无畏惧

In such way, I arrived here without being scared.

དྲི། 问

Question:

ཚ་ཁྱེད་སྒོ་ལ་བསླེབས་དུས་དེར།[207] 甥汝至舅村口兮

When you arrived at the maternal uncle's [village] gate,

200 MT, ZG: བར་ཐང་ཐང་ནས་མདའ་རེ་འཕངས།

201 MT, ZG: མདའ་རེ་འཕངས་ནས་འབེན་ལ་ཕོག

202 MT: ང་མ་སྒྲག་དེ་ལྟར་འོང་ནི་ཡིན།། ZG: ང་མ་སྒྲག་དེ་རུ་འོང་ནི་ཡིན།།

203 MT, ZG: མར་ཐང་ཐང་ན་འཛིགས་ཞིག་སྣང་།

204 MT, ZG: མར་ཐང་ཐང་ནས་ཀི་གསུམ་བཏབ།

205 MT, ZG: ཀི་གསུམ་བཏབ་ནས་བུད་ལ་འོང་།

206 MT: ང་མ་སྒྲག་དེ་ལྟར་འོང་ནི་ཡིན།། ZG: ང་མ་སྒྲག་དེ་རུ་འོང་ནི་ཡིན།།

207 MT, ZG: ཚ་ཁྱེད་སྒོ་ལ་བསླེབས་དུས་དེར།

སྲུང་ཡར་སྲུང་མར་སྲུང་བར་སྲུང་གསུམ།[208] 道路上中下三段

There is a street running through the upper, middle, and lower levels.[9]

ཡར་སྲུང་སྲུང་ན་འཛིགས་ཞིག་སྣང་།[209] 于上路有阻拦兮

One obstacle lay in the upper street,

ཁྱེད་མ་སྐྲག་ཅི་ལྷུར་འོང་ནི་ཡིན།[210] 汝行何以无忧虑

How did you advance without worry?

བར་སྲུང་སྲུང་ན་འཛིགས་ཞིག་སྣང་།[211] 于中路有阻拦兮

Another obstacle lay in the middle street,

ཁྱེད་མ་སྐྲག་ཅི་ལྷུར་འོང་ནི་ཡིན།[212] 汝行何以无忧虑

How did you advance without worry?

མར་སྲུང་སྲུང་ན་འཛིགས་ཞིག་སྣང་།[213] 于下路有阻拦兮

The third obstacle lay in the lower street,

ཁྱེད་མ་སྐྲག་ཅི་ལྷུར་འོང་ནི་ཡིན།[214] 汝行何以无忧虑

How did you advance without worry?

ལན། 答

Answer:

ཡར་སྲུང་སྲུང་ན་འཛིགས་ཞིག་སྣང་།[215] 于上路有阻拦兮

One obstacle lay in the upper street.

---

208 MT, ZG: **སྲུང་ཡར་སྲུང་མར་སྲུང་བར་སྲུང་གསུམ།**

209 MT, ZG: **ཡར་སྲུང་སྲུང་ན་འཛིགས་ཞིག་སྣང་།**

210 MT: **ཁྱེད་མ་སྐྲག་ཅི་ལྷུར་འོང་ནི་ཡིན།** ZG: ཁྱེད་མ་སྐྲག་ག་རུ་འོང་ནི་ཡིན།

211 MT, ZG: **བར་སྲུང་སྲུང་ན་འཛིགས་ཞིག་སྣང་།**

212 MT: **ཁྱེད་མ་སྐྲག་ཅི་ལྷུར་འོང་ནི་ཡིན།** ZG: ཁྱེད་མ་སྐྲག་ག་རུ་འོང་ནི་ཡིན།

213 MT, ZG: **མར་སྲུང་སྲུང་ན་འཛིགས་ཞིག་སྣང་།**

214 MT: **ཁྱེད་མ་སྐྲག་ཅི་ལྷུར་འོང་ནི་ཡིན།** ZG: ཁྱེད་མ་སྐྲག་ག་རུ་འོང་ནི་ཡིན།

215 MT, ZG: **ཡར་སྲུང་སྲུང་ན་འཛིགས་ཞིག་སྣང་།**

བྱིས་པ་གཞར་གསུམ་བསྒྲིགས་བསྡད་སྣང་།[216] 总角稚子阻拦也

A group of young boys barred the path.

ངས་སལ་ཏོག་སིལ་ཏོག་བྱིན་ནི་ཡིན།[217] 吾予之以水果也

To them, I gave snacks and fruit.

ང་མ་སྐྲག་དེ་ལྟར་འོང་ནི་ཡིན།[218] 如此吾行无忧虑

In such way, I advanced without worry.

བར་སྲུང་སྲུང་ན་འཛིགས་ཞིག་སྣང་།[219] 于中路有阻拦兮

Another difficulty lay in the middle street.

བུ་མོ་གཞར་གསུམ་བསྒྲིགས་བསྡད་སྣང་།[220] 及笄少女阻拦也

A group of young girls barred the path.

ངས་དེ་ལ་ནོམ་པ་བྱིན་ནི་ཡིན།[221] 吾予之以零钱也

To them, I gave them pocket money.

ང་མ་སྐྲག་དེ་ལྟར་འོང་ནི་ཡིན།[222] 如此吾行无忧虑

In such way, I advanced without worry.

མར་སྲུང་སྲུང་ན་འཛིགས་ཞིག་སྣང་།[223] 于下路有阻拦兮

Another difficulty lay in the lower street.

ཨ་ཕོ་ཐམས་ཅད་བསྒྲིགས་བསྡད་སྣང་།[224] 妇人老妪阻拦也

Grandmothers barred the path.

---

216 MT, ZG: བྱིས་པ་གཞར་གསུམ་བསྒྲིགས་བསྡད་སྣང་།

217 MT, ZG: ངས་སལ་ཏོག་སིལ་ཏོག་བྱིན་ནི་ཡིན།

218 MT: ང་མ་སྐྲག་དེ་ལྟར་འོང་ནི་ཡིན། ZG: ང་མ་སྐྲག་དེ་རུ་འོང་ནི་ཡིན།

219 MT, ZG: བར་སྲུང་སྲུང་ན་འཛིགས་ཞིག་སྣང་།

220 MT, ZG: བུ་མོ་གཞར་གསུམ་བསྒྲིགས་བསྡད་སྣང་།

221 MT, ZG: ངས་དེ་ལ་ནོམ་པ་བྱིན་ནི་ཡིན།

222 MT: ང་མ་སྐྲག་དེ་ལྟར་འོང་ནི་ཡིན། ZG: ང་མ་སྐྲག་དེ་རུ་འོང་ནི་ཡིན།

223 MT, ZG: མར་སྲུང་སྲུང་ན་འཛིགས་ཞིག་སྣང་།

224 MT, ZG: ཨ་ཕོ་ཐམས་ཅད་བསྒྲིགས་བསྡད་སྣང་།

དེའི་ལག་ལ་གསེར་གྱི་མ་ཎི་ཁྲིན།[225] 吾予以金色经轮

To them, I offered the golden prayer wheel,

མ་ཎི་ཚིག་གསུམ་བཏོན་ནི་རེད།[226] 念诵观音心咒也

Reciting several lines of the Mani Mantra.

ང་མ་སྒྲག་དེ་ལྟར་འོང་ནི་ཡིན།[227] 如此吾行无忧虑

In such way, I advanced without worry.

དྲི། 问

Question:

ཚ་ཞང་གི་སྒོ་ལ་བསླེབས་དུས་དེར།[228] 甥进舅之家门兮

When you arrived at the maternal uncle's [house] gate,

སྒོ་ཕྱི་སྒོ་ནང་སྒོ་བར་སྒོ་གསུམ།[229] 门户外内中三层

There are a series of doors: exterior, interior, and the in-between door.

ཕྱི་སྒོ་སྒོ་ན་འཛིགས་ཞིག་སྣང་།[230] 于外门有阻碍兮

One challenge lay at the exterior door.

ཁྱེད་མ་སྒྲག་ཅི་ལྟར་འོང་ནི་ཡིན།[231] 汝行何以无忧惧

How did you advance without fear?

བར་སྒོ་སྒོ་ན་འཛིགས་ཞིག་སྣང་།[232] 于中门有阻碍兮

Another challenge lay at the middle door.

---

225 MT, ZG: དེའི་ལག་ལ་གསེར་གྱི་མ་ཎི་ཁྲིན།

226 MT, ZG: མ་ཎི་ཚིག་གསུམ་བཏོན་ནི་རེད།

227 MT: ང་མ་སྒྲག་དེ་ལྟར་འོང་ནི་ཡིན། ZG: ང་མ་སྒྲག་དེ་རུ་འོང་ནི་ཡིན།

228 MT, ZG: ཚ་ཞང་གི་སྒོ་ལ་བསླེབས་དུས་དེར།

229 MT, ZG: སྒོ་ཕྱི་སྒོ་ནང་སྒོ་བར་སྒོ་གསུམ།

230 MT, ZG: ཕྱི་སྒོ་སྒོ་ན་འཛིགས་ཞིག་སྣང་།

231 MT: ཁྱེད་མ་སྒྲག་ཅི་ལྟར་འོང་ནི་ཡིན། ZG: ཁྱེད་མ་སྒྲག་ག་རུ་འོང་ནི་ཡིན།

232 MT, ZG: བར་སྒོ་སྒོ་ན་འཛིགས་ཞིག་སྣང་།

ཁྱེད་མ་སྐྲག་ཅི་ལྟར་འོང་ནི་ཡིན།[233] 汝行何以无忧惧
How did you advance without fear?

ནང་སྒོ་སྒོ་ན་འཛིགས་ཞིག་སྡང་།[234] 于内门有阻碍兮
The third challenge lay at the interior door.

ཁྱེད་མ་སྐྲག་ཅི་ལྟར་འོང་ནི་ཡིན།[235] 汝行何以无忧惧
How did you advance without fear?

གླུ་དལ་མོ་ལོངས་དང་རྗེས་ན་ཡོད། 有歌相继徐徐咏
Sing it slowly, and more songs will follow.

ལན། 答
Answer:

ཚ་ང་རང་སྒོ་ལ་བསླེབས་དུས་དེར།[236] 甥吾至舅之门兮
When I arrived at the house gate,

ཕྱི་སྒོ་སྒོ་ན་སྟག་ཅིག་སྡང་།[237] 于外门有猛虎也
A tiger lay at the exterior door.

སྟག་གི་སྔུན་ལ་རྟ་རོ་འཕངས།[238] 投饲虎以马肉也
I tossed [it] some horse meat.

ང་མ་སྐྲག་དེ་ལྟར་འོང་ནི་ཡིན།[239] 如此吾行无忧惧
In such way, I arrived without fear.

---

233 MT: **ཁྱེད་མ་སྐྲག་ཅི་ལྟར་འོང་ནི་ཡིན།** ZG: ཁྱེད་མ་སྐྲག་ག་ཏུ་འོང་ནི་ཡིན།

234 MT, ZG: **ནང་སྒོ་སྒོ་ན་འཛིགས་ཞིག་སྡང་།**

235 MT: **ཁྱེད་མ་སྐྲག་ཅི་ལྟར་འོང་ནི་ཡིན།** ZG: ཁྱེད་མ་སྐྲག་ག་ཏུ་འོང་ནི་ཡིན།

236 MT, ZG: **ཚ་ང་རང་སྒོ་ལ་བསླེབས་དུས་དེར།**

237 MT, ZG: **ཕྱི་སྒོ་སྒོ་ན་སྟག་ཅིག་སྡང་།**

238 MT, ZG: **སྟག་གི་སྔུན་ལ་རྟ་རོ་འཕངས།**

239 MT: **ང་མ་སྐྲག་དེ་ལྟར་འོང་ནི་ཡིན།** ZG: ང་མ་སྐྲག་དེ་ཏུ་འོང་ནི་ཡིན།

བར་སྒོ་སྒོ་ན་གཟིག་ཅིག་སྡང་།[240] 于中门有猎豹兮
A leopard lay at the middle door.

གཟིག་གི་སྟུན་ལ་ཁྱི་རོ་འཕངས།[241] 投饲豹以狗肉也
I tossed [it] some dog meat.

ང་མ་སྐྲག་དེ་ལྟར་འོང་ནི་ཡིན།[242] 如此吾行无忧惧
In such way, I arrived without fear.

ནང་སྒོ་སྒོ་ན་ཁྱུང་ཞིག་སྡང་།[243] 于内门有鹏鸟兮
A Khyung lay at the interior door.

ཁྱུང་གི་སྟུན་ལ་སྦྲུལ་རོ་འཕངས།[244] 投饲鹏以蛇肉也
I tossed [it] some snake meat.

ང་མ་སྐྲག་དེ་ལྟར་འོང་ནི་ཡིན།[245] 如此吾行无忧惧
In such way, I arrived without fear.

དྲི། 问
Question:

ཚ་ཞང་གི་སྒོ་ལ་འཇུག་དུས་དེར།[246] 时甥入舅之室兮
When you entered the maternal uncle's house,

གྲལ་ཡར་གྲལ་མར་གྲལ་བར་གྲལ་གསུམ།[247] 列席上中下三处
There are three [clusters of] seats: upper, middle, and lower.[10]

---

240 MT, ZG: **བར་སྒོ་སྒོ་ན་གཟིག་ཅིག་སྡང་།**
241 MT, ZG: **གཟིག་གི་སྟུན་ལ་ཁྱི་རོ་འཕངས།**
242 MT: **ང་མ་སྐྲག་དེ་ལྟར་འོང་ནི་ཡིན།** ZG: ང་མ་སྐྲག་དེ་རུ་འོང་ནི་ཡིན།
243 MT, ZG: **ནང་སྒོ་སྒོ་ན་ཁྱུང་ཞིག་སྡང་།**
244 MT, ZG: **ཁྱུང་གི་སྟུན་ལ་སྦྲུལ་རོ་འཕངས།**
245 MT: **ང་མ་སྐྲག་དེ་ལྟར་འོང་ནི་ཡིན།** ZG: ང་མ་སྐྲག་དེ་རུ་འོང་ནི་ཡིན།
246 MT, ZG: **ཚ་ཞང་གི་སྒོ་ལ་འཇུག་དུས་དེར།**
247 MT, ZG: **གྲལ་ཡར་གྲལ་མར་གྲལ་བར་གྲལ་གསུམ།**

ཡར་གྲལ་གྲལ་དེ་ཅི་ཞིག་རེད།[248] 上席其位为何耶
What were the upper seats?

བར་གྲལ་གྲལ་དེ་ཅི་ཞིག་རེད།[249] 中席其位为何耶
What were the middle seats?

མར་གྲལ་གྲལ་དེ་ཅི་ཞིག་རེད།[250] 下席其位为何耶
What were the lower seats?

གླུ་དལ་མོ་ལོངས་དང་རྗེས་ན་ཡོད། 有歌相继徐徐咏
Sing it slowly, and more songs will follow.

ལན། 答
Answer:

ཡར་གྲལ་གྲལ་དེ་སྟག་གི་གྲལ།[251] 上席其位为虎座
The upper seats were reserved for noble people,[11]

སྟག་གི་རི་མོ་འཐེན་བསྡད་སྣང་།[252] 抻展虎之花纹皮
Where striped tiger hide was placed.

བར་གྲལ་གྲལ་དེ་གཟིག་གི་གྲལ།[253] 中席其位为豹座
The middle seats were reserved for brave people,

གཟིག་གི་ཐིག་ལེ་བཀྲམ་བསྡད་སྣང་།[254] 铺展豹之斑纹皮
Where the dotted leopard hide was spread out.

248 MT, ZG: ཡར་གྲལ་གྲལ་དེ་ཅི་ཞིག་རེད།
249 MT, ZG: བར་གྲལ་གྲལ་དེ་ཅི་ཞིག་རེད།
250 MT, ZG: མར་གྲལ་གྲལ་དེ་ཅི་ཞིག་རེད།
251 MT, ZG: ཡར་གྲལ་གྲལ་དེ་སྟག་གི་གྲལ།
252 MT, ZG: སྟག་གི་རི་མོ་འཐེན་བསྡད་སྣང་།
253 MT, ZG: བར་གྲལ་གྲལ་དེ་གཟིག་གི་གྲལ།
254 MT, ZG: གཟིག་གི་ཐིག་ལེ་བཀྲམ་བསྡད་སྣང་།

མར་གྲལ་གྲལ་དེ་འབྲོང་གི་གྲལ།[255] 下席野牦牛之座
The lower seats were reserved for courageous people,

འབྲོང་གི་སྤུ་གྲ་བརྡལ་བསྡད་སྟང་།[256] 拉展野牦毛之皮
Where wild yak hide was laid.

དྲི། 问
Question:

ཡར་གྲལ་གྲལ་དེ་སྟག་གི་གྲལ།[257] 上席其位虎座兮
The upper seats were reserved for noble people.

བཞུགས་མི་གང་དང་གང་ནི་བཞུགས།[258] 列席者为孰人耶
Who all were seated there?

བར་གྲལ་གྲལ་དེ་གཟིག་གི་གྲལ།[259] 中席其位豹座兮
The middle seats were reserved for brave people.

བཞུགས་མི་གང་དང་གང་ནི་བཞུགས།[260] 列席者为孰人耶
Who all were seated there?

མར་གྲལ་གྲལ་དེ་འབྲོང་གི་གྲལ།[261] 下席其位牦座兮
The lower seats were reserved for courageous people.

བཞུགས་མི་གང་དང་གང་ནི་བཞུགས།[262] 列席者为孰人耶
Who all were seated there?

---

255 MT, ZG: མར་གྲལ་གྲལ་དེ་འབྲོང་གི་གྲལ།
256 MT, ZG: འབྲོང་གི་སྤུ་གྲ་བརྡལ་བསྡད་སྟང་།
257 MT, ZG: ཡར་གྲལ་གྲལ་དེ་སྟག་གི་གྲལ།
258 MT, ZG: བཞུགས་མི་གང་དང་གང་ནི་བཞུགས།
259 MT, ZG: བར་གྲལ་གྲལ་དེ་གཟིག་གི་གྲལ།
260 MT, ZG: བཞུགས་མི་གང་དང་གང་ནི་བཞུགས།
261 MT, ZG: མར་གྲལ་གྲལ་དེ་འབྲོང་གི་གྲལ།
262 MT, ZG: བཞུགས་མི་གང་དང་གང་ནི་བཞུགས།

གླུ་དལ་བུར་ལོག་དང་བྲེལ་བ་མེད། 歌徐陈之莫匆促

Please sing the song slowly, there is no hurry.

ལན། 答

Answer:

ཡར་གྲལ་གྲལ་གྱི་ནང་ན་བཞུགས།[263] 上席之上所坐者

On the upper seats,

ཤ་རྒས་རྣམ་པ་བཞུགས་བསྡད་སྣང་།[264] 所坐耆老长者矣

All the elders were seated.

བར་གྲལ་གྲལ་གྱི་ནང་ན་བཞུགས།[265] 中席之上所坐者

On the middle seats,

ཉེ་ཚན་ཐམས་ཅད་བཞུགས་བསྡད་སྣང་།[266] 所坐同宗亲属矣

Kinsman and relatives were seated.

མར་གྲལ་གྲལ་གྱི་ནང་ན་བཞུགས།[267] 下席之上所坐者

On the lower seats,

སྡེ་བ་ཚང་པོ་བཞུགས་བསྡད་སྣང་།[268] 所坐诸多同乡矣

Villagers were seated.

གླུ་དེ་ཡི་ལན་ལ་དེ་འདྲ་ཡིན། 如是答复彼歌矣

This is the response to the song.

263 MT, ZG: ཡར་གྲལ་གྲལ་གྱི་ནང་ན་བཞུགས།

264 MT, ZG: ཤ་རྒས་རྣམ་པ་བཞུགས་བསྡད་སྣང་།

265 MT, ZG: བར་གྲལ་གྲལ་གྱི་ནང་ན་བཞུགས།

266 MT, ZG: ཉེ་ཚན་ཐམས་ཅད་བཞུགས་བསྡད་སྣང་།

267 MT, ZG: མར་གྲལ་གྲལ་གྱི་ནང་ན་བཞུགས།

268 MT, ZG: སྡེ་བ་ཚང་པོ་བཞུགས་བསྡད་སྣང་།

དྲི། 问
Question:

ཡར་གྲལ་གྲལ་དུ་བཞུགས་དུས་དེར།[269] 时汝坐于上席兮
When you were seated on the upper seats,

ཁྱེད་ཐད་ཀིར་བསྡད་ན་ཟུར་དུ་བསྡད།[270] 汝安坐抑或危坐
Did you sit face-to-face [with the elders] or side-by-side?

བར་གྲལ་གྲལ་དུ་བཞུགས་དུས་དེར།[271] 时汝坐于中席兮
When you were seated on the middle seats,

ཁྱེད་ཐད་ཀིར་བསྡད་ན་ཟུར་དུ་བསྡད།[272] 汝安坐抑或危坐
Did you sit face-to-face [with the kinsmen and relatives] or side-by-side?

མར་གྲལ་གྲལ་དུ་བཞུགས་དུས་དེར།[273] 时汝坐于下席兮
When you were seated on the lower seats,

ཁྱེད་ཐད་ཀིར་བསྡད་ན་ཟུར་དུ་བསྡད།[274] 汝安坐抑或危坐
Did you sit face-to-face [with the villagers] or side-by-side?

ལན། 答
Answer:

ཡར་གྲལ་གྲལ་དུ་བཞུགས་དུས་དེར།[275] 时就坐于上席兮
When seated on the upper seats,

---

269 MT, ZG: ཡར་གྲལ་གྲལ་དུ་བཞུགས་དུས་དེར།
270 MT, ZG: ཁྱེད་ཐད་ཀིར་བསྡད་ན་ཟུར་དུ་བསྡད།
271 MT, ZG: བར་གྲལ་གྲལ་དུ་བཞུགས་དུས་དེར།
272 MT, ZG: ཁྱེད་ཐད་ཀིར་བསྡད་ན་ཟུར་དུ་བསྡད།
273 MT, ZG: མར་གྲལ་གྲལ་དུ་བཞུགས་དུས་དེར།
274 MT, ZG: ཁྱེད་ཐད་ཀིར་བསྡད་ན་ཟུར་དུ་བསྡད།
275 MT, ZG: ཡར་གྲལ་གྲལ་དུ་བཞུགས་དུས་དེར།

ང་ཐད་ཀིར་མ་བསྡད་ཟུར་དུ་བསྡད།[276] 吾非安坐危坐矣

I sat side-by-side, rather than face-to-face [to show respect].

བར་གྲལ་གྲལ་དུ་བཞུགས་དུས་དེར།[277] 时就坐于中席兮

When seated on the middle seats,

ང་ཐད་ཀིར་མ་བསྡད་ཟུར་དུ་བསྡད།[278] 吾非安坐危坐矣

I sat side-by-side, rather than face-to-face.

མར་གྲལ་གྲལ་དུ་བཞུགས་དུས་དེར།[279] 时就坐于下席兮

When sitting seated on the lower seats,

ང་ཐད་ཀིར་མ་བསྡད་ཟུར་དུ་བསྡད།[280] 吾非安坐危坐矣

I sat side-by-side, rather than face-to-face.

དྲི། 问

Question:

ཅོག་ཙེའི་མཐའ་ན་འཛིགས་ཞིག་སྣང་།[281] 桌案上有疑难兮

One obstacle lay around the desk [on the *tsatap*],

ཁྱེད་མ་སྐྲག་ཅི་ལྟར་འོང་ནི་ཡིན།[282] 汝行何以无忧思

How did you cope with it without worry?

ཐབ་ཀའི་མཐའ་ན་འཛིགས་ཞིག་སྣང་།[283] 灶台边有疑难兮

Another obstacle lay near the edge of the stove [on the floor],

---

276 MT, ZG: ང་ཐད་ཀིར་མ་བསྡད་ཟུར་དུ་བསྡད།

277 MT, ZG: བར་གྲལ་གྲལ་དུ་བཞུགས་དུས་དེར།

278 MT, ZG: ང་ཐད་ཀིར་མ་བསྡད་ཟུར་དུ་བསྡད།

279 MT, ZG: མར་གྲལ་གྲལ་དུ་བཞུགས་དུས་དེར།

280 MT, ZG. ང་ཐད་ཀིར་མ་བསྡད་ཟུར་དུ་བསྡད།

281 MT, ZG: ཅོག་ཙེའི་མཐའ་ན་འཛིགས་ཞིག་སྣང་།

282 MT: ཁྱེད་མ་སྐྲག་ཅི་ལྟར་འོང་ནི་ཡིན། ZG: ཁྱེད་མ་སྐྲག་ག་ཙུ་འོང་ནི་ཡིན།

283 MT, ZG: ཐབ་ཀའི་མཐའ་ན་འཛིགས་ཞིག་སྣང་།

ཁྱེད་མ་སྐྲག་ཅི་ལྟར་འོང་ནི་ཡིན།[284] 汝行何以无忧思

How did you cope with it without worry?

ཁྱོད་ཡུན་རིང་མ་འགོར་ལན་རེ་ཞོག། 尔作答之莫迟误

Please answer my questions without further ado.

ལན། 答

Answer:

དེ་ལ་ལན་ཞིག་རྒྱག་རྒྱུ་ན། 应答所问者如是

To give an answer to that,

ཅོག་ཙེའི་མཐའ་ན་འཇིགས་ཞིག་སྣང་།[285] 桌案上有疑难兮

One obstacle lay around the desk,

དགའ་བྱེད་གླུ་རོགས་བཞུགས་བསྡད་སྣང་།[286] 同乡歌者列席间

The invited singers were seated.[12]

ངས་དེ་ལ་གླུ་གསུམ་བླངས་ནི་ཡིན།[287] 吾于彼处唱歌也

I sang songs for them.

ང་མ་སྐྲག་དེ་ལྟར་འོང་ནི་ཡིན།[288] 如此吾行无忧思

In such way, I overcame it without worry.

ཐབ་ཀའི་མཐའ་ན་འཇིགས་ཞིག་སྣང་།[289] 灶台边有疑难兮

Another obstacle lay near the edge of the stove,

284 MT: ཁྱེད་མ་སྐྲག་ཅི་ལྟར་འོང་ནི་ཡིན། ZG: ཁྱེད་མ་སྐྲག་ག་ཏུ་འོང་ནི་ཡིན།

285 MT, ZG: ཅོག་ཙེའི་མཐའ་ན་འཇིགས་ཞིག་སྣང་།

286 MT, ZG: དགའ་བྱེད་གླུ་རོགས་བཞུགས་བསྡད་སྣང་།

287 MT, ZG: ངས་དེ་ལ་གླུ་གསུམ་བླངས་ནི་ཡིན།

288 MT: ང་མ་སྐྲག་དེ་ལྟར་འོང་ནི་ཡིན། ZG: ང་མ་སྐྲག་དེ་ཏུ་འོང་ནི་ཡིན།

289 MT, ZG: ཐབ་ཀའི་མཐའ་ན་འཇིགས་ཞིག་སྣང་།

ངས་དེ་ལ་ཨ་ཀྱུ་འཁྲབས་ནི་ཡིན།[290] 吾于彼处跳阿迦

I danced several rounds of *Agya* for them.[13]

ང་མ་སྒྲག་དེ་ལྟར་འོང་ནི་ཡིན།[291] 如此吾行无忧思

In such way, I overcame it without worry.

དྲི། 问

Question:

ཁྱེད་བསུ་ལེན་ཡིན་ན་ཆུ་ལེན་ཡིན།[292] 汝娶亲或取水耶

Are you here to receive the bride or to receive the water?[14]

ཁྱེད་ཤ་ཉེ་ཡིན་ན་ཉེ་ལེ་ཡིན།[293] 汝同宗或远亲耶

Are you a close relative or a relative?[15]

ཁྱེད་ཆང་འཐུང་ཡིན་ན་གླུ་ལེན་ཡིན།[294] 汝饮酒或咏歌耶

Are you here to drink wine or to sing songs?

གླུ་དལ་བུར་ཤོག་དང་བྲེལ་བ་མེད། 歌徐陈之莫匆促

Please sing the song slowly, there is no hurry.

ལན། 答

Answer:

ང་ཆུ་ལེན་མིན་དང་བསུ་ལེན་ཡིན།[295] 吾娶亲也非取水

I am here to receive the bride, not the water.

---

290 MT, ZG: ངས་དེ་ལ་ཨ་ཀྱུ་འཁྲབ་ནི་ཡིན།

291 MT: ང་མ་སྒྲག་དེ་ལྟར་འོང་ནི་ཡིན། ZG: ང་མ་སྒྲག་དེ་ཏུ་འོང་ནི་ཡིན།

292 MT, ZG: ཁྱེད་བསུ་ལེན་ཡིན་ན་ཆུ་ལེན་ཡིན།

293 MT, ZG: ཁྱེད་ཤ་ཉེ་ཡིན་ན་ཉེ་ལེ་ཡིན།

294 MT, ZG: ཁྱེད་ཆང་འཐུང་ཡིན་ན་གླུ་ལེན་ཡིན།

295 MT, ZG: ང་ཆུ་ལེན་མིན་དང་བསུ་ལེན་ཡིན།

ང་ཉེ་ལེ་མིན་དང་ཤ་ཉེ་ཡིན།[296] 吾同宗也非远亲

I am a close relative, not a relative.

ང་ཆང་འཐུང་མིན་དང་གླུ་ལེན་ཡིན།[297] 吾咏歌也非饮酒

I am here to sing songs, not to drink wine.

གླུ་དེ་ཡི་ལན་ལ་དེ་འདྲ་ཡིན། 如是答复彼歌矣

This is the response to the song.

ཁྱེད་བསུ་ནི་ཡིན་ན་ད་བསུ་གྱིས།[298] 汝既娶亲迎娶之

Please take the bride if you are here to [help] receive the bride.

ཁྱེད་ཤ་ཉེ་ཡིན་ན་ཚིག་གསུམ་ཐོངས།[299] 汝既同宗美言之

Please speak sweet words if you are a close relative.

ཁྱེད་གླུ་ལེན་ཡིན་ན་གླུ་གསུམ་ལོངས།[300] 汝既咏歌歌咏之

Please sing songs if you come here to sing.

---

296 MT, ZG: ང་ཉེ་ལེ་མིན་དང་ཤ་ཉེ་ཡིན།

297 MT, ZG: ང་ཆང་འཐུང་མིན་དང་གླུ་ལེན་ཡིན།

298 MT, ZG: ཁྱེད་བསུ་ནི་ཡིན་ན་ད་བསུ་གྱིས།

299 MT: ཁྱེད་ཤ་ཉེ་ཡིན་ན་ཚིག་གསུམ་ཐོངས། ZG: ཁྱེད་ཤ་ཉེ་ཡིན་ན་ཚིག་གསུམ་ཤོད།

300 MT: ཁྱེད་གླུ་ལེན་ཡིན་ན་གླུ་གསུམ་ལོངས། ZG: ཁྱེད་གླུ་བ་ཡིན་ན་གླུ་གསུམ་ལོངས།

Endnotes མཇུག་མཆན། 尾注

1 On the wedding day, the groom usually arrives early in the morning to take the bride. In the past, due to transportation challenges, maternal uncles and kinsmen would arrive at the bride's house one day or even several days earlier. The following two stanzas describe where and how the maternal uncles rest on the days before the wedding.

དེའང་གཉེན་སྟོན་གྱི་ཉིན་མོར། བག་མ་བསུ་ལེན་མཁན་རྣམས་ཞོགས་ཀའི་སྔ་མོ་ནས་བསུ་བར་ཡོང་ཕྱིར། སྔར་ཡུལ་སྐྱེ་བར་དུ་ལམ་ཐག་རིང་བས། ཞང་པོ་རྣམས་ནི་ཉིན་གཅིག་གི་སྔ་མོར་བག་མའི་ཁྱིམ་དུ་ཡོང་ནས་ཞག་སྡོད་བྱེད་སྲོལ་ཡོད་པ་རེད། སྐབས་བབ་ཀྱི་ཚན་པར་ཞང་པོ་གཟིམས་ནས་ངལ་གསོས་ཞིང་མལ་ལས་ལངས་པའི་ཚུལ་རྣམས་བརྗོད་ཡོད།

婚礼当天，新郎一般会在早晨来娶亲。过去由于交通不便，舅舅与亲戚们会提前一天甚至几天到新娘家里。接下来的两个诗节描述舅舅在婚礼前是如何休息的。

2 *Tsen* (*btsan*) horse is often reddish-brown. It is regarded as the mount of the *tsen* mountain deity. Such a horse would therefore not engage in farm work or in carrying goods and is rather left to roam free.

བཙན་རྟ་ནི་ཕྱིར་བཏང་རྟ་སྤུ་མདོག་དམར་པོ་ཞིག་དང་བཙན་གྱི་བཅིབས་པར་འདོད་ཕྱིར། ལས་ཀར་བཀོལ་མི་ཆོག་པར་གང་སར་རང་དབང་དུ་བཏང་ཡོད་པ་རེད།

赞马通常为红棕色，被认为是山神的坐骑。这样的马自由自在，不用于农活和驮运。

3 This does not mean three horsewhips. The saddle and the bridle, as well as the horsewhip, are collectively called *ta chak sum* (*rta lcag gsum*).

འདིར་རྟ་ལྕག་གསུམ་ཞེས་པ་ནི་རྟག་ལྕག་དང་རྟ་སྒ་དང་རྟ་སྲབ་གསུམ་ལ་གོ་བ་ཡིན།

这并不是指三条马鞭。鞍子、辔头与马鞭一起被称为"达驾孙"(རྟ་ལྕག་གསུམ།)。

4 'Yarmo Plain' (*g.yar mo thang*) is used to refer to various geographical locations in different sources. In this case, we understand it to mean 'The Great Pasture'.

ལོ་རྒྱུས་ཡིག་ཚང་ཁག་ལྟར་ན་གཡར་མོ་ཐང་ཞེས་པ་ནི་ས་ཆ་ཁ་ཤས་ཤིག་ལ་གོ་སྟངས་ཡོད་ཀྱང་། འདིར་སྐབས་དོན་ལྟར་ཐང་ཆེན་པོ་ལ་གོ་བ་བླངས་ཡོད།

在不同史料中野摩塘(གཡར་མོ་ཐང་།)指不同的地方。我们理解其为"大草原"。

5 The five kinds of warfare usually refer to the arrow, spear, knife, axe, and lasso. As for the nine common weapons and their meanings in Tibetan

culture, see Tashi Tsering Josayma, *'Khra ring bog gi bshad pa* and Other Material on the Matchlock', in *Defence and Offence: Armour and Weapons in Tibetan Culture*, ed. by Federica Venturi and Alice Travers (Annali di Ca' Foscari. Serie orientale, 2021) pp. 861–932 (pp. 903–05).

མདའ་གྱི་མདུང་གསུམ་དང་སྟ་རེ། ཞགས་པ་སོགས་དགྲ་ལྷ་གོ་མཚོན་སྣ་ལྔའི་མཚོན་དོན་དང་འབྲེལ་བའི་དཔྱད་ཞིབ་ཀྱི་སྐོར་ལ་འདིར་གཟིགས་པར་ཞུ། Tashi Tsering Josayma, *'Khra ring bog gi bshad pa* and Other Material on the Matchlock', in *Defence and Offence: Armour and Weapons in Tibetan Culture*, ed. by Federica Venturi and Alice Travers (Annali di Ca' Foscari. Serie orientale, 2021) pp. 861–932 (pp. 903–05).

五种兵器指箭、矛、刀、斧、套索。有关九种常见武器及其在藏文化中的意义，见Tashi Tsering Josayma, *'Khra ring bog gi bshad pa* and Other Material on the Matchlock', in *Defence and Offence: Armour and Weapons in Tibetan Culture*, ed. by Federica Venturi and Alice Travers (Annali di Ca' Foscari. Serie orientale, 2021) pp. 861–932 (pp. 903–05).

6 *Za* (*gza'*) refers to the planetary deities. It has nine heads, with a raven's head on top. People suffer from apoplexy if caught in the shadow of *za*'s raven head. Locals believe that *za* dwell in the mountain, and that they are round-shaped and shining. If one pauses at a mountain pass for too long, *za* may cause paralysis in the facial nerves. See more about *za* in René de Nebesky-Wojkowitz, *Oracles and Demons of Tibet: The Cult and Iconography of the Tibetan Protective Deities* (Delhi: Book Faith India, 1996), pp. 259–62.

གཟའ་གྲིབ་ཀྱི་ནད་གཏོང་བའི་དབུ་དགུ་ཅན་གྱི་གདོན་འདྲེ་ཞིག་སྟེ། གཟའ་གྲིབ་ཕོག་ན་ཁ་སྐྱུགས་ཤིང་ དྲན་པ་ཉམས་པ་དང་བརྒྱལ་བ་སོགས་ཀྱི་ནད་བྱུང་། ཡུལ་ལུང་འདིའི་མི་རྣམས་ཀྱིས་གཟའ་ནི་རི་ཡི་གྲོད་དུ་གནས་ཤིང་། སྒྲིར་བཏང་དབྱིབས་ཟླུམ་པོ་དང་འོད་དཀར་པོ་ཅན་ཞིག་ཏུ་མངོན་པ་དང་། རི་མགོ་དང་ཁེས་ཁ་སོགས་སུ་སྡོད་ཡུན་རིང་ན་གཟའ་གྲིབ་ཕོག་ཉེན་ཆེ་བར་བཤད། འབྲེལ་ཡོད་དཔྱད་ཞིབ་ཀྱི་སྐོར་ལ་འདིར་གཟིགས་པར་ཞུ། René de Nebesky-Wojkowitz, *Oracles and Demons of Tibet: The Cult and Iconography of the Tibetan Protective Deities* (Delhi: Book Faith India, 1996), pp. 259–62.

泽(གཟའ།)指九耀神。他有九个头，其中乌鸦头在最高处。如果进入泽的乌鸦头的影子中，人会中风。当地人相信泽住在山中，为圆形，闪着白光。如果一个人在垭口停留太久，泽也许会引发面瘫。有关泽的更多内容见René de Nebesky-Wojkowitz, *Oracles and Demons of Tibet: The Cult and Iconography of the Tibetan Protective Deities* (Delhi: Book Faith India, 1996), pp. 259–62。

7 *Tsen* (*btsan*) refers to a red, rock-dwelling spirit.

བྲག་ལ་གནས་ཤིང་རང་མདོག་དམར་པོ་ཅན་གྱི་ལྷ་སྲིན་གྱི་རིགས་ཤིག

赞(བཙན།)指居于石头中的红色神灵。

8 *Teu* (*the'u rang*) are spirits who possess children and make them sick. They also bring about disunity and cause bad weather. See René de Nebesky-Wojkowitz, *Oracles and Demons of Tibet: The Cult and Iconography of the Tibetan Protective Deities*, pp. 283, 467.

བྱིས་པ་ཆུང་དུ་ན་བར་བྱེད་པ་དང་མི་མཐུན་པའི་རྐྱེན་ངན་གཏོང་བའི་མཁའ་ལ་རྒྱུ་བའི་འབྱུང་པོའི་རིགས་ཤིག René de Nebesky-Wojkowitz, *Oracles and Demons of Tibet: The Cult and Iconography of the Tibetan Protective Deities*, pp. 283, 467.

忒(ཐེའུ་རང་།)是会附身儿童使其生病的神灵。他们也会招致不合、引发坏天气。见René de Nebesky-Wojkowitz, *Oracles and Demons of Tibet: The Cult and Iconography of the Tibetan Protective Deities*, pp. 283, 467。

9 This refers to the three round wood posts set horizontally on village streets to block the groom and his companions, deliberately making bride-taking difficult and playful. The first post is set by young boys; the second is set by young girls; the last one is set by grandmothers. Sometimes, a fourth challenge without a wood post is set in the kitchen. The groom's companions—all young and middle-aged strong men—are not permitted to use force to move the posts, and instead must resort to words of praise and make use of their negotiating skills.

དེའང་བག་མ་བསུ་ལེན་བྱེད་མཁན་རྣམས་ལ་རྩེད་མོ་དང་དཀའ་ལས་གཏོད་བའི་ཆེད། ཡུལ་སྡེའི་སྲང་ལམ་དུ་སྡོ་ཕྱིར་འཛའ་ཤིང་རིང་མོ་གསུམ་གྱིས་རིམ་པ་གསུམ་དུ་དགོག་ཅིང་། རིམ་པ་རེ་རེ་ནི་ན་གཞོན་ཕོ་མོ་དང་བགྲེས་མོ་རྣམས་ཀྱིས་སྲུང་ཡོད། དེ་ཙམ་དུ་མ་ཟད། སྐབས་རེར་ཇ་ཁང་དུའང་དཀའ་ལས་སྣ་ཚོགས་གཏོད་སྲིད་པ་དང་། མག་པའི་ཕྱོགས་ཀྱི་བསུ་ལེན་མཁན་རྣམས་ནི་ཕལ་ཆེར་སྐྱེས་པ་དར་མ་ཁོ་ན་ཡིན་རུང་། བཙན་གྱིས་མ་ཡིན་པར་ཁ་ཡག་ངོ་དགའ་ལ་བརྟེན་ནས་འཛའ་ཤིང་དེ་དག་རིམ་གྱིས་སེལ་དགོས་པ་ཡིན།

这里指的是为了增加迎亲的趣味和难度，平置于村子道路上阻拦新郎及其同伴的三根木杠。它们分别由男孩儿、女孩儿和老妇人设置。有时没有木杠的第四个挑战设置在厨房。新郎的同伴大都是年轻力强的男子，他们不能使用武力，只能用赞美之词和谈判技巧挪开木杠。

10 On the wedding day, three groups of people sit in the main living room of the groom's house. Monks, village ritual specialists, and elders sit on the clay platform. *Zhang* sit on the wooden floor next to the clay platform and villagers also sit on the wooden floor against window, facing *zhang*.

གཉེན་སྟོན་གྱི་ཉིན་མོར་མག་པ་ཚང་གི་ཁང་ཆེན་ནང་དུ་མི་སྐོར་གསུམ་ཡོད་དེ། དང་པོ་ནི་ཚ་ཐབ་ཀྱི་སྟེང་དུ་བཞུགས་པའི་དགེ་འདུན་པ་དང་ཏོ་ག་མཁན་དང་བགྲེས་པོ་རྣམས་ཡིན། ཚ་ཐབ་དང་ཉེ་བའི་གོ་ཐབ་ཀྱི་གྲལ་དུ་ཞང་པོ་རྣམས་བཞུགས་ཡོད་ལ། ཞང་པོ་རྣམས་ཀྱི་མདུན་ཕྱོགས་ཀྱི་གོ་ཐབ་དུ་མགྲོན་པོ་རྣམས་བཞུགས་ཡོད།

在婚礼当天，三组人坐在新郎家的客厅。僧人、村子的仪式专家和老者坐在炕上。舅舅们坐在靠近炕的木地板上，村民正对舅舅们坐在窗户下的地板上。

11 Tibetans often use metaphors to compare animals with human beings. People with a reputation for noble character wear tiger hide (*stag lpags can*) or leopard hide (*gzig lpags can*). These are also the people most often seated on the so-called 'tiger seat'. In contrast, the metaphor of someone who wears dog hide (*khyi lpags can*) or goat hide (*ra lpags can*) refers to an individual with a bad reputation.

བོད་ཀྱི་སྲོལ་རྒྱུན་དུ་སྒོག་ཆགས་ཀྱི་དཔེ་རུ་འགོད་ཐབས་ཀྱིས་མི་ཡི་ཐོབ་ཐང་མཚོན་སྲོལ་ཡོད་པ་ནི་ཡོངས་གྲགས་ཡིན་ནོ། དཔེར་ན་དཔའ་མཛངས་དང་ལྡན་པའི་མཚན་སྙན་ཅན་རྣམས་ལ་སྟག་ལྤགས་ཅན་དང་གཟིག་ལྤགས་ཅན་གྱི་མངའ་ཐང་གསོལ་ཞིང་། དེ་ལས་ལྡོག་པའི་བསམ་སྤྱོར་ངན་པའི་རིགས་རྣམས་ནི་ཁྱི་ལྤགས་ཅན་དང་ར་ལྤགས་ཅན་གྱི་དཔེ་རུ་འགོད་པའོ།།

藏族常常用动物比喻人的品行。具备声望和高贵品格的人会被比作穿虎皮（སྟག་ལྤགས་ཅན།）或豹皮（གཟིག་ལྤགས་ཅན།）的人。他们通常会坐在所谓的"虎座"上。与之相对，品行不佳的人通常比喻为穿狗皮（ཁྱི་ལྤགས་ཅན།）或羊皮（ར་ལྤགས་ཅན།）的人。

12 Renowned singers in the village are invited by the host to help make the ceremony joyous. Usually, two singers are invited.

དེའང་སྐྱེམས་སྟོན་དང་དགྱེས་འཛོམས་ཀྱི་དགའ་བ་འཕེལ་བའི་ཆེད། བདག་པོ་ཚང་གིས་སྡེ་བའི་ནང་གི་གླུ་བ་གླུ་མ་གཉིས་རེ་གདན་འདྲེན་བྱེད་སྲོལ་ཡོད་པ་རེད།

为了使婚礼气氛更活跃，事主家会邀请村子里的著名歌者来表演。通常会邀请两位歌者。

13 *Agya* (*a rgya*) refers to the singing dances performed by women in the main living room on the wedding day. In each performance, there are at least two sets of women and each set consists of two women. They take turns singing lines while performing slow dance moves at the same time.

ཨ་རྒྱ་ཞེས་པ་ནི་གཉེན་སྟོན་གྱི་སྐབས་སྐྱེས་སྨན་གཉིས་རེས་སྒོར་གཅིག་བྱས་ཏེ་ཚོམས་ཆེན་དུ་གླུ་དབྱངས་ངག་ལ་གྱེར་ཞོར་དུ་ལུས་ཀྱི་སྟངས་སྟབས་དལ་གྱིས་ངོམ་པའི་གར་གྱི་རིགས་ཤིག་ཡིན།

阿佳（ཨ་རྒྱ།）指妇女在婚礼当天在客厅表演的歌伴舞。每次表演至少有两组妇女，每组两人。她们一边轮流唱着歌，一边表演舒缓的舞蹈动作。

14 Water is sprinkled by villagers and relatives of the bride, and—in jest—*tsampa* on Chémar is scattered on the groom's companions on the wedding day by kitchen helpers.

དེའང་རྩེད་མོའི་བརྒྱུད་རིམ་དུ། བག་མའི་ཕྱོགས་ཀྱི་ཤ་ཉེ་དང་གཉེན་ཉེ་རྣམས་ཀྱིས་མག་པའི་ཕྱོགས་ལ་ཆུ་གཏོར་སྲོལ་ཡོད་པ་དང་། སྐབས་རེར་ཕྱེ་མར་གྱི་རྩམ་པའང་གཏོར་སྲོལ་ཡོད་པ་རེད།

在欢声笑语中，新娘的同村和亲戚会将清水撒到新郎同伴的身上，有时帮厨的人也会将切玛上的青稞面撒到他们身上。

15 *Nyélé* (*nye le*), or *nyédu* (*nye du*), refers to relatives, which is distinguished from *shanyé* relatives—the closer relatives. On the wedding day, the groom's companions are usually chosen from *shanyé*. For details about *shanyé*, see our introduction.

ཉེ་ལེ་དང་ཉེ་དུ་ནི་ཤ་ཉེ་དང་མི་གཅིག་པའི་གཉེན་ཉེ་རྣམས་ཡིན་ཞིང་། གཉེན་སྟོན་གྱི་སྐབས་སུ་མག་པའི་ཕྱོགས་ཀྱི་བསུ་ལེན་མཁན་རྣམས་ནི་ཤ་ཉེ་ཁོ་ན་ཡིན་དགོས། ཤ་ཉེ་དང་འབྲེལ་བའི་ཞིབ་ཕྲའི་སྐོར་རྣམས་ནི་སྔོན་གླེང་གི་སྐབས་སུ་གསལ།

"尼勒"(ཉེ་ལེ།)或"尼都"(ཉེ་དུ།)指不同于沙尼的亲戚。在婚礼上，新郎的同伴一般选自沙尼。有关沙尼的内容，详见导论。

Illustrations དཔེ་རིས། 图片

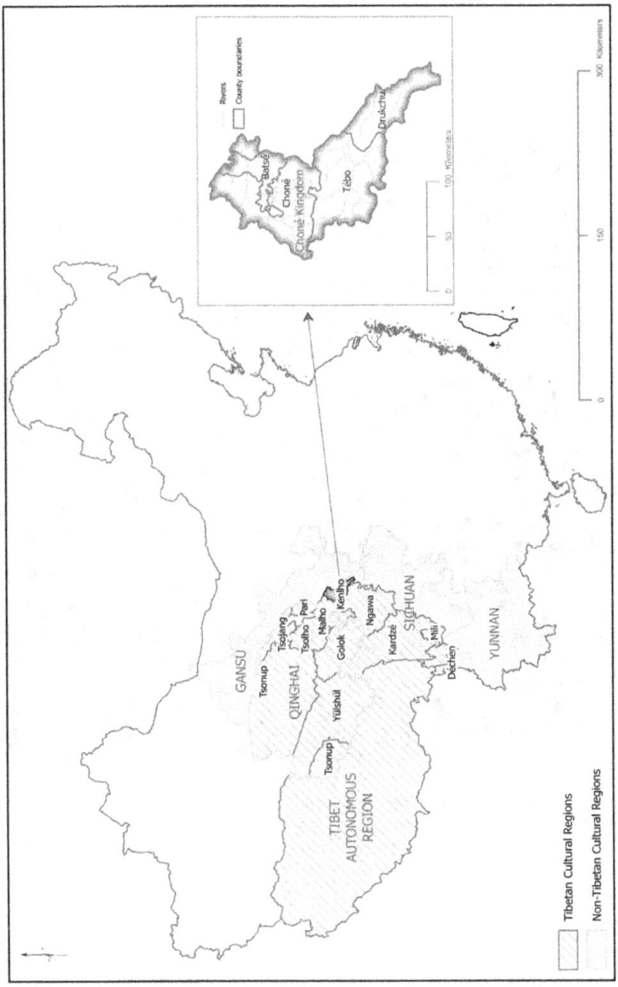

Fig. 1 Maya Daurio, *Map of Choné in Relation to Other Parts of the Tibetan Cultural Region* (2022).

དཔེ་རིས། ༡ མ་ཡ་ཧྡོ་རེ་ཨོ། བོད་ཀྱི་ཤེས་རིག་ཁྱབ་ཁོངས་ཀྱི་བས་མཐའ་རུ་གནས་པའི་ཅོ་ནེ། (༢༠༢༢)

图1 玛雅·道芮奥, 卓尼与其他藏文化地区位置关系图(2022)。

https://doi.org/10.11647/OBP.0312.09

Fig. 2 Bendi Tso, *Anyé zhidak* (2019), Palung, Choné.
དཔེ་རིས། ༢ བན་དེ་འཚོ། ཨ་མྱེས་གཞི་བདག (༢༠༡༩) ཅོ་ནེའི་སྤ་ལུང་།
图2 完代草，阿乃日达(2019)，卓尼帕鲁。

Fig. 3 Bendi Tso, *New Year Shépa Performance* (2019), Lappa, Choné.
དཔེ་རིས། ༣ བན་དེ་འཚོ། ལོ་གསར་སྐབས་ཀྱི་བཤད་པའི་གྱེར་ལེན། (༢༠༡༩) ཅོ་ནེའི་ལབ་པ་སྡེ་བ།
图3 完代草, 新年的释巴表演(2019), 卓尼磊族。

Fig. 4 Bendi Tso, *A Stage Shépa Performance* (2019), Choné County Seat.
དཔེ་རིས། ༤ བན་དེ་འཚོ། བཤད་པའི་གར་སྟེགས་འཁྲབ་སྟོན། (༢༠༡༩) ཅོ་ནེའི་རྫོང་མཁར།
图4 完代草, 释巴舞台表演(2019), 卓尼县城。

Fig. 5 An Namdröl, *Chémar* (2021), Yangpo, Choné.
དཔེ་རིས། ༥ ཨན་རྣམ་གྲོལ། ཕྱེ་མར། (༢༠༢༡) ཅོ་ནེའི་གཡང་པོ་སྡེ་བ།
图5 安那珠, 切玛(2021), 卓尼牙布。

Fig. 6 Bendi Tso, *A Range of Different Arrows in an Anyé Zhidak* (2019), Palung, Choné.

དཔེ་རིས། ༦ བན་དེ་འཚོ། ཨ་མྱེས་གཞི་བདག་ཏུ་གསོལ་བའི་མདའ་ཡི་རིགས། (༢༠༡༩) ཅོ་ནེའི་སྤྲ་ལུང་།

图6 完代草，阿乃日达中不同种类的箭(2019)，卓尼帕鲁。

Fig. 7 Bendi Tso, *The Ritual of Calling for Fortune* (2019), Golung, Choné.
དཔེ་རིས། ༧ བན་དེ་འཚོ། རྣམ་སྲུས་གཡང་འབོད། (༢༠༡༩) ཅོ་ནེའི་སྒོ་ལུང་།
图7 完代草, 唤福仪式(2019), 卓尼关洛。

References

དཔྱད་གཞི་ཡིག་ཆ། 参考文献

Abhidharmakośa-Bhāṣya of Vasubandhu: The Treasury of the Abhidharma and Its (Auto) Commentary, ed. and trans. into English by Gelong L. Sangpo, 4 vols (Delhi: Motilal Banarsidass Publishers Private Limited, 2012).

Anton-Luca, Alexandru, '*glu* and *la ye* in Amdo: An Introduction to Contemporary Tibetan Folk Songs', in *Amdo Tibetans in Transition: Society and Culture in the post-Mao Era*, ed. by Toni Huber (Leiden: Brill, 2002), pp. 173-96.

Atwood, Christopher, 'The First Mongol Contacts with the Tibetans', *Revue d'Etudes Tibétaines*, 31 (2015), 21-45.

Aziz, Barbara N., 'On Translating Oral tradition: Ceremonial Wedding Poetry from Dingri', in *Soundings in Tibetan Civilization*, ed. by Barbara N. Aziz and Matthew Kapstein (New Delhi: Manohar, 1985), pp. 115-32.

Beckwith, Christopher, *The Tibetan Empire in Central Asia: A History of the Struggle for Great Power Among Tibetans, Turks, Arabs, and Chinese During the Early Middle Ages* (Princeton: Princeton University Press, 1987).

Beckwith, Christopher, 'The Tibetans in the Ordos and North China: Considerations on the Role of the Tibetan Empire in World History', in *The Tibetan History Reader*, ed. by Gray Tuttle and Kurtis R. Schaeffer (New York: Columbia University Press, 2013), pp. 133-41.

Beer, Robert, *The Handbook of Tibetan Buddhist Symbols* (Chicago and London: Serindia Publications, 2003).

Bell, Christopher, 'Divination, Prophecy and Oracles in Tibetan Buddhism', in *Prophecy in the New Millennium*, ed. by Sarah Harvey and Suzanne Newcombe (Surrey and Burlington: Ashgate Publishing Company, 2013), pp. 123-35.

Bellezza, John V., 'The Swastika, Stepped Shrine, Priest, Horned Eagle, and Wild Yak Rider-Prominent Antecedents of Yungdrung Bon Figurative and Symbolic Traditions in the Rock Art of Upper Tibet', *Revue d'Etudes Tibétaines*, 42 (2017), 5-38.

Bender, Mark, Aku Wuwu and Jjivot Zopqu, *The Nuosu Book of Origins* (Seattle: University of Washington Press, 2019).

Bender, Mark, 'Co-creations, Master Texts, and Monuments: Long Narrative Poems of Ethnic Minority Groups in China', *Journal of Chinese Oral and Performing Literature*, 38.2 (2019), 65-90.

Bendi Tso, 'Opportunities and Challenges in Preserving and Revitalizing the Tibetan Oral Literature Shépa in Chone', *Book 2.0*, 9.1-2 (2019), 7-18.

Benedict, Paul K., 'Tibetan and Chinese Kinship Terms', *Harvard Journal of Asiatic Studies*, 6.3-4 (1942), 313-37.

Berounský, Daniel, 'Bird Offerings in the Old Tibetan Myths of the Nyen Collection (*Gnyan 'bum*)', *Archiv orientální*, 84.3 (2016), 527-59.

Bkra po, ed., *Glu shags srid pa'i dar lce* (Xining: Mtsho sgnon mi rigs dpe skrun khang, 1997).

Bkra shis don grub, '*Ge sar sgrung gi glu tshig las bshad pa'i skor gyi zhib 'jug*' (unpublished master's thesis, Northwest Minzu University, 2018).

Blo bzang lhun grub rdo rje, ed., *Mdo khams yul gyi bod yig gna' dpe phyogs bsdus mthong ba 'dzum bzhad*, 60 vols (Lanzhou: Gansu wenhua chubanshe, 2012), XVI (2012).

Brag dgon pa dkon mchog bstan pa rab rgyas, *Mdo smad chos 'byung* (Lanzhou: Kan su'u mi rigs dpe skrun khang, 1982).

'Brug thar and Ngag dbang rgya mtsho, ed., *Bod kyi dmangs khrod ngag rgyun rig gnas dpe tshogs*, 60 vols (Lanzhou: Kan su'u rig gnas dpe skrun khang, 2015), V, VI, VII, VIII (2015).

Bsod nams rgyal mtshan, *The Mirror Illuminating the Royal Genealogies*, trans. by Per K. Sørensen (Wiesbaden: Harrassowitz Verlag, 1994).

Buswell, Robert E. and Donald S. Lopez, *The Princeton Dictionary of Buddhism* (Princeton and Oxford: Princeton University Press, 2014).

Cabezón, José I. and Roger R. Jackson, 'Editors' Introduction', in *Tibetan Literature: Studies in Genre*, ed. by José I. Cabezón and Roger R. Jackson (New York: Snow Lion, 1996), pp. 11-37.

Cammann, Schuyler V. R., 'The Eight Trigrams: Variants and Their Uses', *History of Religions*, 29.4 (1990), 301-17.

Chab 'gag rdo rje tshe ring, ed., *Bshad pa* (Lanzhou: Kan su'u mi rigs dpe skrun khang, 2006).

Chen, Bangzhan, *Songshi jishi benmo* (Beijing: Zhonghua shuju, 1977).

Chögyam Trungpa, *Glimpses of Abhidharma: From a Seminar on Buddhist Psychology* (Boulder: Prajñā Press, 1975).

Chos mngon pa'i mdzod kyi tshig le'ur byas pa sogs (BDRC: MW1NLM864, n.d.).

Cornu, Philippe, *Tibetan Astrology*, trans. by Hamish Gregor (Boston and London: Shambhala Publications, 1997).

Cuevas, Bryan J., 'The "Calf's Nipple" (*Be'u bum*) of Ju Mipam ('Ju Mi pham): A Handbook of Tibetan Ritual Magic', in *Tibetan Ritual*, ed. by José I. Cabezón (Oxford: Oxford University Press, 2010), pp. 165-86.

Dag pa gser gyi mdo thig sogs (BDRC: W1NLM211, n.d.).

Diemberger, Hildegard, 'Blood, Sperm, Soul and the Mountain: Gender Relations, Kinship and Cosmovision among the Khumbo (N.E. Nepal)', in *Gendered Anthropology*, ed. by Teresa del Valle (London: Routledge, 1993), pp. 88-127.

Don dam smra ba'i seng ge, *A 15th Century Tibetan Compendium of Knowledge* (*Bshad mdzod yid bzhin nor bu*) with an introduction by E. Gene Smith, ed. by Lokesh Chandra (New Delhi: Jayyed Press, 1969).

Don grub rgyal, '*Mdo smad mtsho lho yul du dar khyab che ba'i bshad pa'i skor la rags tsam dpyad pa*' (unpublished master's thesis, Tibet University, 2012).

Dotson, Brandon, 'A Note on ŹAN: Maternal Relatives of the Tibetan Royal Line and Marriage into the Royal Family', *Journal Asiatique*, 292.1-2 (2004), 75-99.

Dreyfus, Georges, *The Sound of Two Hands Clapping* (Berkeley: University of California Press, 2003).

Drogön Chogyal Phagpa, *Shes bya rab gsal*, in *Sa skya bka' 'bum*, 15 vols (Sachen International, 2006), XIII (2006).

Ekvall, Robert, 'Some Aspects of Divination in Tibetan Society', *Ethnology*, 2.1 (1963), 31-39.

Eno, Robert, 'Shang State Religion and the Pantheon of the Oracle Texts', in *Early Chinese Religion, Part one: Shang Through Han (1250 BC-220 AD)*, ed. by John Lagerwey and Marc Kalinowski (Leiden: Brill, 2009), pp. 41-102.

Everding, Karl-Heinz, 'The Mongol States and Their Struggle for Dominance over Tibet in the 13th Century', in *Tibet, Past and Present*, ed. by Henk Blezer (Leiden: Brill, 2002), pp. 109-28.

Fan, Xueyong and Shihong Yang, *Zhuoni zangzu chuangshi shishi sheba* (Beijing: Minzu chubanshe, 2017).

Fan, Ye, *Houhanshu* (Beijing: Zhonghua shuju, 1965).

Fitzherbert, Solomon G., 'The Tibetan Gesar Epic as Oral Literature', in *Contemporary Visions in Tibetan Studies: Proceedings of The First International Seminar of Young Tibetologist*, ed. by Brandon Dotson and others (Chicago: Serindia Publications, 2009), pp. 171-96.

Fleming, Rachel C., 'Resisting Cultural Standardization: Comhaltas Ceoltóirí Éireann and the Revitalization of Traditional Music in Ireland', *Journal of Folklore Research*, 41.2 3 (2004), 227-57.

Fu, Maoji, *Naxizu tuhua wenzi baibianfu qujingji yanjiu* (Beijing: Shangwu yinshuguan, 2012).

Gethin, Rupert, *The Foundations of Buddhism* (Oxford: Oxford University Press, 1998).

Grags pa bshad sgrub, *Co ne grags pa bshad sgrub kyi gsung 'bum*, 18 vols (Beijing: Krung go'i bod rig pa dpe skrun khang, 2009).

'Gru btsun legs bshad rgya mtsho, *The bo'i dmangs khrod ngag rgyun rtsom rig phyogs bsdus* (Lanzhou: Kan su'u mi rigs dpe skrun khang, 2017).

Guowuyuan diqici quankuo renkou pucha lingdao xiaozu bangongshi, ed., *Zhongguo renkou pucha nianjian*, 3 vols (Beijing: Zhongguo tongji chubanshe, 2020).

Hartley, Lauran R. and Patricia Schiaffini-Vedani, 'Introduction', in *Modern Tibetan Literature and Social Change*, ed. by Lauran R. Hartley and Patricia Schiaffini-Vedani (Durham and London: Duke University Press, 2008), pp. xiii-xxxviii.

Hill, Nathan, '"Come as Lord of the black-headed"–an Old Tibetan Mythic Formula', in *Tibet after Empire: Culture, Society and Religion between 850–1000*, ed. by Christoph Cüppers, Robert Mayer and Michael Walter (Lumbini: Lumbini International Research Institute, 2013), pp. 169-79.

Hillis, Gregory, 'Khyung Texts in the *Rnying ma'i rgyud 'bum*', in *The Many Canons of Tibetan Buddhism*, ed. by Helmut Eimer and David Germano (Leiden: Brill, 2002), pp. 313-34.

Hoffmann, Helmut, *The Religions of Tibet*, trans. by Edward Fitzgerald (George Allen & Unwin Ltd, 1961).

Horlemann, Bianca, 'The Relations of the Eleventh-Century Tsong kha Tribal Confederation to its Neighbour States on the Silk Road', in *Contributions to the Cultural History of Early Tibet*, ed. by Matthew Kapstein and Brandon Dotson (Leiden: Brill, 2007), pp. 79-101.

Hummel, Siegbert, 'The sMe-ba-dgu, the Magic Square of the Tibetans', *East and West*, 19.1-2 (1969), 139-46.

Iwasaki, Tsutomu, 'The Tibetan Tribes of Ho-hsi and Buddhism During the Northern Sung Period', *Acta Asiatica*, 64 (1993), 17-37.

Jackson, David P., *The Mollas of Mustang: Historical, Religious and Oratorical Traditions of the Nepalese-Tibetan Borderland* (Library of Tibetan Works & Archives, 1984).

Jackson, Roger R., '"Poetry" in Tibet: *Glu, mGur, sNyan ngag* and "Songs of Experience"', in *Tibetan Literature: Studies in Genre*, ed. by José I. Cabezón and Roger R. Jackson (New York: Snow Lion, 1996), pp. 368-92.

'Jam dbyangs 'jigs med dbang po, *Co ne'i bstan 'gyur gyi dkar chag yid bzhin nor bu'i phreng ba* (New Delhi: Ngawang Gelek Demo, 1971).

Jixi Cili, 'Anduo diebu diqu minjian koushu jingwen "siba tuoyi" chuta', in *Minzushi Yanjiu*, ed. by Cang Ming (Beijing: Zhongyang minzu daxue chubanshe, 2018), pp. 128-40.

Khedrup Norsang Gyatso, *Ornament of Stainless Light: An Exposition of the Kalachakra Tantra*, trans. by Gavin Kilty (Boston: Wisdom Publications, 2004).

Kværne, Per, *The Bon Religion of Tibet* (Boston: Shambhala, 1995).

Lama Anagarika Govinda, *Foundations of Tibetan Mysticism* (New York: Samuel Weiser, 1969).

Lama Jabb, *Oral and Literary Continuities in Modern Tibetan Literature: The Inescapable Nation* (Lanham: Lexington Books, 2015).

Lama Jabb, 'The Wandering Voice of Tibet: Life and Songs of Dubhe', *Life Writing*, 17.3 (2020), 387-409.

Lévi-Strauss, Claude, *The Elementary Structures of Kinship* (Boston: Beacon Press, 1969).

Levine, Nancy, 'The Theory of Rü: Kinship, Descent and Status in a Tibetan Society', in *Asian Highland Societies in Anthropological Perspective*, ed. by Christoph von Fürer-Haimendorf (New Delhi: Sterling Publishers, 1981), pp. 52-78.

Li, Tao, *Xu zizhi tongjian changbian* (Beijing: Guojia tushuguan, 1792).

Lin, Shen-yu, 'The Tibetan Image of Confucius', *Revue d'Etudes Tibétaines*, 12 (2007), 105-33.

Lintan xianzhi bianzuan weiyuanhui, ed., *Lintan xianzhi* (Lanzhou: Gansu renmin chubanshe, 2008).

Liu, Xu, *Jiutangshu* (Beijing: Zhonghua shuju, 1975).

Luosang Danzhu and Popa Ciren, *Anduo gucha chandingsi* (Lanzhou: Gansu minzu chubanshe, 1995).

Ma, Duanlin, *Wenxian tongkao* (Beijing: Zhonghua shuju, 1986).

Mabbett, Ian W., 'The Symbolism of Mount Meru', *History of Religions*, 23.1 (1983), 64-83.

Marnyi Gyatso, 'Home on the Margins: Tsowa Societies of the Choné Kingdom on the Inner Asian Frontier, 1862–1952' (unpublished doctoral thesis, The Chinese University of Hong Kong, 2020).

Marnyi Gyatso, 'The Ming, Tibetan and Mongol Interactions in Shaping the Ming Fortification, Multicultural Society and Natural Landscape in Mdo smad, 1368-1644', *Revue d'Etudes Tibétaines*, 55 (2020), 351-84.

Marnyi Gyatso, 'The Legacy of Bla ma dkar po: An Unsettled Dispute between Chone and Labrang on the Inner Asian Frontier', *Waxing Moon: Journal for Tibetan and Himalayan Studies*, 1 (2021), 16-56.

Marnyi Gyatso, 'A Rosary of the Wish- Fulfilling Jewels: The Co ne Kingdom on the Tibetan, Chinese, Mongolian, and Manchu Frontiers from the Fifteenth to the Eighteenth Century', Unpublished manuscript, June 1, 2022.

Martindale, Andrew, Sara Shneiderman and Mark Turin, 'Time, Oral Tradition and Technology', *Memory*, ed. by Philippe Tortell, Mark Turin and Margot Young (Vancouver: Peter Wall Institute for Advanced Studies, 2018), pp. 197-206.

Mdo dri med gzi brjid, 12 vols (Dolpo, Nepal; repr. New Delhi: Jayyed Press, 1978), II (1978).

Mgon po dbang rgyal, *Co ne sa skyong gi lo rgyus klu chu sngon mo'i gyer dbyangs* (Lanzhou: Kan su'u mi rigs dpe skrun khang, 1997).

Mingshilu (Taipei: Institute of History and Philology, 1962).

Mkhan chen khra 'gu rin po che, *Chos mngon pa mdzod kyi 'grel chung grub bde'i bcud bsdus* (Vajra Vidya Institute Library, 2020).

Morcom, Anna, 'Landscape, Urbanization, and Capitalist Modernity: Exploring the "Great Transformation" of Tibet through its Songs', *Yearbook for Traditional Music*, 47 (2015), 161-89.

Mountcastle, Amy, 'Safeguarding Intangible Cultural Heritage and the Inevitability of Loss: a Tibetan Example', *Studia Ethnologica Croatica*, 22.1 (2010), 339-59.

Namkhai Norbu, *Drung, Deu and Bon*, trans. by Adriano Clemente (Library of Tibetan Works and Archives, 1995).

Nebesky-Wojkowitz, René de, *Oracles and Demons of Tibet: The Cult and Iconography of the Tibetan Protective Deities* (Delhi: Book Faith India, 1996).

Ngawang Gyatso, 'Shilun siba benjiao de jiben hanyi ji xingshi tezheng', *Xizang Daxue Xuebao*, 28.1 (2013), 7-12.

Ngawang Gyatso, 'Minjian benjiao jisizhe "laiwu" de jingshu neihan jiqi wenhua tezheng', *Xizang Daxue Xuebao*, 29.1 (2014), 115-20.

Ngawang Gyatso and Qian Tang, 'Siba benjiao de yuzhouguan chubu tantao', *Qingzang Gaoyuan Luntan*, 1.1 (2015), 1-3.

O rgyan gling pa, *Bka' thang sde lnga* (Beijing: Mi rigs dpe skrun khang, 1986).

Ouyang, Xiu and Qi Song, *Xintangshu* (Beijing: Zhonghua shuju, 1975).

'Phags mo skyid, 'mdo smad mtsho lho yul gyi glu shags la rags tsam dpyad pa' (unpublished master's thesis, Tibet University, 2013).

Petech, Luciano, 'Tibetan Relations with Sung China and with the Mongols', in *China Among Equals: The Middle Kingdom and Its Neighbors, 10th–14th Centuries*, ed. by Morris Rossabi (Berkeley: University of California Press, 1983), pp. 173-203.

Petech, Luciano, *Central Tibet and the Mongols: The Yüan—Sa-skya Period of Tibetan History* (Rome: Istituto Italiano per il Medio ed Estremo Oriente, 1990).

Pi, Xirui, *Liuyilun shuzheng* (Beijing: Beijing University Library, 1899).

Pingwuxian baimaren zushu yanjiuhui, *Baimaren zuqun yanjiu wenji* (Pingwuxian baimaren zushu yanjiuhui, 1987).

Poupard, Duncan J., 'How the Turtle Lost its Shell: Sino-Tibetan Divination Manuals and Cultural Translation', *HIMALAYA, the Journal of the Association for Nepal and Himalayan Studies*, 38.2 (2018), 4-19.

Powers, John, *Introduction to Tibetan Buddhism* (Ithaca and Boulder: Snow Lion Publications, 2007).

Ramble, Charles, 'Gaining Ground: Representations of Territory in Bon and Tibetan Popular Tradition', *The Tibet Journal*, 20.1 (1995), 83-124.

Ramble, Charles, 'The Assimilation of Astrology in the Tibetan Bon Religion', *Extrême-Orient Extrême-Occident*, 35 (2013), 199-232.

Ramble, Charles, 'Real and Imaginary Tibetan Chimeras and Their Special Powers', *Mongolo-Tibetica Pragensia*, 7.2 (2014), 13-33.

Richardson, Hugh E., 'The Sino-Tibetan Treaty Inscription of A.D. 821/823 at Lhasa', *The Journal of the Royal Asiatic Society of Great Britain and Ireland*, 2 (1978), 137-62.

Rnam rgyal rig 'dzin, '*A mdo'i ngag rtsom las bshad pa'i khyad chos la dpyad pa*' (unpublished master's thesis, Qinghai Normal University, 2013).

Ronkin, Noa, 'Abhidharma', *The Stanford Encyclopedia of Philosophy* (2018), https://plato.stanford.edu/archives/sum2018/entries/abhidharma/

Sadakata, Akira, *Buddhist Cosmology: Philosophy and Origins*, trans. by Gaynor Sekimori (Tokyo: Kōsei Publishing Co., 1997).

Samten Gyaltsen Karmay, *The Arrow and The Spindle*, 3 vols (Kathmandu: Mandala Book Point, 1997-2014).

Samuel, Geoffrey, *Civilized Shamans: Buddhism in Tibetan Societies* (Washington and London: Smithsonian Institution Press, 1993)

Sangji Zhuoma, 'Minjian benjiao wenxian "xiadang"chutan', *Xizang Daxue Xuebao*, 2 (2022), 38-45.

Shajia Shili, *Jingangcheng qixin zhuangyan baoman xitian fozi yuanliu lu*, trans. by Ning An (1448, transcribed in 1829).

Sichuan minzu yanjiusuo, *Baima zangren zushu wenti taolunji* (Sichuan minzu yanjiusuo, 1980).

Skal ldan rgya mtsho, *Yab rje bla ma skal ldan rgya mtsho'i gsung 'bum bzhugs so*, 4 vols (Lanzhou: Kan su'u mi rigs dpe skrun khang, 1999), I (1999).

Skounti, Ahmed, 'The Authentic Illusion: Humanity's Intangible Cultural Heritage, the Moroccan Experience', in *Intangible Heritage*, ed. by Laurajane Smith and Natsuko Akagawa (London and New York: Routledge, 2009), pp. 74-92.

Slobodník, Martin, 'The Chinese Princess Wencheng in Tibet: A Cultural Intermediary between Facts and Myth', in *Trade, Journeys, Inner-and Intercultural Communication in East and West (up to 1250)*, ed. by Jozef M. Gálik and Tatiana Štefanovičová (Bratislava: Lufema, 2006), pp. 267-76.

Smon lam rgya mtsho, ed., *Bka' chems ka khol ma* (Lanzhou: Kan su'u mi rigs dpe skrun khang, 1989).

Sonam Wangmo, 'A Study of Written and Oral Narratives of Lhagang in Eastern Tibet', *Revue d'Etudes Tibétaines*, 45 (2017), 69-88.

Song, Lian, *Yuanshi* (Beijing: Zhonghua shuju, 1976).

Sørensen, Per K., *Divinity Secularized: An Inquiry Into the Nature and Form of the Songs Ascribed to the Sixth Dalai Lama* (WIEN, 1990).

Sperling, Elliot, 'Notes on the Early History of Gro-tshang Rdo-rje-'chang and Its Relations with the Ming Court', *Lungta*, 14 (2001), 77-87.

Stein, Rolf A., *Tibetan Civilization* (London: Faber and Faber LTD, 1972).

Sujata, Victoria, *Tibetan Songs of Realization: Echoes from a Seventeenth-Century Scholar and Siddha in Amdo* (Leiden and Boston: Brill, 2005).

Tashi Tsering Josayma, '*Khra ring bog gi bshad pa* and Other Material on the Matchlock', in *Defence and Offence: Armour and Weapons in Tibetan Culture*, ed. by Federica Venturi and Alice Travers (Annali di Ca' Foscari. Serie orientale, 2021), pp. 861-932.

The Central People's Government of the People's Republic of China, 'The Announcement of the First Inventory of National-level Intangible Cultural Heritage' (2006), http://www.gov.cn/zwgk/2006-06/02/content_297946.htm

The Epic of Gesar of Ling: Gesar's Magical Birth, Early Years, and Coronation as King, trans. by Robin Kornman, Sangye Khandro and Lama Chönam (Boston and London: Shambhala, 2012).

The Government of Qinghai Province, 'The List of the Fifth Inventory of Qinghai Provincial Intangible Cultural Heritage' (2018), http://www.qinghai.gov.cn/xxgk/xxgk/fd/zfwj/201801/t20180129_28408.html

The Ninth Karmapa Wangchuk Dorje, *Jewels from the Treasury*, trans. by David Karma Choephel (New York: KTD Publications, 2012).

Thurston, Timothy, 'An Introduction to Tibetan sa bstod speeches in A mdo', *Asian Ethnology*, 71.1 (2012), 49-73.

Thurston, Timothy, '"Careful Village's Grassland Dispute": An A mdo Dialect Tibetan Crosstalk Performance by Sman bla skyab', *CHINOPERL*, 32.2 (2013), 156-81.

Thurston, Timothy, 'The Tibetan Gesar Epic beyond Its Bards: An Ecosystem of Genres on the Roof of the World', *Journal of American Folklore*, 132.524 (2019), 115-36.

Thurston, Timothy, 'An Examination of the Poetics of Tibetan Secular Oratory: An A mdo Tibetan Wedding Speech', *Oral Tradition*, 33.1 (2019): 23-50.

Thurston, Timothy, 'Assessing the Sustainability of the Gesar Epic in Northwest China, Thoughts from Yul shul (Yushu) Tibetan Autonomous Prefecture', *Cultural Analysis*, 17.2 (2020), 1-23.

Toqto'a, *Jinshi* (Beijing: Zhonghua shuju, 1975).

Toqto'a, *Songshi* (Beijing: Zhonghua shuju, 1977).

Trautz, Nicholas, 'Curating a Treasure: The Bka' brgyad bde gshegs 'dus pa in the Development of Rnying ma Tradition', *Revue d'Etudes Tibétaines*, 55 (2020), 495-521.

Tsangnyön Heruka, *The Life of Milarepa*, trans. by Andrew Quintman (London: Penguin Books, 2010).

Tsangnyön Heruka, *The Hundred Thousand Songs of Milarepa: A New Translation*, trans. by Christopher Stagg (Boulder: Shambhala Publications, 2017).

Tsepon Wangchuk Deden Shakabpa, *One Hundred Thousand Moons: An Advanced Political History of Tibet*, trans. by Derek F. Maher (Boston: Brill, 2010).

Tsering Thar, 'Zangwen shouchaoben benjiao wenxian de faxian jiqi dangdai wenhua jiazhi', *Zhongguo Zangxue*, 2(2021), 188-95.

Tshe ring don grub, *Mdo smad co ne'i lo rgyus sa gzhi skyong ba'i rgyan* (Beijing: Zhongguo wenlian chubanshe, 2016).

Tsongka Yongdrol and Wanping Wang, 'Baima zangren guge "gLu" yu siba benjiao', *Xizang Daxue Xuebao*, 3 (2016), 8-15.

Tucci, Giuseppe, 'The Wives of Sron btsan sgam po', *Oriens Extremus*, 9.1 (1962), 121-26.

Tucci, Giuseppe, *Tibetan Folk Songs from Gyantse and Western Tibet* (Ascona: Artibus Asiae, 1966).

Tucci, Giuseppe, *The Religions of Tibet*, trans. by Geoffrey Samuel (London and Henley: Routledge & Kegan Paul, 1980).

Turin, Mark, 'Thangmi Kinship Terminology in Comparative Perspective', *Trends in Linguistics Studies and Monographs*, 149 (2004), 101-39.

Turin, Mark, 'Orality and Technology, or the Bit and the Byte: The Work of the World Oral Literature Project', *Oral Tradition*, 28.2 (2013), 173-86.

van der Kuijp, Leonard W. J., 'Tibetan Belles-Lettres: The Influence of Dandin and Ksemendra', in *Tibetan Literature: Studies in Genre*, ed. by José I. Cabezón and Roger R. Jackson (New York: Snow Lion, 1996), pp. 393-410.

van Schaik, Sam, *Approaching the Great Perfection: Simultaneous and Gradual Approaches to Dzogchen Practice in Jigme Lingpa's Longchen Nyingtig* (Boston: Wisdom Publications, 2004).

van Schaik, Sam, 'The Decline of Buddhism I: Was Lang Darma a Buddhist?', *Early Tibet: Notes, Thoughts and Fragments of Research on the History of Tibet* (2008), https://earlytibet.com/2008/02/28/lang-darma/

van Schaik, Sam, 'The Golden Turtle: A Sino-Tibetan divination manuscript', *Early Tibet: Notes, thoughts and fragments of research on the history of Tibet* (2008), https://earlytibet.com/2008/11/28/the-golden-turtle/

Waddell, Laurence A., *The Buddhism of Tibet* (Cambridge: Cambridge University Press, 2015).

Wallace, Vesna, *The Inner Kalacakratantra: A Buddhist Tantric view of the Individual* (Oxford: Oxford University Press, 2001).

Wang, Yao, *Tubo jingshi lu* (Beijing: Wenwu chubanshe, 1982).

Wang, Yao, *Tales from Tibetan Opera* (Beijing: New World Press, 2013).

Wang, Yao and Jian Chen, eds, *Dunhuang guzangwen wenxian tansuoji* (Shanghai: Shanghai guji chubanshe, 2008).

Wang, Wanping and Xudong Ban, 'Baima zangren guge diaocha baogao', *Xibei Minzu Daxue Xuebao*, 4 (2015), 142-50.

Warner, Cameron D., 'A Miscarriage of History: Wencheng Gongzhu and Sino-Tibetan Historiography', *Inner Asia*, 13.2 (2011), 239-64.

Wylie, Turrell V., 'The First Mongol Conquest of Tibet Reinterpreted', *Harvard Journal of Asiatic Studies* 37.1 (1997), 103-33.

Xu, Shen, 'Huainan honglie jie', in *Daozang*, 5,485 vols (Shanghai: Shanghai Hanfenlou, 1925), vol. 863-868 (1925).

Zhao, Erxun, *Qingshi gao* (Beijing: Zhonghua shuju, 1977).

Zhang, Tingyu, *Mingshi* (Beijing: Zhonghua shuju, 1974).

Zhang, Yandu, *Taozhou tingzhi* (Taipei: Chengwen chubanshe youxian gongsi, 1970)

Zhang, Yu, *Bianzheng kao* (Taipei: Xin wenfeng chuban gongsi, 1990).

Zhambei Gyaltsho, '*Bab Sgrung*: Tibetan Epic Singers', *Oral Tradition*, 16.2 (2001), 280-93.

Zhuoni xianzhi bianzuan weiyuanhui, ed., *Zhuoni xianzhi* (Lanzhou: Gansu minzu chubanshe, 2020).

About the Team

Alessandra Tosi was the managing editor for this book.

Melissa Purkiss performed the copy-editing and proofreading.

Katy Saunders designed the cover. The cover was produced in InDesign using the Fontin font.

Cameron Craig and Luca Baffa typeset the book in InDesign. The English text font is Tex Gyre Pagella, and the English chapter heading font is Noto Serif. The Tibetan text and heading font is Noto Serif Tibetan. The Chinese text and heading font is Noto Serif CJK SC.

Cameron also produced the paperback, hardback, and PDF editions.

This book has been anonymously peer-reviewed by experts in their field. We thank them for their invaluable help.

This book need not end here...

Share

All our books — including the one you have just read — are free to access online so that students, researchers and members of the public who can't afford a printed edition will have access to the same ideas. This title will be accessed online by hundreds of readers each month across the globe: why not share the link so that someone you know is one of them?

This book and additional content is available at:
https://doi.org/10.11647/0312

Donate

Open Book Publishers is an award-winning, scholar-led, not-for-profit press making knowledge freely available one book at a time. We don't charge authors to publish with us: instead, our work is supported by our library members and by donations from people who believe that research shouldn't be locked behind paywalls.

Why not join them in freeing knowledge by supporting us:
https://www.openbookpublishers.com/support-us

You may also be interested in:

The Politics of Language Contact in the Himalaya
Selma K. Sonntag and Mark Turin (eds.)
https://doi.org/10.11647/OBP.0169

Long Narrative Songs from the Mongghul of Northeast Tibet
Texts in Mongghul, Chinese, and English
Li Dechun (translator), Gerald Roche (ed.), Mark Turin (introduction by)
https://doi.org/10.11647/OBP.0124

Oral Literature in the Digital Age
Archiving Orality and Connecting with Communities
Mark Turin, Claire Wheeler and Eleanor Wilkinson (eds.)
https://doi.org/10.11647/OBP.0032

www.ingramcontent.com/pod-product-compliance
Lightning Source LLC
Chambersburg PA
CBHW061701300426
44115CB00014B/2522
* 9 7 8 1 8 0 0 6 4 8 0 0 5 *